Excel

Formeln und Funktionen

von

Helmut Vonhoegen

Vierfarben

Liebe Leserin, lieber Leser,

falls Sie die Möglichkeiten von Formeln und Funktionen in Excel voll ausschöpfen möchten, wird Ihnen dieses Handbuch sehr helfen. Egal, ob Sie Excel 2024, eine ältere Version oder die Abo-Variante Microsoft 365 nutzen, sie halten eine umfassende, klar gegliederte Übersicht aller wichtigen Formeln und Funktionen in der Hand. Das Buch ist so konzipiert, dass Sie für die unterschiedlichen Aufgaben, die Sie mit Excel erledigen möchten, schnell fündig werden. Neben einer Einführung in das Arbeiten mit Formeln und Funktionen lernen Sie anhand verständlicher Beispiele die vielfältigen Einsatzmöglichkeiten der nützlichen Helfer kennen. Bereits ein Blick in die Funktionenliste oder das detaillierte Stichwortverzeichnis genügt in vielen Fällen, um mal eben etwas nachzuschlagen und ohne Umwege zum Ziel zu gelangen. Und wenn Sie sich komplexeren Herausforderungen gegenübersehen, helfen Ihnen die verständlich dargestellten Anleitungen, Anwendungsbeispiele sowie Tipps und Tricks garantiert weiter.

Dieses Buch wurde mit größter Sorgfalt geschrieben und hergestellt. Sollten Sie dennoch einmal einen Fehler finden oder inhaltliche Anregungen haben, freue ich mich, wenn Sie mit mir in Kontakt treten. Für Kritik bin ich dabei ebenso offen wie für lobende Worte. Nun aber wünsche ich Ihnen viel Erfolg bei Ihrer Arbeit mit Excel!

Ihr Erik Lipperts
Lektorat Vierfarben

erik.lipperts@rheinwerk-verlag.de

Auf einen Blick

Wir hoffen, dass Sie Freude an diesem Buch haben und sich Ihre Erwartungen erfüllen. Ihre Anregungen und Kommentare sind uns jederzeit willkommen. Bitte bewerten Sie doch das Buch auf unserer Website unter **www.rheinwerk-verlag.de/feedback**.

An diesem Buch haben viele mitgewirkt, insbesondere:

Lektorat Erik Lipperts
Korrektorat Friederike Daenecke, Zülpich
Herstellung Nadine Preyl
Einbandgestaltung Silke Braun
Titelbilder iStock: 1094829658 © champc, Shutterstock: 176625827 © Rido
Typografie und Layout Vera Brauner
Satz III-Satz, Kiel
Druck C.H.Beck, Nördlingen

Dieses Buch wurde gesetzt aus der ITC Charter (10,25 pt/14 pt) in FrameMaker.

Gedruckt wurde es auf chlorfrei gebleichtem, FSC®-zertifiziertem Offsetpapier (80 g/m²).

Hergestellt in Deutschland.

Bibliografische Information der Deutschen Nationalbibliothek:
Die Deutsche Nationalbibliothek verzeichnet diese Publikation in der Deutschen Nationalbibliografie; detaillierte bibliografische Daten sind im Internet über *http://dnb.dnb.de* abrufbar.

ISBN 978-3-8421-1045-8

8., aktualisierte Auflage 2025

Rheinwerk Verlag GmbH • Rheinwerkallee 4 • 53227 Bonn
service@rheinwerk-verlag.de

Vierfarben ist eine Marke des Rheinwerk Verlags. Der Name Vierfarben spielt an auf den Vierfarbdruck, eine Technik zur Erstellung farbiger Bücher. Der Name steht für die Kunst, die Dinge einfach zu machen, um aus dem Einfachen das Ganze lebendig zur Anschauung zu bringen.

Informationen zu unserem Verlag und Kontaktmöglichkeiten finden Sie auf unserer Verlagswebsite **www.rheinwerk-verlag.de**. Dort können Sie sich auch umfassend über unser aktuelles Programm informieren und unsere Bücher und E-Books bestellen.

Inhalt

Anhang 973

Vorwort

Anders als bei vielen Excel-Büchern, die sich hauptsächlich auf kommerzielle Anwendungen beziehen, wird in den folgenden Kapiteln auf die Tatsache Wert gelegt, dass es sich bei Excel um ein universelles Werkzeug handelt, dessen Anwendungsspektrum entsprechend weit gefächert ist. Um dem gerecht zu werden, enthält der Text eine komplette Beschreibung aller Excel-Funktionen.

Das Buch bezieht sich auf den mit der Version Excel 2024 erreichten Stand. Die Abonnenten von Microsoft 365 finden alle Funktionen, die bis zum Oktober 2024 veröffentlicht wurden. Informationen über später hinzugefügte Funktionen finden Sie über **Datei ▸ Konto**, wenn Sie im Menü der Schaltfläche **Updateoptionen** die Option **Updates anzeigen** wählen.

Da aber die überwiegende Mehrzahl sowohl der Funktionen als auch der speziellen Berechnungstools wie Zielwertsuche und Analysefunktionen seit der Version Excel 97 weitgehend unverändert geblieben sind, kann das Buch auch helfen, wenn ältere Versionen eingesetzt werden.

Qualifizierte Funktionsnamen

Insbesondere bei den statistischen Funktionen wurden mit Excel 2010 zahlreiche Funktionsnamen geändert, um besser den in diesem Bereich üblichen Bezeichnungen zu entsprechen und die verschiedenen Funktionstypen gleichzeitig deutlicher zu kennzeichnen. Dabei wurden zusammengesetzte Namen eingeführt, bei denen die einzelnen Bestandteile in der deutschen Version durch Punkte getrennt sind.

Die Funktion `FVERT()` beispielsweise heißt seitdem `F.VERT()`. Das Suffix `VERT` kennzeichnet die Funktion als Verteilungsfunktion. Ähnlich wird das Suffix `INV` für inverse Funktionen verwendet: `F.INV()` ersetzt `FINV()`. Soll die Funktion nicht linksseitig, sondern rechtsseitig verwendet werden, wird noch ein zweites Suffix, `RE`, angehängt: `F.VERT.RE()` und `F.INV.RE()`. Die alte Funktion `FVERT()` wurde also durch zwei Funktionen ersetzt.

Damit es keine Probleme mit älteren Arbeitsmappen gibt, bleiben aber die umbenannten Funktionen weiterhin auch unter ihrem alten Namen verfügbar. Im Dialog **Funktion einfügen** sind diese Funktionen in der Kategorie **Kompatibilität** zu finden.

Bei einer Reihe von Funktionen wurden neuere Algorithmen mit dem Ziel entwickelt, eine höhere Genauigkeit der Ergebnisse zu gewährleisten oder das Berechnungsverfahren zu beschleunigen.

Mit Excel 2010 eingefügte Funktionen

Eine Reihe von Funktionen wurde mit Excel 2010 neu oder in neuen Varianten eingefügt. In der Kategorie der Datums- und Zeitfunktionen sind dies die Funktionen `ARBEITSTAG.INTL()` und `NETTOARBEITSTAGE.INTL()`. Bei den mathematischen Funktionen sind `AGGREGAT()`, `OBERGRENZE.GENAU()` und `UNTERGRENZE.GENAU()` hinzugekommen. Bei den technischen Funktionen – früher Konstruktionsfunktionen genannt – sind neu: `GAUSSF.GENAU()` und `GAUSSKOMPLF.GENAU()`. Alle anderen neuen Funktionen gehören zur Kategorie der statistischen Funktionen:

BINOM.INV()	KONFIDENZ.T()	QUARTILE.INKL()
CHIQU.INV.RE()	KOVARIANZ.S()	RANG.MITTELW()
CHIQU.VERT.RE()	MODUS.VIELF()	T.INV.2S
F.INV.RE()	QUANTIL.INKL()	T.VERT.2S
F.VERT.RE()	QUANTILSRANG.INKL()	T.VERT.RE

Mit Excel 2013 eingefügte Funktionen

Excel 2013 brachte eine ganze Reihe von neuen Funktionen in der Kategorie der mathematischen Funktionen, hauptsächlich Funktionen, die eine Lücke schließen in Bezug auf Dokumente, die im *.ods*-Format gespeichert werden. Das erleichterte den Austausch dieser Arbeitsmappen mit Anwendern, die Office-Software wie etwa *Apache OpenOffice* oder *LibreOffice* einsetzen. Dazu gehört eine Reihe von trigonometrischen Funktionen: `ARCCOT()`, `ARCCOTHYP()`, `COSEC()`, `COSECHYP()`, `COT()`, `COTHYP()`. Hinzugekommen sind auch die Funktionen `ARABISCH()`, `BASIS()` und `DEZIMAL()`, die mit Umwandlungen zwischen Zeichenfolgen und Zahlen zu tun haben, außerdem eine Variante für die Kombinatorik, `KOMBINATIONEN2()`, sowie `MEINHEIT()` zur Berechnung der Einheitsmatrix.

Die beiden Funktionen `OBERGRENZE.MATHEMATIK` und `UNTERGRENZE.MATHEMATIK` ersetzten die in der Version 2010 eingeführten Funktionen `OBERGRENZE.GENAU` und `UNTERGRENZE.GENAU`. Die älteren Funktionen `OBERGRENZE()` und `UNTERGRENZE()` wurden in die

Kategorie **Kompatibilität** verschoben, sollten also in Zukunft möglichst nicht mehr verwendet werden.

Neu unter den finanzmathematischen Funktionen war PDURATION() zur Berechnung der Perioden, bis eine Investition einen bestimmten Zielwert erreicht hat. Außerdem gibt es seither auch ZSATZINVEST() zur Berechnung des effektiven Jahreszinses für den Wertzuwachs einer Investition.

Bei den Datums- und Zeitfunktionen war nur die Funktion ISOKALENDERWOCHE() neu, die es jetzt endlich erlaubte, die korrekte Wochenzahl ohne Umstände normgerecht zu ermitteln

Eine paar neue Funktionen kamen auch in der Kategorie **Statistik**, nämlich BINOM.VERT.BEREICH(), GAMMA(), GAUSS(x), PHI(x), SCHIEFE.P() und VARIATIONEN2().

Bei den Verweisfunktionen erschien die neue Funktion FORMELTEXT(), mit der die Formel in einer Zelle als Text ausgegeben wird, was für den Zweck der Dokumentation manchmal hilfreich sein kann.

Überfällig war in der Kategorie **Logik** die Funktion XODER(), die die Arbeit mit einem ausschließenden Oder vereinfacht. Neu war auch WENNNV(), eine Funktion, mit der auf fehlende Werte reagiert werden kann.

Bei den Textfunktionen sind hinzugekommen: UNICODE() und UNIZEICHEN() sowie mit ZAHLENWERT() eine Funktion zur Konvertierung von Text in Zahlen unabhängig von dem aktuellen Gebietsschema auf dem System.

Bei den Info-Funktionen gab es seitdem die Funktionen BLATT() und BLÄTTER(), die ohne Argument die Nummer des aktuellen Blattes und die Zahl der Blätter in einer Arbeitsmappe liefern. Wird bei BLÄTTER() dagegen ein Bezug angegeben, liefert die Funktion die Anzahl der Blätter für diesen Bezug; wird bei BLATT() ein Wort angegeben, prüft die Funktion, ob ein Blatt mit diesem Namen existiert und liefert, wenn ja, die Blattnummer, ansonsten den Fehlerwert #NV. Bei den IST...()-Funktionen ist noch die Funktion ISTFORMEL() hinzugekommen.

In der Kategorie **Technisch** waren fünf Funktionen hinzugekommen, die mit Bitoperationen zu tun haben: BITLVERSCHIEB(), BITODER(), BITRVERSCHIEB(), BITUND() und BITXODER().

In der Gruppe der Funktionen, die mit imaginären Zahlen arbeiten, waren einige trigonometrische Funktionen neu in dieser Version: IMCOSEC(), IMCOSECHYP(), IMCOSHYP(), IMCOT(), IMSEC(), IMSECHYP(), IMSINHYP(), IMTAN().

Neu eingeführt wurde in Excel 2013 eine kleine Gruppe von Funktionen, die in der Kategorie **Web** zusammengefasst sind: URLCODIEREN() wandelt Zeichenfolgen in gültige Webadressen um, WEBDIENST() liefert Daten aus einem Webdienst zurück, und XMLFILTERN() übernimmt aus XML-Dokumenten bestimmte Daten, die über einen XPath-Ausdruck herausgefiltert werden.

Neue Funktionen seit Excel 2016

Mit Excel 2016 wird die Funktion SCHÄTZER() in die Kategorie der kompatiblen Funktionen »verbannt«. Stattdessen gibt es eine neue Gruppe von Prognosefunktionen. Diese sind auch mit der neuen Funktion **Prognoseblatt** verknüpft, die über das Register **Daten** aufgerufen werden kann. Die meisten dieser Funktionen verwenden als Teil des Namens die Abkürzung ETS, die für *Enhanced Transmisson Selection* steht, ein spezieller Algorithmus für exponentielles Glätten. Im Einzelnen handelt es sich um die Funktionen PROGNOSE.ETS(), PROGNOSE.ETS.KONFINT(), PROGNOSE.ETS.SAISONALITÄT(), PROGNOSE.ETS.STAT() und PROGNOSE.LINEAR().

Die Abo-Kunden von Microsoft 365 erhielten im Laufe der Zeit noch eine Reihe von weiteren Funktionen, die dann auch Bestandteil der Version Excel 2019 geworden sind. Dazu gehören die beiden Textfunktionen TEXTKETTE() und TEXTVERKETTEN(), die logischen Funktionen ERSTERWERT() und WENNS() und die statistischen Funktionen MAXWENNS() und MINWENNS(). Die bisher unter den Textfunktionen angebotene Funktion VERKETTEN() wurde dafür in die Kategorie **Kompatibilität** verschoben.

Neue Funktionen seit Excel 2019

Nach 2019 kam in der Abo-Version insbesondere eine Reihe von Funktionen dazu, die als Ergebnis nicht einzelne Werte, sondern dynamische Matrizen liefern: in der Kategorie **Nachschlagen und Verweisen** die Funktionen EINDEUTIG(), FELDWERT(), FILTER(), SORTIEREN(), SORTIERENNACH() und bei den mathematischen Funktionen SEQUENZ() und ZUFALLSMATRIX(). Bei den Nachschlagefunktionen kamen außerdem noch XVERWEIS() und XVERGLEICH() hinzu. Neu unter den Finanzfunktionen ist BÖRSENHISTORIE(). Neu bei den Textfunktionen sind LET(), LAMBDA() für die Vereinfachung von komplexen Berechnungen und MATRIXZUTEXT(). Diese neueren Funktionen wurden in die Version Excel 2021 übernommen, mit Ausnahme der Funktion LAMBDA().

Neue Funktionen seit Excel 2021

Zwei Gruppen zusätzlicher Textfunktionen erweitern den Umgang mit Zeichenketten: TEXTNACH() und TEXTVOR() erlauben die Teilung nach oder vor einem Trennzeichen, TEXTTEILEN() ermöglicht die Verteilung auf mehrere Zellen. Die zweite Gruppe arbeitet mit regulären Ausdrücken: REGEXEXTRAHIEREN(), REGEXERSETZEN() und REGEXTESTEN() erlauben Operationen mit Zeichenfolgen unter Zuhilfenahme von regulären Ausdrücken. Neu hinzugekommen sind noch das Funktionspaar SPRACHEERKENNEN() und ÜBERSETZEN() sowie die Funktionen PROZENTVON() und WERTZUTEXT().

Umfangreicher sind die Neuerungen in der Kategorie »Nachschlagen und Verweisen«: BILD(), ERWEITERN(), HSTAPELN(), PIVOTMIT(), SPALTENUMBRUCH(), SPALTENWAHL(), ÜBERNEHMEN(), VSTAPELN(), WEGLASSEN(), ZEILENUMBRUCH(), ZEILENWAHL(), ZUSPALTE(), ZUZEILE(). Dabei geht es meistens um den Umgang mit Daten, die in Form von Matrizen vorliegen.

Letzteres ist auch bei den neuen Funktionen der Fall, die in der Kategorie »Logik« eingeordnet sind: MAP(), SCAN(), REDUCE(), MATRIXERSTELLEN(), NACHSPALTE(), NACHZEILE(). Außerdem wurden die bisher unter den Textfunktionen aufgelisteten Funktionen LET() und LAMBDA() jetzt bei den logischen Funktionen eingeordnet.

Eine Funktion, die Sie im Zusammenhang mit der LAMBDA()-Funktion verwenden können, um fehlende Parameter zu entdecken, ist noch unter dem Namen WURDEAUSGELASSEN() in der Kategorie »Informationen« zu finden.

Die später eingeführten Funktionen sind mit älteren Versionen von Excel nicht kompatibel. Falls Sie Arbeitsmappen an Kolleginnen und Kollegen weiterreichen wollen, die noch ältere Versionen verwenden, sollten Sie über das Register **Datei** eine Kompatibilitätsprüfung durchführen und unter Umständen Änderungen an den Berechnungsverfahren vornehmen.

Aufbau des Buches

Das Buch übernimmt die von Excel vorgegebene Gruppierung der Funktionen in Kategorien. Für jede Kategorie ist ein eigenes Kapitel eingerichtet. Am Beginn jedes Kapitels werden kurz die hauptsächlichen Einsatzbereiche der Funktionen dieser Kategorie genannt und einige typische Anwendungsbeispiele vorgestellt. Um den Zugriff zu vereinfachen, wird innerhalb des nachfolgenden Referenzteils die alphabetische Reihenfolge der Funktionen beibehalten. In dem umfangreichen Kapitel über die statistischen

Funktionen, die Kategorie mit den meisten Funktionen, werden am Anfang wichtige Grundbegriffe der Statistik erläutert, um die Nutzung dieser Funktionen zu erleichtern.

Kapitel 1 gibt vorweg einen Einstieg in die Art und Weise, wie in Excel Formeln und Funktionen eingesetzt werden. Dort finden Sie insbesondere Hinweise zu dem Einsatz dynamischer Matrizen, zweifellos eine der wichtigen Neuerungen seit der Version Excel 2021, die Ihnen neue Einsatzmöglichkeiten erschließen.

In Kapitel 2 werden spezielle Berechnungswerkzeuge vorgestellt, die die Arbeit mit Formeln ergänzen: Zielwertsuche, Solver, Datentabellen. Die Kapitel 3 bis Kapitel 15 behandeln jeweils eine Kategorie der Tabellenfunktionen, wobei am Anfang immer einige allgemeine Hinweise zu den Funktionen dieser Gruppe gegeben werden. Alle abgebildeten Beispiele können Sie unter der Adresse *www.rheinwerk-verlag.de/5992* herunterladen, wobei in der Regel die Funktionen einer Kategorie auch in einer Arbeitsmappe zusammengefasst sind. Dabei wird in den meisten Fällen pro Funktion ein eigenes Blatt mit dem Funktionsnamen verwendet, nur ausnahmsweise werden auf einem Blatt zwei oder drei zusammenhängende Funktionen behandelt.

Auf die Referenzkapitel folgt das Kapitel 16, das sich mit der Datenauswertung mithilfe von Datenmodellen und Pivot-Tabellen befasst. Im Anschluss daran werden in Kapitel 17, »Zusätzliche Tools für die Datenanalyse«, die speziellen Analysetools an Beispielen vorgestellt, die hauptsächlich für statistische Auswertungen angeboten werden. Den Abschluss bildet ein Kapitel, in dem gezeigt wird, wie eigene Funktionen mithilfe von VBA-Makros programmiert und eingebunden werden. Der Anhang enthält eine alphabetische Kurzreferenz aller Funktionen.

Helmut Vonhoegen
www.helmut-vonhoegen.de

1 Einstieg in Berechnungen mit Excel

Der Einsatz von Excel lohnt sich häufig schon, wenn es nur darum geht, Informationen in ordentlicher Form zusammenzustellen. Die tabellarische Anordnung ist für die übersichtliche Darstellung von Daten gut geeignet.

	A	B	C	D	E
1			Zeichen	Seiten	was noch fehlt
2	Vorwort		9924	4	
3	Kapitel 1	Einstieg	191480	118	
4	Kapitel 2	Tools	34071	22	
5	Kapitel 3	Finanzen	125354	84	
6	Kapitel 4	Datum	60512	45	
7	Kapitel 5	Math	95709	91	
8	Kapitel 6	Techn	61832	49	

Abbildung 1.1 Tabellarische Selbstkontrolle

So richtig zum Zuge kommen die Fähigkeiten von Excel aber erst, wenn Sie das Programm für sich rechnen lassen. Das geschieht in erster Linie durch die Eingabe von Formeln. In den folgenden Abschnitten werden nach einem kurzen Einstieg in die Arbeit mit Excel zunächst ein paar grundlegende Dinge beschrieben, die die Arbeit mit Formeln und Funktionen betreffen.

1.1 Hinweise zum Programmstart

Excel setzt als Betriebssystem Windows 11 oder 10 voraus. Wie das aktuelle Startmenü aussieht, können Sie über die Windows-Einstellungen unter **Personalisierung ▸ Start** festlegen. Sie können selbst entscheiden, ob Sie für Excel im Startbereich ein Element anlegen, um die Anwendung damit zu starten. Die meist bequemere Alternative ist hier die Option **An Taskleiste anheften**, die Sie über das Kontextmenü des Elements erreichen. In speziellen Fällen ist es sinnvoll, das Programm mit Administratorrechten zu öffnen, was die Option **Als Administrator ausführen** anbietet. Wurde das Symbol des Programms in die Taskleiste eingefügt, reicht ein Klick oder Tipp darauf, um Excel zu öffnen.

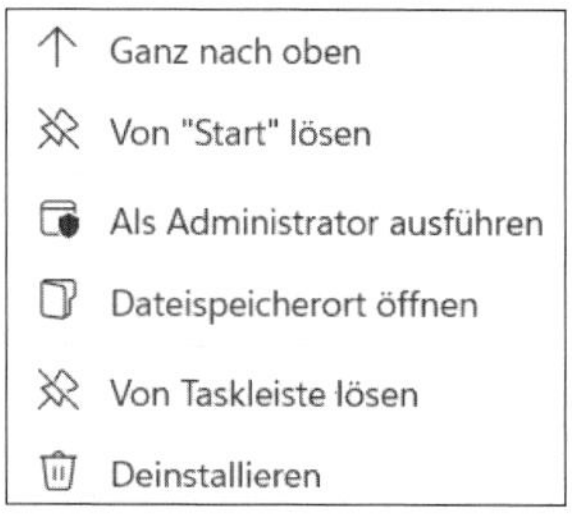

Abbildung 1.2 Kontextmenü des Excel-Symbols in Windows 11

Wenn Sie nun Excel per Klick oder Tipp auf den Eintrag im Startbereich oder auf das Symbol in der Taskleiste starten, wird Ihnen zunächst, falls Sie es nicht abgeschaltet haben, der Startbildschirm angeboten, der neben einem Muster für eine neue Arbeitsmappe auch eine ganze Reihe von Vorlagen bereitstellt. Der Link **Weitere Vorlagen** öffnet die Seite **Neu**.

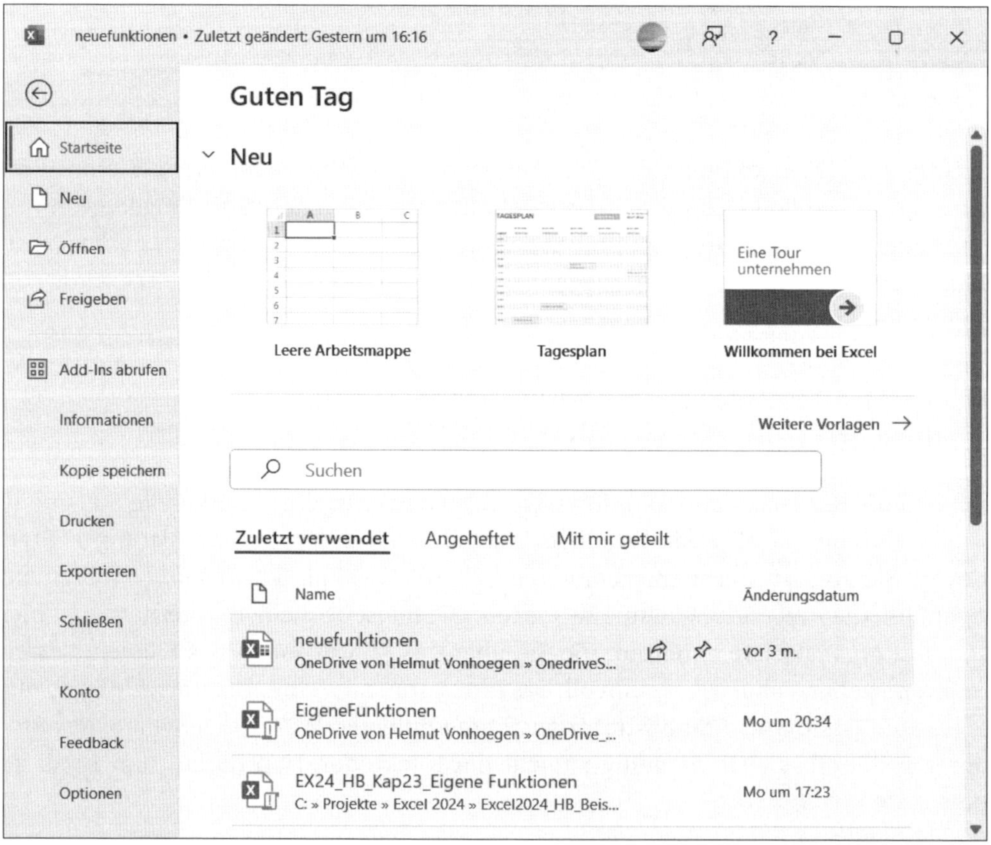

Abbildung 1.3 Der Startbildschirm von Excel kann den Zugang zu Ihren Dokumenten beschleunigen.

Darunter werden eine Liste der zuletzt bearbeiteten Mappen, eine der angehefteten Mappen, die also immer angezeigt werden, und – wenn vorhanden – die Namen der geteilten Mappen angeboten. Das kann den Zugang zu den täglich benötigten Mappen sehr beschleunigen.

Rechts von ausgewählten Dateinamen finden Sie jeweils ein kleines Stiftsymbol, mit dem Sie eine Datei an die Spitze der Liste **Angeheftet** rücken können, um zu gewährleisten, dass sie in jedem Fall angezeigt wird. Das andere Symbol erlaubt es, die Mappe zu teilen, ohne sie öffnen zu müssen. Das Kontextmenü zu einem solchen Listeneintrag bietet noch einige nützliche Befehle zur Pflege der Liste, zum Öffnen einer Kopie oder Kopieren eines Pfades in die Zwischenablage.

Ist Ihnen dieser Startbildschirm eher lästig, deaktivieren Sie über **Datei ▸ Optionen** auf der Seite **Allgemein** die Option **Startbildschirm beim Start dieser Anwendung anzeigen**. Dann wird das Programm gleich mit einer leeren Arbeitsmappe geöffnet. Vorgegeben wird der Name »Mappe1«.

Abbildung 1.4 zeigt die Bedienungsinstrumente, die Excel zur Verfügung stellt.

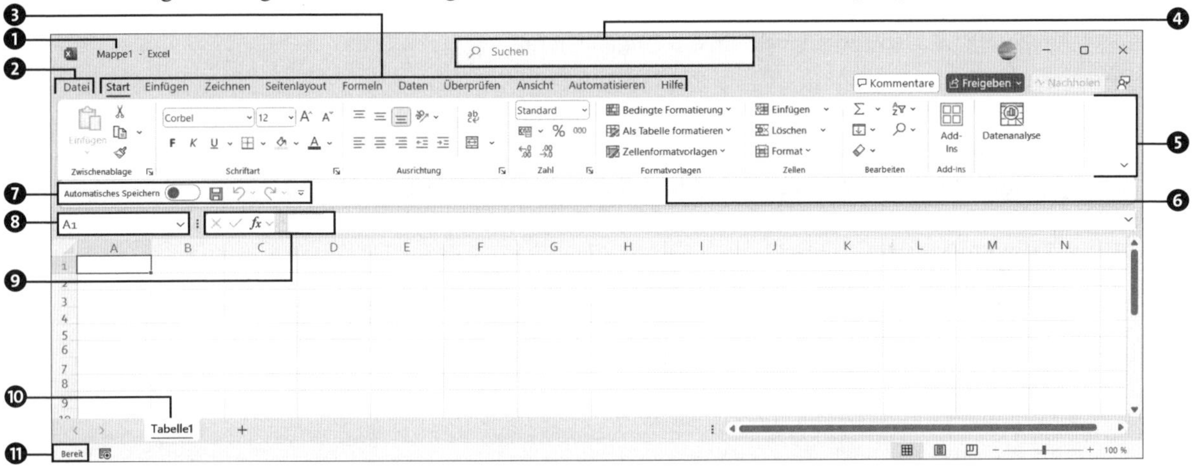

Abbildung 1.4 Bedieninstrumente in Excel: ❶ Titelleiste, ❷ Register **Datei**, ❸ Register ❹ Suchfeld, ❺ Menüband, ❻ Gruppe, ❼ Schnellzugriffsleiste, ❽ Namenfeld, ❾ Bearbeitungsleiste, ❿ Blattregister, ⓫ Statusleiste

1.2 Excel auf dem Touchscreen

Excel ist auch für die Arbeit auf einem Tablet oder einem anderen System mit einem Touchscreen gut gerüstet. Excel bietet neben der klassischen Maus- und Tastaturbedienung einen speziellen Bedienungsmodus für die Fingereingabe. Die Umschaltung in diesen Modus erfolgt auf Tablets normalerweise automatisch, Sie können dafür in der Schnellzugriffsleiste aber auch die Schaltfläche **Touch-/Mausmodus** einblenden, um manuell zwischen den Modi zu wechseln.

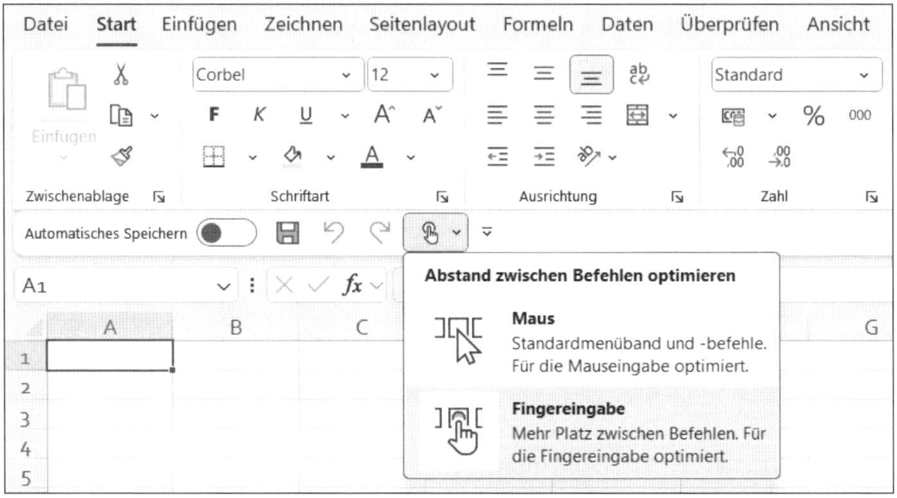

Abbildung 1.5 Menü zum Wechseln des Eingabemodus

Im Modus **Fingereingabe** werden die Schnellzugriffsleiste und das Menüband mit Symbolen dargestellt, die einen etwas größeren Abstand voneinander haben, damit die Finger beim Antippen das gewünschte Symbol sicherer treffen können.

Abbildung 1.6 Gespreiztes Menü für die Statusleiste

Auch bei Kontextmenüs wie etwa dem für die Statusleiste ist der Abstand der Optionen vergrößert. Bei einigen Kontextmenüs ist die Aufteilung der Optionen so geändert, dass die am häufigsten verwendeten nebeneinander und die weniger häufig verwendeten untereinander angeordnet sind. Paletten wie die für die Farbauswahl werden vergrößert, damit Sie die einzelnen Muster leichter treffen.

Um eine Zelle zu markieren, reicht ein Tipp darauf. Die markierte Zelle bietet gleich an zwei Ecken Anfasser an.

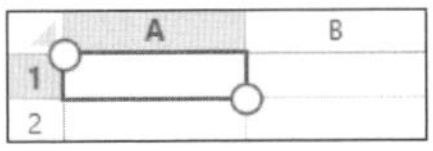

Abbildung 1.7 Markierung der Einfügestelle bei der Fingereingabe

Durch Ziehen dieser Anfasser mit dem Finger können Sie Zellbereiche markieren.

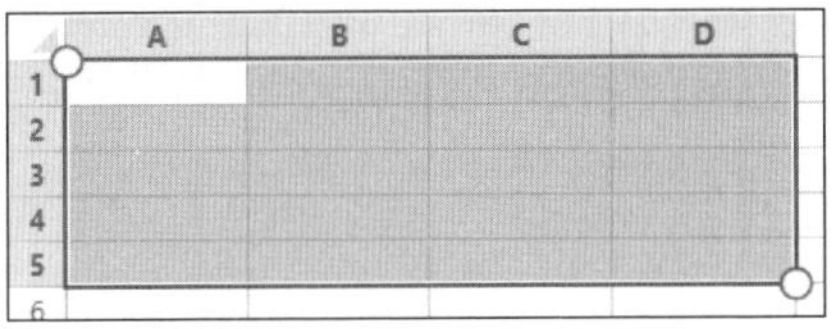

Abbildung 1.8 Markieren eines Zellbereichs bei der Fingereingabe

Soll innerhalb einer Zelle ein Teil des Textes markiert werden, tippen Sie den Text an eine Stelle an und ziehen den dort dann angezeigten Kreis, um die Auswahl zu erweitern. Das geht in beide Richtungen. Am Ende ist an jeder Seite der Auswahl ein Kreis zu sehen, mit dem die Auswahl erneut korrigiert werden kann.

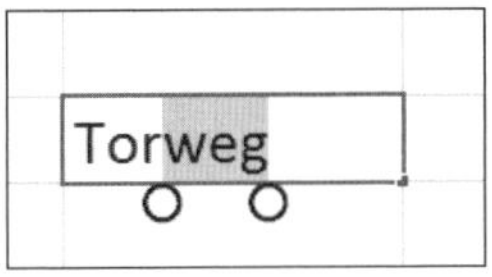

Abbildung 1.9 Markierung innerhalb einer Zelle bei der Fingereingabe

Um den Inhalt einer Zelle zu löschen, halten Sie den Finger kurz auf der Zelle und benutzen in dem dann eingeblendeten horizontalen Kontextmenü die Schaltfläche **Markierung löschen**.

Abbildung 1.10 Kontextmenü zu einem Zellbereich bei der Fingereingabe

Der Doppelklick wird durch ein doppeltes Antippen erledigt. So wird beispielsweise eine Zelle zum Bearbeiten geöffnet. Für den Klick mit der rechten Maustaste gibt es ebenfalls eine Fingerentsprechung. Wird beispielsweise ein Zellbereich, ein Spalten- oder Zeilenkopf oder ein anderes Element, dem ein Kontextmenü zugeordnet ist, mit dem Finger etwas länger berührt, blendet Excel die entsprechenden Befehle ein, nur die Anordnung ist – wie oben schon gezeigt – in einigen Fällen etwas anders als bei der Bedienung mit der Maus.

Eine spezielle Geste ist das Wischen. In diesem Fall kommt es auf die Richtung an. Wenn Sie im Zellraster nach oben wischen, wird der Bildschirmausschnitt nach unten verschoben, wischen Sie nach links, werden die Spalten angezeigt, die weiter rechts liegen. Die Arbeit mit zwei Fingern erlaubt auch noch einige zusätzliche Gesten. So können Sie mit dem Spreizen oder Zusammenziehen sehr einfach den Bildschirmausschnitt vergrößern oder verkleinern, was häufig hilfreich ist, beispielsweise um Formeln in einer Zelle zu bearbeiten. Bei Tablets, die nur mit einer virtuellen Tastatur arbeiten, wird in der Taskleiste ein Tastatursymbol angeboten, das die Tastatur einblendet.

Abbildung 1.11 Das Tastatursymbol auf dem Microsoft Surface

Wenn Sie eine Zelle doppelt antippen oder in die Bearbeitungsleiste tippen, wird die Bildschirmtastatur automatisch eingeblendet und nach Abschluss der Eingabe wieder ausgeblendet.

Abbildung 1.12 Die Bildschirmtastatur auf dem Microsoft Surface mit dem Menü für die Tastaturlayouts

Mit der ersten Schaltfläche der Tastatur ❶ können Sie verschiedene Tastaturlayouts wählen. Ein Tipp auf die Schließen-Schaltfläche mit dem Andreaskreuz ❷ blendet die Bildschirmtastatur wieder aus. Abbildung 1.12 zeigt das Layout **Traditionell** ❸, bei dem auch die Umlaute angeboten werden, die Funktionstasten werden über die Taste [Fnkt] eingeblendet.

Wenn Sie in eine Zelle etwas eintippen, verschiebt Excel den Bildschirmausschnitt automatisch so, dass Sie immer die Eingabe sehen können. Die Surface-Tablets lassen sich natürlich noch besser mit einer anklickbaren Tastatur bedienen. Eine weitere Möglichkeit ist eine Tastatur am USB-Anschluss.

Ein Touchscreen lässt sich statt mit dem Finger auch mit einem Stift gut bedienen. In diesem Fall sollten Sie über **Datei ▸ Optionen** unter **Erweitert** und **Stift** die Einstellung **Stift standardmäßig verwenden, um Inhalte auszuwählen und damit zu interagieren** abhaken. Dann entspricht die Bedienung weitgehend der Bedienung mit der Maus, nur dass Sie Elemente auf dem Bildschirm nicht anklicken, sondern antippen.

Wenn Sie eine Zelle mit dem Stift antippen, arbeitet die Stiftspitze wie der Mauszeiger, der Rahmen des Bereichs und das Ausfüllkästchen lassen sich mit der Stiftspitze also genauso ziehen wie mit der Maus. Excel erkennt automatisch, ob eine Zelle mit dem Finger oder mit dem Stift markiert wird. Es ist also kein Problem, eine Zelle mal mit dem Finger und mal mit dem Stift auszuwählen.

1.3 Hinweise zur Dateneingabe

In der Regel besteht der Inhalt einer Excel-Tabelle hauptsächlich aus drei Bestandteilen:

1. Beschriftungen
2. Werte
3. Formeln

Meist wird zunächst mit Beschriftungen die Struktur der Tabelle festgelegt, anschließend werden die Werte – hauptsächlich das Zahlenmaterial für die vorgesehenen Berechnungen – eingegeben. Schließlich werden die Formeln konstruiert.

1.3.1 Zellen oder Zellbereiche auswählen

Bei der Eingabe von Zellinhalten gilt in Excel immer: erst auswählen, dann eingeben. Die Auswahl kann mit der Maus, der Tastatur oder auf einem Touchscreen mit Finger oder Stift erfolgen. Es ist oft praktisch, die erste Zelle, in die etwas eingetragen werden soll, per Klick oder Tipp zu wählen und die Nachbarzellen dann mit den Richtungstasten anzusteuern. Solange eine Zelle im Fenster sichtbar ist, genügt ein Klick oder ein Tipp für die Auswahl. Bei der Auswahl von Zellen, die von der aktuellen Position des Zellzeigers weit entfernt sind, helfen die Bildlaufleisten, mit denen der Bildschirmausschnitt verschoben wird. Außerdem kann das Mausrad benutzt werden.

Um Zellbereiche auszuwählen, ziehen Sie mit gedrückter linker Maustaste über den gewünschten Bereich. Die Richtung spielt keine Rolle. Die Zelle, bei der Sie den Mauszeiger zum Ziehen aufsetzen, also die Markierung beginnen, ist jeweils die aktive Zelle des Bereichs. Auf einem Touchscreen ziehen Sie an den runden Anfassern, bis der Bereich die gewünschte Größe erreicht hat.

Wenn ein großer Bereich mit der Maus markiert werden soll, ist eine andere Technik effizienter: Sie klicken zunächst die erste Eckzelle des Bereichs an und halten dann beim Anklicken der gegenüberliegenden Eckzelle gleichzeitig die [⇧]-Taste gedrückt.

Für die Zellauswahl mit der Tastatur sind die Richtungstasten [↑], [↓], [→] und [←] zuständig. Bei größeren Bewegungen sind Tastenkombinationen günstiger. Um einen Zellbereich auszuwählen, können Sie die [⇧]-Taste gedrückt halten und den Markierungsrahmen mit den Richtungstasten ausdehnen. Tabelle 1.1 zeigt zunächst die Tastenfunktionen für Bewegen und Auswählen.

Taste/Tastenkombination	Beschreibung
[→] oder [⇆]	Spalte nach rechts
[←] oder [⇧]+[⇆]	Spalte nach links
[↑]	Zeile nach oben
[↓]	Zeile nach unten
[Pos1]	Sprung zum Zeilenanfang
[Strg]+[Pos1]	Sprung zum Tabellenanfang
[Strg]+[Ende]	Sprung an das Ende des benutzten Tabellenbereichs
[Bild↓]	ein Fenster nach unten
[Bild↑]	ein Fenster nach oben
[Strg]+[Bild↑]	Sprung zum nächsten Blatt
[Strg]+[Bild↓]	Sprung zum vorherigen Blatt
[Strg]+[←]	Macht die aktive Zelle wieder sichtbar, wenn der Ausschnitt vorher mit einer Bildlaufleiste oder mit [Rollen] verschoben worden ist.

Tabelle 1.1 Die Tasten und Tastenkombinationen für Bewegen und Auswählen

Taste/Tastenkombination	Beschreibung
Strg + ↑	Sprung in der Spalte nach oben zum Anfang eines Datenblocks bzw. zum Ende des vorherigen Datenblocks
Strg + ↓	Sprung in der Spalte nach unten zum Ende eines Datenblocks bzw. zum Anfang des nächsten Datenblocks
Strg + ←	Sprung in der Zeile nach links zum Anfang eines Datenblocks bzw. zum Ende des vorherigen Datenblocks
Strg + →	Sprung in der Zeile nach rechts zum Ende eines Datenblocks bzw. zum Anfang des nächsten Datenblocks

Tabelle 1.1 Die Tasten und Tastenkombinationen für Bewegen und Auswählen (Forts.)

Für die Markierung von Bereichen stehen die in Tabelle 1.2 aufgelisteten Tastenkürzel zur Verfügung.

Tastenkombination	Beschreibung
⇧ + Richtungstaste	Ausweiten der Auswahl um eine Zeile oder Spalte
⇧ + Pos1	Ausweiten der Auswahl bis zum Zeilenanfang
⇧ + Leertaste	Auswählen der ganzen Zeile
Strg + Leertaste	Auswählen der ganzen Spalte
Strg + ⇧ + Pos1	Ausweiten der Auswahl bis zum Tabellenanfang
Strg + ⇧ + Ende	Ausweiten der Auswahl bis an das Tabellenende
Strg + ⇧ + Leertaste	Auswählen der ganzen Tabelle
⇧ + Bild ↓	Ausweiten der Auswahl um ein Fenster nach unten
⇧ + Bild ↑	Ausweiten der Auswahl um ein Fenster nach oben
Strg + ⇧ + Richtungstaste	Ausweiten der Auswahl zum Ende/Anfang des Blocks in die Richtung der jeweiligen Taste bzw. zum Anfang/Ende des nächsten/vorherigen Datenblocks
Strg + *	Markiert den ganzen Datenblock, in dem sich die aktive Zelle befindet.
⇧ + ←	Reduzieren der Auswahl auf die aktive Zelle

Tabelle 1.2 Die Tasten und Tastenkombinationen für das Markieren von Bereichen

Eine weitere Methode bei großen Bereichen ist, die erste Eckzelle auszuwählen, F8 zu drücken – in der Statuszeile erscheint: **Auswahl erweitern** – und anschließend die letzte Eckzelle zu wählen. Sie müssen noch einmal F8 tippen, um den Erweiterungsmodus wieder aufzuheben. Excel erlaubt auch die Kombination mehrerer Bereiche zu einer Mehrfachauswahl. So können Sie nicht benachbarte Zellen markieren, etwa um sie einheitlich zu formatieren. Die Bereiche dürfen sich dabei sogar überschneiden.

Wenn Sie beispielsweise in einer Umsatztabelle die beiden Zahlenspalten für Umsatz und Gewinn mit einer bestimmten Farbe hinterlegen wollen, verfahren Sie folgendermaßen:

1. Den ersten Bereich mit den Umsatzwerten bestimmen Sie wie gewohnt durch Ziehen über den Bereich.
2. Um die Gewinne ebenfalls zu markieren, halten Sie während des Ziehens über diesen Bereich zusätzlich die Strg-Taste gedrückt.
3. Benutzen Sie die Palette des Symbols **Füllfarbe**, um den beiden Spalten eine gemeinsame Hintergrundfarbe zuzuweisen.

Auch hier haben Sie wieder die Alternative mit der Funktionstaste. Sie benutzen nach der Auswahl des ersten Bereichs ⇧ + F8 – in der Statusleiste erscheint **Abschnitt hinzufügen oder entfernen** –, wählen dann den Anfang des zweiten Bereichs, benutzen F8 – in der Statusleiste erscheint **Auswahl erweitern** – und klicken oder tippen auf das Ende des zweiten Bereichs. Mit F8 schließen Sie die Mehrfachauswahl ab.

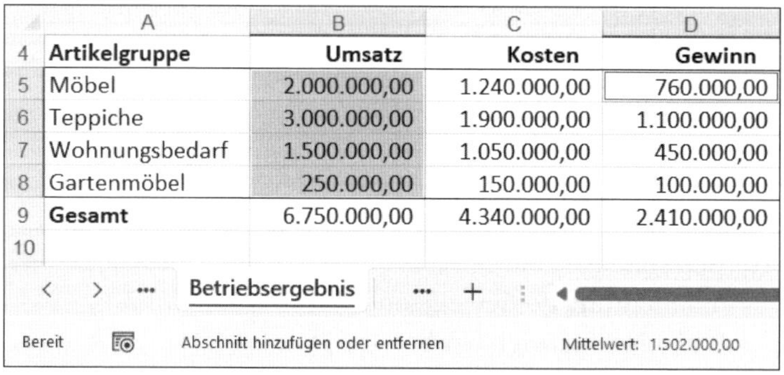

	A	B	C	D
4	**Artikelgruppe**	**Umsatz**	**Kosten**	**Gewinn**
5	Möbel	2.000.000,00	1.240.000,00	760.000,00
6	Teppiche	3.000.000,00	1.900.000,00	1.100.000,00
7	Wohnungsbedarf	1.500.000,00	1.050.000,00	450.000,00
8	Gartenmöbel	250.000,00	150.000,00	100.000,00
9	**Gesamt**	6.750.000,00	4.340.000,00	2.410.000,00
10				

Abbildung 1.13 Hinzufügen eines zweiten Bereichs

Mehrfachauswahl von Zellbereichen

Sollen einzelne Zellen oder Zellbereiche nachträglich aus einer Mehrfachauswahl herausgenommen werden, halten Sie Strg und klicken oder tippen mit dem Stift auf die

Zellen, die nicht mehr zum Bereich gehören sollen, oder ziehen über den entsprechenden Zellbereich. Diese Methode funktioniert auf einem Touchscreen allerdings nicht mit dem Finger.

Solche Mehrfachbereiche können nicht nur beim Formatieren genutzt werden, sondern auch als Argumente von Funktionen, bei denen Zellbereiche erwartet werden.

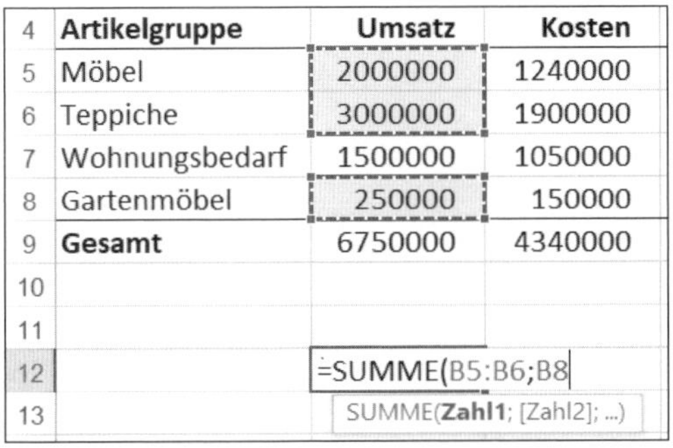

Abbildung 1.14 Addieren von Werten aus einem Mehrfachbereich

Zellauswahl aufgrund von gemeinsamen Merkmalen

Wenn Sie in einem Tabellenblatt in einem Zug alle Zellen auswählen wollen, die Formeln enthalten, etwa um sie durch ein besonderes Format zu kennzeichnen, hilft die Schaltfläche **Inhalte**, die Sie über **Start ▸ Bearbeiten ▸ Suchen und Auswählen ▸ Gehe zu** finden.

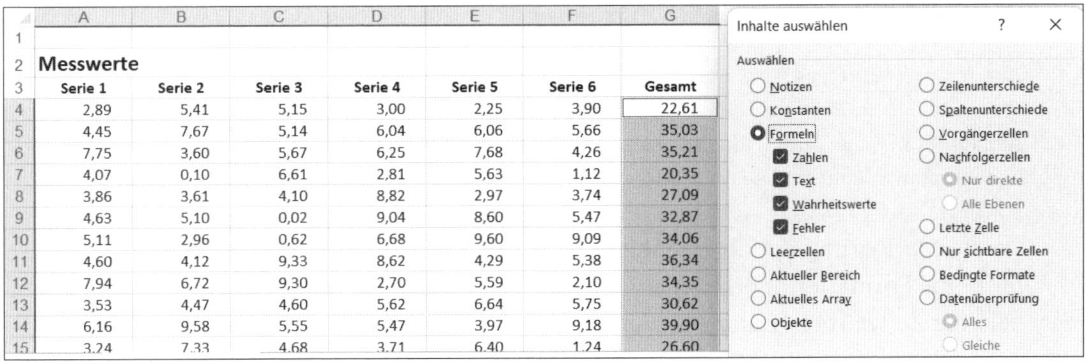

Abbildung 1.15 Auswahl aller Zellen, die Formeln enthalten

Wählen Sie im Dialog **Inhalte auswählen** die Option **Formeln**. Sollen nur Formeln ausgewählt werden, die einen bestimmten Datentyp – etwa **Zahlen** – als Ergebnis liefern, können Sie die anderen Datentypen **Text**, **Wahrheitswerte** oder **Fehler** vorher abwählen.

Das Dialogfeld erlaubt es auch, Wertunterschiede zwischen Spalten oder Zeilen zu markieren. Die folgende Abbildung zeigt drei vorher markierte Spalten mit Messwerten. Die aktive Zelle steht in der Spalte A, das ist dann die Referenzspalte, mit der die Werte in den anderen Spalten verglichen werden.

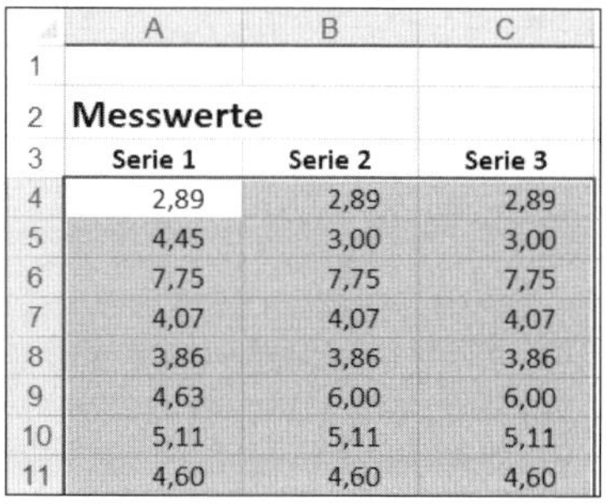

Abbildung 1.16 Im markierten Bereich bestimmt die aktive Zelle die Spalte mit den Referenzwerten.

Die Option **Zeilenunterschiede** bewirkt dann eine Markierung aller Zellen in den beiden Nachbarspalten, die sich von den Werten in der Referenzspalte unterscheiden.

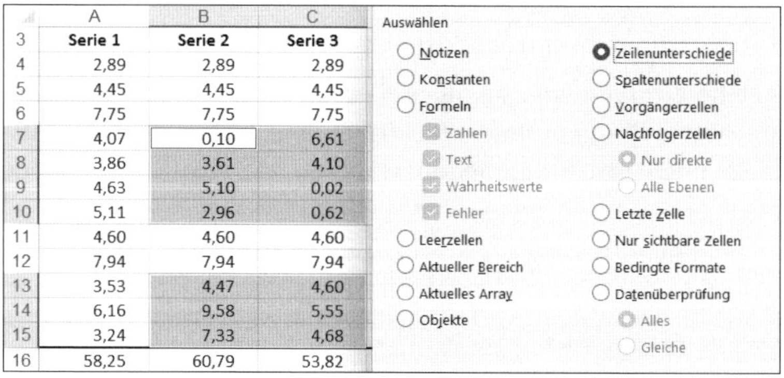

Abbildung 1.17 Die Zellen, die in der Zeile einen anderen Wert haben als die Zellen in der ersten Spalte, sind ausgewählt.

Da die Markierung der abweichenden Werte natürlich nur vorübergehend sichtbar ist, hilft eine Formatierung mit einem farbigen Hintergrund. Dann haben Sie die Möglichkeit, die Zellwerte in Ruhe zu prüfen.

1.3.2 Dateneingabe: Text oder Zahl?

Wenn Sie in eine Zelle etwas eintragen, prüft Excel, was es damit anfangen kann. Das Programm entscheidet, ob die Eingabe als numerischer Wert, als Zeichenfolge oder als

Formel verstanden werden kann. Alle Eingaben, die Excel nicht als numerischen Wert oder als Formel interpretieren kann, behandelt das Programm als Zeichenfolge. Soll dagegen eine Zahl als Zeichenfolge behandelt werden, muss Excel ausdrücklich dazu angewiesen werden. Das kann auf zweierlei Weise geschehen:

1. Sie formatieren den Zellbereich mit dem Format **Text**.
2. Sie setzen vor die Ziffern ein einfaches Anführungszeichen. Dieses Zeichen wird in der Zelle nicht angezeigt.

1.3.3 Eingabe von Zahlen

Während Texte in einem Kalkulationsprogramm insbesondere für Beschriftungen eingesetzt werden, liefern Zahlen das Futter für die Rechenarbeit. Für die Zahleneingabe sollten ein paar Regeln beachtet werden:

- Werte gleichen Typs sollten gleich formatiert werden.
- Wo es auf Dezimalstellen nicht ankommt, sollten sie weggelassen werden, damit die Tabelle übersichtlicher wird.
- Fehlen Werte zunächst, sollte festgelegt werden, ob die Zelle leer bleibt, ob eine Null eingetragen wird oder die Funktion `=NV()`, die dann mit dem Fehlerwert `#NV` anzeigt, dass der Wert noch nicht vorhanden ist.

Sie können Ziffern und bestimmte Sonderzeichen verwenden: Plus- oder Minuszeichen, Dezimalzeichen, Tausenderabtrennung, Schrägstriche, Klammern, Prozentzeichen, E bzw. e für die wissenschaftliche Schreibweise und Währungszeichen wie € oder $. Werden ausschließlich Ziffern eingegeben, wird die Eingabe als Vorgabe rechtsbündig ausgerichtet. Kommen Sonderzeichen vor, prüft Excel, ob die Eingabe einem der gültigen Zahlenformate entspricht. Ist das der Fall, wird die Eingabe als Zahl ausgegeben. Ansonsten behandelt Excel die Eingabe als Text und gibt sie linksbündig aus.

Eine Sonderrolle spielen die Wahrheitswerte `WAHR` und `FALSCH`, die allerdings selten direkt in eine Zelle eingegeben, sondern meist als Ergebnis einer Formel geliefert werden. Sie werden als Vorgabe zentriert und in Großbuchstaben angezeigt.

1.3.4 Eingabe- und Ausgabeformat

Als Vorgabe arbeitet Excel bei Zahlen zunächst mit dem sogenannten *Standardformat*. Dabei handelt es sich um ein Minimalformat, das automatisch vergeben wird, bevor speziellere Zahlenformate zugewiesen werden.

Das Standardformat verwendet keine Tausendertrennzeichen und keine fest vorgegebene Anzahl von Nachkommastellen. Auf dieses Standardformat werden Zahlen auch wieder zurückgesetzt, wenn Sie in einem Zellbereich das Format löschen.

Sie haben aber schon bei der Dateneingabe die Möglichkeit, über dieses Minimalformat hinauszugehen. Entspricht die Eingabe einem gültigen Zahlenformat, ändert Excel für die Zelle die Formatierung vom Standardformat auf das entsprechende Zahlenformat der von Ihnen eingegebenen Zahl. Das gilt so lange, bis der Zelle ein anderes Format zugewiesen wird.

Wenn Sie also z. B. in Zelle B2 die Zahl `1.000.000` eingeben, wird diese Zahl auch genauso angezeigt, weil die Tausenderabtrennung zu einem gültigen Zahlenformat gehört. Die Zelle erhält durch die Dateneingabe ein fixes Zahlenformat. Das Format **Zahl** enthält u. a. die Tausenderabtrennung. Sie merken dies, wenn Sie den Wert in Zelle B2 mit `2000000` überschreiben, ohne Punkte für die Tausenderabtrennung zu benutzen. In der Zelle erscheint `2.000.000`.

Auch Prozentwerte können direkt eingegeben werden. Wenn Sie in Zelle B10 `19 %` als Mehrwertsteuersatz eingeben, wird dies auch so angezeigt. Eine Formel wie `=1000*B10` rechnet dann die Höhe der entsprechenden Mehrwertsteuer aus.

Auf diese Weise können Sie mit dem ersten Eintrag in eine Zelle das Zahlenformat festlegen. Wenn Sie allerdings in eine Spalte beispielsweise eine Reihe von 400 Zahlen eingeben sollen, wäre es überflüssige Arbeit, die Zeichen für Tausenderabtrennung und Währungszeichen immer mit einzugeben. Da ist es praktischer, vor oder nach der Eingabe ein Format festzulegen, das diese Zeichen automatisch erzeugt, und manuell nur die nackten Zahlen einzutippen.

Excel bietet noch eine weitere Alternative. Wenn Sie in der ersten Zelle einer Spalte das Format durch die Eingabe vorgeben, können Sie mit der Maus das Ausfüllkästchen – das kleine Quadrat in der rechten unteren Ecke des Zellrahmens – bis ans Ende der Spalte ziehen. Klicken Sie dann auf die Schaltfläche **Auto-Ausfülloptionen**, und nehmen Sie aus dem Menü, das das kleine Dreieck öffnet, die Option **Nur Formate ausfüllen**. Die zunächst angezeigten Zahlenkopien verschwinden wieder, aber die Zellen übernehmen das Format der ersten Zelle.

1.3.5 Zahlengröße und Spaltenbreite

Ist eine eingegebene Zahl größer als die Spaltenbreite, lässt Excel, solange das Standardformat nicht durch ein anderes Format ersetzt ist, zunächst Dezimalstellen weg.

Hilft auch dies nicht, wird die wissenschaftliche Schreibweise mit Exponent benutzt, z. B. 3,45E+12.

Bei allen anderen Zahlenformaten erweitert Excel automatisch die Spalte, wenn zu wenig Platz ist. Dieses freundliche Verhalten gilt aber nur, solange die Spaltenbreite nicht bereits manuell verändert worden ist. Ist die Spaltenbreite vorher verändert worden, gibt Excel anstelle der Zahl, die nicht in die Spalte passt, eine Reihe von #-Zeichen aus. Immerhin zeigt Excel den Wert an, wenn der Mauszeiger eine solche Zelle berührt. Dann sollte entweder die Spaltenbreite angepasst oder ein günstigeres Format gewählt werden.

Ist es nicht möglich, für die eingegebenen Zeichen ein gültiges Zahlenformat zu finden, wird die Eingabe als Zeichenfolge eingestuft und dementsprechend zunächst linksbündig in der Zelle ausgegeben. Wenn Sie beispielsweise 10.0 statt 10,0 in eine Zelle eingeben, wird dies einfach als Text gewertet. Bei Datumseingaben wird auch noch die logische Richtigkeit überprüft. Wenn Sie z. B. bei der Eingabe eines Datums irrtümlich 13.13.03 eingeben, wird dies ebenfalls als Text gewertet.

1.3.6 Eingabe von führenden Nullen

Alle von Excel direkt angebotenen Zahlenformate schneiden führende Nullen in der Anzeige weg. Werden führende Nullen aber benötigt, etwa bei Belegnummern oder Artikelnummern, hilft ein benutzerdefiniertes Zahlenformat, beispielsweise 000000 für eine sechsstellige Nummer. Mehr dazu in Abschnitt 1.4, »Die Rolle der Zahlenformate«.

1.3.7 Eingabe von Brüchen

Etwas eigentümlich sind die Art und Weise, wie Excel auf die Eingabe von Brüchen reagiert. Wenn Sie z. B. 1/3 eintippen, zeigt die Zelle 01.Mrz an. 4/100 wird dagegen einfach als Text interpretiert, weil dieser Eintrag nicht in ein gültiges Datum umgesetzt werden kann, aber auch keine Formel ist, da das Gleichheitszeichen am Anfang fehlt.

Dagegen wird 2 3/4 anstandslos angenommen und als Wert von 2,75 verstanden, wie die Anzeige in der Bearbeitungsleiste zeigt. Um zu erreichen, dass Brüche ohne vorhergehende Ganzzahl eingetippt werden können, muss eine Null vorangestellt werden. 0 1/3 ergibt das gewünschte Ergebnis, also 1/3. Die andere Möglichkeit ist, den Bereich vorher mit dem einstelligen Bruchformat zu formatieren.

1.3.8 Eingabe von Datum und Uhrzeit

Excel betrachtet Datum und Uhrzeit als numerische Werte. Das hat den großen Vorteil, dass z. B. die Frage, welches Datum 20 Tage nach dem Tagesdatum liegt, durch eine einfache Addition geklärt werden kann. Datums- und Zeitwerte können entweder über Datums- und Zeitfunktionen, also über Formeln, in eine Zelle eingetragen werden oder direkt als Konstanten. Für die Datumseingabe als Konstante sind verschiedene Eingabeformate erlaubt, je nach den gewählten Ländereinstellungen:

```
12-10-24          12/10/24    12.10.24    12.10.2024
12. Dezember 2024 12/10       12-10
12-Jan-24         Jan-10      4-Februar
```

Alle diese Eingabeformate sind gültig. Das Standardausgabeformat hängt von den aktuellen Ländereinstellungen ab. Geändert werden können die Ländereinstellungen über die Systemsteuerung von Windows. Unvollständige Datumsangaben ergänzt Excel automatisch. Fehlt das Jahr, wird das aktuelle Jahr genommen. Fehlt der Tag, wird der Monatserste genommen. Das vollständige Datum wird jeweils in der Bearbeitungsleiste angezeigt und ist Grundlage eventueller Berechnungen.

Zeitangaben können in einem der folgenden Formate eingegeben werden:

```
10:30
10:30 PM
10:30 am
10:30:30
```

Wird PM/AM weggelassen, wird AM angenommen. Kleinbuchstaben werden in Großbuchstaben umgewandelt. In der Bearbeitungsleiste erscheint die Zeit immer in der 24-Stunden-Schreibweise. Das aktuelle Datum und die Uhrzeit können mit `Strg`+`.` bzw. `Strg`+`:` übernommen werden. Excel speichert Eingaben, die es als Datums- oder Zeitwerte erkennt, intern in Form einer seriellen Zahl, mit der die Anzahl der Tage seit dem 1.1.1900 (Tag 1) – oder alternativ dem 1.1.1904 (Tag 0) – gezählt werden.

Die Zeit wird über die Dezimalstellen der seriellen Zahl festgehalten. 12 Uhr entspricht dabei 0,50. Die serielle Zahl wird sichtbar, wenn Sie das Format löschen. Wie bei numerischen Werten üblich, richtet Excel Datums- und Zeitangaben als Vorgabe rechtsbündig aus. Wird ein »falsches« Datum eingegeben (etwa `31.04.2010`), behandelt Excel die Eingabe als Text und richtet sie entsprechend linksbündig aus.

1.3.9 Erzeugen von Datenreihen

Wo ein Zellbereich mit Daten gefüllt werden soll, die eine erkennbare Reihe bilden, lässt sich die Dateneingabe automatisieren. Reihen vereinfachen die Beschriftung von Zeilen und Spalten mit fortlaufenden Nummerierungen. Zwei Methoden stehen zur Verfügung: die Arbeit mit dem Ausfüllkästchen bzw. dem **AutoAusfüllen**-Symbol auf dem Touchscreen und der Befehl **Start ▸ Bearbeiten ▸ Ausfüllen**. Die Schaltfläche öffnet ein Menü mit mehreren Optionen zur Reihenbildung. Bei kleinen Reihen kommen Sie mit der ersten Methode schnell zum Ziel, bei großen Reihen gibt der Befehl mehr Kontrolle über die Reihenbildung.

Abbildung 1.18 Menü der Schaltfläche **Ausfüllen**

Eine häufig benötigte Datenreihe sind Quartalsbezeichnungen. Hier ist das Aufziehen ganz praktisch:

1. Sie geben die Bezeichnung für das Quartal ein, mit dem die Reihe beginnen soll.
2. Sie setzen den Mauszeiger genau auf das Ausfüllkästchen.
3. Mit gedrückter linker Maustaste wird der Hilfsrahmen, der dann erscheint, entweder innerhalb der Zeile nach rechts oder auch nach links oder innerhalb der Spalte nach unten oder oben ausgedehnt. Zur Kontrolle wird immer angezeigt, welches Quartal gerade erreicht wurde.
4. Wird die Maustaste wieder losgelassen, ist der mit dem Hilfsrahmen ausgewählte Bereich ausgefüllt.

Excel blendet die Schaltfläche **Auto-Ausfülloptionen** mit einem Menü ein, in dem Sie beispielsweise wählen können, dass im Ausnahmefall die Formate der Ausgangszelle nicht mit übernommen werden. Im Normalfall überträgt Excel beim Ausfüllen auch die Formatierung der Ausgangszelle auf die neuen Zellen.

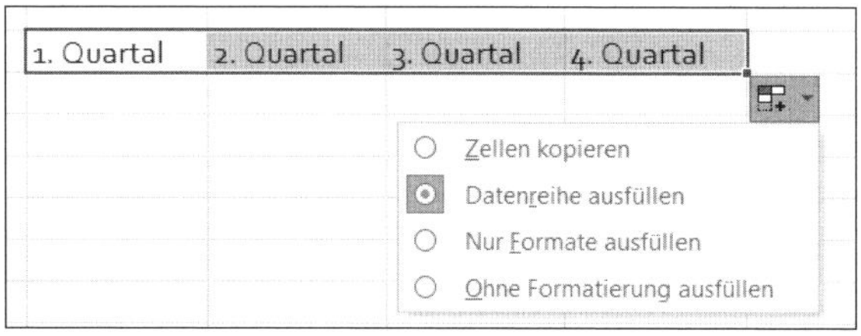

Abbildung 1.19 Auto-Ausfülloptionen

Ausgewählte Zellen auf einem Touchscreen bieten Ihnen zunächst kein Ausfüllkästchen an. Sie können aber ein etwas größeres Kästchen einblenden, mit dem sich ebenfalls Reihen bilden lassen.

1. Wenn Sie die Zelle für das 1. Quartal kurz berühren, erscheint im Kontextmenü die Schaltfläche **AutoAusfüllen**. Diese Schaltfläche blendet anstelle des Ausfüllkästchens ein etwas größeres Symbol mit einem Pfeil ein.

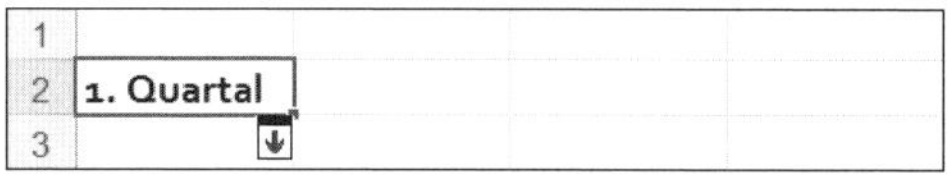

2. Wenn Sie dieses Symbol mit dem Finger nach rechts oder nach unten ziehen, fügt Excel eine Reihe mit den anderen Quartalen ein.

Was die Reihenbildung beim Ziehen mit Maus oder Finger liefert, hängt vom Inhalt der zunächst markierten Ausgangszelle(n) ab. Das Programm prüft, ob sich daraus eine fortlaufende Reihe erzeugen lässt oder nicht. Wenn nicht, werden die Zellinhalte nur kopiert.

Schreiben Sie in die erste Zelle `Haus 1`, unterstellt das Programm, dass Sie eine Reihe von Häusern durchnummerieren wollen, also Haus 1, Haus 2, Haus 3. Dabei spielt es keine Rolle, wo die Zählnummer steht, ob am Anfang des Zelleintrags oder am Ende. Am Anfang muss sie allerdings durch ein Leerzeichen vom Text getrennt sein. Dabei kann hinter der Nummer noch ein Punkt stehen. Ein Eintrag wie `1.Tag` ergibt allerdings immer nur `1.Tag`, während `1. Tag` (also mit Leerzeichen) eine durchnummerierte Reihe ergibt.

Soll eine fortlaufende Nummerierung erzeugt werden, reicht es aus, in die erste Zelle `1` oder eine andere Startzahl einzugeben. Allerdings muss dann über **Auto-Ausfülloptionen** die Option **Datenreihe ausfüllen** gewählt werden, weil Excel die Zahl sonst nur kopiert. Alternativ können Sie beim Ziehen mit der Maus auch die [Strg]-Taste gedrückt halten. Wenn die Aufeinanderfolge nicht in Einerschritten erfolgen soll, ist es notwendig, zunächst zwei Zellen auszufüllen und zu markieren. Die erste Zelle enthält den Ausgangswert und die zweite Zelle den nächsten Wert, sodass das Programm den Schrittwert erkennen kann.

Zeitreihen können linear wie beim Datum oder kreisförmig wie bei der Uhrzeit oder bei Wochentagen oder Monatsreihen sein. Die Abstände werden entweder nach dem ersten Wert automatisch in Einerschritten oder durch den Inhalt einer zweiten Zelle bestimmt. Tabelle 1.3 zeigt einige Beispiele.

Anfangswerte	Fortsetzung
8:15	9:15 10:15 11:15
Di	Mi Do Fr Sa So Mo Di
Montag	Dienstag Mittwoch Donnerstag
1. Mai 15. Mai	29. Mai 12. Jun 26. Jun 10. Jul
Januar	Februar März April

Tabelle 1.3 Beispiele für Zeitreihen

Arithmetische Reihen sind Reihen mit konstantem Abstand. Um sie durch Ziehen zu erzeugen, müssen zwei Zellen markiert sein, die den ersten und den zweiten Wert der Reihe enthalten. Bei geometrischen Reihen wird jeweils der vorhergehende Wert mit einem konstanten Faktor multipliziert. Diese Reihen können jedoch nur über das Dialogfeld **Reihe** erzeugt werden, das mit **Start ▸ Bearbeiten ▸ Ausfüllen ▸ Datenreihe** geöffnet wird. Benötigen Sie eine Liste von Wochentagen, finden Sie im Menü der Schaltfläche **AutoAusfülloptionen** die Option **Wochentage ausfüllen**, die automatisch nur die Werktage aufreiht.

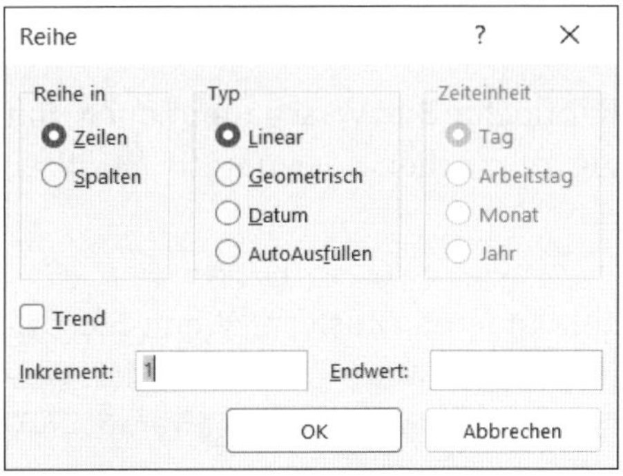

Abbildung 1.20 Der Dialog **Reihe**

Der Dialog **Reihe** bietet noch einige zusätzliche Möglichkeiten. Allerdings ist das Verfahren etwas anders. Zwei Varianten stehen zur Wahl:

1. Sie markieren vor Aufruf des Befehls den kompletten Bereich, der gefüllt werden soll, einschließlich der Startzelle.
2. Sie wählen nur die Ausgangszelle(n) und steuern die Ausdehnung der Datenreihe über den Endwert im Dialogfeld.

Wenn Sie nur die Ausgangszelle(n) ausgewählt haben, wählen Sie unter **Reihe in** aus, ob die Reihe in der Zeile, d. h. nach rechts, oder in der Spalte, also nach unten, gebildet werden soll. In der zweiten Optionsgruppe wird der **Typ** der Datenreihe ausgewählt. Excel gibt den Typ aufgrund der markierten Startzelle vor.

1.3.10 Umwandlungen per Mustererkennung

Eine mit Excel 2013 eingeführte Methode, Spalten mit Inhalt zu füllen, wird unter dem Namen *Blitzvorschau* angeboten, eine eher missglückte Übersetzung für *Flash Fill*. Dabei geht es um ein Verfahren, das mit Mustererkennung arbeitet. Die Methode kann beispielsweise als Hilfe beim Umgang mit Adressen eingesetzt werden. Angenommen, Sie übernehmen aus einer externen Datenquelle eine Spalte mit Zu- und Vornamen, getrennt durch ein Komma. Nun wollen Sie den Zunamen separat in der Nachbarspalte als Benutzernamen ablegen. Die Lösung sieht so aus:

1. Sie legen in der ersten Zelle der neuen Spalte den ersten Benutzernamen ab.
2. Markieren Sie die Zelle unter dem ersten Namen. Rufen Sie den Befehl **Start ▸ Bearbeiten ▸ Ausfüllen ▸ Blitzvorschau** auf.
3. Das Programm geht davon aus, dass Sie diese Freistellung des Zunamens in der gesamten Spalte haben wollen, und erledigt dies auf der Stelle.
4. Bei der ersten Zelle erscheint noch die Schaltfläche **Blitzvorschauoptionen** mit Befehlen, um notfalls das Ausfüllen rückgängig zu machen oder um die gefüllten Zellen auszuwählen.

Dieses Verfahren funktioniert auch mit zahlreichen anderen Mustern. Wenn Sie beispielsweise eine Spalte mit ISBN-Nummern haben und die zweite Zahl freistellen wollen, können Sie ebenso verfahren, falls die Zahlengruppen durch Striche getrennt sind.

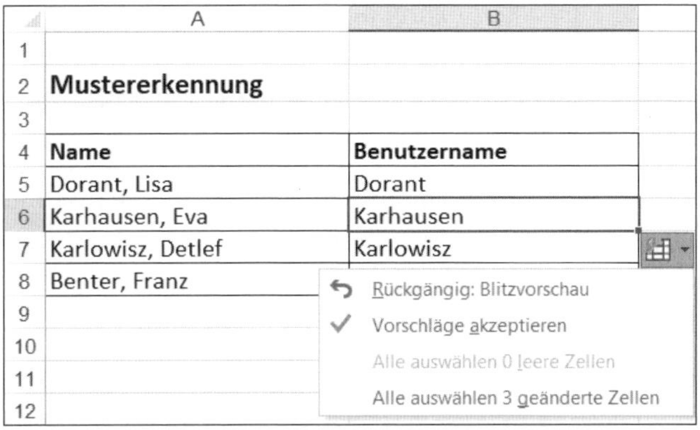

Abbildung 1.21 Spalten füllen durch Mustererkennung

Umgekehrt geht es auch: Sie können beispielsweise den Inhalt von zwei verschiedenen Spalten in einer neuen Spalte zusammenfügen, etwa die getrennten Vor- und Zunamen zu einem Kundennamen. Dabei lassen sich auch bestimmte erkennbare Bestandteile durch andere ersetzen. Es ist also möglich, an bestimmten Stellen Zeichenfolgen oder Ziffern hinzuzufügen. Wenn das erste Muster nicht eindeutig ist, arbeiten Sie mit zwei oder drei Mustern, sodass das Programm möglichst exakt verfahren kann.

1.3.11 Bearbeiten von Zellinhalten

Excel stellt es Ihnen frei, den Zellinhalt direkt in der Zelle zu bearbeiten oder in der Bearbeitungsleiste. Um den Zellinhalt direkt in der Zelle zu bearbeiten, klicken oder tippen Sie doppelt auf die entsprechende Zelle oder benutzen [F2]. Das Programm wechselt in den Bearbeitungsmodus. Bei Formeln wird statt des Ergebnisses die Formel angezeigt. Ein blinkender Strich zeigt die Einfügestelle an. Mit einem Mausklick, einem Tipp mit dem Finger oder mit den Richtungstasten kann die Einfügestelle versetzt werden. Quittiert wird die Korrektur in der Zelle durch die Auswahl einer anderen Zelle per Klick oder Tipp oder mit [↵] oder mit [⇆].

Um den Zellinhalt in der Bearbeitungsleiste zu bearbeiten, wählen Sie die Zelle zunächst aus, damit ihr Inhalt in der Bearbeitungsleiste angezeigt wird. Wenn Sie eine bestimmte Stelle ändern wollen, klicken oder tippen Sie gleich auf diese Stelle in der Bearbeitungsleiste.

Mit der Maus können Sie Zeichen, die Sie durch andere ersetzen wollen, durch Ziehen markieren. Auf dem Touchscreen ziehen Sie den runden Anfasser. Ganze Worte oder Argumente in einer Formel können per Doppelklick oder -tipp markiert werden. Wenn

Sie die [⇧]-Taste festhalten, können Sie eine Markierung auch bis zu der Stelle erweitern, an die Sie den Mauszeiger setzen. Das nächste eingegebene Zeichen ersetzt dann jeweils die markierten Zeichen. Weitere Zeichen werden an der Stelle eingefügt. Das Programm arbeitet also normalerweise im Einfügemodus.

Sie können aber auch die Einfügestelle auf das erste Zeichen setzen, das überschrieben werden soll, und dann mit [Einfg] den Überschreibmodus einschalten. Sind die Zeichen überschrieben, schalten Sie mit [Einfg] wieder in den Einfügemodus zurück. Tabelle 1.4 zeigt die Tastenfunktionen zur Zellbearbeitung.

Taste/Tastenkombination	Beschreibung
[Pos1]	Sprung zum Anfang des Eintrags
[Ende]	Sprung zum Ende des Eintrags
[Strg] + [→]	ein Wort oder Argument nach rechts
[Strg] + [←]	ein Wort oder Argument nach links
[⇧] + [→]	Markierung um ein Zeichen nach rechts erweitern
[⇧] + [←]	Markierung um ein Zeichen nach links erweitern
[Strg] + [⇧] + [→]	Markierung um ein Wort oder Argument nach rechts erweitern
[Strg] + [⇧] + [←]	Markierung um ein Wort oder Argument nach links erweitern
[Strg] + [⇧] + [Pos1]	Markierung bis zum Anfang des Eintrags erweitern
[Strg] + [⇧] + [Ende]	Markierung bis zum Ende des Eintrags erweitern
[Strg] + [⇧] + [A]	Einfügen der Argumente bei einer Funktion. Kann benutzt werden, wenn die erste Klammer hinter dem Funktionsnamen eingegeben ist.
[Entf]	Löscht markierte Zeichen oder das Zeichen rechts von der Einfügemarke.
[←]	Löscht markierte Zeichen oder das Zeichen links von der Einfügemarke.
[Strg] + [Entf]	Löscht ab Einfügemarke oder Markierung bis zum Ende des Eintrags.
[Strg] + [C]	Kopiert die markierten Zeichen in die Zwischenablage.

Tabelle 1.4 Die Tasten und Tastenkombinationen für die Zellbearbeitung

Taste/Tastenkombination	Beschreibung
Strg + X	Schneidet die markierten Zeichen aus und legt sie in die Zwischenablage.
Strg + V	Fügt die Daten aus der Zwischenablage an der Einfügestelle oder anstelle der markierten Zeichen ein.

Tabelle 1.4 Die Tasten und Tastenkombinationen für die Zellbearbeitung (Forts.)

1.3.12 Löschmethoden

Unter dem Begriff *Löschen* kann in Bezug auf die Eigenschaften einer Zelle oder eines Zellbereichs viererlei verstanden werden:

1. Löschen des Zellinhalts
2. Löschen des Zellformats
3. Löschen von Kommentaren und Notizen
4. Löschen von Links

Für all diese Maßnahmen wird unter **Start ▸ Bearbeiten** die Schaltfläche **Löschen** angeboten, deren Menü die verschiedenen Optionen enthält.

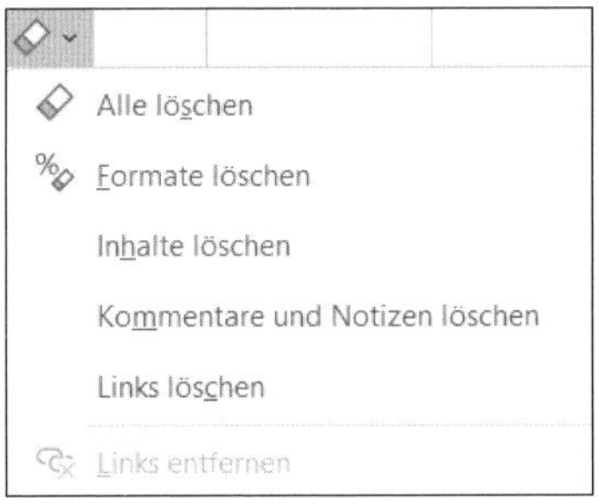

Abbildung 1.22 Optionen der Schaltfläche **Löschen** in der Gruppe **Bearbeiten**

Das Löschen des Zellformats bedeutet nicht, dass die Zelle anschließend überhaupt keine Formateigenschaften mehr hat. Die Zelle wird lediglich auf das Standardformat zurückgesetzt. Die Taste Entf löscht dagegen nur den Zellinhalt. Die Formatierung der Zelle bleibt davon unberührt.

Von diesen Löschoptionen muss das Entfernen ganzer Zellen unterschieden werden, das ebenfalls als Löschen bezeichnet wird. Die entsprechenden Befehle finden Sie über das

Menü zu **Löschen** in der Gruppe **Start ▸ Zellen**. Stattdessen können Sie im Kontextmenü einer Zellauswahl dafür auch den Befehl **Zellen löschen** verwenden.

Abbildung 1.23 Optionen der Schaltfläche **Löschen** in der Gruppe **Start**

Wird der Inhalt einer Zelle gelöscht, ist die Zelle leer. Diese Banalität muss deshalb betont werden, weil eine Zelle manchmal zwar leer aussieht, aber nicht leer ist. Das kann vorkommen, wenn eine Zelle Leerzeichen enthält. Wenn Sie die Zelle doppelt anklicken, steht die Einfügestelle nicht ganz links, sondern rechts vom letzten Leerzeichen. Solche übersehenen Leerzeichen können z. B. beim Abfragen von Tabellen Verwirrung stiften.

Wenn Sie Zellinhalte in einer Zelle oder eines Zellbereichs mit der Maus löschen wollen, müssen Sie diese nur markieren und dann das Ausfüllkästchen soweit nach innen ziehen, bis der gesamte Bereich durch das Raster schraffiert ist. Wenn Sie loslassen, ist der markierte Bereich gelöscht. Auf dem Tablet können Sie den Bereich kurz antippen und dann im Kontextmenü den Befehl **Markierung löschen** verwenden.

1.4 Die Rolle der Zahlenformate

In Abschnitt 1.3, »Hinweise zur Dateneingabe«, sind Zahlenformate schon kurz angesprochen worden. Zahlenformate bestimmen die Art und Weise, wie der in die Zelle eingetragene Wert dargestellt wird. Bei numerischen Werten betrifft das insbesondere die Frage, ob und mit wie vielen Dezimalstellen eine Zahl ausgegeben wird.

Geregelt werden kann über das Format auch, wie negative Zahlen erscheinen. Neben dem Minuszeichen und den Klammern können solche Werte etwa auch durch eine rote Textfarbe hervorgehoben werden.

1.4.1 Formatsymbole und Tastenkombinationen

Für die gebräuchlichsten Zahlenformate stellt Excel in der Gruppe **Start ▸ Zahl** eine Formatpalette und eine Reihe von Schaltflächen zur Verfügung. Das Listenfeld der Palette zeigt jeweils das Format der aktuellen Zelle an. Die Palette enthält zahlreiche Formate aus den verschiedenen Kategorien, die einfach per Klick oder Tipp einem vorher ausgewählten Zellbereich zugeordnet werden.

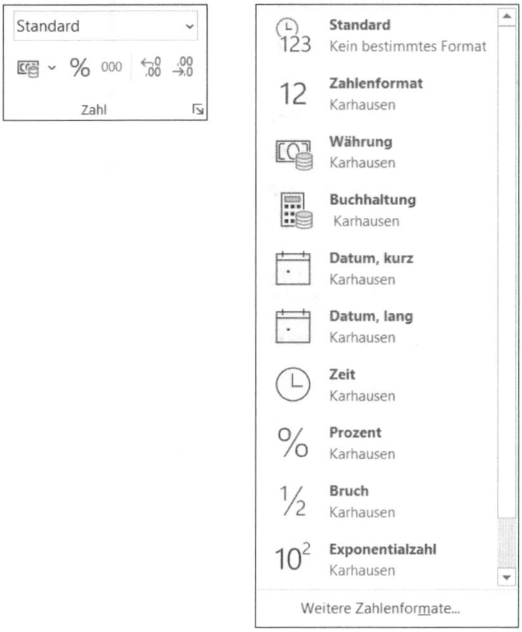

Abbildung 1.24 Symbole und Palette für gängige Zahlenformate

Die angesprochenen Schaltflächen werden ebenfalls in der Minisymbolleiste des Kontextmenüs zu einem Zellbereich angeboten. Auch einige Tastenkombinationen sind für Zahlenformate einsetzbar, wie Tabelle 1.5 zeigt.

Symbol	Tastenkombination	Format
	Strg + $	Währungsformat
%	Strg + %	Prozentformat
000	Strg + !	1.000,00
	Strg + &	Standardformat
	Strg + §	Datumsformat TT.MMM JJ
		Dezimalstellen hinzufügen
		Dezimalstellen entfernen

Tabelle 1.5 Symbole und Tastenkombinationen für Zahlenformate

Das Währungssymbol bietet über die Pfeilschaltfläche ein Menü an, das den schnellen Wechsel zwischen verschiedenen Währungsformaten unterstützt.

Wenn Sie das Prozentformat einer Zelle zuweisen, wird nicht einfach nur das Prozentzeichen an den vorhandenen Wert angehängt, gleichzeitig wird mit 100 multipliziert. Da der Wert aber meist durch eine Division ermittelt wird – etwa nach dem Schema »Teilbetrag dividiert durch Gesamtbetrag« –, ist das beschriebene Verhalten ganz praktisch.

1.4.2 Zuweisen eines Zahlenformats per Dialog

Mehr Kontrolle über die Formatierung haben Sie über das auch in den älteren Excel-Versionen verwendete Dialogfeld **Zellen formatieren**, das in der Palette über die Option **Weitere Zahlenformate**, mit dem Dialogfeldstarter in der Gruppe **Zahl** oder mithilfe der Tastenkombination `Strg`+`1` geöffnet werden kann. Dabei spielt es keine Rolle, ob die Zellen bereits vor oder erst nach der Eingabe von Daten formatiert werden.

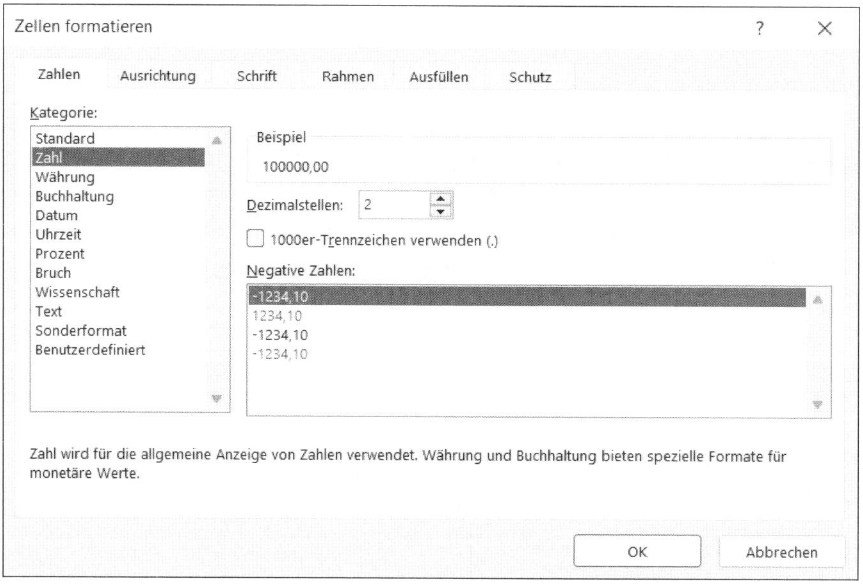

Abbildung 1.25 Das Dialogfeld **Zellen formatieren** mit der Registerkarte **Zahlen**

Angenommen, Sie wollen in einer Tabelle mit statistischen Auswertungen Zahlen mit der Tausenderabtrennung, aber ohne Nachkommastellen anzeigen lassen:

1. Wählen Sie zunächst den Zellbereich aus.
2. Öffnen Sie das Dialogfeld **Zellen formatieren**.

3 Auf der Registerkarte **Zahlen** gibt Excel zunächst das aktuelle Format der aktiven Zelle vor, es sei denn, Sie haben einen Bereich ausgewählt, in dem unterschiedliche Formate verwendet werden.

4 Wählen Sie unter **Kategorie** den Eintrag **Zahl**. Bei den Formaten der Kategorie **Zahl** können die verschiedenen Elemente des Formats einzeln ausgewählt werden.

5 Setzen Sie in diesem Fall die Anzahl der Dezimalstellen auf null.

6 Aktivieren Sie **1000er-Trennzeichen verwenden (.)**, indem Sie ein Häkchen setzen.

7 Was die Darstellung der negativen Zahlen angeht, wählen Sie aus der kleinen Liste die gewünschte Einstellung.

8 Wenn das unter **Beispiel** angezeigte Format Ihren Wünschen entspricht, bestätigen Sie mit **OK**.

1.4.3 Währungsformate

Es ist kein Problem, in einem Tabellenblatt mit unterschiedlichen Währungen zu operieren. Unter den Kategorien **Währung** und **Buchhaltung** werden Zahlenformate mit Währungszeichen angeboten. Diese Formate verwenden gleichzeitig das Tausendertrennzeichen. In der Liste für das Währungssymbol werden zahlreiche Währungszeichen zur Auswahl gestellt. Es ist also kein Umstand, in einer Spalte Eurobeträge anzuzeigen, in einer zweiten Spalte Dollars und in der dritten britische Pfund.

	A	B	C	D
1				
2	**Internationale Preisliste**			
3				
4		**Euro**	**Dollar**	**Pfund**
5	Artikel 1	50,00 €	$52,63	£22,73
6	Artikel 2	75,00 €	$78,95	£34,09
7	Artikel 3	100,00 €	$105,26	£45,45
8	Artikel 4	125,00 €	$131,58	£56,82
9	Artikel 5	150,00 €	$157,89	£68,18
10	Artikel 6	175,00 €	$184,21	£79,55

Abbildung 1.26 Tabelle mit unterschiedlichen Währungsformaten

Speziell für die buchhalterische Dateneingabe – z. B. für Bilanzen und Journale – werden Zahlenformate unter **Buchhaltung** angeboten. Bei diesen Formaten werden Nullwerte mit einem Bindestrich dargestellt. Die Zahlen werden so ausgerichtet, dass bei gleicher Anzahl von Dezimalstellen das Komma immer an derselben Stelle steht, egal, ob Währungssymbole angezeigt werden oder nicht. Das Minuszeichen bei negativen

Werten wird linksbündig dargestellt. Für Prozentzahlen kann in der Kategorie **Prozent** die Anzahl der Dezimalstellen eingestellt werden. Unter **Bruch** gibt es zahlreiche Formatangebote. Wenn Sie das Format **Einstellig** einem Zellbereich schon vor der Dateneingabe zuordnen, können Sie beispielsweise `1/4` eingeben, ohne dass Excel daraus ein Datum macht. Es ist dann nicht notwendig, `0 1/4` einzugeben.

Unter **Wissenschaft** steht das Exponentialformat zur Verfügung, wobei die Anzahl der Dezimalstellen in der Mantisse frei gewählt werden kann. Bei diesem Format wird die Zahl jeweils als Produkt einer Zahl mit einer Zehnerpotenz dargestellt. Diese Darstellungsform ist insbesondere für sehr große oder sehr kleine Zahlen geeignet, wie sie im technisch-wissenschaftlichen Bereich häufig vorkommen.

1.4.4 Datums- und Zeitformate

Neben den Zahlenformaten bietet Excel zahlreiche Formate für die Anzeige von Datums- und Zeitangaben an. Auch auf internationale Formate aus vielen Ländern können Sie zugreifen, wenn Sie über das Listenfeld **Gebietsschema** eine entsprechende Einstellung wählen. Sehr praktisch ist oft das lange Datumsformat, bei dem gleich der Name des Tages vor dem Datum ausgegeben wird.

Abbildung 1.27 Die regionalen Einstellungen zum Datumsformat

Welches Ausgabeformat von Excel als Vorgabe benutzt wird, ist von den für Windows gewählten Ländereinstellungen abhängig. Wenn Sie z. B. dort über **Zeit und Sprache** und **Region** ein kurzes Datumsformat wie `TT.MM.JJJJ` auswählen, wird eine zweistellige Jahreszahl automatisch vierstellig ausgegeben.

1.4.5 Textformate und Sonderformate

Ein spezielles Format ist das oben schon angesprochene Format **Text**. Wenn Sie einen leeren Zellbereich mit diesem Format belegen, werden alle Zahlen, die Sie anschließend eingeben, von Excel als Zeichenfolgen behandelt und auch entsprechend linksbündig ausgerichtet. Diese Verfahrensweise ist praktisch, wenn Sie z. B. Codenummern, Kundennummern, Telefonnummern etc. eingeben wollen.

Ganz hilfreich ist eine Reihe von Sonderformaten, wie sie für Postleitzahlen, ISBN- oder Versicherungsnummern benötigt werden. Auch hier sind Formate für bestimmte Länder verfügbar, die Sie über **Gebietsschema** auswählen können.

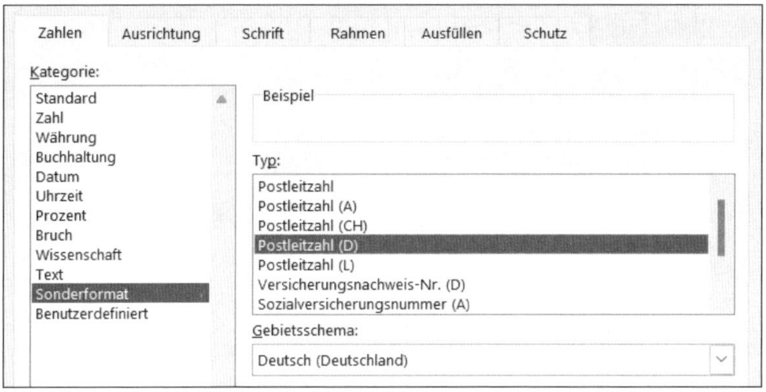

Abbildung 1.28 Sonderformate beziehen sich auf das ausgewählte Gebietsschema.

1.4.6 Selbst definierte Formate

Wenn die integrierten Zahlenformate nicht ausreichen, können Sie das Dialogfeld **Zellen formatieren** nutzen, um eigene Formate zu definieren. Eine Formatbeschreibung kann aus bis zu vier Bestandteilen bestehen, die jeweils durch Semikola getrennt werden:

```
positives Format; negatives Format; Nullformat; Textformat
```

Enthält ein Zahlenformat nur drei Bestandteile, bedeutet dies, dass es kein spezielles Textformat gibt. Enthält die Zelle Text, wird er ganz normal als Text ausgegeben. Enthält ein Zahlenformat nur zwei Bestandteile, gilt das erste für positives Format und Nullformat, das zweite für negatives Format. Ist nur ein Bestandteil gegeben, gilt dies für positives Format, negatives Format und Nullformat.

Solche benutzerdefinierten Formate können ausgehend von einem vorhandenen Format festgelegt werden. Angenommen, Sie wollen sechsstellige Belegnummern verwenden, die führende Nullen anzeigen. Sie können folgendermaßen verfahren:

1. Markieren Sie den Zellbereich.
2. Wählen Sie im Dialogfeld **Zellen formatieren** unter **Kategorie** den Eintrag **Benutzerdefiniert**.
3. In dem Listenfeld werden Ihnen Formatmuster angeboten, die Sie als Ausgangsmaterial für das eigene Format verwenden können. Markieren Sie den Eintrag mit der Null.
4. Ergänzen Sie in dem Eingabefeld **Typ** die restlichen fünf Nullen, und bestätigen Sie mit **OK**.

Abbildung 1.29 Definition eines eigenen Zahlenformats

Wenn Sie das einmal definierte Format erneut auf eine Zelle anwenden wollen, wiederholen Sie die Schritte 1 bis 2. Wählen Sie dann aus der Liste das neue Format. Excel zeigt es immer am Ende der Liste an. Benutzerdefinierte Formate können jederzeit wieder gelöscht werden. Markieren Sie das Format, und benutzen Sie die Schaltfläche **Löschen**.

Benutzerdefinierte Formate werden mit der Arbeitsmappe gespeichert, in der sie definiert worden sind. Sie stehen also in anderen Arbeitsmappen nicht zur Verfügung. Wenn Sie solche Formate öfters benötigen, können Sie die Formatdefinitionen in einer Vorlage – mit dem Dateityp **.xltx* – ablegen, die Sie dann für neue Mappen verwenden.

1.4.7 Formatcodes

Für die Darstellung der Zahlenformate verwendet Excel bestimmte Codezeichen, die in der folgenden Liste zusammengestellt sind. Dabei wird mit den verschiedenen Platzhaltern für Ziffern gesteuert, wie viele Dezimalstellen angezeigt werden. Excel erlaubt maximal 15 Dezimalstellen. Im Dialog **Zellen formatieren** können zwar für das Format **Zahl** bis zu 30 Dezimalstellen ausgewählt werden, ab der 16. Dezimalstelle erscheinen aber nur noch Nullen.

Auch die Behandlung führender oder nachfolgender Nullen wird mithilfe dieser Codezeichen geregelt. Vorzeichen können vor oder hinter die Zahl gesetzt werden. Excel zeigt normalerweise nur negative Vorzeichen an. Das Pluszeichen muss ausdrücklich in das Formatmuster eingefügt werden, wenn es angezeigt werden soll.

Formatcode	Bedeutung
Standard	Anzeige im Standardformat
Kein Eintrag	Daten werden nicht angezeigt. Beispiel: ;;;
#	Platzhalter für eine Ziffer. Führende Nullen vor und nachfolgende Nullen hinter dem Komma werden nicht angezeigt. Excel rundet auf die angegebenen Dezimalstellen. Sind vor dem Komma mehr Ziffern vorhanden als #-Zeichen, werden sie angezeigt.
0 (Null)	Platzhalter für eine Ziffer einschließlich führender Nullen vor und nachfolgender Nullen hinter dem Komma. Hat die Zahl weniger Ziffern als das Format, werden Nullen dafür angezeigt.

Tabelle 1.6 Von Excel verwendete Codezeichen für die Darstellung von Zahlenformaten

Formatcode	Bedeutung
?	Platzhalter für eine Ziffer; führende Nullen vor und nachfolgende Nullen hinter dem Komma werden als Leerzeichen ausgegeben. Hat die Zahl weniger Ziffern als das Format, werden Leerzeichen dafür eingesetzt.
Komma	Dezimalzeichen
%	Prozentzeichen; Excel multipliziert den Wert mit 100 und fügt das Prozentzeichen hinzu.
Punkt	Tausendertrennzeichen; kann auch benutzt werden, um eine Zahl auf Tausender, Millionen etc. zu normieren. (#.. zeigt z. B. nur die Millionen an.)
E- E+ e- e+	Wissenschaftliches Zahlenformat; die Anzahl der Nullen bzw. #-Zeichen zur Rechten legt die Anzahl der Stellen im Exponenten fest. E- oder e- zeigt nur das Minuszeichen an, E+ oder e+ beide Vorzeichen des Exponenten.
€ $ - + / ( ) { } < > ^ ´ = ! & ~ : Leerzeichen	Anzeige des betreffenden Zeichens. Sollen andere Zeichen angezeigt werden, setzen Sie sie in doppelte Anführungszeichen, oder Sie setzen \ davor. Der Bindestrich kann z. B. als Trennzeichen verwendet werden. Beispiel: ##-###-##
¢ £ ¥	Währungszeichen, die mit gedrückter NUM LOCK-Taste und den ANSI-Codes ALT+0162, ALT+0163 und ALT+0165 eingegeben werden
*	Füllt die Zelle nach links mit dem unmittelbar folgenden Zeichen auf. ** kann z. B. als Sperrzeichen bei der Scheckausfüllung verwendet werden.
Unterstrich	Fügt eine Leerstelle von der Breite des nächsten Zeichens ein. _) kann z. B. benutzt werden, um positive Zahlen genau unter negative Zahlen zu setzen, die in Klammern angezeigt werden.
"Text"	Der Text innerhalb der Anführungszeichen wird angezeigt. Das erlaubt Ihnen z. B., die Maßeinheit direkt hinter eine Zahl zu setzen. Beispiel: #0,00 "qm"
@	Platzhalter für eine beliebig lange Zeichenfolge
M oder MM	Monatszahl ohne oder mit führenden Nullen (3 oder 03)

Tabelle 1.6 Von Excel verwendete Codezeichen für die Darstellung von Zahlenformaten (Forts.)

Formatcode	Bedeutung
MMM	abgekürzter Monatsname (Jan, Feb etc.)
MMMM	ausgeschriebener Monatsname
MMMMM	Monatsname mit einem Buchstaben
T oder TT	Tag als Zahl ohne oder mit führenden Nullen (9 oder 09)
TTT	abgekürzter Tagesname (Sa, So)
TTTT	ausgeschriebener Tagesname
JJ oder JJJJ	zweistellige oder vierstellige Jahreszahl (93 oder 1993)
h oder hh	Stundenzahl ohne oder mit führenden Nullen (3 oder 03); wird im 12-Stunden-Format angezeigt, wenn das Format auch AM oder PM enthält.
m oder mm	Minutenzahl ohne oder mit führenden Nullen (3 oder 03); muss auf h oder hh folgen, wird sonst als Monatszahl interpretiert.
s oder ss	Sekundenzahl ohne oder mit führenden Nullen (3 oder 03)
[ ]	Erlaubt Zeitformate mit mehr als 24 Stunden bzw. mehr als 60 Minuten oder Sekunden. Dabei muss jeweils der äußerste linke Teil des Zeitformats in eckige Klammern gesetzt werden, z. B. [H]:mm:ss.
AM/am/A/a PM/pm/P/p	Bewirkt, dass die Uhrzeit im 12-Stunden-Format angezeigt wird: AM, am, A oder a für die Zeit bis Mittag (ante meridiem = vormittags), PM, pm, P, oder p für die Zeit bis Mitternacht (post meridiem = nachmittags). Ohne Angabe wird die Zeit im 24-Stunden-Format angezeigt.
[Farbe]	Die folgenden Zeichen werden in der angegebenen Farbe angezeigt. Möglich sind die Einträge SCHWARZ, BLAU, ZYAN, GRÜN, MAGENTA, ROT, WEISS, GELB oder FARBE n, wobei n für eine Zahl zwischen 0 und 56 steht und die Nummer der Farbe aus der Farbpalette angibt, die Excel verwendet.
[Bedingung Wert]	Kann für bedingte Formate genutzt werden. Als Bedingung kann einer der folgenden Operatoren eingegeben werden: <, >, =, >=, <=, <>. Wert steht für eine beliebige Zahl. Beispiel: >1000

Tabelle 1.6 Von Excel verwendete Codezeichen für die Darstellung von Zahlenformaten (Forts.)

1.4.8 Darstellung von Nullwerten

Bei Tabellen, die erst innerhalb größerer Zeiträume mit Daten gefüllt werden, stellt sich häufig das Problem der Nullwerte. Sie haben verschiedene Möglichkeiten: Sie können für die gesamte Arbeitsmappe die Anzeige der Nullwerte unterdrücken. Dazu finden Sie über **Excel-Optionen** auf der Seite **Erweitert** die Arbeitsblattoption **In Zellen mit Nullwert eine Null anzeigen**. Wird das Häkchen gelöscht, werden Nullwerte nicht angezeigt.

Die zweite Möglichkeit ist, ein Format zu definieren, bei dem die Nullwerte unterdrückt oder etwa durch einen Bindestrich ersetzt werden. Hier ein Beispiel: `0,00; -0,00; ;` oder `0,00; -0,00; "-"`. Das Format kann dann beispielsweise gezielt auf bestimmte Formeln beschränkt werden. Die dritte Möglichkeit ist, in die Zellen, für die noch die Werte fehlen, die Funktion `=NV()` einzutragen. In der Zelle erscheint `#NV`; auch die Formeln, die sich auf diese Zellen beziehen, liefern den Wert `#NV`, es sei denn, Sie arbeiten mit der Funktion `AGGREGAT()` und geben dabei an, dass Fehlerwerte ignoriert werden.

Schließlich können Sie die Anzeige von Nullwerten natürlich auch über Formeln abfangen.

```
=WENN(ANZAHL(A3:E3) > 0; SUMME(A3:E3); "")
```

zeigt z. B. in Zelle F3 die Quersumme nicht an, wenn alle Zellen in A3:E3 leer sind.

1.4.9 Interpretation unvollständiger Jahreszahlen

Damit auch nach dem Jahr 2000 »unvollständige« Jahreszahlen vernünftig verarbeitet werden, bietet Ihnen Excel folgendes Standardverfahren an: Eine Eingabe wie `12.10.10` wird als `12.10.2010` verstanden. Dieses Verhalten gilt für alle Jahreszahlen von 00 bis 29. Geben Sie eine Zahl zwischen 30 und 99 an, vermutet Excel, dass das 20. Jahrhundert gemeint ist, und setzt die 19 als Jahrhundertzahl davor. `12.10.33` wird also zu `12.10.1933` ergänzt.

Excel zeigt die komplette Jahreszahl in der Bearbeitungsleiste automatisch an, wenn die Zelle ausgewählt wird. Wenn Sie eine Zelle nachträglich umformatieren, sodass die Jahreszahl auch tatsächlich vierstellig angezeigt wird, können Sie das Ergebnis ebenfalls prüfen. Intern speichert Excel also immer die komplette Jahreszahl. Benötigen Sie aus irgendeinem Grund ein Datum aus dem Jahr 1904, etwa das Geburtsdatum Ihrer Urgroßmutter, können Sie das Datum vierstellig eingeben, auch wenn die Zelle nur für eine zweistellige Jahreszahl formatiert ist.

Eine Besonderheit in Bezug auf das Jahr 1900 soll an dieser Stelle noch erwähnt werden. Excel bietet neben dem vorgegebenen Dateiformat *Open XML* auch das Format

Strict Open XML an, das den ISO-Standard für Open XML tatsächlich komplett umsetzt, während das bisherige Format Open XML hier aus Gründen der Rückwärtskompatibilität noch einige Lücken aufweist. In Strict Open XML wird nun auch ein Fehler bereinigt, der in allen Excel-Versionen mitgeschleppt worden ist. Das Jahr 1900, mit dem die Zählung der Jahre beginnt, wurde irrtümlich als Schaltjahr behandelt, es war also möglich, das Datum `29.02.1900` einzugeben. Wenn Sie das Strict-Format verwenden, wird die Eingabe `29.02.1900` nicht mehr als Datum akzeptiert und linksbündig als Zeichenfolge ausgegeben. Wenn Sie eine Datei nachträglich in dem neuen Format speichern, wird der Inhalt einer Zelle, die das falsche Datum `29.2.1900` enthält, in `28.2.1900` korrigiert.

1.4.10 Ein Format für Zeitberechnungen

Das normalerweise von Excel verwendete Format für Zeitangaben liefert immer Werte, die eine bestimmte Uhrzeit darstellen. Die Zahl der Stunden bewegt sich folglich zwischen 0 und 24. Die Summe der Werte in Abbildung 1.30 würde normalerweise `4:30` ergeben, die Uhr läuft also weiter in den nächsten Tag, wenn 24 Stunden erreicht sind. Sollen Stundenwerte korrekt zusammenaddiert werden, müssen Sie dafür ein spezielles Format definieren: `[hh]:mm` statt `hh:mm`. Nun zeigt das Format auch Stundenzahlen an, die größer als 24 sind.

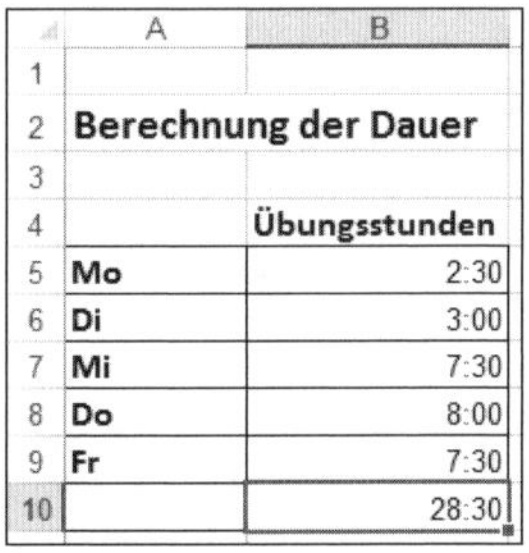

	A	B
1		
2	**Berechnung der Dauer**	
3		
4		**Übungsstunden**
5	**Mo**	2:30
6	**Di**	3:00
7	**Mi**	7:30
8	**Do**	8:00
9	**Fr**	7:30
10		28:30

Abbildung 1.30 Erst ein spezielles Zeitformat erlaubt das korrekte Addieren von Zeitwerten.

1.5 Formellose Berechnungen

Bevor auf die Konstruktion von Formeln im Detail eingegangen wird, soll an dieser Stelle zunächst noch auf eine Funktion von Excel hingewiesen werden, die Ihnen Rechenergebnisse ohne Formeln anbietet. Wenn Sie sofort wissen wollen, welchen Gesamtbetrag eine Gruppe von Werten ergibt, müssen Sie nicht eine vollständige Formel eingeben. Sobald Sie mehr als eine Zelle markieren, gibt Ihnen Excel unaufgefordert den Mittelwert, die Anzahl und die Summe dieser Werte in der Statusleiste aus. Das funktioniert nicht nur bei geschlossenen Zellblöcken, sondern auch, wenn Sie nicht zusammenhängende Zellen markieren. Das erspart in vielen Fällen den Zugriff auf den Taschenrechner.

Neben den drei vorgegebenen Auswertungen können über das Menü **Statusleiste anpassen** auch andere Funktionen aktiviert und berechnet werden. Dazu müssen Sie den Ergebnisbereich in der Statusleiste nur mit der rechten Maustaste anklicken und die gewünschte Funktion auswählen.

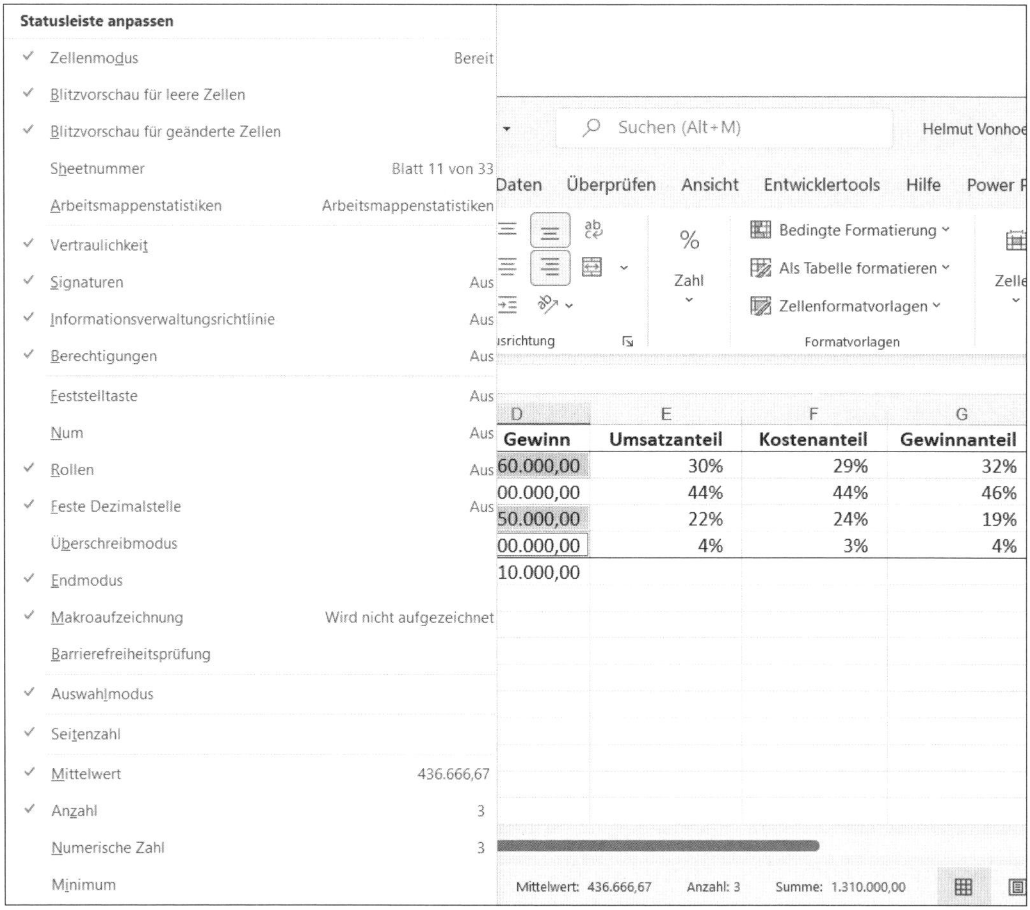

Abbildung 1.31 Mittelwert, Anzahl und Summe markierter Zellen

Eine weitere Methode, Berechnungen ohne Formeln vorzunehmen, ist mit dem Kopieren verknüpft. Eine praktische Anwendung ist das Addieren von Werten in zwei Bereichen, um die Werte zusammenzufassen. Abbildung 1.32 zeigt ein Beispiel.

Sie markieren die Zellen von Bereich2 und benutzen **Start ▸ Zwischenablage ▸ Kopieren**. Anschließend markieren Sie den Bereich A5:B8 und benutzen die untere Hälfte der Schaltfläche **Einfügen** in der Gruppe **Zwischenablage** und dort die Option **Inhalte einfügen**. Im Dialog wählen Sie die Option **Addieren**. Die Werte von Bereich2 werden auf die aktuellen Werte von Bereich1 aufaddiert.

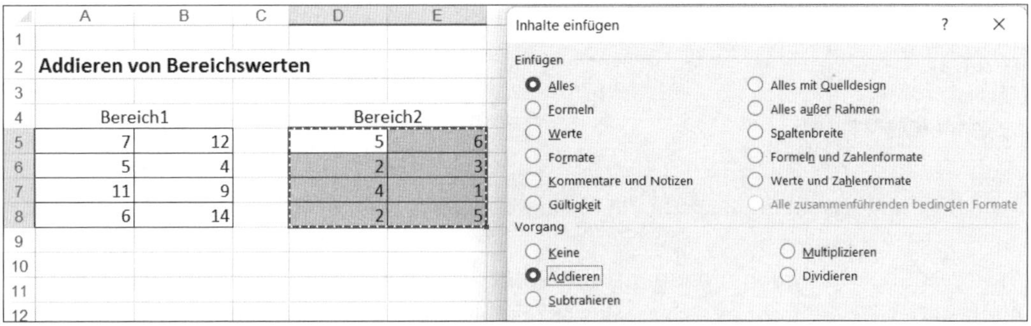

Abbildung 1.32 Aufaddieren von Bereichen beim Kopieren

Ähnlich können Sie vorgehen, wenn Sie einen Wertebereich mit einem bestimmten Faktor multiplizieren wollen. Sie kopieren den Faktor, wählen den Zielbereich und benutzen in dem Dialog **Inhalte einfügen** die Option **Multiplizieren**. Diese Methode ist bei der Änderung von Preislisten sehr handlich.

1.6 Einsatz von Formeln

Eine Formel ist in Excel so etwas wie ein Dauerauftrag an das Programm. Mit einer Formel bestimmen Sie, dass Excel immer wieder bestimmte Dinge erledigt. Das kann beispielsweise eine Rechenvorschrift sein wie »Bilde die Summe einer Zahlenkolonne« oder »Multipliziere den Betrag mit dem Faktor 1,19« oder aber eine Anweisung wie »Setze eine Bezeichnung aus den aktuellen Werten von zwei Zellen zusammen«.

1.6.1 Formelsyntax

In Bezug auf die Syntax einer Formel ist zunächst nur festgelegt, dass sie immer mit einem Gleichheitszeichen beginnen muss. Das heißt umgekehrt auch, dass Excel jeden Zelleintrag, der mit einem Gleichheitszeichen beginnt, als Formel interpretiert. Ist das nicht möglich, wird ein Fehlerwert ausgegeben. Allerdings erlaubt Excel, die Eingabe auch mit einem Plus- oder Minuszeichen zu beginnen; diese werden aber sofort in = oder =- umgewandelt, wenn es sich erkennbar um eine Formel handelt, also nicht nur ein einzelner Wert dem Vorzeichen folgt.

Ansonsten kann eine Formel aus verschiedenen Bestandteilen zusammengesetzt sein, die am folgenden Beispiel aus Abbildung 1.33 vorgestellt werden.

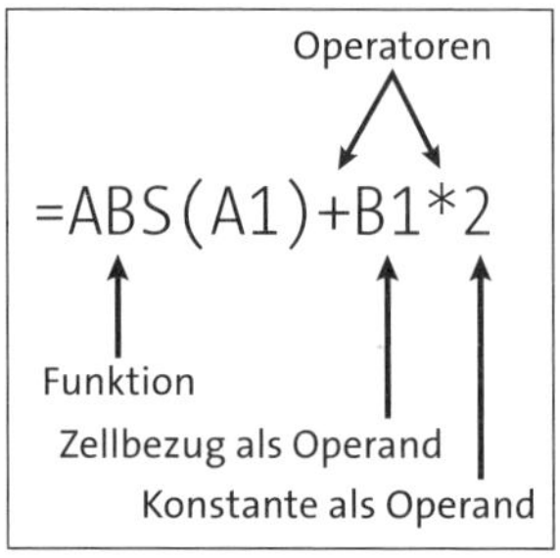

Abbildung 1.33 Beispiel für die Bestandteile einer Formel

Anders als bei der Arbeit mit einem Taschenrechner bestehen die Operanden in den Formeln in der Regel nicht aus fixen Werten, sondern aus Bezügen auf Zellen im Arbeitsblatt, sei dies nun über eine Zelladresse oder über einen entsprechenden Bereichsnamen. Wie solche Namen vergeben werden, wird in Abschnitt 1.17, »Arbeit mit benannten Bereichen«, im Detail beschrieben.

Ist die Formel einmal gebildet, steht sie anschließend gleichsam auf Abruf zur Verfügung. Ändern sich die Zahlen in der Kolonne oder der Betrag oder eine der Zeichenketten, liefern die Formeln sofort wieder das aktuelle Ergebnis.

Material für Formeln können nicht nur Zahlen und Zeichenfolgen, sondern auch selbst wiederum andere Formeln sein. Das heißt beispielsweise, mit dem Ergebnis einer Formel in der Zelle B12 wird in der Zelle F18 weitergerechnet. Die Zelle F18 ihrerseits gibt ihr Ergebnis an eine Formel in der Zelle H15 weiter. Auf diese Weise entstehen regelrechte Formelketten.

1.6.2 Formeltypen

Excel kennt verschiedene Typen von Formeln. **Arithmetische Formeln** enthalten Konstanten, Zellbezüge und arithmetische Operatoren (+, -, *, /, %, ^). Diese Formeln errechnen das Ergebnis und zeigen es in der Zelle an, die die Formel enthält. Beispiele sind:

```
=B7+C7-D7
=8000*1,19
=C5/5
=B7%
```

Das letzte Beispiel zeigt, dass der %-Operator auch direkt mit einem Zellbezug verknüpft werden kann. Der Wert in B7 wird dann durch 100 dividiert.

Zeichenfolgen-Formeln erlauben die Verknüpfung von zwei oder mehreren Zeichenfolgen mit dem &-Operator. Beispiele für solche Textverkettungen:

```
="Audio"&2024
="Farbe "&H4
="Margo "&"Lewin"
```

Logische Formeln enthalten Vergleiche zwischen Konstanten oder Zellbezügen mithilfe von Vergleichsoperatoren. Formeln wie `=Z8 > H5` ergeben den Wert `WAHR`, wenn die darin formulierte Beziehung der beiden Zellwerte tatsächlich wahr ist; wenn nicht, liefert eine solche Formel den Wert `FALSCH`. Der angezeigte Wert `WAHR` hat gleichzeitig den numerischen Wert `1`, der Wert `FALSCH` den numerischen Wert `0` (`=WAHR+1` ergibt also `2`).

Außerdem gibt es **Formeln, die Funktionen enthalten**, z. B. die Summenfunktion:

```
=SUMME(F1:F30)
```

Es soll nicht unerwähnt bleiben, dass Excel algebraische Gleichungen mit Buchstaben für Unbekannte nicht direkt unterstützt. Es ist aber leicht möglich, einzelne Zellen mit den Namen dieser Unbekannten zu belegen und dann entsprechende Formeln aufzubauen, die diese Namen verwenden. Beispiele dazu finden Sie in Abschnitt 2.2, »Lösungen mit dem Solver suchen«.

Normalerweise liefert eine Formel nur einen Wert für die Zelle, in die sie eingetragen ist. Eine spezielle Variante sind Matrixformeln, die Werte für mehrere Zellen berechnen bzw. Wertegruppen gleichzeitig auswerten können. Mehr dazu in Abschnitt 1.18, »Matrixberechnungen«.

1.6.3 Datentypen

Die verschiedenen Formeltypen treten häufig gemischt auf. Dabei muss aber beachtet werden, dass die Ergebnisse der verschiedenen Teile einer Formel Daten liefern, die vom Typ her mit der weiteren Verwendung verträglich sind.

Zu dem Ergebnis einer Funktion, die beispielsweise eine Zeichenfolge liefert, kann nicht anschließend eine Zahl addiert werden. Das ist auch nicht sinnvoll. Eine Formel wie `=("Haus"&1)+1` ergibt nicht `Haus2`, sondern liefert den Fehlerwert `#WERT!` als Ergebnis.

Dagegen lässt der &-Operator auch Zahlen als Operanden zu, wandelt sie aber automatisch in Zeichenfolgen um. `=1111&2222` ergibt die Zeichenfolge `11112222`.

Umgekehrt wandelt Excel Funktionsargumente, die als Zahlen in Anführungszeichen eingegeben werden – etwa `=COS("1")` –, automatisch in Zahlen um, wenn ein numerisches Argument erwartet wird und sich die Zeichenfolge als gültige Zahl verstehen lässt.

Eine Sonderrolle stellen die Zellen dar, die verknüpfte Datentypen wie die für Aktien, Währungen oder geografische Einheiten enthalten. Sie werden weder als Text noch als Zahl gewertet, aber die Funktion `ISTKTEXT()` liefert als Ergebnis `WAHR`.

1.7 Arbeit mit Operatoren

Die einfachsten Formeln, die in einer Zelle abgelegt werden können, sind solche, in denen Zahlen mit den Operatoren der Grundrechenarten verknüpft werden. Die Schreibweise entspricht abgesehen von dem vorangestellten Gleichheitszeichen dem aus der Schulmathematik gewohnten Bild:

```
=13+25-5
=25*4/3
=3^2
```

Anstelle von Zahlen, also von Konstanten, können Variablen in die Formeln eingefügt werden. Wenn Sie mit Excel arbeiten, dienen die Zell- oder Bereichsadressen und die Bereichsnamen dazu, Variablen in eine Formel einzubeziehen.

Die Operatoren in einer Formel werden entsprechend ihrer Priorität behandelt. Tabelle 1.7 zeigt die Rangfolge der Priorität. Die höchste Priorität ist 1.

Operator	Beispiel	Bedeutung	Priorität
Bezugsoperatoren			
:	`B3:B7`	Bereich	1
Leer	`B3:E8 C4:F12`	Schnittmenge	2
@	`=[@Spalte1]`	Implizite Schnittmenge	2
;	`B3:B12; C3:C12`	Vereinigung	3
#	`=D9#`	Bezug auf eine dynamische Matrix	3

Tabelle 1.7 Priorität von Operatoren innerhalb einer Formel

Operator	Beispiel	Bedeutung	Priorität
Arithmetische Operatoren			
-	-(5*2)	Vorzeichen	4
%	10%	Prozent	5
^	5^2	Potenzierung	6
*	5*6	Multiplikation	7
/	6/3	Division	7
+	7+4	Addition	8
-	4-2	Subtraktion	8
Verkettungsoperator			
&	B2&B3	Textverkettung	9
Vergleichsoperatoren			
=	B5=B7	gleich	10
>	B5>B7	größer	10
<	B5<B7	kleiner	10
<>	B5<>B7	ungleich	10
<=	B5<=B7	kleiner/gleich	10
>=	B5>=B7	größer/gleich	10

Tabelle 1.7 Priorität von Operatoren innerhalb einer Formel (Forts.)

Die Priorität bestimmt die Reihenfolge, in der Excel die Operatoren auswertet. Nehmen Sie das folgende Beispiel: Ein numerischer Ausdruck lautet =5+6*3-7. Würde das Programm schlicht von links nach rechts vorgehen, ergäbe sich 5+6=11, 11*3=33 und schließlich 33-7=26. Tatsächlich aber führt Excel korrekterweise zunächst die Multiplikation durch, die Priorität vor der Addition und Subtraktion hat: 6*3=18 und 5+18-7=16.

Die Operation mit der höheren Priorität wird also zuerst ausgeführt. Bei Operatoren derselben Priorität wird von links nach rechts gearbeitet. Soll die Rangfolge der Prioritäten unterlaufen werden, kann wie üblich mit Klammern gearbeitet werden. Bei =(5*6)*(3-7) wird zunächst das Innere der beiden Klammern berechnet. Das ergibt =30*-4, also =-120.

Wenn die Priorität eines Operators nicht beachtet wird, können sich ganz falsche Ergebnisse einschleichen. Ein einfaches Beispiel ist die Umrechnung vom Bruttobetrag einer Rechnung auf den Nettobetrag, also den Betrag vor dem Hinzufügen der Mehrwertsteuer.

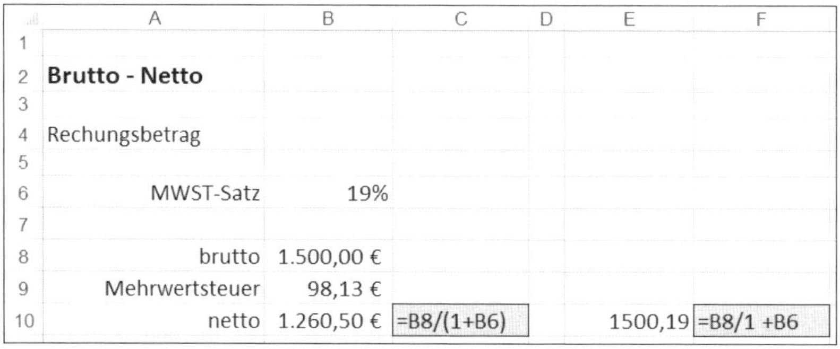

	A	B	C	D	E	F
1						
2	**Brutto - Netto**					
3						
4	Rechungsbetrag					
5						
6	MWST-Satz	19%				
7						
8	brutto	1.500,00 €				
9	Mehrwertsteuer	98,13 €				
10	netto	1.260,50 €	=B8/(1+B6)		1500,19	=B8/1 +B6

Abbildung 1.34 Berechnung des Nettobetrags – mal richtig, mal falsch

Wird die Klammer in der Formel in C10 vergessen, ist der Nettobetrag größer als der Bruttobetrag, was natürlich Unsinn ist.

1.8 Arbeit mit verknüpften Datentypen

Eine neuere Option ist die Verwendung verknüpfter Datentypen. Der Name deutet an, dass es sich dabei um Daten handelt, die von außen, über das Internet, bereitgestellt werden. Auf der Registerkarte **Daten** wird dafür die Gruppe **Datentypen** angeboten.

Abbildung 1.35 Die Gruppe für Datentypen

1.8.1 Auskunft über Aktienwerte

Mithilfe dieser Datentypen ist es möglich, externe Informationen in ein Tabellenblatt hineinzuziehen, sofern eine Verbindung zum Internet besteht. Die Finanzdaten werden von Refinitiv, die Geografiedaten von Wikipedia bereitgestellt. Zur Veranschaulichung ein einfaches Beispiel:

1 Sie legen in einer Tabellenspalte eine Reihe von Aktiencodes oder -namen ab. Der Markt kann davorgesetzt werden. In der Hilfe finden Sie die Codes, um den jeweiligen Aktienmarkt zu identifizieren. Der Doppelpunkt trennt diesen Code vom Aktiencode.

	A
1	**Verknüpfte Datentypen**
2	
3	**Aktie**
4	XETR:BAYN
5	XETR:DTE
6	XFRA:MRK
7	XFRA:DWNI
8	XETR:ENR
9	XFRA:MTX
10	XETR:DPW
11	XETR:EOAN

2 Markieren Sie die Spalte, und benutzen Sie dann aus der Palette **Datentypen** das Symbol **Aktien**.

3 Excel ersetzt die Zellinhalte durch importierte Daten zu den einzelnen Aktien.

3	**Aktie**
4	🏛 Bayer Aktiengesellschaft (XETR:BAYN)
5	🏛 Deutsche Telekom AG (XETR:DTE)
6	🏛 MERCK Kommanditgesellschaft auf Aktien (XFRA:MRK)
7	🏛 Deutsche Wohnen SE (XFRA:DWNI)
8	🏛 Siemens Energy AG (XETR:ENR)
9	🏛 MTU Aero Engines AG (XFRA:MTX)
10	🏛 Deutsche Post AG (XETR:DPW)
11	🏛 E.ON SE (XETR:EOAN)

4 Wenn Sie das Symbol am Anfang der Zelle anklicken oder antippen, erhalten Sie Details zu dem jeweiligen Papier.

5 Die Schaltfläche rechts über der ersten Zeile bietet nun die Möglichkeit, die benachbarten Spalten gezielt mit einzelnen Daten zu den Papieren zu füllen. Sie öffnet ein Menü für zahlreiche Einzelinformationen.

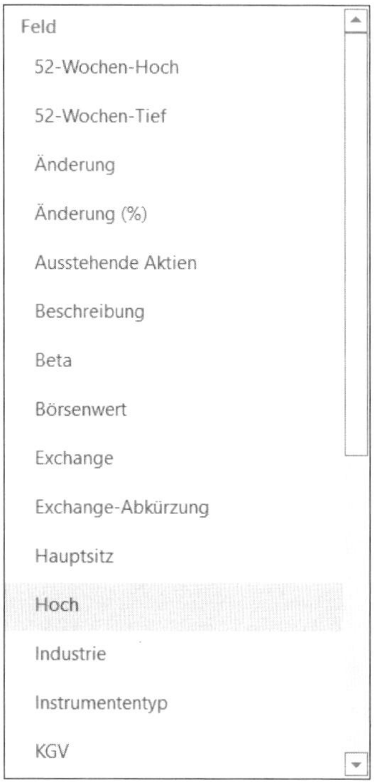

6 Sie können die gewünschten Daten nacheinander auswählen. Jedes Mal wird eine neue Spalte angelegt. Wenn Sie vorher die Spalte mit den Kurstickern auswählen, werden immer gleich die entsprechenden Spalten ausgefüllt. Es reicht aber auch, die erste Zeile zu markieren und dann die Spalten durch Doppelklick auf das Ausfüllkästchen zu füllen. Soweit es sich um Tageswerte handelt, werden sie im Tagesrhythmus aktualisiert.

7 Wenn Sie eine der ausgefüllten Zellen auswählen, erscheint in der Bearbeitungsleiste jeweils eine Formel =<Zelladresse der ersten Spalte>.Feldname, z. B. =A4.Volumen.

Der Fehlerwert #FELD! in der Abbildung bedeutet in diesem Fall, dass der KGV-Wert für dieses Papier im Moment nicht zur Verfügung steht. Wollen Sie einen der Werte aus der Tabelle aufgreifen, können Sie mit der Funktion =FELDWERT() arbeiten. =FELDWERT(A4; "Hoch") liefert den aktuellen Tageshöchstwert für das entsprechende Papier.

	A	B		C		D	E
1	**Verknüpfte Datentypen**						
2							
3	**Aktie**	**=A4.Volumen**		**=A4.Hoch**		**=A4.Niedrig**	**=A4.KGV**
4	🏛 Bayer Aktiengesellschaft (XETR:BAYN)	2.351.463	€	24,36	€	23,94	#FELD!
5	🏛 Deutsche Telekom AG (XETR:DTE)	6.046.879	€	28,64	€	28,19	28,29
6	🏛 MERCK Kommanditgesellschaft auf Aktien (XFRA:M	35	€	152,55	€	151,15	24,69
7	🏛 Deutsche Wohnen SE (XFRA:DWNI)	45	€	23,75	€	23,25	#FELD!
8	🏛 Siemens Energy AG (XETR:ENR)	2.465.387	€	39,52	€	38,25	61,68
9	🏛 MTU Aero Engines AG (XFRA:MTX)	554	€	319,10	€	314,80	#FELD!
10	🏛 Deutsche Post AG (XETR:DHL)	2.572.155	€	35,60	€	35,17	12,89
11	🏛 E.ON SE (XETR:EOAN)	6.980.451	€	12,08	€	11,90	17,61

Abbildung 1.36 Verknüpfte Daten zu Aktien

Wenn der Name einer Aktie nicht eindeutig ist, erscheint davor ein Fragezeichen, und der Aufgabenbereich **Datenauswahl** bietet dann die möglichen Varianten oder Hinweise, was getan werden kann, um den Wert doch zu finden. Im ersten Fall reicht ein Klick oder Tipp auf **Auswahl**.

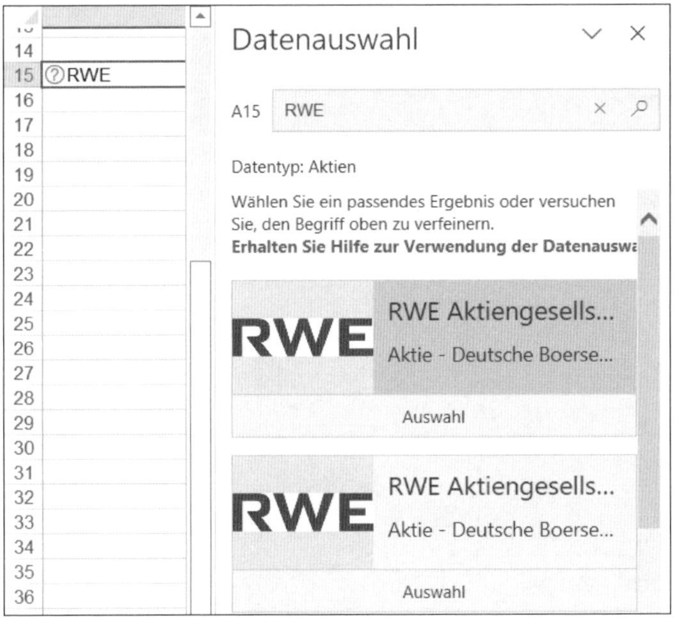

Abbildung 1.37 Auswahlmöglichkeiten bei nicht eindeutigen Namen

Das Kontextmenü zu einem Aktienwert bietet unter **Datentyp** die Option **Aktualisieren**, um die neuesten Kurswerte einzulesen.

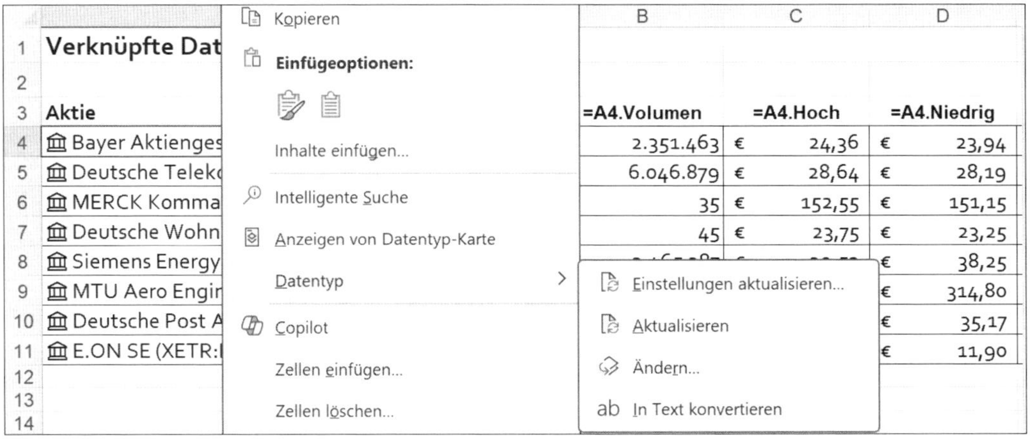

Abbildung 1.38 Kontextmenü zu verknüpften Daten

Sie können die Aktualisierung auch steuern, wenn Sie die Option **Einstellungen aktualisieren...** aufrufen. Im gleichnamigen Aufgabenbereich wählen Sie dann die gewünschte Vorgehensweise.

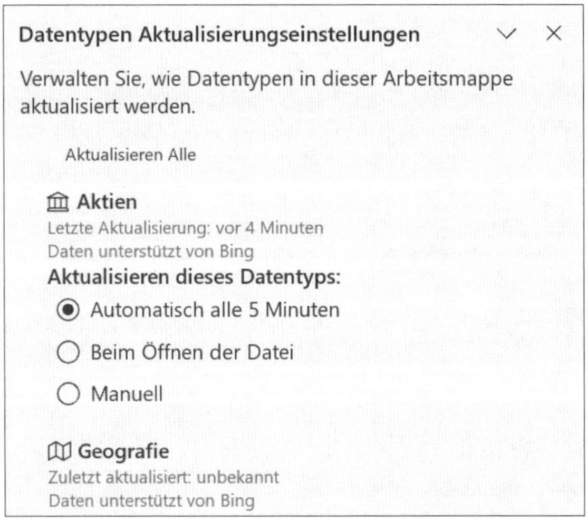

Abbildung 1.39 Optionen für die Aktualisierung

Da die Daten für verknüpfte Datentypen aus dem Internet stammen, wird beim Öffnen einer Datei, die diesen Typ verwendet, ein entsprechender Hinweis ausgegeben, wenn keine Internetverbindung verfügbar ist. Im Arbeitsblatt werden die zuletzt gegebenen Daten angezeigt. Änderungen und Erweiterungen durch zusätzliche Felder sind dann natürlich nicht möglich.

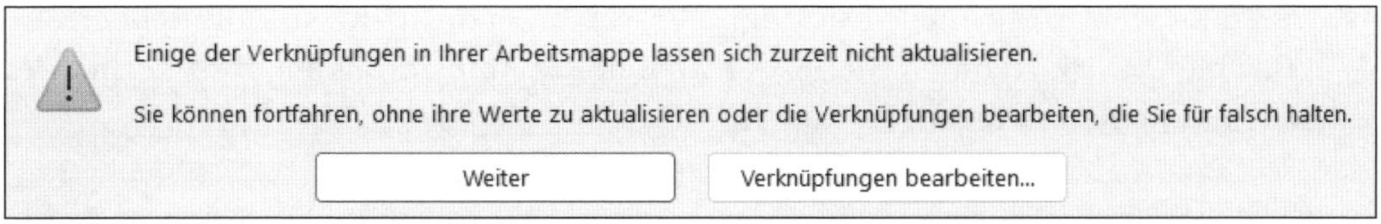

Abbildung 1.40 Hinweis bei verknüpften Datentypen, wenn keine Internetverbindung besteht

1.8.2 Eigene Datentypen erstellen

Mithilfe des Power-Query-Editors lassen sich auch eigene verknüpfte Datentypen erstellen, wobei die Daten aus einer Arbeitsmappe in eine andere übernommen werden können. Zur Demonstration folgen hier die Schritte für das einfache Beispiel einer Buchliste:

1. Sie legen zunächst in einer separaten Arbeitsmappe ein Blatt an, das eine Buchliste enthält. Mit `Strg` + `T` verwandeln Sie den Datenbereich in eine Tabelle und vergeben dafür auf der Registerkarte **Tabellenentwurf** in der Gruppe **Eigenschaften** einen Namen. Speichern Sie die Datei unter einem passenden Namen.

	A	B	C	D
1	**Titel**	**Autor**	**Verlag**	**Erscheinungsjahr**
2	XML	Helmut Vonhoegen	Rheinwerk-Verlag	2023
3	Excel Formeln und Funktionen	Helmut Vonhoegen	Vierfarben	2021
4	Excel Handbuch	Helmut Vonhoegen	Vierfarben	2021

2. In einer anderen Arbeitsmappe, in der Sie die Daten übernehmen wollen, benutzen Sie **Daten** ▸ **Daten abrufen** ▸ **Aus Datei** ▸ **Aus Excel-Arbeitsmappe** und geben die Datei mit der Liste als Datenquelle an.

3. Im **Navigator** wählen Sie den Tabellennamen aus und benutzen die Schaltfläche **Daten transformieren**, um den Editor zu öffnen.

4 Im Editor wählen Sie mit gedrückter [⇧]-Taste die letzte Spalte, um alle Spalten auszuwählen. Dann nehmen Sie in der Menüleiste **Transformieren** ganz rechts den Befehl **Datentyp erstellen**.

5 Im Dialog **Datentyp erstellen** geben Sie dem Datentyp zunächst einen brauchbaren Namen und legen im zweiten Feld die erste Spalte fest.

6 Wenn Sie die Werte bestätigen, erscheint im Editor nur noch die erste Spalte, die Formel zeigt aber schon, dass darin alle Datenelemente zusammengefasst sind.

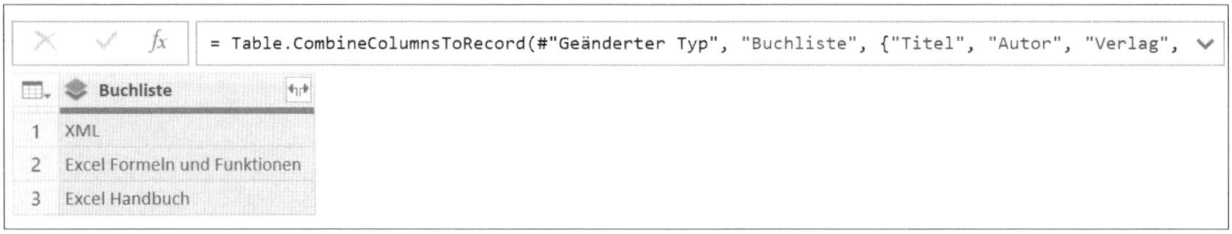

7 Mit **Start ▸ Schließen** und **Laden in** legen Sie die Daten im Tabellenblatt ab.

8 In der Tabelle können Sie verfahren, wie es für den Datentyp **Aktien** beschrieben ist.

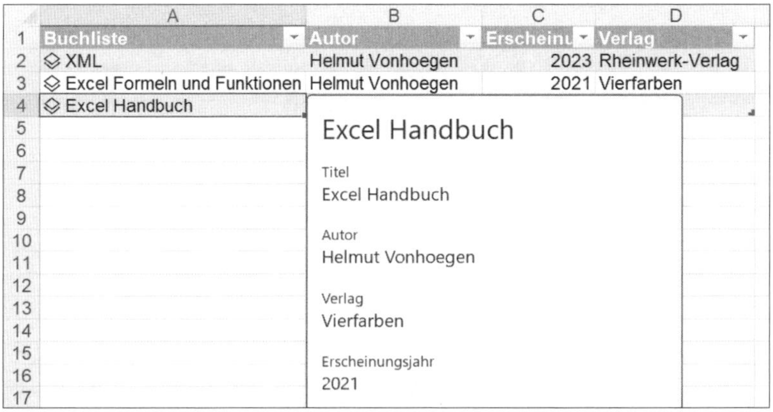

Wenn Sie nun beispielsweise eine Liste der Titel, absteigend sortiert nach dem Erscheinungsdatum, haben wollen, können Sie mit der Funktion `SORTIERENNACH()` die Daten abgreifen.

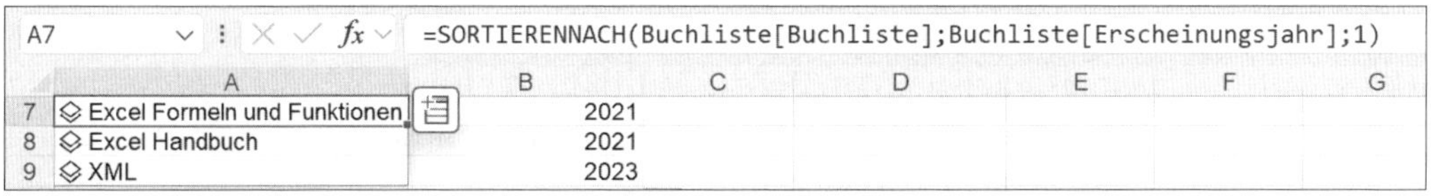

Abbildung 1.41 Sortierte Ausgabe der Titelliste

Die einzelnen Felder werden dabei hinter dem Namen des Datentyps in eckige Klammern gesetzt.

1.9 Hinweise zu den Grundrechenarten

Im Folgenden werden zunächst noch einige Hinweise zu den Grundrechenarten gegeben, die in der Praxis vermutlich am häufigsten in den Formeln verwendet werden.

1.9.1 Addition und Subtraktion

Die folgende Liste zeigt einige Beispiele für korrekt eingegebene Formeln, um die Schreibweise zu demonstrieren. Wie Sie sehen, können auch Datumswerte als Operanden verwendet werden:

```
=12+27
=-15+33
=C17+F18-J21
=-(B13+B14+C17)*1,19
=SUMME(B12:F12)+1000
=SUMME(B12:B17)+SUMME(C12:C19)
=DATUM(12; 12; 01)+90
=SUMME11+SUMME12
```

Das letzte Beispiel verwendet Bereichsnamen. Es ist allerdings nur dann zulässig, wenn mit den beiden Namen jeweils nur eine Zelle benannt wird. Ist ein Bereich aus mehreren Zellen benannt, liefert diese Formel die Fehlermeldung `#WERT!`.

1.9.2 Multiplikation und Division

Bei der Multiplikation und Division muss beachtet werden, wie sich das Ergebnis in Bezug auf die Dezimalstellen verhält. Bei der Multiplikation addieren sich die Nachkommastellen: `=33,33*33,33` ergibt `1110,8889`. Wird die Darstellung des Ergebnisses durch die Zellformatierung auf zwei Dezimalstellen reduziert, erscheint zwar in der Zelle ein gerundeter Wert, im Beispiel also `1110,89`, intern bleibt aber das genauere Ergebnis gespeichert.

Wird auf diese Zelle in einer anderen Formel Bezug genommen, rechnet diese Formel also mit den vier Dezimalstellen weiter. Werden solche Werte dann erneut multipliziert, kann es zu deutlichen Differenzen kommen, je nachdem, ob mit den intern gespeicherten Werten weitergerechnet wird oder mit den gerundeten Werten. Abbildung 1.42 zeigt ein kleines Beispiel.

	A	B	C	D	E
2	**Rundungsdifferenzen:**				
3					
4	**Formel:**	**Ergebnis:**	**gerundet:**		
5					
6	=12,13*12,6	152,838	152,84	=B10*17	**10598,71**
7	=13,87*32,77	454,5199	454,52	=C10*17	**10598,82**
8	=3,66*2,66	9,7356	9,74		
9	=2,12*3	6,36	6,36		
10	=SUMME(B6:B9)	623,4535	623,46		
11			▲		

Abbildung 1.42 Beispiel für Rundungsdifferenzen

In der Spalte C sind die Ergebnisse der benachbarten Spalte B mit der Funktion `RUNDEN()` bearbeitet worden. In E6 ist das nicht gerundete Gesamtergebnis mit 17 multipliziert, in E7 das gerundete Gesamtergebnis. Die Differenz ist deutlich.

1.9.3 Division durch null abfangen

Bei der Division kann die Anzahl der Dezimalstellen, die der Quotient erhält, ganz unterschiedlich sein. Hier kommt zu dem bei der Multiplikation angesprochenen Rundungsproblem ein weiteres hinzu, das unbedingt beachtet werden muss: Die Division durch null ist nicht erlaubt.

Solange der Divisor direkt eingegeben wird, lässt sich dieser Fehler relativ leicht vermeiden. Was aber, wenn der Divisor eine Zelladresse oder eine Funktion ist, deren Ergebnis unvorhersehbar ist, wenn also der Divisor eine Variable, eine Unbekannte ist? Der Fall, dass ein Divisor mit dem Wert 0 verwendet wird, sollte unterbunden werden. Das ist mit der in Kapitel 13, »Logische Funktionen«, ausführlich beschriebenen `WENN()`-Funktion möglich. Das kann etwa so aussehen:

```
=WENN(B3<>0; RUNDEN(A3/B3; 2); "")
```

Wenn der Wert der Zelle B3 ungleich 0 ist, wird die Division `A3/B3` durchgeführt; ist B3 aber tatsächlich gleich 0, findet die Division erst gar nicht statt, die Zelle bleibt leer. Stattdessen könnte auch ein entsprechender Hinweis ausgegeben werden.

1.10 Texte verketten

Gelegentlich ist es sinnvoll, eine Zeichenfolge in einer Zelle durch eine Formel zu erzeugen, die verschiedene Zeichen oder Zeichenfolgen verknüpft. Angenommen, Sie wollen Artikelnummern um zwei Zeichen erweitern, die die Warengruppe beinhalten. Wenn Sie in die Zelle C9 `=C5&C8` eintragen, wird der Inhalt von Zelle C5 mit dem Inhalt von Zelle C8 verkettet. Wenn C5 das Warengruppenkennzeichen `PX` enthält und C8 die Artikelnummer `3370086`, ist das Ergebnis in Zelle C9 `PX3370086`. Es macht übrigens nichts aus, wenn die Artikelnummer in C8 als Zahl und nicht als Zeichenfolge eingetragen worden ist. Der Operator wandelt die Zahl automatisch in eine Zeichenfolge um.

Anschließend können Sie diese Formel noch in ihr Ergebnis verwandeln. Kopieren Sie die Zellen in die Zwischenablage, und fügen Sie sie an dieselbe Stelle wieder ein, indem Sie über das Kontextmenü **Inhalte einfügen** aufrufen und die Option **Werte** verwenden. Um zwischen die Textelemente ein Leerzeichen einzufügen, schreiben Sie `=C5&" "&C8`.

1.11 Hinweise zu logischen Formeln

Logische Formeln werden benutzt, um zu prüfen, ob bestimmte Tatsachen oder Bedingungen gegeben sind. Wenn Sie prüfen wollen, ob ein bestimmter Grenzwert in Zelle B4 überschritten ist, können Sie diese Bedingung als logische Formel formulieren: `=B4>80`. Excel prüft, ob dies der Fall ist. Wenn ja, zeigt die Zelle den Wert `WAHR`. Die Zelle hat zugleich den numerischen Wert `1`. Ist die Bedingung nicht erfüllt, erscheint in der Zelle `FALSCH`. Das entspricht dem numerischen Wert `0`.

Das ist ganz praktisch für Prüfsummen. Wenn Sie z. B. in drei Zellen untereinander Bedingungen in Form von logischen Formeln ablegen, können Sie leicht feststellen, ob alle Bedingungen erfüllt sind. Sie addieren einfach die Wahrheitswerte. Ist das Ergebnis `=3`, sind alle Bedingungen erfüllt.

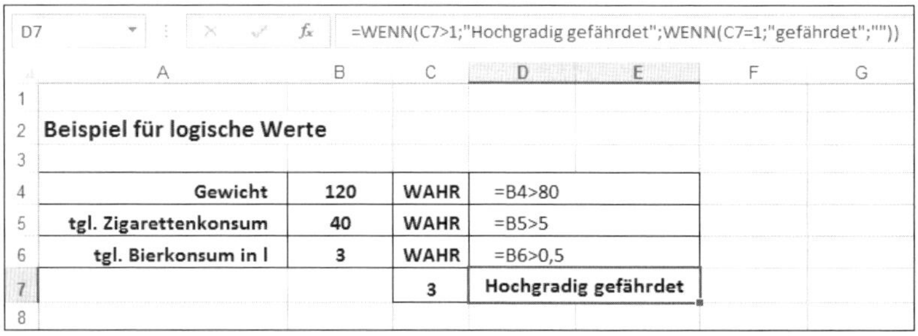

D7 | =WENN(C7>1;"Hochgradig gefährdet";WENN(C7=1;"gefährdet";""))

	A	B	C	D	E	F	G
1							
2	**Beispiel für logische Werte**						
3							
4	**Gewicht**	**120**	**WAHR**	=B4>80			
5	**tgl. Zigarettenkonsum**	**40**	**WAHR**	=B5>5			
6	**tgl. Bierkonsum in l**	**3**	**WAHR**	=B6>0,5			
7			**3**	**Hochgradig gefährdet**			
8							

Abbildung 1.43 Logische Werte lassen sich auch addieren.

1.12 Formeln mit Bezugsoperatoren

Excel kann Bereichsbezüge in Formeln auch verknüpfen bzw. Schnittmengen von Bereichen bilden. Die Bereichsverknüpfung erfolgt mit dem Semikolon. In der Formel `=SUMME(B4:B12; F4:F12)` wird die Gesamtsumme der beiden getrennten Zellbereiche geliefert.

Um die Schnittmenge zweier Bereiche für eine Formel zu erhalten, kann mit dem Schnittmengenoperator, dem Leerzeichen, gearbeitet werden. Abbildung 1.44 zeigt ein Beispiel für die Verwendung einer Schnittmenge. Die Schnittmenge ist durch eine andere Farbe hervorgehoben.

Schnittmengenbezüge sind interessant, wenn auf Teilmengen in einer Tabelle zugegriffen werden soll. Die Arbeit mit Schnittmengen ist besonders effektiv, wenn die Bereiche selbst vorher benannt wurden. Darauf wird in Abschnitt 1.17, »Arbeit mit benannten Bereichen«, noch näher eingegangen.

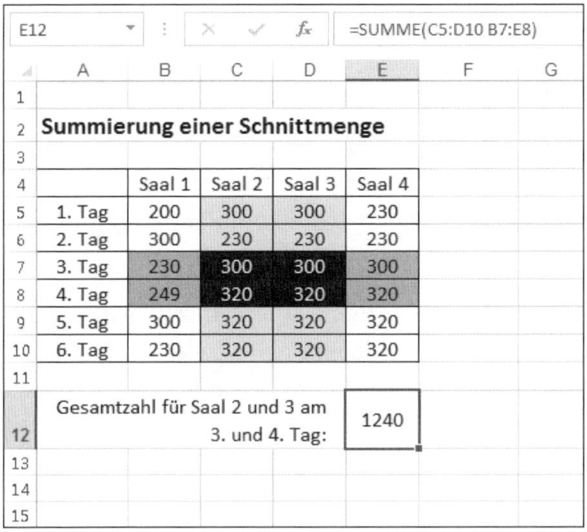

	Saal 1	Saal 2	Saal 3	Saal 4
1. Tag	200	300	300	230
2. Tag	300	230	230	230
3. Tag	230	300	300	300
4. Tag	249	320	320	320
5. Tag	300	320	320	320
6. Tag	230	320	320	320

Abbildung 1.44 Beispiel für die Summierung einer Schnittmenge

Statt der in Abbildung 1.44 verwendeten Formel könnte auch eine Formel benutzt werden, die nur die Zeilennummern und die Spaltenbeschriftungen verwendet. Der Bereich wäre dann die Schnittmenge zweier Spalten und Zeilen. `=Summe(C:D 7:8)` liefert dasselbe Ergebnis wie die abgebildete Formel.

1.13 Tabellenfunktionen

Tabellenfunktionen sind spezielle Ausdrücke, die entweder direkt als Formel oder als Teil einer Formel im Tabellenblatt verwendet werden. Auch wenn eine Formel nur aus einer Funktion besteht, muss sie wie üblich mit einem Gleichheitszeichen beginnen. Im zweiten Fall werden die Funktionen mithilfe von Operatoren mit den anderen Teilen einer Formel verknüpft.

Formeln wie `=A3-SUMME(A10:A20)` oder `=B4/RUNDEN(C6; 2)` sind gültige Ausdrücke, während in dem nächsten Beispiel ein Operator fehlt: `=MITTELWERT(kosten)G6`.

Funktionen ersetzen zum Teil komplexe Berechnungen, wobei Sie sich um die Art und Weise der Berechnung aber nicht zu kümmern brauchen. Sie füttern die Funktionen nur mit den notwendigen Argumenten, den Rest erledigt das Programm. Funktionen können geschachtelt werden, d. h., das Argument einer Funktion kann selbst wieder eine Funktion sein. Seit Excel 2007 ist eine Verschachtelungstiefe von bis zu 64 Ebenen erlaubt, in den älteren Versionen waren maximal 7 Ebenen möglich.

Tabellenfunktionen können auch von Makros verwendet werden, allerdings werden dabei meist die englischen Funktionsnamen benutzt. Mehr zu diesem Thema finden Sie in Kapitel 18, »Entwicklung eigener Funktionen«.

Außerdem ist es möglich, Funktionen mit eigenen Namen zu belegen und sie wie Namen in Formeln einzufügen. Dazu wird im Dialog für die Definition eines Namens unter **Bezieht sich auf** statt eines Zell- oder Bereichsbezugs die komplette Funktion eingetragen.

In Kapitel 3 bis Kapitel 15 werden alle Tabellenfunktionen im Detail beschrieben und Beispiele dafür vorgestellt. In diesem Abschnitt soll es darum gehen, einige allgemeine Merkmale von Funktionen darzustellen und Hinweise zur Arbeit mit Funktionen zu geben.

1.13.1 Funktionsergebnisse und Datentypen

Excel wartet mit einer überwältigenden Fülle von Funktionen auf, die aus einem oder mehreren Ausgangswerten neue Werte ermitteln und das teilweise auf eine recht komplexe Weise. Eine Funktion ist eine Art Blackbox, bei der auf der einen Seite etwas eingegeben wird und auf der anderen Seite etwas herauskommt. Ohne dass der Anwender das oft sehr komplizierte Formelwerk für den Betrieb der Funktion kennen muss, wird ihm nach Eingabe der notwendigen Werte das Ergebnis der Operationen ausgegeben.

Jede Funktion liefert ein Ergebnis. Je nach Funktion kann dieses Ergebnis numerisch sein, also ein bestimmtes Rechenergebnis, eine Zeichenfolge, ein Text oder ein Wahrheitswert (`WAHR` oder `FALSCH`). Zuweilen ist das Ergebnis nicht nur ein Wert, sondern eine Matrix (Array) von Werten. Der Typ des Ergebnisses einer Funktion muss berücksichtigt werden, wenn in einer weiteren Formel auf diese Funktion Bezug genommen wird. Ansonsten kommt es eventuell zu einem Fehler, wenn die Datentypen nicht zusammenpassen. In der Regel erscheint dann der Fehlerwert `#WERT!`.

1.13.2 Aufbau und Einsatz von Funktionen

Eine Funktion benutzt in der Regel Werte, die als Argumente bereitgestellt werden, um aus ihnen andere Werte zu ermitteln. Dabei kann es sich um einfache oder komplexe Berechnungen handeln, aber auch um logische Analysen, die Zerlegung von Zeichenketten und dergleichen. Den generellen Aufbau einer Funktion zeigt Abbildung 1.45 am Beispiel der `ZINS()`-Funktion.

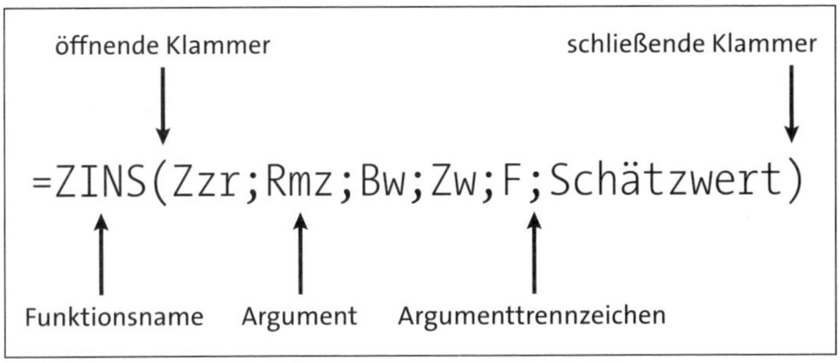

Abbildung 1.45 Die Komponenten einer Funktion

Das Gleichheitszeichen ist nötig, wenn die Funktion am Anfang einer Formel steht oder eine Formel nur aus einer Funktion besteht. Wird die Funktion innerhalb einer Formel an einer anderen Stelle verwendet, geht der Funktion ein Operator voraus. Als Argumente einer Funktion kommen die in Tabelle 1.8 aufgelisteten Argumente infrage.

Argument	Beschreibung
Konstanten	Diese Werte werden direkt innerhalb der Klammer für die Argumente eingetragen.
Bezüge auf Zellen oder Bereiche	Die Werte, mit denen die Funktion arbeiten soll, sind bereits in Zellen oder Bereichen der Tabelle enthalten oder sollen dort eingetragen werden. Der Bezug darauf wird über Zell- oder Bereichsadressen hergestellt.
Bereichsnamen	Die Werte, mit denen die Funktion arbeiten soll, sind bereits in Zellen oder Bereichen der Tabelle enthalten oder sollen dort eingetragen werden. Der Bezug darauf wird über die Namen hergestellt, die für die entsprechenden Zellen oder Bereiche definiert wurden.
Funktionen	Als Argumente in einer Funktion können selbst wieder Funktionen verwendet werden, die ihrerseits diejenigen Werte liefern, mit denen die Funktion arbeiten soll. In diesem Fall werden Funktionen also verschachtelt.

Tabelle 1.8 Mögliche Argumente einer Funktion

Der Datentyp der Argumente muss dem entsprechen, was die Funktion an der entsprechenden Stelle erwartet. Die Argumente werden durch Semikola getrennt. Konstanten, die Texte enthalten, müssen in doppelte Anführungszeichen gesetzt werden.

Die Reihenfolge der Argumente muss eingehalten werden, es sei denn, es handelt sich um Argumente desselben Typs. Bei der Funktion =SUMME() können beispielsweise seit Excel 2007 bis zu 255 Argumente angegeben werden, die Konstanten, Zellbezüge oder Bereichsbezüge darstellen. Ihre Reihenfolge ist in diesem Fall beliebig.

Bei einer Anzahl von Funktionen werden die Argumente noch unterteilt in solche, die erforderlich sind, und solche, die optional sind, also nicht zwangsläufig angegeben werden müssen. Das heißt aber nicht, dass die Funktion ohne die optionalen Argumente in jedem Fall arbeiten würde, sondern dass sie, wenn diese Argumente nicht angegeben werden, vordefinierte Werte für diese Argumente verwendet.

Folgen auf ein nicht verwendetes optionales Argument weitere Argumente, so ist für jedes ausgelassene Argument ein Semikolon zu setzen. Im Dialog für die Eingabe der Funktionsargumente und in den QuickInfos werden die erforderlichen Argumente in fetter Schrift angezeigt. (In den Funktionsreferenzen in Kapitel 3 bis Kapitel 15 werden die erforderlichen und die optionalen Argumente ebenfalls durch unterschiedliche Formatierung gekennzeichnet.) Einige wenige Funktionen (z. B. PI(), HEUTE(), JETZT()) benötigen keine Argumente. Trotzdem müssen die Klammern immer mitgeschrieben werden, damit Excel die Funktion als solche erkennen kann.

1.14 Eingabe von Formeln und Funktionen

Um fehlerfreie Formeln zu produzieren, sind einige Regeln zu beachten:

- Das erste Zeichen einer Formel ist immer das Gleichheitszeichen. Es ist zwar erlaubt, stattdessen mit einem Plus- oder Minuszeichen zu beginnen, aber Excel setzt automatisch ein Gleichheitszeichen an die erste Stelle, wenn nicht nur ein einzelner Wert eingegeben wird. Das Pluszeichen wird weggelassen.
- Konstante Zeichenfolgen müssen in doppelte Anführungszeichen gesetzt werden.
- Formeln können zwar durch Leerzeichen lesbarer gemacht werden, das Leerzeichen darf aber nicht zwischen Funktionsnamen und erster Klammer auftauchen.

Excel erleichtert die Eingabe umfangreicher Formeln dadurch, dass die Bearbeitungsleiste automatisch um die dafür benötigten Zeilen erweitert wird. Mithilfe der Schaltfläche mit der Pfeilspitze am Ende der Leiste können die zusätzlichen Zeilen aus- und eingeblendet werden.

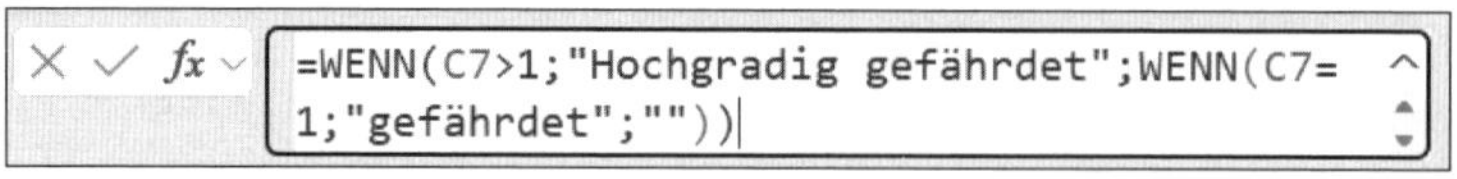

Abbildung 1.46 Erweiterte Bearbeitungsleiste mit umfangreicher Formel

Der etwas stärkere Rahmen um das Eingabefeld erscheint in Excel 2024, wenn die Leiste für die Bearbeitung aktiviert ist. Um sehr lange Formeln übersichtlicher zu gestalten, können Sie außerdem Zeilenschaltungen benutzen. `Alt` + `↵` erzeugt eine Zeilenschaltung.

Eine neue Option, die bei der Arbeit mit den Zelladressen helfen kann, ist die Option **Fokuszelle**, die Sie unter den Optionen zu **Anzeigen** auf dem Register **Ansicht** finden.

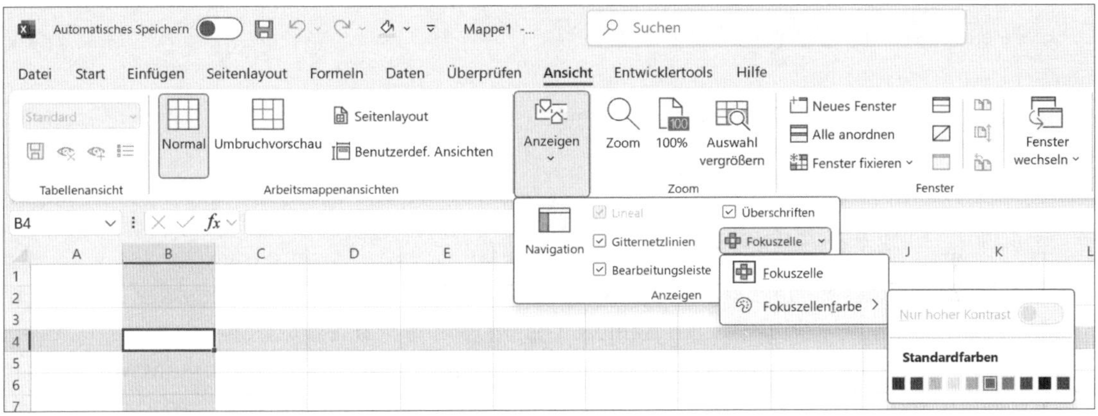

Abbildung 1.47 Hervorhebung der aktiven Zelle

1.14.1 Konstanten in Formeln

Wenn Zahlen als Konstanten in einer Formel vorkommen, müssen Sie beachten, dass, im Unterschied zur direkten Eingabe von Zahlen in eine Zelle, Klammern für negative Zahlen, Punkte für die Tausenderabtrennung und Währungszeichen nicht erlaubt sind.

Ein Datum oder eine Zeitangabe kann in einer Formel über eine entsprechende Funktion erzeugt oder als Konstante eingegeben werden. Im zweiten Fall müssen Sie die Werte aber in doppelte Anführungszeichen setzen. `="6/10/98"+100` liefert etwa ein Datum, 100 Tage nach dem 6.10.1998.

Da die obige Eingabe nur eine zweistellige Jahreszahl enthält, bietet Excel in diesem Fall sofort eine Schaltfläche mit einem Menü an, das Ihnen erlaubt, die Jahreszahl in eine vierstellige Zahl umzuwandeln und dabei eindeutig einem Jahrhundert zuzuordnen.

Textkonstanten müssen in einer Formel zwar immer in doppelten Anführungszeichen eingegeben werden. Wenn Sie allerdings den Dialog **Funktion einfügen** benutzen, werden die Anführungszeichen automatisch gesetzt, falls Sie eine Zeichenfolge in ein Argumentfeld eintragen.

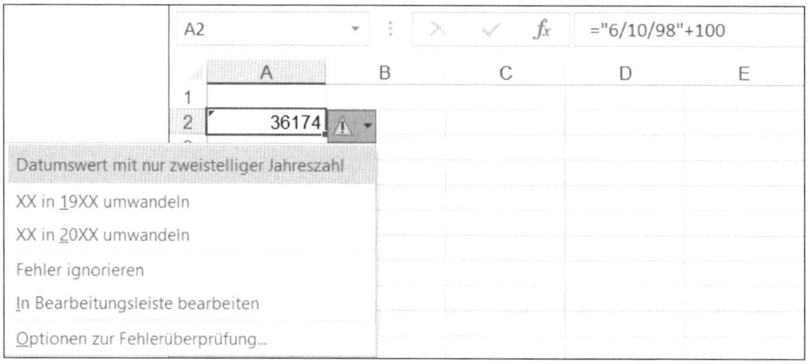

Abbildung 1.48 Das Menü zu einer zweistelligen Jahreszahl

1.14.2 Eingabe von Bezügen

Bezüge in einer Formel können entweder manuell eingegeben werden oder durch Markierung der Zelle oder des Bereichs, sei es mit Maus oder Finger oder mit der Tastatur. Im zweiten Fall schaltet Excel automatisch in den **Zeigen**-Modus. In diesem Modus können Sie so lange auswählen, bis Sie den nächsten Operator eintragen.

Nehmen Sie als Beispiel folgende Formel für die Berechnung einer Relation: `=B2/B3`. Wenn Sie bei der Eingabe den **Zeigen**-Modus ausnutzen wollen, geben Sie zunächst das Gleichheitszeichen ein. Dann können Sie die Zelle B2 anklicken oder antippen. Die Zelladresse erscheint in der Zelle und in der Bearbeitungsleiste. Wenn Sie irrtümlich die falsche Zelle ausgewählt haben, wählen Sie noch einmal. Tippen Sie dann das Divisionszeichen. Wählen Sie anschließend die Zelle B3 aus. Bestätigen Sie die Formel mit dem Häkchen in der Bearbeitungsleiste. Ist die Formel misslungen, verwerfen Sie die Eingabe durch einen Klick oder Tipp auf das Storniersymbol mit dem schrägen Andreaskreuz.

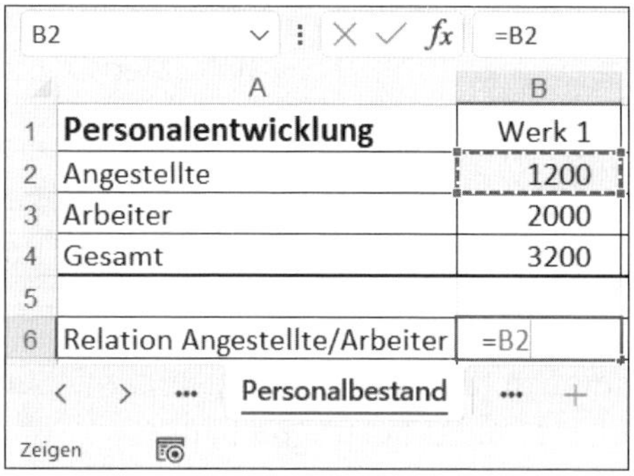

Abbildung 1.49 Zeigen auf einen Bereich bei der Formeleingabe

Die Technik mit der Tastatur ist ähnlich. Geben Sie = ein. Sobald Sie irgendeine Richtungstaste drücken, wechselt das Programm in den **Zeigen**-Modus. Markieren Sie mit den Richtungstasten die Zelle B2. Geben Sie das Divisionszeichen ein usw. Quittieren Sie die fertige Formel mit [↵]. Ist die Formel nicht in Ordnung, brechen Sie die Eingabe mit [Esc] ab.

Beachten Sie dabei, dass Sie, solange Sie sich im **Zeigen**-Modus befinden, die Formeleingabe weder mit den Richtungstasten noch per Klick oder Tipp auf eine andere Zelle beenden können, wie es bei der Eingabe von Werten der Fall ist.

1.14.3 Bereichsangaben

Wenn Sie einen Bereichsbezug als Argument in einer Formel benötigen, haben Sie zwei Möglichkeiten:

1. Anstatt mit der Maus nur eine Zelle anzuklicken, markieren Sie durch Ziehen der Maus den Bereich, den Sie benutzen wollen. Wenn Sie mit der Tastatur arbeiten, müssen Sie zunächst wieder eine Richtungstaste anschlagen, um in den **Zeigen**-Modus zu gelangen. Markieren Sie die Zelle, in der der Bereich beginnen soll. Halten Sie dann die [⇧]-Taste gedrückt, während Sie den Bereich mit den Richtungstasten markieren. Beenden Sie die Bereichsmarkierung mit [↵]. Soll die Formel dagegen noch fortgesetzt werden, beenden Sie die Bereichsmarkierung mit einer schließenden Klammer oder einem Operator.
2. Wenn ein großer Bereich mit der Maus markiert werden soll, ist eine andere Technik allerdings meist effektiver. Sie klicken zunächst die erste Eckzelle des Bereichs an und halten dann beim Anklicken der gegenüberliegenden Eckzelle gleichzeitig die [⇧]-Taste gedrückt. Ist die Markierung nicht ganz korrekt, klicken Sie erneut mit gedrückter [⇧]-Taste auf die richtige Stelle. Diese Technik ist insbesondere bei Bereichen sinnvoll, bei denen Sie, um die letzte Zelle sichtbar zu machen, zunächst mit den Bildlaufleisten den Bildausschnitt verschieben müssen.

Eine weitere Methode ist, die erste Eckzelle auszuwählen, [F8] zu drücken – in der Statuszeile erscheint **Auswahl erweitern** – und anschließend die letzte Eckzelle zu wählen. Sie müssen noch einmal [F8] tippen, um den Erweiterungsmodus wieder aufzuheben.

Um einen Bereich mit dem Finger zu markieren, tippen Sie die linke obere Eckzelle an, und ziehen Sie anschließend die dann eingeblendeten runden Anfasser in die entsprechende Richtung. Auch im Modus **Fingereingabe** haben Sie – wie gerade beschrieben – die Alternative, mit [F8] zu arbeiten.

Wenn ein Bereich benannt ist, tippen Sie zunächst beispielsweise `=SUMME(` ein. Nun können Sie den gewünschten Bereichsnamen mit [F3] einfügen. Die Taste [F3] öffnet das Dialogfeld **Namen einfügen**, in dem Sie den Namen doppelt anklicken oder antippen. Stattdessen können Sie auch mit **Formeln ▸ Definierte Namen ▸ In Formel verwenden** die Liste der vergebenen Namen einblenden und den benötigten Namen per Klick oder Tipp einfügen.

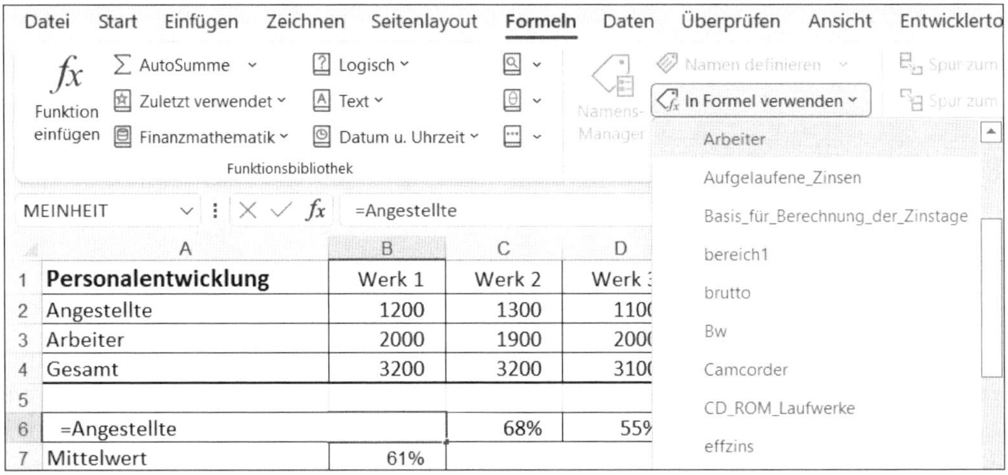

Abbildung 1.50 Übernahme von Namen in Formeln

Sollen sich Formeln auf andere Blätter innerhalb derselben Arbeitsmappe beziehen, muss jeweils vor die Bereichsadressen oder -namen der Blattname gesetzt werden, getrennt durch ein Ausrufezeichen. Wenn Sie im **Zeigen**-Modus zunächst das Blatt und dann den jeweiligen Bereich auswählen, wird der Blattname automatisch in die Formel übernommen.

1.14.4 3D-Bezüge

Eine spezielle Möglichkeit der Arbeitsmappen sind 3D-Formeln. Ein Beispiel wäre die Summierung der Werte, die in vier Tabellenblättern – Werk1 bis Werk4 – jeweils in der Zelle B7 stehen. Die Schreibweise lautet: `=SUMME(Werk1:Werk4!B7)`. Enthält der Name eines Blattes Leerzeichen, muss der Name in einzelnen Anführungszeichen eingefasst werden:

```
=SUMME('Werk Bonn:Werk Berlin'!B7)
```

Wird ein Bezug auf einen Bereich benötigt, ist die Syntax folgende:

```
Erstes_Blatt:Letztes_Blatt!Linke_obere_Bereichsecke:Rechte_untere_Bereichsecke
```

Also beispielsweise:

```
=SUMME(Werk1:Werk4!B7:F27)
```

Wenn Sie einen 3D-Bezug durch Zeigen mit der Maus eingeben wollen, müssen Sie zunächst die Blätter auswählen und dann die Zelle oder den Bereich. Klicken Sie auf das Register des ersten Blattes, das zu dem Bereich gehören soll, dann mit gedrückter [⇧]-Taste auf das letzte Blatt des Bereichs. Danach markieren Sie die Zelle oder den Bereich.

Vergessen Sie nicht, anschließend die Blattgruppe durch Auswahl eines einzelnen Blattes wieder aufzulösen, weil sonst alle späteren Eingaben auf dem aktuellen Blatt auf allen anderen Blättern der Gruppe wiederholt werden.

1.14.5 Externe Bezüge

Eine Formel kann sich nicht nur auf Zellen im selben Tabellenblatt oder auf ein anderes Tabellenblatt in derselben Arbeitsmappe beziehen. Auch Bezüge auf Werte in anderen Arbeitsmappen sind möglich. Soll sich eine Formel auf Werte in einer anderen Arbeitsmappe beziehen, ist es in der Regel am besten, diese Mappe ebenfalls zu öffnen. Um in einer Formel dann auf Zellen dieser zweiten Tabelle Bezug zu nehmen, müssen Sie zwischen den Fenstern wechseln. Dann können Sie während der Eingabe in der Bearbeitungsleiste das andere Fenster aktivieren und die Zellbezüge markieren.

Wenn Sie in einer Tabelle eine Formel entwickeln, die sich auf Daten aus einer anderen Arbeitsmappe bezieht, gilt folgende Schreibweise: `=[MAPPE1]Tabelle1!$E$2`. Der Name der Mappe muss also in eckigen Klammern eingeschlossen sein. Der Name des Tabellenblattes wird mit einem Ausrufezeichen von der Zelladresse oder einem Bereichsnamen abgetrennt.

Die Schreibweise bei Bereichen ist vereinfacht, der Dateiname und der Blattname müssen nur einmal eingegeben werden.

```
=SUMME([QUELLE.xlsx]Tabelle1!$G$10:$G$20)
```

ist eine gültige Summenformel. Liegt die Quellarbeitsmappe in einem anderen Ordner oder sogar auf einem anderen Laufwerk, müssen die Laufwerkbezeichnung und der Ordnername ebenfalls angegeben werden:

```
=SUMME('D:\EXTAB\[QUELLE.xlsx]Tabelle1'!$G$10:$G$20)
```

Einfacher ist die Formeleingabe auch im Fall der Verknüpfung von Dateien, wenn Sie mit benannten Bereichen arbeiten. Sobald Sie bei der Formeleingabe die andere Arbeitsmappe aktiviert haben, können Sie dort das Namenfeld oder F3 benutzen, um den entsprechenden Namen einzufügen.

Externe Bezüge können Sie auch durch Kopieren über die Zwischenablage erzeugen. Wechseln Sie dazu in die Quellarbeitsmappe. Markieren Sie die Zelle oder den Bereich der Zellen, die als Quelldaten verwendet werden sollen, und kopieren Sie diese in die Zwischenablage. Wechseln Sie dann in die abhängige Arbeitsmappe, und markieren Sie die Zelle oder den Bereich, in der oder in dem die Quelldaten erscheinen sollen. Verwenden Sie aus dem Menü der Schaltfläche **Einfügen** den Befehl **Verknüpfung einfügen**.

Durch solche Formeln entstehen paarweise Verknüpfungen zwischen zwei Arbeitsmappen, wobei die Arbeitsmappe, die den externen Bezug enthält, die Rolle der abhängigen Arbeitsmappe übernimmt, während die Arbeitsmappe, auf die der Bezug verweist, die Quellarbeitsmappe darstellt. Dabei können beliebig viele Arbeitsmappen Bezüge zu einer Quellarbeitsmappe enthalten.

Ein praktisches Beispiel für den Nutzen externer Bezüge ist eine Tabelle, in der täglich die Daten verschiedener Wechselkurse gepflegt werden. Auf diese Tabelle können sich dann mehrere Arbeitsmappen beziehen, die aufgrund dieser Kurse Preisberechnungen anstellen. Die Arbeitsmappe mit den Wechselkursen stellt in diesem Zusammenhang die Quellarbeitsmappe dar, die anderen Mappen, die sich über externe Bezüge auf die Quellarbeitsmappe beziehen, sind in diesem Sinne abhängige Arbeitsmappen.

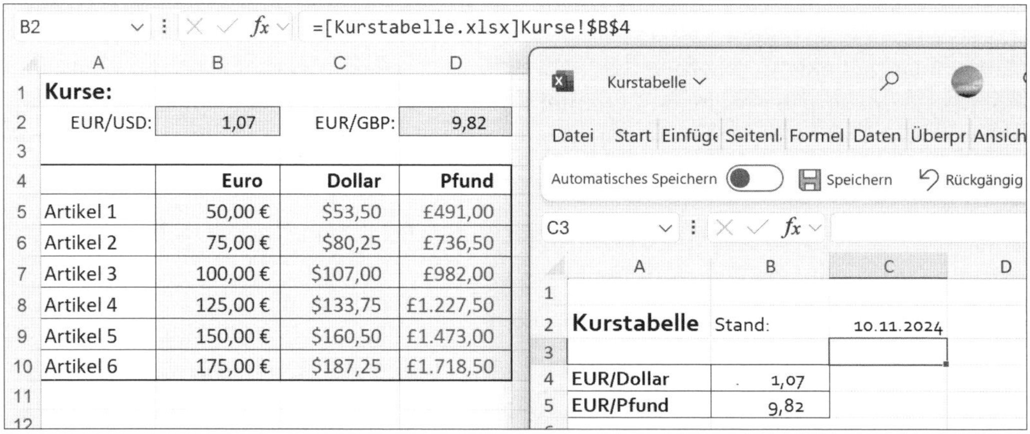

Abbildung 1.51 Beispiel für eine Verknüpfung zweier Tabellen

Verknüpfungen zwischen Dateien sind allerdings nicht unbedingt bruchsicher. Es kann beispielsweise geschehen, dass jemand den Namen der Quelldatei ändert oder sie in einen anderen Ordner verschiebt. Kann eine Formel in der abhängigen Datei keine Werte anzeigen, hilft der Aufgabenbereich, den Sie mit **Daten ▸ Abfragen und Verbindungen ▸ Webbook Links** öffnen. Der Aufgabenbereich zeigt zunächst alle Links an, die in einer Arbeitsmappe aktuell verwendet werden.

Wenn Sie das Menü zu den drei Punkten hinter dem Verbindungsnamen öffnen, haben Sie mehrere Möglichkeiten, um die Verbindung wieder in einen ordnungsgemäßen Zustand zu bringen, sodass die betreffenden Formeln auch wieder korrekte Bezüge verwenden und die Daten aus der Quelldatei übernehmen können. Für eine Korrektur der Verbindung benutzen Sie die Option **Quelle ändern**. Wenn Sie die richtige Datei in der dann angebotenen Liste oder über **Durchsuchen** bestimmen, wird wieder eine entsprechende Verbindung aufgebaut und der Bezug in der Formel korrigiert. Im Menü wird auch die Möglichkeit angeboten, die Verknüpfung zu unterbrechen oder die Quelldatei zu öffnen. Im oberen Teil werden zudem Symbole angeboten, um alle Links der Mappe zu aktualisieren oder zu trennen.

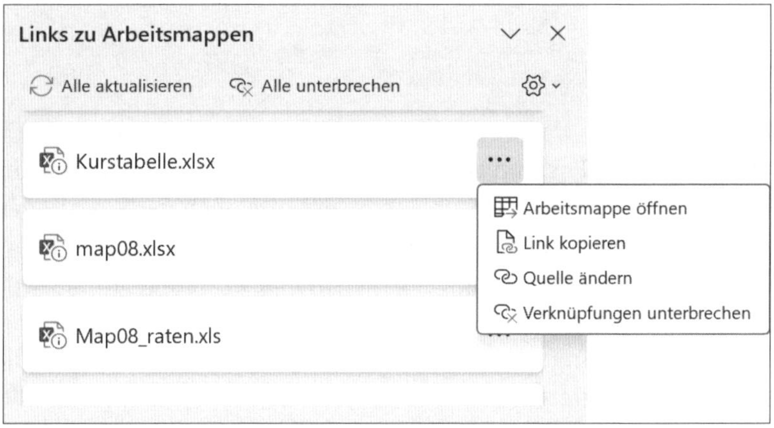

Abbildung 1.52 In diesem Dialog lassen sich Verknüpfungen zwischen Arbeitsmappen bearbeiten.

Sobald eine abhängige Arbeitsmappe mit den Verknüpfungsformeln abgespeichert ist, besteht eine feste Verbindung zur Quellarbeitsmappe. Wenn in der Quellarbeitsmappe eine Position geändert wird, auf die sich eine Formel in der abhängigen Arbeitsmappe bezieht, ändert sich normalerweise auch der Wert in der abhängigen Arbeitsmappe. Wenn die abhängige Arbeitsmappe nicht gleichzeitig geöffnet ist, geschieht dies allerdings erst in dem Augenblick, in dem sie erneut geöffnet wird. Wird nur die abhängige Tabelle geöffnet, erscheint unter Umständen die Abfrage, ob die Änderungen aktualisiert werden sollen. Diese Frage sollten Sie normalerweise mit **Aktualisieren** beantworten, denn dann übernimmt die abhängige Mappe Änderungen aus der Quellarbeitsmappe, die darin in der Zwischenzeit vorgenommen wurden.

Aktualisierung

Über das Radsymbol können Sie noch genauere Einstellungen zur Aktualisierung festlegen. Sobald eine abhängige Arbeitsmappe mit den Verknüpfungsformeln abgespeichert ist, besteht ja eine Verbindung zur Quellarbeitsmappe.

Abbildung 1.53 Aktualisierungsoptionen

Wenn in der Quellarbeitsmappe eine Position geändert wird, auf die sich eine Formel in der abhängigen Arbeitsmappe bezieht, ändert sich normalerweise auch der Wert in der abhängigen Arbeitsmappe. Wenn sie nicht gleichzeitig geöffnet ist, geschieht dies allerdings erst in dem Augenblick, in dem die abhängige Arbeitsmappe erneut geöffnet wird. Wird nur die abhängige Tabelle geöffnet, erscheint bei der Einstellung **Aktualisierung anfordern** die Abfrage, ob die Änderungen aktualisiert werden sollen. Diese Frage sollten Sie normalerweise mit **Aktualisieren** beantworten, denn dann übernimmt die abhängige Mappe Änderungen aus der Quellarbeitsmappe, die darin in der Zwischenzeit vorgenommen wurden.

Immer aktualisieren überspringt diese Abfrage. Soll grundsätzlich nur eine manuelle Aktualisierung durchgeführt werden, können Sie die Option **Nicht aktualisieren** wählen.

Verknüpfungen sind zerbrechlich

So reizvoll diese technischen Möglichkeiten auch sind: Sie tun gut daran, die organisatorischen Konsequenzen solcher Verknüpfungen sorgfältig abzuwägen und zu klären. Wenn z. B. jemand auf die Idee kommt, den Namen einer Quellarbeitsmappe zu ändern, verliert die Formel in der abhängigen Arbeitsmappe ihren Bezug. Das Problem, dass die vorrangige Datei nicht mehr gefunden wird, kann natürlich auch dann entstehen, wenn eine Datei auf der Festplatte in einen anderen Ordner oder auf ein anderes Laufwerk verschoben wird. In diesem Fall können Sie so verfahren wie eben beschrieben und die Verknüpfung auf die andere Datei umleiten.

Vorsicht ist auch geboten, wenn Dateien, die solche externen Bezüge enthalten, auf einen anderen Computer kopiert werden. Wird nur die abhängige Tabelle kopiert, ist der Bezug natürlich nicht mehr herzustellen. In diesem Fall sollten Sie die Frage nach der Aktualisierung mit **Nein** beantworten. Dann wird die Tabelle mit den zuletzt verwendeten Werten ausgegeben.

1.14.6 Hilfe bei der Eingabe von Funktionen

Das Programm Excel verlangt bei der Benutzung von Funktionen die exakte Beachtung der vorgeschriebenen Schreibweise. Nicht von Belang ist, ob Groß- oder Kleinbuchstaben verwendet werden. Damit Sie nicht ständig nachsehen müssen, welche Argumente eine bestimmte Funktion braucht, hilft Ihnen Excel entweder mit direkt eingeblendeten QuickInfos oder mit dem Dialog **Funktion einfügen**.

1.14.7 Manuelle Eingabe

Wenn Sie sich gut mit den Funktionen auskennen, können Sie die Funktionen direkt in die Zelle eintragen. Excel unterstützt Sie dabei mit der Funktion **AutoVervollständigen für Formeln**, sofern diese über **Excel-Optionen ▸ Formeln** nicht unter **Arbeiten mit Formeln** abgeschaltet ist. Bei Bedarf kann die Funktion aber auch im Bearbeitungsmodus mit [Alt]+[↓] ein- und ausgeschaltet werden.

Die manuelle Eingabe beginnt immer mit dem Gleichheitszeichen. Sobald Sie in eine Zelle ein Gleichheitszeichen und einen ersten Buchstaben eingeben, listet Excel die mit diesem Zeichen beginnenden Funktionen zur Auswahl auf. Zu jeder markierten Funktion wird eine Kurzinformation angezeigt. Doppelklick oder -tipp oder die [⇆]-Taste übernimmt eine ausgewählte Funktion und setzt die öffnende Klammer. [Esc] schließt die Liste ohne Übernahme eines Eintrags.

Die Liste verfügt unter Umständen über eine Bildlaufleiste, sodass auch verdeckte Optionen erreicht werden können. In der Bearbeitungszeile kann mit der Taste nach links jeweils ein schon eingegebener Buchstabe gelöscht werden, damit wieder die größere

Auswahl angezeigt wird. Die erste Übereinstimmung mit der bisherigen Eingabe wird jeweils hervorgehoben.

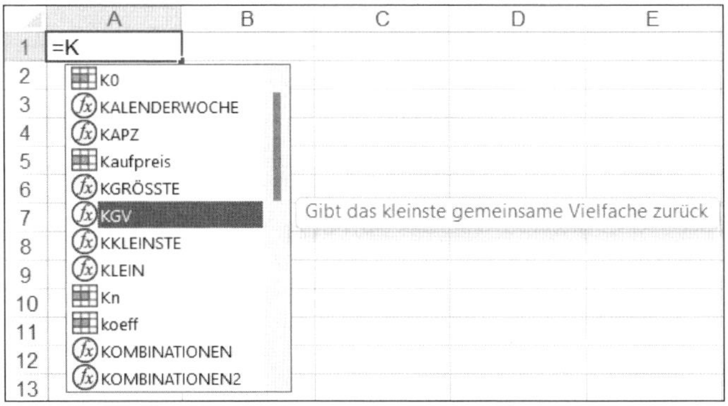

Abbildung 1.54 Auflistung möglicher Funktionen bei der Eingabe

Wenn Sie die genaue Schreibweise der Funktion nicht wissen, reicht es, wenn Sie einen Teil des Namens angeben können. `=WOCHE` bietet beispielsweise alle Funktionen an, die mit Wochenberechnungen zu tun haben.

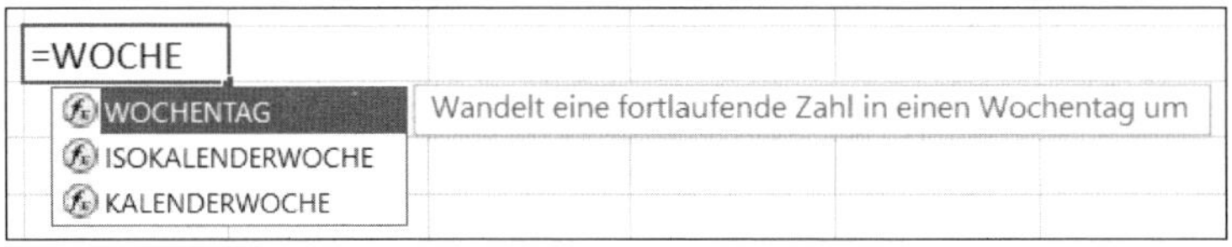

Abbildung 1.55 Die AutoVervollständigen-Funktion wurde erweitert.

Symbole vor dem Eintrag geben Hinweise auf den Typ des jeweiligen Eintrags, sodass etwa Excel-Funktionsnamen und benutzerdefinierte Funktionsnamen gut zu unterscheiden sind. Bei Funktionen, die durch neuere Funktionen ersetzt worden sind, wird ein kleines Warnsignal auf dem Symbol angezeigt.

Sobald der komplette Name einer Funktion und die erste Klammer für die Argumente direkt in der Zelle oder in der Bearbeitungsleiste eingegeben sind, werden QuickInfos eingeblendet, die zeigen, welche Argumente die Funktion verlangt, jedenfalls solange die Option **QuickInfos für Funktionen anzeigen** nicht über **Excel-Optionen ▸ Erweitert ▸ Anzeige** abgeschaltet ist.

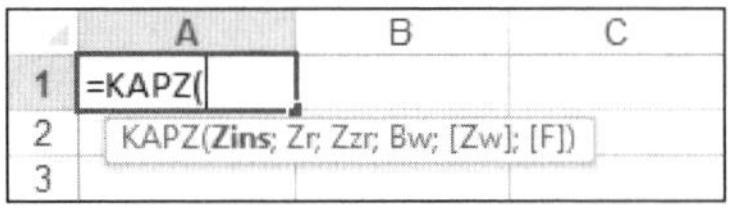

Abbildung 1.56 QuickInfos zur `KAPZ()`-Funktion

Die einzelnen Elemente in der QuickInfo arbeiten wie Hyperlinks. Wenn Sie einen Platzhalter für ein Argument nachträglich anklicken oder antippen, wird das Argument in der Formel ausgewählt und kann, falls nötig, korrigiert werden. Über der Bearbeitungsleiste wird zur Kontrolle auch der Wert oder die Werte des Arguments angezeigt.

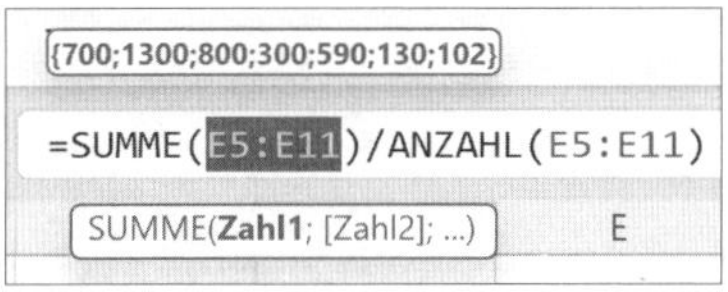

Abbildung 1.57 Anzeige der aktuellen Werte eines Arguments

Klicken oder tippen Sie dagegen auf den Funktionsnamen, wird die Hilfe zu dieser Funktion eingeblendet.

Abbildung 1.58 Zugang zur Hilfe zu einer Funktion über die QuickInfo

Auch bei der Eingabe der Argumente kann die **AutoVervollständigen**-Funktion helfen. Das gilt beispielsweise, wenn eine Funktion für ein Argument bestimmte Konstanten zur Auswahl anbietet, wie beispielsweise die Funktion `ZELLE()`. Sobald die öffnende Klammer erscheint, wird eine Liste der möglichen Werte für das Argument `Infotyp` angeboten. Doppelklick oder -tipp übernimmt den angebotenen Wert. Entsprechendes gilt für die Funktion `TEILERGEBNIS()`, wie Abbildung 1.59 zeigt.

Sind im Tabellenblatt Namen definiert, werden sie ebenfalls über Auswahllisten angeboten. Sind Tabellen definiert, werden auch die Bezeichner für Tabellenspalten und spezielle Elemente wie `[#Alle]`, `[#Daten]`, `[#Kopfzeilen]` etc. angeboten, sobald hinter dem Tabellennamen – er kann über das Register **Tabellenentwurf** geändert werden – eine eckige Klammer geöffnet wird. (Steht der Zellzeiger innerhalb der Tabelle, kann der Tabellenname weggelassen werden.) Abbildung 1.60 zeigt ein entsprechendes Beispiel.

Die Formel =SUMME(warenliste[#Daten]) liefert die Gesamtsumme aller Werte der Tabelle mit dem Namen »warenliste«.

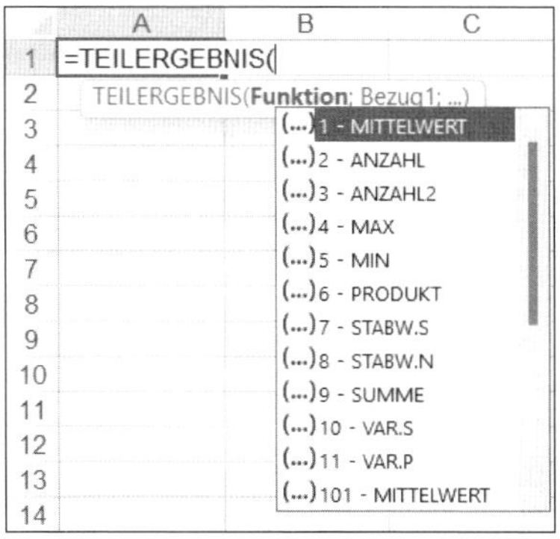

Abbildung 1.59 Liste der Werte für das Argument Funktion bei TEILERGEBNIS()

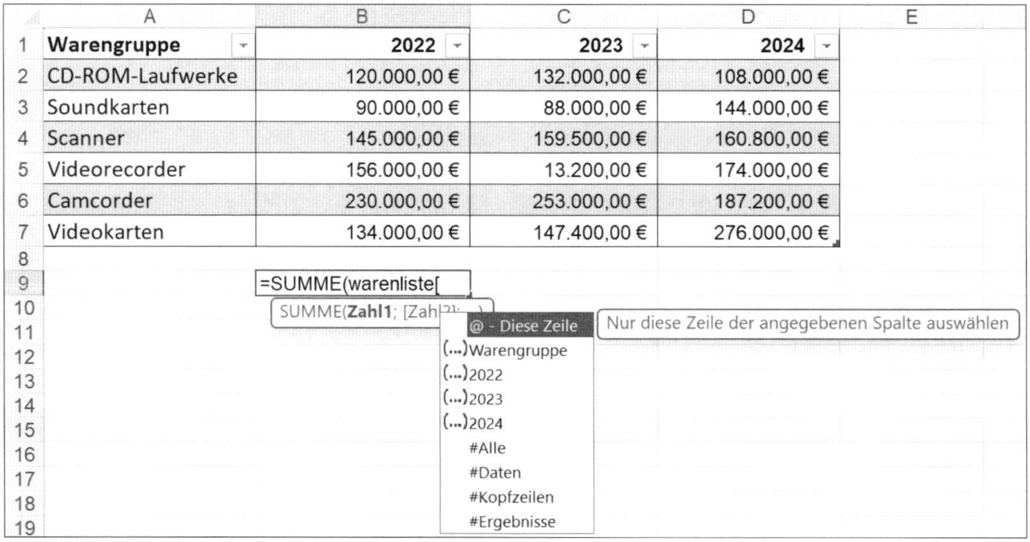

Abbildung 1.60 Übernahme von Bezeichnern von Tabellenelementen oder einer einzelnen Zeile als impliziter Schnittmenge mithilfe des @-Operators

Für den schnellen Zugriff stellt Excel außerdem in der Gruppe **Formeln ▸ Funktionsbibliothek** für die am häufigsten genutzten Funktionskategorien eigene Symbole zur Verfügung, die entsprechende Funktionslisten zur Auswahl stellen. Die anderen Kategorien erreichen Sie über das Untermenü zu dem Symbol **Mehr Funktionen**, wie Abbildung 1.61 zeigt.

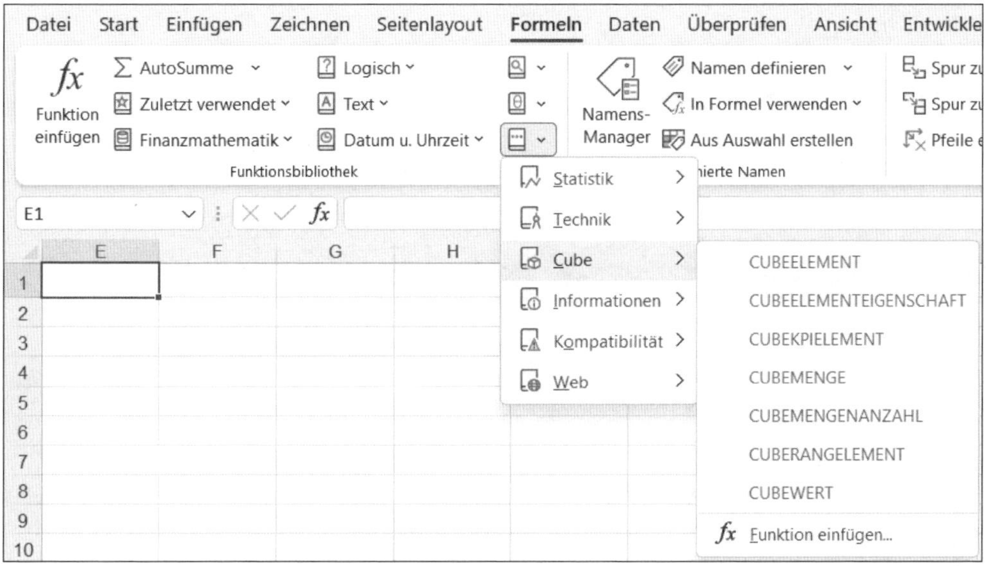

Abbildung 1.61 Das Angebot der Funktionsbibliothek

1.14.8 Der Dialog »Funktion einfügen«

Anstatt Funktionen direkt in eine Zelle einzutragen, können Sie mit dem Dialog **Funktion einfügen** arbeiten. Markieren Sie erst die Zelle, und klicken oder tippen Sie in der Bearbeitungsleiste auf das **fx**-Symbol. Das Gleichheitszeichen wird dann von Excel automatisch an den Anfang der Formel gesetzt. Oder wählen Sie seit Excel 2007 den Befehl **Formeln ▸ Funktion einfügen** oder ⇧+F3, in den älteren Versionen **Einfügen ▸ Funktion**.

Das Dialogfeld erlaubt unter **Funktion suchen** die Eingabe von Fragen. Geben Sie etwa »Barwert« ein, und bestätigen Sie mit **OK**. Excel stellt unter der Kategorie **Empfohlen** die für Barwertberechnungen verwendbaren Funktionen zur Auswahl.

Wissen Sie, welche Funktion Sie benötigen, etwa die `ZINS()`-Funktion, wählen Sie erst die Kategorie **Finanzmathematik** aus, zu der diese Funktion gehört. Im nächsten Schritt wählen Sie dann die Funktion selbst. Um in der Liste der Funktionen zu blättern, können Sie mit den Bildlaufleisten arbeiten. Meist hilft es, den Anfangsbuchstaben der Funktion einzutippen, um das Auffinden zu beschleunigen, wenn die Liste länger ist. Wenn Sie unsicher sind, unter welcher Kategorie die Funktion eingeordnet ist, wählen Sie **Alle**.

Wird eine Funktion mit einem Klick oder Tipp oder mit einer Richtungstaste markiert, erscheinen eine kurze Erklärung und die Syntax der Funktion. **OK** führt in den Dialog **Funktionsargumente**.

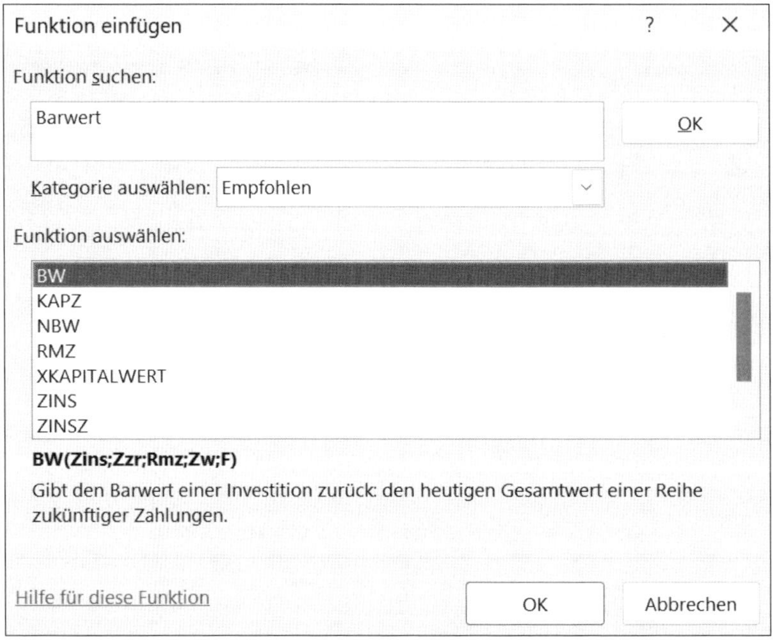

Abbildung 1.62 Suche nach Funktionen für einen speziellen Zweck

Für jedes Argument ist ein Eingabefeld vorgesehen. Die Namen der erforderlichen Argumente sind fett formatiert ❶, die der optionalen Argumente nicht. Wenn die Einfügestelle in einem Feld steht, erhalten Sie im unteren Bereich des Dialogs Hinweise, welche Art von Daten benötigt wird ❷. Eventuell müssen Argumente mit der Bildlaufleiste sichtbar gemacht werden.

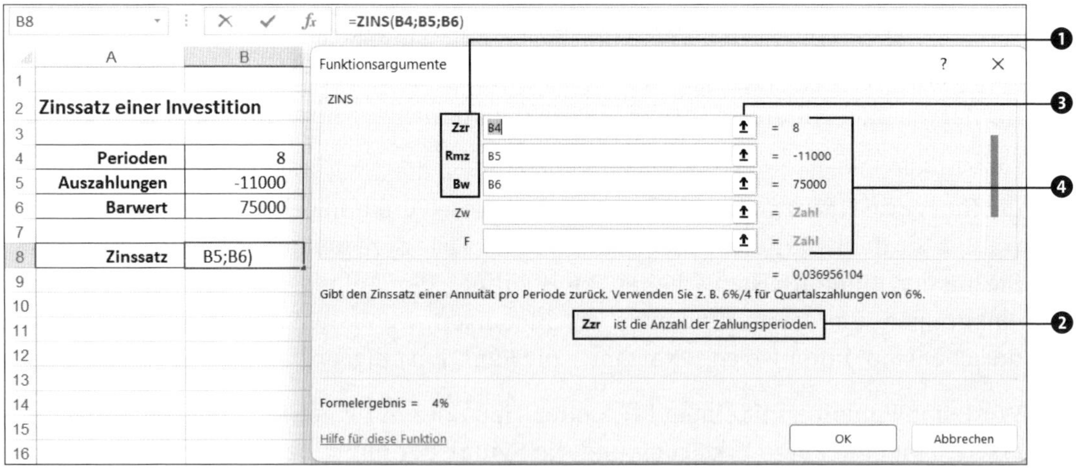

Abbildung 1.63 Dialog für die Argumente, die die Funktion benötigt

Um Bezüge auf Bereiche einzugeben, können Sie die kleine Schaltfläche am Ende eines Eingabefeldes ❸ benutzen, die das Dialogfeld vorübergehend einschrumpft. Markieren Sie den Bereich, und klicken oder tippen Sie dann wieder auf das kleine Symbol am Ende des Feldes. Noch bequemer ist es, wenn Sie das Dialogfeld etwas zur Seite schieben können und dann einfach jeweils die Zelle im Arbeitsblatt auswählen, die den benötigten Wert enthält. Während der Eingabe werden die Werte der Argumente angezeigt ❹ und darunter das erwartete Formelergebnis, soweit das möglich ist, sodass Sie fehlerhafte Eingaben oft schon im Dialog erkennen können. Die zuletzt verwendeten Funktionen werden übrigens immer auch über das Namenfeld angeboten, um den Zugriff zu beschleunigen.

Abbildung 1.64 Funktionsangebot über das Namenfeld

1.14.9 Funktionen bearbeiten

Wenn Sie das Funktionssymbol und dann eine Funktion in einer Formel markieren, können die Argumente im entsprechenden Dialog geändert werden. Enthält die Formel mehrere Funktionen, markieren Sie sie einfach nacheinander. Benötigen Sie eine Funktion an einer bestimmten Stelle innerhalb einer Formel, benutzen Sie die Schaltfläche **Funktion einfügen** erneut.

Wenn Sie eine Formel haben, in der eine Funktion mit anderen Operatoren gemischt ist, erscheint ein verkürztes Dialogfeld **Funktionsargumente**, das nur das Gesamtergebnis der Formel ausgibt, wenn keine Funktion markiert ist.

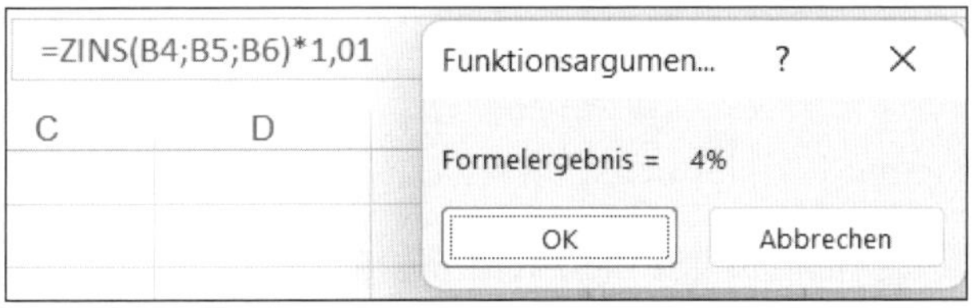

Abbildung 1.65 Das verkürzte Dialogfeld zeigt nur das Ergebnis.

1.14.10 Verschachtelte Funktionen

Der Dialog **Funktion einfügen** unterstützt Sie auch bei der Eingabe verschachtelter Funktionen, bei denen normalerweise die Fehleranfälligkeit am höchsten ist. Angenommen, Sie wollen Ihre Kunden in drei Gruppen einteilen, je nach der Höhe des Umsatzes. In der Spalte neben den Umsätzen soll jeweils ein Kennzeichen für die Gruppe abgelegt werden. Das kann mit einer `WENN()`-Funktion geschehen:

1. Benutzen Sie das Symbol **Funktion einfügen**, und wählen Sie aus der Kategorie **Logik** die Funktion `WENN()`. Bestätigen Sie mit **OK**. Im ersten Argumentfeld **Wahrheitstest** wählen Sie zunächst die Zelle B5 mit dem ersten Umsatzwert aus und geben dann `>=1000` ein.

2. Wählen Sie das Feld **Wert_wenn_wahr** per Klick oder Tipp aus, oder drücken Sie die [Tab]-Taste. Wenn die erste Bedingung erfüllt ist, soll eine zweite Bedingung geprüft werden. Also muss bei dem zweiten Argument wieder eine `WENN()`-Funktion eingefügt werden.

3. Benutzen Sie die **WENN**-Schaltfläche im Namenfeld, die nach der ersten Verwendung der `WENN()`-Funktion automatisch angeboten wird. Es erscheint wieder das Dialogfeld für die Eingabe der drei Argumente.

4. Tragen Sie die zweite Bedingung ein: `B5>=50000`.

5. Geben Sie nun in das Feld **Wert_wenn_wahr** den Buchstaben `A` ein. Anführungszeichen sind nicht notwendig im Gegensatz zur manuellen Eingabe einer Funktion direkt in die Bearbeitungsleiste.

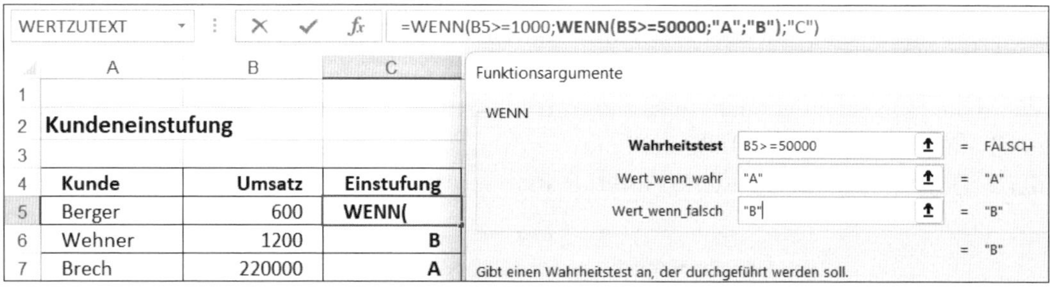

6. In das Feld **Wert_wenn_falsch** tragen Sie den Buchstaben `B` ein.

7. Klicken oder tippen Sie auf das erste `WENN` in der Bearbeitungsleiste, erscheint wieder das Dialogfeld der übergeordneten Funktion. Geben Sie bei **Wert_wenn_falsch** den Buchstaben `C` ein, und bestätigen Sie mit **OK** oder [Enter].

8 Damit ist die Formel fertig und muss nur noch auf die anderen Zellen kopiert werden.

Auch wenn Sie in einer fertigen Funktion nachträglich ein Argument durch eine Funktion ersetzen wollen, können Sie mit dem Funktionssymbol arbeiten, wenn dieses Argument ausgewählt ist.

1.14.11 Formeln kopieren

Ein großer Teil der Arbeitsersparnis, die Ihnen Excel ermöglicht, hängt davon ab, wie geschickt Sie das Kopieren von Formeln einsetzen. Es gibt dafür eine ganze Reihe von Techniken, und wir werden Ihnen die wichtigsten kurz an einem Beispiel vorstellen.

Eine erste Technik besteht darin, Formeln für einen Zellbereich gleich in einem Zug anzulegen. Wenn Sie beispielsweise eine Tabelle mit Werten in dem Bereich A4:F13 haben und in G4:G13 die Quersummen anlegen wollen, markieren Sie den Bereich G4:G13 und geben die Formel für die erste Zeile ein: `=SUMME(A4:F4)`. Schließen Sie die Formel mit der Tastenkombination `Strg` + `↵` ab. Excel passt die Formeln automatisch an die Werte in den verschiedenen Zeilen an.

Wenn Sie die Maus verwenden, besteht in solchen Fällen immer auch die Möglichkeit, mit dem Ausfüllkästchen zu arbeiten. In dem folgenden Beispiel geben Sie die erste Quersummenformel in die Zelle G4 ein und ziehen das Ausfüllkästchen anschließend bis zur Zelle G13.

	A	B	C	D	E	F	G
1							
2	**Messwerte**						
3	**Serie 1**	**Serie 2**	**Serie 3**	**Serie 4**	**Serie 5**	**Serie 6**	**Gesamt**
4	2,89	2,89	2,89	3,00	2,25	3,90	17,82
5	4,45	4,45	4,45	6,04	6,06	5,66	
6	7,75	7,75	7,75	6,25	7,68	4,26	
7	4,07	0,10	6,61	2,81	5,63	1,12	
8	3,86	3,61	4,10	8,82	2,97	3,74	
9	4,63	5,10	0,02	9,04	8,60	5,47	
10	5,11	2,96	0,62	6,68	9,60	9,09	
11	4,60	4,60	4,60	8,62	4,29	5,38	
12	7,94	7,94	7,94	2,70	5,59	2,10	
13	3,53	4,47	4,60	5,62	6,64	5,75	

Abbildung 1.66 Typische Anordnung einer Tabelle, bei der sich das Kopieren der Formel für die Quersumme anbietet

Wenn die Spalte links neben der Spalte, die die Formeln aufnehmen soll, keine Lücken enthält, also keine leeren Zellen, hilft auch ein Doppelklick auf das Ausfüllkästchen, um die gesamte Spalte bis zu G13 mit den passenden Formeln zu füllen.

Eine ähnliche Methode können Sie auch auf einem Touchscreen im Modus **Fingereingabe** verwenden. Sie geben die erste Formel in G4 ein, tippen die Zelle anschließend an, bis das Kontextmenü erscheint, und blenden mit **AutoAusfüllen** das entsprechende Symbol ein. Dieses ziehen Sie dann mit dem Finger bis zur Zelle G13.

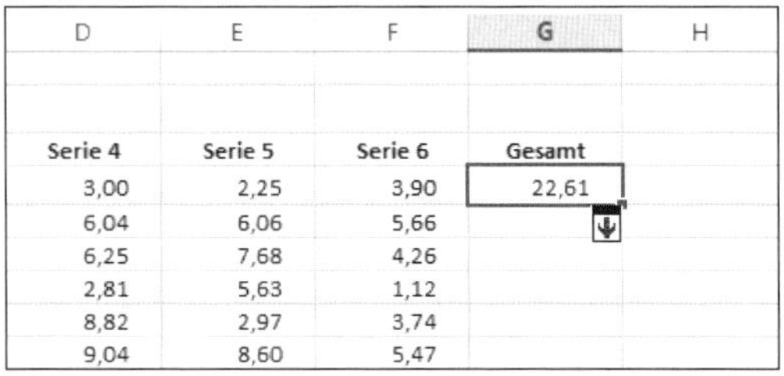

Abbildung 1.67 Auf dem Touchscreen übernimmt das Symbol **AutoAusfüllen** die Rolle des Ausfüllkästchens.

Die nächste Methode arbeitet mit den Symbolen, die auf der Registerkarte **Start** in der Gruppe **Bearbeiten** in dem schon angesprochenen Menü der Schaltfläche **Ausfüllen** angeboten werden. Sie geben in Zelle G4 die erste Formel ein und markieren anschließend mit Maus, Tastatur oder Finger den Bereich G4:G13. Um die Spalte zu füllen, verwenden Sie die Option **Unten**. Sollen Zellen in einer Zeile gefüllt werden, nehmen Sie das Symbol für **Rechts**.

Abbildung 1.68 Das Menü der Schaltfläche **Ausfüllen** in der Gruppe **Start ▶ Bearbeiten**

Schließlich haben Sie immer auch die Möglichkeit, Formeln über die Zwischenablage zu kopieren. Das ist die bevorzugte Methode, wenn die Zellen, in denen die Formeln eingefügt werden sollen, nicht direkt benachbart sind, sondern an ganz anderer Stelle, vielleicht sogar auf einem anderen Blatt oder in einer anderen Arbeitsmappe benötigt werden. Diese Methode hat außerdem den Vorteil, dass eine einmal in die Zwischenablage übernommene Formel nacheinander an verschiedene Stellen eingefügt werden kann. Die notwendigen Schritte sind die folgenden:

1. Markieren Sie die Formel oder den Formelbereich, der kopiert werden soll.
2. Benutzen Sie die Befehle **Start ▸ Zwischenablage ▸ Kopieren** oder [Strg]+[C].
3. Markieren Sie den Zielbereich.
4. Benutzen Sie **Start ▸ Zwischenablage ▸ Einfügen** oder [Strg]+[V].

1.14.12 Formeln dokumentieren

Wenn Sie zur Prüfung eines Kalkulationsmodells im Tabellenblatt alle Formeln auf einmal sehen wollen, können Sie über **Excel-Optionen** auf der Registerkarte **Erweitert** unter **Optionen für dieses Arbeitsblatt anzeigen** das Kästchen bei **Anstelle der berechneten Werte Formeln in Zellen anzeigen** abhaken.

Geht es nur um das einzelne Blatt, benutzen Sie aus dem Register **Formeln** in der Gruppe **Formelüberwachung** die Option **Formeln anzeigen** oder [Strg]+[⇧]+[`].

Die Anzeige der Formeln kann insbesondere auch benutzt werden, um Tabellen zu dokumentieren. Wollen Sie dagegen nur die Formeln einzelner Zellen dokumentieren, können Sie die Funktion `FORMELTEXT()` verwenden. Sie zeigt die Formel der Zelle, deren Bezug Sie als Argument angeben, als Text an.

	A	B	C	D	E	F
7	Mittelwert	61%	=MITTELWERT(Relation_Angestellte_Arbeiter)			

Abbildung 1.69 Die Zelle C7 zeigt die in B7 verwendete Formel als Text an.

1.15 Einsatz von relativen und absoluten Bezügen

Um die Art und Weise, wie Excel mit Formeln arbeitet, noch etwas näher kennenzulernen, soll ein einfaches Beispiel etwas genauer behandelt werden: In der Tabelle in Abbildung 1.70 sind die Umsätze und die Kosten einer Firma für verschiedene Artikelgruppen zusammengestellt.

	A	B	C	D
1				
2	**Betriebsergebnis**			2024
3				
4	**Artikelgruppe**	**Umsatz**	**Kosten**	**Gewinn**
5	Möbel	2.000.000,00	1.240.000,00	760.000,00
6	Teppiche	3.000.000,00	1.900.000,00	1.100.000,00
7	Wohnungsbedarf	1.500.000,00	1.050.000,00	450.000,00
8	Gartenmöbel	250.000,00	150.000,00	100.000,00
9	**Gesamt**	6.750.000,00	4.340.000,00	2.410.000,00

Abbildung 1.70 Umsätze und Kosten für verschiedene Artikelgruppen

In dieser Tabelle sind zwei Berechnungen erforderlich: die Bildung von Gesamtsummen für die Spalten und die Berechnung des Rohgewinns. Anstatt nun die Zahlen direkt in die Formeln einzugeben, arbeiten Sie mit den Adressen der Zellen, d. h., auf den Inhalt der Zellen wird über ihre Adressen Bezug genommen.

1.15.1 Arbeit mit relativen Bezügen

Für die Bildung der Gesamtsummen bietet Excel die schon angesprochene Funktion `SUMME()`. Diese Funktion ist in der Lage, alle numerischen Werte in einem angegebenen Zellbereich zu addieren. Excel muss dafür nur wissen, wie groß der Bereich ist. Der Bereich muss der Funktion als Bereichsadresse übergeben werden. Eine Bereichsadresse ist eine Angabe in der Art `Von_Zelle:Bis_Zelle`. Der Bereich wird also definiert über die Adresse der Zelle, mit der der Bereich beginnt, und die Adresse der Zelle, mit der der Bereich endet, getrennt durch einen Doppelpunkt. Wenn Sie in der Beispieltabelle die Zelle B9 auswählen, könnten Sie `=SUMME(B5:B8)`eintragen.

Allerdings ist es in diesem Fall praktischer, das Summensymbol aus der Gruppe **Start ▸ Bearbeiten** doppelt anzuklicken. Statt die Summe für jede Spalte einzeln zu bilden, können Sie die Sache auch in einem Zug erledigen: Markieren Sie die Zellen B9 bis D9. Benutzen Sie anschließend das Summensymbol.

Um den Rohgewinn zu ermitteln, werden einfach vom Umsatz die Kosten abgezogen. Die Formel für die erste Zeile ist also `=B5-C5`. Zelle D5 liefert das verlangte Ergebnis. Wenn die Zelle D5 noch markiert ist, müssen Sie nur das Ausfüllkästchen doppelt anklicken, um die Formeln für die anderen Artikelgruppen zu erzeugen. Statt des Doppelklicks kann das Ausfüllkästchen auch mit der Maus nach unten gezogen werden. Der Doppelklick ist insbesondere bei langen Spalten praktischer. Auf dem Touchscreen arbeiten Sie, wie oben beschrieben, am besten mit dem Symbol **AutoAusfüllen**.

Wenn Sie eine der kopierten Formeln auswählen, sehen Sie, dass Excel bei den verwendeten Zelladressen jedes Mal die Zeilennummer geändert hat. Beim Kopieren werden die Adressen der »Umsatz«- und »Kosten«-Zellen also nicht als fixe Adressen behandelt, sondern sinngemäß angepasst. Diese Anpassung ist meist erwünscht, aber nicht immer. Wenn Sie z. B. den Prozentsatz einzelner Artikelgruppen am Gesamtgewinn berechnen wollen, würde diese Anpassung zu Fehlern führen. Excel unterscheidet deshalb grundsätzlich zwei verschiedene Bezugsarten: relative und absolute Bezüge. Abgeleitet davon sind die Mischbezüge, bei denen ein Teil des Bezugs relativ – beispielsweise die Zeilennummer –, ein anderer – die Spaltenbezeichnung – absolut ist.

Bei einem relativen Bezug notiert Excel intern die Position der Zelle, auf die Bezug genommen wird, in der Form, dass die relative Entfernung von der Zelle gemessen wird, die den Bezug enthält. Excel interpretiert die Formel `=B5-C5` intern also wie die folgende Anweisung: Ziehe von dem Wert in der Zelle, die zwei Zellen weiter links liegt, den Wert ab, der eine Zelle weiter links liegt. Wenn Sie diese Formel nach unten kopieren, kann diese Beschreibung der Rechenaufgabe unverändert bleiben, nur bezieht sie sich nun auf die Zellen B6 und C6 etc. Wenn Sie einen relativen Bezug verwenden, weisen Sie also Excel an, diesen Bezug automatisch zu verändern, wenn die Formel an eine andere Stelle kopiert wird. Beim Verschieben einer Formel werden die Adressen dagegen nicht verändert.

1.15.2 Absolute Bezüge

Bei einem absoluten Bezug auf eine Zelle ist immer genau diese Zelle gemeint und keine andere. Das heißt auch, dass der Bezug beim Kopieren nicht verändert wird. Relative und absolute Bezüge können in einer Adresse auch gemischt werden. Der absolute Teil des Bezugs bleibt beim Kopieren unverändert, der relative Teil des Bezugs wird angepasst. Tabelle 1.9 zeigt die möglichen Bezugsarten.

Beispiel	Bezugsart
`B2`	Ist ein relativer Bezug auf die Zelle B2.
`$B$2`	Ist ein absoluter Bezug auf die Zelle B2.
`$B2`	Ist ein gemischter Bezug, bei dem der Bezug auf die Spalte absolut gesetzt ist, während der Bezug auf die Zeile relativ bleibt.
`B$2`	Ist ein gemischter Bezug, bei dem der Bezug auf die Zeile absolut gesetzt ist, während der Bezug auf die Spalte relativ bleibt.

Tabelle 1.9 Relative, absolute und gemischte Bezüge

Der relative Bezug ist für Excel der Normalfall. Jeder einfache Zellbezug ist ein relativer Bezug. Dagegen werden bei Bezügen auf benannte Bereiche, von denen in Abschnitt 1.17, »Arbeit mit benannten Bereichen«, ausführlich die Rede sein wird, in der Regel absolute Bezüge verwendet. Wird der benannte Bereich durch Löschen von Zeilen oder Spalten oder durch Einfügen von Zeilen oder Spalten verkleinert oder vergrößert, werden die Bereichsadressen aber automatisch angepasst. Wird ein benannter Bereich verschoben, werden die Bezüge ebenfalls automatisch angepasst.

Wann ist es notwendig, mit absoluten oder gemischten Bezügen zu arbeiten? Der Fall der Prozentrechnung wurde schon angesprochen. Wenn Sie in unserem Beispiel in Zelle E5 die Formel `=B5/B9` eingeben, um den Anteil des Gruppenumsatzes am Gesamtumsatz zu berechnen, erhalten Sie ein richtiges Ergebnis. Klicken Sie in der Gruppe **Start ▶ Zahl** auf das Symbol **Prozentformat**, um die Prozentdarstellung zu erreichen.

Ein Problem tritt erst auf, wenn Sie beispielsweise per Doppelklick auf das Ausfüllkästchen versuchen, die Formel nach unten zu kopieren. Excel gibt statt der Ergebnisse Fehlerwerte aus. Wenn Sie den Zellzeiger auf die Zelle E6 setzen, erscheint eine Schaltfläche, die zunächst einen Hinweis auf den Fehler gibt (Abbildung 1.71).

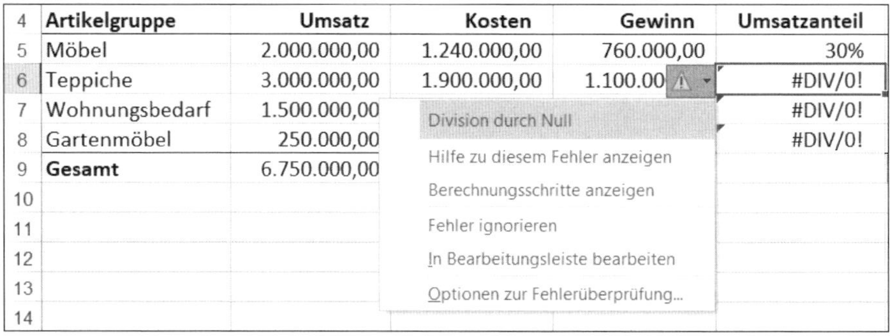

Abbildung 1.71 Die kopierten Formeln melden einen Fehler.

Wenn Sie die Schaltfläche benutzen, werden Ihnen verschiedene Optionen angeboten, auf den Fehler zu reagieren oder genauere Informationen dazu einzuholen. Wenn Sie die Option **In Bearbeitungsleiste bearbeiten** wählen, wird der Fehler sofort erkennbar (Abbildung 1.72).

Die Formel bezieht sich zwar zunächst korrekt auf die zweite Artikelgruppe, dann aber nicht auf das Gesamtergebnis in B9, sondern auf die nächste Zelle B10, die leer ist. Leere Zellen wertet Excel in einer Formel aber als Zellen mit dem Wert Null. Dies führt zu dem Fehlerwert `#DIV/0!`, da ja eine Division durch null nach Adam Riese nicht erlaubt ist. Um den Fehler zu beheben, muss deshalb in allen Formeln der Bezug auf das Gesamtergebnis absolut gesetzt werden. Dann lässt sich die Formel auch kopieren. Klicken oder tippen Sie doppelt auf die Zelle E5 und dann doppelt auf die Adresse B9. Mit F4 können Sie den Bezug in einen absoluten Bezug verwandeln. `=B5/$B$9` lässt sich nun ohne Probleme bis zur Zelle E8 kopieren.

WERTZUTEXT | =B6/B10

	A	B	C	D	E
4	**Artikelgruppe**	**Umsatz**	**Kosten**	**Gewinn**	**Umsatzanteil**
5	Möbel	2.000.000,00	1.240.000,00	760.000,00	30%
6	Teppiche	3.000.000,00	1.900.000,00	1.100.000,00	=B6/B10
7	Wohnungsbedarf	1.500.000,00	1.050.000,00	450.000,00	#DIV/0!
8	Gartenmöbel	250.000,00	150.000,00	100.000,00	#DIV/0!
9	**Gesamt**	6.750.000,00	4.340.000,00	2.410.000,00	
10					
11					

Abbildung 1.72 Offensichtlich ist ein Bezug der Formel falsch.

Natürlich können Sie die Dollarzeichen auch manuell eintippen, aber es ist bequemer, dafür die Taste F4 zu verwenden. Dabei ist es egal, ob die Einfügestelle direkt vor oder direkt hinter dem Bezug steht oder ob der Bezug insgesamt markiert ist. Wenn Sie F4 mehrfach drücken, werden die möglichen Bezugsarten kreisförmig gewechselt.

1.15.3 Gemischte Bezüge

In diesem Beispiel ist der Bezug auf die Zelle, die das Gesamtergebnis enthält, zunächst absolut gesetzt worden. Es hätte auch ausgereicht, nur die Zeilennummer absolut zu setzen, da die Spaltenbezeichnung beim Kopieren gleich geblieben ist. Die Adresse `=B$9` ist ein teilabsoluter Bezug. Angenommen, Sie wollen nicht nur die Prozentanteile in Bezug auf den Umsatz, sondern auch in Bezug auf die Kosten und den Gewinn ermitteln. Geben Sie dazu in Zelle E5 die Formel `=B5/B$9` ein. Diese Formel lässt sich ohne weitere Änderungen auf den Bereich E5:G8 kopieren.

	A	B	C	D	E	F	G
4	**Artikelgruppe**	**Umsatz**	**Kosten**	**Gewinn**	**Umsatzanteil**	**Kostenanteil**	**Gewinnanteil**
5	Möbel	2.000.000,00	1.240.000,00	760.000,00	30%	29%	32%
6	Teppiche	3.000.000,00	1.900.000,00	1.100.000,00	44%	44%	46%
7	Wohnungsbedarf	1.500.000,00	1.050.000,00	450.000,00	22%	24%	19%
8	Gartenmöbel	250.000,00	150.000,00	100.000,00	4%	3%	4%
9	**Gesamt**	6.750.000,00	4.340.000,00	2.410.000,00			

Abbildung 1.73 Anteil der Artikelgruppen an den Gesamtergebnissen

Das Ergebnis zeigt die Anteile der Artikelgruppen an den verschiedenen Gesamtergebnissen. Dadurch, dass in der Formel die Spaltenbuchstaben relativ benutzt werden, lässt sich die Formel in E6 gleich auf alle drei Spalten kopieren. An diesem Beispiel können Sie auch sehen, dass Sie ohne Weiteres eine Zelle auf einen ganzen Bereich kopieren können, wobei die Originalzelle auf sich selbst kopiert wird.

1.16 Einsatz von Formeln in Tabellen

Tabellen können immer dann eingesetzt werden, wenn sich Informationen gleichmäßig zeilenweise anordnen lassen. Die Zellen in einer Zeile enthalten dabei jeweils die Daten für eine bestimmte Einheit. Der Inhalt der Spalte wird durch den Feldnamen in Form der Spaltenbeschriftung in der ersten Zeile der Tabelle angezeigt. Wo die Tabelle im Tabellenblatt angelegt wird, ist nicht festgelegt. Es können auch mehrere Tabellen auf einem Tabellenblatt angelegt werden.

Excel bietet zahlreiche sehr praktische Funktionen für die Auswertung solcher Tabellen an. Dazu gehören die Möglichkeit, Ergebniszeilen zu erzeugen, umfangreiche Filterfunktionen und insbesondere der Einsatz interaktiver Pivot-Tabellen, mit denen Daten umgeordnet und unter wechselnden Gesichtspunkten zusammengefasst werden können. Mehr zu Letzterem erfahren Sie in Kapitel 16, »Analyse mit Pivot-Tabellen und -Diagrammen«.

1.16.1 Anlegen einer Tabelle

Um den Umgang mit Tabellen zu vereinfachen, insbesondere die Erweiterung von Tabellen um weitere Zeilen oder Spalten, kann ein so strukturierter Zellbereich ausdrücklich in einen Tabellenbereich umgewandelt werden. Das kann gleich zu Anfang mit einer Beschriftungszeile oder auch später mit einem Zellbereich erfolgen, der bereits Daten unterhalb der Beschriftungszeile enthält. Setzen Sie im ersten Fall den Zellzeiger direkt in eine Zelle der Beschriftungszeile oder eine Zelle direkt darunter, und wählen Sie **Einfügen ▸ Tabellen ▸ Tabelle**. Anstelle des Befehls können Sie auch die Tastenkombination `Strg` + `T` verwenden.

Excel fordert in dem kleinen Dialog **Tabelle erstellen** eine Bestätigung für den Tabellenbereich, den es aus den gegebenen Umständen ableitet. Ist der Bereich noch leer, definieren Sie den Bereich durch Ziehen mit der Maus oder Eingabe der Bereichsadressen. Wählen Sie die Option **Tabelle hat Überschriften**, wenn dies der Fall ist. Wenn noch keine Kopfzeile existiert, gibt Excel als Standardnamen *Spalte(n)* vor. Excel erzeugt einen Tabellenbereich und blendet als Vorgabe Filterschaltflächen zu den einzelnen Spalten ein. Der angelegte Bereich wird mit einem vorgegebenen Tabellenformat belegt, das Sie aber jederzeit ändern können.

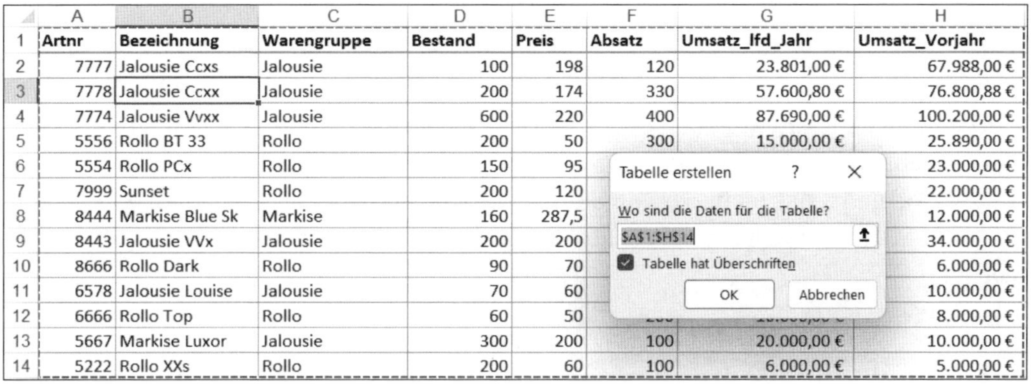

Abbildung 1.74 Umwandeln eines Zellbereichs in eine Tabelle

Ist eine Zelle in der Tabelle aktiviert, wird das Register **Tabellenentwurf** eingeblendet, das fünf Gruppen mit Optionen für die Gestaltung der Tabelle anbietet. Unter **Eigenschaften ▸ Tabellenname** können Sie zunächst den vorgegebenen durchnummerierten Standardnamen überschreiben ❶. Dieser Name kann für strukturierte Verweise in Formeln verwendet werden, wie wir sie gleich beschreiben. Er kann ansonsten wie ein definierter Bereichsname genutzt werden.

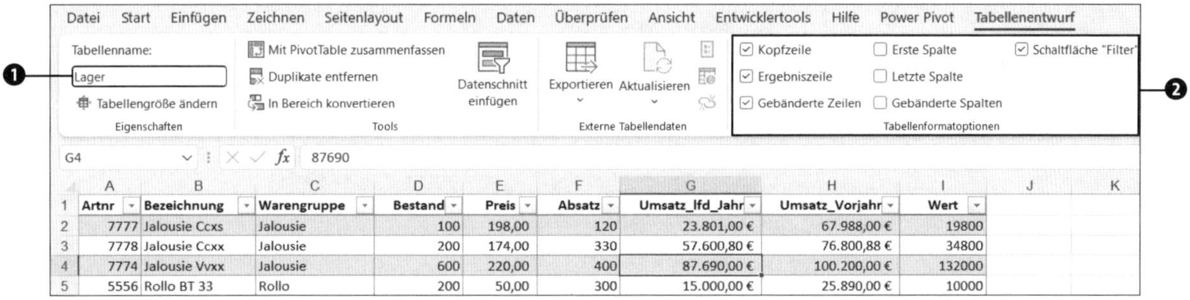

Abbildung 1.75 Optionsgruppen für die Gestaltung des Tabellenbereichs auf der Registerkarte **Tabellenentwurf**

In der Gruppe **Tabellenformatoptionen** ❷ auf der Registerkarte **Tabellenentwurf** werden noch einige praktische Einstellungen angeboten, die die Arbeit mit Tabellen betreffen. Die Option **Gebänderte Zeilen** sorgt beispielsweise dafür, dass die Formatierung paarweise wechselt, sodass ein Streifenmuster entstehen kann, das das Ablesen der Daten erleichtert.

Wenn die Struktur der Tabelle feststeht, können Sie mit der Eingabe der Daten beginnen. Bei Tabellen werden Formate und Formeln automatisch in die neue Zeile übernommen. Das Kontextmenü jeder ausgewählten Zelle in der Tabelle bietet über **Zeile/Spalte einfügen** Befehle an, um innerhalb der Tabelle Zeilen oder Spalten einzufügen, die sich nicht auf den Rest des Arbeitsblattes auswirken. Entsprechend wird auch ein Löschbefehl für ausgewählte Zeilen oder Spalten innerhalb des Tabellenbereichs zur Verfügung gestellt.

Wird in eine Zelle direkt neben oder direkt unter dem aktuellen Tabellenbereich etwas eingegeben, vermutet Excel, dass diese Daten mit in den Tabellenbereich aufgenommen werden sollen. Ist das nicht der Fall, können Sie die automatische Tabellenerweiterung über das Menü der Schaltfläche **AutoKorrektur-Optionen** bei Bedarf auch rückgängig machen.

Abbildung 1.76 Erweitern der Tabelle um eine Spalte

Die Option **AutoKorrektur-Optionen steuern** öffnet den entsprechenden Dialog, den Sie sonst über **Datei ▸ Optionen ▸ Dokumentprüfung ▸ AutoKorrektur-Optionen** erreichen.

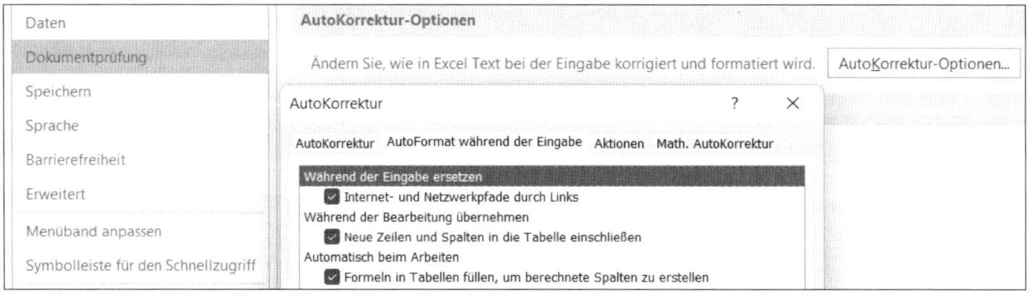

Abbildung 1.77 Das Register **AutoFormat während der Eingabe**

1.16.2 Einfügen von Ergebniszeilen

Eine weitere Option des Tabellenbereichs ist das Einfügen einer Ergebniszeile am jeweiligen Ende der Tabelle, die automatisch mit dem wachsenden Bereich wandert und ihre Formeln anpasst. Dazu wird **Tabellenentwurf ▸ Tabellenformatoptionen ▸ Ergebnis-**

zeile oder **Tabelle ▸ Ergebniszeile** im Kontextmenü verwendet. Über die kleinen Pfeilschaltflächen kann für jede Spalte die Art der Auswertung einzeln gewählt werden. Neben Standardauswertungen wie **Summe**, **Anzahl** und **Mittelwert** lassen sich über die Option **Weitere Funktionen** auch benutzerdefinierte Funktionen heranziehen.

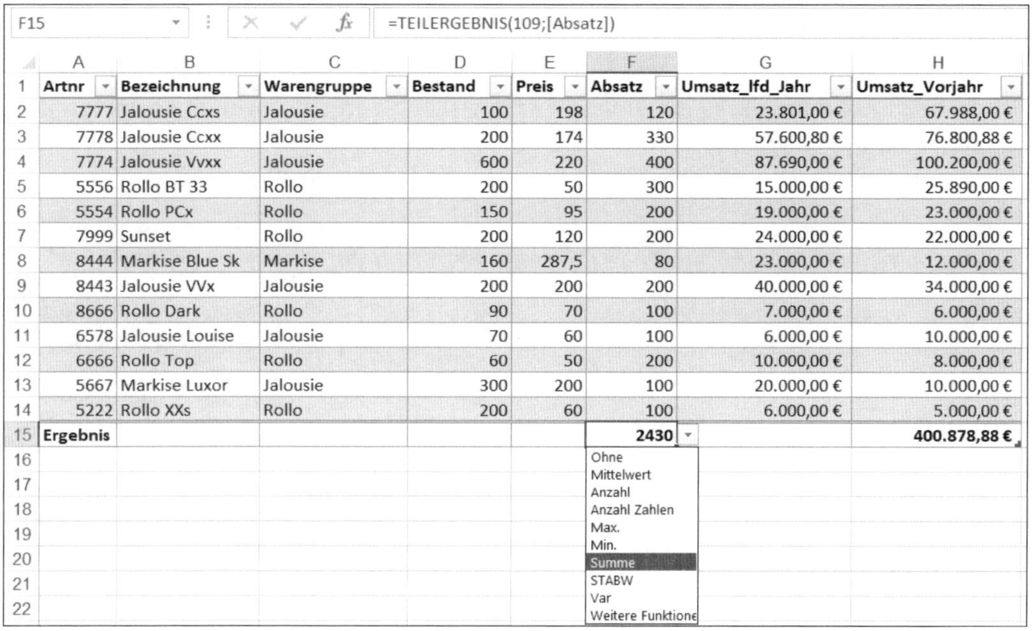
F15 =TEILERGEBNIS(109;[Absatz])

	A	B	C	D	E	F	G	H
1	Artnr	Bezeichnung	Warengruppe	Bestand	Preis	Absatz	Umsatz_lfd_Jahr	Umsatz_Vorjahr
2	7777	Jalousie Ccxs	Jalousie	100	198	120	23.801,00 €	67.988,00 €
3	7778	Jalousie Ccxx	Jalousie	200	174	330	57.600,80 €	76.800,88 €
4	7774	Jalousie Vvxx	Jalousie	600	220	400	87.690,00 €	100.200,00 €
5	5556	Rollo BT 33	Rollo	200	50	300	15.000,00 €	25.890,00 €
6	5554	Rollo PCx	Rollo	150	95	200	19.000,00 €	23.000,00 €
7	7999	Sunset	Rollo	200	120	200	24.000,00 €	22.000,00 €
8	8444	Markise Blue Sk	Markise	160	287,5	80	23.000,00 €	12.000,00 €
9	8443	Jalousie VVx	Jalousie	200	200	200	40.000,00 €	34.000,00 €
10	8666	Rollo Dark	Rollo	90	70	100	7.000,00 €	6.000,00 €
11	6578	Jalousie Louise	Jalousie	70	60	100	6.000,00 €	10.000,00 €
12	6666	Rollo Top	Rollo	60	50	200	10.000,00 €	8.000,00 €
13	5667	Markise Luxor	Jalousie	300	200	100	20.000,00 €	10.000,00 €
14	5222	Rollo XXs	Rollo	200	60	100	6.000,00 €	5.000,00 €
15	Ergebnis					2430		400.878,88 €

Abbildung 1.78 Ergebniszeile mit Listenfeld

Wie Abbildung 1.78 zeigt, verwendet Excel bei der Auswahl `Summe` automatisch die Funktion `TEILERGEBNIS()` mit dem Argument 109 für die Art der Berechnung. Dadurch wird dafür gesorgt, dass immer nur die in der Tabelle sichtbaren Zeilen summiert werden, wenn Filter zur Auswahl gesetzt werden. Die Funktion `SUMME()` hingegen würde immer auch die herausgefilterten Daten mit aufsummieren.

1.16.3 Berechnete Spalten

Neben Spalten, in die Daten eingegeben werden, kann eine Tabelle auch Spalten enthalten, die auf der Basis von Werten in anderen Spalten oder auch von Werten außerhalb der Tabelle berechnet werden.

Excel stellt für Formeln in Tabellenbereichen eine vereinfachte Bezugsform zur Verfügung, die als *strukturierter Verweis* bezeichnet wird. Soll beispielsweise in einer Lagerbestandstabelle für eine berechnete Spalte »Wert« der Preis der einzelnen Artikel mit dem Bestand, die beide in benachbarten Spalten stehen, multipliziert werden, wird bei der Markierung der Zellen während der Formeleingabe automatisch der jeweilige Spaltenname in eckigen Klammern angezeigt, ohne dass die Bereiche explizit benannt werden müssen. Die Formel heißt in diesem Fall `=[@Bestand]*[@Preis]`, und sie wird in alle Tabellenzeilen unverändert übernommen, wertet aber jeweils die richtigen Werte in der jeweiligen Tabellenzeile aus. Dabei wird vor den Namen jeweils noch der `@`-Operator für die implizite Schnittmenge gesetzt. Um die Rolle dieses Operators ein wenig zu verdeutlichen, zeigt Abbildung 1.79 einen Vergleich zwischen Berechnungen in normalen Zellbereichen und in Tabellen.

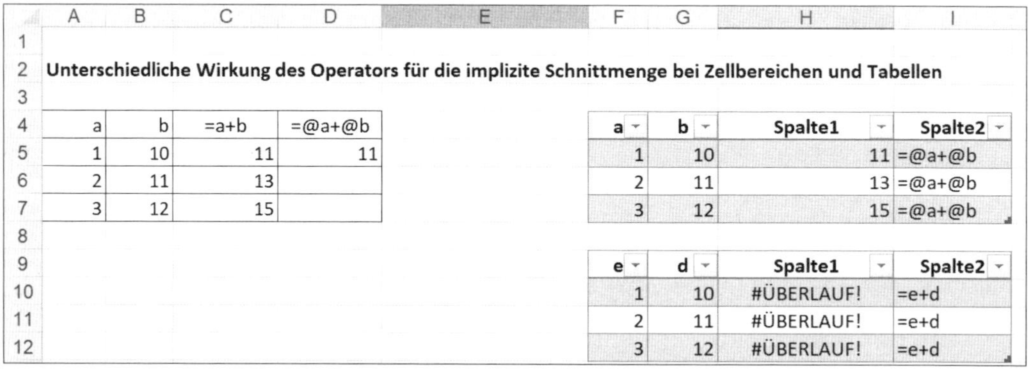

Abbildung 1.79 Beispiel für den @-Operator

In dem linken Zellbereich sind die Zellbereiche `A5:A7` mit `a` und `B5:B7` mit `b` benannt. Die Formel =`a+b` in C5 addiert die beiden Bereiche und erzeugt eine dynamische Matrix für die Zellen C5:C7. In Zelle D5 wird zur Demonstration eine Formel mit dem impliziten Schnittmengenoperator `@` eintragen. Er sorgt dafür, dass für das Ergebnis in D5 auch nur die Werte in der Zeile 5 verwendet werden. Die anderen Zellen in der Spalte bleiben leer. In den beiden kleinen Tabellen rechts ist der Effekt umgekehrt. In der Spalte H sorgt die Formel `=@a+@b` jeweils für ein Ergebnis pro Zeile. Würde man, wie in der Tabelle darunter, den `@`-Operator weglassen, würde Excel versuchen, in der Spalte eine dynamische Matrix abzulegen, was aber nicht geht, weil die Zellen dafür ja nicht leer geblieben sind.

Die Verwendung von strukturierten Verweisen anstelle der in normalen Zellbereichen verwendeten Verweise erleichtert die Arbeit mit Tabellendaten. Solche Verweise können insbesondere auch Bezüge auf die verschiedenen Bereiche in einer Tabelle herstellen. Das gilt sowohl für Formeln in der Tabelle als auch für Formeln außerhalb der Tabelle. Im zweiten Fall muss allerdings immer der Tabellenname vorangestellt werden, der bei Formeln innerhalb der Tabelle weggelassen werden kann.

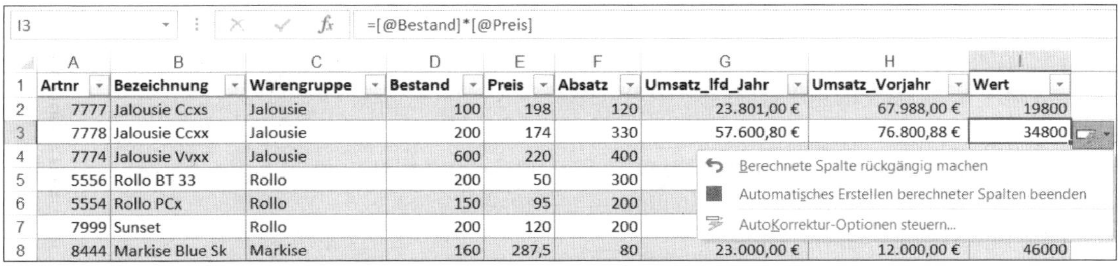
I3 =[@Bestand]*[@Preis]

	A	B	C	D	E	F	G	H	I
1	Artnr	Bezeichnung	Warengruppe	Bestand	Preis	Absatz	Umsatz_lfd_Jahr	Umsatz_Vorjahr	Wert
2	7777	Jalousie Ccxs	Jalousie	100	198	120	23.801,00 €	67.988,00 €	19800
3	7778	Jalousie Ccxx	Jalousie	200	174	330	57.600,80 €	76.800,88 €	34800
4	7774	Jalousie Vvxx	Jalousie	600	220	400			
5	5556	Rollo BT 33	Rollo	200	50	300			
6	5554	Rollo PCx	Rollo	150	95	200			
7	7999	Sunset	Rollo	200	120	200			
8	8444	Markise Blue Sk	Markise	160	287,5	80	23.000,00 €	12.000,00 €	46000

Abbildung 1.80 Hinzufügen einer berechneten Spalte mit strukturierten Bezügen

Der in Excel verwendete Tabellenname verweist auf die gesamten Tabellendaten, aber ohne Überschriftenzeile und Ergebniszeile. Von den in der Tabelle vorhandenen Spaltennamen werden Spaltenbezeichner abgeleitet und in eckige Klammern gesetzt, sie verweisen auf die reinen Spaltendaten ohne Spaltenname und eventuelle Ergebniszeile. Werden Bezüge verschachtelt, sind doppelte Klammern erforderlich. Außerdem sind die in Tabelle 1.10 aufgeführten speziellen Bezeichner vorgegeben.

Bezeichner	Bedeutung
`#Alle`	Bezug auf die gesamte Tabelle einschließlich Spaltennamen, Daten und Ergebniszeilen
`#Daten`	Bezug auf die Daten ohne Ergebniszeile
`#Kopfzeilen`	Bezug auf die Kopfzeile mit den Spaltennamen
`#Ergebnisse`	Bezug auf die Ergebniszeile; ergibt 0, wenn diese nicht vorhanden ist.
`@`	Bezug auf die Daten in der aktuellen Zeile

Tabelle 1.10 Besondere Bezeichner in Excel

Ist eine Tabelle beispielsweise mit dem Namen `Lager` gekennzeichnet, liefert die Formel `=ANZAHL2(Lager[#Alle])` die Anzahl aller Zellen der aktuellen Tabelle einschließlich der Beschriftungen und der Ergebniszellen. Die Bezugsoperatoren Doppelpunkt, Komma und Leerzeichen können auch hier verwendet werden. Damit strukturierte Verweise in dieser Form eingesetzt werden können, muss unter **Excel-Optionen** auf der Seite **Formeln** unter **Arbeiten mit Formeln** allerdings die Einstellung **Tabellennamen in Formeln verwenden** aktiviert bleiben.

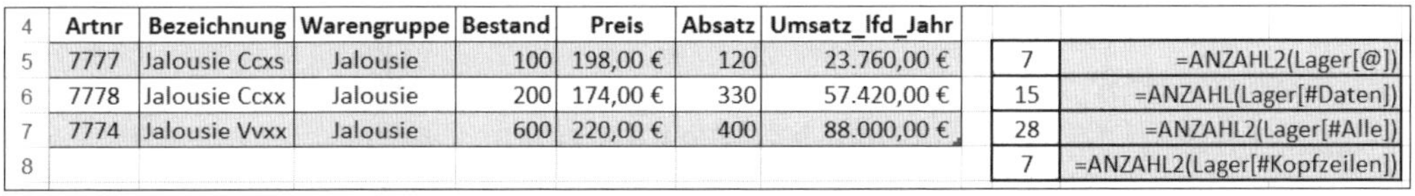

4	Artnr	Bezeichnung	Warengruppe	Bestand	Preis	Absatz	Umsatz_lfd_Jahr		
5	7777	Jalousie Ccxs	Jalousie	100	198,00 €	120	23.760,00 €	7	=ANZAHL2(Lager[@])
6	7778	Jalousie Ccxx	Jalousie	200	174,00 €	330	57.420,00 €	15	=ANZAHL(Lager[#Daten])
7	7774	Jalousie Vvxx	Jalousie	600	220,00 €	400	88.000,00 €	28	=ANZAHL2(Lager[#Alle])
8								7	=ANZAHL2(Lager[#Kopfzeilen])

Abbildung 1.81 Beispiel für strukturierte Bezüge

Sollte die Tabelle nachträglich in einen normalen Zellbereich konvertiert werden, werden die strukturierten Bezüge automatisch wieder in die übliche Bezugsform zurückübersetzt. Beachtet werden muss, dass alle Spaltennamen als Textzeichenfolgen behandelt werden, auch wenn sie etwa ein Datum oder eine Jahreszahl enthalten. Enthält der Spaltenname Sonderzeichen, muss mit doppelten Klammern gearbeitet werden. Dies gilt für Leerzeichen, Komma, Strichpunkt, Punkt etc.

1.16.4 Tabellenabfragen per Filter

Einen großen Vorteil der Tabellen bieten die angebotenen Filter. Zu jeder Spalte ist normalerweise eine Filterschaltfläche eingeblendet, die ein umfangreiches Menü für effiziente Filterfunktionen anbietet. Welche das sind, hängt vom Datentyp der Spaltenwerte ab; Textwerte erlauben andere Filter als Zahlen oder Datums- oder Zeitwerte. Die Filter für die Spalte mit dem Bestand erlauben z. B. Größenvergleiche, Ranglisten wie Top 10 oder Vergleiche mit dem Durchschnitt.

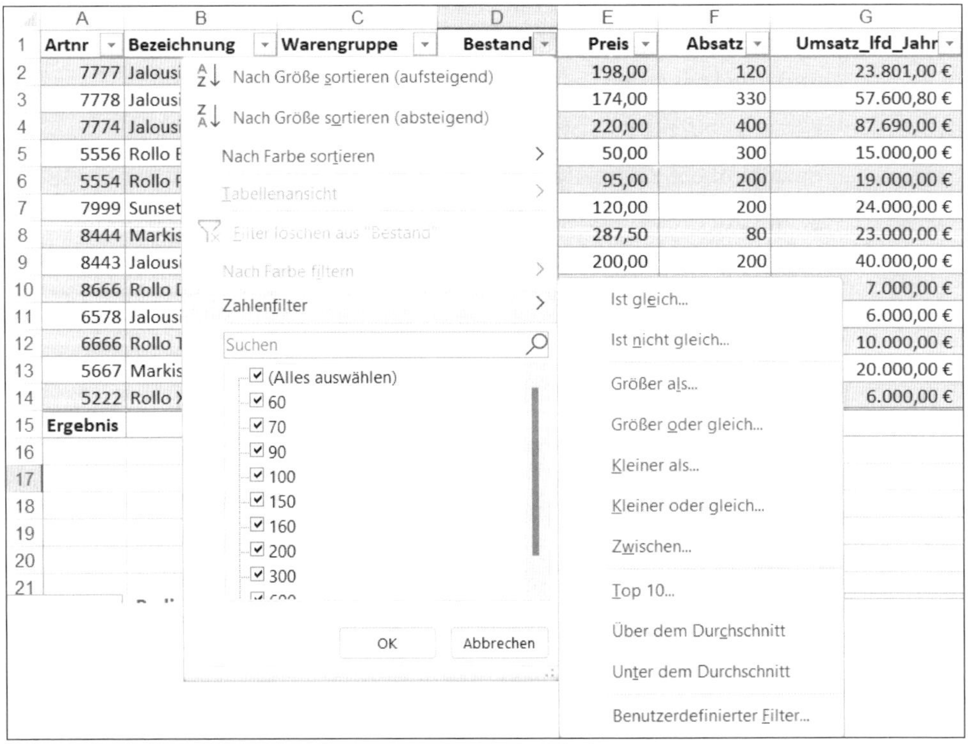

Abbildung 1.82 Filteroptionen für die Spalte mit den Bestandswerten

Die Filter arbeiten immer so, dass sie alle Daten ausblenden, die nicht das ausgewählte Filterkriterium erfüllen. Durch Löschen des Filters werden dann wieder alle Daten eingeblendet. Neben den mit den Spaltenwerten verknüpften Filtern können Sie noch sogenannte Spezialfilter verwenden, die neben dem Bereich mit den Tabellendaten zusätzlich noch einen separaten Kriterienbereich erfordern, in dem sich dann auch sehr komplexe Filter definieren lassen. Ein Beispiel werden wir in Kapitel 10, »Datenbankfunktionen«, vorstellen.

Das einzige Manko dieser umfangreichen Filtermöglichkeiten ist, dass sie immer nur auf die Werte der betreffenden Spalte bezogen sind. Vergleiche zu den Werten in anderen Spalten sind darüber nicht möglich. Die Lösung sind zusätzliche Felder in der Tabelle, die dann die Vergleiche zwischen den Spaltenwerten vornehmen.

Wenn wir unsere kleine Lagertabelle um ein Feld »Mindestbestand« erweitern, können wir noch ein berechnetes Feld hinzufügen, das die »Reserve« anzeigt. Die Formel ist

```
=[@Bestand] - [@Mindestbestand]
```

Unterschreitet der Bestand den Mindestbestand, wird die Reserve negativ.

=[@Bestand]-[@Mindestbestand]

D	E	F	G	H
Bestand	**Preis**	**Wert**	**Mindestbestand**	**Reserve**
100	198,00 €	19800	120	-20
200	174,00 €	34800	150	50
600	220,00 €	132000	500	100
900		**186600**		

Abbildung 1.83 Berechnen der Reserve

1.17 Arbeit mit benannten Bereichen

Der Bezug auf Zellen und Zellbereiche kann nicht nur über Adressen hergestellt werden. Zellen und Bereiche lassen sich auch benennen, sodass der Bezug über den Namen erfolgen kann.

1.17.1 Vorteile von Bereichsnamen

Die Verwendung solcher Namen ist zwar nicht unbedingt notwendig, aber sie macht die Arbeit mit Excel in vielen Fällen wesentlich komfortabler, zumal sich Namen auch besser merken lassen als abstrakte Adressen. Bereichsnamen machen insbesondere Formeln lesbarer.

Solange Sie einfache Summenformeln verwenden, die direkt unter der addierten Kolonne stehen, ist leicht zu überblicken, was in einer Formel errechnet wird. Das ändert sich aber schon dann, wenn an einer ganz anderen Stelle des Arbeitsblattes mit dem Ergebnis dieser Formel weitergerechnet werden soll. Dann steht dort vielleicht `=G20*1,05`. Wofür aber steht der Wert in der Zelle G20? Haben Sie die Zelle G20 mit dem Namen `Gewinn2024` benannt, lautet die Formel `=Gewinn2024*1,05`. Das sagt mehr.

Wird ein Bereichsname in verschiedenen Formeln verwendet, muss nicht jede Formel einzeln angefasst werden, wenn sich die Adressen des Bereichs ändern. In vielen Fällen wird die Bereichsänderung sogar automatisch vorgenommen, etwa wenn in einem definierten Bereich eine Zeile eingefügt oder gelöscht wird.

Eine ebenso praktische Sache ist, dass Sie benannte Zellen und Bereiche direkt über den Namen auswählen können. Am schnellsten gelingt dies über die Namenliste in der Bearbeitungsleiste. Auch mit [F5] erhalten Sie sofort die Liste der definierten Namen. Diese Technik erspart gerade bei großen Arbeitsblättern oft mühseliges Herumsuchen.

1.17.2 Regeln für Namen

Bereichsnamen können bis zu 255 Zeichen enthalten. Groß- und Kleinschreibung ist bedeutungslos. Dennoch ist es nützlich, sie zu verwenden. Wird ein Name mit Kleinbuchstaben in einer Formel eingegeben, wandelt Excel den Namen in die Groß- und Kleinschreibung um, wenn der Bereichsname existiert. Geschieht das nicht, hat sich vielleicht ein Tippfehler eingeschlichen.

Das erste Zeichen muss ein Buchstabe, ein Unterstrich oder ein umgekehrter Schrägstrich sein. Sonderzeichen wie !, {, }, [,], +, *, -, /, @, <, >, & und # dürfen in einem Namen nicht benutzt werden. Auch Leerzeichen, Doppelpunkt und Semikolon sind nicht erlaubt, weil diese Zeichen als Bezugsoperatoren benutzt werden. Verwenden Sie zur Trennung den Unterstrich _ oder den Punkt.

Bereichsnamen dürfen nicht wie mögliche Zelladressen lauten. `B10` oder `AA3` ist also nicht zulässig. Die Buchstaben `C`, `c`, `R`, `r` sind als Kurzform für *Column* – Spalte – und *Row* – Zeile – reserviert. Ein Name wie `c2r3` ist deshalb nicht zulässig.

1.17.3 Methoden der Namensgebung

In allen Versionen kann die aktuelle Markierung direkt im Namenfeld in der Bearbeitungsleiste benannt werden. Der Name muss nur mit der Eingabetaste quittiert werden.

Ansonsten können mit **Formeln ▸ Definierte Namen ▸ Namen definieren** Namen für Zellen und Zellbereiche, aber auch für konstante Werte oder auch häufig benötigte Formeln vergeben werden.

Normalerweise kann eine Liste von Namen pro Arbeitsmappe verwendet werden. Jeder Name muss dabei eindeutig sein. Im Namenfeld werden alle Namen angezeigt, die in der Mappe vorkommen. Es ist aber auch möglich, Namen zu vergeben, die nur für das einzelne Blatt gelten, für das sie definiert sind. Das ist dann vorteilhaft, wenn in mehreren Blättern derselbe Name für einen gleichartigen Wert verwendet werden soll, etwa `Mittelwert`. Dazu muss im Dialog **Neuer Name** unter **Bereich** die Vorgabe **Arbeitsmappe** durch den Namen des jeweiligen Blattes ersetzt werden, der über das Listenfeld ausgewählt werden kann.

Um solche Namen in Formeln anderer Blätter der Arbeitsmappe zu verwenden, muss der Blattname getrennt durch ein Ausrufezeichen vor den eigentlichen Namen gesetzt werden – etwa `Personalbestand!Mittelwert`. Im Namenfeld erscheint der blattspezifische Name nur, wenn das entsprechende Blatt aktiviert ist. Auf diesem Blatt kann der Blattname weggelassen werden. Ist der Name `Mittelwert` auch für die ganze Mappe vergeben, wird er in diesem Blatt ignoriert.

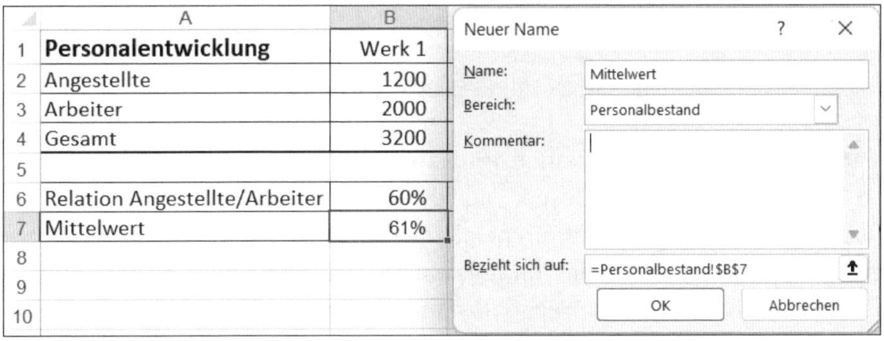

Abbildung 1.84 Definition eines blattspezifischen Namens

Mit dem Befehl **Formeln ▸ Definierte Namen ▸ Aus Auswahl erstellen** können Zellen oder Zellbereiche mit Namen verknüpft werden, die im Arbeitsblatt bereits als Beschriftung eingetragen sind. Voraussetzung ist, dass die Zelle mit dem Namen an die Zelle oder den Zellbereich angrenzt, der benannt werden soll. Excel übernimmt einfach die vorhandenen Beschriftungen als Namen. Dabei werden die Namen den oben beschriebenen Regeln angepasst. Ist das erste Zeichen eine Zahl, wird ein Unterstrich davorgesetzt. Auch Leerzeichen und Semikola werden durch Unterstriche ersetzt. Datumswerte werden in Zeichenfolgen verwandelt, wobei das gegebene Format verwendet wird.

Die Zellen, die benannt werden sollen, können über oder unter den Zellen mit der Beschriftung liegen oder rechts oder links neben diesen Zellen. Zellbereiche sind hier immer Zellgruppen in einer Zeile oder in einer Spalte.

Um in dem abgebildeten Beispiel zu einer korrekten Übernahme der Namen zu kommen, markieren Sie zunächst den Bereich A1 bis D3. Die Zeile mit den Gesamtsummen wird erst einmal ausgelassen, damit im nächsten Schritt die Namen für die Spaltenwerte in den Summenformeln verwendet werden können. Der Dialog **Namen aus Auswahl erstellen** bietet vier Kontrollkästchen, von denen die beiden ersten aufgrund der Situation in dem hier ausgewählten Bereich abgehakt sind. Die oberste Zeile und die linke Spalte sollen die Namen liefern. Wenn Sie quittieren, erzeugt Excel benannte Bereiche, zwei Zeilenbereiche – »Angestellte«, »Arbeiter« – und drei Spaltenbereiche – »Werk_1«, »Werk_2« und »Werk_3«.

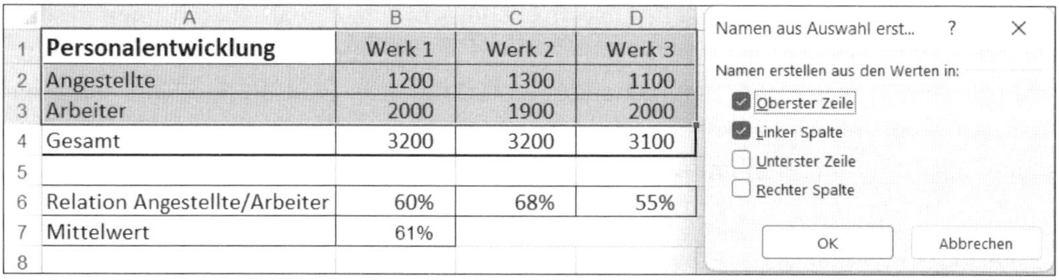

Abbildung 1.85 Übernahme bestehender Beschriftungen als Bereichsnamen

Wenn Sie die Liste der vergebenen Namen im Namenfeld ansehen, finden Sie noch einen weiteren Bereich, den Excel in diesem Fall für die Werte in den Zellen B2:D3 vergeben hat. Dabei verwendet das Programm für die Namensgebung – falls vorhanden – den Inhalt der linken oberen Eckzelle des anfangs markierten Bereichs, in diesem Fall ist das A1, und der Bereichsname ist entsprechend »Personalentwicklung«. Sie können die neuen Bereiche nun sehr schnell über die Namenliste oder mit [F5] über den Dialog **Gehe zu** auswählen.

Praktisch beim Umgang mit benannten Bereichen ist der *Namens-Manager*, der über die gleichnamige Schaltfläche in der Gruppe **Formeln ▸ Definierte Namen** oder über [Strg]+[F3] aufgerufen wird (Abbildung 1.86).

Der Dialog gibt eine übersichtliche Liste der vorhandenen Namen und ist mit dem oben verwendeten Dialogfeld verknüpft, das über die Schaltflächen **Neu** und **Bearbeiten** erreicht wird. Zum Löschen überflüssig gewordener Namen wird die Schaltfläche **Löschen** verwendet.

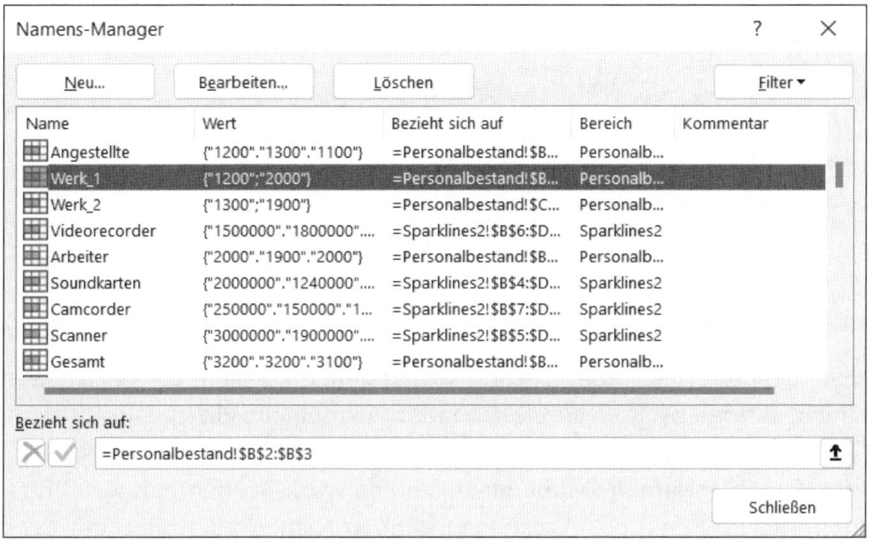

Abbildung 1.86 Der Namens-Manager erleichtert die Verwaltung umfangreicher Namensvergaben.

Interessant ist hier insbesondere die Filterfunktion, die verschiedene Auswahlmöglichkeiten anbietet, etwa eine Einschränkung auf blattbezogene oder definierte Namen.

1.17.4 Benannte Formeln und Konstanten definieren

Das Verfahren, eine Formel mit einem Namen zu verknüpfen, ähnelt der Vergabe von Zell- und Bereichsnamen. Excel speichert die Definition zwar zusammen mit der Arbeitsmappe, aber nicht in einer Zelle. Die Formel wird direkt im Dialogfeld eingetragen, in dem der Name definiert wird, und zwar anstelle eines Bereichsbezugs.

Sie können auch bestimmte Werte oder Textkonstanten mit einem Namen belegen. Um beispielsweise den Mehrwertsteuersatz abzulegen, geben Sie in das Bezugsfeld einfach `=19 %` ein. Wenn der Wert mit `MWST` benannt ist, geben Sie in einer Formel zur Berechnung der Mehrwertsteuer für einen Betrag in B10 nur `=B10*MWST` ein.

Wenn Sie eine Textkonstante unter **Bezieht sich auf** eintragen, muss sie in Anführungszeichen eingeschlossen werden. Wenn Sie etwa unter dem Namen `Firma` den kompletten Firmennamen ablegen, liefert Ihnen der Eintrag `=Firma` in einer Zelle den entsprechenden Namen.

Sowohl benannte Formeln als auch benannte Konstanten werden bei der Formeleingabe mit in der Funktionsliste angeboten, wie Abbildung 1.87 zeigt.

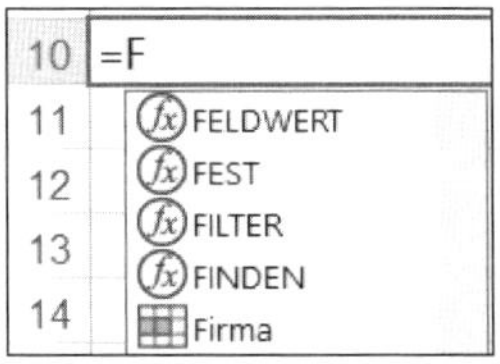

Abbildung 1.87 Eine benannte Konstante in der Funktionsliste

1.17.5 Anwenden von Namen in Formeln

Wenn Sie Bereiche benennen, werden in schon vorhandenen Formeln die Bezüge auf diese Bereiche nicht automatisch ersetzt. Dies muss vielmehr ausdrücklich mit dem Befehl **Namen übernehmen** geschehen, der als zweite Option zu der Schaltfläche **Formeln ▸ Definierte Namen ▸ Namen definieren** angeboten wird. Bei der manuellen Eingabe von Formeln und im Funktions-Assistenten können Namen außerdem mit [F3] angezeigt und abgerufen werden.

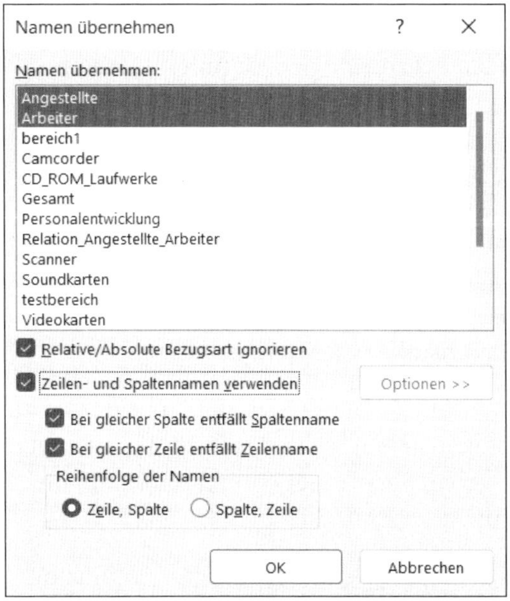

Abbildung 1.88 Das Dialogfeld **Namen übernehmen**

Welche Namen in den Formeln verwendet werden sollen, können Sie durch Anklicken oder Antippen auswählen. Die Auswahl hat auch Auswirkungen auf Formeln, die Sie später eingeben. Excel ersetzt eine passende Bereichsmarkierung dann automatisch durch den Bereichsnamen.

Beachtet werden muss, dass Bereichsnamen absolute Adressen verwenden. Beim Kopieren solcher Formeln werden die Bezüge also nicht angepasst. Wie sich Excel bei der Anwendung der Namen im Detail verhalten soll, kann über **Optionen** gesteuert werden. Die Einstellung **Relative/Absolute Bezugsart ignorieren** bewirkt, dass ein Bezug unabhängig von der in der Formel verwendeten Bezugsart ersetzt wird. Ist die Option abgewählt, werden nur absolute Zellbezüge durch die Bereichsnamen ersetzt.

Wird beim Anwenden der Namen das Kontrollkästchen **Zeilen- und Spaltennamen verwenden** abgehakt, kann festgelegt werden, ob in Formeln, die Schnittmengen von Bereichen auswerten, bei Bezügen innerhalb einer Spalte oder innerhalb einer Zeile die entsprechenden Namen entfallen können, um die Formulierung der Formel zu vereinfachen. Außerdem kann festgelegt werden, ob bei Bezügen, bei denen Spalte und Zeile angegeben werden müssen, erst die Zeile oder erst die Spalte angegeben wird.

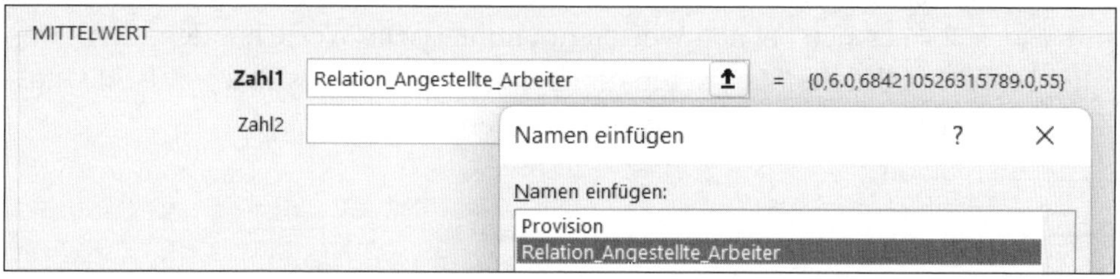

Abbildung 1.89 Übernahme eines Namens als Argument für eine Funktion

Soll ein Name bei der Eingabe einer Formel oder im Dialog **Funktionsargumente** eingefügt werden, können Sie den Namen entweder direkt an der Einfügestelle einfügen oder ein vorher markiertes Argument durch einen Namen ersetzen. Verwenden Sie [F3] oder den Befehl **Formeln ▶ In Formeln verwenden** und den gewünschten Namen.

Auch wenn Sie Formeln ohne Mithilfe des Dialogs **Funktion einfügen** eingeben, werden Ihnen die in der Arbeitsmappe definierten Namen angeboten, sobald Sie den ersten oder die ersten Buchstaben eines Namens eingeben. Abbildung 1.90 zeigt ein Beispiel.

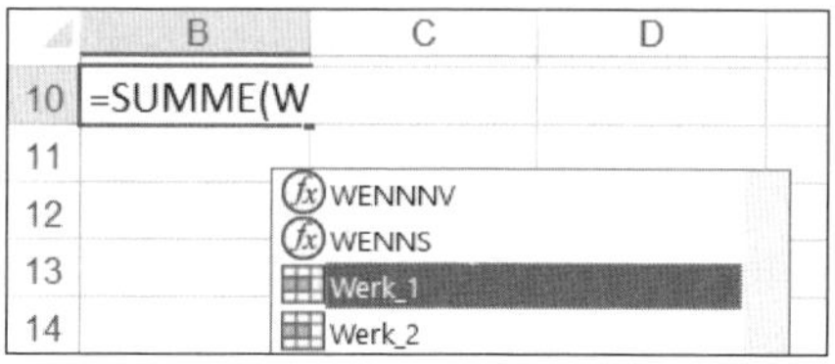

Abbildung 1.90 Übernahme eines Bereichsnamens als Argument in einer Formel

Voraussetzung ist allerdings, dass Sie die Funktion **AutoVervollständigen für Zellwerte aktivieren** nicht über den Dialog **Excel-Optionen** auf der Seite **Erweitert** abgeschaltet haben.

1.18 Matrixberechnungen

Durch eine Formel wie `=B2*B3` wird eine Operation ausgelöst, bei der ein einzelner Zellwert mit einem Wert aus einer anderen Zelle multipliziert wird und das Ergebnis in der Zelle erscheint, in der die Formel steht. Excel erlaubt aber auch, als Argument einer Formel gleich mehrere Werte zu benutzen. Auch als Ergebnis einer Formel können gleich mehrere Werte produziert werden. Dies ist z. B. bei bestimmten Funktionen der Fall. In beiden Fällen sind die Ausgangs- bzw. Ergebniswerte in einer bestimmten Form angeordnet, die *Matrix* genannt wird.

1.18.1 Berechnungen mit Matrizen

Eine Matrix ist ein rechteckiger Zellbereich, in dem jede Zelle einen Wert enthält. Sie entspricht also, sofern es sich bei den Werten um numerische Werte handelt, dem, was auch in der Mathematik eine Matrix genannt wird. Ein einfaches Beispiel ist das folgende Zahlenschema aus zwei Zeilen und drei Spalten.

23	26	65
16	10	45

Die Besonderheit, die zu beachten ist, besteht darin, dass Excel eine Matrix als eine Einheit behandelt, bei der die einzelnen Elemente in verschiedener Hinsicht auch nicht gesondert bearbeitet oder benutzt werden können. Soll eine Matrix als Argument in einer Formel verwendet werden, bestehen zwei Möglichkeiten:

1. Die erste Möglichkeit ist, in der Formel den Bezug auf einen rechteckigen Zellbereich einzugeben, der die Werte der Matrix enthalten soll. Ein einfaches Beispiel stellt die Funktion `INDEX()` dar, die als erstes Argument eine Matrix erwartet, etwa `=INDEX(B4:D6; 2; 2)`.
2. Die zweite Möglichkeit ist eine Matrixkonstante. Die Schreibweise innerhalb einer Formel sieht folgendermaßen aus: Die gesamte Matrix wird in geschweifte Klammern gesetzt. Die Werte einer Zeile werden jeweils durch einen Punkt getrennt, die Zeilen dagegen durch ein Semikolon. Das oben angeführte Zahlenschema sieht in der Bearbeitungsleiste so aus: `{23.26.65; 16.10.45}`.

Matrixkonstanten können nicht nur Zahlen, sondern auch Texte, Wahrheitswerte oder Fehlerwerte enthalten. Dabei muss das Format der Eingabe beachtet werden. Texte müssen immer in Anführungszeichen gesetzt werden.

1.18.2 Arbeit mit Matrixformeln

Neben Matrixbereichen und Matrixkonstanten, die als Argumente oder Ergebnisse von Formeln erscheinen, können auch spezielle Matrix- oder Arrayformeln verwendet werden. Diese Formeln enthalten dann ihrerseits Matrixbereiche oder auch Matrixkonstanten als Argumente. In der aktuellen Version wurde die Eingabe von Matrixformeln geändert. Ältere Formeln bleiben aber weiter gültig.

Das ältere Verfahren

Die bisherige Vorgehensweise, um eine Formel als Matrixformel einzugeben, soll am folgenden Beispiel demonstriert werden:

1. Der erste Schritt ist die Markierung des Zellbereichs, der die Ergebnismatrix aufnehmen soll. In Abbildung 1.91 ist das der Zellbereich D4:D6. Dieser Schritt ist entscheidend, denn wenn Sie nur eine Zelle markieren, liefert die dort eingegebene Matrixformel auch nur ein einziges Ergebnis. Die Größe dieser Ergebnismatrix sollte in der Regel exakt so groß sein, dass die Matrixformel alle Ergebnisse erzeugen kann, die durch die Wertegruppe(n), auf die sich die Formel bezieht, möglich sind. Ist die Ergebnismatrix kleiner, werden mögliche Ergebnisse »unterschlagen«, ist sie dagegen größer, erscheint in den überzähligen Zellen der Wert `NV` als Hinweis darauf, dass für diesen Fall keine Werte vorliegen, mit denen die Formel arbeiten kann.

2. Der zweite Schritt ist die Eingabe der Formel in eine der Zellen der Ergebnismatrix. Dabei spielt es keine Rolle, in welche dieser Zellen die Formel eingetragen wird. Die Formel kann wie jede Einzelwertformel Konstanten, Operatoren, Zellbezüge und Funktionen enthalten. Die Besonderheit besteht darin, dass in der Formel Bezug auf Wertegruppen genommen wird, die in der Matrixformel dann zeilen- oder spaltenweise ausgewertet werden.

3. Im Beispiel sollen die Werte aus der Spalte für 2023 von den Werten der Spalte für 2024 abgezogen werden. Die Formel lautet also:

   ```
   {=C4:C6-B4:B6}
   ```

   Die geschweiften Klammern, die die gesamte Formel einschließen und sie damit als Matrixformel kennzeichnen, dürfen allerdings nicht manuell eingegeben werden. Sie werden automatisch erzeugt, wenn die Formel quittiert wird. Dies geschieht in diesem Fall nicht wie bei den Einzelwertformeln durch einen Klick auf das Häkchen oder durch [↵]. Um Excel zu veranlassen, eine Formel als Matrixformel zu behandeln, muss die Formel mit der Tastenkombination [Strg]+[⇧]+[↵] abgeschlossen werden.

Wenn Sie sich die Ergebnisspalte anschauen, können Sie feststellen, dass Excel in jede Zelle dieselbe Formel gesetzt hat. Trotzdem sind die Ergebnisse verschieden. Die Matrixformel bewirkt nämlich, um beim Beispiel zu bleiben, dass in der ersten Ergebniszelle D4 die Differenz C4–B4 berechnet wird, in D5 aber C5–B5 etc. Das gewählte Beispiel setzt also zwei gleich große Zellbereiche miteinander in Beziehung und erzeugt eine entsprechend große Ergebnismatrix. Wenn Sie versuchen, eine Zelle in der Ergebnismatrix mit einem anderen Wert zu überschreiben, wird das mit einer Fehlermeldung verhindert.

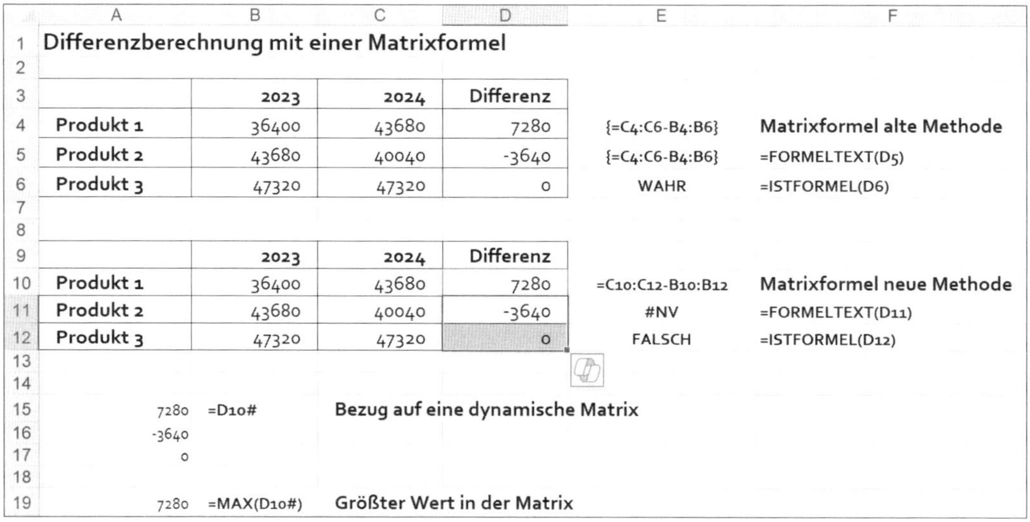

	A	B	C	D	E	F
1	**Differenzberechnung mit einer Matrixformel**					
2						
3		**2023**	**2024**	**Differenz**		
4	**Produkt 1**	36400	43680	7280	{=C4:C6-B4:B6}	**Matrixformel alte Methode**
5	**Produkt 2**	43680	40040	-3640	{=C4:C6-B4:B6}	=FORMELTEXT(D5)
6	**Produkt 3**	47320	47320	0	WAHR	=ISTFORMEL(D6)
7						
8						
9		**2023**	**2024**	**Differenz**		
10	**Produkt 1**	36400	43680	7280	=C10:C12-B10:B12	**Matrixformel neue Methode**
11	**Produkt 2**	43680	40040	-3640	#NV	=FORMELTEXT(D11)
12	**Produkt 3**	47320	47320	0	FALSCH	=ISTFORMEL(D12)
13						
14						
15	7280	=D10#	**Bezug auf eine dynamische Matrix**			
16	-3640					
17	0					
18						
19	7280	=MAX(D10#)	**Größter Wert in der Matrix**			

Abbildung 1.91 Die alte und die neue Matrixeingabe

Das neuere Verfahren

In der aktuellen Version von Excel ist dieses etwas umständliche Verfahren deutlich vereinfacht worden. Excel arbeitet dabei mit dynamischen Matrizen. Eine Markierung des Ergebnisbereichs vor der Formeleingabe entfällt.

Die im Beispiel verwendete Formel wird in die erste Zelle der erwarteten Ergebnismatrix, hier in D10, eingetragen und ganz normal mit [↵] oder dem Häkchen quittiert. Die Formel wird dann von Excel automatisch auf so viele Zellen nach unten ausgebreitet, wie es der Anzahl der Zellen in den verwendeten Wertebereichen entspricht. In der Bearbeitungsleiste erscheint die Formel ohne die geschweiften Klammern. Soll die Formel nachträglich verändert werden, muss dies ebenfalls in der ersten Zelle des Ergebnisbereichs passieren. In den anderen Zellen des Ergebnisbereichs erscheint die Formel in einer helleren Schriftfarbe.

Wird die Zelle mit der Matrixformel gelöscht, wird die gesamte Matrix gelöscht. Bei allen anderen Zellen wird das Löschen einfach – also ohne einen entsprechenden Hinweis – verhindert.

Wollen Sie erzwingen, dass die Formel in D10 statt einer Matrix nur einen Wert für die Zeile 10 liefert, können Sie mit dem impliziten Schnittmengenoperator arbeiten:

```
=@C10:C12-@B10:B12
```

Wird dagegen `=@C10:C12-B10:B12` eingegeben, verweigert Excel die Annahme eines solchen Mischbezugs und schlägt eine entsprechende Korrektur vor.

Auf eine solche dynamische Matrix kann mit dem #-Operator sehr einfach ein Bezug hergestellt werden. `=D10#` liefert die komplette Ergebnismatrix, die die Formel in D10 generiert hat. Wenn Sie nun beispielsweise den größten Wert aus dieser Matrix finden wollen, reicht die Formel `=MAX(D10#)`.

Der Bezug mit # gilt auch bei Matrizen, die mit [Strg] + [⇧] + [↵] erstellt wurden, aber nur, wenn dabei die linke obere Eckzelle als Adresse angegeben wird.

Beachten Sie, dass der Bereich, in dem die Ergebnismatrix ausgerollt werden soll, leer sein muss und auch keine verbundenen Zellen enthalten darf. Ist das nicht der Fall, erscheint in der Formelzelle der Fehler `#ÜBERLAUF!`. Über das Menü zu diesem Fehler können die störenden Zellinhalte ausgewählt werden, um sie zu entfernen.

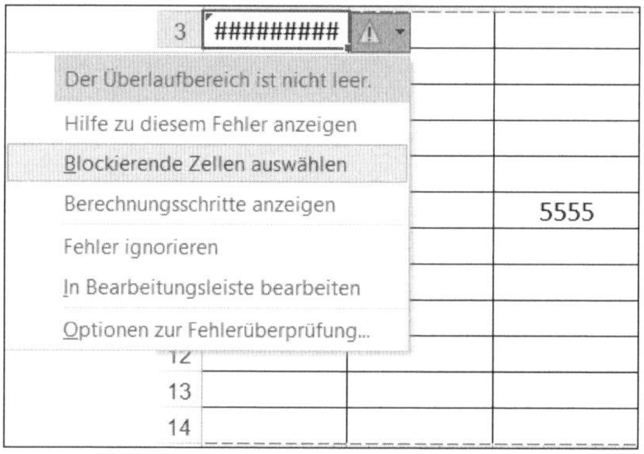

Abbildung 1.92 Menü zu dem Fehler `#ÜBERLAUF!`

Dieser Fehler erscheint auch, wenn Sie eine Zelle in der Ergebnismatrix ändern. Sobald der störende Zellinhalt gelöscht ist, wird die Matrix wieder mit den Ergebnissen gefüllt. Zum Fehler `#ÜBERLAUF!` kommt es auch, wenn der Ergebnisbereich über die letztmögliche Zeile oder Spalte des Arbeitsblattes hinausreichen würde. Auch verbundene Zellen im Ergebnisbereich produzieren diesen Fehler. Ein Spezialfall sind dynamische Bereiche, deren Größe instabil ist, weil z. B. die Anzahl der Zeilen mit einer Zufallszahl ermittelt wird. Dies führt zu dem Fehler `#KALK!`.

Für den Einsatz dynamischer Matrizen ist es vorteilhaft, mit benannten Bereichen zu arbeiten. Werden die Bereiche in ihrem Umfang verändert, wird die Ergebnismatrix automatisch angepasst. Allerdings werden Formatierungen nicht auf neue Zellbereiche übertragen.

Bei Tabellen, wie sie in Kapitel 16, »Analyse mit Pivot-Tabellen und -Diagrammen«, beschrieben sind, ist es praktisch, innerhalb der Matrixformeln mit strukturierten Verweisen zu arbeiten, die ebenfalls zu einer automatischen Anpassung führen, wenn die Größe der Tabelle verändert wird.

1.18.3 Vereinfachung von Berechnungen

Das folgende Beispiel ist etwas komplexer. Es zeigt, dass Matrixformeln dazu benutzt werden können, ein Tabellenmodell zu vereinfachen. Das ist möglich, indem in der Formel Rechenschritte zusammengefasst werden, die normalerweise über Zwischenergebnisse berechnet werden müssten. Soll z. B. das Gesamtgewicht einer Ladung berechnet werden, ist der übliche Weg, das jeweilige Gewicht der verschiedenen Artikel mit der Stückzahl zu multiplizieren und dann die Ergebnisse zu addieren, wie in der Spalte E zu sehen ist.

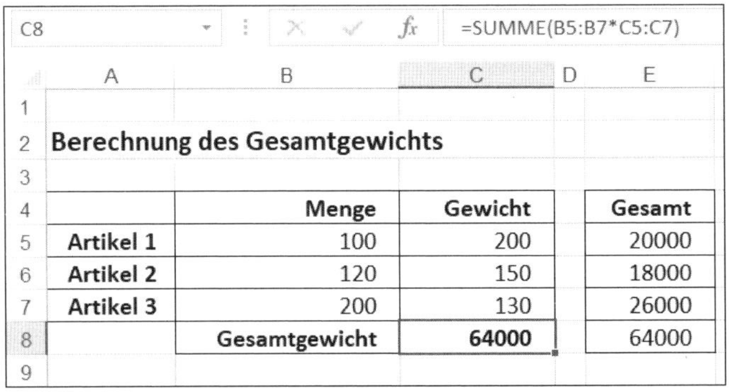
C8 =SUMME(B5:B7*C5:C7)

	A	B	C	D	E
1					
2	Berechnung des Gesamtgewichts				
3					
4		Menge	Gewicht		Gesamt
5	Artikel 1	100	200		20000
6	Artikel 2	120	150		18000
7	Artikel 3	200	130		26000
8		Gesamtgewicht	64000		64000
9					

Abbildung 1.93 Gewichtsberechnung

Wird dagegen mit einer Matrixformel gearbeitet, ist es nicht erforderlich, die Ergebnisse der Multiplikation in der Tabelle darzustellen. Die Formel `=SUMME(B5:B7*C5:C7)` speichert die Zwischenergebnisse intern und gibt nur das Gesamtergebnis in der Zelle C8 aus.

1.18.4 Matrizenrechnung und lineare Gleichungssysteme

Eines der Anwendungsgebiete von Matrizen ist die Lösung von linearen Gleichungssystemen mit mehreren Unbekannten. Dabei werden solche Gleichungssysteme zunächst in eine Koeffizientenmatrix übersetzt, auf die dann die Rechenverfahren angewandt werden, die in der Matrizenrechnung möglich sind. Dafür bietet Excel eine Reihe von speziellen Matrixfunktionen, die in Kapitel 5, »Mathematische und trigonometrische Funktionen«, beschrieben werden.

Abbildung 1.94 zeigt im Bereich A4 bis M7 ein kleines Beispiel für ein solches Gleichungssystem mit vier Unbekannten. Im Zellbereich A10 bis D13 wird die entsprechende Koeffizientenmatrix angezeigt. Zunächst wird in der Zelle D14 eine Funktion verwendet, die die Determinante der Matrix ermittelt:

```
=MDET(A10:D13)
```

liefert einen Wert ungleich 0, woraus geschlossen werden kann, dass das Gleichungssystem lösbar ist. Zur Lösung des Gleichungssystems gibt es verschiedene Verfahren. Eine Möglichkeit ist, die Inverse der Koeffizientenmatrix zu bilden und sie dann mit der Spaltenmatrix, die die Ergebnisse der vier Gleichungen enthält, zu multiplizieren.

	A	B	C	D	E	F	G	H	I	J	K	L	M
1													
2	**Lineares Gleichungssystem und Koeffizientenmatrix**												
3													
4		4 x_1	+	3 x_2		-	7 x_3		+		1 x_4	=	2
5		1 x_1	+	1 x_2		+	2 x_3		-		3 x_4	=	1
6		-2 x_1	+	2 x_2		-	3 x_3		-		2 x_4	=	0
7		3 x_1	-	4 x_2		+	6 x_3		+		4 x_4	=	6
8													
9	Koeffizientenmatrix					2	2						
10	4	3	-7	1		1	1						
11	1	1	2	-3		0	0						
12	-2	2	-3	-2		6	6						
13	3	-4	6	4									
14	Determinate:			-18									
15													
16	Inverse Matrix					x_1	-6						
17	5,967E-16	6,6613E-16	-2	-1		x_2	38,056						
18	0,7222222	0,94444444	10,833333	5,94444444		x_3	15,556						
19	0,2222222	0,44444444	4,3333333	2,44444444		x_4	20,722						
20	0,3888889	0,27777778	5,8333333	3,27777778									

Abbildung 1.94 Lösung eines linearen Gleichungssystems durch Matrizenrechnung

Für den ersten Schritt wird die Funktion `MINV()` verwendet. Die Formel wird als Matrixformel in A17 eingegeben:

```
=MINV(A10:D13)
```

Anschließend wird eine Matrixformel für G16 erzeugt, die mit der `MMULT()`-Funktion arbeitet:

```
=MMULT(A17#; F9:F12)
```

Diese Formel liefert eine Matrix mit den Werten für die vier Unbekannten. Nur zur Kontrolle sind in den Zellen G9 bis G12 die errechneten Werte zeilenweise in die Gleichungen eingesetzt, um das Ergebnis zu bestätigen.

1.18.5 Matrixformeln bearbeiten

Auch wenn Sie eine Matrixformel ändern wollen, unterscheiden sich die beiden beschriebenen Verfahren. Bei einer »alten« Matrixformel mit den geschweiften Klammern können Sie eine beliebige Formelzelle in der Ergebnismatrix auswählen. Sobald Sie die Bearbeitungsleiste aktivieren, verschwinden dort die geschweiften Klammern. Wenn die Änderungen an der Formel abgeschlossen sind, muss die Formel erneut mit [Strg]+[⇧]+[↵] quittiert werden. Daraufhin werden alle zur Matrix gehörenden Formeln geändert.

Dieser Abschluss ist unbedingt notwendig, sonst erhalten Sie die Fehlermeldung, dass ein Teil einer Matrix nicht geändert werden kann. Das hat seinen Grund darin, dass Excel eine solche Formelmatrix als eine Einheit betrachtet. Es ist also nicht möglich, einzelne Elemente einer Matrix gesondert zu bearbeiten. Ausgenommen von dieser Regel sind Operationen, die nur die Gestaltung betreffen. Alle inhaltlichen Veränderungen betreffen aber immer die gesamte Matrix. Deshalb können einzelne Zellen auch nicht gelöscht oder verschoben werden. Nur die komplette Matrix kann gelöscht oder verschoben werden. Auch das Einfügen von Zellen in eine Matrix, die mit Matrixformeln belegt ist, führt zu einer Fehlermeldung. Dagegen ist es durchaus möglich, den Inhalt einzelner Zellen an eine andere Stelle der Tabelle zu kopieren. Die Bezüge werden dabei automatisch angepasst.

Matrixformeln nach dem neuen Verfahren, also ohne die geschweiften Klammern, können nur in der ersten Zelle der Ergebnismatrix geändert werden. Die Änderung wird dann wieder einfach mit [↵] oder dem Häkchen bestätigt.

Wenn es gewünscht ist, Matrixformeln in Einzelwerte – also in ihr jeweiliges Ergebnis – zu verwandeln, muss zunächst die gesamte Matrix markiert werden. Mit dem Befehl **Start ▸ Zwischenablage ▸ Kopieren** bringen Sie die Daten in die Zwischenablage und fügen sie anschließend an derselben Stelle mit **Start ▸ Zwischenablage ▸ Einfügen** und der Option **Werte** wieder ein. Die Formeln werden durch ihr Ergebnis ersetzt.

Um einen Matrixbereich nach der alten Methode vollständig zu markieren, genügt es, eine Zelle des Bereichs zu wählen und dann [Strg]+[/] zu drücken. Diese Tastenkombination entspricht der Option **Aktuelles Array** in dem Dialogfeld **Inhalte auswählen** des Befehls **Gehe zu**. Diese Option kann bei den dynamischen Matrizen nicht verwendet werden. Eine Hilfe ist hier, dass die Matrix vorübergehend eingerahmt wird, wenn eine Zelle darin ausgewählt wird. Außerdem können Sie mit dem Befehl **Gehe zu** oder [Strg]+[G] den Bereich markieren, wenn Sie unter **Verweis** den Bezug auf die erste Stelle der Matrix mit dem #-Operator angeben. Der #-Operator ist auch hilfreich, wenn Sie die ganze dynamische Matrix mit einem Namen belegen wollen. Sie markieren die erste Zelle und geben in **Formeln ▸ Definierte Namen ▸ Namen definieren** unter **Bezieht sich auf** den Bezug auf diese Zelle mit # an.

1.19 Verfahren der Fehlervermeidung

Formeln sollen nicht ein beliebiges Ergebnis produzieren, sondern das richtige. Deshalb bietet Excel verschiedene Verfahren für die Fehlervermeidung an, die im Folgenden kurz vorgestellt werden.

1.19.1 Prüfung der Dateneingabe durch Gültigkeitsregeln

Die Dateneingabe in eine Zelle erfolgt zunächst ohne jede Kontrolle über den Datentyp, den Wert oder die Länge der Eingabe. Excel bietet aber die Möglichkeit, Regeln für Daten festzulegen, die in bestimmten Zellbereichen erlaubt sind. Um beispielsweise bei einer Preisliste auszuschließen, dass irrtümlich ein negativer Preis oder ein Preis, der über dem des teuersten Artikels liegt, eingegeben wird, können für die betreffende Spalte Regeln festgelegt werden:

1. Markieren Sie die Spalte für die Preise.
2. Wählen Sie über **Daten ▸ Datentools** die Schaltfläche **Datenüberprüfung**.
3. Auf der Registerkarte **Einstellungen** wählen Sie unter **Zulassen** den Listeneintrag **Dezimal** und unter **Daten** den Eintrag **zwischen**.
4. Unter **Minimum** kann `0` und unter **Maximum** beispielsweise `300` eingetragen werden.
5. Es ist sinnvoll, **Leere Zellen ignorieren** abzuhaken, damit der Fall, dass der Preis nicht eingegeben ist, nicht zur Fehlermeldung führt.

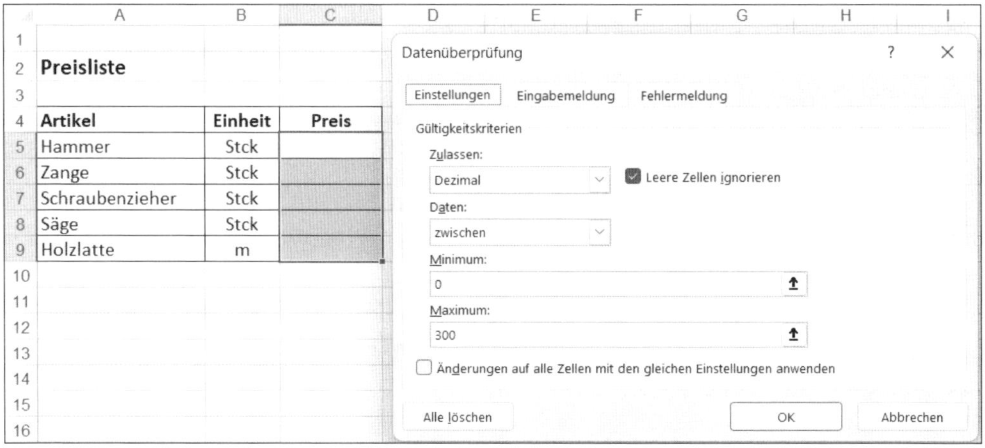

6 Auf der Registerkarte **Eingabemeldung** kann zusätzlich ein Hinweis eingetragen werden, der angezeigt wird, wenn eine Zelle ausgewählt ist. Lassen Sie dazu **Eingabemeldung anzeigen, wenn Zelle ausgewählt wird** abgehakt.

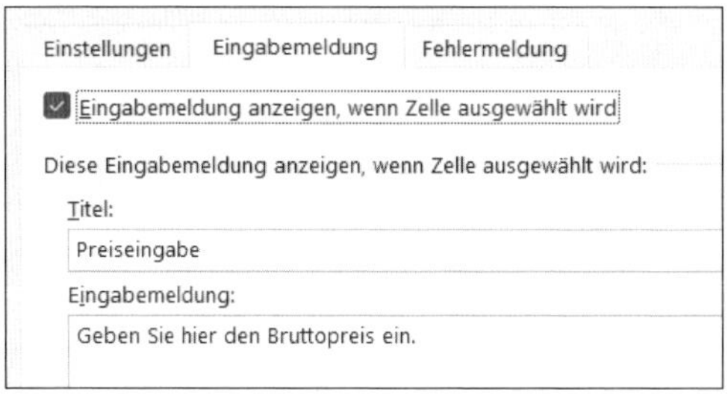

7 Schließlich sollte auf der Registerkarte **Fehlermeldung** ein Hinweis bei Fehleingaben eingetragen werden.

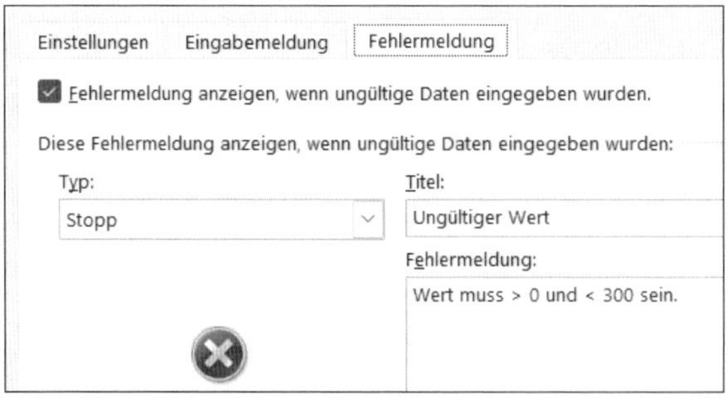

8 Unter **Typ** kann das Merkzeichen ausgewählt werden, mit dem die Fehlermeldung beginnt. Wenn Sie **Stopp** wählen, wird verhindert, dass die falsche Eingabe überhaupt in die Zelle eingetragen wird. Sie müssen die Eingabe wiederholen oder abbrechen. Bei den Optionen **Warnung** oder **Information** kann eine unzulässige Eingabe wahlweise zugelassen oder abgelehnt werden.

Wird eine solche Zelle ausgewählt, erscheint die festgelegte Eingabeaufforderung in Form eines Kommentars. Wird nun beispielsweise ein zu hoher Preis eingegeben, erscheint die vorher definierte Fehlermeldung.

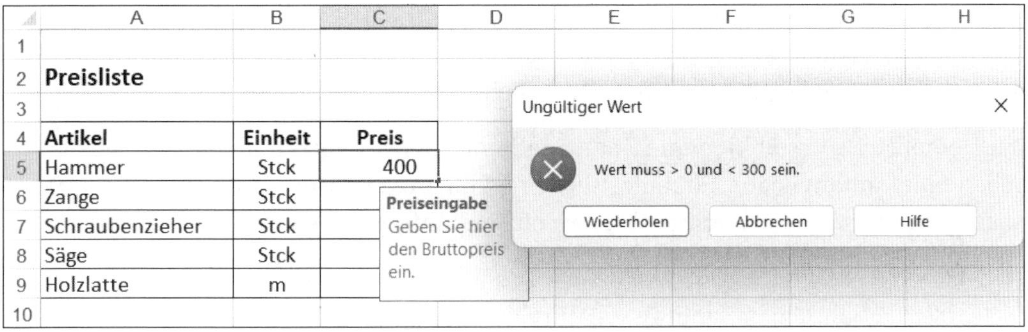

Abbildung 1.95 Fehlermeldung bei einem zu hohen Preis

Zur Datenüberprüfung lassen sich auch Listen verwenden, aus denen die möglichen Eingaben ohne Eintippen übernommen werden können. Wenn Sie in der Preisliste als Gebindeeinheit nur »m«, »cm« und »Stck« zulassen wollen, können Sie auf der Registerkarte **Einstellungen** unter **Zulassen** den Eintrag **Liste** benutzen. Die Liste selbst kann unter **Quelle** eingetragen werden: `m; cm; Stck` – das genügt in diesem Fall. Statt des Eintrags der möglichen Werte kann auch ein Verweis auf einen Zellbereich verwendet werden, in dem sich eine entsprechende Liste befindet. Verwenden Sie den Namen eines benannten Bereichs, damit der Bezug bei einer Vergrößerung der Liste nicht neu eingetragen werden muss. Wird eine Zelle ausgewählt, erscheint eine kleine Schaltfläche, mit der die Liste der möglichen Einträge geöffnet wird. Es reicht ein Klick oder Tipp auf den gewünschten Eintrag, um ihn zu übernehmen. Voraussetzung ist allerdings, dass auf der Registerkarte **Einstellungen** die Option **Zellendropdown** abgehakt bleibt.

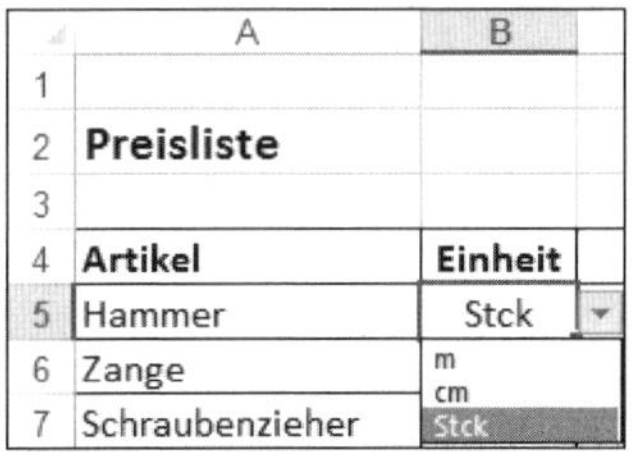

Abbildung 1.96 Auswahlliste zu den Werten für die Spalte **Einheit**

Gültigkeitsregeln können aber auch Formeln verwenden, um die Daten zu prüfen. Wählen Sie dazu unter **Zulassen** die Option **Benutzerdefiniert**, und tragen Sie die Formel komplett in das Feld **Formel** ein.

1.19.2 Dateneingabe über Steuerelemente

Eine spezielle Form, die Eingabe von Daten auf erlaubte Werte zu beschränken, ist der Einsatz von Steuerelementen direkt im Tabellenblatt. Optionsfelder, Kontrollkästchen, Listenfelder, Bildlaufleisten oder Drehfelder können in Tabellenblättern nützlich sein, um die Dateneingabe zu vereinfachen und Fehleingaben zu verhindern.

Zur Demonstration soll hier eine finanzmathematische Berechnung dienen. Sie planen neben einer anfänglichen Einmalzahlung regelmäßige jährliche Einzahlungen auf ein Sparkonto und wollen durchspielen, welche zukünftigen Werte bei unterschiedlichen Zahlungen zu erwarten sind.

Die Größe der jährlichen Zahlung soll durch eine Bildlaufleiste festgelegt werden. Dazu ist zunächst nötig, dass in der Menüleiste das Register **Entwicklertools** eingeblendet ist. Dies geschieht über **Datei ▸ Optionen ▸ Menüband anpassen**. Im Fenster rechts wird unter **Hauptregisterkarten** das Register **Entwicklertools** zum Abhaken angeboten.

1. Benutzen Sie auf der Registerkarte **Entwicklertools** in der Gruppe **Steuerelemente** das Symbol **Einfügen**. Im dazugehörigen Menü wählen Sie im Bereich **Formularsteuerelemente** das Symbol für eine Scrollleiste aus.

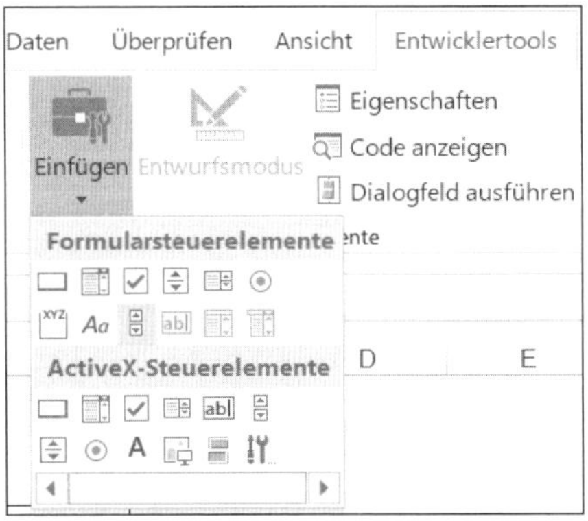

2. Ziehen Sie im Tabellenblatt ein Rechteck für die Leiste auf.
3. Benutzen Sie anschließend in der Gruppe **Steuerelemente** das Symbol **Eigenschaften**. Das Element muss dafür markiert bleiben!

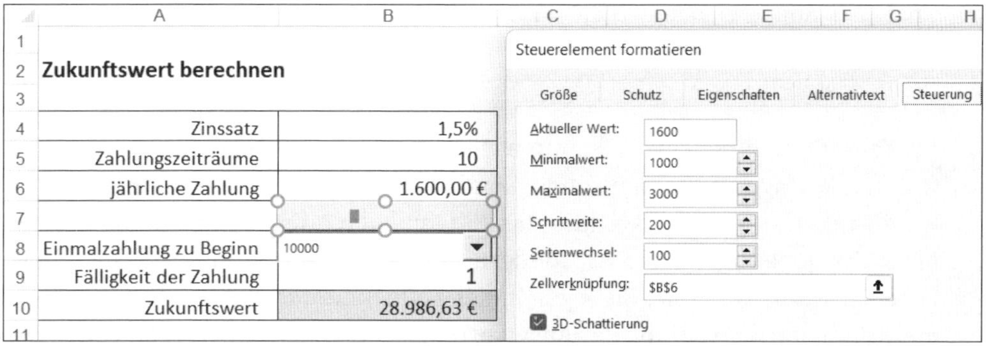

4 Geben Sie auf der Registerkarte **Steuerung** passende Werte für den Minimal- und Maximalwert und die Schrittweite ein.

5 Geben Sie unter **Zellverknüpfung** die Adresse der Zelle ein, in der das Ergebnis der Auswahl erscheinen soll.

Nun können Sie durch Verschieben des Querbalkens in der Leiste beliebige Werte zwischen den Minimal- und Maximalwerten in der Zielzelle einstellen, während ein Klick auf die Pfeile an den Leistenenden Sprünge in der angegebenen Schrittweite bewirkt.

Für die Eingabe der Einmalzahlung zu Beginn soll ein Steuerelement verwendet werden, bei dem vorgegebene Werte ausgewählt werden können.

1 Wählen Sie **Kombinationsfeld** aus der Palette **Formularsteuerelemente**. Ziehen Sie das Rechteck für das Element direkt über der Zelle auf, die den Wert der Einmalzahlung enthalten soll, sodass die Zelle komplett verdeckt ist.

2 Öffnen Sie mit **Eigenschaften** das Register **Steuerung**.

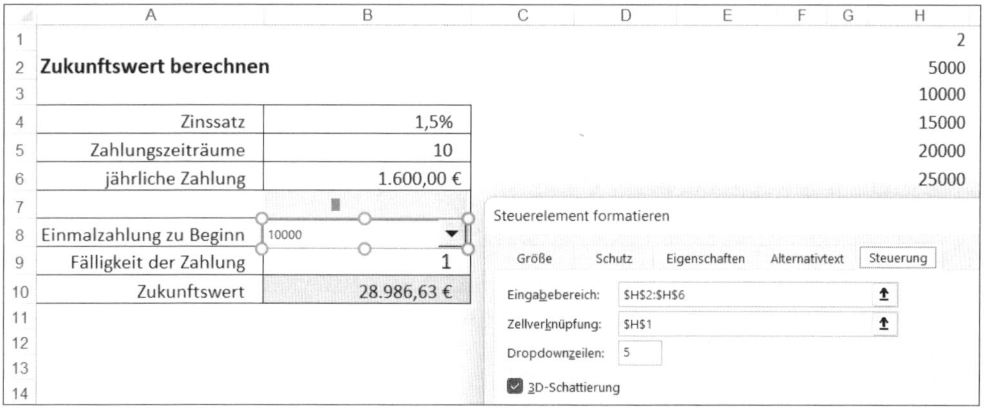

3 Unter **Eingabebereich** geben Sie an, wo die Werte abgelegt sind, die das Feld anbieten soll. Diese können beispielsweise in einer ausgeblendeten Spalte liegen, damit sie nicht stören.

4 Als **Zellverknüpfung** geben Sie nun aber nicht direkt die Zelle an, in der die ausgewählten Beträge erscheinen sollen, sondern beispielsweise die Zelle über der Auswahlliste. Das Problem ist, dass das Ergebnis der Auswahl im Kombinationsfeld nicht der angezeigte Wert ist, sondern nur seine Position in der Reihenfolge der Liste. Hier hilft ein Trick. Sie legen in der Zelle hinter dem Steuerelement eine Formel ab, die mit der Position der Auswahl den entsprechenden Wert liefert. In der folgenden Abbildung ist das: `=INDEX(H2:H6;H1)`.

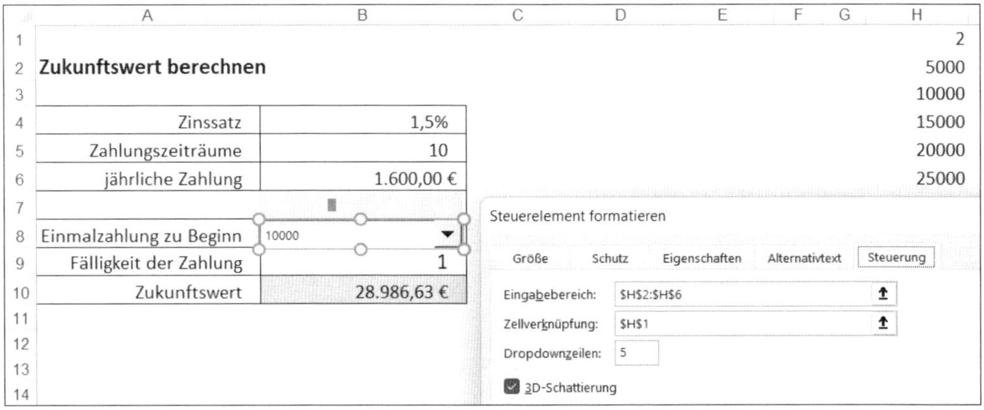

Als letztes Beispiel soll noch eine Gruppe mit zwei Optionsfeldern angelegt werden, um auszuwählen, ob die Zahlungen vorschüssig, also am Anfang der Periode, oder nachschüssig erfolgen sollen.

1 Dazu wählen Sie zunächst unter **Formularelemente** das Symbol **Gruppenfeld** aus und ziehen ein Rechteck für zwei Optionsfelder auf.

2 Über das Kontextmenu erreichen Sie jeweils mit **Text bearbeiten** die Möglichkeit, die vorgegebene Beschriftung zu ändern.

3 Benutzen Sie anschließend **Optionsfeld**, und ziehen Sie ein Rechteck dafür auf. Auch hier lässt sich die Textvorgabe mit **Text bearbeiten** ändern.

4 Über **Eigenschaften** gehen Sie wieder auf die Registerkarte **Steuerung**. Wählen Sie aus, ob die Option eingangs aktiviert sein soll.

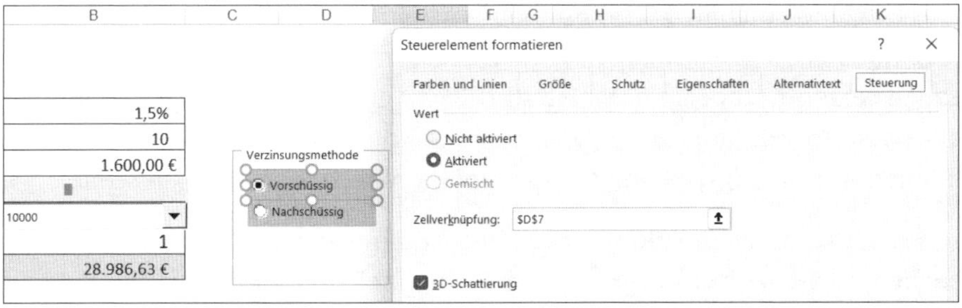

5 Als **Zellverknüpfung** ist in der Abbildung eine von dem Optionsfeld verdeckte Zelle angegeben. Das hat wieder seinen Grund darin, dass das Feld nicht sofort den benötigten Wert liefert, sondern nur die fortlaufende Nummer der im Gruppenfeld angelegten Optionen.

6 Legen Sie noch ein zweites Optionsfeld in der Gruppe an, und geben Sie die gleiche **Zellverknüpfung** an. Das erste Feld liefert, wenn es ausgewählt wird, die Zahl 1, das zweite Feld die Zahl 2.

7 Da in der Zelle für die Fälligkeit nur die Werte 0 und 1 erlaubt sind, gehört eine Formel dorthin, die die Zahl 2 in eine Null umwandelt. Da hilft die Formel `=WENN($D$7=1;1;0)`.

Sinnvolle Anwendungen ergeben sich für einfache Was-wäre-wenn-Analysen, für dynamische Diagramme, bei denen Sie die Werte über eine **Bildlaufleiste** einstellen können, und dergleichen mehr.

1.19.3 Fehler in Formeln vermeiden

Es gibt unterschiedliche Fehlertypen, die bei der Arbeit mit Formeln vorkommen. Leicht zu übersehen sind logische Fehler, zumal Excel solchen Fehlern nichts entgegenzusetzen hat. Wenn Sie irrtümlich eine Bedingung wie `=UND(PLZ<50000; PLZ>60000)` eintragen, wird Excel daran nichts auszusetzen haben, obwohl die Bedingung niemals erfüllt werden kann.

Günstiger ist die Situation, wenn Sie die vorgeschriebene Schreibweise von Formeln nicht beachten. Excel bietet in vielen Fällen die automatische Korrektur von Fehlern bei der Formeleingabe an. Wenn Sie z. B. einen Ausdruck mit einer öffnenden Klammer eingeben und dann die abschließende Klammer vergessen, schlägt Excel von selbst eine Korrektur mit einer schließenden Klammer vor.

Für ein gutes Dutzend von häufig vorkommenden Fehlern bietet Excel solche Korrekturvorschläge an. Das gilt z. B., wenn Sie bei Zelladressen die Zeilennummer vor den Spaltenbuchstaben setzen und beispielsweise statt B6 6B eingeben. Leerzeichen an der falschen Stelle werden erkannt, z. B. zwischen Funktionsnamen und erster Klammer, ebenso fehlende Anführungszeichen oder Doppelpunkte an der falschen Stelle.

Zwar kann Excel in einfachen Fällen für fehlende Klammern brauchbare Korrekturvorschläge machen, nicht aber da, wo es mehrere Möglichkeiten gibt, die Klammer zu setzen. Um Ihnen bei der Suche nach der Stelle, an der eine Klammer fehlt oder zu viel ist, zu helfen, zeigt Excel zusammengehörende Klammerpaare vorübergehend in Fettschrift an, wenn Sie mit den Richtungstasten darüberstreichen. Wird etwa eine öffnende Klammer nicht fett angezeigt, heißt das, es fehlt die entsprechende schließende Klammer.

1.19.4 Syntaxprüfung

Wenn Sie eine Formel eingeben, prüft Excel automatisch, ob die Formel von der Syntax her korrekt ist, bevor das Ergebnis in der Zelle akzeptiert wird. Ist z. B. bei der Funktion GDA() ein Argument vergessen worden, erscheint die Fehlermeldung, dass Argumente fehlen. Quittieren Sie die Meldung, verbleibt das Programm in der Bearbeitungsleiste und markiert die Stelle, wo der Fehler liegt.

Durch die schon angesprochenen QuickInfos, die bei der Bearbeitung von Funktionen normalerweise eingeblendet werden, ist die Kontrolle über die Argumente der Funktion einfach. Wenn Sie ein Argument in einer Funktion markieren oder die Einfügestelle mit den Pfeiltasten bewegen, wird immer der Platzhalter in der QuickInfo angezeigt, dem das berührte Argument entspricht.

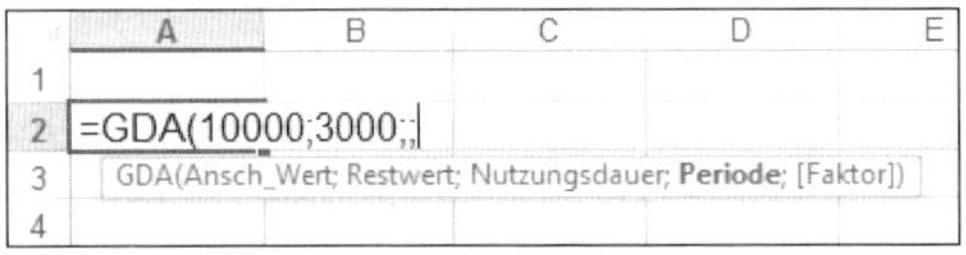

Abbildung 1.97 Kontrolle der Argumente mithilfe der QuickInfos

Geben Sie irrtümlich ein Argument zu viel ein, erhalten Sie eine entsprechende Meldung, und Sie werden nicht wieder aus der Bearbeitungsleiste losgelassen. Wenn Sie einen Fehler nicht gleich erkennen, können Sie Excel überlisten und an den Anfang des Eintrags ein einfaches Anführungszeichen setzen. Dadurch wird die Formel zu einem Texteintrag. Nun haben Sie wenigstens die Chance, sich eine Denkpause zu gönnen oder jemanden zu fragen, der helfen kann.

1.19.5 Fehler durch Werte

Excel kann neben den Syntaxfehlern auch Fehler finden, die mit den Werten bzw. Argumenten zu tun haben, mit denen die Formel arbeiten soll. Sind diese für die Formel nicht brauchbar, wird in der Zelle ein Fehlerwert ausgegeben. Sie erhalten einen Hinweis, wenn Sie den Mauszeiger auf die eingeblendete Schaltfläche rücken. In der Formel in Abbildung 1.98 wird z. B. ein nicht definierter Name verwendet.

Abbildung 1.98 Hinweis zum Fehlerwert #NAME?

In Tabelle 1.11 sind Fehlerwerte zusammengestellt.

Fehler	Bedeutung
#BEZUG!	Die Formel bezieht sich auf eine gelöschte oder verschobene Zelle. Beim Verschieben von relativen Adressen kommt dies beispielsweise vor, wenn eine Zelle nach links verschoben wird, sodass der relative Bezug auf eine Spalte links von A benötigt würde. Erscheint auch bei externen Bezügen, wenn die externe Datei nicht auffindbar ist.
#BLOCKIERT!	Der Zugang auf eine erforderliche Ressource ist blockiert.
#DATEN_ABRUFEN!	Daten lassen sich nicht abrufen.
#DIV/0!	In der Formel wird versucht, durch null zu teilen. Tritt auch auf, wenn die Zelle mit dem Divisor leer ist.
#FELD!	Ein von der Funktion FELDWERT() verwendetes Datentypfeld existiert nicht.
#KALK!	Die Berechnung lässt sich nicht ausführen.
#NV	Der erwartete Wert ist nicht vorhanden. Tritt beispielsweise auf, wenn ein mithilfe von SVERWEIS() in einer Spalte gesuchter Wert nicht vorhanden ist.

Tabelle 1.11 Übersicht über mögliche Fehlerwerte

Fehler	Bedeutung
#NAME?	Der in der Formel verwendete Name ist bisher nicht definiert worden. Tritt auch auf, wenn ein Funktionsname falsch geschrieben wird.
#NULL!	Wird angezeigt, wenn versucht wurde, mit dem Schnittmengenoperator (Leerzeichen) die Schnittmenge zweier Bereiche zu bestimmen, die sich nicht schneiden.
#ÜBERLAUF!	Excel kann nicht alle Ergebnisse einer Matrixformel zurückgeben.
#UNKNOWN!	unbekannter Fehler
#VERBINDEN!	Die Verbindung zu einer externen Ressource kann nicht hergestellt werden.
#WERT!	Ein Argument oder Operand hat den falschen Datentyp.
#ZAHL!	Tritt auf, wenn beispielsweise ein Schätzwert in einer Funktion, die einen solchen Wert erwartet, unbrauchbar ist oder wenn die Funktion als Argument einen negativen Wert erwartet, aber einen positiven Wert erhält.

Tabelle 1.11 Übersicht über mögliche Fehlerwerte (Forts.)

1.19.6 Fehlerüberprüfung im Hintergrund

In Excel ist eine automatische Fehlerüberprüfung eingebaut, die im Hintergrund abläuft und über die Seite **Formeln** im **Excel-Optionen**-Dialog gesteuert wird. Zunächst haben Sie die Möglichkeit, unter **Fehlerüberprüfung** die vorgegebene ständige Prüfung zu deaktivieren, indem Sie die Option **Fehlerüberprüfung im Hintergrund aktivieren** bei Bedarf abschalten. Das kann sinnvoll sein in einer Phase, in der Sie bei der Entwicklung eines Kalkulationsmodells mit den Formeln noch herumexperimentieren und nicht ständig durch Fehlerhinweise genervt werden wollen.

An dieser Stelle lässt sich aber auch die Farbe der Fehlerindikatoren ändern.

Haben Sie öfter auf Fehlerhinweise mit der Option **Fehler ignorieren** reagiert, sind aber plötzlich nicht mehr sicher, ob es sich nicht doch um Fehler gehandelt hat, können Sie mit der Schaltfläche **Ignorierte Fehler zurücksetzen** die Fehlerindikatoren wieder einblenden. Unter **Regeln für die Fehlerüberprüfung** wird festgelegt, wann die Fehlerüberprüfung einen Fehlerindikator einblenden soll.

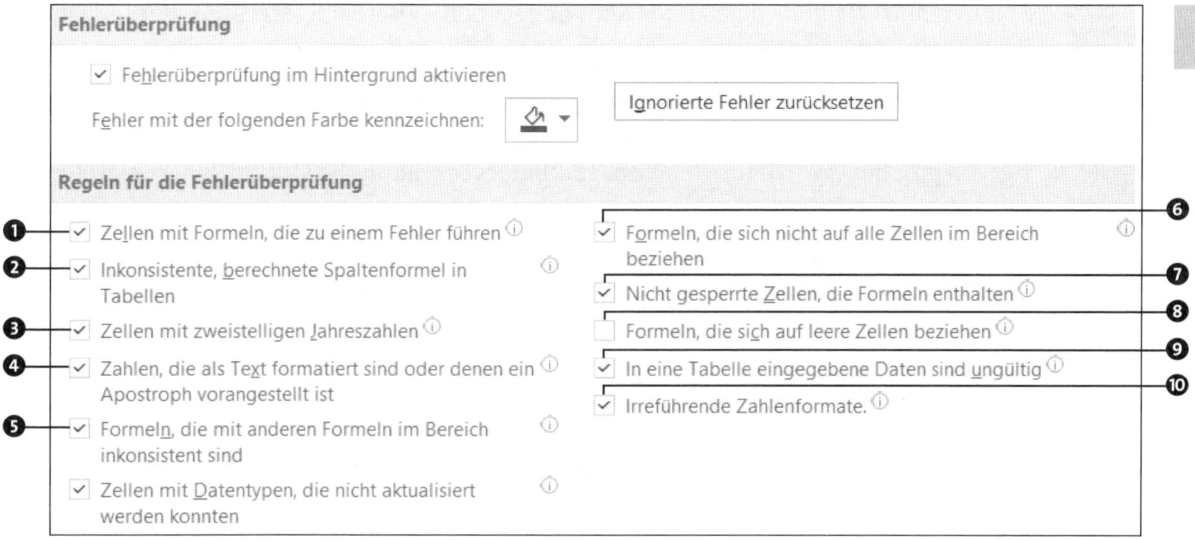

Abbildung 1.99 Einstellungen für die Fehlerüberprüfung

Hier noch ein paar Hinweise zur Bedeutung der Regeln:

❶ Zellen, deren Formeln einen der vorgegebenen Fehlerwerte wie `#DIV/0!`, `#NAME?`, `#WERT!` ergeben, werden mit einem Fehlerindikator gekennzeichnet.

❷ Eine Formel in einer Spalte wird als inkonsistent betrachtet, wenn beispielsweise in einer Quersumme weniger Zellen berücksichtigt werden, als es in den Quersummen über oder unter der Zelle der Fall ist. In diesem Fall finden Sie im Menü des Fehlerindikators die Optionen **Formel von Oben kopieren** oder **Bezug erweitern ...**, die diesen Fehler bereinigen.

❸ Der Fehlerindikator moniert als Text eingegebene zweistellige Jahreszahlen und bietet im Menü zwei mögliche Korrekturen auf vier Stellen an: **XX in 19XX umwandeln** und **XX in 20XX umwandeln**.

❹ Wenn in eine mit dem Format **Text** belegte Zelle eine Zahl eingegeben wird, bietet das Menü des Fehlerindikators die Umwandlung in eine Zahl an.

❺ Eine Formel in einer Zeile wird als inkonsistent betrachtet, wenn beispielsweise in einer Kolonnensumme weniger Zellen berücksichtigt werden, als es in den Summenformeln links oder rechts von der Zelle der Fall ist. In diesem Fall finden Sie im Menü des Fehlerindikators die Optionen **Formel von Links kopieren** oder **Bezug erweitern ...**, die diesen Fehler bereinigen.

❻ Auch die nächste Option vermutet, dass in der Formel nicht alle Zellen berücksichtigt sind, die für die Formel erwartet werden können. Wenn beispielsweise in einer

Spalte eine Zelle über oder unter dem angegebenen Bereich vergessen worden ist, wird die Korrekturoption **Bezug erweitern ...** angeboten.

❼ Der Fehlerhinweis auf nicht gesperrte Zellen, die Formeln enthalten, weist daraufhin, dass diese Formeln ungeschützt bleiben, wenn das Arbeitsblatt gegen Veränderungen geschützt wird. Im Menü des Indikators erscheint die Option **Zellen sperren**, die Abhilfe schafft.

❽ Ein Verweis auf eine leere Zelle in einer Formel bietet im Menü des Indikators die Option **Leere Zelle zurückverfolgen** an, die einen Pfeil zu dieser Zelle einblendet.

❾ Die vorletzte Option moniert den Datentyp von Zellen in Tabellen, der nicht dem für die Spalte bestimmten Typ entspricht. Das gilt für aus SharePoint importierte Daten.

❿ Die letzte Option betrifft nur die falsche Formatierung von verknüpften Datentypen. Dies ist z. B. der Fall, wenn die Quellzelle als Zahl formatiert ist, die Zielzelle aber als Datum.

Solange unter **Fehlerüberprüfung** eben diese Prüfung im Hintergrund aktiviert ist, erscheinen im Fehlerfall die farbigen Fehlerindikatoren.

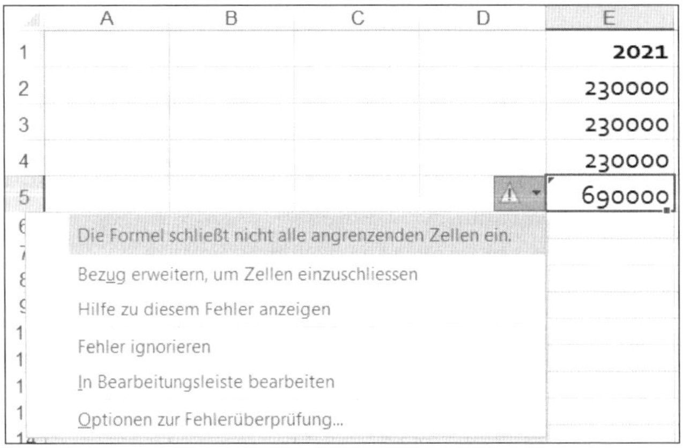

Abbildung 1.100 Optionen beim Auftauchen eines Regelverstoßes

Über den Pfeil der Schaltfläche werden mögliche Reaktionen angeboten. Die erste Zeile enthält eine Problembeschreibung. Wenn möglich, wird eine Option angeboten, mit der der Fehler direkt korrigiert werden kann, etwa eine Bereichserweiterung. Im abgebildeten Fall handelt es sich allerdings um falschen Alarm. Die Warnung moniert, dass die Jahreszahl nicht mit in den Summenbereich aufgenommen wird, weil Excel die Bedeutung der Zahl als Jahreszahl nicht automatisch erkennen kann, es sei denn, sie ist als Jahreszahl formatiert. Mit **Fehler ignorieren** kann der Hinweis deshalb wieder ausgeblendet werden.

1.19.7 Formelüberwachung

Für die Kontrolle von Formeln stellt Excel neben der gerade beschriebenen Hintergrundüberprüfung noch eine ganze Reihe von Werkzeugen zur Verfügung, die auf der Registerkarte **Formeln** in der Gruppe **Formelüberwachung** zusammengestellt ist.

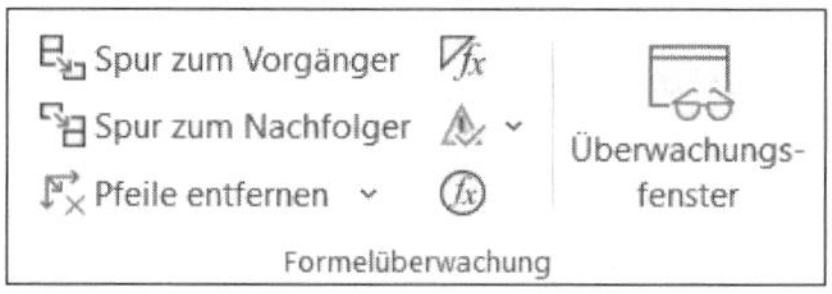

Abbildung 1.101 Werkzeuge für die Kontrolle von Formeln

Die Fehlerüberprüfung kann hier für jedes Arbeitsblatt auch manuell über die Schaltfläche **Fehlerüberprüfung** aufgerufen werden, unabhängig davon, ob die Fehlerüberprüfung im Hintergrund aktiviert ist oder nicht. Mit **Weiter** und **Zurück** lassen sich die Zellen mit Fehlerwerten oder Warnindikatoren einzeln ansteuern, der Dialog zeigt dann jeweils eine kurze Beschreibung des Fehlers und bietet Schaltflächen für das weitere Vorgehen an.

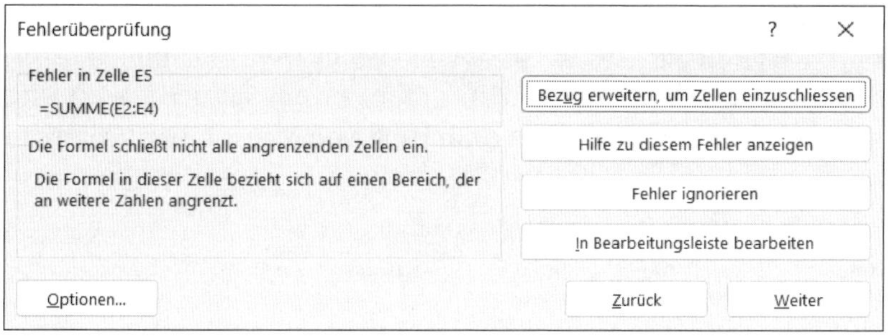

Abbildung 1.102 Schrittweise Fehlerüberprüfung im Blatt

1.19.8 Spuren verfolgen

Wollen Sie prüfen, von welchen Zellen eine gerade ausgewählte Formel abhängig ist, benutzen Sie in der Gruppe **Formelüberwachung** das Symbol **Spur zum Vorgänger**. Excel macht die Verbindungen zwischen Zellen mit Pfeilen sichtbar. Das Pfeilende wird jeweils durch einen Punkt gekennzeichnet. Hat der Vorgänger selbst noch einen Vorgänger, wiederholen Sie den Befehl. Sie können dieses Verfahren für mehrere Zellen ausführen, die Pfeile bleiben stehen, bis sie gelöscht werden. Wenn Sie die Zelle am Pfeilende markieren wollen, klicken oder tippen Sie doppelt auf den Spurpfeil. Ein erneuter Doppelklick oder -tipp markiert wieder die Zelle an der Pfeilspitze. Das ist praktisch, wenn Pfeilspitze und Pfeilende weit auseinanderliegen.

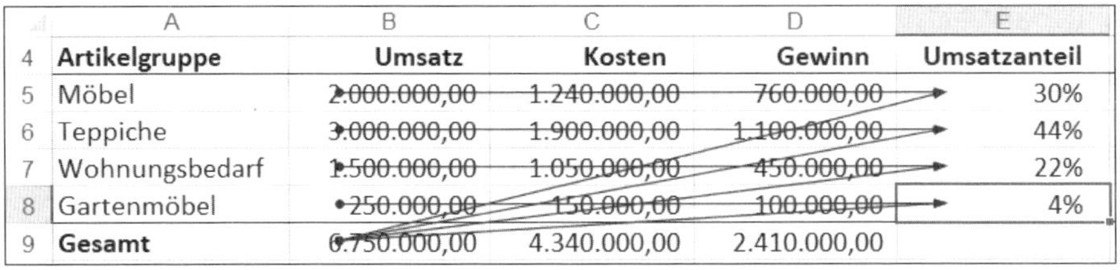

	A	B	C	D	E
4	**Artikelgruppe**	**Umsatz**	**Kosten**	**Gewinn**	**Umsatzanteil**
5	Möbel	2.000.000,00	1.240.000,00	760.000,00	30%
6	Teppiche	3.000.000,00	1.900.000,00	1.100.000,00	44%
7	Wohnungsbedarf	1.500.000,00	1.050.000,00	450.000,00	22%
8	Gartenmöbel	250.000,00	150.000,00	100.000,00	4%
9	**Gesamt**	6.750.000,00	4.340.000,00	2.410.000,00	

Abbildung 1.103 Anzeige der Zellen, von denen die Formeln in Spalte E abhängig sind

Wollen Sie umgekehrt wissen, welche Zellen die markierte Zelle beeinflussen, benutzen Sie das Symbol **Spur zum Nachfolger**. Gelöscht werden die Pfeile mit dem Befehl **Pfeile entfernen**, wobei Sie über das Menü der Schaltfläche entscheiden können, ob Sie gleich alle Pfeile entfernen wollen oder nur die Vorgänger- oder Nachfolgerpfeile.

1.19.9 Werteprüfung im Überwachungsfenster

Eine andere Methode der Fehlerentdeckung ist die Überwachung von Formeln. In Excel wird mit **Formeln ▸ Formelüberwachung ▸ Überwachungsfenster** eben dieses eingeblendet. Zunächst lassen sich dann über die dortige Schaltfläche **Überwachung hinzufügen** beliebige Zellen oder Zellbereiche auswählen, deren jeweils aktuelle Werte im Überwachungsfenster kontrolliert werden. Jede Änderung von Werten wird sofort in diesem Fenster angezeigt.

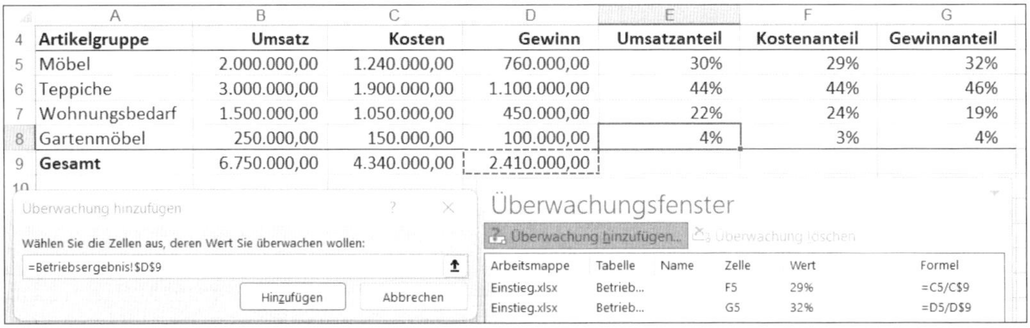

	A	B	C	D	E	F	G
4	**Artikelgruppe**	**Umsatz**	**Kosten**	**Gewinn**	**Umsatzanteil**	**Kostenanteil**	**Gewinnanteil**
5	Möbel	2.000.000,00	1.240.000,00	760.000,00	30%	29%	32%
6	Teppiche	3.000.000,00	1.900.000,00	1.100.000,00	44%	44%	46%
7	Wohnungsbedarf	1.500.000,00	1.050.000,00	450.000,00	22%	24%	19%
8	Gartenmöbel	250.000,00	150.000,00	100.000,00	4%	3%	4%
9	**Gesamt**	6.750.000,00	4.340.000,00	2.410.000,00			

Arbeitsmappe	Tabelle	Name	Zelle	Wert	Formel
Einstieg.xlsx	Betrieb...		F5	29%	=C5/C$9
Einstieg.xlsx	Betrieb...		G5	32%	=D5/D$9

Abbildung 1.104 Werteprüfung im Überwachungsfenster

1.19.10 Zirkuläre Formeln

Gewarnt werden Sie von Excel auch, wenn eine Formel zirkulär ist. Hier ein einfaches Beispiel. In der Zelle B10 ist die Funktion `=SUMME(B6:B10)` eingetragen. Die Zelle B10, die

die Summe anzeigen soll, gehört selbst zu der Kolonne, die summiert wird. Wenn Sie versuchen, die Summenformel zu bestätigen, erhalten Sie eine Fehlermeldung.

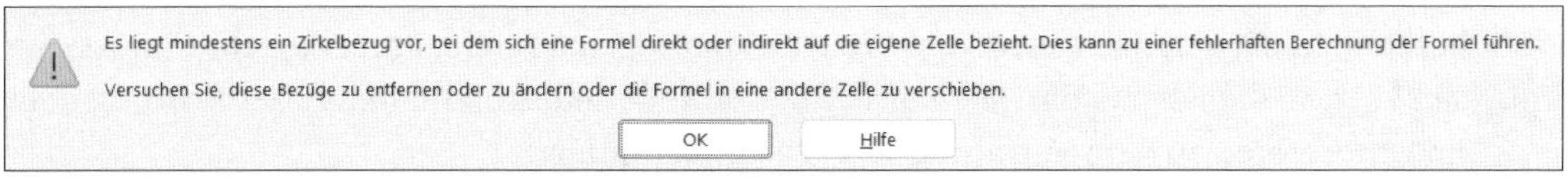

Abbildung 1.105 Fehlermeldung bei Zirkelbezug

In der Statusleiste wird die Zelle angezeigt, die den Zirkelbezug verursacht. Die Zelle, die die zirkuläre Formel enthält, wird auf den Wert Null gesetzt.

1.19.11 Formeln schrittweise prüfen

Eine weitere Möglichkeit, Fehler aufzuspüren, besteht darin, sich für einzelne Teile der Formel jeweils das Ergebnis anzeigen zu lassen. Markieren Sie den betreffenden Teil der Formel, und benutzen Sie dann [F9]. Excel zeigt das Ergebnis für diesen Teil der Formel an. Benutzen Sie [Esc], um die Formel wieder in den alten Zustand zu versetzen.

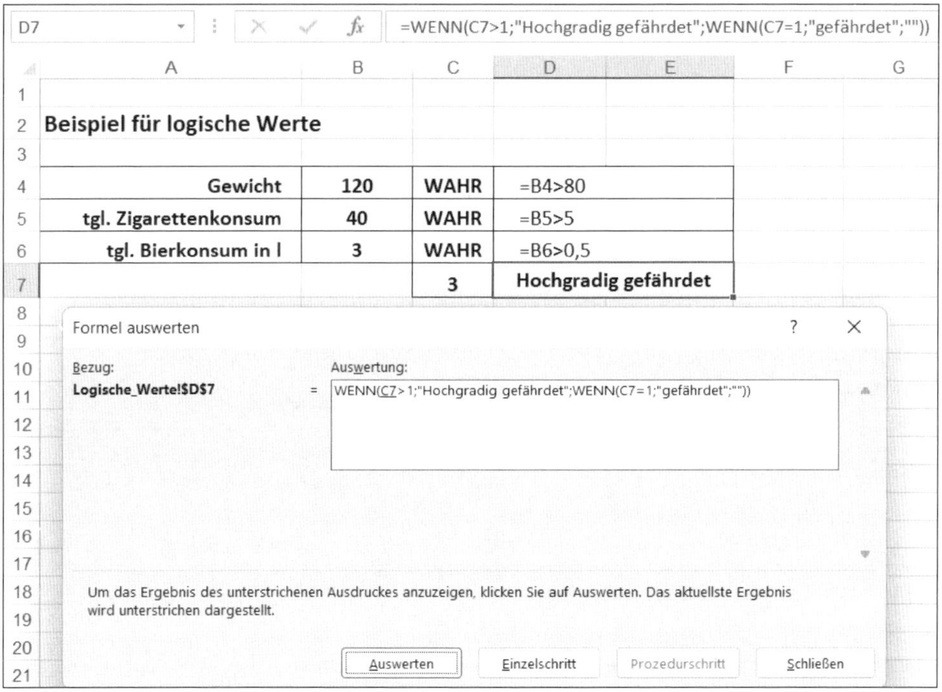

Abbildung 1.106 Schrittweise Auswertung einer verschachtelten Funktion

Excel bietet alternativ dazu den Befehl **Formelauswertung**, den Sie über **Formeln ▸ Formelüberwachung** erreichen. Im Dialog wird die vorher markierte Formel angezeigt. Mit der Schaltfläche **Auswerten** lässt sich der jeweils unterstrichene Teil einer Formel berechnen. **Einzelschritt** zeigt den Wert der markierten Stelle, **Prozedurschritt** setzt diesen Wert in die Formel ein. Die Formel in der Zelle selbst bleibt bei dieser Prüfung aber im Unterschied zu dem Verfahren mit [F9] unverändert.

1.20 Berechnungseinstellung und -optimierung

Normalerweise berechnet Excel unaufgefordert alle die Formeln neu durch, die von der Neueingabe oder Änderung von Werten oder Formeln oder von neuen Namensfestlegungen betroffen sind. Um die Rechenvorgänge zu beschleunigen, werden Formeln, die nicht von einer Änderung berührt sind, also nicht jedes Mal neu berechnet.

1.20.1 Berechnungsoptionen

Alle Optionen, die die Berechnungsmethode von Excel beeinflussen, sind auf der Seite **Formeln** zusammengestellt, die Sie über **Datei ▸ Optionen** erreichen. Hauptsächlich besteht unter **Berechnungsoptionen** die Wahl zwischen **Automatisch** und **Manuell**. Diese Einstellung gilt immer so lange, bis sie geändert wird. Bei Tabellen mit Zehntausenden von Zeilen kann es sinnvoll sein, die automatische Neuberechnung auszuschalten. Die Einstellung **Teilweise** beschränkt die Berechnung auf die Zellen, die direkt von einer Datenänderung berührt werden.

Abbildung 1.107 Wahl der Berechnungsoptionen

Bei der Option **Manuell** sollte allerdings **Vor dem Speichern die Arbeitsmappe neu berechnen** in der Regel aktiviert bleiben; dies garantiert, dass die Datei immer vollständig durchgerechnet ist, wenn sie abgespeichert wird. Wenn Sie allerdings an einer großen Arbeitsmappe arbeiten und häufiger zwischendurch abspeichern, kann es doch angenehmer sein, das Kontrollkästchen leer zu lassen.

Für den schnellen Wechsel zwischen den Berechnungseinstellungen können Sie auf der Registerkarte **Formeln** auch das Menü der Schaltfläche **Berechnungsoptionen** in der Gruppe **Berechnung** nutzen. Hier können Sie zusätzlich zu **Manuell** oder **Teilweise** noch festlegen, dass veraltete Werte bis zur Neuberechnung durchgestrichen formatiert werden.

Ist die automatische Neuberechnung ausgeschaltet, wird die komplette Neuberechnung der gerade offenen Arbeitsmappen mit F9 oder über das Symbol **Neu berechnen** in der Gruppe **Formeln ▸ Berechnung** gestartet. Soll nur das aktive Arbeitsblatt neu berechnet werden, kann auch die Schaltfläche **Blatt berechnen** verwendet oder die Tastenkombination ⇧+F9 gedrückt werden. Sobald in der Arbeitsmappe ein Wert eingegeben wird, der eine Formel betrifft, erscheint in der Statusleiste die Aufforderung **Berechnen**. Ein Klick oder Tipp auf diese Schaltfläche startet ebenfalls die Neuberechnung.

1.20.2 Kontrolle iterativer Berechnungen

Iterative Berechnungen sind wiederholte Berechnungen, die mit Zirkelbezügen arbeiten. Von Zirkelbezügen wird bei Excel gesprochen, wenn z. B. in einer Formel in der Zelle C7 ein Operand oder ein Argument `C7` auftaucht. Die Formel bezieht sich also in diesem Fall auf sich selbst, die Berechnung läuft im Kreis. Solche Zirkelbezüge können irrtümlich – durch die Markierung der falschen Zelle – entstehen. Sie können aber auch bewusst eingesetzt werden, um z. B. Näherungswerte zu errechnen. Dies ist beispielsweise in der Regel der Fall, wenn Sie mit dem Solver nach Lösungen suchen. Dabei wird angenommen, dass durch Wiederholung der Berechnung allmählich eine Annäherung an einen Wert erfolgt, der sich auch bei erneuter Neuberechnung nicht mehr oder nicht mehr wesentlich verändert.

Wird unter **Berechnungsoptionen** das Kontrollkästchen **Iterative Berechnung aktivieren** abgehakt, ist eine solche wiederholte Berechnung zugelassen. Dabei kann die maximale Anzahl der Wiederholungen bestimmt werden. Excel gibt unter **Maximale Iterationszahl** den Wert 100 vor. Die Berechnung wird also spätestens nach der 100. Wiederholung gestoppt und das erreichte Ergebnis angezeigt.

Der zweite Wert, mit dem die iterative Berechnung gesteuert werden kann, ist **Maximale Änderung**. Vorgabe ist `0,001`. Damit ist gemeint, dass die Berechnung dann nicht mehr wiederholt wird, wenn die verschiedenen Berechnungen zu Ergebnissen führen, deren Differenz kleiner ist als der Änderungshöchstwert. Welcher Wert hier der richtige ist, hängt natürlich von der Dimension ab, die das erwartete Ergebnis hat. Erwarten Sie z. B. Werte mit sechs Nachkommastellen, ist 0,001 ein zu grobes Maß.

Unterhalb der Berechnungsoptionen werden noch einige spezielle Optionen für die Arbeit mit Formeln angeboten. In der Regel sollten Sie die Voreinstellungen übernehmen. Die `monospace-Schriftart` macht die Formeln in der Regel übersichtlicher.

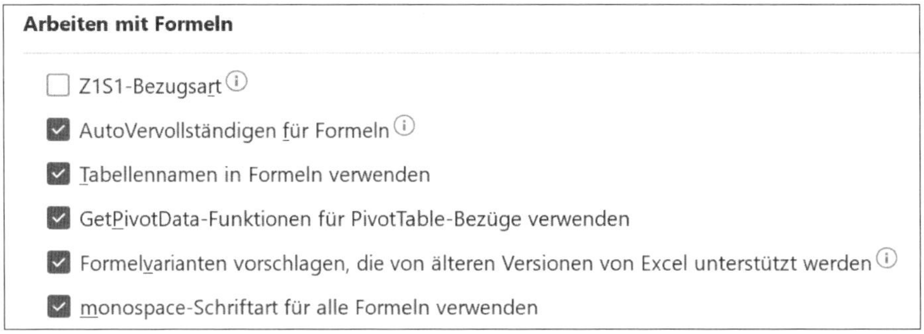

Abbildung 1.108 Formeloptionen

1.20.3 Berechnungsoptionen für die Arbeitsmappe

Während sich die bisher behandelten Optionen auf das Verhalten in der gesamten Arbeitssitzung beziehen, können Sie im Dialog **Excel-Optionen** unter **Erweitert** auch Berechnungsoptionen für jede einzelne Arbeitsmappe festlegen.

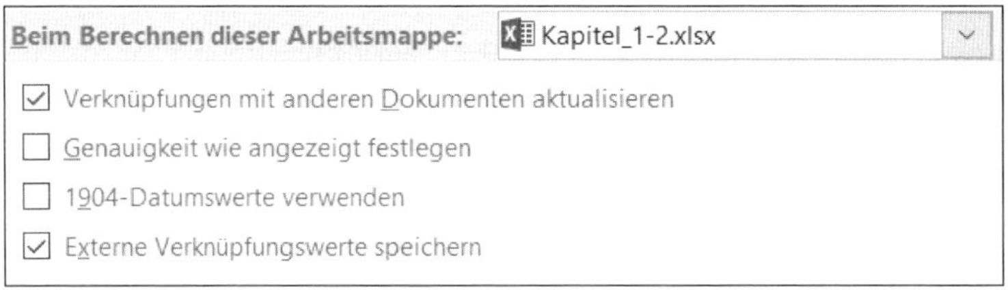

Abbildung 1.109 Berechnungsoptionen für eine Arbeitsmappe

Interessant für die praktische Arbeit ist insbesondere die Option **Genauigkeit wie angezeigt festlegen**, die normalerweise nicht ausgewählt ist. Wird die Option gewählt, ersetzt Excel in der betreffenden Arbeitsmappe die intern gespeicherten Werte durch die aufgrund der gewählten Formatierung angezeigten Werte.

Die Wahl der Option **1904-Datumswerte verwenden** bedeutet, dass die Datumsseriennummer nicht ab dem 1.1.1900 (Tag 1), sondern ab dem 1.1.1904 (Tag 0) berechnet wird. Dieses Datumssystem wird auf dem *Apple Macintosh* verwendet. Apple vermied damit das Problem, dass das Jahr 1900 kein Schaltjahr war. Bei der Berechnung ab 1900 wurde dies ignoriert, weshalb das Datum 29.2.1900 fälschlicherweise akzeptiert wird. (In dem neuen Datenformat *Strict Open XML* ist das – wie bereits erwähnt – nicht mehr der Fall.)

Wenn Sie häufiger Dateien mit Anwendern austauschen, die Office auf einem System von Apple verwenden, kann es praktisch sein, diese Einstellung zu verwenden. Beachten Sie aber, dass ein nachträglicher Wechsel für bereits eingetragene Datumswerte in einer Arbeitsmappe zu einer entsprechenden Verschiebung um 1.462 Tage führt, sodass Korrekturen durch Addieren oder Subtrahieren mit diesem Wert notwendig werden. Am besten verwenden Sie dazu die Funktion **Einfügen ▸ Inhalte einfügen ▸ Addieren** oder **Subtrahieren**.

Ein weiterer Grund, das alternative Datumssystem zu verwenden, hängt damit zusammen, dass das von Microsoft bevorzugte Datumssystem ab dem 1.1.1900 auch in der Version Excel 2021 – es ist schwer zu begreifen – immer noch nicht in der Lage ist, negative Zeitwerte darzustellen. Wenn Sie beispielsweise in Zelle B4 die Zeit `20:30` ablegen und in B5 `23:30`, liefert die Formel `=B4-B3` einen Wert, den das Programm nicht anzeigen kann, die Zelle wird mit #-Zeichen gefüllt. Verwenden Sie dagegen das alternative Datumssystem, liefert die Formel als Ergebnis einen negativen Zeitwert: `-03:00`. Bei Arbeitszeitberechnungen, wo häufig mit negativen Zeitwerten zu rechnen ist, sollten Sie also die 1904-Datumswerte verwenden.

In der Gruppe **Formeln** finden Sie auf der Registerkarte **Erweitert** außerdem eine Option, die die Beschleunigung der Berechnungen in großen Arbeitsmappen betrifft. Seit Excel 2007 besteht die Möglichkeit, die Berechnungsarbeit auf parallele Threads – Ausführungsstränge – aufzuteilen. Wenn Sie mehrkernige Prozessoren verwenden, sollte diese Option deshalb aktiviert sein. Insbesondere bei Arbeitsmappen mit zahlreichen voneinander unabhängigen Formelketten kann die Verteilung der Lösung auf mehrere Kerne für deutlich schnellere Berechnungen sorgen.

1.21 Arbeit mit bedingten Formaten

Einer der Bereiche, in denen Excel seit der Version 2007 wesentlich zugelegt hat, ist der Einsatz bedingter Formate. Die Schaltfläche **Bedingte Formatierung** in der Gruppe **Start ▸ Formatvorlagen** bietet gleich mehrere Paletten an, um bestimmte Zellen aufgrund ihrer Werte in besonderer Weise hervorzuheben. Dabei wird der Einsatz von Datenbalken, Farbskalen und Symbolsätzen angeboten. Abbildung 1.110 zeigt ein einfaches Beispiel für diese drei Varianten.

	A	B	C	D
1		**Spalte mit Datenbalken**	**Spalte mit Farbskala**	**Spalte mit Symbolen**
2	**Warengruppe**	**2019**	**2020**	**2021**
3	CD-ROM-Laufwerke	120000	132000	108000
4	Soundkarten	90000	88000	144000
5	Scanner	145000	159500	160800
6	Videorecorder	156000	13200	174000
7	Camcorder	230000	253000	187200
8	Videokarten	134000	147400	276000

Abbildung 1.110 Varianten für bedingte Formatierung

Die erste Variante, die als **Datenbalken** bezeichnet wird, verwendet eine Visualisierung der Wertgrößen, die dem Einsatz von Balkendiagrammen ähnlich ist. Jede Änderung von Werten in einer Spalte führt sofort zu einer entsprechenden Anpassung der Farbbalken. Änderungen der Spaltenbreite werden dabei ebenfalls automatisch berücksichtigt.

Wenn es um die Kennzeichnung bestimmter Werte geht, können Farbskalen genutzt werden, etwa um allen Werten, die 10 % über dem Mittelwert liegen, eine bestimmte Farbe zuzuordnen. Dazu kann eine entsprechende Formel benutzt werden, wie Abbildung 1.111 zeigt.

Die Formel vergleicht die erste Zelle in der Spalte mit dem Mittelwert der Spalte. Die erste Adresse muss relativ, die zweite absolut eingegeben werden, damit Excel in allen Zellen der Spalte die Formel korrekt auswerten kann.

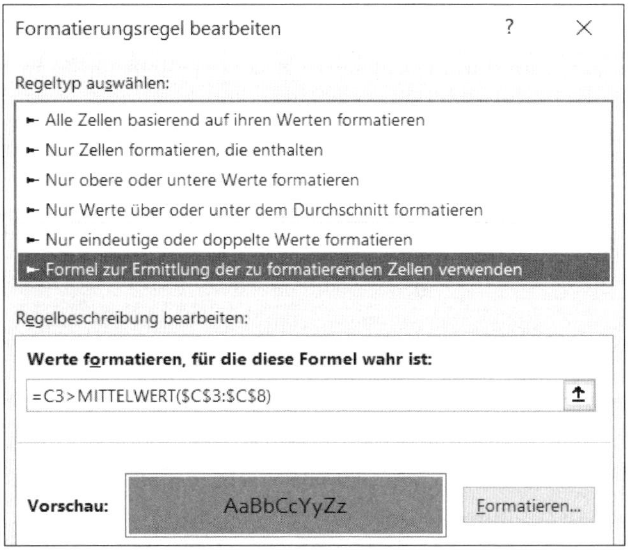

Abbildung 1.111 Bedingtes Format auf der Basis einer Formel

Eine weitere Möglichkeit für bedingte Formate ist der Einsatz von Symbolen, etwa Pfeile, die anzeigen, welche Werte über oder unter bestimmten Schwellenwerten liegen. Diese Schwellenwerte können Sie in dem Dialog für die Formatierungsregeln in mehreren Stufen definieren. Abbildung 1.112 zeigt ein Beispiel.

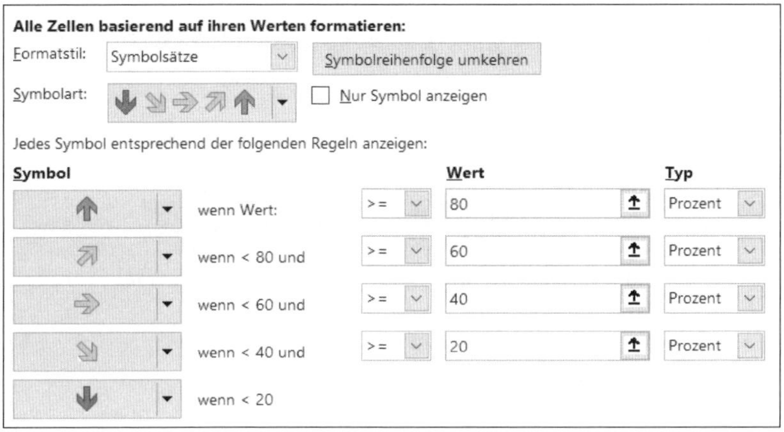

Abbildung 1.112 Zuordnen von Wertbereichen zu den Symbolen

Der so formatierte Bereich zeigt die Symbole vor den Werten an.

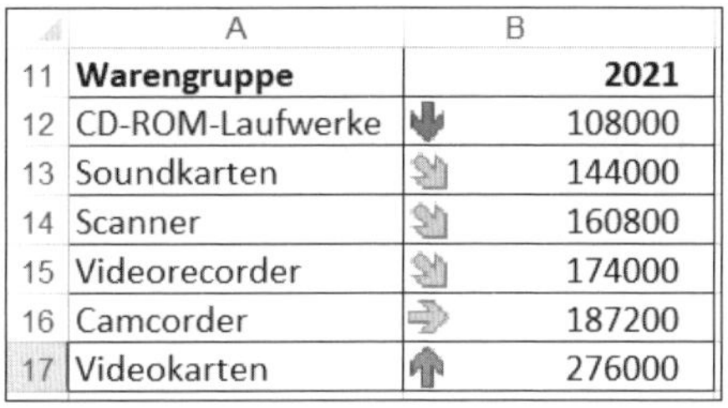

	A	B
11	**Warengruppe**	**2021**
12	CD-ROM-Laufwerke	108000
13	Soundkarten	144000
14	Scanner	160800
15	Videorecorder	174000
16	Camcorder	187200
17	Videokarten	276000

Abbildung 1.113 Bedingtes Format mit Pfeilsymbolen

Nützlich sind die bedingten Formate auch immer dann, wenn Vergleiche vorgenommen werden sollen. In der folgenden Tabelle sind die Umsätze zweier Jahre für eine Liste von Artikeln zusammengestellt. Sollen nun die Artikel hervorgehoben werden, bei denen ein deutlicher Anstieg gegenüber dem Vorjahr vorliegt, also beispielsweise mehr als 20 %, hilft ein Format auf der Basis der Ergebnisse einer Formel wie

```
=G2/ H2 > 1,2.
```

Sie sehen an der Formel, dass es genügt, Bezüge auf die Zellen in der ersten Zeile des markierten Bereichs anzugeben, Excel übernimmt die Formatregel dann automatisch auf die nachfolgenden Zeilen.

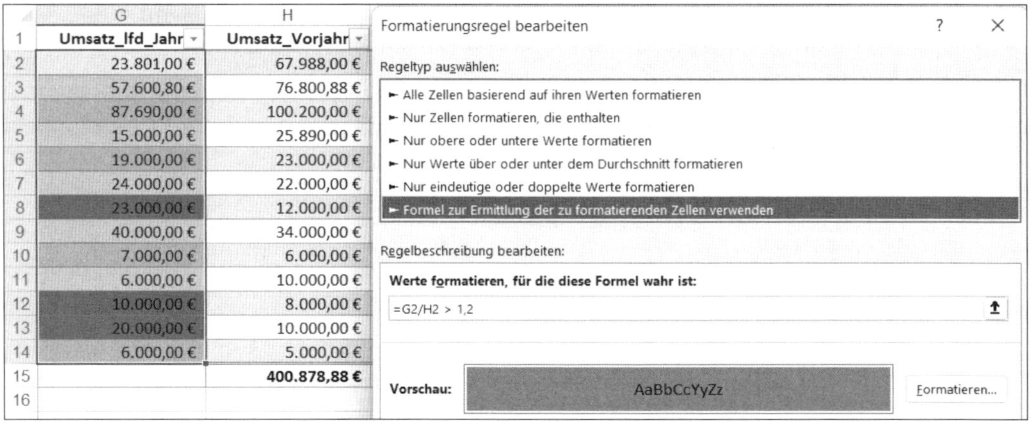

Abbildung 1.114 Bedingtes Format auf der Basis eines Spaltenvergleichs mit einer Formel

1.22 Exkurs über die Visualisierung von Daten: Sparklines und Diagramme

Die im letzten Abschnitt beschriebene Möglichkeit, Tabellen mit bedingten Formaten zu belegen, ist bereits eines der Verfahren, um Informationen mithilfe von visuellen Elementen aufzubereiten. Dieses Thema leitet über zu den beiden Hauptmethoden, die Excel für die Visualisierung von Daten bereitstellt. Die eine sind Sparklines, eine seit Excel 2010 angebotene Möglichkeit, die andere sind Diagramme. Im Rahmen dieses Buches, das sich ja bewusst auf die Berechnungsmethoden konzentriert, soll wenigstens kurz auf die grundlegenden Verfahren eingegangen werden.

1.22.1 Sparklines

Sparklines sind eine Alternative zu ausgewachsenen Diagrammen, wenn es um eine kompakte Darstellung geht. Sie sind an der Vorstellung orientiert, dass der Text und die Daten, die den Bedeutungszusammenhang liefern, und die Visualisierung der Daten möglichst eng verknüpft bleiben sollen. Hilfreich sind Sparklines hauptsächlich da, wo Zahlen vorhanden sind, die Entwicklungsreihen oder Trends darstellen. Ein praktisches Beispiel ist eine Zeile mit Kursdaten für eine Woche.

Die erste Zelle in Zeile 5 gibt an, um welches Wertpapier es geht, die fünf folgenden Zellen liefern die Tageswerte, und die Sparkline in der Nachbarzelle visualisiert diese Daten. Die Reihenfolge und die Anordnung der drei Elemente lassen sich variieren, normalerweise sollten Beschriftung, Zahlen und Grafik aber nicht zu weit auseinandergerissen werden. Ändern sich die Zahlen, wird die Grafik wie üblich sofort angepasst. Beim Drucken werden die Sparklines wie Zellinhalte behandelt, also auf jeden Fall mitgedruckt.

	A	B	C	D	E	F	G
1							
2	**Kurswerte in der 10. Woche**						
3							
4	WKN	Mo	Di	Mi	Do	Fr	
5	gh5588	30,80	30,38	30,46	30,17	30,99	

Abbildung 1.115 Datenzeile mit einer Sparkline

Anders als Diagramme sind Sparklines aber keine grafischen Objekte, sie sind Inhalt einer Zelle, auch wenn dieser Inhalt in der Bearbeitungszeile nicht erscheint. Die Sparkline bildet einen zusätzlichen Hintergrund einer Zelle. Es ist also möglich, in diese Zelle auch noch einen Text einzugeben, etwa um die Grafik zu beschriften. Als unterste Ebene darf aber auch noch ein anderer Hintergrund unter die Sparkline gelegt werden!

Die Bindung an die Zelle hat auch zur Folge, dass jede Änderung der Höhe oder Breite der Zelle sofort von der Sparkline mitgemacht wird. Außerdem lässt sich auch ein Zellverbund als Raum für eine Sparkline verwenden. Wenn Sie also mehrere Zellen mit dem Symbol **Verbinden und Zentrieren** zusammenfügen, wird eine Sparkline, die in der ersten Zelle angesiedelt ist, auf den ganzen Bereich ausgedehnt. Wird eine Zelle mit einer Sparkline verschoben, ändern sich bei relativen Zellbezügen eben auch diese.

Wozu lassen sich Sparklines verwenden? Typische Anwendungsbereiche sind Daten, die Entwicklungen anzeigen, saisonale Schwankungen oder Verteilungen im Zeitverlauf, beispielsweise:

- Kursentwicklungen
- Preisentwicklungen
- Umsatz-, Absatz- oder Gewinnentwicklungen
- Temperaturdaten im Zeitverlauf
- politische Verteilungen

Im Folgenden wird gezeigt, wie Sparklines einer Tabelle mit mehreren Kurswerten zugeordnet werden. Die erste Spalte enthält jeweils die WKN-Nummer der Papiere, die folgenden Spalten die Tageskurse.

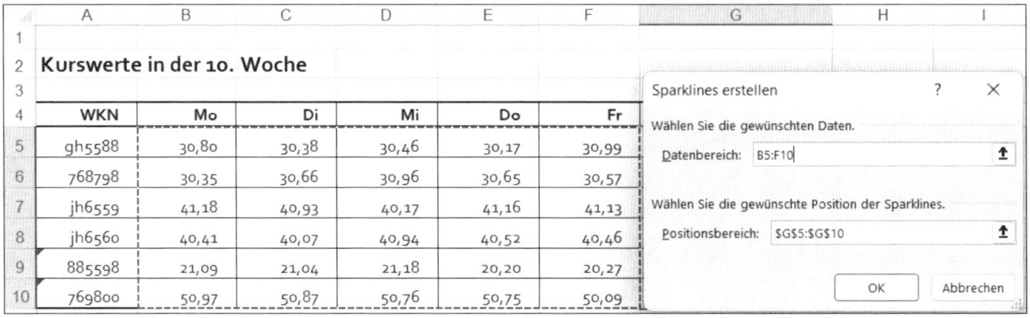

Abbildung 1.116 Erstellen einer Gruppe von Sparklines

1 Zunächst markieren Sie den Zellbereich, der die Sparklines aufnehmen soll, im Beispiel ist es G5:G10.

2 Wählen Sie über **Einfügen ▸ Sparklines** das Symbol für **Linie**.

3 Im Dialog **Sparklines erstellen** geben Sie unter **Datenbereich** den Bereich der Kursdaten an, die als Sparklines visualisiert werden sollen.

4 Da der Positionsbereich für die Sparklines durch die Auswahl in Schritt 1 bereits bestimmt ist, kann der Dialog quittiert werden.

Excel fügt die Sparklines in den ausgewählten Zellbereich als Gruppe ein und bietet anschließend im Menüband das Register **Sparkline** an. Hier finden Sie unter **Anzeigen** verschiedene Optionen, um bestimmte Punkte der Sparklines hervorzuheben. In diesem Fall ist es sinnvoll, zumindest den Höchstpunkt und den Tiefpunkt hervorzuheben.

Je nach der Wahl unter **Anzeigen** werden in der Gruppe **Formatvorlage** unterschiedliche Gestaltungsmuster angeboten. Ein Klick oder Tipp ordnet das Format zu. Alternativ oder ergänzend zu den Formaten einer gewählten Vorlage lassen sich über die Schaltflächen **Sparklinefarbe** und **Datenpunktfarbe** eigene Farben aus der Farbpalette auswählen. Bei den Datenpunkten geschieht dies separat für jeden Punkttyp, wobei die aktuelle Einstellung in dem Menü dieser Typen angezeigt wird. Auf dem Touchscreen sind die entsprechenden Paletten wieder vergrößert, damit Sie die Muster leichter treffen können.

In der Gruppe **Gruppieren** wird noch ein Menü zu der Schaltfläche **Achse** angeboten, das Einstellungen für die Gestaltung der horizontalen und der vertikalen Achse anbietet. Hier lassen sich insbesondere die Minimal- und Höchstwerte der vertikalen Achse ändern, um eine andere Skalierung zu erreichen, etwa um die Unterschiede deutlicher zu machen. Wenn negative Werte vorkommen, lässt sich auch die horizontale Achse einblenden, um den Übergang zu den Werten unter null deutlich zu machen. Durch Veränderung der Spaltenbreite und der Zeilenhöhe kann die Zelle bei Bedarf in eine Größe gebracht werden, die die Diagrammlinien möglichst gut lesbar macht.

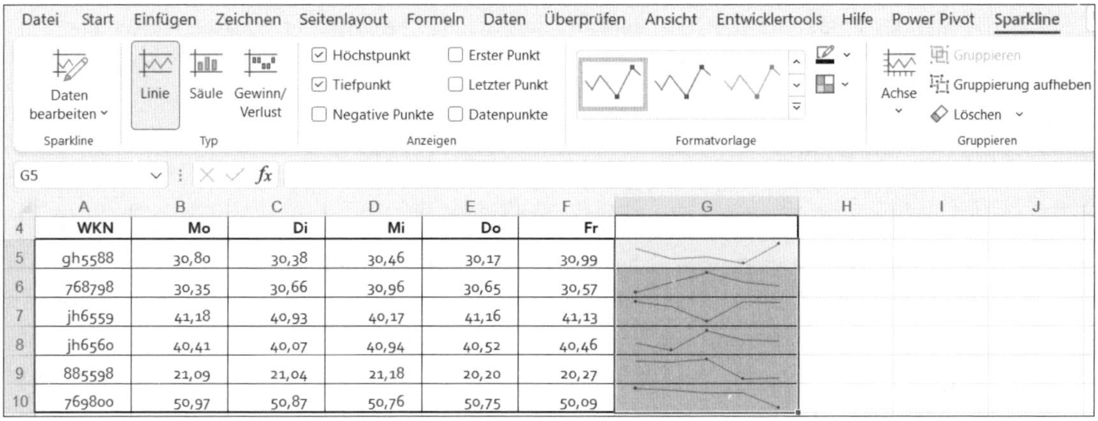

Abbildung 1.117 Die Gruppe der Sparklines und die Werkzeuge zu ihrer Bearbeitung

1.22.2 Darstellungsvarianten

Excel stellt drei Typen von Sparklines zur Verfügung, wobei es für jeden Typ wieder zahlreiche Formatvorlagen und Möglichkeiten gibt, wie er angepasst werden kann:

1. Der Typ **Linie** entspricht einem normalen Liniendiagramm aus den diskreten Werten des als Datenbasis angegebenen Zellbereichs, eingebettet in eine Zelle. Allerdings fehlen alle Details, die Achsen sind in der Regel nicht zu sehen, Legenden oder Betitelungen fehlen ebenfalls.

2. Beim Typ **Säule** wird ein einfaches Balkendiagramm ohne Beschriftungen erzeugt. Die negativen Werte werden von der gedachten Achse nach unten angezeigt. Bei Bedarf kann diese Achse in Form einer einfachen Linie auch eingeblendet werden. Dies geschieht über das Menü **Achse** in der Gruppe **Sparkline ▸ Gruppieren**.

3. Beim Typ **Gewinn/Verlust** wird für jede Zelle im Datenbereich mit gleichbleibend großen Balken nur angezeigt, ob es sich um einen Gewinn oder um einen Verlust handelt. Auf diese etwas grobe Weise können beispielsweise verschiedene Jahre im Vergleich gekennzeichnet werden.

Abbildung 1.118 zeigt die beiden letzten Varianten an einem Beispiel.

	A	B	C	D	E	F
3	Artikelgruppe	Umsatz	Kosten	Gewinn	**Säulen**	**Gewinn/Verlust**
4	Möbel	2000000	1240000	760000		
5	Teppiche	3000000	1900000	1100000		
6	Wohnungsbedarf	1500000	1800000	-300000		
7	Gartenmöbel	250000	150000	100000		

Abbildung 1.118 Sparklines vom Typ **Säule** mit eingeblendeter Achse bei negativen Werten und vom Typ **Gewinn/Verlust**

1.22.3 Neuerungen für die Diagrammgestaltung

Das bevorzugte Instrument, um Zahlenmaterial auf seinen Kern zu konzentrieren, ist die Übersetzung in eine grafische Präsentation. Was die Zahlen zu sagen haben, kann im Diagramm auf einen Blick erfasst werden. Seit Excel 2016 hat Microsoft das Angebot an Diagrammtypen noch einmal erweitert. Das sind insbesondere Diagramme, die Datenhierarchien darstellen, wie die Typen **Sunburst** und **Treemap**. Hinzugekommen sind zwei Varianten von Histogrammen, die Typen **Kastengrafik**, **Wasserfall** und **Trichter** und die Möglichkeit, geografisch verteilte Daten mit entsprechenden Karten zu verknüpfen.

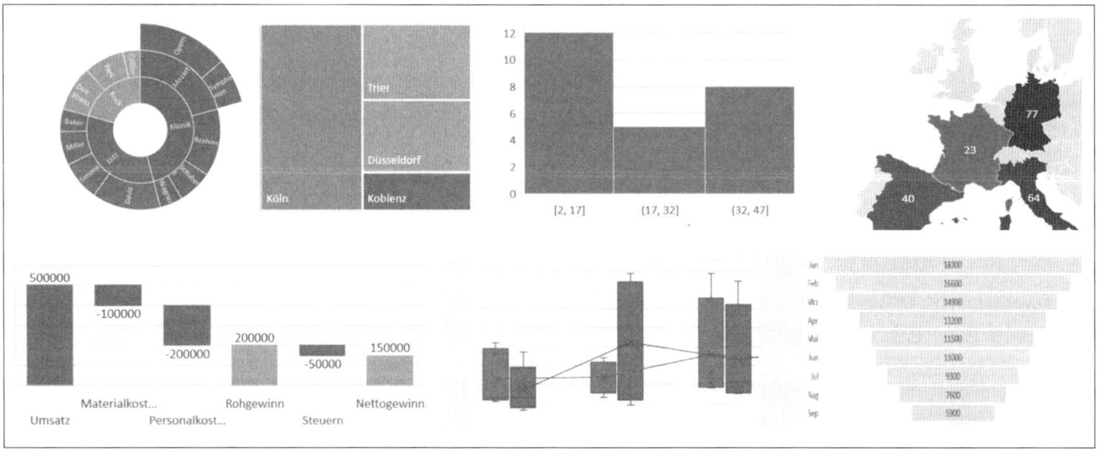

Abbildung 1.119 Neue Diagrammtypen von links nach rechts: **Sunburst**, **Treemap**, **Histogramm**, **Flächenkartogramm**, **Wasserfall**, **Kastengrafik**, **Trichter**

Die Werkzeuge im Menüband, die der Gestaltung von Diagrammen dienen, sind auf die beiden Register **Diagrammentwurf** und **Format** verteilt, die automatisch eingeblendet werden, wenn ein Diagramm ausgewählt ist. Die Formatierung des Diagramms wird hauptsächlich über entsprechende Aufgabenbereiche vorgenommen, was insbesondere auch die Bedienung auf einem Touchscreen sicher erleichtert. Eine praktische Hilfe sind auch die drei Bearbeitungsschaltflächen, die an der rechten Seite eines ausgewählten

Diagramms erscheinen. Sie beschleunigen das Einfügen fehlender Elemente, die Auswahl von Formatvorlagen und Farbzusammenstellungen und das Filtern von Diagramminhalten.

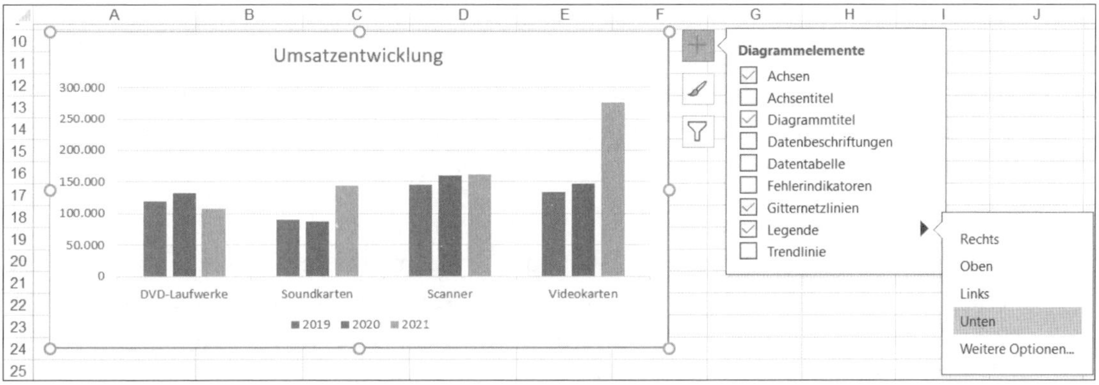

Abbildung 1.120 Die Bearbeitungssymbole am rechten Rand eines markierten Diagramms

1.22.4 Von der Tabelle zum Diagramm

Als äußeren Bezugsrahmen verwenden die meisten Diagramme das kartesische Koordinatensystem. Die Geraden werden als Achsen bezeichnet, die horizontale als x-Achse und die vertikale als y-Achse. Diese Achsen werden als Skalen für die Darstellung von Werten benutzt, wobei üblicherweise die x-Achse für die unabhängige Variable und die y-Achse für die abhängige Variable dient. In dreidimensionalen Diagrammen kommt noch eine dritte hinzu, die als z-Achse oder Tiefenachse bezeichnet wird. Die Skalierung der Achsen wird meist durch eine Unterteilung der Achsen mittels Strichen und Teilstrichen und durch eine Beschriftung deutlich gemacht.

Neben den rechtwinkligen Koordinatensystemen finden auch noch zwei andere Koordinatensysteme Verwendung. Das eine wird bei Kreisdiagrammen (oft auch Tortendiagramme genannt) und Ringdiagrammen (gestaffelte Kreisdiagramme) verwendet. Hier wird statt der Rubrikenachse ein Kreis eingesetzt, der im Gegensatz zu einer Achse keinen Anfangspunkt hat. An die Stelle der Größenachse tritt dann der Winkel im Kreis, sodass den verschiedenen Datengrößen unterschiedliche Winkelgrößen entsprechen.

Ein anderes Koordinatensystem verwenden Netzdiagramme. Hier werden die Rubriken wieder kreisförmig angeordnet. Für jede Rubrik wird eine eigene Größenachse erstellt, auf der der jeweilige Datenpunkt oder die Datenpunkte markiert werden.

Das Koordinatensystem liefert in der Regel den Bezugsrahmen, in dem die Daten einer Tabelle grafisch repräsentiert werden. Die Daten selbst werden im einfachsten Fall durch Datenpunkte dargestellt, an deren Stelle je nach Diagrammtyp Säulen, Balken, Flächen, Linien etc. treten. In Excel wird deshalb eine Säule oder ein Balken ebenfalls – es sollte Sie nicht verwirren – als Datenpunkt bezeichnet.

Die Daten, die zusammengehören, bilden jeweils eine Datenreihe. Eine Datenreihe besteht entweder aus Werten, die in einer Spalte, oder aus Werten, die in einer Zeile der Tabelle zusammengestellt sind. Excel erlaubt es, maximal 255 Datenreihen in einem Diagramm auszugeben. Die Begrenzung auf 32.000 Datenpunkte pro Datenreihe, die noch für Excel 2007 galt, ist aber inzwischen aufgehoben worden.

Ein Koordinatensystem mit Datenreihen und Datenpunkten ist jedoch nur die Mindestausstattung für ein Diagramm. Um ein Diagramm wirklich in eine aussagekräftige bildliche Darstellung zu verwandeln, sind insbesondere Beschriftungen notwendig, damit klar wird, was beispielsweise eine Säule oder ein Balken überhaupt darstellen soll. Folgende Elemente stehen zur Verfügung:

- Achsenbeschriftungen
- Achsenunterteilungen
- Gitternetzlinien
- Legenden
- Diagrammtitel
- Datenbeschriftungen

Wenn Sie eine Tabelle in ein Diagramm umsetzen wollen, stellt sich immer die Frage, welcher der geeignete Typ dafür ist.

1.22.5 Diagrammtypen

Für die meisten Diagramme sind die Typen brauchbar, die ein rechtwinkliges Koordinatensystem verwenden: Säulen- oder Balkendiagramme, Linien- oder Flächendiagramme. Sie lassen sich danach unterscheiden, ob die x-Achse numerisch unterteilt ist oder nicht.

Eine numerische Unterteilung kann zeitlich sein (Jahreszahlen, Monatszahlen etc.), es kommen aber – besonders im naturwissenschaftlichen Bereich – auch viele andere Teilungen vor. Des Weiteren kann die numerische Unterteilung diskret oder kontinuierlich sein. Wenn Sie etwa Jahresumsätze grafisch darstellen, dann verwenden Sie diskrete Werte, die Jahreszahlen. Die Darstellung der Durchbiegung eines Trägers in Abhängigkeit von seiner Länge dagegen bietet stetige Werte auf der x-Achse: die Länge. Bei solchen Werten lassen sich Zwischenwerte anhand der Grafik interpolieren, bei diskreten Werten macht die Interpolation dagegen keinen Sinn.

Nicht numerische Einteilungen der x-Achse kommen ebenfalls häufig vor. Beispiele sind etwa der Umsatz eines Unternehmens in verschiedenen Regionen; die Produktivität in unterschiedlichen Branchen; die Lebenserwartung nach Regionen.

Die gebräuchlichsten Diagramme ohne rechtwinkliges Koordinatensystem sind die Kreisdiagramme, die häufig auch als Anteilsdiagramme bezeichnet werden. Diesen Namen verdanken sie dem Umstand, dass immer ein vollständiger Kreis zur Verfügung steht, der anteilig nach den vorliegenden Werten aufgeteilt wird. Hierdurch sind Kreisdiagramme besonders geeignet für alle Daten, bei denen sich die einzelnen Daten zu einer Gesamtheit summieren. Das bekannteste Beispiel hierfür ist die grafische Darstellung der Prozentanteile von Parteien bei Wahlen.

1.22.6 Ein Diagramm erstellen

Als Beispiel für die Entwicklung eines Diagramms soll hier eine einfache Umsatzauswertung für mehrere Jahre dienen. Die Schrittfolge sieht so aus:

1. Um die Umsatztabelle grafisch umzusetzen, markieren Sie zunächst den Datenbereich, der in der Grafik ausgewertet werden soll. In dem abgebildeten Beispiel ist es der Bereich A4 bis D8. Dieser Bereich umfasst nicht nur die Umsatzwerte für die einzelnen Jahre, sondern auch die Spalte mit den Warengruppenbezeichnungen, die für die Beschriftung der x-Achse benötigt werden, und die Zeile mit den Jahreszahlen, die als Legende dienen sollen.

2. Die Basiswerkzeuge, um aus einer Tabelle ein Diagramm zu erzeugen, finden Sie auf der Registerkarte **Einfügen** in der Gruppe **Diagramme**. Hier werden Symbole für die gängigsten Diagrammtypen angeboten. Um ein Säulendiagramm zu zeichnen, klicken oder tippen Sie auf die Schaltfläche **Säulen- oder Balkendiagramm einfügen**, die eine Palette entsprechender Diagrammtypen öffnet.

3. In diesem Fall soll zunächst ein einfaches 2D-Säulendiagramm gewählt werden, und zwar gleich das erste in der Palette. Ist das gewünschte Diagrammmuster per Klick oder Tipp ausgewählt, wird mitten im Tabellenblatt sofort ein der Tabelle entsprechendes Diagramm gezeichnet. Wenn die Größe nicht gefällt, kann das Diagramm den Rahmenanfassern angepasst werden. Die Abbildung zeigt das von Excel erzeugte Standarddiagramm.

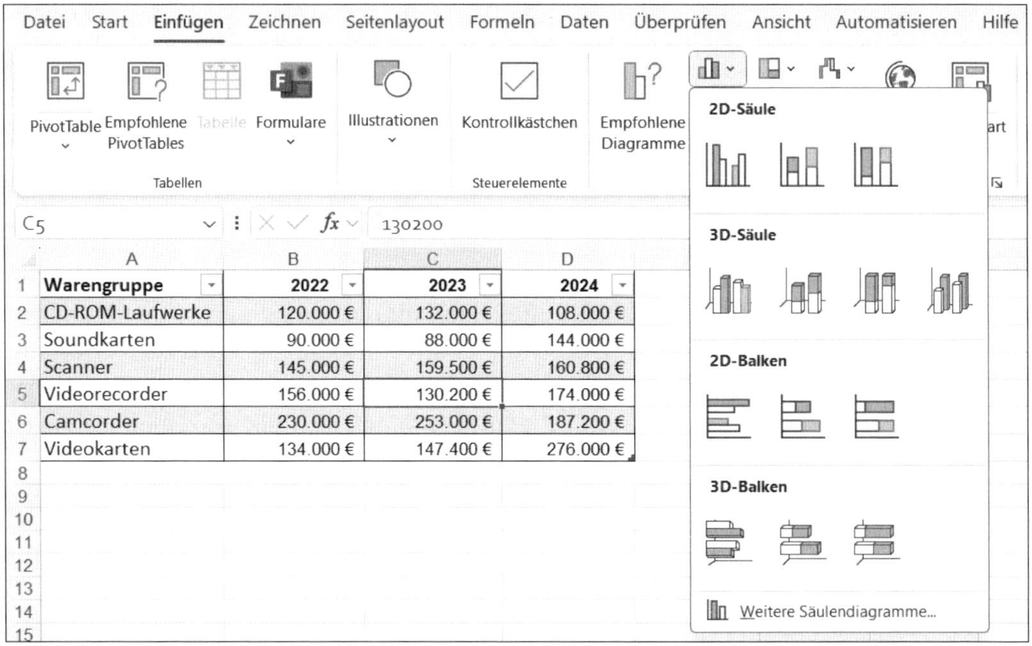

Excel geht bei diesem Verfahren von folgender Annahme aus: Wenn in der markierten Tabelle mehr Zeilen als Spalten vorhanden sind, nimmt Excel an, dass die erste Spalte die Rubriken für die x-Achse enthält und die Datenreihen dazu in den Spalten daneben angeordnet sind. Im anderen Fall schlägt Excel die Verwendung der ersten Zeile für die Rubriken vor.

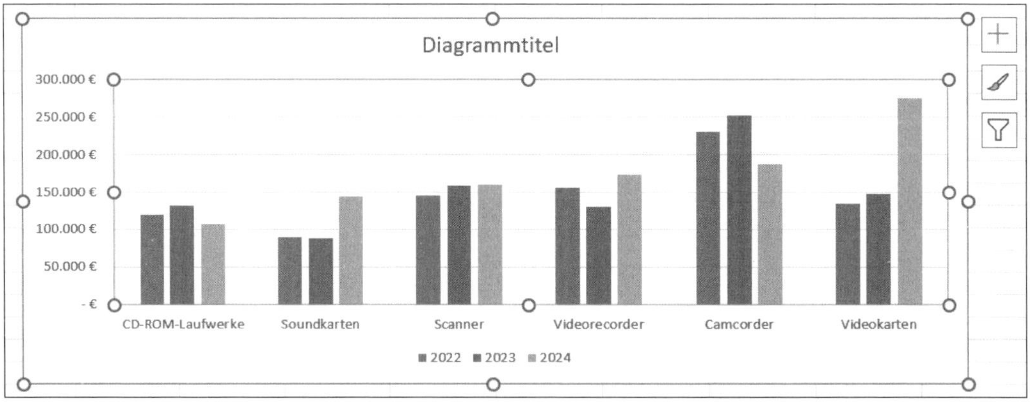

Im Fall der Umsatzauswertung kann diese Vorgabe übernommen werden. Im Beispiel sind die Daten ja so angeordnet, dass die Umsätze für jedes Jahr untereinanderstehen, also in einer Spalte, die Umsätze der einzelnen Warengruppen dagegen nebeneinander in einer Zeile. Das automatisch erzeugte Diagramm ist schon ziemlich brauchbar, es fehlt nur noch ein Diagrammtitel. Excel gibt einen Dummy-Titel vor, den Sie einfach überschreiben können.

1.22.7 Achsenskalierung

Verbesserungswürdig ist in diesem Fall vielleicht das Aussehen der y- oder Werteachse. Excel übernimmt bei der automatischen Skalierung den Wertebereich mit dem aktuellen Höchstwert und dem Zahlenformat, das in der Tabelle gegeben ist. Weitere Möglichkeiten haben Sie, wenn Sie die Achse auswählen und den entsprechenden Aufgabenbereich dazu öffnen. Dazu reicht ein Doppelklick oder -tipp auf die Werteachse.

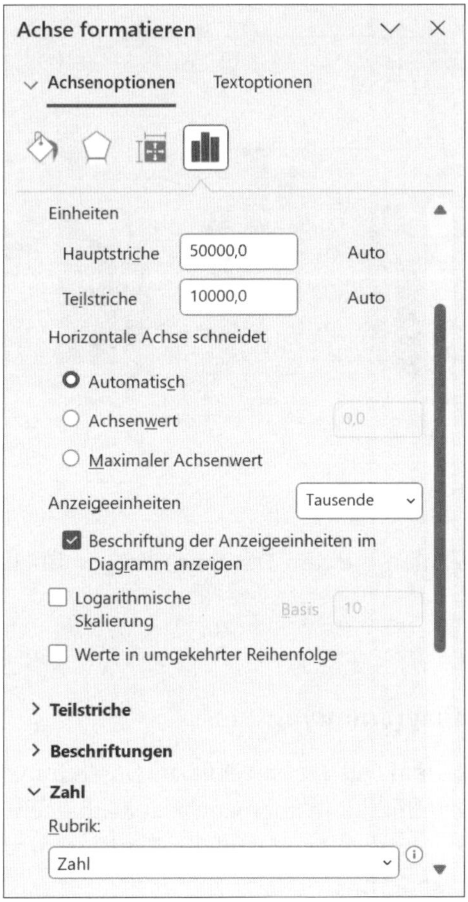

Abbildung 1.121 Der Aufgabenbereich für die Formatierung der Werteachse

Die andere Methode ist die Auswahl über das Menüband. Wenn das Diagramm per Klick oder Tipp ausgewählt ist, finden Sie auf der dann angebotenen Registerkarte **Format** in der ersten Gruppe ein Listenfeld, in dem alle Elemente, aus denen das Diagramm besteht, ausgewählt werden können. Wenn Sie anschließend in derselben Gruppe den Befehl **Auswahl formatieren** verwenden, öffnet Excel den entsprechenden Aufgabenbereich (siehe Abbildung 1.121).

Bei numerischen Achsen enthält die hier angebotene Seite **Achsenoptionen** vor allem die Einstellungen zur Skalierung der Achse. Wenn Sie andere Werte für **Minimum** oder **Maximum** eingeben, wird die Achse entsprechend verkürzt oder verlängert. Bei hohen Werten, wie in diesem Beispiel, bietet es sich an, unter **Anzeigeeinheiten** beispielsweise **Tausende** auszuwählen. Allerdings sollten Sie dann unter **Zahl** ein Format einstellen, das nicht mit dem Währungszeichen arbeitet (siehe Abbildung 1.122).

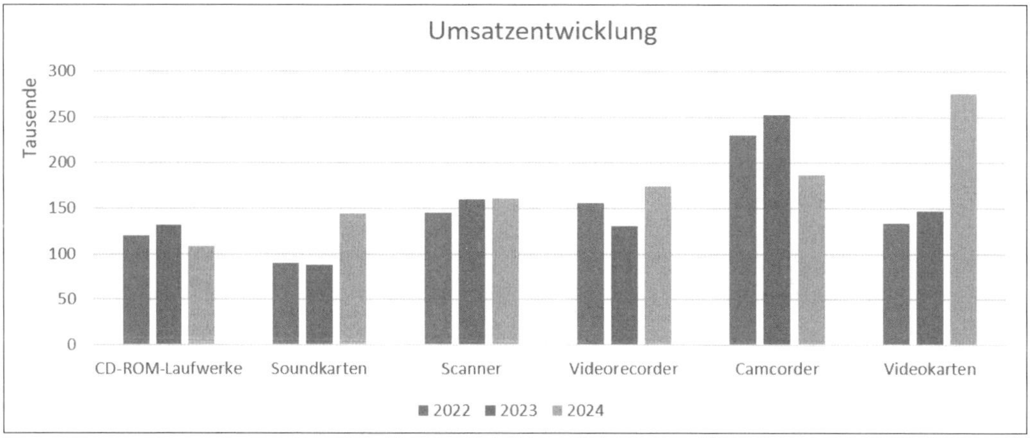

Abbildung 1.122 Das Diagramm mit einer überarbeiteten Werteachse

Nun fehlt noch ein passender Diagrammtitel. Wählen Sie den Dummy-Titel per Klick oder Tipp aus und überschreiben Sie ihn einfach.

1.22.8 Ändern der Diagrammdaten und des Diagrammtyps

Der zuerst gewählte Diagrammtyp muss nicht in jedem Fall der beste für die Darstellung der aktuellen Daten sein. Ist das Diagramm ausgewählt, kann aber jederzeit auch nachträglich ein anderer Typ zugewiesen werden. Dazu verwenden Sie auf der Registerkarte **Diagrammentwurf** die Schaltfläche **Diagrammtyp ändern**.

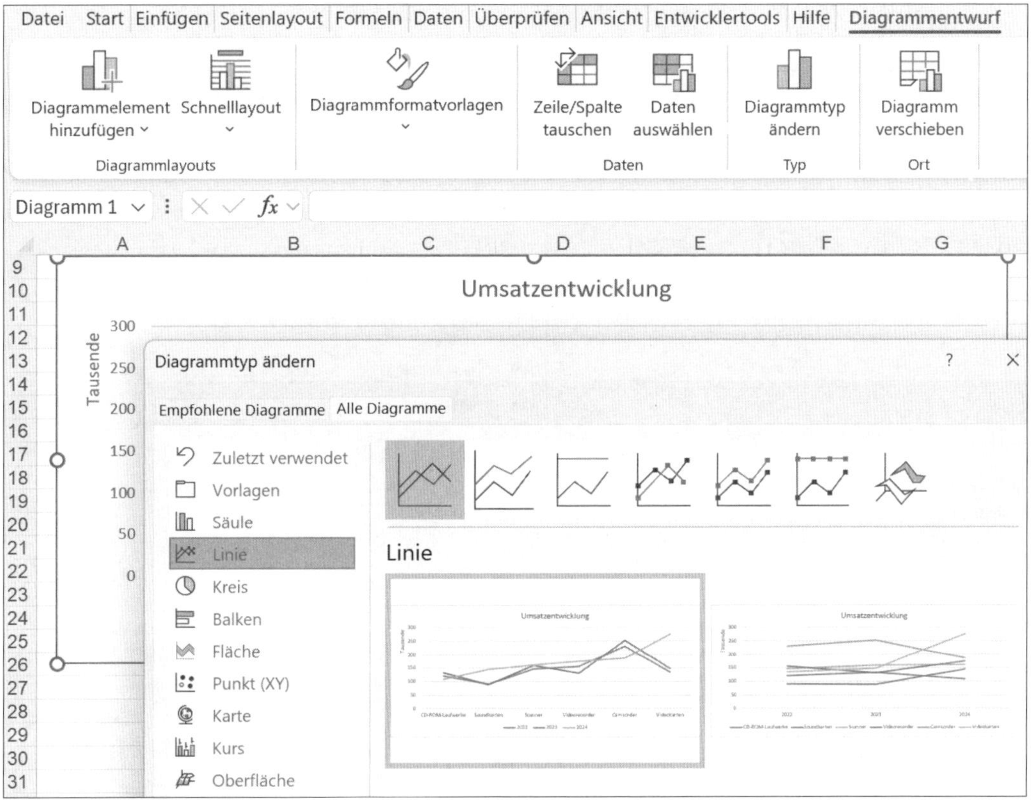

Abbildung 1.123 Ändern des Diagrammtyps

Wenn Sie dagegen die Datenbasis des Diagramms ändern wollen, tun Sie dies entweder dauerhaft oder vorübergehend mithilfe eines Filters. Dazu verwenden Sie auf der Registerkarte **Diagrammentwurf** die Schaltfläche **Daten auswählen**. Im Dialog können Sie in diesem Fall beispielsweise die Daten für weiter zurückliegende Jahre entfernen. Soll dies nur vorübergehend geschehen, löschen Sie nur die Häkchen vor den Legendeneinträgen (siehe Abbildung 1.124).

Wenn Sie nur die Daten für ein Jahr anzeigen wollen, ist es naheliegend, als Diagrammtyp ein Kreisdiagramm zu wählen, weil so die Verteilung des Umsatzkuchens auf die verschiedenen Warengruppen besonders schön zu sehen ist (siehe Abbildung 1.125).

In diesem Fall kann die Legende durch entsprechende Datenbeschriftungen ersetzt werden. Die Einstellungen dafür nehmen Sie im Aufgabenbereich **Datenbeschriftungen formatieren** vor.

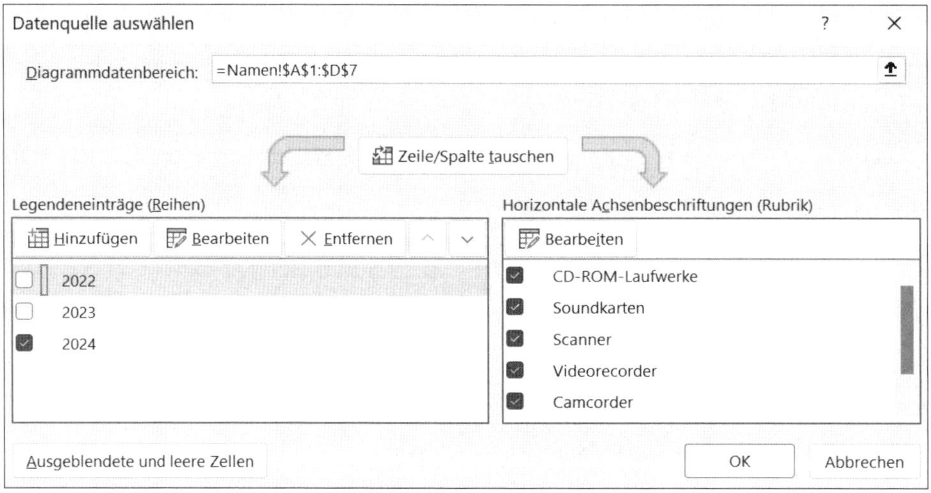

Abbildung 1.124 Ändern der Datenbasis des Diagramms

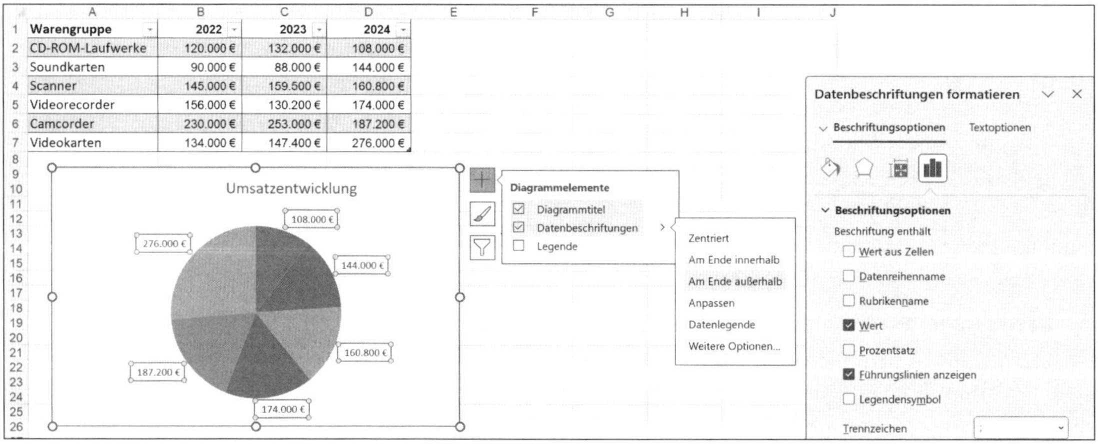

Abbildung 1.125 Die Umsatzwerte eines Jahres als Kreisdiagramm

1.22.9 Bessere Lesbarkeit mit Gitternetzlinien

Bei der Beschreibung der mathematischen oder statistischen Funktionen in diesem Buch werden Sie zahlreiche Diagramme finden, die mit dem Typ **Punkt (XY)** arbeiten, etwa um den Graphen für eine Funktion zu zeigen. Dank dieses Diagrammtyps arbeiten Sie immer mit mindestens zwei numerischen Achsen. Damit Sie die Daten in einem solchen Diagramm besser lesen können, ist es in der Regel sinnvoll, in das Diagramm Gitternetzlinien einzufügen, bei denen die Teilstriche einer oder beider Achsen auf dem Hintergrund des Diagramms durchgezogen sind.

Als Beispiel soll die Darstellung der Sinusfunktion dienen. Um den Graphen zu erstellen, markieren Sie in diesem Fall zunächst die beiden Zellbereiche A4:A365 und C4:C365. Benutzen Sie über **Einfügen** in der Gruppe **Diagramme** die Option **Punkte mit interpolierten Linien** im Menü der Schaltfläche **Punkt (XY)- oder Blasendiagramm einfügen**. Abbildung 1.126 zeigt den Graphen zunächst ohne Gitternetzlinien.

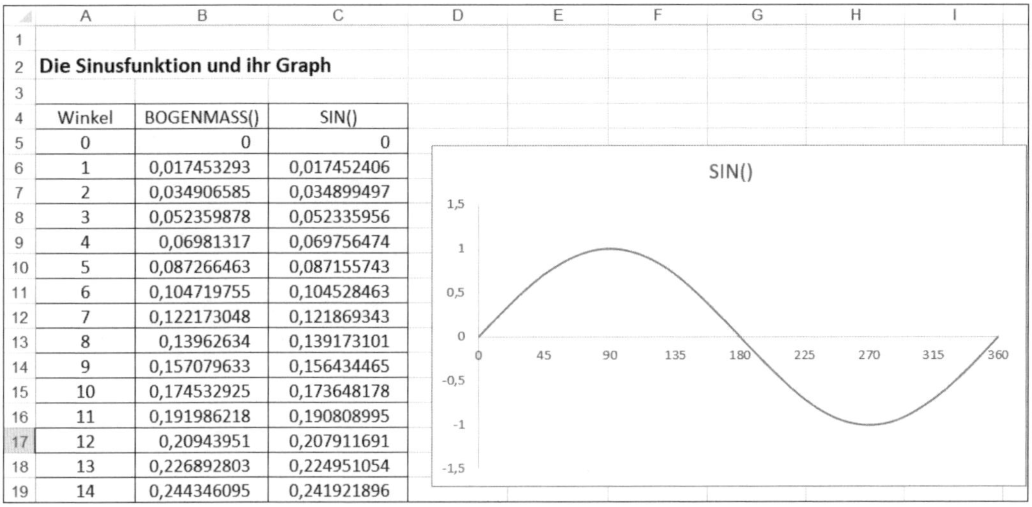

Die Sinusfunktion und ihr Graph

Winkel	BOGENMASS()	SIN()
0	0	0
1	0,017453293	0,017452406
2	0,034906585	0,034899497
3	0,052359878	0,052335956
4	0,06981317	0,069756474
5	0,087266463	0,087155743
6	0,104719755	0,104528463
7	0,122173048	0,121869343
8	0,13962634	0,139173101
9	0,157079633	0,156434465
10	0,174532925	0,173648178
11	0,191986218	0,190808995
12	0,20943951	0,207911691
13	0,226892803	0,224951054
14	0,244346095	0,241921896

Abbildung 1.126 XY-Diagramm der Sinusfunktion ohne Gitternetzlinien

Wenn das Diagramm ohne Gitternetzlinien ausgegeben wird, sind die Werte der einzelnen Punkte auf der Kurve nur schwer zu schätzen. Abhilfe können Sie sehr schnell über das Plussymbol neben dem ausgewählten Diagramm finden. Unter **Gitternetzlinien** finden Sie eine Palette, in der für die horizontale und für die vertikale Achse Haupt- und Hilfsgitternetze ausgewählt werden können.

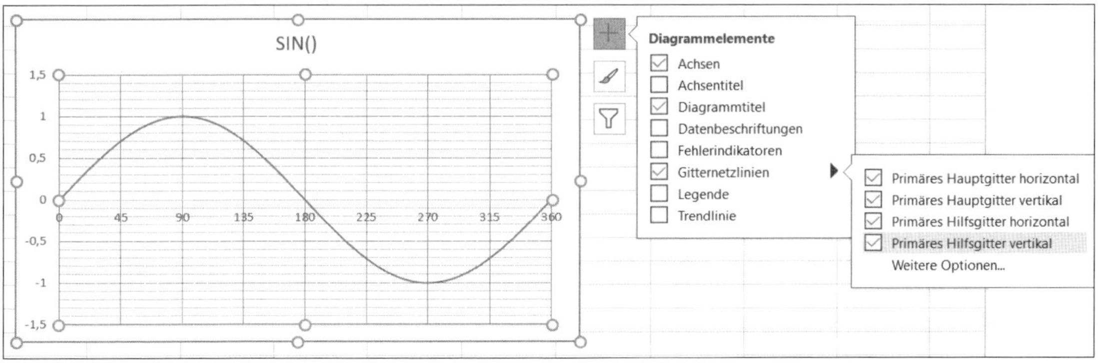

Abbildung 1.127 Einfügen der Gitternetzlinien über das Plussymbol

Wenn Ihnen die Farben der einzelnen Gitternetzlinien zu blass oder zu stark erscheinen, benutzen Sie die Optionen im Aufgabenbereich **Hauptgitternetz formatieren** oder **Hilfsgitternetz formatieren**, die Sie ebenfalls mit einem Doppelklick oder -tipp auf die Linien erreichen. Unter **Linie** finden Sie dort die gewünschten Einstellungen zur Farbe und Stärke der Linien.

2 Berechnungstools

Formeln sind nicht die einzige Form, um Excel zu Berechnungen zu veranlassen. Im Folgenden soll eine kurze Übersicht über die wichtigsten Berechnungstools gegeben werden.

2.1 Zielwertsuche

Bei dem, was Excel als Zielwertsuche anbietet, handelt es sich mathematisch gesehen um die Lösung einer Gleichung mit einer Unbekannten. Wenn es beispielsweise darum geht, den Zins, den ein bestimmter Betrag nach einer bestimmten Zeit ergibt, auszurechnen, wobei der Betrag, der Zinssatz und die Laufzeit gegeben sind, kann diese Aufgabe mit der Formel `Zins = Betrag * Zinssatz * Jahre` gelöst werden. Zins ist hier die Unbekannte.

Mit der gleichen Formel kann gearbeitet werden, wenn sich die Fragestellung verändert. Ist z. B. bekannt, wie hoch der Zins sein soll und welcher Betrag für wie viele Jahre zur Verfügung steht, und ist gefragt, wie hoch dann der Zinssatz sein soll, dann muss die Gleichung nur nach dem Zinssatz umgestellt werden: `Zinssatz = Zins / (Betrag * Jahre)`.

Würden Sie in Excel mit diesen Formeln arbeiten, müssten Sie allerdings auf die eingebauten Tabellenfunktionen verzichten, da diese ja nicht einfach umgestellt werden können. Zum anderen müssten Sie die Gleichung von Hand umstellen (dazu muss aber das mathematische Verfahren bekannt sein), da Excel keine Methode bietet, um Gleichungen umzustellen. Diese ganze Mühe lässt sich mit der Zielwertsuche vermeiden. Deren Einsatz lohnt sich insbesondere, wenn es nicht bloß um derart einfache Gleichungen geht.

Bei der Zielwertsuche rechnet Excel mit den eingebauten Funktionen, stellt aber nicht mehr die Aufgabe, aus den vorgegebenen Werten das Ergebnis zu berechnen, sondern gibt das Ergebnis vor und probiert aus, wie groß einer der anderen Werte für das gewünschte Ergebnis werden muss.

Dazu ein typisches Beispiel aus der Finanzmathematik: Angenommen, Sie wollen einen größeren Kredit aufnehmen und ihn im Lauf von 20 Jahren abbezahlen. Für die monatliche Abzahlung stehen 1.000 € zur Verfügung, die Bankzinsen für einen Kredit liegen bei 3,2 %.

Die Aufgabe kann mit der Tabellenfunktion für die Barwertberechnung gelöst werden:

```
=BW(3,2%/12; 20*12; -1000)
```

Die Abzahlung wird in diesem Fall als negativer Betrag angegeben – dieses Geld wird ja ausgegeben und nicht eingenommen; da die monatliche Abzahlung angegeben wird, muss der Zinssatz durch 12 geteilt und die Jahresperioden mit 12 multipliziert werden.

Die Funktion liefert den Wert 177.096,84 €, Sie könnten sich also einen Kredit in dieser Höhe leisten. Nun stellen Sie aber fest, dass Sie mit diesem Kredit nicht auskommen. Sie benötigen beispielsweise 190.000 €. Da die Bank über den Zinssatz nicht mit sich verhandeln lässt, gibt es nur zwei Möglichkeiten: Entweder muss die Laufzeit vergrößert werden oder der monatlich bezahlte Betrag.

Um Ihnen die Möglichkeiten der Zielwertsuche zu zeigen, finden Sie in Abbildung 2.1 eine Tabelle, in der die Berechnung zunächst einfach zweimal kopiert worden ist, um die beiden anderen Fragen zu beantworten.

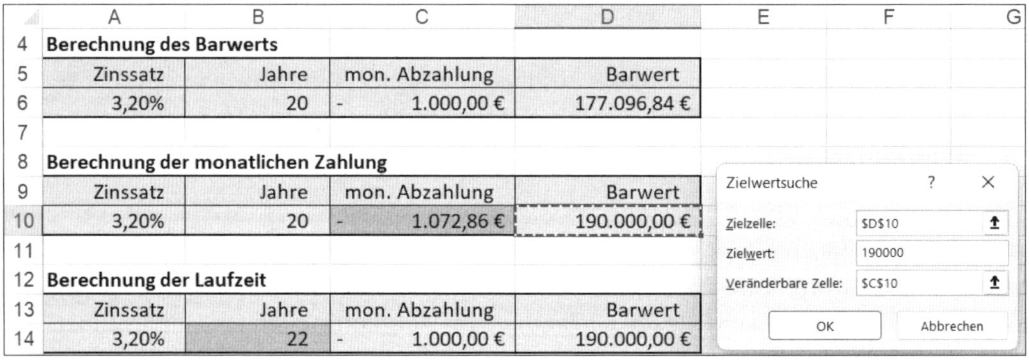

Abbildung 2.1 Zielwertsuche für ein Kreditproblem

Die Überschriften für die Berechnung sind entsprechend angepasst. Um die monatlich erforderliche Zahlung für den 190.000-€-Kredit zu ermitteln, wird der Zellzeiger auf die Ergebniszelle (im Beispiel D10) gesetzt. Dann kann mit **Daten ▶ Prognose ▶ Was-wäre-wenn-Analyse ▶ Zielwertsuche** der Rechenprozess gestartet werden.

Die Zielzelle ist schon richtig angegeben, als Zielwert wird 190000 eingetragen. Die veränderbare Zelle ist die mit der monatlichen Zahlung (im Beispiel C10). **OK** führt in ein Dialogfeld, in dem Excel meldet, dass es das Problem gelöst hat. Ein weiteres **OK** trägt den Zielwert und den gesuchten Monatsbetrag in die Tabelle ein.

Auf die gleiche Weise lässt sich ermitteln, wie der Kredit durch eine Verlängerung der Laufzeit zu finanzieren wäre. Als Zielwert wird wieder 190000 eingetragen, die veränderbare Zelle ist diesmal die Zelle mit der Zahl der Jahre (im Beispiel B14).

Der Versuch, auf die gleiche Weise zu ermitteln, ob durch längere Abzahlung auch ein Kredit von 300.000 € zu finanzieren wäre, führt allerdings zu dem Hinweis, dass eine nicht zulässige Lösung gefunden wurde. Das liegt einfach daran, dass der Kredit so nicht finanzierbar wäre, da ja bei 300.000 € die monatlichen Zinsen schon über 1.000 € liegen, also für eine Tilgung gar nichts übrig bleiben würde.

2.2 Lösungen mit dem Solver suchen

Ganz ähnlich wie die Zielwertsuche funktioniert der Solver, nur mit wesentlich umfangreicheren Optionen. Wieder lässt sich ein Zielwert festlegen, nur dass diesmal der Zielwert nicht nur ein bestimmter fester Wert sein kann, sondern auch ein Maximal- oder Minimalwert. Der Solver kann also insbesondere da eingesetzt werden, wo es um Optimierungen geht. Statt einer einzelnen veränderbaren Zelle können jetzt mehrere Zellen angegeben werden. Der Solver ist ein Add-In zu Excel, steht also nur dann zur Verfügung, wenn er auch in die Liste der Add-Ins aufgenommen wurde.

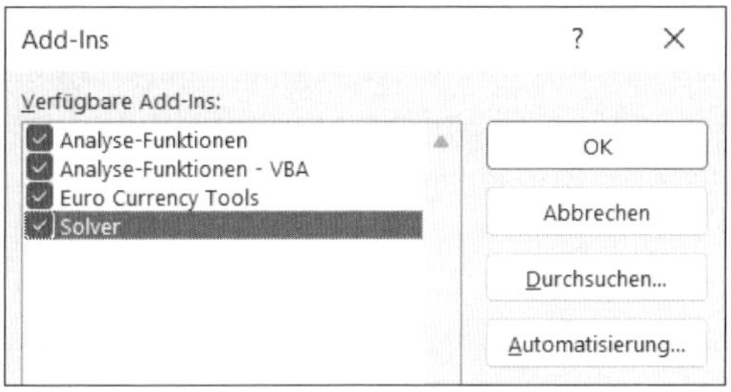

Abbildung 2.2 Der Dialog **Add-Ins**

Dazu gehen Sie über **Datei ▶ Optionen** auf die Seite **Add-Ins**. In dem Listenfeld zu **Verwalten** wählen Sie **Excel-Add-Ins** aus und benutzen die Schaltfläche **Los**. Im Dialog **Add-Ins** aktivieren Sie unter **Verfügbare Add-Ins** den Eintrag **Solver**. Anschließend erscheint das Symbol für den Start des Solvers in der Gruppe **Analyse** auf der Registerkarte **Daten**.

2.2.1 Zur Arbeitsweise des Solvers

Mathematisch gesehen werden mit dem Solver Probleme bearbeitet, die sich als Gleichungen bzw. als Gleichungssysteme mit mehreren Unbekannten formulieren lassen, wobei auch sogenannte Ungleichungen erlaubt sind. Um derartige Aufgaben von Hand zu lösen, würde zunächst eine Gleichung nach einer Unbekannten aufgelöst, das Ergebnis in die nächste Gleichung eingesetzt werden usw., bis am Ende eine Gleichung mit nur noch einer Unbekannten erreicht ist, die dann nach dieser aufgelöst werden kann.

Das eigentliche Problem bei der Arbeit mit dem Solver besteht darin, einen Zusammenhang so zu formulieren und aufzubereiten, dass er dem Solver zur Lösung angeboten werden kann. Der einfachste Punkt ist die Bestimmung des Zielwertes. Hier handelt es sich darum, festzulegen, welches Ergebnis eine bestimmte Berechnung haben soll. Da der Zielwert in der Tabelle ohnehin immer das Ergebnis einer Berechnung ist, definiert durch die Formel, die in der Zelle mit dem Zielwert abgelegt ist, kann deshalb allenfalls die Formulierung der Berechnung Schwierigkeiten bereiten.

Etwas komplizierter verhält es sich mit den Nebenbedingungen. Um zu vermeiden, dass der Solver triviale Ergebnisse ausgibt, müssen die Nebenbedingungen möglichst vollständig definiert werden. Sonst kann es leicht passieren, dass der Solver nach längeren Berechnungen ein Ergebnis liefert, das entweder von vornherein klar war oder aber völlig unrealistisch ist oder auch zu einer Fehlermeldung führt.

2.2.2 Beispiel Materialkostenoptimierung

Als praktisches Beispiel für die Arbeit mit dem Solver soll hier eine Aufgabe verwendet werden, die Sie von Hand mit den Mitteln der Differenzialrechnung bearbeiten würden. Es handelt sich um ein Verpackungsproblem: Es sollen Konservendosen hergestellt werden, die ein vorgegebenes Volumen (z. B. 1.000 ml) haben, wobei der Materialaufwand (und damit auch die Materialkosten) so gering wie möglich sein sollen. Das Volumen einer Konservendose wird berechnet, indem die Grundfläche (das ist ein Kreis) mit der Höhe der Dose multipliziert wird. Die Grundfläche selbst wird als Kreisfläche berechnet. Also gilt:

```
Vol = r^2 * PI * h
```

Der Materialverbrauch für eine derartige Dose setzt sich aus der Bodenfläche, dem Mantel und dem Deckel zusammen. Der Boden und der Deckel werden jeweils als Kreis (`r^2 * PI`) gerechnet, der Mantel hat dann als Fläche den Umfang der Dose (`2 * r * PI`) multipliziert mit der Höhe. Also gilt insgesamt:

```
Fläche = 2 * r^2 * PI + 2 * r * PI * h
```

1 Um das Problem zu bearbeiten, wird eine Tabelle aufgebaut, in der die Berechnung des Materials und des Dosenvolumens zunächst mit ganz willkürlichen Zahlen vorgenommen wird.

	A	B	C	D	E
1					
2	**Materialverbrauch pro Dose**				
3					
4	**Radius**	**Höhe**	**Material**		
5	4,00	6,00	251,327		=2*A5^2*PI()+2*A5*PI()*B5
6	**Dosenvolumen:**		301,593		=A5^2*PI()*B5
7					

2 In die Zellen für den Materialverbrauch und für das Volumen werden die entsprechenden Formeln eingetragen, die in der Abbildung noch einmal als Text angezeigt werden. Mit den willkürlich eingetragenen Werten für den Radius und die Höhe der Dose liefern die Formeln zunächst ebenso willkürliche Werte für den Materialverbrauch und das Volumen. Werden die Dosenmaße in Zentimeter angegeben, ergibt sich der Materialverbrauch in Quadratzentimeter und das Volumen in Milliliter.

3 Nach diesen Vorbereitungen können Sie den Solver mit **Daten ▸ Analyse ▸ Solver** aufrufen. Wurde der Solver schon einmal in dem aktuellen Tabellenblatt benutzt, hat er noch die alten Einträge gespeichert. Dies ist sehr nützlich, wenn Sie an einem angefangenen Problem weiterarbeiten wollen, etwa um den Zielwert zu ändern oder weitere Nebenbedingungen zu formulieren.

Soll dagegen ein neues Problem behandelt werden, empfiehlt es sich, nach Aufruf des Solvers zunächst die Schaltfläche **Alles zurücksetzen** zu benutzen, um die alten Einträge insgesamt zu entfernen.

4 Wenn beim Aufruf des Solvers die Zielzelle schon markiert ist, kann sie unter **Ziel festlegen** einfach übernommen werden.

5 Unter **Bis** muss in diesem Beispiel die Option **Min.** (für Minimum) gewählt werden, da es ja darum geht, die Lösung mit dem geringsten Materialverbrauch zu finden.

6 Die veränderbaren Zellen sind in diesem Fall die beiden Zellen, in denen der Radius und die Höhe stehen. Diese Zellen werden in dem Feld zu **Durch Ändern von Variablenzellen** angegeben oder ausgewählt. In diesem Fall sind die veränderbaren Zellen in einem zusammenhängenden Bereich angeordnet.

Liegen die veränderbaren Zellen nicht in einem zusammenhängenden Bereich, müssen die einzelnen Zellen oder Bereiche durch Semikola getrennt werden. Am einfachsten lassen sie sich durch die Auswahl in der Tabelle übernehmen, wobei zusätzliche Zellen oder Bereiche mit gedrückter `Strg`-Taste markiert werden müssen.

7 In diesem Beispiel gibt es nur eine einzige, aber entscheidende Nebenbedingung: Das Volumen der Dose soll 1.000 ml betragen. Ohne diese Bedingung würde der Solver sich in negative Werte für den Materialbedarf verirren. Mit **Hinzufügen** wird das Dialogfeld für die Nebenbedingungen geöffnet. Als **Zellbezug** wird die Zelle mit dem Dosenvolumen eingetragen (am besten wieder durch Markieren in der Tabelle). Als Wert muss dann unter **Nebenbedingung** 1000 angegeben werden. In dem kleinen Listenfeld für den Operator wird = ausgewählt, da das Volumen ja genau diesen Wert erreichen soll.

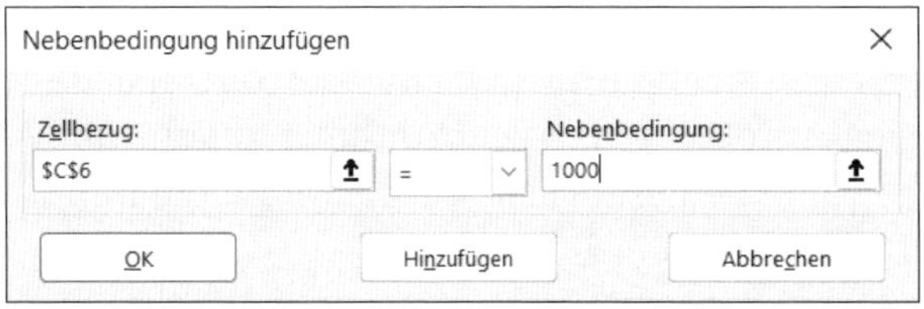

8 Sobald der Eintrag der Nebenbedingungen abgeschlossen ist, wählen Sie im Dialogfeld des Solvers zunächst noch die Lösungsmethode **GRG-Nichtlinear** aus und benutzen dann die Schaltfläche **Lösen**.

9 Nach einiger Rechenarbeit liefert der Solver das gewünschte Ergebnis, wobei unter Umständen in der Statuszeile eine Anzahl von Zwischenergebnissen angezeigt wird.

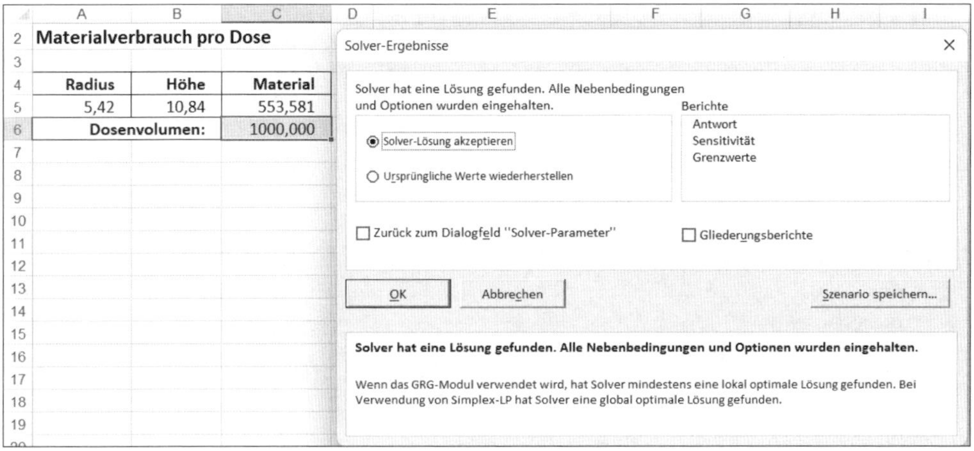

10 Im Dialog **Solver-Ergebnisse** entscheiden Sie, ob Sie das Ergebnis in das Arbeitsblatt übernehmen wollen oder nicht.

Als Ergebnis werden ein Radius von ca. `5,42` und eine Höhe von ca. `10,84` ausgegeben, was der Berechnung mit den Mitteln der Differenzialrechnung sehr genau entspricht (danach muss die Höhe doppelt so groß sein wie der Radius).

2.2.3 Lösungsmethoden und Optionen

Die zuletzt beschriebene Vorgehensweise ist bei allen Problemen sinnvoll, die keine besonders komplexen Berechnungen erfordern. Es kann aber durchaus sein, dass so noch nicht das gewünschte Ergebnis erreicht wird, sei es, dass die Rechenzeit nicht ausreicht, sei es, dass das Ergebnis nicht hinreichend genau ist. In solchen Fällen müssen unter Umständen die Vorgaben für den Solver geändert werden. Hierzu wird im Dialogfeld des Solvers die Schaltfläche **Optionen** verwendet.

Damit wird ein weiteres Dialogfeld eingeblendet, in dem sich die Arbeit des Solvers in weitem Umfang beeinflussen lässt (siehe Abbildung 2.3). Der Dialog **Optionen** bietet ein Register für alle Lösungsmethoden und zusätzlich Register für die Methoden **GRG-Nichtlinear** und **EA (Evolutionärer Algorithmus)**.

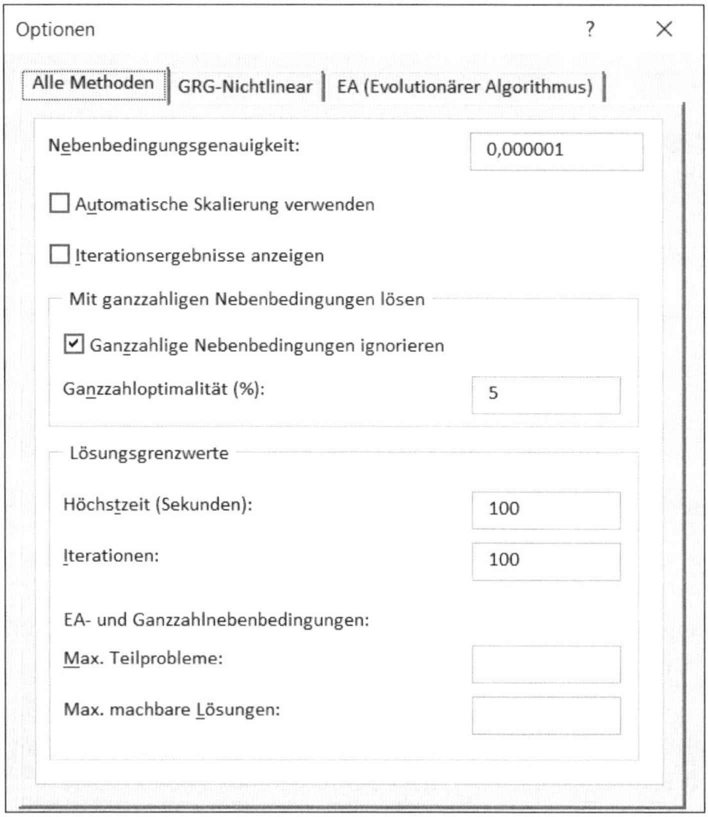

Abbildung 2.3 Der Dialog **Optionen** mit den Solver-Optionen

2.2.4 Hinweise zu den Lösungsmethoden

Die Wahl zwischen verschiedenen Lösungsmethoden wird im Dialog **Solver-Parameter** angeboten. Die Unterschiede dieser Methoden können hier nur angedeutet werden:

- **Simplex-LP** ist die Lösungsmethode für lineare Optimierungen. Wenn die zu berechnenden Zusammenhänge alle linear sind, dann ist dies die richtige Methode. Das bedeutet, dass veränderbare Zellen nur mit Konstanten multipliziert oder durch Konstanten dividiert, aber nicht miteinander multipliziert oder dividiert werden. Es werden auch keine Potenzen, Wurzeln oder Funktionen wie Sinus oder Logarithmus verwendet. Nehmen Sie diese Methode also nur, wenn Sie sich wirklich sicher sind, dass ausschließlich lineare Zusammenhänge vorliegen.
- **GRG-Nichtlinear** ist die vorgegebene Lösungsmethode. Sie erlaubt kontinuierliche nicht lineare Optimierungen. Sie lässt für den Zielwert Formeln zu, die Potenzen,

Wurzeln oder Funktionen wie Sinus, Logarithmus etc. verwenden. Die veränderbaren Zellen dürfen miteinander multipliziert, dividiert oder potenziert werden.

- **EA (Evolutionärer Algorithmus)** ist eine Lösungsmethode für nicht kontinuierliche Optimierungen, die sich an der biologischen Evolution und an Modellen für die Beschreibung der Veränderung des Erbguts orientiert. Dabei werden wiederholt Lösungsvorschläge generiert, die sich schrittweise immer besser den gewünschten Zielwerten anpassen.

2.2.5 Allgemeine Optionen

Die erste der allgemeinen Einstellungen im Dialog **Optionen** ist die **Nebenbedingungsgenauigkeit**. Sie legt fest, bei welcher Genauigkeit der Solver eine Bedingung als erfüllt betrachtet. Je größer die vorgegebene Genauigkeit ist (je kleiner also der angegebene Wert), umso länger wird der Solver für seine Berechnungen benötigen.

Die Option **Automatische Skalierung verwenden** ist zu empfehlen, wenn in einer Berechnung gleichzeitig sehr große und sehr kleine Zahlen vorkommen. Der Solver bringt dann die Zahlen intern in eine vergleichbare Größenordnung und rechnet am Ende die Ergebnisse zurück. So lässt sich unter Umständen die Genauigkeit erhöhen.

Mit der Option **Iterationsergebnisse anzeigen** erreichen Sie, dass der Solver nach jedem »Ausprobieren« das Ergebnis anzeigt und per Dialog abfragt, ob die Suche nach einer Lösung fortgesetzt werden soll. Das kann bei komplexen und langwierigen Berechnungen sinnvoll sein, da sich dann verfolgen lässt, wie der Solver arbeitet.

Wird die Option **Ganzzahlige Nebenbedingungen ignorieren** aktiviert, kann noch ein Prozentsatz für die **Ganzzahloptimalität** angegeben werden. Werden Nebenbedingungen formuliert, die ganzzahlige Werte bei den veränderbaren Zellen fordern, kann die Rechenzeit erheblich zunehmen. Durch Erhöhung der Toleranz – Vorgabe ist 1 % – lässt sich die benötigte Zeit wieder vermindern, wobei allerdings auch höhere Abweichungen in Kauf zu nehmen sind.

Die untere Optionengruppe auf der Registerkarte betrifft die Lösungsgrenzwerte, die die Arbeit des Solvers einfassen. Unter **Höchstzeit** lässt sich die Zeit limitieren, die dem Solver insgesamt für die Lösung einer Aufgabe zur Verfügung stehen soll. Sie wird in Sekunden angegeben. Die Zahl für die erlaubte Wiederholung von Lösungsversuchen kann unter **Iterationen** limitiert werden. Schließlich kann noch die maximale Zahl der Teilprobleme und der machbaren Lösungen begrenzt werden.

2.2.6 Spezielle Optionen

Auf der Registerkarte **GRG-Nichtlinear** kann für nicht lineare Aufgaben unter **Konvergenz** eine Bruchzahl zwischen 0 und 1 angegeben werden. Unterschreitet die relative Änderung in der Zielzelle bei den letzten fünf Iterationen diesen Wert, stoppt der Solver.

Unter **Ableitungen** wird bestimmt, ob bei der Einschätzung von partiellen Ableitungen mit Vorwärtsdifferenzen oder mit zentralen Differenzen gearbeitet wird. Zentrale Differenzen können ausprobiert werden, wenn Werte in der Nähe eines Grenzwertes stark schwanken und der Solver die Meldung ausgibt, er könne das Ergebnis nicht weiter verbessern. Das Register **EA (Evolutionärer Algorithmus)** bietet neben einem Eingabefeld für **Konvergenz** noch Felder für **Mutationsrate**, **Größe der Grundgesamtheit**, **Zufälliger Ausgangswert** und **Höchstzeit ohne Verbesserung**.

2.2.7 Auswertung der Ergebnisse und Berichte

Nach Abschluss der Arbeit mit dem Solver erfolgt – wie schon erwähnt – eine Meldung, dass der Solver eine Lösung gefunden hat, oder eine Meldung, dass dies nicht gelungen ist. Zusätzlich können Sie die Arbeit des Solvers noch in verschiedenen Berichten dokumentieren. Der Antwortbericht fasst die Ergebnisse in einer übersichtlichen Tabelle zusammen. Hierbei werden sowohl die Ausgangswerte als auch die vom Solver gefundenen Werte angegeben.

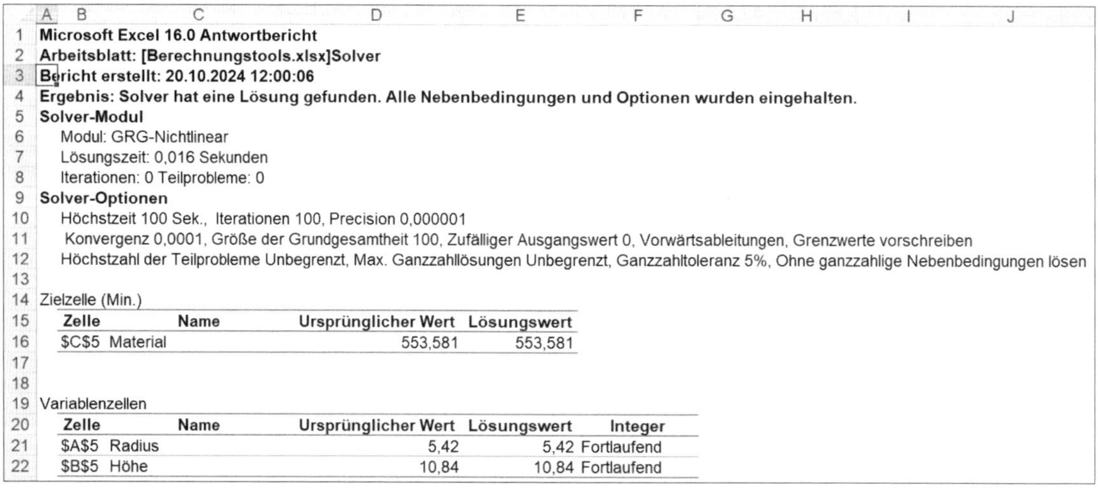
Microsoft Excel 16.0 Antwortbericht
Arbeitsblatt: [Berechnungstools.xlsx]Solver
Bericht erstellt: 20.10.2024 12:00:06
Ergebnis: Solver hat eine Lösung gefunden. Alle Nebenbedingungen und Optionen wurden eingehalten.
Solver-Modul
Modul: GRG-Nichtlinear
Lösungszeit: 0,016 Sekunden
Iterationen: 0 Teilprobleme: 0
Solver-Optionen
Höchstzeit 100 Sek., Iterationen 100, Precision 0,000001
Konvergenz 0,0001, Größe der Grundgesamtheit 100, Zufälliger Ausgangswert 0, Vorwärtsableitungen, Grenzwerte vorschreiben
Höchstzahl der Teilprobleme Unbegrenzt, Max. Ganzzahllösungen Unbegrenzt, Ganzzahltoleranz 5%, Ohne ganzzahlige Nebenbedingungen lösen

Zielzelle (Min.)

Zelle	Name	Ursprünglicher Wert	Lösungswert
$C$5	Material	553,581	553,581

Variablenzellen

Zelle	Name	Ursprünglicher Wert	Lösungswert	Integer
$A$5	Radius	5,42	5,42	Fortlaufend
$B$5	Höhe	10,84	10,84	Fortlaufend

Abbildung 2.4 Der Antwortbericht zu dem Lösungsbeispiel

Die beiden anderen Berichte, der Sensitivitäts- und der Grenzwertbericht, geben Auskunft über die Arbeitsweise, die vom Solver angewandt wurde. Wird die lineare Simplex-LP-Methode in einem Fall angewendet, der sich nicht linear lösen lässt, hilft ein dann angebotener **Linearitätsbericht**, die Formeln zu finden, die nicht linear sind. Bei der EA-Methode steht noch ein **Grundgesamtheits-Bericht** zur Verfügung, der statistische Werte zu den Variablen liefert. Interessant sind diese Berichte in erster Linie, wenn die Ergebnisse nicht überzeugend sind. Sie können dann Ausgangspunkt für eine andere Formulierung des Problems sein.

2.3 Was wäre, wenn ... mit Datentabellen

Excel stellt Ihnen unter dem Namen **Datentabelle** noch eine spezielle Variante von Was-wäre-wenn-Analysen zur Verfügung, die mit der Auswertung von Formeln zu tun hat. Zwei Versionen davon unterscheiden sich durch die Anzahl der Variablen, die zugelassen sind. In der ersten Version kann nur ein Wert variiert werden, in der zweiten zwei.

Die unterschiedliche Anzahl der Variablen hat Folgen für die Anordnung der Daten, die in die Berechnung eingehen. Zudem ist die Anzahl der Formeln, die ausgewertet werden können, von der Zahl der Variablen abhängig. Nur die Version mit einer Variablen kann gleichzeitig mehrere Formeln auswerten.

2.3.1 Datentabelle mit einer Variablen

Zunächst ein einfaches Beispiel. In Abbildung 2.5 finden Sie eine kleine Anwendung mit einer Barwertfunktion. Die Fragestellung könnte lauten: Wie viel muss zu Jahresbeginn bei der Bank eingezahlt werden, um nach Ablauf von drei Jahren den Betrag zu erhalten, der drei jährlichen Einzahlungen von 40.000 € entspricht? Der Zinssatz beträgt 3 %.

Die Formel mit der Funktion `BW()` in Zelle C7 enthält keinen konstanten Zinssatz, sondern die Adresse der Zelle B6. Dort sind zunächst `3,00 %` eingetragen. Um nun die Wirkung anderer Zinssätze beobachten zu können, wird in eine freie Spalte eine Reihe von Zinsvarianten eingetragen. Dies ist in der Tabelle in Abbildung 2.5 in der Spalte B geschehen. Die Beschriftung **andere Zinssätze** weist darauf hin, wozu die Werte gedacht sind. Die alternativen Werte müssen untereinander und in eine Spalte eingetragen werden. Die Reihenfolge ist nicht vorgeschrieben, aber eine auf- oder absteigende Reihenfolge macht das Ergebnis übersichtlicher.

Der nächste Schritt der Vorbereitung betrifft die Formel, die mit den alternativen Werten gefüttert werden soll. In diesem Beispiel ist es die Barwertfunktion. Diese Formel muss in die Zeile eingetragen werden, die direkt über der ersten Zeile liegt, die alternative Werte enthält. Sie muss aber um mindestens eine Spalte nach rechts versetzt werden, weil das Programm die neu errechneten Werte direkt unter dieser Formel ablegen wird. In Abbildung 2.5 ist deshalb die Zelle C7 der richtige Ort für die Formel.

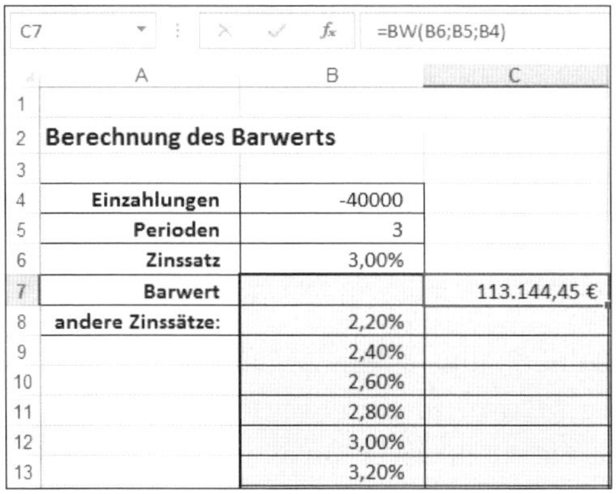
C7 =BW(B6;B5;B4)

	A	B	C
1			
2	**Berechnung des Barwerts**		
3			
4	Einzahlungen	-40000	
5	Perioden	3	
6	Zinssatz	3,00%	
7	Barwert		113.144,45 €
8	andere Zinssätze:	2,20%	
9		2,40%	
10		2,60%	
11		2,80%	
12		3,00%	
13		3,20%	

Abbildung 2.5 Vorbereitung der Barwertberechnung als Mehrfachoperation

Im nächsten Schritt muss der Bereich markiert werden, der für die Datentabelle benutzt werden soll. In der Abbildung ist dieser Bereich zur besseren Verdeutlichung mit einem Hintergrundmuster gekennzeichnet. Der Bereich wird bestimmt durch die Spalte mit den alternativen Werten und durch die Zeile, die die Formel oder die Formeln enthält, die der Befehl mehrfach durchrechnen soll. Im Unterschied zu einer normalen Formel wird das Ergebnis bei dieser Operation eben nicht in der Zelle angezeigt, die die Formeln enthält, sondern in einer fortlaufenden Reihe von Zellen.

Nun kann aus der Gruppe **Prognose** auf der Registerkarte **Daten** über das Menü der Schaltfläche **Was-wäre-wenn-Analyse** der Befehl **Datentabelle** aufgerufen werden. In dem kleinen Dialogfeld wird in diesem Beispiel die Eingabe der Zelladresse für den Zinssatz, also B6, erwartet. Das ist die Eingabezelle, in die die verschiedenen Zinssätze nacheinander »eingeschoben« werden, um die Barwertformel jedes Mal neu zu berechnen. Da die alternativen Werte für den Zinssatz in einer Spalte angeordnet sind, muss die Adresse $B$6 in das Feld **Werte aus Spalte** eingetragen werden. Wären die alternativen Zinssätze nur in einer Zeile angeordnet, etwa D6 bis L6, müssten Sie die Zelladresse in das Feld **Werte aus Zeile** eintragen.

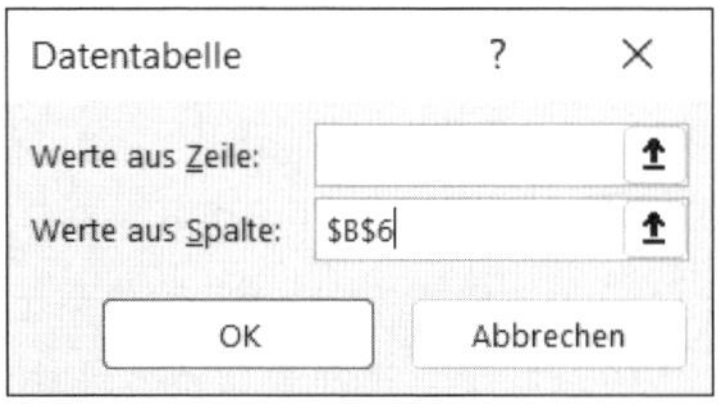

Abbildung 2.6 Auswahl der Eingabezelle

Wenn Sie die Eingaben im Dialogfeld bestätigen, rechnet Excel für alle alternativen Zinssätze die Barwertformel durch und stellt die Ergebnisse in der Spalte unter der Formel zur Verfügung. Die Tabelle kann folgendermaßen gelesen werden: Der alternative Zinssatz von 2,4 % würde einen Barwert von 114.462 € ergeben, der alternative Zinssatz von 3,6 % einen Barwert von 111.851 € usw. Die Originalformel in Zelle C7 und der ursprünglich angenommene Zinssatz von 3 % in Zelle B6 bleiben von dieser Operation unberührt.

C8 | {=MEHRFACHOPERATION(;B6)}

	A	B	C
1			
2	**Berechnung des Barwerts**		
3			
4	**Einzahlungen**	-40000	
5	**Perioden**	3	
6	**Zinssatz**	3,00%	
7	**Barwert**		113.144,45 €
8	**andere Zinssätze:**	2,20%	114.907,40 €
9		2,40%	114.462,38 €
10		2,60%	114.020,23 €
11		2,80%	113.580,93 €
12		3,00%	113.144,45 €
13		3,20%	112.710,78 €
14		3,40%	112.279,89 €
15		3,60%	111.851,75 €
16		3,80%	111.426,34 €

Abbildung 2.7 Die berechneten Alternativen

Wenn Sie sich die Zelle C8 ansehen, werden Sie in der Bearbeitungsleiste eine Matrixformel mit der Funktion `MEHRFACHOPERATION()` finden. Diese Funktion steht übrigens im Dialog **Funktion einfügen** nicht zur Verfügung. Die Zellen, die die Ergebnisse der Mehrfachoperation anzeigen, bilden eine Ergebnismatrix. Einzelne Zellen dieses Bereichs können also nicht geändert oder gelöscht werden.

Dagegen können die eingegebenen alternativen Zinssätze beliebig verändert werden. Wenn Sie auch die anderen Argumente der Barwertfunktion durch Zellbezüge festgelegt haben, können Sie nun auch andere Werte für die Anzahl der Perioden oder die regelmäßigen Zahlungen ausprobieren. Die gesamte Tabelle der Mehrfachoperation wird jedes Mal neu durchgerechnet.

2.3.2 Auswertung mehrerer Formeln

Im letzten Beispiel ist nur eine einzige Formel mit alternativen Werten durchgespielt worden. Solange Sie mit einer einzigen Variablen arbeiten, können Sie aber, wie schon erwähnt, auch das Verhalten mehrerer Formeln gleichzeitig beobachten. Zum Beispiel könnten Sie zusätzlich den Barwert berechnen lassen für den Fall, dass die Einzahlungen schon am Anfang der Periode fällig sind. Die Formel muss dazu nur um das Argument für die Fälligkeit erweitert werden. In diesem Fall muss als Bereich für die Mehrfachoperation B7 bis D16 markiert werden.

	A	B	C	D
1				
2	**Berechnung des Barwerts**			
3				
4	**Einzahlungen**	-40000		
5	**Perioden**	3		
6	**Zinssatz**	3,00%		
7	**Barwert**		113.144,45 €	116.538,79 €
8	**andere Zinssätze:**	2,20%	114.907,40 €	117.435,37 €
9		2,40%	114.462,38 €	117.209,47 €
10		2,60%	114.020,23 €	116.984,75 €
11		2,80%	113.580,93 €	116.761,19 €
12		3,00%	113.144,45 €	116.538,79 €
13		3,20%	112.710,78 €	116.317,53 €
14		3,40%	112.279,89 €	116.097,41 €
15		3,60%	111.851,75 €	115.878,42 €
16		3,80%	111.426,34 €	115.660,54 €

Abbildung 2.8 Vorschüssige und nachschüssige Barwertberechnung

2.3.3 Mehrfachoperation mit zwei Variablen

Die zweite Version der Mehrfachoperation lässt zwei Variablen zu, also zwei »Eingabezellen«, kann aber nur jeweils eine Formel auswerten. Der Aufbau des Tabellenbereichs ist ein wenig anders als bei der ersten Version. Die Formel wird in die bisher leere linke obere Eckzelle des für die Mehrfachoperation markierten Tabellenbereichs eingetragen.

Die alternativen Werte für die erste Variable werden wie gehabt in die linke Spalte des Tabellenbereichs eingepflegt. Die Werte für die zweite Variable dagegen werden in die erste Zeile eingegeben, beginnend mit der Zelle rechts neben der Formelzelle. Dort, wo in der ersten Version die Formeln standen, müssen bei dieser Version also die Werte für die zweite Variable stehen.

2.3.4 Beispiel Ratenberechnung

Ein Blick auf Abbildung 2.9 zeigt den Aufbau dieses speziellen Tabellenbereichs. Als Beispiel soll wieder eine Finanzfunktion dienen. Eine Ratenberechnung arbeitet mit drei Argumenten, einem Kapitalbetrag, z. B. einem Darlehen, einem Zinssatz und der Anzahl der Perioden. Variiert werden sollen das Darlehen und der Zinssatz.

Die Werte für die erste Variable, das Darlehen, sind in der Spalte B eingetragen, die Werte für die zweite Variable, also Zinssatz, in der Zeile 7. Die Ratenformel steht in der linken oberen Eckzelle des Tabellenbereichs, also in B7.

Wieder können Sie zunächst den Tabellenbereich markieren, von B7 bis G11. Rufen Sie den Befehl **Datentabelle** auf. Diesmal müssen beide Eingabefelder ausgefüllt werden. Bei **Werte aus Zeile** geben Sie die Adresse der Zelle an, die den Zinssatz enthält, also B4, bei **Werte aus Spalte** die Adresse B5, die den Wert für das Darlehen enthält.

Der Befehl liefert eine Tabelle von Werten, die Sie lesen können wie ein XY-Diagramm. Um die Rate für das Darlehen von 13.000 € zu finden, die bei einem Zinssatz von 3 % zu zahlen ist, können Sie zunächst die Zeile aufsuchen, die mit 13000 beginnt, und dann so viele Zellen nach rechts gehen, bis Sie in der Spalte angekommen sind, über der 3,00 % steht. Diese Zelle enthält die entsprechende Rate.

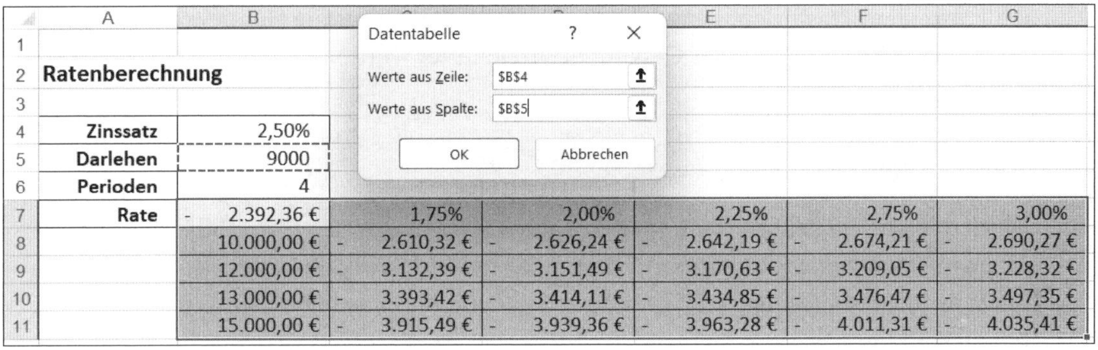

Abbildung 2.9 Ratenberechnung mit zwei Variablen

2.4 Arbeit mit Szenarios

Wenn es um den Vergleich mehrerer Lösungen für eine bestimmte Aufgabe geht, gibt es verschiedene Möglichkeiten, damit umzugehen. Vielleicht kommen Sie auf die Idee, in einer Arbeitsmappe für jede Lösung ein Blatt anzulegen. Sie würden das erste Lösungsmodell auf einem Blatt zusammenstellen, dann das Blatt einige Male kopieren und die abweichenden Werte entsprechend ändern. Dieses Verfahren ist durchaus in Ordnung, hat aber einen Nachteil: Um die Lösungen zu vergleichen, müssen Sie in der Mappe immer hin und her blättern.

Eine andere Möglichkeit wäre, die Daten für jede Lösung jeweils in einer Spalte zusammenzustellen. Vorteil: Die Daten lassen sich gut vergleichen, weil sie ja nebeneinanderstehen. Aber dieses Verfahren lässt sich bei komplizierteren Kalkulationsmodellen nicht so leicht anwenden, weil immer alle Daten in einer Spalte untergebracht werden müssten. Das ist aber nicht immer möglich.

Glücklicherweise hat Excel hier noch eine andere Lösung anzubieten: die Arbeit mit dem *Szenario-Manager*. Das Kalkulationsmodell kann dabei völlig frei aufgebaut werden. Es genügt ein einziges Modell, das dann jedes Mal mit anderen Zahlen gefüttert wird. Für den übersichtlichen Vergleich sorgen Berichte, die der Szenario-Manager automatisch erstellt.

2.4.1 Erst vergleichen, dann entscheiden

Mit dem Begriff *Szenario* ist ein Gedankenexperiment oder Planspiel gemeint. Als Beispiel wird im Folgenden eine mehrstufige Deckungsbeitragsrechnung vorgestellt. Es soll die Frage geprüft werden, bei welchen variablen Kosten für die Herstellung verschiedener Artikel ein ausreichender Gewinn erwirtschaftet werden kann.

2.4.2 Aufbau des Modells

Die Vorgehensweise, um die Beantwortung einer solchen Frage mithilfe des Szenario-Managers anzugehen, beginnt mit dem Aufbau eines entsprechenden Kalkulationsmodells, in dem bereits alle Daten und Berechnungen für eine der möglichen Lösungen enthalten sind.

1 Beginnen Sie mit der Berechnung der ersten Stufe des Deckungsbeitrags für je zwei Artikel aus zwei unterschiedlichen Artikelgruppen. Tragen Sie in Zeile 5 die geschätzten Umsatzerlöse ein und in Zeile 6 die geschätzten beschäftigungsabhängigen variablen Kosten.

2 In Zeile 7 kann dann durch eine einfache Subtraktion der Deckungsbeitrag der ersten Stufe errechnet werden. In der Spalte F bilden Sie davon noch die Quersumme, um jeweils die Gesamtbeträge zu erhalten.

3 In Zeile 8 lassen sich die auf den einzelnen Artikel bezogenen fixen Kosten ablegen.

4 Zeile 9 ermittelt die zweite Stufe des Deckungsbetrags, indem diese artikelbezogenen Kosten von Deckungsbeitrag I abgezogen werden.

5 Zeile 10 nimmt die fixen Kosten auf, die für jede der beiden Artikelgruppen entstehen, und legt sie in den Zellen B10 und D10 ab.

6 Die dritte Stufe des Deckungsbeitrags wird dann berechnet, indem jeweils von der Summe der beiden Deckungsbeiträge II der einzelnen Artikel die bereichsfixen Kosten abgezogen werden.

7 In Zeile 12 werden noch die fixen Kosten auf der Ebene des Unternehmens eingetragen.

8 Das Betriebsergebnis ergibt sich, wenn von der Summe der Deckungsbeiträge III die unternehmensfixen Kosten abgezogen werden.

	A	B	C	D	E	F
1						
2	**Mehrstufige Deckungsbeitragsrechnung**					
3						
4		**Artikel A-1**	**Artikel A-2**	**Artikel B-1**	**Artikel B-2**	**Gesamt**
5	Umsatzerlöse	400.000	600.000	200.000	300.000	1.500.000
6	Variable Kosten	190.000	290.000	90.000	170.000	740.000
7	Deckungsbeitrag I	210.000	310.000	110.000	130.000	760.000
8	Produktfixe Kosten	70.000	120.000	100.000	40.000	330.000
9	Deckungsbeitrag II	140.000	190.000	10.000	90.000	430.000
10	Bereichsfixe Kosten		125.000		30.000	155.000
11	Deckungsbeitrag III		205.000		70.000	275.000
12	Unternehmensfixe Kosten				20.000	20.000
13	Betriebsergebnis				255.000	255.000

Abbildung 2.10 Modell für eine mehrstufige Deckungsbeitragsrechnung

Damit ist das Kalkulationsmodell abgeschlossen. Es liegt an Ihnen, ob Sie bei der Erstellung erst mal nur mit ungefähren Testdaten arbeiten oder gleich die Daten für das erste Szenario angeben.

2.4.3 Welche Werte sind veränderbar?

Bei der Arbeit mit Szenarios unterscheidet Excel zwischen veränderbaren Zellen und Ergebniszellen. Veränderbar sind die Zellen, für die jeweils unterschiedliche Werte eingegeben werden sollen, um zu sehen, welche Auswirkungen diese auf bestimmte berechnete Werte und auf das Gesamtergebnis des Kalkulationsmodells haben. In diesem Fall sollen nur die Zellen für variable Herstellungskosten der einzelnen Artikel als veränderbare Zellen angegeben werden.

Die Ergebniszellen sind die Zellen, die über Formeln von den veränderbaren Zellen abhängen. Als Ergebniszellen sind hier insbesondere die Zellen in der Spalte F mit den Gesamtbeträgen der Deckungsbeitragsstufen und des Betriebsergebnisses interessant.

2.4.4 Besser mit Namen

Es ist zwar nicht zwingend erforderlich, aber doch vorteilhaft, beide Zellgruppen vor dem Aufruf des Szenario-Managers mit Namen zu belegen. Sie werden das sofort verstehen, wenn Sie die Werte der alternativen Berechnungsmodelle eingeben wollen. Sind die Zellen benannt, fügt Excel die Namen automatisch in das Dialogfeld für die Dateneingabe ein. Außerdem sind dann auch die Berichte, die der Szenario-Manager zusammenstellt, besser lesbar.

Da die Zellen in diesem Fall nicht direkt unter oder neben ihren entsprechenden Beschriftungen liegen, ist es notwendig, die Zellen einzeln zu benennen. Markieren Sie nacheinander die Zellen B6 bis E6 und die Zellen F7, F9, F11 und F13. Benutzen Sie jedes Mal auf der Registerkarte **Formeln** in der Gruppe **Definierte Namen** die Option **Namen definieren**.

2.4.5 Einrichten verschiedener Szenarios

Damit sind alle Vorbereitungen getroffen, um nun verschiedene Szenarios ins Spiel zu bringen:

1. Benutzen Sie auf der Registerkarte **Daten** in der Gruppe **Prognose** aus dem Menü der Schaltfläche **Was-wäre-wenn-Analyse** den Befehl **Szenario-Manager**.
2. Wählen Sie im Dialog die Schaltfläche **Hinzufügen**.
3. Zunächst vergeben Sie einen passenden Namen für das Szenario. In diesem Fall ist es sinnvoll, dafür Namen zu verwenden, die sich auf den Status der variablen Kosten beziehen, etwa »reduzierte Kosten«, »mittleres Kostenniveau« und »erhöhte Kosten«.
4. Geben Sie nun unter **Veränderbare Zellen** die Adressen der Zellen mit den variablen Kosten pro Artikel an. Da sie alle nebeneinanderliegen, können Sie hier einfach den Bereich B6:E6 markieren.

5 Unter **Kommentar** erscheinen automatisch Ihr Name und das Datum der Erstellung. Ergänzen Sie den Kommentar, wenn nötig.

6 Wird unter **Schutz** die Option **Änderungen verhindern** abgehakt, verhindern Sie, dass das Szenario geändert werden kann, vorausgesetzt, das Blatt wird anschließend insgesamt gegen Änderungen gesperrt. Dies ist möglich über das Register **Überprüfen** mit der Schaltfläche **Blatt schützen** in der Gruppe **Schützen**. Wenn Sie **Ausblenden** abhaken, wird das aktuelle Szenario in der Liste im ersten Dialogfeld erst gar nicht mehr aufgeführt, wenn die Datei insgesamt mit **Überprüfen ▸ Schützen ▸ Arbeitsmappe schützen** geschützt worden ist. Diese Variante bleibt also für Unbefugte unsichtbar.

7 Wenn Sie das Dialogfeld mit **OK** bestätigen, erscheint die Eingabemaske mit den veränderbaren Zellen, die Sie angegeben haben. Wenn im Tabellenblatt die Werte dieses ersten Szenarios schon eingetragen sind, werden diese Werte hier angezeigt. Sie können einfach mit **OK** übernommen werden.

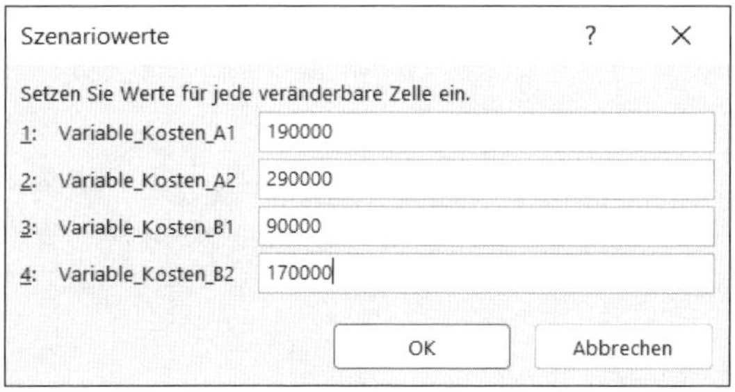

2.4.6 Werte für die anderen Angebote eingeben

Im Dialogfeld des Szenario-Managers wird nun der Name des ersten Angebots angezeigt.

1 Um weitere Angebote einzugeben, verwenden Sie wieder **Hinzufügen** und wiederholen die letzten Schritte. Mit **Schließen** beenden Sie die Eingabe der Szenarios.

2 Wenn Sie ein bestimmtes Szenario in der Tabelle sehen wollen, wählen Sie den Namen des Szenarios aus der Liste und benutzen dann **Anzeigen**.

Um ein Szenario zu ändern, nehmen Sie im Dialog die Schaltfläche **Bearbeiten**, um es zu entfernen, die Schaltfläche **Löschen**. Mit **Zusammenführen** lassen sich auch Daten aus anderen Arbeitsmappen einlesen, vorausgesetzt, dort sind gleich aufgebaute Tabellen angelegt.

Abbildung 2.11 Anzeige eines anderen Szenarios

Wenn das Dialogfeld beim Ansehen der Ergebnisse im Weg ist, ziehen Sie es einfach an der Titelleiste ganz nach unten. Das Szenario, das Sie zuletzt angeschaut haben, bleibt jeweils in der Tabelle stehen, wenn Sie den Dialog schließen.

2.4.7 Zusammenfassende Berichte

Um zu einer Entscheidung zwischen den verschiedenen Szenarios zu kommen, ist es nützlich, die Ergebnisse auf einen Blick nebeneinander zu sehen. Dazu gibt es zwei Möglichkeiten: Die erste ist ein Bericht, der die verschiedenen Werte der veränderbaren

Zellen und der Ergebniszellen zusammenstellt. Die andere Möglichkeit ist, dieselben Daten in einer Pivot-Tabelle auszugeben:

1. Benutzen Sie im Dialogfeld des Szenario-Managers dazu die Schaltfläche **Zusammenfassung**.
2. Wählen Sie unter **Berichtstyp** die Option **Szenariobericht**, und markieren Sie unter **Ergebniszellen** die Zellen F7, F9, F11 und F13.

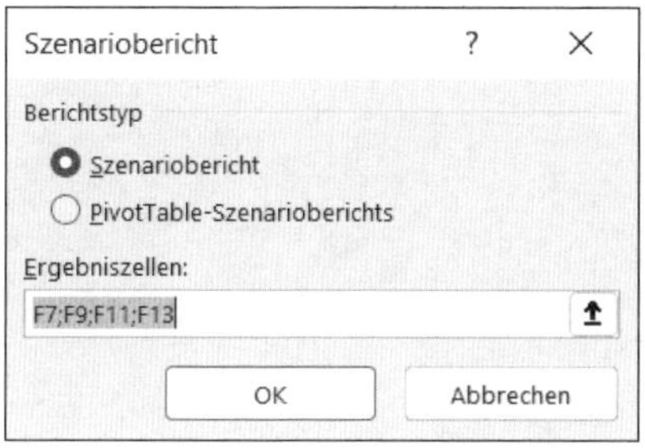

3. Wenn Sie die Eingaben bestätigen, werden die Daten auf einem neuen Blatt in derselben Arbeitsmappe ausgegeben. Für jedes Szenario wird eine Spalte verwendet, sodass Sie die Werte leicht vergleichen können.
4. Der Bericht wird automatisch gegliedert. Mit den kleinen Minus-Schaltflächen können Sie Details ausblenden.

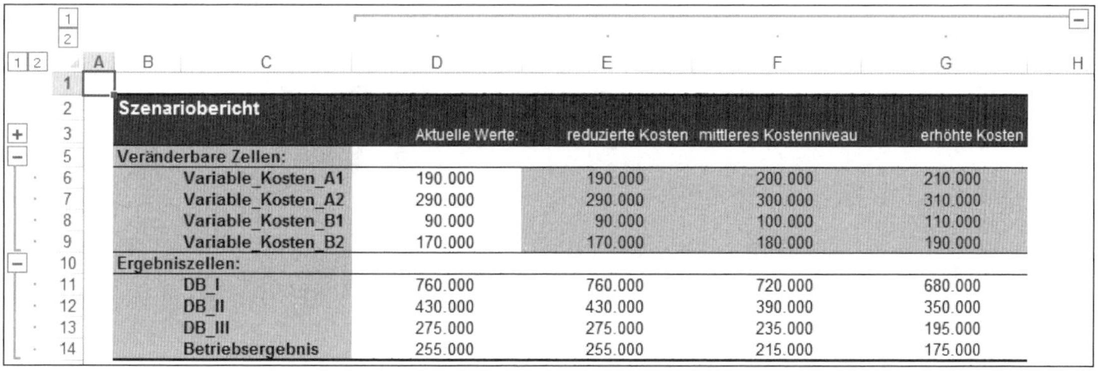

Szenariobericht	Aktuelle Werte:	reduzierte Kosten	mittleres Kostenniveau	erhöhte Kosten
Veränderbare Zellen:				
Variable_Kosten_A1	190.000	190.000	200.000	210.000
Variable_Kosten_A2	290.000	290.000	300.000	310.000
Variable_Kosten_B1	90.000	90.000	100.000	110.000
Variable_Kosten_B2	170.000	170.000	180.000	190.000
Ergebniszellen:				
DB_I	760.000	760.000	720.000	680.000
DB_II	430.000	430.000	390.000	350.000
DB_III	275.000	275.000	235.000	195.000
Betriebsergebnis	255.000	255.000	215.000	175.000

Abbildung 2.12 Szenariobericht

Wenn Sie im Dialog **Szenariobericht** stattdessen einen **PivotTable-Szenariobericht** anfordern, werden als Felder die Autoren, die Szenarionamen und die Ergebniszellen angeboten, sodass Sie in diesem Fall eine sehr kompakte Zusammenfassung erhalten. Allerdings sollte die Beschriftung der Felder der Autoren und der Szenarionamen geändert werden, weil Excel als Vorgabe nur Zellbezüge anzeigt.

	A	B	C	D	E
1	von	(Alle)			
2					
3	**Szenario**	**DB_I**	**DB_II**	**DB_III**	**Betriebsergebnis**
4	erhöhte Kosten	680000	350000	195000	175000
5	mittleres Kostenniveau	720000	390000	235000	215000
6	reduzierte Kosten	760000	430000	275000	255000

Abbildung 2.13 Leicht überarbeiteter Pivot-Bericht

3 Finanzmathematische Funktionen

3.1 Einsatzbereiche der finanzmathematischen Funktionen

Wie die Finanzmathematik insgesamt decken auch die von Excel angebotenen finanzmathematischen Funktionen eine Reihe von Themen ab, die hier zunächst kurz im Überblick vorgestellt wird.

3.1.1 Einfache Zinsrechnung

Ein erster Themenbereich betrifft die einfache Zinsrechnung. Das Adjektiv »einfach« spielt darauf an, dass die Zinsen nach erfolgter Zahlung nicht zum verzinsten Kapital geschlagen werden. Der Zins wird als Gebühr für geliehenes Kapital verstanden. Der Zins bezieht sich dabei immer auf eine bestimmte Laufzeit, die in Form von Jahren (p. a.) oder kleineren Perioden (Quartale, Monate, Tage) angegeben wird. Dabei wird noch unterschieden, ob die Zinsen jeweils am Ende einer Zinsperiode oder am Anfang gezahlt werden. Das erste wird als nachschüssige, das zweite als vorschüssige Verzinsung bezeichnet. Dabei geht es häufig um Zinsberechnungen, die sich auf kurze, also unterjährige Zeiträume beziehen.

3.1.2 Zinseszinsrechnung

Ein weiterer Bereich betrifft den Fall, dass die Zinsen nach Ablauf der Zinsperioden jeweils zum Ausgangskapital geschlagen werden, also die Zinseszinsrechnung. Die hier vorkommenden Berechnungen sind wesentlich komplexer, zumal es viele Variationsmöglichkeiten in Bezug auf die Zinszahlungstermine gibt.

3.1.3 Rentenrechnung

Ein umfangreicher Bereich der Finanzmathematik ist die Rentenrechnung. Hier geht es um regelmäßig wiederkehrende Auszahlungen in gleicher Höhe. Bei diesen Renten geht es also nicht um sozialrechtliche Versorgungsrenten, sondern um privatwirtschaftlich vereinbarte regelmäßige Zahlungen. Die einfachste und für das Verständnis dieser Funktionen durchschaubarste Form hierfür ist folgendes Modell: Sie zahlen bei der Bank eine bestimmte Geldsumme ein, die dort nach einem vereinbarten Zinssatz verzinst wird. Die Bank zahlt Ihnen aus diesem Guthaben so lange regelmäßig einen bestimmten Betrag (»Rente«), bis das Guthaben verbraucht ist. Auch hier wird unterschieden zwischen vorschüssigen und nachschüssigen Rentenzahlungen, je nachdem, ob die Rente am Anfang oder am Ende der jeweiligen Periode gezahlt wird. Die von Excel hier zur Verfügung gestellten Funktionen gehen dabei immer davon aus, dass die Rentenzahlungstermine mit den Zinsterminen zusammenfallen.

3.1.4 Tilgungsrechnung

Über die Zinsberechnung hinaus geht die Tilgungsrechnung. Dabei geht es um die Rückzahlung von Schulden, sei dies ein Kredit, ein Darlehen, eine Hypothek oder eine Anleihe. Bei diesen Berechnungen wird die Ermittlung der anfallenden Zinsen kombiniert mit der Feststellung des Tilgungsbetrags, wobei es verschiedene Verfahren gibt, diesen Ablauf zu gestalten. Während bei der Annuitätentilgung die Summe aus Zinszahlung und Tilgung immer gleich bleibt, wird bei einer Tilgung mit gleichen Tilgungsraten die Annuität mit jeder Periode geringer.

3.1.5 Investitionsrechnung

Das Thema Investitionsrechnung wird meist untergliedert in statische und dynamische Investitionsanalysen. Dabei geht es in der Regel um die Frage, ob es sich lohnt, für eine Investition das dafür notwendige Kapital über einen entsprechenden Zeitraum für ein bestimmtes Vorhaben zu binden. Dabei werden in der dynamischen Analyse auch die Zinseszinseffekte berücksichtigt.

3.1.6 Abschreibungsrechnung

Bei der Abschreibungsrechnung geht es darum, Wertminderungen von Anlagegütern buchmäßig zu erfassen. Dafür stehen verschiedene Verfahren zur Verfügung, von der einfachen linearen Abschreibung bis zu verschiedenen Formen der degressiven Abschreibung. Dabei muss beachtet werden, dass nicht alle möglichen Berechnungsverfahren auch steuerrechtlich in dem jeweiligen Land zugelassen sind. Das Steuerrecht in Deutschland erlaubt nur die lineare Methode, die Sofortabschreibung bei geringwertigen Gütern und die Abschreibung nach der AFA-Tabelle, die den Abschreibungssatz für bestimmte Güter nach der Nutzungsdauer bestimmt. Im Handelsrecht sind noch andere Methoden erlaubt, wie die Leistungsabschreibung, die die tatsächliche Abnutzung kalkuliert, und die degressive Methode.

3.1.7 Kursrechnung

Die Kursrechnung beschäftigt sich mit Berechnungen zu Wertpapieren. Meist geht es um festverzinsliche Papiere, in einigen Fällen aber auch um unverzinsliche. Excel stellt hier zahlreiche Funktionen zur Verfügung, wobei einige speziell für amerikanische Schatzanweisungen ausgelegt sind.

3.2 Zur Berechnung von Zins und Zinseszins

Die Höhe des Zinses wird in Form des Zinsfußes oder des Zinssatzes angegeben. Der Zinsfuß ist der Bruchteil des Anfangskapitals, der pro 100 Einheiten zu zahlen ist; der Zinssatz ist der Prozentsatz, den dieser Bruchteil ausmacht.

3.2.1 Die Formeln für die einfache Verzinsung

Die Berechnung einfacher Zinsen bei einer jährlichen Zinsperiode erfolgt üblicherweise nach der Formel:

```
Zins = Anfangskapital * Zinssatz * Laufzeit in Jahren
```

oder in der Schreibweise mit Buchstaben:

$$z = K_0 * i * n$$

Die Zinsen sind dabei in jeder Periode gleich. Die Gleichung lässt sich leicht umstellen, wenn die Zinsen bekannt sind und ein anderer Wert ermittelt werden soll.

$$K_0 = z / (i * n)$$
$$i = z / (K_0 * n)$$
$$n = z / (K_0 * i)$$

Das Kapital nach Ablauf der Laufzeit berechnen Sie nach der Formel:

$$K_n = K_0 * (1 + n * 1)$$

Sind Endkapital, Zins und Laufzeit bekannt, ergibt sich das Anfangskapital nach der Formel:

$$K_0 = K_n / (1 + n * 1)$$

Die anderen Umstellungen der Formel lauten entsprechend:

$n = 1/i * (K_n / K_0 - 1)$

$i = 1/n * (K_n / K_0 - 1)$

Abbildung 3.1 bestätigt die angegebenen Formeln. Zur Verdeutlichung sind die Zellen – soweit es geht – mit den entsprechenden Namen benannt.

	A	B	C	D	E
1					
2	**Einfache Verzinsung**				
3					
4	**Zins**	**Anfangskapital**	**Zinssatz**	**Laufzeit**	**Endkapital**
5	z	K_0	i	n	K_n
6	150	1000	3%	5	1150
7	**=K0*i*n**				**=K0*(1+n*i)**
8		1000			1000
9		**=z_/(i*n)**			**=Kn/(1+n*i)**
10			3%		3%
11			**=z_/(K0*n)**		**=1/n*(Kn/K0-1)**
12				5	5
13				**=z_/(K0*i)**	**=1/i*(Kn/K0-1)**

Abbildung 3.1 Formeln zur einfachen Verzinsung

Soll die Verzinsung für kürzere Zeiträume berechnet werden, gilt für die Monatsberechnung die Formel:

$z = (K_0 * i * m) / 12$

wobei `m` die Anzahl der Monate angibt.

Für Berechnungen mit Tagesperioden wird folgende Formel verwendet:

$z = (K_0 * i * t) / 360$

wobei `t` die Anzahl der Tage angibt. Statt mit `360` kann auch mit `365` gerechnet werden, je nachdem, welche Methode für die Tageszählung verwendet wird.

Diese Formeln können in Excel leicht nachgebildet werden. Einige der finanzmathematischen Funktionen, die im Folgenden behandelt werden, verwenden die entsprechenden Formeln intern, wenn es um Vorgänge geht, bei denen einfache Zinsen ohne Zinseszinseffekt berechnet werden. Dazu gehören Funktionen wie `AUFGELZINS()`, `AUFGELZINSF()`, `AUSZAHLUNG()`, `ISPMT()`, `ZINSSATZ()`.

3.2.2 Die Formel für den Zinseszinseffekt

Werden die Zinsen nach Ablauf der Zinsperiode dem Kapital zugeschlagen, kommt es zu dem schon genannten Zinseszinseffekt. Auch Renten und Tilgungsraten werden mit Zinseszinsen berechnet. Die allgemeine Formel für die Berechnung von Zinseszinsen ist:

$$K_n = K_0 * q^n$$

Das Kapital nach n Jahren ist gleich dem Startkapital multipliziert mit der n-ten Potenz von q, wobei q der Aufzinsungsfaktor ist. Dieser wird mit

$$q = (1 + i)$$

aus dem Zinssatz i berechnet.

Das Anfangskapital ist dann:

$$K_0 = K_n / q^n$$

Der Zinssatz ist:

$$i = ((K_n / K_0)\text{^}1/n) - 1$$

Und für die Laufzeit gilt:

$$n = (\ln(K_n) - \ln(K_0))/\ln(q)$$

Abbildung 3.2 bestätigt wieder die angegebenen Formeln.

	A	B	C	D	E	F
1						
2	**Formel für die Berechnung von Zinseszinsen**					
3						
4	**Zins**	**Anfangskapital**	**Zinssatz**	**Zinsfuß**	**Laufzeit**	**Endkapital**
5	z	K_0	i	q	n	K_n
6	2472,25	10000	3%	103%	8	12472,25
7					8	**=K0*q^n**
8			3%		**=(LN(Kn)-LN(K0))/LN(q)**	
9		10000	**=((Kn/K0)^(1/n)) -1**			
10	2472,25	**=(Kn/q^n)**				
11	**=(K0*q^n)-K0**					

Abbildung 3.2 Formeln für die Berechnung von Zinseszinsen

Wie unterschiedlich sich ein Kapital bei Zinseszinsen im Vergleich zur einfachen Verzinsung entwickelt, deutet Abbildung 3.3 für einen Zeitraum von 20 Jahren an.

Vergleich: einfache Verzinsung und Zinseszinsen

Zinssatz	3%	
Jahre	Kapital bei einfacher Verzinsung	Kapital bei Zinseszinsen
0	10000	10000
1	10300	10300
2	10600	10609
3	10900	10927
4	11200	11255
5	11500	11593
6	11800	11941
7	12100	12299
8	12400	12668
9	12700	13048
10	13000	13439
11	13300	13842
12	13600	14258
13	13900	14685
14	14200	15126
15	14500	15580
16	14800	16047
17	15100	16528
18	15400	17024
19	15700	17535
20	16000	18061
	ZW()	18061

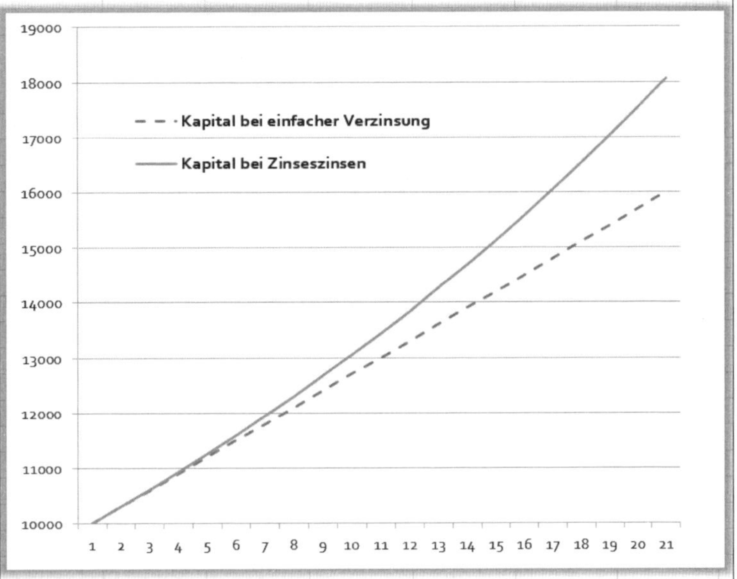

Abbildung 3.3 Einfache Verzinsung und Zinseszins im Vergleich

3.3 Häufig benötigte Argumente und ihr Zusammenhang

Bei zahlreichen finanzmathematischen Funktionen, insbesondere bei der Renten- und Tilgungsrechnung, werden einige bestimmte Argumente benötigt, sodass es vernünftig scheint, diese vorweg vorzustellen.

Funktionsargument	Erklärung
`Bw [Barwert]`	der gegenwärtige rechnerische Wert einer Reihe regelmäßiger, gleichbleibender Zahlungen, z. B. einer Rente
`Rmz [Ratenzahlung]`	regelmäßig zu leistende oder zu erhaltende Zahlungen
`Zins [Zinssatz]`	Zinssatz für einen Zahlungszeitraum. Er wird dezimal (z. B. 0,08) oder in Prozent (z. B. 8 %) angegeben.

Tabelle 3.1 Argumente in der Rentenberechnung

Funktionsargument	Erklärung
`Zr [Zeitraum]`	die einzelne Zahlungsperiode im Gesamtzeitraum
`Zw [Zukunftswert]`	Der zukünftige Wert einer Investition. Wird `Zw` als optionales Argument verwandt, setzt Excel den Wert `0` als Vorgabe.
`Zzr [Zahlungszeiträume]`	Anzahl der Zahlungsperioden. Es ist darauf zu achten, dass die Zahlungszeiträume mit den anderen Argumenten in den Einheiten übereinstimmen, d. h., dass einheitlich Jahre, Monate oder Tage in einer Funktion benutzt werden. Werden z. B. Monate verwendet, muss auch der Monatszins (Jahreszins / 12) eingesetzt werden. Beachten Sie hierbei bitte, dass in Deutschland das Zinsjahr in zwölf Zinsmonate mit jeweils 30 Tagen eingeteilt wird. In anderen Ländern gelten teilweise andere Regelungen.
`F [Fälligkeit]`	Das Argument `F` für Fälligkeit legt fest, ob die Berechnung für vorschüssige oder nachschüssige Rentenzahlungen etc. erfolgen soll. Wird `F` nicht oder mit `0` angegeben, wird die Funktion als nachschüssig berechnet. Die Zahlungen erfolgen also am Ende der Periode. Wird `F` mit `1` angegeben, so erfolgt die Berechnung für eine vorschüssige Rente.
`q`	Der Zinsfaktor ist gleich `1 + Zins`.

Tabelle 3.1 Argumente in der Rentenberechnung (Forts.)

Der Zusammenhang der in Tabelle 3.1 aufgeführten Werte ist in einer Grundformel definiert, von der die Berechnungsmethoden für die einzelnen Werte abgeleitet werden. Diese Formel lautet:

```
Bw * (1+Zins)^Zzr + Rmz * (1+Zins * F)*(((1+Zins)^Zzr)-1 / Zins) + Zw = 0
```

Abbildung 3.4 zeigt einen Beleg für diese Formel in Zelle A7. Um die Formel nachzubilden, sind die Zellen in der Zeile 5 mit den in Zeile 4 angegebenen Namen benannt. In Zelle A9 ist die Formel als Beispiel auf die Berechnung des Zukunftswertes umgestellt.

Bei allen Funktionen, die mit den in Tabelle 3.1 aufgeführten Argumenten arbeiten, ist immer zu beachten, wer das Subjekt des zugrunde liegenden Vorgangs ist und in welche

Richtung das Geld fließt. Wenn Sie Zinsen oder Tilgungen für einen Kredit zu zahlen haben, sind Sie das Subjekt des Vorgangs, und die Zahlungen werden als negative Werte angegeben, weil das Geld von Ihnen wegfließt. Bei einer Rente ist es umgekehrt, die regelmäßigen Zahlungen werden positiv angegeben, weil Ihnen das Geld ja zufließt.

	A	B	C	D	E	F	G
1							
2	**Barwert und Zukunftswert**						
3							
4	**Bw**	**Zins**	**Rmz**	**Zw**	**F**	**Zzr**	**q**
5	-83,87 €	7%	10,00	10,00	0	12	1,07
6							
7	0,00	**=Bw*(1+Zins)^Zzr+Rmz*(1+Zins*F)*(((1+Zins)^Zzr-1)/Zins)+Zw**					
8							
9	10	**=(Bw*(1+Zins)^Zzr+Rmz*(1+Zins*F)*(((1+Zins)^Zzr)-1)/Zins)*-1**					
10							

Abbildung 3.4 Grundformeln für die Berechnungen rund um Barwert und Zukunftswert

3.4 Berechnungen zu Darlehen

Ein Gegenstück zu Rentenberechnungen ist die Tilgungsberechnung. In diesem Fall geht es darum, der Bank ein Darlehen in periodischen, gleichbleibenden Raten zurückzuzahlen. Für die klassische Annuitätentilgung wird die Höhe dieser Zahlung mit der Funktion RMZ() berechnet. Die Raten bestehen jeweils aus einem Zinsanteil (berechnet mit ZINSZ()) und einem Tilgungsanteil, um den sich die Gesamtschuld jeweils verringert. Dieser Anteil wird mit der Funktion KAPZ() berechnet. Abbildung 3.5 zeigt ein einfaches Beispiel mit einem Tilgungsplan und einem Diagramm, das noch einmal zeigt, dass der Anteil der Zinsen an der Rate mit jedem Jahr geringer wird.

Tilgung von Darlehen

Jährliche Zahlungen (RMZ) = Tilgung (KAPZ) + Zinsen (ZINSZ)

Zins	Jahr	Zzr	Bw	KAPZ()	ZINSZ()	RMZ()
6,00%	1	10	20.000 €	-1.517,36 €	-1.200,00 €	-2.717,36 €
6,00%	2	10	20.000 €	-1.608,40 €	-1.108,96 €	-2.717,36 €
6,00%	3	10	20.000 €	-1.704,90 €	-1.012,45 €	-2.717,36 €
6,00%	4	10	20.000 €	-1.807,20 €	-910,16 €	-2.717,36 €
6,00%	5	10	20.000 €	-1.915,63 €	-801,73 €	-2.717,36 €
6,00%	6	10	20.000 €	-2.030,57 €	-686,79 €	-2.717,36 €
6,00%	7	10	20.000 €	-2.152,40 €	-564,96 €	-2.717,36 €
6,00%	8	10	20.000 €	-2.281,55 €	-435,81 €	-2.717,36 €
6,00%	9	10	20.000 €	-2.418,44 €	-298,92 €	-2.717,36 €
6,00%	10	10	20.000 €	-2.563,55 €	-153,81 €	-2.717,36 €

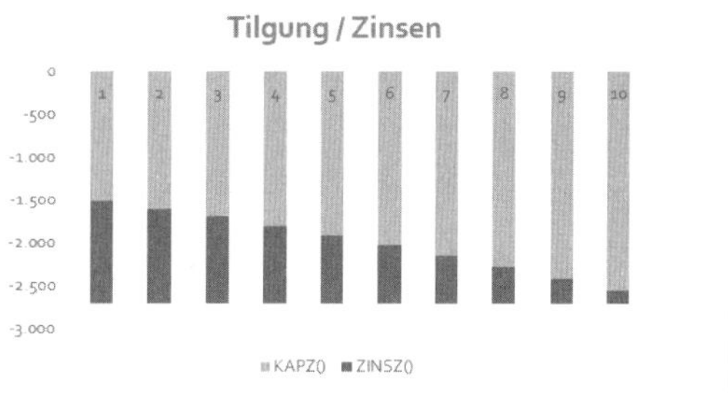

Abbildung 3.5 Tilgungsplan für ein Darlehen

3.5 Die Berechnung von Abschreibungen

Abschreibungen für Investitionen, z. B. in Maschinen, Fahrzeuge, Gebäude etc., sind betriebswirtschaftlich in zweierlei Hinsicht zu berücksichtigen. Zum einen ist es betriebsintern so, dass mit einer Anschaffung das Anlagevermögen zunächst um den Wert dieser Anschaffung vermehrt wird, dass aber der Wert dieser Anschaffung durch Abnutzung kontinuierlich sinkt, bis am Ende nur noch ein Restwert oder Schrottwert übrig bleibt.

Zum anderen kann eine derartige Investition steuerlich geltend gemacht werden, sie kann »von der Steuer abgesetzt« werden. Die einfachste Form ist hierbei, dass die Anschaffung in dem Jahr, in dem sie getätigt wird, in vollem Umfang steuerlich geltend gemacht wird – hierzu bedarf es natürlich keiner weiteren Berechnungen. Bei langlebigen Investitionen ist es dagegen üblich, die Abschreibung auf mehrere Jahre zu verteilen.

Hierfür gibt es verschiedene Verfahren. Das einfachste ist die lineare Abschreibung: Der abzuschreibende Betrag wird einfach gleichmäßig auf den gesamten Abschreibungszeitraum verteilt. Die anderen Verfahren, für die Excel Funktionen zur Verfügung stellt, sind sogenannte degressive Abschreibungen: Der Abschreibungsbetrag sinkt von Jahr zu Jahr, sodass am Anfang ein großer Betrag abgeschrieben wird, in den folgenden Jahren wird der Betrag kontinuierlich kleiner. Auf die Frage, welche Methode am sinnvollsten und welche zu welchem Zeitraum in einem Land steuerrechtlich zulässig ist, kann Excel natürlich keine Antwort geben.

In diesem Abschnitt wird ein Tabellenblatt aufgebaut, mit dessen Hilfe Sie die Abschreibungsrate für jedes Jahr der Nutzungsdauer für ein beliebiges Wirtschaftsgut mit den verschiedenen Abschreibungsmethoden berechnen können. Welche Steuermethode die aktuelle Steuergesetzgebung zulässt, muss allerdings immer erst geprüft werden, weil es hier häufiger Veränderungen gibt, insbesondere was die degressive Abschreibung betrifft. In den Zellen C4 bis C7 werden zunächst die Daten abgelegt, die für die verschiedenen Funktionen als Argumente benötigt werden.

In der Spalte B wird die lineare Abschreibung für jedes Jahr der Nutzungsdauer berechnet. Die Formel ist für alle Jahre gleich und arbeitet mit den absoluten Adressen der Zellen C4 bis C6:

```
=LIA($C$4; $C$5; $C$6)
```

Bei der geometrisch-degressiven Abschreibung ist die Formel etwas komplexer, damit sie nach unten kopiert werden kann:

```
=GDA($C$4; $C$5; $C$6; $C$6-($A$19-A10); $C$7)
```

Beachten Sie, dass der Bezug auf die jeweilige Jahreszahl relativ ist, während die anderen Bezüge alle absolut sind. Ähnlich wird auch bei der Formel für die digitale Abschreibung verfahren:

```
=DIA($C$4; $C$5; $C$6; $C$6-($A$19-A10))
```

Die Formel für die vierte Methode ist etwas komplizierter:

```
=VDB($C$4; $C$5; $C$6; $A10-$A$10; $A11-$A$10; $C$7; FALSCH)
```

Wenn Sie die Spalten C und E vergleichen, sehen Sie, dass in den beiden letzten Jahren die geometrisch-degressive Methode geringere Beträge ergibt als die lineare. In diesen Jahren ist also ein Wechsel zur linearen Methode bei den vorliegenden Zahlen sinnvoll.

	A	B	C	D	E
1					
2	**Vergleich der Abschreibungsmethoden**				
3					
4	Anschaffungswert		22000		
5	Restwert		2000		
6	Nutzungsdauer Jahre		10		
7	Faktor		2		
8					
9	Jahr	Linear	Geometrisch degressiv	Arithmetisch degressiv/digital	Degressiv mit Wechsel zu linear
10	1	2000,00	4400,00	3636,36	4400,00
11	2	2000,00	3520,00	3272,73	3520,00
12	3	2000,00	2816,00	2909,09	2816,00
13	4	2000,00	2252,80	2545,45	2252,80
14	5	2000,00	1802,24	2181,82	1802,24
15	6	2000,00	1441,79	1818,18	1441,79
16	7	2000,00	1153,43	1454,55	1153,43
17	8	2000,00	922,75	1090,91	922,75
18	9	2000,00	738,20	727,27	845,49
19	10	2000,00	590,56	363,64	845,49
20	11	20000,00	19637,77	20000,00	20000,00

Abbildung 3.6 Mit diesem Modell können Sie die Wirkung der verschiedenen Abschreibungsmethoden beobachten.

Das Diagramm in Abbildung 3.7 zeigt die unterschiedlichen Verläufe. Um das Modell an kürzere oder längere Nutzungsdauern anzupassen, brauchen Sie vor der Zeile mit den Summen nur entsprechend viele Zeilen einzufügen oder zu löschen und die Formeln, wenn nötig, einige Zeilen weiter nach unten zu kopieren. Statt Jahr 1, 2, 3 ... können Sie auch die Jahreszahlen verwenden. Die Formeln in Spalte E brauchen den Wert, der in Zelle A20 steht, also ein Jahr, das über das letzte Jahr des Abschreibungszeitraumes hinausreicht.

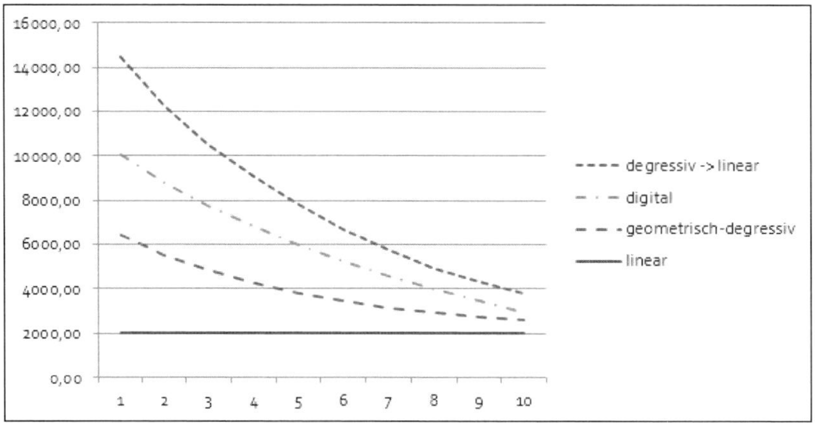

Abbildung 3.7 Grafische Darstellung des Abschreibungsverlaufs

3.6 Funktionen für Wertpapierberechnungen

Eine große Gruppe von Funktionen kreist um festverzinsliche und unverzinsliche Wertpapiere. Auch hierzu einige Bemerkungen. Festverzinsliche Wertpapiere sind Wertpapiere, die für einen bestimmten Zeitraum Gültigkeit haben und in dieser Zeit regelmäßig verzinst werden. Das können Sparbriefe, Schuldverschreibungen, private oder öffentliche Anleihen und Obligationen sein. Festverzinsliche Anleihen werden auch Kuponanleihen genannt wegen der Zinsscheine (Kupons), die früher das Recht auf die Zinszahlung verbrieften. Unverzinsliche Wertpapiere sind solche, die zu einem bestimmten Kurs ausgegeben und später zu einem höheren Kurs wieder zurückgenommen werden. De facto könnte natürlich auch hier von einer Verzinsung geredet werden, da der Wert des Papiers ja um einen bestimmten Betrag steigt, der sich durchaus auf einen jährlichen prozentualen Steigerungsbetrag umrechnen ließe. Solche Papiere werden auch als Nullkuponanleihen oder Zerobonds bezeichnet.

3.6.1 Termine

Ausgehend von dem Modell, dass ein derartiges Wertpapier (festverzinslich oder unverzinslich) bei einem Geldinstitut erworben und später wieder veräußert wird, sind folgende Termine von zentraler Bedeutung:

- **Emission**: der Ausgabetermin des Wertpapiers. Das ist der Termin, zu dem das Papier auf den Markt gebracht wird und ab dem sein Wertzuwachs bzw. seine Verzinsung läuft.

- **Abrechnung**: der Termin, zu dem ein Käufer ein Wertpapier erwirbt. Er kann mit dem Emissionstermin zusammenfallen, er kann aber auch – und das ist für die Berechnungen natürlich der interessantere Fall – ein späterer Termin sein.
- **Fälligkeit**: der Termin, zu dem die Bank das Wertpapier zurücknimmt und dem Eigentümer einen vorher vereinbarten Betrag dafür bezahlt.

Alle Werte für solche Termine verlangen gültige Datumswerte. Sie können als serielle Werte oder mithilfe einer Datumsfunktion angegeben werden. Ebenso kann ein solches Argument auch als Text übergeben werden, wenn er als gültiger Datumswert ausgewertet werden kann und in Anführungszeichen gesetzt ist.

Für Ausgabe und Rücknahme derartiger Wertpapiere gibt es drei Möglichkeiten:

1. Die Papiere werden zum Nennwert verkauft. Anschließend werden für die Laufzeit regelmäßig Zinsen ausgeschüttet (üblich ist ein- oder zweimal jährlich). Die Zinszahlungstermine werden in der Regel vom Emissionstermin her berechnet. Am Ende der Laufzeit wird das Papier zum Nennwert zurückgenommen. Bisweilen wird bei der Ausgabe noch ein Disagio vorgenommen, d. h., vom Nennwert wird ein bestimmter Prozentsatz (eventuell noch orientiert an der Laufzeit) abgezogen.
2. Das Papier wird abgezinst verkauft, d. h. zum Nennwert vermindert um den Betrag, der durch Zinsen während der Laufzeit hinzukommt, und ohne zwischenzeitliche Zinsausschüttungen am Ende der Laufzeit zum Nennwert zurückgenommen.
3. Das Papier wird zum Nennwert verkauft und ohne zwischenzeitliche Zinsausschüttungen am Ende der Laufzeit aufgezinst, d. h., zum Nennwert vermehrt um die aufgelaufenen Zinsen zurückgenommen.

Die zweite und die dritte Methode gelten sinngemäß so auch für unverzinsliche Papiere. Da derartige Wertpapiere zum Teil auch während der Laufzeit gehandelt werden, stellt sich die Frage nach ihrem Augenblickswert, das ist der Kurs, zu dem sie gehandelt werden können. Dieser Kurs sollte natürlich marktgerecht sein, d. h., ein potenzieller Käufer muss die Möglichkeit haben, zu überprüfen, ob sich die Investition in das betreffende Papier im Vergleich zu anderen möglichen Investitionen lohnt. Hierzu wird als Vergleichsgröße die Rendite eingeführt, der effektive jährliche Gewinn in Prozent vom Kapitaleinsatz. Die Wahl dieser Größe ist auf eine Art willkürlich: Der Kurs wird auf der Grundlage der Rendite berechnet, die mit anderen Anlageformen erzielt werden könnte.

Findet ein Besitzwechsel zwischen zwei Zinsperioden statt, fallen bei festverzinslichen Anleihen **Stückzinsen** an. Der Verkäufer erhält vom Käufer die Zinsen erstattet, die in dem Zeitraum zwischen dem letzten Zinstermin und dem Kauftermin anfallen, der Käufer erhält dafür beim nächsten Zinstermin die Zinsen für die komplette Zinsperiode.

3.6.2 Zeitbasis

In einer Anzahl von Funktionen taucht das Argument `Basis` auf. Gemeint ist damit bei Zinsberechnungen die Zeitbasis, auf der gerechnet wird. Die angebotenen Optionen sind in Tabelle 3.2 zusammengefasst. Wird `Basis` nicht angegeben, rechnet Excel mit `Basis = 0`.

Option	Bedeutung
0	US-amerikanisches System: Die Monate werden mit 30 Tagen, das Jahr wird mit 360 Tagen gerechnet. Ein Enddatum zum 31. eines Monats wird, falls das Startdatum vor dem 30. eines Monats liegt, als 1. Tag des Folgemonats behandelt, sonst als 30. des Monats.
1	Die tatsächlichen Tage der Monate und die tatsächlichen Tage der Jahre werden gerechnet.
2	Es wird mit den tatsächlichen Tagen des Monats gerechnet, für das Jahr werden aber 360 Tage angesetzt.
3	Es wird mit den tatsächlichen Tagen des Monats gerechnet, für das Jahr werden aber 365 Tage angesetzt.
4	Europäisches System: Die Monate werden mit 30 Tagen, das Jahr wird mit 360 Tagen gerechnet. Fällt ein Start- oder Enddatum auf den 31. eines Monats, wird es als 30. Tag behandelt.

Tabelle 3.2 Optionen für das Argument `Basis`

3.6.3 Verkauf eines festverzinslichen Wertpapiers

Wenn Sie festverzinsliche Wertpapiere besitzen und einen Teil davon zu einem bestimmten Termin verkaufen wollen, können Sie sich mithilfe der finanzmathematischen Funktionen selbst ausrechnen, was Sie ausgezahlt bekommen. Sie brauchen dazu natürlich die Angabe über den Kurs für den Abrechnungstermin, also den Tag, an dem verkauft werden soll. Der Abrechnung beim Kauf der Papiere können Sie die übrigen Daten entnehmen, die nötig sind: das Datum der Emission des Papiers, das Datum der Fälligkeit, den Nominalzinssatz, den Nennwert und die Anzahl der Zinstermine pro Jahr. Aus der Anzahl der Zinstermine ergibt sich der erste Zinstermin. Excel braucht zusätzlich noch die Angabe über die `Basis`, auf der die Zinstage berechnet werden. Das ist für europäische Papiere der Wert `4`, also 360 Tage pro Jahr, 30 Tage pro Monat.

In der Zelle B13 wird der aktuelle Kurswert einfach mit

```
=Nennwert * Kurs/100
```

errechnet. Zusätzlich wird noch die Anzahl der Zinstage berechnet. Dafür kann die Formel

```
=ZINSTERMTAGVA(Abrechnungstermin; Faelligkeit; 1; 4)
```

verwendet werden. Das Ergebnis dient hier aber nur zur Information, für die Berechnung der inzwischen aufgelaufenen Zinsen wird dieser Wert nicht benötigt.

Neben dem Kurs spielt beim Verkauf der Betrag der aufgelaufenen Zinsen eine Rolle. Der wird in E6 mit der Funktion `AUFGELZINS()` berechnet. Die Formel lautet:

```
=AUFGELZINS(Emission; Erster_Zinstermin;
Abrechnungstermin;
Nominalzins; Nennwert;
Zinstermine_pro_Jahr;
Basis_für_Berechnung_der_Zinstage)
```

	A	B	C	D	E
1					
2	**Verkauf eines festverzinslichen Wertpapiers**				
3					
4	**Wertpapier:**	**Phantas**			
5					
6	**Emission**	03.06.2024		**Aufgelaufene Zinsen**	476,29 €
7	**Erster Zinstermin**	03.06.2025		**Provision**	140,00 €
8	**Faelligkeit**	03.06.2038		**Spesen**	5,00 €
9	**Abrechnungstermin**	06.01.2025		**Maklergebuehr**	21,00 €
10	**Nominalzins**	2,9%			
11	**Nennwert**	28.000,00 €		**Betrag (Haben)**	31.572,29 €
12	**Kurs**	111,65			
13	**Kurswert**	31.262,00 €			
14	**Zinstermine pro Jahr**	1			
15	**Basis für Berechnung der Zinstage**	4			
16	**Anzahl Zinstage**	213			

Abbildung 3.8 Verkauf eines festverzinslichen Wertpapiers

Nun kommen in der Regel aber noch ein paar Kosten hinzu: Als Provision berechnet die Bank beispielsweise 0,125 % des Kurswertes. Dazu kommen in der Regel noch ein Börsenplatzentgelt und ein Posten für fremde Spesen und Auslagen. Der tatsächlich ausgezahlte Betrag ergibt sich somit aus dem Kurswert plus aufgelaufene Zinsen abzüglich der drei genannten Posten.

3.6.4 Wertentwicklung

Um sich eine Übersicht über die Wertentwicklung eines Papiers zu verschaffen, kann die Funktion `BÖRSENHISTORIE()` genutzt werden, die ihre Ergebnisse in Form einer dynamischen Matrix mit den Werten *Schluss*, *Eröffnung*, *Hoch* und *Tief* im Tabellenblatt auslegt. Die Daten werden Microsoft von Refinitiv bereitgestellt, in der Excel-Hilfe können Sie die unterstützten Börsen und die Verzögerungszeiten einsehen. Die Formel wird in der oberen linken Eckzelle des Bereichs eingegeben, der die Werte zu dem Papier anzeigt.

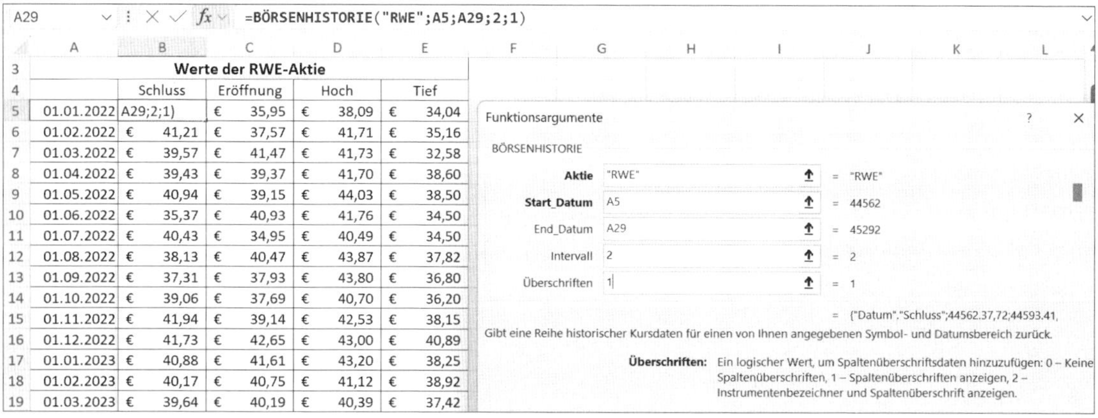

Abbildung 3.9 Beispiel für die Funktion `BÖRSENHISTORIE()`

Notwenige Argumente sind die Kennzeichnung der Aktie per Namen oder Tickersymbol und das `Start_Datum` für den Beginn der Beobachtung. `End_Datum` stoppt die Auswertung, das Intervall reicht von Tagen bis zu Monaten, das letzte Argument regelt die Einblendung von Spaltenüberschriften.

3.7 Referenz der finanzmathematischen Funktionen

AMORDEGRK()

AMORDEGRC()

Syntax: `AMORDEGRK(`**`Ansch_Wert; Kaufdatum; Erster_Zinstermin; Restwert; Termin; Satz;`**` Basis)`

Beispiel: `=AMORDEGRK(10000; DATUM(2024; 6; 6); DATUM(2024; 12; 31); 0; 0; 0,25; 4)`

Ergebnis: `2125`

Die Funktion AMORDEGRK() liefert den Abschreibungsbetrag nach dem französischen Buchhaltungssystem für eine bestimmte Periode.

Das Argument Ansch_Wert nennt den Anschaffungswert, Kaufdatum ist das Datum der Anschaffung, Erster_Zinstermin meint das Datum zum Ende der ersten Periode. Beide Argumente verlangen gültige Datumswerte. Sie können als serielle Werte oder mithilfe einer Datumsfunktion angegeben werden. Ebenso kann ein solches Argument auch als Text übergeben werden, wenn er als gültiger Datumswert ausgewertet werden kann und in Anführungszeichen gesetzt ist.

Restwert ist der Wert des Wirtschaftsgutes nach Ablauf aller Abschreibungsperioden. Termin gibt die Periode an, für die der Abschreibungsbetrag errechnet werden soll.

Die erste Periode wird als 0 angegeben. Satz ist die Abschreibungsrate für die zunächst linear angegebene Abschreibung als Prozentsatz. Sie ist abhängig von der geplanten Nutzungsdauer. 20 % entsprechen fünf Jahren, 10 % entsprechen zehn Jahren.

Basis gibt die Zeitbasis an, die bei der Berechnung verwendet wird. Die möglichen Werte sind in Abschnitt 3.6, »Funktionen für Wertpapierberechnungen«, beschrieben. Der Wert 2 ist aber bei dieser Funktion nicht erlaubt.

! Ungültige Datumswerte oder nicht numerische Werte für Ansch_Wert, Restwert oder Satz führen zu dem Fehler #WERT!, nicht erlaubte Werte für Basis zu dem Fehler #ZAHL!. Die Nutzungsdauer wird bei dieser Funktion nicht direkt angegeben, sondern indirekt über den Wert für Satz. Ist dieser Wert zu groß, ist die Nutzungsdauer zu kurz angesetzt. Bei Werten bis zu zwei Jahren liefert die Funktion den Fehler #ZAHL!.

	A	B	C	D	E
1					
2	**Abschreibungsbetrag** (**französisches Buchführungssystem**)				
3					
4	Anschaffungswert	10000	10000	10000	10000
5	Kaufdatum	06.06.2924	06.06.2924	06.06.2924	06.06.2924
6	Erste Periode	31.12.2924	31.12.2924	31.12.2924	31.12.2924
7	Restwert	0	0	0	0
8	Periode	0	1	2	3
9	Abschreibungssatz	25%	25%	25%	25%
10	Basis	4	4	4	4
11	AMORDEGRK()	2125	2953	2461	2461

Abbildung 3.10 Degressive Abschreibung nach dem französischen System

Die Funktion arbeitet anders als die folgende Funktion AMORLINEARK() zusätzlich noch mit einem Abschreibungskoeffizienten, der für den degressiven Verlauf der Abschreibung sorgt. Dieser Koeffizient ist von der Nutzungsdauer abhängig.

Nutzungsdauer	Abschreibungskoeffizient
zwischen drei und vier Jahren	1,5
zwischen fünf und sechs Jahren	2
mehr als sechs Jahre	2,5

Tabelle 3.3 Abschreibungskoeffizienten in Abhängigkeit von der Nutzungsdauer

Ist die erste Periode nicht vollständig, wird eine zusätzliche Periode eingeführt und ein anteiliger Abschreibungsbetrag errechnet. Für die erste Periode wird der Abschreibungssatz verwendet. Für die weiteren Perioden wird der Abschreibungsbetrag nach der Formel

```
Buchwert * (Abschreibungssatz * Koeffizient)
```

ermittelt. Ist der Restwert auf `0` angesetzt, kann dieser nach der vorgesehenen Nutzungsdauer nicht erreicht werden. Deshalb wird der Abschreibungsbetrag auf die beiden letzten Perioden so verteilt, dass die Gesamtsumme der Abschreibungsbeträge die Anschaffungskosten nicht überschreitet.

AMORLINEARK()

AMORLINC()

Syntax: `AMORLINEARK(`**`Ansch_Wert; Kaufdatum; Erster_Zinstermin; Restwert; Termin; Satz;`**` Basis)`

Beispiel: `=AMORLINEARK(10000; DATUM(2024; 7; 1); DATUM(2024; 12; 31); 0; 0; 0,33; 4)`

Ergebnis: `1657`

Die Funktion `AMORLINEARK()` liefert den Abschreibungsbetrag nach dem französischen Buchhaltungssystem für eine bestimmte Periode.

Das Argument `Ansch_Wert` nennt den Anschaffungswert, `Kaufdatum` ist das Datum der Anschaffung, `Erster_Zinstermin` meint das Datum zum Ende der ersten Periode. Beide Argumente verlangen gültige Datumswerte. Sie können als serielle Werte oder mithilfe einer Datumsfunktion angegeben werden. Ebenso kann ein solches Argument auch als Text übergeben werden, wenn er als gültiger Datumswert ausgewertet werden kann und in Anführungszeichen gesetzt ist.

Restwert ist der Wert des Wirtschaftsgutes nach Ablauf aller Abschreibungsperioden. Termin gibt den Zeitraum an, für den der Abschreibungsbetrag errechnet werden soll.

Die erste Periode wird als 0 angegeben. Satz ist die Abschreibungsrate für die zunächst linear angegebene Abschreibung als Prozentsatz. Sie ist abhängig von der geplanten Nutzungsdauer. 20 % entsprechen fünf Jahren, 10 % entsprechen zehn Jahren.

Basis gibt die Zeitbasis an, die bei der Berechnung verwendet wird. Die möglichen Werte sind in Abschnitt 3.6, »Funktionen für Wertpapierberechnungen«, beschrieben. Der Wert 2 ist aber bei dieser Funktion nicht erlaubt.

	A	B	C	D	E
1					
2	**Abschreibungsbetrag (französisches Buchführungssystem)**				
3					
4	Anschaffungswert	10000	10000	10000	10000
5	Kaufdatum	01.07.2924	01.07.2924	01.07.2924	01.07.2924
6	Erste Periode	31.12.2924	31.12.2924	31.12.2924	31.12.2924
7	Restwert	0	0	0	0
8	Periode	0	1	2	3
9	Abschreibungssatz	33%	33%	33%	33%
10	Basis	4	4	4	4
11	AMORLINEARK()	1657	3333	3333	1677

Abbildung 3.11 Lineare Abschreibung nach dem französischen System

Ungültige Datumswerte oder nicht numerische Werte für Ansch_Wert, Restwert oder Satz führen zu dem Fehler #WERT!, nicht erlaubte Werte für Basis zu dem Fehler #ZAHL!. Die Nutzungsdauer wird bei dieser Funktion nicht direkt angegeben, sondern indirekt über den Wert für Satz. Ist dieser Wert zu groß, ist die Nutzungsdauer zu kurz angesetzt. Bei Werten bis zu zwei Jahren liefert die Funktion den Fehler #ZAHL!.

Ist die erste Periode nicht vollständig, wird eine zusätzliche Periode eingeführt und ein anteiliger Abschreibungsbetrag errechnet. In der letzten Periode wird dann der aus der ersten Periode übrig gebliebene Rest abgeschrieben.

AUFGELZINS()

ACCRINT()

Syntax: AUFGELZINS(**Emission**; **Erster_Zinstermin**; **Abrechnung**; **Satz**; **Nennwert**; **Häufigkeit**; Basis; Berechnungsmethode)

Beispiel: =AUFGELZINS(DATUM(2024; 1; 1); DATUM(2025; 1; 1); DATUM(2024; 8; 3); 3 %; 10000; 1; 4; WAHR)

Ergebnis: 176,67

Die Funktion `AUFGELZINS()` liefert für festverzinsliche Wertpapiere die Summe der aufgelaufenen Zinsen (Stückzinsen) für einen bestimmten Zeitraum bei periodischen Zinszahlungen. Bei solchen Papieren bezahlt der Käufer des Papiers Stückzinsen, wenn der Kauf vor dem Termin einer Zinszahlung stattfindet. Die Funktion dient dazu, den Kaufpreis von festverzinslichen Papieren zu kalkulieren, der sich aus dem aktuellen Kurswert und den Stückzinsen zusammensetzt.

`Emission` ist das Datum der Ausgabe des Wertpapiers (ab diesem Termin wird das Papier verzinst). `Erster_Zinstermin` ist der Termin, an dem zum ersten Mal Zinsen fällig sind. Mit `Abrechnung` wird der Tag angegeben, an dem das Wertpapier den Besitzer wechselt. Das ist zugleich der Stichtag, für den die aufgelaufenen Zinsen berechnet werden sollen. Diese drei Argumente verlangen gültige Datumswerte. Sie können als serielle Werte oder mithilfe einer Datumsfunktion angegeben werden. Ebenso kann ein solches Argument auch als Text übergeben werden, wenn er als gültiger Datumswert ausgewertet werden kann und in Anführungszeichen gesetzt ist.

Es folgen mit `Satz` der Zinssatz des Wertpapiers und der Nennwert. Wird `Nennwert` nicht angegeben, wird mit `1000` gerechnet.

Mit `Häufigkeit` wird angegeben, wie oft die Zinsen im Jahr fällig werden. Zulässige Werte sind: `1` – jährlich, `2` – halbjährlich, `4` – vierteljährlich. `Basis` gibt an, nach welchem Zeitsystem die Zinstage berechnet werden. Die möglichen Werte sind in Abschnitt 3.6, »Funktionen für Wertpapierberechnungen«, beschrieben.

`Berechnungsmethode` ist ein Wahrheitswert, über den bestimmt wird, wie gerechnet werden soll, wenn das Abrechnungsdatum nach dem ersten Zinstermin liegt. `WAHR` oder `1` oder nicht angegeben bedeutet, dass die insgesamt zwischen Emission und Abrechnung aufgelaufenen Zinsen ausgegeben werden. `FALSCH` oder `0` bewirkt, dass nur die Zinsen von `Erster_Zinstermin` bis Abrechnung ausgegeben werden.

Ungültige Datumswerte oder nicht numerische Werte für `Satz`, `Nennwert` oder `Berechnungsmethode` führen zu dem Fehler `#WERT!`, nicht erlaubte Werte für `Häufigkeit` oder `Basis` zu dem Fehler `#ZAHL!`. Das gilt auch, wenn `Satz` oder `Nennwert` ≤ `0` oder `Emission` ≥ `Abrechnung`.

Die Funktion berechnet die Stückzinsen im unterjährigen Bereich. Liegt der Abrechnungstermin nach dem Termin der ersten Zinszahlung, muss der Zins für frühere Perioden abgezogen werden, um die beim Kauf fälligen Stückzinsen zu errechnen. Im Beispiel in Abbildung 3.12 liefert die Funktion beispielsweise Stückzinsen von 476,67, wenn als Abrechnungstermin der 03.08.2024 genommen wird. Der Jahreszins von 300 muss also abgezogen werden, um die beim Kauf fälligen Stückzinsen von 176,67 zu erhalten. Am einfachsten erreichen Sie das dadurch, dass Sie anstelle des Termins für die Emission den Termin der letzten Zinszahlung angeben.

	A	B
1		
2	**Aufgelaufene Zinsen bei Wertpapieren**	
3		
4	Emission	01.01.2924
5	Erster_Zinstermin	01.01.2025
6	Abrechnung	03.08.2924
7	Zinssatz	3%
8	Nennwert	10.000,00 €
9	Häufigkeit	1
10	Basis	4
11	Berechnungsmethode	3
12	AUFGELZINS()	176,67 €

Abbildung 3.12 Berechnung der aufgelaufenen Zinsen bei einem festverzinslichen Wertpapier

AUFGELZINSF()

ACCRINTM()

Syntax: `AUFGELZINSF(`**`Emission; Abrechnung; Nominalzins; Nennwert;`**` Basis)`

Beispiel: `=AUFGELZINSF(DATUM(2024; 1; 4); DATUM(2024; 07; 22); 0,03; 10000; 4)`

Ergebnis: `165,00`

Die Funktion `AUFGELZINSF()` ist eine vereinfachte Variante zu `AUFGELZINS()`. Sie liefert für Wertpapiere die Summe der aufgelaufenen Zinsen (Stückzinsen) für einen bestimmten Zeitraum bei einmaliger Zahlung im Jahr. Sie dient dazu, den Kaufpreis von festverzinslichen Papieren zu kalkulieren.

`Emission` ist das Datum der Ausgabe des Wertpapiers (ab diesem Termin wird das Papier verzinst). Mit `Abrechnung` wird der Stichtag angegeben, für den die aufgelaufenen Zinsen berechnet werden. Beide Argumente verlangen gültige Datumswerte. Sie können als serielle Werte oder mithilfe einer Datumsfunktion angegeben werden. Ebenso kann ein solches Argument auch als Text übergeben werden, wenn er als gültiger Datumswert ausgewertet werden kann und in Anführungszeichen gesetzt ist.

`Nominalzins` ist der Zinssatz des Wertpapiers und `Nennwert` der Nominalwert des Wertpapiers. Wird der Nennwert nicht angegeben, wird mit `1000` gerechnet. `Basis` gibt an, nach welchem Zeitsystem die Zinstage berechnet werden. Die möglichen Werte sind in Abschnitt 3.6, »Funktionen für Wertpapierberechnungen«, beschrieben.

	A	B	C	D	E	F
1						
2	**Aufgelaufene Zinsen bei jährlicher Zinszahlung**					
3						
4	Emission	04.01.2924	04.01.2924	04.01.2924	04.01.2924	04.01.2924
5	Abrechnung	22.07.2924	22.07.2924	22.07.2924	22.07.2924	22.07.2924
6	Nominalzins	3,0%	3,0%	3,0%	3,0%	3,0%
7	Nennwert	10.000,00 €	10.000,00 €	10.000,00 €	10.000,00 €	10.000,00 €
8	Basis	0	1	2	3	4
9	AUFGELZINSF()	165,00 €	163,93 €	166,67 €	164,38 €	165,00 €

Abbildung 3.13 Vereinfachte Berechnung der aufgelaufenen Zinsen

Ungültige Datumswerte oder nicht numerische Werte für `Nominalzins` und `Nennwert` führen zu dem Fehler `#WERT!`, nicht erlaubte Werte für `Basis` zu dem Fehler `#ZAHL!`. Das gilt auch, wenn `Nominalzins` oder `Nennwert` ≤ `0` oder `Emission` ≥ `Abrechnung`.

Die Funktion berechnet die Stückzinsen im unterjährigen Bereich. Liegt der Abrechnungstermin mehr als ein Jahr nach dem Termin der Emission, muss der Zins für frühere Zinsperioden abgezogen werden, um die beim Kauf fälligen Stückzinsen zu errechnen. Am einfachsten erreichen Sie das dadurch, dass Sie anstelle des Termins für die Emission den Termin der letzten Zinszahlung angeben.

AUSZAHLUNG()

INTRATE()

Syntax: `AUSZAHLUNG(`**`Abrechnung; Fälligkeit; Anlage; Disagio`**`; Basis)`

Beispiel: `=AUSZAHLUNG(DATUM(2024; 1; 1); DATUM(2025; 1; 1); 10000; 5,25 %; 4)`

Ergebnis: `10554,09`

Die Funktion `AUSZAHLUNG()` liefert den Rückzahlungsbetrag, den Sie für eine Einlage mit einfacher vorschüssiger Abzinsung zu einem bestimmten Zeitpunkt erhalten.

Mit `Abrechnung` wird der Zeitpunkt der Einzahlung angegeben, mit `Fälligkeit` der Zeitpunkt, zu dem die Rückzahlung erfolgt und zu dem der Auszahlungsbetrag berechnet werden soll. Beide Argumente verlangen gültige Datumswerte. Sie können als serielle Werte oder mithilfe einer Datumsfunktion angegeben werden. Ebenso kann ein solches Argument auch als Text übergeben werden, wenn er als gültiger Datumswert ausgewertet werden kann und in Anführungszeichen gesetzt ist.

`Anlage` ist die Höhe der Einlage. (Die Funktion setzt voraus, dass der Gesamtbetrag in die Einlage investiert wird.) `Disagio` ist der prozentuale Abschlag, der der vorschüssigen Verzinsung entspricht (bei 5 % Disagio z. B. wird für einen Auszahlungsbetrag von 100 € nur 95 € eingezahlt). `Basis` gibt an, nach welchem Zeitsystem die Zinstage berechnet werden. Die möglichen Werte sind in Abschnitt 3.6, »Funktionen für Wertpapierberechnungen«, beschrieben.

	A	B	C	D	E
1					
2	**Auszahlungsbetrag einer Einlage**				
3					
4	Abrechnung	01.01.2923	01.01.2923	01.01.2923	01.01.2923
5	Fälligkeit	01.01.2924	01.01.2924	01.01.2924	01.01.2924
6	Anlage	10.000,00 €	10.000,00 €	10.000,00 €	10.000,00 €
7	Disagio	5,25%	5,25%	5,25%	5,25%
8	Basis	1	2	3	4
9	AUSZAHLUNG()	10.554,09 €	10.562,22 €	10.554,09 €	10.554,09 €

Abbildung 3.14 Berechnung des Auszahlungsbetrags

Ungültige Datumswerte oder nicht numerische Werte für `Anlage` oder `Disagio` führen zu dem Fehler `#WERT!`. Nicht erlaubte Werte für `Basis` ergeben den Fehler `#ZAHL!`. Das gilt auch, wenn `Anlage` oder `Disagio` ≤ `0` oder `Abrechnung` ≥ `Fälligkeit`.

BÖRSENHISTORIE()

STOCKHISTORY()

Syntax: `BÖRSENHISTORIE(`**`Aktie; Start_Datum`**`; End_Datum; Intervall; Überschriften; Eigenschaften1; Eigenschaften2; Eigenschaften3; Eigenschaften4; Eigenschaften5)`

Beispiel: `=BÖRSENHISTORIE("RWE";"01.01.2022";"01.01.2023";2;1;1;2;3;4)`

Ergebnis: siehe Abbildung 3.9

Die Funktion `BÖRSENHISTORIE()` ruft historische Daten zu einer Aktie ab und liefert sie als dynamische Matrix. Die Funktion benötigt als Argumente zunächst das Tickersymbol des Papiers in Anführungszeichen oder einen Bezug auf eine Zelle mit dem verknüpften Datentyp `Aktie`. Wenn die Daten nicht von der vorgegebenen Landesbörse kommen, muss der vierstellige Marktidentifikationscode davorgesetzt werden, gefolgt von einem Doppelpunkt, etwa `"XNAS:MSFT"` für die Microsoft-Aktie. Die Codes finden Sie in der Hilfe zur Funktion.

Mit `Start_Datum` und `End_Datum` wird der Zeitraum angegeben, für den Werte angezeigt werden sollen. Vorgabe für das Enddatum ist heute. Konstante Werte müssen in Anführungszeichen eingegeben werden.

`Intervall` kann folgende Werte annehmen: `0` für täglich, `1` für wöchentlich, `2` für monatlich.

`0` für `Überschriften` verhindert die Anzeige von Spaltenüberschriften, wenn Sie diese selbst über der Zeile, in der die Formel steht, eingeben wollen. `1` sorgt für die Anzeige der Spaltenüberschriften in der Zeile mit der Formel, und `2` gibt vor den Spaltenüberschriften noch die Bezeichnung des Papiers aus.

Mit den folgenden Argumenten lassen sich bestimmte Eigenschaften des Papiers ausgeben, die in einer vorgegebenen Reihenfolge sortiert sind. Wird das Argument ausgelassen, erscheinen nur eine Spalte für das Datum und eine für den Schlusskurs. Die Eigenschaften haben bestimmte Nummern: `0` Datum, `1` Schlusskurs, `2` Höchstkurs, `3` Eröffnungskurs, `4` Tiefstkurs und `5` Volumen. Diese Nummern können Sie den durchnummerierten Eigenschaften in beliebiger Reihenfolge zuordnen.

Die Daten werden einmal am Tag aktualisiert, und zwar einige Zeit nach dem Schließen der Börse. Die Börsendaten können aber, wie schon erwähnt, nur in der 365-Version bezogen werden.

BW()

PV()

Syntax:	`BW(`**`Zins; Zzr; Rmz;`**` Zw; F)`
Beispiel:	`=BW(0,04; 20; 10000; ; 0)`
Ergebnis:	`-135.903,26`

Die Funktion `BW()` berechnet den Barwert einer Investition. Gemeint ist damit der Gesamtbetrag, mit dem der Wert einer Reihe von regelmäßigen zukünftigen Zahlungen angegeben werden kann. Ein einfaches Beispiel: Wer 20 Jahre lang jedes Jahr 10.000 € von der Bank erhalten will, müsste heute 135.903,26 € zu 4 % Zinsen dort einzahlen. Das Ergebnis im oben angegebenen Beispiel ist negativ, weil ja dieser Betrag zu zahlen wäre.

Mit `Zins` wird der Zinssatz und mit `Zzr` werden die Zahlungszeiträume – Perioden – und damit die Anzahl der Zahlungen und Zinszahlungen angegeben. Dabei ist auf die Verwendung der passenden Zeiteinheiten zu achten.

Als Vorgabe wird `Zins` als Jahreszinssatz interpretiert. Soll mit einer halbjährlichen, vierteljährlichen oder monatlichen Verzinsung gearbeitet werden, muss die Anzahl der Jahreszeiträume mit 2, 4 oder 12 multipliziert, der Jahreszinssatz entsprechend durch 2, 4 oder 12 dividiert werden.

`Rmz` ist der Betrag, der periodisch gezahlt wird. Dieser Betrag ist, wenn er angegeben wird, während der ganzen Laufzeit konstant. Zusätzlich kann mit `Zw` noch ein Zukunftswert angegeben werden, der nach der letzten Zahlung erreicht werden soll (im obigen Beispiel wäre das der Betrag, der nach 20 Jahren auf der Bank übrig sein soll). Wird `Zw` nicht angegeben, so wird er als 0 angenommen.

Die Funktion benötigt, wenn `Zw` nicht angegeben wird, einen Wert für `Rmz`. Umgekehrt kann aber auch ohne einen Wert für `Rmz` gerechnet werden, wenn `Zw` angegeben ist. Mit `F` wird noch angegeben, ob die Zahlungen jeweils – nachschüssig – am Ende einer Periode erfolgen (`F = 0` oder keine Angabe) oder – vorschüssig – also am Anfang (`F = 1`).

Alle Werte müssen numerische Werte sein, sonst liefert die Funktion den Fehler `#WERT!`.

Die Berechnung des Barwertes in Excel basiert auf der in Abschnitt 3.3, »Häufig benötigte Argumente und ihr Zusammenhang«, bereits vorgestellten Grundformel:

```
Bw * (1+Zins)^Zzr + Rmz * (1+Zins * F) * (((1+Zins)^Zzr)-1 / Zins) + Zw = 0
```

3.7.1 Barwert regelmäßiger Zahlungen

In Abbildung 3.15 wird verglichen, wie sich der Barwert ändert, wenn regelmäßige Auszahlungen vorschüssig oder nachschüssig verzinst werden, und welchen Einfluss kürzere Zahlungs- und Zinsperioden haben. Bei der quartalsweisen Zahlung und Verzinsung wird der Jahreszins durch 4 dividiert und die Zahl der Perioden mit 4 multipliziert. Bei der monatlichen Zahlung und Verzinsung wird durch 12 dividiert bzw. multipliziert.

	A	B	C	D	E	F	G
1							
2	**Den Barwert regelmäßiger Zahlungen berechnen**						
3							
4	Zins	4%	4%	1%	1%	0,33%	0,33%
5	Zzr	20	20	80	80	240	240
6	Rmz	10.000,00 €	10.000,00 €	2.500,00 €	2.500,00 €	833,33 €	833,33 €
7	Zw						
8	F	0	1	0	1	0	1
9	BW()	-135.903,26 €	-141.339,39 €	-137.220,52 €	-138.592,72 €	-137.518,22 €	-137.976,61 €
10		Jährliche Zahlung		Quartalsweise Zahlung		Monatliche Zahlung	

Abbildung 3.15 Barwertberechnung mit regelmäßigen Zahlungen

Die Ergebnisse der `BW()`-Funktion sind in diesem Fall negativ, da ja ein Betrag errechnet wird, der eingezahlt werden müsste, um am Ende einen Wert zu erreichen, der allen Auszahlungen plus Zins und Zinseszinsen entspricht. Die Unterschiede in den errechneten Barwerten für die unterschiedlichen Perioden sind deutlich.

3.7.2 Tilgungsrechnung

Während in dem letzten Beispiel die Bank Ihnen regelmäßig etwas zahlen soll, kann die Funktion `BW()` auch den umgekehrten Fall abbilden. Sie überlegen, einen Kredit aufzunehmen, und gehen davon aus, dass Sie sich dafür im Monat mit 500 € belasten können. Wie hoch kann der Kredit sein, wenn Sie eine Laufzeit von fünf, sechs oder acht Jahren anvisieren?

In diesem Fall muss der Wert für `Rmz` als negativer Wert angegeben werden, da sich das Geld ja, anders als vorhin, von Ihnen weg in Richtung Bank bewegt. Das Ergebnis der Funktion dagegen ist diesmal positiv, denn es entspricht ja der Höhe des Kredits, also des Betrags, der sich von der Bank zu Ihnen bewegt. Der Wert für `Zins` wird durch die Division des Jahreszinssatzes durch 12 ermittelt. Die Werte für `Zzr` werden dagegen mit 12 multipliziert.

	A	B	C	D
1				
2	**Berechnen der möglichen Kredithöhe**			
3				
4	Zins	0,33%	0,33%	0,33%
5	Zzr	60	72	96
6	Rmz pro Monat	-500,00 €	-500,00 €	-500,00 €
7	Zw			
8	F	0	0	0
9	BW()	27.149,53 €	31.958,72 €	41.019,67 €

Abbildung 3.16 Barwertberechnung zur Abschätzung einer möglichen Kreditsumme

3.7.3 Barwert für einen zukünftigen Wert berechnen

Wie schon angesprochen, kann die Funktion auch eingesetzt werden, um zu berechnen, welcher einmalige Betrag eingesetzt werden müsste, um nach einer bestimmten Anzahl von Perioden einen angestrebten Endwert zu erreichen. In dem Beispiel in Abbildung 3.17 findet eine solche Rechnung für verschiedene Zeiträume statt. Zeile 9 zeigt, dass in diesem Fall die Frage der Fälligkeit keine Rolle spielt.

	A	B	C	D	E
1					
2	**Barwert für einen Zukunftswert berechnen**				
3					
4	Zins	4,00%	4,00%	4,00%	4,00%
5	Zzr	10	10	12	12
6	Rmz				
7	Zw	150.000,00 €	150.000,00 €	150.000,00 €	150.000,00 €
8	F	0	1	0	1
9	BW()	-101.334,63 €	-101.334,63 €	-93.689,56 €	-93.689,56 €

Abbildung 3.17 Barwertberechnung für einen anvisierten Zukunftswert

DIA()

SYD()

Syntax: `DIA(`**`Ansch_Wert; Restwert; Nutzungsdauer; Zr`**`)`

Beispiel: `=DIA(20000; 2000; 3; 2)`

Ergebnis: `6666,67`

Die Funktion `DIA()` berechnet die Abschreibungsrate für einen bestimmten Abschreibungszeitraum nach der arithmetisch-degressiven Methode, die auch als digitale Methode bezeichnet wird. Für diese Methode gilt: Wenn `n` die Anzahl der Jahre ist, dann ist der Abschreibungsbetrag im ersten Jahr `n` mal so hoch wie der Betrag im letzten Jahr, im zweiten Jahr n–1 mal so hoch etc., mit anderen Worten, die Abschreibung wird jedes Jahr genau um den Betrag vermindert, der im letzten Jahr abgeschrieben wird.

Diese Methode verbindet den Vorteil der degressiven Methode, dass nämlich in den ersten Jahren höhere Beträge abgeschrieben werden können, mit dem Merkmal der linearen Methode, dass auch in den letzten Jahren noch nennenswerte Abschreibungsbeträge anfallen, da die Degression linear vorgenommen wird. Diese Methode ist allerdings nach deutschem Steuerrecht nicht zulässig.

Das Argument `Ansch_Wert` nennt die Anschaffungskosten, die für die Investition aufgewandt wurden. `Restwert` ist der Wert, den die Investition nach der Abschreibung noch hat. `Nutzungsdauer` entspricht der Anzahl der Perioden bis zum Ende der Abschreibung. `Zr` gibt das Jahr an, also den Zeitraum, für den die Abschreibung errechnet werden soll.

Alle Werte müssen numerische Werte sein, sonst liefert die Funktion den Fehler `#WERT!`. Ist einer der Werte negativ oder `Zr` > `Nutzungsdauer`, erscheint der Fehler `#ZAHL!`.

	A	B	C	D
1				
2	**Digitale Abschreibung**			
3				
4	Anschaffungskosten	22.000,00 €	22.000,00 €	22.000,00 €
5	Restwert	2.000,00 €	2.000,00 €	2.000,00 €
6	Nutzungsdauer in Jahren	3	3	3
7	Jahr	1	2	3
8	DIA()	10.000,00 €	6.666,67 €	3.333,33 €
9			Gesamt	20.000,00 €

Abbildung 3.18 Berechnung der digitalen Abschreibung bei einer Nutzungsdauer von drei Jahren

DISAGIO()

DISC()

Syntax: `DISAGIO(`**`Abrechnung; Fälligkeit; Kurs; Rückzahlung`**`; Basis)`

Beispiel: `=DISAGIO(DATUM(2024; 10; 12); DATUM(2025; 9; 1); 95; 100; 4)`

Ergebnis: `5,64 %`

Die Funktion `DISAGIO()` berechnet das Disagio, also den Abzinsungssatz beim Handel mit einem Wertpapier. Dabei handelt es sich um einen Preisabschlag auf den Nennwert eines Papiers, der auch als Abgeld bezeichnet wird, im Gegensatz zum Agio, dem Aufgeld auf den Nennwert.

Dieses Verfahren wird beispielsweise bei den von der Bundesrepublik Deutschland angebotenen Finanzierungsschätzen angewendet. Der Erwerber zahlt beim Kauf einen geringeren Betrag, als er später bei der Einlösung zum festgelegten Fälligkeitstag zurückerhält. Die Zinsen für die Zeit zwischen Kauf und Rückzahlung werden also – tagesgenau berechnet – vorschüssig vom Nennwert abgezogen.

Die Funktion benötigt die folgenden Argumente: `Abrechnung` ist der Termin des Kaufs, `Fälligkeit` ist der Termin, zu dem das Wertpapier abläuft. Beide Argumente verlangen gültige Datumswerte. Sie können als serielle Werte oder mithilfe einer Datumsfunktion angegeben werden. Ebenso kann ein solches Argument auch als Text übergeben werden, wenn er als gültiger Datumswert ausgewertet werden kann und in Anführungszeichen gesetzt ist.

`Kurs` ist der Wert zum Kauftermin pro 100 € Nennwert, und `Rückzahlung` ist der Wert am Fälligkeitstag pro 100 € Nennwert. `Basis` gibt an, nach welchem Zeitsystem die Zinstage berechnet werden. Die möglichen Werte sind in Abschnitt 3.6, »Funktionen für Wertpapierberechnungen«, beschrieben.

	A	B	C	D	E
1					
2	**Abschlag eines Wertpapiers**				
3					
4	Abrechnung	12.10.2924	12.10.2924	12.10.2924	12.10.2924
5	Fälligkeit	01.09.2925	01.09.2925	01.09.2925	01.09.2925
6	Kurs	95,00 €	95,00 €	95,00 €	95,00 €
7	Rückzahlung	100,00 €	100,00 €	100,00 €	100,00 €
8	Basis	1	2	3	4
9	DISAGIO()	5,63%	5,56%	5,63%	5,64%

Abbildung 3.19 Berechnungsvarianten für den Abschlag bei einem Wertpapier

! Ungültige Datumswerte führen zu dem Fehler `#WERT!`. Ist `Kurs` oder `Rückzahlung` ≤ `0` oder `Abrechnung` ≥ `Fälligkeit` oder der Wert für `Basis` ungültig, liefert die Funktion den Fehler `#ZAHL!`.

DURATION()

DURATION()

Syntax:	`DURATION(`**`Abrechnung; Fälligkeit; Nominalzins; Rendite; Häufigkeit`**`; Basis)`
Beispiel:	`=DURATION(DATUM(2015; 1; 1); DATUM(2025; 1; 1); 0,07; 0,07; 1; 0)`
Ergebnis:	`7,52`

Die Funktion `DURATION()` liefert für einen Nennwert von 100 Einheiten die hypothetische durchschnittliche Kapitalbindungsdauer eines festverzinslichen Wertpapiers in Jahren. Diese Kennzahl wird nach ihrem Erfinder auch Macaulay-Dauer oder Macaulay-Duration genannt. Sie wird verwendet, um das Kursänderungsrisiko abzuschätzen, das als Folge von Schwankungen des Marktzinses zu erwarten ist.

Dabei wird ein gewichteter Mittelwert der einfachen Barwerte aller in dem betreffenden Zeitraum anfallenden Zahlungsvorgänge ermittelt. Die zweite Tabelle in Abbildung 3.20 zeigt das Verfahren. In Spalte F werden zunächst die Barwerte der bis zum Fälligkeitstermin anfallenden Zahlungen berechnet, in diesem Fall also die der Zinszahlungen und der Rückzahlung bei Fälligkeit. Diese werden dann in Spalte G gewichtet, indem sie einfach mit der Periodenzahl multipliziert werden. Mithilfe dieser Kennzahl wird es möglich, verschiedene Anlagemöglichkeiten miteinander zu vergleichen. Je niedriger die durchschnittliche Bindungsdauer ist, umso risikoärmer ist ein Wertpapier einzuschätzen.

	A	B	C	D	E	F	G	H	I
1									
2	**Hypothetische Kapitalbindungsdauer**								
3									
4	Abrechnung	01.01.2015		Periode	Zahlungen	Barwerte	gewichtete Zahlungszeitpunkte	7,52	**=G15*1/100**
5	Fälligkeit	01.01.2025		1	7	6,54	6,54	7,02	**=B10/(1+B6/1)**
6	Nominalzins	7%		2	7	6,11	12,23		
7	Rendite	7%		3	7	5,71	17,14		
8	Häufigkeit	1		4	7	5,34	21,36		
9	Basis	0		5	7	4,99	24,95		
10	DURATION()	7,52		6	7	4,66	27,99		
11	MDURATION	7,02		7	7	4,36	30,51		
12				8	7	4,07	32,59		
13				9	7	3,81	34,27		
14				10	107	54,39	543,93		
15						100,00	751,52		

Abbildung 3.20 Berechnung von `DURATION()` und `MDURATION()`

`Abrechnung` ist das Kaufdatum, `Fälligkeit` ist das Datum, zu dem das Wertpapier fällig ist. Beide Argumente verlangen gültige Datumswerte. Sie können als serielle Werte oder mithilfe einer Datumsfunktion angegeben werden. Ebenso kann ein solches Argument auch als Text übergeben werden, wenn er als gültiger Datumswert ausgewertet werden kann und in Anführungszeichen gesetzt ist.

Mit `Nominalzins` wird der Zinssatz angegeben, mit `Rendite` die am Abrechnungstag geltende jährliche Rendite.

Mit `Häufigkeit` wird angegeben, wie oft die Zinsen im Jahr fällig werden. Zulässige Werte sind: `1` – jährlich, `2` – halbjährlich, `4` – vierteljährlich. `Basis` gibt an, nach welchem Zeitsystem die Zinstage berechnet werden. Die möglichen Werte sind in Abschnitt 3.6, »Funktionen für Wertpapierberechnungen«, beschrieben.

! Ungültige Datumswerte oder nicht numerische Werte für `Nominalzins` oder `Rendite` führen zu dem Fehler `#WERT!`, nicht erlaubte Werte für `Häufigkeit` oder `Basis` ergeben den Fehler `#ZAHL!`. Das gilt auch, wenn für `Nominalzins` oder `Rendite` negative Werte angegeben werden oder wenn die Reihenfolge der Termine nicht eingehalten wird: `Abrechnung` < `Fälligkeit`.

In dem Beispiel in Abbildung 3.20 wird die Duration einer festverzinslichen Anleihe mit einer Laufzeit von zehn Jahren errechnet, wobei davon ausgegangen wird, dass der

Emissions- und der Abrechnungstermin zusammenfallen. Das Ergebnis von siebeneinhalb Jahren kann dann so interpretiert werden: Verkauft der Anleger die Anleihe nach siebeneinhalb Jahren, kann er die angegebene Rendite von 7 % realisieren, unabhängig von späteren Schwankungen des Marktzinses. Dabei wird allerdings vorausgesetzt, dass der Anleger die erhaltenen periodischen Zinszahlungen immer sofort reinvestiert. Die Börsen geben in den Daten zu einem festverzinslichen Papier, das zum Handel angeboten wird, die Duration üblicherweise als einen der Kennwerte an.

Eine Variante von `DURATION()` ist die Funktion `MDURATION()`, die die modifizierte Macaulay-Dauer liefert.

EFFEKTIV()

EFFECT()

Syntax: `EFFEKTIV(`**`Nominalzins; Perioden`**`)`

Beispiel: `=EFFEKTIV(6%; 4)`

Ergebnis: `6,14 %`

Die Funktion `EFFEKTIV()` berechnet aus einem nachschüssigen Nominalzinssatz den effektiven Jahreszins für eine Anlage oder ein Darlehen. `Nominalzins` ist der jährliche Nominalzins, `Perioden` ist die Zahl der jährlichen Zinszahlungen. Da bei mehreren jährlichen anteiligen Zinszahlungen ein Teil der Jahreszinsen praktisch vorweg gezahlt wird, erhöht sich der Effektivzins mit der Zahl der jährlichen Zinszahlungen.

	A	B	C
1			
2	**Berechnung der Effektivverzinsung**		
3			
4	Nominalzins	Perioden pro Jahr	EFFEKTIV()
5	4,00%	2	4,04%
6	4,50%	2	4,55%
7	5,00%	2	5,06%
8	5,50%	4	5,61%
9	6,00%	4	6,14%
10	6,50%	4	6,66%
11	7,00%	12	7,23%
12	7,50%	12	7,76%
13	8,00%	12	8,30%

Abbildung 3.21 Effektivzins im Vergleich zum Nominalzins

Ist eines der Argumente nicht numerisch, gibt die Funktion den Fehler #WERT! zurück. Ist Nominalzins ≤ 0 oder Perioden < 1, ist der Fehler #ZAHL!.

Diese Funktion ist die Umkehrfunktion von NOMINAL(). Es gilt:

```
Effektivzins = (1 + (Nominalzins / Perioden) * Perioden) -1
```

GDA()

DDB()

Syntax:	GDA(**Ansch_Wert; Restwert; Nutzungsdauer; Periode**; Faktor)
Beispiel:	=GDA(20000; 2000; 8; 1; 2)
Ergebnis:	5000

Die Funktion GDA() berechnet die Abschreibungsrate für einen bestimmten Abschreibungszeitraum nach der geometrisch-degressiven Methode, die auch als Mehrfachraten-Abschreibung bezeichnet wird. Bei diesem Verfahren wird der Abschreibungsbetrag durch Multiplikation des nach jeder Abschreibung übrig bleibenden Buchwertes mit einem gleichbleibenden Prozentsatz ermittelt.

Das Argument Ansch_Wert ist der Betrag, der für die Investition aufgewandt wurde. Restwert ist der Wert, den die Investition am Ende der Abschreibungsperioden noch hat. Nutzungsdauer entspricht der Anzahl von Zeiträumen bis zum Ende der Abschreibung. Periode ist der Zeitraum, für den die Abschreibung ermittelt werden soll.

Mit Faktor wird die Stärke der Degressivität angegeben. Fehlt dieser Wert, wird 2 angesetzt (Doppelratenabschreibung). Mit diesem Wert wird der hypothetische lineare Abschreibungssatz multipliziert. Beträgt die Laufzeit beispielsweise acht Jahre, wäre der lineare Satz 12,50 %, multipliziert mit einem Faktor 2 ergeben sich 25 %. (Der angegebene Restwert wird dabei nicht berücksichtigt.)

Alle Argumente benötigen positive numerische Werte. Nicht numerische Werte führen zu dem Fehler #WERT!, negative Werte zu dem Fehler #ZAHL!.

Da diese Form der Abschreibung unter Umständen dazu führt, dass am Ende der Perioden nicht der komplette Wert abgeschrieben ist, wird für die letzte(n) Periode(n) häufig ein Wechsel zur linearen Abschreibungsmethode vorgenommen.

Nach dem augenblicklichen deutschen Steuerrecht ist die geometrisch-degressive Abschreibung nur noch für Güter, die zwischen dem 1.1.2008 und dem 31.12.2009 erworben wurden, erlaubt, allerdings darf der Abschreibungssatz höchstens das 2,5-Fache des linearen Abschreibungssatzes betragen und 25 % nicht übersteigen. Der Übergang zur linearen Abschreibung ist zulässig. Diese Bedingung ist in dem Beispiel in Abbildung 3.22 erfüllt.

	A	B	C	D	E	F	G	H	I
1									
2	**Geometrisch-degressive Abschreibung**								
3									
4	Anschaffungskosten	20.000 €	20.000 €	20.000 €	20.000 €	20.000 €	20.000 €	20.000 €	20.000 €
5	Restwert	2.000 €	2.000 €	2.000 €	2.000 €	2.000 €	2.000 €	2.000 €	2.000 €
6	Nutzungsdauer in Jahren	8	8	8	8	8	8	8	8
7	Jahr	1	2	3	4	5	6	7	8
8	Faktor	2	2	2	2	2	2	2	2
9	GDA()	5.000 €	3.750 €	2.813 €	2.109 €	1.582 €	1.187 €	890 €	667 €

Abbildung 3.22 Verlauf der geometrisch-degressiven Abschreibung

GDA2()

DB()

Syntax: `GDA2(`**`Ansch_Wert; Restwert; Nutzungsdauer; Periode`**`; Monate)`

Beispiel: `=GDA2(20000; 2000; 8; 1; 6)`

Ergebnis: `2500`

Die Funktion `GDA2()` berechnet die Abschreibungsrate für einen bestimmten Abschreibungszeitraum nach der geometrisch-degressiven Methode. Sie gleicht der Funktion `GDA()`, erlaubt es aber zusätzlich, für die erste Periode gebrochene Jahresanteile zu berücksichtigen.

Das Argument `Ansch_Wert` ist der Betrag, der für die Investition aufgewandt wurde. `Restwert` ist der Wert, den die Investition nach der Abschreibung noch hat. `Nutzungsdauer` entspricht der Anzahl von Zeiträumen bis zum Ende der Abschreibung. `Periode` ist der Zeitraum, für den der Abschreibungsbetrag ermittelt werden soll. Mit dem optionalen Argument `Monate` kann für das erste Jahr die Anzahl der Monate angegeben werden. Wird es weggelassen, wird der Wert `12` angenommen.

! Alle Argumente benötigen positive numerische Werte. Nicht numerische Werte führen zu dem Fehler `#WERT!`, negative Werte zu dem Fehler `#ZAHL!`.

Diese Funktion arbeitet anders als GDA() mit einem nicht veränderbaren Abschreibungssatz, der aus der Anzahl der Perioden errechnet wird:

```
Abschreibungsrate = 1 - ((Restwert/Anschaffungswert) ^ (1/Nutzungsdauer))
```

Aus der Formel lässt sich ableiten, warum der Restwert nicht mit 0 angegeben werden darf. Sie müssen also wenigstens einen Minimalwert von 1 € angeben. Zur Zulässigkeit dieser Methode siehe den Hinweis bei GDA().

	A	B	C	D	E	F	G	H	I
1									
2	**Geometrisch-degressive Abschreibung II**								
3									
4	Anschaffungskosten	20.000 €	20.000 €	20.000 €	20.000 €	20.000 €	20.000 €	20.000 €	20.000 €
5	Restwert	2.000 €	2.000 €	2.000 €	2.000 €	2.000 €	2.000 €	2.000 €	2.000 €
6	Nutzungsdauer in Jahren	8	8	8	8	8	8	8	8
7	Jahr	1	2	3	4	5	6	7	8
8	Monate	6	6	6	6	6	6	6	6
9	GDA2()	2.500 €	4.375 €	3.281 €	2.461 €	1.846 €	1.384 €	1.038 €	779 €

Abbildung 3.23 Berechnung der geometrisch-degressiven Abschreibung für einen Zeitraum

Da diese Form der Abschreibung unter Umständen dazu führt, dass am Ende der Perioden nicht der komplette Wert abgeschrieben ist, wird für die letzte(n) Periode(n) häufig ein Wechsel zur linearen Abschreibungsmethode vorgenommen.

IKV()

IRR()

Syntax: IKV(**Werte**; Schätzwert)

Beispiel: siehe Abbildung 3.24

Die Funktion IKV() berechnet den internen Ertragszins einer Investition. Das ist der Zinssatz, bei dem die Summe der Barwerte aller Aus- und Einzahlungen den Wert 0 ergibt. Mit dieser Kennzahl kann die Rentabilität einer Investition geprüft werden. Dabei wird der interne Zinssatz mit einem kalkulatorischen Zinssatz verglichen, also mit Zinsen, die bei einer Anlage auf dem Kapitalmarkt erzielt werden können. Eine Investition kann als vorteilhaft eingeschätzt werden, wenn der errechnete interne Ertragszins den Kalkulationszinssatz übersteigt.

Das Argument Werte ist eine Matrix oder ein Bereich, der mindestens einen positiven und einen negativen Wert enthält, andernfalls liefert die Funktion den Fehler #ZAHL!.

Der erste Wert stellt die getätigte Investition in der Regel als Ausgabe dar, erscheint also negativ, die weiteren Zellen stellen die periodischen Rückflüsse dar, also die Überschüsse aus Aus- und Einzahlungen. Wenn innerhalb des angegebenen Zellbereichs oder der Matrix nicht numerische Werte, Wahrheitswerte oder leere Zellen vorkommen, werden sie bei der Berechnung ignoriert.

C5 | fx =IKV($B$4:B13;10%)

	A	B	C	D
1				
2	**Interner Zinsfuß einer Investition**			
3				
4	Anschaffungskosten	- 170.000,00 €	IKV()	
5	Erlöse Jahr 1	25.000,00 €	10,05%	
6	Erlöse Jahr 2	30.000,00 €		
7	Erlöse Jahr 3	32.000,00 €		
8	Erlöse Jahr 4	38.000,00 €		
9	Erlöse Jahr 5	40.000,00 €		
10	Erlöse Jahr 6	35.000,00 €		
11	Erlöse Jahr 7	32.000,00 €		
12	Erlöse Jahr 8	28.000,00 €		
13	Erlöse Jahr 9	- 3.000,00 €		

Abbildung 3.24 Berechnen des internen Zinssatzes

Die angegebenen Werte müssen fortlaufend in einer Spalte oder Zeile angeordnet sein, wobei jede Zelle den Wert für eine Periode angibt. Es wird also unterstellt, dass die Zahlungen in der entsprechenden Reihenfolge erfolgen. Die Beträge können unterschiedlich groß sein, es wird aber davon ausgegangen, dass die Verzinsung in regelmäßigen Abständen nachschüssig erfolgt. Dies können Jahre oder auch Monate sein.

Das optionale Argument `Schätzwert` kann mit einem Wert belegt werden, der in einer Schätzung dem erwarteten Ergebnis schon möglichst nahekommt. Wird er nicht eingetragen, so wird sein Wert von Excel mit `10 %` angenommen.

Bei der Berechnung setzt die Funktion – ähnlich wie die Funktion `ZINS()` – ein Iterationsverfahren ein, das ausgehend von dem angegebenen oder vorgegebenen Schätzwert so oft durchlaufen wird, bis das Ergebnis auf 0,00001 % genau ist.

Falls allerdings nach 20 Berechnungsrunden immer noch kein brauchbares Ergebnis gefunden ist, liefert die Funktion den Fehlerwert `#ZAHL!`.

Da es sich um eine Näherungsrechnung handelt, kann es auch vorkommen, dass die Funktion unbrauchbare Ergebnisse wie etwa einen negativen Zinssatz liefert.

Beachten Sie, dass die Funktion IKV() nur für periodische Zahlungsvorgänge brauchbar ist. Wollen Sie auch unregelmäßige Zahlungsvorgänge berücksichtigen, können Sie stattdessen mit der Funktion XINTZINSFUSS() arbeiten.

ISPMT()

ISPMT()

Syntax: `ISPMT(`**`Rate; Per; Nper; Pv`**`)`

Beispiel: `=ISPMT(0,07; 4; 12; -10000)`

Ergebnis: `466,67`

Die Funktion ISPMT() berechnet die Zinsen, die auf einen bestimmten Teil eines Jahres entfallen, wobei eine einfache nachschüssige Verzinsung vorausgesetzt wird.

Mit Rate wird der nachschüssige Jahreszinssatz angegeben. Per gibt die Periode an, ab deren Ende die Zinsen bis zum Jahresende berechnet werden sollen; Nper ist die Anzahl der Zahlungsperioden im Jahr. Per und Nper müssen die gleichen Perioden verwenden. Pv ist der Gegenwartswert, also der eingezahlte oder geliehene Betrag. Dieser Wert muss mit einem Minuszeichen angegeben werden.

Ist einer der Werte nicht numerisch, liefert die Funktion den Fehler #WERT!.

Das Beispiel in Abbildung 3.25 entspricht in der Spalte B dem Fall, dass eine Summe von 10.000 € am Ende des 4. Monats auf ein Sparbuch eingezahlt wird, das 5 % Zinsen abwirft. Die Funktion errechnet die Zinsen für die restlichen acht Monate des Jahres. In der Spalte C werden dieselben Zeiträume in Tagen angegeben. Die Funktion wird aus Gründen der Kompatibilität mit *Lotus 1-2-3* bereitgestellt, daher die anderen Namen für die Argumente.

	A	B	C
1			
2	**Berechnung der unterjährigen Zinsen**		
3			
4	Zins	5%	4%
5	Zr	4	120
6	Zzr	12	360
7	BW	- 10.000,00 €	- 10.000,00 €
8	ISPMT()	333,33 €	266,67 €

Abbildung 3.25 Zinsen für einen bestimmten Zeitraum innerhalb eines Jahres

KAPZ()

PPMT()

Syntax: `KAPZ(`**`Zins; Zr; Zzr; Bw`**`; Zw; F)`

Beispiel: `=KAPZ(0,1; 1; 10; 20000)`

Ergebnis: `-1254,91`

Die Funktion `KAPZ()` berechnet den Tilgungsanteil für die Abzahlung eines Annuitätendarlehens. Ein solches Darlehen wird in periodischen, gleichbleibenden Raten abbezahlt, deren Höhe mit `RMZ()` berechnet wird. Die Raten bestehen jeweils aus einem Zinsanteil (berechnet mit `ZINSZ()`) und einem Tilgungsanteil, um den sich die Gesamtschuld jeweils verringert (siehe Abbildung 3.26).

Tilgung von Darlehen

Jährliche Zahlungen (RMZ) = Tilgung (KAPZ) + Zinsen (ZINSZ)

Zins	Jahr	Zzr	Bw	KAPZ()	ZINSZ()	RMZ()
4,00%	1	10	20.000 €	-1.665,82 €	-800,00 €	-2.465,82 €
4,00%	2	10	20.000 €	-1.732,45 €	-733,37 €	-2.465,82 €
4,00%	3	10	20.000 €	-1.801,75 €	-664,07 €	-2.465,82 €
4,00%	4	10	20.000 €	-1.873,82 €	-592,00 €	-2.465,82 €
4,00%	5	10	20.000 €	-1.948,77 €	-517,05 €	-2.465,82 €
4,00%	6	10	20.000 €	-2.026,72 €	-439,10 €	-2.465,82 €
4,00%	7	10	20.000 €	-2.107,79 €	-358,03 €	-2.465,82 €
4,00%	8	10	20.000 €	-2.192,10 €	-273,71 €	-2.465,82 €
4,00%	9	10	20.000 €	-2.279,79 €	-186,03 €	-2.465,82 €
4,00%	10	10	20.000 €	-2.370,98 €	-94,84 €	-2.465,82 €

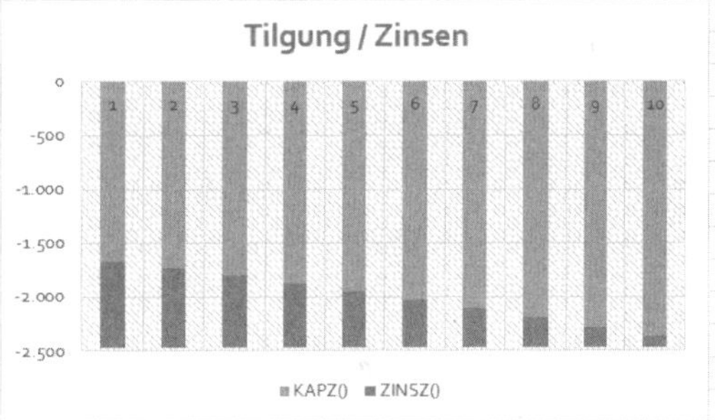

Abbildung 3.26 Verlauf der Tilgung eines Darlehens

Argumente sind `Zins` für den konstanten Nominalzinssatz, `Zr` für den Zeitraum, für den die Zahlung berechnet werden soll, `Zzr` für die Anzahl der Abzahlungszeiträume und `Bw`, also der Barwert, der bei einem Darlehen der Darlehenssumme entspricht. Dazu können Sie noch `Zw` angeben für einen Zukunftswert, also einen Betrag, der am Ende der letzten Zahlung noch an der vollständigen Rückzahlung fehlt. Ist dieser Wert nicht angegeben, wird er als `0` angenommen. Der Wert `F` ist optional und gibt die Fälligkeit der Zahlungen an: `0` oder nicht angegeben = nachschüssig, `1` = vorschüssig).

! Alle Werte müssen numerisch sein, sonst liefert die Funktion den Fehler `#WERT!`. Negative Werte für `Zr` und `Zzr` führen zu dem Fehler `#ZAHL!`.

KUMKAPITAL()

CUMPRINC()

Syntax:	`KUMKAPITAL(`**`Zins; Zzr; Bw; Zeitraum_Anfang; Zeitraum_Ende; F`**`)`
Beispiel:	`=KUMKAPITAL(4%; 10; 30000; 1; 5; 0)`
Ergebnis:	`-13533,92`

Die Funktion `KUMKAPITAL()` berechnet den Betrag, der für die Tilgung eines Annuitätendarlehens in einem bestimmten Zeitraum aufgebracht wird (nicht zu verwechseln mit den Zahlungsbeträgen). Die Funktion kann beispielsweise verwendet werden, um die verbleibende Restschuld zu berechnen.

Mit `Zins` wird der Zinssatz pro Zinszeitraum angegeben; mit `Zzr` die Anzahl der Zahlungsperioden, mit `Bw` die Darlehenssumme. `Zeitraum_Anfang` und `Zeitraum_Ende` sind die Nummern der beiden Zahlungsperioden, zwischen denen die Gesamttilgung berechnet werden soll. Mit `F` muss angegeben werden, ob die Zahlungen vorschüssig (`1`) oder nachschüssig (`0`) erfolgen sollen. Das Argument ist in diesem Fall also ausnahmsweise nicht optional.

Für `Zins`, `Zzr` und `Bw` werden positive Werte > `0` erwartet, andernfalls liefert die Funktion den Fehler `#ZAHL!`. Das gilt auch, wenn `Zeitraum_Anfang` und `Zeitraum_Ende` < `1` oder `Zeitraum_Anfang` > `Zeitraum_Ende` sind. Nicht numerische Werte liefern den Fehler `#WERT!`.

	A	B	C	D	E	F	G
1							
2	**Berechnung der aufgelaufenen Tilgung eines Darlehens**						
3							
4	Zins	4%	4%	4%	4%	4%	4%
5	Zzr	10	10	10	10	10	10
6	Bw	30.000,00 €	30.000,00 €	30.000,00 €	30.000,00 €	30.000,00 €	30.000,00 €
7	Zeitraum_Anfang	1	1	1	1	1	1
8	Zeitraum_Ende	5	6	7	8	9	10
9	F	0	0	0	0	0	0
10	KUMKAPITAL()	- 13.533,92 €	- 16.574,00 €	- 19.735,69 €	- 23.023,85 €	- 26.443,53 €	- 30.000,00 €

Abbildung 3.27 Berechnung des Tilgungsanteils zwischen zwei Zeitpunkten

Beachten Sie, dass für `Zins` und `Zzr` zueinander passende Zeiteinheiten verwendet werden müssen. Werden die Zahlungsperioden nicht in Jahren, sondern in Monaten angegeben, muss also der Jahreszinssatz durch 12 dividiert und `Zzr` mit 12 multipliziert werden.

Während mit KUMKAPITAL() der Tilgungsanteil berechnet wird, liefert die folgende Funktion KUMZINSZ() den Zinsanteil für den betreffenden Zeitraum. Beides zusammen ist der Betrag, der für den betreffenden Zeitraum insgesamt aufgebracht werden muss. Analog verhalten sich KAPZ() und ZINSZ(), zusammen ergeben sie RMZ().

KUMZINSZ()

CUMIPMT()

Syntax:	KUMZINSZ(**Zins; Zzr; Bw; Zeitraum_Anfang; Zeitraum_Ende;** F)
Beispiel:	=KUMZINSZ(6%; 10; 30000; 1; 5; 0)
Ergebnis:	-7549,95

Die Funktion KUMZINSZ() berechnet den Betrag, der für die Zinsen eines Annuitätendarlehens in einem bestimmten Zeitraum aufgebracht wird (nicht zu verwechseln mit den Zahlungsbeträgen).

Mit Zins wird der Zinssatz pro Zinszeitraum angegeben, mit Zzr die Anzahl der Zahlungsperioden, mit Bw die Darlehenssumme. Zeitraum_Anfang und Zeitraum_Ende sind die Nummern der beiden Zahlungsperioden, zwischen denen die aufgelaufenen Zinsen berechnet werden sollen. Mit F muss angegeben werden, ob die Zahlungen vorschüssig (1) oder nachschüssig (0) erfolgen sollen. Das Argument ist in diesem Fall also ausnahmsweise nicht optional.

! Für Zins, Zzr und Bw werden positive Werte > 0 erwartet, andernfalls liefert die Funktion den Fehler #ZAHL!. Das gilt auch, wenn Zeitraum_Anfang und Zeitraum_Ende < 1 oder Zeitraum_Anfang > Zeitraum_Ende sind. Nicht numerische Werte liefern den Fehler #WERT!.

	A	B	C	D	E	F	G
1							
2	**Berechnung der aufgelaufenen Zinsen eines Darlehens**						
3							
4	Zins	4%	4%	4%	4%	4%	4%
5	Zzr	10	10	10	10	10	10
6	Bw	30.000,00 €	30.000,00 €	30.000,00 €	30.000,00 €	30.000,00 €	30.000,00 €
7	Zeitraum_Anfang	1	1	1	1	1	1
8	Zeitraum_Ende	5	6	7	8	9	10
9	F	0	0	0	0	0	0
10	KUMZINSZ()	- 4.959,72 €	- 5.618,37 €	- 6.155,41 €	- 6.565,98 €	- 6.845,02 €	- 6.987,28 €

Abbildung 3.28 Aufgelaufene Zinsen zwischen zwei Zeitpunkten

Während `KUMZINSZ()` den Zinsanteil für den betreffenden Zeitraum berechnet, liefert `KUMKAPITAL()` den Tilgungsanteil. Beides zusammen ist der Betrag, der für den betreffenden Zeitraum insgesamt aufgebracht werden muss. Analog verhalten sich `KAPZ()` und `ZINSZ()`, zusammen ergeben sie `RMZ()`.

KURS()

PRICE()

Syntax:	`KURS(`**`Abrechnung`**`;` **`Fälligkeit`**`;` **`Zins`**`;` **`Rendite`**`;` **`Rückzahlung`**`;` **`Häufigkeit`**`; Basis)`
Beispiel:	`=KURS(DATUM(2023; 1; 3); DATUM(2025; 2; 10); 0,02; 0,05; 100; 1; 4)`
Ergebnis:	`94,15`

Die Funktion `KURS()` berechnet den Kurswert eines festverzinslichen Wertpapiers mit dem Nennwert 100 € abhängig von einer anvisierten Rendite. Sie gibt also Antwort auf die Frage: Welchen Kurs müsste ein Papier haben, um eine bestimmte Rendite zu erreichen?

`Abrechnung` ist das Datum des Besitzwechsels; `Fälligkeit` ist das Fälligkeitsdatum des Wertpapiers. Diese beiden Argumente verlangen gültige Datumswerte. Sie können als serielle Werte oder mithilfe einer Datumsfunktion angegeben werden. Ebenso kann ein solches Argument auch als Text übergeben werden, wenn er als gültiger Datumswert ausgewertet werden kann und in Anführungszeichen gesetzt ist.

Mit `Zins` wird der Nominalzins angegeben, mit `Rendite` die jährliche Rendite, die das Papier bringen soll. `Rückzahlung` ist der Betrag, zu dem das Wertpapier zum Fälligkeitstermin ausbezahlt wird (bei Anleihen im Allgemeinen `100`). Alle drei Argumente müssen positive Werte angeben, sonst liefert die Funktion den Fehler `#ZAHL!`.

Mit `Häufigkeit` wird angegeben, wie oft die Zinsen im Jahr fällig werden. Zulässige Werte sind: `1` – jährlich, `2` – halbjährlich, `4` – vierteljährlich. `Basis` gibt an, nach welchem Zeitsystem die Zinstage berechnet werden. Die möglichen Werte sind in Abschnitt 3.6, »Funktionen für Wertpapierberechnungen«, beschrieben.

Mit fast denselben Argumenten lässt sich, wenn der Kurs bekannt ist, mithilfe der Funktion `RENDITE()` die hier vorgegebene Rendite errechnen. Siehe `RENDITE()`.

! Ungültige Datumswerte oder nicht numerische Werte für `Zins`, `Rendite` oder `Rückzahlung` führen zu dem Fehler `#WERT!`, nicht erlaubte Werte für `Häufigkeit` oder `Basis` oder `Abrechnung` > `Fälligkeit` ergeben den Fehler `#ZAHL!`.

	A	B	C
1			
2	**Kurswert bei festverzinslichen Papieren**		
3			
4	Abrechnung	03.01.2023	
5	Fälligkeit	10.02.2025	
6	Zins	2%	
7	Rendite	5%	
8	Rückzahlung	100	
9	Häufigkeit	1	
10	Basis	4	
11	KURS()	94,15 €	

Abbildung 3.29 Kurswert von festverzinslichen Papieren

KURSDISAGIO()

PRICEDISC()

Syntax: `KURSDISAGIO(`**`Abrechnung; Fälligkeit; Disagio; Rückzahlung;`**` Basis)`

Beispiel: `=KURSDISAGIO(DATUM(2020; 1; 3); DATUM(2024; 2; 10); 3 %; 100; 4)`

Ergebnis: `93,69`

Die Funktion `KURSDISAGIO()` berechnet den Ausgabekurs eines unverzinslichen Wertpapiers. Mit dem etwas irreführenden Adjektiv »unverzinslich« wird gesagt, dass es bei diesem Papier keine periodischen Zinszahlungen gibt. Stattdessen wird beim Kauf ein Abschlag – Disagio – gewährt, d. h., der Zinsbetrag wird vorweg abgezogen.

`Abrechnung` ist das Datum des Besitzwechsels, `Fälligkeit` das Fälligkeitsdatum des Wertpapiers. Diese beiden Argumente verlangen gültige Datumswerte. Sie können als serielle Werte oder mithilfe einer Datumsfunktion angegeben werden. Ebenso kann ein solches Argument auch als Text übergeben werden, wenn er als gültiger Datumswert ausgewertet werden kann und in Anführungszeichen gesetzt ist.

`Disagio` legt als Prozentsatz fest, mit welchem Abschlag (aufs Jahr gerechnet) das Papier verkauft werden soll. `Rückzahlung` ist der Betrag, zu dem das Wertpapier zum Fälligkeitstermin ausbezahlt wird (bei Anleihen im Allgemeinen `100`). Beide Argumente müssen positive Werte angeben, sonst liefert die Funktion den Fehler `#ZAHL!`. `Basis` gibt an, nach welchem Zeitsystem die Zinstage berechnet werden. Die möglichen Werte sind in Abschnitt 3.6, »Funktionen für Wertpapierberechnungen«, beschrieben.

Ungültige Datumswerte oder nicht numerische Werte für Disagio oder Rückzahlung führen zu dem Fehler #WERT!, nicht erlaubte Werte für Basis oder Abrechnung > Fälligkeit ergeben den Fehler #ZAHL!.

Die Funktion lässt sich beispielsweise anwenden, um den Kaufpreis von sogenannten Zerobonds zu berechnen. Abbildung 3.30 zeigt ein Beispiel.

	A	B	C
1			
2	**Kurswert eines unverzinslichen Wertpapiers**		
3			
4	Abrechnung	03.01.2020	
5	Fälligkeit	10.02.2024	
6	Disagio	3%	
7	Rückzahlung	100,00	
8	Basis	4	
9	KURSDISAGIO()	87,69	

Abbildung 3.30 Berechnen des Kurses eines Zerobonds

KURSFÄLLIG()

PRICEMAT()

Syntax:	KURSFÄLLIG(**Abrechnung; Fälligkeit; Emission; Zins; Rendite**; Basis)
Beispiel:	=KURSFÄLLIG(DATUM(2024; 3; 1); DATUM(2025; 1; 1); DATUM(2024; 1; 1); 4 %; 3 %; 4)
Ergebnis:	100,80

Die Funktion KURSFÄLLIG() liefert den Kurs eines Wertpapiers bezogen auf einen Nennwert von 100 Einheiten, bei dem die Zinsen erst zum Fälligkeitsdatum, also mit der Rückzahlung, ausgezahlt werden. Dabei handelt es sich um eine einfache nachschüssige Verzinsung ohne Zinseszinseffekt.

Abrechnung ist das Kaufdatum, für das der Kurswert errechnet werden soll, Fälligkeit das Datum, zu dem das Wertpapier zurückgenommen wird. Emission ist das Ausgabedatum des Papiers, ab dem die Zinsen berechnet werden. Alle drei Argumente verlangen gültige Datumswerte. Sie können als serielle Werte oder mithilfe einer Datumsfunktion angegeben werden. Ebenso kann ein solches Argument auch als Text übergeben werden, wenn er als gültiger Datumswert ausgewertet werden kann und in Anführungszeichen gesetzt ist.

`Zins` ist der jährliche Nominalzinssatz. Mit `Rendite` wird angegeben, wie viel das Wertpapier jährlich einbringen soll (in Prozent vom Kaufpreis). `Basis` gibt an, nach welchem Zeitsystem die Zinstage berechnet werden. Die möglichen Werte sind in Abschnitt 3.6, »Funktionen für Wertpapierberechnungen«, beschrieben.

	A	B
1		
2	**Kurs bei nachschüssiger Verzinsung**	
3		
4	Abrechnung	01.03.2024
5	Fälligkeit	01.01.2025
6	Emission	01.01.2024
7	Zins	4%
8	Rendite	3%
9	Basis	4
10	KURSFÄLLIG()	100,80

Abbildung 3.31 Berechnung des Kurses bei nachschüssiger Verzinsung

Ungültige Datumswerte oder nicht numerische Werte für `Zins` oder `Rendite` führen zu dem Fehler `#WERT!`, nicht erlaubte Werte für `Basis` ergeben den Fehler `#ZAHL!`. Das gilt auch, wenn die Werte `Emission`, `Abrechnung` und `Fälligkeit` nicht aufeinanderfolgen.

LIA()

SLN()

Syntax: `LIA(`**`Ansch_Wert; Restwert; Nutzungsdauer`**`)`

Beispiel: `=LIA(22000; 2000; 5)`

Ergebnis: `4000`

Die Funktion `LIA()` berechnet die Abschreibungsrate für einen bestimmten Abschreibungszeitraum nach der linearen Methode. Dies ist eine der beiden steuerrechtlich möglichen Methoden der »Absetzung für Abnutzung« – kurz *AFA*. Bei dieser Methode wird über den gesamten Abschreibungszeitraum mit periodisch gleichbleibenden Beträgen abgeschrieben.

Das Argument `Ansch_Wert` nennt die Anschaffungskosten, die für die Investition aufgewandt wurden. `Restwert` ist der Wert, den die Investition nach der Abschreibung noch hat. `Nutzungsdauer` entspricht der Anzahl von Zeiträumen bis zum Ende der Abschreibung. Der jährliche Abschreibungsbetrag wird ermittelt, indem die Differenz zwischen Anschaffungskosten und Restwert durch den Wert für Nutzungsdauer geteilt wird. Dieser Betrag wird jeweils vom Buchwert der Vorperiode abgezogen. Abbildung 3.32 zeigt den gleichmäßigen Verlauf der Abschreibung über die gesamte Nutzungsdauer. Das Beispiel geht allerdings davon aus, dass die Nutzungsdauer nur ganze Jahre umfasst. In der Praxis muss aber berücksichtigt werden, dass Anschaffungen ab dem Monat abgeschrieben werden müssen, in dem sie getätigt worden sind, wobei es keine Rolle spielt, um welchen Tag des Monats es sich handelt. Seit 2004 gilt die früher übliche Halbjahresregel nicht mehr.

	A	B	C	D	E	F
1						
2	**Lineare Abschreibung**					
3						
4	Anschaffungskosten	22.000 €	22.000 €	22.000 €	22.000 €	22.000 €
5	Restwert	2.000 €	2.000 €	2.000 €	2.000 €	2.000 €
6	Nutzungsdauer in Jahren	5	5	5	5	5
7	Jahr	1	2	3	4	5
8	LIA()	4.000 €	4.000 €	4.000 €	4.000 €	4.000 €
9					Gesamt:	20.000 €

Abbildung 3.32 Verlauf der linearen Abschreibung

Um einen entsprechenden Abschreibungsplan zu erstellen, kann für das erste Jahr mit einer Formel gearbeitet werden, die den jährlichen Abschreibungsbetrag mit dem Faktor Anzahl Monate / 12 multipliziert. Die folgenden Jahre werden wie oben mithilfe von `LIA()` berechnet. Für den am Ende übrig bleibenden Rest wird dann eine zusätzliche Periode angehängt.

! Alle Werte müssen numerische Werte sein, sonst liefert die Funktion den Fehler `#WERT!`.

	A	B	C	D	E
11	Anschaffungskosten	20.000 €		2020	2.000 €
12	Restwert			2021	4.000 €
13	Nutzungsdauer in Jahren	5		2022	4.000 €
14	Monat des Kaufs	6		2023	4.000 €
15	Jahr des Kaufs	2020		2024	4.000 €
16				2025	2.000 €

Abbildung 3.33 Abschreibungsplan bei Kauf innerhalb des Jahres

MDURATION()

MDURATION()

Syntax:	`MDURATION(`**`Abrechnung; Fälligkeit; Coupon; Rendite; Häufigkeit;`** `Basis)`
Beispiel:	`=MDURATION(DATUM(2020; 6; 19); DATUM(2025; 8; 27); 0,04; 0,0349; 1; 4)`
Ergebnis:	`4,49`

Die Funktion `MDURATION()` liefert die als modifizierte Duration bezeichnete Kennzahl für festverzinsliche Wertpapiere. Sie gibt an, wie sehr sich der Anleihekurs prozentual ändert, wenn das Marktzinsniveau um 1 % angehoben wird. Dadurch kann geprüft werden, wie stark sich der Gesamtertrag einer Anleihe unter Umständen ändern kann, wenn sich der Zinssatz am Markt ändert.

Wird das Ergebnis der Funktion beispielsweise mit einer erwarteten Marktzinsänderung von 0,5 % multipliziert, ergibt sich ein Prozentsatz für eine relative Kursänderung gegenüber dem bisherigen Kurs. Anders als bei Aktien sind bei Anleihen, je näher der Abrechnungstermin dem Fälligkeitstermin kommt, umso geringere Kursschwankungen zu erwarten. Ein geringerer Wert für `MDURATION()` bedeutet also, dass auch geringere Kursgewinne bzw. -verluste bei fallenden bzw. steigenden Marktzinsen zu erwarten sind.

`Abrechnung` ist das Kaufdatum, `Fälligkeit` ist das Datum, zu dem das Wertpapier fällig ist. Beide Argumente verlangen gültige Datumswerte. Sie können als serielle Werte oder mithilfe einer Datumsfunktion angegeben werden. Ebenso kann ein solches Argument auch als Text übergeben werden, wenn er als gültiger Datumswert ausgewertet werden kann und in Anführungszeichen gesetzt ist. Mit `Coupon` wird der Zinssatz angegeben, mit `Rendite` die am Abrechnungstag geltende jährliche Rendite.

Mit `Häufigkeit` wird angegeben, wie oft die Zinsen im Jahr fällig werden. Zulässige Werte sind: `1` – jährlich, `2` – halbjährlich, `4` – vierteljährlich. `Basis` gibt an, nach welchem Zeitsystem die Zinstage berechnet werden. Die möglichen Werte sind in Abschnitt 3.6, »Funktionen für Wertpapierberechnungen«, beschrieben.

Die Funktion steht zu `DURATION()` in folgender Beziehung:

```
MDURATION = DURATION / 1 + (Rendite / Jährliche Kuponzahlungen)
```

	A	B
1		
2	**Modifizierte Duration**	
3		
4	Abrechnung	19.06.2020
5	Fälligkeit	27.08.2025
6	Nominalzins	4%
7	Rendite	3,49428%
8	Häufigkeit	1
9	Basis	4
10	MDURATION	4,49

Abbildung 3.34 Berechnung der modifizierten Duration für ein festverzinsliches Papier

Ungültige Datumswerte oder nicht numerische Werte für `Coupon` oder `Rendite` führen zu dem Fehler `#WERT!`, nicht erlaubte Werte für `Häufigkeit` oder `Basis` ergeben den Fehler `#ZAHL!`. Das gilt auch, wenn für `Coupon` oder `Rendite` negative Werte angegeben werden oder wenn die Reihenfolge der Termine nicht eingehalten wird: `Abrechnung` < `Fälligkeit`.

NBW()

NPV()

Syntax:	`NBW(`**`Zins`**`;` **`Wert1`**`; Wert2; …)`
Beispiel:	`=NBW(0,1; -20000; 6000; 8000; 12000)`
Ergebnis:	`984`

Die Funktion `NBW()` berechnet den Nettobarwert von zukünftigen Periodenüberschüssen (*Cashflows*), die aufgrund einer Investition erwartet werden. Diese Berechnung gehört zu den Methoden der dynamischen Investitionsrechnung, mit deren Hilfe geprüft werden kann, ob sich eine Investition lohnt oder nicht. Nur Investitionen mit einem positiven `NBW()` können als lohnend eingestuft werden, bei einem negativen Ergebnis wäre es besser, das Geld zum angegebenen Zinssatz auf die Bank zu tragen.

Mit dem Argument `Zins` muss zunächst ein konstanter Kalkulationszinssatz für den gesamten betrachteten Zeitraum vorgegeben werden. Der hier sinnvolle Wert ist eine brauchbare Vergleichsrendite, die sich aus der Überlegung ergibt, wie viel bei der gegebenen Marktsituation durch eine andere Anlage des investierten Kapitals erreicht werden könnte.

`Wert1`, `Wert2`, ... sind dann die erwarteten Zahlungsvorgänge (Einzahlung positiv, Auszahlung negativ), die jeweils am Ende einer Periode erfolgen. Die Werte werden in der Reihenfolge verarbeitet, in der sie in einer Spalte oder Zeile angeordnet sind. Es muss also darauf geachtet werden, dass die zeitliche Abfolge dabei eingehalten wird.

Nicht numerische Argumente oder Bezüge auf leere Zellen werden so behandelt, als ob sie nicht existieren. Der Wert `#NV` führt allerdings auch zu dem Funktionsergebnis `#NV`. Gleiches gilt für andere Fehlerwerte.

Anders als bei der `BW()`-Funktion erlaubt `NBW()` unterschiedliche Zahlungsbeträge, die aber immer am Ende der Periode anfallen.

Abbildung 3.35 zeigt ein Beispiel mit einer Anschaffung in Höhe von 20.000 € am Anfang und unterschiedlichen Überschüssen in den folgenden drei Jahren. `NBW()` ermittelt einen positiven Wert, d. h., dass die Investition auf jeden Fall die anvisierten 10 % übertreffen wird. Das Ergebnis in C9 dagegen ist negativ. Eine interne Zinsrate von 15 % ist also so nicht zu erreichen.

	A	B	C
1			
2	**Berechnen des Kapitalwerts einer Investition**		
3			
4	Jährlicher Abzinsungsfaktor	10%	15%
5	Anfangskosten	-20000	-20000
6	Überschuss Jahr 1	6000	6000
7	Überschuss Jahr 2	8000	8000
8	Überschuss Jahr 3	12000	12000
9	NBW()	984	- 733

Abbildung 3.35 Nettobarwert zu einem Cashflow

NOMINAL()

NOMINAL()

Syntax: `NOMINAL(`**`Effektiver_Zins; Perioden`**`)`

Beispiel: `=NOMINAL(6,3 %; 4)`

Ergebnis: `6,16 %`

Die Funktion `NOMINAL()` berechnet den Nominalzins (Jahreszins auf den Nennwert). Diese Funktion ist die Umkehrfunktion von `EFFEKTIV()`. Es gilt:

```
Effektivzins = (1 + (Nominalzins / Perioden)) ^ Perioden) -1
```

Mit Effektiver_Zins wird der tatsächlich erzielte Jahreszins angegeben, der sich aus der Berücksichtigung von unterjährigen Zinseszinseffekten ergibt; Perioden gibt die Zahl der im Jahr vorkommenden Zinszahlungen an. Bei einer jährlichen Zahlung sind Nominalzins und Effektivzins identisch.

	A	B	C
1			
2	**Nominalzins aus Effektivzins berechnen**		
3			
4	Effektiver_Zins	Perioden im Jahr	NOMINAL()
5	6%	1	6,00%
6	6%	2	5,91%
7	6%	4	5,87%
8	6%	12	5,84%

Abbildung 3.36 Rückrechnen auf den Nominalzins

Ist eines der Argumente nicht numerisch, gibt die Funktion den Fehler #WERT! zurück. Ist Effektiver_Zins ≤ 0 oder Perioden < 1, ist der Fehler #ZAHL!.

NOTIERUNGBRU()

DOLLARFR()

Syntax: NOTIERUNGBRU(**Zahl; Teiler**)

Beispiel: =NOTIERUNGBRU(4,125; 8)

Ergebnis: 4,1

Die Funktion NOTIERUNGBRU() liefert eine als Bruch interpretierbare Darstellung einer Dezimalzahl. Zahl ist die dezimale Zahl, die als Bruchzahl dargestellt werden soll. Teiler gibt den Nenner an, der für die Bruchzahl verwendet werden soll. Er muss eine ganze Zahl > 0 sein, Dezimalstellen werden abgeschnitten.

Beide Werte müssen numerische Werte sein, sonst liefert die Funktion den Fehler #WERT!. Ist Teiler negativ, erscheint der Fehler #ZAHL!.

Abbildung 3.37 zeigt einige Beispiele. Das Ergebnis der Funktion in B6 ist so zu lesen: Der Dezimalzahl 4,125 entspricht die Bruchzahl 4 und 1/8.

Beachten Sie, dass das Ergebnis nur eine Lesehilfe ist und kein Wert, mit dem Sie weiterrechnen können. Da in den USA bis 2001 Aktiennotierungen mithilfe natürlicher Brüche vorgenommen wurden, können mit der Funktion erstellte Tabellen beim Lesen älterer Notierungen helfen.

	A	B	C	D
1				
2	**Darstellung von Dezimalzahlen als Bruchzahlen**			
3				
4		Teiler		
5	Zahl	8	4	2
6	4,125	4,1	4,05	4,025
7	4,250	4,2	4,1	4,05
8	4,375	4,3	4,15	4,075
9	4,500	4,4	4,2	4,1
10	4,625	4,5	4,25	4,125
11	4,750	4,6	4,3	4,15
12	4,875	4,7	4,35	4,175

Abbildung 3.37 Umwandlung von Dezimalzahlen in Bruchzahlen

NOTIERUNGDEZ()

DOLLARDE()

Syntax: `NOTIERUNGDEZ(`**`Zahl; Teiler`**`)`

Beispiel: `=NOTIERUNGDEZ(2,1; 8)`

Ergebnis: `2,125`

Die Funktion `NOTIERUNGDEZ()` konvertiert einen als Bruch interpretierten Ausdruck `Zahl` in eine Dezimalzahl. `Zahl` ist in diesem Fall ein Wert, dessen Dezimalstellen als Zähler eines Bruchs zu interpretieren sind, also ein Wert, wie ihn die oben beschriebene Funktion `NOTIERUNGBRU()` als Ergebnis liefert. `NOTIERUNGDEZ()` ist die Umkehrung von `NOTIERUNGBRU()`.

`Teiler` gibt den Nenner an, für den der Dezimalteil von `Zahl` als Zähler zu verstehen ist. Er muss eine ganze Zahl > `0` sein, Dezimalstellen werden abgeschnitten.

Beide Werte müssen numerische Werte sein, sonst liefert die Funktion den Fehler `#WERT!`. Ist `Teiler` negativ, erscheint der Fehler `#ZAHL!`.

Abbildung 3.38 zeigt einige Beispiele. Das Ergebnis der Funktion in B8 ist so zu lesen: Der Bruchzahl 2,1, die für 2 und 1/8 steht, entspricht die Dezimalzahl 2,125. Anders als bei der Funktion `NOTIERUNGBRU()` kann mit dem Ergebnis der Funktion `NOTIERUNGDEZ()` weitergerechnet werden, weil sie ja wieder eine korrekte Dezimalzahl liefert. Siehe auch `NOTIERUNGSBRU()`.

	A	B	C	D	E
1					
2	**Darstellung von Bruchzahlnotierungen als Dezimalzahl**				
3					
4	Teiler	2,1	2,2	2,01	2,02
5	2	2,500	3,000	2,0500	2,1000
6	4	2,250	2,500	2,0250	2,0500
7	8	2,125	2,250	2,0125	2,0250

Abbildung 3.38 Umwandlung von Bruchzahlnotierungen in Dezimalzahlen

PDURATION()

PDURATION()

Syntax: `PDURATION(`**`Zins; Bw; Zw`**`)`

Beispiel: `=PDURATION(5 %; 10000; 13000)`

Ergebnis: `5,3774`

Mit der Funktion `PDURATION()` wird die Anzahl der Perioden berechnet, bis eine Investition den angegebenen Zielwert erreicht hat. Dabei wird angenommen, dass nach der ersten Zahlung keine Zuzahlungen oder Entnahmen erfolgen. Die Funktion verlangt drei Argumente. Das Argument `Zins` gibt den Zinssatz pro Zahlungsperiode an. Mit `Bw` wird der aktuelle Wert der Investition angegeben. `Zw` gibt den gewünschten zukünftigen Wert der Investition an. Dabei wird folgende Gleichung verwendet:

```
PDURATION = (LOG(Zw)-LOG(Bw))/LOG(1+Zins)
```

Alle Argumente erfordern, anders als bei verwandten Funktionen wie `BW()` oder `ZW()`, positive numerische Werte. Ist das nicht der Fall, liefert die Funktion den Fehlerwert `#ZAHL!`. Ist ein Argument nicht numerisch, ist der Fehlerwert `#WERT!`.

Soll das Ergebnis in Monatsperioden geliefert werden, wird der Wert für `Zins` durch 12 geteilt.

	A	B	C
1			
2	**Berechnung der Kapitalbindungsdauer**		
3			
4	Zins	4%	4,50%
5	Barwert	100000	100000
6	Zukunftswert	120000	120000
7	PDURATION()	4,65	4,14

Abbildung 3.39 Beispiele für die Funktion `PDURATION()`

Die Funktion liefert das gleiche Ergebnis wie die Funktion `ZZR()`, wenn dort das Argument `Rmz` auf `0` gesetzt und entweder der Barwert oder der Zukunftswert mit negativem Vorzeichen angegeben ist.

QIKV()

MIRR()

Syntax:	`QIKV(`**`Werte; Investition; Reinvestition`**`)`
Beispiel:	`=QIKV({-80000; -2000; 12000; 25000; 26000; 30000}; 8 %; 10 %)`
Ergebnis:	`5 %`

Mit der Funktion `QIKV()` kann der qualifizierte interne Zinssatz einer Reihe von Periodenüberschüssen ermittelt werden, bei dem die negativen Cashflows mit einem anderen Zinssatz bewertet werden können als die positiven. Der Grund für unterschiedliche Zinssätze kann beispielsweise darin liegen, dass negative Cashflows mit hohen Überziehungszinsen finanziert werden müssen, während die Anlage von Überschüssen wesentlich geringere Zinsen abwirft.

Drei Argumente müssen für die Funktion eingetragen werden: Das Argument `Werte` ist eine Matrix oder ein Bereich, der mindestens einen positiven und einen negativen Wert enthält. Der erste Wert stellt beispielsweise die getätigte Investition als Ausgabe dar, erscheint also negativ, die weiteren Werte stellen die periodischen Rückflüsse dar, also die Überschüsse aus Aus- und Einzahlungen. Nicht numerische Werte werden ignoriert. Fehlerwerte dagegen führen dazu, dass die Funktion diesen Wert auch als Ergebnis ausgibt.

Die Werte müssen, falls sie nicht als Matrix direkt eingegeben werden, fortlaufend in einer Spalte oder auch Zeile angeordnet sein, wobei jede Zelle den Wert für eine Periode angibt. Es wird also unterstellt, dass die Zahlungsvorgänge in der entsprechenden Reihenfolge jeweils am Ende der Periode erfolgen. Die Beträge können unterschiedlich groß sein, es wird aber davon ausgegangen, dass die Verzinsung in regelmäßigen Abständen erfolgt. Dies können Jahre oder auch Monate sein.

Mit `Investition` wird der Zinssatz angegeben, mit dem negative Beträge, also Ausgaben, abgezinst werden; `Reinvestition` ist der Zinssatz, mit dem positive Beträge, also Einnahmen, aufgezinst werden, also der Zinssatz, der realisiert werden kann, wenn etwa erzielte Gewinne aus der Investition wieder angelegt werden. Die Funktion ermittelt jeweils den Barwert der Ausgaben und den Zukunftswert der Einnahmen. Das Ergebnis der Funktion gibt also an, zu welchem Zinssatz das ausgegebene Geld am Ende wieder hereingekommen ist.

! Alle Werte müssen numerische Werte sein, sonst liefert die Funktion den Fehler `#WERT!`. Enthält `Werte` nicht mindestens einen negativen Wert, liefert die Funktion den Fehler `#DIV/0!`.

Abbildung 3.40 zeigt ein Beispiel, in dem die Anschaffungskosten und die Verluste im ersten Jahr mit einem Kredit zu 6 % finanziert wurden, während die Überschüsse in den folgenden Jahren nur mit einer Verzinsung von 3 % angelegt werden konnten.

C8 =QIKV(B8:B13;B4;B5)

	A	B	C	D	E
1					
2	**Qualifizierte interne Verzinsung einer Investition**				
3					
4	Zinssatz der Investition	6%			
5	Zinssatz der Reinvestition	3%			
6					
7		Werte	QIKV()		
8	Anschaffungskosten	-80000	3,32%		
9	Ertrag Jahr 1	-2000			
10	Ertrag Jahr 2	12000			
11	Ertrag Jahr 3	25000			
12	Ertrag Jahr 4	26000			
13	Ertrag Jahr 5	30000			

Abbildung 3.40 Berechnung der qualifizierten internen Kapitalverzinsung

RENDITE()

YIELD()

Syntax: `RENDITE(`**`Abrechnung; Fälligkeit; Zins; Kurs; Rückzahlung; Häufigkeit`**`; Basis)`

Beispiel: `=RENDITE(DATUM(2021; 1; 3); DATUM(2025; 2; 10); 3 %; 96; 100; 2; 4)`

Ergebnis: `4,07 %`

Die Funktion `RENDITE()` berechnet die jährliche Rendite eines festverzinslichen Wertpapiers, also einer Anleihe oder Obligation.

`Abrechnung` ist das Datum des Besitzwechsels, `Fälligkeit` das Fälligkeitsdatum des Wertpapiers. Diese beiden Argumente verlangen gültige Datumswerte. Sie können als serielle Werte oder mithilfe einer Datumsfunktion angegeben werden. Ebenso kann ein solches Argument auch als Text übergeben werden, wenn er als gültiger Datumswert ausgewertet werden kann und in Anführungszeichen gesetzt ist.

Mit `Zins` wird der Nominalzins angegeben, mit `Kurs` der aktuelle Kurs des Papiers bezogen auf einen Nennwert von 100 Einheiten. `Rückzahlung` ist der Betrag, zu dem das Wertpapier zum Fälligkeitstermin ausbezahlt wird (bei Anleihen im Allgemeinen `100`). Alle drei Argumente müssen positive Werte angeben, sonst liefert die Funktion den Fehler `#ZAHL!`. Mit `Häufigkeit` wird angegeben, wie oft die Zinsen im Jahr fällig werden. Zulässige Werte sind: `1` – jährlich, `2` – halbjährlich, `4` – vierteljährlich. `Basis` gibt an, nach welchem Zeitsystem die Zinstage berechnet werden. Die möglichen Werte sind in Abschnitt 3.6, »Funktionen für Wertpapierberechnungen«, beschrieben.

Mit fast denselben Argumenten lässt sich, wenn die Rendite bekannt ist, mithilfe der Funktion `KURS()` der entsprechende Kurs errechnen. Siehe `KURS()`.

	A	B	C
1			
2	**Rendite bei festverzinslichen Papieren**		
3			
4	Abrechnung	03.01.2021	04.01.2021
5	Fälligkeit	10.02.2025	11.02.2025
6	Zins	3%	3%
7	Kurs	96,00	96,00
8	Rückzahlung	100,00	100,00
9	Häufigkeit	1	2
10	Basis	4	4
11	RENDITE()	4,08%	4,07%

Abbildung 3.41 Berechnen der Rendite einer Anleihe

! Ungültige Datumswerte oder nicht numerische Werte für `Zins`, `Kurs` oder `Rückzahlung` führen zu dem Fehler `#WERT!`, nicht erlaubte Werte für `Häufigkeit` oder `Basis` oder `Abrechnung` > `Fälligkeit` ergeben den Fehler `#ZAHL!`.

RENDITEDIS()

YIELDDISC()

Syntax:	`RENDITEDIS(`**`Abrechnung; Fälligkeit; Kurs; Rückzahlung;`**` Basis)`
Beispiel:	`=RENDITEDIS(DATUM(2025; 1; 3); DATUM(2026; 1; 3); 96,5; 100; 4)`
Ergebnis:	`3,63 %`

Die Funktion RENDITEDIS() berechnet die jährliche Rendite eines unverzinslichen Wertpapiers. Mit dem etwas irreführenden Adjektiv »unverzinslich« wird gesagt, dass es bei diesem Papier keine periodischen Zinszahlungen gibt. Stattdessen wird beim Kauf ein Abschlag – Disagio – gewährt, d. h., der Zinsbetrag wird vorweg abgezogen.

Ein Beispiel sind Zerobonds, die seit 1985 auch in Deutschland gehandelt werden dürfen. Bei diesen Papieren ist die Bonität des Schuldners besonders zu beachten, da ja bei Fälligkeit auf einen Schlag der Anleihebetrag plus Zinsen gezahlt werden müssen.

Abrechnung ist der Kauftermin, Fälligkeit der Rückzahlungstermin. Diese beiden Argumente verlangen gültige Datumswerte. Sie können als serielle Werte oder mithilfe einer Datumsfunktion angegeben werden.

Ebenso kann ein solches Argument auch als Text übergeben werden, wenn er als gültiger Datumswert ausgewertet werden kann und in Anführungszeichen gesetzt ist. Das Papier wird zum Preis von Kurs erworben und zum Fälligkeitstermin zum Preis von Rückzahlung eingelöst. Beide Werte werden bezogen auf 100 Einheiten angegeben. Beide müssen positive Werte sein, sonst liefert die Funktion den Fehler #ZAHL!.

	A	B	C	D	E	F
1						
2	**Jährliche Rendite eines unverzinslichen Wertpapiers**					
3						
4	Abrechnung	03.01.2025	04.01.2025	05.01.2025	06.01.2025	07.01.2025
5	Fälligkeit	03.01.2026	04.01.2026	05.01.2026	06.01.2026	07.01.2026
6	Kurs	96,50	96,50	96,50	96,50	96,50
7	Rückzahlung	100,00	100,00	100,00	100,00	100,00
8	Basis	0	1	2	3	4
9	RENDITEDIS()	3,63%	3,63%	3,58%	3,63%	3,63%

Abbildung 3.42 Berechnung der Rendite eines Wertpapiers

Basis gibt an, nach welchem Zeitsystem die Zinstage berechnet werden. Die möglichen Werte sind in Abschnitt 3.6, »Funktionen für Wertpapierberechnungen«, beschrieben.

! Ungültige Datumswerte oder nicht numerische Werte für Kurs oder Rückzahlung führen zu dem Fehler #WERT!, nicht erlaubte Werte für Basis oder Abrechnung > Fälligkeit ergeben den Fehler #ZAHL!.

RENDITEFÄLL()

YIELDMAT()

Syntax:	`RENDITEFÄLL(`**`Abrechnung; Fälligkeit; Emission; Zins; Kurs`**`; Basis)`
Beispiel:	`=RENDITEFÄLL(DATUM(2025; 4; 1); DATUM(2025; 10; 1); DATUM(2024; 10; 1); 0,045; 99; 4)`
Ergebnis:	`6,42 %`

Die Funktion `RENDITEFÄLL()` berechnet im unterjährigen Bereich, also ohne Zinseszinseffekte, die jährliche Rendite eines Wertpapiers, dessen Zinsen nachschüssig zum Fälligkeitstermin ausgezahlt werden.

	A	B	C	D	E
1					
2	**Rendite eines Wertpapiers, dessen Zinsen bei Fälligkeit gezahlt werden**				
3					
4	Abrechnung	01.04.2025	02.04.2025	03.04.2025	
5	Fälligkeit	01.10.2025	02.10.2025	03.10.2025	
6	Emission	01.10.2024	02.10.2024	03.10.2024	
7	Zins	5,00%	5,00%	4,50%	
8	Kurs	99,00	98,00	99,00	
9	Basis	4	4	4	
10	RENDITEFÄLL()	6,90%	8,96%	6,42%	

Abbildung 3.43 Berechnung der Rendite bei Fälligkeit

`Abrechnung` ist der Kauftermin; das ist gleichzeitig der Zeitpunkt, für den die Rendite berechnet wird. `Fälligkeit` ist der Rücknahme- und damit Auszahlungstermin, `Emission` ist der Ausgabetermin des Papiers, ab dem die Verzinsung berechnet wird. Alle drei Argumente verlangen gültige Datumswerte. Sie können als serielle Werte oder mithilfe einer Datumsfunktion angegeben werden. Ebenso kann ein solches Argument auch als Text übergeben werden, wenn er als gültiger Datumswert ausgewertet werden kann und in Anführungszeichen gesetzt ist.

`Zins` ist der vereinbarte jährliche Nominalzinssatz. Das Papier wird zum Preis von `Kurs` am Abrechnungstermin erworben und zum Fälligkeitstermin zum Nennwert zusammen mit den aufgelaufenen Zinsen eingelöst. `Basis` gibt an, nach welchem Zeitsystem die Zinstage berechnet werden. Die möglichen Werte sind in Abschnitt 3.6, »Funktionen für Wertpapierberechnungen«, beschrieben.

Ungültige Datumswerte oder nicht numerische Werte für Zins oder Rendite führen zu dem Fehler #WERT!, nicht erlaubte Werte für Basis ergeben den Fehler #ZAHL!. Das gilt auch, wenn die Datumswerte Emission, Abrechnung und Fälligkeit nicht aufeinanderfolgen oder wenn Zins < 0 oder Kurs ≤ 0 ist.

RMZ()

PMT()

Syntax:	RMZ(**Zins**; **Zzr**; **Bw**; Zw; F)
Beispiel:	=RMZ(0,02/12; 10*12; 20000)
Ergebnis:	-184,03

Die Funktion RMZ() liefert die kontinuierliche Rente, wenn sie innerhalb einer Rentenrechnung verwendet wird. Bei einem Annuitätendarlehen berechnet die Funktion die Annuität, die sich jeweils aus einem Zinsanteil (berechnet mit ZINSZ()) und einem Tilgungsanteil (berechnet mit KAPZ()), um den sich die Gesamtschuld jeweils verringert, zusammensetzt.

Argumente sind Zins für den konstanten Nominalzinssatz, Zzr für die Anzahl der Zahlungszeiträume und Bw, also der Barwert, der bei einem Darlehen der Darlehenssumme entspricht. Bei der Rentenrechnung gibt dieser Wert den Kontostand am Beginn der Rentenzahlungen an.

Dazu können Sie noch Zw angeben für einen Zukunftswert, also einen Betrag, der am Ende der letzten Zahlung noch an der vollständigen Rückzahlung eines Darlehens fehlt. Bei der Rentenrechnung ist es der Kontostand, der am Ende aller Rentenzahlungen erreicht werden soll.

Ist dieser Wert nicht angegeben, wird er als 0 angenommen. Ist Zw angegeben, kann Bw auch fehlen. Wird dagegen Bw nicht angegeben, muss Zw angegeben werden.

Der Wert F ist optional und gibt die Fälligkeit der Zahlungen an: 0 oder nicht angegeben = nachschüssig, 1 = vorschüssig).

Alle Werte müssen numerisch sein, sonst liefert die Funktion den Fehler #WERT!.

Abbildung 3.44 zeigt eine Tabelle, in der der monatliche Betrag für die Annuitätentilgung für verschiedene Jahreszinssätze berechnet wird. Die Formel für B7 zeigt, dass dabei der Jahreszinssatz durch 12 dividiert und die Anzahl der Perioden mit 12 multipliziert werden muss. Das Ergebnis ist negativ, weil diese Beträge ja an den Kreditgeber abfließen. Die Funktion ist also aus der Sicht des Schuldners zu verstehen.

	A	B	C	D	E
1					
2	**Berechnen des monatlichen Betrags bei Annuitätentilgung**				
3					
4	Zins	1,40%	1,80%	2,00%	
5	Zzr	10	10	10	
6	Bw	20.000 €	20.000 €	20.000 €	
7	RMZ()	-178,70 €	-182,24 €	-184,03 €	
8	Gesamt	-21.444,30 €	-21.868,93 €	-22.083,23 €	

Abbildung 3.44 Berechnen der Annuität bei einem Darlehen

Wenn Sie wissen wollen, wie viel Sie insgesamt für den Kredit zu zahlen haben, multiplizieren Sie den Wert für `RMZ()` mit der Anzahl der Perioden, in diesem Fall rechnen Sie also: `10 * 12`.

Das Argument `Zw` kann auch verwendet werden, wenn Sie eine Tilgung vereinbaren wollen, wo am Ende ein größerer Restbetrag gezahlt werden soll. Abbildung 3.45 zeigt ein Beispiel, in dem am Ende ein solcher Betrag fällig ist. Er muss als negativer Betrag berücksichtigt werden, da er ja zu zahlen ist.

	A	B	C	D	E
1					
2	**Berechnen des monatlichen Betrags bei einem Restbetrag**				
3					
4	Zins	1,40%	1,80%	2,00%	
5	Zzr	10	10	10	
6	Bw	20.000 €	20.000 €	20.000 €	
7	Zw	- 2.000 €	- 2.000 €	- 2.000 €	
8	RMZ()	-163,17 €	-167,02 €	-168,96 €	

Abbildung 3.45 Berechnen der Annuität bei einem Darlehen mit einem Restbetrag

Die Berechnung von `RMZ()` basiert auf der in Abschnitt 3.3, »Häufig benötigte Argumente und ihr Zusammenhang«, bereits vorgestellten Grundformel:

```
Bw * (1+Zins)^Zzr + Rmz * (1+Zins * F) * (((1+Zins)^Zzr)-1 / Zins) + Zw = 0
```

TBILLÄQUIV()

TBILLEQ()

Syntax:	`TBILLÄQUIV(`**`Abrechnung; Fälligkeit; Abzinsungssatz`**`)`
Beispiel:	`=TBILLÄQUIV(DATUM(2025; 3; 31); DATUM(2025; 6; 1); 0,02)`
Ergebnis:	`2,03 %`

Die Funktion `TBILLÄQUIV()` berechnet vergleichsweise die jährliche nachschüssige Verzinsung eines Schatzwechsels (*Treasury Bill*) auf der Basis von 365 Tagen für einen gegebenen vorschüssigen Jahreszinssatz auf der Basis von 360 Tagen um.

Ein Schatzwechsel ist eine kurzfristige Schuldverschreibung, die zum Termin `Abrechnung` mit einem Abschlag (Disagio) erworben wird. `Abzinsungssatz` gibt die Höhe dieses Abschlags in Prozent auf ein Jahr umgerechnet an. Zum Termin `Fälligkeit` wird das Papier zum vollen Wert eingelöst.

Da `Abzinsungssatz` praktisch ein vorschüssiger Zins ist, rechnet die Funktion also um, wie der `Abzinsungssatz` sich in einem nachschüssigen Zins widerspiegeln würde.

	A	B	C	D
1				
2	**Umrechnung eines vorschüssigen in den äquivalenten nachschüssigen Zinssatz**			
3				
4	Abrechnung	31.03.2025	31.03.2025	31.03.2025
5	Fälligkeit	01.06.2025	01.06.2025	01.06.2025
6	Diskont	2,00%	3,00%	4,00%
7	TBILLÄQUIV()	2,03%	3,06%	4,08%

Abbildung 3.46 Berechnen der vergleichsweisen Verzinsung eines Schatzwechsels

Sind `Abrechnung` und `Fälligkeit` keine gültigen Datumswerte, liefert die Funktion den Fehler `#WERT!`. Ist `Abzinsungssatz < 0` oder `Abrechnung` später als `Fälligkeit` oder `Fälligkeit` mehr als ein Jahr später als `Abrechnung`, führt das zu dem Fehler `#ZAHL!`.

TBILLKURS()

TBILLPRICE()

Syntax:	`TBILLKURS(`**`Abrechnung; Fälligkeit; Abzinsungssatz`**`)`
Beispiel:	`=TBILLKURS(DATUM(2025; 3; 31); DATUM(2025; 6; 1); 0,02)`
Ergebnis:	`99,66`

Die Funktion TBILLKURS() liefert den Ausgabekurs für einen Schatzwechsel als Prozentsatz bezogen auf einen Nennwert von 100 Einheiten.

Ein Schatzwechsel ist eine kurzfristige Schuldverschreibung, die zum Termin Abrechnung mit einem Abschlag (Disagio) erworben wird. Abzinsungssatz gibt die Höhe dieses Abschlags in Prozent auf ein Jahr umgerechnet an. Zum Termin Fälligkeit wird das Papier zum vollen Wert eingelöst.

! Sind Abrechnung und Fälligkeit keine gültigen Datumswerte, liefert die Funktion den Fehler #WERT!. Ist Abzinsungssatz < 0 oder Abrechnung später als Fälligkeit oder Fälligkeit mehr als ein Jahr später als Abrechnung, führt das zu dem Fehler #ZAHL!.

Die Kursberechnung erfolgt durch eine einfache Prozentrechnung, bei der der per Abzinsungssatz angegebene vorschüssige Jahreszinssatz auf die tatsächliche Laufzeit heruntergebrochen wird. Dabei wird das Jahr mit 360 Tagen und der Monat mit den tatsächlichen Tagen berechnet:

```
TBILLKURS=(1-(Fälligkeit-Abrechnung)/360)*Abzinsungssatz)
```

	A	B	C	D
1				
2	**Kurs eines Schatzwechsels pro 100 € Nennwert**			
3				
4	Abrechnung	31.03.2025	31.03.2025	31.03.2025
5	Fälligkeit	01.06.2025	01.06.2025	01.06.2025
6	Disagio	2,00%	3,00%	4,00%
7	TBILLKURS()	99,66	99,48	99,31

Abbildung 3.47 Berechnen des Kurses eines abgezinsten Wertpapiers

TBILLRENDITE()

TBILLYIELD()

Syntax: TBILLRENDITE(**Abrechnung; Fälligkeit; Pr**)

Beispiel: =TBILLRENDITE(DATUM(2025; 3; 31); DATUM(2025; 6; 1); 99,5)

Ergebnis: 2,92%

Die Funktion TBILLRENDITE() liefert die Rendite eines Schatzwechsels, der zu dem mit dem Argument Pr angegebenen Ausgabekurs erworben wurde. Pr wird als Prozentsatz angegeben, bezogen auf einen Nennwert von 100 Einheiten.

Ein Schatzwechsel ist eine kurzfristige Schuldverschreibung, die zum Termin `Abrechnung` mit einem Abschlag (Disagio) erworben wird. Zum Termin `Fälligkeit` wird das Papier zum vollen Wert eingelöst.

Sind `Abrechnung` und `Fälligkeit` keine gültigen Datumswerte, liefert die Funktion den Fehler `#WERT!`. Ist `Pr` ≤ `0` oder `Abrechnung` später als `Fälligkeit` oder `Fälligkeit` mehr als ein Jahr später als `Abrechnung`, führt das zu dem Fehler `#ZAHL!`.

Die Funktion arbeitet mit der Formel:

```
TBILLRENDITE = ((100 - Pr) / Pr) * (360 / (Fälligkeit - Abrechnung))
```

	A	B	C	D
1				
2	**Rendite eines Schatzwechsels**			
3				
4	Abrechnung	31.03.2025	31.03.2025	31.03.2025
5	Fälligkeit	01.06.2025	01.06.2025	01.06.2025
6	Kurs	98,50	99,00	99,50
7	TBILLRENDITE()	8,84%	5,87%	2,92%

Abbildung 3.48 Berechnen der Rendite eines Schatzwechsels

UNREGER.KURS()

ODDFPRICE()

Syntax: `UNREGER.KURS(`**`Abrechnung; Fälligkeit; Emission; Erster_ Zinstermin; Zins; Rendite; Rückzahlung; Häufigkeit;`** `Basis)`

Beispiel: `=UNREGER.KURS(DATUM(2025; 11; 11); DATUM(2030; 3; 1); DATUM(2025; 10; 15); DATUM(2026; 3; 1); 0,0785; 0,0625; 100; 2; 1)`

Ergebnis: `105,96`

Die Funktion `UNREGER.KURS()` kalkuliert den Kurswert eines festverzinslichen Wertpapiers bezogen auf den Nennwert von 100 Einheiten, bei dem die erste Zinsperiode kürzer oder auch länger als die folgenden regelmäßigen Perioden ausfällt. Die Funktion liefert eine alternative Berechnungsmethode für die Berücksichtigung der ersten (gebrochenen) Zinsperiode.

`Abrechnung` ist der Kauftermin, für den der Kurs errechnet werden soll, `Fälligkeit` der Rückzahlungstermin. `Emission` ist der Ausgabetermin, ab dem die Zinsberechnung läuft. Der Termin, ab dem die regelmäßigen Zinszahlungen einsetzen, wird mit `Erster_`

Zinstermin angegeben. All diese Termine verlangen gültige Datumswerte. Sie können als serielle Werte oder mithilfe einer Datumsfunktion angegeben werden. Ebenso kann ein solches Argument auch als Text übergeben werden, wenn er als gültiger Datumswert ausgewertet werden kann und in Anführungszeichen gesetzt ist.

	A	B
1		
2	**Kurs/Rendite bei unregelmäßiger 1. Periode**	
3		
4	Abrechnung	11.11.2025
5	Fälligkeit	01.03.2030
6	Emission	15.10.2025
7	Erster Zinstermin	01.03.2026
8	Zins	7,85%
9	*Rendite	6,25%
10	*Kurs	101
11	Rückzahlung	100
12	Häufigkeit	2
13	Basis	1
14	UNREGER.KURS()	105,96
15	KURS()	105,94
16	UNREGER.REND()	7,57%
17	RENDITE()	7,57%

Abbildung 3.49 Kurs und Rendite bei Papieren mit kürzerer erster Zinsperiode

Der Nominalzins wird mit Zins angegeben. Rendite ist die jährliche Rendite des Papiers; Rückzahlung ist der auf 100 Einheiten bezogene Betrag, der zum Fälligkeitstermin ausbezahlt wird.

Mit Häufigkeit wird angegeben, wie oft die Zinsen im Jahr fällig werden. Zulässige Werte sind: 1 – jährlich, 2 – halbjährlich, 4 – vierteljährlich. Basis gibt an, nach welchem Zeitsystem die Zinstage berechnet werden. Die möglichen Werte sind in Abschnitt 3.6, »Funktionen für Wertpapierberechnungen«, beschrieben.

! Ungültige Datumswerte oder nicht numerische Werte für Zins, Rendite oder Rückzahlung führen zu dem Fehler #WERT!, nicht erlaubte Werte für Häufigkeit oder Basis ergeben den Fehler #ZAHL!. Das gilt auch, wenn die Reihenfolge der Termine nicht eingehalten wird: Emission < Abrechnung < Erster_Zinstermin < Fälligkeit.

Das in Abbildung 3.49 mit * bezeichnete Argument Kurs wird bei der folgenden Funktion UNREGER.REND() benötigt, das Argument Rendite bei der vorliegenden Funktion UNREGER.KURS().

UNREGER.REND()

ODDFYIELD()

Syntax: UNREGER.REND(**Abrechnung; Fälligkeit; Emission; Erster_Zinstermin; Zins; Kurs; Rückzahlung; Häufigkeit**; Basis)

Beispiel: =UNREGER.REND(DATUM(2022; 11; 11); DATUM(2027; 3; 1); DATUM(2022; 10; 15); DATUM(2023; 3; 1); 0,0785; 101; 100; 2; 1)

Ergebnis: 7,57%

Die Funktion UNREGER.REND() liefert die Rendite eines festverzinslichen Wertpapiers bezogen auf den Nennwert von 100 Einheiten, bei dem die erste Zinsperiode kürzer oder auch länger als die folgenden regelmäßigen Perioden ausfällt. Die Funktion liefert eine alternative Berechnungsmethode für die Berücksichtigung der ersten (gebrochenen) Zinsperiode.

Abrechnung ist der Kauftermin, Fälligkeit der Rückzahlungstermin. Emission ist der Ausgabetermin, ab dem die Zinsberechnung läuft. Der Termin, ab dem die regelmäßigen Zinszahlungen einsetzen, wird mit Erster_Zinstermin angegeben. Alle diese Termine verlangen gültige Datumswerte. Sie können als serielle Werte oder mithilfe einer Datumsfunktion angegeben werden. Ebenso kann ein solches Argument auch als Text übergeben werden, wenn er als gültiger Datumswert ausgewertet werden kann und in Anführungszeichen gesetzt ist.

Der Nominalzins wird mit Zins angegeben. Kurs ist der Kurs zum Termin Abrechnung. Rückzahlung ist der auf 100 Einheiten bezogene Betrag, der zum Fälligkeitstermin ausbezahlt wird.

Mit Häufigkeit wird angegeben, wie oft die Zinsen im Jahr fällig werden. Zulässige Werte sind: 1 – jährlich, 2 – halbjährlich, 4 – vierteljährlich. Basis gibt an, nach welchem Zeitsystem die Zinstage berechnet werden. Die möglichen Werte sind in Abschnitt 3.6, »Funktionen für Wertpapierberechnungen«, beschrieben. Siehe auch Abbildung 3.49 und die Funktion UNREGER.KURS().

! Ungültige Datumswerte oder nicht numerische Werte für Zins, Kurs oder Rückzahlung führen zu dem Fehler #WERT!, nicht erlaubte Werte für Häufigkeit oder Basis ergeben den Fehler #ZAHL!. Das gilt auch, wenn die Reihenfolge der Termine nicht eingehalten wird: Emission < Abrechnung < Erster_Zinstermin < Fälligkeit.

UNREGLE.KURS()

ODDLPRICE()

Syntax:	UNREGLE.KURS(**Abrechnung; Fälligkeit; Letzter_Zinstermin; Zins; Rendite; Rückzahlung; Häufigkeit**; Basis)
Beispiel:	=UNREGLE.KURS(DATUM(2025; 3; 12); DATUM(2025; 6; 1); DATUM(2025; 1; 1); 0,038; 0,05; 100; 2; 0)
Ergebnis:	99,72

Die Funktion UNREGLE.KURS() kalkuliert den Kurswert eines festverzinslichen Wertpapiers bezogen auf den Nennwert von 100 Einheiten in einer letzten Zinsperiode, deren Länge sich von den vorhergehenden gleichmäßigen Perioden unterscheidet. Dabei wird mit einfacher Verzinsung gerechnet. Die Funktion kann nur für diese Periode verwendet werden.

Abrechnung ist der Kauftermin, für den der Kurs errechnet werden soll, Fälligkeit der Rückzahlungstermin. Der Termin, an dem die letzte regelmäßige Zinszahlung vor dem Kauftermin stattfindet, wird mit Letzter_Zinstermin angegeben. Alle diese Termine verlangen gültige Datumswerte. Sie können als serielle Werte oder mithilfe einer Datumsfunktion angegeben werden. Ebenso kann ein solches Argument auch als Text übergeben werden, wenn er als gültiger Datumswert ausgewertet werden kann und in Anführungszeichen gesetzt ist.

Der Nominalzins wird mit Zins angegeben. Rendite ist die jährliche Rendite des Papiers; Rückzahlung ist der auf 100 Einheiten bezogene Betrag, der zum Fälligkeitstermin ausbezahlt wird.

Mit Häufigkeit wird angegeben, wie oft die Zinsen im Jahr fällig werden. Zulässige Werte sind: 1 – jährlich, 2 – halbjährlich, 4 – vierteljährlich. Basis gibt an, nach welchem Zeitsystem die Zinstage berechnet werden. Die möglichen Werte sind in Abschnitt 3.6, »Funktionen für Wertpapierberechnungen«, beschrieben.

! Ungültige Datumswerte oder nicht numerische Werte für Zins, Rendite oder Rückzahlung führen zu dem Fehler #WERT!, nicht erlaubte Werte für Häufigkeit oder Basis ergeben den Fehler #ZAHL!. Das gilt auch, wenn die Reihenfolge der Termine nicht eingehalten wird: Erster_Zinstermin < Abrechnung < Fälligkeit.

Von den im Beispiel in Abbildung 3.50 gezeigten Argumenten wird *Kurs nur für die folgende Funktion UNREGLE.REND() benötigt, bei der dann naturgemäß *Rendite wegfällt.

	A	B
1		
2	**Kurs/Rendite bei unregelmäßiger letzter Zinsperiode**	
3		
4	Abrechnung	12.03.2025
5	Fälligkeit	01.06.2025
6	Letzter Zinstermin	01.01.2025
7	Zins	3,8%
8	*Rendite	5%
9	*Kurs	99,87
10	Rückzahlung	100
11	Häufigkeit	2
12	Basis	0
13	UNREGLE.KURS()	99,72
14	UNREGLE.REND()	4,32%

Abbildung 3.50 Kurs und Rendite für Wertpapiere mit unregelmäßiger letzter Zinsperiode

UNREGLE.REND()

ODDLYIELD()

Syntax: `UNREGLE.REND(`**`Abrechnung; Fälligkeit; Letzter_Zinstermin; Zins; Kurs; Rückzahlung; Häufigkeit`**`; Basis)`

Beispiel: `=UNREGLE.REND(DATUM(2025; 3; 12); DATUM(2025; 6; 1); DATUM(2025; 1; 1); 0,038; 99,87; 100; 2; 0)`

Ergebnis: `4,32%`

Die Funktion `UNREGLE.REND()` berechnet die Rendite eines festverzinslichen Wertpapiers bezogen auf den Nennwert von 100 Einheiten in einer letzten Zinsperiode, deren Länge sich von den vorhergehenden gleichmäßigen Perioden unterscheidet. Dabei wird mit einfacher Verzinsung gerechnet. Die Funktion kann nur für diese Periode verwendet werden.

`Abrechnung` ist der Kauftermin, `Fälligkeit` der Rückzahlungstermin. Der Termin, an dem die letzte regelmäßige Zinszahlung vor dem Kauftermin stattfindet, wird mit `Letzter_Zinstermin` angegeben. Alle diese Termine verlangen gültige Datumswerte. Sie können als serielle Werte oder mithilfe einer Datumsfunktion angegeben werden. Ebenso kann ein solches Argument auch als Text übergeben werden, wenn er als gültiger Datumswert ausgewertet werden kann und in Anführungszeichen gesetzt ist.

Der Nominalzins wird mit Zins angegeben. Kurs ist der Kurs zum Termin Abrechnung. Rückzahlung ist der auf 100 Einheiten bezogene Betrag, der zum Fälligkeitstermin ausbezahlt wird.

Mit Häufigkeit wird angegeben, wie oft die Zinsen im Jahr fällig werden. Zulässige Werte sind: 1 – jährlich, 2 – halbjährlich, 4 – vierteljährlich. Basis gibt an, nach welchem Zeitsystem die Zinstage berechnet werden. Die möglichen Werte sind in Abschnitt 3.6, »Funktionen für Wertpapierberechnungen«, beschrieben. Siehe auch Abbildung 3.50 und die Funktion UNREGLE.KURS().

Ungültige Datumswerte oder nicht numerische Werte für Zins, Rendite oder Rückzahlung führen zu dem Fehler #WERT!, nicht erlaubte Werte für Häufigkeit oder Basis ergeben den Fehler #ZAHL!. Das gilt auch, wenn die Reihenfolge der Termine nicht eingehalten wird: Abrechnung < Erster_Zinstermin < Fälligkeit.

VDB()

VDB()

Syntax:	VDB(**Ansch_Wert; Restwert; Nutzungsdauer; Anfang; Ende;** Faktor; Nicht_wechseln)
Beispiel:	=VDB(22000; 2000; 5; 0; 1)
Ergebnis:	4000

Die Funktion VDB() berechnet die Abschreibungsrate für einen bestimmten Abschreibungszeitraum nach der variabel-degressiven Methode.

Diese Funktion ist eine Variation der geometrisch-degressiven Abschreibung. Sie ermöglicht es, sobald die lineare Abschreibung höhere Abschreibungsbeträge liefert, in diese überzuwechseln.

Das Argument Ansch_Wert ist der Betrag, der für die Investition aufgewandt wurde. Restwert ist der Wert, den die Investition nach der Abschreibung noch hat. Nutzungsdauer entspricht der Anzahl von Zeiträumen bis zum Ende der Abschreibung. Mit Faktor wird die Stärke der Degressivität angegeben (ohne Angabe wird 2 angesetzt, was der Doppelratenabschreibung entspricht). Dabei handelt es sich um die Rate, um die jeweils der Restbuchwert abnimmt.

Anfang ist der Anfang der Periode, für die die Abschreibung berechnet werden soll, Ende der Endzeitpunkt. Soll z. B. die Abschreibung für das erste Jahr berechnet werden, wären 0 und 1 einzusetzen. Die Abschreibung kann so auch über mehrere Perioden berechnet werden.

Nicht_wechseln wird durch einen Wahrheitswert geschaltet. Wenn die nach der linearen Methode erzielten Abschreibungen höher liegen als bei der degressiven, wechselt die Funktion auf die lineare Abschreibung, falls Nicht_wechseln mit FALSCH belegt wird oder nicht angegeben ist. Ist das Argument mit WAHR belegt, so wird das Abschreibungsverfahren nicht geändert.

Alle Argumente außer Nicht_wechseln benötigen positive numerische Werte. Nicht numerische Werte führen zu dem Fehler #WERT!, negative Werte zu dem Fehler #ZAHL!.

	A	B	C	D	E	F
1						
2	**Variabel-degressive Abschreibung**					
3						
4	Anschaffungskosten	22.000 €	22.000 €	22.000 €	22.000 €	22.000 €
5	Restwert	2.000 €	2.000 €	2.000 €	2.000 €	2.000 €
6	Nutzungsdauer in Jahren	5	5	5	5	5
7	Anfang	0	1	2	3	4
8	Ende	1	2	3	4	5
9	Faktor	2	2	2	2	2
10	Nicht_wechseln					
11	VDB()	8.800 €	5.280 €	3.168 €	1.901 €	851 €
12					Gesamt:	20.000 €

Abbildung 3.51 Verlauf der variabel-degressiven Abschreibung

XINTZINSFUSS()

XIRR()

Syntax: XINTZINSFUSS(**Werte**; **Zeitpkte**; Schätzwert)

Beispiel: =XINTZINSFUSS(B4:B8; A4:A8; B10)
siehe Abbildung 3.52

Die Funktion XINTZINSFUSS() berechnet – etwas im Widerspruch zum Funktionsnamen – den internen Zinssatz für eine Reihe von Zahlungsvorgängen im unterjährigen Bereich, die in unterschiedlicher Höhe zu nicht regelmäßigen Zeitpunkten erfolgen kann. Mit dieser Funktion lassen sich auch Investitionen und Zahlungsströme überprüfen, die sonst sehr undurchschaubar bleiben.

Werte sind die Zahlungsvorgänge, die in unregelmäßigen Abständen erfolgen können, wobei mindestens ein positiver und ein negativer Wert enthalten sein müssen. Die Daten werden in einer Spalte oder Zeile lückenlos abgelegt oder als Matrix übergeben. Die erste Zahlung ist optional und entspricht einer Auszahlung zu Beginn einer Investition. Alle folgenden Zahlungen werden ausgehend von einem Jahr mit 365 Tagen abgezinst.

Zeitpkte sind die zu den Zahlungen gehörenden Termine. Der erste Termin ist der Beginn des Zahlungsplans, alle anderen müssen später liegen, brauchen aber nicht unbedingt in zeitlicher Reihenfolge angeordnet zu sein.

Mit Schätzwert kann eine Vorgabe für den erwarteten internen Zinsfuß gemacht werden, ohne Angabe geht Excel von 10 % aus.

Der von XINTZINSFUSS() errechnete Zinssatz ist genau der Zinssatz, für den die verwandte Funktion XKAPITALWERT() den Wert 0 liefert, wie Abbildung 3.52 belegt.

	A	B
1		
2	**Interner Zinsfuß und Kapitalwert**	
3		
4	01.01.2024	-100000
5	01.02.2024	30000
6	01.06.2024	20000
7	15.09.2024	30000
8	18.12.2024	25000
9	Summe der Zahlungen	5000
10	Schätzwert	10,00%
11	XINTZINSFUSS()	9,64%
12	XKAPITALWERT()	0,00

Abbildung 3.52 Interner Zinsfuß und Kapitalwert bei unregelmäßigen Zahlungen

! Ungültige Datumswerte für Zeitpkte oder nicht numerische Werte für Werte oder Schätzwert führen zu dem Fehler #WERT!, Liegt einer der Datumswerte vor dem Anfangstermin, liefert die Funktion den Fehler #ZAHL!. Das gilt auch, wenn Werte und Zeitpkte unterschiedlich viele Elemente enthalten. Bei dieser Funktion wird ein Näherungsverfahren verwendet, das spätestens nach 100 Iterationsschritten mit der Fehlermeldung #ZAHL! abgebrochen wird, wenn die Unterschiede nachfolgender Ergebnisse nicht gegen 0,0000001 konvergieren.

XKAPITALWERT()

XNPV()

Syntax:	`XKAPITALWERT(`**`Zins`**`; `**`Werte`**`; `**`Zeitpkte`**`)`
Beispiel:	`=XKAPITALWERT(B11; B4:B8; A4:A8)` siehe Abbildung 3.52

Die Funktion `XKAPITALWERT()` berechnet den Nettokapitalwert für eine Reihe von Zahlungsvorgängen im unterjährigen Bereich, die in unterschiedlicher Höhe zu nicht regelmäßigen Zeitpunkten erfolgen kann. Mit dieser Funktion lassen sich auch Investitionen und Zahlungsströme überprüfen, die sonst sehr undurchschaubar bleiben.

`Zins` gibt den Jahreszinssatz an, der in die Berechnung eingehen soll. `Werte` sind die Zahlungsvorgänge, die in unregelmäßigen Abständen erfolgen können, wobei mindestens ein positiver und ein negativer Wert enthalten sein muss. Die Daten werden in einer Spalte oder Zeile lückenlos abgelegt oder als Matrix übergeben. Die erste Zahlung ist optional und entspricht einer Auszahlung für eine Investition. Alle folgenden Zahlungen werden ausgehend von einem Jahr mit 365 Tagen abgezinst.

`Zeitpkte` sind die zu den Zahlungen gehörenden Termine. Der erste Termin ist der Beginn des Zahlungsplans, alle anderen müssen später liegen, brauchen aber nicht unbedingt in zeitlicher Reihenfolge angeordnet zu sein.

Siehe auch `XINTZINSFUSS()`.

Ungültige Datumswerte für `Zeitpkte` oder nicht numerische Werte für `Zins` oder `Werte` führen zu dem Fehler `#WERT!`, Liegt einer der Datumswerte vor dem Anfangstermin, liefert die Funktion den Fehler `#ZAHL!`. Das gilt auch, wenn `Werte` und `Zeitpkte` unterschiedlich viele Elemente enthalten.

ZINS()

RATE()

Syntax:	`ZINS(`**`Zzr`**`; `**`Rmz`**`; `**`Bw`**`; Zw; F; Schätzwert)`
Beispiel:	`=ZINS(15; ; -10000; 22000)`
Ergebnis:	`5,4 %`

Die Funktion ZINS() berechnet den vorliegenden Zinssatz bei regelmäßigen Zahlungen. Sie kann sowohl im Bereich der Zinseszinsrechnung als auch bei der Renten- und Tilgungsrechnung verwendet werden.

Die Funktion ist hilfreich, wenn die anderen Daten eines Finanzierungsvorhabens bekannt sind, etwa die regelmäßigen Zahlungen, die Anzahl der Perioden, der Barwert oder der Zukunftswert, und es darum geht, herauszufinden, bei welchem Zinssatz die angestrebten Zielsetzungen realisiert werden können. Oder umgekehrt, um zu prüfen, ob das Vorhaben mit den von der Bank angebotenen Zinssätzen überhaupt realistisch ist.

Mit Zzr wird die Zahl der Zahlungsperioden angegeben, an deren Anfang oder Ende jeweils Zahlungen erfolgen. Soll die Funktion den Zinssatz für eine monatliche Verzinsung berechnen, muss der Jahreswert von Zzr mit 12 multipliziert angegeben werden, also etwa 3 * 12 für 36 Monate.

Rmz ist der über die Zahlungszeiträume konstante regelmäßige Zahlungs- oder Rentenbetrag. Das Vorzeichen hängt ab von der Richtung, in die das Geld fließt. Für Einzahlungen benutzen Sie ein Minuszeichen vor dem Betrag, Auszahlungen werden als positive Werte angegeben.

Bw ist der Barwert, also der aktuelle Wert, z. B. die anfängliche Einzahlung, der Kontostand oder die Kreditsumme, die getilgt werden soll.

Zw ist der Betrag, der in Zukunft, genauer am Ende der Zahlungsperioden, erreicht werden soll. Wird der Zukunftswert nicht angegeben, wird er von der Funktion als 0 angenommen. Bei der Abzahlung eines Kredits entspricht dies der vollständigen Tilgung.

Wird F (Fälligkeit der Zahlungen: 1 für am Anfang, 0 für am Ende der Zahlungszeiträume) nicht gesetzt, so wird sie ebenfalls als 0 angenommen.

Es müssen mindestens zwei der drei Argumente Rmz, Bw, und Zw angegeben werden. Wenn also für Rmz kein Wert angegeben wird, muss für Zw ein Wert angegeben werden.

Mit Schätzwert können Sie angeben, wie hoch Sie den Zins einschätzen (das kann das Rechenverfahren verkürzen). Geben Sie keinen Wert ein, so wird er von der Funktion mit 10 % veranschlagt.

! Alle Werte müssen numerische Werte sein, sonst liefert die Funktion den Fehler #WERT!. Rmz, Bw und Zw dürfen nicht alle das gleiche Vorzeichen haben, sonst erscheint der Fehler #ZAHL!. Bei der Berechnung wird ein Iterationsverfahren angewendet, das nach maximal 20 Schritten mit der Fehlermeldung #ZAHL! abgebrochen wird, wenn die Unterschiede nachfolgender Ergebnisse nicht gegen 0,0000001 konvergieren.

In den Spalten B und C der Abbildung 3.53 wird der Zins für den Fall berechnet, dass eine Summe von 10.000 € für 15 Jahre angelegt wird. Berechnet wird der Zinssatz, der benötigt wird, damit das Geld auf 22.000 € anwächst.

Die beiden Spalten unterscheiden sich nur durch den Wert von F, der aber in diesem Fall keine Rolle spielt, das Ergebnis ist in beiden Fällen gleich. Die angezeigten Ergebnisse sind nur durch die Formatierung gerundet, Excel rechnet aber genau, was sofort sichtbar wird, wenn Sie weitere Dezimalstellen hinzufügen.

In den Spalten D und E wird dagegen am Anfang ein Betrag von 55.000 € einbezahlt, in der Absicht, davon 15 Jahre lang jährlich 5.000 € abzuheben, bis alles verbraucht ist. Die Funktion rechnet aus, welche Verzinsung notwendig ist, damit dies gelingt. In diesem Fall macht es einen deutlichen Unterschied, ob für F mit dem Wert 0 – Zahlung am Ende der Periode – oder mit 1 – Zahlung am Anfang der Periode – gearbeitet wird.

In den Spalten F und G werden jährlich 5.000 € eingezahlt. Nach 15 Jahren soll ein Gesamtbetrag von 110.000 € erreicht werden. Die Funktion berechnet, zu welchem Zinssatz dies möglich ist. Auch hier werden die Ergebnisse durch den Wert für F beeinflusst.

	A	B	C	D	E	F	G
1							
2	**Zinssatz pro Periode**						
3							
4	Zzr	15	15	15	15	15	15
5	Rmz			5.000,00 €	5.000,00 €	-5.000,00 €	-5.000,00 €
6	Bw	-10.000,00 €	-10.000,00 €	-55.000,00 €	-55.000,00 €		
7	Zw	22.000,00 €	22.000,00 €			110.000,00 €	110.000,00 €
8	F	0	1	0	1	0	1
9	Schätzwert						
10	ZINS()	5,40%	5,40%	4,15%	4,84%	5,26%	4,65%

Abbildung 3.53 Berechnung des Zinssatzes bei regelmäßigen Zahlungen

Der Wert für den Barwert wird mit einem Minuszeichen angegeben, da es sich ja um eine Einzahlung (weg von mir, hin zur Bank) handelt. Der Zukunftswert wird als positiver Wert angegeben, da es sich um eine erwartete Auszahlung handelt (weg von der Bank, hin zu mir).

3.7.4 Anpassung an monatliche Zahlungen

Wenn es um monatliche Auszahlungen geht, muss darauf geachtet werden, dass die Daten dieser Periode angepasst werden. Abbildung 3.54 zeigt die Formel, die dazu in C10 verwendet wird. Als Argument für die Zahlungszeiträume wird die Zahl der Jahresperioden aus C4 mit 12 multipliziert. Da der Wert für das Argument Rmz schon als Monatswert angegeben ist, muss hier nichts geändert werden. Die Funktion berechnet dann den Monatszinssatz. In C11 wird dieser Wert mit 12 multipliziert, um den Jahreszinssatz zu erhalten.

	A	B	C	D
1				
2	**Zinssatz bei monatlicher Zahlung**			
3				
4	Zzr	15	15	
5	monatliche Rmz	416,67 €	416,67 €	
6	Bw	-55.000,00 €	-55.000,00 €	
7	Zw			
8	F	0	1	
9	Schätzwert			
10	ZINS()	0,36%	0,37%	**=ZINS(C4*12;C5;C6;C7;C8;C9)**
11	Jahreszins	4,35%	4,41%	**=C10*12**

Abbildung 3.54 Berechnung des Zinssatzes bei monatlichen Auszahlungen

ZINSSATZ()

RECEIVED()

Syntax: ZINSSATZ(**Abrechnung**; **Fälligkeit**; **Anlage**; **Rückzahlung**; Basis)

Beispiel: =ZINSSATZ(DATUM(2024; 10; 12); DATUM(2025; 9; 1); 9600; 10000; 4)

Ergebnis: 4,70 %

Die Funktion ZINSSATZ() berechnet den entsprechenden nachschüssigen (jährlichen) Zinssatz für eine Investition, bei der zwischen Abrechnung und Rückzahlung keine Zinsen ausgeschüttet werden, sondern vorschüssig ein Abschlag (Disagio) stattfindet. ZINSSATZ() geht von einer Laufzeit unter einem Jahr aus, Zinseszinseffekte werden nicht berücksichtigt. Die Funktion ermittelt also, welchem Zinssatz der Abschlag entspricht, wenn die Zinsen am Ende der Laufzeit gezahlt würden.

Bei der Investition handelt es sich nach der Terminologie der Argumente um den Kauf von Wertpapieren, die Funktion kann aber auf jede Situation angewendet werden, in der ein Betrag eingezahlt und ein anderer Betrag nach einer Frist zurückgezahlt wird.

Abrechnung ist der Kauftermin, Fälligkeit der Rückzahlungstermin. Beide Argumente verlangen gültige Datumswerte. Sie können als serielle Werte oder mithilfe einer

Datumsfunktion angegeben werden. Ebenso kann ein solches Argument auch als Text übergeben werden, wenn er als gültiger Datumswert ausgewertet werden kann und in Anführungszeichen gesetzt ist.

`Anlage` ist der Betrag, der angelegt wurde, `Rückzahlung` der Betrag, der zum Fälligkeitstermin zurückgezahlt wird. `Basis` gibt an, nach welchem Zeitsystem die Zinstage berechnet werden. Die möglichen Werte sind in Abschnitt 3.6, »Funktionen für Wertpapierberechnungen«, beschrieben.

	A	B	C	D	E
1					
2	**Zinssatz eines voll investierten Wertpapiers**				
3					
4	Abrechnung	12.10.2024	12.10.2024	12.10.2024	12.10.2024
5	Fälligkeit	01.09.2025	01.09.2025	01.09.2025	01.09.2025
6	Anlage	9.600,00 €	9.600,00 €	9.600,00 €	9.600,00 €
7	Rückzahlung	10.000,00 €	10.000,00 €	10.000,00 €	10.000,00 €
8	Basis	1	2	3	4
9	ZINSSATZ()	4,69%	4,63%	4,69%	4,70%

Abbildung 3.55 Zinssatz eines Wertpapiers

! Ungültige Datumswerte führen zu dem Fehler `#WERT!`. Werte für `Anlage` oder `Rückzahlung`, die ≤ `0` sind, ergeben den Fehler `#ZAHL!`. Denselben Fehler liefert die Funktion, wenn `Abrechnung` ≥ `Fälligkeit` oder für `Basis` ein ungültiger Wert angegeben ist.

ZINSTERMNZ()

COUPNCD()

Syntax: `ZINSTERMNZ(`**`Abrechnung; Fälligkeit; Häufigkeit`**`; Basis)`

Beispiel: `=ZINSTERMNZ(DATUM(2024; 10; 12); DATUM(2025; 9; 1); 4; 4)`

Ergebnis: `01.12.2024`

Die Funktion `ZINSTERMNZ()` berechnet bei einem festverzinslichen Wertpapier das Datum der ersten Zinsausschüttung nach dem Kauftermin.

Dabei ist `Abrechnung` der Kauftermin, `Fälligkeit` der Termin, an dem die Rückzahlung erfolgt. Beide Argumente verlangen gültige Datumswerte. Sie können als serielle Werte oder mithilfe einer Datumsfunktion angegeben werden. Ebenso kann ein solches Argument auch als Text übergeben werden, wenn er als gültiger Datumswert ausgewertet werden kann und in Anführungszeichen gesetzt ist.

Mit Häufigkeit wird angegeben, wie oft die Zinsen im Jahr fällig werden. Zulässige Werte sind: 1 – jährlich, 2 – halbjährlich, 4 – vierteljährlich. Basis gibt an, nach welchem Zeitsystem die Zinstage berechnet werden. Die möglichen Werte sind in Abschnitt 3.6, »Funktionen für Wertpapierberechnungen«, beschrieben.

	A	B	C	D
1				
2	**Berechnen des nächsten Zinstermins**			
3				
4	Abrechnung	12.10.2024	12.10.2024	12.10.2024
5	Fälligkeit	01.09.2025	01.09.2025	01.09.2025
6	Häufigkeit	1	2	4
7	Basis	4	4	4
8	ZINSTERMNZ()	01.09.2025	01.03.2025	01.12.2024

Abbildung 3.56 Zinstermine bei unterschiedlichen Häufigkeiten

Ungültige Datumswerte führen zu dem Fehler #WERT!. Ungültige Werte für Häufigkeit oder Basis ergeben den Fehler #ZAHL!.

Die Funktion ZINSTERMNZ() ist eine von sechs Funktionen mit dem Präfix »ZINSTERM«, die alle mit Berechnungen zu festverzinslichen Wertpapieren zu tun haben. Abbildung 3.57 zeigt ein Tabellenblatt, in dem die Daten eines solchen Wertpapiers zusammengestellt sind.

	A	B	C
1			
2	**Daten eines festverzinslichen Wertpapiers**		
3			
4	Abrechnung	15.05.2024	
5	Kaufkurs	98,48	
6	Rückzahlung	100,00	
7	Fälligkeit	06.05.2029	
8	Nominalzins	4,63%	
9	Zeitbasis	4	
10	Häufigkeit der Zinszahlungen	1	
11	Letzter Zinszahlungstermin	06.05.2024	**=ZINSTERMVZ(B4;B7;B10;B9)**
12	Nächster Zinszahlungstermin	06.05.2025	**=ZINSTERMNZ(B4;B7;B10;B9)**
13	Jahresrest in Tagen	351	**=ZINSTERMTAGNZ(B4;B7;B10;B9)**
14	Tage für Stückzinsen	9	**=ZINSTERMTAGVA(B4;B7;B10;B9)**
15	Tage im Jahr	360	**=ZINSTERMTAGE(B4;B7;B10;B9)**
16	Stückzinsen	0,12	**=B8*B14/B15*B6**
17	Anzahl der Zinstermine	5,00	**=ZINSTERMZAHL(B4;B7;B10;B9)**
18	Kaufpreis	98,60	**=B5+B16**
19	**Rendite p.a.**	**4,92%**	
20	**Ergebnis der Funktion RENDITE():**	**4,98%**	**=RENDITE(B4;B7;B8;B5;B6;1;B9)**

Abbildung 3.57 Daten zu einem festverzinslichen Wertpapier, die mithilfe der ZINSTERM*-Funktionen berechnet werden können

ZINSTERMTAGE()

COUPDAYS()

Syntax: `ZINSTERMTAGE(`**`Abrechnung; Fälligkeit; Häufigkeit`**`; Basis)`

Beispiel: `=ZINSTERMTAGE(DATUM(2024; 1; 27); DATUM(2025; 11; 17); 4; 4)`

Ergebnis: 90

Die Funktion `ZINSTERMTAGE()` berechnet bei einem festverzinslichen Wertpapier die Anzahl der Tage in derjenigen Zinsperiode, in die der Abrechnungszeitpunkt fällt.

Dabei ist `Abrechnung` der Kauftermin, `Fälligkeit` der Termin, an dem die Rückzahlung erfolgt. Beide Argumente verlangen gültige Datumswerte. Sie können als serielle Werte oder mithilfe einer Datumsfunktion angegeben werden. Ebenso kann ein solches Argument auch als Text übergeben werden, wenn er als gültiger Datumswert ausgewertet werden kann und in Anführungszeichen gesetzt ist.

`Häufigkeit` ist die Zahl der jährlichen Zinsausschüttungen. Zulässig sind folgende Werte: `1` – jährlich, `2` – halbjährlich, `4` – vierteljährlich. `Basis` gibt an, nach welchem Zeitsystem die Zinstage berechnet werden. Die möglichen Werte sind in Abschnitt 3.6, »Funktionen für Wertpapierberechnungen«, beschrieben.

	A	B	C	D
1				
2	**Dauer der Zinsperiode, in der der Abrechnungstermin liegt**			
3				
4	Abrechnung	25.01.2024	26.01.2024	27.01.2024
5	Fälligkeit	15.11.2025	16.11.2025	17.11.2025
6	Häufigkeit	1	2	4
7	Basis	1	3	4
8	ZINSTERMTAGE()	366	183	90

Abbildung 3.58 Tage der Zinsperiode mit dem Abrechnungstermin

! Ungültige Datumswerte führen zu dem Fehler `#WERT!`. Ungültige Werte für `Häufigkeit` oder `Basis` ergeben den Fehler `#ZAHL!`.

ZINSTERMTAGNZ()

COUPDAYSNC()

Syntax:	`ZINSTERMTAGNZ(`**`Abrechnung; Fälligkeit; Häufigkeit`**`; Basis)`
Beispiel:	`=ZINSTERMTAGNZ(DATUM(2024; 1; 25); DATUM(2025; 11; 15); 4; 4)`
Ergebnis:	`20`

Die Funktion `ZINSTERMTAGNZ()` berechnet bei einem festverzinslichen Wertpapier die Tage vom Kauftermin bis zum ersten Zinstermin. Das Ergebnis der Funktion kann dann verwendet werden, um die Zinsen für diesen Zeitraum zu berechnen, die dem neuen Besitzer zustehen.

Dabei ist `Abrechnung` der Kauftermin, `Fälligkeit` der Termin, an dem die Rückzahlung erfolgt. Beide Argumente verlangen gültige Datumswerte. Sie können als serielle Werte oder mithilfe einer Datumsfunktion angegeben werden. Ebenso kann ein solches Argument auch als Text übergeben werden, wenn er als gültiger Datumswert ausgewertet werden kann und in Anführungszeichen gesetzt ist.

Mit `Häufigkeit` wird angegeben, wie oft die Zinsen im Jahr fällig werden. Zulässige Werte sind: `1` – jährlich, `2` – halbjährlich, `4` – vierteljährlich. `Basis` gibt an, nach welchem Zeitsystem die Zinstage berechnet werden. Die möglichen Werte sind in Abschnitt 3.6, »Funktionen für Wertpapierberechnungen«, beschrieben.

	A	B	C	D
1				
2	**Tage vom Abrechnungstermin bis zum nächsten Zinstermin**			
3				
4	Abrechnung	25.01.2024	25.01.2024	25.01.2024
5	Fälligkeit	15.11.2025	15.11.2025	15.11.2025
6	Häufigkeit	1	2	4
7	Basis	4	4	4
8	ZINSTERMTAGNZ()	290	110	20

Abbildung 3.59 Anzahl Tage bis zum 1. Zinstermin nach dem Kauf des Wertpapiers

! Ungültige Datumswerte führen zu dem Fehler `#WERT!`. Ungültige Werte für `Häufigkeit` oder `Basis` ergeben den Fehler `#ZAHL!`.

ZINSTERMTAGVA()

COUPDAYBS()

Syntax: `ZINSTERMTAGVA(`**`Abrechnung; Fälligkeit; Häufigkeit`**`; Basis)`

Beispiel: `=ZINSTERMTAGVA(DATUM(2024; 3; 25); DATUM(2025; 6; 15); 4; 4)`

Ergebnis: 10

Die Funktion `ZINSTERMTAGVA()` berechnet bei einem festverzinslichen Wertpapier die Anzahl der Tage vom letzten Zinstermin vor der Abrechnung bis zur Abrechnung. Das Ergebnis der Funktion kann verwendet werden, um die Stückzinsen auszurechnen, die beim Kauf zusätzlich zum Kurs zu zahlen sind.

Dabei ist `Abrechnung` der Kauftermin, `Fälligkeit` der Termin, an dem die Rückzahlung erfolgt. Beide Argumente verlangen gültige Datumswerte. Sie können als serielle Werte oder mithilfe einer Datumsfunktion angegeben werden. Ebenso kann ein solches Argument auch als Text übergeben werden, wenn er als gültiger Datumswert ausgewertet werden kann und in Anführungszeichen gesetzt ist.

Mit `Häufigkeit` wird angegeben, wie oft die Zinsen im Jahr fällig werden. Zulässige Werte sind: `1` – jährlich, `2` – halbjährlich, `4` – vierteljährlich. `Basis` gibt an, nach welchem Zeitsystem die Zinstage berechnet werden. Die möglichen Werte sind in Abschnitt 3.6, »Funktionen für Wertpapierberechnungen«, beschrieben.

	A	B	C	D
1				
2	**Tage vom letzten Zinstermin bis zum Abrechnungstermin**			
3				
4	Abrechnung	25.03.2024	25.03.2024	25.03.2024
5	Fälligkeit	15.06.2025	15.06.2025	15.06.2025
6	Häufigkeit	1	2	4
7	Basis	4	4	4
8	ZINSTERMTAGVA()	280	100	10

Abbildung 3.60 Dauer der letzten Zinsperiode vor dem Kauf

! Ungültige Datumswerte führen zu dem Fehler `#WERT!`. Ungültige Werte für `Häufigkeit` oder `Basis` ergeben den Fehler `#ZAHL!`.

ZINSTERMVZ()

COUPPCD()

Syntax: `ZINSTERMVZ(`**`Abrechnung; Fälligkeit; Häufigkeit`**`; Basis)`

Beispiel: `=ZINSTERMVZ(DATUM(2024; 7; 25); DATUM(2025; 11; 15); 1; 4)`

Ergebnis: `15.05.2016`

Die Funktion `ZINSTERMVZ()` berechnet bei einem festverzinslichen Wertpapier das Datum des letzten Zinstermins vor der Abrechnung.

Dabei ist `Abrechnung` der Kauftermin, `Fälligkeit` der Termin, an dem die Rückzahlung erfolgt. Beide Argumente verlangen gültige Datumswerte. Sie können als serielle Werte oder mithilfe einer Datumsfunktion angegeben werden. Ebenso kann ein solches Argument auch als Text übergeben werden, wenn er als gültiger Datumswert ausgewertet werden kann und in Anführungszeichen gesetzt ist.

Mit `Häufigkeit` wird angegeben, wie oft die Zinsen im Jahr fällig werden. Zulässige Werte sind: `1` – jährlich, `2` – halbjährlich, `4` – vierteljährlich. `Basis` gibt an, nach welchem Zeitsystem die Zinstage berechnet werden. Die möglichen Werte sind in Abschnitt 3.6, »Funktionen für Wertpapierberechnungen«, beschrieben.

	A	B	C	D
1				
2	**Datum der letzten Zinszahlung vor dem Kauf**			
3				
4	Abrechnung	25.07.2024	25.07.2024	25.07.2024
5	Fälligkeit	15.11.2025	15.11.2025	15.11.2025
6	Häufigkeit	1	2	4
7	Basis	4	4	4
8	ZINSTERMVZ()	15.11.2023	15.05.2024	15.05.2024

Abbildung 3.61 Rückrechnen auf den letzten Zinstermin vor dem Kauf

! Ungültige Datumswerte führen zu dem Fehler `#WERT!`. Ungültige Werte für `Häufigkeit` oder `Basis` ergeben den Fehler `#ZAHL!`.

ZINSTERMZAHL()

COUPNUM()

Syntax: `ZINSTERMZAHL(`**`Abrechnung; Fälligkeit; Häufigkeit;`**` Basis)`

Beispiel: `=ZINSTERMZAHL(DATUM(2021; 02; 25); DATUM(2024; 11; 15); 4; 4)`

Ergebnis: `15`

Die Funktion `ZINSTERMZAHL()` berechnet bei einem festverzinslichen Wertpapier die Zahl der Zinstermine zwischen dem Kaufdatum und dem Fälligkeitsdatum.

Dabei ist `Abrechnung` der Kauftermin, `Fälligkeit` der Termin, an dem die Rückzahlung erfolgt. Beide Argumente verlangen gültige Datumswerte. Sie können als serielle Werte oder mithilfe einer Datumsfunktion angegeben werden. Ebenso kann ein solches Argument auch als Text übergeben werden, wenn er als gültiger Datumswert ausgewertet werden kann und in Anführungszeichen gesetzt ist.

Mit `Häufigkeit` wird angegeben, wie oft die Zinsen im Jahr fällig werden. Zulässige Werte sind: `1` – jährlich, `2` – halbjährlich, `4` – vierteljährlich. `Basis` gibt an, nach welchem Zeitsystem die Zinstage berechnet werden. Die möglichen Werte sind in Abschnitt 3.6, »Funktionen für Wertpapierberechnungen«, beschrieben.

	A	B	C	D
1				
2	**Zinszahlungstermine zwischen Kauf und Fälligkeit**			
3				
4	Abrechnung	25.02.2021	25.02.2021	25.02.2021
5	Fälligkeit	15.11.2024	15.11.2024	15.11.2024
6	Häufigkeit	1	2	4
7	Basis	4	4	4
8	ZINSTERMZAHL()	4	8	15

Abbildung 3.62 Berechnen der Anzahl der Zinszahlungstermine

Ungültige Datumswerte führen zu dem Fehler `#WERT!`. Ungültige Werte für `Häufigkeit` oder `Basis` ergeben den Fehler `#ZAHL!`.

ZINSZ()

IPMT()

Syntax: `ZINSZ(`**`Zins; Zr; Zzr; Bw;`**` Zw; F)`

Beispiel: `=ZINSZ(0,05; 5; 6; 20000)`

Ergebnis: `-366,34`

Die Funktion `ZINSZ()` ermittelt den mit jeder Periode abnehmenden Zinsanteil für die Abzahlung eines Annuitätendarlehens bei gleichbleibenden Zahlungen und bei gleichbleibendem Zinssatz (vergleiche `KAPZ()` und `RMZ()`). Für die erste Periode wird der Zinsanteil einfach durch Multiplikation der Darlehenssumme mit dem Zinssatz errechnet, in den folgenden Perioden bezieht sich die Zinsberechnung dann jeweils auf die Restschuld, die nach Abzug der Tilgung übrig bleibt.

Argumente sind `Zins` für den konstanten Nominalzinssatz, `Zr` für die Angabe der Periode, für die der Zinsanteil berechnet werden soll, `Zzr` für die Anzahl der Abzahlungszeiträume und `Bw`, also der Barwert, der bei einem Darlehen der Darlehenssumme entspricht.

Dazu können Sie noch `Zw` angeben für einen Zukunftswert, also einen Betrag, der am Ende der letzten Zahlung noch an der vollständigen Rückzahlung eines Darlehens fehlt. Ist dieser Wert nicht angegeben, wird er als `0` angenommen. Das Argument `F` für Fälligkeit legt fest, ob die Berechnung für vorschüssige – `1` – oder nachschüssige Zinszahlungen – `0` – erfolgen soll.

	A	B	C	D	E	F	G
1							
2	**Zinsanteil bei der Abzahlung von Darlehen**						
3							
4	Zins	5,00%	5,00%	5,00%	5,00%	5,00%	5,00%
5	Zr	1	2	3	4	5	6
6	Zzr	6	6	6	6	6	6
7	Bw	20.000 €	20.000 €	20.000 €	20.000 €	20.000 €	20.000 €
8	ZINSZ()	-1.000,00 €	-852,98 €	-698,61 €	-536,53 €	-366,34 €	-187,64 €

Abbildung 3.63 Berechnen der Zinsen bei einem Darlehen

! Alle Werte müssen numerisch sein, sonst liefert die Funktion den Fehler `#WERT!`. `Zr` und `Zzr` müssen > `0` und `Zr` darf nicht > `Zzr` sein, sonst erscheint der Fehler `#ZAHL!`.

ZSATZINVEST()

RRI()

Syntax: `ZSATZINVEST(`**`Zzr; Bw; Zw`**`)`

Beispiel: `=ZSATZINVEST(10; 10000; 15000)`

Ergebnis: `0,0414`

Die mit Excel 2013 neu eingeführte Funktion `ZSATZINVEST()` berechnet den effektiven Jahreszins für den Wertzuwachs einer Investition. Dabei wird angenommen, dass nach der ersten Zahlung keine Zuzahlungen oder Entnahmen erfolgen.

Alle drei Argumente sind erforderlich. Mit `Zzr` wird die Anzahl der Perioden angegeben, `Bw` gibt den aktuellen Wert der Investition, `Zw` den angestrebten Zukunftswert an.

Die Funktion arbeitet mit folgender Gleichung:

```
ZSATZINVEST = (Zw / Bw)^(1 / Zrr) - 1
```

	A	B	C	D	E
1					
2	**Berechnung des Wertzuwachses einer Investition**				
3					
4	Zzr	10	10	10	10
5	Bw	100000	100000	100000	100000
6	Zw	120000	130000	140000	150000
7	ZSATZINVEST()	1,84%	2,66%	3,42%	4,14%

Abbildung 3.64 Berechnen des effektiven Jahreszinses für den Wertzuwachs einer Investition

Alle Argumente erfordern, anders als bei verwandten Funktionen wie `BW()` oder `ZW()`, positive numerische Werte. Ist das nicht der Fall, liefert die Funktion den Fehlerwert `#ZAHL!`. Ist ein Argument nicht numerisch, ist der Fehlerwert `#WERT!`.

Die Funktion liefert das gleiche Ergebnis wie die Funktion `ZINS()`, wenn dort das Argument `Rmz` auf `0` gesetzt und entweder der Barwert oder der Zukunftswert mit negativem Vorzeichen angegeben ist.

ZW()

FV()

Syntax:	`ZW(`**`Zins`**`; `**`Zzr`**`; `**`Rmz`**`; Bw; F)`
Beispiel:	`=ZW(0,06; 10; -1000; ; 1)`
Ergebnis:	`13.971,64`

Die Funktion `ZW()` liefert als Ergebnis den zukünftigen Wert auf der Grundlage gleicher Zahlungen zu gleichem Zinssatz über die angegebene Laufzeit.

Mit `Zins` wird der Zinssatz und mit `Zzr` werden die Zahlungszeiträume – Perioden – und damit die Anzahl der Zahlungen angegeben. Dabei ist darauf zu achten, dass jeweils die passenden Zeiteinheiten verwendet werden. Als Vorgabe wird `Zins` als Jahreszins interpretiert. Soll mit einer halbjährlichen, vierteljährlichen oder monatlichen Verzinsung gearbeitet werden, muss die Anzahl der Jahreszeiträume mit 2, 4 oder 12 multipliziert, der Jahreszinssatz entsprechend durch 2, 4 oder 12 dividiert werden.

`Rmz` ist der Betrag, der periodisch gezahlt wird. Dieser Betrag ist, wenn er angegeben wird, während der ganzen Laufzeit konstant. Handelt es sich um eine Rente, ist dies der ausgezahlte Betrag, handelt es sich um ein Darlehen, ist dies der Betrag der Annuität, die jährlich gezahlt wird. Zusätzlich kann mit `Bw` noch ein Barwert angegeben werden, der zu Beginn in Form eines Guthabens oder als Darlehenssumme vorhanden ist. Wird `Bw` nicht angegeben, so wird er als `0` angenommen.

Die Funktion benötigt, wenn `Bw` nicht angegeben wird, unbedingt einen Wert für `Rmz`. Umgekehrt kann aber auch ohne einen Wert für `Rmz` gerechnet werden, wenn `Bw` angegeben ist. Mit `F` wird noch angegeben, ob die Zahlungen jeweils am Ende einer Periode erfolgen (`F = 0` oder weggelassen) oder am Anfang (`F = 1`).

! Alle Werte müssen numerische Werte sein, sonst liefert die Funktion den Fehler `#WERT!`.

Die Berechnung des Zukunftswertes basiert auf der in Abschnitt 3.3, »Häufig benötigte Argumente und ihr Zusammenhang«, bereits vorgestellten Grundformel:

```
Bw * (1+Zins)^Zzr + Rmz * (1+Zins * F) * (((1+Zins)^Zzr)-1 / Zins) + Zw = 0
```

3.7.5 Zukünftiger Wert regelmäßiger Zahlungen

Abbildung 3.65 zeigt die Berechnung des Zukunftswertes jährlicher Zahlungen bei unterschiedlichen Zinssätzen. Der Betrag für `Rmz` wird negativ eingefügt, da Sie ja diesen Betrag pro Periode zahlen. Das Ergebnis dagegen ist positiv, denn das ist der Betrag, der Ihnen am Ende ausgezahlt wird.

	A	B	C
1			
2	**Zukunftswert von regelmäßigen Zahlungen**		
3			
4	Zins	3%	2,5%
5	Zzr	10	10
6	Rmz	- 1.000,00 €	- 1.000,00 €
7	Bw		
8	F	1	1
9	ZW()	11.807,80 €	11.483,47 €

Abbildung 3.65 Berechnen des zukünftigen Wertes auf der Basis regelmäßiger Zahlungen

3.7.6 Zukünftiger Wert einer einmaligen Einzahlung

Anstelle regelmäßiger Zahlungen kann auch ein einmaliger Betrag für eine Anzahl von Perioden angelegt werden. Die Frage stellt sich dann, wie schnell das Kapital wächst (oder wie langsam, wenn wir die heute leider üblichen Sparzinsen ansehen). Das Beispiel in Abbildung 3.66 zeigt eine entsprechende Berechnung für zwei verschiedene Zinssätze.

	A	B	C
1			
2	**Zukunftswert einer Einmalzahlung**		
3			
4	Zins	3%	2,5%
5	Zzr	10	10
6	Rmz		
7	Bw	- 20.000,00 €	- 20.000,00 €
8	F	1	1
9	ZW()	26.878,33 €	25.601,69 €

Abbildung 3.66 Berechnen des zukünftigen Wertes bei einer Einmalzahlung

3.7.7 Zukunftswert bei regelmäßigen Zahlungen und Einmalzahlung

Die Funktion kann ohne Weiteres auch den Fall abdecken, dass Sie zunächst eine Einmalzahlung tätigen und anschließend regelmäßige Zahlungen folgen lassen. Dafür geben Sie sowohl einen Betrag für das Argument `Rmz` also auch für `Bw` an. Beide Werte werden als negative Werte angegeben.

Abbildung 3.67 zeigt das Ergebnis wieder für verschiedene Zinssätze an. Diesmal sind die Zahlungen als Monatszahlungen eingetragen, weshalb der Zinssatz durch 12 dividiert und die Periodenzahl mit 12 multipliziert werden muss.

	A	B	C	D
1				
2	**Zukunftswert von Einmalzahlung + regelmäßigen Zahlungen**			
3				
4	Zins	3%	2,5%	2,2%
5	Zzr	10	10	10
6	mon. Rmz	- 100,00 €	- 100,00 €	- 100,00 €
7	Bw	- 10.000,00 €	- 10.000,00 €	- 10.000,00 €
8	F	1	1	1
9	ZW()	27.502,61 €	26.482,48 €	25.891,52 €

Abbildung 3.67 Berechnen des zukünftigen Wertes bei Einmalzahlung und regelmäßigen Zuzahlungen

ZW2()

FVSCHEDULE()

Syntax: `ZW2(`**`Kapital; Zinsen`**`)`

Beispiel: `=ZW2(10000; {0,03;0,05;0,03;0,08})`

Ergebnis: `12031`

Die Funktion `ZW2()` berechnet den Endwert eines Kapitals, das über mehrere Jahre mit jährlich wechselnden Zinsen nachschüssig verzinst wird. Die Zinsen werden jedes Mal zum Kapital geschlagen, sodass Zinseszinsen anfallen.

`Kapital` ist das zum Anfang eingesetzte Kapital, `Zinsen` sind die jeweiligen Zinssätze, die in der Reihenfolge, in der sie tatsächlich anfallen, in eine Spalte oder Zeile eingetragen werden müssen. Dabei werden leere Zellen als `0` gewertet. Stattdessen kann auch eine entsprechende Matrixkonstante angegeben werden. Implizit werden die Jahre aus der Zahl der eingegebenen Zinssätze errechnet.

! Nicht numerische Argumente führen zu dem Fehler `#WERT!`.

In Abbildung 3.68 sind in der Spalte A vier verschiedene Jahreszinssätze angegeben, das Anfangskapitel wird also über vier Jahre nachschüssig verzinst. In Spalte B wird zur Kontrolle das jährliche Wachstum des Kapitals mithilfe der Funktion

```
=ZW(Jahreszins; 1; ; -Kapital am Anfang der Periode)
```

berechnet.

D5 | =ZW2(D4;A5:A8)

	A	B	C	D
1				
2	**Aufgezinstes Kapital bei wechselnden Zinsen**			
3				
4	Jahreszinssätze		Anfangskapital:	10.000
5	3,00%	10.300	Endbetrag:	11.418
6	5,00%	10.815		
7	3,00%	11.139		
8	2,50%	11.418		

Abbildung 3.68 Verzinsung mit wechselnden Zinssätzen

ZZR()

NPER()

Syntax: `ZZR(`**`Zins; Rmz; Bw`**`; Zw; F)`

Beispiel: `=ZZR(5 %; -1000; 10000)`

Ergebnis: `14,2`

Die Funktion `ZZR()` berechnet die Zahl der Zahlungsperioden, also die Laufzeit. Sie kann bei der Zinseszinsrechnung, bei der Rentenrechnung und bei der Tilgungsrechnung bei einem Darlehen eingesetzt werden, wenn die anderen Argumente bekannt sind.

Mit `Zins` wird der Zinssatz der Periode angegeben, wobei von einer nachschüssigen Verzinsung ausgegangen wird. Handelt es sich um Monatsperioden, muss der Wert für den Jahreszins durch 12 dividiert werden.

`Rmz` ist der Betrag, der periodisch gezahlt wird. Dieser Betrag ist, wenn er angegeben wird, während der ganzen Laufzeit konstant. Handelt es sich um eine Rente, ist dies der ausgezahlte Betrag, handelt es sich um ein Darlehen, ist dies der Betrag der Annuität, die jährlich gezahlt wird, also die Summe aus dem Tilgungs- und dem Zinsanteil.

Zusätzlich kann mit Bw noch ein Barwert angegeben werden, der zu Beginn in Form eines Guthabens oder als Darlehenssumme vorhanden ist. Wird Bw nicht angegeben, so wird er als 0 angenommen. Außerdem kann mit Zw ein Zukunftswert angegeben werden, der einen bestimmten Kontostand am Ende von Rentenzahlungen oder eine Restschuld bei einem Darlehen angibt.

Die Funktion benötigt immer wenigstens zwei der drei Argumente Rmz, Bw und Zw. Mit F wird noch angegeben, ob die Zahlungen jeweils am Ende einer Periode erfolgen (F = 0 oder weggelassen) oder am Anfang (F = 1).

! Alle Werte müssen numerisch sein, sonst liefert die Funktion den Fehler #WERT!. Rmz, Bw und Zw dürfen nicht alle das gleiche Vorzeichen haben, sonst folgt der Fehler #ZAHL!.

Die Berechnung von ZZR() basiert auf der in Abschnitt 3.3, »Häufig benötigte Argumente und ihr Zusammenhang«, bereits vorgestellten Grundformel:

```
Bw * (1+Zins)^Zzr + Rmz * (1+Zins * F) * (((1+Zins)^Zzr)-1 / Zins) + Zw = 0
```

3.7.8 Zinsperioden bei Einmalzahlung

Abbildung 3.69 zeigt in Spalte B, dass eine einmalige Zahlung von 10.000 € nach 23 Jahren bei einer Verzinsung von 3 % einen Endwert von 20.000 € erreicht. In Spalte C wird eine entsprechende Berechnung für einen Jahreszinssatz von 2,5 % ausgeführt.

	A	B	C
1			
2	**Berechnen der Zahlungsperioden**		
3			
4	Zins	3%	2,5%
5	Rmz		
6	Bw	- 10.000,00 €	- 10.000,00 €
7	Zw	20.000,00 €	20.000,00 €
8	F	0	0
9	ZZR()	23	28

Abbildung 3.69 Berechnen der jährlichen Zahlungsperioden bei unterschiedlichen Zinssätzen

3.7.9 Zahlungsperioden bei regelmäßigen Zahlungen

Ein anderer Fall, der sich mit ZZR() berechnen lässt: Sie haben sich eine Lebensversicherung über 100.000 € auszahlen lassen und bei der Bank angelegt. Sie wollen wissen, wie viele Jahre daraus eine monatliche Zusatzrente von 1.000 € abgezweigt werden kann.

Der Wert für RMZ() wird als negativer Wert angegeben, da dieses Geld ja an Sie ausgezahlt wird. Die 100.000 € werden als Barwert zu Beginn der Zahlungsperioden angegeben. Da Sie die Anzahl der Monate interessiert, lautet die Formel in B9:

```
= ZZR(B4/12; B5; B6; ; B8)
```

B9 =ZZR(B4/12;B5;B6;B7;B8)

	A	B	C
1			
2	**Berechnen möglicher Rentenzahlungen**		
3			
4	Zins	3,0%	2,5%
5	Rmz	- 1.000,00 €	- 1.000,00 €
6	Bw	100.000,00 €	100.000,00 €
7	Zw		
8	F	0	0
9	Anzahl der monatlichen Zahlungen	115	112

Abbildung 3.70 Berechnen möglicher Rentenzahlungen

3.7.10 Geld liegen lassen

Ein drittes Beispiel soll den Fall behandeln, dass Sie eine größere Summe bei der Bank deponieren wollen, um nach einigen Jahren davon Ihre Traumreise zu finanzieren. In diesem Fall geben Sie die einmalige Zahlung als Barwert an und den vermuteten Preis der Reise als Zukunftswert. Wie lange müssen Sie nun warten, bis das Geld genügend gewachsen ist? In diesem Fall hängt alles vom Zinssatz ab. In Abbildung 3.71 sind die Ergebnisse der Funktion auf volle Jahre gerundet. Wenn Sie zur Kontrolle noch einmal mit der ZW()-Funktion nachrechnen, erhalten Sie für

```
=ZW(B4; B9; ; -10000)
```

den Wert 15000.

	A	B	C
1			
2	**Berechnen der Wartezeit**		
3			
4	Zins	3%	2,5%
5	Rmz		
6	Bw	- 10.000,00 €	- 10.000,00 €
7	Zw	15.000,00 €	15.000,00 €
8	F	0	0
9	ZZR()	13,72	16,42

Abbildung 3.71 Berechnen der Wartezeit bis zum Erreichen eines Zielwertes

4 Datums- und Zeitfunktionen

4.1 Einsatzbereich der Datums- und Zeitfunktionen

Berechnungen, in denen Datums- und Zeitwerte verwendet werden, spielen in vielen Anwendungsgebieten von Excel eine wichtige Rolle. Bei kommerziellen Lösungen geht es häufig darum, Fälligkeiten von Zahlungen festzustellen oder die Zeiträume zu berechnen, für die Zinsen anfallen. Bei der Analyse der gewerblichen Abläufe werden Umsätze, Kosten oder Gewinne bestimmten Zeitintervallen zugeordnet. Im Personalwesen werden Leistungen nach der Zeit abgerechnet, Urlaubsberechtigungen kontrolliert etc. In der Produktionsplanung kommt es auf die korrekte Verteilung der anfallenden Produktionsabläufe auf entsprechende Zeiteinheiten an.

4.1.1 Serielle Datums- und Zeitwerte

Excel rechnet in den Datums- und Zeitfunktionen mit »seriellen Zahlen«, die auch als *fortlaufende Zahl* bezeichnet werden. Alle Datumsangaben beziehen sich normalerweise auf den 1.1.1900. Dieser Tag entspricht der seriellen Zahl 1, der folgende Tag wird durch die serielle Zahl 2 repräsentiert usw., bis zur Zahl 2958465, die für den 31.12.9999 steht.

Alternativ kann noch eine andere Zählung der Datumswerte verwendet werden, die der auf dem Mac üblichen Zählung entspricht und den Austausch von Arbeitsmappen mit dem Mac vereinfacht. Sie geht von dem Zeitpunkt 1.1.1904 als dem Tag 0 aus. Mit diesem späteren Einstieg in die Zählung hat Apple das Problem vermieden, dass das Jahr 1900 kein Schaltjahr war, was bei der Zählung ab 1.1.1900 unterstellt wird. Das falsche Datum 29.2.1900 kann bei dieser Zählung eingegeben werden, obwohl es diesen Tag nicht gegeben hat. (Erst mit dem späteren Dateiformat *Strict Open XML* wird dieser Fehler vermieden.)

Sie können eine Einstellung auf das alternative Datumsformat über **Excel-Optionen ▸ Erweitert ▸ Beim Berechnen dieser Arbeitsmappe** vornehmen, indem Sie das Kontrollkästchen **1904-Datumswerte verwenden** ankreuzen. Die Verwendung der Zählung ab 1904 ist auch unter Windows nützlich, wenn mit negativen Werten für Zeiten gerechnet werden soll, wie weiter unten im Zusammenhang mit der Arbeitszeitberechnung noch gezeigt wird.

Uhrzeiten werden in Excel auch als serielle Zahlen dargestellt, alle Zeitangaben werden durch Werte zwischen 0 und 1 repräsentiert, und zwar ist 0,00001 (gerundet) die erste Sekunde des Tages, und 0,5 entspricht 12 Uhr mittags. Werden Zeitwerte mit einem Datumswert kombiniert, bilden sie den Dezimalteil der seriellen Zahl: 43.317,5 entspricht also 12 Uhr mittags am 5. August 2018.

Durch die Umwandlung in serielle Zahlen kann mit Datums- und Zeitangaben sehr einfach gerechnet werden. Da diese sich nun intern als normale numerische Werte darstellen, können mit ihnen die üblichen Rechenoperationen vorgenommen werden, vornehmlich Subtraktionen und Additionen können so ausgeführt werden.

Allerdings ist für den Benutzer nicht unbedingt sichtbar, dass die Datums- und Zeitfunktionen mit seriellen Zahlen rechnen, denn für die Ausgabe erscheint das Ergebnis in der Regel in einem entsprechenden Datums- oder Zeitformat. Um die Ausgabe als serielle Zahl zu sehen, braucht aber nur das Standardformat aktiviert zu werden, beispielsweise durch Löschen des zugewiesenen Datums- und Zeitformats.

4.1.2 Die Rolle der Datums- und Zeitformate

Bei der Eingabe von Datums- und Zeitwerten in eine Zelle werden alle Zeichenfolgen, die ein gültiges Datums- oder Zeitformat darstellen, korrekt interpretiert. Galt für die Zelle vorher das Standardformat, gilt nach der Eingabe das entsprechende Datums- oder Zeitformat. Mehr zu diesen Formaten finden Sie in Abschnitt 1.4.4, »Datums- und Zeitformate«.

Die Möglichkeit, Datums- und Zeitwerte als Zeichenfolgen einzugeben, besteht auch, wenn sie als Argumente für Funktionen eingegeben werden. Nötig ist dann nur, dass eine solche Zeichenfolge einem gültigen Datums- bzw. Zeitformat entspricht. Excel erkennt unterschiedliche Schreibweisen bei Datumswerten:

`11.12.2025    11-12-2025    11/12/2025`

werden alle gleichermaßen akzeptiert. Dennoch empfiehlt die Hilfe zu Excel, solche Argumente möglichst in Form von Funktionen anzugeben, die korrekte Datums- und Zeitwerte liefern.

Zwei Funktionen in dieser Kategorie verwenden die Systemzeit Ihres Geräts: `HEUTE()` und `JETZT()`. Solange die automatische Neuberechnung eingestellt ist, werden die Ergebnisse dieser Funktionen ständig aktualisiert. Ob sie korrekte Werte liefern, hängt allerdings davon ab, ob Sie die Systemzeit korrekt eingestellt haben.

Beim Formatieren der Ergebnisse von Datums- und Zeitfunktionen sollte darauf geachtet werden, dass nicht aus Versehen ein falsches Format zugewiesen wird und damit fehlerhafte Ergebnisse erzeugt werden. Bei der Eingabe der Funktion `=JAHR(HEUTE())` im Jahr 2024 liefert Excel das korrekte Ergebnis `2024`. Wird die betreffende Zelle jedoch irrtümlich mit einem Datumsformat belegt, ergibt sich der `16.07.1905`, der 2.024. Tag seit dem 1.1.1900. Das liegt daran, dass die Funktion `JAHR()` eine Zahl für das Jahr liefert und keinen Datumswert.

4.2 Periodische Datumsreihen berechnen

Im folgenden Beispiel wird gezeigt, wie mit der Funktion `DATUM()` Datumsberechnungen angestellt werden können. Es sollen periodische Datumsreihen beliebiger Art berechnet werden. Sie brauchen dazu nur ein Ausgangsdatum einzugeben und das gewünschte Intervall in Tagen, Wochen oder Monaten. In der ersten Zeile der Tabelle mit den Datumsreihen wird einfach nur das Ausgangsdatum durch einen absoluten Bezug übernommen.

Die einzelnen Termine der Datumsreihe sind in Spalte A fortlaufend nummeriert. Auf diese Nummer nehmen die Formeln der Reihe Bezug. Die Nummerierung kann durch Ziehen des Ausfüllkästchens bei gedrückter `Strg`-Taste oder mit dem Befehl **Start ▸ Bearbeiten ▸ Ausfüllen ▸ Reihe** erzeugt werden.

Ab der zweiten Zeile werden Formeln verwendet, um den jeweiligen Zeitsprung zu berechnen. Diese Formeln müssen nur einmal eingegeben und können dann nach unten kopiert werden.

Die Formel für ein Tagesintervall lautet:

```
=DATUM(JAHR($A$6); MONAT($A$6); TAG($A$6)+(A10-1)*$B$6)
```

Vergessen Sie nicht, die absoluten Bezüge zu verwenden, wenn Sie das Beispiel nachvollziehen wollen.

Die Formeln für das Monatsintervall sind entsprechend. Es wird immer ein bestimmtes Vielfaches des angegebenen Intervalls zu dem entsprechenden Bestandteil des Datums addiert:

```
=DATUM(JAHR($A$6); MONAT($A$6)+(A10-1)*$D$6; TAG($A$6))
```

	A	B	C	D
1				
2	**Periodische Datumsreihen**			
3				
4			**Intervall**	
5	**Ausgangsdatum**	**in Tagen**	**in Wochen**	**in Monaten**
6	01.01.2025	14	2	3
7				
8	**Termin**			
9	1	01.01.2025	01.01.2025	01.01.2025
10	2	15.01.2025	15.01.2025	01.04.2025
11	3	29.01.2025	29.01.2025	01.07.2025
12	4	12.02.2025	12.02.2025	01.10.2025
13	5	26.02.2025	26.02.2025	01.01.2026
14	6	12.03.2025	12.03.2025	01.04.2026
15	7	26.03.2025	26.03.2025	01.07.2026
16	8	09.04.2025	09.04.2025	01.10.2026
17	9	23.04.2025	23.04.2025	01.01.2027
18	10	07.05.2025	07.05.2025	01.04.2027
19	11	21.05.2025	21.05.2025	01.07.2027
20	12	04.06.2025	04.06.2025	01.10.2027
21	13	18.06.2025	18.06.2025	01.01.2028
22	14	02.07.2025	02.07.2025	01.04.2028
23	15	16.07.2025	16.07.2025	01.07.2028
24	16	30.07.2025	30.07.2025	01.10.2028

Abbildung 4.1 Datumsreihen berechnen

Etwas mehr Aufwand macht das Wochenintervall:

```
=DATUM(JAHR($A$6); MONAT($A$6); TAG($A$6)+(A10-1)*$C$6*7)
```

Ist die Tabelle einmal aufgebaut, können Sie in den Zellen B6 bis D6 beliebige Werte für das Intervall eingeben und erhalten sofort die gewünschte Reihe.

Es gibt bei dieser Tabelle allerdings ein Problem mit der Monatsspalte, wenn das Ausgangsdatum auf den 31. eines Monats fällt. Abbildung 4.2 zeigt, dass Excel in diesem Fall einen Termin, der drei Monate später liegt, immer dann auf den 1. des Folgemonats setzt, wenn der letzte Monat weniger als 31 Tage hat.

Wenn Sie dieses Ergebnis vermeiden und bei der Addition auf den letzten Tag des Monats immer auch den letzten Tag des neuen Monats sehen wollen, können Sie die oben verwendete Formel durch eine Formel ersetzen, die mit der Funktion `EDATUM()` arbeitet:

```
=EDATUM($A$6; (A10-1)*$D$6)
```

	A	B	C	D
1				
2	**Periodische Datumsreihen mit EDATUM()**			
3				
4			**Intervall**	
5	**Ausgangsdatum**	**in Tagen**	**in Wochen**	**in Monaten**
6	31.01.2025	14	2	3
7				
8	**Termin**			
9	1	31.01.2025	31.01.2025	31.01.2025
10	2	14.02.2025	14.02.2025	30.04.2025
11	3	28.02.2025	28.02.2025	31.07.2025
12	4	14.03.2025	14.03.2025	31.10.2025

Abbildung 4.2 Addition der Monate mit der Funktion `EDATUM()`

4.3 Periodische Zeitreihen berechnen

In dem nächsten Beispiel werden periodische Zeitreihen beliebiger Art berechnet. Sie geben eine Ausgangszeit ein und dann das gewünschte Intervall in Stunden, Minuten oder Sekunden.

In der ersten Zeile der Tabelle mit den Zeitreihen wird einfach nur die Ausgangszeit durch einen absoluten Bezug übernommen. Die einzelnen Termine der Zeitreihe sind in Spalte A fortlaufend nummeriert. Auf diese Nummern nehmen die Formeln der Reihe

Bezug. Die Nummerierung kann durch Ziehen des Ausfüllkästchens bei gedrückter [Strg]-Taste oder mit dem Befehl **Start ▸ Bearbeiten ▸ Ausfüllen ▸ Reihe** erzeugt werden.

In der zweiten Zeile werden Formeln verwendet, um jeweils den Zeitsprung zu berechnen. Diese Formeln müssen nur einmal eingegeben und können dann nach unten kopiert werden. Die Formel für ein Stundenintervall lautet:

```
=ZEIT(STUNDE($A$6)+(A10-1)*$B$6; MINUTE($A$6); SEKUNDE($A$6))
```

	A	B	C	D
1				
2	**Periodische Zeitreihen**			
3				
4		**Intervall**		
5	**Ausgangszeit**	**in Stunden**	**in Minuten**	**in Sekunden**
6	9:38:48	6	30	30
7				
8	**Termin**			
9	1	9:38:48	9:38:48	9:38:48
10	2	15:38:48	10:08:48	9:39:18
11	3	21:38:48	10:38:48	9:39:48
12	4	3:38:48	11:08:48	9:40:18
13	5	9:38:48	11:38:48	9:40:48
14	6	15:38:48	12:08:48	9:41:18
15	7	21:38:48	12:38:48	9:41:48
16	8	3:38:48	13:08:48	9:42:18
17	9	9:38:48	13:38:48	9:42:48
18	10	15:38:48	14:08:48	9:43:18

Abbildung 4.3 Zeitreihen berechnen

Vergessen Sie nicht, die absoluten Bezüge zu verwenden, wenn Sie das Beispiel nachvollziehen wollen. Die Formeln für das Minuten- bzw. Sekundenintervall sind entsprechend. Es wird immer ein bestimmtes Vielfaches des angegebenen Intervalls auf den entsprechenden Bestandteil der Zeit – hier die Minuten oder die Sekunden – addiert. Ist die Tabelle einmal aufgebaut, können Sie in den Zellen B6 bis D6 beliebige Werte für das Intervall eingeben und erhalten sofort die gewünschte Reihe.

4.4 Uhrzeit und Dauer

Das folgende Beispiel behandelt die Frage, wie Zeiten addiert und subtrahiert werden. Die Zeitfunktionen von Excel liefern ja normalerweise die Uhrzeit für einen bestimmten

Zeitpunkt und nicht die Angabe über eine Dauer. Es ist aber kein Problem, Zeitdifferenzen zu ermitteln. Etwas trickreich ist dagegen die Addition von Zeiten.

Eine kleine Tabelle soll verwendet werden, um Arbeitszeiten für eine Woche einzutragen. Es werden immer der Beginn und das Ende der Arbeitszeit in den Spalten B und C eingegeben. Dabei werden drei verschiedene Arbeitszeiten unterschieden: Normalarbeitszeit, Samstagsarbeitszeit und Sonntagsarbeitszeit.

Um die Differenz zu ermitteln, kann wieder mit der Zeitfunktion gearbeitet werden. Die Formel für den ersten Tag lautet:

```
=ZEIT(STUNDE(C5-B5)-1; MINUTE(C5-B5); )
```

Mit `-1` bei Stunden wird eine einstündige Pause berücksichtigt.

	A	B	C	D	E	F
1						
2	**Arbeitszeitberechnung**				**Woche:**	32
3						
4		**Beginn**	**Ende**	**Normale Arbeitszeit**	**Samstags-arbeit**	**Sonntags-arbeit**
5	Montag, 4. August 2025	8:40	16:30	6:50		
6	Dienstag, 5. August 2025	8:30	16:30	7:00		
7	Mittwoch, 6. August 2025	12:30	21:30	8:00		
8	Donnerstag, 7. August 2025	14:30	21:30	6:00		
9	Freitag, 8. August 2025	8:30	16:30	7:00		
10	Samstag, 9. August 2025	8:30	12:30		4:00	
11	Sonntag, 10. August 2025	8:30	10:30			2:00
12				10:50	4:00	2:00
13	* eine Stunde Pause					

Abbildung 4.4 Die Zeitrechnung liefert eine »falsche« Summe.

Wenn nun in der Tabelle die Summen für die drei Zeitarten gebildet werden, zeigt Excel bei normalem Datumsformat nicht die erwartete Zeitsumme von 34 Stunden und 50 Minuten an, sondern eine Uhrzeit: `10:50`. Da die Differenz zwischen dem angezeigten und dem erwarteten Wert 24 ist, wird erkennbar, dass Excel durchaus nicht falsch gerechnet hat, sondern lediglich das Ergebnis als die Uhrzeit interpretiert, die nach 34 Stunden und 50 Minuten erreicht wird.

Um in der Zellanzeige zu erreichen, dass auch eine Stundenzahl über 24 angezeigt wird, kann ein spezielles Format genutzt werden. Markieren Sie den Bereich D5 bis F12, benutzen Sie im Dialog **Zellen formatieren ▸ Zahlen** die Kategorie **Benutzerdefiniert**. Geben Sie folgendes Format ein: `[h]:mm`. Nun werden die Zeitsummen korrekt angezeigt.

	A	B	C	D	E	F
1						
2	**Arbeitszeitberechnung**				**Woche:**	32
3						
4		**Beginn**	**Ende**	**Normale Arbeitszeit**	**Samstags-arbeit**	**Sonntags-arbeit**
5	Montag, 4. August 2025	8:40	16:30	6:50		
6	Dienstag, 5. August 2025	8:30	16:30	7:00		
7	Mittwoch, 6. August 2025	12:30	21:30	8:00		
8	Donnerstag, 7. August 2025	14:30	21:30	6:00		
9	Freitag, 8. August 2025	8:30	16:30	7:00		
10	Samstag, 9. August 2025	8:30	12:30		4:00	
11	Sonntag, 10. August 2025	8:30	10:30			2:00
12				34:50	4:00	2:00
13	* eine Stunde Pause					

Abbildung 4.5 Das Tabellenblatt mit korrekter Zeitsummenanzeige

4.5 Tabellen für Arbeitszeiterfassung

Das folgende Beispiel, in dem ganz unterschiedliche Funktionen für die Berechnung von Arbeitszeiten genutzt werden, zeigt eine komplexere Lösung zum Thema Arbeitszeitberechnung. Dabei geht es um eine Aufgabe, die in der Regel ein genaues Ermitteln von Über- und zu wenig geleisteten Stunden erfordert. Hier hilft ein geeignetes Tabellenblatt.

Damit auch mit negativen Zeitwerten gerechnet werden kann, wählen Sie die Registerkarte **Erweitert** unter **Excel-Optionen**. Aktivieren Sie unter **Beim Berechnen dieser Arbeitsmappe** das Kontrollkästchen **1904-Datumswerte verwenden**. Sie sollten dies möglichst vor der Eingabe von Datumswerten tun, weil bei nachträglicher Umstellung auf ein schon eingetragenes Datum immer 1.492 Tage addiert werden. Das Datumssystem, das von 1.1.1900 rechnet, kann zwar intern auch negative Zeitwerte berechnen, ist aber nicht in der Lage, das Ergebnis in einem Zeitformat anzuzeigen, die Zelle wird mit #-Zeichen gefüllt.

4.5.1 Erfassen der Stammdaten

Beginnen Sie mit der Erstellung eines Stammdatenblattes. Dort werden folgende Informationen erfasst:

- Name, Personalnummer und Abteilung des Mitarbeiters
- Stundenübertrag aus dem Vorjahr
- die tägliche Arbeitszeit
- die jährlichen Feiertage
- Legen Sie ein Arbeitsblatt an, wie in Abbildung 4.6 zu sehen ist.
- Falls ein positiver Überstundensaldo aus dem vergangenen Jahr vorhanden ist, können Sie diesen in die Zelle B6 eintragen. Sind noch Minusstunden aus dem Vorjahr zu berücksichtigen, erfassen Sie diese in Zelle B7.
- In B8 geben Sie die tägliche Arbeitszeit (Wochenarbeitszeit / 5) ein.
- Damit die Feiertage später bei der Ermittlung der geleisteten Arbeitsstunden automatisch berücksichtigt werden, können auch sie in das Arbeitsblatt »Stammdaten« eingetragen werden. Geben Sie die Feiertage und die zugehörige Bezeichnung in den Bereich A10 bis B25 ein. Da in den einzelnen Bundesländern unterschiedliche Feiertagsregelungen gelten, können Ihre Eingaben unter Umständen von denen der Abbildung 4.6 abweichen.

	A	B
1	**Stammdaten der Arbeitszeitberechnung**	
2		
3	Personal-Nr.:	111
4	Name:	Wilfried Meyer
5	Abteilung:	Buchhaltung
6	Positiver Stundensaldo aus dem Vorjahr:	5:00
7	Negativer Stundensaldo aus dem Vorjahr:	
8	Tägliche Arbeitszeit	8:00
9	Land	NRW
10	Datum	Feiertag
11	01.01.2025	Neujahr
12	18.04.2025	Karfreitag
13	21.04.2025	Ostermontag
14	01.05.2025	Tag der Arbeit
15	29.05.2025	Christi Himmelfahrt
16	09.06.2025	Pfingstmontag
17	19.06.2025	Fronleichnam
18	03.10.2013	Tag der Einheit
19	01.11.2025	Allerheiligen
20	25.12.2025	1. Weihnachtsfeiertag
21	26.12.2025	2. Weihnachtsfeiertag

Abbildung 4.6 Stammdatenblatt für die Arbeitszeitberechnung

Markieren Sie schließlich den Bereich A11 bis A21, und weisen Sie diesem über **Formeln ▸ Namen definieren ▸ Namen definieren** die Bezeichnung `Feiertage` zu. Vergeben Sie für die Zelle B8 den Namen `Tägliche_Arbeitszeit`.

4.5.2 Monatskalender erstellen

Auf den einzelnen Monatsblättern werden die eigentlichen Berechnungen durchgeführt. Hierfür wird für jeden Monat ein Kalenderblatt angelegt, in dem für jeden Tag die Arbeitszeit festgelegt wird. Beginnen Sie mit dem Januar:

1. Erfassen Sie zunächst für den Monat Januar die Überschriften, wie in der folgenden Abbildung zu sehen.

	A	B	C	D	E	F	G	H	I
1	**Arbeitszeitermittlung**			**Pers.-Nr.**	111				
2				**Name**	Wilfried Meyer				
3				**Abteilung**	Buchhaltung				
4	**Datum**	**Arbeitstag**	**Sollstunden**	**Arbeitsbeginn**	**Arbeitsende**	**Pause**	**Iststunden**	**Mehr-/Minderstunden**	**Monatssaldo**

2. Sie benötigen für jeden Tag des Monats Januar eine eigene Zeile. Der erste Eintrag soll das Datum enthalten. Tippen Sie das Datum des ersten Januars in Zelle A5 ein.

3. Markieren Sie den Bereich A5 bis A35.

4. Benutzen Sie dann **Start ▸ Bearbeiten ▸ Ausfüllen ▸ Reihe**. In den älteren Versionen ist das der Befehl **Bearbeiten ▸ Ausfüllen ▸ Reihe**.

5. Im abgebildeten Dialogfeld sehen Sie, dass Excel von sich aus die korrekten Optionen wie beispielsweise den Typ **Datum** ausgewählt hat. Wenn Sie die Auswahl bestätigen, trägt Excel alle Datumsangaben für den Januar ein.

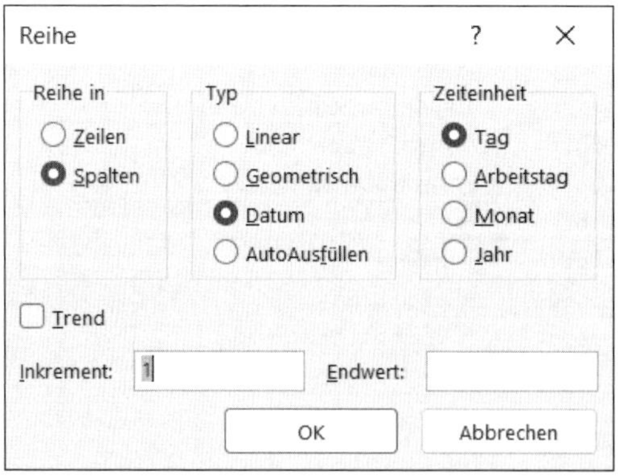

6 Um ein handlicheres Format für den Wochentag zu erhalten, richten Sie ein benutzerdefiniertes Zahlenformat mithilfe des Dialogs **Zellen formatieren** ein. Rufen Sie unter **Kategorie** den Eintrag **Benutzerdefiniert** auf, und geben Sie das Format `TTT TT.MM.JJ` ein.

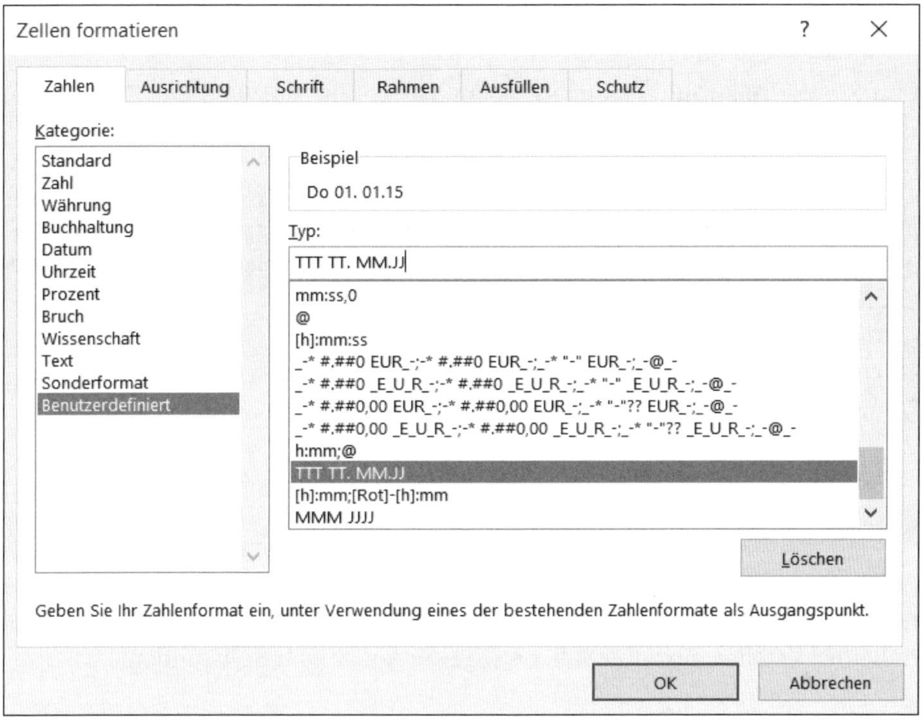

Dieses Format kürzt den Wochentag in der Anzeige auf zwei Buchstaben ab und den Jahreswert ebenfalls auf zwei Stellen.

4.5.3 Arbeitstage und Arbeitszeiten berechnen

In Spalte B untersuchen Sie nun zuerst, ob es sich bei dem Datum in Spalte A um einen Arbeitstag oder einen freien Tag handelt. Das kann auf einfache Weise mithilfe der Funktion `NETTOARBEITSTAGE()` ermittelt werden. Für die Berechnung der Nettoarbeitstage werden die Feiertage des Abrechnungsjahres benötigt, die Sie bereits im Arbeitsblatt »Stammdaten« erfasst haben. Die Funktion `NETTOARBEITSTAGE()` liefert die Anzahl ganzer Arbeitstage zwischen einem Anfangsdatum und einem Enddatum. Wochenenden werden dabei automatisch abgezogen, ebenso die Tage, die als Feiertage beziehungsweise als Ferien angegeben werden.

4.5.4 Nettoarbeitstage ermitteln

1. Wählen Sie die Zelle B5 aus, und klicken Sie im Register **Formeln** auf das Symbol **Funktion einfügen**.
2. Nehmen Sie als Kategorie die Option **Datum & Zeit**, und suchen Sie in der Liste die Funktion `NETTOARBEITSTAGE()`.
3. Wenn Sie die Auswahl bestätigen, gelangen Sie zur Auswahl der Funktionsargumente.
4. Geben Sie sowohl unter **Ausgangsdatum** als auch unter **Enddatum** die Zelle A5 an. In das Textfeld **Freie_Tage** übernehmen Sie den vorhin vergebenen Bereichsnamen `Feiertage`. Damit geben Sie Excel alle zuvor erfassten Feiertage an. Bestätigen Sie die Eingaben.

Wenn es sich um einen Arbeitstag handelt, gibt Excel die Ziffer `1` aus, ansonsten erscheint in der Zelle eine Null. Die Null steht also für Samstage sowie Sonn- und Feiertage.

4.5.5 Ermitteln der Sollarbeitsstunden

Durch Auswertung der Ergebnisse in Spalte B können Sie jetzt leicht die Sollstunden der täglichen Arbeitszeit ermitteln. Wenn ein Arbeitstag vorliegt, soll die tägliche Arbeitszeit erscheinen, ist dies nicht der Fall, beträgt die Anzahl der Sollstunden `0`.

1. Wählen Sie die Zelle C5, und rufen Sie erneut **Funktion einfügen** auf.
2. Markieren Sie unter **Logik** die Funktion **Wenn**.
3. Geben Sie unter **Wahrheitstest** die Bedingung `B5=0` ein.

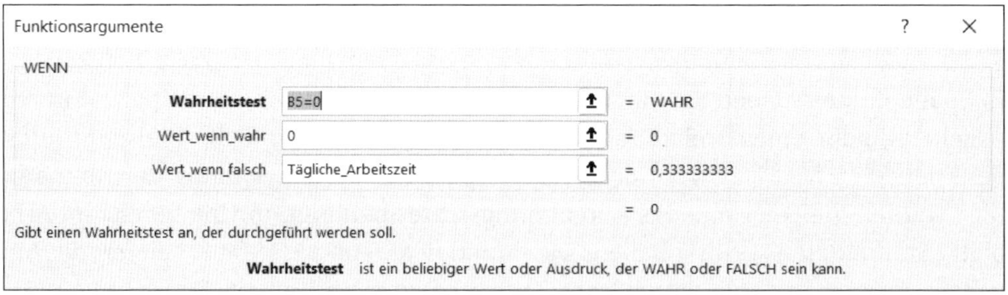

4. Unter **Wert_wenn_wahr** geben Sie `0` ein. Das ist der Wert, der angezeigt werden soll, wenn die Bedingung erfüllt ist.

5 Unter **Wert_wenn_falsch** geben Sie den Bereichsnamen `Tägliche_Arbeitszeit` an und bestätigen das Dialogfeld.

6 Markieren Sie die Zelle C5, und öffnen Sie das Dialogfeld **Zellen formatieren**.

7 Aktivieren Sie die Registerkarte **Benutzerdefiniert**, und weisen Sie der Zelle das Format `hh:mm` zu.

4.5.6 Stundenermittlung

In den folgenden Spalten werden die Angaben zu Arbeitsbeginn, Arbeitsende und Pause eingetragen und die Arbeitszeit sowie die Mehr- und Minderstunden ausgerechnet. Dazu müssen Sie die Anwesenheitszeit – Iststunden – und anschließend die täglichen Mehr- bzw. Minderstunden berechnen. Danach wird der fortlaufende Gesamtsaldo aller Stundensalden ausgerechnet.

Als Nächstes müssen die Formeln, die zur Ermittlung der Iststunden und der Stundensalden führen, eingegeben werden. Die Istzeit in der Zelle G5 ergibt sich durch die Formel `=WENN(ISTLEER(E5); 0; E5-D5-F5)`.

Mehr- und Minderstunden in Zelle H5 erhalten Sie durch die Formel:

```
=WENN(NICHT(ISTLEER(E5)); G5-C5; 0)
```

Mit der Funktion `ISTLEER()` prüfen Sie, ob in E5 ein Eintrag vorhanden ist. Eine Berechnung erfolgt demnach nur dann, wenn das Arbeitsende in E5 erfasst worden ist. Nur dann wird der Saldo zwischen Anfangs-, Endzeit und Pausen errechnet.

Der aktuelle Überstundensaldo ergibt sich aus dem Saldo des ersten Tages sowie den Mehr- oder Minderstunden aus dem vergangenen Jahr. Dabei greifen Sie auf Zelladressen des Stammdatenblattes zu. Excel setzt dabei vor die Zelladresse den Blattnamen und trennt beide durch ein Ausrufezeichen.

4.5.7 Formeln für den Gesamtsaldo

Der Stundensaldo in Zelle I5 errechnet sich im Januar für den ersten Arbeitstag durch `=H5+Stammdaten!B6-Stammdaten!B7`. Der Überstundensaldo in I6 ergibt sich durch `=+H6+I5`, also den Stand des Vortages plus den aktuellen Tag.

Um das Blatt fertigzustellen, weisen Sie den Zellen G5, H5, I5 und I6 das benutzerdefinierte Zahlenformat `[h]:mm;[Rot]-[h]:mm` zu, um negative Zahlen in roter Farbe mit einem Minuszeichen darzustellen. Kopieren Sie die Formeln der Spalten B bis H bis in die Zeile 35. Auch die Zelle I6 kopieren Sie bis in Zeile 35.

4.5.8 Name, Personal-Nr. und Abteilung anzeigen

Damit Name, Personal-Nr. und Abteilung aus den Stammdaten auf den einzelnen Monatsblättern erscheinen, geben Sie noch folgende Formeln ein:

```
D1: =Stammdaten!B3
D2: =Stammdaten!B4
D3: =Stammdaten!B5
```

Da die Spalte B mit der Angabe der Nettoarbeitstage nur hilfsweise verwendet wurde, kann sie nachträglich auch ausgeblendet werden. Klicken oder tippen Sie in den Spaltenkopf der Spalte B, um diese zu markieren. Wählen Sie aus dem Kontextmenü des Spaltenkopfes den Befehl **Ausblenden**.

4.5.9 Anlegen der anderen Monatsblätter

Jetzt können Sie die weiteren Monate anlegen. Damit Sie den Wust von Formeln und Formatierungen nicht mehrfach erfassen müssen, kopieren Sie das Arbeitsblatt »Januar«:

1. Benutzen Sie im Kontextmenü des Blattregisters den Eintrag **Verschieben oder kopieren**.

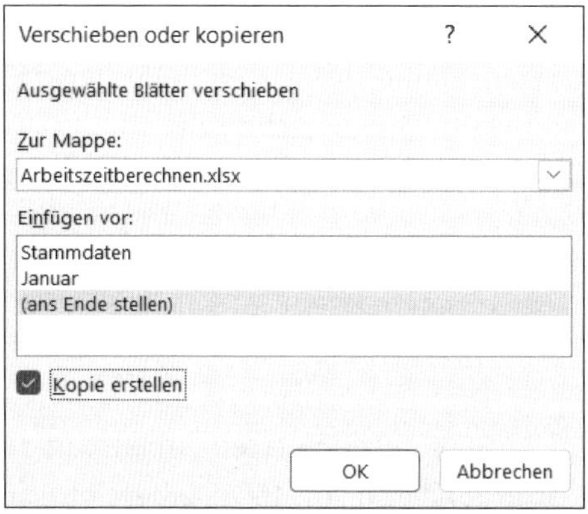

2. Im Dialogfeld aktivieren Sie **Kopie erstellen** und wählen unter **Einfügen vor** die Option **(ans Ende stellen)**. Sie erhalten ein Blatt mit dem Namen »Januar(2)«. Benennen Sie es in »Februar« um.

3 Ersetzen Sie die Januar-Datumswerte durch Februar-Werte. Denken Sie daran, dass der Februar in der Regel nur 28 Tage hat.

4 Der erste Überstundensaldo im Februar ergibt sich durch `=Januar!I35+H5`. Für die übrigen Monate sind die Formeln entsprechend anzupassen.

4.5.10 Arbeiten im fertigen Arbeitsblatt

In den fertigen Tabellenarbeitsblättern können Sie oder Ihre Mitarbeiter jetzt Ihre täglichen Arbeitszeiten zuzüglich Pausen eintragen. Sollten Sie einmal so im Stress sein, dass Sie bis Mitternacht arbeiten, tragen Sie `24:00` und nicht `0:00` ein, da Sie ansonsten Fehlerwerte erhalten. Falls Sie einmal an Wochenenden oder Feiertagen arbeiten müssen, werden Ihnen diese Sonderschichten automatisch als positive Salden gutgeschrieben.

	A	B	C	D	E	F	G	H	I
1	**Arbeitszeitermittlung**			**Pers.-Nr.**	111				
2				**Name**	Wilfried Meyer				
3				**Abteilung**	Buchhaltung				
4	**Datum**	**Arbeitstag**	**Sollstunden**	**Arbeitsbeginn**	**Arbeitsende**	**Pause**	**Iststunden**	**Mehr-/Minderstunden**	**Monatssaldo**
5	Mi 01. 01.25	0	00:00				0:00	0:00	5:00
6	Do 02. 01.25	1	08:00	09:15	14:00	0:30	4:15	-3:45	1:15
7	Fr 03. 01.25	1	08:00	09:00	19:00	1:00	9:00	1:00	2:15
8	Sa 04. 01.25	0	00:00				0:00	0:00	2:15
9	So 05. 01.25	0	00:00				0:00	0:00	2:15
10	Mo 06. 01.25	1	08:00	09:00	18:15	1:00	8:15	0:15	2:30
11	Di 07. 01.25	1	08:00	09:00	14:00	1:00	4:00	-4:00	-1:30

Abbildung 4.7 Auszug aus einer ausgefüllten Monatstabelle

4.6 Referenz der Datums- und Zeitfunktionen

ARBEITSTAG()

WORKDAY()

Syntax: `ARBEITSTAG(`**`Ausgangsdatum; Tage;`**` Freie_Tage)`

Beispiel: `=ARBEITSTAG(DATWERT("01.01.2025"); 30)`

Ergebnis: `13.02.2025`

Die Funktion `ARBEITSTAG()` liefert von einem angegebenen Ausgangsdatum aus gerechnet ein neues Datum, das um die gegebene Zahl von Arbeitstagen vor oder nach dem

Ausgangsdatum liegt. Dabei können zusätzlich zu den Wochenenden noch die angegebenen freien Tage berücksichtigt werden.

`Ausgangsdatum` kann als serieller Wert oder mithilfe einer Datumsfunktion angegeben werden. Ebenso kann das Argument auch als Text übergeben werden, wenn er als gültiger Datumswert ausgewertet werden kann und in Anführungszeichen gesetzt ist. Ist das nicht der Fall, liefert die Funktion den Fehler `#WERT!`. Der Datumswert muss sich in dem Zeitfenster bewegen, das Excel für die Datumsberechnung verwendet (1900 bis 9999), sonst liefert die Funktion den Fehler `#ZAHL!`.

Zu `Ausgangsdatum` rechnet die Funktion die mit `Tage` angegebene Anzahl von Arbeitstagen sowie die als `Freie_Tage` aufgeführten Tage hinzu, berücksichtigt die in den Zeitraum fallenden Samstage und Sonntage und gibt als Ergebnis das neue Datum aus. `Freie_Tage` kann ein Bezug auf einen Zellbereich sein, in dem die Daten der freien Tage abgelegt sind, oder auch eine Matrixkonstante mit seriellen Datumswerten oder Zeichenfolgen für Datumswerte. Die Werte der Matrixkonstanten müssen in geschweiften Klammern eingefasst werden, beispielsweise:

```
=ARBEITSTAG("20.12.2025"; 10; {"25.12.2025"; "26.12.2025"})
```

Wird ein negativer Wert für `Tage` angegeben, rechnet die Funktion rückwärts. Hat der Wert Nachkommastellen, werden diese ohne Rundung einfach abgeschnitten.

Ist einer der Datumswerte kein gültiger Wert, liefert die Funktion den Fehler `#WERT!`. Ergibt die Addition von `Ausgangsdatum` + `Tage` ein ungültiges Datum, liefert die Funktion den Fehler `#ZAHL!`.

Die Funktion gibt Ihnen eine einfache Möglichkeit, beispielsweise zu berechnen, wann eine Zahlung fällig ist oder wann eine Lieferung zu erwarten ist, wenn eine entsprechende Anzahl von Arbeitstagen angegeben ist.

	A	B	C	D
1				
2	**Datum eines Arbeitstages berechnen**			
3				
4	Ausgangsdatum	Tage	Freie_Tage	ARBEITSTAG()
5	01.01.2025	30	01.01.2025	13.02.2025
6			07.01.2025	
7				
8	01.02.2025	30	19.02.2025	17.03.2025
9	01.03.2025	-15	19.02.2025	07.02.2025

Abbildung 4.8 Kommende oder zurückliegende Arbeitstage berechnen

ARBEITSTAG.INTL()

WORKDAY.INTL()

Syntax:	ARBEITSTAG.INTL(**Ausgangsdatum**; **Tage**; Wochenende; Freie_Tage)
Beispiel:	=ARBEITSTAG.INTL(DATUM(2025; 1; 1); 30; 17; D5:D6)
Ergebnis:	06.02.2025, wenn in D5:D6 zwei Datumswerte für freie Tage eingetragen sind

Die Funktion ARBEITSTAG.INTL() liefert von einem mit Ausgangsdatum angegebenen Datum aus gerechnet ein neues Datum, das sich um die mit Tage angegebene Zahl von Arbeitstagen, die Wochenendtage und die mit Freie_Tage angegebene Zahl von freien Tagen vom Ausgangsdatum unterscheidet.

Ausgangsdatum kann als serieller Wert oder mithilfe einer Datumsfunktion angegeben werden. Ebenso kann das Argument auch als Text übergeben werden, wenn er als gültiger Datumswert ausgewertet werden kann und in Anführungszeichen gesetzt ist. Ist das nicht der Fall, liefert die Funktion den Fehler #WERT!. Der Datumswert muss sich in dem Zeitfenster bewegen, das Excel für die Datumsberechnung verwendet (1900 bis 9999), sonst liefert die Funktion den Fehler #ZAHL!.

! Hat der Wert für Tage Nachkommastellen, werden diese ohne Rundung einfach abgeschnitten. Ist einer der Datumswerte kein gültiger Wert, liefert die Funktion den Fehler #WERT!. Ergibt die Addition von Ausgangsdatum + Tage ein ungültiges Datum, liefert die Funktion den Fehler #ZAHL!.

Freie_Tage kann ein Bezug auf einen Zellbereich sein, in dem die Daten der freien Tage abgelegt sind, oder auch eine Matrixkonstante mit seriellen Datumswerten oder Zeichenfolgen für Datumswerte. Die Werte der Matrixkonstanten müssen in geschweiften Klammern eingefasst werden.

Die Funktion erweitert die Funktion ARBEITSTAG() um das Argument Wochenende, wobei beliebige Wochentage als Wochenende behandelt werden können. Mit den Wochenendnummern wird angegeben, welche Tage als Wochenende genommen werden.

Nr.	Wochenendtage
1 (oder nicht angegeben)	Samstag, Sonntag
2	Sonntag, Montag
3	Montag, Dienstag

Tabelle 4.1 Die möglichen Wochenendnummern und ihre Bedeutung

Nr.	Wochenendtage
4	Dienstag, Mittwoch
5	Mittwoch, Donnerstag
6	Donnerstag, Freitag
7	Freitag, Samstag
11	nur Sonntag
12	nur Montag
13	nur Dienstag
14	nur Mittwoch
15	nur Donnerstag
16	nur Freitag
17	nur Samstag

Tabelle 4.1 Die möglichen Wochenendnummern und ihre Bedeutung (Forts.)

Statt der Nummern kann auch eine Zeichenfolge angegeben werden, bei der beginnend mit dem Montag `1` für Wochenendtage steht, `0` für Arbeitstage, etwa `0000011` für eine normale Woche mit dem Wochenende am Samstag und Sonntag.

Siehe dazu auch die Funktion `NETTOARBEITSTAGE.INTL()`.

	A	B	C	D	E
1					
2	**Datum eines Arbeitstages mit variablen Wochenenden berechnen**				
3					
4	Ausgangsdatum	Tage	Wochenende	Freie_Tage	ARBEITSTAG.INTL()
5	01.01.2025	30	17	01.01.2025	06.02.2025
6				06.01.2025	
7					
8	01.02.2025	30	0000011	19.02.2025	17.03.2025
9	01.03.2025	-15	1	19.02.2025	07.02.2025

Abbildung 4.9 Kommende oder zurückliegende Arbeitstage mit variablem Wochenende berechnen

BRTEILJAHRE()

YEARFRAC()

Syntax:	`BRTEILJAHRE(`**`Ausgangsdatum; Enddatum`**`; Basis)`
Beispiel:	`=BRTEILJAHRE(DATWERT("01.02.2025"); DATWERT("12.11.2025"); 4)`
Ergebnis:	`0,781`

Die Funktion `BRTEILJAHRE()` liefert die Zeitspanne zwischen einem `Ausgangsdatum` und einem `Enddatum` als Bruchteil von Jahren in Form einer Dezimalzahl. Das Ergebnis kann beispielsweise für die Berechnung von Zinsen im unterjährigen Bereich verwendet werden.

Mit `Basis` wird angegeben, wie das Jahr berechnet werden soll (siehe Tabelle 4.2).

Basis	Bedeutung
0	US-amerikanisches System: Die Monate werden mit 30 Tagen, das Jahr wird mit 360 Tagen gerechnet. Ein Enddatum zum 31. eines Monats wird, falls das Startdatum vor dem 30. eines Monats liegt, als 1. Tag des Folgemonats behandelt, sonst als 30. des Monats.
1	Die tatsächlichen Tage der Monate und die tatsächlichen Tage der Jahre werden gerechnet.
2	Es wird mit den tatsächlichen Tagen des Monats gerechnet, für das Jahr werden aber 360 Tage angesetzt.
3	Es wird mit den tatsächlichen Tagen des Monats gerechnet, für das Jahr werden aber 365 Tage angesetzt.
4	Europäisches System: Die Monate werden mit 30 Tagen, das Jahr wird mit 360 Tagen gerechnet. Fällt ein Start- oder Enddatum auf den 31. eines Monats, wird es als 30. Tag behandelt.

Tabelle 4.2 Mögliche Werte für `Basis`

Abbildung 4.10 zeigt die Unterschiede, die sich aus der Wahl von `Basis` ergeben.

! Ist `Ausgangsdatum` oder `Enddatum` kein gültiger Datumswert, liefert die Funktion den Fehler `#WERT!`, ein ungültiger Wert für `Basis` führt zu dem Fehler `#ZAHL!`.

	A	B	C	D	E	F	G
1							
2	**Berechnen von Jahresbruchteilen**						
3							
4	Basis		0	1	2	3	4
5	Ausgangsdatum	01.02.2025					
6	Enddatum	12.11.2025					
7							
8		BRTEILJAHRE()	0,781	0,778	0,789	0,778	0,781

Abbildung 4.10 Umrechnung in Jahresbruchteile

DATEDIF()

DATEDIF()

Syntax: `DATEDIF(`**`Ausgangsdatum; Enddatum; Einheit`**`)`

Beispiel: `=DATEDIF(DATUM(1943; 6; 7); DATUM(2024; 10; 23); "Y")`

Ergebnis: `81`

Die Funktion `DATEDIF()` berechnet den Zeitraum zwischen dem Argument `Ausgangsdatum` und dem Argument `Enddatum` in der gewählten `Einheit`. Diese wird mithilfe der in Abbildung 4.11 sichtbaren Abkürzungen in Spalte C angegeben. Obwohl die Hilfe deutsche Abkürzungen angibt, funktionieren nur die englischen.

Neben `Y`, `M`, `D` für Jahr, Monat, Tag können noch folgende Einheiten angegeben werden:

Einheit	Bedeutung
MD	Differenz der Tage, wenn Monat und Jahr ignoriert werden
YM	Differenz der Monate, wenn Tage und Jahr ignoriert werden
YD	Differenz der Jahre, wenn Tage und Monate ignoriert werden

Tabelle 4.3 Zusätzliche Differenzeinheiten für DATEDIF()

Ist `Ausgangsdatum` oder `Enddatum` kein gültiger Datumswert, liefert die Funktion den Fehler `#WERT!`, ein ungültiger Wert für `Einheit` führt zu dem Fehler `#ZAHL!`.

Die Funktion wird von Microsoft seit mehreren Versionen »versteckt«, also im Funktions-Assistenten nicht angeboten, obwohl sie durchaus nützlich ist.

	A	B	C	D
1				
2	**Berechnen von Zeiträumen**			
3				
4	Ausgangsdatum	Enddatum	Einheit	DATEDIF()
5	07.06.1943	18.10.2024	Y	81
6	07.06.1943	18.10.2024	M	976
7	07.06.1943	18.10.2024	D	29719
8	07.06.1943	18.10.2024	MD	11
9	07.06.1943	18.10.2024	YM	4
10	07.06.1943	18.10.2024	YD	133

Abbildung 4.11 Eine seit Langem versteckte Funktion in Excel berechnet Zeiträume.

DATUM()

DATE()

Syntax: `DATUM(`**`Jahr; Monat; Tag`**`)`

Beispiel: `=DATUM(2025; 1; 1)`

Ergebnis: `01.01.2025`

Die Funktion `DATUM()` berechnet eine serielle Zahl für das mithilfe der einzelnen Argumente eingegebene Datum, das im Zeitraum vom 1.1.1900 bis zum 31.12.9999 liegen darf, wenn das vorgegebene 1900-Datumssystem verwendet wird. Die wiedergegebenen Werte liegen dann zwischen `1` und `2958465`, wenn die Zelle im Standardformat angezeigt wird. Excel formatiert das Ergebnis aber als Vorgabe mit dem über die Systemsteuerung als Standard gewählten Datumsformat.

Der Einsatz dieser Funktion ist besonders dann sinnvoll, wenn die einzelnen Argumente über Zellbezüge angegeben sind, sodass mit variablen Werten gearbeitet werden kann. Alle Argumente sind Zahlen oder Bezüge auf Zellen, die Zahlenwerte ergeben, oder Funktionen oder Formeln, die entsprechende Werte liefern.

```
=DATUM(JAHR(HEUTE()); MONAT(HEUTE()); TAG(HEUTE()+30))
```

ergibt beispielsweise ein Datum, das 30 Tage in der Zukunft des aktuellen Tages liegt. Allerdings ist die Formel unnötig verkompliziert.

```
=DATUM(HEUTE())+30
```

liefert das gleiche Ergebnis, weil die serielle Zahl, die die Funktion liefert, ja immer die Anzahl von Tagen angibt, auf die einfach addiert werden kann.

Die Werte für `Monat` und `Tag` dürfen auch größer als 12 bzw. 31 sein, die »überschüssigen« Monate oder Tage werden intern verrechnet. Auch Werte ≤ `0` sind erlaubt, Excel rechnet dann entsprechend zurück. Diese Möglichkeit lässt sich beispielsweise nutzen, um den letzten Tag eines Monats auszugeben.

```
=DATUM(2025; 3; 0)
```

liefert den letzten Februartag in 2025, weil Tag 0 einen Tag vor dem 1.3. liegt.

Ist der Wert für `Jahr` kleiner `0` oder größer `9999`, liefert die Funktion den Fehler `#ZAHL!`. Auch nicht numerische Argumente führen zu dem Fehler `#ZAHL!`.

	A	B	C	D
1				
2	**Ausgabe eines Datums**			
3				
4	Jahr	Monat	Tag	DATUM()
5	0	1	2	02.01.1900
6	43	6	7	07.06.1943
7	23	8	12	12.08.1923
8	2006	11	13	13.11.2006
9	2018	8	16	16.08.2018
10	2018	18	6	06.06.2019
11	9999	12	31	31.12.9999
12	10000	12	31	#ZAHL!

Abbildung 4.12 Die Funktion `DATUM()` kommt auch mit dem Monatswert `15` zurecht.

4.6.1 Besonderheiten der Funktion DATUM()

Anders als bei der direkten Eingabe eines Datums in eine Zelle verhält sich Excel, wenn das Datum durch eine Datumsfunktion erzeugt wird. Wird das Jahr bei `=DATUM(Jahr; Monat; Tag)` nur mit zwei Stellen eingegeben, ergänzt Excel nicht nach der in Abschnitt 1.4, »Die Rolle der Zahlenformate«, beschriebenen Zeitfensterregel, sondern addiert immer 1900 dazu. Das gilt für alle Eingaben für das Jahr, die von 0 bis 1899 reichen. Das Datum 10.10.2000 kann also auch angegeben werden durch `=DATUM(100; 10; 10)`.

Ein Datum für 2000 und darüber kann aber auch mit einer vierstelligen Jahreszahl eingegeben werden. Alle vierstelligen Eingaben von 1900 bis 9999 werden so verarbeitet. Wird das 1904-Datumssystem verwendet, gilt Entsprechendes für Zahlen von 4 bis 9999.

Für den Anwender ist dieses abweichende Verhalten sicher gewöhnungsbedürftig, die Funktion gibt Ihnen aber eine größere Flexibilität für Datumsberechnungen über größere Zeiträume hinweg.

Beachten Sie, dass es noch eine ganze Reihe von Funktionen in Excel gibt, die ein Datum als Argument verlangen. Ist dieses Argument als Datum in einer Zelle abgelegt, gilt auch hier die Fensterregel. Wird das Argument mit der Datumsfunktion erzeugt, gilt das zuletzt beschriebene Verhalten.

4.6.2 Datumsberechnungen in Makros

Ein besonderes Problem stellen selbst gestrickte Datumsberechnungen in Makros dar. Werden dabei Datumsfunktionen von Excel benutzt, lassen sich die betreffenden Stellen durch Suchoperationen nach den Funktionsnamen noch leicht aufspüren. Schwieriger ist es, wenn Berechnungen unabhängig von diesen Funktionen vorgenommen wurden. Wenn z. B. die beiden letzten Stellen der Jahreszahl einfach als Zahl in einer Zelle abgelegt werden, kann das Aufaddieren auf diese Zahl zu unerwünschten Ergebnissen führen, falls die Jahrtausendwende dabei überschritten wird. Besondere Vorsicht ist geboten, wenn die Jahreszahl nur als Zeichenfolge vorliegt.

Während Excel bei Variablen vom Typ `Date` Jahreszahlen auch dann vierstellig speichert, wenn nur die beiden letzten Stellen eingegeben werden, sind Jahreszahlen, die als Textvariable eingegeben oder durch Zeichenfolgenfunktionen aus einer Zeichenfolge herausgezogen werden, unsichere Kandidaten für eine eindeutige Interpretation, falls nur zwei Stellen vorhanden sind. Oft wird z. B. in einer Bestellnummer das Datum als Teil einer Zeichenfolge verwendet. Setzen Makros hier mit Berechnungen auf, etwa um zu prüfen, wann ein Kunde zum letzten Mal bestellt hat, tun Sie gut daran, das Ergebnis zu kontrollieren.

Schwierigkeiten bereiten auch selbst programmierte Schaltjahrberechnungen in Makros, die beispielsweise nicht die Ausnahmeregelung für das Jahr 2000 – ein Schaltjahr – berücksichtigen. Es kann also durchaus notwendig sein, alle Berechnungen in vorhandenen Makros, die mit Jahreszahlen zu tun haben, durchzuchecken.

DATWERT()

DATEVALUE()

Syntax:	`DATWERT(`**`Datumstext`**`)`
Beispiel:	`=DATWERT("12. Dezember 18")`
Ergebnis:	`12.12.2018`

Die Funktion `DATWERT()` wandelt ein als Zeichenfolge angegebenes Datum in eine serielle Zahl um.

Die Zeichenfolge muss in einer Schreibweise eingegeben werden, die als gültiger Datumswert ausgewertet werden kann. Ist das nicht der Fall, liefert die Funktion den Fehler `#WERT!`. Die zeitlichen Begrenzungen (Jahreswerte von 1900 bis 9999) sind dieselben wie bei der Funktion `DATUM()`.

	A	B	C
1			
2	**Ausgabe eines als Text eingegebenen Datums**		
3			
4	Datumstext	DATWERT()	
5	12. Dezember 17	12.12.2017	
6	12. Dez	12.12.2021	
7	12. Dez 43	12.12.1943	
8	11/10/2021	11.10.2021	
9	11-10-2021	11.10.2021	
10	2021-10-11	11.10.2021	
11	2021/07/06	06.07.2021	
12	2018/02/30	#WERT!	

Abbildung 4.13 Umwandlung von Texteingaben in Datumswerte

Diese Funktion eignet sich speziell auch für Importe von tabellarischen Werten, z. B. aus Textverarbeitungsprogrammen oder aus Programmen, die ein anderes Datumsformat verwenden. Wenn Sie daraus eine Spalte mit Zeichenfolgen gewinnen können, lassen sich diese Werte sehr einfach in gültige Datumswerte umwandeln.

Für die Behandlung von Zeitwerten, die als Zeichenfolge vorliegen, gibt es eine entsprechende Funktion: `ZEITWERT()`.

EDATUM()

EDATE()

Syntax:	`EDATUM(`**`Ausgangsdatum; Monate`**`)`
Beispiel:	`=EDATUM(DATWERT("23.10.2024"); 10)`
Ergebnis:	`23.08.2025`

Die Funktion `EDATUM()` liefert ein um eine bestimmte Anzahl von Monaten gegenüber dem angegebenen `Ausgangsdatum` verschobenes Datum. Der Wert für `Monate` kann positiv oder negativ sein.

`Ausgangsdatum` kann als serieller Wert oder mithilfe einer Datumsfunktion angegeben werden. Ebenso kann das Argument auch als Text übergeben werden, wenn er als gültiger Datumswert ausgewertet werden kann und in Anführungszeichen gesetzt ist.

Lässt sich ein Argument nicht als Datumswert behandeln, liefert die Funktion den Fehler `#WERT!`. Hat der Wert für `Monate` Nachkommastellen, werden diese ohne Rundung einfach abgeschnitten. Der Datumswert muss sich in dem Zeitfenster bewegen, das Excel für die Datumsberechnung verwendet (also 1900 bis 9999). Ergibt die Addition von `Ausgangsdatum` + `Monate` ein ungültiges Datum, liefert die Funktion den Fehler `#ZAHL!`.

Die Funktion kann beispielsweise verwendet werden, um Fälligkeitstermine für Zinszahlungen einfacher zu berechnen, die jeweils auf denselben Tag fallen wie der Emissionstermin. Die Alternative wäre, ein Datum erst in seine Bestandteile zu zerlegen, den Monatswert zu ändern und das Datum dann neu zusammenzusetzen.

	A	B	C
1			
2	**Zieldatum berechnen**		
3			
4	Ausgangsdatum	Monate	EDATUM()
5	19.10.2024	10	Dienstag, 19. August 2025
6	19.10.2024	-10	Dienstag, 19. Dezember 2023
7	19.10.2024	0	Samstag, 19. Oktober 2024

Abbildung 4.14 Errechnen eines um eine Anzahl von Monaten entfernten Datums

Gegenüber der Funktion `DATUM()` hat diese Funktion folgenden Vorteil: Bei der Berechnung des Zieldatums wird berücksichtigt, dass die Monate unterschiedlich viele Tage haben. In Abschnitt 4.2, »Periodische Datumsreihen berechnen«, ist bereits gezeigt worden, dass die Funktion immer den korrekten Schlusstag eines Monats ausgibt, wenn das Ausgangsdatum ein solcher Schlusstag ist.

HEUTE()

TODAY()

Syntax:	`HEUTE()`
Beispiel:	`=HEUTE()`
Ergebnis:	z. B. `23.10.2024`

Beim Aufruf der Funktion `HEUTE()` wird das Systemdatum aus der Computeruhr als Ergebnis geliefert. (Die Uhr sollte also möglichst korrekt eingestellt sein.)

Die Funktion aktualisiert den ausgegebenen Wert jeweils bei der Neuberechnung eines Tabellenblattes. Das kann ein durchaus unerwünschter Effekt sein. Vermeiden lässt sich die Neuberechnung, wenn nach Eingabe der Funktion [F9] (Umwandeln in den Wert) gedrückt wird oder indem mit **Kopieren** und anschließend **Einfügen ▸ Werte** die Funktion durch ihr Ergebnis ersetzt wird.

Wird die Funktion innerhalb einer Formel verwendet, bewirkt die Addition einer Zahl, dass ein Datum ausgegeben wird, das eine entsprechende Zahl von Tagen später liegt. Wird vom Ergebnis der Funktion der Wert einer anderen Datumsfunktion abgezogen, die ein früheres Datum liefert, kann die Differenz in Tagen berechnet werden, wie das Beispiel in Abbildung 4.15 zeigt.

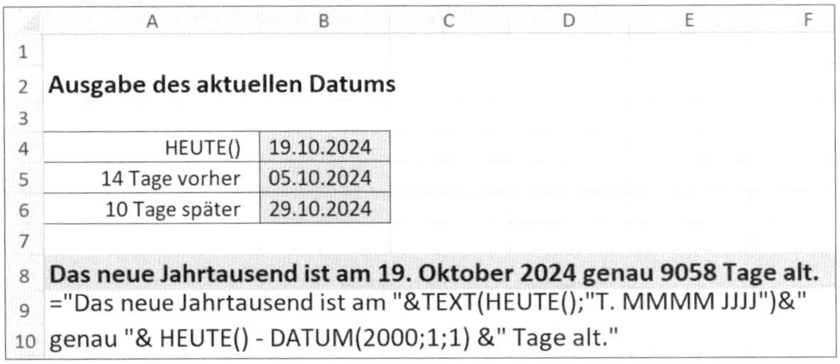

Abbildung 4.15 Zeitrechnungen mit der Funktion `HEUTE()`

ISOKALENDERWOCHE()

ISOWEEKNUM()

Syntax:	`ISOKALENDERWOCHE (`**`Datum`**`)`
Beispiel:	`=ISOKALENDERWOCHE(DATWERT("17.12.2024"))`
Ergebnis:	`51`

Die Funktion `ISOKALENDERWOCHE()` liefert die Zahl der Kalenderwoche für den mit dem Argument `Datum` angegebenen Tag nach dem internationalen ISO-Standard 8601. Dieser Standard ist in Deutschland seit 2006 gültig. Er bestimmt als letzten Tag der Woche den Sonntag. Als erste Woche eines Jahres gilt die Woche, die mindestens vier Tage im neuen Jahr enthält.

`Datum` kann als serieller Wert oder mithilfe einer Datumsfunktion angegeben werden. Ebenso kann das Argument auch als Text übergeben werden, wenn er als gültiger Datumswert ausgewertet werden kann und in Anführungszeichen gesetzt ist.

Lässt sich das Argument nicht als Datumswert behandeln, liefert die Funktion den Fehler `#WERT!`. Der Datumswert muss sich in dem Zeitfenster bewegen, das Excel für die Datumsberechnung verwendet (1900 bis 9999), sonst liefert die Funktion den Fehler `#ZAHL!`.

	A	B
1		
2	**Angabe der Kalenderwoche nach dem ISO-Standard**	
3		
4	Datum	ISOKALENDERWOCHE()
5	Montag, 31. Dezember 2018	1
6	Dienstag, 2. Januar 2018	1
7	Samstag, 19. Oktober 2024	42
8	Dienstag, 17. Dezember 2024	51
9	Donnerstag, 31. Dezember 2015	53

Abbildung 4.16 Berechnung der Kalenderwoche nach dem ISO-Standard

In anderen Ländern wie den USA wird der Sonntag als erster Tag der Woche behandelt. Die erste Woche ist immer die Woche, die den 1. Januar enthält. Die bisher in Excel zur Verfügung stehende Funktion `KALENDERWOCHE()` berechnet mit dem vorgegebenen Wert für das Argument `Zahl_Typ` die Wochennummer nach dem in den USA geltenden Verfahren. Diese Abweichungen müssen natürlich beachtet werden, wenn Kalenderdaten im internationalen Verkehr ausgetauscht werden.

```
16 =KALENDERWOCHE(DATWERT("14.04.2016"))
15 =ISOKALENDERWOCHE(DATWERT("14.04.2016"))
```

JAHR()

YEAR()

Syntax:	`JAHR(`**`Zahl`**`)`
Beispiel:	`=JAHR(34249)`
Ergebnis:	1993

Die Funktion `JAHR()` extrahiert aus einem mit `Zahl` angegebenen Datum die Jahreszahl. `Zahl` kann als serieller Datumswert oder mithilfe einer Datumsfunktion (z. B. `=JAHR(HEUTE())`) angegeben werden. Ebenso kann als Argument auch eine Zeichenfolge verwendet werden, wenn sie als gültiger Datumswert ausgewertet werden kann und in Anführungszeichen gesetzt ist.

Lässt sich das Argument nicht als Datumswert behandeln, liefert die Funktion den Fehler `#WERT!`. Der Datumswert muss sich in dem Zeitfenster bewegen, das Excel für die Datumsberechnung verwendet (1900 bis 9999), sonst liefert die Funktion den Fehler `#ZAHL!`.

	A	B	C
1			
2	**Die Jahreszahl eines Datums ausgeben**		
3			
4	Zahl	JAHR()	
5		1900	
6	23.10.2021	2021	
7	12. Okt. 43	1943	
8	10. Mrz. 12	2012	
9	01.01.1877	#WERT!	
10	01.01.2999	2999	
11	99999999	#ZAHL!	

Abbildung 4.17 Das Zeitfenster der Funktion `JAHR()` ist eingegrenzt.

JETZT()

NOW()

Syntax:	`JETZT()`
Beispiel:	`=JETZT()`
Ergebnis:	z. B. `23.10.2024 8:40`

Die Funktion `JETZT()` liefert Datum und Uhrzeit aus der Systemuhr Ihres Computers. Die Funktion aktualisiert den ausgegebenen Wert jeweils bei Neuberechnung. Das kann ein durchaus unerwünschter Effekt sein. Vermeiden lässt sich die Neuberechnung, wenn nach Eingabe der Funktion [F9] (Umwandeln in den Wert) gedrückt wird oder indem mit **Kopieren** und anschließend **Einfügen ▸ Werte** die Funktion durch ihr Ergebnis ersetzt wird.

Wie bei der Funktion `HEUTE()` führt die Addition einer ganzen Zahl zum Ergebnis der Funktion zu einem Datum, das um eine entsprechende Anzahl von Tagen verschoben ist. Wird eine gebrochene Zahl addiert, werden die entsprechenden Zeitanteile des Datums verändert.

```
=JETZT()+0,5
```

liefert beispielsweise einen Termin, der 12 Stunden später liegt.

Verwenden können Sie `JETZT()` für zeitliche Dokumentationen oder als Stoppuhr für Zeitabläufe. Obwohl die Funktion kein Argument verlangt, müssen die leeren Klammern mit angegeben werden.

	A	B
1		
2	**Das aktuelle Datum mit der Uhrzeit**	
3		
4	JETZT()	19.10.24 13:57
5	14 Tage vorher	5.10.24 13:57
6	10 Tage später	29.10.24 13:57

Abbildung 4.18 Berechnungen mit dem aktuellen Datum

Die Formel für Zelle B6 liefert unformatiert die serielle Zahl 45594,6529, bei der der Wert vor dem Komma dem 29.10.24 entspricht.

Wenn Sie eine Zielzeit erreichen wollen, die genau 30 Minuten später ist, können Sie mit einer Formel arbeiten, die den Zeitsprung als Bruchteil eines Tages angibt:

```
=JETZT() + 30 * (1/ 24/ 60)
```

Zum Addieren von 10 Stunden nehmen Sie entsprechend:

```
=JETZT() + 10 * (1/ 24)
```

Das ist zweifellos etwas umständlich. Brauchen Sie häufiger solche Berechnungen, können Sie sich zwei benannte Formeln ablegen, etwa »Std« für `=1/24` und »Min« für `=1/24/60`. Die Addition von 10 Stunden und 30 Minuten ist dann etwas einfacher mit der Formel: `=JETZT() + 10 * Std + 30 * Min`.

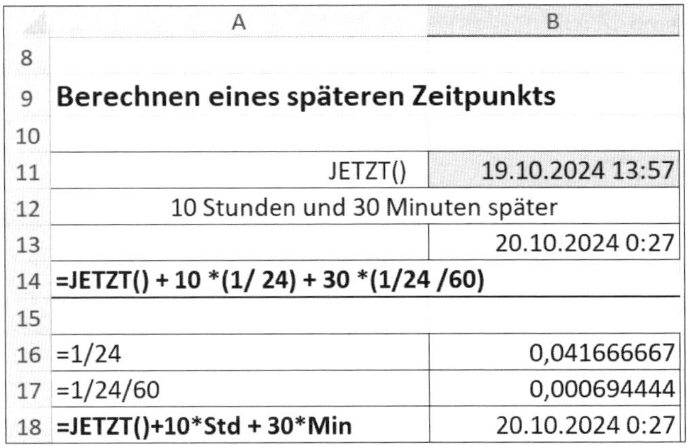

	A	B
8		
9	**Berechnen eines späteren Zeitpunkts**	
10		
11	JETZT()	19.10.2024 13:57
12	10 Stunden und 30 Minuten später	
13		20.10.2024 0:27
14	**=JETZT() + 10 *(1/ 24) + 30 *(1/24 /60)**	
15		
16	=1/24	0,041666667
17	=1/24/60	0,000694444
18	**=JETZT()+10*Std + 30*Min**	20.10.2024 0:27

Abbildung 4.19 Minutengenaue Berechnung eines späteren Zeitpunktes

KALENDERWOCHE()

WEEKNUM()

Syntax: `KALENDERWOCHE(`**`Fortlaufende_Zahl`**`; Zahl_Typ)`

Beispiel: `=KALENDERWOCHE(HEUTE(); 1)`

Ergebnis: 42 (am 19.10.2024)

Die Funktion `KALENDERWOCHE()` liefert für das mit `Fortlaufende_Zahl` angegebene Datum die entsprechende Kalenderwochenzahl. Ein Wert `1` für `Zahl_Typ` gibt an, dass die Woche am Sonntag beginnt, dies ist auch die Vorgabe; `Zahl_Typ 2` bedeutet, dass die Woche am Montag beginnt.

Fortlaufende_Zahl kann als serieller Wert oder mithilfe einer Datumsfunktion angegeben werden. Ebenso kann das Argument auch als Text übergeben werden, wenn er als gültiger Datumswert ausgewertet werden kann und in Anführungszeichen gesetzt ist.

Lässt sich das Argument nicht als Datumswert behandeln, liefert die Funktion den Fehler #WERT!. Gleiches gilt, wenn ein ungültiger Wert für Zahl_Typ angegeben wird. Der Datumswert muss sich in dem Zeitfenster bewegen, das Excel für die Datumsberechnung verwendet (1900 bis 9999), sonst liefert die Funktion den Fehler #ZAHL!.

Mit Excel 2010 sind die Werte für Zahl_Typ erweitert worden, um gleich zwei Berechnungssysteme abzudecken:

- System 1: Die Woche, in die der 1. Januar fällt, ist auch die Woche Nr. 1.
- System 2: Die erste Kalenderwoche ist die Woche, in die der erste Donnerstag des Jahres fällt. Das entspricht dem Standard ISO-8601, der in Europa bei der Wochennummernberechnung gültig ist.

Zahl_Typ	Wochenanfang	System
1 oder nicht angegeben	Sonntag	1
2	Montag	1
11	Montag	1
12	Dienstag	1
13	Mittwoch	1
14	Donnerstag	1
15	Freitag	1
16	Samstag	1
17	Sonntag	1
21	Montag	2

Tabelle 4.4 Werte für Zahl_Typ und ihre Bedeutung

Das Ergebnis der Funktion entspricht bei dem vorgegebenen Zahl_Typ 1 nicht den für die Berechnung der Kalenderwoche in Deutschland geltenden Normen – DIN 1355/ISO-Norm 8601. Diese Normen verlangen nicht nur, dass die Woche mit einem Montag beginnt, was mit dem Rückgabewert 2 zu erreichen ist, sondern zusätzlich, dass in der ersten Woche eines Jahres mindestens vier Tage enthalten sein müssen, ansonsten wird dieser Wochenrest als 53. Woche des Vorjahres gerechnet. Daraus folgt, dass ein

29. Dezember schon zur ersten Woche des Folgejahres, ein 3. Januar noch zur letzten Woche des Vorjahres gehören kann.

Die erweiterte Werteliste für das Argument `Zahl_Typ` erlaubt seit Excel 2010 eine der Norm entsprechende Berechnung mit dem Wert `21`, wie Abbildung 4.20 zeigt. Seit Excel 2013 ist eine normgerechte Berechnung auf einfachere Weise mit der Funktion `ISOKALENDERWOCHE()` möglich, siehe dort.

In anderen Ländern, beispielsweise in den USA, gelten teilweise andere Kalenderwochenberechnungen, die etwa den Sonntag als ersten Wochentag betrachten. Wenn Sie Dokumente erstellen, die für den amerikanischen Markt gedacht sind, können Sie also die Funktion `KALENDERWOCHE()` mit dem vorgegebenen Wert für `Zahl_Typ` benutzen.

	A	B	C	D
1				
2	**Angabe der Kalenderwoche**			
3				
4	Datum	Zahl_Typ	KALENDER WOCHE()	ISOKALENDER WOCHE()
5	Freitag, 18. Juli 2025	1	29	
6		2	29	
7		11	29	
8		12	29	
9		13	29	
10		14	30	
11		15	30	
12		16	29	
13		17	29	
14		21	29	29

Abbildung 4.20 Die Funktion `KALENDERWOCHE()` rechnet als Vorgabe nach den amerikanischen Regeln.

MINUTE()

MINUTE()

Syntax: `MINUTE(`**`Zahl`**`)`

Beispiel: `=MINUTE(0,001)`

Ergebnis: 1

Die Funktion MINUTE() extrahiert die Anzahl der Minuten aus dem mit dem Argument Zahl angegebenen Zeit- oder Datums- und Zeitwert. Der Minutenanteil wird als eine Zahl von 0 bis 59 ausgegeben.

Der Wert für Zahl kann über eine Zeit- oder Datumsfunktion geliefert werden oder über einen Verweis darauf. Er kann aber auch direkt als serielle Zahl angegeben werden oder als Zeichenfolge in Anführungszeichen, die als gültiger Datums- bzw. Zeitwert ausgewertet werden kann, beispielsweise =MINUTE("12:12").

Bei einem ungültigen Wert für Zahl liefert die Funktion den Fehler #WERT!.

Abbildung 4.21 zeigt einige Beispiele. Die Funktion berechnet dort die Minutenanteile von Werten, die durch Datums- oder Zeitfunktionen geliefert werden. =MINUTE(JETZT()) zeigt jeweils die aktuelle Minute. Liegt Zahl als serielle Zahl vor, wird von der Funktion nur der Zeitanteil rechts vom Komma für die Minutenausgabe ausgewertet.

	A	B	C
1			
2	**Ausgabe der Minuten einer Zeitangabe**		
3			
4	Zeitangabe	FORMELTEXT()	MINUTE()
5	19.10.2024 15:54	=JETZT()	54
6	12:20 PM	=ZEIT(12;20;0)	20
7	0,534722222	=ZEIT(12;50;0)	50
8	0,506944444	=ZEIT(12;10;0)	10

Abbildung 4.21 Extrahieren des Minutenanteils

MONAT()

MONTH()

Syntax: MONAT(**Zahl**)

Beispiel: =Monat(34406)

Ergebnis: 3

Die Funktion MONAT() extrahiert aus einem mit dem Argument Zahl angegebenen Datum die entsprechende Monatszahl, also einen Wert von 1 bis 12. Zahl kann als serieller Datumswert oder aber mithilfe einer Datumsfunktion angegeben werden. =MONAT(HEUTE()) liefert immer die Zahl des aktuellen Monats. Ebenso kann als

Argument auch Text übergeben werden, wenn er sich als gültiger Datumswert auswerten lässt und in Anführungszeichen gesetzt ist.

Bei einem ungültigen Wert für `Zahl` liefert die Funktion den Fehler `#WERT!`. Die Werte für `Zahl` müssen sich in dem Zeitfenster bewegen, das Excel für die Datumsberechnung verwendet (1900 bis 9999); verweist ein Wert über diese Begrenzung hinaus, wie in dem Beispiel in Abbildung 4.22, liefert die Funktion den Fehler `#ZAHL!`.

	A	B
1		
2	**Monat eines Datums ausgeben**	
3		
4	Zahl	MONAT()
5		1
6	19.10.2024	10
7	12. Okt. 43	10
8	10. Mrz. 12	3
9	01.01.1877	#WERT!
10	01.01.2999	1
11	99999999	#ZAHL!

Abbildung 4.22 Extrahieren des Monats aus einem Datum

4.6.3 Nach dem Monat sortieren und summieren

An dieser Stelle sei auf eine Möglichkeit hingewiesen, die alle Funktionen anbieten, die einen Datums- oder auch Zeitwert in seine einzelnen Bestandteile zerlegen. In allen Fällen wird es möglich, Tabellen nach den mithilfe der jeweiligen Funktion isolierten Bestandteilen zu sortieren. Das folgende Beispiel deutet dies an. Eine Liste von Ausgaben ist jeweils mit einem Datum gekennzeichnet. Aus diesem Datum wird der Monat in einer eigenen Spalte herausgezogen. Diese Spalte wird dann als Sortierschlüssel für die ganze Tabelle benutzt.

Anschließend kann die Funktion **Daten ▸ Gliederung ▸ Teilergebnis** verwendet werden, um Zwischensummen für die einzelnen Monate zu erzeugen. Dabei wird die Monatsspalte als Gruppierungsmerkmal ausgewählt.

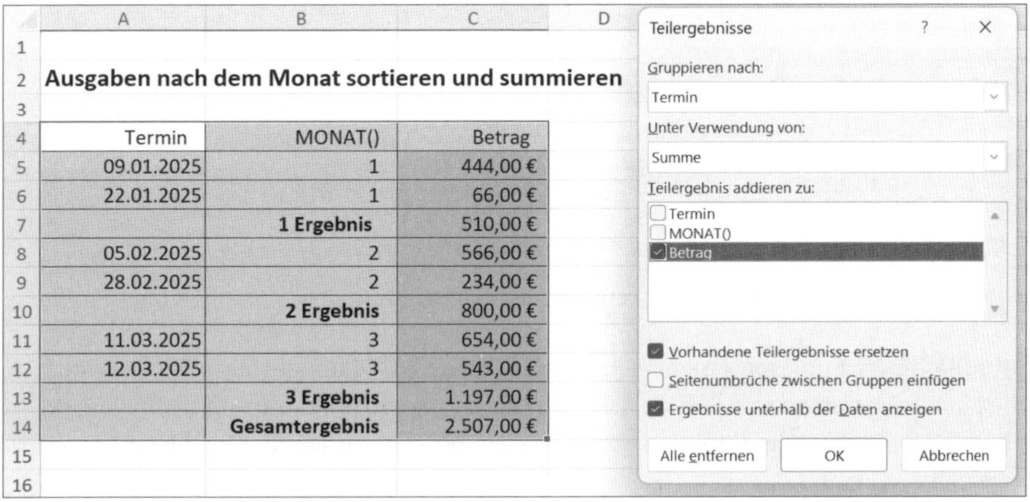

Abbildung 4.23 Sortierte Monatsausgaben

MONATSENDE()

EOMONTH()

Syntax:	`MONATSENDE(`**`Ausgangsdatum; Monate`**`)`
Beispiel:	`=MONATSENDE(A5; 10)`
Ergebnis:	`31.08.2025`, wenn in A5 das Datum 19.10.2024 steht

Die Funktion `MONATSENDE()` liefert den letzten Tag des Monats, in den das um die mit dem Argument `Monate` angegebene Zahl von Monaten gegenüber `Ausgangsdatum` verschobene Datum fällt. Ist `Monate` eine positive Zahl, liefert die Funktion ein Datum in der Zukunft, bei einem negativen Wert rechnet die Funktion zurück. Nachkommastellen werden abgeschnitten.

`Ausgangsdatum` kann als serieller Datumswert oder mithilfe einer Datumsfunktion angegeben werden. Ebenso kann als Argument auch Text übergeben werden, wenn er als gültiger Datumswert ausgewertet werden kann und in Anführungszeichen gesetzt ist.

! Bei einem ungültigen Datumswert oder einem nicht numerischen Wert für `Monate` liefert die Funktion den Fehler `#WERT!`. Der Datumswert und die Summe aus `Ausgangsdatum` + `Monate` müssen sich in dem Zeitfenster bewegen, das Excel für die Datumsberechnung verwendet (1900 bis 9999), sonst liefert die Funktion den Fehler `#ZAHL!`.

	A	B	C
1			
2	**Datum des Monatsendes berechnen**		
3			
4	Ausgangsdatum	Monate	MONATSENDE()
5	19.10.2024	10	31.08.2025
6	19.10.2024	-10	31.12.2023
7	19.10.2024	999999999	#ZAHL!

Abbildung 4.24 Ein zukünftiges oder vergangenes Monatsende finden

Mithilfe dieser Funktion lassen sich beispielsweise Fälligkeitstermine leicht ermitteln, die auf ein Monatsende fallen. Soll ein Termin dagegen am Monatsanfang liegen, reicht es, zu dem Ergebnis der Funktion `1` zu addieren, um den Anfang des nächsten Monats zu erreichen.

Wenn Sie wissen wollen, auf welchen Wochentag das gesuchte Monatsende fällt, benutzen Sie die Funktion `WOCHENTAG()`:

```
=WOCHENTAG(MONATSENDE(DATUM(2021; 05; 31); 10))
```

NETTOARBEITSTAGE()

NETWORKDAYS()

Syntax: `NETTOARBEITSTAGE(`**`Ausgangsdatum; Enddatum`**`; Freie_Tage)`

Beispiel: `=NETTOARBEITSTAGE(DATWERT("01.05.2025"); DATWERT("01.06.2025"); {45778; 45798; 45798; 45808})`

Ergebnis: `20`

Die Funktion `NETTOARBEITSTAGE()` liefert die Zahl der Arbeitstage zwischen den angegebenen Datumswerten `Ausgangsdatum` und `Enddatum`. Als Arbeitstage werden alle Werktage (nicht Samstag und Sonntag) gezählt; mit `Freie_Tage` lassen sich zusätzlich Feiertage und Urlaubstage angeben, die abgezogen werden.

`Ausgangsdatum` und `Enddatum` können als serielle Datumswerte oder mithilfe einer Datumsfunktion angegeben werden. Ebenso können die Argumente auch als Text übergeben werden, wenn er als gültiger Datumswert ausgewertet werden kann und in Anführungszeichen gesetzt ist.

`Freie_Tage` kann ein Bezug auf einen Zellbereich sein, in dem die Daten der freien Tage abgelegt sind, oder auch eine Matrixkonstante mit seriellen Datumswerten oder Zeichenfolgen für Datumswerte. Die Werte der Matrixkonstanten müssen in geschweifte Klammern eingefasst werden.

Bei ungültigen Datumswerten liefert die Funktion den Fehler `#WERT!`. Die Datumswerte müssen sich in dem Zeitfenster bewegen, das Excel für die Datumsberechnung verwendet (1900 bis 9999), sonst liefert die Funktion den Fehler `#ZAHL!`.

	A	B	C	D
1				
2	**Anzahl der Arbeitstage in einem Zeitraum berechnen**			
3				
4	Ausgangsdatum	Enddatum	Freie_Tage	NETTOARBEITSTAGE()
5	01.05.2025	01.06.2025	01.05.2025	20
6			10.05.2025	
7			21.05.2025	
8			31.05.2025	
9				
10	Ausgangsdatum	Tage	Freie_Tage	ARBEITSTAG()
11	01.05.2025	20	01.05.2025	30.05.2025
12			10.05.2025	
13			21.05.2025	
14			31.05.2025	

Abbildung 4.25 Arbeitstage nach Abzug der freien Tage

Während die Funktion `ARBEITSTAG()` ein Datum liefert, das ein Arbeitstag in der Zukunft oder in der Vergangenheit ist, berechnet `NETTOARBEITSTAGE()` die Anzahl der Arbeitstage zwischen zwei Terminen.

NETTOARBEITSTAGE.INTL()

NETWORKDAYS.INTL()

Syntax: `NETTOARBEITSTAGE.INTL(`**`Ausgangsdatum`**`;` **`Enddatum`**`; Wochenende; Freie_Tage)`

Beispiel: `=NETTOARBEITSTAGE.INTL(DATUM(2025; 1; 1); DATUM(2025; 1; 31); 11)`

Ergebnis: `27`, da hier nur die Sonntage als Wochenendtage gezählt werden

Die Funktion `NETTOARBEITSTAG.INTL()` liefert die Zahl der Arbeitstage zwischen den beiden Datumswerten `Ausgangsdatum` und `Enddatum`. Als Arbeitstage werden alle Werktage (nicht Samstag und Sonntag) gezählt; mit Freie_Tage lassen sich zusätzlich Feiertage und Urlaubstage angeben, die abgezogen werden.

Ausgangsdatum und Enddatum können als serielle Datumswerte oder mithilfe einer Datumsfunktion angegeben werden. Ebenso können die Argumente auch als Text übergeben werden, wenn er als gültiger Datumswert ausgewertet werden kann und in Anführungszeichen gesetzt ist.

Freie_Tage kann ein Bezug auf einen Zellbereich sein, in dem die Daten der freien Tage abgelegt sind, oder auch eine Matrixkonstante mit seriellen Datumswerten oder Zeichenfolgen für Datumswerte. Die Werte der Matrixkonstanten müssen in geschweifte Klammern eingefasst werden.

Die Funktion erweitert die Funktion NETTOARBEITSTAGE() um das Argument Wochenende, wobei beliebige Wochentage als Wochenende behandelt werden können. Mit Wochenendnummern wird angegeben, welche Tage als Wochenende gewertet werden.

Nr.	Wochenendtage
1 (oder nicht angegeben)	Samstag, Sonntag
2	Sonntag, Montag
3	Montag, Dienstag
4	Dienstag, Mittwoch
5	Mittwoch, Donnerstag
6	Donnerstag, Freitag
7	Freitag, Samstag
11	nur Sonntag
12	nur Montag
13	nur Dienstag
14	nur Mittwoch
15	nur Donnerstag
16	nur Freitag
17	nur Samstag

Tabelle 4.5 Die möglichen Wochenendnummern und ihre Bedeutung

Statt der Nummern kann auch eine Zeichenfolge angegeben werden, bei der beginnend mit dem Montag `1` für Wochenendtage steht, `0` für Arbeitstage, etwa `0000011` für eine normale Woche mit dem Wochenende am Samstag und Sonntag.

Bei ungültigen Datumswerten oder einem ungültigen Wert für `Wochenende` liefert die Funktion den Fehler `#WERT!`. Die Datumswerte müssen sich in dem Zeitfenster bewegen, das Excel für die Datumsberechnung verwendet (1900 bis 9999), sonst liefert die Funktion den Fehler `#ZAHL!`.

	A	B	C	D	E
1					
2	**Anzahl der Arbeitstage in einem Zeitraum berechnen**				
3					
4	Ausgangsdatum	Enddatum	Wochenende	Freie_Tage	NETTOARBEITSTAGE.INTL()
5	01.05.2025	01.06.2025	11	01.05.2025	23
6				10.05.2025	
7				21.05.2025	
8				31.05.2025	

Abbildung 4.26 Arbeitstagberechnung mit variablen Wochenenden

Siehe dazu auch die Funktion `ARBEITSTAG.INTL()`.

SEKUNDE()

SECOND()

Syntax: `SEKUNDE(`**`Zahl`**`)`

Beispiel: `=SEKUNDE(41424,60785)`

Ergebnis: 18

Die Funktion `SEKUNDE()` extrahiert die Anzahl der Sekunden aus dem mit dem Argument `Zahl` angegebenen Zeit- oder Datums- und Zeitwert. Der Sekundenanteil einer Zeitseriennummer wird als eine Zahl von 0 bis 59 ausgegeben.

Der Wert für `Zahl` kann über eine Zeit- oder Datumsfunktion geliefert werden oder über einen Verweis darauf. Er kann aber auch direkt als serielle Zahl angegeben werden oder als Zeichenfolge in Anführungszeichen, die als gültiger Datums- bzw. Zeitwert ausgewertet werden kann, beispielsweise `=SEKUNDE("12:12:20")`.

Bei ungültigen Datums- bzw. Zeitwerten liefert die Funktion den Fehler #WERT!.

Im Beispiel wird von der Funktion nur der Zeitanteil rechts vom Komma für die Sekundenausgabe verwendet. Die Funktion liefert auch die Sekundenanteile von Werten, die durch eine der Datums- oder Zeitfunktionen geliefert werden, wie das Beispiel in Abbildung 4.27 zeigt. =SEKUNDE(JETZT()) zeigt jeweils die aktuelle Sekunde.

	A	B
1		
2	**Extrahieren der Sekunden**	
3		
4	Zeitangabe	SEKUNDE()
5	9:53:36 AM	36
6	12:20:00 PM	0
7	0,513969907	7
8	0,514027778	12
9	0,514386574	43

Abbildung 4.27 Ausgabe der Sekunden einer Uhrzeit

STUNDE()

HOUR()

Syntax:	STUNDE(**Zahl**)
Beispiel:	=STUNDE(41424,61692)
Ergebnis:	14

Die Funktion STUNDE() extrahiert die Anzahl der Stunden aus dem mit dem Argument Zahl angegebenen Zeit- oder Datums- und Zeitwert. Der Stundenanteil eines Zeitwertes wird als eine Zahl von 0 bis 23 ausgegeben.

Der Wert für Zahl kann über eine Zeit- oder Datumsfunktion geliefert werden oder über einen Verweis darauf. Er kann aber auch direkt als serielle Zahl angegeben werden oder als Zeichenfolge in Anführungszeichen, die als gültiger Datums- bzw. Zeitwert ausgewertet werden kann, beispielsweise =STUNDE("12:12").

Bei ungültigen Datums- bzw. Zeitwerten liefert die Funktion den Fehler #WERT!.

A9 =ZEIT(12;20;0)

	A	B	C
1			
2	**Extrahieren der Stunden**		
3			
4	Zeitangabe	STUNDE()	
5	9:55:55 AM	9	
6	12:20:00 PM	12	
7	0,597222222	14	
8	0,055555556	1	
9	0,513888889	12	

Abbildung 4.28 Ausgabe der Stunden der Uhrzeit

TAG()

DAY()

Syntax: `TAG(`**`Zahl`**`)`

Beispiel: `=TAG(43318)`

Ergebnis: 6

Die Funktion `TAG()` extrahiert aus einem mit dem Argument `Zahl` angegebenen Datum die entsprechende Tageszahl, also einen Wert von 1 bis 31.

	A	B
1		
2	**Tag eines Datums ausgeben**	
3		
4	Zahl	TAG()
5		0
6	24.10.2021	24
7	12. Okt. 43	12
8	10. Mrz. 12	10
9	01.01.1877	#WERT!
10	01.01.2999	1
11	99999999	#ZAHL!

Abbildung 4.29 Extrahieren des Tages aus einem Datum

Der Wert für `Zahl` kann über eine Datumsfunktion geliefert werden oder über einen Verweis darauf. Er kann aber auch direkt als serielle Zahl angegeben werden oder als Zeichenfolge in Anführungszeichen, die als gültiger Datumswert ausgewertet werden kann, beispielsweise `=TAG("12.10.2021")`.

Bei ungültigen Datumswerten liefert die Funktion den Fehler `#WERT!`. Die Datumswerte müssen sich in dem Zeitfenster bewegen, das Excel für die Datumsberechnung verwendet (1900 bis 9999); verweist ein Wert über diese Begrenzung hinaus, wie in dem Beispiel in Abbildung 4.29, liefert die Funktion den Fehler `#ZAHL!`.

TAGE()

DAYS()

Syntax: `TAGE(`**`Zieldatum; Ausgangsdatum`**`)`

Beispiel: `=TAGE(DATWERT("31.01.2021"); DATWERT("01.01.2021"))`

Ergebnis: `30`

Die mit Excel 2013 eingeführte Funktion `TAGE()` gibt die Anzahl der Tage an, die zwischen den mit `Zieldatum` und `Ausgangsdatum` angegebenen Terminen liegen. Liegt `Zieldatum` kalendarisch vor dem `Ausgangsdatum`, so wird das Ergebnis als negativer Wert ausgegeben.

Beide Argumente können als serielle Datumswerte oder mithilfe einer Datumsfunktion angegeben werden. Ebenso können die Argumente auch als Text übergeben werden, wenn er als gültiger Datumswert ausgewertet werden kann und in Anführungszeichen gesetzt ist.

Tage zwischen zwei Terminen berechnen

Zieldatum	Ausgangsdatum	TAGE()
31.12.2021	30.05.2021	215
31.05.2014	31.05.2021	-2557
07.06.1943	07.06.2018	-27394
02.06.2021	10.03.2021	84
03.06.2021	01.01.1877	#WERT!
4000000	41424	#ZAHL!

Abbildung 4.30 Tagesberechnungen

! Bei ungültigen Datumswerten liefert die Funktion den Fehler #WERT!. Die Datumswerte müssen sich in dem Zeitfenster bewegen, das Excel für die Datumsberechnung verwendet (1900 bis 9999); verweist ein Wert über diese Begrenzung hinaus, liefert die Funktion den Fehler #ZAHL!.

TAGE360()

DAYS360()

Syntax:	`TAGE360(`**`Ausgangsdatum`**`;` **`Enddatum`**`; Methode)`
Beispiel:	`=TAGE360(DATWERT("1.1.2025"); DATWERT("31.1.2025"; FALSCH))`
Ergebnis:	`30`

Die Funktion `TAGE360()` wird im Zusammenhang mit der tagesgenauen Zinsberechnung eingesetzt. Sie gibt die Anzahl der Tage an, die zwischen den mit `Ausgangsdatum` und `Enddatum` angegebenen Terminen liegen. Grundlage für die Berechnung ist dabei das Zinsjahr, die Einteilung des Jahres in zwölf Monate zu 30 Tagen, die der noch heute gebräuchlichen kaufmännischen Zinsrechnung zugrunde liegt und zur Vereinfachung der Zinsrechnung eingeführt wurde. Liegt `Enddatum` kalendarisch vor `Ausgangsdatum`, so wird das Ergebnis in negativer Form ausgegeben. Beide Datumswerte können als serielle Zahlen oder mithilfe einer Datumsfunktion angegeben werden. Ebenso können die Argumente auch als Text übergeben werden, wenn er als gültiger Datumswert ausgewertet werden kann und in Anführungszeichen gesetzt ist.

! Bei ungültigen Datumswerten liefert die Funktion den Fehler #WERT!. Die Datumswerte müssen sich in dem Zeitfenster bewegen, das Excel für die Datumsberechnung verwendet (1900 bis 9999); verweist ein Wert über diese Begrenzung hinaus, liefert die Funktion den Fehler #ZAHL!.

	A	B	C	D	E
1					
2	**Tagesanzahl auf der Basis von 360 Tagen pro Jahr berechnen**				
3					
4	Ausgangsdatum	Enddatum	Methode	TAGE360()	
5	01.01.2025	31.01.2025		30	
6	01.01.2025	31.01.2025	FALSCH	30	
7	01.01.2025	31.01.2025	WAHR	29	

Abbildung 4.31 Tagesberechnung auf der Basis der amerikanischen oder der europäischen Methode

Das optionale Argument `Methode` schaltet einen Wahrheitswert. Mit `FALSCH` oder nicht angegeben wird die amerikanische Methode (auch *NASD*-Methode, so benannt nach der Regulierungsbehörde National Association of Securities Dealers, kurz NASD) für die Berechnung verwendet. Ist `Ausgangsdatum` der 31. Tag des Monats, wird dieser zum 30. Tag des Monats. Ist `Enddatum` der 31. Tag des Monats und gleichzeitig `Ausgangsdatum` ein Tag vor dem 30. eines Monats, wird `Enddatum` zum 1. des Folgemonats.

Das Argument `WAHR` schaltet die europäische Methode ein. Dabei wird jedes Argument `Ausgangsdatum` oder `Enddatum`, das auf den 31. eines Monats fällt, zum 30. desselben Monats.

4.6.4 Berechnung von Tageszinsen

Die Funktion ist hilfreich bei der Zinsberechnung, wenn das Jahr mit 360 Tagen und jeder Monat mit 30 Tagen angesetzt wird, wie es bei den Banken in Deutschland üblich ist. Abbildung 4.32 zeigt eine Anwendung der Funktion bei der tagesgenauen Zinsberechnung. In der Zelle B16 wird mithilfe der `TAGE360()`-Funktion die Anzahl der Zinstage ermittelt. In Zelle B17 kann dann mit der Formel für die einfache Zinsberechnung gearbeitet werden, die in Abschnitt 3.1, »Einsatzbereiche der finanzmathematischen Funktionen«, beschrieben ist.

	A	B
1		
2	**Tageszinsen berechnen**	
3		
4	Kapital	20000
5	Anfangsdatum	22.11.2024
6	Enddatum	31.05.2025
7	Zinssatz	5%
8	Zinstage	188
9	Zinsen	548,33

Abbildung 4.32 Die tageweise Berechnung von Zinsen

WOCHENTAG()

WEEKDAY()

Syntax: `WOCHENTAG(`**`Zahl`**`; Typ)`

Beispiel: `=WOCHENTAG(DATWERT("19.10.2024"); 2)`

Ergebnis: `6`

Die Funktion WOCHENTAG() liefert den Wochentag für das mit dem Argument Zahl angegebene Datum. Die Reihenfolge, in der die Wochentage gezählt werden, kann über das Argument Typ gesteuert werden.

Zahl kann als serieller Datumswert oder mithilfe einer Datumsfunktion angegeben werden. Die Formel =WOCHENTAG(HEUTE(); 2) liefert immer die Nummer des aktuellen Tages. Ebenso kann als Argument auch Text verwendet werden, wenn er als gültiger Datumswert ausgewertet werden kann und in Anführungszeichen gesetzt ist.

Bei ungültigen Datumswerten oder ungültigen Werten für Typ liefert die Funktion den Fehler #WERT!. Die Datumswerte müssen sich in dem Zeitfenster bewegen, das Excel für die Datumsberechnung verwendet (1900 bis 9999); verweist ein Wert über diese Begrenzung hinaus, liefert die Funktion den Fehler #ZAHL!.

Das Ergebnis dieser Funktion ist eine Zahl von 1 bis 7 oder von 0 bis 6. Jede Zahl stellt dabei die Nummer eines Wochentages dar. Ist für das optionale Argument Typ 1 angegeben oder fehlt das Argument, beginnt die Zählung am Sonntag mit 1. Das entspricht der Zählweise in den USA.

Mit Typ = 2 beginnt die Zählung am Montag, das entspricht der in Deutschland üblichen Zählweise, die seit 2006 der ISO-Norm 8601 entspricht. Mit Typ = 3 beginnt die Zählung ebenfalls am Montag, aber mit dem Wert 0, und endet am Sonntag mit 6.

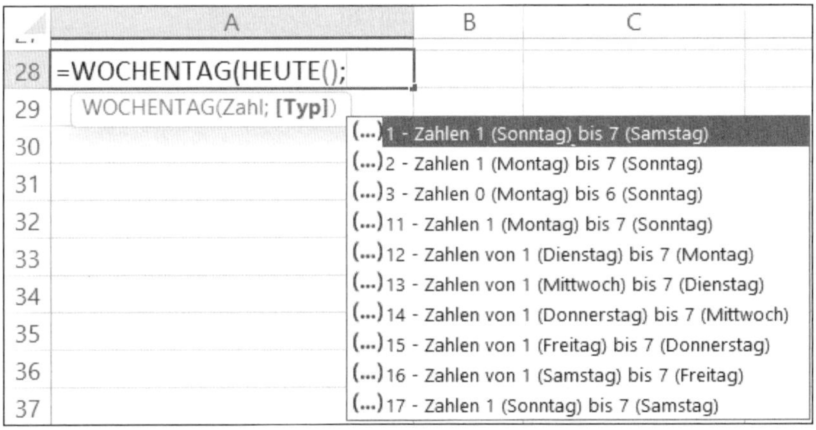

Abbildung 4.33 Die Liste der Werte für das Argument Typ

Die verschiedenen Werte für Typ werden Ihnen bei der manuellen Eingabe der Funktion angeboten, wie Abbildung 4.34 zeigt.

	A	B	C
1			
2	**Ermitteln der Wochentagsnummer**		
3			
4	Tag	Typ	WOCHENTAG()
5	Samstag, 29. März 2025	1	7
6	Sonntag, 30. März 2025	1	1
7	Montag, 31. März 2025	1	2
8	Dienstag, 1. April 2025	1	3
9	Mittwoch, 2. April 2025	1	4
10	Donnerstag, 3. April 2025	1	5
11	Freitag, 4. April 2025	1	6
12	Samstag, 5. April 2025	2	6
13	Sonntag, 6. April 2025	2	7
14	Montag, 7. April 2025	2	1
15	Dienstag, 8. April 2025	2	2
16	Mittwoch, 9. April 2025	2	3
17	Donnerstag, 10. April 2025	2	4
18	Freitag, 11. April 2025	2	5
19	Samstag, 12. April 2025	3	5
20	Sonntag, 13. April 2025	3	6
21	Montag, 14. April 2025	3	0
22	Dienstag, 15. April 2025	3	1
23	Mittwoch, 16. April 2025	3	2
24	Donnerstag, 17. April 2025	3	3
25	Freitag, 18. April 2025	3	4

Abbildung 4.34 Unterschiedliche Nummerierung der Wochentage

ZEIT()

TIME()

Syntax: `ZEIT(`**`Stunde; Minute; Sekunde`**`)`

Beispiel: `=ZEIT(1; 1; 1)`

Ergebnis: `01:01:01`

Die Funktion `ZEIT()` liefert die Zeit, die durch die Werte für `Stunde`, `Minute` und `Sekunde` festgelegt wird. Die Werte können als Konstanten oder über Zellbezüge oder Formeln angegeben werden, über die variable Zeitangaben erzeugt werden können.

Für `Stunde` kann eine Zahl zwischen 0 und 32767 angegeben werden, jede Zahl über 23 wird aber durch 24 geteilt und der Rest als Wert für die Stunde genommen.

Für Minute kann eine Zahl zwischen 0 und 32767 angegeben werden, jede Zahl über 59 wird aber durch 24 * 60 geteilt und der Rest als Wert für Stunden und Minuten umgerechnet.

Für Sekunde kann eine Zahl zwischen 0 und 32767 angegeben werden, jede Zahl über 59 wird aber durch 24 * 60 * 60 geteilt und der Rest als Wert für die Stunden, Minuten und Sekunden umgerechnet.

Wird das Ergebnis der Funktion mit dem Standardformat belegt, wird die Dezimalzahl sichtbar, die die Funktion liefert. Es ist eine Zahl zwischen 0 und 0,99999999. Das entspricht den Zeitangaben 00:00:00 und 23:59:59. 0,5 entspricht 12:00:00 und 0,75 lässt sich mit 18:00:00 übersetzen.

Bei nicht numerischen Argumenten liefert die Funktion den Fehler #WERT!.

Ausgabe einer Zeitangabe

Stunde	Minute	Sekunde	ZEIT()
0	1	2	00:01:02
13	6	7	13:06:07
23	8	12	23:08:12
23	70	13	00:10:13
23	40	70	23:41:10
25	40	70	01:41:10

Abbildung 4.35 Die Funktion ZEIT() kommt mit »unmöglichen« Werten zurecht.

ZEITWERT()

TIMEVALUE()

Syntax: ZEITWERT(**Zeit**)

Beispiel: =ZEITWERT("12:00:00")

Ergebnis: 0,5

Die Funktion ZEITWERT() wandelt eine Zeichenfolge in eine serielle Zahl um, die sich dann wiederum über ein Zeitformat als Uhrzeit anzeigen lässt. Eine Zeitangabe lässt sich als Zeichenfolge eingeben, wenn sie einem der gültigen Zeitformate entspricht.

! Bei ungültigen Werten für `Zeit` liefert die Funktion den Fehler `#WERT!`.

Diese Funktion kann hilfreich sein, wenn Daten aus anderen Anwendungen importiert werden und es darum geht, sicherzustellen, dass gültige Zeitwerte entstehen.

	A	B	C
1			
2	**Umwandlung einer als Text eingegebenen Zeitangabe**		
3			
4	Zeitangabe	ZEITWERT()	unformatiert
5	12:20	12:20:00	0,513888889
6	6:20:40	06:20:40	0,264351852
7	25:20	01:20:00	0,055555556
8	23:70	00:10:00	0,006944444

Abbildung 4.36 Interpretation von Zeitangaben

5 Mathematische und trigonometrische Funktionen

5.1 Einsatzbereiche

Es wäre vermessen, an dieser Stelle die Einsatzbereiche der im Folgenden behandelten mathematischen und trigonometrischen Funktionen auflisten zu wollen. Mathematische Verfahren sind heute in allen Gebieten einsetzbar, in denen ausreichend formalisierbare Strukturen vorkommen. Stattdessen soll nur kurz angedeutet werden, wie die in diesem Kapitel beschriebenen Funktionen gruppiert werden können.

5.1.1 Mathematische Basisoperationen

Eine große Gruppe betrifft allgemeine mathematische Aufgaben. Dazu gehören Funktionen für das Addieren, Multiplizieren, Potenzieren, Radizieren und Logarithmieren wie `SUMME()`, `PRODUKT()`, `POTENZ()`, `WURZEL()` oder `LOG()`, wobei für einige Grundfunktionen noch mehrere Varianten angeboten werden, etwa `SUMMEWENN()`, `SUMMEWENNS()`, `LN()`, `LOG10()`.

5.1.2 Werte runden

Wenn Sie in Excel einen Wert, der drei Dezimalstellen hat, durch ein entsprechendes Format mit zwei Dezimalstellen anzeigen lassen, wird Excel den Wert nach der üblichen Regel runden, also beispielsweise für `3,345` den Wert `3,35` ausgeben, für `3,344` aber nur `3,34`. Obwohl der Wert in der Zelle gerundet erscheint, bleibt der tatsächliche Wert weiter gespeichert, und Rechenoperationen, die diesen Wert verwenden, arbeiten mit dem ungerundeten Wert. Um Werte so zu runden, dass das Rundungsergebnis auch tatsächlich den Inhalt der Zelle bestimmt, benutzen Sie die Rundungsfunktionen.

Gleich zehn Funktionen haben mit dem Runden von Werten zu tun. Es ist nicht immer ganz einfach zu entscheiden, in welcher Situation welche Funktion angemessen ist. Dabei geht es häufig darum, Werte mit vielen Dezimalstellen in eine für die weiteren Berechnungen leichter zu handhabende Form zu bringen. Der andere Anwendungsbereich betrifft Verfahren, bei denen es darum geht, Werte an bestimmte Intervallgrenzen anzupassen, etwa bei der Preisgestaltung oder bei der Aufstellung von Zeitplänen, bei denen bestimmte Intervalle benötigt werden. Zu dieser Gruppe gehören die Funktionen `ABRUNDEN()`, `AUFRUNDEN()`, `RUNDEN()`, `GERADE()`, `UNGERADE()`, `VRUNDEN()`, `GANZZAHL()`, `KÜRZEN()`, `OBERGRENZE.MATHEMATIK()` oder `UNTERGRENZE.MATHEMATIK()`.

	A	B	C	D	E
1					
2	**Runden von Zahlen**				
3					
4	Zahl	Stellen	RUNDEN()	AUFRUNDEN()	ABRUNDEN()
5	12347,85	0	12348	12348	12347
6	12347,23	0	12347	12348	12347
7	12347,85	1	12347,9	12347,9	12347,8
8	12347,23	1	12347,2	12347,3	12347,2
9	12347,85	2	12347,85	12347,85	12347,85
10	12347,23	2	12347,23	12347,23	12347,23
11	12347,85	-1	12350	12350	12340
12	12344,23	-1	12340	12350	12340
13	12357,85	-2	12400	12400	12300
14	12344,23	-2	12300	12400	12300

Abbildung 5.1 Vergleich dreier Rundungsfunktionen

5.1.3 Rechnen mit Matrizen

Ein spezielles Gebiet, für das Excel in der Kategorie »Mathematik und Trigonometrie« eine größere Gruppe von Funktionen zur Verfügung stellt, ist das Rechnen mit Matrizen. Dazu gehören die Funktionen `MDET()`, `MEINHEIT()`, `MINV()`, `MMULT()` und `MTRANS()`, aber auch Funktionen, mit denen die Quadrate von Matrizen addiert oder die Differenzen der Matrizen potenziert werden können, wie etwa `SUMMEX2PY2()` oder `SUMMEXMY2()`. Matrixfunktionen helfen beispielsweise bei der Lösung von Gleichungen mit mehreren Unbekannten. Weitere Funktionen für die Arbeit mit Matrizen finden Sie in den Kategorien »Logik« und »Nachschlage- und Verweisfunktionen«.

5.1.4 Trigonometrische und hyperbolische Funktionen

Neben den allgemeinen mathematischen Funktionen gibt es noch zahlreiche Funktionen für zwei Spezialgebiete der Mathematik. Das eine ist die Trigonometrie, das Teilgebiet der Geometrie, das mit Berechnungen zu Dreiecken zu tun hat, das andere ist der Bereich der hyperbolischen Funktionen.

5.1.5 Neue Funktionen seit Excel 2013

Mit Excel 2013 kam eine ganze Reihe von neuen Funktionen in dieser Kategorie. Dabei geht es hauptsächlich um Funktionen, die gleichwertigen Funktionen in Dokumenten entsprechen, die mit Office-Paketen wie *OpenOffice* oder *LibreOffice* erstellt wurden. Dazu gehören die trigonometrischen Funktionen `ARCCOT()`, `ARCCOTHYP()`, `COSEC()`, `COSECHYP()`, `COT()`, `COTHYP()`, `SEC()`, `SECHYP()`. Neu waren ebenfalls die Funktionen `ARABISCH()`, `BASIS()` und `DEZIMAL()`, die mit Umwandlungen zwischen Zeichenfolgen und Zahlen zu tun haben. Für kombinatorische Berechnungen gab es in Excel 2013 eine neue Variante: `KOMBINATIONEN2()`. Für Berechnungen mit Matrizen stand nun mit `MEINHEIT()` eine Funktion zur Berechnung der Einheitsmatrix zur Verfügung.

Die beiden Funktionen `OBERGRENZE.MATHEMATIK()` und `UNTERGRENZE.MATHEMATIK()` ersetzten die in der Version 2010 eingeführten Funktionen `OBERGRENZE.GENAU()` sowie `UNTERGRENZE.GENAU()`. Dafür wurden die beiden älteren Funktionen `OBERGRENZE()` und `UNTERGRENZE()` in die Kategorie **Kompatibilität** verschoben, sollten also in Zukunft möglichst nicht mehr verwendet werden.

Hinzugekommen sind die Funktionen `SEQUENZ()` und `ZUFALLSMATRIX()`. Beide erlauben es, Zellbereiche dynamisch mit Matrizen zu füllen, einmal mit definierten Abständen, einmal nach dem Zufallsprinzip. Die Funktion `SEQUENZ()` lässt sich auch gut mit Zeit- oder Datumsfunktionen oder Funktionen, die Zeit- oder Datumswerte als Argumente verwenden, kombinieren. Wenn Sie z. B. wissen wollen, wie hoch die Summe der Tilgungen eines Darlehens in den letzten fünf Jahren ist, können Sie für das Argument `Periode` mit der Funktion `SEQUENZ()` arbeiten.

	F	G	H	I	J
3	**Berechnung des Tilgungsanteils für mehrere Zeiträume**				
4					
5	Darlehen	40.000,00 €			
6	Zins	2%			
7	Perioden	15			
8					
9–11	Tilgungsanteil in den letzten 5 Perioden	-14.385,38 €	**=SUMME(KAPZ(G6;SEQUENZ(5;1;10);15;G5))**		

Abbildung 5.2 Summe der Tilgungen in einem bestimmten Zeitraum

5.2 Zu den trigonometrischen Funktionen

Zu den zahlreichen trigonometrischen Funktionen, die Excel bereitstellt, vorweg einige Erläuterungen. Die Winkelfunktionen, die nicht nur in der Geometrie, sondern auch in all jenen wissenschaftlichen Bereichen benötigt werden, die sich mit Schwingungen im weitesten Sinne (Schall, Licht, Elektrizität, Mechanik) befassen, verdanken sich ursprünglich Berechnungen am rechtwinkligen Dreieck.

Abbildung 5.3 ruft die am rechtwinkligen Dreieck verwendeten Bezeichnungen in Erinnerung. Die Seiten, die den rechten Winkel bilden, werden Katheten genannt, wobei die Seite, die dem Winkel α gegenüberliegt, als Gegenkathete, die am Winkel anliegende Seite dagegen als Ankathete bezeichnet wird. Die Seite gegenüber dem rechten Winkel, die zwangsläufig zugleich die längste Seite ist, wird Hypotenuse genannt.

Die Summe der Winkel im Dreieck ist bekanntlich immer 180 Grad. Die Verhältnisse der verschiedenen Seiten und der durch die Seiten gebildeten Winkel lassen sich mithilfe der trigonometrischen Funktionen berechnen.

Beispielsweise wird das Verhältnis der Länge der Gegenkathete zur Länge der Hypotenuse beim rechtwinkligen Dreieck als Sinus des Winkels bezeichnet, der der Gegenkathete gegenüberliegt. Der Kosinus des gleichen Winkels bezeichnet das Verhältnis von Ankathete zu Hypotenuse. Die Winkelfunktionen sind zwar in Bezug auf rechtwinklige Dreiecke definiert, da sich aber jedes nicht rechtwinklige Dreieck durch Einzeichnen einer Höhe in zwei rechtwinklige Dreiecke zerlegen lässt, sind die Funktionen universell anwendbar, wo es um Dreiecke geht.

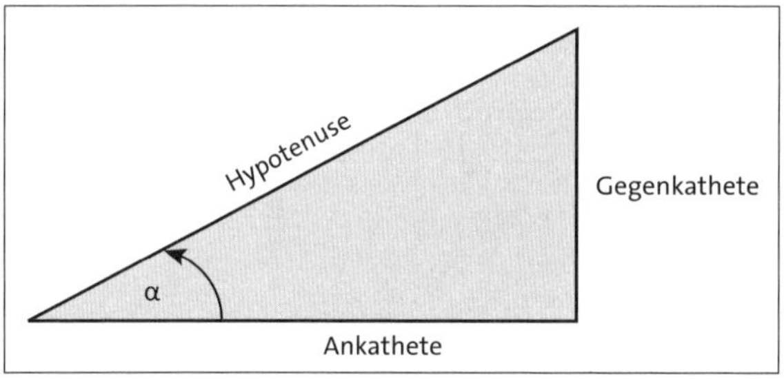

Abbildung 5.3 Bezeichnungen in einem rechtwinkligen Dreieck

5.2.1 Darstellung am Einheitskreis

Die Beziehungen zwischen Winkel und Seiten lassen sich gut an dem sogenannten Einheitskreis verdeutlichen, dessen Radius als 1 gesetzt ist. Abbildung 5.4 zeigt diejenigen

Strecken, die die Werte für den Sinus und Kosinus des Winkels α darstellen. Wächst der Winkel auf 90 Grad, ist der Sinuswert 1, der Kosinuswert 0.

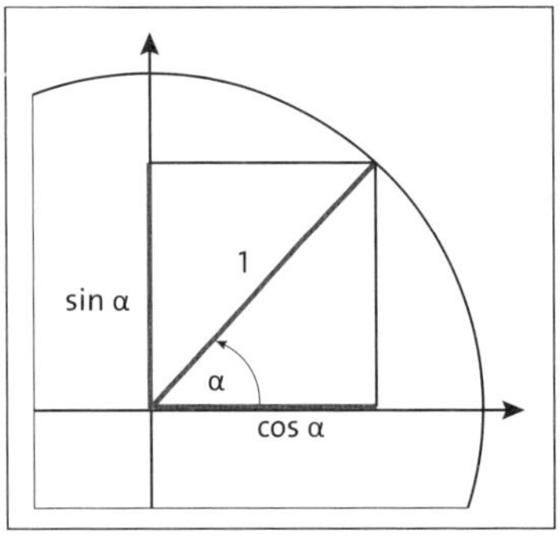

Abbildung 5.4 Geometrische Darstellung von Sinus und Kosinus am Einheitskreis

Mithilfe des Einheitskreises im Koordinatensystem lässt sich zudem der Definitionsbereich der Winkelfunktionen über den Bereich von 0 bis 360 Grad erweitern. Der Einheitskreis wird dabei in vier jeweils 90 Grad große Quadranten unterteilt. Der Quadrant bestimmt dann auch die Verwendung von Vorzeichen für die Werte der Winkelfunktionen.

Gearbeitet wird in Excel allerdings immer mit Winkelgrößen, die nicht in Grad, sondern im Bogenmaß angegeben sind. Als Bogenmaß eines Winkels wird die Länge des Kreisbogens bezeichnet, den der Winkel aus dem Einheitskreis (Kreis mit dem Radius 1) ausschneidet. Da der Umfang eines Kreises $2 * r * \pi$ ist, beträgt der Umfang des Einheitskreises $2 * \pi$, das Bogenmaß des Winkels 360 Grad ist also $2 * \pi$.

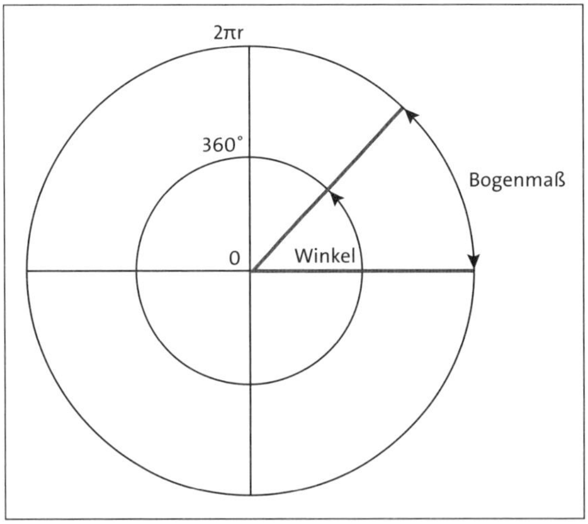

Abbildung 5.5 Die Beziehung von Grad zu Bogenmaß

Die Umrechnung von Grad in Bogenmaß ist demnach:

```
Grad = Bogenmaß * 180 / π
Bogenmaß = Grad * π / 180
```

Die vier gebräuchlichsten Winkelfunktionen geben die Verhältnisse bestimmter Seiten eines rechtwinkligen Dreiecks in Abhängigkeit von einem Winkel an:

```
SIN(x) = Gegenkathete/Hypotenuse
COS(x) = Ankathete/Hypotenuse
TAN(x) = Gegenkathete/Ankathete
COT(x) = Ankathete/Gegenkathete
```

Der Kotangens war lange Zeit als eigene Funktion nicht in Excel enthalten, ließ sich aber leicht als Kehrwert des Tangens berechnen:

```
COT(x) = 1 / TAN(x)
```

Seit Excel 2013 steht Ihnen die Funktion `COT()` aber direkt zur Verfügung.

Der `TAN(x)` ist gleichzeitig als der Quotient `SIN(x) / COS(x)` definiert, `COT(x)` ist entsprechend als Quotient `COS(x) / SIN(x)` definiert.

Abbildung 5.6 zeigt die geometrische Interpretation von Tangens und Kotangens.

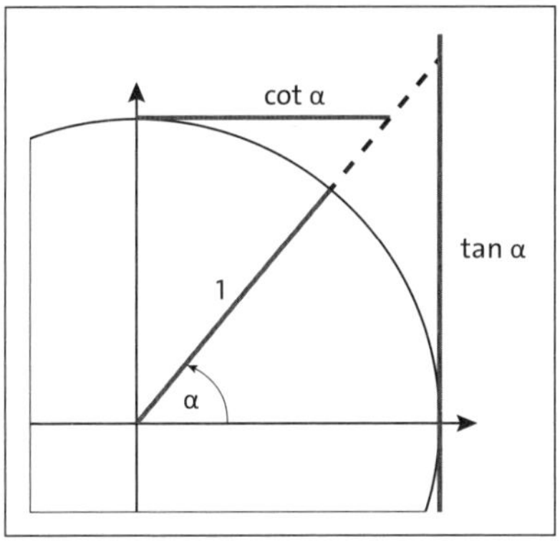

Abbildung 5.6 Geometrische Darstellung von Tangens und Kotangens am Einheitskreis

Außerdem gilt:

```
SIN(BOGENMASS(90)-x)=COS(x)
COS(BOGENMASS(90)-x)=SIN(x)
TAN(BOGENMASS(90)-x)=COT(x)
COT(BOGENMASS(90)-x)=TAN(x)
```

Die Vorsilbe »Ko« nennt also in allen Fällen den Komplimentärwinkel.

Seit Excel 2013 sind auch Funktionen für Sekans und Kosekans verfügbar:

```
SEC(x) = Hypotenuse/Ankathete
COSEC(x) = Hypotenuse/Gegenkathete
```

Dabei gilt:

```
SEC(x) = 1 / COS(x)
COSEC(x) = 1 / SIN(x)
```

Abbildung 5.7 zeigt die geometrische Interpretation am Einheitskreis: Der Funktionswert des Sekans wird durch die Strecke OT, der des Kosekans durch OK wiedergegeben.

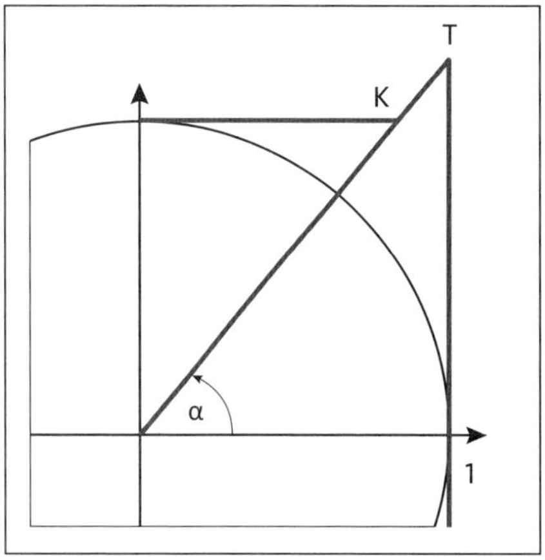

Abbildung 5.7 Geometrische Darstellung von Sekans und Kosekans am Einheitskreis

5.2.2 Umkehrfunktionen

Für die bisher beschriebenen Winkelfunktionen sind entsprechende Umkehrfunktionen definiert. Sie werden eingesetzt, wenn der Wert der Winkelfunktion bekannt ist, um daraus den Winkel selbst zu berechnen. Wissen Sie beispielsweise, dass `SIN(x) = 0,2` ist, können Sie mit der Umkehrfunktion `ARCSIN(0,2)` den entsprechenden Winkel finden, es ist 0,2014 im Bogenmaß, also etwa 11.537 Grad.

Das Präfix `Arc` steht für `Arcus` (Bogenmaß). Mit den passenden Arkusfunktionen wird also ausgehend vom Ergebnis einer Winkelfunktion der zugehörige Winkel im Bogenmaß ermittelt. Es gilt dabei für alle Winkelfunktionen eine Beziehung nach dem Muster:

Wenn `y = SIN(x)`, dann gilt `ARCSIN(y) = x`.

In Tabelle 5.1 sind die Winkelfunktionen ihren in Excel verfügbaren Umkehrungen gegenübergestellt. Gleichzeitig wird jedes Mal der Wertebereich angegeben.

Funktion	Umkehrfunktion	Name	Wertebereich
SIN()	ARCSIN()	Arkussinus	–90 Grad ≤ α ≤ 90 Grad
COS()	ARCCOS()	Arkuskosinus	0 Grad ≤ α ≤ 180 Grad
TAN()	ARCTAN()	Arkustangens	–90 Grad ≤ α ≤ 90 Grad
	ARCTAN2()	Arkustangens	–180 Grad < α ≤ 180 Grad
COT()	ARCCOT()	Arkuskotangens	–180 Grad < α ≤ 180 Grad

Tabelle 5.1 Winkelfunktionen und ihre Umkehrfunktionen

Für die Funktionen SEC() und COSEC() fehlen die entsprechenden Umkehrfunktionen für Arkussekans und Arkuskosekans. Sie lassen sich mithilfe anderer Arkusfunktionen berechnen:

```
arcsec(x) = arccos(1 / x)
arccsc(x) = arcsin(1 / x)
```

5.3 Zu den hyperbolischen Funktionen

Die hyperbolischen Funktionen sind, trotz ihrer an Winkelfunktionen erinnernden Namen, keine eigentlichen Winkelfunktionen. Das wird schon daran deutlich, dass sie im Gegensatz zu den Winkelfunktionen nicht periodisch verlaufen. Die Namensgebung rechtfertigt sich aber aufgrund einer großen formalen Übereinstimmung bei den Beziehungen zwischen den einzelnen Funktionen sowie aus mathematischen Zusammenhängen zwischen Winkelfunktionen und hyperbolischen Funktionen.

Dass die Funktionen als hyperbolisch bezeichnet werden, rührt daher, dass sie geometrisch anhand einer gleichseitigen Hyperbel mit der Gleichung x^2 – y^2 = 1 gedeutet werden, also einer Kurve, die aus zwei zueinander symmetrischen Ästen besteht, die sich ins Unendliche erstrecken.

Die Funktionen stellen eine Verbindung zwischen der Fläche her, die von einer vom Nullpunkt ausgehenden Geraden, ihrem Spiegelbild an der x-Achse und der genannten Hyperbel begrenzt wird, sowie der Länge verschiedener Strecken, die sich dabei ergeben. So ist sinh(α) die positive y-Koordinate des Schnittpunktes der Geraden mit der Hyperbel, cosh(α) die dazugehörige x-Koordinate, tanh(α) ist die y-Koordinate bei x = 1.

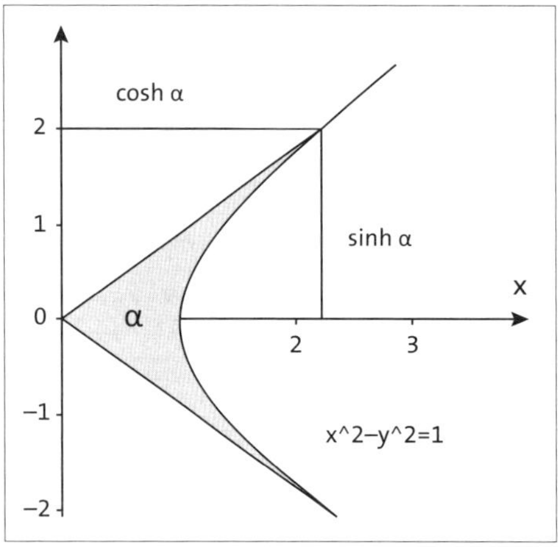

Abbildung 5.8 Deutung der Funktionen an der gleichseitigen Hyperbel

Anwendung finden derartige Funktionen z. B. in einigen statistischen Näherungsverfahren, bei statischen Berechnungen und in der Analysis.

Die Kennzeichnung der inversen hyperbolischen Funktionen, die als Areafunktionen bezeichnet werden, mit dem Präfix ARC (analog zu den Arkusfunktionen der Winkelfunktionen) ist allerdings trotz der formalen Ähnlichkeit zu den Arkusfunktionen eher unglücklich: Die Areafunktionen liefern keinen Winkel im Bogenmaß (lat.: *Arcus*), sondern in der geometrischen Deutung eine Fläche (lat.: *Area*).

Der Kotangens Hyperbolicus war bisher in Excel nicht eigens als Funktion enthalten, da er der Kehrwert des Tangens Hyperbolicus ist:

```
coth(x) = 1/tanh(x)
```

Um die Dinge zu vereinfachen, steht seit Excel 2013 eine eigene Funktion zur Verfügung: COTHYP(). Neueren Datums sind auch die beiden hyperbolischen Funktionen ARCCOTHYP() und COSECHYP().

Für die Areafunktionen gilt (analog zu den Winkelfunktionen) in Bezug auf die hyperbolischen Funktionen eine Beziehung nach dem Muster: Wenn y = SINHYP(x), dann gilt ARCSINHYP(y) = x.

Sowohl die Winkelfunktionen als auch die hyperbolischen Funktionen sind mathematisch sowohl für reelle als auch für komplexe Zahlen definiert. Die in der Kategorie **Mathematik und Trigonometrie** angebotenen Funktionen von Excel arbeiten aber ausschließlich mit reellen Werten. Für entsprechende Berechnungen mit komplexen Zahlen stellt Excel parallel zahlreiche Funktionen in der Kategorie **Technisch** zur Verfügung, die alle mit dem Präfix `IM` (für imaginär) anfangen, beispielsweise `IMSIN()`, `IMSINHYP()`, `IMCOS()`, `IMTAN()` etc.

Hyperbolische Funktionen

	SINHYP()	COSHYP()	TANHYP()
-4	-27,28992	27,30823284	-0,9993293
-3,9	-24,69110	24,71134551	-0,999180866
-3,8	-22,33941	22,36177763	-0,998999598
-3,7	-20,21129	20,23601394	-0,998778241
-3,6	-18,28546	18,31277908	-0,998507942
-3,5	-16,54263	16,57282467	-0,998177898
-3,4	-14,96536	14,99873666	-0,997774928
-3,3	-13,53788	13,57476104	-0,99728296
-3,2	-12,24588	12,2866462	-0,996682398
-3,1	-11,07645	11,12150024	-0,995949359
-3	-10,01787	10,067662	-0,995054754
-2,9	-9,05956	9,114584295	-0,993963167
-2,8	-8,19192	8,252728417	-0,99263152
-2,7	-7,40626	7,473468619	-0,991007454
-2,6	-6,69473	6,769005807	-0,989027402
-2,5	-6,05020	6,13228948	-0,986614298
-2,4	-5,46623	5,556947167	-0,983674858
-2,3	-4,93696	5,037220649	-0,980096396
-2,2	-4,45711	4,567908329	-0,97574313
-2,1	-4,02186	4,14431317	-0,970451937
-2	-3,62686	3,762195691	-0,96402758
-1,9	-3,26816	3,417731531	-0,956237458

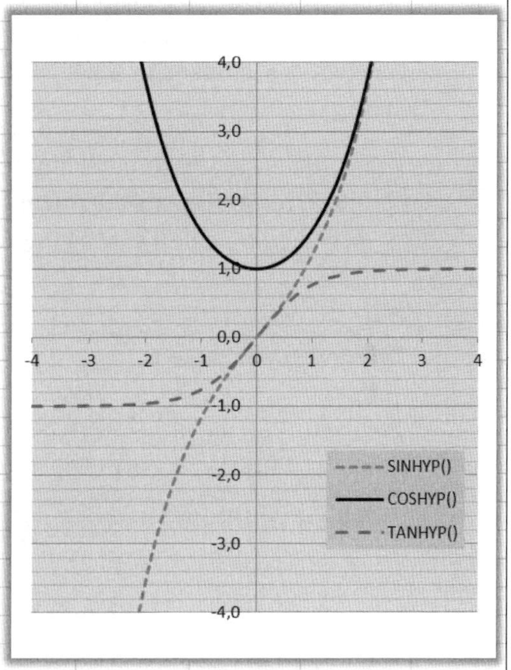

Abbildung 5.9 Hyperbolische Funktionen

5.4 Referenz der mathematischen Funktionen

ABRUNDEN()

ROUNDDOWN()

Syntax: `ABRUNDEN(`**`Zahl; Anzahl_Stellen`**`)`

Beispiel: `=ABRUNDEN(-657,65; -1)`

Ergebnis: `-650`

Die Funktion `ABRUNDEN()` rundet eine mit dem Argument `Zahl` angegebene reelle Zahl in Richtung 0 auf dem Zahlenstrahl. Positive Zahlen werden also abgerundet, negative

Zahlen aufgerundet. Anders als bei der Funktion RUNDEN() ist die Richtung der Rundung also festgelegt und hängt nicht von dem jeweiligen Wert ab.

Mit dem Argument Anzahl_Stellen wird die Anzahl der Stellen angegeben, die beim Runden berücksichtigt wird. Ist Anzahl_Stellen gleich 1 oder größer, dann wird auf die entsprechende Anzahl Dezimalstellen abgeschnitten, ist es 0, werden die Dezimalstellen abgeschnitten, sodass die Ganzzahl übrig bleibt. Ist das Argument negativ, wird um die angegebenen Stellen nach links gerundet, und zwar so, dass sich die gerundete Zahl in Richtung 0 bewegt.

Ist eines der Argumente nicht numerisch, liefert die Funktion den Fehler #WERT!. Ist Anzahl_Stellen größer als die Anzahl der Stellen, die der Wert von Zahl hat, werden nur die vorhandenen Stellen ausgegeben.

Abrunden von Zahlen

Zahl	Stellen	ABRUNDEN()
12347,85	0	12347
12347,85	1	12347,8
12347,85	2	12347,85
12347,85	3	12347,85
12347,85	-1	12340
12357,85	-2	12300
12347,85	-3	12000
-12347,85	0	-12347
-12347,85	1	-12347,8
-12347,85	2	-12347,85
-12347,85	3	-12347,85
-12347,85	-1	-12340
-12347,85	-2	-12300
-12347,85	-3	-12000

Abbildung 5.10 Abrunden mit frei wählbarer Stellenanzahl

ABS()

ABS()

Syntax: ABS(**Zahl**)

Beispiel: =ABS(-8)

Ergebnis: 8

Die Funktion ABS() eliminiert die Vorzeichen von Zahlenwerten. Ganz gleich, ob ABS() auf Zahlen mit negativem oder positivem Vorzeichen angewendet wird, als Ergebnis wird der nicht negative Betrag dieser Zahlen geliefert.

In der mathematischen Schreibweise werden die absoluten Werte mit zwei senkrechten Strichen gekennzeichnet: |x|. Der Begriff »absolut« bezieht sich darauf, dass eine Zahl x und ihre negative Entsprechung -x auf dem Zahlenstrahl denselben Abstand vom Nullpunkt haben.

! Nicht numerische Werte ergeben den Fehler #WERT!.

	A	B
1		
2	**Absolutwert einer Zahl**	
3		
4	Wert	ABS()
5	14	14
6	-14	14
7	123,56	123,56
8	-123,56	123,56
9	12.12.2007	39428
10	12:30	0,520833333
11	Text	#WERT!
12	WAHR	1
13	FALSCH	0

Abbildung 5.11 Absolutwert verschiedener Werte

AGGREGAT()

AGGREGATE()

Syntax1: AGGREGAT(**Funktion**; **Optionen**; **Bezug1**; Bezug2 …)

Beispiel: =AGGREGAT(1; 6; Wertebereich)

Ergebnis: liefert den Mittelwert der Werte in Wertebereich und ignoriert dabei die Fehlerwerte (siehe Abbildung 5.12)

Syntax2: AGGREGAT(**Funktion**; **Optionen**; **Array**; k)

Beispiel: =AGGREGAT(14; 6; {120.290.120.450.290}; 2)

Ergebnis: 290

Die Funktion AGGREGAT() erlaubt es, Daten in Zellbereichen oder Matrizen auf unterschiedliche Weise auszuwerten und dabei die normalerweise stattfindende Reaktion auf fehlerhafte Werte zu vermeiden, die bei Funktionen wie SUMME(), MITTELWERT() etc. auftritt. Die Bildung der Summe oder des Mittelwertes eines Bereichs scheitert immer dann, wenn Fehlerwerte in diesem Bereich vorkommen, wie in Abbildung 5.12 in Zeile 16 zu sehen ist.

Die Art der Auswertung wird über den Wert für das Argument Funktion bestimmt. Werte von 1 bis 19 sind erlaubt.

Nr.	Funktion
1	MITTELWERT
2	ANZAHL
3	ANZAHL2
4	MAX
5	MIN
6	PRODUKT
7	STABW.S
8	STABW.N
9	SUMME
10	VAR.S
11	VAR.P
12	MEDIAN
13	MODUS.EINF
14	KGRÖSSTE
15	KKLEINSTE
16	QUANTIL.INKL
17	QUARTILE.INKL
18	QUANTIL.EXKL
19	QUARTILE.EXKL

Tabelle 5.2 Werte für das Argument Funktion

Das zweite Argument Optionen bestimmt, welche Werte die Auswertung ignorieren soll. Dabei ist es auch möglich, die Ergebnisse von TEILERGEBNIS()- oder AGGREGAT()-Funktionen, die sich innerhalb des auszuwertenden Bereichs befinden, aus der Berechnung herauszunehmen, damit die Werte nicht doppelt berücksichtigt werden.

Nr.	Option
0	verschachtelte TEILERGEBNIS()- und AGGREGAT()-Funktionen ignorieren
1	ausgeblendete Zellen, verschachtelte TEILERGEBNIS()- und AGGREGAT()-Funktionen ignorieren
2	Fehlerwerte, verschachtelte TEILERGEBNIS()- und AGGREGAT()-Funktionen ignorieren
3	Fehlerwerte, ausgeblendete Zellen, verschachtelte TEILERGEBNIS()- und AGGREGAT()-Funktionen ignorieren
4	Leerwerte ignorieren
5	ausgeblendete Zellen ignorieren
6	Fehlerwerte ignorieren
7	ausgeblendete Zellen und Fehlerwerte ignorieren

Tabelle 5.3 Werte für das Argument Optionen

In Syntax1 wird mit dem dritten Argument Bezug1 ein Bezug auf einen Zellbereich mit auszuwertenden Daten angegeben. Weitere Bezüge – bis zu 253 insgesamt – können folgen.

In Syntax2 werden die auszuwertenden Daten über das Argument Array bestimmt. Array ist eine Matrix, eine Matrixformel oder ein Bezug auf einen Bereich mit Werten. Benötigt die mit Funktion gewählte Auswertung noch ein weiteres Element, wird dieses als Argument k angegeben. In dem in Abbildung 5.12 gezeigten Beispiel wird in Zelle D7 die Funktion KGRÖSSTE() verwendet, und mit k wird angegeben, dass der zweitkleinste Wert gesucht wird.

! Wird ein zweites Bezugsargument benötigt, wie bei den Funktionen QUARTILE.INKL(Matrix; Quartil) und QUARTILE.EXKL(Matrix; Quartil), aber nicht angegeben, oder ist ein Bezug ein 3D-Bezug, liefert die Funktion den Fehler #WERT!. Das gilt auch, wenn ungültige Argumente für Funktion oder Optionen angegeben werden.

	A	B	C	D	E
1					
2	**AGGREGAT()**				
3					
4	Wertebereich			Ergebnis	Formel
5	120	120	Summe:	4.172	**=AGGREGAT(9;6; Wertebereich)**
6	290	290	Mittelwert:	219,58	**=AGGREGAT(1;6; Wertebereich)**
7	120	#DIV/0!	2. größter Wert	390,00	**=AGGREGAT(14;6;{120.290.170.450.390};2)**
8	#NAME?	450			
9	290	290			
10	33	120			
11	140	130			
12	220	#NV			
13	290	290			
14	219	300			
15	120	340			
16	#NAME?	#DIV/0!			
17	=SUMME(A5:A15)	=MITTELWERT(B5:B15)			

Abbildung 5.12 Beispiele für die `AGGREGAT()`-Funktion

Freundlicherweise unterstützt Sie Excel bei der Angabe der Werte für `Funktion` und `Optionen`, indem die möglichen Werte als Liste angeboten werden, wie Abbildung 5.13 zeigt.

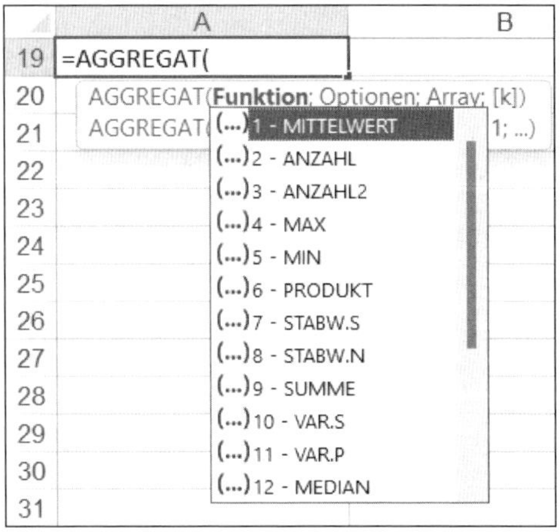

Abbildung 5.13 Angebot der Funktionsliste bei der Formeleingabe

Zu beachten ist, dass die Funktion nur dort sinnvoll angewendet werden kann, wo die Werte, die zusammengefasst werden sollen, spaltenweise angeordnet sind. Dagegen wird beispielsweise bei zeilenweisen Quersummen nicht berücksichtigt, ob eine Spalte ausgeblendet ist.

ARABISCH()

ARABIC()

Syntax:	ARABISCH(**Text**)
Beispiel:	=ARABISCH("MMXVI")
Ergebnis:	2016

Die Funktion ARABISCH() konvertiert die mit dem Argument Text angegebenen Zeichenfolge in arabische Zahlen. Sie dient der Umwandlung von römischen Zahlen in arabische Zahlen.

Text darf maximal 255 Zeichen enthalten. Die größtmögliche Zahl ist 255.000. Wird eine leere Zeichenfolge angegeben, ist das Ergebnis 0. Groß- bzw. Kleinschreibung wird ignoriert. Führende oder nachfolgende Leerzeichen werden ebenfalls ignoriert. Negative Zahlen werden unterstützt, wenn ein Minuszeichen vorgesetzt wird, obwohl die Römer negative Zahlen noch gar nicht kannten.

! Ist Text kein gültiger Wert, liefert die Funktion den Fehlerwert #WERT!. Dazu gehören alle Zahlen, Datums- und Zeitangaben oder sonstige Zeichenfolgen, für die es keine gültige römische Zahl gibt.

	A	B
1		
2	**Umwandlung römischer Zahlen**	
3		
4	römisch	arabisch
5	V	5
6	L	50
7	CV	105
8	ML	1050
9	MMXVI	2016

Abbildung 5.14 Umwandlung römischer Zahlen in arabische

Die Funktion ist die Umkehrung der Funktion RÖMISCH(), die arabische Zahlen in römische übersetzt. Dort finden Sie auch noch einige Informationen zum römischen Zahlensystem.

ARCCOS()

ACOS()

Syntax:	ARCCOS(**Zahl**)
Beispiel:	=ARCCOS(0,9)
Ergebnis:	0,451026

Die Funktion ARCCOS() berechnet zu dem mit dem Argument Zahl gegebenen Kosinuswert, der das Verhältnis von Ankathete zu Hypotenuse im rechtwinkligen Dreieck angibt, den anliegenden Winkel im Bogenmaß, also den Arkuskosinus, siehe dazu auch Abbildung 5.27.

Nicht numerische Werte ergeben den Fehler #WERT!.

Da jeder Winkel im Vollkreis zweimal vorkommt, wird der Wertebereich eingeschränkt. Für Kosinuswerte zwischen –1 und 1 liegen die Winkelwerte im Bogenmaß zwischen 0 und π, in Grad angegeben zwischen 0 und 180 Grad.

Soll der Winkel in Grad angegeben werden, müsste die Formel im Beispiel lauten:

```
=ARCCOS(0,9)*180/PI()
```

Das Ergebnis ist dann 25,84 Grad. Dazu kann aber auch die Funktion GRAD() verwendet werden:

```
=GRAD(ARCCOS(0,9))
```

Die Funktion ist, wie die Abbildung 5.15 zeigt, monoton fallend.

Die Funktion kann verwendet werden, um den Neigungswinkel zu berechnen, wenn das Verhältnis von Ankathete und Hypotenuse in einem spitzen Winkel bekannt ist. Wenn beispielsweise eine Feuerleiter von 10 m Länge so an eine Hauswand gelehnt ist, dass der Fuß der Leiter 3 m Abstand zur Hauswand hat, hat der Kosinus den Wert = 3/10. Daraus lässt sich der Arkuskosinus berechnen:

```
=ARCCOS(3/10)
```

ergibt 1,266, umgewandelt in Grad:

```
=GRAD(ARCCOS(3/10))
```

Daraus ergibt sich ein Neigungswinkel von 72,54 Grad.

	A	B	C
1			
2	**Arkuskosinus**		
3			
4	Zahl	ARCCOS()	
5	-1	3,141592654	=PI()
6	-0,9	2,690565842	
7	-0,8	2,498091545	
8	-0,7	2,346193823	
9	-0,6	2,214297436	
10	-0,5	2,094395102	
11	-0,4	1,982313173	
12	-0,3	1,875488981	
13	-0,2	1,772154248	
14	-0,1	1,670963748	
15	0	1,570796327	
16	0,1	1,470628906	
17	0,2	1,369438406	
18	0,3	1,266103673	
19	0,4	1,159279481	
20	0,5	1,047197551	
21	0,6	0,927295218	
22	0,7	0,79539883	
23	0,8	0,643501109	
24	0,9	0,451026812	
25	1	0	

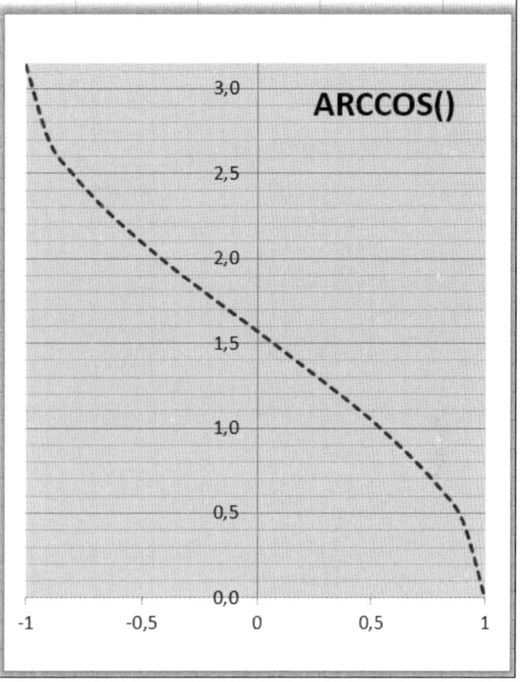

Abbildung 5.15 Die Arkuskosinus-Funktion und ihre grafische Darstellung

ARCCOSHYP()

ACOSH()

Syntax:	`ARCCOSHYP(`**`Zahl`**`)`
Beispiel:	`=ARCCOSHYP(1)`
Ergebnis:	`0`

Die Funktion `ARCCOSHYP()` ist die Umkehrfunktion der Funktion `COSHYP()`. Entgegen dem Präfix *ARC* ist die korrekte Bezeichnung *Areakosinus Hyperbolicus*, siehe dazu auch den Abschnitt 5.3, »Zu den hyperbolischen Funktionen«.

! Für das Argument `Zahl` kann jede beliebige reelle Zahl verwendet werden, die größer oder gleich `1` ist. Der Wertebereich reicht von `0` bis +unendlich. Werte < `1` ergeben den Fehler `#ZAHL!`, nicht numerische Werte den Fehler `#WERT!`.

Die Funktion rechnet mit folgender Formel:

$$\mathrm{arcosh}(x) = \ln(x + \sqrt{x^2 - 1})$$

Positiver umgekehrter hyperbolischer Kosinus

Zahl	ARCCOSHYP()
1	0
1,2	0,622362504
1,4	0,867014726
1,6	1,046967915
1,8	1,192910731
2	1,316957897
2,2	1,425416943
2,4	1,522079367
2,6	1,609437912
2,8	1,68923555
3	1,762747174
3,2	1,830938007
3,4	1,894559013
3,6	1,954207529
3,8	2,010367491
4	2,063437069
4,2	2,113748231
4,4	2,161580941
4,6	2,207173683
4,8	2,250731414
5	2,29243167

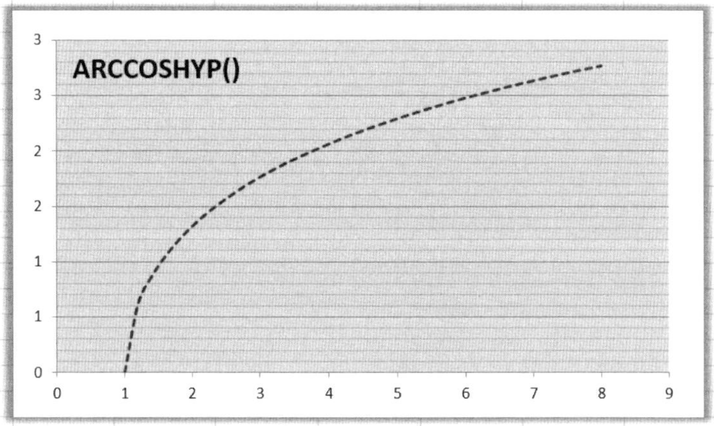

Abbildung 5.16 Die ARCCOSHYP()-Funktion und ihre grafische Darstellung

Der Graph der Funktion ist streng monoton steigend, die Nullstelle liegt bei $x = 1$.

ARCCOT()

ACOT()

Syntax:	ARCCOT(**Zahl**)
Beispiel:	=ARCCOT(2)
Ergebnis:	0,463647609

Die mit Excel 2013 eingeführte Funktion ARCCOT() berechnet den Arkuskotangens einer Zahl, die den Kotangens eines Winkels angibt, also das Verhältnis von Ankathete zu Gegenkathete im rechtwinkligen Dreieck, siehe dazu auch Abbildung 5.33. Sie ist die Umkehrfunktion des Kotangens.

Nicht numerische Werte ergeben den Fehler #WERT!.

Das Ergebnis liefert den gesuchten Winkel im Bogenmaß mit dem Wertebereich 0 bis PI(). Soll der Winkel in Grad angegeben werden, multiplizieren Sie das Ergebnis mit 180/PI() oder benutzen die Funktion GRAD().

```
=ARCCOT(2) * 180/PI()
=GRAD(ARCCOT(2))
```

Arkuskotangens

Zahl	ARCCOT()
-4	2,89661399
-3	2,819842099
-2	2,677945045
-1	2,35619449
0	1,570796327
1	0,785398163
2	0,463647609
3	0,321750554
4	0,244978663

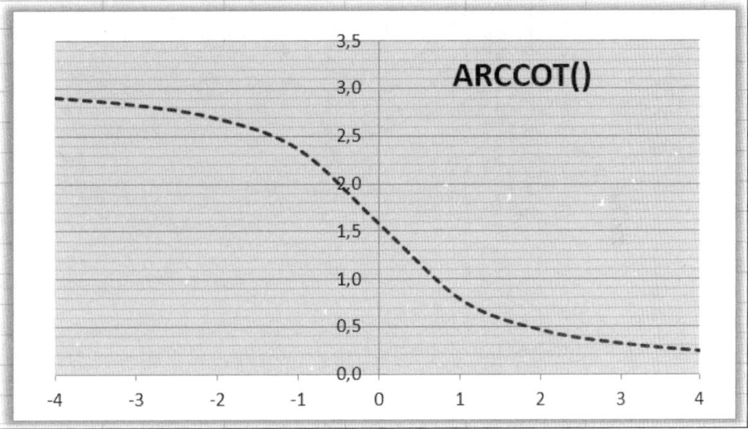

Abbildung 5.17 Die ARCCOT()-Funktion und ihre grafische Darstellung

ARCCOTHYP()

ACOTH()

Syntax:	ARCCOTHYP(**Zahl**)
Beispiel:	=ARCCOTHYP(2)
Ergebnis:	0,549306144

Die mit Excel 2013 eingeführte Funktion ARCCOTHYP() berechnet den umgekehrten hyperbolischen Kotangens einer Zahl. Entgegen dem Präfix *ARC* ist die korrekte Bezeichnung *Areakotangens Hyperbolicus*, siehe dazu auch den Abschnitt 5.3, »Zu den hyperbolischen Funktionen«.

Der absolute Wert von Zahl muss dabei größer 1 sein, ansonsten liefert die Funktion den Fehler #ZAHL!. Bei einem nicht numerischen Wert liefert die Funktion den Fehler #WERT!.

Arcus Cotangens Hyperbolicus

Zahl	ARCCOTHYP()
-15	-0,066765696
-14	-0,071550422
-13	-0,07707534
-12	-0,083527042
-11	-0,091160778
-10	-0,100335348
-9	-0,111571776
-8	-0,125657214
-7	-0,143841036
-6	-0,168236118
-5	-0,202732554
-4	-0,255412812
-3	-0,34657359
-2	-0,549306144
-1	
0	
1	
2	0,549306144
3	0,34657359
4	0,255412812
5	0,202732554
6	0,168236118

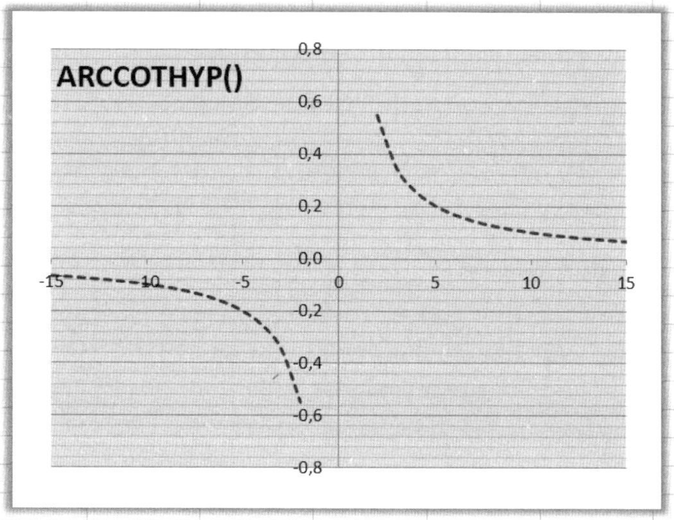

Abbildung 5.18 Die Funktion `ARCCOTHYP()` und ihre grafische Darstellung

Die Funktion rechnet mit folgender Formel:

$$\mathrm{arcoth}(x) = \frac{1}{2}\ln\left(\frac{x+1}{x-1}\right)$$

Der Graph der Funktion ist streng monoton steigend, es gibt keine Nullstellen.

ARCSIN()

ASIN()

Syntax: `ARCSIN(`**`Zahl`**`)`

Beispiel: `=ARCSIN(0,5)`

Ergebnis: `0,523599`

Die Funktion ARCSIN() berechnet zu dem mit dem Argument Zahl angegebenen Sinuswert, der im rechtwinkligen Dreieck das Verhältnis von Gegenkathete zu Hypotenuse darstellt, den anliegenden Winkel im Bogenmaß, also den Arkussinus. Da jeder Winkel im Vollkreis zweimal vorkommt, wird der Wertebereich eingeschränkt. Für Sinuswerte zwischen –1 und 1 liegen die Winkelwerte im Bogenmaß zwischen $-\pi/2$ und $\pi/2$, d. h. zwischen –90 und 90 Grad.

Das Ergebnis liefert den gesuchten Winkel im Bogenmaß mit dem Wertebereich 0 bis PI(). Soll der Winkel in Grad angegeben werden, multiplizieren Sie das Ergebnis mit 180/PI() oder benutzen die Funktion GRAD().

```
=ARCSIN(0,5) * 180/PI()
=GRAD(ARCSIN(0,5))
```

ergibt 30 Grad.

Nicht numerische Werte ergeben den Fehler #WERT!.

Die Funktion ist, wie Abbildung 5.19 zeigt, monoton steigend.

Arkussinus

Zahl	ARCSIN()
-1	-1,570796327
-0,9	-1,119769515
-0,8	-0,927295218
-0,7	-0,775397497
-0,6	-0,643501109
-0,5	-0,523598776
-0,4	-0,411516846
-0,3	-0,304692654
-0,2	-0,201357921
-0,1	-0,100167421
0	0
0,1	0,100167421
0,2	0,201357921
0,3	0,304692654
0,4	0,411516846
0,5	0,523598776
0,6	0,643501109
0,7	0,775397497
0,8	0,927295218
0,9	1,119769515
1	1,570796327

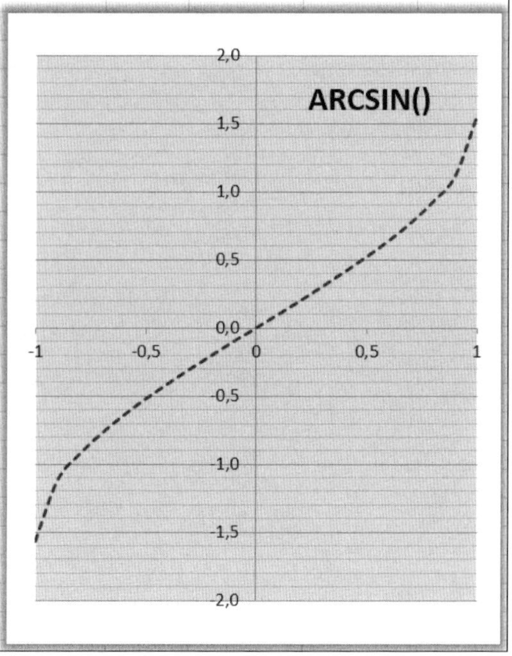

Abbildung 5.19 Die Funktion ARCSIN() und ihre grafische Darstellung

ARCSINHYP()

ASINH()

Syntax:	`ARCSINHYP(`**`Zahl`**`)`
Beispiel:	`=ARCSINHYP(2)`
Ergebnis:	`1,443635`

Die Funktion `ARCSINHYP()` ist die Umkehrfunktion der Funktion `SINHYP()`. Entgegen dem Präfix *ARC* ist die korrekte Bezeichnung *Areasinus Hyperbolicus*, siehe dazu auch den Abschnitt 5.3, »Zu den hyperbolischen Funktionen«.

Für das Argument `Zahl` kann jede beliebige reelle Zahl verwendet werden. Der Wertebereich liegt zwischen –unendlich bis +unendlich.

Nicht numerische Werte ergeben den Fehler `#WERT!`.

Die Funktion rechnet mit folgender Formel:

$$\mathrm{arsinh}(x) = \ln(x + \sqrt{x^2 + 1})$$

Der Graph der Funktion ist streng monoton steigend, die Nullstelle liegt bei $x = 0$.

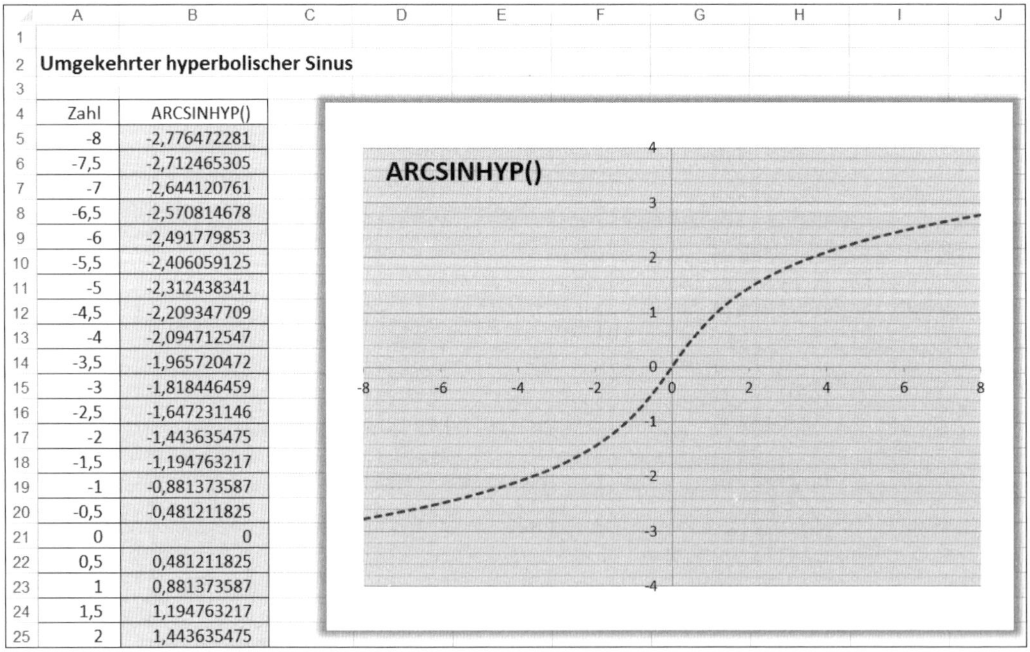

Umgekehrter hyperbolischer Sinus

Zahl	ARCSINHYP()
-8	-2,776472281
-7,5	-2,712465305
-7	-2,644120761
-6,5	-2,570814678
-6	-2,491779853
-5,5	-2,406059125
-5	-2,312438341
-4,5	-2,209347709
-4	-2,094712547
-3,5	-1,965720472
-3	-1,818446459
-2,5	-1,647231146
-2	-1,443635475
-1,5	-1,194763217
-1	-0,881373587
-0,5	-0,481211825
0	0
0,5	0,481211825
1	0,881373587
1,5	1,194763217
2	1,443635475

Abbildung 5.20 Der umgekehrte hyperbolische Sinus und der zugehörige Graph

ARCTAN()

ATAN()

Syntax:	ARCTAN(**Zahl**)
Beispiel:	=ARCTAN(0,3)
Ergebnis:	0,291457

Die Funktion ARCTAN() berechnet zu dem mit dem Argument Zahl angegebenen Tangenswert, der im rechtwinkligen Dreieck das Verhältnis von Gegenkathete zu Ankathete darstellt, den anliegenden Winkel im Bogenmaß, also den Arkustangens.

Das Ergebnis liefert den gesuchten Winkel im Bogenmaß mit dem Wertebereich $-\pi/2$ und $\pi/2$. Soll der Winkel in Grad angegeben werden, multiplizieren Sie das Ergebnis mit 180/PI() oder benutzen die Funktion GRAD().

```
=ARCTAN(0,3) * 180/PI()
=GRAD(ARCTAN(0,3))
```

! Nicht numerische Werte ergeben den Fehler #WERT!.

Arkustangens

Zahl	ARCTAN()	GRAD()
-57,29	-1,553	-89
-28,64	-1,536	-88
-19,08	-1,518	-87
-14,30	-1,501	-86
-11,43	-1,484	-85
-9,51	-1,466	-84
-8,14	-1,449	-83
-7,12	-1,431	-82
-6,31	-1,414	-81
-5,67	-1,396	-80
-5,14	-1,379	-79
-4,70	-1,361	-78
-4,33	-1,344	-77
-4,01	-1,326	-76

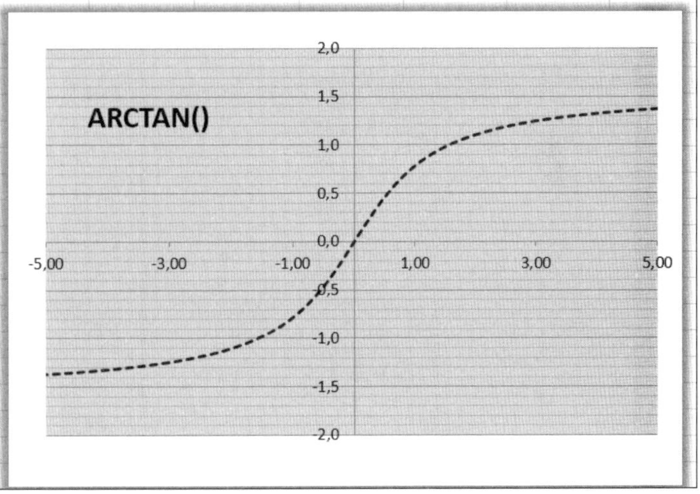

Abbildung 5.21 Der Arkustangens und seine grafische Darstellung

ARCTAN2()

ATAN2()

Syntax:	`ARCTAN2(`**`x_Koordinate; y_Koordinate`**`)`
Beispiel:	`=ARCTAN2(4;-3)`
Ergebnis:	`-0,643501`

Die Funktion `ARCTAN2()` ist eine spezielle Variante der Berechnung des Arkustangens. Sie gestattet es, bei einer Geraden, die durch den Nullpunkt eines Koordinatenkreuzes geht, direkt durch Angabe der `x-Koordinate` und der `y-Koordinate` eines Punktes den Steigungswinkel der Geraden zu ermitteln.

Das Ergebnis liefert den gesuchten Winkel im Bogenmaß mit dem Wertebereich π bis –π (ausgenommen –π selbst). Ein positiver Wert entspricht einem Winkel, der von der x-Achse aus entgegen dem Uhrzeigersinn abgetragen wird, ein negativer Wert entspricht einem im Uhrzeigersinn abgetragenen Winkel.

Wenn beide Koordinaten den Wert `0` haben, liefert die Funktion den Fehler `#DIV/0!`, sind die Werte nicht numerisch, erscheint der Fehler `#WERT!`.

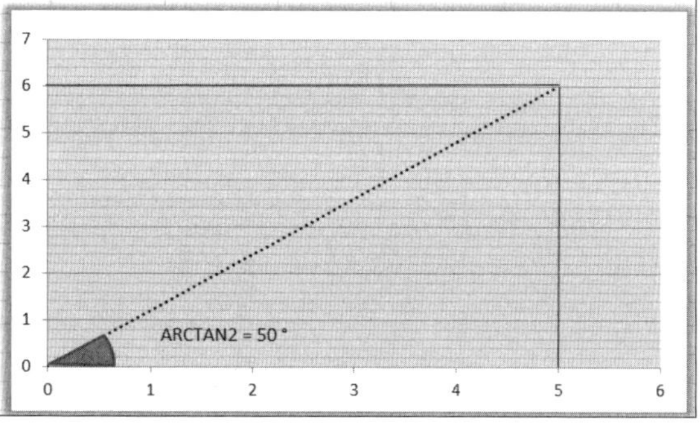

ARCTAN2

x_Koordinate	y_Koordinate	ARCTAN2()	GRAD()
12	0	0	0,00
11	1	0,090659887	5,19
10	2	0,19739556	11,31
9	3	0,321750554	18,43
8	4	0,463647609	26,57
7	5	0,620249486	35,54
6	6	0,785398163	45,00
5	7	0,950546841	54,46
4	8	1,107148718	63,43
3	9	1,249045772	71,57
2	10	1,373400767	78,69
1	11	1,48013644	84,81
0	12	1,570796327	90,00

x_Koordinate	y_Koordinate		
0	0		
5	6	0,876058051	50,19

Abbildung 5.22 `ARCTAN2()` und die entsprechenden `GRAD()`-Werte

Soll der Winkel in Grad angegeben werden, multiplizieren Sie das Ergebnis mit `180/PI()` oder benutzen die Funktion `GRAD()`.

```
=ARCTAN2(4; 4) * 180/PI()
=GRAD(ARCTAN2(4; 4))
```

liefern beide, wie nicht anders zu erwarten, 45 Grad, da ja beide Koordinaten in diesem Fall gleich groß sind. Abbildung 5.22 zeigt einige Beispiele der Funktion und ein Diagramm für den Punkt x = 5, y = 6.

ARCTANHYP()

ATANH()

Syntax:	`ARCTANHYP(`**`Zahl`**`)`
Beispiel:	`=ARCTANHYP(0,5)`
Ergebnis:	`0,549306`

Die Funktion `ARCTANHYP()` ist die Umkehrfunktion der Funktion `TANHYP()`. Entgegen dem Präfix *ARC* ist die korrekte Bezeichnung *Areatangens Hyperbolicus*, siehe dazu auch den Abschnitt 5.3, »Zu den hyperbolischen Funktionen«.

Umgekehrter hyperbolischer Tangens

Zahl	ARCTANHYP()
-0,9	-1,47221949
-0,8	-1,098612289
-0,7	-0,867300528
-0,6	-0,693147181
-0,5	-0,549306144
-0,4	-0,42364893
-0,3	-0,309519604
-0,2	-0,202732554
-0,1	-0,100335348
0	0
0,1	0,100335348
0,2	0,202732554
0,3	0,309519604
0,4	0,42364893
0,5	0,549306144
0,6	0,693147181
0,7	0,867300528
0,8	1,098612289
0,9	1,47221949

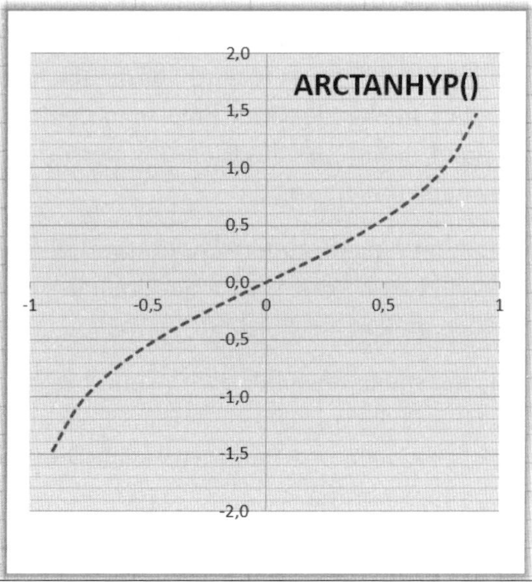

Abbildung 5.23 Der umgekehrte hyperbolische Tangens und seine grafische Darstellung

Für das Argument Zahl können nur Werte zwischen -1 und 1 verwendet werden (ausgenommen –1 und 1). Der Wertebereich liegt zwischen –unendlich bis +unendlich.

Werte außerhalb des erlaubten Bereichs ergeben den Fehler #ZAHL!, nicht numerische Werte den Fehler #WERT!.

Die Funktion rechnet mit folgender Formel:

$$\mathrm{artanh}(x) = \frac{1}{2} \ln\left(\frac{1+x}{1-x}\right)$$

Der Graph der Funktion ist streng monoton steigend, die Nullstelle liegt bei $x = 0$.

AUFRUNDEN()

ROUNDUP()

Syntax:	AUFRUNDEN(**Zahl; Anzahl_Stellen**)
Beispiel:	=AUFRUNDEN(2,356; 2)
Ergebnis:	2,36

Die Funktion AUFRUNDEN() rundet eine Zahl vom Nullwert weg. Mit dem Argument Anzahl_Stellen wird die Anzahl der Stellen angegeben, die beim Runden berücksichtigt wird. Ist Anzahl_Stellen gleich 1 oder größer, dann wird auf die entsprechende Anzahl Dezimalstellen aufgerundet. Ist es 0, wird auf die nächste Ganzzahl aufgerundet; ist es negativ, wird die entsprechende Ziffer links vom Dezimalzeichen aufgerundet. Anders als bei der Funktion RUNDEN() ist die Richtung der Rundung also festgelegt und hängt nicht von dem jeweiligen Wert ab.

Ist eines der Argumente nicht numerisch, liefert die Funktion den Fehler #WERT!. Falls Anzahl_Stellen größer ist als die Anzahl der Stellen, die der Wert von Zahl hat, werden nur die vorhandenen Stellen ausgegeben.

Das Aufrunden ist beispielsweise hilfreich, wenn bestimmte Stückelungen vorgegeben sind. Soll etwa eine Strecke von 100 cm mit Kacheln ausgelegt werden, die 15 cm breit sind, ergibt =AUFRUNDEN(100/15; 0) eine Stückzahl von 7. Von der 7. Kachel muss dann ein Stück abgeschnitten werden.

	A	B	C
1			
2	**Aufrunden von Zahlen**		
3			
4	Zahl	Stellen	AUFRUNDEN()
5	12347,85	0	12348
6	12347,85	1	12347,9
7	12347,85	2	12347,85
8	12347,85	3	12347,85
9	12347,85	-1	12350
10	12357,85	-2	12400
11	12347,85	-3	13000
12	-12347,85	0	-12348
13	-12347,85	1	-12347,9
14	-12347,85	2	-12347,85
15	-12347,85	3	-12347,85
16	-12347,85	-1	-12350
17	-12347,85	-2	-12400
18	-12347,85	-3	-13000

Abbildung 5.24 Aufrunden mit unterschiedlicher Stellenanzahl

BASIS()

BASE()

Syntax:	`BASIS(`**`Zahl`**`; `**`Basis`**`; Mindestlänge)`
Beispiel:	`=BASIS(10000; 2; 15)`
Ergebnis:	`010011100010000`

Die mit Excel 2013 eingeführte Funktion `BASIS()` wandelt den mit `Zahl` angegebenen Wert in eine Zeichenfolge entsprechend der angegebenen `Basis` um. Mit dem optionalen Wert `Mindestlänge` kann die Länge der zurückgegebenen Zeichenfolge angegeben werden. Der Wert muss eine ganze Zahl sein, die größer `0` ist. Das Maximum ist `255`.

Als Wert für `Zahl` sind nur ganze Zahlen erlaubt. Der Wertebereich ist ≥ `0` und < `2^53`. `Basis` muss eine ganze Zahl sein, ≥ `2` und ≤ `36`. Tabelle 5.4 zeigt die möglichen Werte für `Basis`.

Basis	Bedeutung
2	binär
8	oktal
16	hexadezimal
36	0 bis 9 und A bis Z (oder a bis z)

Tabelle 5.4 Werte für `Basis`

Liegen die Werte für eines der Argumente außerhalb des erlaubten Wertebereichs, liefert die Funktion den Wert `#ZAHL!`. Ist einer der Werte nicht numerisch, liefert die Funktion den Fehlerwert `#WERT!`.

Wird eine Zahl mit Dezimalstellen angegeben, werden diese – ohne Rundung – abgeschnitten. Abbildung 5.25 zeigt einige Beispiele.

	A	B	C	D
1				
2	**BASIS()**			
3				
4	1234567890	01001001100101100000001011010010	**=BASIS(A4;2;32)**	binäre Darstellung
5	1234567890	011145401322	**=BASIS(A5;8;12)**	oktale Darstellung
6	1234567890	00499602D2	**=BASIS(A6;16;10)**	hexadezimale Darstellung
7	1234567891	1234567890	**=BASIS(A7;10;10)**	dezimale Darstellung
8	1234567890	0KF12OI	**=BASIS(A8;36;7)**	Basis 36

Abbildung 5.25 Beispiele für Zahlenumwandlungen mit verschiedenen Werten für `Basis`

Beachten Sie, dass die Funktionen immer Zeichenfolgen liefern. Sie können dieses Ergebnis also nicht ohne Weiteres in eine Rechenoperation einbeziehen. Mit der in Excel 2013 eingeführten Funktion `DEZIMAL()` ist aber eine Umwandlung in eine dezimale Zahl leicht möglich. Die Formel `=DEZIMAL(E10; 16)` wandelt beispielsweise die hexadezimale Zeichenfolge `000F` in die dezimale Zahl `15` um. Wenn Sie irrtümlich auf eine hexadezimale Zeichenfolge eine Zahl addieren, behandelt Excel die Zeichenfolge wie eine Zahl und liefert dann unsinnige Ergebnisse, etwa: `0006 + 10 = 16`. Kommen in der hexadezimalen Zeichenfolge Buchstaben vor, liefert die Berechnung den Fehler `#WERT!`.

BOGENMASS()

RADIANS()

Syntax:	`BOGENMASS(`**`Winkel`**`)`
Beispiel:	`=BOGENMASS(180)`
Ergebnis:	`3,14`

Die Funktion `BOGENMASS()` wandelt den Gradwert des angegebenen Winkels in Bogenmaß um. Die Einheit für das Bogenmaß ist *rad* für Radiant. 1 Radiant entspricht auf der Umfangslinie eines Kreises mit 1 Meter Radius einem Kreisbogen von 1 Meter. Der Vollwinkel, also 360 Grad, entspricht 2 π rad. Über das Verhältnis Grad/Bogenmaß siehe auch Abbildung 5.5. Für das Argument `Winkel` sind beliebige positive oder negative Werte zugelassen.

Nicht numerische Werte ergeben den Fehler `#WERT!`.

Da die Winkelfunktionen in Excel Winkelangaben im Bogenmaß erwarten, müssen Gradangaben mit dieser Funktion vorher umgerechnet werden, beispielsweise:

```
=SIN(BOGENMASS(45))
```

liefert den Sinus für einen Winkel von 45 Grad.

Grad in Bogenmaß umrechnen

Winkel	BOGENMASS()
0	0
1	0,017453293
2	0,034906585
3	0,052359878
4	0,06981317
5	0,087266463
6	0,104719755
7	0,122173048
8	0,13962634
9	0,157079633
10	0,174532925
11	0,191986218
12	0,20943951
13	0,226892803

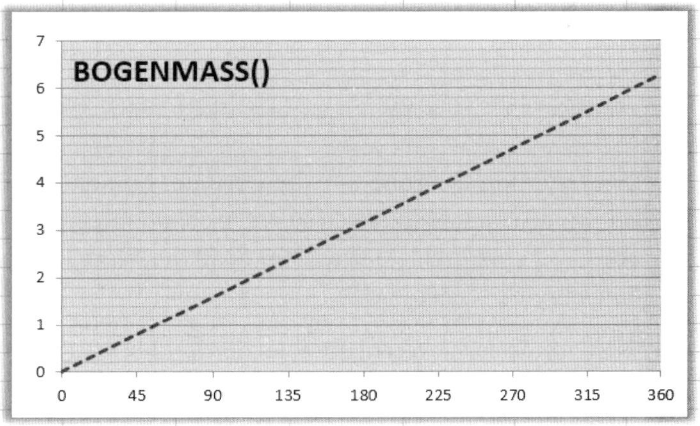

Abbildung 5.26 Umrechnung von Winkelangaben

COS()

COS()

Syntax:	`COS(`**`Zahl`**`)`
Beispiel:	`=COS(30 * PI()/180)`
Ergebnis:	`0,866025`

Die Funktion `COS()` berechnet den Kosinus des mit dem Argument `Zahl` angegebenen Winkels. Dabei wird der Winkel nicht in Grad, sondern im Bogenmaß angegeben. Für die Umrechnung können Sie entweder den Gradwert mit `PI()/180` multiplizieren oder die Funktion `BOGENMASS()` verwenden:

```
=COS(30 * PI()/180)
=COS(BOGENMASS(30))
```

Der Kosinus eines Winkels wird am rechtwinkligen Dreieck definiert als das Verhältnis der Ankathete zur Hypotenuse.

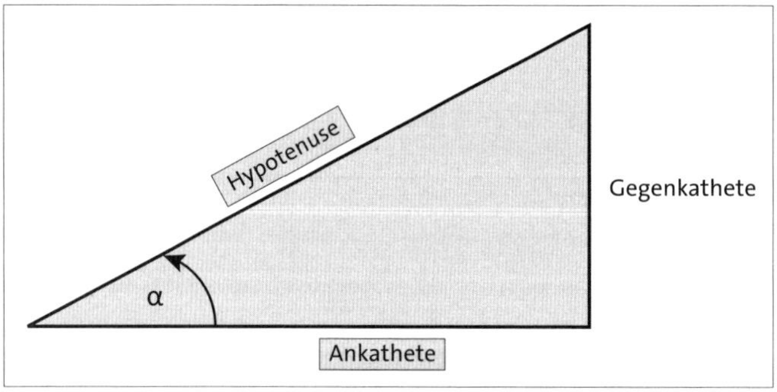

Abbildung 5.27 Der Kosinus liefert das Verhältnis der Ankathete zur Hypotenuse.

Die Definition kann aber auf der Basis des Einheitskreises erweitert werden. Einem Winkel von 90 Grad oder 270 Grad entspricht dann genau ein Kosinuswert von 0, einem von 180 Grad entspricht –1, von 360 Grad der Wert 1. Das Ergebnis der Funktion liegt also immer zwischen –1 und 1.

! Nicht numerische Werte ergeben den Fehler `#WERT!`.

Das Diagramm in Abbildung 5.28 zeigt den periodischen Verlauf der Kosinusfunktion für den Bereich 0 bis 360 Grad. Vergleichen Sie die Abbildung mit der der Sinusfunktion, wird deutlich, dass der Kosinus ein um 90 Grad phasenverschobener Sinus ist. Es gilt also `cos(x) = sin(x + 90 Grad)`.

Die COS()-Funktion kann verwendet werden, um die Länge eines Anstiegs zu berechnen. Angenommen, es ist bekannt, dass eine gerade Straße einen Steigungswinkel von 8 Grad hat. Nun soll berechnet werden, wie lang die Strecke pro 1 km Luftlinie sein wird. Die Formel

```
=1/COS(BOGENMASS(8))
```

ergibt 1,010. Die Straße ist also pro Kilometer 10 m länger als die Luftlinienentfernung.

Kosinus eines Winkels

Winkel	BOGENMASS()	COS()
0	0	1
1	0,017453293	0,999847695
2	0,034906585	0,999390827
3	0,052359878	0,998629535
4	0,06981317	0,99756405
5	0,087266463	0,996194698
6	0,104719755	0,994521895
7	0,122173048	0,992546152
8	0,13962634	0,990268069
9	0,157079633	0,987688341
10	0,174532925	0,984807753
11	0,191986218	0,981627183
12	0,20943951	0,978147601
13	0,226892803	0,974370065
14	0,244346095	0,970295726
15	0,261799388	0,965925826
16	0,27925268	0,961261696

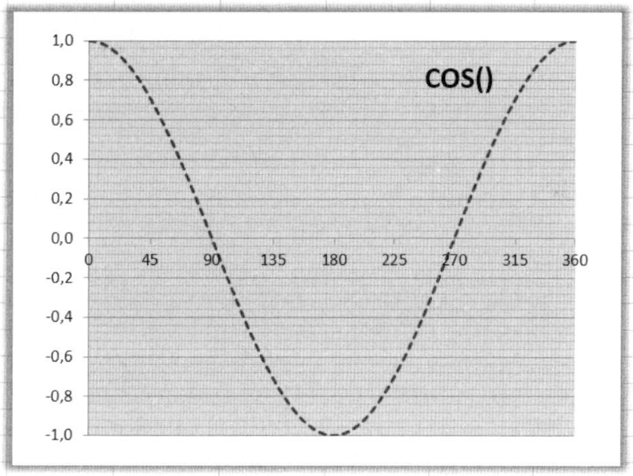

Abbildung 5.28 Die Kosinusfunktion und ihre grafische Darstellung

COSEC()

CSC()

Syntax: COSEC(**Zahl**)

Beispiel: =COSEC(1,10)

Ergebnis: 1,122

Die mit Excel 2013 eingeführte Funktion COSEC() liefert den Kosekans eines im Bogenmaß angegebenen Winkels. Für die Umrechnung können Sie entweder den Gradwert mit PI()/180 multiplizieren oder die Funktion BOGENMASS() verwenden:

```
=COSEC(30 * PI()/180)
=COSEC(BOGENMASS(30))
```

Der Kosekans eines Winkels wird am rechtwinkligen Dreieck definiert als das Verhältnis der Hypotenuse zur Gegenkathete.

Der absolute Wert von `Zahl` muss kleiner sein als `2^27`. Liegt der Wert von `Zahl` außerhalb dieses Wertebereichs, zeigt die Funktion den Fehlerwert `#ZAHL!`. Wird für `Zahl` ein nicht numerischer Wert angegeben, ist der Fehlerwert `#WERT!`.

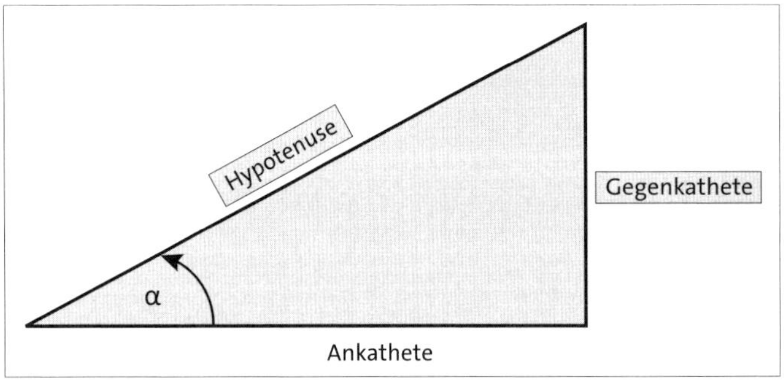

Abbildung 5.29 Der Kosekans liefert das Verhältnis der Hypotenuse zur Gegenkathete.

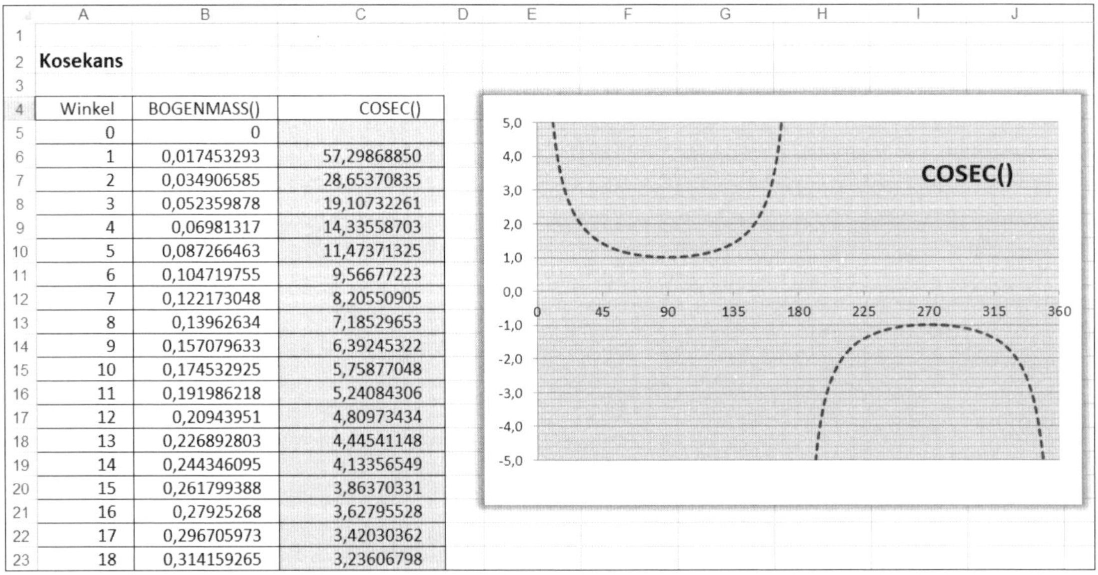

Kosekans

Winkel	BOGENMASS()	COSEC()
0	0	
1	0,017453293	57,29868850
2	0,034906585	28,65370835
3	0,052359878	19,10732261
4	0,06981317	14,33558703
5	0,087266463	11,47371325
6	0,104719755	9,56677223
7	0,122173048	8,20550905
8	0,13962634	7,18529653
9	0,157079633	6,39245322
10	0,174532925	5,75877048
11	0,191986218	5,24084306
12	0,20943951	4,80973434
13	0,226892803	4,44541148
14	0,244346095	4,13356549
15	0,261799388	3,86370331
16	0,27925268	3,62795528
17	0,296705973	3,42030362
18	0,314159265	3,23606798

Abbildung 5.30 Die `COSEC()`-Funktion und ihre grafische Darstellung

COSECHYP()

CSCH()

Syntax:	`COSECHYP(`**`Zahl`**`)`
Beispiel:	`=COSECHYP(1,5)`
Ergebnis:	`0,4696`

Die mit Excel 2013 eingeführte Funktion `COSECHYP()` liefert den hyperbolischen Kosekans eines im Bogenmaß angegebenen Winkels.

Der absolute Wert von `Zahl` muss kleiner sein als `2^27`. Liegt der Wert von `Zahl` außerhalb dieses Wertebereichs, zeigt die Funktion den Fehlerwert `#ZAHL!`. Wird für `Zahl` ein nicht numerischer Wert angegeben, ist der Fehlerwert `#WERT!`.

Die Funktion rechnet mit folgender Formel:

$$\mathrm{csch}(x) = \frac{2}{e^{x} - e^{-x}}$$

Der Graph der Funktion ist streng monoton fallend für $x < 0$ und $x > 0$.

Hyperbolischer Kosekans

Winkel	BOGENMASS()	COSECHYP()
-360	-6,283185307	-0,003734898
-359	-6,265732015	-0,003800657
-358	-6,248278722	-0,003867574
-357	-6,23082543	-0,003935669
-356	-6,213372137	-0,004004963
-355	-6,195918845	-0,004075477
-354	-6,178465552	-0,004147232
-353	-6,16101226	-0,004220251
-352	-6,143558967	-0,004294556
-351	-6,126105675	-0,004370168
-350	-6,108652382	-0,004447113
-349	-6,091199089	-0,004525411
-348	-6,073745797	-0,004605089
-347	-6,056292504	-0,004686169
-346	-6,038839212	-0,004768677

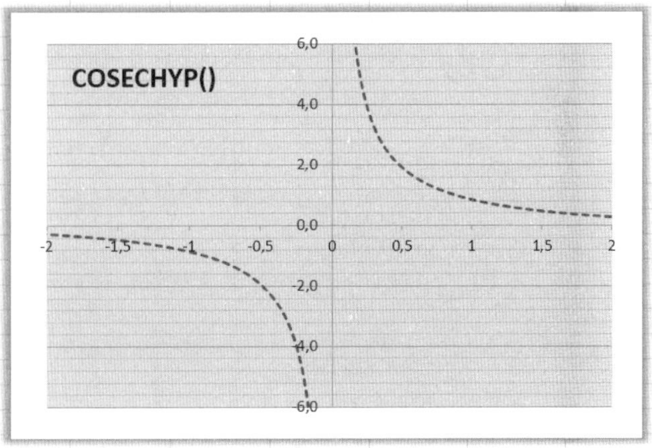

Abbildung 5.31 Die `COSECHYP()`-Funktion und ihre grafische Darstellung

COSHYP()

COSH()

Syntax:	`COSHYP(`**`Zahl`**`)`
Beispiel:	`=COSHYP(1,5)`
Ergebnis:	`2,352410`

Die Funktion `COSHYP()` liefert den hyperbolischen Kosinus einer beliebigen mit `Zahl` angegebenen reellen Zahl zwischen –unendlich und +unendlich. Das Ergebnis liegt zwischen 1 und unendlich. Die dabei verwendete Formel ist:

```
COSHYP(x) = (e^x + e^-x)/2
```

Der Graph der Funktion ähnelt einem hängenden Seil und wird deshalb auch als Katenoide oder Kettenlinie bezeichnet. In der Praxis wird die Funktion auch bei entsprechenden Berechnungen genutzt.

Nicht numerische Werte ergeben den Fehler `#WERT!`.

Hyperbolischer Kosinus

Zahl	COSHYP()
-4	27,30823284
-3,9	24,71134551
-3,8	22,36177763
-3,7	20,23601394
-3,6	18,31277908
-3,5	16,57282467
-3,4	14,99873666
-3,3	13,57476104
-3,2	12,2866462
-3,1	11,12150024
-3	10,067662
-2,9	9,114584295
-2,8	8,252728417
-2,7	7,473468619
-2,6	6,769005807
-2,5	6,13228948
-2,4	5,556947167
-2,3	5,037220649
-2,2	4,567908329
-2,1	4,14431317
-2	3,762195691

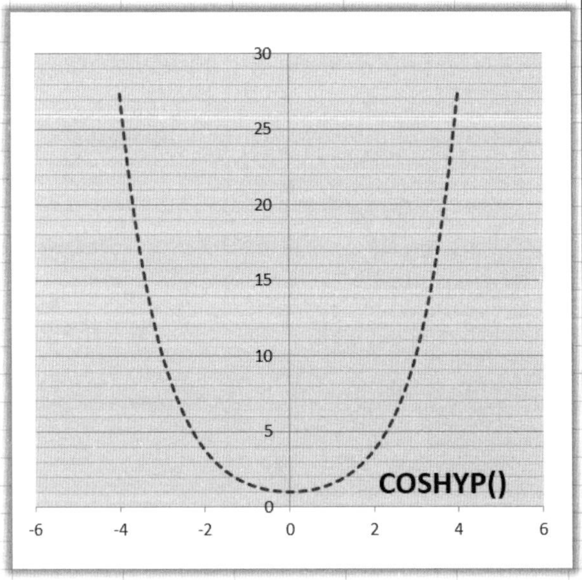

Abbildung 5.32 Der hyperbolische Kosinus und sein Graph

COT()

COT()

Syntax: `COT(Zahl)`

Beispiel: `=COT(0,785)`

Ergebnis: `1`

Die mit Excel 2013 eingeführte Funktion `COT()` liefert den Kotangens eines im Bogenmaß angegebenen Winkels. Für die Umrechnung können Sie entweder den Gradwert mit `PI()/180` multiplizieren oder die Funktion `BOGENMASS()` verwenden:

```
=COT(30 * PI()/180)
=COT(BOGENMASS(30))
```

Der Kotangens eines Winkels wird am rechtwinkligen Dreieck definiert als das Verhältnis von Ankathete zu Gegenkathete. Der Kotangens ist die Kehrwertfunktion des Tangens, es gilt also:

```
cot(x) = 1 / tan(x) = cos(x) / sin(x)
```

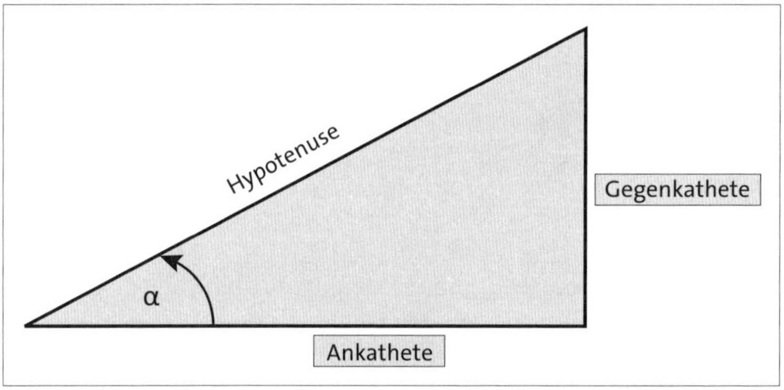

Abbildung 5.33 Der Kotangens liefert das Verhältnis der Ankathete zur Gegenkathete.

Der absolute Wert von `Zahl` muss kleiner sein als `2^27`. Liegt der Wert von `Zahl` außerhalb dieses Wertebereichs, zeigt die Funktion den Fehlerwert `#ZAHL!`. Wird für `Zahl` ein nicht numerischer Wert angegeben, ist der Fehlerwert `#WERT!`. Die Funktion `=COT(0)` liefert den Fehlerwert `#DIV/0!`.

Die Funktion ist für ganzzahlige Vielfache von π nicht definiert, `COT()` gibt an diesen Stellen sehr große oder sehr kleine Werte aus, die fehlerhafte Berechnungen verursachen können, wenn damit weitergerechnet wird.

Abbildung 5.34 zeigt den Graphen der Funktion für den Bereich 0 bis 360 Grad.

Kotangens

Winkel	BOGENMASS()	COT()
1	0,017453293	57,28996163
2	0,034906585	28,63625328
3	0,052359878	19,08113669
4	0,06981317	14,30066626
5	0,087266463	11,4300523
6	0,104719755	9,514364454
7	0,122173048	8,144346428
8	0,13962634	7,115369722
9	0,157079633	6,313751515
10	0,174532925	5,67128182
11	0,191986218	5,144554016
12	0,20943951	4,704630109
13	0,226892803	4,331475874
14	0,244346095	4,010780934
15	0,261799388	3,732050808
16	0,27925268	3,487414444

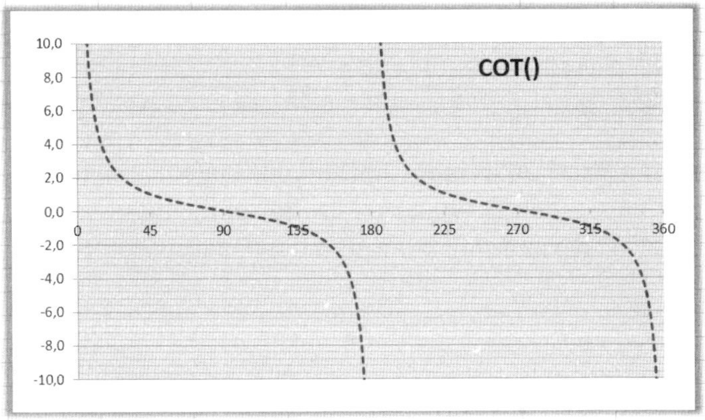

Abbildung 5.34 Der Kotangens und sein Graph

COTHYP()

COTH()

Syntax: `COTHYP(`**`Zahl`**`)`

Beispiel: `=COTHYP(0,2269)`

Ergebnis: `4,48`

Die mit Excel 2013 eingeführte Funktion `COTHYP()` liefert den hyperbolischen Kotangens eines im Bogenmaß angegebenen Winkels. Der hyperbolische Kotangens ist die Kehrwertfunktion des hyperbolischen Tangens.

Der absolute Wert von `Zahl` muss kleiner sein als `2^27` und <> `0`. Liegt der Wert von `Zahl` außerhalb dieses Wertebereichs, zeigt die Funktion den Fehlerwert `#ZAHL!`. Wird für `Zahl` ein nicht numerischer Wert angegeben, ist der Fehlerwert `#WERT!`.

Bei der Berechnung der Funktion wird folgende Gleichung verwendet:

```
coth(x) = 1 / tanh(x) = cosh(x) / sinh(x) = (e^x - e^-x)/(e^x + e^-x)
```

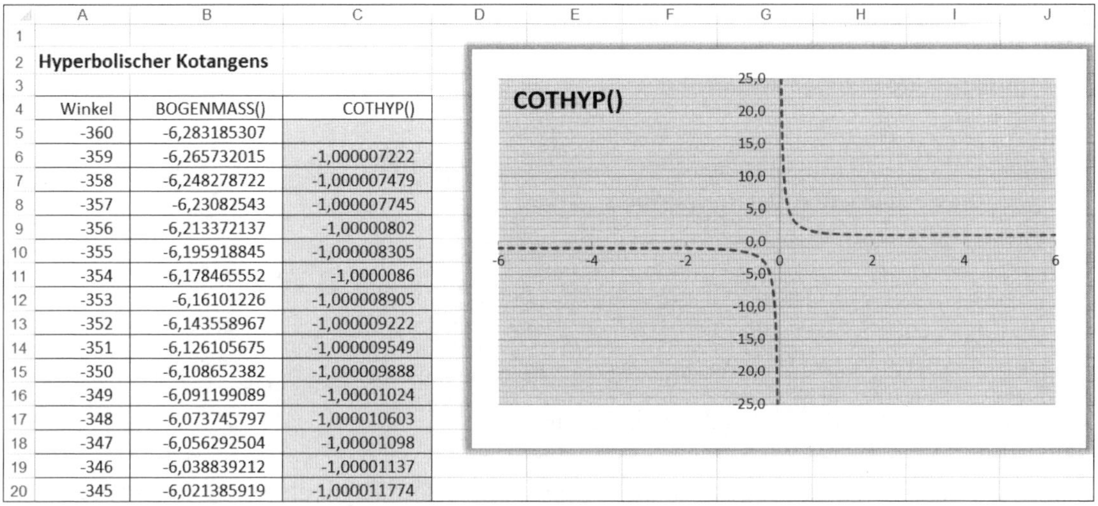

Winkel	BOGENMASS()	COTHYP()
-360	-6,283185307	
-359	-6,265732015	-1,000007222
-358	-6,248278722	-1,000007479
-357	-6,23082543	-1,000007745
-356	-6,213372137	-1,00000802
-355	-6,195918845	-1,000008305
-354	-6,178465552	-1,0000086
-353	-6,16101226	-1,000008905
-352	-6,143558967	-1,000009222
-351	-6,126105675	-1,000009549
-350	-6,108652382	-1,000009888
-349	-6,091199089	-1,00001024
-348	-6,073745797	-1,000010603
-347	-6,056292504	-1,00001098
-346	-6,038839212	-1,00001137
-345	-6,021385919	-1,000011774

Abbildung 5.35 Der hyperbolische Kotangens und sein Graph

DEZIMAL()

DECIMAL()

Syntax: `DEZIMAL(`**`Zahl; Basis`**`)`

Beispiel: `=DEZIMAL(10101; 2)`

Ergebnis: `21`

Die mit Excel 2013 eingeführte Funktion `DEZIMAL()` bewirkt, dass die mit `Zahl` angegebene Zeichenfolge in eine Dezimalzahl verwandelt wird. Der Wert muss ≥ `0` und < `2^53` sein.

Das Argument `Basis` gibt das Zahlensystem an, zu dem die als Zeichenfolge angegebene Zahl gehört. Tabelle 5.5 zeigt die möglichen Werte für `Basis`.

Basis	Bedeutung
2	binär
8	oktal
16	hexadezimal 0 bis 9 und A bis F
36	0 bis 9 und A bis Z

Tabelle 5.5 Werte für `Basis`

Liegen die Werte für eines der Argumente außerhalb des erlaubten Wertebereichs, liefert die Funktion den Wert `#ZAHL!`. Ist eines der Argumente nicht numerisch, liefert die Funktion den Fehlerwert `#WERT!`.

	A	B	C
1			
2	**Umwandlung in einen Dezimalwert**		
3			
4	Zahl	DEZIMAL()	
5	101010	42	**=DEZIMAL(A5;2)**
6	1750	1000	**=DEZIMAL(A6;8)**
7	3E8	1000	**=DEZIMAL(A7;16)**
8	abcdefghijklm	48.876.887.013.087.300.000,00	**=DEZIMAL(A8;36)**

Abbildung 5.36 Umwandeln in einen Dezimalwert

Die Funktion kann u. a. dazu verwendet werden, die Ergebnisse von Funktionen, die Zahlen als Zeichenfolge ausgeben, wieder in dezimale Zahlen zu verwandeln, sodass damit korrekt weitergerechnet werden kann.

Dazu gehören die Funktion `BASIS()` und die Umwandlungsfunktionen aus der Kategorie der technischen Funktionen wie `BININHEX()`, `BININOKT()`, `DEZINBIN()`, `DEZINOKT()`, `DEZINHEX()`, `HEXINBIN()`, `HEXINOKT()`, `OKTINBIN()` und `OKTINHEX()`.

EXP()

EXP()

Syntax:	`EXP(`**`Zahl`**`)`
Beispiel:	`=EXP(2)`
Ergebnis:	`7,3890561`

Die Funktion `EXP()` bewirkt, dass die Euler'sche Zahl `e` mit dem im Argument `Zahl` angegebenen Wert potenziert wird. Da `e` die Basis der natürlichen Logarithmen ist, ergibt `=EXP(1)` den Wert von `e`, also 2,71828182845905.

Die nach dem Mathematiker Euler benannte Zahl ist wie die Zahl π eine irrationale, transzendente reelle Zahl, die in der Infinitesimalrechnung eine wichtige Rolle spielt. Sie lässt sich also weder als Bruch zweier natürlicher Zahlen noch als Lösung einer algebraischen Gleichung endlichen Grades darstellen. Eine mögliche Darstellung ist die folgende endlose Reihenbildung:

```
e = 1 + 1/1 + 1/(1 * 2) + 1/ (1 * 2 * 3) + 1/(1 * 2 * 3 * 4) + …
```

EXP(LN(x)) liefert den Wert x. EXP() ist die Umkehrfunktion von LN(). Die Funktion EXP() wird in erster Linie zur Beschreibung von Wachstumsfunktionen verwendet.

Nicht numerische Werte ergeben den Fehler #WERT!.

	A	B
1		
2	**Potenzieren auf der Basis der Eulerschen Zahl *e***	
3		
4	Zahl	EXP()
5	-6	0,00247875217667
6	-5	0,00673794699909
7	-4	0,01831563888873
8	-3	0,04978706836786
9	-2	0,13533528323661
10	-1	0,36787944117144
11	0	1,00000000000000
12	1	2,71828182845905
13	2	7,38905609893065
14	3	20,08553692318770
15	4	54,59815003314420
16	5	148,41315910257700
17	6	403,42879349273500

Abbildung 5.37 Potenzieren der Basis e mit der angegebenen Zahl

FAKULTÄT()

FACT()

Syntax: FAKULTÄT(**Zahl**)

Beispiel: =FAKULTÄT(4)

Ergebnis: 24 (=1*2*3*4)

Die Funktion FAKULTÄT() liefert die Fakultät der als Argument angegebenen Zahl. Die Fakultät einer Zahl ist das Produkt aller natürlichen Zahlen von 1 bis zur angegebenen Zahl, also: 1*2*3*4*…*Zahl. In der Mathematik wird *n!* für *Fakultät von n* geschrieben. Die Zahl darf nicht negativ sein. Dezimalstellen werden ohne Rundung abgeschnitten.

Anwendungsbereich ist insbesondere die Kombinatorik, in der im weitesten Sinne die Frage gestellt wird, wie viele Möglichkeiten es gibt, Elemente aus einer Menge zu kombinieren. Hier nur ein Beispiel: Wie viele Möglichkeiten gibt es, 6 verschiedene Zahlen von 49 im Lotto auszuwählen?

```
= FAKULTÄT(49)/(FAKULTÄT(6)*FAKULTÄT(49-6))
```

Ergebnis: 13.983.816, d. h., es gibt über 13 Mio. Möglichkeiten, 6 Zahlen auf einem Lottoschein anzukreuzen, und so viele Kombinationen müssten durchgespielt werden, um ganz sicher »6 Richtige« im Lotto zu haben.

	A	B
1		
2	**Fakultät einer Zahl**	
3		
4	Zahl	FAKULTÄT()
5	0	1
6	1	1
7	2	2
8	3	6
9	4	24
10	5	120
11	6	720
12	7	5.040
13	8	40.320
14	9	362.880
15	10	3.628.800
16	11	39.916.800
17	12	479.001.600
18	13	6.227.020.800
19	14	87.178.291.200
20	15	1.307.674.368.000

Abbildung 5.38 Berechnen der Fakultät

Nicht numerische Werte ergeben den Fehler `#WERT!`.

GANZZAHL()

INT()

Syntax:	`GANZZAHL(`**`Zahl`**`)`
Beispiel:	`=GANZZAHL(5,7)`
Ergebnis:	`5`

Mithilfe der Funktion `GANZZAHL()` wird ein numerischer Ausdruck auf die nächstkleinere ganze Zahl reduziert, die Dezimalstellen werden gleichsam abgeschnitten. Negative Zahlen werden von 0 weg, also zur nächsten kleineren Zahl, gerundet. Demnach ergibt `=GANZZAHL(-5,7)` also `-6`.

Die Funktion GANZZAHL() hat eine ähnliche Wirkung wie die Funktion KÜRZEN(), wenn Anzahl_Stellen nicht angegeben oder 0 ist. Der Unterschied ist allerdings, dass diese Funktion bei negativen Werten nur die Nachkommastellen abschneidet.

=KÜRZEN(-5,7) ergibt also -5.

	A	B
1		
2	**Runden auf die nächste Ganzzahl**	
3		
4	Zahl	GANZZAHL()
5	123,456	123
6	-12,78	-13
7	2,99	2

Abbildung 5.39 Abrunden auf die nächstkleinere ganze Zahl

! Nicht numerische Werte ergeben den Fehler #WERT!.

GERADE()

EVEN()

Syntax: GERADE(**Zahl**)

Beispiel: =GERADE(-3)

Ergebnis: -4

Die Funktion GERADE() rundet Zahlen zur nächsten geraden Ganzzahl weg von 0 und ist damit komplementär zur Funktion UNGERADE(). Wenn Zahl schon eine gerade ganze Zahl ist, dann wird dieser Wert wiedergegeben. Die Funktion kann beispielsweise zur paarweisen Verarbeitung von Daten verwendet werden.

	A	B
1		
2	**Aufrunden auf gerade Zahlen**	
3		
4	Zahl	GERADE()
5	0	0
6	1	2
7	2	2
8	3	4
9	4	4
10	5	6
11	6,2	8
12	8,45	10
13	-3	-4

Abbildung 5.40 Aufrunden auf die nächste gerade Ganzzahl

! Ist `Zahl` kein numerischer Wert, gibt die Funktion den Fehler `#WERT!` zurück. Ob ein Wert eine gerade Ganzzahl ist, kann mit der Funktion `ISTGERADE()` geprüft werden.

GGT()

GCD()

Syntax: `GGT(`**`Zahl1`**`; Zahl2; …)`

Beispiel: `=GGT(56; 98)`

Ergebnis: `14`

Die Funktion `GGT()` liefert den größten gemeinsamen Teiler von zwei oder mehreren ganzen Zahlen. Ein gemeinsamer Teiler ist eine Zahl, durch die alle angegebenen Zahlen geteilt werden können, ohne dass ein Rest bleibt. Der größte gemeinsame Teiler ist die größte dieser Zahlen. Seit Excel 2007 sind bis zu 255 Werte möglich, in den älteren Versionen nur 29 Werte. Wird eine gebrochene Zahl angegeben, werden die Dezimalstellen einfach abgeschnitten.

! Negative Werte sind nicht erlaubt und führen zu dem Fehler `#ZAHL!`, nicht numerische Werte zu dem Fehler `#WERT!`.

Der größte gemeinsame Teiler ist in der Mathematik insbesondere beim Kürzen von Brüchen gefragt.

	A	B	C	D	E
1					
2	**Größter gemeinsamer Teiler**				
3					
4	Zahl1	Zahl2	Zahl3	Zahl4	GGT()
5	9	27	6	18	3
6	4	8	9	10	1
7	25	50	75	0	25
8	25,4	50,7	75,6	0	25
9	90	252	180		18
10	-5	-10	-15	-20	#ZAHL!
11	h	b	5	3	#WERT!

Abbildung 5.41 Größter gemeinsamer Teiler einer Reihe von Werten

+ In der Praxis kann die Funktion bei Aufteilungsfragen helfen. Ein kleines Beispiel: In einem Saal sollen drei Seminargruppen so auf Tische verteilt werden, dass möglichst niemand allein sitzen muss:

```
=GGT(36; 24; 18)
```

ergibt `6`. Die drei Gruppen lassen sich also auf Sechsertische verteilen.

5

GRAD()

DEGREES()

Syntax:	`GRAD(`**`Winkel`**`)`
Beispiel:	`=GRAD(PI()/3)`
Ergebnis:	60

Mithilfe der Funktion `GRAD()` wird der mit dem Argument `Winkel` angegebene Wert aus dem Bogenmaß (Radiant oder als Einheit rad) in Grad übertragen. Für die Konversion gilt die Formel:

`Grad = rad*360/(2*PI)`

Da zahlreiche Winkelfunktionen in Excel ihr Ergebnis im Bogenmaß ausgeben – siehe die Anmerkungen am Anfang des Kapitels –, wird die Funktion häufig benötigt, um die Winkelangaben in die geläufigere Maßeinheit zu übersetzen.

! Nicht numerische Werte ergeben den Fehler `#WERT!`.

	A	B
1		
2	**Umrechnen von Bogenmaß in Grad**	
3		
4	BOGENMASS()	GRAD()
5	0	0
6	0,087266463	5
7	0,174532925	10
8	0,261799388	15
9	0,34906585	20
10	0,436332313	25
11	0,523598776	30
12	0,610865238	35
13	0,698131701	40
14	0,785398163	45
15	0,872664626	50
16	0,959931089	55
17	1,047197551	60
18	1,134464014	65
19	1,221730476	70
20	1,308996939	75
21	1,396263402	80
22	1,483529864	85
23	1,570796327	90
24	1,658062789	95

Abbildung 5.42 Gradberechnung aus Winkelangaben im Bogenmaß

KGV()

LCM()

Syntax: `KGV(`**`Zahl1`**`; Zahl2; …)`

Beispiel: `=KGV(3; 4; 5; 10)`

Ergebnis: 60

Die Funktion `KGV()` liefert für die als Argumente angegebenen Zahlen das kleinste gemeinsame Vielfache. Seit Excel 2007 sind 255 Werte erlaubt, in noch älteren Versionen nur 29.

Werden gebrochene Zahlen angegeben, werden die Dezimalstellen abgeschnitten. Ist eines der Argumente nicht numerisch, liefert die Funktion den Fehler `#WERT!`. Negative Werte führen zu dem Fehler `#ZAHL!`.

Das kleinste gemeinsame Vielfache ist die kleinste Zahl, die durch alle angegebenen Zahlen ohne Rest teilbar ist. Die Funktion kann beim Addieren von Brüchen, die unterschiedliche Nenner haben, hilfreich sein. Beispielsweise sollen die folgenden Brüche addiert werden:

```
1/3 + 3/4 + 1/2
```

Zunächst kann ein kleinster gemeinsamer Nenner gesucht werden:

```
=KGV(3; 4; 2)
```

ergibt `12`. Nun können die drei Brüche auf den Nenner `12` erweitert werden:

```
1*4/3*4 + 3*3/4*3 + 1*6/2*6 = (4 + 9 + 6)/12 = 1 7/12
```

	A	B	C	D	E
1					
2	**Kleinstes gemeinsames Vielfaches**				
3					
4	Zahl1	Zahl2	Zahl3	Zahl4	KGV()
5	9	27	6	18	54
6	4	8	9	10	360
7	25	50	75	0	0
8	25,4	50,7	75,6	0	0
9	90	252	180		1260
10	-5	-10	-15	-20	#ZAHL!
11	h	b	5	3	#WERT!

Abbildung 5.43 Kleinstes gemeinsames Vielfaches einer Reihe von Werten

KOMBINATIONEN()

COMBIN()

Syntax:	KOMBINATIONEN(**n**; **k**)
Beispiel:	=KOMBINATIONEN(7; 3)
Ergebnis:	35

Die Funktion KOMBINATIONEN() gibt den Wert des Binomialkoeffizienten aus. KOMBINATIONEN() rechnet nach der Formel:

```
n! / (k! * (n-k)!)
```

Die Funktion beantwortet die Frage, wie viele Gruppen der Größe k aus n Elementen gebildet werden können, wenn die Reihenfolge keine Rolle spielt.

Werden keine ganzen Zahlen eingegeben, so werden die Dezimalstellen abgeschnitten. Wenn die Argumente kleiner 0 eingegeben werden oder n kleiner als k sein sollte, wird der Fehler #ZAHL! ausgegeben. Werden nicht numerische Werte angegeben, ist der Fehler #WERT!.

	A	B	C
1			
2	**Anzahl möglicher Kombinationen**		
3			
4	n	k	KOMBINATIONEN()
5	7	3	35
6	24	3	2024
7	32	4	35960
8	49	6	13983816

Abbildung 5.44 Kombinationen aus k Elementen aus der Menge n

Wollen Sie etwa berechnen, wie viele Möglichkeiten es gibt, 6 Zahlen von 49 anzukreuzen, dann liefert =KOMBINATIONEN(49; 6) das Ergebnis 13.983.816.

Siehe auch KOMBINATIONEN2() und FAKULTÄT().

KOMBINATIONEN2()

COMBINA()

Syntax:	`KOMBINATIONEN2(`**`Zahl; gewählte_Zahl`**`)`
Beispiel:	`=KOMBINATIONEN2(36; 6)`
Ergebnis:	`4496388`

Die mit Excel 2013 eingeführte Funktion `KOMBINATIONEN2()` berechnet die Anzahl der möglichen Kombinationen der mit `gewählte_Zahl` angegebenen Menge von Elementen aus der mit `Zahl` angegebenen Gesamtmenge, wenn Wiederholungen zugelassen sind. `Zahl` muss ≥ `0` und ≥ `gewählte_Zahl` sein. Der Wert für `gewählte_Zahl` muss > `0` sein. Werden Werte mit Dezimalstellen angegeben, werden diese abgeschnitten.

Liegt ein Wert außerhalb des zugelassenen Wertebereichs, liefert die Funktion den Fehlerwert `#ZAHL!`, ist ein nicht numerischer Wert angegeben, ist der Fehlerwert `#WERT!`.

Die Funktion arbeitet mit der Formel:

```
(n + k - 1)! / k!(n - 1)!
```

Siehe auch `KOMBINATIONEN()` und `FAKULTÄT()`.

	A	B	C	D
1				
2	**Vergleich der Kombinationen ohne und mit Wiederholung**			
3				
4	n	k	KOMBINATIONEN()	KOMBINATIONEN2()
5	7	3	35	84
6	24	3	2.024	2.600
7	32	4	35.960	52.360
8	49	6	13.983.816	25.827.165

Abbildung 5.45 Vergleich der möglichen Kombinationen ohne und mit Wiederholung

Die Anzahl der Kombinationen mit Wiederholung ist naturgemäß größer als die Anzahl von Kombinationen, bei denen die Wiederholung nicht zugelassen ist, wie es beispielsweise beim Lotto der Fall ist, wie Abbildung 5.45 zeigt.

KÜRZEN()

TRUNC()

Syntax:	KÜRZEN(**Zahl**; Anzahl_Stellen)
Beispiel:	=KÜRZEN(5,7)
Ergebnis:	5

Mithilfe der Funktion KÜRZEN() wird ein numerischer Ausdruck Zahl auf die mit Anzahl_Stellen angegebenen Stellen verkürzt, d. h., die restlichen Stellen hinter dem Komma werden abgeschnitten. Es findet keine Rundung statt. Wird Anzahl_Stellen nicht angegeben, so wird das Argument als 0 angenommen und nur der ganzzahlige Rest wiedergegeben. Dies gilt auch (im Gegensatz zu GANZZAHL()) bei negativen Zahlen: =KÜRZEN(-5,7) ergibt also -5.

Mit negativen Werten für Anzahl_Stellen kann auch auf ganze Zehner, Hunderter oder Tausender abgerundet werden: =KÜRZEN(1234;-2) ergibt also 1.200.

Nicht numerische Werte ergeben den Fehler #WERT!.

	A	B	C	D
1				
2	**Kürzen einer Zahl**			
3				
4	Zahl	Stellen	KÜRZEN()	RUNDEN()
5	100,8571429	0	100	101
6	100,8571429		100	101
7	100,8571429	1	100,8	100,9
8	100,8571429	2	100,85	100,86
9	100,8571429	3	100,857	100,857

Abbildung 5.46 KÜRZEN() im Vergleich zu RUNDEN()

LN()

LN()

Syntax:	LN(**Zahl**)
Beispiel:	=LN(10)
Ergebnis:	2,30258509

Die Funktion `LN()` liefert den natürlichen Logarithmus des mit `Zahl` angegebenen Wertes, d. h. des Wertes, mit dem die Euler'sche Zahl (2,718281828...) potenziert werden müsste, damit `Zahl` als Ergebnis herauskommt.

`Zahl` muss eine positive reelle Zahl > `0` sein, sonst liefert die Funktion den Wert `#ZAHL!`. Nicht numerische Werte ergeben den Fehler `#WERT!`.

Anwendungen der Funktion finden Sie ähnlich wie bei der Funktion `EXP()` im Bereich von Wachstumsprozessen in Naturwissenschaft und Technik. `LN()` ist die Umkehrfunktion von `EXP()`, denn es gilt:

`y = LN(x)` und `x = EXP(y)`

	A	B
1		
2	**Natürlicher Logarithmus**	
3		
4	Zahl	LN()
5	-10	#ZAHL!
6	1	0,00000
7	120	4,78749
8	150	5,01064
9	200	5,29832
10	2000	7,60090
11	4000	8,29405
12	10000	9,21034

Abbildung 5.47 Berechnen des natürlichen Logarithmus

LOG()

LOG()

Syntax: `LOG(`**`Zahl`**`; Basis)`

Beispiel: `=LOG(4; 2)`

Ergebnis: `2`

Die Funktion `LOG()` ist von allen Logarithmusfunktionen, die Excel bereitstellt, die allgemeinste. Sie gestattet es, den Logarithmus eines mit `Zahl` angegebenen Wertes zu jeder beliebigen `Basis` zu ermitteln, wobei das Ergebnis immer der Wert ist, mit dem die `Basis` potenziert werden müsste, um `Zahl` zu erhalten.

! Beide Argumente müssen > 0 sein, sonst liefert die Funktion den Fehler #ZAHL!. Nicht numerische Werte ergeben den Fehler #WERT!.

Das Logarithmieren einer Basis ist bekanntlich die Umkehr des Potenzierens einer Basis und damit die Suche nach dem Exponenten. Sind a und b zwei reelle Zahlen und gilt:

```
a = b^x
```

dann ist x der Logarithmus von b zur Basis a.

Drei Basis-Werte spielen eine besondere Rolle:

```
=LOG(Zahl; 2)
```

ergibt den binären Logarithmus;

```
=LOG(Zahl; EXP(1))
```

ergibt den natürlichen Logarithmus;

```
=LOG(Zahl; 10)
```

ergibt den dekadischen Logarithmus.

Wird auf die Angabe von Basis verzichtet, dann nimmt Excel als Basis 10 an (das entspricht der Funktion LOG10()).

Zur Erinnerung hier einige der Rechenregeln, die für alle Logarithmen gelten:

```
LOG(a; a) = 1
```

Der Logarithmus der Basis ist 1.

```
LOG(1) = 0
```

Unabhängig von der Basis ist der Logarithmus von 1 gleich 0.

```
LOG(a*b) = LOG(a)+LOG(b)
LOG(a/b) = LOG(a)-LOG(b)
```

Das heißt, die Multiplikation und Division werden auf logarithmischer Ebene auf die Addition und Subtraktion zurückgeführt.

```
LOG(a^n) = n*LOG(a)
```

Potenzen werden auf logarithmischer Ebene auf Multiplikationen zurückgeführt.

	A	B	C
1			
2	**Logarithmus einer Zahl zur angegebenen Basis**		
3			
4	Zahl	Basis	LOG()
5	144	12	2,00000
6	1000		3,00000
7	1000	2	9,96578
8	1000	3	6,28771
9	1000	4	4,98289
10	1000	5	4,29203
11	1000	6	3,85529

Abbildung 5.48 Logarithmen mit unterschiedlichen Basen

LOG10()

LOG10()

Syntax: `LOG10(`**`Zahl`**`)`

Beispiel: `=LOG10(4)`

Ergebnis: `0,60205999`

Die Funktion `LOG10()` liefert den dekadischen Logarithmus von `Zahl`, d. h. dem Wert, mit dem 10 potenziert werden müsste, um diese Zahl zu erhalten. So ist:

`=LOG10(100) = 2`

Das heißt, `10` muss zum Quadrat genommen werden, um `100` zu erhalten. Der dekadische Logarithmus ist gleichzeitig ein Maß für die Größe einer Zahl.

Nicht numerische Werte ergeben den Fehler `#WERT!`.

	A	B
1		
2	**Dekadischer Logarithmus**	
3		
4	Zahl	LOG10()
5	10	1,00000
6	100	2,00000
7	1000	3,00000
8	10000	4,00000
9	100000	5,00000

Abbildung 5.49 Logarithmus zur Basis 10

MDET()

MDETERM()

Syntax: `MDET(Matrix)`

Beispiel: `=MDET({2.3; 4.5})`

Ergebnis: `-2`

Die Funktion `MDET()` liefert die Determinante der angegebenen Matrix. Das Argument `Matrix` kann dabei über einen Zellbezug, einen Bereichsnamen oder als Matrixkonstante angegeben werden.

! Die Matrix muss quadratisch sein, also ebenso viele Zeilen wie Spalten enthalten. Alle Werte müssen numerisch sein. Ist eine dieser Bedingungen nicht erfüllt, liefert die Funktion den Fehler `#WERT!`.

Die Determinante im Beispiel wird berechnet nach der Formel `=(2 * 5) - (3 * 4)`. Die Ermittlung der Determinante einer Matrix wird verwendet bei der Lösung von linearen Gleichungen mit mehreren Unbekannten. Hat eine Matrix, die die Koeffizienten der Gleichungen enthält, eine Determinante ungleich 0, ist sicher, dass das entsprechende lineare Gleichungssystem eine eindeutige Lösung hat. Ein Beispiel, wie Gleichungssysteme mithilfe von Matrixfunktionen gelöst werden können, wurde bereits in Abschnitt 1.18.4, »Matrizenrechnung und lineare Gleichungssysteme«, vorgestellt.

Gleichungen dieser Art kommen u. a. im naturwissenschaftlich-technischen Bereich (z. B. Berechnung von Widerstandsnetzwerken) und in der Ökonomie (z. B. Optimierungsaufgaben, die von mehreren Faktoren abhängen) vor.

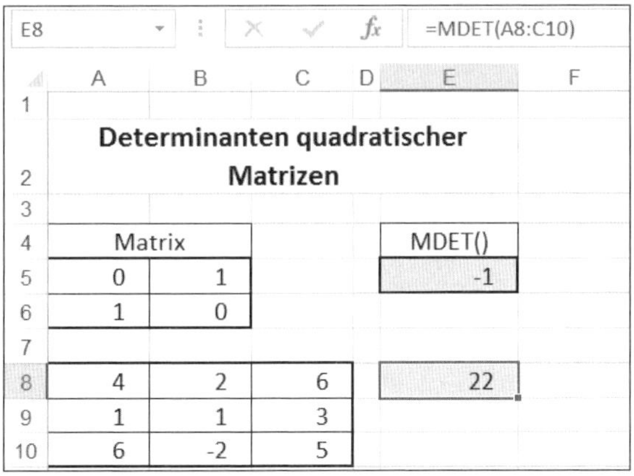

Abbildung 5.50 Bestimmung der Determinante von quadratischen Matrizen

Die Lösung derartiger Gleichungssysteme ist »von Hand« eine äußerst zeitraubende Angelegenheit, über die Bildung von Determinanten dagegen einfacher erledigt. In Excel lassen sich derartige Aufgaben allerdings wesentlich schneller mit dem Solver bearbeiten.

MEINHEIT()

MUNIT()

Syntax: `MEINHEIT(`**`Größe`**`)`

Beispiel: `=MEINHEIT(3)`

Ergebnis: `{1,0,0; 0,1,0; 0,0,1}`

Die mit Excel 2013 eingeführte Funktion `MEINHEIT()` liefert die Einheitsmatrix für die angegebene `Größe`. Der Wert für `Größe` ist eine ganze Zahl, die die Anzahl der Zeilen und Spalten der Matrix angibt.

! `Größe` muss größer `0` sein, andernfalls liefert die Funktion den Fehlerwert `#WERT!`.

Die Einheitsmatrix ist eine quadratische Matrix, die Anzahl der Spalten und Zeilen ist also gleich. Ihre Hauptdiagonale – von oben links nach unten rechts – besteht aus lauter Einsen. Alle anderen Werte sind 0. Die Matrix wird auch als Identitätsmatrix bezeichnet. Die Multiplikation einer Matrix A mit der Einheitsmatrix ergibt wieder die Matrix A.

Die Formel wird als Matrixformel eingegeben. Um beispielsweise eine Matrix in der Größe 6 × 6 anzulegen, geben Sie die Formel `=MEINHEIT(6)` in die linke, obere Eckzelle der erwarteten Ergebnismatrix ein und schließen die Eingabe mit [↵] ab. Achten Sie darauf, dass der Bereich leer ist, ansonsten liefert die Formel den Fehler `#ÜBERLAUF!`.

	A	B	C	D	E	F
1						
2	**Einheitsmatrix**					
3						
4	1	0	0	0	0	0
5	0	1	0	0	0	0
6	0	0	1	0	0	0
7	0	0	0	1	0	0
8	0	0	0	0	1	0
9	0	0	0	0	0	1

Abbildung 5.51 Einheitsmatrix der Größe 6

MINV()

MINVERSE()

Syntax: `MINV(`**`Matrix`**`)`

Beispiel: `=MINV({2.3; 4.5})`

Ergebnis: `{-2,5.1,5; 2.-1}`

Die Funktion `MINV()` bildet die Inverse zu einer Matrix, liefert also die sogenannte Kehrmatrix. Das Argument `Matrix` kann dabei ein Zellbezug, ein Bereichsname oder eine Matrixkonstante sein.

Die Formel wird als Matrixformel in die linke, obere Eckzelle des erwarteten Ergebnisbereichs eingetragen, dessen Größe dem Quadrat der Ausgangsmatrix entspricht. Sie wird mit [↵] abgeschlossen. Achten Sie darauf, dass der Bereich leer ist, ansonsten liefert die Formel den Fehler `#ÜBERLAUF!`.

Die Funktion findet Anwendung bei der Lösung von Gleichungssystemen mit mehreren Unbekannten. Voraussetzung für die Lösbarkeit ist, dass die mit der Funktion `MDET()` berechenbare Determinante ungleich `0` ist.

! Die Matrix muss quadratisch sein, also ebenso viele Zeilen wie Spalten enthalten. Alle Werte müssen numerisch sein. Ist eine der beiden Bedingungen nicht erfüllt, gibt die Funktion den Fehler `#WERT!` aus. Wenn die Determinante `0` ist, kann auch keine Kehrmatrix gebildet werden, die Funktion `MINV()` liefert dann den Fehler `#ZAHL!`.

Ein Beispiel, wie Gleichungssysteme mithilfe von Matrixfunktionen gelöst werden können, wurde bereits in Abschnitt 1.18.4, »Matrizenrechnung und lineare Gleichungssysteme«, vorgestellt.

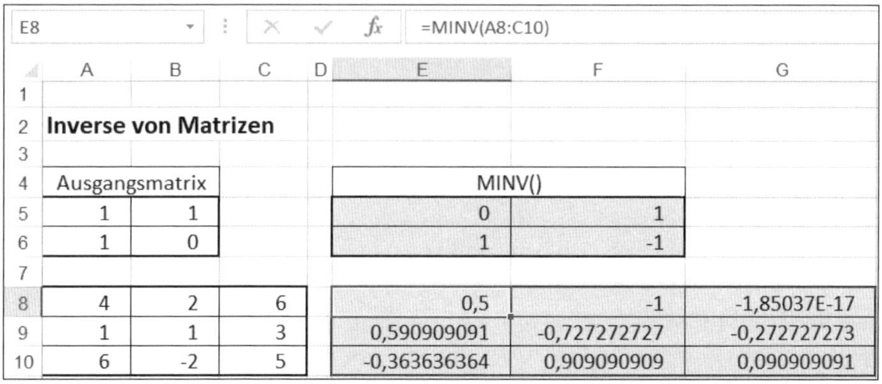

Abbildung 5.52 Die Kehrmatrix zu einer Ausgangsmatrix bilden

Das Produkt aus Ausgangsmatrix und Kehrmatrix, das Sie mit der Funktion `MMULT()` bilden können, ist die Einheitsmatrix, bei der die Werte auf der Hauptdiagonalen `1`, alle anderen Werte `0` sind, siehe dazu die Beschreibung zu `MEINHEIT()`. Da Excel die Werte für `MINV()` aber nur mit maximal 15 Stellen genau berechnen kann, kommt es zu kleinen Abweichungen, wenn Sie in dem Beispiel in Abbildung 5.52 die Matrizen in A8:C10 und E8:G10 multiplizieren.

MMULT()

MMULT()

Syntax:	`MMULT(`**`Array1; Array2`**`)`
Beispiel:	`=MMULT({2.3; 4.5}; {6.7; 8.9})`
Ergebnis:	`{36.41; 64.73}`

Die Funktion `MMULT()` liefert das Produkt zweier Matrizen. Die Argumente `Array1` und `Array2` können dabei über einen Zellbezug, einen Bereichsnamen oder als Matrixkonstante angegeben werden.

Die Spalten von `Array1` müssen in der Anzahl mit den Zeilen von `Array2` übereinstimmen. Alle Zellen müssen numerische Werte enthalten. Ist eine der Bedingungen nicht erfüllt, liefert die Funktion den Fehler `#WERT!`.

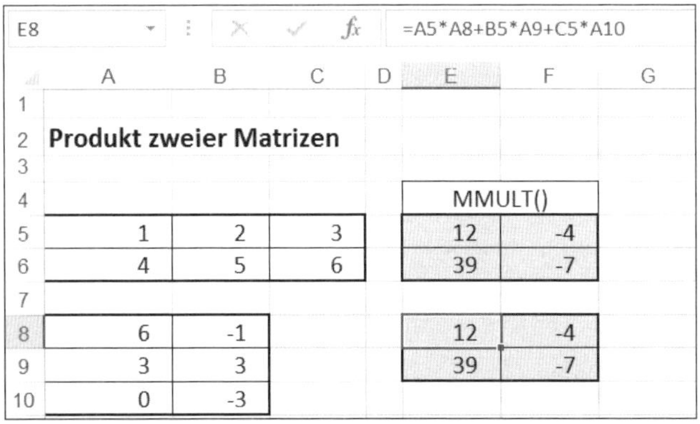

Abbildung 5.53 Matrizenprodukt und Kontrollberechnung

Da die Funktion als Ergebnis wieder eine Matrix liefert, müssen Sie darauf achten, dass ein entsprechend großer Bereich frei ist, weil die Formel sonst den Fehler `#Überlauf!`

generiert. Schließen Sie die Funktion mit [↵] ab. Das Ergebnis ist eine Matrix, die die Zahl der Zeilen von der ersten, die Zahl der Spalten von der zweiten Matrix übernimmt. Die Kontrollformel in der Zelle E8 in Abbildung 5.53 zeigt, wie die Multiplikation ausgeführt wird. Es werden jeweils die Zeilenelemente der ersten Matrix mit den entsprechenden Spaltenelementen der zweiten Matrix multipliziert.

Ein Beispiel, wie Gleichungssysteme mithilfe von Matrixfunktionen gelöst werden können, wurde bereits in Abschnitt 1.18.4, »Matrizenrechnung und lineare Gleichungssysteme«, vorgestellt.

OBERGRENZE.MATHEMATIK()

CEILING.PRECISE()

Syntax:	`OBERGRENZE.MATHEMATIK(`**`Zahl`**`; Schritt; Modus)`
Beispiel:	`=OBERGRENZE.MATHEMATIK(-5,5; 2; -1)`
Ergebnis:	`-6`

Die seit Excel 2013 umbenannte Funktion – in Excel 2010 hieß sie `OBERGRENZE.GENAU()` – rundet den mit `Zahl` angegebenen Wert auf die nächste ganze Zahl oder das nächste Vielfache von `Schritt` auf und ist damit komplementär zu `UNTERGRENZE.MATHEMATIK()`.

`Zahl` muss kleiner als `9,99E+307` und größer als `-2,229E-308` sein. Fehlt der Wert für `Schritt`, wird `1` oder `-1` vorgegeben, abhängig davon, ob `Zahl` ein positiver oder ein negativer Wert ist. Mit einem optionalen Wert `Modus` von < `0` kann erreicht werden, dass bei negativen Werten auf den nächstkleineren Wert – weg von der Null – gerundet werden soll. Bei positiven Werten wird der Wert für `Modus` ignoriert.

Mit dem Wert `0,05` für `Schritt` kann beispielsweise bestimmt werden, dass die Hundertstelstelle beim Aufrunden immer nur eine 5 oder eine 0 sein kann. Auf diese Weise können Sie bei der Berechnung von Werten für eine Preisliste dafür sorgen, dass keine Preise vorkommen, die einzelne Cents verlangen, sondern minimal 5-Cent-Stücke.

Bei dieser Funktion sind auch unterschiedliche Vorzeichen für `Zahl` und `Schritt` möglich, weil die Funktion immer mit dem Absolutwert von `Schritt` arbeitet, `OBERGRENZE.MATHEMATIK(-4,2546; -0,5)` liefert deshalb ebenso wie `OBERGRENZE.MATHEMATIK(-4,2546; 0,5)` als Ergebnis `-4`.

! Nicht numerische Werte ergeben den Fehler `#WERT!`.

	A	B	C	D
1				
2	**OBERGRENZE.MATHEMATIK**			
3				
4	Wert	Schritt	Modus	OBERGRENZE. MATHEMATIK()
5	14,25	0,5		14,5
6	14,33	1		15
7	123,56	2		124
8	124,33	5		125
9	126,33	5		130
10	124,33	10		130
11	-6,3	2		-6
12	-6,3	2	-1	-8

Abbildung 5.54 Aufrunden auf Obergrenzen mit absoluten Schritten

PI()

PI()

Syntax: `PI()`

Beispiel: `=PI()`

Ergebnis: `3,14159265358979`

Die Funktion `PI()` liefert den numerischen Wert von π mit der für Excel möglichen maximalen Genauigkeit von 15 Stellen. Die sogenannte Kreiszahl ist der Faktor, mit dem der Radius eines Kreises multipliziert werden muss, um den Umfang zu erhalten. Diese Zahl ist irrational und transzendent, d. h., sie lässt sich nicht durch eine algebraische Gleichung mit ganzzahligen Koeffizienten gewinnen.

Neben der Umrechnung von Winkeln von Grad in Bogenmaß wird π insbesondere für Kreis- und Kugelberechnungen benötigt. Obwohl für π als Verhältniszahl kein Argument angegeben wird, benötigt Excel die beiden Klammern hinter dem Funktionsnamen. Zur Erinnerung einige der Formeln, die π verwenden:

```
Kreisumfang: U=2*r*PI()
Kreisfläche: A=r^2*PI()
Kugeloberfläche: O=4*r^2*PI()
Kugelvolumen: V=4/3*r^3*PI()
```

	A	B	C	D
1				
2	**Die Zahl Pi**		**Kreisumfang**	
3			Radius	Umfang
4	PI()		5	31,41592654
5	3,141592654		6	37,69911184
6	3,1415926536			**=2*C5*PI()**
7	3,14159265359			
8	3,141592653590		**Kreisfläche**	
9	3,1415926535898		Radius	Fläche
10	3,14159265358979		5	78,5398163
11	**↑ - Maximale**		6	113,0973355
12	**Genauigkeit in Excel**			**=C11^2*PI()**

Abbildung 5.55 Berechnungen mit der Funktion `PI()`

POLYNOMIAL()

MULTINOMIAL()

Syntax: `POLYNOMIAL(`**`Zahl1`**`; Zahl2; …)`

Beispiel: `=POLYNOMIAL(3; 4; 5)`

Ergebnis: `27720`

Die Funktion `POLYNOMIAL()` liefert den Polynomialkoeffizienten einer Gruppe von Zahlen, also die Fakultät der Summe der Argumente geteilt durch das Produkt der Fakultäten:

`(Zahl1+Zahl2…)! / Zahl1!*Zahl2!…`

Während seit Excel 2007 bis zu 255 Argumente erlaubt sind, ist die Zahl in den Vorgängerversionen auf 29 begrenzt.

Ist eines der Argumente nicht numerisch, liefert die Funktion den Fehler `#WERT!`, ist ein Argument kleiner als `0`, erscheint der Fehler `#ZAHL!`.

	A	B	C	D
1				
2	**Polynomialkoeffizient**			
3				
4	Zahl1	Zahl2	Zahl3	POLYNOMIAL()
5	2	2	1	30
6	7	5	2	72072

Abbildung 5.56 Berechnen des Polynomialkoeffizienten einer Gruppe von Zahlen

Die Funktion wird in der Kombinatorik verwendet, um zu bestimmen, wie viele verschiedene Gruppen sich aus Elementen bilden lassen, wenn die Reihenfolge zu beachten ist. Sie kann beispielsweise die Frage beantworten, wie viele Möglichkeiten es gibt, die 32 Karten eines Skatspiels mit je zehn Karten für drei Spieler und zwei Restkarten zu verteilen. Die Lösung kann mit der Formel

```
=32! / (10! * 10! * 10! * 2!)
```

berechnet werden. Die Funktion

```
=POLYNOMIAL(10; 10; 10; 2)
```

liefert die Antwort: `2.753.294.408.504.620`.

POTENZ()

POWER()

Syntax:	`POTENZ(`**`Zahl; Potenz`**`)`
Beispiel:	`=POTENZ(2; 10)`
Ergebnis:	`1024`

Die Funktion `POTENZ()` liefert die Potenzierung des mit `Zahl` angegebenen Wertes, der auch als Basis oder Grundzahl bezeichnet wird, und zwar mithilfe des mit `Potenz` angegebenen Exponenten, der auch Hochzahl genannt wird. Für `Zahl` sind alle reellen Zahlen möglich. Das Potenzieren ist bekanntlich die wiederholte Multiplikation einer Zahl mit sich selbst.

Hat `Potenz` den Wert `0`, ist das Ergebnis immer `1`. Negative Werte für `Potenz` werden nach der Formel

$$x^{-n} = 1 / x^{n}$$

berechnet, bei der die Multiplikation in eine Division umgewandelt wird.

Ansonsten verwendet die Funktion dasselbe Rechenverfahren, das auch mit dem Operatorzeichen `^` zur Anwendung kommt. Statt `=4^2` kann also auch `=POTENZ(4; 2)` eingegeben werden.

Nicht numerische Werte ergeben den Fehler `#WERT!`.

	A	B	C
1			
2	**Potenzieren einer Zahl**		
3			
4	Zahl	Potenz	POTENZ()
5	2	0	1
6	4	2	16
7	6	1,8	25
8	8	5	32.768
9	10	6	1.000.000
10	12	7	35.831.808
11	14	8	1.475.789.056
12	16	9	68.719.476.736
13	18	-10	0,000000000000280075389726

Abbildung 5.57 Potenzieren mit verschiedenen Potenzen

POTENZREIHE()

SERIESSUM()

Syntax:	`POTENZREIHE(`**`X; N; M; Koeffizienten`**`)`
Beispiel:	`=POTENZREIHE(3; 2; 1; {2; 3; 4})`
Ergebnis:	`423`

Die Funktion `POTENZREIHE()` liefert eine Summe von Potenzen der Zahl `X`. Berechnet wird nach der Formel:

```
a1*x^n + a2*x^(n+m) + a3*x^(n+2m) …
```

wobei `a1`, `a2` … mit dem Argument `Koeffizienten` angegeben wird. Dies kann ein Zellbereich, ein Bereichsname oder eine Matrixkonstante sein. Die Zahl der hier eingetragenen Werte liefert zugleich die Zahl der Summanden in der Formel und damit die Zahl der Glieder in der Reihe. Das Argument `N` ist die Potenz von `X` im ersten Term der Potenzreihe, das Argument `M` benennt das Inkrement, mit dem `N` in jedem Glied der Reihe vergrößert werden soll.

Ist eines der Argumente nicht numerisch, liefert die Funktion den Fehler `#WERT!`.

Mit dieser Funktion lassen sich Näherungsberechnungen für Funktionen durchführen. Abbildung 5.58 zeigt eine Potenzreihe, die einen Wert berechnet, der mit dem Ergebnis der Funktion `SIN()` fast genau übereinstimmt. Die Reihe sieht so aus:

```
sin x = x / 1! - x3 / 3! + x5 / 5! - x7 / 7! + …
```

	A	B	C	D	E	F	G	H
1								
2	**Summe von Potenzen**							
3								
4	X	B	M	k1	k2	k3	k4	POTENZREIHE()
5	0,523598776	1	2	1	-0,166666667	0,008333333	-0,000198413	0,49999999
6	=BOGENMASS(30)				=-1/FAKULTÄT(3)	=1/FAKULTÄT(5)	=-1/(FAKULTÄT(7))	=POTENZREIHE(A5;B5;C5;D5:G5)
7								
8	=A5/FAKULTÄT(1)-A5^3/FAKULTÄT(3)+A5^5/FAKULTÄT(5)-A5^7/FAKULTÄT(7)...							
9								
10								SIN()
11								0,50000000

Abbildung 5.58 Bilden einer Potenzreihe zur Annäherung an den Sinuswert

Das Vorzeichen der Koeffizienten wechselt jedes Mal.

Die Annäherung einer Potenzreihe an den Wert für `COS()` ist ähnlich, nur der Wert für `n` ist hier `0`. Die Reihe sieht dann so aus:

`cos x = 1 / 0! - x2 / 2! + x4 / 4! - x6 / 6! + ...`

	A	B	C	D	E	F	G	H
1								
2	**Potenzreihe für den Kosinus**							
3								
4	X	N	M	k1	k2	k3	k4	POTENZREIHE()
5	0,523598776	0	2	1	-0,5	0,041666667	-0,001388889	0,86602526
6	=BOGENMASS(30)				=-1/FAKULTÄT(2)	=1/FAKULTÄT(4)	=-1/(FAKULTÄT(6))	=POTENZREIHE(A5;B5;C5;D5:G5)
7								
8								COS()
9								0,86602540

Abbildung 5.59 Bilden einer Potenzreihe zur Annäherung an den Kosinuswert

PRODUKT()

PRODUCT()

Syntax: `PRODUKT(`**`Zahl1`**`; Zahl2; ...)`

Beispiel: `=PRODUKT(4; 5; 6)`

Ergebnis: `120`

Die Funktion `PRODUKT()` multipliziert alle angegebenen Argumente (`Zahl1; Zahl2; ...`) miteinander. Seit Excel 2007 sind 255 Argumente erlaubt, 30 ist das Maximum bei den älteren Versionen. Jedes Argument kann ein numerischer Wert sein, ein Bezug auf einen Bereich, der solche Werte enthält, oder eine Matrixkonstante. Wenn ein solcher Bereich oder eine Matrixkonstante selbst wiederum zahlreiche Werte enthalten, können auch wesentlich mehr als 255 Werte in einem Zug miteinander multipliziert werden. Wenn Sie eine Funktion wie

```
=PRODUKT(A10:A12; B10:B12)
```

verwenden, entspricht das Ergebnis der Multiplikation aller Zellen in beiden Bereichen, ist also gleich:

```
=A10 * A11 * A12 * B10 * B11 * B12
```

Obwohl die Funktion PRODUKT() wie auch der *-Operator beide Multiplikationen durchführen, gibt es kleine Unterschiede, was die Behandlung unterschiedlicher Datentypen bei den Operanden angeht. Dies zeigt Abbildung 5.60. Wird als Argument der Funktion ein Bereich oder eine Matrixkonstante angegeben, werden nur die Elemente berücksichtigt, die numerisch sind, Zeichenfolgen oder Wahrheitswerte werden ignoriert, wie die Ergebnisse in den Zellen D7 bis E10 zeigen. Die Funktion verhält sich also anders als eine Multiplikation mit dem *-Operator.

	A	B	C	D	E
1					
2	**Datentypen bei der Funktion PRODUKT()**				
3					
4	Bereich1	Bereich2	A*B	PRODUKT(A;B)	PRODUKT(A:B)
5	2	5	10	10	10
6	4	4	16	16	16
7	3	apfel	#WERT!	3	3
8	abend	morgen	#WERT!	0	0
9	WAHR	WAHR	1	0	0
10	WAHR	FALSCH	0	0	0

Abbildung 5.60 Behandlung verschiedener Datentypen bei der Funktion PRODUKT()

QUADRATESUMME()

SUMSQ()

Syntax: QUADRATESUMME(**Zahl1**; Zahl2; ...)

Beispiel: =QUADRATESUMME(2; 3; 4)

Ergebnis: 29

Die Funktion QUADRATESUMME() berechnet die Summe der Quadrate der als Argument angegebenen Werte. Werden Zahlen in Textform direkt angegeben, werden sie ebenso berücksichtigt wie Wahrheitswerte.

```
=QUADRATESUMME(WAHR; "3"; 2)
```

ergibt 14.

Nur Zeichenfolgen, die sich nicht als Zahlen interpretieren lassen, führen zu dem Fehler #WERT!.

Haben die Zellen B3 bis B5 dagegen die Werte WAHR, ="3" und 2, ist das Ergebnis für die Formel =QUADRATESUMME(B3:B5) = 4. In diesem Fall werden also nur die Zellen eines Bezugs oder einer Matrix berücksichtigt, die numerisch sind, alle anderen werden ignoriert. Seit Excel 2007 können 255 Argumente verwendet werden, in älteren Versionen nur 30. Statt einzelner Werte kann auch eine einzeilige Matrix oder ein Bezug darauf angegeben werden.

	A	B	C
1			
2	**Quadratesumme**		
3			
4	Werte	=QUADRATESUMME()	Werte ^ 2
5	2	54	4
6	3		9
7	4		16
8	5		25
9		Summe	54

Abbildung 5.61 Summe der Quadrate einer Reihe von Werten

QUOTIENT()

QUOTIENT()

Syntax: QUOTIENT(**Zähler; Nenner**)

Beispiel: =QUOTIENT(15; 6)

Ergebnis: 2

Die Funktion QUOTIENT() liefert das ganzzahlige Ergebnis einer Division; der Rest wird weggelassen. Der Wert für Zähler bestimmt den Dividenden, der Wert für Nenner den Divisor.

Ist eines der Argumente nicht numerisch, liefert die Funktion den Fehler #WERT!. Ist der Nenner gleich 0, gibt die Funktion den Fehler #DIV/0! aus.

	A	B	C	D
1				
2	**Ganzzahlergebnis einer Divison**			
3				
4	Zähler	Nenner	Zähler/Nenner	QUOTIENT()
5	5	2	2,5	2
6	-23	5	-4,6	-4
7	120,33	12,25	9,822857143	9
8	240	22	10,90909091	10

Abbildung 5.62 Abtrennen der Dezimalstellen beim Ergebnis einer Division

REST()

MOD()

Syntax: `REST(`**`Zahl; Divisor`**`)`

Beispiel: `=REST(25; 6)`

Ergebnis: `1`

Die Funktion `REST()` liefert den Restbetrag (Modulus) bei einer Division. Das erste Argument, `Zahl`, gibt den Dividenden an, der geteilt werden soll, das zweite Argument ist der `Divisor`.

Der Divisor muss ein anderer Wert als `0` sein, da ja die Division durch 0 nicht erlaubt ist und den Fehler `#DIV/0` liefern würde. Das Vorzeichen des Ergebnisses ist immer das des Divisors. Ist `Zahl` mit `0` angegeben, so ist das Ergebnis auch `0`.

Eine der möglichen Verwendungen der Funktion sind bedingte Formate, um Tabellenzeilen paarweise mit unterschiedlichen Hintergründen zu belegen. Abbildung 5.63 zeigt ein Beispiel.

	A	B	C
1			
2	**Rest einer Divison**		
3			
4	Zahl	Divisor	REST()
5	5	2	1
6	-22	5	3
7	120,33	12,25	10,08
8	240	22	20
9			
10	**Bedingtes Format mit der Formel:**		
11	**=REST(ZEILE(A5);2)=1**		

Abbildung 5.63 Modulo-Rechnen mit der Funktion `REST()`

Dabei wird im Dialog für die Formatierungsregel eine Formel verwendet, die prüft, ob die Zeilennummer ohne Rest durch 2 teilbar ist.

```
=REST(ZEILE(A5); 2)=1
```

Ist das der Fall, wird der Zellhintergrund anders eingefärbt.

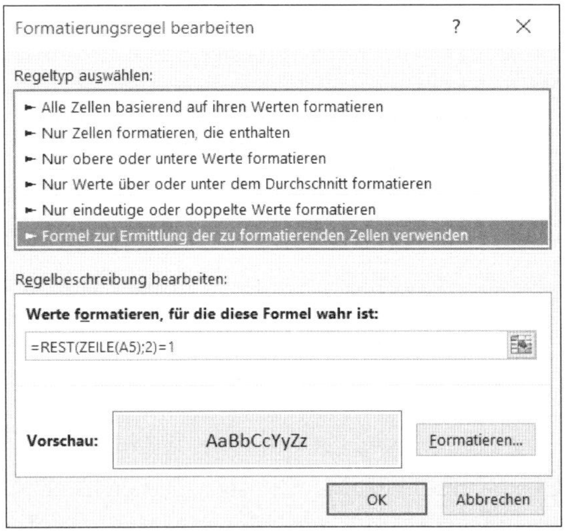

Abbildung 5.64 Der Dialog für ein bedingtes Format

5.4.1 Zyklische Wertreihen

Wenn Sie wissen wollen, ob ein bestimmtes Jahr ein Schaltjahr ist, kann die Funktion `REST()` helfen. In den meisten Fällen reicht schon die einfache Formel:

```
=REST(Jahr; 4)
```

Liefert sie das Ergebnis `0`, ist das Jahr ein Schaltjahr. Bis auf wenige Ausnahmen trifft diese Regel auf alle Jahreszahlen zwischen 1900 und 2100 zu. Die Ausnahmen sind das Jahr 1900 und das Jahr 2100, die, obwohl durch 4 teilbar, keine Schaltjahre sind. Abfangen lässt sich das mit einer Erweiterung der Formel, die die beiden Ausnahmeregeln berücksichtigt: Das Jahr darf nicht durch 100 teilbar sein, wenn es nicht gleichzeitig durch 400 teilbar ist.

```
=(REST(JAHR; 4)=0)-(REST(JAHR; 100)=0)+(REST(JAHR; 400)=0)
```

ist die Formel, die für alle Schaltjahre korrekt den Wert `0` ausgibt, für alle anderen Jahre den Wert `1`.

RÖMISCH()

ROMAN()

Syntax:	`RÖMISCH(`**`Zahl`**`; Typ)`
Beispiel:	`=RÖMISCH(88)`
Ergebnis:	`LXXXVIII`

Die Funktion `RÖMISCH()` wandelt (arabische) Zahlen in Zeichenfolgen um, die verschiedenen Varianten der römischen Zahlendarstellung entsprechen. Mit `Typ` kann festgelegt werden, nach welchem Schema umgewandelt wird: `0` oder nicht festgelegt ergibt den klassischen Typus, `1`, `2` und `3` ergeben eine verkürzte Form, `4` die vereinfachte. Ist für Typ `WAHR` gesetzt, erhalten Sie den klassischen Typ, `FALSCH` ergibt den vereinfachten.

Ist `Zahl` negativ oder > `3999`, liefert die Funktion den Fehler `#WERT!`. Für `0` gibt die Funktion eine leere Zeichenfolge zurück.

Das römische Zahlensystem ist von Kerbzeichen, die in Kerbhölzer geritzt wurden, abgeleitet. Verwendet werden folgende Zeichen:

I für 1, V für 5, X für 10, L für 50, C für 100, D für 500, M für 1000.

Sie werden der Größe nach von links nach rechts jeweils in der benötigten Menge angeordnet, wobei die entsprechenden Werte addiert werden. Nur wenn ein Zeichen mit einem kleineren Wert vor einem Zeichen mit einem größeren Wert erscheint, wird es abgezogen, wie etwa bei XIX für 19. Dieses System ist bis ins Mittelalter verwendet worden, das Zeichen M für 1000 oder die Schreibweise IV für 4 oder IX für 9 hat sich sogar erst im Mittelalter eingebürgert.

	A	B	C	D	E	F	G	H
1								
2	**Römische Zahlen**							
3								
4		klassisch	kürzer	kürzer	kürzer	vereinfacht	klassisch	vereinfacht
5	Typ	0	1	2	3	4	WAHR	FALSCH
6	499	CDXCIX	LDVLIV	XDIX	VDIV	ID	CDXCIX	ID
7	500	D	D	D	D	D	D	D
8	999	CMXCIX	LMVLIV	XMIX	VMIV	IM	CMXCIX	IM
9	1000	M	M	M	M	M	M	M
10	1999	MCMXCIX	MLMVLIV	MXMIX	MVMIV	MIM	MCMXCIX	MIM
11	2000	MM	MM	MM	MM	MM	MM	MM

Abbildung 5.65 Beispiele für die Umwandlung in römische Zahlen

Seit Excel 2013 steht auch die Umkehrfunktion von `RÖMISCH()` zur Verfügung: Die Funktion `ARABISCH()` wandelt römische Zahlen in arabische um.

RUNDEN()

ROUND()

Syntax: RUNDEN(**Zahl; Anzahl_Stellen**)

Beispiel: =RUNDEN(3,45678; 2)

Ergebnis: 3,46

Die Funktion RUNDEN() rundet den mit Zahl angegebenen Wert auf die mit Anzahl_Stellen angegebene Stellenzahl auf oder ab. Ist die zu rundende Dezimalstelle größer oder gleich 5, dann wird von 0 weg, also aufgerundet, im anderen Fall zur 0 hin abgerundet. =RUNDEN(3,45; 1) ergibt also 3,5. =RUNDEN(3,44; 1) ergibt dagegen 3,4. Negative Werte werden von der 0 weg aufgerundet: =RUNDEN(-3,256; 2) ergibt -3,26, =RUNDEN(-3,254; 2) dagegen -3,25. Anders als bei den Funktionen AUFRUNDEN() und ABRUNDEN() ist die Richtung der Rundung also nicht festgelegt, sondern hängt vom jeweiligen Wert ab.

	A	B	C
1			
2	**Runden von Zahlen**		
3			
4	Zahl	Stellen	RUNDEN()
5	12347,85	0	12348
6	12347,23	0	12347
7	12347,85	1	12347,9
8	12347,23	1	12347,2
9	12347,85	2	12347,85
10	12347,23	2	12347,23
11	12347,85	3	12347,85
12	12347,23	3	12347,23
13	12347,85	-1	12350
14	12344,23	-1	12340
15	12357,85	-2	12400
16	12344,23	-2	12300
17	12347,85	-3	12000
18	12747,23	-3	13000

Abbildung 5.66 Runden mit variabler Stellenanzahl

Ist Anzahl_Stellen = 0, wird Zahl auf eine Ganzzahl gerundet, im Unterschied zur Funktion GANZZAHL(), die die Dezimalstellen einfach abschneidet. Mit einem negativen Wert für Anzahl_Stellen kann auch der links vom Komma stehende Teil von Zahl gerundet werden. =RUNDEN(1234; -3) rundet beispielsweise auf 1.000. Abbildung 5.66 zeigt einige Beispiele.

! Ist eines der Argumente nicht numerisch, liefert die Funktion den Fehler `#WERT!`. Ist `Anzahl_Stellen` größer als die Anzahl der Stellen, die der Wert von `Zahl` hat, werden nur die vorhandenen Stellen ausgegeben.

SEC()

SEC()

Syntax:	`SEC(`**`Zahl`**`)`
Beispiel:	`=SEC(0,7854)`
Ergebnis:	`1,414`

Die Funktion `SEC()` berechnet den Sekans des mit dem Argument `Zahl` angegebenen Winkels. Dabei wird der Winkel nicht in Grad, sondern im Bogenmaß angegeben. Für die Umrechnung können Sie entweder den Gradwert mit `PI()/180` multiplizieren oder die Funktion `BOGENMASS()` verwenden:

```
=SEC(30 * PI()/180)
=SEC(BOGENMASS(30))
```

Der Sekans eines Winkels wird am rechtwinkligen Dreieck definiert als das Verhältnis der Hypotenuse zur Ankathete. Der Sekans ist die Umkehrfunktion des Kosinus. Es gilt also:

```
sec(x) = 1 / cos(x)
```

Sekans

Winkel	BOGENMASS()	SEC()
0	0	1,00000000
1	0,017453293	1,00015233
2	0,034906585	1,00060954
3	0,052359878	1,00137235
4	0,06981317	1,00244190
5	0,087266463	1,00381984
6	0,104719755	1,00550828
7	0,122173048	1,00750983
8	0,13962634	1,00982757
9	0,157079633	1,01246513
10	0,174532925	1,01542661
11	0,191986218	1,01871669
12	0,20943951	1,02234059
13	0,226892803	1,02630411
14	0,244346095	1,03061363
15	0,261799388	1,03527618
16	0,27925268	1,04029944
17	0,296705973	1,04569176
18	0,314159265	1,05146222
19	0,331612558	1,05762068
20	0,34906585	1,06417777

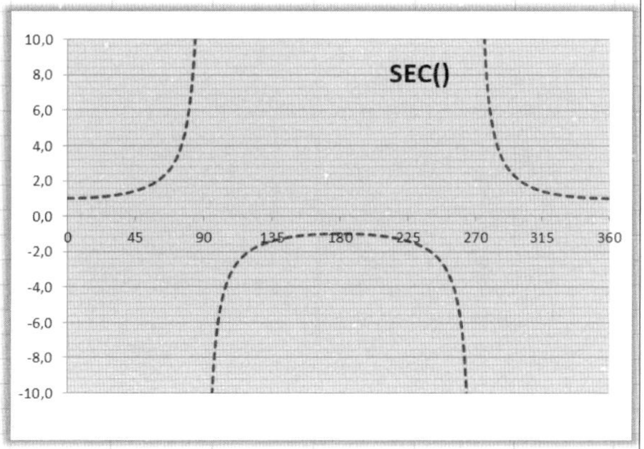

Abbildung 5.67 Die Funktion `SEC()` und ihr Graph

! Der absolute Wert von `Zahl` muss dabei kleiner sein als `2^27`. Liegt der Wert außerhalb des erlaubten Wertebereichs, liefert die Funktion den Fehlerwert `#ZAHL!`. Ist das Argument nicht numerisch, ergibt sich der Fehlerwert `#WERT!`.

Mit dieser Funktion kann die umständliche Berechnung mit `1/COS()` vereinfacht werden.

SECHYP()

SECH()

Syntax:	`SECHYP(`**`Zahl`**`)`
Beispiel:	`=SECHYP(0,7854)`
Ergebnis:	`0,7549`

Die Funktion `SECHYP()` berechnet den hyperbolischen Sekans des mit dem Argument `Zahl` angegebenen Winkels. Dabei wird der Winkel nicht in Grad, sondern im Bogenmaß angegeben. Ist das Argument nicht numerisch, ergibt sich der Fehlerwert `#WERT!`.

Die Funktion arbeitet nach der Formel:

$$\mathrm{sech}(x) = \frac{2}{e^{x} + e^{-x}}$$

Der Graph der Funktion ist im Bereich $x > 0$ streng monoton fallend, im Bereich $x < 0$ dagegen monoton steigend.

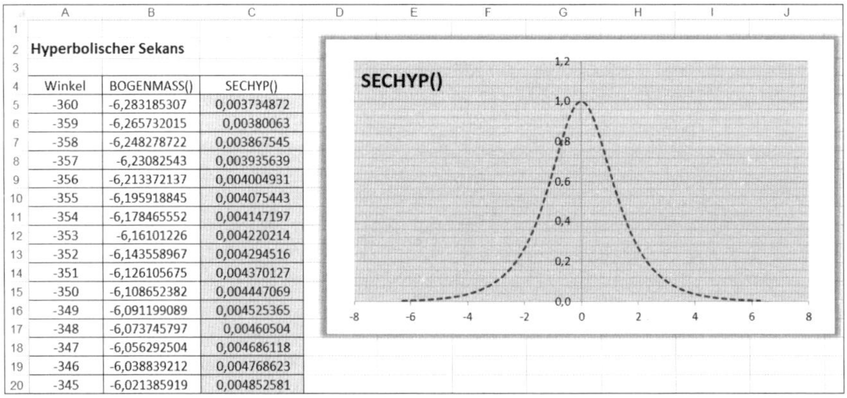

Hyperbolischer Sekans

Winkel	BOGENMASS()	SECHYP()
-360	-6,283185307	0,003734872
-359	-6,265732015	0,00380063
-358	-6,248278722	0,003867545
-357	-6,23082543	0,003935639
-356	-6,213372137	0,004004931
-355	-6,195918845	0,004075443
-354	-6,178465552	0,004147197
-353	-6,16101226	0,004220214
-352	-6,143558967	0,004294516
-351	-6,126105675	0,004370127
-350	-6,108652382	0,004447069
-349	-6,091199089	0,004525365
-348	-6,073745797	0,00460504
-347	-6,056292504	0,004686118
-346	-6,038839212	0,004768623
-345	-6,021385919	0,004852581

Abbildung 5.68 Die Funktion `SECHYP()` und ihr Graph

! Nicht numerische Werte ergeben den Fehler `#WERT!`.

SEQUENZ()

SEQUENCE()

Syntax:	`SEQUENZ(`**`Zeilen`**`; Spalten; Anfang; Schritt)`
Beispiel:	`=SEQUENZ(12; 4; 100; 10)`
Ergebnis:	siehe Abbildung 5.69

Die Funktion `SEQUENZ()` generiert eine Wertereihe als dynamische Matrix auf der Basis der angegebenen Argumente. `Zeilen` bestimmt dabei die Anzahl der Zeilen in der Matrix, `Spalten` die Anzahl der Spalten. Das Argument `Anfang` legt den ersten Wert fest und das Argument `Schritt` das Intervall. Die Funktion muss in der ersten Zelle des Ergebnisbereichs eingetragen werden.

! Alle Argumente müssen Zahlen, Bezüge auf Zahlen oder Ergebnisse von Funktionen sein, die Zahlen liefern, sonst ergibt die Funktion den Fehler `#WERT!`. Der Ergebnisbereich muss ansonsten leer sein, sonst liefert die Funktion den Fehler `#ÜBERLAUF!`. Dies ist auch der Fall, wenn der Bereich über das Arbeitsblatt hinausgehen würde.

	A	B	C	D
1	**Beispiel für die Funktion SEQUENZ()**			
2				
3	100	110	120	130
4	140	150	160	170
5	180	190	200	210
6	220	230	240	250
7	260	270	280	290
8	300	310	320	330
9	340	350	360	370
10	380	390	400	410
11	420	430	440	450
12	460	470	480	490
13	500	510	520	530
14	540	550	560	570

Abbildung 5.69 Beispiel für eine Sequenz mit gleichem Abstand

Nützlich ist die Funktion auch, um Zeitintervalle zu generieren. Die Formel

```
=SEQUENZ(10;1;HEUTE();7)
```

liefert eine Spalte mit zehn Datumswerten im Abstand von einer Woche.

	A	B
17		
18	Dienstag, 15. Oktober 2024	**=SEQUENZ(10;1;HEUTE();7)**
19	Dienstag, 22. Oktober 2024	
20	Dienstag, 29. Oktober 2024	
21	Dienstag, 5. November 2024	
22	Dienstag, 12. November 2024	
23	Dienstag, 19. November 2024	
24	Dienstag, 26. November 2024	
25	Dienstag, 3. Dezember 2024	
26	Dienstag, 10. Dezember 2024	
27	Dienstag, 17. Dezember 2024	

Abbildung 5.70 Kalender mit SEQUENZ() generiert

SIN()

SIN()

Syntax: `SIN(`**`Zahl`**`)`

Beispiel: `=SIN(30 * PI()/180)`

Ergebnis: `0,5`

Die Funktion `SIN()` berechnet den Sinus des mit dem Argument `Zahl` angegebenen Winkels. Dabei wird der Winkel nicht in Grad, sondern im Bogenmaß angegeben. Für die Umrechnung können Sie entweder den Gradwert mit `PI()/180` multiplizieren oder die Funktion `BOGENMASS()` verwenden:

```
=SIN(30 * PI()/180)
=SIN(BOGENMASS(30))
```

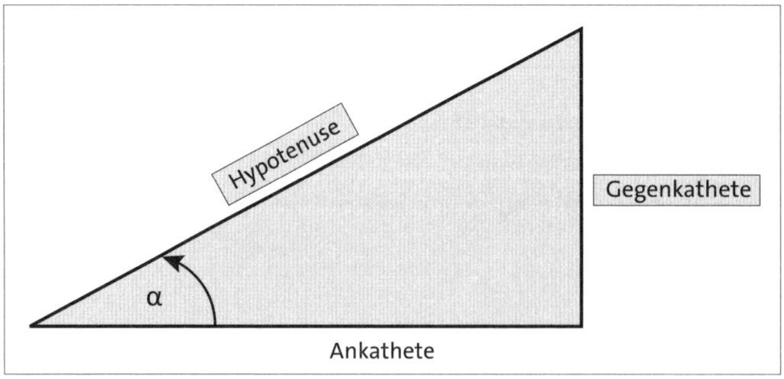

Abbildung 5.71 Der Sinus liefert das Verhältnis der Gegenkathete zur Hypotenuse.

Der Sinus eines Winkels wird am rechtwinkligen Dreieck definiert als das Verhältnis der Gegenkathete zur Hypotenuse.

Die Definition kann auf der Basis des Einheitskreises erweitert werden. Einem Winkel von 90 Grad entspricht dann genau ein Sinuswert von 1; 270 Grad entspricht –1, 0 und 360 Grad entsprechen 0. Das Ergebnis der Funktion liegt also immer zwischen –1 und 1.

Nicht numerische Werte ergeben den Fehler `#WERT!`.

Das Diagramm in Abbildung 5.72 zeigt den periodischen Verlauf der Sinusfunktion für den Bereich von 0 bis 360 Grad.

Sinus eines Winkels

Winkel	BOGENMASS()	SIN()
0	0	0
1	0,017453293	0,017452406
2	0,034906585	0,034899497
3	0,052359878	0,052335956
4	0,06981317	0,069756474
5	0,087266463	0,087155743
6	0,104719755	0,104528463
7	0,122173048	0,121869343
8	0,13962634	0,139173101
9	0,157079633	0,156434465
10	0,174532925	0,173648178
11	0,191986218	0,190808995
12	0,20943951	0,207911691
13	0,226892803	0,224951054
14	0,244346095	0,241921896
15	0,261799388	0,258819045
16	0,27925268	0,275637356
17	0,296705973	0,292371705
18	0,314159265	0,309016994
19	0,331612558	0,325568154
20	0,34906585	0,342020143

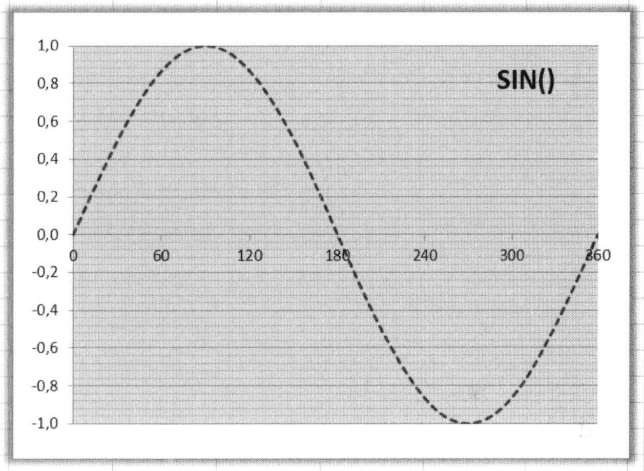

Abbildung 5.72 Berechnen des Sinus aus dem Bogenmaß

Die `SIN()`-Funktion kann beispielsweise bei Vermessungen verwendet werden, um Höhenunterschiede zu berechnen. Wenn die Entfernung zu einer Kirchturmspitze 100 m beträgt und der Anpeilwinkel 17 Grad ist, kann die Höhe des Kirchturms wie folgt berechnet werden:

```
=SIN(BOGENMASS(17))*100
```

ergibt `29,23` m.

SINHYP()

SINH()

Syntax: `SINHYP(`**`Zahl`**`)`

Beispiel: `=SINHYP(1,5)`

Ergebnis: `2,129279`

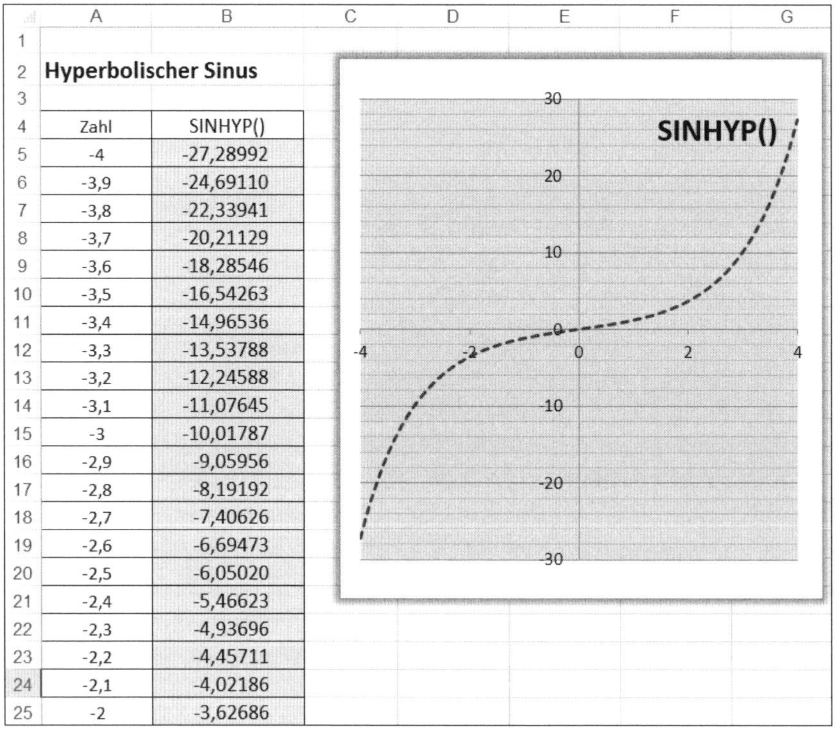

Hyperbolischer Sinus

Zahl	SINHYP()
-4	-27,28992
-3,9	-24,69110
-3,8	-22,33941
-3,7	-20,21129
-3,6	-18,28546
-3,5	-16,54263
-3,4	-14,96536
-3,3	-13,53788
-3,2	-12,24588
-3,1	-11,07645
-3	-10,01787
-2,9	-9,05956
-2,8	-8,19192
-2,7	-7,40626
-2,6	-6,69473
-2,5	-6,05020
-2,4	-5,46623
-2,3	-4,93696
-2,2	-4,45711
-2,1	-4,02186
-2	-3,62686

Abbildung 5.73 Berechnen des hyperbolischen Sinus und seine grafische Darstellung

Die Funktion `SINHYP()` liefert den hyperbolischen Sinus des mit `Zahl` angegebenen Wertes. Dabei muss es sich um eine reelle Zahl handeln, die zwischen –unendlich und unendlich liegen kann. Gerechnet wird mit der Formel:

```
SINHYP(x) = (e^x - e^-x)/2
```

Das Ergebnis von `=SINHYP(x)` liegt ebenfalls zwischen –unendlich und unendlich. Die Funktion ist monoton steigend.

Nicht numerische Werte ergeben den Fehler `#WERT!`.

SUMME()

SUM()

Syntax: `SUMME(Zahl1; Zahl2; …)`

Beispiel: `=SUMME(4; 4,5; 5)`

Ergebnis: `13,5`

Die Funktion `SUMME()` berechnet die Summe der angegebenen Argumente. Insgesamt sind seit Excel 2007 255, in den älteren Versionen 30 Argumente erlaubt. Die Argumente können als Konstanten, als Matrixkonstanten, als Zellbezüge oder als Formelausdrücke, die Werte liefern, eingegeben werden. Am effektivsten kann die Funktion zum Summieren von Zellbereichen eingesetzt werden.

Enthalten die Argumente direkt angegebene Wahrheitswerte oder als Text eingegebene Zahlen, werden diese wie Zahlen verarbeitet.

```
=SUMME(WAHR; WAHR; "3")
```

ergibt also `5`, da `WAHR` als `1` berechnet wird.

! Texte, die nicht in Zahlen umgewandelt werden können, führen zur Ausgabe von Fehlern: `=SUMME ("www"; 3)` führt zu dem Fehler `#WERT!`. Bei Fehlerwerten liefert die Funktion als Ergebnis den ersten Fehlerwert. Ist als Argument eine Matrixkonstante oder ein Zellbezug angegeben, werden dagegen nur numerische Werte verarbeitet; leere Zellen, Texte und Wahrheitswerte werden ignoriert.

Wie sich unterschiedliche Datentypen auswirken, zeigt die Tabelle in Abbildung 5.74. Auch hier ergeben sich wieder Unterschiede (analog zu `PRODUKT()`) zu den Ergebnissen von Formeln, die mit dem +-Operator aufgebaut sind.

	A	B	C	D	E
1					
2	**Datentypen bei der Funktion SUMME()**				
3					
4	Bereich1	Bereich2	A+B	SUMME(A;B)	SUMME(A:B)
5	2	5	7	7	7
6	4	4	8	8	8
7	abend	morgen	#WERT!	0	0
8	WAHR	FALSCH	1	0	0
9	3	apfel	#WERT!	3	3
10	WAHR	WAHR	2	0	0
11	SUMME(Bereich1;Bereich2):		18		

Abbildung 5.74 Datentypbehandlung bei der Funktion `SUMME()`

Die Argumente der Funktion `SUMME()` können natürlich auch selbst wieder Funktionen sein. Das folgende Beispiel summiert die Maximalwerte in den Spalten mit den Ergebnissen verschiedener Tests.

F18 | =SUMME(MAX(A18:A23);MAX(B18:B23);MAX(C18:C23);MAX(D18:D23);MAX(E18:E23))

	A	B	C	D	E	F
17	Test_1	Test_2	Test_3	Test_4	Test_5	Summe der höchsten Werte
18	38	97	11	10	58	686
19	23	60	11	134	3	
20	56	94	132	83	89	
21	78	90	129	156	94	
22	4	131	74	43	162	
23	90	45	101	100	178	

Abbildung 5.75 Summieren der Höchstwerte in den Testergebnisspalten

Zur Verdeutlichung sind die Spalten mit einem bedingten Format belegt, das den jeweiligen Höchstwert hervorhebt.

5.4.2 Addieren positiver oder negativer Werte

Wenn in einer Spalte positive und negative Werte vermischt sind, gibt es eine praktische Methode, jeweils nur die Summe der positiven oder nur der negativen Werte zu ziehen, und zwar mithilfe von Matrixformeln. Im abgebildeten Beispiel wurden dazu die Bereiche mit den Werten mit »Befragung_1« und »Befragung_2« benannt. Die Formel

```
=SUMME((Befragung_1>0 * Befragung_1))
```

prüft innerhalb der Matrix »Befragung_1« zeilenweise, ob der Wert > 0, also positiv ist. Ist das der Fall, also WAHR, entspricht das dem numerischen Wert 1.

	A	B
25		
26	**Summieren positiver und negativer Ergebnisse**	
27	*Werte zwischen 10 und -10*	
28	**Befragung 1**	**Befragung 2**
29	6	-8
30	-8	7
31	-3	6
32	9	5
33	6	-3
34	-7	-6
35	8	3
36	29	-17
37	**=SUMME((Befragung_1>0)*Befragung_1)**	
38	**=SUMME((Befragung_2<0)*Befragung_2)**	

Abbildung 5.76 Summenbildung für positive oder negative Werte

Der Wert in der Zeile wird also mit 1 multipliziert, andernfalls mit 0, sodass die negativen Werte nur mit 0 in die Summenbildung eingehen. Bei der zweiten Formel werden umgekehrt die positiven Werte jeweils mit 0 multipliziert.

5.4.3 Aufsummierungen

Durch eine geschickte Mischung von relativen und absoluten Bereichsbezügen können Sie mithilfe der Funktion SUMME() auch Aufsummierungen vornehmen. Hier das einfache Beispiel einer Wochenauswertung mit einer Spalte von Quersummen, die jeweils die Vortagsergebnisse mit enthalten. Die erste Quersumme in der Zelle G5 enthält die Formel:

```
=SUMME($B$5:F5)
```

G6 | fx =SUMME($B$5:F6)

	A	B	C	D	E	F	G
1							
2	**Wochenergebnis**						
3							
4		**Sorte 1**	**Sorte 2**	**Sorte 3**	**Sorte 4**	**Sorte 5**	**aufgelaufenes Gesamtergebnis**
5	**Montag**	200	300	250	340	230	**1090**
6	**Dienstag**	200	300	250	340	230	**2640**
7	**Mittwoch**	200	300	250	340	230	**3960**
8	**Donnerstag**	200	300	250	340	230	**5280**
9	**Freitag**	200	300	250	340	230	**6600**

Abbildung 5.77 Durch Mischbezüge lassen sich leicht Aufsummierungen vornehmen.

Im ersten Teil des Bereichsarguments wird mit der absolut gesetzten Adresse $B$5 ein fixer Ausgangspunkt angegeben. Sie können diese Formeln anschließend nach unten kopieren. In der Zelle G6 steht dann die Formel:

```
=SUMME($B$5:F6)
```

die bereits das aufgelaufene Ergebnis für beide Zeilen liefert.

SUMMENPRODUKT()

SUMPRODUCT()

Syntax:	SUMMENPRODUKT(**Array1**; Array2; Array3; ...)
Beispiel:	=SUMMENPRODUKT({4.5.6}; {1.2.3})
Ergebnis:	32 für (4*1+5*2+6*3)

Die Funktion SUMMENPRODUKT() bewirkt, dass die einzelnen Elemente der als Argumente angegebenen Matrizen der Reihe nach miteinander multipliziert und anschließend die Multiplikationsergebnisse summiert werden.

Es handelt sich also hier nicht, wie der Name der Funktion nahelegt, um ein Summenprodukt, sondern um eine Produktensumme, weil erst multipliziert wird und dann die Ergebnisse addiert werden. Die Funktion ist immer dann nützlich, wenn die einzelnen Produkte nicht angezeigt werden müssen oder sollen, sondern nur die Endsumme. Das in Abbildung 5.78 gezeigte Beispiel zeigt eine typische Anwendung der Funktion, bei der es darum geht, das Gesamtgewicht einer Lieferung zu bestimmen.

C21 | =SUMMENPRODUKT(B18:B20;C18:C20)

	A	B	C	D
14				
15	**Berechnung des Gesamtgewichts**			
16				
17		**Menge**	**Gewicht**	
18	**Artikel 1**	100	200	
19	**Artikel 2**	120	150	
20	**Artikel 3**	200	130	
21		**Gesamtgewicht**	64000	

Abbildung 5.78 Die Funktion SUMMENPRODUKT() liefert das Gesamtgewicht in einem Zug.

Die Matrizen müssen von der Zeilenanzahl und der Spaltenanzahl her gleich sein, sonst liefert die Funktion den Fehler #WERT!. Seit Excel 2007 sind 2 bis 255 Matrizen als Argumente erlaubt, in den älteren Versionen nur 2 bis 30. Nicht numerische Elemente in einer Matrix werden als 0 gewertet.

SUMMEWENN()

SUMIF()

Syntax: SUMMEWENN(**Bereich**; **Suchkriterien**; Summe_Bereich)

Beispiel: =SUMMEWENN(A6:A14; C5; B6:B14), siehe Abbildung 5.79

Die Funktion SUMMEWENN() vergleicht die Werte aus dem Zellbereich Bereich mit dem Suchkriterium, das über das Argument Suchkriterien angegeben ist. Dies kann eine Zahl, eine Zeichenfolge oder ein Ausdruck mit einem Vergleichsoperator wie "<10" oder ">Karl" sein oder der Bezug auf eine Zelle, die ein Kriterium enthält.

Bei der Formulierung der Kriterien dürfen auch Jokerzeichen verwendet werden:

- * steht für eine beliebige Anzahl von Zeichen einschließlich 0.
- ? steht für ein Zeichen.
- ~ wird vor * oder ? gesetzt, wenn diese Zeichen selbst gesucht werden sollen.

Werden Werte in `Bereich` gefunden, die dem Kriterium entsprechen, sucht die Funktion nach korrespondierenden Werten in einem zweiten Bereich `Summe_Bereich` und summiert diese auf. Wird kein Wert gefunden, der dem Kriterium entspricht, wird `0` ausgegeben. Wird `Summe_Bereich` nicht angegeben, wird der Teil von `Bereich` aufsummiert, der das Suchkriterium erfüllt.

Die angegebene Größe von `Summe_Bereich` muss nicht mit der von `Bereich` übereinstimmen. Excel benutzt die Angabe der linken oberen Eckzelle von `Summe_Bereich` und versucht, von da aus einen Bereich auszuwerten, der genauso groß ist wie `Bereich`.

Abbildung 5.79 zeigt eine Tabelle mit den Besuchszahlen von Vertretern. Zelle C5 enthält eine Gültigkeitsregel, die die Vertreternamen als Dropdown-Liste anbietet. Die Zelle D5 liefert dann jeweils die Summe der Besuche des in C5 ausgewählten Vertreters.

Bedingte Zusammenfassungen von Werten stellt Excel auch über andere Funktionen zur Verfügung: `SUMMEWENNS()`, `ZÄHLENWENN()`, `MITTELWERTWENN()`, `MITTELWERTWENNS()`.

	A	B	C	D
1				
2	**Bedingte Summen**			
3				
4	**Bereich**	**Summe_Bereich**	**Suchkriterien**	SUMMEWENN()
5	Vertreter	Besuche	Sander	31
6	Karl	10	Karl	
7	Karl	9	Sander	
8	Karl	13	Lowin	
9	Sander	12		
10	Sander	9		
11	Sander	10		
12	Lowin	9		
13	Lowin	12		
14	Lowin	11		

Abbildung 5.79 Bedingte Summenbildung

SUMMEWENNS()

SUMIFS()

Syntax:	`SUMMEWENNS(`**`Summe_Bereich; Kriterium_Bereich1; Kriterien1;`** `Kriterium_Bereich2; Kriterien2 …)`
Beispiel:	siehe Abbildung 5.80

Die Funktion `SUMMEWENNS()` erweitert die Möglichkeiten der Funktion `SUMMEWENN()` um zusätzliche Auswahlkriterien. Sie steht seit Excel 2007 zur Verfügung. Das Argument `Summe_Bereich` gibt den Zellbereich an, in dem sich die zu summierenden Werte befinden.

Es folgt eine Liste von Bereichspaaren, die jeweils zunächst den Bereich angeben, für den das anschließend angegebene Kriterium geprüft werden soll. Es sind bis zu 127 solcher Bereichspaare möglich. Die Kriterien sind additiv zu verstehen, eine Summierung findet also nur statt, wenn alle Kriterien erfüllt sind. Anders als bei `SUMMEWENN()` gilt dabei: Alle Argumente für `Kriterium_Bereich(n)` müssen Bereiche angeben, die genauso groß sind wie `Summe_Bereich`.

Bei der Formulierung der Kriterien dürfen auch Jokerzeichen verwendet werden:

- * steht für eine beliebige Anzahl von Zeichen einschließlich 0.
- ? steht für ein Zeichen.
- ~ wird vor * oder ? gesetzt, wenn diese Zeichen selbst gesucht werden sollen.

In dem Beispiel in Abbildung 5.80 werden die Teilnehmerzahlen aus Zeile 5 summiert, wenn sie zwei Kriterien erfüllen.

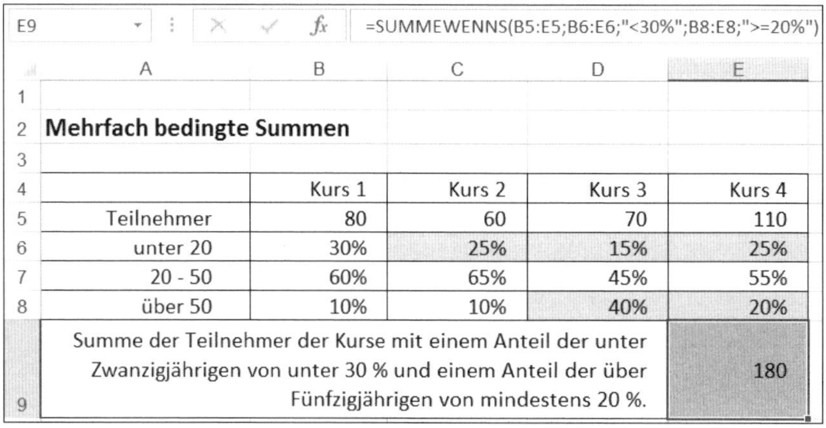

	A	B	C	D	E
1					
2	**Mehrfach bedingte Summen**				
3					
4		Kurs 1	Kurs 2	Kurs 3	Kurs 4
5	Teilnehmer	80	60	70	110
6	unter 20	30%	25%	15%	25%
7	20 - 50	60%	65%	45%	55%
8	über 50	10%	10%	40%	20%
9	Summe der Teilnehmer der Kurse mit einem Anteil der unter Zwanzigjährigen von unter 30 % und einem Anteil der über Fünfzigjährigen von mindestens 20 %.				180

Abbildung 5.80 Kombination von Kriterien für eine bedingte Summenbildung

Bedingte Zusammenfassungen von Werten stellt Excel auch über folgende andere Funktionen zur Verfügung: `SUMMEWENN()`, `ZÄHLENWENN()`, `ZÄHLENWENNS()`, `MITTELWERTWENN()`, `MITTELWERTWENNS()`.

SUMMEX2MY2()

SUMX2MY2()

Syntax:	`SUMMEX2MY2(`**`Matrix_x; Matrix_y`**`)`
Beispiel:	siehe Abbildung 5.81

Die Funktion `SUMMEX2MY2()` summiert die Differenzen der quadrierten x-Werte und der quadrierten y-Werte, die über die Matrizen `Matrix_x` und `Matrix_y` angegeben sind. (Der Name der Funktion bedeutet also: Summe x^2 minus y^2).

Die Funktion arbeitet mit der Formel:

$\text{SUMMEX2MY2} = \Sigma(x^2 - y^2)$

Um die Arbeitsweise der Funktion zu erläutern, wurde in der Beispieltabelle eine Spalte für `x^2`-Werte und eine für `y^2`-Werte angelegt. Die Summen der Spalten voneinander abgezogen geben das Resultat der Funktion wieder.

! Die beiden Matrizen müssen dieselbe Anzahl von Werten haben, sonst wird der Fehler `#NV` ausgegeben. Zellen innerhalb der Matrizen, die keine numerischen Werte enthalten, werden bei der Berechnung ignoriert.

E5 | =SUMMEX2MY2(A5:B8;C5:D8)

	A	B	C	D	E
1					
2	**SUMMEX2MY2 (Summe x^2 Minus y^2)**				
3					
4		Matrix_x		Matrix_y	SUMMEX2MY2()
5	2	4	1	4	91
6	4	2	3	3	
7	6	8	5	6	
8	8	6	7	2	
9			Quadrierte Werte		
10	4	16	1	16	
11	16	4	9	9	
12	36	64	25	36	
13	64	36	49	4	
14		240		149	

Abbildung 5.81 Die Summe der Differenzen zwischen quadrierten Werten

Die Funktion SUMMEX2MY2() und die verwandten Funktionen SUMMEX2PY2() und SUMMEXMY2() werden bei statistischen Anwendungen eingesetzt, beispielsweise wenn es um die Vergleiche der Mittelwerte von mehreren Stichproben geht.

SUMMEX2PY2()

SUMX2PY2()

Syntax:	SUMMEX2PY2(**Matrix_x; Matrix_y**)
Beispiel:	siehe Abbildung 5.82

Die Funktion SUMMEX2PY2() addiert die Summen der quadrierten x-Werte und der quadrierten y-Werte, die über die Matrizen Matrix_x und Matrix_y angegeben sind. (Der Name der Funktion bedeutet also: Summe x^2 plus y^2).

Die Funktion arbeitet mit der Formel:

SUMMEX2PY2 = $\Sigma(x^2 + y^2)$

Die beiden Matrizen müssen dieselbe Anzahl von Werten haben, sonst wird der Fehler #NV ausgegeben. Zellen innerhalb der Matrizen, die keine numerischen Werte enthalten, werden bei der Berechnung ignoriert.

Die Funktion SUMMEX2PY2() und die verwandten Funktionen SUMMEX2MY2() sowie SUMMEXMY2() werden bei statistischen Anwendungen eingesetzt, beispielsweise wenn es um die Vergleiche der Mittelwerte von mehreren Stichproben geht.

E5 | =SUMMEX2PY2(A5:B8;C5:D8)

	A	B	C	D	E
1					
2	**SUMMEX2PY2 (Summe x^2 Plus y^2)**				
3					
4	Matrix_x		Matrix_y		SUMMEX2PY2()
5	2	4	1	4	389
6	4	2	3	3	
7	6	8	5	6	
8	8	6	7	2	
9	Quadrierte Werte				
10	4	16	1	16	
11	16	4	9	9	
12	36	64	25	36	
13	64	36	49	4	
14	240		149		

Abbildung 5.82 Die Summe der Addition quadrierter Werte

SUMMEXMY2()

SUMXMY2()

Syntax:	`SUMMEXMY2(`**`Matrix_x; Matrix_y`**`)`
Beispiel:	siehe Abbildung 5.83

Die Funktion `SUMMEXMY2()` bewirkt, dass die Differenz zwischen x-Werten und y-Werten, die über die Matrizen `Matrix_x` und `Matrix_y` angegeben sind, zunächst ausquadriert wird und dann die einzelnen Werte aufsummiert werden. (Der Name der Funktion bedeutet also: Summe (x minus y)^2). Die Funktion arbeitet mit der Formel:

$SUMMEXMY2 = \Sigma(x - y)^2$

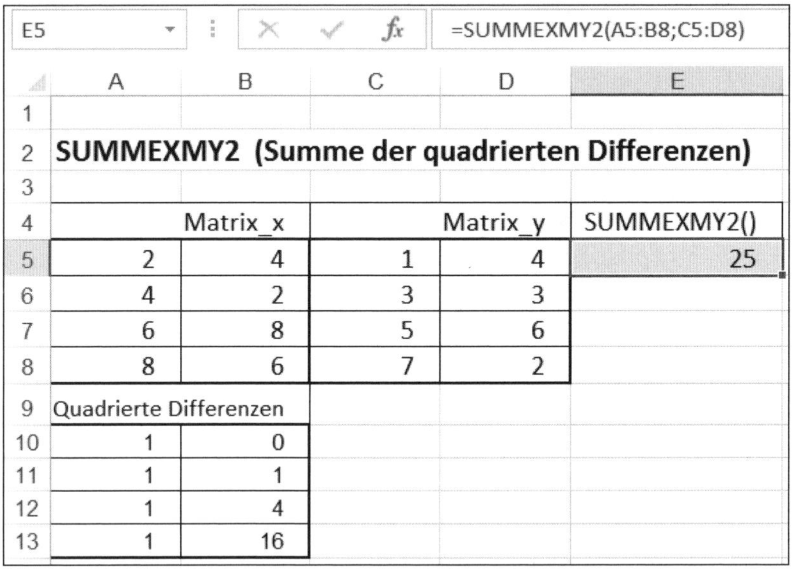
E5 | =SUMMEXMY2(A5:B8;C5:D8)

	A	B	C	D	E
1					
2	**SUMMEXMY2 (Summe der quadrierten Differenzen)**				
3					
4		Matrix_x		Matrix_y	SUMMEXMY2()
5	2	4	1	4	25
6	4	2	3	3	
7	6	8	5	6	
8	8	6	7	2	
9	Quadrierte Differenzen				
10	1	0			
11	1	1			
12	1	4			
13	1	16			

Abbildung 5.83 Summe der quadrierten Differenzen zwischen Matrixwerten

! Die beiden Matrizen müssen dieselbe Anzahl von Werten haben, sonst wird der Fehler `#NV` ausgegeben. Zellen innerhalb der Matrizen, die keine numerischen Werte enthalten, werden bei der Berechnung ignoriert.

Die Funktion `SUMMEXMY2()` und die verwandten Funktionen `SUMMEX2MY2()` sowie `SUMMEX2PY2()` werden bei statistischen Anwendungen eingesetzt, beispielsweise wenn es um die Vergleiche der Mittelwerte von mehreren Stichproben geht.

TAN()

TAN()

Syntax:	`TAN(`**`Zahl`**`)`
Beispiel:	`=TAN(30 * PI()/180)`
Ergebnis:	`0,577350`

Die Funktion `TAN()` berechnet den Tangens des mit dem Argument `Zahl` angegebenen Winkels. Dabei wird der Winkel nicht in Grad, sondern im Bogenmaß angegeben. Für die Umrechnung können Sie entweder den Gradwert mit `PI()/180` multiplizieren oder die Funktion `BOGENMASS()` verwenden:

```
=TAN(30 * PI()/180)
=TAN(BOGENMASS(30))
```

Der Tangens eines Winkels wird am rechtwinkligen Dreieck definiert als das Verhältnis von Gegenkathete zu Ankathete. Folglich muss, wenn beide Katheten gleich lang sind, also bei einem Winkel von 45 Grad, der Wert 1 sein.

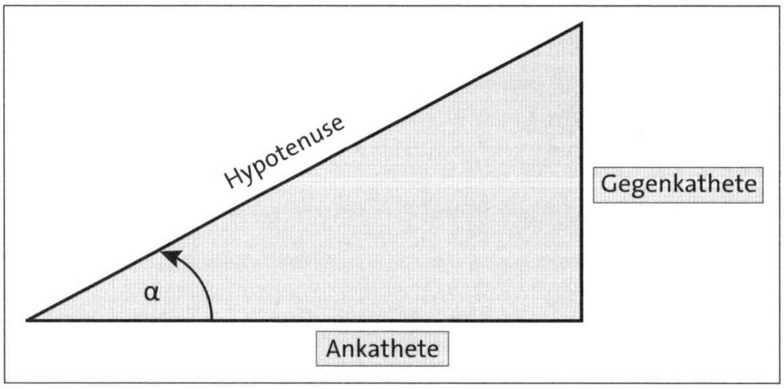

Abbildung 5.84 Der Tangens liefert das Verhältnis von Gegenkathete zu Ankathete.

Die Definition des Tangens wird auf der Basis des Einheitskreises erweitert, siehe dazu auch Abbildung 5.6. Der Wertebereich der Funktion liegt dann zwischen +unendlich und –unendlich. Der Tangens für 90 Grad und –90 Grad ist nicht definiert. Das ist leicht zu erklären, weil in beiden Fällen die Ankathete mit dem Wert 0 angenommen werden müsste, was eine Division durch 0 bedeuten würde. Die Funktion `TAN()` versucht, diesen Fehler zu vermeiden, indem sie einen gegen unendlich laufenden Wert ausgibt.

Nicht numerische Werte ergeben den Fehler `#WERT!`.

Das Diagramm in Abbildung 5.85 zeigt, dass die Funktion in den jeweiligen Intervallen monoton steigend ist. Für die `TAN()`-Funktion gilt außerdem die folgende Beziehung zu der `SIN()`- und der `COS()`-Funktion:

```
TAN(x) = SIN(x) / COS(x)
```

In der Praxis wird die TAN()-Funktion beispielsweise zur Beschreibung von Steigungen benutzt. So werden etwa die Angaben zum Anstieg einer Straße in %-Werten ausgedrückt, die näherungsweise dem Tangens des Steigungswinkels entsprechen. Einem Anstieg von 10 Grad entspricht ein Tangens von 0,17. Auf dem Straßenschild wird dann 17 % angegeben, was 17 m Höhenunterschied pro 100 m Entfernung bedeutet.

Tangens eines Winkels

Winkel	BOGENMASS()	TAN()
0	0	0
1	0,017453293	0,017455065
2	0,034906585	0,034920769
3	0,052359878	0,052407779
4	0,06981317	0,069926812
5	0,087266463	0,087488664
6	0,104719755	0,105104235
7	0,122173048	0,122784561
8	0,13962634	0,140540835
9	0,157079633	0,15838444
10	0,174532925	0,176326981
11	0,191986218	0,194380309
12	0,20943951	0,212556562
13	0,226892803	0,230868191
14	0,244346095	0,249328003
15	0,261799388	0,267949192
16	0,27925268	0,286745386

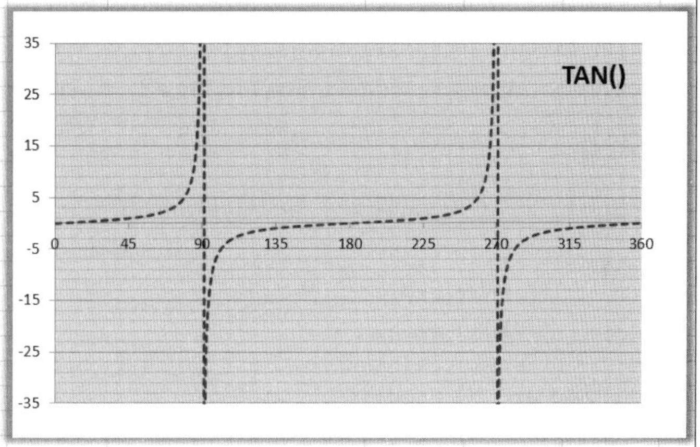

Abbildung 5.85 Die Tangensfunktion und ihr Graph

Bis zur Version 2013 bot Excel keine eigene Funktion für den Kotangens an. Da aber der Kotangens der Kehrwert des Tangens ist, lässt er sich leicht gemäß der Formel

```
COT(x) = 1/TAN(x)
```

berechnen. Seit Excel 2013 benutzen Sie dafür die Funktion COT().

TANHYP()

TANH()

Syntax: TANHYP(**Zahl**)

Beispiel: =TANHYP(1,5)

Ergebnis: 0,905148

Die Funktion TANHYP() liefert den hyperbolischen Tangens des mit Zahl angegebenen Wertes. Dabei muss es sich um eine reelle Zahl handeln, die zwischen –unendlich und +unendlich liegen kann. Gerechnet wird mit der Formel:

```
TANHYP(x) = (e^x - e^-x)/(e^x + e^-x) = SINHYP(x) / COSHYP(x)
```

Das Ergebnis von =TANHYP(x) liegt zwischen –1 und 1. Die Funktion ist monoton steigend.

! Nicht numerische Werte ergeben den Fehler #WERT!.

Der hyperbolische Kotangens, für den Excel bis zur Version 2010 keine eigene Funktion angeboten hat, errechnet sich analog zu den Winkelfunktionen als:

```
coth(x) = 1/tanh(x)
```

Seit Excel 2013 steht hier die Funktion COTHYP() zur Verfügung.

	A	B
1		
2	**Hyperbolischer Tangens**	
3		
4	Zahl	TANHYP()
5	-4	-0,9993293
6	-3,9	-0,999180866
7	-3,8	-0,998999598
8	-3,7	-0,998778241
9	-3,6	-0,998507942
10	-3,5	-0,998177898
11	-3,4	-0,997774928
12	-3,3	-0,99728296
13	-3,2	-0,996682398
14	-3,1	-0,995949359
15	-3	-0,995054754
16	-2,9	-0,993963167
17	-2,8	-0,99263152
18	-2,7	-0,991007454
19	-2,6	-0,989027402
20	-2,5	-0,986614298
21	-2,4	-0,983674858
22	-2,3	-0,980096396

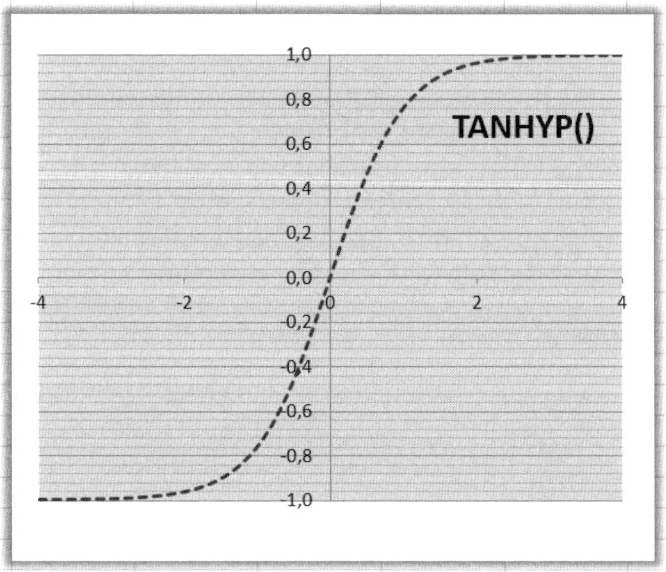

Abbildung 5.86 Der hyperbolische Tangens und seine grafische Darstellung

TEILERGEBNIS()

SUBTOTAL()

Syntax: TEILERGEBNIS(**Funktion**; **Bezug1**; Bezug2; ...)

Beispiel: siehe Abbildung 5.88

Die Funktion TEILERGEBNIS() gibt ein Teilergebnis aus einer Tabelle oder Datentabelle zurück. Gleiche Ergebnisse erzielen Sie seit Excel 2007 auch mit **Daten ▸ Gliederung ▸ Teilergebnis**, in den früheren Versionen mit **Daten ▸ Teilergebnisse**. Funktion gibt mittels einer Nummer von 1 bis 11 bzw. 101 bis 110 eine Funktion an, mit der die Teilergebnisse berechnet werden sollen.

Nr.	Funktion
1	MITTELWERT
2	ANZAHL
3	ANZAHL2
4	MAX
5	MIN
6	PRODUKT
7	STABW.S
8	STABW.N
9	SUMME
10	VAR.S
11	VAR.P

Tabelle 5.6 Werte für das Argument Funktion

! Andere Werte für Funktion führen zu dem Fehler #WERT!.

Wird auf die Funktionsnummer jeweils 100 addiert – beispielsweise 109 für Summe –, wird die Funktion so verwendet, dass ausgeblendete Werte ignoriert werden. Das ist sehr praktisch bei Tabellen mit Filtern, wenn Sie in der Ergebniszeile immer nur die gerade sichtbaren Zeilen auswerten wollen. Die direkte Verwendung der Funktion SUMME() würde in einer Spalte immer auch die gerade nicht sichtbaren Werte mitaddieren.

Alle möglichen Werte werden angeboten, sobald die öffnende Klammer eingegeben ist.

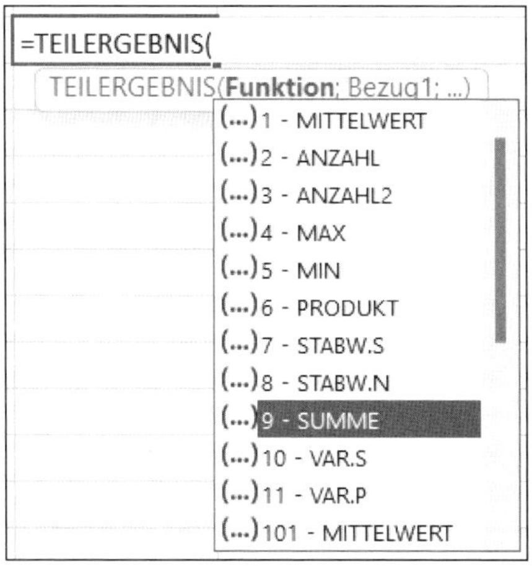

Abbildung 5.87 Werte für das Argument `Funktion`

`Bezug(n)` gibt die Bereiche an, für die Teilergebnisse berechnet werden sollen. Bis zu 254 Bereiche sind möglich. Bereits vorhandene Teilergebnisse innerhalb der angegebenen Bereiche werden ignoriert, weil sie sonst mehrfach in die Berechnung eingehen würden.

Abbildung 5.88 zeigt ein Beispiel für die Auswertung von Testergebnissen für verschiedene Altersstufen. Der Datenbereich der linken Tabelle ohne die Beschriftungszeile ist mit dem Namen `Testwerte` belegt. Im rechten Teil werden die verschiedenen Auswertungsmöglichkeiten gezeigt, wobei die Werte für das Argument `Funktion` aus der ersten Spalte übernommen werden. Werden aus der linken Tabelle bestimmte Altersgruppen über die Filterschaltflächen herausgefiltert, werden die Werte in der rechten Tabelle sofort aktualisiert.

G3 =TEILERGEBNIS(E3;Testwerte[Testergebnis])

	A	B	C	D	E	F	G
1							
2	**Teilergebnisse**					Funktion	TEILERGEBNIS()
3					1	MITTELWERT	4,71
4	**unter**	**Gruppe**	**Testergebnis**		2	ANZAHL	6
8	40	Testgruppe 4	6,75		6	PRODUKT	369,77
9	40	Testgruppe 5	2,85		7	STABW.S	3,34
10	40	Testgruppe 6	7,59		8	STABW.N	3,05
11	50	Testgruppe 7	2,50		9	SUMME	28,27
12	50	Testgruppe 8	8,46		10	VAR.S	11,19
13	50	Testgruppe 9	0,12		11	VAR.P	9,32

Abbildung 5.88 Gruppenauswertungen mit der Funktion `TEILERGEBNIS()`

UNGERADE()

ODD()

Syntax:	`UNGERADE(`**`Zahl`**`)`
Beispiel:	`=UNGERADE(-5,3)`
Ergebnis:	`-7`

Die Funktion `UNGERADE()` rundet Zahlen zur nächsten ungeraden Ganzzahl von 0 weg und ist damit komplementär zur Funktion `GERADE()`. Wenn `Zahl` schon eine ungerade ganze Zahl ist, dann wird dieser Wert wiedergegeben.

Ist `Zahl` kein numerischer Wert, gibt die Funktion den Fehler `#WERT!` zurück. Ob ein Wert eine gerade Ganzzahl ist, kann mit der Funktion `ISTUNGERADE()` geprüft werden.

	A	B
1		
2	**Runden auf ungerade Zahlen**	
3		
4	Zahl	UNGERADE()
5	0	1
6	1	1
7	1,5	3
8	2,9	3
9	4	5
10	5,2	7
11	6,2	7
12	8,45	9
13	-3,4	-5

Abbildung 5.89 Aufrunden auf die nächstliegende ungerade Zahl

UNTERGRENZE.MATHEMATIK()

FLOOR.PRECISE()

Syntax:	`UNTERGRENZE.MATHEMATIK(`**`Zahl`**`; Schritt; Modus)`
Beispiel:	`=UNTERGRENZE.MATHEMATIK(2,2434; -0,05)`
Ergebnis:	`2,2`

Die in Excel 2013 umbenannte Funktion – in Excel 2010 hieß sie noch UNTERGRENZE.GENAU() – rundet den mit Zahl angegebenen Wert auf die nächste Ganzzahl oder das nächste Vielfache von Schritt ab und ist damit komplementär zu OBERGRENZE.MATHEMATIK().

Zahl muss kleiner als 9,99E+307 und größer als -2,229E-308 sein. Fehlt der Wert für Schritt, wird 1 oder -1 vorgegeben, abhängig davon, ob Zahl ein positiver oder ein negativer Wert ist. Mit einem optionalen Wert Modus von < 0 kann erreicht werden, dass bei negativen Werten auf den nächstgrößeren Wert – hin zur 0 – gerundet werden soll. Bei positiven Werten wird der Wert für Modus ignoriert.

Nicht numerische Werte ergeben den Fehler #WERT!.

Bei dieser Variante sind auch unterschiedliche Vorzeichen für Zahl und Schritt möglich, weil die Funktion immer mit dem Absolutwert von Schritt arbeitet. UNTERGRENZE.MATHEMATIK(-4,2546; -0,5) liefert deshalb ebenso wie UNTERGRENZE.MATHEMATIK(-4,2546; 0,5) als Ergebnis -4,5.

	A	B	C	D
1				
2	**UNTERGRENZE.MATHEMATIK**			
3				
4	Wert	Schritt	Modus	UNTERGRENZE.MATHEMATIK()
5	14,25	0,5		14
6	14,33	1		14
7	123,56	2		122
8	124,33	5		120
9	126,33	5		125
10	124,33	10		120
11	-6,3	2		-8
12	-6,3	2	-1	-6

Abbildung 5.90 Abrunden auf das kleinste Vielfache des als Schritt angegebenen Wertes

VORZEICHEN()

SIGN()

Syntax:	VORZEICHEN(**Zahl**)
Beispiel:	=VORZEICHEN(-6)
Ergebnis:	-1

Die Funktion `VORZEICHEN()` ergibt bei positiven Zahlen `1`, bei negativen Zahlen `-1` und bei null `0`. Sie lässt sich immer dann anwenden, wenn Operationen vom Vorzeichen abhängig sein sollen. Wenn etwa in der Zelle B22 die Gewinne errechnet werden, dann liefert (eingetragen z. B. in C22) die Formel:

```
WENN(VORZEICHEN(B22)= 1; "OK"; "Kein Gewinn!")
```

ein `OK`, solange ein Gewinn > `0` vorhanden ist. Bei Verlusten erscheint dagegen der Hinweis `Kein Gewinn!`.

Nicht numerische Werte ergeben den Fehler `#WERT!`.

Die Funktion kann auch in Kombination mit der Summenfunktion verwendet werden, um etwa die negativen Werte getrennt zu addieren, wie Abbildung 5.91 zeigt. Dabei wird in C5 eine Matrixformel verwendet, die nur dann zu einer Summenbildung führt, wenn in dem Bereich B5:B13 negative Werte vorkommen.

D5 | {=SUMME(WENN(VORZEICHEN(B5:B13)=-1;B5:B13))}

	A	B	C	D
1				
2	**Prüfen auf das Vorzeichen**			
3				
4	Konten	Saldo	VORZEICHEN()	Summe der negativen Werte
5	Konto 001	0	0	-17500
6	Konto 002	10000	1	
7	Konto 003	-3000	-1	
8	Konto 004	-1000	-1	
9	Konto 005	2000	1	
10	Konto 006	-12000	-1	
11	Konto 007	4000	1	
12	Konto 008	7000	1	
13	Konto 009	-1500	-1	

Abbildung 5.91 Summenbildung nach Prüfung des Vorzeichens

VRUNDEN()

MROUND()

Syntax: `VRUNDEN(`**`Zahl; Vielfaches`**`)`

Beispiel: `=VRUNDEN(12; 5)`

Ergebnis: `10`

Die Funktion VRUNDEN() rundet den mit Zahl angegebenen Wert auf das nächste erreichbare Vielfache einer mit Vielfaches angegebenen Zahl. Wenn die Division von Zahl durch Vielfaches einen Rest liefert, der unter der Hälfte von Vielfaches liegt, rundet die Funktion in Richtung 0 ab, ansonsten wird von der 0 weg aufgerundet.

	A	B	C
1			
2	**Runden auf Vielfaches einer Zahl**		
3			
4	Zahl	Vielfaches	VRUNDEN()
5	12,4	0,5	12,5
6	13	5	15
7	25	3	24
8	-107	-10	-110
9	-123,56	5	#ZAHL!

Abbildung 5.92 Auf- oder Abrunden auf das nächstliegende Vielfache

Beide Argumente müssen das gleiche Vorzeichen haben, sonst liefert die Funktion den Fehler #ZAHL!. Sind die Argumente nicht numerisch, erscheint der Fehler #WERT!.

Ähnlich wie die Funktionen OBERGRENZE.MATHEMATIK() und UNTERGRENZE.MATHEMATIK() kann auch diese Funktion verwendet werden, um Werte an bestimmten Intervallgrenzen auszurichten, etwa um Preise zu generieren, die sich immer durch 0,05 teilen lassen, also ohne 1- oder 2-Cent-Stücke bezahlt werden können.

WURZEL()

SQRT()

Syntax: WURZEL(**Zahl**)

Beispiel: =WURZEL(36)

Ergebnis: 6

Die Funktion WURZEL() ermittelt die Quadratwurzel einer Zahl. Das Wurzelziehen ist die Umkehrfunktion des Potenzierens, der allgemein übliche Operator stammt von dem Buchstaben *r* ab und steht für *Radizieren*. In der Gleichung

$$x = \sqrt[n]{a}$$

wird x als Wurzel oder Radix bezeichnet, n ist der Wurzelexponent und a der Radikand. Bei der Quadratwurzel ist der Wurzelexponent 2. Für Wurzeln mit einem höheren Wurzelexponenten kann die Tatsache genutzt werden, dass die Gleichung auch so geschrieben werden kann:

```
x = a^(1/n)
```

Die dritte Wurzel – Kubikwurzel – der Zahl 27 kann in Excel also mit der Formel

```
=27^(1/3)
```

errechnet werden.

	A	B
1		
2	**Wurzel einer Zahl**	
3		
4	Zahl	WURZEL()
5	12	3,464101615
6	25	5
7	107	10,34408043
8	-123,56	#ZAHL!

Abbildung 5.93 Wurzelberechnung

`Zahl` darf keine negative Zahl sein, sonst liefert die Funktion den Fehler `#ZAHL!`. Soll verhindert werden, dass `Zahl` einen negativen Wert annimmt, kann mit der `ABS()`-Funktion gearbeitet werden:

```
=WURZEL(ABS(A10))
```

sorgt dafür, dass eine negative Zahl auf jeden Fall vermieden wird.

5.4.4 WURZELPI()

SQRTPI()

Syntax:	`WURZELPI(`**`Zahl`**`)`
Beispiel:	`=WURZELPI(2)`
Ergebnis:	`2,5066…`

Eine spezielle Variante der Wurzelfunktion ist `WURZELPI()`. Sie liefert die Quadratwurzel aus (`Zahl` * π).

Das Argument `Zahl` darf nicht < `0` sein, sonst liefert die Funktion den Fehler `#ZAHL!`. Nicht numerische Werte ergeben den Fehler `#WERT!`.

	A	B
1		
2	**Quadratwurzel aus Zahl * Pi**	
3		
4	Zahl	WURZELPI()
5	12	6,139960248
6	25	8,862269255
7	107	18,3344052

Abbildung 5.94 Wurzel einer mit π multiplizierten Zahl

ZUFALLSBEREICH()

RANDBETWEEN()

Syntax: `ZUFALLSBEREICH(`**`Untere_Zahl; Obere_Zahl`**`)`

Beispiel: `=ZUFALLSBEREICH(100,200)`

Ergebnis: 133

Mit der Funktion `ZUFALLSBEREICH()` erzeugen Sie eine ganzzahlige Zufallszahl zwischen `Untere_Zahl` und `Obere_Zahl` (beide eingeschlossen). Zufallszahlen können beispielsweise hilfreich sein, um Testdaten zu generieren, die die schnelle Überprüfung eines Kalkulationsmodells erlauben.

Als Werte für die beiden Argumente können nicht nur Zahlen, sondern auch Datumswerte angegeben werden.

```
=ZUFALLSBEREICH("1.1.2008"; "31.12.2013")
```

liefert einen zufälligen Tag zwischen den beiden Terminen.

Nicht numerische Werte ergeben den Fehler `#WERT!`. Ist `Untere_Zahl` > `Obere_Zahl`, erscheint der Fehler `#ZAHL!`.

Während die verwandte Funktion `ZUFALLSZAHL()` nur Werte zwischen 0 und 1 erzeugt, können Sie bei dieser Funktion beliebige Grenzwerte nach oben und unten angeben, zwischen denen sich die generierten Zahlen bewegen sollen.

Eine weitere Alternative für die Erzeugung von Zufallszahlen finden Sie unter den Analysetools, die in Abschnitt 17.13, »Zufallszahlengenerierung«, beschrieben sind.

Wenn Sie mit Zufallszahlen arbeiten wollen, die sich im Nachhinein nicht mehr verändern, also nicht bei jeder Neuberechnung der Tabelle ebenfalls neu berechnet werden, dann drücken Sie die Taste [F9], wenn Sie die Funktion in die Bearbeitungszeile eingegeben haben (und zwar bevor Sie [↵] drücken). Zellbereiche mit der Funktion `ZUFALLSZAHL()` können Sie durch **Kopieren** und **Einfügen** mit der Option **Werte** in Zahlenwerte umwandeln.

	A	B	C
1			
2	**Zufallszahl innerhalb eines Zahlenbereichs**		
3			
4	Min_Wert	Max_Wert	ZUFALLSBEREICH()
5	10	100	55
6	0	1	0
7	400	1000	687
8	0	360	200
9	01.01.2015	31.12.2016	29.04.2015
10	WAHR	FALSCH	#WERT!

Abbildung 5.95 Zufallszahlen innerhalb eines Wertebereichs

ZUFALLSMATRIX()

RANDARRAY()

Syntax: `ZUFALLSMATRIX(Zeilen; Spalten; Min; Max; Ganze_Zahl)`

Beispiel: `=ZUFALLSMATRIX(4;4;0;10;1)`

Ergebnis: siehe Abbildung 5.96

Die Funktion `ZUFALLSMATRIX()` produziert eine dynamische Matrix mit Zufallszahlen zwischen den Werten für `Min` und `Max` und generiert die angegebene Zahl von Zeilen und Spalten. `Ganze_Zahl` ist ein Wahrheitswert. `WAHR` bedeutet, dass nur ganze Zahlen erzeugt werden, `FALSCH` – die Vorgabe – liefert Dezimalzahlen.

A3 =ZUFALLSMATRIX(10;4;1;5;FALSCH)

	A	B	C	D	E
1	**Zufallsmatrix**				
2					
3	3,135522952	4,761821419	1,152082609	4,744942003	
4	1,335427043	4,007280909	2,733471784	3,760342925	
5	3,978009204	4,246156591	3,397017305	2,810354547	
6	3,723654345	4,731410361	3,426875506	3,345085628	
7	3,022559458	2,038823378	2,084757157	3,918929818	
8	3,902972879	1,938031041	2,879420879	4,759779442	
9	1,990823668	1,873409427	1,800058505	2,509475604	
10	1,043303928	1,730746515	4,81735485	2,082229977	
11	3,522981707	2,756262453	3,117731273	3,328519709	
12	3,957197088	4,222400636	4,204314885	2,868015452	

Abbildung 5.96 Matrix mit Zufallszahlen

Der Vorgabewert für Zeilen und Spalten ist 1. Werden keine Werte für Min und Max angegeben, liegen die Werte zwischen 1 und 0.

Die Funktion wird in der linken oberen Eckzelle des Ergebnisbereichs eingegeben. Der Bereich muss ansonsten leer sein, sonst erscheint der Fehlerwert #ÜBERLAUF!. Sind die Werte für Zeilen, Spalten, Min und Max nicht numerisch, erscheint der Fehler #WERT!.

ZUFALLSZAHL()

RAND()

Syntax: ZUFALLSZAHL()

Beispiel: =ZUFALLSZAHL()

Ergebnis: 0,75419672

Die Funktion ZUFALLSZAHL() produziert Zufallszahlen zwischen 0 und 1 mit bis zu 16 Dezimalstellen. Zufallszahlen können beispielsweise hilfreich sein, um Testdaten zu generieren, die die schnelle Überprüfung eines Kalkulationsmodells erlauben.

Zufallszahlen anderer Größenordnungen können Sie durch entsprechende Rechenoperationen mit der generierten Zufallszahl oder mit der Funktion ZUFALLSBEREICH() erreichen:

=ZUFALLSZAHL * 100 ergibt eine Zufallszahl zwischen 0 und 100,

=ZUFALLSZAHL * 100 + 50 ergibt eine Zufallszahl zwischen 50 und 150.

	A	B	C
1			
2	**Zufallszahlen erzeugen**		
3			
4	ZUFALLSZAHL()	ZUFALLSZAHL() * 100	ZUFALLSZAHL() * 100 + 50
5	0,33	33,41	83,41
6	0,10	9,76	59,76
7	0,36	35,80	85,80
8	0,84	84,24	134,24
9	0,79	79,44	129,44
10	0,27	26,72	76,72
11	0,31	30,90	80,90
12	0,38	38,39	88,39
13	0,29	29,06	79,06

Abbildung 5.97 Zufallszahlen mit unterschiedlichen Wertebereichen

Wenn Sie für eine Spalte zufällig generierte Artikelnummer haben wollen, die jeweils sieben Stellen lang sind, können Sie die Funktion ZUFALLSZAHL() mit der Funktion GANZZAHL() kombinieren.

Die allgemeine Formel dafür wäre

=GANZZAHL(ZUFALLSZAHL() * (10^n - 10^{n-1}) +10^{n-1})

Für eine 7-stellige Ganzzahl brauchen Sie die Formel

```
=GANZZAHL(ZUFALLSZAHL() * (10000000 - 1000000) + 1000000)
```

Wenn Sie mit Zufallszahlen arbeiten wollen, die sich im Nachhinein nicht mehr verändern, also nicht bei jeder Neuberechnung der Tabelle ebenfalls neu berechnet werden, dann drücken Sie die Taste [F9], wenn Sie die Funktion in die Bearbeitungszeile eingegeben haben (und zwar bevor Sie [↵] drücken). Zellbereiche mit der Funktion ZUFALLSZAHL() können Sie durch **Kopieren** und **Einfügen** mit der Option **Werte** in Zahlenwerte umwandeln.

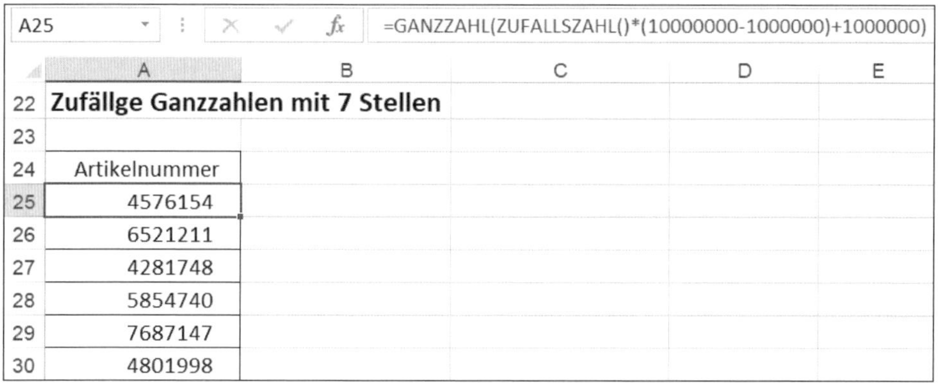

A25 | =GANZZAHL(ZUFALLSZAHL()*(10000000-1000000)+1000000)

	A	B	C	D	E
22	**Zufällge Ganzzahlen mit 7 Stellen**				
23					
24	Artikelnummer				
25	4576154				
26	6521211				
27	4281748				
28	5854740				
29	7687147				
30	4801998				

Abbildung 5.98 Siebenstellige Zufallszahlen als Artikelnummern

ZWEIFAKULTÄT()

FACTDOUBLE()

Syntax:	ZWEIFAKULTÄT(**Zahl**)
Beispiel:	=ZWEIFAKULTÄT(5)
Ergebnis:	15

Die Funktion ZWEIFAKULTÄT() liefert die Doppelfakultät einer positiven Zahl, bei der mit einer Schrittlänge von 2 gearbeitet wird. Sie wird berechnet als:

```
1 * 3 * 5 * … * Zahl (bei ungerader Zahl)
2 * 4 * 6 * … * Zahl (bei gerader Zahl)
```

! Ist `Zahl` keine Ganzzahl, werden die Dezimalstellen abgeschnitten. Nicht numerische Werte ergeben den Fehler `#WERT!`. Negative Werte liefern den Fehler `#ZAHL!`.

	A	B	C
1			
2	**Doppelfakultät einer Zahl**		
3			
4	Zahl	ZWEIFAKULTÄT()	
5	1	1	
6	2	2	
7	3	3	
8	4	8	**= 2 * 4**
9	5	15	**= 1 * 3 * 5**
10	6	48	**= 2 * 4 * 6**
11	7	105	**= 1 * 3 * 5 * 7**

Abbildung 5.99 Beispiele für `ZWEIFAKULTÄT()`

6 Technische Funktionen

6.1 Einsatzbereiche der technischen Funktionen

In dieser Kategorie finden Sie verschiedene Varianten der Besselfunktion, die insbesondere im technischen Bereich, etwa für Schwingungsberechnungen, benutzt werden, daher wohl auch die allgemeine Kennzeichnung dieser Kategorie als technische Funktionen. Hier geht es um Lösungen im Rahmen der Differenzialgleichungen und der Wahrscheinlichkeitsrechnung.

Dazu kommt eine ganze Reihe von Umwandlungsfunktionen, um Werte zwischen den verschiedenen Zahlensystemen zu übersetzen. Besonders praktisch ist auch eine allgemeine Funktion zur Umrechnung zwischen zahlreichen Maßeinheiten.

Eine große Gruppe von Funktionen hat mit den komplexen Zahlen zu tun. Während die übrigen Excel-Funktionen mit reellen Zahlen hantieren, erlauben diese Funktionen, die mit dem Präfix `IM` für *imaginär* gekennzeichnet sind, auch Rechenoperationen mit nicht reellen Werten.

Mit Excel 2013 sind nachfolgende Funktionen eingeführt worden, die mit Bitoperationen zu tun haben: `BITLVERSCHIEB()`, `BITODER()`, `BITRVERSCHIEB()`, `BITUND()`, `BITXODER()`. Außerdem gibt es eine Reihe zusätzlicher Funktionen für den Umgang mit imaginären Zahlen: `IMCOSEC()`, `IMCOSECHYP()`, `IMCOSHYP()`, `IMCOT()`, `IMSEC()`, `IMSECHYP()`, `IMSINHYP()`, `IMTAN()`.

6.2 Besselfunktionen

Bei den Bessel'schen Funktionen (auch unter dem Namen *Zylinderfunktionen* bekannt) handelt es sich um mehrere miteinander verwandte Funktionen, die in Physik und Technik besonders bei Schwingungsberechnungen benutzt werden. Die Funktionen sind Lösungen der Bessel'schen Differenzialgleichung:

```
x^2 (d^2y/dx^2)+x(dy)/(dx)+(x^2-n^2)y=0
```

Der Name geht auf den Astronomen und Mathematiker Bessel zurück, einen Zeitgenossen von Gauß.

Die Bessel'schen Funktionen finden Sie in mathematischen Tabellenwerken unter:

```
J0(x), J1(x).. entspricht BESSELJ()
I0(x), I1(x).. entspricht BESSELI()
K0(x), K1(x).. entspricht BESSELK()
Y0(x), Y1(x).. entspricht BESSELY()
```

Dabei werden aber nur Werte für die nullte und erste Ordnung angegeben. Die Funktionen, die Excel bereitstellt, gestatten auch eine Berechnung für andere Ordnungen (mit n angegeben). Hinweise auf die Auswirkung von n bei den verschiedenen Funktionen bietet Abbildung 6.1.

Besselfunktionen

x	I0	I1	J0	K0	K1	Y0	Y1
0,1	1,00250156	0,050062526	0,997501565	2,427069025	9,853844784	-1,534238661	-6,458951091
0,2	1,01002502	0,100500834	0,990024975	1,752703846	4,775972548	-1,08110533	-3,323824986
0,3	1,02262687	0,151693839	0,977626248	1,37246004	3,055992041	-0,807273583	-2,293105137
0,4	1,04040176	0,204026755	0,960398228	1,114529105	2,184354433	-0,606024571	-1,780872043
0,5	1,06348334	0,257894303	0,938469807	0,924419035	1,656441128	-0,444518734	-1,471472392
0,6	1,09204533	0,313704022	0,912004863	0,777522053	1,302834947	-0,308509868	-1,260391347
0,7	1,12630298	0,371879673	0,881200887	0,660519823	1,050283541	-0,190664925	-1,103249871
0,8	1,16651489	0,432864797	0,846287351	0,565347073	0,861781638	-0,086802274	-0,978144176
0,9	1,21298513	0,497126442	0,807523796	0,486730283	0,716533581	0,005628313	-0,873126582
1	1,26606585	0,565159098	0,765197684	0,421024421	0,601907232	0,088256971	-0,781212821

Abbildung 6.1 Die in Excel verfügbaren Besselfunktionen

In Abbildung 6.2 ist für die Funktion BESSELJ() für mehrere Ordnungen der grafische Verlauf dargestellt, der sehr schön zeigt, dass die Funktion zur Berechnung gedämpfter Schwingungen geeignet ist.

BESSELJ() mit verschiedenen Ordnungen

x	J0	J1	J2	J3	J4
0	1,000000003	0	0	0	0
1	0,765197684	0,440050586	0,114903485	0,019563354	0,002476639
2	0,223890782	0,576724808	0,352834208	0,12894325	0,03399572
3	-0,260051958	0,339058958	0,486091263	0,309062865	0,132034184
4	-0,397149807	-0,066043328	0,364128143	0,430171471	0,281129066
5	-0,177596774	-0,327579139	0,046565119	0,364831234	0,391232362
6	0,150645259	-0,276683859	-0,242873213	0,114768384	0,357641597
7	0,300079274	-0,004682826	-0,301417224	-0,167555588	0,157798148
8	0,171650807	0,234628387	-0,112993711	-0,291125242	-0,105350221
9	-0,090333611	0,245307412	0,144846369	-0,180931248	-0,265467201
10	-0,245935764	0,04347225	0,254630214	0,058379836	-0,219602313
11	-0,171190301	-0,176784382	0,139047686	0,227347177	-0,015040135
12	0,047689311	-0,223446385	-0,084930375	0,19513626	0,182498505

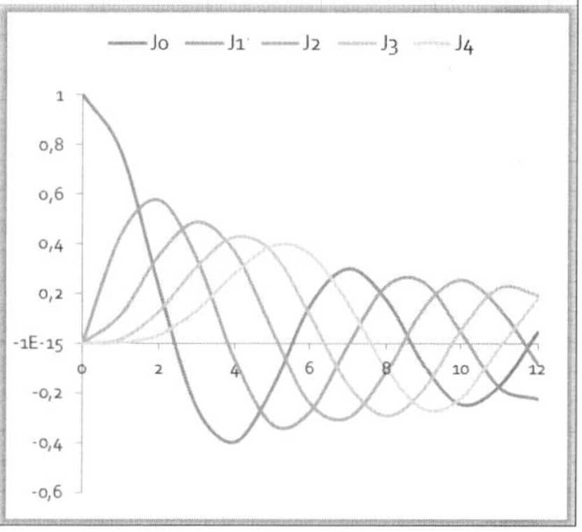

Abbildung 6.2 Verlauf der Funktion BESSELJ()

6.3 Umwandlungen zwischen Zahlensystemen

Zwölf Funktionen in dieser Kategorie dienen der Umwandlung von Zahlen aus einem Zahlensystem in ein anderes System. Neben dem Dezimalsystem werden das Dualsystem, das Oktalsystem und das Hexadezimalsystem berücksichtigt. Für jedes System sind jeweils drei Funktionen vorhanden, die für die Umwandlung in die anderen Systeme sorgen.

Die Zahlensysteme unterscheiden sich durch die Zahl der verwendeten Ziffern, die als Basis bezeichnet wird. Das Dezimalsystem verfügt bekanntlich über zehn Ziffernzeichen (0 bis 9). Kommen Sie beim Zählen einer Zahl nach der 9 an, dann wird die erste Ziffer genommen und eine 0 angehängt.

Das Dualsystem, das auch als Binärsystem bezeichnet wird, verwendet nur die Ziffern 0 und 1. Sie zählen also 0, 1, 10, 11, 100 etc.

Im Oktalsystem werden 8 Ziffern verwendet, Sie zählen 0, 1, 2, ..., 7, 10, 11, ..., 17, 20.

Das Hexadezimalsystem verwendet zusätzlich zu den bekannten Ziffern von 0 bis 9 noch die Buchstaben von A bis F, um auf 16 Zeichen zu kommen.

Zahlensysteme

Dezimalsystem	0	1	2	3	4	5	6	7	8	9	10	11	12	13	14	15	16
Dualsystem	0	1	10	11	100	101	110	111	1000	1001	1010	1011	1100	1101	1110	1111	10000
Oktalsystem	0	1	2	3	4	5	6	7	10	11	12	13	14	15	16	17	20
Hexadezimalsystem	0	1	2	3	4	5	6	7	8	9	A	B	C	D	E	F	10

Abbildung 6.3 Übersicht über die unterstützten Zahlensysteme

Bei der Darstellung binärer Werte kann es schnell zu Zahlen mit vielen Stellen kommen, da ja nur zwei Ziffern zur Verfügung stehen. Das Oktal- und das Hexadezimalsystem werden deshalb auch benutzt, um binäre Werte kürzer darstellen zu können. Das ist leicht möglich, weil es sich bei einer Basis von 8 bzw. 16 Zeichen jeweils um Potenzen von 2 handelt.

Der Zusammenhang zwischen dem Wertebereich – `m` – und der notwendigen Anzahl von Ziffern – `n` – für die Darstellung jeder Zahl in diesem Bereich und der Basis des verwendeten Zahlensystems – `b` – ist allgemein mit der Formel

$$m = b^n$$

bestimmbar. Also sind mit 8 Ziffern im Dualsystem maximal 256 Zahlen darstellbar. Wird ein Vorzeichen für eine negative Zahl benötigt, wird die am weitesten links stehende Ziffer dafür verwendet, `1` für negativ, `0` für positiv. Der Wertebereich ist dann `-128` bis `+128`.

Beachtet werden muss, dass Excel die Ergebnisse der Umwandlungsfunktionen als Zeichenfolge, also nicht als Zahl, ausgibt, es sei denn, das Zielsystem ist das Dezimalsystem. Wird beispielsweise eine Zelle mit einem binären Wert zu einem anderen Wert addiert, interpretiert Excel die Zeichenfolge als Dezimalzahl, was zu falschen Ergebnissen führt.

6.4 Umwandeln von Maßeinheiten

Ganz praktisch ist die Funktion `UMWANDELN()`, mit der zwischen zahlreichen Maßeinheiten umgerechnet werden kann. Sie können sich damit leicht eine Tabelle aufbauen, die die gewünschten Umwandlungen für Maßeinheiten liefert. Mit Excel 2013 ist die Liste der verfügbaren Maßeinheiten noch einmal beträchtlich erweitert worden. Sie finden die entsprechenden Tabellen in der Beschreibung der Funktion.

E4 | =UMWANDELN(A4;B4;F4)

	A	B	C	D	E	F	G
1							
2	**Umwandeln von Maßeinheiten**						
3							
4	1000	**g**	**Gramm**	entsprechen:	2,204622622	**lbm**	**Pfund**
5	1000	**m**	**Meter**	entsprechen:	0,621371192	**mi**	**Britische Meilen**
6					39370,07874	**in**	**Zoll**
7					3280,839895	**ft**	**Fuß**
8					1093,613298	**yd**	**Yard**
9	32	**C**	**Grad Celsius**	entsprechen:	89,6	**F**	**Grad Fahrenheit**
10	1000	**J**	**Joule**	entsprechen:	238,8458966	**cal**	**Kalorie**
11	10	**HP**	**PS**	entsprechen:	7456,998716	**W**	**Watt**

Abbildung 6.4 Beispiele für Umrechnungen von Maßeinheiten

Die Bezeichnungen der Maßeinheiten müssen der Funktion jeweils als Zeichenfolge übergeben werden, wobei auf die Groß-/Kleinschreibung zu achten ist. Abbildung 6.4 zeigt einige häufig benötigte Umrechnungen. Sie brauchen in den Zellen in Spalte B nur die Werte einzugeben, die Sie umwandeln wollen. Die Formeln beziehen sich dabei jeweils auf die Bezeichnungen der Maßeinheiten.

6.5 Rechenoperationen mit komplexen Zahlen

Der Zahlenbereich ist ausgehend von der Menge der natürlichen Zahlen in mehreren Stufen erweitert worden. Aus der paarweisen Kombination von ganzen Zahlen in Brüchen ergab sich die Menge der rationalen Zahlen. Wo auch die rationalen Zahlen nicht ausreichten, wurden die irrationalen Zahlen eingeführt, die sich nicht als Bruch zweier ganzer Zahlen darstellen lassen. Neben algebraischen Zahlen wie sind das transzendente Zahlen wie die Kreiszahl π oder die Euler'sche Zahl e. Die Gesamtmenge der rationalen und irrationalen Zahlen ist die Menge der reellen Zahlen. Die meisten Funktionen in Excel, soweit sie mit Rechenoperationen zu tun haben, arbeiten im Bereich der reellen Zahlen.

An ihre Grenze stoßen Lösungen mit reellen Zahlen, wenn es darum geht, Wurzeln aus negativen Zahlen zu berechnen. Dieses Problem bildete den Anstoß zur Einführung der komplexen Zahlen, die aus einem reellen und einem imaginären Anteil zusammengesetzt sind. Dazu wurde als neue Zahl die imaginäre Einheit `i` eingeführt. Sie ist definiert als:

$$i = \sqrt{-1}$$

Wird in den Excel-Funktionen als Argument eine komplexe Zahl erwartet, muss sie als Zeichenfolge in der Form

`x+yi` oder `x+yj`

eingegeben werden, `j` kann bei Anwendungen im Bereich der Elektrotechnik verwendet werden, um Verwechslungen mit der Stromstärke zu vermeiden. Die Kleinschreibung von `i` oder `j` ist erforderlich.

Dabei können `x` und `y` zwei beliebige reelle Zahlen sein. `yi` oder `yj` ist die Kurzform für `y*i` oder `y*j`. Es wird also eine reelle Zahl mit der imaginären Zahl multipliziert.

Wird eine komplexe Zahl direkt als Funktionsargument angegeben, müssen Anführungszeichen verwendet werden: `=IMABS("3+3i")`; wird ein Zellbezug als Argument angegeben, steht die Zeichenfolge ohne Anführungszeichen in der entsprechenden Zelle.

Mit imaginären Zahlen lässt sich ganz normal rechnen, wenn dabei beachtet wird, dass:

`i^2 = -1; i^3 = -i; i^4 = 1; i^7 = -i` usw.:

```
(3 + 4i) + (6 + 2i) = 9 + 7i
(9 + 7i) - (3 + 4i) = 6 + 2i
(3 + 5i) * (6 + 2i) = 3 * 6 + 3 *2i + 5*6i + 10i^2
                    = 18 + 36i + 10i^2
                    = 18 + 36i -10
                    = 8 + 36i
```

```
10i/2i = 5
```

Komplexe Zahlen lassen sich geometrisch in der Gauß'schen Zahlenebene als Punkte in einem rechtwinkligen Koordinatensystem darstellen, bei dem die waagerechte Achse die reellen Zahlen und die senkrechte Koordinate den imaginären Anteil repräsentiert.

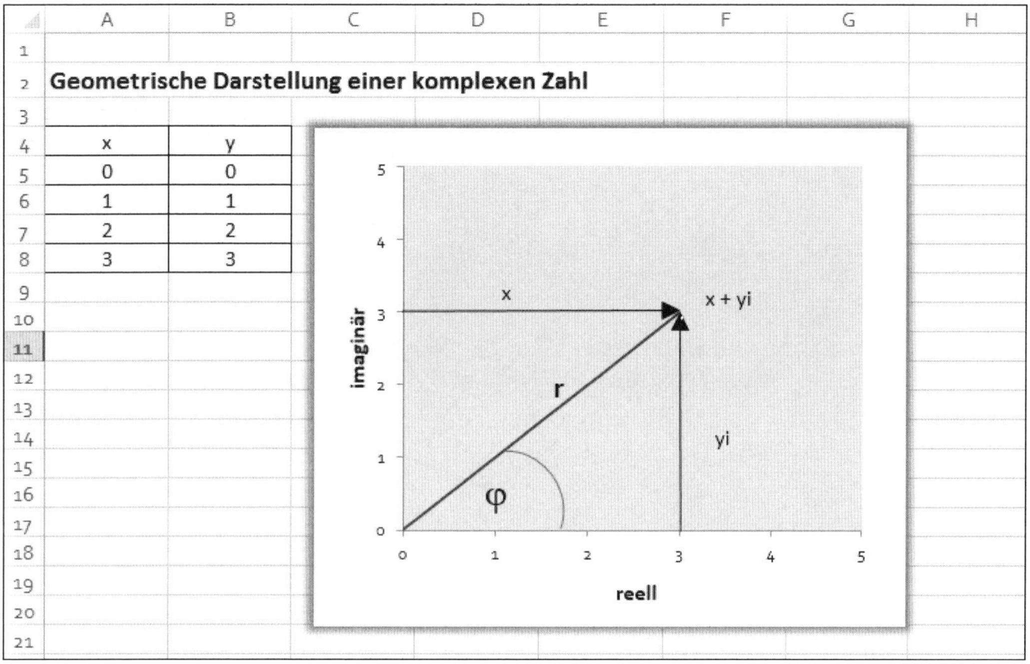

Abbildung 6.5 Die x-Achse repräsentiert den reellen, die y-Achse den imaginären Anteil der komplexen Zahl.

Neben der Darstellung im kartesischen Koordinatensystem ist auch eine mit Polarkoordinaten möglich, die Polarform oder goniometrische Form genannt wird. Statt:

$$z = x + yi$$

gilt dann:

$$z = r * e^{i\varphi} = r * (\cos\varphi + i*\sin\varphi)$$

Dabei wird `r` der Betrag von `z` genannt und entspricht dem Absolutwert von `z`, der mit der Funktion `=IMABS(z)` ermittelt werden kann. φ wird der Polarwinkel oder das Argument von `z` genannt. Es kann mithilfe der Funktion `=IMARGUMENT(z)` ermittelt werden und gibt den Winkel φ an. Der Absolutwert wird nach der Formel berechnet:

$$\mathrm{IMABS}(z) = |z| = \sqrt{x^2 + y^2}$$

Die abgebildeten Koordinaten ergeben mit `=IMABS("3+3i")` einen Betrag von `4,2426...`, was, wenn die komplexe Zahl als Vektor vorgestellt wird, dessen Länge angibt. Der angezeigte Winkel ergibt mit `=GRAD(IMARGUMENT("3+3i"))` wie erwartet den Wert `45°`.

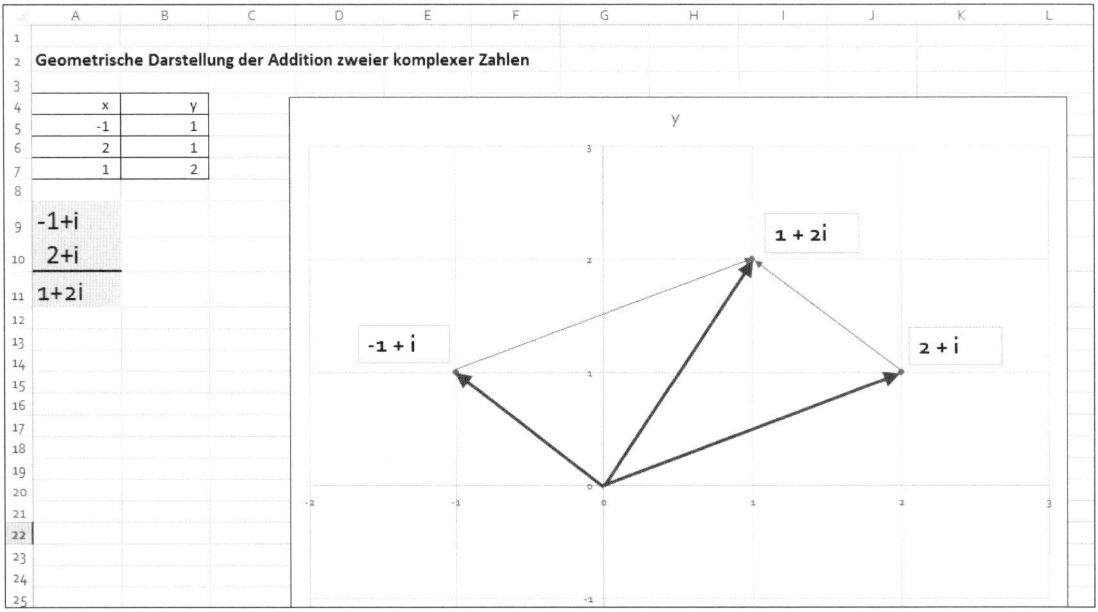

Abbildung 6.6 Geometrische Deutung der Addition zweier komplexer Zahlen

Die Addition zweier komplexer Zahlen lässt sich in diesem Zahlenraum mithilfe von Vektoren darstellen. Abbildung 6.7 zeigt ein einfaches Beispiel. Die Summe ist die Diagonale des durch die beiden Vektoren (0,0; –1+i) (0,0; 2+i) aufgespannten Parallelogramms.

In Abbildung 6.7 sind die Funktionen für komplexe Zahlen mit einfachen Beispielen zusammengestellt. Die meisten Funktionen liefern als Ergebnis selbst wieder komplexe Zahlen, die in Excel als Zeichenfolgen dargestellt werden.

Komplexe Zahlen spielen in der Physik und in der Technik eine große Rolle, insbesondere weil sie die Behandlung von Differenzialgleichungen zu Schwingungsvorgängen vereinfachen, u. a. auch bei den modifizierten Besselfunktionen. In der Elektrotechnik tauchen komplexe Zahlen etwa bei der Berechnung des Blindwiderstandes in der komplexen Wechselstromrechnung auf. In der reinen Mathematik werden komplexe Zahlen in der Funktionentheorie verwendet.

	A	B	C	D
1				
2	**Berechnungen mit imaginären Zahlen**			
3				
10	Komplexe_Zahl1	Komplexe_Zahl2	Ergebnis	Formel
11	25-10i	1+2i	26-8i	**=IMSUMME(A11;B11)**
12	25-10i	23-10i	2	**=IMSUB(A12;B12)**
13	3+5i	3-4i	29+3i	**=IMPRODUKT(A13;B13)**
14	25-10i	1+2i	1-12i	**=IMDIV(A14;B14)**
15				
16	1+2i		2,236067977	**=IMABS(A16)**
17	1+2i		2	**=IMAGINÄRTEIL(A17)**
18	1+2i		-3+4i	**=IMAPOTENZ(A18;2)**
19	1+2i		1,107148718	**=IMARGUMENT(A19)**
20	1+2i		-1,13120438375681+2,47172667200482i	**=IMEXP(A20)**
21	1+2i		1-2i	**=IMKONJUGIERTE(A21)**
22	1+2i		0,80471895621705+1,10714871779409i	**=IMLN(A22)**
23	1+2i		0,349485002168009+0,480828578784234i	**=IMLOG10(A23)**
24	1+2i		1,16096404744368+1,59727796468811i	**=IMLOG2(A24)**
25	1+2i		1	**=IMREALTEIL(A25)**
26	1+i		1,09868411346781+0,455089860562227i	**=IMWURZEL(A26)**
27				
28	1+2i		2,03272300701967-3,0518977991518i	**=IMCOS(A28)**
29	1+2i		0,228375065599687-0,141363021612408i	**=IMCOSEC(A29)**
30	1+2i		-0,221500930850509-0,6354937992539i	**=IMCOSECHYP(A30)**
31	1+2i		-0,64214812471552+1,06860742138278i	**=IMCOSHYP(A31)**
32	1+2i		0,0327977555337526-0,984329226458191i	**=IMCOT(A32)**
33	1+2i		0,151176298265577+0,226973675393722i	**=IMSEC(A33)**
34	1+2i		-0,41314934426694-0,687527438655479i	**=IMSECHYP(A34)**
35	1+2i		3,16577851321617+1,95960104142161i	**=IMSIN(A35)**
36	1+2i		-0,489056259041294+1,40311925062204i	**=IMSINHYP(A36)**
37	1+2i		0,0338128260798967+1,01479361614663i	**=IMTAN(A37)**

Abbildung 6.7 Übersicht über die `IM*()`-Funktionen

6.6 Referenz der technischen Funktionen

BESSELI()

BESSELI()

Syntax: `BESSELI(`**`X`**`; `**`N`**`)`

Beispiel: `=BESSELI(0,5; 1)`

Ergebnis: `0,25789`

Die Funktion BESSELI() liefert Werte der modifizierten Besselfunktion In(x). Sie entspricht der Besselfunktion Jn(x) für den Fall, dass nur imaginäre Argumente verwendet werden. Das Argument X ist der Wert, für den die Funktion ausgewertet werden soll.

X muss eine reelle Zahl sein. Mit N wird die Ordnung angegeben. N muss eine positive ganze Zahl sein, Nachkommastellen werden abgeschnitten. Die verwendete Ordnung hat Einfluss auf den Wertebereich. Siehe auch Abschnitt 6.2, »Besselfunktionen«.

Ist n < 0, liefert die Funktion den Fehler #ZAHL!, ist eines der Argumente nicht numerisch, erscheint der Fehler #WERT!.

BESSELI() mit verschiedenen Ordnungen

x	I0	I1	I2
0	1	0	0
0,1	1,002501561	0,050062526	0,001251042
0,2	1,010025022	0,100500834	0,005016687
0,3	1,022626867	0,151693839	0,011334613
0,4	1,040401763	0,204026755	0,020268003
0,5	1,063483344	0,257894303	0,031906148
0,6	1,092045331	0,313704022	0,046365278
0,7	1,126302982	0,371879673	0,063789651
0,8	1,166514885	0,432864797	0,084352914
0,9	1,21298513	0,497126442	0,108259722
1	1,266065848	0,565159098	0,135747667
1,1	1,326160162	0,63748887	0,167089497
1,2	1,393725572	0,714677936	0,20259568
1,3	1,469277796	0,797329311	0,242617313
1,4	1,553395106	0,886091979	0,287549413
1,5	1,646723202	0,981666428	0,337834621

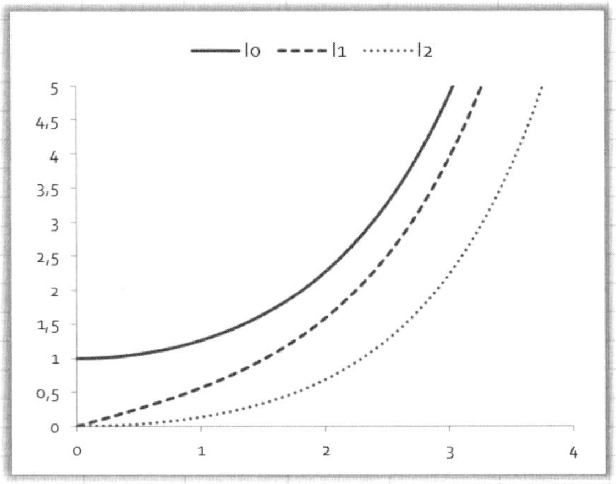

Abbildung 6.8 Werte der Funktion BESSELI() für verschiedene Ordnungen und ihr Graph

BESSELJ()

BESSELJ()

Syntax:	BESSELJ(**X**; **N**)
Beispiel:	=BESSELJ(0,5; 2)
Ergebnis:	0,0306

Die Funktion BESSELJ() liefert Werte der Besselfunktion Jn(X). Das Argument X ist der Wert, für den die Funktion ausgewertet werden soll. Mit N wird die Ordnung angegeben. N muss eine positive ganze Zahl sein, Nachkommastellen werden abgeschnitten. Die verwendete Ordnung hat Einfluss auf den Wertebereich. X muss eine reelle Zahl sein. Siehe auch Abbildung 6.2 und den Abschnitt 6.2, »Besselfunktionen«.

Ist N < 0, liefert die Funktion den Fehler #ZAHL!, ist eines der Argumente nicht numerisch, erscheint der Fehler #WERT!.

BESSELK()

BESSELK()

Syntax:	BESSELK(**X**; **N**)
Beispiel:	=BESSELK(0,5; 1)
Ergebnis:	1,65644

Die Funktion BESSELK() liefert Werte der modifizierten Besselfunktion Kn(X). Das Argument X ist der Wert, für den die Funktion ausgewertet werden soll. Mit N wird die Ordnung angegeben. N muss eine positive ganze Zahl sein, Nachkommastellen werden abgeschnitten. Die verwendete Ordnung hat Einfluss auf den Wertebereich. X muss eine reelle Zahl sein. Siehe auch Abschnitt 6.2, »Besselfunktionen«.

Ist N < 0, liefert die Funktion den Fehler #ZAHL!, ist eines der Argumente nicht numerisch, erscheint der Fehler #WERT!.

BESSELK() mit verschiedenen Ordnungen

x	K0	K1	K2
0			
0,5	0,924419035	1,656441128	7,550183547
1	0,421024421	0,601907232	1,624838884
1,5	0,213805569	0,277387804	0,583655974
2	0,11389388	0,13986588	0,25375976
2,5	0,062347554	0,073890816	0,121460207
3	0,034739504	0,040156431	0,061510459
3,5	0,019598897	0,022239393	0,032307122
4	0,011159676	0,012483499	0,017401426
4,5	0,006399857	0,007078095	0,009545677
5	0,003691098	0,004044613	0,005308944
5,5	0,002138709	0,002325569	0,00298437
6	0,001243994	0,00134392	0,001691968

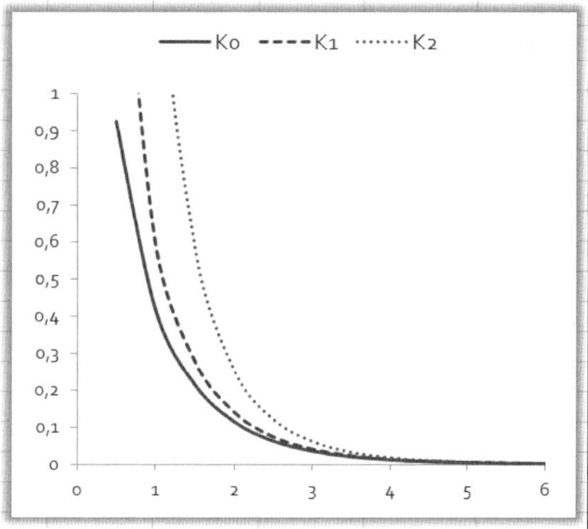

Abbildung 6.9 Werte der Funktion BESSELK() für verschiedene Ordnungen und ihr Graph

BESSELY()

BESSELY()

Syntax:	`BESSELY(`**`X`**`; `**`N`**`)`
Beispiel:	`=BESSELY(0,5; 1)`
Ergebnis:	`1,47147`

Die Funktion `BESSELY()` gibt Werte der Besselfunktion `Yn(X)` zurück, die auch als Webersche oder Neumannsche Funktion bezeichnet wird. Das Argument `X` ist der Wert, für den die Funktion ausgewertet werden soll. Mit `N` wird die Ordnung angegeben. `N` muss eine positive ganze Zahl sein, Nachkommastellen werden abgeschnitten. Die verwendete Ordnung hat Einfluss auf den Wertebereich. `X` muss eine reelle Zahl sein. Siehe auch Abschnitt 6.2, »Besselfunktionen«.

Ist `N` < `0`, liefert die Funktion den Fehler `#ZAHL!`, ist eines der Argumente nicht numerisch, erscheint der Fehler `#WERT!`.

BESSELY() mit verschiedenen Ordnungen

x	J0	J1	J2
0			
1	0,088256971	-0,781212821	-1,650682613
2	0,510375667	-0,107032432	-0,617408098
3	0,376850015	0,324674424	-0,160400399
4	-0,016940745	0,397925709	0,215903599
5	-0,308517623	0,14786314	0,367662879
6	-0,288194691	-0,175010349	0,229857908
7	-0,025949756	-0,302667244	-0,0605266
8	0,223521489	-0,158060462	-0,263036605
9	0,249936698	0,104314575	-0,226755682
10	0,055671167	0,249015424	-0,005868083
11	-0,168847324	0,163705537	0,198611967
12	-0,225237313	-0,057099218	0,215720776

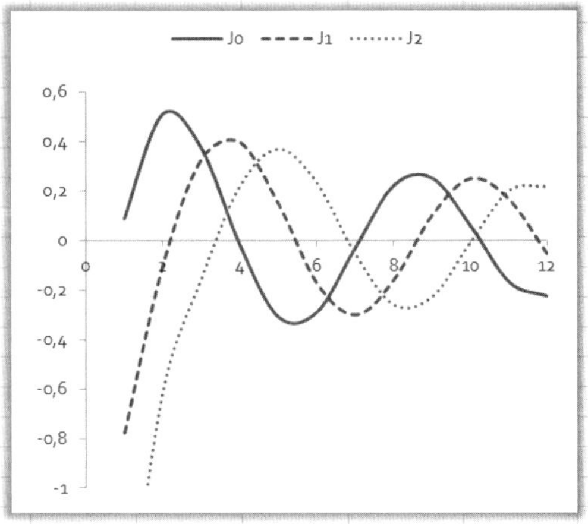

Abbildung 6.10 Werte der Funktion `BESSELY()` für verschiedene Ordnungen und ihr Graph

BININDEZ()

BIN2DEC()

Syntax:	`BININDEZ(`**`Zahl`**`)`
Beispiel:	`=BININDEZ(11101)`
Ergebnis:	`29`

Die Funktion BININDEZ() wandelt den mit Zahl angegebenen binären Wert in eine Dezimalzahl um. Der binäre Wert darf höchstens zehn Zeichen (0 oder 1) lang sein; bei zehn Zeichen ist das erste Zeichen das Vorzeichenbit (1 = negativ). Diese Darstellungsform, bei der für das Vorzeichen kein spezielles Zeichen verwendet wird, wird auch als Zweierkomplement bezeichnet.

Wenn Zahl keine zulässige binäre Zahl ist oder mehr als zehn Zeichen enthält, gibt die Funktion den Fehler #ZAHL! aus. Ist Zahl nicht numerisch, erscheint der Fehler #WERT!.

	A	B	C	D	E	F	G
1							
2	**Umwandlungen von Binärzahlen**						
3							
4	Zahl	Stellen	BININDEZ()	BININHEX(Zahl)	BININHEX(Zahl;Stellen)	BININOKT(Zahl)	BININOKT(Zahl;Stellen)
5	0	4	0	0	0000	0	0000
6	1	4	1	1	0001	1	0001
7	10	4	2	2	0002	2	0002
8	11	4	3	3	0003	3	0003
9	100	4	4	4	0004	4	0004
10	101	4	5	5	0005	5	0005
11	110	4	6	6	0006	6	0006
12	111	4	7	7	0007	7	0007
13	1000	4	8	8	0008	10	0010
14	1001	4	9	9	0009	11	0011
15	1010	4	10	A	000A	12	0012

Abbildung 6.11 Funktionen für die Umwandlung von binären Zahlen

Anders als bei den anderen Umwandlungsfunktionen zwischen den Zahlensystemen liefert diese Funktion ihr Ergebnis als dezimale Zahl ab, mit der also ohne Umstände weitergerechnet werden kann.

BININHEX()

BIN2HEX()

Syntax: BININHEX(**Zahl**; Stellen)

Beispiel: =BININHEX(1100)

Ergebnis: C

Die Funktion BININHEX() wandelt den mit Zahl angegebenen binären Wert in eine Hexadezimalzahl um. Der binäre Wert darf höchstens zehn Zeichen (0 oder 1) lang sein; bei zehn Zeichen ist das erste Zeichen das Vorzeichenbit (1 = negativ). Das Argument Stellen gibt an, wie viele Stellen angezeigt werden. Ohne Angabe werden nur die notwendigen Stellen angezeigt; ist Stellen größer als deren Anzahl, werden führende Nullen ausgegeben.

Wenn Zahl keine zulässige binäre Zahl ist oder mehr als zehn Zeichen enthält, gibt die Funktion den Fehler #ZAHL! aus. Reicht die angegebene Stellenzahl nicht für die Darstellung aus oder ist Stellen negativ, erscheint ebenfalls der Fehler #ZAHL!.

Ist Stellen nicht numerisch, liefert die Funktion den Fehler #WERT!. Ist Zahl eine negative binäre Zahl, ignoriert die Funktion das Argument Stellen und gibt eine Zahl mit zehn Zeichen aus.

Im Unterschied zu der Funktion BININDEZ() liefert BININHEX() ihr Ergebnis in Form einer Zeichenfolge. Sie können dieses Ergebnis also nicht ohne Weiteres in eine Rechenoperation einbeziehen. Mit der in Excel 2013 eingeführten Textfunktion DEZIMAL() ist aber eine Umwandlung in eine dezimale Zahl leicht möglich. =DEZIMAL(E10; 16) wandelt die hexadezimale Zeichenfolge 000F in die dezimale Zahl 15 um. Wenn Sie irrtümlich auf eine hexadezimale Zeichenfolge eine Zahl addieren, behandelt Excel die Zeichenfolge wie eine Zahl und liefert dann unsinnige Ergebnisse, etwa: 0006 + 10 = 16. Kommen in der hexadezimalen Zeichenfolge Buchstaben vor, liefert die Berechnung den Fehler #WERT!. Siehe auch Abbildung 6.11 zu der Funktion BININDEZ().

BININOKT()

BIN2OCT()

Syntax:	BININOKT(**Zahl**; Stellen)
Beispiel:	=BININOKT(1100)
Ergebnis:	14

Die Funktion BININOKT() wandelt den mit Zahl angegebenen binären Wert in eine Oktalzahl um. Der binäre Wert darf höchstens zehn Zeichen (0 oder 1) lang sein; bei zehn Zeichen ist das erste Zeichen das Vorzeichenbit (1 = negativ). Das Argument Stellen gibt an, wie viele Stellen angezeigt werden. Ohne Angabe werden nur die notwendigen Stellen angezeigt; ist Stellen größer als deren Anzahl, werden führende Nullen ausgegeben.

Wenn Zahl keine zulässige binäre Zahl ist oder mehr als zehn Zeichen enthält, gibt die Funktion den Fehler #ZAHL! aus. Reicht die angegebene Stellenzahl nicht für die Darstellung aus oder ist Stellen negativ, erscheint ebenfalls der Fehler #ZAHL!. Ist Zahl oder

Stellen nicht numerisch, liefert die Funktion den Fehler #WERT!. Ist Zahl eine negative binäre Zahl, ignoriert die Funktion das Argument Stellen und gibt eine Zahl mit zehn Zeichen aus.

Im Unterschied zu der Funktion BININDEZ() liefert BININOKT() ihr Ergebnis in Form einer Zeichenfolge. Sie können dieses Ergebnis also nicht ohne Weiteres in eine Rechenoperation einbeziehen. Mit der in Excel 2013 neu eingeführten Funktion DEZIMAL() ist aber eine Umwandlung in eine dezimale Zahl leicht möglich. =DEZIMAL(E10; 8) wandelt die oktale Zeichenfolge 0017 in die dezimale Zahl 15 um. Wenn Sie irrtümlich auf eine oktale Zeichenfolge eine Zahl addieren, behandelt Excel die Zeichenfolge wie eine Zahl und liefert unsinnige Ergebnisse, etwa: 0073 + 10 = 83. Siehe auch Abbildung 6.11 zu der Funktion BININDEZ().

BITLVERSCHIEB()

BITLSHIFT()

Syntax: BITLVERSCHIEB(**Zahl; Verschiebebetrag**)

Beispiel: =BITLVERSCHIEB(4; 2)

Ergebnis: 16

Die in Excel 2013 eingeführte Funktion BITLVERSCHIEB() führt in der binären Repräsentation einer dezimalen Zahl eine Linksverschiebung um die Anzahl von Stellen durch, die mit Verschiebebetrag angegeben wird, und liefert den sich daraus ergebenden Betrag als dezimale Zahl. Zahl muss eine ganze Zahl sein, die ≥ 0 und < (2^48)-1 ist.

Die Linksverschiebung entspricht dem Hinzufügen von Nullen auf der rechten Seite der binären Darstellung der Zahl. Der Verschiebebetrag muss eine ganze Zahl und < 53 sein.

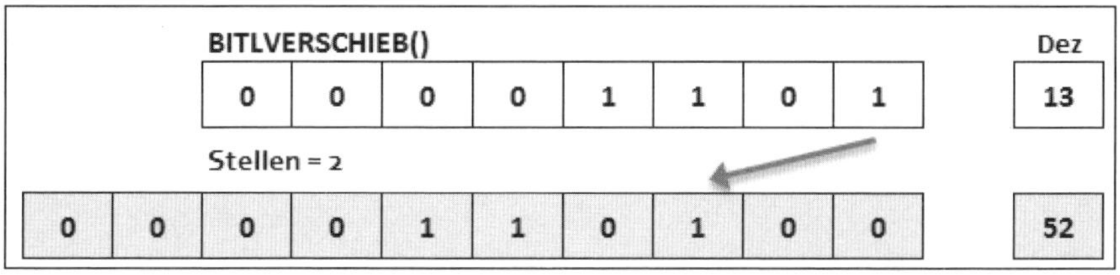

Abbildung 6.12 Linksverschiebung eines Binärwertes um zwei Stellen

Liegt ein Wert außerhalb des gültigen Wertebereichs, liefert die Funktion den Wert #ZAHL!. Ist eines der Argumente nicht numerisch, wird der Fehlerwert #WERT! zurückgegeben.

BITODER()

BITOR()

Syntax:	`BITODER(`**`Zahl1; Zahl2`**`)`
Beispiel:	`=BITODER(3; 5)`
Ergebnis:	`7`

Die in Excel 2013 eingeführte Funktion `BITODER()` gibt ein bitweises ODER zweier Zahlen zurück. `Zahl1` und `Zahl2` müssen als dezimale Zahlen angegeben werden und jeweils ≥ `0` und < `(2^48)-1` sein. Die Funktion vergleicht die Bits der beiden Zahlen positionsweise. Ist eines dieser Bits 1, ist das Ergebnis für diese Bitposition 1. Die für die Bitpositionen zurückgegebenen Werte wachsen von rechts nach links als Potenzen von 2. Das äußerste rechte Bit entspricht 1 (2^0), das Bit daneben 2 (2^1) usw.

Liegt ein Wert außerhalb des gültigen Wertebereichs, liefert die Funktion den Wert `#ZAHL!`. Ist eines der Argumente nicht numerisch, wird der Fehlerwert `#WERT!` zurückgegeben.

BITODER()

0	0	0	0	1	1	0	1	13
0	1	0	0	0	0	0	1	65
0	1	0	0	1	1	0	1	77

Abbildung 6.13 ODER zweier Binärwerte

BITRVERSCHIEB()

BITRSHIFT()

Syntax:	`BITRVERSCHIEB(`**`Zahl; Verschiebebetrag`**`)`
Beispiel:	`=BITRVERSCHIEB(16; 2)`
Ergebnis:	`4`

Die in Excel 2013 eingeführte Funktion `BITRVERSCHIEB()` führt in der binären Repräsentation einer dezimalen Zahl eine Rechtsverschiebung um die Anzahl von Stellen durch, die mit `Verschiebebetrag` angegeben wird, und liefert den sich daraus ergebenden Betrag als dezimale Zahl. `Zahl` muss eine ganze Zahl sein, die ≥ `0` und < `(2^48)-1` ist. Die Rechtsverschiebung entspricht dem Entfernen von Stellen auf der rechten Seite der binären Darstellung der Zahl. Der Verschiebebetrag muss eine ganze Zahl und < 53 sein.

Liegt ein Wert außerhalb des gültigen Wertebereichs, liefert die Funktion den Wert #ZAHL!. Ist eines der Argumente nicht numerisch, wird der Fehlerwert #WERT! zurückgegeben.

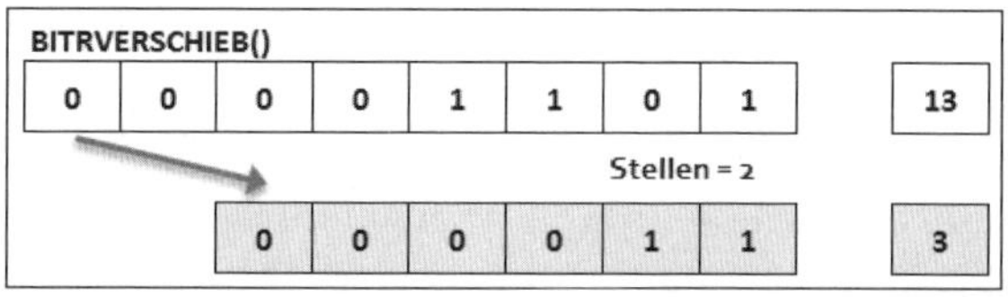

Abbildung 6.14 Rechtsverschiebung eines Binärwertes um zwei Stellen

BITUND()

BITAND()

Syntax:	BITUND(**Zahl1**; **Zahl2**)
Beispiel:	=BITUND(3; 5)
Ergebnis:	1

Die in Excel 2013 eingeführte Funktion BITUND() gibt ein bitweises UND zweier Zahlen zurück. Zahl1 und Zahl2 müssen als dezimale Zahlen angegeben werden und jeweils ≥ 0 und < (2^48)-1 sein. Die Funktion vergleicht die Bits der beiden Zahlen positionsweise. Nur wenn beide Bits 1 sind, ist das Ergebnis für diese Bitposition 1. In allen anderen Fällen ergibt der Vergleich eine 0.

Die für die Bitpositionen zurückgegebenen Werte wachsen von rechts nach links als Potenzen von 2. Das äußerste rechte Bit entspricht 1 (2^0), das Bit daneben 2 (2^1) usw.

Liegt ein Wert außerhalb des gültigen Wertebereichs, liefert die Funktion den Wert #ZAHL!. Ist eines der Argumente nicht numerisch, wird der Fehlerwert #WERT! zurückgegeben.

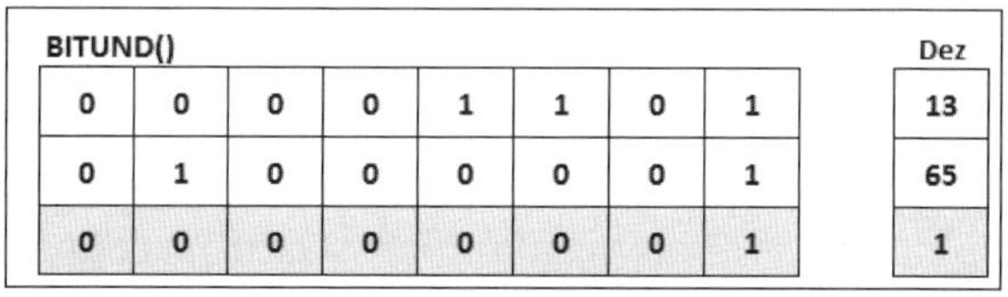

Abbildung 6.15 UND zweier Binärwerte

BITXODER()

BITXOR()

Syntax: `BITXODER(`**`Zahl1; Zahl2`**`)`

Beispiel: `=BITXODER(3; 5)`

Ergebnis: 6

Die in Excel 2013 eingeführte Funktion `BITXODER()` gibt ein bitweises XODER zweier Zahlen zurück. `Zahl1` und `Zahl2` müssen als dezimale Zahlen angegeben werden und jeweils ≥ `0` und < `(2^48)-1` sein. Die Funktion vergleicht die Bits der beiden Zahlen positionsweise. Ist nur eines dieser Bits 1, ist das Ergebnis für diese Bitposition 1. In allen anderen Fällen ergibt der Vergleich eine 0.

Die für die Bitpositionen zurückgegebenen Werte wachsen von rechts nach links als Potenzen von 2. Das äußerste rechte Bit entspricht 1 (2^0), das Bit daneben 2 (2^1) usw.

Liegt ein Wert außerhalb des gültigen Wertebereichs, liefert die Funktion den Wert `#ZAHL!`. Ist eines der Argumente nicht numerisch, wird der Fehlerwert `#WERT!` zurückgegeben.

BITXODER()

0	0	0	0	1	1	0	1		13
0	1	0	0	0	0	0	1		65
0	1	0	0	1	1	0	0		76

Abbildung 6.16 Ausschließendes ODER zweier Binärwerte

DELTA()

DELTA()

Syntax: `DELTA(`**`Zahl1`**`; Zahl2)`

Beispiel: `=DELTA(10/6; 20/12)`

Ergebnis: 1

Die Funktion `DELTA()` prüft, ob die mit den Argumenten `Zahl1` und `Zahl2` angegebenen Werte gleich sind. Sie ergibt 1, wenn `Zahl1` und `Zahl2` in ihrem numerischen Wert übereinstimmen, andernfalls ist das Ergebnis 0. Wird Zahl2 nicht angegeben, wird das Argument als 0 angenommen. =DELTA(B10) prüft also, ob die Zelle den Wert 0 liefert.

Als Argumente sind nur Einträge erlaubt, die numerische Werte ergeben, andernfalls liefert die Funktion den Fehler #WERT!. Zugelassen werden aber auch Argumente, die numerische Werte als Zeichenfolge bereitstellen, wie einige der Umwandlungsfunktionen oder die Funktion TEXT().

In dem Beispiel in Abbildung 6.17 wird die Funktion benutzt, um schnell die Frage zu beantworten, bei wie vielen Kapiteln der Planwert und der Istwert übereinstimmen. Dazu wird einfach die Summe der DELTA()-Werte gebildet.

	A	B	C	D
1				
2	**Werte auf Gleichheit prüfen**			
3				
4		Planseiten	Istseiten	Gleich
5		Zahl1	Zahl2	DELTA()
6	Kapitel 1	12	15	0
7	Kapitel 2	23	23	1
8	Kapitel 3	34	34	1
9	Kapitel 4	23	25	0
10	Kapitel 5	43	40	0
11			Passende Kapitel:	2

Abbildung 6.17 Prüfen der exakten Übereinstimmung

DEZINBIN()

DEC2BIN()

Syntax: DEZINBIN(**Zahl**; Stellen)

Beispiel: =DEZINBIN(100)

Ergebnis: 1100100

Die Funktion DEZINBIN() liefert den Binärwert einer Dezimalzahl als Zeichenfolge. Das Argument Zahl kann dabei nur Werte zwischen -512 und +511 annehmen. Die Zahl der ausgegebenen Stellen kann mit Stellen festgelegt werden. Ohne Angabe der Stellenzahl werden nur die notwendigen Stellen angezeigt. Ist Stellen größer als deren Zahl, wird die Binärzahl mit führenden Nullen ausgegeben.

Ist Zahl negativ, wird die angegebene Stellenzahl ignoriert und der binäre Wert immer mit zehn Zeichen ausgegeben, wobei das erste Zeichen 1 das Vorzeichenbit ist. Sowohl beim Argument Zahl als auch bei Stellen werden Nachkommastellen ignoriert.

Ist Zahl < -512 oder > 511, liefert die Funktion den Fehler #ZAHL!. Das gilt auch, wenn die Funktion zur Ausgabe des Wertes mehr Stellen benötigt, als angegeben ist, oder wenn der Wert für Stellen ≤ 0 ist. Sind Zahl oder Stellen keine numerischen Ausdrücke, erscheint der Fehler #WERT!.

Die Funktion DEZINBIN() liefert ihr Ergebnis in Form einer Zeichenfolge. Sie können dieses Ergebnis also nicht ohne Weiteres in eine Rechenoperation einbeziehen. Mit der in Excel 2013 eingeführten Funktion DEZIMAL() ist aber eine Umwandlung in eine dezimale Zahl leicht möglich. =DEZIMAL(E10; 2) wandelt die binäre Zeichenfolge 10101 in die dezimale Zahl 21 um. Wenn Sie irrtümlich auf eine binäre Zeichenfolge eine Zahl addieren, behandelt Excel die Zeichenfolge wie eine Zahl und liefert dann unsinnige Ergebnisse, etwa: 10101 + 50 = 10151.

Umwandlungen von Dezimalzahlen

Zahl	Stellen	DEZINBIN(Zahl)	DEZINBIN(Zahl;Stellen)	DEZINHEX(Zahl)	DEZINHEX(Zahl;Stellen)	DEZINOKT(Zahl)	DEZINOKT(Zahl;Stellen)
0	4	0	0000	0	0000	0	0000
1	4	1	0001	1	0001	1	0001
2	4	10	0010	2	0002	2	0002
3	4	11	0011	3	0003	3	0003
4	4	100	0100	4	0004	4	0004
5	4	101	0101	5	0005	5	0005
6	4	110	0110	6	0006	6	0006
7	4	111	0111	7	0007	7	0007
8	4	1000	1000	8	0008	10	0010
9	4	1001	1001	9	0009	11	0011
10	4	1010	1010	A	000A	12	0012

Abbildung 6.18 Beispiele für die Umwandlung dezimaler Zahlen in andere Zahlensysteme

DEZINHEX()

DEC2HEX()

Syntax: DEZINHEX(**Zahl**; Stellen)

Beispiel: =DEZINHEX(15)

Ergebnis: F

Die Funktion DEZINHEX() liefert den Hexadezimalwert einer Dezimalzahl als Zeichenfolge. Das Argument namens Zahl kann dabei eine ganze Zahl mit Werten zwischen -549.755.813.888 und +549.755.813.887 sein. Die Zahl der ausgegebenen Stellen kann mit Stellen festgelegt werden. Ohne Angabe der Stellenzahl werden nur die notwendigen Stellen ausgegeben; ist Stellen größer als deren Zahl, wird die hexadezimale Zahl mit führenden Nullen ausgegeben.

Ist Zahl negativ, wird die angegebene Stellenzahl ignoriert und der hexadezimale Wert immer mit zehn Zeichen (40 Bits) ausgegeben, wobei das erste Bit das Vorzeichenbit ist. Sowohl beim Argument Zahl als auch bei Stellen werden Nachkommastellen ignoriert.

Wenn Zahl keine zulässige dezimale Zahl ist, gibt die Funktion den Fehler #ZAHL! aus. Reicht die angegebene Stellenzahl nicht für die Darstellung aus oder ist Stellen negativ, erscheint ebenfalls der Fehler #ZAHL!. Ist Zahl oder Stellen nicht numerisch, liefert die Funktion den Fehler #WERT!.

Die Funktion DEZINHEX() liefert ihr Ergebnis in Form einer Zeichenfolge. Sie können dieses Ergebnis also nicht ohne Weiteres in eine Rechenoperation einbeziehen. Mit der in Excel 2013 eingeführten Funktion DEZIMAL() ist aber eine Umwandlung in eine dezimale Zahl leicht möglich. =DEZIMAL(E10; 16) wandelt die hexadezimale Zeichenfolge 000F in die dezimale Zahl 15 um. Wenn Sie irrtümlich auf eine hexadezimale Zeichenfolge eine Zahl addieren, behandelt Excel die Zeichenfolge wie eine Zahl und liefert dann unsinnige Ergebnisse, etwa: 0006 + 10 = 16. Kommen in der hexadezimalen Zeichenfolge Buchstaben vor, liefert die Berechnung den Fehler #WERT!.

DEZINOKT()

DEC2OCT()

Syntax:	DEZINOKT(**Zahl**; Stellen)
Beispiel:	=DEZINOKT(8)
Ergebnis:	10

Die Funktion DEZINOKT() liefert den Oktalwert einer Dezimalzahl als Zeichenfolge. Das Argument Zahl kann dabei Werte zwischen -536.870.912 und +536.870.911 annehmen. Die Zahl der ausgegebenen Stellen kann mit Stellen festgelegt werden. Ohne Angabe der Stellenzahl werden nur die notwendigen Stellen ausgegeben; ist Stellen größer als deren Zahl, wird die oktale Zahl mit führenden Nullen ausgegeben.

Ist Zahl negativ, wird die angegebene Stellenzahl ignoriert und der oktale Wert immer mit zehn Zeichen (30 Bits) ausgegeben, wobei das erste Bit das Vorzeichenbit ist. Sowohl beim Argument Zahl als auch bei Stellen werden Nachkommastellen ignoriert.

Wenn Zahl keine zulässige dezimale Zahl ist, gibt die Funktion den Fehler #ZAHL! aus. Reicht die angegebene Stellenzahl nicht für die Darstellung aus oder ist Stellen negativ, erscheint ebenfalls der Fehler #ZAHL!. Ist Zahl oder Stellen nicht numerisch, liefert die Funktion den Fehler #WERT!.

Die Funktion DEZINOKT() liefert ihr Ergebnis in Form einer Zeichenfolge. Sie können dieses Ergebnis also nicht ohne Weiteres in eine Rechenoperation einbeziehen. Mit der in Excel 2013 neu eingeführten Funktion DEZIMAL() ist aber eine Umwandlung in eine dezimale Zahl leicht möglich. =DEZIMAL(E10; 8) wandelt 0017 in die dezimale Zahl 15 um. Wenn Sie irrtümlich auf eine oktale Zeichenfolge eine Zahl addieren, behandelt Excel die Zeichenfolge wie eine Zahl und liefert dann unsinnige Ergebnisse, etwa: 0073 + 10 = 83.

GAUSSF.GENAU()

ERF.PRECISE()

Syntax:	GAUSSF.GENAU(**X**)
Beispiel:	=GAUSSF.GENAU(1)
Ergebnis:	0,8427

Die Funktion GAUSSF.GENAU() liefert Werte des Gauß'schen Fehlerintegrals. Die Funktion gehört eigentlich zu den Verteilungsfunktionen der Statistik. Das Fehlerintegral gibt die Wahrscheinlichkeit an, mit der ein Wert bei der mit X angegebenen Untergrenze, ab der die Funktion integriert werden soll, zu finden ist, wobei die Normalverteilung zugrunde gelegt wird.

Ist x nicht numerisch, gibt die Funktion den Fehler #WERT! zurück.

Die mit Excel 2010 eingeführte Funktion GAUSSFKOMPL.GENAU() und die ältere Funktion GAUSSFEHLER() unterscheiden sich durch den Namen, der an das in der Version 2010 eingeführte Benennungssystem mit den durch Punkte gegliederten Namen angepasst wurde. Bei der neueren Funktion wurde zudem das Argument Obere_Grenze weggelassen. Beide Funktionen verwenden allerdings einen gegenüber älteren Versionen verbesserten Algorithmus, der genauere Werte liefert. Siehe auch Abbildung 6.19 zur Funktion GAUSSFEHLER().

GAUSSFEHLER()

ERF()

Syntax: GAUSSFEHLER(**Untere_Grenze**; Obere_Grenze)

Beispiel: =GAUSSFEHLER(0; 1)

Ergebnis: 0,8427

Die Funktion GAUSSFEHLER() liefert Werte des Gauß'schen Fehlerintegrals. Die Funktion gehört eigentlich zu den Verteilungsfunktionen der Statistik. Das Fehlerintegral gibt an, mit welcher Wahrscheinlichkeit ein Merkmalswert innerhalb eines bestimmten Intervalls, das durch die Argumente der Funktion angegeben wird, zu finden ist. Dabei wird die Normalverteilung (Gaußverteilung) zugrunde gelegt. Mit Untere_Grenze (0 oder größer) wird der Wert angegeben, ab dem die Funktion integriert werden soll, mit Obere_Grenze der Wert, bis zu dem integriert wird. Wird das Argument Obere_Grenze nicht angegeben, wird die Integration von 0 bis Untere_Grenze durchgeführt. Das Ergebnis ist dann gleich dem Ergebnis der Funktion GAUSSF.GENAU().

Ist eines der Argumente nicht numerisch, gibt die Funktion den Fehler #WERT! zurück.

Gaußsche Fehlerfunktion und ihr Kompliment

x	GAUSSFEHLER()	GAUSSF.GENAU()	GAUSSFKOMPL()	GAUSSFKOMPL.GENAU()	GAUSSFEHLER() + GAUSSFKOMPL()
0	0	0	1	1	1
0,25	0,27633	0,27633	0,72367	0,72367	1
0,5	0,52050	0,52050	0,47950	0,47950	1
0,75	0,71116	0,71116	0,28884	0,28884	1
1	0,84270	0,84270	0,15730	0,15730	1
1,25	0,92290	0,92290	0,07710	0,07710	1
1,5	0,96611	0,96611	0,03389	0,03389	1
1,75	0,98667	0,98667	0,01333	0,01333	1
2	0,99532	0,99532	0,00468	0,00468	1
2,25	0,99854	0,99854	0,00146	0,00146	1
2,5	0,99959	0,99959	0,00041	0,00041	1
2,75	0,99990	0,99990	0,00010	0,00010	1
3	0,99998	0,99998	0,00002	0,00002	1

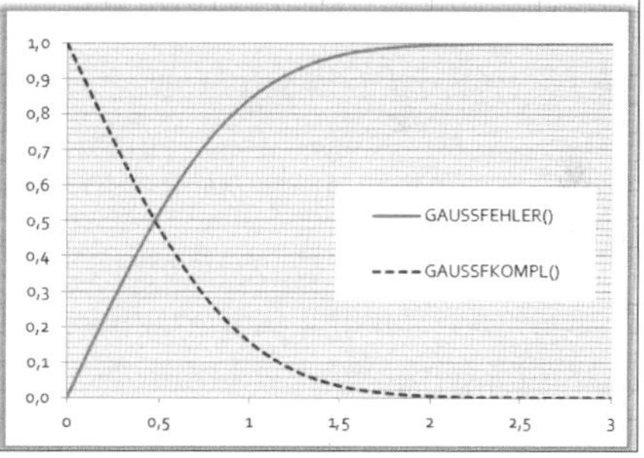

Abbildung 6.19 Die Funktionen GAUSSFEHLER() und GAUSSKOMPL()

GAUSSFKOMPL()

ERFC()

Syntax: GAUSSFKOMPL(**Untere_Grenze**)

Beispiel: =GAUSSFKOMPL(0,8)

Ergebnis: 0,2579

Die Funktion GAUSSKOMPL() liefert komplementäre Werte des Gauß'schen Fehlerintegrals, vergleiche GAUSSFEHLER().

Es gilt die Beziehung:

1 - GAUSSFEHLER(x) = GAUSSFKOMPL(x)

Die Summe von GAUSSFEHLER(x) und GAUSSFKOMPL(x) ist also immer 1, wie auch in Abbildung 6.19 zu der Funktion GAUSSFEHLER() zu sehen ist.

Ist Untere_Grenze nicht numerisch, gibt die Funktion den Fehler #WERT! zurück.

GAUSSFKOMPL.GENAU()

ERFC.PRECISE()

Syntax:	GAUSSFKOMPL.GENAU(**X**)
Beispiel:	=GAUSSFKOMPL.GENAU (0,8)
Ergebnis:	0,2579

Die Funktion GAUSSFKOMPL.GENAU() liefert komplementäre Werte des Gauß'schen Fehlerintegrals, vergleiche GAUSSF.GENAU().

Es gilt die Beziehung:

1 - GAUSSF.GENAU(X) = GAUSSFKOMPL.GENAU(X)

Ist x nicht numerisch, gibt die Funktion den Fehler #WERT! zurück.

Die mit Excel 2010 eingeführte Funktion GAUSSFKOMPL.GENAU() und die ältere Funktion GAUSSFKOMPL() unterscheiden sich nur durch den Namen, der an das in der Version 2010 eingeführte Benennungssystem mit den durch Punkte gegliederten Namen angepasst wurde. Beide Funktionen verwenden allerdings einen gegenüber älteren Versionen verbesserten Algorithmus, der genauere Werte liefert. Siehe auch Abbildung 6.19 zur Funktion GAUSSFEHLER().

GGANZZAHL()

GESTEP()

Syntax:	GGANZZAHL(**Zahl**; Schritt)
Beispiel:	=GGANZZAHL(1; 2)
Ergebnis:	1

Die Funktion `GGANZZAHL()` prüft, ob der mit `Zahl` angegebene Wert den mit `Schritt` angegebenen Schwellenwert erreicht oder überschreitet. Sie ergibt `1`, wenn `Zahl` größer oder gleich `Schritt` ist, sonst `0`. Wird `Schritt` nicht angegeben, wird er als `0` angenommen. Ungeachtet des missverständlichen deutschen Funktionsnamens können auch gebrochene Zahlen für die beiden Argumente angegeben werden.

Ist eines der Argumente nicht numerisch, erscheint der Fehler `#WERT!`.

In Kombination mit `SUMME()` lässt sich mithilfe von `GGANZZAHL()` leicht prüfen, wie viele Werte in einer Spalte einen bestimmen Schwellenwert erreicht haben. Abbildung 6.20 zeigt ein Beispiel, in dem der Bestand mit dem Mindestbestand verglichen wird. Die Formel `=GGANZZAHL(C5; D5)` verrät, ob der Bestand über dem Mindestbestand liegt oder nicht.

	A	B	C	D	E
1					
2	**Prüfen auf Schwellenwerte**				
3					
4	Artnr	Bezeichnung	Mindestbestand	Bestand	GGANZZAHL()
5	7777	Jalousie Ccxs	500	600	0
6	7778	Jalousie Ccxx	500	500	1
7	8443	Jalousie VVx	500	700	0
8	7774	Jalousie Vvxx	500	450	1
9	5667	Markise Luxor	500	890	0
10	8666	Rollo Dark	300	340	0
11	5554	Rollo PCx	300	230	1
12	6666	Rollo Top	300	700	0
13	5222	Rollo XXs	300	400	0
14	7999	Sunset	300	500	0
15		Anzahl Artikel mit zu geringem Bestand:			**3**

Abbildung 6.20 Erreicht oder unterschreitet der Bestand den vorgegebenen Mindestbestand?

HEXINBIN()

HEX2BIN()

Syntax: `HEXINBIN(`**`Zahl`**`; Stellen)`

Beispiel: `=HEXINBIN(A)`

Ergebnis: 1010

Die Funktion `HEXINBIN()` liefert den Binärwert einer hexadezimalen Zahl als Zeichenfolge. Das Argument `Zahl` kann dabei maximal zehn Stellen lang sein und Werte zwischen FFFFFFFE00 und 1FF annehmen, das entspricht den dezimalen Werten -512 und +511. Die Zahl der ausgegebenen Stellen kann mit Stellen festgelegt werden. Ohne Angabe der Stellenzahl werden nur die notwendigen Stellen ausgegeben; ist Stellen größer als deren Zahl, wird die binäre Zahl mit führenden Nullen aufgefüllt.

Ist Zahl negativ, wird die angegebene Stellenzahl ignoriert und der binäre Wert immer mit zehn Zeichen (10 Bits) ausgegeben, wobei das erste Bit das Vorzeichenbit ist. Sowohl beim Argument Zahl als auch bei Stellen werden Nachkommastellen ignoriert.

Wenn Zahl keine zulässige hexadezimale Zahl ist, gibt die Funktion den Fehler #ZAHL! aus. Reicht die angegebene Stellenzahl nicht für die Darstellung aus oder ist Stellen negativ, erscheint ebenfalls der Fehler #ZAHL!. Ist Zahl oder Stellen nicht numerisch, liefert die Funktion den Fehler #WERT!.

Die Funktion HEXINBIN() liefert ihr Ergebnis in Form einer Zeichenfolge. Sie können dieses Ergebnis also nicht ohne Weiteres in eine Rechenoperation einbeziehen. Mit der in Excel 2013 eingeführten Funktion DEZIMAL() ist aber eine Umwandlung in eine dezimale Zahl leicht möglich. =DEZIMAL(E10; 2) wandelt die binäre Zeichenfolge 10101 in die dezimale Zahl 21 um. Wenn Sie irrtümlich auf eine binäre Zeichenfolge eine Zahl addieren, behandelt Excel die Zeichenfolge wie eine Zahl und liefert dann unsinnige Ergebnisse, etwa: 10101 + 50 = 10151.

Umwandlungen von Hexadezimalzahlen

Zahl	Stellen	HEXINBIN(Zahl)	HEXINBIN(Zahl;Stellen)	HEXINDEZ()	HEXINOKT(Zahl)	HEXINOKT(Zahl;Stellen)
0	4	0	0000	0	0	0000
1	4	1	0001	1	1	0001
2	4	10	0010	2	2	0002
3	4	11	0011	3	3	0003
4	4	100	0100	4	4	0004
5	4	101	0101	5	5	0005
6	4	110	0110	6	6	0006
7	4	111	0111	7	7	0007
8	4	1000	1000	8	10	0010
9	4	1001	1001	9	11	0011
A	4	1010	1010	10	12	0012
B	4	1011	1011	11	13	0013
C	4	1100	1100	12	14	0014
D	4	1101	1101	13	15	0015
E	4	1110	1110	14	16	0016
F	4	1111	1111	15	17	0017
10	8	10000	00010000	16	20	00000020

Abbildung 6.21 Funktionen für die Umwandlung hexadezimaler Zahlen

HEXINDEZ()

HEX2DEC()

Syntax:	`HEXINDEZ(`**`Zahl`**`)`
Beispiel:	`=HEXINDEZ(F)`
Ergebnis:	`15`

Die Funktion `HEXINDEZ()` liefert den Dezimalwert einer hexadezimalen Zahl. Das Argument `Zahl` kann dabei maximal zehn Stellen (40 Bits) lang sein und Werte zwischen `8000000000` und `7FFFFFFFFF` annehmen, das entspricht dezimalen Werten zwischen –549.755.813.888 und 543.755.813.887. Das erste Bit ist das Vorzeichenbit. Siehe auch Abbildung 6.21 zur Funktion `HEXINBIN()`.

6

! Wenn `Zahl` keine zulässige hexadezimale Zahl ist, gibt die Funktion den Fehler `#ZAHL!` aus. Ist der Wert nicht numerisch, erscheint der Fehler `#WERT!`.

HEXINOKT()

HEX2OCT()

Syntax:	`HEXINOKT(`**`Zahl`**`; Stellen)`
Beispiel:	`=HEXINOKT(F)`
Ergebnis:	`17`

Die Funktion `HEXINOKT()` liefert den Oktalwert einer hexadezimalen Zahl. Das Argument `Zahl` kann dabei maximal zehn Stellen (40 Bits) lang sein und Werte zwischen `FFE0000000` und `1FFFFFFF` annehmen. Das erste Bit ist das Vorzeichenbit. `Stellen` gibt an, wie viele Stellen angezeigt werden. Ohne Angabe werden nur die notwendigen Stellen angezeigt; ist `Stellen` größer als die Anzahl der notwendigen Stellen, werden führende Nullen ausgegeben.

Ist `Zahl` negativ, ignoriert die Funktion das Argument `Stellen` und gibt eine oktale Zahl mit zehn Zeichen aus. Siehe auch Abbildung 6.21 zur Funktion `HEXINBIN()`.

! Wenn `Zahl` keine zulässige hexadezimale Zahl ist, gibt die Funktion den Fehler `#ZAHL!` aus. Reicht die angegebene Stellenzahl nicht für die Darstellung aus oder ist `Stellen` negativ, erscheint ebenfalls der Fehler `#ZAHL!`. Ist `Zahl` oder `Stellen` nicht numerisch, liefert die Funktion den Fehler `#WERT!`.

Im Unterschied zu der Funktion HEXINDEZ() liefert HEXINOKT() ihr Ergebnis in Form einer Zeichenfolge. Sie können dieses Ergebnis also nicht ohne Weiteres in eine Rechenoperation einbeziehen. Mit der in Excel 2013 eingeführten Funktion DEZIMAL() ist aber eine Umwandlung in eine dezimale Zahl leicht möglich. =DEZIMAL(E10; 8) wandelt die oktale Zeichenfolge 0017 in die dezimale Zahl 15 um. Wenn Sie irrtümlich auf eine oktale Zeichenfolge eine Zahl addieren, behandelt Excel die Zeichenfolge wie eine Zahl und liefert dann unsinnige Ergebnisse, etwa: 0073 + 10 = 83.

IMABS()

IMABS()

Syntax:	IMABS(**Komplexe_Zahl**)
Beispiel:	=IMABS("3+4i")
Ergebnis:	5

Die Funktion IMABS() liefert den Absolutbetrag einer komplexen Zahl. Dieser Betrag entspricht der Länge des Vektors in der geometrischen Darstellung der komplexen Zahl, also der Entfernung des Punktes (x,x) vom Ursprung (0,0), siehe Abbildung 6.6.

Das Argument Komplexe_Zahl muss als Zeichenfolge in der Form x+yi oder x+yj angegeben werden, wobei x und y zwei beliebige Zahlen sein können. Leerzeichen innerhalb der Zeichenfolge werden ignoriert. Unerlaubte Zeichen führen zu dem Fehler #ZAHL!. Hilfsweise kann das Argument mithilfe der Funktion KOMPLEXE() aus einem Realteil und einem imaginären Teil zusammengestellt werden.

Das Ergebnis der Funktion ist immer eine positive reelle Zahl. Die Funktion arbeitet mit der Formel:

```
=WURZEL(x^2+y^2)
```

Also im Beispiel:

```
=WURZEL(3^2+4^2)
```

IMAGINÄRTEIL()

IMAGINARY()

Syntax:	IMAGINÄRTEIL(**Komplexe_Zahl**)
Beispiel:	=IMAGINÄRTEIL("5-12i")
Ergebnis:	-12

Die Funktion IMAGINÄRTEIL() liefert den imaginären Teil einer komplexen Zahl. Als Ergebnis wird eine reelle Zahl angezeigt. Es gibt also an, mit welcher reellen Zahl die imaginäre Einheit i innerhalb einer komplexen Zahl multipliziert wird.

Das Argument Komplexe_Zahl muss als Zeichenfolge in der Form x+yi oder x+yj angegeben werden, wobei x und y zwei beliebige Zahlen sein können. Leerzeichen innerhalb der Zeichenfolge werden ignoriert. Unerlaubte Zeichen führen zu dem Fehler #ZAHL!.

Die Funktion IMAGINÄRTEIL() kann auch als Argument in der Funktion KOMPLEXE() verwendet werden, um eine komplexe Zahl zu erzeugen:

```
=KOMPLEXE(IMREALTEIL(A17); IMAGINÄRTEIL(A16))
```


IMAPOTENZ()

IMPOWER()

Syntax:	IMAPOTENZ(**Komplexe_Zahl; Potenz**)
Beispiel:	=IMAPOTENZ("3+2i"; 2)
Ergebnis:	5+12i

Die Funktion IMAPOTENZ() liefert die Potenz der mit Komplexe_Zahl angegebenen komplexen Zahl.

Das Argument Komplexe_Zahl muss als Zeichenfolge in der Form x+yi oder x+yj angegeben werden, wobei x und y zwei beliebige Zahlen sein können. Leerzeichen innerhalb der Zeichenfolge werden ignoriert. Unerlaubte Zeichen führen zu dem Fehler #ZAHL!. Für das Argument Potenz können ganze positive oder negative Zahlen, aber auch Brüche angegeben werden. Wird dagegen als Potenz eine komplexe Zahl oder ein nicht numerischer Ausdruck angegeben, liefert die Funktion den Fehler #WERT!.

Das Ergebnis ist wieder eine komplexe Zahl, die als Zeichenfolge ausgegeben wird.

IMARGUMENT()

IMARGUMENT()

Syntax:	IMARGUMENT(**Komplexe_Zahl**)
Beispiel:	=IMARGUMENT("3+3i")
Ergebnis:	0,785

Die Funktion IMARGUMENT() liefert das Argument einer komplexen Zahl. Dies ist der Winkel im Bogenmaß, der für die Darstellung der komplexen Zahl in der goniometrischen Form verwendet wird.

Das Argument Komplexe_Zahl muss als Zeichenfolge in der Form x+yi oder x+yj angegeben werden, wobei x und y zwei beliebige Zahlen sein können. Leerzeichen innerhalb der Zeichenfolge werden ignoriert. Unerlaubte Zeichen führen zu dem Fehler #ZAHL!.

IMCOS()

IMCOS()

Syntax:	IMCOS(**Komplexe_Zahl**)
Beispiel:	=IMCOS("3+4i")
Ergebnis:	-27,03-3,85i (Nachkommastellen gekürzt)

Die Funktion IMCOS() liefert den Kosinus einer komplexen Zahl.

Das Argument Komplexe_Zahl muss als Zeichenfolge in der Form x+yi oder x+yj angegeben werden, wobei x und y zwei beliebige Zahlen sein können. Leerzeichen innerhalb der Zeichenfolge werden ignoriert. Unerlaubte Zeichen führen zu dem Fehler #ZAHL!.

Für den Kosinus gilt die Formel:

```
cos(x + yi) = cos(x) cosh(y) - sin(x) sinh(y)i
```

die beispielsweise für 3+4i mit

```
=KOMPLEXE((COS(3)*COSHYP(4)); -(SIN(3)*SINHYP(4)))
```

nachgebildet werden kann.

Das Ergebnis ist eine komplexe Zahl, die als Zeichenfolge ausgegeben wird.

IMCOSEC()

IMCSC()

Syntax:	IMCOSEC(**Zahl**)
Beispiel:	=IMCOSEC("4+3i")
Ergebnis:	-0,075...+0,06...i

Die in Excel 2013 eingeführte Funktion `IMCOSEC()` gibt den Kosekans einer komplexen Zahl im Textformat `x+yi` oder `x+yj` zurück.

Das Argument `Zahl` muss als Zeichenfolge in der Form `x+yi` oder `x+yj` angegeben werden, wobei `x` und `y` zwei beliebige Zahlen sein können. Leerzeichen innerhalb der Zeichenfolge werden ignoriert. Unerlaubte Zeichen führen zu dem Fehler `#ZAHL!`.

Für den Kosekans einer komplexen Zahl gilt:

```
cosec(x + yi) = 1 / sin(x + yi)
```

Das Ergebnis der Funktion ist wieder eine komplexe Zahl, die als Zeichenfolge ausgegeben wird.

Hilfsweise kann das Argument `Zahl` mithilfe der Funktion `KOMPLEXE()` aus einem Realteil und einem imaginären Teil zusammengestellt werden, z. B.: `=IMABS(KOMPLEXE(1; 5)` ergibt `1+5i`.

IMCOSECHYP()

IMCSCH()

Syntax:	`IMCOSECHYP(`**`Zahl`**`)`
Beispiel:	`=IMCOSECHYP("4+3i")`
Ergebnis:	`-0,036…+0,05…i`

Die in Excel 2013 eingeführte Funktion `IMCOSECHYP()` gibt den hyperbolischen Kosekans einer komplexen Zahl im Textformat `x+yi` oder `x+yj` zurück.

Das Argument `Zahl` muss als Zeichenfolge in der Form `x+yi` oder `x+yj` angegeben werden, wobei `x` und `y` zwei beliebige Zahlen sein können. Leerzeichen innerhalb der Zeichenfolge werden ignoriert. Unerlaubte Zeichen führen zu dem Fehler `#ZAHL!`.

Für den hyperbolischen Kosekans einer komplexen Zahl gilt:

cosech(x + yi) = 1 / sinh(x +yi) = 2 / $e^{x} - e^{-x}$

Das Ergebnis der Funktion ist wieder eine komplexe Zahl, die als Zeichenfolge ausgegeben wird.

IMCOSHYP()

IMCOSH()

Syntax:	`IMCOSHYP(`**`Zahl`**`)`
Beispiel:	`=IMCOSHYP("4+3i")`
Ergebnis:	`-0,036…+0,05…i`

Die in Excel 2013 eingeführte Funktion `IMCOSHYP()` gibt den hyperbolischen Kosinus einer komplexen Zahl im Textformat `x+yi` oder `x+yj` zurück.

Das Argument `Zahl` muss als Zeichenfolge in der Form `x+yi` oder `x+yj` angegeben werden, wobei `x` und `y` zwei beliebige Zahlen sein können. Leerzeichen innerhalb der Zeichenfolge werden ignoriert. Unerlaubte Zeichen führen zu dem Fehler `#ZAHL!`.

Für den hyperbolischen Kosinus einer komplexen Zahl gilt:

```
cosh(x + yi) = cosh(x)*cos(y) + i*sinh(x)*sin(y)
```

Das Ergebnis der Funktion ist wieder eine komplexe Zahl, die als Zeichenfolge ausgegeben wird.

IMCOT()

IMCOT()

Syntax:	`IMCOT(`**`Zahl`**`)`
Beispiel:	`=IMCOT("4+3i")`
Ergebnis:	`0,004…-0,999…i`

Die in Excel 2013 eingeführte Funktion `IMCOT()` gibt den Kotangens einer komplexen Zahl im Textformat `x+yi` oder `x+yj` zurück.

Das Argument `Zahl` muss als Zeichenfolge in der Form `x+yi` oder `x+yj` angegeben werden, wobei `x` und `y` zwei beliebige Zahlen sein können. Leerzeichen innerhalb der Zeichenfolge werden ignoriert. Unerlaubte Zeichen führen zu dem Fehler `#ZAHL!`.

Für den Kotangens einer komplexen Zahl gilt:

```
cot(x + yi) = cos(x + yi)/sin(x + yi)
```

Das Ergebnis der Funktion ist wieder eine komplexe Zahl, die als Zeichenfolge ausgegeben wird.

IMDIV()

IMDIV()

Syntax:	IMDIV(**Komplexe_Zahl1; Komplexe_Zahl2**)
Beispiel:	=IMDIV("25-10i"; "1+2i")
Ergebnis:	1-12i

Mithilfe der Funktion IMDIV() kann eine komplexe Zahl, die mit Komplexe_Zahl1 angegeben wird, durch eine andere mit Komplexe_Zahl2 angegebene komplexe Zahl dividiert werden.

6

Beide Argumente müssen als Zeichenfolge in der Form x+yi oder x+yj angegeben werden, wobei x und y zwei beliebige Zahlen sein können. Leerzeichen innerhalb der Zeichenfolge werden ignoriert. Unerlaubte Zeichen führen zu dem Fehler #ZAHL!.

Das Ergebnis ist wiederum eine komplexe Zahl, die als Zeichenfolge ausgegeben wird.

Die Funktion arbeitet nach der Formel:

```
(a+bi)/(c+di) = (a+bi)(c-di)/(c+di)(c-di)
      =(ac+bd)/(c^2+d^2)+(bc-ad)/(c^2+d^2) * i
```

IMEXP()

IMEXP()

Syntax:	IMEXP(**Komplexe_Zahl**)
Beispiel:	=IMEXP("0+4i")
Ergebnis:	-0,65-0,76i (Nachkommastellen gekürzt)

Die Funktion IMEXP() liefert das Resultat der Potenzierung von e (Euler'sche Zahl) mit einer komplexen Zahl. Das Argument Komplexe_Zahl gibt also den Exponenten an.

Das Argument Komplexe_Zahl muss als Zeichenfolge in der Form x+yi oder x+yj angegeben werden, wobei x und y zwei beliebige Zahlen sein können. Leerzeichen innerhalb der Zeichenfolge werden automatisch ignoriert. Unerlaubte Zeichen sorgen für die Ausgabe des Fehlers #ZAHL!.

Das Ergebnis ist wieder eine komplexe Zahl, ausgegeben als Zeichenfolge.

Für eine in exponentieller Schreibweise vorliegende komplexe Zahl gilt wegen der Euler'schen Formel:

$e^{(x + yi)} = e^x * e^{yi} = e^x * (\cos y + i \sin y)$

IMEXP() ist die Umkehrfunktion von IMLN(). Wenn also IMEXP(1 + 2i) die komplexe Zahl k liefert, ergibt IMLN(k) die komplexe Zahl 1 +2i.

IMKONJUGIERTE()

IMCONJUGATE()

Syntax:	IMKONJUGIERTE(**Komplexe_Zahl**)
Beispiel:	=IMKONJUGIERTE("1+2i")
Ergebnis:	1-2i

Die Funktion IMKONJUGIERTE() liefert zu einer komplexen Zahl das konjugiert komplexe Komplement.

Das Argument Komplexe_Zahl muss als Zeichenfolge in der Form x+yi oder x+yj angegeben werden, wobei x und y zwei beliebige Zahlen sein können. Leerzeichen innerhalb der Zeichenfolge werden ignoriert. Unerlaubte Zeichen führen zu dem Fehler #ZAHL!.

Im Ergebnis der Funktion wird das Vorzeichen des imaginären Teils umgedreht. Geometrisch handelt es sich um eine Spiegelung an der reellen Achse. Es ergeben sich beispielsweise folgende Zusammenhänge: Das Produkt einer komplexen Zahl mit dem Komplement ergibt das Quadrat ihres Absolutbetrags:

```
=IMPRODUKT("1+2i"; "1-2i") = IMABS("1+2i")^2 = 5
```

Die Summe einer komplexen Zahl mit dem Komplement verdoppelt den Realteil:

```
=IMSUMME("1+2i"; "1-2i") = 2
```

IMLN()

IMLN()

Syntax:	IMLN(**Komplexe_Zahl**)
Beispiel:	=IMLN("2+2i")
Ergebnis:	1,04+0,78i (Nachkommastellen gekürzt)

Die Funktion IMLN() liefert den natürlichen Logarithmus einer komplexen Zahl.

Das Argument Komplexe_Zahl muss als Zeichenfolge in der Form x+yi oder x+yj angegeben werden, wobei x und y zwei beliebige Zahlen sein können. Leerzeichen innerhalb der Zeichenfolge werden ignoriert. Unerlaubte Zeichen führen dagegen zu dem Fehler #ZAHL!.

Für den natürlichen Logarithmus einer komplexen Zahl gilt:

$$\ln(x+yi) = \ln\sqrt{x^2 + y^2} + i*\arctan\frac{y}{x}$$

Das Ergebnis ist wieder eine komplexe Zahl, ausgegeben als Zeichenfolge.

IMLN() ist die Umkehrfunktion von IMEXP(). Wenn also IMLN(1 + 2i) die komplexe Zahl k liefert, ergibt IMEXP(k) die komplexe Zahl 1 + 2i.

IMLOG10()

IMLOG10()

Syntax:	IMLOG10(**Komplexe_Zahl**)
Beispiel:	=IMLOG10("100-i")
Ergebnis:	2,00002-0,00434i

Die Funktion IMLOG10() liefert den dekadischen Logarithmus einer komplexen Zahl.

Das Argument Komplexe_Zahl muss als Zeichenfolge in der Form x+yi oder x+yj angegeben werden, wobei x und y zwei beliebige Zahlen sein können. Leerzeichen innerhalb der Zeichenfolge werden ignoriert. Unerlaubte Zeichen dagegen führen zu dem Fehler #ZAHL!.

Der gewöhnliche Logarithmus, wie er auch genannt wird, kann auf folgende Weise aus dem natürlichen Logarithmus berechnet werden:

$$\log_{10}(x + yi) = \log_{10}e * \ln(x + yi)$$

Das Ergebnis ist wieder eine komplexe Zahl, ausgegeben als Zeichenfolge.

IMLOG2()

IMLOG2()

Syntax:	IMLOG2(**Komplexe_Zahl**)
Beispiel:	=IMLOG2("8+4i")
Ergebnis:	3,1609-0,6689i

Die Funktion IMLOG2() liefert den binären Logarithmus einer komplexen Zahl.

Das Argument Komplexe_Zahl muss als Zeichenfolge in der Form x+yi oder x+yj angegeben werden, wobei x und y zwei beliebige Zahlen sein können. Leerzeichen innerhalb der Zeichenfolge werden ignoriert. Unerlaubte Zeichen führen zu dem Fehler #ZAHL!.

Der binäre Logarithmus kann auf folgende Weise aus dem natürlichen Logarithmus berechnet werden:

$\log_2(x + yi) = \log_2 e * \ln(x + yi)$

Das Ergebnis ist wieder eine komplexe Zahl, ausgegeben als Zeichenfolge.

IMPRODUKT()

IMPRODUCT()

Syntax:	IMPRODUKT(**Komplexe_Zahl1**; Komplexe_Zahl2,...)
Beispiel:	=IMPRODUKT("3+4i"; "3-4i")
Ergebnis:	25

Die Funktion IMPRODUKT() berechnet seit Excel 2007 das Produkt von bis zu 255, in den älteren Versionen von bis zu 29 komplexen Zahlen.

Die Argumente müssen als Zeichenfolge in der Form x+yi oder x+yj angegeben werden, wobei x und y zwei beliebige Zahlen sein können. Leerzeichen innerhalb der Zeichenfolge werden ignoriert. Unerlaubte Zeichen führen zu dem Fehler #ZAHL!.

Das Ergebnis der Funktion ist entweder eine komplexe Zahl oder eine reelle Zahl wie in dem angegebenen Beispiel. Dabei wird nach folgender Formel verfahren:

$(a+bi)*(c+di) = (ac - bd) + (ab+bc) *i$

IMREALTEIL()

IMREAL()

Syntax:	`IMREALTEIL(`**`Komplexe_Zahl`**`)`
Beispiel:	`=IMREALTEIL("12-i")`
Ergebnis:	12

Die Funktion `IMREALTEIL()` liefert den reellen Anteil einer komplexen Zahl.

Das Argument `Komplexe_Zahl` muss als Zeichenfolge in der Form `x+yi` oder `x+yj` angegeben werden, wobei `x` und `y` zwei beliebige Zahlen sein können. Leerzeichen innerhalb der Zeichenfolge werden ignoriert. Unerlaubte Zeichen führen zu dem Fehler `#ZAHL!`.

Das Ergebnis ist eine reelle Zahl. Die Funktion `IMREALTEIL()` kann auch als Argument in der Funktion `KOMPLEXE()` verwendet werden, um eine komplexe Zahl zu erzeugen, beispielsweise:

```
=KOMPLEXE(IMREALTEIL(A17); IMAGINÄRTEIL(A16))
```

IMSEC()

IMSEC()

Syntax:	`IMSEC(`**`Zahl`**`)`
Beispiel:	`=IMSEC("4+3i")`
Ergebnis:	`-0,065…-0,075…i`

Die in Excel 2013 eingeführte Funktion `IMSEC()` gibt den Sekans einer komplexen Zahl im Textformat `x+yi` oder `x+yj` zurück.

Das Argument `Zahl` muss als Zeichenfolge in der Form `x+yi` oder `x+yj` angegeben werden, wobei `x` und `y` zwei beliebige Zahlen sein können. Leerzeichen innerhalb der Zeichenfolge werden ignoriert. Unerlaubte Zeichen führen zu dem Fehler `#ZAHL!`.

Für den Sekans einer komplexen Zahl gilt:

```
sec(x + yi) = 1 / cos(x + yi)
```

Das Ergebnis der Funktion ist wieder eine komplexe Zahl, die als Zeichenfolge ausgegeben wird.

IMSECHYP()

IMSECH()

Syntax:	IMSECHYP(**Zahl**)
Beispiel:	=IMSECHYP("4+3i")
Ergebnis:	-0,036…-0,005…i

Die in Excel 2013 eingeführte Funktion IMSECHYP() gibt den hyperbolischen Sekans einer komplexen Zahl im Textformat x+yi oder x+yj zurück.

Das Argument Zahl muss als Zeichenfolge in der Form x+yi oder x+yj angegeben werden, wobei x und y zwei beliebige Zahlen sein können. Leerzeichen innerhalb der Zeichenfolge werden ignoriert. Unerlaubte Zeichen führen zu dem Fehler #ZAHL!.

Für den hyperbolischen Sekans einer komplexen Zahl gilt:

```
sech(x + yi) = 1 / cosh(x + yi)
```

Das Ergebnis der Funktion ist wieder eine komplexe Zahl, die als Zeichenfolge ausgegeben wird.

IMSIN()

IMSIN()

Syntax:	IMSIN(**Komplexe_Zahl**)
Beispiel:	=IMSIN("3,14+i")
Ergebnis:	0,002-1,175i (Nachkommastellen gekürzt)

Die Funktion IMSIN() liefert den Sinus einer komplexen Zahl.

Das Argument Komplexe_Zahl muss als Zeichenfolge in der Form x+yi oder x+yj angegeben werden, wobei x und y zwei beliebige Zahlen sein können. Leerzeichen innerhalb der Zeichenfolge werden ignoriert. Unerlaubte Zeichen führen zu dem Fehler #ZAHL!.

Für den Sinus einer komplexen Zahl gilt:

```
sin(x + yi) = sin(x) * cosh(y) + cos(x) * sinh(y)*i
```

Das Ergebnis der Funktion ist wieder eine komplexe Zahl, die als Zeichenfolge ausgegeben wird.

IMSINHYP()

IMSINH()

Syntax:	IMSINHYP(**Zahl**)
Beispiel:	=IMSINHYP("4+3i")
Ergebnis:	-27,016…+3,853…i

6

Die in Excel 2013 eingeführte Funktion IMSINHYP() gibt den hyperbolischen Sinus einer komplexen Zahl im Textformat x+yi oder x+yj zurück.

Das Argument Zahl muss als Zeichenfolge in der Form x+yi oder x+yj angegeben werden, wobei x und y zwei beliebige Zahlen sein können. Leerzeichen innerhalb der Zeichenfolge werden ignoriert. Unerlaubte Zeichen führen zu dem Fehler #ZAHL!.

Das Ergebnis der Funktion ist wieder eine komplexe Zahl, ausgegeben als Zeichenfolge.

IMSUB()

IMSUB()

Syntax:	IMSUB(**Komplexe_Zahl1; Komplexe_Zahl2**)
Beispiel:	=IMSUB("12+2i"; "3-2i")
Ergebnis:	9+4i

Die Funktion IMSUB() liefert das Resultat der Subtraktion zweier komplexer Zahlen.

Die Argumente müssen als Zeichenfolge in der Form x+yi oder x+yj angegeben werden, wobei x und y zwei beliebige Zahlen sein können. Leerzeichen innerhalb der Zeichenfolge werden ignoriert. Unerlaubte Zeichen führen zu dem Fehler #ZAHL!.

Das Ergebnis ist entweder eine komplexe Zahl oder eine reelle Zahl, ausgegeben als Zeichenfolge. Dabei wird nach folgender Formel verfahren:

```
(a+bi)-(c+di) = (a-c) + (b-d) *i
```

IMSUMME()

IMSUM()

Syntax:	IMSUMME(**Komplexe_Zahl1**; Komplexe_Zahl2; …)
Beispiel:	=IMSUMME("1+i"; "1-i")
Ergebnis:	2

Die Funktion IMSUMME() berechnet seit Excel 2007 die Summe von bis zu 255, in den älteren Versionen von bis zu 29 komplexen Zahlen.

Die Argumente müssen als Zeichenfolge in der Form x+yi oder x+yj angegeben werden, wobei x und y zwei beliebige Zahlen sein können. Leerzeichen innerhalb der Zeichenfolge werden ignoriert. Unerlaubte Zeichen führen zu dem Fehler #ZAHL!.

Das Ergebnis ist entweder wieder eine komplexe Zahl oder eine reelle Zahl, ausgegeben als Zeichenfolge. Dabei wird nach folgender Formel verfahren:

```
(a+bi)+(c+di) = (a+c) + (b+d) *i
```

IMTAN()

IMTAN()

Syntax:	IMTAN(**Zahl**)
Beispiel:	=IMTAN("4+3i")
Ergebnis:	0,004…+1,000…i

Die in Excel 2013 eingeführte Funktion IMTAN() gibt den Tangens einer komplexen Zahl im Textformat x+yi oder x+yj zurück.

Das Argument Zahl muss als Zeichenfolge in der Form x+yi oder x+yj angegeben werden, wobei x und y zwei beliebige Zahlen sein können. Leerzeichen innerhalb der Zeichenfolge werden ignoriert. Unerlaubte Zeichen führen zu dem Fehler #ZAHL!.

Für den Tangens einer komplexen Zahl gilt:

```
tan(x + yi) = sin(x + yi) / cos(x + yi)
```

Das Ergebnis der Funktion ist wieder eine komplexe Zahl, die als Zeichenfolge ausgegeben wird.

IMWURZEL()

IMSQRT()

Syntax:	IMWURZEL(**Komplexe_Zahl**)
Beispiel:	=IMWURZEL("3+2i")
Ergebnis:	1,82-0,55i (Nachkommastellen gekürzt)

Die Funktion IMWURZEL() liefert die Quadratwurzel einer komplexen Zahl.

Das Argument Komplexe_Zahl muss als Zeichenfolge in der Form x+yi oder x+yj angegeben werden, wobei x und y zwei beliebige Zahlen sein können. Leerzeichen innerhalb der Zeichenfolge werden ignoriert. Unerlaubte Zeichen führen zu dem Fehler #ZAHL!.

Die Quadratwurzel wird nach folgender Formel berechnet:

Dabei ist r der Absolutwert, der der Länge des Vektors in der Polardarstellung entspricht und φ der Polarwinkel, siehe Abbildung 6.5. Das Ergebnis ist wieder eine komplexe Zahl, ausgegeben als Zeichenfolge.

KOMPLEXE()

COMPLEX()

Syntax:	KOMPLEXE(**Realteil**; **Imaginärteil**; Suffix)
Beispiel:	=KOMPLEXE(3; 4; i)
Ergebnis:	3+4i

Die Funktion KOMPLEXE() wird dazu verwendet, eine komplexe Zahl aus zwei reellen Zahlen zu bilden, wobei das Argument Realteil den reellen Anteil der Zahl liefert, das Argument Imaginärteil den imaginären Anteil. Mit Suffix lässt sich festlegen, ob der Buchstabe i oder j zur Kennzeichnung des Imaginärteils verwendet wird. Vorgabe ist i.

Sind Realteil oder Imaginärteil nicht numerisch, gibt die Funktion den Fehler #WERT! aus. Das gilt auch, wenn für Suffix etwas anderes angegeben wird als die Kleinbuchstaben i oder j.

Soll eine komplexe Zahl in einer der Tabellenfunktionen für komplexe Zahlen als Argument verwendet werden, muss sie immer als Zeichenfolge in der algebraischen Form a+bi angegeben werden. Das heißt, die Funktion KOMPLEXE() kann verwendet werden, um Argumente für diese Funktionen entsprechend aufzubereiten.

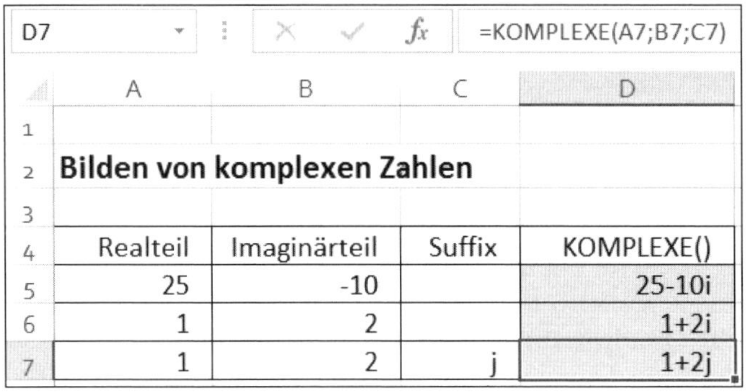

D7 =KOMPLEXE(A7;B7;C7)

	A	B	C	D
1				
2	**Bilden von komplexen Zahlen**			
3				
4	Realteil	Imaginärteil	Suffix	KOMPLEXE()
5	25	-10		25-10i
6	1	2		1+2i
7	1	2	j	1+2j

Abbildung 6.22 Verknüpfen zweier reeller Zahlen zu einer komplexen Zahl

OKTINBIN()

OCT2BIN()

Syntax: `OKTINBIN(`**`Zahl`**`; Stellen)`

Beispiel: `=OKTINBIN(100; 10)`

Ergebnis: 0001000000

Die Funktion `OKTINBIN()` liefert den Binärwert einer oktalen Zahl. Das Argument `Zahl` kann dabei maximal zehn Stellen lang sein und Werte zwischen `7777777000` und `777` annehmen, das entspricht den dezimalen Werten `-512` und `+511`. Die Zahl der ausgegebenen Stellen kann mit `Stellen` festgelegt werden. Ohne Angabe der Stellenzahl werden nur die notwendigen Stellen ausgegeben; ist `Stellen` größer als deren Zahl, wird die binäre Zahl mit führenden Nullen ausgegeben.

Ist `Zahl` negativ, wird die angegebene Stellenzahl ignoriert und der binäre Wert immer mit zehn Zeichen (10 Bits) ausgegeben, wobei das erste Bit das Vorzeichenbit ist. Sowohl beim Argument `Zahl` als auch bei `Stellen` werden Nachkommastellen ignoriert.

Wenn `Zahl` keine zulässige oktale Zahl ist, gibt die Funktion den Fehler `#ZAHL!` aus. Reicht die angegebene Stellenzahl nicht für die Darstellung aus oder ist `Stellen` negativ, erscheint ebenfalls der Fehler `#ZAHL!`. Ist `Zahl` oder `Stellen` nicht numerisch, liefert die Funktion den Fehler `#WERT!`.

Umwandlungen von oktalen Zahlen

Zahl	Stellen	OKTINBIN(Zahl)	OKTINBIN(Zahl;Stellen)	OKTINDEZ()	OKTINHEX(Zahl)	OKTINHEX(Zahl;Stellen)
0	8	0	00000000	0	0	00000000
1	8	1	00000001	1	1	00000001
2	8	10	00000010	2	2	00000002
3	8	11	00000011	3	3	00000003
4	8	100	00000100	4	4	00000004
5	8	101	00000101	5	5	00000005
6	8	110	00000110	6	6	00000006
7	8	111	00000111	7	7	00000007
10	8	1000	00001000	8	8	00000008
11	8	1001	00001001	9	9	00000009
12	8	1010	00001010	10	A	0000000A

Abbildung 6.23 Funktionen für die Umwandlung von oktalen Zahlen

Die Funktion `OKTINBIN()` liefert ihr Ergebnis in Form einer Zeichenfolge. Sie können dieses Ergebnis also nicht ohne Weiteres in eine Rechenoperation einbeziehen. Mit der in Excel 2013 eingeführten Funktion `DEZIMAL()` ist aber eine Umwandlung in eine dezimale Zahl leicht möglich. `=DEZIMAL(E10; 2)` wandelt die binäre Zeichenfolge `10101` in die dezimale Zahl `21` um. Wenn Sie irrtümlich auf eine binäre Zeichenfolge eine Zahl addieren, behandelt Excel die Zeichenfolge wie eine Zahl und liefert dann unsinnige Ergebnisse, etwa: `10101 + 50 = 10151`.

OKTINDEZ()

OCT2DEC()

Syntax: `OKTINDEZ(`**`Zahl`**`)`

Beispiel: `=OKTINDEZ(10)`

Ergebnis: `8`

Die Funktion `OKTINDEZ()` liefert den Dezimalwert einer oktalen Zahl. Das Argument `Zahl` kann dabei maximal zehn Stellen (30 Bits) lang sein. Das erste Bit ist das Vorzeichenbit. Siehe auch Abbildung 6.23 zur Funktion `OKTINBIN()`.

Wenn `Zahl` keine zulässige oktale Zahl ist, gibt die Funktion den Fehler `#ZAHL!` aus. Ist der Wert nicht numerisch, erscheint der Fehler `#WERT!`.

OKTINHEX()

OCT2HEX()

Syntax: `OKTINHEX(`**`Zahl`**`; Stellen)`

Beispiel: `=OKTINDEZ(100; 6)`

Ergebnis: 000040

Die Funktion `OKTINHEX()` liefert den hexadezimalen Wert einer oktalen Zahl. Das Argument `Zahl` kann dabei maximal zehn Stellen (30 Bits) lang sein. Das erste Bit ist das Vorzeichenbit. `Stellen` gibt an, wie viele Stellen angezeigt werden. Ohne Angabe werden nur die notwendigen Stellen angezeigt; ist `Stellen` größer als deren Anzahl, werden führende Nullen ausgegeben. Ist `Zahl` negativ, ignoriert die Funktion das Argument `Stellen` und gibt eine hexadezimale Zahl mit zehn Zeichen aus. Siehe auch Abbildung 6.23 zur Funktion `OKTINBIN()`.

Wenn `Zahl` keine zulässige oktale Zahl ist, gibt die Funktion den Fehler `#ZAHL!` aus. Reicht die angegebene Stellenzahl nicht für die Darstellung aus oder ist `Stellen` negativ, erscheint ebenfalls der Fehler `#ZAHL!`. Ist `Zahl` oder `Stellen` nicht numerisch, liefert die Funktion den Fehler `#WERT!`.

Im Unterschied zu der Funktion `OKTINDEZ()` liefert `OKTINHEX()` ihr Ergebnis in Form einer Zeichenfolge. Sie können dieses Ergebnis also nicht ohne Weiteres in eine Rechenoperation einbeziehen. Mit der in Excel 2013 eingeführten Funktion `DEZIMAL()` ist aber eine Umwandlung in eine dezimale Zahl leicht möglich. `=DEZIMAL(E10; 16)` wandelt die hexadezimale Zeichenfolge `000F` in die dezimale Zahl `15` um. Wenn Sie irrtümlich auf eine hexadezimale Zeichenfolge eine Zahl addieren, behandelt Excel die Zeichenfolge wie eine Zahl und liefert dann unsinnige Ergebnisse, etwa: `0006 + 10 = 16`. Kommen in der hexadezimalen Zeichenfolge Buchstaben vor, liefert die Berechnung den Fehler `#WERT!`.

UMWANDELN()

CONVERT()

Syntax: `UMWANDELN(`**`Zahl; Von_Maßeinheit; In_Maßeinheit`**`)`

Beispiel: `=UMWANDELN(4; "J"; "cal")`

Ergebnis: `0,955`

Die Funktion `UMWANDELN()` liefert Umrechnungen zwischen verschiedenen Maßeinheiten. Mit `Zahl` wird angegeben, wie viele Einheiten der `Von_Maßeinheit` umgerechnet werden sollen. `Von_Maßeinheit` ist die Einheit, aus der umgerechnet wird; `In_Maßeinheit` ist die Einheit, in die umgerechnet werden soll.

Beide Argumente müssen als Zeichenfolge angegeben werden, also entweder direkt in Anführungszeichen oder durch einen Zellbezug oder eine Formel, die die Zeichenfolge liefert. Auf Groß- und Kleinschreibung muss geachtet werden.

Hat ein Argument einen falschen Datentyp, liefert die Funktion den Fehler `#WERT!`. Naturgemäß können nur Paare aus Maßeinheiten angegeben werden, die zur selben Gruppe gehören. Andernfalls oder wenn eine unbekannte Maßeinheit angegeben wird, liefert die Funktion den Fehlerwert `#NV`.

Die Zahl der Einheiten, die für eine Umrechnung verfügbar sind, ist mit Excel 2013 wesentlich erweitert worden; Tabelle 6.1 zeigt die Maßeinheiten aufgeteilt in unterschiedliche Gruppen.

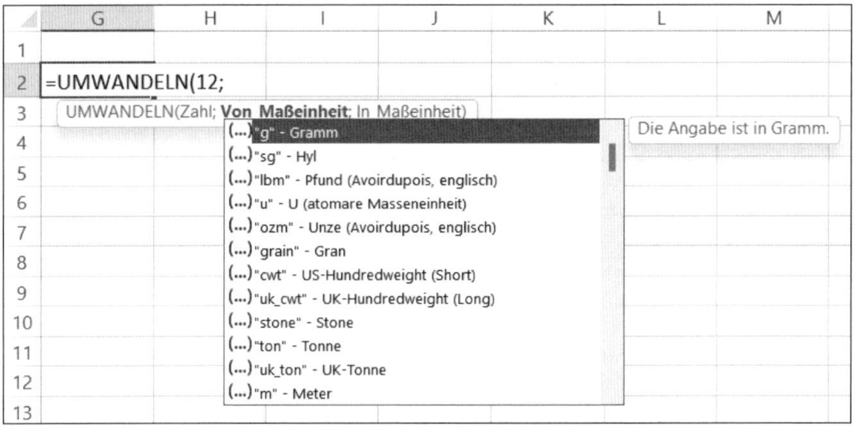

Abbildung 6.24 Die Hilfe bei der Eingabe der Funktionsargumente ist bei der Funktion UMWANDELN() besonders praktisch.

Gewicht und Masse	Maßeinheit
Gramm	"g"
Hyl (Slug)	"sg"
Pfund (Handelsgewicht)	"lbm"
U (Atomare Masseeinheit)	"u"

Tabelle 6.1 Liste der Maßeinheiten

Unze (Handelsgewicht)	"ozm"
Gran	"grain"
US-Hundredweight (Short)	"cwt" oder "shweight"
UK-Hundredweight (Long)	"uk_cwt" oder "lcwt" ("hweight")
Stone	"stone"
Tonne	"ton"
UK-Tonne	"uk_ton" oder "LTON" ("brton")
Entfernung	**Maßeinheit**
Meter	"m"
Meile (Statute Mile, USA)	"mi"
Nautische Meile	"Nmi"
Zoll	"in"
Fuß	"ft"
Yard	"yd"
Ångstrom	"ang"
Elle	"ell"
Lichtjahr	"ly"
Parsec	"parsec" oder "pc"
Pica (1/72 Zoll)	"Picapt" oder "Pica"
Pica (1/6 Zoll)	"pica"
Meile (Survey Mile, USA)	"survey_mi"
Zeit	**Maßeinheit**
Jahr	"yr"
Tag	"day" oder "d"
Stunde	"hr"
Minute	"mn" oder "min"
Sekunde	"sec" oder "s"

Tabelle 6.1 Liste der Maßeinheiten (Forts.)

Druck	Maßeinheit
Pascal	"Pa" (oder "p")
Atmosphäre	"atm" (oder "at")
mm Quecksilbersäule	"mmHg"
PSI	"psi"
Torr	"Torr"
Kraft	**Maßeinheit**
Newton	"N"
Dyne	"dyn" (oder "dy")
Pound-Force	"lbf"
Pond	"pond"
Energie	**Maßeinheit**
Joule	"J"
Erg	"e"
Thermodynamische Kalorie	"c"
I.T.-Kalorie	"cal"
Elektronenvolt	"eV" (oder "ev")
PS-Stunde	"HPh" (oder "hh")
Wattstunde	"Wh" (oder "wh")
Foot-Pound	"flb"
BTU	"BTU" (oder "btu")
Leistung	**Maßeinheit**
Pferdestärken (PS)	"HP" (oder "h")
Pferdestärke	"PS"
Watt	"W" (oder "w")
Magnetismus	**Maßeinheit**
Tesla	"T"
Gauss	"ga"

Tabelle 6.1 Liste der Maßeinheiten (Forts.)

Temperatur	Maßeinheit
Grad Celsius	"C" (oder "cel")
Grad Fahrenheit	"F" (oder "fah")
Kelvin	"K" (oder "kel")
Grad Rankine	"Rank"
Grad Réaumur	"Reau"
Volumen (oder Flüssigkeitsmaß)	**Maßeinheit**
Teelöffel (Tl)	"tsp"
Metrische TL (Teelöffel)	"tspm"
Esslöffel (El)	"tbs"
Flüssigunze	"oz"
Tasse	"cup"
US-Pint	"pt" (oder "us_pt")
UK-Pint	"uk_pt"
Quart	"qt"
UK-Quart	"uk_qt"
Gallone	"gal"
UK-Gallone	"uk_gal"
Liter	"l" oder "L" ("lt")
Kubikångström	"ang3" oder "ang^3"
US-Ölfass	"barrel"
US-Scheffel	"bushel"
Kubikfuß	"ft3" oder "ft^3"
Kubikzoll	"in3" oder "in^3"
Kubiklichtjahr	"ly3" oder "ly^3"
Kubikmeter	"m3" oder "m^3"
Kubikmeile	"mi3" oder "mi^3"
Kubikyard	"yd3" oder "yd^3"

Tabelle 6.1 Liste der Maßeinheiten (Forts.)

Nautische Kubikmeile	"Nmi3" oder "Nmi^3"
Kubikpica	"Picapt3", "Picapt^3", "Pica3" oder "Pica^3"
Bruttoregistertonne	"GRT" ("regton")
Frachttonne	"MTON"
Fläche	**Maßeinheit**
UK-Morgen	"uk_acre"
US-Morgen	"us_acre"
Quadratångström	"ang2" oder "ang^2"
Ar	"ar"
Quadratfuß	"ft2" oder "ft^2"
Hektar	"ha"
Quadratzoll	"in2" oder "in^2"
Quadratlichtjahr	"ly2" oder "ly^2"
Quadratmeter	"m2" oder "m^2"
Morgen	"Morgen"
Quadratmeile	"mi2" oder "mi^2"
Nautische Quadratmeile	"Nmi2" oder "Nmi^2"
Quadratpica	"Picapt2", "Pica2", "Pica^2" oder "Picapt^2"
Quadratyard	"yd2" oder "yd^2"
Information	**Maßeinheit**
Bit	"bit"
Byte	"byte"
Geschwindigkeit	**Maßeinheit**
Admiralty-Knoten	"admkn"
Knoten	"kn"
Meter pro Stunde	"m/h" oder "m/hr"
Meter pro Sekunde	"m/s" oder "m/sec"
Meilen pro Stunde	"mph"

Tabelle 6.1 Liste der Maßeinheiten (Forts.)

Vor die beiden Einheitennamen können noch Abkürzungen gesetzt werden, die für häufig verwendete Präfixe bei Mengeneinheiten stehen, beispielsweise für Kilogramm:

```
=UMWANDELN(1; "kg"; "lbm")
```

Seit Excel 2016 gibt es zwei Gruppen solcher Präfixe. Die erste Gruppe kommt fast immer mit einem Buchstaben aus, die zweite nutzt zwei Buchstaben. Der Multiplikator ist in diesem Fall immer eine Potenz von 2, weshalb diese Präfixe *Binärpräfixe* heißen.

Präfix	Multiplikator	Abkürzung
Yotta	1E+24	"Y"
Zetta	1E+21	"Z"
Exa	1E+18	"E"
Peta	1E+15	"P"
Tera	1E+12	"T"
Giga	1E+09	"G"
Mega	1E+06	"M"
Kilo	1E+03	"k"
Hekto	1E+02	"h"
Deka	1E+01	"da" oder "e"
Dezi	1E-01	"d"
Zenti	1E-02	"c"
Milli	1E-03	"m"
Mikro	1E-06	"u"
Nano	1E-09	"n"
Piko	1E-12	"p"
Femto	1E-15	"f"
Atto	1E-18	"a"
Zepto	1E-21	"z"
Yocto	1E-24	"y"

Tabelle 6.2 Liste der Präfixe

Binärpräfix	Präfixwert	Abkürzung	Abgeleitet von
Yobi	2^80 = 1 208 925 819 614 629 174 706 176	"Yi"	Yotta
Zebi	2^70 = 1 180 591 620 717 411 303 424	"Zi"	Zetta
Exbi	2^60 = 1 152 921 504 606 846 976	"Ei"	Exa
Pebi	2^50 = 1 125 899 906 842 624	"Pi"	Peta
Tebi	2^40 = 1 099 511 627 776	"Ti"	Tera
Gibi	2^30 = 1 073 741 824	"Gi"	Giga
Mebi	2^20 = 1 048 576	"Mi"	Mega
Kibi	2^10 = 1024	"ki"	Kilo

Tabelle 6.3 Liste der Binärpräfixe

7 Statistische Funktionen

Funktion	Seite	Funktion	Seite
NORM.INV()	586	STABW.S()	624
NORM.S.INV()	587	STABWA()	626
NORM.S.VERT()	588	STABWNA()	627
NORM.VERT()	590	STANDARDISIERUNG()	628
PEARSON()	593	STEIGUNG()	629
PHI()	595	STFEHLERYX()	630
POISSON.VERT()	596	SUMQUADABW()	632
PROGNOSE.ETS()	597	T.INV()	633
PROGNOSE.ETS.KONFINT()	602	T.INV.2S()	634
PROGNOSE.ETS.SAISONALITÄT()	603	T.TEST()	636
PROGNOSE.ETS.STAT()	604	T.VERT()	639
PROGNOSE.LINEAR()	605	T.VERT.2S()	641
QUANTIL.EXKL()	606	T.VERT.RE()	641
QUANTIL.INKL()	608	TREND()	642
QUANTILSRANG.EXKL()	608	VAR.P()	645
QUANTILSRANG.INKL()	610	VAR.S()	646
QUARTILE.EXKL()	611	VARIANZA()	647
QUARTILE.INKL()	612	VARIANZENA()	649
RANG.GLEICH()	613	VARIATION()	649
RANG.MITTELW()	614	VARIATIONEN()	651
RGP()	615	VARIATIONEN2()	652
RKP()	618	WAHRSCHBEREICH()	653
SCHIEFE()	620	WEIBULL.VERT()	655
SCHIEFE.P()	621	ZÄHLENWENN()	656
STABW.N()	623	ZÄHLENWENNS()	657

7.1 Einsatzbereiche für statistische Funktionen

Für Berechnungen aus dem Bereich der Statistik braucht Excel von der Funktionsvielfalt her gesehen den Vergleich mit professionellen Statistikprogrammen kaum zu scheuen. Um die Orientierung in diesem Bereich etwas zu erweitern, hier wenigstens ein paar Vorbemerkungen.

7.1.1 Deskriptive und induktive statistische Methoden

Die Statistik hat mit der Beobachtung von Merkmalen oder Eigenschaften zu tun, die Personen, Sachen, Prozesse oder Zustände beschreiben. Das Gewicht oder das Alter sind beispielsweise typische Merkmale einer Person, die Beschäftigungsquote ist das Merkmal eines Landes oder einer Region. Die statistischen Einheiten, die Elemente, mit denen sich eine statistische Untersuchung befasst, werden als Merkmalsträger verstanden. Bei einer bestimmten Person hat das Alter im Moment der statistischen Erfassung eine bestimmte Ausprägung. Die Verteilung dieser Werte und die Entwicklung dieser Verteilung ist das, was bei der statistischen Untersuchung interessiert. Dabei müssen immer die maßgeblichen sachlichen, räumlichen und zeitlichen Kriterien beachtet werden.

Eine erste Aufteilung der statistischen Funktionen ergibt sich aus der Unterscheidung zwischen deskriptiven statistischen Methoden und induktiven statistischen Methoden. Die ersteren, die beschreibenden Methoden, beziehen sich auf den gegebenen Ausgangsdatenbestand. Typische Funktionen sind hier etwa die Berechnung der verschiedenen Formen von Mittelwerten oder die Berechnung der Streuung.

Von induktiven statistischen Methoden wird gesprochen, wenn es darum geht, von Daten aus einer Stichprobe auf die Verhältnisse rückzuschließen, die in der Grundgesamtheit herrschen, aus der die Stichprobe genommen wurde.

Die Statistikfunktionen decken hier mehrere Bereiche ab: die Analyse einzelner Stichproben, bei denen eine oder mehrere Merkmale erfasst wurden, Analyse und Vergleich mehrerer Stichproben, Vergleich von Stichproben mit einer Grundgesamtheit und Aspekte wie Wahrscheinlichkeitsrechnung und Wahrscheinlichkeitsverteilungen von Zufallsvariablen.

7.1.2 Unterschiedliche Skalen

Um die Frage beantworten zu können, welche statistischen Methoden sich auf ein bestimmtes Datenmaterial anwenden lassen, ist es notwendig, die Art der Skalierung zu berücksichtigen. Grundsätzlich kann unterschieden werden zwischen nominalskalierten, ordinalskalierten und metrisch skalierten Werten.

Wird beispielsweise bei Personen der Familienstand erfasst, stellen die möglichen Merkmale Werte einer Nominalskala dar. Es handelt sich dabei um qualitative Merkmale, bei denen nur festgestellt werden kann, dass sie sich unterscheiden. Sie lassen sich aber nicht in eine Ordnung bringen, die etwa einem Merkmal einen höheren Rang zuweisen würde als einem anderen. Es lässt sich auch nichts über die Abstände zwischen den Merkmalen aussagen.

Bei ordinalskalierten Werten kann von den Daten darüber hinaus auch eine bestimmte Rangordnung abgelesen werden, wie es etwa bei Schulnoten der Fall ist. Die Note 1 ist besser als die Note 2, 4 besser als 5, aber dennoch lässt sich nicht behaupten, dass der Abstand zwischen 1 und 2 genau dem Abstand zwischen 4 und 5 entspricht.

Liefern zusätzlich auch die genauen Abstände zwischen Werten verwertbare Informationen, wie etwa bei Daten über Gewicht und Größe, wird für die Daten eine metrische Skala verwendet.

Es ist evident, dass bestimmte statistische Auswertungen für eine bestimmte Skalierung wenig Sinn ergeben, wie etwa ein Mittelwert zwischen »verheiratet« und »ledig«.

Eine weitere grundlegende Unterscheidung in Bezug auf die Art des Datenmaterials ist die zwischen diskreten Werten und stetigen Werten. Während der Familienstand einer Person nur wenige Werte annehmen kann, lässt sich die Körpergröße in einer beliebigen Genauigkeit, also auch mit beliebigen Zwischenwerten, angeben.

7.1.3 Urliste und Merkmalsverteilung

Die erste Aufzeichnung der Merkmalswerte für die Einheiten, die statistisch untersucht werden, wird auch als *Urliste* bezeichnet. Sie enthält die Rohdaten für die weiteren Untersuchungen. Die Tabellenstruktur, die Excel vorgibt, ist gut geeignet, eine solche Urliste anzulegen.

	A	B	C	D	E	F	G	H	I	J
1										
2	**Beispiel für eine Urliste**									
3										
4	**Körpergröße von Jugendlichen**									
5										
6	184	195	183	184	170	179	166	183	155	186
7	168	173	164	195	185	187	174	187	182	163
8	152	158	181	178	175	167	170	184	157	164
9	153	162	166	168	191	179	163	186	165	196
10	162	158	181	160	183	168	184	185	194	183
11	180	183	191	190	173	184	176	167	192	167
12	182	160	167	187	162	169	180	159	173	173
13	176	163	163	157	161	184	177	197	195	172
14	151	177	160	177	173	196	166	174	198	163
15	186	158	174	177	196	185	183	161	154	166

Abbildung 7.1 Beispiel für eine Urliste zum Merkmal »Körpergröße«

In der Urliste werden alle vorkommenden Merkmale genauso oft notiert, wie sie tatsächlich vorkommen. Ein erster Schritt, um die Datenmenge zu reduzieren, ist deshalb regelmäßig, die Häufigkeit, mit der die verschiedenen Merkmale auftreten, zu berechnen und in der Folge mit der Verteilung der Häufigkeiten zu arbeiten. Bei Daten zur Körpergröße bietet es sich an, die erfassten Werte in Intervalle zu gliedern. Dazu kann in Excel die Funktion `HÄUFIGKEIT()` verwendet werden.

Dabei wird unterschieden zwischen der absoluten Häufigkeit, die angibt, wie oft ein Merkmal auftritt, und der relativen Häufigkeit, bei der die absolute Häufigkeit in Bezug gesetzt wird zur Gesamtzahl der beobachteten Werte. Die relative Häufigkeit kann nur Werte zwischen `0` und `1` annehmen und wird oft als Prozentsatz dargestellt.

Abbildung 7.2 zeigt eine erste Auswertung der abgebildeten Urliste, wobei die Daten in 10 Intervalle oder Klassen eingeteilt werden.

B2 | {=HÄUFIGKEIT(Urliste!A6:J15;A2:A11)}

	A	B	C	D	E
1	Klassen	abs. Häufigkeit	rel. Häufigkeit	in %	
2	155	5	0,05	5%	
3	160	8	0,08	8%	
4	165	14	0,14	14%	
5	170	12	0,12	12%	
6	175	11	0,11	11%	
7	180	11	0,11	11%	
8	185	19	0,19	19%	
9	190	8	0,08	8%	
10	195	6	0,06	6%	
11	200	6	0,06	6%	
12		100	1	100%	

Abbildung 7.2 Erste Auswertung der Häufigkeitsverteilung

7.2 Stichproben und Grundgesamtheiten

Fast alle statistischen Verfahren haben entweder mit Stichproben oder mit Grundgesamtheiten zu tun, häufig auch direkt oder indirekt mit beiden. Eine Stichprobe ist eine Untergruppe von Elementen aus einer Grundgesamtheit, die zufällig aus dieser Grundgesamtheit ausgewählt wurden. Zufällig heißt hier, dass bei der Auswahl darauf geachtet wird, dass nicht bestimmte Elemente der Grundgesamtheit bevorzugt werden. Die Grundgesamtheit ist die Menge der Elemente, aus denen die Stichprobe genommen wird.

Geht es beispielsweise um Wahlprognosen, besteht die Grundgesamtheit aus der Summe aller Wahlberechtigten in einem bestimmten Gebiet zu einer bestimmten Zeit. Soll nun etwa für eine Meinungsumfrage eine Stichprobe der Wahlberechtigten genommen werden, genügt es nicht, ein oder alle Telefonbücher zufällig aufzuschlagen (Telefonbesitzer werden bevorzugt) oder auf der Straße Leute anzusprechen (zu Hause Bleibende werden benachteiligt). Entsprechend haben die Institute, die Meinungsumfragen durchführen, wohlgehütete Geheimnisse, wie sie zu ihren repräsentativen Stichproben kommen.

7.3 Zufallsvariable und Wahrscheinlichkeit

Auf der Grundlage statistischer Erhebungen oder zuweilen auch theoretischer Überlegungen lässt sich häufig für das Eintreten bestimmter Ereignisse eine bestimmte Wahrscheinlichkeit angeben. So ist etwa die Wahrscheinlichkeit, beim Münzwurf eine Zahl zu werfen, 1/2 (0,5 oder 50 %).

Ob Zahl oder Wappen nach dem Wurf oben liegt, hängt von zahlreichen physikalischen Ursachen ab, die sich normalerweise nicht eindeutig ermitteln lassen, und insofern kann davon gesprochen werden, dass das Ergebnis des Münzwurfs zufällig ist. Ähnlich ist es beim Würfeln. Die Wahrscheinlichkeit, eine 6 zu schaffen, wird mit 1/6 (0,166666) angegeben, vorausgesetzt, das Ergebnis ist wieder zufällig und nicht durch Manipulationen am Würfel beeinflusst.

7.3.1 Theoretische Wahrscheinlichkeit

In solchen Fällen, wo die Zahl der möglichen Ereignisse feststeht, wird von einer theoretischen Wahrscheinlichkeit gesprochen. Sie wird als Bruch

```
p = g / m
```

dargestellt, wobei `g` die Anzahl der günstigen Ereignisse und `m` die Anzahl der möglichen Fälle darstellt. Die Wahrscheinlichkeit, eine bestimmte Karte aus einem Skatspiel zu ziehen, ist also 1/32.

In anderen Fällen wird die Wahrscheinlichkeit durch Abzählen der Grundgesamtheit ermittelt. Ist z. B. bekannt, dass in einem Land 51 % der Bevölkerung weiblich sind, dann ist die Wahrscheinlichkeit, dass ein zufällig ausgewählter Mensch weiblich ist, 0,51.

Eine Größe dieser Art heißt eine Zufallsvariable. Ist diese Variable so wie in den genannten Beispielen diskret, dann lässt sich direkt eine Wahrscheinlichkeit dafür angeben, dass sie einen bestimmten Wert oder einen von mehreren Werten annimmt.

7.3.2 Empirische Wahrscheinlichkeit

Häufig besteht aber gar nicht die Möglichkeit, die Zahl der möglichen Ereignisse genau zu bestimmen. Auch die Frage der Gleichberechtigung von Ereignissen ist vielfach nicht so einfach zu beantworten. Dies gilt jedenfalls, wenn es um nicht diskrete Variablen geht. Sind etwa die Körpergrößen einer Grundgesamtheit von Menschen erfasst, dann stellt sich sowohl bei der Erfassung als auch bei der Angabe der Wahrscheinlichkeiten die Frage nach der Messgenauigkeit und nach der Einordnung.

Die Frage, wie wahrscheinlich die Größe von z. B. 1,73 m ist, kann nicht ohne Weiteres beantwortet werden: Ist etwa 1,7299999 mitgemeint oder nicht? Die Werte müssen in solchen Fällen in der Regel in Klassen eingeteilt werden (z. B. 172,5 bis 173,49999...).

In all diesen Fällen wird statt der theoretischen Wahrscheinlichkeit die empirische Wahrscheinlichkeit in Anspruch genommen. Als ihr Maß gilt die Formel:

```
w = h / n
```

Dabei ist `h` die Häufigkeit, mit der ein Ereignis auftritt, und `n` die Anzahl der Versuche, die zur Ermittlung der Wahrscheinlichkeit unternommen wurden. Dieses Maß kann natürlich nicht so exakt sein wie das Maß der theoretischen Wahrscheinlichkeit. Hier hängt alles von der Anzahl der Versuche ab; je höher diese Anzahl sein kann, umso genauer kann der errechnete empirische Wert der Wahrscheinlichkeit an den theoretischen Wert heranrücken.

Für alle derartigen Größen arbeitet die Statistik mit sogenannten Wahrscheinlichkeitsverteilungen für kontinuierliche Variablen, von denen Excel mehrere zur Verfügung stellt.

7.3.3 Untersuchung von Stichproben

Bei der Untersuchung von Stichproben stellen sich meist zwei Fragen: Was hat die Stichprobe ergeben, und welche Schlüsse erlaubt sie auf die Grundgesamtheit? Für die erste Frage gibt es zunächst zwei maßgebliche Größen: den Mittelwert und die Streuung. Als Maße sind hier insbesondere zwei gebräuchlich: das arithmetische Mittel und die Standardabweichung (oder das Quadrat der Standardabweichung, die Varianz). Aus diesen beiden Größen lassen sich dann auch die entsprechenden Parameter der Grundgesamtheit schätzen, wobei die Schätzung umso verlässlicher wird, je größer die Stichprobe ist, vergleiche hierzu `MITTELWERT()`, `VAR.S()` und `STABW.S()`.

7.3.4 Berechnung der Standardabweichung bei Testergebnissen

Bei der Auswertung von Testergebnissen stellt sich regelmäßig die Frage, welche durchschnittlichen Werte zustande kommen und wie groß die Streuung ist. Hier ein einfaches Beispiel: ein Test, an dem zahlreiche Personen beteiligt sind und der im Ergebnis verschiedene Punktwerte geliefert hat. Die Punktwerte sind in der Spalte B aufgelistet.

Liegen die gesamten Werte vor, kann leicht der arithmetische Mittelwert berechnet werden. Sie benutzen die Funktion `MITTELWERT()` und geben als Argumente die Adressen des Bereichs mit den Punktwerten an. Ein anderer mittlerer Wert ist der `MEDIAN()`, der auf dieselbe Weise errechnet werden kann. Das Ergebnis ist hier `1.208` und so zu verstehen, dass in diesem Beispiel genau die Hälfte der Werte über 1.208 und die andere Hälfte unter 1.208 liegt.

Der Mittelwert selbst sagt aber noch nichts über die Streuung der Ergebnisse aus. Bei gleichem Mittelwert können ja die Werte eng um den Mittelpunkt herumliegen oder auch ziemlich weit davon entfernt.

Berechnung der Standardabweichung und der Varianz bei Testergebnissen

Test 1	Punkte	Abweichung vom Mittelwert	Abweichung absolut	Quadrate der Abweichung	Standardabweichung
Testperson 1	970	153	153	23285	248
Testperson 2	1389	-267	267	71096	Varianz
Testperson 3	878	244	244	59647	61727
Testperson 4	673	450	450	202073	
Testperson 5	700	423	423	178587	
Testperson 6	1258	-135	135	18226	
Testperson 7	1108	15	15	227	
Testperson 8	1302	-179	179	32084	
Testperson 9	1350	-227	227	51740	
Testperson 10	1158	-35	35	1235	
Testperson 11	1395	-272	272	74248	
Testperson 12	1291	-168	168	28273	
Mittelwert	1123	0	214	61727	
Median	1208				

Abbildung 7.3 Berechnung der Standardabweichung bei Testergebnissen

In der Spalte C sind hier zur Veranschaulichung die Differenzen zum Mittelwert berechnet worden, einfach durch Subtraktion des Einzelwertes vom Mittelwert. Wird von diesen Differenzen der Mittelwert gebildet, zeigt sich, dass sich die negativen und positiven Abweichungen aufheben. Das Ergebnis ist also nicht aussagekräftig.

Verbessert werden kann die Situation, wenn wie in Spalte D mithilfe der Funktion `ABS()` die absolute Differenz zum Mittelwert gebildet wird. Das Ergebnis in Zelle D17 ist die durchschnittliche Abweichung.

Diese einfache Berechnung der Abweichung hat aber Nachteile, wenn wenige extrem große oder extrem kleine Werte vorkommen. Deshalb wird bei den Funktionen für die Berechnung der Varianz und der Standardabweichung mit den Quadraten der Abweichung gearbeitet. Dies sorgt dafür, dass die starken Abweichungen auch stärker ins Gewicht fallen als die kleinen. Die Quadrate werden dann summiert und durch die Anzahl der Elemente geteilt. Die Varianz ist also gleich dem Mittelwert der Quadrate der Abweichungen. Die Formel in Excel heißt:

```
=VAR.P(B5:B16)
```

Die Varianz ist in der deskriptiven Statistik ein Maß für die Streuungsbreite.

Zur Ermittlung der Standardabweichung wird dann wieder die Wurzel aus der Varianz gezogen.

```
=STABW.N(B5:B16)
```

Dadurch wird erreicht, dass die Standardabweichung wieder in derselben Maßeinheit angegeben werden kann wie die untersuchten Werte. In dem abgebildeten Beispiel sind es die Testpunkte.

Varianz und Standardabweichung lassen sich wie die Mittelwertberechnung nur bei metrischen Werten anwenden. Wie Sie an den Ergebnissen sehen können, ist die Standardabweichung in diesem Beispiel deutlich höher als die mittlere Abweichung.

7.4 Korrelation

Eine andere Fragestellung bei einer Stichprobe ist, ob die ermittelten Werte einer bestimmten Gesetzmäßigkeit gehorchen. Soll etwa untersucht werden, ob es einen Zusammenhang zwischen dem persönlichen Einkommen und der Größe des genutzten Wohnraumes gibt, dann ist anzunehmen, dass eine Beziehung besteht: je mehr Einkommen, umso mehr Quadratmeter. Maße für diese Beziehung sind der Korrelationskoeffizient (KORREL()) und die Kovarianz (KOVARIANZ.S()), die Angaben darüber liefern, ob und wie stark die Daten zusammenhängen.

Der Nachweis der Korrelation darf allerdings nicht verwechselt werden mit einem Nachweis eines kausalen Zusammenhangs. Zwei Wertereihen können eine sehr hohe Korrelation haben, die aber durch einen ganz anderen Faktor verursacht werden mag, der sich auf beide auswirkt.

7.5 Regressionsanalyse

Kann vermutet werden, dass der Zusammenhang zwischen verschiedenen Faktoren linear oder exponential ist, dann lässt sich dieser Zusammenhang häufig durch eine Regressionsanalyse klären. Dabei geht es darum, ein mathematisches Modell zu finden, das den Zusammenhang zwischen verschiedenen Variablen näherungsweise beschreibt.

Die durch ein solches Modell gelieferten Daten lassen sich anschließend mit den tatsächlich zugänglichen Daten vergleichen, beispielsweise mit den im letzten Abschnitt angesprochenen Korrelationsfunktionen, um abzuschätzen, wie gut das Modell mit der Realität übereinstimmt. Auf der Basis solcher Vergleiche lassen sich dann mit guten Gründen auch Voraussagen über zukünftige Entwicklungen treffen.

Für die Regressionsanalyse stehen mehrere Verfahren zur Verfügung sowie eine ganze Reihe von Funktionen: TREND(), VARIANZ(), ACHSENABSCHNITT(), STEIGUNG(), BESTIMMTHEITSMASS(), PROGNOSE.LINEAR(), PROGNOSE.ETS() und SCHÄTZER() sowie die Funktionen RGP() und RKP(), die zahlreiche Kenngrößen für eine statistische Auswertung liefern.

7.5.1 Ein Beispiel für lineare Regression

Die einfachste Methode ist die lineare Regression. Sie kann immer angewendet werden, wenn zwischen einer unabhängigen Variablen X und einer abhängigen Variablen Y eine Beziehung besteht, die sich näherungsweise durch eine lineare Gleichung in der folgenden Form beschreiben lässt:

```
y = mx + b
```

Dabei steht b für den Ordinatenabschnitt, also den Startpunkt auf der y-Achse, wenn die Daten in einem X/Y-Diagramm geplottet werden, während m die Steigung der Gerade bestimmt, die die Beziehung der beiden Variablen darstellt. Dabei wird meist davon ausgegangen, dass das Auftreten der mit den beiden Variablen bezeichneten Merkmale im Zeitablauf beobachtet wird. Wenn `X` bekannt ist, kann daraus `Y` abgeleitet werden. Für die Bestimmung von `b` kann auch die Funktion `ACHSENABSCHNITT()` verwendet werden, für die Bestimmung von `m` die Funktion `STEIGUNG()`. Die Funktion `RGP()` liefert beide Werte gleichzeitig.

Die Regressionsanalyse geht davon aus, dass zwischen den Variablen eine gerichtete Beziehung besteht, der Wert von `X` also den Wert von `Y` auf irgendeine Weise bestimmt. Daraus kann aber nicht gleich auch ein kausaler Zusammenhang abgeleitet werden, denn die Veränderung zweier Merkmale im Zeitablauf kann ganz andere Ursachen haben oder auch ganz unbekannt sein.

In vielen Fällen wird die Veränderung eines Merkmals `Y` im Zeitablauf auch nicht nur mit der Veränderung eines Merkmals `X` zusammenhängen, sondern von mehreren unabhängigen Merkmalen abhängig sein. Eine solche multiple Regressionsanalyse wird von den Funktionen, die Excel hier anbietet, ebenfalls unterstützt.

Ein einfaches Beispiel soll zunächst die Arbeitsweise der Regressionsanalyse veranschaulichen. Die in Abbildung 7.4 gezeigte Tabelle listet für anderthalb Jahre die monatlichen Ausgaben für Werbung und die monatlichen Umsätze auf. Es ist zu vermuten, dass die Höhe der Werbeausgaben die Höhe der Umsätze positiv beeinflusst. Der Werbeaufwand wird dabei als die unabhängige Variable, der Umsatz als die abhängige Variable betrachtet.

Lineare Regression

Monat	Werbeaufwand	Umsatz	Trend	TREND()
Jan. 24	30.000	900000	896631	896640
Feb. 24	36.000	1090000	1068015	1068025
Mrz. 24	42.000	1300000	1239399	1239411
Apr. 24	40.000	1200000	1182271	1182283
Mai. 24	32.000	900000	953759	953768
Jun. 24	33.000	990000	982323	982333
Jul. 24	24.000	700000	725247	725254
Aug. 24	35.000	1050000	1039451	1039461
Sep. 24	34.000	1020000	1010887	1010897
Okt. 24	38.000	1200000	1125143	1125154
Nov. 24	41.000	1230000	1210835	1210847
Dez. 24	42.000	1300000	1239399	1239411
Jan. 25	39.000	1090000	1153707	1153718
Feb. 25	42.000	1100000	1239399	1239411
Mrz. 25	49.000	1400000	1439347	1439361
Apr. 25	40.000	1160000	1182271	1182283
Mai. 25	36.000	1080000	1068015	1068025
Jun. 25	39.000	1200000	1153707	1153718

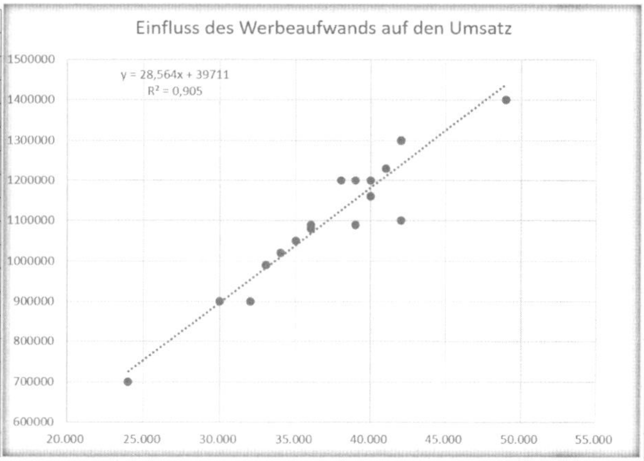

Abbildung 7.4 X/Y-Diagramm zum Zusammenhang zwischen Werbeaufwand und Umsatz

Einen ersten Aufschluss, ob ein Zusammenhang besteht, kann ein X/Y-Diagramm der Tabellenwerte liefern. Dazu wird der Bereich B4 bis C22 markiert und über **Einfügen ▸ Diagramme** ein Punktdiagramm eingefügt. Es ist hier sinnvoll, anschließend die Minimalwerte für beide Achsen so zu ändern, dass sie nahe der untersten Werte für den Werbeaufwand und den Umsatz liegen. Das Diagramm zeigt mit der so erzeugten Punktwolke eine Verteilung, die einen linearen Zusammenhang nahelegt. Das wird noch deutlicher, wenn Sie über das Plussymbol des Diagramms eine lineare Trendlinie einfügen und anschließend über den Aufgabenbereich **Trendlinie formatieren** die entsprechenden Formeln anzeigen lassen. Die Optionen dafür sind **Formel im Diagramm anzeigen** und **Bestimmtheitsmaß im Diagramm darstellen**.

Die in das Diagramm eingefügte Formel liefert die Werte, die Excel aus den vorhandenen Werten für `m` und `b` berechnet und für die Zeichnung der linearen Trendlinie in die oben beschriebene Gleichung eingesetzt hat:

```
b = 39711
m = 28,564
```

Der erste Wert ist der Startwert für den Trend, der zweite Wert gibt an, um wie viel der Werbeaufwand je Monat steigt. Diese Werte entsprechen dem Ergebnis der Funktionen `ACHSENABSCHNITT()` und `STEIGUNG()`.

Der Wert, der für `R2` in das Diagramm eingefügt wird, ist der Wert für das Bestimmtheitsmaß. Er kann separat auch für die Funktion `BESTIMMTHEITSMASS()` ermittelt werden oder als einer der Werte, die die Funktion `RGP()` liefert. Dieser Wert gibt an, wie stark der Wert der Variablen `Y`, hier die Umsatzwerte, durch den Wert der Variablen `X`, hier die Werte für den Werbeaufwand, beeinflusst wird. Der hier ausgegebene Wert von `0,905` liegt nahe bei der 1, was auf eine starke Bestimmtheit schließen lässt.

7.5.2 Vergleich der realen und der generierten Werte

In der Beispieltabelle kann neben der Spalte mit den tatsächlichen Umsätzen eine Spalte eingefügt werden, die mit der im Diagramm angezeigten Regressionsformel arbeitet. Die erste Formel in D5 ist dann:

```
=28,564*B5+39711
```

Wenn Sie die Formel nach unten kopieren, erhalten Sie die Trendwerte für den gesamten Zeitraum. In einem X/Y-Diagramm zu diesen Werten liegen dann alle Punkte aus dieser Spalte genau auf der Linie, die per Aufgabenbereich als Trendlinie in das Diagramm eingefügt worden ist.

Lineare Regression

Monat	Werbeaufwand	Umsatz	Trend	TREND()
Jan. 24	30.000	900000	896631	896640
Feb. 24	36.000	1090000	1068015	1068025
Mrz. 24	42.000	1300000	1239399	1239411
Apr. 24	40.000	1200000	1182271	1182283
Mai. 24	32.000	900000	953759	953768
Jun. 24	33.000	990000	982323	982333
Jul. 24	24.000	700000	725247	725254
Aug. 24	35.000	1050000	1039451	1039461
Sep. 24	34.000	1020000	1010887	1010897
Okt. 24	38.000	1200000	1125143	1125154
Nov. 24	41.000	1230000	1210835	1210847
Dez. 24	42.000	1300000	1239399	1239411
Jan. 25	39.000	1090000	1153707	1153718
Feb. 25	42.000	1100000	1239399	1239411
Mrz. 25	49.000	1400000	1439347	1439361
Apr. 25	40.000	1160000	1182271	1182283
Mai. 25	36.000	1080000	1068015	1068025
Jun. 25	39.000	1200000	1153707	1153718

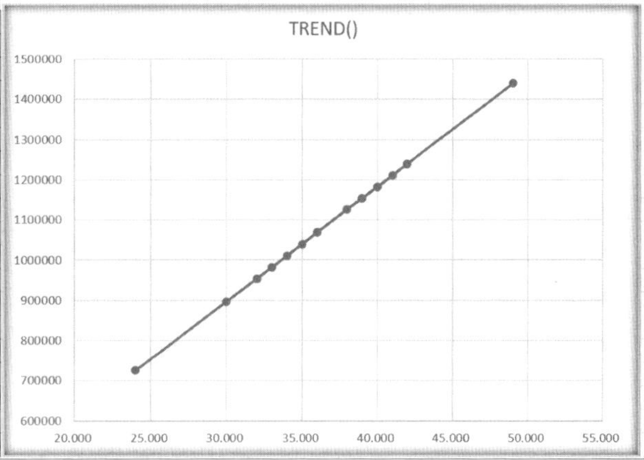

Abbildung 7.5 Trendberechnung per Formel

Die mit dieser Formel berechneten Werte entsprechen ziemlich gut den Werten, die Sie auch mit der Funktion `TREND()` erzeugen können, die Excel für die lineare Regression anbietet. In diesem Fall gilt die Formel:

```
=TREND($C$5:$C$22; $B$5:$B$22; ; WAHR)
```

Diese Formel wird als Matrixformel in Zelle E5 für den gesamten Bereich angelegt und mit [↵] bestätigt. Die leichten Abweichungen gegenüber den Werten in der Spalte D kommen durch die Rundung der im Diagramm angezeigten Werte für `b` und `m` zustande.

7.5.3 Andere Methoden der Regression

Wenn sich herausstellt, dass die realen Daten schlecht zu einer linearen Trendlinie passen, die Punkte im Diagramm also zu sehr streuen, können Sie versuchen, ob eine andere Regressionsmethode zu besseren Ergebnissen führt. Als ersten Schritt können Sie wieder versuchen, der Punktwolke in einem entsprechenden X/Y-Diagramm eine andere Trendlinie hinzuzufügen, um zu sehen, ob sie besser zu den vorhandenen Daten passt. Excel bietet im Aufgabenbereich **Trendlinie formatieren** sechs verschiedene Linien an.

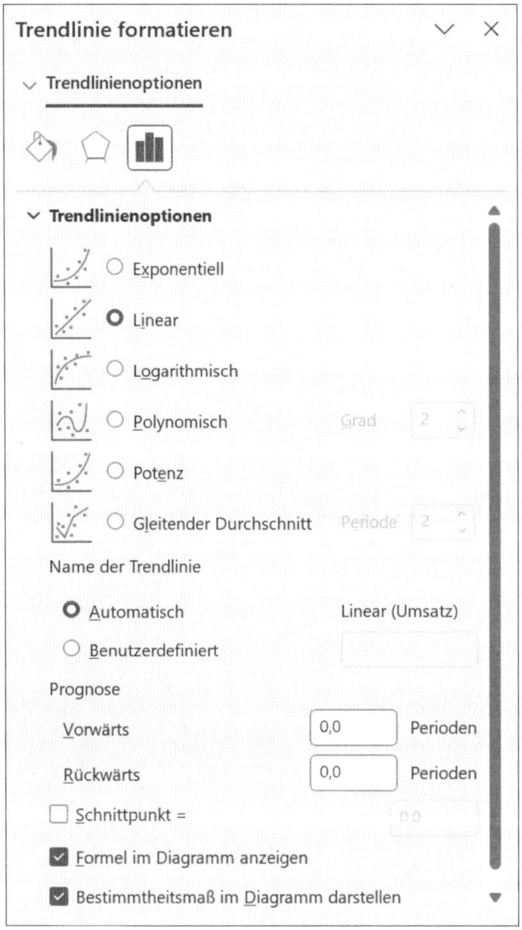

Abbildung 7.6 Der Aufgabenbereich für Trendlinien in einem Diagramm

7.6 Statistische Tests

Die Aufgabe statistischer Tests ist, ganz allgemein gesprochen, festzustellen, mit welcher Sicherheit oder Unsicherheit von Werten einer Stichprobe auf Werte der Grundgesamtheit geschlossen werden kann. Hierfür gibt es seit Excel 2007 zwei Funktionsgruppen. Die eine bietet die Möglichkeit, direkt Tests anhand von Stichproben durchzuführen, die andere liefert Werte aus Wahrscheinlichkeitsverteilungen, anhand deren aus den Stichproben gewonnene Parameter überprüft werden können.

Beim t-Test (`T.TEST()`) wird beispielsweise die Frage geprüft, ob zwei Stichproben sich in ihrem Mittelwert nur zufällig unterscheiden (dann wären beide Stichproben derselben Grundgesamtheit zufällig entnommen) oder ob sie sich nicht zufällig unterscheiden (dann stammen sie entweder aus verschiedenen Grundgesamtheiten oder sind nicht zufällig entnommen). Hier liefert die Funktion `T.TEST()` direkt einen Wahrscheinlichkeitswert.

Mit dem F-Test (`F.TEST()`) wird geprüft, ob zwei Stichproben sich in ihrer Varianz zufällig unterscheiden oder nicht. Auch hier ist wieder der Umweg über die F-Verteilung (`F.VERT()`) gangbar und bei manchen Fragestellungen notwendig.

Der Chi-Test (`CHIQU.TEST()`) schließlich dient der Überprüfung der Frage, ob eine Stichprobe, mit der mehrere Werte erfasst sind, mit einer Grundgesamtheit übereinstimmt, aus der für diese Werte Erwartungswahrscheinlichkeiten bekannt sind. Auch hier steht zusätzlich die Verteilungsfunktion zur Verfügung.

Insbesondere im Zusammenhang mit den hier aufgelisteten Testverfahren spielt der Begriff *Freiheitsgrade* eine Rolle. Gemeint ist damit die Anzahl der Stichprobenelemente, die sich frei variieren lassen. Wenn beispielsweise bei 20 Testpersonen die Durchschnittspunktzahl bei 10 liegt, die Gesamtsumme der Punkte bei 20 × 10, also bei 200, hat der Freiheitsgrad den Wert 20 – 1, also 19. Um den Durchschnittswert einzuhalten, kann also bei einer Testperson der Wert nicht mehr frei gewählt werden.

7.7 Verteilungsfunktionen

Von Zufallsgrößen war oben schon die Rede. Es wurde die Frage gestellt, mit welcher Wahrscheinlichkeit ein bestimmtes Ereignis auftritt. Für die Beantwortung dieser Frage steht eine Anzahl von Funktionen zur Verfügung, die das sonst notwendige Nachschlagen in umfangreichen statistischen Tabellenwerken ersparen kann.

Gemäß der Unterscheidung in diskrete und stetige Zufallsgrößen lassen sich auch die zugehörigen Verteilungen in diskrete und stetige unterscheiden. Hier kurz ein Überblick mit einigen Hinweisen zur Anwendung.

7.7.1 Diskrete Verteilungen

Binomialverteilung: Gehört zu den diskreten Verteilungen. Grundlage ist ein Ereignis, das jeweils mit einer bestimmten Wahrscheinlichkeit eintreten kann oder aber nicht. Die einzelnen Versuche müssen dabei voneinander unabhängig sein. Beispiele hierfür sind Münzwürfe, Würfeln oder Kartenziehen, wobei aber nach jedem Versuch die Karte anschließend zurückgesteckt werden muss; dadurch wird der Ausgangszustand immer wiederhergestellt. Siehe `BINOM.VERT()`.

Negative Binomialverteilung: Wahrscheinlichkeitsverteilung für die Anzahl der erforderlichen Versuche, um eine vorgegebene Anzahl von Erfolgen zu erzielen. Siehe dazu `NEGBINOM.VERT()`.

Hypergeometrische Verteilung: Wird bei einem Beispiel wie Kartenziehen die Karte nicht zurückgesteckt, dann ändert sich beim nächsten Versuch die theoretische Wahrscheinlichkeit. In solchen Fällen wird die hypergeometrische Verteilung benutzt. Siehe `HYPGEOM.VERT()`.

Poisson-Verteilung: Diese diskrete Verteilung wird normalerweise als Näherung für die Binomialverteilung bei sehr großen Zahlen und sehr kleinen Wahrscheinlichkeiten genommen. Da Excel aber genauso gut mit der Binomialverteilung rechnen kann, ist dieser Ausweg nicht unbedingt erforderlich. Siehe `POISSON.VERT()`.

7.7.2 Stetige Verteilungen

Betaverteilung: Dies ist eine stetige Verteilung über dem Intervall `[0,1]`. Sie kann bei Berechnung der Verteilung von Größen aus beliebigen, gleichmäßig stetig verteilten Grundgesamtheiten verwendet werden, beispielsweise um die Streuung von Stichproben zu vergleichen. Mit den beiden Formparametern lässt sich die Verteilung an den Rändern modellieren. Siehe `BETA.VERT()`.

Chi-Quadrat-Verteilung: Diese Verteilung ist definiert als die Verteilung der Summe der Quadrate von n unabhängigen und standardnormalverteilten Zufallsvariablen. Sie wird insbesondere für Streuungstests verwendet. Siehe `CHIQU.VERT()` und `CHIQU.VERT.RE()`.

Exponentialverteilung: Die Exponentialverteilung ist ein Spezialfall der Gammaverteilung für `p = 1`. Siehe `EXPON.VERT()`.

F-Verteilung: Die F-Verteilung – das F erinnert an den britischen Statistiker Fisher – steht in Zusammenhang mit der Chi-Quadrat-Verteilung. Wird der Quotient aus zwei durch die Zahl der Freiheitsgrade dividierten Chi-Quadrat-Variablen gebildet, entsteht eine Variable, die F-verteilt ist. Diese Werte werden für Testverfahren verwendet, bei denen die Varianz zweier unabhängiger normalverteilter Merkmale verglichen werden soll. Siehe `F.VERT()` und `F.VERT.RE()`.

Gammaverteilung: Eine kontinuierliche Wahrscheinlichkeitsverteilung über der Menge der positiven reellen Zahlen, die beispielsweise in der Warteschlangentheorie verwendet wird. Siehe `GAMMA.VERT()`.

Logarithmische Normalverteilung: Eine kontinuierliche Verteilung über der Menge der reellen Zahlen für Zufallsvariablen, wenn ln(X) normalverteilt ist. Siehe dazu LOG-NORM.VERT().

Normalverteilung: Diese kontinuierliche Verteilung ist definiert für Werte zwischen –unendlich und +unendlich. In zahlreichen Fällen, wo einer Zufallsvariablen eine Grundgesamtheit zugrunde liegt, die sehr groß ist (ab 1.000), und wo eine stetige Größe gemessen wird, können Sie davon ausgehen, dass sie wenigstens annäherungsweise normalverteilt ist.

Daraus folgt, dass die Normalverteilung im Prinzip die wichtigste der stetigen Verteilungen ist. Sie wird auch die Gauß'sche Verteilung oder Gauß'sche Fehlerkurve genannt. Eine besondere Stellung nimmt hier die Standardnormalverteilung ein, bei der der Mittelwert 0 und die Standardabweichung 1 ist. Siehe NORM.VERT() und NORM.S.VERT().

Student-t-Verteilung: Diese Verteilung ist eine stetige Verteilungsfunktion, die 1908 von dem englischen Statistiker Gosset unter dem Pseudonym »Student« publiziert worden ist. Sie ähnelt der Normalverteilung. Je umfangreicher der Stichprobenumfang ist, umso mehr nähert sich diese Verteilung der Standardnormalverteilung an. Die t-Verteilung wird häufig verwendet, wenn Mittelwerte verglichen werden und die Varianz dabei geschätzt werden muss. Siehe T.VERT(), T.VERT.2S() und T.VERT.RE().

Weibull-Verteilung: Diese Verteilung wird gerne zur Beschreibung der Ausfallraten von Produkten in der Qualitätssicherung verwendet. Siehe WEIBULL.VERT().

7.7.3 Dichtefunktion und Verteilungsfunktion

Bei allen diskreten Verteilungen mit einem bestimmten Wertebereich kann jedem möglichen Elementarereignis i eine ganz bestimmte Wahrscheinlichkeit zugeordnet werden. Der entsprechende Wert wird durch die Dichtefunktion geliefert. Die Wahrscheinlichkeit, dass bei einem Versuch ein Ausgang X < i beobachtet wird, wird durch die Verteilungsfunktion geliefert.

Bei stetigen Verteilungen ist es nicht möglich, einfach einem bestimmten Wert X eine Wahrscheinlichkeit zuzuordnen. Es ist ja die Besonderheit der stetigen Verteilung, dass selbst in dem kleinsten Intervall immer noch unendlich viele X-Werte zu finden sind, sodass die Wahrscheinlichkeit für einen einzelnen X-Wert null ist. Eine Wahrscheinlichkeit, die ungleich null ist, kann deshalb nur für bestimmte Intervalle existieren.

Den Wahrscheinlichkeitsverteilungen liegt deshalb mathematisch immer eine Dichtefunktion zugrunde, bei der Normalverteilung etwa die berühmte Glockenkurve. Der jeweilige Y-Wert sagt hier noch nichts über die Wahrscheinlichkeit des dazugehörenden X-Wertes aus. Erst die Fläche zwischen zwei X-Werten (mathematisch das bestimmte Integral) ist ein Maß für die Wahrscheinlichkeit. In Abbildung 7.7 liefert die Fläche unter der Glocke vom linken Ende bis zu der senkrechten Linie bei x1 die Wahrscheinlichkeit eines Wertes bis zu x1, die Fläche zwischen x1 und x2 die Wahrscheinlichkeit eines Wertes in diesem Bereich.

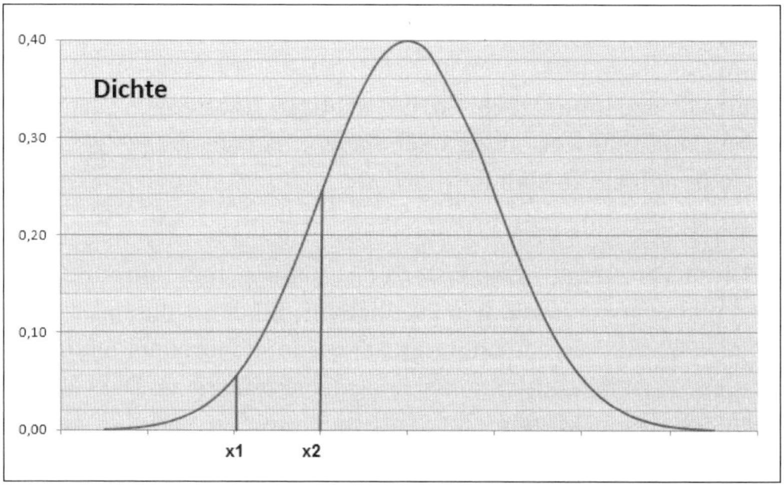

Abbildung 7.7 Wahrscheinlichkeit als Flächenanteil einer Verteilung

In Anlehnung an die diskreten Verteilungen verwendet Excel bei den stetigen Verteilungsfunktionen einen Wahrheitswert Kumuliert, der die Funktionen veranlasst, entweder die Dichte (Kumuliert = FALSCH) oder die kumulierte Wahrscheinlichkeit (Kumuliert = WAHR) zu berechnen; das Erste liefert also den Wert der Dichtefunktion, das Zweite den Wert der Verteilungsfunktion.

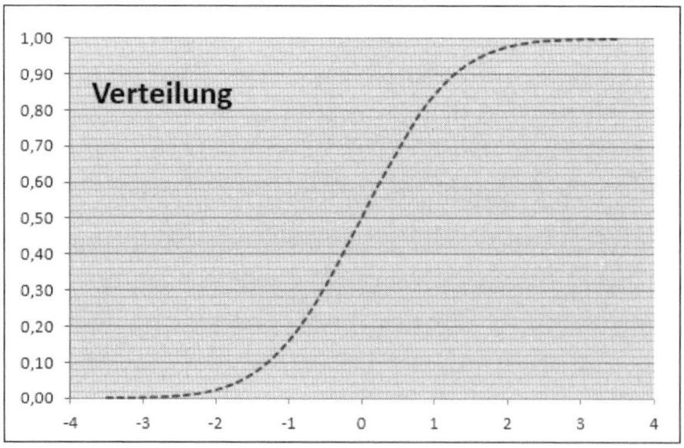

Abbildung 7.8 Die Verteilungsfunktion liefert die kumulierten Wahrscheinlichkeitswerte.

7.7.4 Umkehrfunktionen

Für die meisten Verteilungsfunktionen, die alle mit dem Suffix `VERT` gekennzeichnet sind – `NORM.VERT()`, `LOGNORM.VERT()` etc. –, stehen obendrein inverse Funktionen zur Verfügung, die alle das Suffix `INV` verwenden, etwa `NORM.INV()`, `LOG.INV()` etc. Das Verhältnis der entsprechenden Funktionen zueinander ist folgendes:

- Die Verteilungsfunktion liefert die Wahrscheinlichkeit dafür, dass eine Zufallsvariable einen Wert gleich oder kleiner als einen vorgegebenen Wert annimmt, der mit dem Argument `X` angegeben wird.
- Die inverse Funktion liefert zu einer angegebenen Wahrscheinlichkeit den Wert, der gleich oder kleiner dem der Zufallsvariable mit der angegebenen Wahrscheinlichkeit ist. Da dieser Wert Quantil genannt wird, lässt sich der Zusammenhang auch so angeben:

  ```
  ...VERT(q) = p
  ...INV(p) = q
  ```

  mit `p` = Wahrscheinlichkeit und `q` = Quantil.

7.8 Jüngere und geänderte Funktionen

Mit der Version 2010 wurden zahlreiche Änderungen an der Funktionsbibliothek vorgenommen. Die Mehrzahl der Änderungen und Neuerungen betraf dabei die Gruppe der statistischen Funktionen.

7.8.1 Benennungsschema

Zunächst wurde ein neues Benennungsschema eingeführt, um die verschiedenen Funktionstypen deutlicher zu kennzeichnen. Dazu wurden zusammengesetzte Namen eingeführt, bei denen die einzelnen Bestandteile durch Punkte getrennt sind. Die Funktion `FVERT()` beispielsweise heißt jetzt `F.VERT()`. Das Suffix `VERT` kennzeichnet die Funktion als Verteilungsfunktion. Ähnlich wird das Suffix `INV` für inverse Funktionen verwendet. `F.INV()` ersetzt `FINV()`. Soll die Funktion nicht linksseitig, sondern rechtsseitig verwendet werden, wird noch ein zweites Suffix `RE` angehängt: `F.VERT.RE()` und `F.INV.RE()`. Die bisherige Funktion `FVERT()` wurde also durch zwei Funktionen ersetzt, `F.VERT()` und `F.VERT.RE()`, wobei das Ergebnis von `F.VERT.RE()` dem Ergebnis der alten Funktion entspricht.

Die Funktionen mit dem Suffix VERT haben alle ein Argument Kumuliert, dessen Wert den Typ der Funktion bestimmt: WAHR liefert einen Wert der Verteilungsfunktion, FALSCH einen Wert der Dichtefunktion.

Bei zweiseitigen Funktionen wurde 2S angehängt. Das Suffix P – für *Population* –, beispielsweise in KOVARIANZ.P(), gibt an, dass sich die Funktion auf die Grundgesamtheit bezieht, Suffix S – für *sample* – wird für Funktionen verwendet, die sich auf eine Stichprobe beziehen. Einige der umbenannten Funktionen haben zugleich zusätzliche Parameter erhalten.

Wird eine Funktion mit einem solchen Namen in einem VBA-Makro als Methode des WorksheetFunction-Objekts verwendet, wird der Punkt übrigens durch einen Unterstrich ersetzt, also etwa Beta_Dist() für den englischen Funktionsnamen BETA.DIST().

In Tabelle 7.1 sind die umbenannten statistischen Funktionen den alten Namen gegenübergestellt, die jetzt in der Kategorie **Kompatibilität** geparkt sind.

Umbenannte Funktion	Kompatible Funktion
BETA.INV()	BETAINV()
BETA.VERT()	BETAVERT()
BINOM.INV()	KRITBINOM()
BINOM.VERT()	BINOMVERT()
CHIQU.INV()	CHIINV()
CHIQU.INV.RE()	CHIINV()
CHIQU.TEST()	CHITEST()
CHIQU.VERT()	CHIVERT()
CHIQU.VERT.RE()	CHIVERT()
EXPON.VERT()	EXPONVERT()
F.INV()	FINV()
F.INV.RE()	FINV()
F.TEST()	FTEST()
F.VERT()	FVERT()
F.VERT.RE()	FVERT()
G.TEST()	GTEST()

Tabelle 7.1 Gegenüberstellung der neueren und der kompatiblen Funktionen

Umbenannte Funktion	Kompatible Funktion
GAMMA.INV()	GAMMAINV()
GAMMA.VERT()	GAMMAVERT()
HYPGEOM.VERT()	HYPGEOMVERT()
KONFIDENZ.NORM()	KONFIDENZ()
KONFIDENZ.T()	KONFIDENZ()
KOVARIANZ.P()	KOVAR()
KOVARIANZ.S()	KOVAR()
LOGNORM.INV()	LOGINV()
LOGNORM.VERT()	LOGNORMVERT()
MODUS.EINF()	MODALWERT()
MODUS.VIELF()	MODALWERT()
NEGBINOM.VERT()	NEGBINOMVERT()
NORM.INV()	NORMINV()
NORM.S.INV()	STANDNORMINV()
NORM.S.VERT()	STANDNORMVERT()
NORM.VERT()	NORMVERT()
POISSON.VERT()	POISSON()
QUANTIL.EXKL()	QUANTIL()
QUANTIL.INKL()	QUANTIL()
QUANTILSRANG.EXKL()	QUANTILSRANG()
QUANTILSRANG.INKL()	QUANTILSRANG()
QUARTILE.EXKL()	QUARTILE()
QUARTILE.INKL()	QUARTILE()
RANG.GLEICH()	RANG()
STABW.N()	STABWN()
STABW.S()	STABW()
T.INV()	TINV()

Tabelle 7.1 Gegenüberstellung der neueren und der kompatiblen Funktionen (Forts.)

Umbenannte Funktion	Kompatible Funktion
T.INV.2S()	TINV()
T.TEST()	TTEST()
T.VERT()	TVERT()
T.VERT.2S()	TVERT()
T.VERT.RE()	TVERT()
VAR.P()	VARIANZEN()
VAR.S()	VARIANZ()
WEIBULL.VERT()	WEIBULL()

Tabelle 7.1 Gegenüberstellung der neueren und der kompatiblen Funktionen (Forts.)

7.8.2 Funktionen für Kompatibilität

Damit es keine Probleme mit älteren Arbeitsmappen gibt, bleiben die umbenannten Funktionen weiterhin auch unter ihrem alten Namen verfügbar. Im Dialog **Funktion einfügen** sind diese Funktionen in der Kategorie **Kompatibilität** zu finden. Die Beschreibung dieser Funktionen finden Sie im nächsten Kapitel. Wenn Sie Funktionen direkt einfügen und die Option **AutoVervollständigen-Formel** über **Datei ▸ Optionen ▸ Formeln** eingeschaltet lassen, werden die kompatiblen Funktionen jeweils mit einem Symbol angezeigt, das ein kleines Warnzeichen enthält.

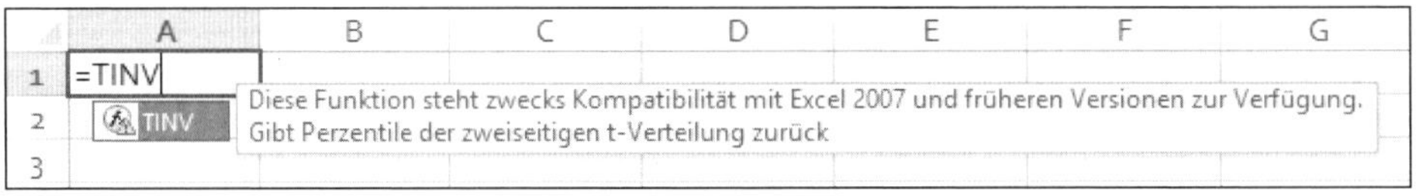

Abbildung 7.9 Hinweis bei kompatiblen Funktionen

7.8.3 Mit Excel 2013 eingeführte statistische Funktionen

Mit dem Erscheinen von Excel 2013 wurde die Reihe der statistischen Funktionen bereits um einige Funktionen erweitert:

- BINOM.VERT.BEREICH() gibt die Wahrscheinlichkeit dafür an, dass die Anzahl erfolgreicher Versuche in einem bestimmten Bereich liegt.

- GAMMA() liefert direkt den Wert der Gammafunktion für die mit X angegebene Variable. Die Funktion erspart Ihnen also das Ablesen der Werte aus Tabellen zur Gammafunktion.
- GAUSS() berechnet die Wahrscheinlichkeit, dass ein Element zwischen zwei Standardabweichungen vom Mittelwert liegt.
- PHI() liefert direkt den Wert der Dichtefunktion für eine Standardnormalverteilung.
- SCHIEFE.P() liefert ein Maß für die Asymmetrie der Häufigkeitsverteilung einer Grundgesamtheit.
- VARIATIONEN2() berechnet die Zahl der möglichen Anordnungen von Elementen, wenn Wiederholungen zugelassen sind.

7.8.4 Seit Excel 2016 eingeführte Funktionen

Excel 2016 brachte eine neue Gruppe von Funktionen zur Prognose von zukünftigen Werten auf der Basis vorhandener historischer Werte. Die meisten dieser Funktionen verwenden als Teil des Namens die Abkürzung ETS, die für *Enhanced Transmisson Selection* steht, ein spezieller Algorithmus für exponentielles Glätten:

- PROGNOSE.ETS() liefert den Schätzwert für ein bestimmtes Zieldatum, wobei eine exponentielle Glättungsmethode verwendet wird.
- PROGNOSE.ETS.KONFINT() liefert ein Konfidenzintervall zu dem Schätzwert für ein bestimmtes Zieldatum.
- PROGNOSE.ETS.SAISONALITÄT() liefert die Länge des Wiederholungsmusters, das Excel in einer Serie feststellen kann.
- PROGNOSE.ETS.STAT() liefert statistische Kenndaten zu einer Prognose.
- PROGNOSE.LINEAR() liefert für den vorgegebenen Wert X einen Schätzwert von Y anhand einer linearen Regression.

Die bisher verwendete Prognosefunktion SCHÄTZER() wurde in die Kategorie der kompatiblen Funktionen verschoben.

Neu seit Excel 2019 sind die Funktionen MAXWENNS() und MINWENNS(). Sie liefern das Maximum oder Minimum in einem Zellbereich unter Berücksichtigung von Filterkriterien, die paarweise durch Angabe von Kriterienbereichen und diesen zugeordneten Kriterien festgelegt werden.

Es muss jeweils beachtet werden, dass die Größe der Kriterienbereiche denen der Bereiche, die die auszuwertenden Daten enthalten, in Größe und Form entsprechen müssen, ansonsten liefert die Funktion den Fehler #Wert!. Das Beispiel in Abbildung 7.10 wertet in beiden Formeln den Bereich der Gewichtsangaben aus und sucht im Bereich der Altersangaben nach den Werten der über 30-Jährigen bzw. der unter 40-Jährigen.

	A	B	C
1	**Person**	**Alter**	**Gewicht**
2	1	23	69
3	2	25	66
4	3	29	68
5	4	33	72
6	5	35	74
7	6	35	63
8	7	43	68
9	8	43	88
10	9	43	58
11	10	43	79
12	=MAXWENNS(C2:C11;B2:B11;">30")		**88**
13	=MINWENNS(C2:C11;B2:B11;"<40")		**63**

Abbildung 7.10 Bedingte Maximal- und Minimalwerte

7.9 Referenz der statistischen Funktionen

ACHSENABSCHNITT()

INTERCEPT()

Syntax: ACHSENABSCHNITT(**Y_Werte**; **X_Werte**)

Beispiel: =ACHSENABSCHNITT(B7:B16; A7:A16)

Ergebnis: 2,8 (im abgebildeten Beispiel)

Die Funktion ACHSENABSCHNITT() liefert den Ordinatenabschnitt für den Schnittpunkt der aus den Argumenten Y_Werte und X_Werte errechneten Regressionsgeraden oder Trendlinie einer linearen Regressionsfunktion mit der y-Achse, vergleiche hierzu die Funktion RGP().

Für Y_Werte und X_Werte kann jeweils ein Zellbereich oder eine Matrixkonstante angegeben werden. Dabei stellen die X_Werte die unabhängigen Daten oder Messwerte dar, die Y_Werte dagegen die abhängigen. Die Funktion ermittelt also den Wert, den die abhängige Variable annimmt, wenn die unabhängige Variable den Wert 0 hat.

Die Argumente `Y_Werte` und `X_Werte` müssen jeweils die gleiche Anzahl von Elementen enthalten, sonst liefert die Funktion den Fehler `#NV`. Nicht numerische X-Werte ergeben den Fehler `#WERT!`.

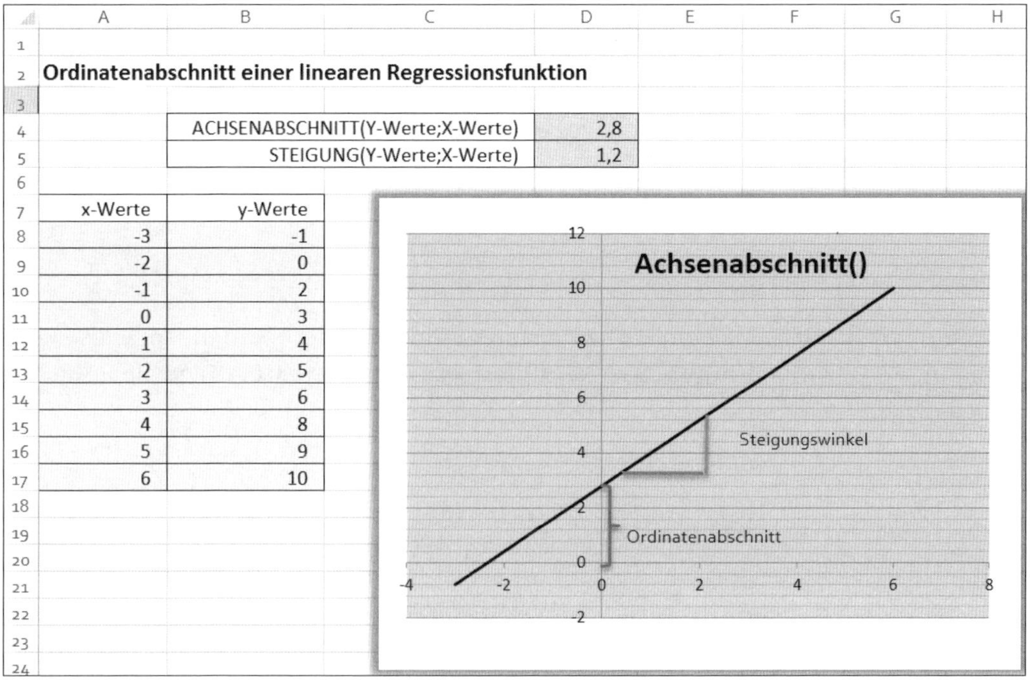

Abbildung 7.11 Ordinatenabschnitt und Steigung einer Regressionsgeraden

Die Funktionsgleichung für die Regressionsgerade lautet

```
y = b + m * x
```

wobei `b` der Schnittpunkt mit der y-Achse ist.

Siehe auch die Erläuterungen zur Regressionsanalyse in Abschnitt 7.5, »Regressionsanalyse«.

ANZAHL()

COUNT()

Syntax: `ANZAHL(`**`Wert1`**`; Wert2; ...)`

Beispiel: `=ANZAHL(1; 4; 7; "fünf")`

Ergebnis: `3`

Die Funktion ANZAHL() ergibt die Anzahl der numerischen Werte, die in der Argumentliste bzw. in Bereichen, auf die sie sich beziehen, enthalten sind. Als numerische Werte gelten Zahlen einschließlich der Null sowie Datums- und Zeitwerte.

Seit Excel 2007 sind insgesamt 255 Argumente möglich, in den älteren Versionen nur 30. Das erste Argument ist erforderlich. Bei Bezügen auf Zellbereiche werden Texteinträge, Fehlerwerte, Wahrheitswerte und leere Zellen nicht mitgezählt. Wird eine Zahl in Textform oder ein Wahrheitswert dagegen direkt als Argument angegeben, werden sie mitgezählt:

```
=ANZAHL(1; 4; 7; "5"; WAHR)
```

ergibt also 5.

Die Funktion kann auch auf Matrixkonstanten angewendet werden. Im Beispiel in Abbildung 7.12 wird mithilfe von ANZAHL() festgestellt, für wie viele Tage die Besucherzahlen eingetragen sind.

	A	B	C
1			
2	**Die Anzahl vorhandener Werte berechnen**		
3			
4		Besucher vormittags	Besucher nachmittags
5	06.03.2024	200	200
6	07.03.2024	300	300
7	08.03.2024	320	unbekannt
8	09.03.2024		
9	10.03.2024		200
10	11.03.2024	440	440
11	12.03.2024	240	240
12	13.03.2024	800	800
13	14.03.2024	240	240
14	15.03.2024	300	300
15	16.03.2024		
16	17.03.2024		
17	18.03.2024	260	260
18	19.03.2024	480	480
19	20.03.2024	260	260
20	21.03.2024	#NV	#NV
21	22.03.2024		
22	ANZAHL()	11	11
23	ANZAHL2()	12	13
24	ANZAHLLEEREZELLEN()	5	4

Abbildung 7.12 Während die Funktion ANZAHL() nur die numerischen Werte zählt, berücksichtigt ANZAHL2 alle nicht leeren Zellen.

Die Funktion ANZAHL() übernimmt bei statistischen Auswertungen gewissermaßen die Basisaufgabe: das Zählen der Größe einer Grundgesamtheit oder einer Stichprobe.

Wenn Sie die Anzahl der numerischen Werte in einem markierten Zellbereich sofort sehen wollen, können Sie diesen Wert auch in der Statuszeile anzeigen lassen. Das Kontextmenü der Statusleiste bietet dazu die Option **Numerische Zahl** an.

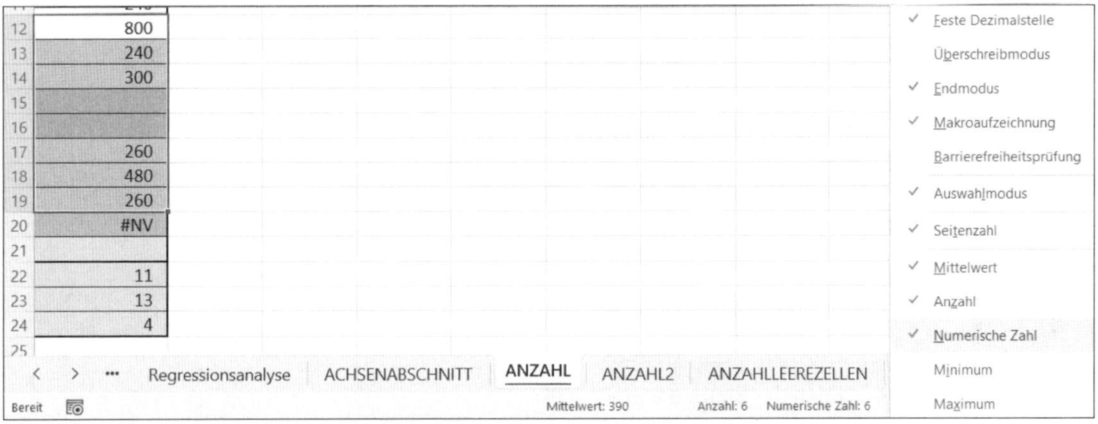

Abbildung 7.13 Anzeige der ausgewählten numerischen Werte in der Statusleiste

ANZAHL2()

COUNTA()

Syntax:	`ANZAHL2(`**`Wert1`**`; Wert2; …)`
Beispiel:	`=ANZAHL2(1; 4; 7; "fünf")`
Ergebnis:	4

Anders als die Funktion ANZAHL(), die nur die numerischen Werte berücksichtigt, ermittelt ANZAHL2() die Werte insgesamt, die in der Argumentliste bzw. in angegebenen Bereichen oder Matrixkonstanten enthalten sind. Texteinträge – auch leere wie ="" –, Wahrheitswerte und Fehlerwerte werden mitgezählt, nur wirklich leere Zellen (oder Argumente) werden abgezogen. Seit Excel 2007 sind insgesamt 255 Argumente möglich, in den älteren Versionen nur 30. Das erste Argument ist erforderlich. Die Funktion kann auch auf Matrixkonstanten angewendet werden.

Die Funktion ist besonders praktisch, wenn bei Beschriftungsspalten oder -zeilen festgestellt werden soll, wie viele Einträge aktuell vorhanden sind. Mit Bezug auf eine Namensliste ermittelt die Funktion beispielsweise sofort, wie viele Personen, Kunden etc. vorkommen (siehe Abbildung 7.14).

	A	B
1		
2	**Zählen der Elemente einer Liste**	
3		
4	Name	Lieblingssport
5	Hans	Fußball
6	Werner	Tennis
7	Lotte	Tennis
8	Lisa	Joggen
9	Franz	Joggen
10	Rita	Turnen
11	Henning	Fußball
12	Wanda	Tennis
13	Lori	Tennis
14	Bella	Tennis
15	Arne	Joggen
16	Lukas	Fußball
17	ANZAHL2()	12

Abbildung 7.14 Zählen der Elemente einer Liste

Soll ermittelt werden, wie viele Einträge in einem Bereich keine numerischen Werte enthalten, kann einfach die Differenz der beiden Funktionen gebildet werden:

```
=ANZAHL2(B5:B21)-ANZAHL(B5:B21)
```

Ähnlich kann verfahren werden, wenn geprüft werden soll, ob für alle Werte in Spalte A bereits Werte in Spalte B eingetragen sind:

```
=ANZAHL2(A5:A21)-ANZAHL(B5:B21)
```

In dem Beispiel in Abbildung 7.12 zählt `ANZAHL2()` auch die Tage mit, bei denen etwas anderes als eine Zahl eingetragen ist.

Die Funktionen `ANZAHL()` und `ANZAHL2()` sind nicht nur statistisch verwendbar, sie lassen sich auch als Zähler für VBA-Makros einsetzen, wenn es beispielsweise darum geht, alle Einträge einer Spalte oder Zeile in einer Schleife abzuarbeiten.

7.9.1 Beispiel Rückstandsberechnung

Angenommen, Sie planen, eine bestimmte Arbeit einigermaßen gleichmäßig auf einen bestimmten Zeitraum zu verteilen. Die Arbeit ist in Stückzahlen messbar. Dann können Sie dafür eine Tabelle verwenden, die mit den Funktionen `SUMME()`, `ANZAHL()` und `AN-`

ZAHL2() arbeitet. Etwas knifflig an der Lösung ist nur der Umgang mit den Bezügen, die mal relativ und mal absolut sein müssen.

Die Zelle B4 in der in Abbildung 7.15 gezeigten Tabelle wird verwendet, um die geplante Gesamtmenge einzugeben, die innerhalb des vorgegebenen Zeitraumes produziert werden soll. In der ersten Spalte sind die Arbeitstage durchnummeriert. In der zweiten Spalte ist das Datum des ersten Tages eingegeben. Wenn Samstag und Sonntag nicht gearbeitet werden soll, können Sie das Ausfüllkästchen mit gedrückter rechter Maustaste nach unten ziehen und im Menü den Befehl **Wochentage ausfüllen** verwenden. In die Spalte C sollen dann Tag für Tag die an dem jeweiligen Tag erledigten Mengen eingetragen werden. In Spalte D wird geprüft, ob das geplante Soll erfüllt, überschritten oder unterschritten ist. Ist das Soll überschritten, haben Sie einen Vorsprung, der als positiver Wert ausgegeben wird, liegen Sie dagegen zurück, wird ein negativer Wert angezeigt. Bei Nullwerten liegen Sie genau im Plan.

Die Formel, die in allen Zellen verwendet wird, rechnet immer die insgesamt erledigte Menge zusammen und vergleicht sie mit der Menge, die bis zu dem gerade erreichten Tag erledigt sein müsste. Die Formel soll aber nur dann einen Wert ausrechnen, wenn in der Spalte C in der entsprechenden Zeile etwas eingetragen ist. Deshalb ist die gesamte Berechnung noch mal in eine WENN()-Funktion eingepackt, die prüft, ob an dem Tag schon eine Menge eingegeben worden ist. Solange das nicht der Fall ist, bleibt die Zelle in Spalte D leer.

Die Berechnung des Rückstandes oder Vorsprungs geschieht mit folgender Formel:

```
=SUMME($C$5:C5)-(ANZAHL($C$5:C5)*$B$4/ANZAHL2($A$5:$A$19))
```

Wie Sie sehen, ist in den beiden ersten Funktionen das erste Argument jeweils absolut, das zweite relativ. Der Summenbereich wächst also jeden Tag um eine Position, wenn die Formel nach unten kopiert wird.

Von dem Ergebnis der Summenfunktion, die immer die aufgelaufene Gesamtmenge liefert, werden die aufgelaufenen Planmengen abgezogen, die durch den Rest der Formel ermittelt werden.

Mit der ANZAHL2()-Funktion wird festgestellt, wie viele Werte die Spalte mit den Tagesnummern insgesamt enthält. Sie könnten hier natürlich auch direkt die Zahl der Tage eingeben.

Eingepackt in die WENN()-Funktion, sieht die Formel folgendermaßen aus:

```
=WENN(C5>0; SUMME($C$5:C5)-(ANZAHL($C$5:C5)*$B$4/ANZAHL2($A$5:$A$19)); "")
```

Abbildung 7.15 zeigt die Tabelle mit einigen Werten für die ersten Tage.

	A	B	C	D
1				
2	**Berechnen von Rückstand und Vorsprung**			
3				
4	Geplante Gesamtmenge:	300	Erledigte Menge	Rückstand/ Vorsprung
5	Tag 1	10. Okt	20	0
6	Tag 2	11. Okt	32	12
7	Tag 3	12. Okt	32	24
8	Tag 4	13. Okt	5	9
9	Tag 5	14. Okt	3	-8
10	Tag 6	15. Okt	1	-27
11	Tag 7	16. Okt		
12	Tag 8	17. Okt		
13	Tag 9	18. Okt		
14	Tag 10	19. Okt		

Abbildung 7.15 Fortschrittskontrolle

Wenn Sie sich im Verlauf der Arbeit dazu entschließen, die geplante Gesamtmenge zu erhöhen, werden die Werte sofort der neuen Anforderung angepasst. Das Beispiel kann leicht beliebigen Zeiträumen angepasst werden. Sie müssen dann nur die letzte Adresse in der Formel entsprechend ändern. Anstelle eines Tagesintervalls kann das Ganze natürlich auch etwa für Stundenintervalle verwendet werden.

ANZAHLLEEREZELLEN()

COUNTBLANK()

Syntax: `ANZAHLLEEREZELLEN(`**`Bereich`**`)`

Beispiel: `=ANZAHLLEEREZELLEN(A1:A100)`

Ergebnis: `5`, wenn der Bereich 5 leere Zellen enthält

Die Funktion `ANZAHLLEEREZELLEN()` ermittelt die Anzahl der leeren Zellen im angegebenen `Bereich`. Zellen, die Leerzeichen enthalten, gelten dabei nicht als leer.

Dagegen wird eine leere Zeichenfolge als leer gezählt, anders also als es bei der Funktion `ANZAHL2()` der Fall ist. Abbildung 7.16 zeigt eine Tabelle, in der in Spalte B die Werktage mit `1` gekennzeichnet sind, der Samstag und der Sonntag dagegen mit einer leeren Zeichenfolge. Dazu wird folgende Formel verwendet:

```
=WENN(ODER(WOCHENTAG(A5)=7; WOCHENTAG(A5)=1); ""; 1)
```

Folglich stehen in den Zellen B8 und B9 leere Zeichenfolgen. Die beiden Formeln in B10 und B11 zeigen, dass

```
=ANZAHL2(B5:B9)
```

die Zellen mit den leeren Zeichenfolgen mitzählt, während

```
=ANZAHLLEEREZELLEN(B5:B9)
```

angibt, dass in dem Bereich zwei Zellen leer sind.

	A	B
1		
2	**Die Anzahl leerer Zellen berechnen**	
3		
4		**=WENN(ODER(WOCHENTAG(A5)=7;WOCHENTAG(A5)=1);"";1)**
5	Donnerstag, 7. März 2024	1
6	Freitag, 8. März 2024	1
7	Samstag, 9. März 2024	
8	Sonntag, 10. März 2024	
9	Montag, 11. März 2024	1
10	ANZAHL2()	5
11	ANZAHLLEEREZELLEN()	2

Abbildung 7.16 Unterschiedliche Bewertung von Zellen mit leeren Zeichenfolgen

Die Funktion kann beispielsweise dazu verwendet werden, um festzustellen, wie viele Werte in eine Tabellenspalte noch nicht eingetragen sind. Das ist bei großen Tabellen unter Umständen eine wichtige Information, um den Aufwand abzuschätzen, der für die Dateneingabe noch ansteht.

BESTIMMTHEITSMASS()

RSQ()

Syntax: `BESTIMMTHEITSMASS(`**`Y_Werte`**`; `**`X_Werte`**`)`

Beispiel: `=BESTIMMTHEITSMASS({3; 5; 8; 7}; {5; 6; 5; 4})`

Ergebnis: `0,13559`

Mit der Funktion BESTIMMHEITSMASS() wird der Wert für R2, das Quadrat des Pearson'schen Korrelationskoeffizienten, ermittelt, vergleiche PEARSON(). Das Bestimmtheitsmaß ist auch als Determinationskoeffizient bekannt und ist ein Maß für die Güte der Anpassung, die eine Regression erzielt, d. h., es ist ein Maß dafür, wie dicht die Datenpunkte an der Regressionsgeraden liegen.

Für Y_Werte und X_Werte kann jeweils ein Zellbereich oder eine Matrixkonstante angegeben werden. Texte, leere Zellen oder Wahrheitswerte werden ignoriert. Dabei stellen die X_Werte die unabhängigen Daten oder Messwerte dar, die Y_Werte dagegen die abhängigen. Der ermittelte Wert R2 kann als der Anteil der Varianz von Y interpretiert werden, der durch die Varianz von X erklärt wird.

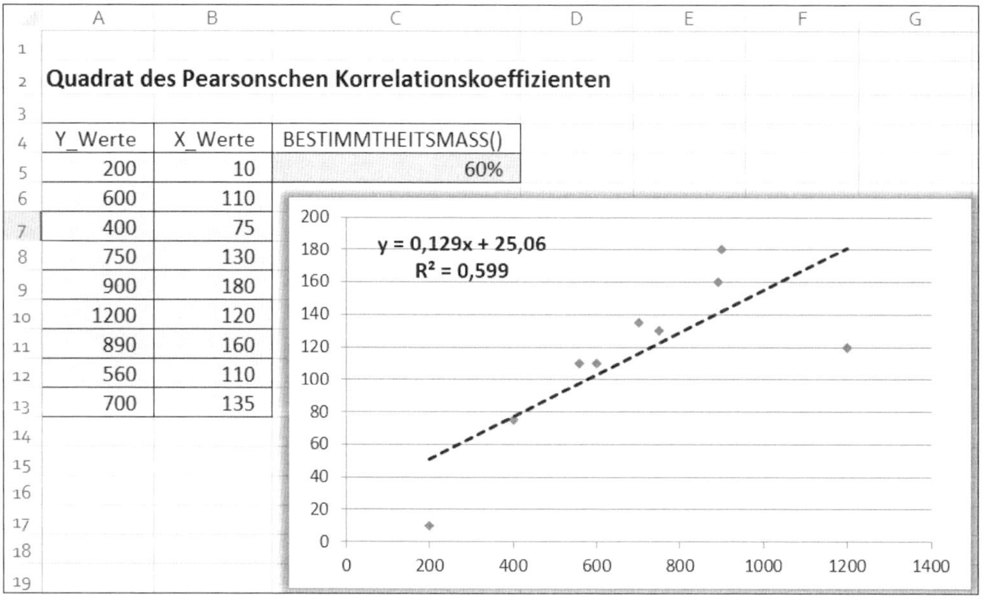

Abbildung 7.17 Das Bestimmtheitsmaß lässt sich auch im Diagramm ausgeben.

Enthalten Y_Werte und X_Werte unterschiedlich viele Datenelemente, liefert die Funktion den Fehler #NV. Enthalten beide nur ein oder gar kein Datenelement, erscheint der Fehler #DIV/0!.

Die Funktion liefert Werte von 0 bis +1. 1 bedeutet, dass sich die Werte der abhängigen Variablen allein durch die Werte der unabhängigen Variablen erklären lassen. In diesem Fall liegen alle Datenpunkte direkt auf der Regressionsgeraden. Andere Faktoren spielen also keine Rolle. Ein Wert von 0,13 bedeutet, dass sich der Wert der abhängigen Variablen nur zu 13 % durch die unabhängige Variable erklären lässt, der Rest deutet auf den Einfluss anderer Faktoren. Siehe dazu auch Abschnitt 7.5, »Regressionsanalyse«.

BETA.INV()

BETA.INV()

Syntax:	`BETA.INV(`**`Wahrsch`**`; `**`Alpha`**`; `**`Beta`**`; A; B)`
Beispiel:	`=BETA.INV(0,1; 3; 4)`
Ergebnis:	`0,2009`

Die Funktion `BETA.INV()` liefert Quantile der Betaverteilung für eine Zufallsvariable und ist die Umkehrung von `BETA.VERT()`. Die Funktion ersetzt seit Excel 2010 die bisherige Funktion `BETAINV()`.

Als notwendige Argumente sind mit `Wahrsch` die Wahrscheinlichkeit und mit `Alpha` und `Beta` Parameter der Verteilung einzutragen. `A` und `B` sind optionale Argumente, die die Intervallgrenzen für `X` bezeichnen. Werden sie nicht angegeben, dann wird `A = 0` gesetzt und `B = 1`. In diesem Fall ist die Betaverteilung eine stetige Verteilung über dem Intervall `[0,1]`. Vergleiche `BETA.VERT()`.

Die Funktion `BETA.INV()` ist die Umkehrung der Funktion `BETA.VERT()`. Wenn:

```
Wahrsch = BETA.VERT(X; … WAHR)
```

dann ist:

```
X = BETA.INV(Wahrsch; …)
```

Quantile der Betaverteilung

Wahrsch	Alpha	Beta	A	B	BETA.INV()
0,5	8	10	1	3	1,885
0,1	3	4			0,201

Alpha	Beta
2	2

Wahrsch	Verteilung	Dichte	BETA.INV()
0	0	0	
0,1	0,028	0,163	0,196
0,2	0,104	0,559	0,287
0,3	0,216	1,016	0,363
0,4	0,352	1,369	0,433
0,5	0,500	1,500	0,500
0,6	0,648	1,369	0,567
0,7	0,784	1,016	0,637
0,8	0,896	0,559	0,713
0,9	0,972	0,163	0,804
1	1	0	

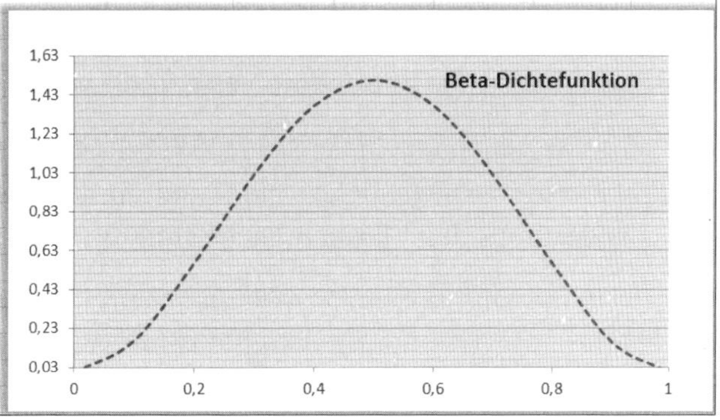

Abbildung 7.18 Quantile der Betaverteilung und der Graph der Dichtefunktion

Ist eines der Argumente nicht numerisch, gibt die Funktion den Fehler #WERT! zurück. Ist Alpha ≤ 0 oder Beta ≤ 0, erscheint der Fehler #ZAHL!. Das gilt auch, wenn Wahrsch ≤ 0 oder > 1.

Abbildung 7.18 zeigt einige Beispiele für von der Funktion berechnete Werte und den Graphen der Dichtefunktion der Betaverteilung. Siehe auch BETA.VERT().

BETA.VERT()

BETA.DIST()

Syntax:	BETA.VERT(**X**; **Alpha**; **Beta**; **Kumuliert**; A; B)
Beispiel:	=BETA.VERT(0,5; 3; 4; Wahr)
Ergebnis:	0,65625

Die Funktion BETA.VERT() liefert die Wahrscheinlichkeitsverteilung für eine betaverteilte Zufallsvariable. Die Betaverteilung ist eine stetige Verteilung über dem Intervall [0,1] oder in der allgemeineren Version über dem Intervall [A,B]. Sie wird eingesetzt, um Ereignisse zu modellieren, die innerhalb eines Intervalls stattfinden, das durch einen minimalen und einen maximalen Wert bestimmt ist. Dadurch eignet sich die Funktion beispielsweise für die Projektplanung oder für Kontrollsysteme zu zeitkritischen Abläufen.

Die Funktion ersetzt seit Excel 2010 die Funktion BETAVERT(), wobei Kumuliert als zusätzliches Argument eingebaut ist.

Es wird berechnet, mit welcher Wahrscheinlichkeit die Zufallsvariable einen Wert zwischen A und X annimmt. Das Argument X ist die Größe der Zufallsvariablen im Intervall A bis B, Alpha und Beta – beide müssen größer als 0 sein – sind Parameter der Verteilung. Die Verteilung ist für Alpha = Beta symmetrisch um X = ½. (In der Literatur werden normalerweise die Bezeichnungen p und q verwendet.)

Das Argument Kumuliert ist ein Wahrheitswert, der den Typ der Funktion bestimmt. Mit Kumuliert = WAHR liefert die Funktion den Wert der kumulierten Verteilungsfunktion, andernfalls den Wert der Dichtefunktion.

A und B sind optionale Argumente und bezeichnen die untere und obere Grenze des Intervalls. Werden für A und B keine Werte angegeben, dann gilt die standardmäßige Betaverteilung über dem Intervall [0,1], also A = 0 und B = 1.

Ist eines der Argumente X, Alpha, Beta, A oder B nicht numerisch, gibt die Funktion den Fehler #WERT! zurück. Ist Alpha $\leq$ 0 oder Beta $\leq$ 0, erscheint der Fehler #ZAHL!. Das gilt auch, wenn X < A oder X > B oder A = B.

Abbildung 7.19 zeigt den Einfluss verschiedener Parameter auf den Verlauf der Funktion.

	A	B	C	D
1				
2	**Betaverteilung für verschiedene Parameterwerte**			
3				
4	Alpha-->	0,5	1	5
5	Beta-->	0,5	3	1
6				
7	X	Betaverteilung		
8	0	0,0000	0,00000	0,00000
9	0,1	0,2048	0,27100	0,00001
10	0,2	0,2952	0,48800	0,00032
11	0,3	0,3690	0,65700	0,00243
12	0,4	0,4359	0,78400	0,01024
13	0,5	0,5000	0,87500	0,03125
14	0,6	0,5641	0,93600	0,07776
15	0,7	0,6310	0,97300	0,16807
16	0,8	0,7048	0,99200	0,32768
17	0,9	0,7952	0,99900	0,59049
18	1	1,0000	1,00000	1,00000

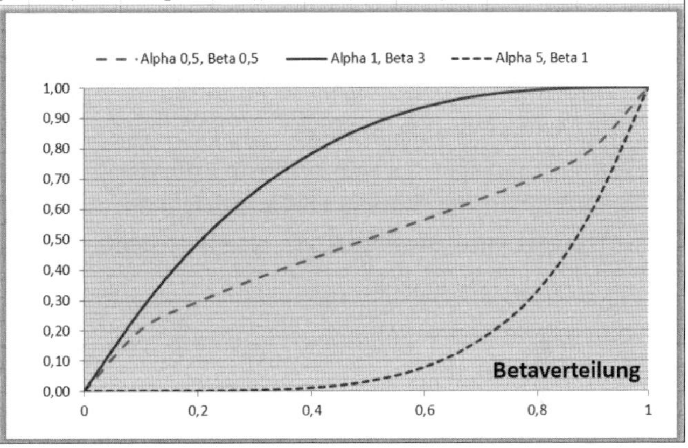

Abbildung 7.19 Einfluss der Parameter Alpha und Beta auf den Verlauf der Betaverteilung

Die Betafunktion, auch Euler'sches Integral erster Gattung genannt, ist eine Funktion mit zwei Parametern, die durch folgende Formel definiert ist:

$$B(x, y) = \int_0^1 t^{x-1}(1 - t)^{y-1}dt$$

Siehe auch BETA.INV().

BINOM.INV()

BINOM.INV()

Syntax:	BINOM.INV(**Versuche; Erfolgswahrsch; Alpha**)
Beispiel:	=BINOM.INV(200; 0,9; 0,01)
Ergebnis:	170

Die Funktion BINOM.INV() liefert die kleinste Anzahl erfolgreicher Versuche, für die die kumulierte Wahrscheinlichkeit größer oder gleich der mit Alpha angegebenen Irrtums- oder Grenzwahrscheinlichkeit ist. Voraussetzung ist, dass die Zufallsgröße binomialverteilt ist. Das bedeutet, die Versuche sind voneinander unabhängig, und es gibt immer nur zwei mögliche Ergebnisse.

Mit Versuche wird die Zahl der Versuche angegeben, mit Erfolgswahrsch die Wahrscheinlichkeit für den erfolgreichen Ausgang eines Versuchs.

Ist eines der Argumente nicht numerisch, gibt die Funktion den Fehler #WERT! zurück. Ist Versuche < 0 oder Erfolgswahrsch < 0 oder > 1, erscheint der Fehler #ZAHL!; das gilt auch für Alpha < 0 oder > 1.

Die Funktion ersetzt seit Excel 2010 die Funktion KRITBINOM().

Das Ergebnis der Funktion kann als Akzeptanzkriterium verwendet werden, um z. B. zu entscheiden, ob die Fehlerrate in einem Fertigungslos noch geduldet werden kann oder nicht. Bei dieser Fragestellung gibt es nur zwei mögliche Ergebnisse: Ein Prüfling ist in Ordnung oder nicht in Ordnung. Die Betrachtung der einzelnen Prüflinge geschieht unabhängig voneinander, also sind die Bedingungen für eine Binomialverteilung gegeben.

	A	B	C	D
1				
2	**BINOM.INV()**			
3				
4	Versuche	Erfolgswahrsch	Alpha	BINOM.INV()
5	200	0,9	0,01	170
6	200	0,9	0,02	171
7	200	0,9	0,03	172

Abbildung 7.20 Berechnen der kritischen Grenze bei binomialen Verteilungen

Im Beispiel in Abbildung 7.20 wird angenommen, dass bei einer gegebenen Maschineneinstellung von 200 Prüflingen im Durchschnitt 180 (= 90 %) korrekt sind, die Wahrscheinlichkeit für einen korrekten Prüfling also 0,9 ist. Die Fragestellung lautet: Mit wie vielen korrekten Prüflingen können Sie mit einer Irrtumswahrscheinlichkeit von 0,01 mindestens rechnen? Das Ergebnis lautet 170, d. h., in 99 % aller 200-Stück-Lieferungen sind 170 korrekte Produkte zu erwarten.

Die Funktion BINOM.INV() ist die Umkehrung der Funktion BINOM.VERT(). Siehe auch BINOM.VERT() und die mit Excel 2013 eingeführte Funktion BINOM.VERT.BEREICH().

BINOM.VERT()

BINOM.DIST()

Syntax: BINOM.VERT(**Zahl_Erfolge; Versuche; Erfolgswahrsch; Kumuliert**)

Beispiel: =BINOM.VERT(3; 10; 1/6; FALSCH)

Ergebnis: 15,5 %

Die Funktion `BINOM.VERT()` gibt die Wahrscheinlichkeit dafür an, dass bei alternativen diskreten Versuchsergebnissen bei einer mit `Versuche` angegebenen Anzahl von Versuchen ein bestimmtes Ergebnis mit einer durch `Zahl_Erfolge` angegebenen Häufigkeit auftritt. Die (vorweg ermittelte) Wahrscheinlichkeit für das Einzelergebnis wird mit `Erfolgswahrsch` (zwischen `0` und `1`) angegeben.

`Kumuliert` verlangt einen Wahrheitswert und beschreibt den Typ der Funktion. `WAHR` liefert Werte der Verteilungsfunktion, `FALSCH` Werte der Dichtefunktion.

`Zahl_Erfolge` muss ≥ `0` und ≤ `Versuche` sein, ansonsten gibt die Funktion den Fehlerwert `#ZAHL!` zurück. Das gilt auch für `Erfolgswahrsch` < `0` oder > `1`. Ist eines der Argumente `Zahl_Erfolge`, `Versuche`, `Erfolgswahrsch` nicht numerisch, gibt die Funktion den Fehler `#WERT!` zurück.

Die Werte der Dichtefunktion der Binomialverteilung lassen sich mit folgender Formel nachrechnen:

```
= KOMBINATIONEN(Versuche; Zahl_Erfolge) * Erfolgswahrsch^Zahl_Erfolge *
(1 - Erfolgswahrsch) ^ (Versuche - Erfolge)
```

Beispiele für die Anwendung der Funktion sind Münzwürfe (Erfolgswahrscheinlichkeit 1/2), Würfel (1/6) oder Kartenziehen (1/32), wobei aber nach jedem Versuch die Karte anschließend zurückgesteckt werden muss, also jedes Mal der Ausgangszustand wiederhergestellt wird.

	A	B	C	D	E
1					
2	**Wahrscheinlichkeit einer binomialverteilten Zufallsvariablen**				
3					
4	Zahl_Erfolge	Versuche	Erfolgswahrsch	Kumuliert	BINOM.VERT()
5	40	100	1/2	WAHR	2,8%
6	40	100	1/2	FALSCH	1,1%
7	20	100	1/4	WAHR	14,9%
8	3	10	1/6	FALSCH	15,5%

Abbildung 7.21 Berechnungen mit der Funktion `BINOM.VERT()`

Das oben angeführte Beispiel liefert die Wahrscheinlichkeit dafür, dass bei zehn Würfen mit einem Würfel genau dreimal die Sechs gewürfelt wird. Wird `Kumuliert` dagegen mit `WAHR` belegt, wird die Wahrscheinlichkeit berechnet, dass die Sechs bis zu dreimal gewürfelt wird.

Die Funktion ersetzt seit Excel 2010 die Funktion `BINOMVERT()`.

7.9.2 Anteile von Merkmalen ermitteln

Das folgende Beispiel geht von der Fragestellung aus, wie viele Menschen aus einer Zufallsgruppe von 10 Personen weiblich sind, wobei unterstellt wird, dass die Wahrscheinlichkeit, dass eine einzelne Person eine Frau ist, genau 50 % beträgt. In Zelle B17 wird nun beispielsweise berechnet, wie hoch die Wahrscheinlichkeit ist, dass in der Zehnergruppe 3 Frauen sind. Sie liegt bei 11,7 %.

Wahrscheinlichkeit von x Frauen
in einer Zufallsgruppe von 10 Personen

x	f(x)	F(x)
0	0,1%	0,1%
1	1,0%	1,1%
2	4,4%	5,5%
3	11,7%	17,2%
4	20,5%	37,7%
5	24,6%	62,3%
6	20,5%	82,8%
7	11,7%	94,5%
8	4,4%	98,9%
9	1,0%	99,9%
10	0,1%	100,0%

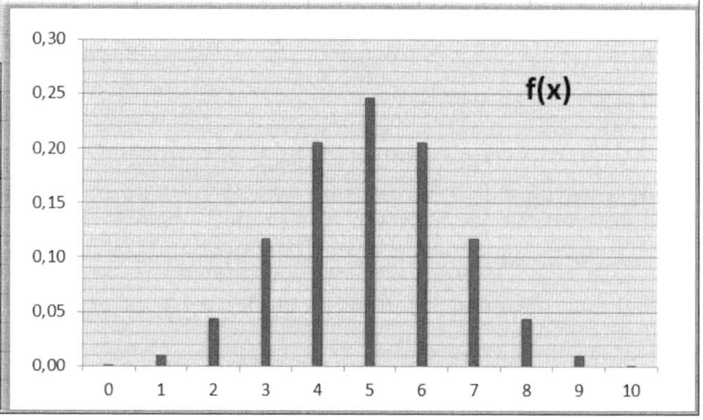

Abbildung 7.22 Binomialverteilung und Graph der Dichtefunktion

Der Graph bildet die Werte von `f(X)` für `X` von 0 bis 10 ab. Die Summe der Werte muss immer `1` betragen. Diese Funktion wird als Dichtefunktion bezeichnet. In der Spalte C werden die kumulierten Wahrscheinlichkeiten angezeigt. Die Wahrscheinlichkeit, dass 0 bis 10 Personen Frauen sind, muss natürlich ebenfalls `1` sein. Die Funktion zu Spalte C wird als Verteilungsfunktion bezeichnet.

Siehe auch `BINOM.INV()` und die mit Excel 2013 eingeführte Funktion `BINOM.VERT.BEREICH()`.

BINOM.VERT.BEREICH()

BINOM.DIST.RANGE()

Syntax: `BINOM.VERT.BEREICH(`**`Versuche`**`; `**`Erfolgswahrscheinlichkeit`**`; `**`Zahl_Erfolge`**`; Zahl2_Erfolge)`

Beispiel: `=BINOM.VERT.BEREICH(60; 0,65; 40; 45)`

Ergebnis: `0,415`

Die mit Excel 2013 eingeführte Funktion `BINOM.VERT.BEREICH()` gibt die Wahrscheinlichkeit dafür an, dass bei alternativen diskreten Versuchsergebnissen bei einer mit `Versuche` angegebenen Anzahl von Versuchen ein bestimmtes Ergebnis mit einer durch `Zahl_Erfolge` angegebenen Häufigkeit auftritt. Wird das optionale Argument `Zahl2_Erfolge` angegeben, errechnet die Funktion die Wahrscheinlichkeit, dass die Anzahl der erfolgreichen Versuche zwischen `Zahl_Erfolge` und `Zahl2_Erfolge` liegt.

! `Zahl_Erfolge` muss ≥ `0` und ≤ `Versuche` sein, `Zahl2_Erfolge` muss ≥ `Zahl_Erfolge` und ≤ `Versuche` sein, ansonsten gibt die Funktion den Fehlerwert `#ZAHL!` zurück. Ist eines der Argumente nicht numerisch, zeigt die Funktion den Fehlerwert `#WERT!`.

E5 | =BINOM.VERT.BEREICH(A5;B5;C5;D5)

	A	B	C	D	E
1					
2	**Erfolgswahrscheinlichkeit einer binomialverteilten Zufallsvariablen**				
3					
4	Versuche	Erfolgswahrscheinlichkeit	Zahl_Erfolge	Zahl2_Erfolge	BINOM.VERT.BEREICH()
5	100	1/4	10	20	14,9%
6	100	1/4	20	30	79,7%
7	100	1/4	30	40	14,9%
8	100	1/4	40	50	0,1%

Abbildung 7.23 Berechnungen mit der Funktion `BINOM.VERT.BEREICH()`

Die (vorweg ermittelte) Wahrscheinlichkeit für das Einzelergebnis wird mit `Erfolgswahrscheinlichkeit` (zwischen 0 und 1) angegeben. Beispiele sind Münzwürfe (Erfolgswahrscheinlichkeit 1/2), Würfel (1/6) oder Kartenziehen (1/32), wobei aber nach jedem Versuch die Karte anschließend zurückgesteckt werden muss, also jedes Mal der Ausgangszustand wiederhergestellt wird. Siehe auch `BINOM.INV()` und `BINOM.VERT()`.

CHIQU.INV()

CHISQ.INV()

Syntax:	`CHIQU.INV(`**`Wahrsch; Freiheitsgrade`**`)`
Beispiel:	`=CHIQU.INV(0,05; 3)`
Ergebnis:	`0,3518`

Die Funktion `CHIQU.INV()` liefert die (z. B. in statistischen Tabellenwerken tabellierten) Quantile der linksseitigen Chi-Quadrat-Verteilung χ^2. Sie wird verwendet, um einen

Vergleichswert zu berechnen, mit dem Hypothesen über die Übereinstimmung von beobachteten und erwarteten Ergebnissen bewertet werden können.

Für das Argument `Wahrsch` erwartet die Funktion Wahrscheinlichkeitswerte aus einer Chi-Quadrat-Verteilung und dazu die Anzahl der `Freiheitsgrade`.

Ist `Wahrsch` < `0` oder > `1` oder `Freiheitsgrade` < 1 oder > `10^10`, liefert die Funktion den Fehlerwert `#ZAHL!`, ist eines der Argumente nicht numerisch, den Fehler `#WERT!`.

Die Funktion `CHIQU.INV()` ist zugleich die Umkehrfunktion von `CHIQU.VERT()`. Es gilt also:

Ist:

`w = CHIQU.INV(X; …)`

dann ist:

`X = CHIQU.VERT(w; …; WAHR)`

Die Funktion ist eine der beiden Funktionen, die seit Excel 2010 anstelle von `CHIINV()` angeboten werden. Die andere ist `CHIQU.INV.RE()`.

Siehe auch `CHIQU.INV.RE()`, `CHIQU.TEST()`, `CHIQU.VERT()` und `CHIQU.VERT.RE()` und Abbildung 7.24.

CHIQU.INV.RE()

CHISQ.INV.RT()

Syntax:	`CHIQU.INV.RE(`**`X; Freiheitsgrade`**`)`
Beispiel:	`=CHIQU.INV.RE(0,05; 3)`
Ergebnis:	`7,8147`

Die Funktion `CHIQU.INV.RE()` liefert die (z. B. in statistischen Tabellenwerken tabellierten) Quantile der rechtsseitigen Chi-Quadrat-Verteilung χ^2. Für das Argument `X` erwartet die Funktion Wahrscheinlichkeitswerte aus einer Chi-Quadrat-Verteilung und dazu die Anzahl der `Freiheitsgrade`.

Ist `X` < `0` oder > `1` oder `Freiheitsgrade` < 1 oder > `10^10`, liefert die Funktion den Fehlerwert `#ZAHL!`, ist eines der Argumente nicht numerisch, den Fehler `#WERT!`.

Die Funktion CHIQU.INV.RE() ist zugleich die Umkehrfunktion von CHIQU. VERT.RE(). Es gilt also:

Ist:

w = CHIQU.INV.RE(X; …)

dann ist:

CHIQU.VERT.RE(w; …) = X

Die Funktion sucht den Wert für X in einem iterativen Verfahren, das nach 64 Schritten abgeschlossen sein muss, andernfalls ist das Ergebnis der Fehlerwert #NV.

Die Funktion ersetzt seit Excel 2010 die Funktion CHIINV(), die ebenfalls Werte der rechtsseitigen Chi-Quadrat-Verteilung liefert. Siehe auch CHIQU.INV(), CHIQU.TEST(), CHIQU.VERT() und CHIQU.VERT.RE() und Abbildung 7.24.

CHIQU.TEST()

CHISQ.TEST()

Syntax:	CHIQU.TEST(**Beob_Messwerte; Erwart_Werte**)
Beispiel:	=CHIQU.TEST({9; 11; 9; 12; 10; 9}; {10; 10; 10; 10; 10; 10})
Ergebnis:	0,977

Der Chi-Test prüft die Frage, ob eine Stichprobe, mit der mehrere Werte erfasst sind, mit einer Grundgesamtheit übereinstimmt, aus der für diese Werte Erwartungswahrscheinlichkeiten bekannt sind. Die Funktion CHIQU.TEST() liefert also direkt den Wahrscheinlichkeitswert für den Chi-Quadrat-Test beim Vergleich zwischen beobachteten und erwarteten Größen.

Als Argumente werden je ein Bereichsbezug oder eine Matrix für die beobachteten Werte Beob_Messwerte und die theoretisch erwarteten Werte Erwart_Werte eingetragen.

Beide Argumente müssen die gleiche Anzahl von Datenelementen enthalten, sonst liefert die Funktion den Fehler #NV. Sind die Argumente nicht numerisch, erscheint der Fehler #WERT!.

Abbildung 7.24 zeigt ein einfaches Beispiel für ein solches Testverfahren. Es soll geprüft werden, wie sehr sich bei 60-maligem Würfeln die beobachteten Ergebnisse, die in Spalte B abgelegt sind, den Ergebnissen anpassen, die aufgrund der theoretischen

Wahrscheinlichkeit zu erwarten sind. Deshalb wird auch von Anpassungstests gesprochen. Die theoretische Wahrscheinlichkeit ergibt sich aus der Formel 60 * 1/6, sie setzt also eine sogenannte Gleichverteilung voraus. Deshalb ist in Spalte C für alle Wurfergebnisse der Wert 10 abgelegt.

Die Nullhypothese, die durch den Chi-Quadrat-Test geprüft werden soll, lässt sich so formulieren: Die Differenzen zwischen den beobachteten und den theoretischen Häufigkeiten sind rein zufällig und nicht signifikant, die empirische Häufigkeitsverteilung passt sich in einem ausreichenden Maße der theoretischen Häufigkeitsverteilung an. Es gibt also kein Indiz dafür, dass der Würfel beispielsweise gezinkt oder defekt ist.

	A	B	C	D	E	F
1						
2	**Würfelprüfung: 60-mal gewürfelt**					
3						
4	Wurf	Beob	Erw	Beob-Erw	(beob-erw)^2/erw	
5	1	9	10	-1	0,1	
6	2	11	10	1	0,1	
7	3	12	10	2	0,4	
8	4	9	10	-1	0,1	
9	5	10	10	0	0	
10	6	9	10	-1	0,1	
11	Summe	60	60	0	0,8	<-- u = Summe der relativierten
12						quadrierten Abweichungen
13		=CHIQU.TEST(B5:B10;C5:C10)			0,98	
14			=CHIQU.INV.RE(0,05;5)		11,07	<-- kritischer Wert
15			=CHIQU.VERT.RE(E11;5)		0,98	

Abbildung 7.24 Beispiel für die Funktion `CHIQU.TEST()`

Die Funktion `CHIQU.TEST()` rechnet nach folgendem Verfahren: Zunächst wird für alle Variablen die Differenz zwischen dem beobachteten und dem erwarteten Ergebnis gebildet und diese dann quadriert, sodass die negativen Vorzeichen keine Rolle mehr spielen. Das Ergebnis wird jedes Mal durch den erwarteten Wert geteilt, um die Abweichungen zu relativieren:

```
(Beobachtungswert-Erwartungswert)^2/Erwartungswert
```

Aus diesen Einzelergebnissen wird die Summe ermittelt, um den Wert der chi-quadrierten Verteilung zu erhalten, der auch als *Chi-Quadrat* oder mit u bezeichnet wird. Dieser Wert wird als Prüfgröße verwendet. Dieser Wert würde bei einer perfekten Übereinstimmung zwischen dem erwarteten und dem beobachteten Ergebnis 0 sein. Je größer der Wert ist, umso fragwürdiger ist die Übereinstimmung.

Im letzten Schritt ermittelt die Funktion nun die Wahrscheinlichkeit dafür, dass u den errechneten Wert annimmt. In diesem Fall ergibt sich der Wert 0,98 oder 98 %. Dieser Wert liegt deutlich über dem vorgegebenen Signifikanzniveau. Mit der Funktion CHIQU.INV.RE() kann zum Vergleich mit dem Prüfwert ein kritischer Wert aus der Chi-Quadrat-Verteilung berechnet werden.

```
=CHIQU.INV.RE(0,05; 5)
```

ergibt mit einer Irrtumswahrscheinlichkeit von 5 % und mit 5 Freiheitsgraden den Wert 11,07, der wesentlich höher als der Prüfwert ist. Der Prüfwert liegt also nicht im kritischen Bereich.

Die Nullhypothese muss nicht verworfen werden, die Abweichungen von den theoretisch erwarteten Ergebnissen können als rein zufällig eingestuft werden.

Die Funktion ersetzt seit Excel 2010 die bisherige Funktion CHITEST(). Siehe auch CHIQU.INV(), CHIQU.INV.RE(), CHIQU.VERT() und CHIQU.VERT.RE().

CHIQU.VERT()

CHISQ.DIST()

Syntax:	CHIQU.VERT(**X**; **Freiheitsgrade**; **Kumuliert**)
Beispiel:	=CHIQU.VERT(10; 3; WAHR)
Ergebnis:	0,98

Die Funktion CHIQU.VERT() liefert Werte der linksseitigen Verteilungsfunktion für eine mit X angegebene chi-quadrat-verteilte Zufallsvariable und den angegebenen Wert für Freiheitsgrade, also die Wahrscheinlichkeit für die Übereinstimmung von beobachteten und erwarteten Werten, vergleiche CHIQU.TEST().

Kumuliert bestimmt den Typ der Funktion. WAHR liefert die kumulative Verteilungsfunktion, FALSCH den Wert der Dichtefunktion.

Ist X < 0, gibt die Funktion den Fehler #ZAHL! zurück. Das gilt auch, wenn Freiheitsgrade < 1 oder > 10^10 ist. Ist eines der beiden Argumente nicht numerisch, erscheint der Fehler #WERT!.

Die Chi-Quadrat-Verteilung ist eine Wahrscheinlichkeitsverteilung, die sich über die Summe von n unabhängigen, quadrierten, standardnormalverteilten Variablen und einer Anzahl von Freiheitsgraden definiert.

Die Funktion wird für den Chi-Quadrat-Test benötigt, der beim Vergleich von empirischen zu theoretisch erwarteten Häufigkeiten zum Einsatz kommt.

Je nach Anzahl der Freiheitsgrade ändert sich der Charakter der Verteilung, mit steigender Anzahl wird die Kurve der Dichtefunktion flacher und verschiebt sich nach rechts, wie Abbildung 7.25 zeigt, die die Kurven für die Dichtefunktion mit den Freiheitsgraden 4, 10 und 20 anzeigt.

Chi-Quadrat-Verteilung für verschiedene Freiheitsgrade

			Verteilung			Dichte
FG	4	10	20	4	10	20
x						
0	0	0	0	0	0	0
1	0,09020401	0,000172116	1,70967E-10	0,151632665	0,000789753	1,63226E-09
2	0,264241118	0,003659847	1,11425E-07	0,183939721	0,007664155	5,06889E-07
3	0,4421746	0,018575936				
4	0,59399415	0,052653017				
5	0,712702505	0,108821981				
6	0,800851727	0,184736755				
7	0,864111775	0,274555047				
8	0,908421806	0,371163065				
9	0,938900519	0,467896424				
10	0,959572318	0,559506715				
11	0,973435986	0,642481998				
12	0,982648735	0,7149435				
13	0,988724206	0,776328183				
14	0,992704944	0,827008392				
15	0,995298783	0,867938144				
16	0,996980836	0,9003676				
17	0,99806705	0,92563602				
18	0,998765902	0,945036359				
19	0,999214056	0,959737318				
20	0,999500601	0,970747312				
21	0,999683331	0,978906434	0,602867401	0,000144566	0,006973068	0,058859776

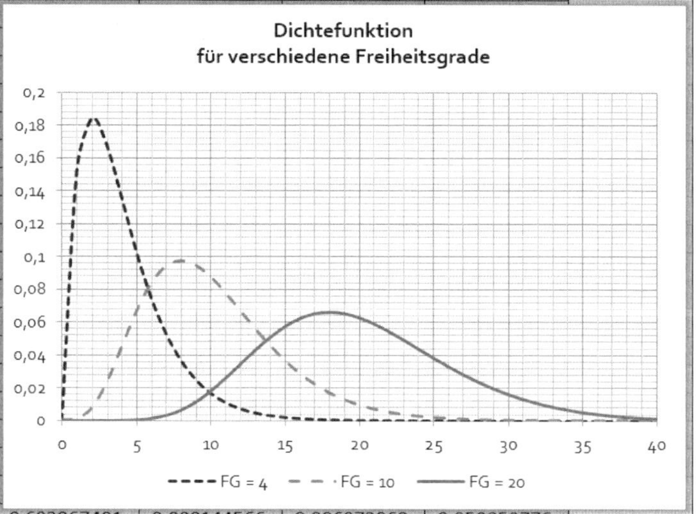

Abbildung 7.25 Die Kurven der Chi-Quadrat-Dichtefunktion für unterschiedliche Freiheitsgrade

Abbildung 7.26 zeigt den Graphen der Verteilungsfunktion für die gleichen Werte.

Die Freiheitsgrade lassen sich bei einer Datenspalte oder Zeile am einfachsten ermitteln mit:

```
Anzahl Möglichkeiten (bei kontinuierlichen Größen die Klassen) - 1
```

Für zweidimensionale Wertetabellen gilt:

```
(Anzahl der Zeilen - 1) * (Anzahl der Spalten - 1)
```

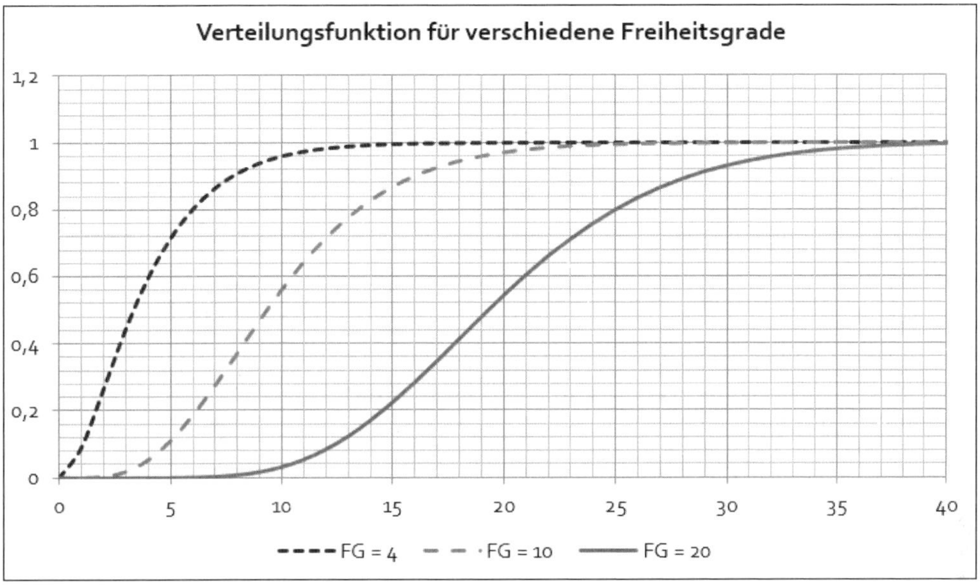

Abbildung 7.26 Die Kurven der Chi-Quadrat-Verteilungsfunktion für unterschiedliche Freiheitsgrade

Dass immer ein Freiheitsgrad »verloren« geht, lässt sich an dem Beispiel mit den 60 Würfeltests aus Abbildung 7.24 zu `CHIQU.TEST()` leicht verstehen. Wenn nämlich für fünf mögliche Augenergebnisse die zufälligen Häufigkeiten feststehen, ist die Häufigkeit für das sechste mögliche Ergebnis nicht mehr zufällig, sondern vorgegeben als die Differenz der Summe der fünf Häufigkeiten zur Zahl der Würfe insgesamt.

Die Funktion ist eine der beiden Funktionen seit Excel 2013, die anstelle der bisherigen Funktion `CHIVERT()` angeboten werden. `CHIQU.VERT.RE()` liefert die rechtsseitigen Werte.

Siehe auch `CHIQU.INV()`, `CHIQU.INV.RE()`, `CHIQU.TEST()` und `CHIQU.VERT.RE()`.

CHIQU.VERT.RE()

CHISQ.DIST.RT()

Syntax:	`CHIQU.VERT.RE(`**`X; Freiheitsgrade`**`)`
Beispiel:	`=CHIQU.VERT.RE(10; 3)`
Ergebnis:	`0,018`

Die Funktion `CHIQU.VERT.RE()` liefert Werte der rechtsseitigen Verteilungsfunktion (`1-Alpha`) für eine mit `X` angegebene chi-quadrat-verteilte Zufallsvariable und den angegebenen Wert für `Freiheitsgrade`.

Ist `X` < `0`, gibt die Funktion den Fehler `#ZAHL!` zurück. Das gilt auch, wenn `Freiheitsgrade` < `1` oder > `10^10`. Ist eines der beiden Argumente nicht numerisch, erscheint der Fehler `#WERT!`.

Die Chi-Quadrat-Verteilung ist eine Wahrscheinlichkeitsverteilung, die sich über die Summe von `n` unabhängigen, quadrierten, standardnormalverteilten Variablen und einer Anzahl von Freiheitsgraden definiert. Die Funktion wird für den Chi-Quadrat-Test benötigt, der beim Vergleich von empirischen zu theoretisch erwarteten Häufigkeiten zum Einsatz kommt.

Rechtsseitige Chi-Quadrat-Verteilung für verschiedene Freiheitsgrade

	Freiheitsgrade		
FG	4	10	20
x			
0	1	1	1
1	0,90979599	0,999827884	1
2	0,735758882	0,996340153	0,999999889
3	0,5578254	0,981424064	0,999995902
4	0,40600585	0,947346983	0,999953502
5	0,287297495	0,891178019	0,999722648
6	0,199148273	0,815263245	0,998897512
7	0,135888225	0,725444953	0,996685056
8	0,091578194	0,628836935	0,991867757
9	0,061099481	0,532103576	0,982907267
10	0,040427682	0,440493285	0,968171943
11	0,026564014	0,357518002	0,94622253
12	0,017351265	0,2850565	0,916075983
13	0,011275794	0,223671817	0,877384049
14	0,007295056	0,172991608	0,830495937
15	0,004701217	0,132061856	0,776407613

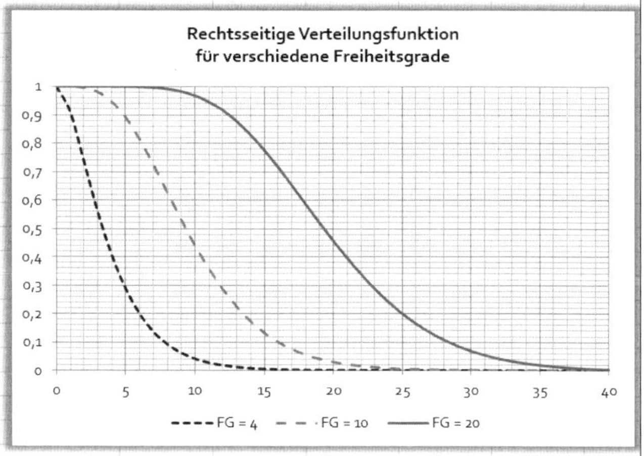

Abbildung 7.27 Die Kurven der rechtsseitigen Chi-Quadrat-Verteilungsfunktion für unterschiedliche Freiheitsgrade

Je nach Anzahl der Freiheitsgrade ändert sich der Charakter der Verteilung, mit steigender Anzahl wird die Funktion flacher und verschiebt sich nach rechts.

Die Freiheitsgrade lassen sich bei einer Datenspalte oder Zeile am einfachsten ermitteln mit:

```
Anzahl Möglichkeiten (bei kontinuierlichen Größen die Klassen) - 1
```

Für zweidimensionale Wertetabellen gilt:

```
(Anzahl der Zeilen - 1) * (Anzahl der Spalten - 1)
```

Die Funktion ist eine der beiden Funktionen, die seit Excel 2010 die bisherige Funktion CHIVERT() ersetzen. CHIQU.VERT() liefert die Werte der linksseitigen Verteilungsfunktion.

Siehe auch CHIQU.INV(), CHIQU.INV.RE(), CHIQU.TEST(), und CHIQU.VERT().

EXPON.VERT()

EXPON.DIST()

Syntax:	EXPON.VERT(**X**; **Lambda**; **Kumuliert**)
Beispiel:	=EXPON.VERT(0,5; 3; WAHR)
Ergebnis:	0,777

Die Funktion EXPON.VERT() liefert Wahrscheinlichkeiten für eine exponentialverteilte Zufallsvariable. Diese Verteilung beschreibt die zufällige zeitliche Dauer, bis das nächste Ausnahmeereignis eintritt, wobei aber die noch ausstehende Wartezeit von der bereits verstrichenen Wartezeit unabhängig sein muss. Diese Anforderung ist nicht gegeben, wenn Objekte altern, denn dann hat das bereits erreichte Alter Einfluss auf die zukünftige Lebensdauer. Für derartige Prozesse verwenden Sie besser die Funktionen WEIBULL(), GAMMA() oder LOGNORM.VERT().

Mit X wird das Quantil angegeben, für das die Wahrscheinlichkeit ermittelt werden soll. Lambda ist ein Parameter, der bei der Dichtefunktion den Anfangswert bei X = 0 sowie den Grad des Abfalls bestimmt. Kumuliert ist ein Wahrheitswert, mit dem der Typ der Funktion bestimmt wird. Ist Kumuliert mit WAHR belegt, wird der Wert der Verteilungsfunktion geliefert (die Fläche bis zum Quantil), mit FALSCH belegt, ergibt sich der Wert für die Dichtefunktion (der Wert auf der y-Achse).

Die Funktion bestimmt die Dichte nach der folgenden Formel:

$$= \lambda e^{-\lambda x}$$

Dabei ist λ der Lambdawert und e die Euler'sche Zahl.

! Ist X oder Lambda nicht numerisch, gibt die Funktion den Fehler #WERT! zurück. Ist X < 0 oder Lambda ≤ 0, erscheint der Fehler #ZAHL!.

Exponentialverteilte Zufallsvariable

		Verteilung			Dichte	
Lambda->	0,1	1	3	0,1	1	3
x						
0	0	0	0	0	0	0
0,1	0,0099502	0,0951626	0,2591818	0,0990050	0,9048374	2,2224547
0,2	0,0198013	0,1812692	0,4511884	0,0980199		
0,3	0,0295545	0,2591818	0,5934303	0,0970446		
0,4	0,0392106	0,3296800	0,6988058	0,0960789		
0,5	0,0487706	0,3934693	0,7768698	0,0951229		
0,6	0,0582355	0,4511884	0,8347011	0,0941765		
0,7	0,0676062	0,5034147	0,8775436	0,0932394		
0,8	0,0768837	0,5506710	0,9092820	0,0923116		
0,9	0,0860688	0,5934303	0,9327945	0,0913931		
1	0,0951626	0,6321206	0,9502129	0,0904837		

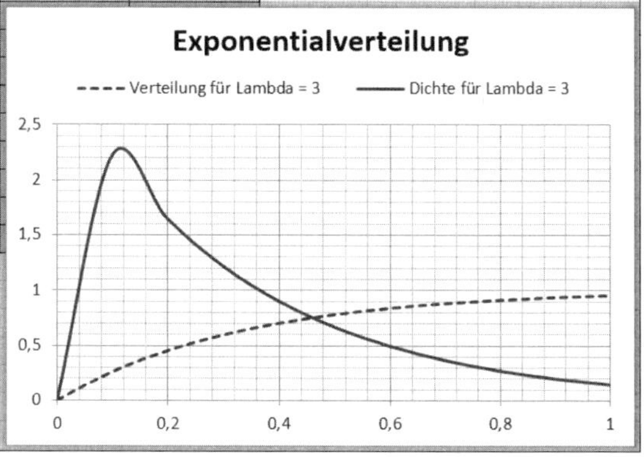

Abbildung 7.28 Beispiele für die Verteilungsfunktion und die Dichtefunktion der Exponentialverteilung

Die Exponentialverteilung wird insbesondere für die Berechnung der Dauer von zufälligen Zeitintervallen benutzt. So können beispielsweise die Haltbarkeit von Bauteilen, die Halbwertzeiten radioaktiver Elemente etc. gut mit einer Exponentialverteilung dargestellt werden.

In dem in Abbildung 7.29 gezeigten Beispiel wird davon ausgegangen, dass ein Gerät eine Ausfallrate (`Lambda`) von 0,1 Promille pro Tag hat. Es interessiert die Frage, wie viele Geräte nach einem Jahr wahrscheinlich defekt sein werden. Die entsprechende Funktion `=EXPON.VERT(365; 0,0001; WAHR)` liefert als Ergebnis den Wert `0,0358` für die Wahrscheinlichkeit, dass ein Gerät höchstens ein Jahr funktioniert. Oder anders gesprochen: `3,58 %` der Geräte sind im Durchschnitt nach einem Jahr defekt.

D37 =EXPON.VERT(D36;$D$35;1)

Berechnen der Ausfallwahrscheinlichkeit

Ausfallrate (Lambda)	0,0001	
Ausfall nach	365	Tagen
%-Satz der ausgefallenen Geräte	3,58%	

Abbildung 7.29 Lambda als Ausfallrate verstanden

Die Exponentialverteilung setzt in diesem Fall eine gleichmäßige Ausfallrate voraus. Nimmt die Ausfallrate dagegen mit der Zeit zu (oder auch ab), arbeiten Sie besser mit Funktionen wie WEIBULL.VERT(), GAMMA.VERT() oder LOGNORM.VERT().

Die Funktion ersetzt seit Excel 2010 die Funktion EXPONVERT().

F.INV()

F.INV()

Syntax:	F.INV(**Wahrsch; Freiheitsgrade1; Freiheitsgrade2**)
Beispiel:	=F.INV(0,05; 7; 7)
Ergebnis:	0,2640

Die Funktion F.INV() liefert Quantile der linksseitigen F-Verteilung (d. h. die Werte, die in statistischen Tabellenwerken tabelliert sind). Die F-Verteilung kann für F-Tests verwendet werden, bei denen die Varianzen zweier unabhängig χ^2-verteilten Zufallsvariablen untersucht werden.

Mit Wahrsch wird die zur F-Verteilung gehörige Wahrscheinlichkeit angegeben. Als Werte für die Argumente Freiheitsgrade1 und Freiheitsgrade2 werden jeweils die Größen der beiden miteinander zu vergleichenden Stichproben minus 1 angegeben. Sie lassen sich mit der Funktion ANZAHL() ermitteln.

Ist eines der Argumente nicht numerisch, gibt die Funktion den Fehler #WERT! zurück. Ist Wahrsch < 0 oder Wahrsch > 1 oder Freiheitsgrade1 oder Freiheitsgrade2 < 1, erscheint der Fehler #ZAHL!.

Die Funktion ist die Umkehrung von F.VERT(). Bei einem gegebenen Wert für Wahrsch sucht die Funktion durch ein Iterationsverfahren einen Wert X, sodass die Gleichung gilt:

```
Wahrsch = F.VERT(X; ..; ..)
```

Die Funktion ist eine der beiden Funktionen, die seit Excel 2010 anstelle von FINV() angeboten werden. Die andere ist F.INV.RE().

Siehe auch F.INV.RE(), F.TEST(), F.VERT(), F.VERT.RE(), Abbildung 7.30 zu F.TEST() und Abschnitt 17.2, »Anova-Varianzanalyse mit einem Faktor«, bis Abschnitt 17.4, »Anova: Zweifaktorielle Varianzanalyse ohne Messwiederholung«, sowie Abschnitt 17.9, »Zwei-Stichproben F-Test«.

F.INV.RE()

F.INV.RT()

Syntax:	F.INV.RE(**Wahrsch**; **Freiheitsgrade1**; **Freiheitsgrade2**)
Beispiel:	=F.INV.RE(0,95; 7; 7)
Ergebnis:	0,2640

Die Funktion F.INV.RE() liefert Quantile der rechtsseitigen F-Verteilung (d. h. die Werte, die in statistischen Tabellenwerken tabelliert sind). Die F-Verteilung kann für F-Tests verwendet werden, bei denen die Varianzen zweier unabhängig χ^2-verteilten Zufallsvariablen untersucht werden.

Mit Wahrsch wird die zur F-Verteilung gehörige Wahrscheinlichkeit angegeben. Als Werte für die Argumente Freiheitsgrade1 und Freiheitsgrade2 werden die Größen der beiden miteinander verglichenen Stichproben minus 1 angegeben.

Ist eines der Argumente nicht numerisch, gibt die Funktion den Fehler #WERT! zurück. Ist Wahrsch < 0 oder Wahrsch > 1 oder Freiheitsgrade1 oder Freiheitsgrade2 < 1 oder > 10^10, erscheint der Fehler #ZAHL!.

F.INV.RE() ist die Umkehrung von F.VERT.RE(). Bei einem gegebenen Wert für Wahrsch sucht die Funktion durch ein Iterationsverfahren einen Wert X, sodass die Gleichung gilt:

```
Wahrsch = F.VERT.RE(X; ..; ..)
```

Die Funktion kann insbesondere auch dazu verwendet werden, um den kritischen Wert für einen F-Test zu berechnen. Dazu wird als Wert für das Argument Wahrsch das für den Test maßgebliche Signifikanzniveau angegeben.

Die Funktion ist eine der beiden Funktionen, die seit Excel 2010 anstelle von FINV() angeboten werden. Die andere ist F.INV().

Die Funktion F.INV.RE() liefert das gleiche Ergebnis wie F.INV(), die Berechnung ist aber in Bezug auf die Genauigkeit verbessert worden.

Siehe auch F.INV(), F.TEST(), F.VERT(), F.VERT.RE(), Abbildung 7.30 zu F.TEST() und Abschnitt 17.2, »Anova-Varianzanalyse mit einem Faktor«, bis Abschnitt 17.4, »Anova: Zweifaktorielle Varianzanalyse ohne Messwiederholung«, sowie Abschnitt 17.9, »Zwei-Stichproben F-Test«.

F.TEST()

F.TEST()

Syntax:	`F.TEST(`**`Matrix1; Matrix2`**`)`
Beispiel:	`=FTEST({12;19;13;14;17}; {15;17;16;15;17})`
Ergebnis:	`0,0618`

Mit dem F-Test wird geprüft, ob sich zwei Stichproben mit unabhängig χ^2-verteilten Zufallsvariablen in ihrer Varianz nur zufällig unterscheiden – das ist die Nullhypothese – oder ob sie sich nicht zufällig, sondern »echt« unterscheiden – das ist die Alternativhypothese. Im ersten Fall kann angenommen werden, dass die beiden Stichproben aus derselben normalverteilten Grundgesamtheit stammen können, im zweiten Fall stammen die Stichproben entweder aus verschiedenen Grundgesamtheiten oder sie sind nicht zufällig entnommen.

Die Funktion `F.TEST()` liefert also die Wahrscheinlichkeit der Übereinstimmung zweier Stichproben hinsichtlich ihrer Varianz. `Matrix1` und `Matrix2` sind die Einzelwerte zweier Stichproben. Die Argumente müssen nicht denselben Umfang haben. `F.TEST()` liefert dabei ein Ergebnis zwischen 0 und 1.

Enthalten die mit `Matrix1` und `Matrix2` angegebenen Datenreihen nicht numerische Elemente, werden sie ignoriert. Sind aber jeweils weniger als zwei numerische Elemente vorhanden, gibt die Funktion den Fehler `#DIV/0!` zurück.

Im Beispiel in Abbildung 7.30 wird getestet, ob die beiden Stichproben aus derselben Grundgesamtheit stammen können. In A14 und B14 wird aus den Werten der einzelnen Stichproben mit der Funktion `VAR.S()` die Varianz der Grundgesamtheit geschätzt.

	A	B	C	D	E
1					
2	**F-Test**				
3					
4	x-Werte	y-Werte		=F.INV(0,05;7;7)	0,26
5	4	3		=F.TEST(A5:A12;B5:B12)	0,73
6	2	2		=F.VERT.RE(E4;7;7)	0,95
7	3	5		=F.VERT.RE(E14;7;7)*2	0,73
8	5	6		=F.INV.RE(0,05;7;7)	3,79
9	3	5			
10	6	5			
11	3	2			
12	5	3			
13	Varianz1	Varianz2			F-Wert
14	1,839285714	2,410714286		Varianz2/Varianz1	1,31

Abbildung 7.30 Beispiel für einen F-Test

Wenn Sie von diesen beiden Varianzwerten den Quotienten bilden, wobei der größere Wert in den Zähler gesetzt wird, ergibt sich ein F-Wert, der die Ausprägung einer Zufallsvariablen ist, die zu einer F-Verteilung gehört. Der in diesem Fall berechnete F-Wert `1,31` ist niedriger als der in E8 mit der Funktion `F.INV.RE()` berechnete kritische F-Wert mit einem Signifikanzniveau von 5 % und den Freiheitsgraden der beiden Stichproben – jeweils Anzahl Werte `-1`. Die Nullhypothese muss also nicht verworfen werden.

Sie können nun für den F-Wert `1,31` die Überschreitungswahrscheinlichkeit berechnen, indem Sie für diesen Wert die Funktion `F.VERT.RE()` mit den beiden Werten für Freiheitsgrade berechnen und das Ergebnis mit 2 multiplizieren. Das ergibt hier den Wert `0,73`. Dieser Wert ist größer als das Signifikanzniveau von `0,05`, was noch einmal die Nullhypothese bestätigt. Denselben Wert erhalten Sie mit der Funktion `F.TEST()` auch direkt, wenn Sie als Argumente die beiden Wertebereiche angeben, wie in Zelle E5 zu sehen ist.

Die Funktion ersetzt seit Excel 2010 die bisherige Funktion `FTEST()`. Siehe auch `F.INV()`, `F.INV.RE()`, `F.TEST()`, `F.VERT.RE()`.

F.VERT()

F.DIST()

Syntax:	`F.VERT(`**`X; Freiheitsgrade1; Freiheitsgrade2; Kumuliert`**`)`
Beispiel:	`=F.VERT(3,787; 7; 7; WAHR)`
Ergebnis:	`0,95`

Die Funktion `F.VERT()` liefert Wahrscheinlichkeitswerte der F-Verteilung. Die wichtigste Anwendung der F-Verteilung liegt in Signifikanztests für zwei unabhängige Stichproben mit χ^2-verteilten Zufallsvariablen.

Mit `X` wird das Quantil der Verteilung angegeben. Je nach der Anzahl `Freiheitsgrade1` (Größe der ersten Stichprobe `-1`) und der Anzahl `Freiheitsgrade2` (Größe der zweiten Stichprobe `-1`) unterscheiden sich die F-Verteilungen und nehmen verschiedene Gestalt an, wie Abbildung 7.31 zeigt.

Die Formel für die Dichtefunktion der F-Verteilung ist die folgende:

$$= \frac{\dfrac{\left(\dfrac{m}{n}\right)^{\frac{m}{2}} * x^{\frac{m}{2}-1}}{\dfrac{\Gamma\left(\dfrac{m}{2}\right) * \Gamma\left(\dfrac{n}{2}\right)}{\Gamma\left(\dfrac{m}{2}+\dfrac{n}{2}\right)}}} {} * \left(1 + \frac{m}{n} * x\right)^{-(m+m)/2}$$

Dabei steht `m` für `Freiheitsgrade1` und `n` für `Freiheitsgrade2` und Γ für die Funktion `GAMMA()`.

Ist eines der Argumente `X`, `Freiheitsgrade1` oder `Freiheitsgrade2` nicht numerisch, gibt die Funktion den Fehler `#WERT!` zurück. Ist `X` < `0` oder `Freiheitsgrade1` oder `Freiheitsgrade2` < `1`, erscheint der Fehler `#ZAHL!`.

	A	B	C	D
1				
2	**F-Verteilung**			
3				
4	Freiheitsgrade1	4	10	10
5	Freiheitsgrade2	10	10	100
6				
7	x-Werte			Dichte
8	0	0	0	0
9	0,1	0,36476055	0,024289227	0,009148004
10	0,2	0,560150779	0,162797628	0,085135844
11	0,3	0,65138287	0,370162181	0,252022649
12	0,4	0,679352697	0,557570975	0,468174996
13	0,5	0,669795953	0,68282274	0,675259154
14	0,6	0,63891148	0,742584234	0,831350809
15	0,7	0,596855898	0,75031477	0,918938187
16	0,8	0,54993797	0,722728942	0,939842993
17	0,9	0,502008867	0,674178002	0,906806371
18	1	0,45534963	0,615234375	0,836381134
19	1,1	0,411241068	0,552991356	0,744404207
20	1,2	0,370331348	0,491856851	0,643777285
21	1,3	0,332873693	0,434345772	0,543827205
22	1,4	0,298880158	0,381715922	0,450554396
23	1,5	0,268220901	0,334430208	0,367270231
24	1,6	0,240687914	0,292473822	0,295319711
25	1,7	0,216035532	0,255563362	0,234733569
26	1,8	0,194005755	0,223280223	0,184748759
27	1,9	0,174343662	0,195152884	0,144189435
28	2	0,156806369	0,170705685	0,111725771

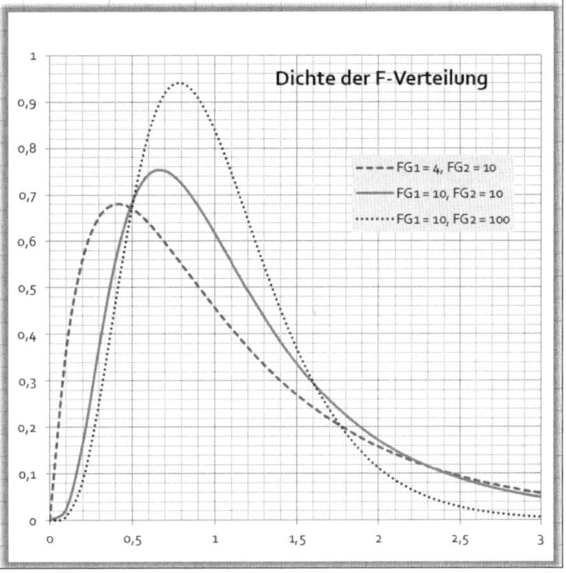

Abbildung 7.31 Dichtefunktion der F-Verteilung

Für den Zusammenhang zwischen `F.VERT()` und `F.INV()` gilt: Wenn:

```
Wert = F.INV(a; …)
```

dann ist:

```
a = F.VERT(Wert; …; WAHR)
```

Die Funktion ist eine der beiden Funktionen, die seit Excel 2010 anstelle von `FVERT()` angeboten werden. Die andere ist `F.VERT.RE()`. Siehe auch `F.INV()`, `F.INV.RE()`, `F.TEST()`, `F.VERT.RE()` und `GAMMA()`.

F.VERT.RE()

F.DIST.RT()

Syntax:	`F.VERT.RE(`**`X; Freiheitsgrade1; Freiheitsgrade2`**`)`
Beispiel:	`=F.VERT.RE(3,787; 7; 7)`
Ergebnis:	`0,05`

Die Funktion `F.VERT.RE()` liefert Werte der Verteilungsfunktion (1-Alpha) einer rechtsseitigen F-verteilten Zufallsvariablen zurück. Die wichtigste Anwendung der F-Verteilung liegt in Signifikanztests für zwei unabhängige Stichproben mit χ^2-verteilten Zufallsvariablen.

Mit `X` wird das Quantil der Verteilung angegeben. Je nach der Anzahl der `Freiheitsgrade1` (Größe der ersten Stichprobe -1) und der Anzahl der `Freiheitsgrade2` (Größe der zweiten Stichprobe -1) unterscheiden sich die F-Verteilungen und nehmen verschiedene Gestalt an.

Ist eines der Argumente nicht numerisch, gibt die Funktion den Fehler `#WERT!` zurück. Ist `X` < `0` oder `Freiheitsgrade1` oder `Freiheitsgrade2` < 1, erscheint der Fehler `#ZAHL!`.

Für den Zusammenhang zwischen `F.VERT.RE()` und `F.INV.RE()` gilt: Wenn:

```
Wert = F.INV.RE(a; ...)
```

dann ist:

```
a = F.VERT.RE(Wert; ...)
```

Die Funktion ist eine der beiden Funktionen, die seit Excel 2010 anstelle von `FVERT()` angeboten werden. Die andere ist `F.VERT()`. Die Funktion `F.VERT.RE()` liefert das gleiche Ergebnis wie `FVERT()`, die Berechnung ist aber in Bezug auf die Genauigkeit verbessert worden. Siehe auch `F.INV()`, `F.INV.RE()`, `F.TEST()` und `F.VERT()`.

FISHER()

FISHER()

Syntax: `FISHER(X)`

Beispiel: `=FISHER(0,3)`

Ergebnis: `0,30952`

Durch die sogenannte Fisher-Transformation mithilfe der Funktion `FISHER()` lässt sich ein mit dem Argument `X` angegebener Korrelationskoeffizient `r` zwischen zwei Variablen in eine annähernd normalverteilte Größe überführen und so anhand der Normalverteilung untersuchen. Für `r` gilt dabei `-1 < r < 1`. Dazu wird folgende Formel verwendet:


```
z = LN((1+r)/(1-r))/2
```

Fisher-Transformation

x	FISHER(x)	FISHERINV(y)
-0,9	-1,47221949	-0,9
-0,7	-0,867300528	-0,7
-0,5	-0,549306144	-0,5
-0,3	-0,309519604	-0,3
-0,1	-0,100335348	-0,1
0,1	0,100335348	0,1
0,3	0,309519604	0,3
0,5	0,549306144	0,5
0,7	0,867300528	0,7
0,9	1,47221949	0,9

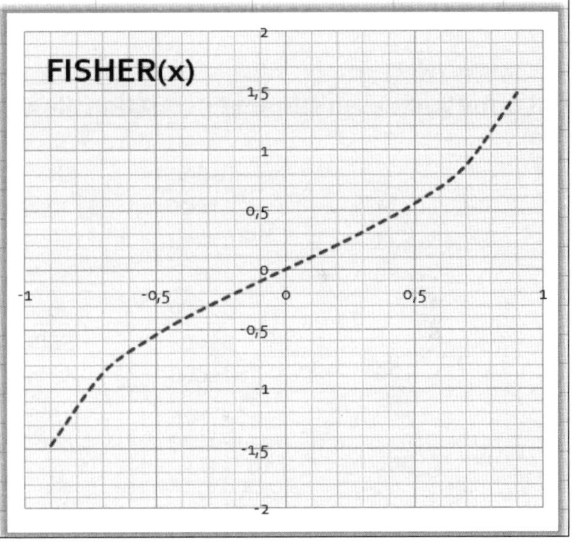

Abbildung 7.32 Fisher-Transformation und ihr Graph

Ist `X` kein numerischer Wert, gibt die Funktion den Fehler `#WERT!` zurück. Ist `X` ≤ `-1` oder ≥ `1`, erscheint der Fehler `#ZAHL!`.

7.9.3 Prüfen der Korrelation zweier Faktoren

In dem Beispiel in Abbildung 7.33 geht es darum, die Korrelationskoeffizienten von zwei Jahren zu vergleichen, die die Enge des Zusammenhangs zwischen Werbeaufwand und Umsatz angeben.

Der naheliegende Gedanke, einfach den Mittelwert zwischen den beiden Koeffizienten zu bilden, scheitert daran, dass der Korrelationskoeffizient nicht intervallskaliert ist. Die Werte sind nicht normalverteilt. Hier hilft der Umweg über die Fisher-Transformation. In Zelle C33 und F33 wird zunächst jeweils der errechnete Korrelationskoeffizient 1 + 2 transformiert – mit `=FISHER(C32)` bzw. `=FISHER(F32)`.

Da diese Werte nun angehend normalverteilt sind, lässt sich in Zelle C34 mit `=MITTELWERT(C33; F33)` der Mittelwert bilden. Dieser muss nun wieder rückübersetzt werden in einen Korrelationskoeffizienten. Dazu wird einfach die Umkehrfunktion verwendet: `=FISHERINV(C34)`. Dieser Wert kann nun bewertet werden, er belegt in diesem Fall mit `0,946` eine im Durchschnitt der beiden Jahre sehr enge Korrelation. Siehe auch `FISHERINV()`.

	A	B	C	D	E	F
24	**Ermitteln des mittleren Korrelationskoeffizienten**					
25						
26	Monat	Werbeaufwand	Umsatz	Monat	Werbeaufwand	Umsatz
27	Jan 24	10000	900000	Jan 24	11000	1090000
28	Feb 24	12000	1090000	Feb 24	12000	1100000
29	Mrz 24	14000	1300000	Mrz 24	15000	1400000
30	Apr 24	12000	1200000	Apr 24	12000	1160000
31	Mai 24	11000	900000	Mai 24	11000	1080000
32	Jun 24	10000	990000	Jun 24	10000	950000
33	Jul 24	10000	980000	Jul 24	10000	1000000
34	Aug 24	11000	1050000	Aug 24	11000	1090000
35	Sep 24	12000	1020000	Sep 24	13000	1240000
36	Okt 24	13000	1200000	Okt 24	14000	1360000
37	Nov 24	13500	1230000	Nov 24	13500	1290000
38	Dez 24	14000	1300000	Dez 24	16000	1700000
39		**Korrelationskoeffizient 1**	0,911836646		**Korrelationskoeffizient 2**	0,967833513
40		**Mit Fisher() transformierter Wert 1**	1,538314133		**transformierter Wert 2**	2,056881666
41		**mittlerer transformierter Wert**	1,797597899	**=MITTELWERT(C40;F40)**		
42		**mittlerer Korrelationskoeffizient**	0,946556689	**=FISHERINV(C41)**		

Abbildung 7.33 Anwendung der Fisher-Transformation beim Vergleich von Korrelationen

FISHERINV()

FISHERINV()

Syntax:	`FISHERINV(`**`Y`**`)`
Beispiel:	`=FISHERINV(0,5)`
Ergebnis:	`0,4621`

Die Funktion `FISHERINV()` ist die Umkehrfunktion von `FISHER()`. Sie rechnet aus dem transformierten Wert wieder auf den entsprechenden Korrelationskoeffizienten zurück. Dabei ist `Y` der transformierte Wert. Wenn:

```
Y = FISHER(X)
```

dann ist:

```
FISHERINV(Y) = X
```

Ist `Y` kein numerischer Wert, gibt die Funktion den Fehler `#WERT!` zurück.

Seltsamerweise wird bei dieser Funktion das Suffix `INV` weiterhin ohne Punkt angehängt. Siehe auch `FISHER()`, Abbildung 7.32 und Abbildung 7.33.

G.TEST()

G.TEST()

Syntax:	`G.TEST(`**`Matrix`**`;` **`X`**`; Sigma)`
Beispiel:	`=G.TEST({11.19.18.21.13.17.9.14}; 12; 4)`
Ergebnis:	`0,01078`

Die Funktion `G.TEST()` liefert den einseitigen Wahrscheinlichkeitswert für einen Gauß-Test bei normalverteilten Daten. Für den mit `X` angegebenen Erwartungswert einer Zufallsvariablen gibt `G.TEST()` die Wahrscheinlichkeit zurück, mit der der Stichprobenmittelwert größer ist als der Durchschnitt der in `Matrix` angegebenen Werte. Mit diesem Test kann die Wahrscheinlichkeit dafür geschätzt werden, dass ein bestimmter Wert aus derselben (normalverteilten) Grundgesamtheit stammt wie eine gegebene Stichprobe.

Mit `Matrix` wird der Datenbereich der Stichprobe angegeben, mit der der Wert `X` verglichen werden soll. Nicht numerische Elemente in `Matrix` werden ignoriert.

Das optionale Argument `Sigma` gibt die Standardabweichung der Grundgesamtheit an, wenn sie bekannt ist. Wird `Sigma` nicht angegeben, dann verwendet die Funktion die Standardabweichung der Stichprobe als Schätzwert für `Sigma`.

	A	B	C	D
1				
2	**Gauß-Test**			
3				
4	Stichprobe		Einzelwert:	178
5	182	171	=G.TEST(A5:B20;D4;D7)	0,9799
6	170	178	Mittelwert:	176
7	165	186	Standardabweichung	5
8	174	169		
9	171	173		
10	178	180		
11	183	180		
12	169	179		
13	173	169		
14	175	173		
15	180	177		
16	179	180		
17	169	180		
18	180	178		
19	177	186		
20	180	169		

Abbildung 7.34 Beispiel für einen Gauß-Test

Ist `Matrix` leer, gibt die Funktion den Fehler `#NV` zurück. Nicht numerische Werte für `X` oder `Sigma` führen zu dem Fehler `#WERT!`, negative Werte für `Sigma` zu dem Fehler `#ZAHL!`.

Der Test liefert als Wahrscheinlichkeit `0,97` für die Hypothese, dass der Einzelwert zur gleichen Grundgesamtheit gehört. Der Test wird genauer, wenn die Stichprobe größer ist und die Standardabweichung der Grundgesamtheit vorliegt. Damit der Test zu brauchbaren Ergebnissen führt, sollte die Matrix wenigstens 30 Werte enthalten. Siehe auch Abschnitt 17.18, »Stichprobentest mit bekannten Varianzen«.

Die Funktion ersetzt seit Excel 2010 die bisherige Funktion `GTEST()`.

GAMMA()

GAMMA()

Syntax: GAMMA(**X**)

Beispiel: =GAMMA(2,5)

Ergebnis: 1,329

Werte der GAMMA()-Funktion

x	GAMMA()
-4	
-3,8	0,299632
-3,6	0,246857
-3,4	0,325891
-3,2	0,689056
-3	
-2,8	-1,138602
-2,6	-0,888686
-2,4	-1,108030
-2,2	-2,204981
-2	
-1,8	3,188086
-1,6	2,310583
-1,4	2,659272
-1,2	4,850957
-1	
-0,8	-5,738555
-0,6	-3,696933
-0,4	-3,722981
-0,2	-5,821149

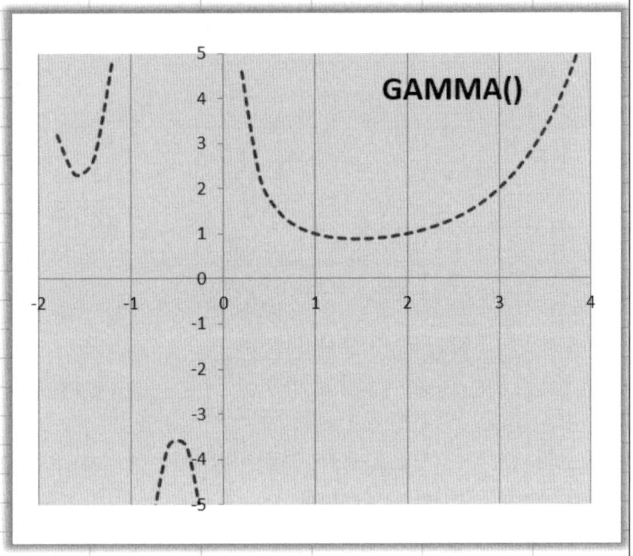

Abbildung 7.35 Werte der Funktion GAMMA() und ihr Graph

Die mit Excel 2013 eingeführte Funktion GAMMA() liefert direkt den Wert der Gammafunktion für die mit X angegebene Variable. Die Funktion erspart Ihnen also das Ablesen der Werte aus Tabellen zur Gammafunktion.

Die Funktion wird auch als Euler'sches Integral zweiter Gattung bezeichnet. Der Graph der Funktion hat für 0 und alle negativen Ganzzahlen Polstellen.

! Der Wert für X ist eingegrenzt auf Werte > 0 oder negative Werte, die keine Ganzzahlen sind. Für negative Ganzzahlen oder 0 gibt die Funktion den Fehler #ZAHL! aus. Ist X nicht numerisch, erscheint der Fehler #WERT!.

Die Funktion arbeitet für `X > 0` mit folgender Gleichung:

$$\Gamma(x) = \int_0^\infty t^{x-1} e^{-t} dt$$

Für alle positiven ganzen Zahlen gilt dabei:

$$\Gamma(n) = (n-1)!$$

Die `GAMMA()`-Funktion liefert in diesem Fall also für ganze Zahlen eine Parallelverschiebung der Funktion `FAKULTÄT()`.

	I	J	K
2	x	GAMMA()	FAKULTÄT()
3	1	1	1
4	2	1	2
5	3	2	6
6	4	6	24
7	5	24	120
8	6	120	720
9	7	720	5040
10	8	5040	40320
11	9	40320	362880
12	10	362880	3628800

Abbildung 7.36 Vergleich `GAMMA()` und `FAKULTÄT()` für ganze Zahlen

Von Gauß wurde die Definition der Gammafunktion auf alle nicht in der Menge {0, –1, –2, …} enthaltenen Zahlen erweitert:

$$= \lim_{n \to \infty} \frac{n!\,n^{x-1}}{x(x+1)(x+2)\ldots(x+n-1)}$$

Siehe auch `GAMMA.INV()` und `GAMMA.VERT()`.

GAMMA.INV()

GAMMA.INV()

Syntax:	`GAMMA.INV(`**`Wahrsch; Alpha; Beta`**`)`
Beispiel:	`=GAMMA.INV(0,05; 3; 1)`
Ergebnis:	`0,8176`

Die Funktion GAMMA.INV() berechnet Quantile der Gammaverteilung.

Für das Argument Wahrsch erwartet die Funktion Wahrscheinlichkeitswerte aus einer Gammaverteilung. Alpha und Beta sind Funktionsparameter (in der Literatur werden als Parameter meist b und p angegeben). Beta = 1 liefert die standardisierte Gammaverteilung.

Ist Wahrsch, Alpha oder Beta nicht numerisch, gibt die Funktion den Fehler #WERT! zurück. Ist Wahrsch < 0 oder > 1 oder Alpha oder Beta ≤ 0, erscheint der Fehler #ZAHL!.

Die Funktion ist die Umkehrfunktion von GAMMA.VERT(). Zwischen GAMMA.INV() und GAMMA.VERT() besteht folgender Zusammenhang:

Wenn:

`Wert = GAMMA.INV(X; …)`

dann ist:

`X = GAMMA.VERT(Wert; …WAHR)`

Die Funktion ersetzt seit Excel 2010 die bisherige Funktion GAMMAINV(). Siehe auch GAMMA.VERT(), GAMMA() und Abbildung 7.37.

GAMMA.VERT()

GAMMA.DIST()

Syntax:	GAMMA.VERT(**X; Alpha; Beta; Kumuliert**)
Beispiel:	=GAMMA.VERT(1,5; 2; 1; WAHR)
Ergebnis:	0,44217

Die Funktion GAMMA.VERT() liefert Wahrscheinlichkeiten für eine gammaverteilte Zufallsvariable. Die Gammaverteilung, auch Euler'sches Integral zweiter Gattung genannt, ist eine stetige Wahrscheinlichkeitsverteilung über der Menge der positiven reellen Zahlen. Sie gilt als sehr anpassungsfähig, da sie auch die Untersuchung von schiefen Verteilungen erlaubt. Sie findet vor allem in der Warteschlangen- (oder Bedienungs-) und Zuverlässigkeitstheorie Anwendung. Von den Argumenten bezeichnet X das Quantil, für das die Wahrscheinlichkeit berechnet werden soll, Alpha und Beta sind Parameter der Verteilung (vergleiche GAMMA.INV()).

Kumuliert bestimmt den Typ der Verteilung: Mit WAHR wird der Wert der Verteilungsfunktion berechnet, also die Wahrscheinlichkeit, dass eine Zufallsgröße einen Wert zwischen 0 und X annimmt; mit FALSCH wird der Wert der Dichtefunktion berechnet, also die Wahrscheinlichkeit für den Wert X. Wird Beta = 1 gesetzt, ergibt dies die Werte für die standardisierte Gammaverteilung.

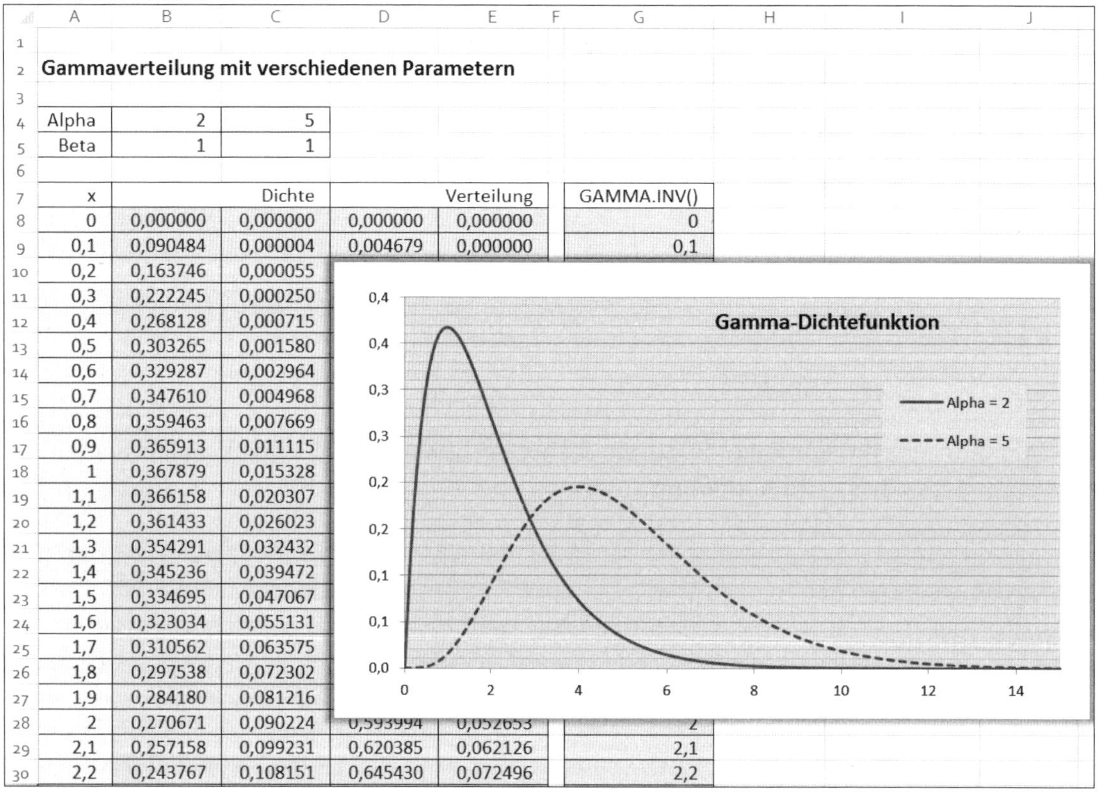

Abbildung 7.37 Gammaverteilung und Dichtefunktion

! Ist X, Alpha oder Beta nicht numerisch, gibt die Funktion den Fehler #WERT! zurück. Ist X < 0 oder Alpha oder Beta ≤ 0, erscheint der Fehler #ZAHL!.

Durch geeignete Wahl der Parameter lässt sich die Gammaverteilung in andere Verteilungen überführen (Chi-Quadrat-Verteilung, Weibullverteilung etc.). Wird Alpha = 1 gesetzt, ergibt sich eine Exponentialverteilung mit Lambda = 1/Beta.

Die Formel für die Dichtefunktion der Gammaverteilung ist folgende:

$$= \frac{\beta^{\alpha} x^{\alpha-1}}{\Gamma(\alpha)} e^{-\beta x}$$

für X $\geq$ 0 und α (Alpha) und β (Beta) > 0. Den Wert für $\Gamma(\alpha)$ liefert dabei die Funktion GAMMA().

Die Funktion ersetzt seit Excel 2010 die Funktion GAMMAVERT(). Siehe auch GAMMA.INV() und GAMMA().

GAMMALN()

GAMMALN()

Syntax:	GAMMALN(**X**)
Beispiel:	=GAMMALN(6)
Ergebnis:	4,7875

Die Funktion GAMMALN() liefert den natürlichen Logarithmus zu Werten der Gammafunktion.

Ist X nicht numerisch, liefert die Funktion den Fehler #WERT!. Ist X $\leq$ 0, liefert die Funktion den Fehler #ZAHL!.

Die Funktion rechnet nach folgender Formel:

=LN(GAMMA(X))

Seit Excel 2010 wird für GAMMALN() die umbenannte Funktion GAMMALN.GENAU() angeboten. (Seltsamerweise wird GAMMALN() aber nicht in der Kategorie **Kompatibilität** angeboten.) Siehe auch GAMMA() und GAMMALN.GENAU().

GAMMALN.GENAU()

GAMMALN.PRECISE()

Syntax:	GAMMALN.GENAU(**X**)
Beispiel:	=GAMMALN.GENAU(6)
Ergebnis:	4,7875

Die Funktion GAMMALN.GENAU() liefert den natürlichen Logarithmus zu Werten der Gammafunktion. Sie ersetzt seit Excel 2010 die bisherige Funktion GAMMALN().

Ist X nicht numerisch, liefert die Funktion den Fehler #WERT!. Ist X ≤ 0, liefert die Funktion den Fehler #ZAHL!.

Logarithmus zu Werten der Gamma-Funktion

x	GAMMA()	GAMMALN.GENAU()	GAMMALN()
0,2	4,590844	1,5240638224307800	1,5240638224307800
0,4	2,218160	0,7966778177017840	0,7966778177017840
0,6	1,489192	0,3982338580692350	0,3982338580692350
0,8	1,164230	0,1520596783998380	0,1520596783998380
1	1,000000	0,0000000000000000	0,0000000000000000
1,2	0,918169	-0,0853740900033158	-0,0853740900033158
1,4	0,887264	-0,1196129141723710	-0,1196129141723710
1,6	0,893515	-0,1125917656967560	-0,1125917656967560
1,8	0,931384	-0,0710838729143693	-0,0710838729143693
2	1,000000	0,0000000000000000	0,0000000000000000
2,2	1,101802	0,0969474667906442	0,0969474667906442
2,4	1,242169	0,2168593224488480	0,2168593224488480
2,6	1,429625	0,3574118635489870	0,3574118635489870
2,8	1,676491	0,5167027919877560	0,5167027919877560
3	2,000000	0,6931471805599550	0,6931471805599550

Abbildung 7.38 Werte der Funktionen GAMMALN.GENAU() und GAMMALN()

Bei ganzen Zahlen gilt folgende Beziehung für diese Funktion:

EXP(GAMMALN.GENAU(X))

ergibt:

FAKULTÄT(X-1)

GAMMALN() und GAMMALN.GENAU() liefern bei den in der Abbildung gezeigten X-Werten die gleichen Ergebnisse, der Algorithmus von GAMMALN.GENAU() soll aber genauer sein.

GAUSS()

GAUSS()

Syntax: GAUSS(**X**)

Beispiel: =GAUSS(2)

Ergebnis: 0,47725

Werte der GAUSS()-Funktion

x	GAUSS()	NORM.S.VERT()
-3,5	-0,499767	0,000232629
-3,25	-0,499423	0,000577025
-3	-0,498650	0,001349898
-2,75	-0,497020	0,002979763
-2,5	-0,493790	0,006209665
-2,25	-0,487776	0,012224473
-2	-0,477250	0,022750132
-1,75	-0,459941	0,040059157
-1,5	-0,433193	0,066807201
-1,25	-0,394350	0,105649774
-1	-0,341345	0,158655254
-0,75	-0,273373	0,226627352
-0,5	-0,191462	0,308537539
-0,25	-0,098706	0,401293674
0	0,000000	0,5
0,25	0,098706	0,598706326
0,75	0,273373	0,773372648
1	0,341345	0,841344746
1,25	0,394350	0,894350226
1,5	0,433193	0,933192799
1,75	0,459941	0,959940843
2	0,477250	0,977249868
2,25	0,487776	0,987775527
2,5	0,493790	0,993790335
2,75	0,497020	0,997020237
3	0,498650	0,998650102
3,25	0,499423	0,999422975
3,5	0,499767	0,999767371

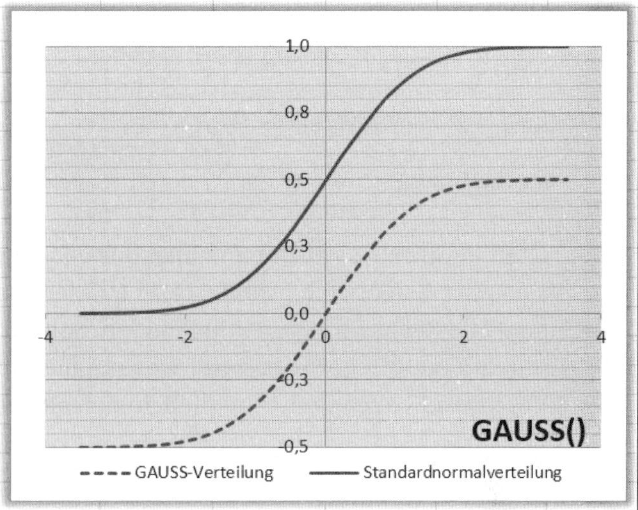

Abbildung 7.39 GAUSS() und Standardnormalverteilung im Vergleich

Die mit Excel 2013 eingeführte Funktion GAUSS() berechnet die Wahrscheinlichkeit, dass ein Element einer Standardgrundgesamtheit zwischen dem Mittelwert und der mit X angegebenen Zahl von Standardabweichungen liegt. Der im Beispiel angezeigte Wert gibt also die Wahrscheinlichkeit an, dass ein Element zwischen zwei Standardabweichungen vom Mittelwert liegt.

Die Funktion gibt für das Argument X einen Wert aus, der genau 0,5 unter dem Wert liegt, den die Standardnormalverteilung liefert.

GEOMITTEL()

GEOMEAN()

Syntax:	`GEOMITTEL(`**`Zahl1`**`; Zahl2; …)`
Beispiel:	`=GEOMITTEL(2; 5; 6; 8; 9)`
Ergebnis:	`5,33`

Die Funktion `GEOMITTEL()` berechnet das geometrische Mittel für eine Reihe von Daten, die positive Zahlen und größer 0 sein müssen. Berechnet wird das geometrische Mittel, indem alle Beobachtungen miteinander multipliziert werden und dann die `n`-te Wurzel aus dem Ergebnis gezogen wird, wobei `n` die Anzahl der Beobachtungen ist. Seit Excel 2007 sind 255 Argumente möglich, in den älteren Versionen 30.

Das Ergebnis von `GEOMITTEL()` ist immer kleiner als das Ergebnis für `MITTELWERT()`. Ein wichtiges Anwendungsgebiet ist die Errechnung von Mittelwerten für Zuwachsraten.

Ist einer der für die Berechnung aufgenommenen Werte `0` oder kleiner, so gibt Excel den Fehler `#DIV/0!` aus. Wahrheitswerte und in Textform angegebene Zahlen, die direkt als Argumente angegeben sind, werden berücksichtigt. Nicht numerische Werte führen zu dem Fehler `#WERT!`.

Das Beispiel in Abbildung 7.40 wendet die Funktion auf Zuwachsraten an, die über einen Index in Spalte D angegeben werden, und zwar als Verhältnis des aktuellen Jahresbetrags zum Vorjahresbetrag. Von diesen Indexwerten wird in Zelle C15 das geometrische Mittel berechnet:

```
=GEOMITTEL(C6:C14)
```

Zum Vergleich wird in C16 noch der arithmetische Mittelwert der Wachstumsindizes berechnet. Während dieser Wert noch im Mittel ein Wachstum angibt, zeigt der Wert für `GEOMITTEL()` einen leichten Rückgang an.

Um zu belegen, dass die Funktion `GEOMITTEL()` in diesem Fall die geeignetere Funktion ist, wird in Zelle C17 vom Umsatz des ersten Jahres aus auf den Umsatz des 10. Jahres mit der Formel

```
=B5*C15^9
```

hochgerechnet und in Zelle C18 eine entsprechende Hochrechnung mit dem arithmetischen Mittel vorgenommen. Die erste Formel stimmt exakt mit dem Umsatz im 10. Jahr überein, die Berechnung mit dem arithmetischen Mittel liefert dagegen einen deutlich zu hohen Wert.

	A	B	C	D
1				
2	**Geometrisches Mittel**			
3				
4	Jahr	Umsatz	Index	
5	1. Jahr	10000		
6	2. Jahr	9800	0,9800	
7	3. Jahr	10298	1,0508	
8	4. Jahr	10360	1,0060	
9	5. Jahr	8000	0,7722	
10	6. Jahr	10900	1,3625	
11	7. Jahr	10690	0,9807	
12	8. Jahr	10800	1,0103	
13	9. Jahr	10020	0,9278	
14	10. Jahr	9900	0,9880	
15		GEOMITTEL()	0,9989	
16		MITTELWERT()	1,0087	
17	Umsatz 10. Jahr mit GEOMITTEL:		9.900	=B5*C15^9
18	Umsatz 10. Jahr mit Mittelwert:		10.811	=B5*C16^9

Abbildung 7.40 Das geometrische Mittel im Vergleich zum Mittelwert

Alternativen zur Berechnung von Mittelwerten bieten die Funktionen `MITTELWERT()`, `MITTELWERTA()`, `GESTUTZTMITTEL()`, `HARMITTEL()`, `MEDIAN()`, `MODUS.EINF()` sowie `MODUS.VIELF()`.

GESTUTZTMITTEL()

TRIMMEAN()

Syntax:	`GESTUTZTMITTEL(`**`Matrix; Prozent`**`)`
Beispiel:	`=GESTUTZTMITTEL({2; 9; 7; 5; 8; 7; 9}; 0,3)`
Ergebnis:	`7,2`

Die Funktion `GESTUTZTMITTEL()` gibt das arithmetische Mittel eines Datensatzes zurück, bei dem aber die niedrigsten und die höchsten Werte nicht berücksichtigt werden. Das Verfahren ist dazu gedacht, »Ausreißer« aus dem Mittelwert herauszuhalten, die den Gesamteindruck zu sehr verzerren würden.

Die zu mittelnden Werte werden mit dem Argument `Matrix` angegeben. Das kann ein Zellbereich oder der Name eines solchen Bereichs oder eine Matrixkonstante sein. Sollen nicht zusammenhängende Zellbereiche ausgewertet werden, müssen Sie die einzelnen Bereiche durch Semikola trennen und alle Bereiche insgesamt einklammern, beispielsweise:

```
=GESTUTZTMITTEL((A10:A100; C10:C100); 2%)
```

Wie viele der mit `Matrix` angegebenen Daten jeweils oben und unten abgeschnitten werden, wird durch das Argument `Prozent` bestimmt. Wird für `Prozent` 0,1 (10 %) angegeben, werden 5 % der niedrigsten und 5 % der höchsten Werte für die Berechnung nicht berücksichtigt. Dabei wird bei Bedarf auf das kleinste Vielfache von 2 gerundet, sodass am Anfang und am Ende der Skala immer dieselbe Anzahl von Werten aus der Berechnung herausgenommen wird.

	A	B	C
1			
2	**Gestutzter Mittelwert**		
3			
4	Monat	Umsatz	GESTUTZTMITTEL()
5	Jan 24	900000	1091667
6	Feb 24	1090000	MITTELWERT()
7	Mrz 24	1300000	1104000
8	Apr 24	1200000	
9	Mai 24	900000	
10	Jun 24	990000	
11	Jul 24	30000	
12	Aug 24	1050000	
13	Sep 24	1020000	
14	Okt 24	1200000	
15	Nov 24	1230000	
16	Dez 24	1300000	
17	Jan 25	1090000	
18	Feb 25	1100000	
19	Mrz 25	2400000	
20	Apr 25	1160000	
21	Mai 25	1080000	
22	Jun 25	950000	
23	Jul 25	1000000	
24	Aug 25	1090000	

Abbildung 7.41 Die markierten Ausreißer werden von `GESTUTZTMITTEL()` ignoriert.

! Der Wert für `Prozent` darf nicht < `0` und auch nicht ≥ `1` sein, sonst gibt die Funktion den Fehler `#ZAHL!` aus. Nicht numerische Werte oder Wahrheitswerte in `Matrix` werden ignoriert.

Alternativen zur Berechnung von Mittelwerten bieten die Funktionen MITTELWERT(), MITTELWERTA(), GEOMITTEL(), HARMITTEL(), MEDIAN(), MODUS.EINF() sowie MODUS.VIELF().

HÄUFIGKEIT()

FREQUENCY()

Syntax:	HÄUFIGKEIT(**Daten**; **Klassen**)
Beispiel:	siehe Abbildung 7.42

Die Funktion HÄUFIGKEIT() wertet die mit Daten angegebene Menge numerischer Werte nach der Häufigkeit des Vorkommens innerhalb der durch Klassen definierten Intervalle aus. Das Argument Daten kann dabei als Bezug auf einen ein- oder mehrspaltigen Bereich oder als Matrixkonstante angegeben werden.

Das Argument Klassen gibt die Intervallgrenzen an, in der Regel in Form eines einspaltigen oder einzeiligen Bereichs oder als Matrixkonstante.

Die Funktion ignoriert bei dem Argument Daten sowohl leere Zellen als auch Zellen, die Texte oder als Text eingegebene Zahlen enthalten. Enthält Daten keine numerischen Werte, ist das Ergebnis eine Matrix mit lauter Nullen.

Da die Funktion als Ergebnis eine einspaltige Matrix liefern soll, muss sie auch als Matrixformel eingegeben werden. Die Formel wird also in die erste Zelle des erwarteten Ergebnisbereichs eingegeben. Dieser Bereich muss leer sein, sonst liefert die Formel den Fehler #ÜBERLAUF!.

Bei der Auswertung ordnet die Funktion dem ersten Element von Klassen alle Daten zu, die kleiner oder gleich der ersten angegebenen Klassengrenze sind; in der letzten Zelle des Ausgabebereichs werden alle Datenwerte gezählt, die größer als die letzte angegebene Klassengrenze sind.

7.9.4 Daten klassifizieren

Die Klassifizierung von Daten ist eine der bewährten Methoden, um Übersicht über größere Datenmengen zu gewinnen. Die Kunst liegt dabei in einer sinnvollen Bestimmung der Klassengrenzen. In der Regel sollten die Klassen gleich breit sein, wobei allerdings die Anfangs- und Endklassen häufig offen bleiben, um seltenere Extremwerte aufzunehmen. Außerdem sollten die Klassen weder zu groß noch zu klein gewählt werden, wobei es von dem jeweiligen Gegenstandsbereich und den vorgesehenen Fragestellungen abhängt, was als sinnvolle Klasseneinteilung verstanden werden kann.

Abbildung 7.42 zeigt ein einfaches Beispiel, in dem die Häufigkeit bestimmter Körpergrößen ermittelt wird. Das Diagramm wertet die Bereiche D5:E9 aus, wobei die Klassenbezeichnungen die Daten für die x-Achse liefern. Da das Beispiel mit einheitlichen Intervallbreiten arbeitet, kann einfach ein Säulendiagramm verwendet werden, bei dem die Abstände zwischen den Säulen auf 0 gesetzt sind, um ein Histogramm zu erzeugen, das mit den Flächen der Säulen die Häufigkeit sichtbar macht.

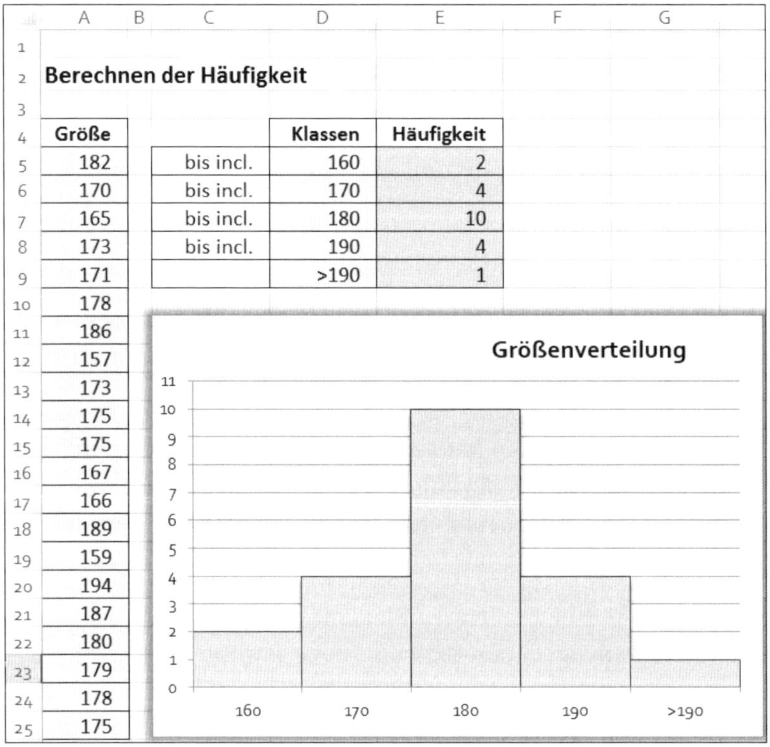
Berechnen der Häufigkeit

Größe
182
170
165
173
171
178
186
157
173
175
175
167
166
189
159
194
187
180
179
178
175

	Klassen	Häufigkeit
bis incl.	160	2
bis incl.	170	4
bis incl.	180	10
bis incl.	190	4
	>190	1

Abbildung 7.42 Auswertung von Daten nach Klassen

Es ist erlaubt, für das Argument `Klassen` denselben Bereich anzugeben wie für das Argument `Daten`. In diesem Fall zeigt die Auswertung, wie oft die einzelnen Werte vorkommen.

Excel bietet unter den in Kapitel 17, »Zusätzliche Tools für die Datenanalyse«, vorgestellten Analyse-Funktionen noch eine ähnliche Darstellung der Häufigkeit an, die gleichzeitig auch die Ausgabe der Häufigkeitsverteilung als Histogramm einschließt.

HARMITTEL()

HARMEAN()

Syntax: HARMITTEL(**Zahl1**; Zahl2; …)

Beispiel: =HARMITTEL(2; 5; 6; 8; 9)

Ergebnis: 4,53

Die Funktion HARMITTEL() gibt das harmonische Mittel der angegebenen Werte zurück. Das harmonische Mittel ist der Kehrwert eines aus Kehrwerten errechneten arithmetischen Mittels. Bezogen auf das Beispiel also:

=1/MITTELWERT(1/2; 1/5; 1/6; 1/8; 1/9)

Seit Excel 2007 sind 255 Argumente möglich, in den älteren Versionen 30. Das harmonische Mittel wird zuweilen im Rahmen varianzanalytischer Problemstellungen benötigt.

Eine typische Anwendung ist die Ermittlung von Durchschnittsgeschwindigkeiten. In Abbildung 7.43 ist dargestellt, dass nacheinander drei Strecken von je 100 km mit unterschiedlichen Durchschnittsgeschwindigkeiten zurückgelegt wurden. Die Formel in C5 ermittelt nun die Durchschnittsgeschwindigkeit, die für die gesamte Strecke erreicht werden müsste, um zum selben Zeitpunkt anzukommen. Das Ergebnis fällt deutlich kleiner aus als bei GEOMITTEL() und MITTELWERT().

	A	B	C	D	E	F
1						
2	**Berechnen der Durchschnittsgeschwindigkeit**					
3						
4		km	Geschwindigkeit	HARMITTEL()	GEOMITTEL()	MITTELWERT()
5	1. Abschnitt	100	100	42,86	50,00	58,33
6	2. Abschnitt	100	50			
7	3. Abschnitt	100	25			
8	Gesamtstrecke	300				
9	Gesamtdauer in Std.	7	km nach 7 Std.	300	350	408

Abbildung 7.43 Berechnung der Durchschnittsgeschwindigkeit für mehrere Strecken

Bei Bezügen auf Zellen, die nicht numerische Werte, Wahrheitswerte oder gar nichts enthalten, werden diese ignoriert, Wahrheitswerte oder Zahlen in Textform, die direkt als Argumente eingegeben sind, werden dagegen berücksichtigt.

! Beträgt der Wert eines Elements der Daten 0 oder weniger, dann gibt das Programm den Fehler #ZAHL! aus.

HYPGEOM.VERT()

HYPGEOM.DIST()

Syntax: HYPGEOM.VERT(**Erfolge_S; Umfang_S; Erfolge_G; Umfang_G; Kumuliert**)

Beispiel: =HYPGEOM.VERT(1; 2; 4; 32)

Ergebnis: 0,2258

Die Funktion HYPGEOM.VERT() berechnet die Wahrscheinlichkeiten für hypergeometrisch verteilte Zufallsvariablen. Die Funktion wird in Fällen angewendet, in denen es durch Entnahme aus der Grundgesamtheit – ohne anschließendes Zurücklegen – jedes Mal zu einer Änderung ihrer Zusammensetzung und damit der Erfolgswahrscheinlichkeit bei den nachfolgenden Entnahmen kommt, sodass hier die Binomialverteilung nicht eingesetzt werden kann. Vergleiche BINOM.VERT().

Mit Umfang_S und Umfang_G werden die Größe der entnommenen Stichprobe und die Größe der Grundgesamtheit angegeben. Erfolge_G gibt an, wie oft das zu testende Ereignis in der Grundgesamtheit enthalten ist, Erfolge_S, wie oft es in der Stichprobe enthalten sein soll. Das Argument Kumuliert ist ein Wahrheitswert, der den Typ der Funktion bestimmt. Mit Kumuliert = WAHR liefert die Funktion den Wert der kumulierten Verteilungsfunktion, andernfalls den Wert der Dichtefunktion.

! Ist Erfolge_S < 0 oder Erfolge_S größer als der kleinere der Werte von Umfang_S oder Erfolge_G, gibt die Funktion den Fehlerwert #ZAHL! zurück. Das gilt auch für folgende Fälle:

Erfolge_S ist kleiner als der größere Wert von 0 bzw. (Umfang_S – Umfang_G + Erfolge_G).

Umfang_S ist ≤ 0 oder Umfang_S > Umfang_G.

Erfolge_G ist ≤ 0 oder Erfolge_G > Umfang_G.

Umfang_G ist ≤ 0.

Ist eines der Argumente Erfolge_S, Umfang_S, Erfolge_G oder Umfang_G nicht numerisch, gibt die Funktion den Fehler #WERT! zurück.

Die Dichtefunktion der hypergeometrischen Verteilung ist durch folgende Formel definiert:

$$= \frac{\binom{M}{k}\binom{N-M}{n-k}}{\binom{N}{n}}$$

Dabei ist `N` = `Umfang_G`, `M` = `Umfang_S`, `n` = `Erfolge_G` und `k` = `Erfolge_S`.

Im Beispiel in Abbildung 7.44 wird die Wahrscheinlichkeit dafür ermittelt, dass beim 6-aus-49-Lotto 0 bis 6 Richtige erreicht werden. Da bei diesem Spiel jede Zahl höchstens einmal gezogen werden kann, ist die Fragestellung ein Fall für eine hypergeometrische Verteilung.

	A	B	C	D	E	F
1						
2	**Gewinnchance im Lotto 6 aus 49:**					
3						
4	Erfolge_S	Umfang_S	Erfolge_G	Umfang_G		HYPGEOM.VERT()
5	6	6	6	49	6 Richtige:	0,0000072%
6	5	6	6	49	5 Richtige:	0,0018450%
7	4	6	6	49	4 Richtige:	0,0968620%
8	3	6	6	49	3 Richtige:	1,7650404%
9	2	6	6	49	2 Richtige:	13,2378029%
10	1	6	6	49	1 Richtige:	41,3019450%
11	0	6	6	49	0 Richtige:	43,5964976%

Abbildung 7.44 Gewinnchancen im Lotto

Die Funktion ersetzt seit Excel 2010 die Funktion `HYPGEOMVERT()`.

KGRÖSSTE()

LARGE()

Syntax:	`KGRÖSSTE(`**`Matrix`**`; `**`K`**`)`
Beispiel:	`=KGRÖSSTE({3;7;5;4;8;2}; 2)`
Ergebnis:	`7`

Die Funktion `KGRÖSSTE()` gibt den `K`-größten Wert zurück. Das Argument `K` bestimmt, der wievielt größte Wert aus der angegebenen `Matrix` gesucht wird. `Matrix` kann ein Bereichsbezug oder eine Matrixkonstante sein. Der Bereichsbezug kann auch aus mehreren Bereichen bestehen, wenn die Bereichsadressen noch einmal eingeklammert werden:

```
=KGRÖSSTE((D3:D30; F3:F30); 3)
```

! Enthält der angegebene Bereich Zeichenfolgen oder leere Zellen, liefert die Funktion den Fehlerwert `#Zahl!`, wenn die entsprechende Zelle durch den Wert für `K` ausgegeben werden müsste. Dieser Fehler erscheint auch, wenn Matrix keine numerischen Werte enthält oder leer ist oder wenn K ≤ 0 oder > als die Zahl der Elemente in Matrix. Enthält der Bereich einen Fehlerwert, liefert die Funktion auch diesen Fehlerwert.

Ist K = 5, so gibt die Funktion den fünftgrößten Wert als Ergebnis aus; mit K = 1 wird der größte Wert ausgegeben. In Abbildung 7.45 werden beispielsweise die Umsätze der drei besten Monate ermittelt.

Statt der einzelnen Formeln in Zelle D5:D7 kann auch eine Matrixformel verwendet werden:

```
=KGRÖSSTE(B5:B16; C5:C7)
```

	A	B	C	D
1				
2	**Berechnen des k-größten Werts**			
3				
4	Monat	Umsatz	k	KGRÖSSTE()
5	Jan 24	900000	1	1400000
6	Feb 24	1090000	2	1300000
7	Mrz 24	1300000	3	1230000
8	Apr 24	1200000		
9	Mai 24	900000		
10	Jun 24	990000		
11	Jul 24	30000		
12	Aug 24	1050000		
13	Sep 24	1020000		
14	Okt 24	1200000		
15	Nov 24	1230000		
16	Dez 24	1400000		

Abbildung 7.45 Der größte, der zweitgrößte und der drittgrößte Wert

Für K wird in diesem Fall ein Zellbereich oder auch eine Matrixkonstante angegeben.

Die Funktion lässt sich auch gut für bedingte Formate verwenden. In Abbildung 7.45 werden beispielsweise für die Umsatzspalte drei Regeln für die Hintergrundfarbe verwendet, und zwar mit der Syntax:

```
=B5=KGRÖSSTE($B$5:$B$16; 1)
```

Siehe auch KKLEINSTE().

KKLEINSTE()

SMALL()

Syntax:	`KKLEINSTE(`**`Matrix; K`**`)`
Beispiel:	`=KKLEINSTE({3;7;5;4;8;2}; 2)`
Ergebnis:	`3`

Die Funktion `KKLEINSTE()` gibt den `K`-kleinsten Wert zurück. Das Argument `K` bestimmt, der wievielt kleinste Wert aus der Matrix gesucht wird. `Matrix` kann ein Bereichsbezug oder eine Matrixkonstante sein. Der Bereichsbezug kann auch aus mehreren Bereichen bestehen, wenn die Bereichsadressen noch einmal eingeklammert werden:

```
=KKLEINSTE((D3:D30; F3:F30); 3)
```

Enthält der angegebene Bereich Zeichenfolgen oder leere Zellen, liefert die Funktion den Fehlerwert `#Zahl!`, wenn die entsprechende Zelle durch den Wert für `K` ausgegeben werden müsste. Dieser Fehler erscheint auch, wenn `Matrix` keine numerischen Werte enthält oder leer ist oder wenn `K` $\leq$ `0` oder > als die Zahl der Elemente in `Matrix`. Enthält der Bereich einen Fehlerwert, liefert die Funktion auch diesen Fehlerwert.

Ist `K` = `3`, so gibt die Funktion den drittkleinsten Wert als Ergebnis aus; mit `K` = `1` wird der kleinste Wert ausgegeben. In Abbildung 7.46 werden beispielsweise die Umsätze der drei schlechtesten Monate ermittelt.

	A	B	C	D
1				
2	**Berechnen des k-kleinsten Werts**			
3				
4	Monat	Umsatz	k	KKLEINSTE()
5	Jan 24	910000	1	30000
6	Feb 24	1090000	2	900000
7	Mrz 24	1300000	3	910000
8	Apr 24	1200000		
9	Mai 24	900000		
10	Jun 24	990000		
11	Jul 24	30000		
12	Aug 24	1050000		
13	Sep 24	1020000		
14	Okt 24	1200000		
15	Nov 24	1230000		
16	Dez 24	1300000		

Abbildung 7.46 Der kleinste, der zweitkleinste und der drittkleinste Wert

Statt der einzelnen Formeln in Zelle D5:D7 kann auch in D5 eine Matrixformel eingegeben werden:

```
=KKLEINSTE(B5:B16; C5:C7)
```

Für K kann in diesem Fall ein Zellbereich oder auch eine Matrixkonstante angegeben werden. Die Funktion lässt sich auch gut für bedingte Formate verwenden. In Abbildung 7.46 werden beispielsweise für die Umsatzspalte drei Regeln für die Hintergrundfarbe verwendet, und zwar mit der Syntax:

```
=B5=KKLEINSTE($B$5:$B$16; 1)
```

In Kombination mit den Funktionen `SUMME()` und `SEQUENZ()` lassen sich leicht auch Fragen beantworten, wie »Was ist die Summe der sechs kleinsten Werte?«. In der Abbildung wird die Anzahl der kleinen Werte in D21 eingegeben. In E21 wird mit der Formel

```
=KKLEINSTE(B21:B37;SEQUENZ(D21))
```

gearbeitet. Die Funktion `SEQUENZ()` arbeitet in diesem Fall mit den Vorgaben für die Argumente `Spalten` (1), `Anfang` (1) und `Schritt` (1).

Um die Summe der kleinsten Werte zu erhalten, kann dann einfach mit dem #-Operator ein Bezug auf die dynamische Matrix ab E21 verwendet werden.

```
=SUMME(E21#)
```

	A	B	C	D	E	F
19						
20	Name	Absatz		Anzahl	Kleinste	Summe
21	Barolo	100		6	100	910
22	Beaujolais	200			120	
23	Chablis	230			120	
24	Ravello	200			170	
25	Valpolicella	300			200	
26	Bourgogne	230			200	
27	Chianti	120				
28	Frascati	230				
29	Freisa	120				
30	Grignolino	230				
31	Médoc	300				
32	Müller-Turgau	340				
33	Oppenheimer	300				
34	Ortenau	340				
35	Sauternes	170				
36	Riesling	200				
37	Brolio	230				

Abbildung 7.47 Die Funktion `KKLEINSTE()` mit einem `SEQUENZ()`-Argument

Entsprechende Lösungen sind auch mit der Funktion `KGRÖSSTE()` möglich.

KONFIDENZ.NORM()

CONFIDENCE.NORM()

Syntax:	`KONFIDENZ.NORM(`**`Alpha; Standardabwn; Umfang`**`)`
Beispiel:	`=KONFIDENZ.NORM(0,05; 2,6; 200)`
Ergebnis:	`0,36033`

Die Funktion `KONFIDENZ.NORM()` dient der Schätzung eines Konfidenzintervalls (auch Vertrauensbereich oder Mutungsintervall genannt) für den Erwartungswert von Zufallsvariablen aus einer normalverteilten Grundgesamtheit anhand einer Stichprobe aus dieser Grundgesamtheit.

Bei ein- wie zweiseitigen Fragestellungen wird ein bestimmter Prozentsatz (`Alpha`) extremer Fälle der Stichprobenverteilung als unwahrscheinlich ausgeschlossen. Diese Extremwerte liegen an dem einen Ende oder an den beiden Enden der Verteilung, wie Abbildung 7.48 und Abbildung 7.49 zeigen. Der übrig bleibende Bereich beidseitig vom Mittelwert ist das Konfidenzintervall. Die entsprechende Fläche in der Dichtefunktion entspricht jeweils `1 - Alpha`, was auch als Konfidenz- oder Vertrauensniveau bezeichnet wird.

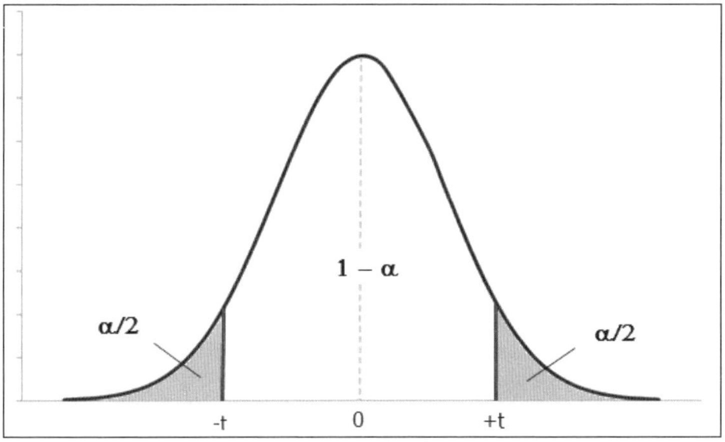

Abbildung 7.48 Konfidenzintervall bei zweiseitigen Fragestellungen

Das Konfidenzintervall ist ein Wertebereich, in dessen Mittelpunkt der Stichprobenmittelwert liegt. Der Bereich bei einer zweiseitigen Fragestellung ist `Mittelwert ± KONFIDENZ.NORM()`.

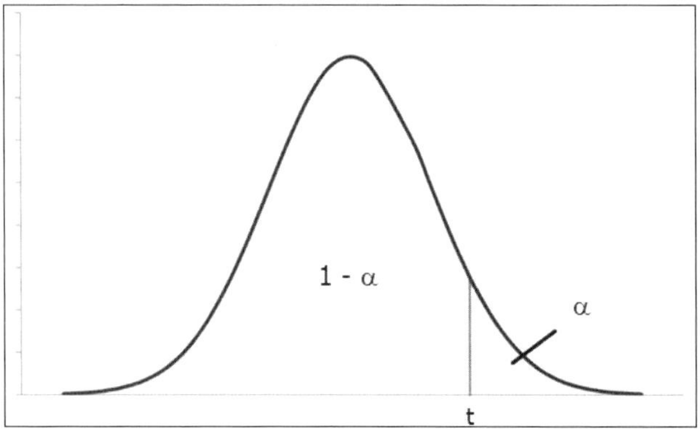

Abbildung 7.49 Konfidenzintervall bei einseitiger Fragestellung

`Alpha` ist die Irrtumswahrscheinlichkeit (gewählt wird zumeist 0,05, 0,01 oder 0,001). `Standardabwn` ist die als bekannt angenommene Standardabweichung der Grundgesamtheit (sie muss > `0` sein). Ist sie nicht bekannt, wird ersatzweise die Standardabweichung der Stichprobe als Schätzwert verwendet. `Umfang` ist die Größe der Stichprobe. `Alpha` muss zwischen `0` und `1` ausschließlich liegen.

Für den Mittelwert der Grundgesamtheit gilt:

```
Mgg = Mst +- k*(s/WURZEL(n))
```

Dabei sind `Mgg` und `Mst` die Mittelwerte von Grundgesamtheit und Stichprobe, `k` ist der von der Funktion `KONFIDENZ.NORM()` ermittelte Wert, `s` die Standardabweichung der Stichprobe und `n` die Größe der Stichprobe.

Ist eines der Argumente nicht numerisch, gibt die Funktion den Fehler `#WERT!` zurück. Ist `Alpha` ≤ `0` oder ≥ `1`, erscheint der Fehler `#ZAHL!`. Das gilt auch, wenn `Standardabwn` gleich `0` oder `Umfang` < `1` ist.

In dem fiktiven Beispiel in Abbildung 7.50 wird das Konfidenzintervall für den vermuteten Mittelwert von Daten zur Häufigkeit von Seitenaufrufen im Web (pro Person und Tag) auf der Basis einer Stichprobe mit 30 Teilnehmern geschätzt.

Mit den in Spalte C errechneten Werten kann anschließend die untere und die obere Grenze des Vertrauensbereichs durch Subtrahieren vom und Addieren zum Mittelwert der Stichprobe angegeben werden. Mit einem Vertrauensniveau von `95 %` kann für den unbekannten Mittelwert der Grundgesamtheit angenommen werden, dass er zwischen `18,11` und `21,69` liegt. Wird der Stichprobenumfang erhöht, wird das Konfidenzintervall verringert.

Konfidenzintervall für den Erwartungswert einer Zufallsvariablen

Seitenaufrufe pro Tag		
10	Mittelwert (SP)	19,9
11	Standardabweichung (GG)	5,00
11	Irrtumswahrscheinlichkeit Alpha	5%
15	Stichprobenumfang	30
16		
16	Berechnung des 95%-Konfidenzintervalls	
16	KONFIDENZ.NORM()	1,79
16	MITTELWERT()-KONFIDENZ.NORM()	18,11
16	MITTELWERT()+KONFIDENZ.NORM()	21,69
16		
17		
18		
19		
19		
20		
20		
20		
20		
21		
21		
24		
24		
24		
25		
25		

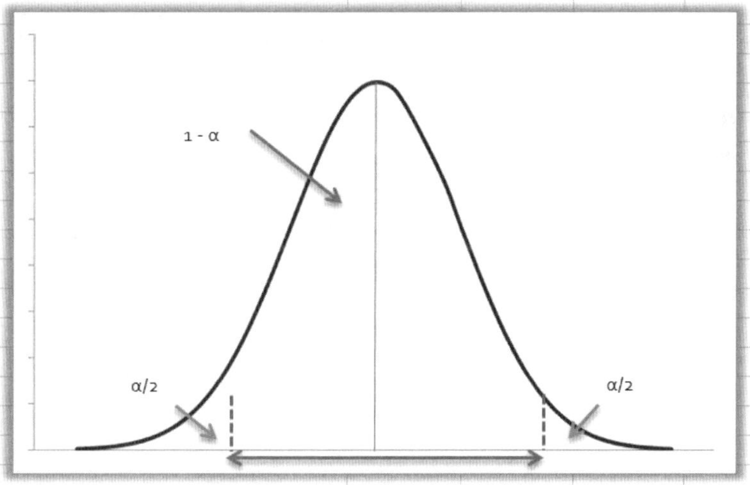

Abbildung 7.50 Schätzen des Konfidenzintervalls

Die Funktion `KONFIDENZ.NORM()` ist eine der beiden Funktionen, die seit Excel 2010 anstelle von `KONFIDENZ()` angeboten werden. Die andere ist `KONFIDENZ.T()`.

KONFIDENZ.T()

CONFIDENCE.T()

Syntax:	`KONFIDENZ.T(`**`Alpha; Standardabwn; Umfang`**`)`
Beispiel:	`=KONFIDENZ.T(0,05; 2,6; 200)`
Ergebnis:	`0,36254`

Die Funktion `KONFIDENZ.T()` dient der Schätzung des Konfidenzintervalls (auch Vertrauensbereich oder Mutungsintervall genannt) für den Erwartungswert einer Zufallsvariablen aus einer t-verteilten Grundgesamtheit anhand einer Stichprobe aus dieser Grundgesamtheit.

Insbesondere wenn die Standardabweichung der Grundgesamtheit nicht bekannt ist, wird die Schätzung des Mittelwertes unsicherer, und es ist dann sinnvoll, das Konfidenzintervall etwas breiter anzulegen. Deshalb wird statt von einer Normalverteilung von einer t-Verteilung ausgegangen, die stärker vom Umfang der Stichprobe beeinflusst wird.

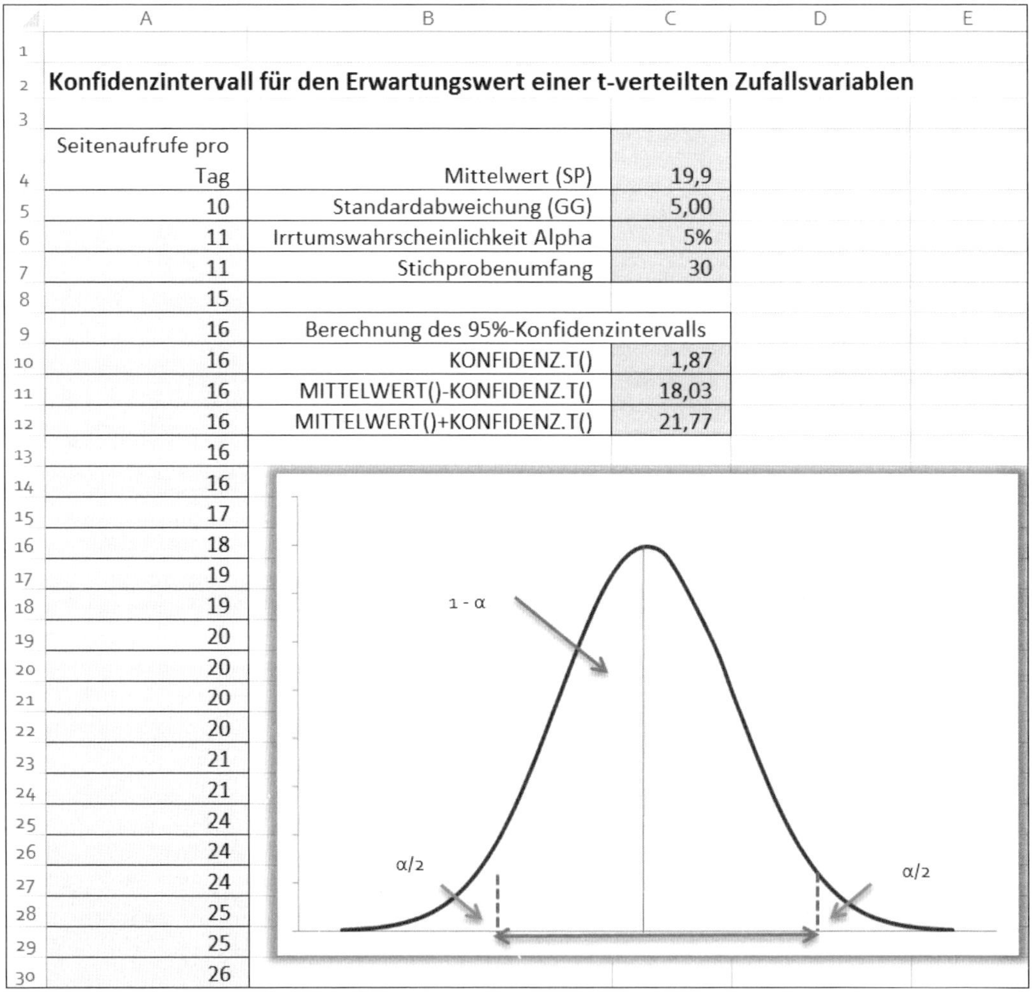

Konfidenzintervall für den Erwartungswert einer t-verteilten Zufallsvariablen

Seitenaufrufe pro Tag		
	Mittelwert (SP)	19,9
10	Standardabweichung (GG)	5,00
11	Irrtumswahrscheinlichkeit Alpha	5%
11	Stichprobenumfang	30
15		
16	Berechnung des 95%-Konfidenzintervalls	
16	KONFIDENZ.T()	1,87
16	MITTELWERT()-KONFIDENZ.T()	18,03
16	MITTELWERT()+KONFIDENZ.T()	21,77
16		
16		
17		
18		
19		
19		
20		
20		
20		
20		
21		
21		
24		
24		
24		
24		
25		
25		
26		

Abbildung 7.51 Schätzen des Konfidenzintervalls bei t-verteilten Variablen

Bei ein- wie zweiseitigen Fragestellungen wird ein bestimmter Prozentsatz (Alpha) extremer Fälle der Stichprobenverteilung als unwahrscheinlich ausgeschlossen. Diese Extremwerte liegen an den beiden Enden der Verteilung, der Bereich zwischen den beiden Extremwerten beidseitig vom Mittelwert ist das Konfidenzintervall.

Alpha ist die Irrtumswahrscheinlichkeit (gewählt wird zumeist 0,05, 0,01 oder 0,001), Standardabwn ist die als bekannt angenommene Standardabweichung der Grundgesamtheit (sie muss > 0 sein). Ersatzweise wird die Standardabweichung der Stichprobe verwendet. Umfang ist die Größe der Stichprobe. Alpha muss zwischen 0 und 1 ausschließlich liegen.

Ist eines der Argumente nicht numerisch, gibt die Funktion den Fehler #WERT! zurück. Ist Alpha = 0 oder = 1, erscheint der Fehler #ZAHL!. Das gilt auch, wenn Standardabwn gleich 0 ist. Ist Umfang = 1, erscheint der Fehler #DIV/0!.

Die Funktion ist eine der beiden Funktionen, die seit Excel 2010 anstelle von KONFIDENZ() angeboten werden. Die andere ist KONFIDENZ.NORM(). Siehe dazu auch T.VERT().

KORREL()

CORREL()

Syntax:	KORREL(**Matrix1**; **Matrix2**)
Beispiel:	=KORREL({1;2;3;4}; {2;4;6;8})
Ergebnis:	1

Die Funktion KORREL() liefert den Korrelationskoeffizienten zweier Datenreihen, also von paarweise ermittelten Daten, die mithilfe der Argumente Matrix1 und Matrix2 angegeben werden.

Beide Argumente müssen dieselbe Anzahl von Elementen enthalten, sonst liefert die Funktion den Fehler #NV. Dabei werden in den angegebenen Zellbereichen oder Matrizen Texteinträge, Wahrheitswerte und leere Elemente ignoriert. Enthalten beide Argumente nur ein oder gar kein Datenelement, erscheint der Fehler #DIV/0!.

Mit der Funktion kann festgestellt werden, ob es einen berechenbaren Zusammenhang, also eine Korrelation, zwischen zwei Variablen gibt.

Die Funktion KORREL() liefert die gleichen Ergebnisse wie die Funktion PEARSON(), die ebenfalls den Korrelationskoeffizienten errechnet. Dass beide Funktionen immer noch nebeneinander angeboten werden, hat nach Hinweisen aus dem Microsoft Support vermutlich damit zu tun, dass in Versionen vor Excel 2003 mit `KORREL()` ein etwas genaueres Berechnungsverfahren für den Korrelationskoeffizienten eingeführt wurde, das Rundungsfehler vermied, die bei den älteren Varianten von `PEARSON()` für bestimmte Wertekonstellationen auftreten konnten.

Die Funktion ergibt den Wert `1` bei direktem linearem Zusammenhang (die beiden Regressionsgeraden der Daten sind dann direkt proportional). Sie liefert `-1` bei einem indirekten gegenläufigen Zusammenhang, die beiden Regressionsgeraden sind dann umgekehrt proportional; wenn also der Wert aus `Matrix1` größer wird, wird der entsprechende Wert aus `Matrix2` kleiner. Ein Wert von `0` ergibt sich, wenn kein Zusammenhang besteht.

Korrelationskoeffizient einer zweidimensionalen Zufallsgröße

Monat	Werbeaufwand	Umsatz	KORREL()
Jan 24	10000	900000	0,937756513
Feb 24	12000	1090000	
Mrz 24	14000	1300000	
Apr 24	12000	1200000	
Mai 24	11000	900000	
Jun 24	10000	990000	
Jul 24	10000	980000	
Aug 24	11000	1050000	
Sep 24	12000	1020000	
Okt 24	13000	1200000	
Nov 24	13500	1230000	
Dez 24	14000	1300000	
Jan 25	11000	1090000	
Feb 25	12000	1100000	
Mrz 25	15000	1400000	
Apr 25	12000	1160000	
Mai 25	11000	1080000	
Jun 25	10000	950000	
Jul 25	10000	1000000	
Aug 25	11000	1090000	
Sep 25	13000	1240000	
Okt 25	14000	1360000	
Nov 25	13500	1290000	
Dez 25	16000	1700000	

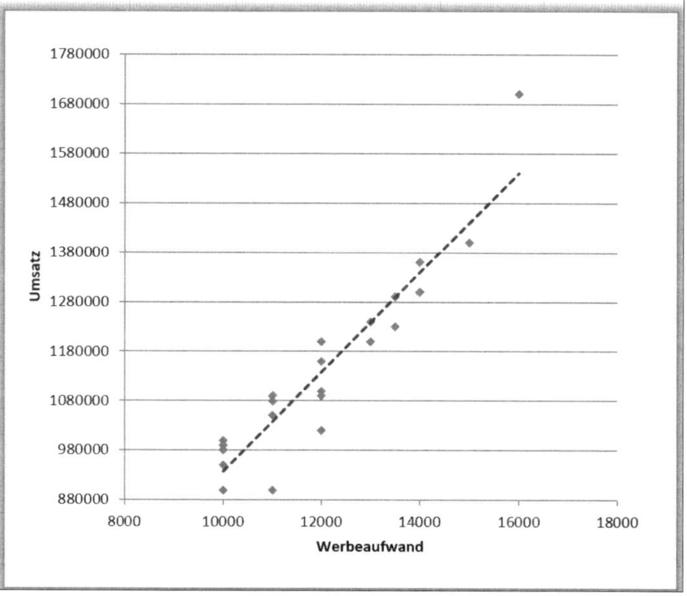

Abbildung 7.52 Korrelation von Datenreihen

Werte von `0,3` bis `0,5` zeigen einen geringen bis mäßigen Zusammenhang, Werte von `0,7` bis `0,9` zeigen einen engen Zusammenhang, alles, was über `0,9` liegt, deutet auf einen sehr engen Zusammenhang. In Abbildung 7.52 zeigt sich beispielsweise ein sehr enger Zusammenhang zwischen dem Werbeaufwand und dem im gleichen Zeitraum erzielten Umsatz. Steigender Werbeaufwand führt zu steigenden Umsätzen. Die Datenpunkte im Diagramm liegen deshalb auch meist nahe der Regressionsgeraden.

Zu Korrelationen vergleiche auch Abschnitt 7.4, »Korrelation«, und Abschnitt 7.7, »Verteilungsfunktionen«.

KOVARIANZ.P()

COVARIANCE.P()

Syntax: KOVARIANZ.P(**Array1; Array2**)

Beispiel: =KOVARIANZ.P({2; 4; 6; 8; 10; 12}; {12; 2; 10; 4; 8; 6})

Ergebnis: -3

Die Funktion KOVARIANZ.P() liefert ähnlich wie die Funktion KORREL() ein Maß für den Zusammenhang zwischen den Daten zweier Datenreihen, die mithilfe der Argumente Array1 und Array2 angegeben werden. Sie liefert die Kovarianz einer Grundgesamtheit, also den Mittelwert der für alle Datenpunktpaare gebildeten Produkte der Abweichungen. So wird ermittelt, in welchem Maß die Daten der beiden Datenreihen gemeinsam von ihrem jeweiligen Mittelwert abweichen. Entscheidend am Ergebnis der Funktion ist nur die Richtung. Positive Werte deuten auf einen linearen Zusammenhang hin (wenn X größer wird, wird auch Y größer), negative auf einen gegensinnigen Zusammenhang (wenn X größer wird, wird Y kleiner). Null heißt: kein Zusammenhang.

Beide Argumente müssen dieselbe Anzahl von Elementen enthalten, sonst liefert die Funktion den Fehler #NV. Dabei werden in den angegebenen Zellbereichen oder Matrizen Texteinträge, Wahrheitswerte und leere Elemente ignoriert. Enthält eines oder beide Argumente kein numerisches Datenelement, erscheint der Fehler #DIV/0!.

	A	B	C	D	E	F	G	H	I	J	K	L
1												
2	**Kovarianz**											
3												
4	Matrix1	Matrix2	Matrix3	Matrix4		KOVARIANZ.P() 1-2		-11,67		KOVARIANZ.S() 1-2		-14
5	2	12	12	20		KOVARIANZ.P() 2-3		3		KOVARIANZ.S() 2-3		3,6
6	4	10	2	40		KOVARIANZ.P() 1-4		116,67		KOVARIANZ.S() 1-4		140
7	6	8	10	60		KOVARIANZ.P() 1-3		-3		KOVARIANZ.S() 1-3		-3,6
8	8	6	4	80								
9	10	4	8	100								
10	12	2	6	120								

Abbildung 7.53 Kovarianz zwischen Datenreihen

Die Funktion ist eine der beiden Funktionen, die seit Excel 2010 anstelle von KOVAR() angeboten werden. Die andere ist KOVARIANZ.S().

KOVARIANZ.S()

COVARIANCE.S()

Syntax:	`KOVARIANZ.S(`**`Array1`**`; `**`Array2`**`)`
Beispiel:	`=KOVARIANZ.S({2;4;6;8;10;12}; {12;2;10;4;8;6})`
Ergebnis:	`-3,6`

Die Funktion `KOVARIANZ.S()` liefert die Kovarianz von Stichproben, also den Mittelwert der für alle Datenpunktpaare gebildeten Produkte der Abweichungen. Dabei wird die Summe der Produkte aber nicht durch `n` für die Anzahl der Paare geteilt, sondern durch `n - 1`.

Die Funktion ermittelt, in welchem Maß die Daten der beiden Datenreihen gemeinsam von ihrem jeweiligen Mittelwert abweichen.

Entscheidend am Ergebnis der Funktion ist nur die Richtung. Positive Werte deuten auf einen linearen Zusammenhang hin (wenn X größer wird, wird auch Y größer), negative auf einen gegensinnigen Zusammenhang (wenn X größer wird, wird Y kleiner). Null heißt: kein Zusammenhang.

! Beide Argumente müssen dieselbe Anzahl von Elementen enthalten, sonst liefert die Funktion den Fehler `#NV`. Dabei werden in den angegebenen Zellbereichen oder Matrizen Texteinträge, Wahrheitswerte und leere Elemente ignoriert. Enthält eines oder beide Argumente kein oder nur ein numerisches Datenelement, erscheint der Fehler `#DIV/0!`.

Die Funktion ist eine der beiden Funktionen, die seit Excel 2010 anstelle von `KOVAR()` angeboten werden. Die andere ist `KOVARIANZ.P()`. Siehe dazu auch Abbildung 7.53 zu `KOVARIANZ.P()`.

KURT()

KURT()

Syntax:	`KURT(`**`Zahl1`**`; Zahl2; …)`
Beispiel:	`=KURT(2; 3; 2; 7; 9; 6; 4; 2)`
Ergebnis:	`-0,77`

Die Funktion `KURT()` liefert die Kurtosis, also die Wölbung einer Häufigkeitsverteilung. Während die Funktionen zur Berechnung der Schiefe prüfen, ob der Gipfel der Verteilung links oder rechts vom »normalen« Gipfel angesiedelt ist, prüft `KURT()`, wie flach oder wie gipflig die Verteilungskurve ist. Verglichen wird mit einer Normalverteilung mit gleichem Mittelwert und gleicher Streuung.

Seit Excel 2007 sind 255 Argumente möglich, in den älteren Versionen nur 30. Das erste Argument ist erforderlich. Bei Bezügen auf Zellbereiche werden Texteinträge, Fehlerwerte, Wahrheitswerte und leere Zellen ignoriert. Wird eine Zahl in Textform oder ein Wahrheitswert dagegen direkt als Argument angegeben, werden sie berücksichtigt.

! Sind weniger als vier Datenelemente angegeben oder ist die Standardabweichung der Stichprobe gleich `0`, gibt die Funktion den Fehler `#DIV/0!` zurück. Fehlerwerte in den Datenelementen führen dazu, dass die Funktion diesen Fehler als Ergebnis ausgibt.

Ein negatives Ergebnis weist dabei auf einen stumpferen, flacheren Verlauf hin. Die Werte streuen stark vom Mittelwert weg. Ein positives Ergebnis deutet auf einen steileren, spitzeren Verlauf hin. Die Werte liegen also näher am Mittelwert, als es normalerweise zu erwarten ist. Null entspricht der Normalverteilung.

Wölbung einer Verteilung

Urliste mit Körpergrößen von 70 Schülern

A	B	C	D	E	F	G	H	I	J
177	174	183	184	185	172	166	176	163	163
168	173	172	177	185	177	174	151	172	173
179	158	181	178	185	167	180	186	158	177
153	162	166	168	177	179	173	157	179	173
172	158	181	179	173	168	184	177	173	196
176	183	177	177	178	184	176	172	177	185
182	160	163	187	162	169	180	172	166	183

L	M
80,000	=VAR.S(A5:J11)
8,944	=STABW.S(A5:J11)
-0,461	=SCHIEFE(A5:J11)
0,002	=KURT(A5:J11)
173,843	=MITTELWERT(A5:J11)
175,835	=MEDIAN(A5:J11)
177,000	=MODUS.EINF(A5:J11)

	abs. Häufigkeit	rel. Häufigkeit	normalverteilt
155	2	3%	5%
160	5	7%	9%
165	5	7%	13%
170	8	11%	17%
175	14	20%	18%
180	20	29%	16%
185	13	19%	11%
190	2	3%	7%
195	0	0%	3%
200	1	1%	1%
	70	100%	100%

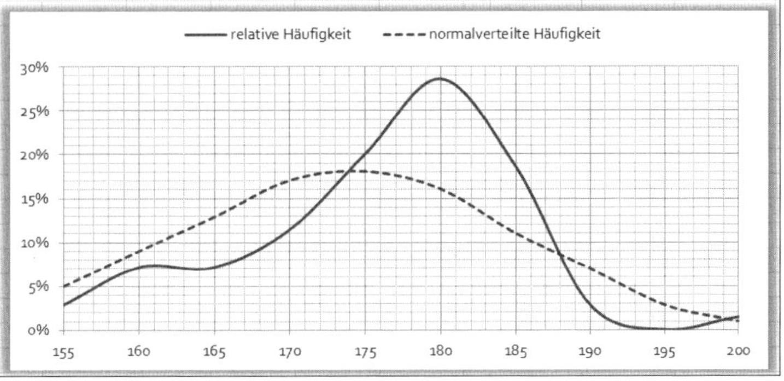

Abbildung 7.54 Wölbung einer realen Verteilung im Vergleich zur Normalverteilung

Abbildung 7.54 zeigt eine Auswertung der Verteilung von Körpergrößen bei Jugendlichen. Im Diagramm sind die relativen Häufigkeiten und die bei einer Normalverteilung zu erwartenden Häufigkeiten gegenübergestellt. Die Kurve der relativen Häufigkeiten ist deutlich steiler.

LOGNORM.INV()

LOGNORM.INV()

Syntax: `LOGNORM.INV(`**`Wahrsch; Mittelwert; Standabwn`**`)`

Beispiel: `=LOGNORM.INV(0,01; 0; 1)`

Ergebnis: `0,098`

Die Funktion `LOGNORM.INV()` liefert Quantile einer logarithmischen Normalverteilung. Die Funktion hilft bei der Analyse von Daten, deren Logarithmus normalverteilt ist. Anwendungsbereiche sind Statistiken über Einkommensverteilungen oder Schadensfälle in der Versicherungsbranche.

Das Argument `Wahrsch` ist die zur Lognormalverteilung gehörende Wahrscheinlichkeit, als Zweites wird der `Mittelwert` von `ln(X)` und als Drittes mit `Standabwn` die Standardabweichung von `ln(X)` angegeben.

Ist eines der Argumente nicht numerisch, gibt die Funktion den Fehler `#WERT!` zurück. Ist `Wahrsch` ≤ 0 oder ≥ 1, erscheint der Fehler `#ZAHL!`; das gilt auch für `Standabwn` ≤ 0.

Die Funktion ist die Umkehrung von `LOGNORM.VERT()`. Es gilt also:

Wenn: `LOGNORM.INV(p; ...)= X`

dann ist: `LOGNORM.VERT(X; ...WAHR)= p`.

Quantile einer logarithmischen Normalverteilung

Wahrsch	Mittelwert	Standabwn	LOGNORM.INV()
5%	0	1	0,193040817
25%	0	1	0,509416284
50%	0	1	1
75%	0	1	1,963031084
95%	0	1	5,180251602

Abbildung 7.55 `LOGNORM.INV()` für verschiedene Wahrscheinlichkeiten

Die Funktion ersetzt seit Excel 2010 die bisherige Funktion `LOGINV()`. Siehe dazu auch `LOGNORM.VERT()`.

LOGNORM.VERT()

LOGNORM.DIST()

Syntax:	`LOGNORM.VERT(`**`X; Mittelwert; Standabwn; Kumuliert`**`)`
Beispiel:	`=LOGNORM.VERT(1; 0; 1; WAHR)`
Ergebnis:	`0,5`

Die Funktion `LOGNORM.VERT()` liefert Werte der Wahrscheinlichkeitsverteilung für eine logarithmische Normalverteilung. Wenn eine Zufallsvariable `y = ln(x)` normalverteilt ist, dann wird die Verteilung von `x` als Lognormalverteilung bezeichnet.

Bei einigen Experimenten, z. B. über Reaktionszeiten, ergibt sich als Häufigkeitsverteilung ein asymmetrischer linkssteiler Kurvenzug. Durch Logarithmieren lassen sich daraus häufig normalverteilte Messwerte erstellen. Auch bei Daten über die Einkommensverteilung ist die Verteilung meist linkssteil, wenn wenige Personen mit sehr hohem Einkommen auf der einen Seite des Mittelwertes stehen und sehr viele Personen mit niedrigem Einkommen auf der anderen Seite.

Wahrscheinlichkeit bei logarithmischer Normalverteilung

Standabwn	1	0,5		
Mittelwert	0	0		
				LOGNORM.VERT()
x		Dichte		Verteilung
0,2	0,546267871	0,022439461	0,05376031	0,000643471
0,4	0,655444168	0,372068229	0,179757214	0,033432418
0,6	0,583573823	0,789108569	0,304736583	0,153472997
0,8	0,486415781	0,902818366	0,411711892	0,327694936
1	0,39894228	0,797884561	0,5	0,5
1,2	0,326972024	0,622136841	0,572334809	0,642311086
1,4	0,269276229	0,454439394	0,631742608	0,749508691
1,6	0,223265447	0,320586931	0,680823788	0,826393081
1,8	0,186472449	0,222114038	0,721662252	0,880117291
2	0,156874019	0,152613826	0,755891404	0,917171481
2,2	0,132890686	0,104603451	0,784785385	0,942592426
2,4	0,113309754	0,071779877	0,809340543	0,96002166
2,6	0,097203259	0,049424598	0,83034044	0,97199918
2,8	0,083859205	0,034196121	0,848405652	0,980264318

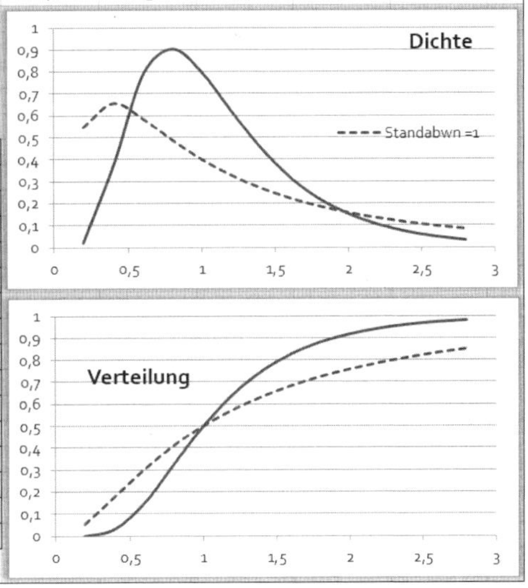

Abbildung 7.56 Verteilung logarithmischer Werte

Das Argument X bezeichnet den Wert des Quantils, Mittelwert das arithmetische Mittel und Standabwn die Standardabweichung der Werte. Kumuliert bestimmt den Typ der Funktion. WAHR liefert die kumulative Verteilungsfunktion, FALSCH den Wert der Dichtefunktion.

Sind X, Mittelwert oder Standabwn nicht numerisch, gibt die Funktion den Fehler #WERT! zurück. Ist X ≤ 0 oder Standabwn ≤ 0, erscheint der Fehler #ZAHL!.

Die Dichtefunktion der Lognormalverteilung wird durch folgende Formel definiert:

$$= \frac{1}{\sigma\sqrt{2\pi}} \frac{1}{x} e^{-\frac{(\ln(x)-\mu)^2}{2\sigma^2}}$$

Dabei ist μ das arithmetische Mittel und σ die Standardabweichung.

Die Funktion ersetzt seit Excel 2010 die Funktion LOGNORMVERT(). Siehe auch LOGNORM.INV().

MAX()

MAX()

Syntax:	MAX(**Zahl1**; Zahl2; ...)
Beispiel:	=MAX(4; 6; 2; 3)
Ergebnis:	6

Mit der Funktion MAX() wird der größte Wert aus der Liste der Argumente ermittelt. Seit Excel 2007 sind 255 Argumente möglich, in den älteren Versionen 30. Jedes Argument kann eine Zahl, ein Bezug oder ein benannter Bereich oder eine Matrixkonstante sein. Ist ein Argument ein Bezug auf einen Bereich oder eine Matrixkonstante, werden darin nur numerische Werte ausgewertet, Texteinträge, Wahrheitswerte und leere Zellen werden dagegen ignoriert. Enthält der Bereich keine Zahlen, ist das Ergebnis 0. Als numerische Werte gelten Zahlen sowie Datums- und Zeitwerte. Wird eine Zahl in Textform oder ein Wahrheitswert dagegen direkt als Argument angegeben, werden sie als Zahl ausgewertet, also WAHR als 1 und FALSCH als 0.

```
=MAX("-6"; WAHR; 0)
```

ergibt also 1.

Siehe auch Abbildung 7.61 zur Funktion MITTELWERT().

MAXA()

MAXA()

Syntax:	MAXA(**Wert1**; Wert2; …)
Beispiel:	=MAXA(-4; -6; WAHR; -3)
Ergebnis:	1

Mit der Funktion MAXA() wird der größte Wert aus der Liste der Argumente ermittelt. Seit Excel 2007 sind 255 Argumente möglich, in den älteren Versionen 30. Jedes Argument kann eine Zahl, ein Bezug oder ein benannter Bereich oder eine Matrixkonstante sein. Ist ein Argument ein Bezug auf einen Bereich oder eine Matrixkonstante, werden darin nur numerische Werte ausgewertet, als Text eingegebene Werte und leere Zellen werden dagegen ignoriert. Logische Werte werden mit dem Wert 1 für WAHR und 0 für FALSCH berechnet. Enthält der Bereich keine Werte, ist das Ergebnis 0. Als numerische Werte gelten Zahlen sowie Datums- und Zeitwerte. Fehlerwerte führen dazu, dass die Funktion den zuerst vorkommenden Fehlerwert ausgibt. Wird eine Zahl in Textform dagegen direkt als Argument angegeben, wird sie als Zahl ausgewertet.

```
=MAXA(WAHR; "2")
```

ergibt also 2.

Siehe auch Abbildung 7.63 zur Funktion MITTELWERTA().

MAXWENNS()

MAXIFS()

Syntax:	MAXWENNS(**Max_Bereich; Kriterienbereich1; Kriterien1**; Kriterienbereich2; Kriterien2; …)
Beispiel:	=MAXWENNS(C2:C12; B2:B12; ">40"; A2:A12; "A")
Ergebnis:	77 (für die in Abbildung 7.57 gezeigten Werte)

Die Funktion MAXWENNS() liefert den größten Wert aus dem angegebenen Bereich, der die für die Kriterienbereiche angegebenen Kriterien erfüllt. Bis zu 126 Bereich/Kriterium-Paare sind möglich.

Abbildung 7.57 zeigt ein Beispiel, in dem nach dem höchsten Endwert gefragt ist. Dabei werden zwei Filter verwendet: Der Eingangswert muss höher als 40 sein, und die Gruppenzugehörigkeit muss »A« sein.

	A	B	C
1	Gruppe	Eingangswert	Endwert
2	A	40	49
3	A	55	68
4	A	46	57
5	A	63	77
6	A	54	66
7	B	49	60
8	B	53	65
9	B	47	58
10	B	46	57
11	B	39	48
12			77
13	=MAXWENNS(C2:C11;B2:B11;">40";A2:A11;"A")		

Abbildung 7.57 Beispiel für einen gefilterten Maximalwert

MEDIAN()

MEDIAN()

Syntax: `MEDIAN(`**`Zahl1`**`; Zahl2; …)`

Beispiel: `=MEDIAN(2; 3; 2; 4; 1000)`

Ergebnis: `3`

Die Funktion `MEDIAN()` ermittelt den Median einer Reihe von numerischen Werten. Der Median ist der Zentralwert, der genau auf der Mitte einer Skala liegt, deren untere und obere Grenze durch den tiefsten und den höchsten Wert der Zahlenreihe gebildet wird. Über dem Median liegen also in einer nach der Größe sortierten Reihe genauso viele Werte wie unter ihm. Bei einer ungeraden Anzahl von Werten ist der Median einer der vorhandenen Werte. Bei einer geraden Anzahl von Werten ermittelt Excel den Mittelwert der beiden mittleren Werte, um ihn als Median auszugeben. Der Wert wird in diesem Fall interpoliert, weil er in der Menge der Werte nicht vorkommt. Streng genommen ist dieses Verfahren allerdings nur für metrische Werte sinnvoll.

Der Median wird deshalb auch als lagetypischer Mittelwert bezeichnet. Im Vergleich zu `MITTELWERT()` ist das Ergebnis von `MEDIAN()` unempfindlicher gegenüber einzelnen Extremwerten, wie schon das oben angegebene Beispiel zeigt; `=MITTELWERT(2; 3; 2; 4; 1000)` würde `202,2` ergeben. Die Funktion lässt sich nicht nur bei metrischen, sondern auch bei ordinalskalierten Werten – etwa bei der Auswertung von Schulnoten – sinnvoll anwenden.

In Fällen, wo Werte sehr unsymmetrisch verteilt sind – beispielsweise wenige sehr hohe Einkommen, sehr viele niedrige und mittlere Einkommen in einer bestimmten Gruppierung –, würde der Mittelwert ein eher verzerrtes Bild ergeben, während der Median ein besseres Bild des durchschnittlichen Einkommens ergibt.

Seit Excel 2007 sind 255 Argumente möglich, in den älteren Versionen nur 30. Als Argumente können Zahlen, Zell- oder Bereichsbezüge, Bereichsnamen oder Matrizen angegeben werden. Das erste Argument ist erforderlich, die anderen sind optional. Bezüge auf leere Zellen oder Zellen mit Texten oder Wahrheitswerten werden ignoriert. Wird allerdings eine Zahl in Textform oder ein Wahrheitswert direkt als Argument angegeben, werden sie als Zahl ausgewertet.

Abbildung 7.58 zeigt die Berechnung des Medians für das Merkmal »Alter«. Die Werte in Spalte C sind sortiert und die unterschiedlichen Farben zeigen, wo die Mitte der Werte liegt. Da die Zahl der Werte gerade ist, ist der Median der Mittelwert der beiden Werte in den Zellen C14 und C15.

	A	B	C	D
1				
2	**Median im Vergleich zum Mittelwert**			
3				
4	Person	Geschlecht	Alter	
5	1	m	23	
6	2	m	25	
7	3	w	29	
8	4	m	33	
9	5	w	35	
10	6	w	35	
11	7	m	43	
12	8	w	43	
13	9	m	43	
14	10	w	43	
15	11	w	45	
16	12	m	46	
17	13	m	47	
18	14	m	47	
19	15	w	51	
20	16	w	53	
21	17	w	53	
22	18	m	54	
23	19	w	55	
24	20	m	63	
25		MITTELWERT()	43,3	
26		MEDIAN()	44	

Abbildung 7.58 Der Median im Vergleich zum Mittelwert

Der Median kann auch mithilfe der Funktion `QUARTILE.INCL()` berechnet werden, da er dem Wert des 2. Quartils entspricht.

```
=QUARTILE.INCL(C5:C25; 2)
```

ergibt ebenfalls den Wert 44.

Alternativen zur Berechnung von Mittelwerten bieten die Funktionen `MITTELWERT()`, `MITTELWERTA()`, `GEOMITTEL()`, `GESTUTZTMITTEL()`, `HARMITTEL()`, `MODUS.EINF()` sowie `MODUS.VIELF()`.

MIN()

MIN()

Syntax:	`MIN(`**`Zahl1`**`; Zahl2; …)`
Beispiel:	`=MIN(5; 2; 3; 6; 1)`
Ergebnis:	`1`

Mit der Funktion `MIN()` wird der kleinste Wert aus der Liste der Argumente ermittelt. Seit Excel 2007 sind 255 Argumente möglich, in den älteren Versionen 30.

Jedes Argument kann eine Zahl, ein Bezug oder ein benannter Bereich oder eine Matrixkonstante sein. Ist ein Argument ein Bezug auf einen Bereich oder eine Matrixkonstante, werden darin nur numerische Werte ausgewertet, Texteinträge, Wahrheitswerte und leere Zellen werden dagegen ignoriert. Enthält der Bereich keine Zahlen, ist das Ergebnis `0`. Als numerische Werte gelten Zahlen sowie Datums- und Zeitwerte.

Wird eine Zahl in Textform oder ein Wahrheitswert dagegen direkt als Argument angegeben, werden sie als Zahl ausgewertet, also `WAHR` als `1` und `FALSCH` als `0`.

```
=MIN("6"; WAHR; 5)
```

ergibt also `1`.

Die Funktionen `MAX()` und `MIN()` lassen sich verknüpfen, um sehr einfach zu berechnen, wie groß die Spannweite der Werte zu einem Merkmal ist. In Abbildung 7.61 wird die Spannweite als die Differenz zwischen dem Wert für `MAX()` und `MIN()` ausgegeben.

MINA()

MINA()

Syntax:	MINA(**Wert1**; Wert2; ...)
Beispiel:	=MINA(5; 2; WAHR; 6; 1)
Ergebnis:	1

Mit der Funktion MINA() wird der kleinste Wert aus der Liste der Argumente ermittelt. Seit Excel 2007 sind 255 Argumente möglich, in den älteren Versionen 30. Jedes Argument kann eine Zahl, ein Bezug oder ein benannter Bereich oder eine Matrixkonstante sein. Ist ein Argument ein Bezug auf einen Bereich oder eine Matrixkonstante, werden darin nur numerische Werte ausgewertet, als Text eingegebene Werte und leere Zellen werden dagegen ignoriert. Logische Werte werden mit dem Wert 1 für WAHR und 0 für FALSCH berechnet. Enthält der Bereich keine Werte, ist das Ergebnis 0. Als numerische Werte gelten Zahlen sowie Datums- und Zeitwerte. Fehlerwerte führen dazu, dass die Funktion den zuerst vorkommenden Fehlerwert ausgibt. Wird eine Zahl in Textform dagegen direkt als Argument angegeben, wird sie als Zahl ausgewertet.

```
=MINA(WAHR; "2")
```

ergibt also 1.

Siehe auch Abbildung 7.63 zur Funktion MITTELWERTA().

MINWENNS()

MINIFS()

Syntax:	MINWENNS(**MIN_Bereich; Kriterienbereich1; Kriterien1**; Kriterienbereich2; Kriterien2; ...)
Beispiel:	=MINWENNS(C2:C12; B2:B12; <50; A2:A12; "B")
Ergebnis:	48 (für die in Abbildung 7.59 gezeigten Werte)

Die Funktion MINWENNS() liefert den kleinsten Wert aus dem angegebenen Bereich, der die für die Kriterienbereiche angegebenen Kriterien erfüllt. Bis zu 126 Bereich/Kriterium-Paare sind möglich.

Abbildung 7.59 zeigt ein Beispiel, in dem nach dem kleinsten Endwert gefragt ist. Dabei werden zwei Filter verwendet: Der Eingangswert muss kleiner als 50 sein, und die Gruppenzugehörigkeit muss »B« sein.

	A	B	C
1	**Gruppe**	**Eingangswert**	**Endwert**
2	A	40	**49**
3	A	55	**68**
4	A	46	**57**
5	A	63	**77**
6	A	54	**66**
7	B	49	**60**
8	B	53	**65**
9	B	47	**58**
10	B	46	**57**
11	B	39	**48**
12			**48**
13	**=MINWENNS(C2:C11;B2:B11;"<50";A2:A11;"B")**		

Abbildung 7.59 Beispiel für einen gefilterten Minimalwert

MITTELABW()

AVEDEV()

Syntax: `MITTELABW(`**`Zahl1`**`; Zahl2; …)`

Beispiel: `=MITTELABW(4; 6; 5; 7; 3; 5)`

Ergebnis: `1`

Die Funktion `MITTELABW()` liefert die mittlere lineare Abweichung der mit `Zahl1` bis `Zahl(n)` angegebenen Argumente. Sie gehört damit zu den Streuungsmaßen in der Statistik. Da sich die negativen und positiven Abweichungen bei der Mittelwertberechnung immer aufheben, bestimmt die Funktion stattdessen den Durchschnitt der Absolutwerte der gemessenen Abweichungen aller Messwerte vom arithmetischen Mittel.

Als Argumente können Zahlen, Zell- oder Bereichsbezüge, Bereichsnamen oder Matrizen angegeben werden. Das erste Argument ist erforderlich, die anderen sind optional. Seit Excel 2007 sind 255 Argumente möglich, in den älteren Versionen nur 30. Wahrheitswerte und Zahlen in Textform werden nur berücksichtigt, wenn sie direkt als Argument angegeben werden, bei Bezügen auf Zellbereiche werden Wahrheitswerte, nicht numerische Werte und leere Zellen ignoriert.

Enthält ein Bereich gar keine numerischen Werte, liefert die Funktion den Fehler `#ZAHL!`.

In Abbildung 7.60 sind in den Spalten E und F als Beleg für die Arbeitsweise der Funktion die Absolutwerte der Abweichungen von den in der Zeile 25 berechneten Mittelwerten eingetragen.

```
=ABS($C$25-C5)
```

ist die erste Formel. Die Mittelwerte dieser Werte in den Zellen E25 und F25 entsprechen den Ergebnissen der Funktion `MITTELABW()` in der Zeile 26.

	A	B	C	D	E	F
1						
2	**Berechnung der mittleren linearen Abweichung**					
3						
4	Person	Geschlecht	Alter	Gewicht	Abweichung Alter	Abweichung Gewicht
5	1	m	23	69	20,3	2,9
6	2	m	25	66	18,3	0,1
7	3	w	29	68	14,3	1,9
8	4	m	33	72	10,3	5,9
9	5	w	35	74	8,3	7,9
10	6	w	35	63	8,3	3,1
11	7	m	43	68	0,3	1,9
12	8	w	43	79	0,3	12,9
13	9	m	43	58	0,3	8,1
14	10	w	43	79	0,3	12,9
15	11	w	45	68	1,7	1,9
16	12	m	46	72	2,7	5,9
17	13	m	47	77	3,7	10,9
18	14	m	47	56	3,7	10,1
19	15	w	51	60	7,7	6,1
20	16	w	53	62	9,7	4,1
21	17	w	53	58	9,7	8,1
22	18	m	54	61	10,7	5,1
23	19	w	55	55	11,7	11,1
24	20	m	63	57	19,7	9,1
25		MITTELWERT()	43,3	66,1	8,1	6,5
26				MITTELABW()	8,1	6,5
27				STABW.S()	10,6	7,7

Abbildung 7.60 Mittelwert und mittlere lineare Abweichung

Anstelle der durchschnittlichen Abweichung wird in der statistischen Praxis heute meist mit der Standardabweichung gearbeitet, die ein zuverlässigeres Streuungsmaß liefert.

MITTELWERT()

AVERAGE()

Syntax:	`MITTELWERT(`**`Zahl1`**`; Zahl2; …)`
Beispiel:	`=MITTELWERT(33; 22; 28; 17; 23; 26)`
Ergebnis:	`24,83`

Die Funktion `MITTELWERT()` liefert das arithmetische Mittel der mit `Zahl1` bis `Zahl(n)` angegebenen Argumente. Diese wohl bekannteste Lagemaßzahl wird auch als Mittelwert bezeichnet. Sie liefert die Mitte von metrischen Daten. Dabei werden alle Werte aufsummiert und durch die Zahl der Werte geteilt.

Als Argumente können Zahlen, Zell- oder Bereichsbezüge, Bereichsnamen oder Matrizen angegeben werden. Das erste Argument ist erforderlich, die anderen sind optional. Seit Excel 2007 sind insgesamt 255 Argumente möglich, in den älteren Versionen nur 30.

Innerhalb eines Bezugs oder einer Matrix werden Text- oder Wahrheitswerte oder leere Zellen ignoriert. Fehlerwerte führen dazu, dass die Funktion diesen Fehlerwert ausgibt. Wahrheitswerte und Zahlen in Textform werden nur berücksichtigt, wenn sie direkt als Argument angegeben werden.

```
=MITTELWERT(WAHR; FALSCH)
```

ergibt `0,5`, aber:

```
=MITTELWERT(K2:K3)
```

ergibt `#DIV/0!`, wenn in K2 und K3 die Fehlerwerte `WAHR` und `FALSCH` stehen, weil diese Zellen ignoriert werden und die Funktion dann eine Division durch 0 versuchen muss.

Im Gegensatz zu leeren Zellen werden Zellen mit dem Wert `0` in jedem Fall berücksichtigt, also auch dann, wenn die Anzeige von Nullen über **Excel-Optionen ▸ Erweitert ▸ Optionen für dieses Arbeitsblatt anzeigen ▸ In Zellen mit Nullwert eine Null anzeigen** abgeschaltet ist.

Abbildung 7.61 zeigt eine Tabelle mit den Mittelwerten zu den Merkmalen »Alter« und »Gewicht« bei einer Gruppe von Personen. Zum Vergleich sind noch einige andere Lagemaße angegeben.

Fehlerwerte führen dazu, dass die Funktion den ersten Fehlerwert als Ergebnis ausgibt. (Um Bereiche mit Fehlerwerten dennoch statistisch auswerten zu können, sollten Sie die Funktion `AGGREGAT()` verwenden, die in der Lage ist, Fehlerwerte zu ignorieren.)

Minimum, Maximum und Mittelwerte

Person	Geschlecht	Alter	Gewicht
1	m	23	69
2	m	25	66
3	w	29	68
4	m	33	72
5	w	35	74
6	w	35	63
7	m	43	68
8	w	43	79
9	m	43	58
10	w	43	79
11	w	45	68
12	m	46	72
13	m	47	77
14	m	47	56
15	w	51	60
16	w	53	62
17	w	53	58
18	m	54	61
19	w	55	55
20	m	63	57
	MIN()	23	55
	MAX()	63	79
	MITTELWERT()	43,3	66,1
	MEDIAN()	44,0	67,0
	Spannweite	40,0	24,0

Abbildung 7.61 Mittelwerte für zwei Merkmale

Auch wenn die vorhandenen Daten eine Berechnung des arithmetischen Mittels erlauben, ist das Ergebnis der Funktion nicht immer sinnvoll. Beispiel dafür ist etwa die mittlere Kinderzahl der Frauen in Deutschland, die zwischen 1 und 2 liegt.

7.9.5 Mittelwert bei klassifizierten Daten

Wenn die Daten, deren Mittel berechnet werden soll, bereits als klassifizierte Daten vorliegen, wird mit dem gewogenen Mittel gearbeitet. Abbildung 7.62 zeigt neben der Urliste mit Werten zum Alter eine Tabelle, die zunächst in Spalte J die Häufigkeiten in den verschiedenen Altersklassen anzeigt. Diese lassen sich mit der Funktion HÄUFIGKEIT() berechnen. In die Spalte daneben werden die Klassenmitten eingetragen, also jeweils der Mittelwert zwischen dem höchsten und niedrigsten Wert in der Klasse. Diese Mitten werden in der nächsten Spalte mit den Häufigkeiten multipliziert, um sie zu gewichten.

	F	G	H	I	J	K	L
1							
2	**Gewogenes arithmetisches Mittel**						
3							
4	Person	Alter		Klasse	Häufigkeit	Klassenmitte	Häufigkeit * Klassenmitte
5	1	23		20	0	10	0
6	2	25		40	6	30	180
7	3	29		60	13	50	650
8	4	33		80	1	70	70
9	5	35					
10	6	35		Summe	20		900
11	7	43		Mittelwert		=L10/J10	45
12	8	43					
13	9	43					
14	10	43					
15	11	45					
16	12	46					
17	13	47					
18	14	47					
19	15	51					
20	16	53					
21	17	53					
22	18	54					
23	19	55					
24	20	63					

Abbildung 7.62 Mittelwert für klassifizierte Daten

In Zelle J10 wird dann zunächst die Summe der Häufigkeiten und in Zelle L10 die Summen der gewichteten Mittel berechnet. Um das Mittel der klassifizierten Daten zu finden, wird schließlich die Summe der gewichteten Mittel durch die Summe der Häufigkeiten geteilt.

Alternativen zur Berechnung von Mittelwerten bieten die Funktionen MITTELWERTA(), GEOMITTEL(), GESTUTZTMITTEL(), HARMITTEL(), MEDIAN(), MODUS.EINF() sowie MODUS.VIELF().

MITTELWERTA()

AVERAGEA()

Syntax:	`MITTELWERTA(`**`Wert1`**`; Wert2; …)`
Beispiel:	`=MITTELWERTA(10; 20; WAHR)`
Ergebnis:	`10,33`

Die Funktion `MITTELWERTA()` liefert das arithmetische Mittel der mit `Wert1` bis `Wert(n)` angegebenen Argumente. Diese wohl bekannteste Lagemaßzahl wird auch als Mittelwert bezeichnet. Sie liefert die Mitte von metrischen Daten. Dabei werden alle Werte aufsummiert und durch die Zahl der Werte geteilt.

Als Argumente können Zahlen, Zell- oder Bereichsbezüge, Bereichsnamen oder Matrizen angegeben werden. Das erste Argument ist erforderlich, die anderen sind optional. Seit Excel 2007 sind insgesamt 255 Argumente möglich, in den älteren Versionen nur 30.

	A	B
1		
2	**Mittelwert aller Werte**	
3		
4	Spender	Spende
5	Hansen	120,00 €
6	Lauber	100,00 €
7	Korn	60,00 €
8	Bernstein	90,00 €
9	Otto	angefragt
10	Klare	angefragt
11	Bonin	200,00 €
12	Kerr	170,00 €
13	Horst	120,00 €
14	Emen	abgelehnt
15	SUMME()	860,00 €
16	ANZAHL2()	10
17	MITTELWERTA()	86,00 €
18	ANZAHL()	7
19	MITTELWERT()	122,86 €

Abbildung 7.63 Diese Funktionsvariante berücksichtigt nicht nur numerische Werte in der Spalte B.

Anders als bei der verwandten Funktion `MITTELWERT()` werden Argumente, die Zahlen in Textform enthalten, ebenso berücksichtigt wie Wahrheitswerte. Texte, die nicht als Zahl ausgewertet werden können, werden mit dem Wert 0 berechnet, Wahrheitswerte mit 1 für WAHR, 0 für FALSCH. Bezüge auf Zellen, die Zahlen in Textform enthalten, werden ebenfalls mit dem Wert 0 berechnet. Zellen mit dem Wert 0 werden in jedem Fall berücksichtigt, also auch dann, wenn die Anzeige von Nullen über **Excel-Optionen ▸ Erweitert ▸ Optionen für dieses Arbeitsblatt anzeigen ▸ In Zellen mit Nullwert eine Null anzeigen** abgeschaltet ist.

Fehlerwerte führen dazu, dass die Funktion den ersten Fehlerwert als Ergebnis ausgibt.

Fragt sich, wann die Anwendung dieser Funktion sinnvoll ist. Das Beispiel in Abbildung 7.63 deutet an, in welchen Fällen sie von Nutzen sein kann. Der errechnete Mittelwert in Zelle B17 legt den Gesamtbetrag der Spenden auf alle tatsächlichen und potenziellen Spender um, also nicht nur auf die, die schon etwas gespendet haben. Die Funktion ermittelt also die Anzahl, durch die der Gesamtbetrag dividiert wird, auf die gleiche Weise wie die Funktion ANZAHL2(). Das Ergebnis ist deshalb kleiner als das der Funktion MITTELWERT(), die die Gesamtsumme durch den Wert teilt, den die Funktion ANZAHL() ermitteln würde.

Alternativen zur Berechnung von Mittelwerten bieten die Funktionen MITTELWERT(), GEOMITTEL(), GESTUTZTMITTEL(), HARMITTEL(), MEDIAN(), MODUS.EINF() sowie MODUS.VIELF().

MITTELWERTWENN()

AVERAGEIF()

Syntax:	MITTELWERTWENN(**Bereich**; **Kriterien**; Mittelwert_Bereich)
Beispiel:	=MITTELWERTWENN(C5:C24; ">40"; D5:D24)
Ergebnis:	65 (für die in Abbildung 7.64 gezeigten Werte)

Die seit Excel 2007 angebotene Funktion MITTELWERTWENN() erlaubt es, das arithmetische Mittel von Werten zu berechnen, die vorher mit einem Kriterium ausgefiltert werden. Das Argument Bereich gibt den Bereich an, auf den das mit Kriterien angegebene Kriterium angewendet werden soll. Bereich kann ein Bezug auf einen Bereich, ein Bereichsname oder eine Matrixkonstante sein. Wahrheitswerte in Bereich werden ignoriert.

Enthält Bereich keine numerischen Werte, liefert die Funktion den Fehler #DIV/0!. Dieser Fehler erscheint auch, wenn keines der Elemente in Bereich den Kriterien entspricht.

Kriterien können Konstanten oder einfache Vergleiche wie ">40" oder auch Zelladressen sein, die auf entsprechende Inhalte verweisen. Auch Joker wie ? für ein beliebiges Zeichen oder * für eine beliebige Anzahl von Zeichen sind erlaubt.

Wird das Argument `Mittelwert_Bereich` angegeben, wird der Mittelwert für die Werte in diesem Zellbereich gebildet. Ansonsten wird der Mittelwert für die in `Bereich` vorhandenen Werte berechnet. Die angegebene Größe von `Mittelwert_Bereich` kann von der von `Bereich` abweichen, der Funktion genügt es, wenn die linke obere Eckzelle von `Mittelwert_Bereich` bekannt ist. Sie dehnt den Bereich dann automatisch von dort auf die Größe von `Bereich` aus.

In dem Beispiel in Abbildung 7.64 wird in C25 das mittlere Alter der Personen berechnet, die älter als 40 sind. Die Formel ist:

```
=MITTELWERTWENN(C5:C24; ">40")
```

D25 =MITTELWERTWENN(C5:C24;">40";D5:D24)

Bedingter Mittelwert

Person	Geschlecht	Alter	Gewicht
1	m	23	69
2	m	25	66
3	w	29	68
4	m	33	72
5	w	35	74
6	w	35	63
7	m	**43**	**68**
8	w	**43**	**79**
9	m	**43**	**58**
10	w	**43**	**79**
11	w	**45**	**68**
12	m	**46**	**72**
13	m	**47**	**77**
14	m	**47**	**56**
15	w	**51**	**60**
16	w	**53**	**62**
17	w	**53**	**58**
18	m	**54**	**61**
19	w	**55**	**55**
20	m	**63**	**57**
MITTELWERTWENN()		49,0	65,0

Abbildung 7.64 Bedingter Mittelwert mit einem Kriterium

Der Bereich, in dem mit dem Kriterium gefiltert wird, ist also zugleich der, für den das Mittel errechnet wird.

In D25 dagegen wird der Mittelwert der Gewichtswerte für die Personen errechnet, deren Alter größer als 40 ist. Deshalb wird in der Formel das Argument `Mittelwert_Bereich` eingesetzt:

```
=MITTELWERT(C5:C24; ">40"; D5:D24)
```

Die Suche findet in diesem Fall also in einem anderen Bereich statt als die Berechnung des Mittelwertes.

Die Funktion `MITTELWERTWENN()` ist eine häufig verwendete Alternative zu der Funktion `DBMITTELWERT()` aus der Kategorie der Datenbankfunktionen. Der Vorteil ist, dass Sie nicht extra einen Kriterienbereich anlegen müssen.

Zur Bedeutung des arithmetischen Mittels siehe auch die Beschreibung der Funktion `MITTELWERT()`. Um mit mehr als einem Kriterium zu arbeiten, verwenden Sie die Funktion `MITTELWERTWENNS()`.

Bedingte Zusammenfassungen von Werten stellt Excel auch über andere Funktionen zur Verfügung: `SUMMEWENN()`, `SUMMEWENNS()`, `ZÄHLENWENN()`, `ZÄHLENWENNS()`, `MITTELWERTWENNS()`.

MITTELWERTWENNS()

AVERAGEIFS()

Syntax:	`MITTELWERTWENNS(`**`Mittelwert_Bereich`**`;` **`Kriterien_Bereich1`**`;` **`Kriterien1`**`; Kriterien_Bereich2; Kriterien2 ...)`
Beispiel:	`=MITTELWERTWENNS(D5:D24; C5:C24; ">27"; C5:C24; "<55")`
Ergebnis:	`67,2` (für die in Abbildung 7.65 gezeigten Werte)

Die Funktion `MITTELWERTWENNS()` erlaubt es, das arithmetische Mittel aus Werten in dem mit `Mittelwert_Bereich` angegebenen Zellbereich auszurechnen, die mit einem oder mehreren Kriterien gefiltert werden. `Mittelwert_Bereich` kann ein Bezug auf einen Bereich, ein Bereichsname oder eine Matrixkonstante sein. Wahrheitswerte werden mit `1` für `WAHR` und `0` für `FALSCH` gewertet.

! Enthält `Mittelwert_Bereich` keine numerischen Werte, liefert die Funktion den Fehler `#DIV/0!`. Dieser Fehler erscheint auch, wenn keines der Elemente in `Mittelwert_Bereich` den Kriterien entspricht.

Für jeden Filter wird jeweils mit `Kriterien_Bereich(n)` der Bereich angegeben, auf den das mit `Kriterien(n)` angegebene Kriterium angewendet werden soll. Anders als bei der Funktion `MITTELWERTWENN()` müssen die Bereiche die gleiche Größe haben wie `Mittelwert_Bereich`, sonst liefert die Funktion den Fehler `#WERT!`.

Kriterien können Konstanten oder einfache Vergleiche wie `">27"` oder auch Zelladressen sein, die auf entsprechende Inhalte verweisen. Auch Joker wie `?` für ein beliebiges Zeichen oder * für eine beliebige Anzahl von Zeichen sind erlaubt. Bis zu 127 Paare von Kriterienbereichen und Kriterien sind möglich.

In dem Beispiel in Abbildung 7.65 wird in D25 der Mittelwert der Gewichtswerte für die Personen errechnet, deren Alter größer als 27 und kleiner als 55 ist. Die Formel

```
=MITTELWERTWENNS(D5:D25; C5:C25; ">27"; C5:C25"; "<55")
```

verwendet für die beiden Kriterien in diesem Fall also zweimal den gleichen Kriterienbereich.

C25 `=MITTELWERTWENNS(C5:C24;C5:C24;">27";C5:C24;"<55")`

	A	B	C	D	E	F	G
1							
2	**Mehrfach bedingter Mittelwert**						
3							
4	Person	Geschlecht	Alter	Gewicht			
5	1	m	23	69			
6	2	m	25	66			
7	3	w	29	68			
8	4	m	33	72			
9	5	w	35	74			
10	6	w	35	63			
11	7	m	43	68			
12	8	w	43	79			
13	9	m	43	58			
14	10	w	43	79			
15	11	w	45	68			
16	12	m	46	72			
17	13	m	47	77			
18	14	m	47	56			
19	15	w	51	60			
20	16	w	53	62			
21	17	w	53	58			
22	18	m	54	61			
23	19	w	55	55			
24	20	m	63	57			
25	MITTELWERTWENNS()		43,8	67,2			

Abbildung 7.65 Bedingter Mittelwert mit zwei Kriterien

Zur Bedeutung des arithmetischen Mittels siehe auch die Beschreibung der Funktion `MITTELWERT()`.

Bedingte Zusammenfassungen von Werten stellt Excel auch über andere Funktionen zur Verfügung: `SUMMEWENN()`, `SUMMEWENNS()`, `ZÄHLENWENN()`, `ZÄHLENWENNS()`, `MITTELWERTWENN()`.

MODUS.EINF()

MODE.SNGL()

Syntax:	`MODUS.EINF(`**`Zahl1`**`; Zahl2; …)`
Beispiel:	`=MODUS.EINF(2; 6; 3; 6; 1; 5; 6)`
Ergebnis:	`6`

Die Funktion `MODUS.EINF()` ermittelt aus den mit den Argumenten `Zahl1` bis `Zahl(n)` angegebenen Daten den am häufigsten vorkommenden Wert. Damit gehört die Funktion zu den grundlegenden statistischen Kennwerten für Maße der zentralen Tendenz. Mit dem Modalwert oder Modus lassen sich schnell Informationen über den Schwerpunkt einer Verteilung gewinnen. Betrachten Sie eine Verteilung, so ist das Maximum der Verteilung gleich dem Modalwert.

Als Argumente können Zahlen, Zell- oder Bereichsbezüge, Bereichsnamen oder Matrizen angegeben werden. Das erste Argument ist erforderlich, die anderen sind optional. Seit Excel 2007 sind insgesamt 255 Argumente möglich, in den älteren Versionen nur 30. Wahrheitswerte und Zahlen in Textform werden nur berücksichtigt, wenn sie direkt als Argument angegeben werden. Bei gleich häufigem Vorkommen verschiedener Werte wird der in der Liste zuerst vorkommende ausgegeben.

! Enthält eines der Argumente einen Fehlerwert, gibt auch die Funktion diesen Fehlerwert aus. Kann die Funktion keinen Modalwert angeben, weil keiner der Werte zumindest zweimal vorkommt, wird der Fehlerwert `#NV` ausgegeben.

Die Funktion ist eine der beiden Funktionen, die seit Excel 2010 anstelle von `MODALWERT()` angeboten werden. Die andere ist `MODUS.VIELF()`.

Alternativen zur Berechnung von Mittelwerten bieten die Funktionen `MITTELWERT()`, `MITTELWERTA()`, `GEOMITTEL()`, `GESTUTZTMITTEL()`, `HARMITTEL()`, `MEDIAN()` sowie `MODUS.VIELF()`.

	A	B	C	D
1				
2	**Modalwerte berechnen**			
3				
4	Person	Geschlecht	Alter	Gewicht
5	1	m	23	69
6	2	m	25	66
7	3	w	35	68
8	4	m	35	72
9	5	w	34	74
10	6	w	35	63
11	7	m	43	68
12	8	w	22	79
13	9	m	43	58
14	10	w	43	79
15	11	w	45	68
16	12	m	47	72
17	13	m	47	77
18	14	m	47	56
19	15	w	47	60
20	16	w	33	62
21	17	w	53	58
22	18	m	53	61
23	19	w	53	55
24	20	m	63	57
25	MODUS.EINF()		47	68
26	MODALWERT()		47	68

Abbildung 7.66 Einfacher Modalwert

MODUS.VIELF()

MODE.MULT()

Syntax:	`MODUS.VIELF(`**`Zahl1`**`; Zahl2; …)`
Beispiel:	`=MODUS.VIELF(2; 6; 3; 6; 3; 5; 6)`
Ergebnis:	6 und 3

Die Funktion `MODUS.VIELF()` ermittelt aus den mit den Argumenten `Zahl1` bis `Zahl(n)` angegebenen Daten die am häufigsten vorkommenden Werte. Die Anwendung der Funktion ist hauptsächlich bei mehrgipfligen Verteilungen sinnvoll.

Als Argumente können Zahlen, Zell- oder Bereichsbezüge, Bereichsnamen oder Matrizen angegeben werden. Das erste Argument ist erforderlich, die anderen sind optional. Bis zu 255 Argumente sind möglich. Wahrheitswerte und Zahlen in Textform werden nur berücksichtigt, wenn sie direkt als Argument angegeben werden.

Mehrfache Modalwerte berechnen

Person	Geschlecht	Alter
1	m	23
2	m	25
3	w	35
4	m	35
5	w	35
6	w	35
7	m	43
8	w	43
9	m	43
10	w	43
11	w	45
12	m	47
13	m	47
14	m	47
15	w	47
16	w	53
17	w	53
18	m	53
19	w	53
20	m	63
MODUS.VIELF()		35
		43
		47
		53

Abbildung 7.67 Mehrere Modalwerte

Enthält eines der Argumente einen Fehlerwert, gibt auch die Funktion diesen Fehlerwert aus. Kann die Funktion keine Modalwerte angeben, weil keiner der Werte zumindest zweimal vorkommt, wird der Fehler `#NV` ausgegeben.

Da die Funktion als Ergebnis eine einspaltige dynamische Matrix liefern soll, muss sie als Matrixformel eingegeben werden. Die Formel wird also in die erste Zelle des erwarteten Ergebnisbereichs eingetragen. Dieser Bereich muss leer sein, sonst liefert die Formel den Fehler `#ÜBERLAUF!`.

Die Funktion ist eine der beiden Funktionen, die seit Excel 2010 anstelle von `MODALWERT()` angeboten werden. Die andere ist `MODUS.EINF()`.

Weitere Funktionen, die mit der Berechnung von Mittelwerten zu tun haben, sind `MITTELWERT()`, `MITTELWERTA()`, `GEOMITTEL()`, `GESTUTZTMITTEL()`, `HARMITTEL()` sowie `MEDIAN()`.

NEGBINOM.VERT()

NEGBINOM.DIST()

Syntax:	`NEGBINOM.VERT(`**`Zahl_Misserfolge; Zahl_Erfolge; Erfolgswahrsch; Kumuliert`**`)`
Beispiel:	`=NEGBINOM.VERT(5; 1; 1/6; FALSCH)`
Ergebnis:	`0,067`

Die Funktion `NEGBINOM.VERT()` benutzt als Grundlage ihrer Berechnungen ebenso wie `BINOM.VERT()` die Binomialverteilung und wird auch als negative Binomialverteilung bezeichnet. Sie berechnet, mit welcher Wahrscheinlichkeit ein zusammengesetztes Ereignis auftritt: erst eine bestimmte Zahl von Misserfolgen, dann eine bestimmte Zahl von Erfolgen.

Als Argumente werden `Zahl_Misserfolge` und `Zahl_Erfolge` angegeben. `Erfolgswahrsch` gibt die Wahrscheinlichkeit für den erfolgreichen Ausgang an. `Kumuliert` bestimmt den Typ der Funktion. `WAHR` liefert die kumulative Verteilungsfunktion, `FALSCH` den Wert der Dichtefunktion.

Ist `Zahl_Erfolge` < `0` oder `Zahl_Erfolge` < `1`, gibt die Funktion den Fehlerwert `#ZAHL!` zurück. Das gilt ebenfalls für `Erfolgswahrsch` < `0` oder > `1`. Ist eines der Argumente `Zahl_Misserfolge`, `Zahl_Erfolge`, `Erfolgswahrsch` nicht numerisch, gibt die Funktion den Fehler `#WERT!` zurück.

Im Beispiel oben wird die Wahrscheinlichkeit ermittelt, hintereinander genau fünfmal nicht die Sechs und dann die Sechs zu werfen. Abbildung 7.68 zeigt weitere Berechnungen für den Münzwurf.

	A	B	C	D
1				
2	**Wahrscheinlichkeit von negativbinomialverteilten Zufallsvariablen**			
3				
4	Zahl_Misserfolge	Zahl_Erfolge	Erfolgswahrsch	NEGBINOM.VERT()
5	0	5	0,5	3,13%
6	3	5	0,5	13,67%
7	6	5	0,5	10,25%
8	10	5	0,5	3,05%
9	20	5	0,5	0,03%

Abbildung 7.68 Berechnen der Wahrscheinlichkeit bei zusammengesetzten Ereignissen

Die Funktion ersetzt seit Excel 2010 die Funktion `NEGBINOMVERT()`. Siehe auch `BINOM.VERT()`.

NORM.INV()

NORM.INV()

Syntax:	NORM.INV(**Wahrsch; Mittelwert; Standabwn**)
Beispiel:	=NORM.INV(0,5; 20; 30)
Ergebnis:	20

Die Funktion NORM.INV() liefert Quantile der Normalverteilung und ist die Umkehrung von NORM.VERT() (siehe dort).

Als Argumente werden Wahrsch (die Wahrscheinlichkeit, mit der das Quantil gesucht wird) sowie Mittelwert und Standabwn (Standardabweichung) der Verteilung angegeben. Wie bei der Normalverteilung gilt auch hier, dass bei Mittelwert = 0 und Standardabweichung = 1 eine Standardnormalverteilung vorliegt. In diesem Fall kann auch NORM.S.INV() aufgerufen werden.

Ist eines der Argumente nicht numerisch, gibt die Funktion den Fehler #WERT! zurück. Ist Wahrsch < 0 oder > 1, erscheint der Fehler #ZAHL!; das gilt auch für Standabwn ≤ 0.

Die Funktion sucht in einem iterativen Verfahren zu einem für Wahrsch angegebenen Wert einen Wert X, sodass gilt:

```
NORM.VERT(X; Mittelwert; Standabwn; WAHR) = Wahrsch
```

Ist nach 100 Schritten keine ausreichende Annäherung erreicht, liefert die Funktion den Fehler #NV.

Die Tabelle in Abbildung 7.69 zeigt in der Spalte D die Werte an, die die Funktion für die 25 %-, 50 %- und 75 %-Quantile ausrechnet. 25 % der Werte sind nicht größer als 896,48, die Hälfte der Werte ist nicht größer als der Mittelwert, 75 % der Werte erreichen maximal 1503,52.

	A	B	C	D
1				
2	**Berechnen von Quantilen der Normalverteilung**			
3				
4	Wahrsch	Mittelwert	Standabwn	NORM.INV()
5	25%	1200	450	896,48
6	50%	1200	450	1200,00
7	75%	1200	450	1503,52

Abbildung 7.69 Rückrechnen von der Wahrscheinlichkeit in einer Normalverteilung auf das Quantil

Die Funktion ersetzt seit Excel 2010 die bisherige Funktion `NORMINV()`. Siehe auch `NORM.VERT()`, `NORM.S.INV()`, `NORM.S.VERT()`.

NORM.S.INV()

NORM.S.INV()

Syntax:	`NORM.S.INV(`**`Wahrsch`**`)`
Beispiel:	`=NORM.S.INV(0,90)`
Ergebnis:	`1,28`

Die Funktion `NORM.S.INV()` liefert Quantile der Standardnormalverteilung für die mit `Wahrsch` angegebene Wahrscheinlichkeit. Die Funktion ist die Umkehrung von `NORM.S.VERT()`.

Ist `Wahrsch` < `0` oder > `1`, erscheint der Fehler `#ZAHL!`, ist der Wert nicht numerisch, der Fehler `#WERT!`.

	A	B	C
1			
2	**Quantile der Standardnormalverteilung**		
3			
4	Z	NORM.S.INV()	
5	5%	-1,64	
6	10%	-1,28	
7	15%	-1,04	
8	20%	-0,84	
9	25%	-0,67	
10	30%	-0,52	
11	35%	-0,39	
12	40%	-0,25	
13	45%	-0,13	
14	50%	0,00	
15	55%	0,13	
16	60%	0,25	
17	65%	0,39	
18	70%	0,52	
19	75%	0,67	
20	80%	0,84	
21	85%	1,04	
22	90%	1,28	
23	95%	1,64	

Abbildung 7.70 Berechnen des Quantils zu einer Wahrscheinlichkeit

Die Funktion sucht in einem iterativen Verfahren zu einem für Wahrsch angegebenen Wert einen Wert z, sodass gilt:

```
NORM.S.VERT(z; WAHR) = Wahrsch
```

Ist nach 100 Schritten keine ausreichende Annäherung erreicht, liefert die Funktion den Fehler #NV. Die Standardnormalverteilung ist eine Variante der Normalverteilung und dadurch gekennzeichnet, dass der Mittelwert gleich 0 ist und die Standardabweichung gleich 1.

Die Funktion ersetzt seit Excel 2010 die bisherige Funktion STANDNORMINV(). Siehe auch NORM.INV(), NORM.VERT(), NORM.S.VERT().

NORM.S.VERT()

NORM.S.DIST()

Syntax:	NORM.S.VERT(**Z; Kumuliert**)
Beispiel:	=NORM.S.VERT(2; WAHR)
Ergebnis:	0,9772

Die Funktion NORM.S.VERT() gibt die Wahrscheinlichkeit dafür aus, dass eine Zufallsvariable aus einer Standardnormalverteilung den Wert Z oder kleiner annimmt.

Z bezeichnet den Wert der Verteilung (Quantil), dessen Wahrscheinlichkeit berechnet werden soll. Wird die Funktion grafisch dargestellt, ist das der Wert auf der x-Achse. Dabei ergibt sich für die Darstellung der Dichte ein glockenförmiger Verlauf.

Mit Kumuliert = WAHR erhalten Sie die Verteilungsfunktion (die Wahrscheinlichkeit dafür, dass die Zufallsvariable einen Wert von Z oder kleiner annimmt). Mit FALSCH erhalten Sie die Werte der Dichtefunktion.

! Ist Z nicht numerisch, gibt die Funktion den Fehler #WERT! zurück.

Die Standardnormalverteilung ist eine Variante der Normalverteilung und dadurch gekennzeichnet, dass der Mittelwert gleich 0 ist und die Standardabweichung gleich 1. Die von dieser Funktion ermittelten Werte ließen sich deshalb auch über NORM.VERT(Z; 0; 1; WAHR) berechnen. Soll die Dichtefunktion berechnet werden, muss mit NORM.VERT(Z; 0; 1; FALSCH) gearbeitet werden.

Standardnormalverteilung

	NORM.S.VERT()	
Z	Dichte	Verteilung
-3,5	0,0009	0,0002
-3,25	0,0020	0,0006
-3	0,0044	0,0013
-2,75	0,0091	0,0030
-2,5	0,0175	0,0062
-2,25	0,0317	0,0122
-2	0,0540	0,0228
-1,75	0,0863	0,0401
-1,5	0,1295	0,0668
-1,25	0,1826	0,1056
-1	0,2420	0,1587
-0,75	0,3011	0,2266
-0,5	0,3521	0,3085
-0,25	0,3867	0,4013
0	0,3989	0,5000
0,25	0,3867	0,5987
0,75	0,3011	0,7734
1	0,2420	0,8413
1,25	0,1826	0,8944
1,5	0,1295	0,9332
1,75	0,0863	0,9599
2	0,0540	0,9772
2,25	0,0317	0,9878
2,5	0,0175	0,9938
2,75	0,0091	0,9970
3	0,0044	0,9987
3,25	0,0020	0,9994
3,5	0,0009	0,9998

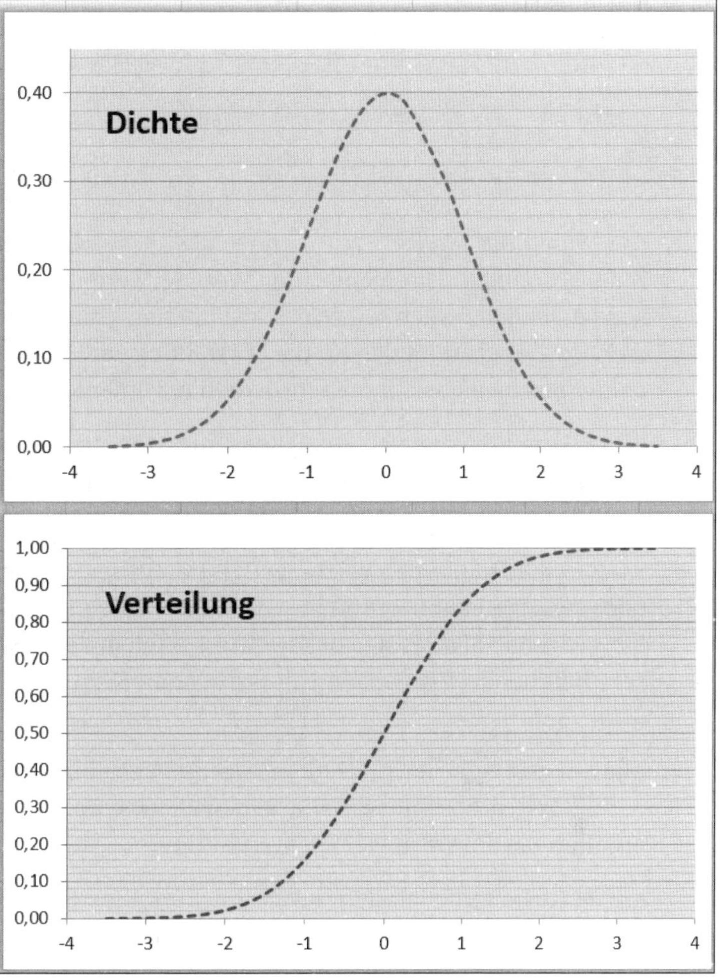

Abbildung 7.71 Die Standardnormalverteilung und der Glocken-Graph

Mithilfe der Funktion `STANDARDISIERUNG()` kann jede Normalverteilung in eine Standardnormalverteilung transformiert werden, siehe `STANDARDISIERUNG()`.

Abbildung 7.71 zeigt den Graphen der Dichtefunktion, der die Spalte B auswertet, und den Graphen der Verteilungsfunktion, der die Spalte C auswertet.

Die Funktion ersetzt seit Excel 2010 die Funktion `STANDNORMVERT()`. Siehe auch `NORM.INV()`, `NORM.VERT()`, `NORM.S.INV()`.

NORM.VERT()

NORM.DIST()

Syntax:	`NORM.VERT(`**`X; Mittelwert; Standabwn; Kumuliert`**`)`
Beispiel:	`=NORM.VERT(9; 9; 4; WAHR)`
Ergebnis:	`0,5`

Die Funktion `NORM.VERT()` liefert Wahrscheinlichkeitswerte einer normalverteilten Zufallsvariablen. `X` bezeichnet den Wert der Verteilung (Quantil), dessen Wahrscheinlichkeit berechnet werden soll. Wird die Funktion grafisch dargestellt, ist das der Wert auf der x-Achse. Dabei ergibt sich für die Darstellung der Dichte ein glockenförmiger Verlauf. Wie er im Einzelnen ausfällt, hängt von den Argumenten `Mittelwert` und `Standabwn` ab.

`Mittelwert` gibt zugleich den Erwartungswert an, also den wahrscheinlichsten Wert. Er gibt die Lage der Funktion auf der x-Achse an und markiert dabei den Gipfel dieser Funktion.

`Standabwn` (Standardabweichung) gibt die Streuung an und bestimmt damit, wie flach oder steil die Funktion verläuft. Wie die Berechnung der Standardabweichung erfolgt, hängt davon ab, ob es sich bei den Messdaten um eine Stichprobe oder um eine Grundgesamtheit handelt. Im ersten Fall verwenden Sie die Funktion `STABW.S()`, im zweiten Fall `STABW.N()`.

Mit `Kumuliert` = `WAHR` erhalten Sie die Verteilungsfunktion (die Wahrscheinlichkeit dafür, dass die Zufallsvariable einen Wert von `X` oder kleiner annimmt). Mit `FALSCH` erhalten Sie die Werte der Dichtefunktion.

Mit `Mittelwert` = `0` und `Standabwn` = `1` erhalten Sie die Standardnormalverteilung, die Sie auch mit `NORM.S.VERT()` direkt erhalten können.

! Sind `X`, `Mittelwert` oder `Standabwn` nicht numerisch, gibt die Funktion den Fehler `#WERT!` zurück. Ist `Standabwn` ≤ `0`, erscheint der Fehler `#ZAHL!`.

7.9.6 Allgemeine Merkmale der Normalverteilung

Eine Zufallsgröße heißt normalverteilt, wenn ihre Dichte durch folgende Formel definiert ist:

$$= \frac{1}{\left(\sqrt{2\pi}\right)\sigma} e^{-\frac{1}{2}\frac{(x-a)^2}{\sigma^2}}$$

Dabei sind a (Erwartungswert = Mittelwert) und σ (Standardabweichung) die Parameter der Verteilung.

Normalverteilung

MITTELWERT()	0	0
STABW.N()	0,40	0,60

X	Verteilung		Dichte	
-1	0,00656	0,04779	0,04562	0,16580
-0,9	0,01279	0,06681	0,08186	0,21586
-0,8	0,02360	0,09121	0,13812	0,27335
-0,7	0,04124	0,12167	0,21913	0,33666
-0,6	0,06832	0,15866	0,32690	0,40328
-0,5	0,10742	0,20233	0,45858	0,46985
-0,4	0,16053	0,25249	0,60489	0,53241
-0,3	0,22838	0,30854	0,75027	0,58678
-0,2	0,30990	0,36944	0,87505	0,62897
-0,1	0,40204	0,43382	0,95967	0,65573
0	0,50000	0,50000	0,98965	0,66490
0,1	0,59796	0,56618	0,95967	0,65573
0,2	0,69010	0,63056	0,87505	0,62897
0,3	0,77162	0,69146	0,75027	0,58678
0,4	0,83947	0,74751	0,60489	0,53241
0,5	0,89258	0,79767	0,45858	0,46985
0,6	0,93168	0,84134	0,32690	0,40328
0,7	0,95876	0,87833	0,21913	0,33666
0,8	0,97640	0,90879	0,13812	0,27335
0,9	0,98721	0,93319	0,08186	0,21586
1	0,99344	0,95221	0,04562	0,16580

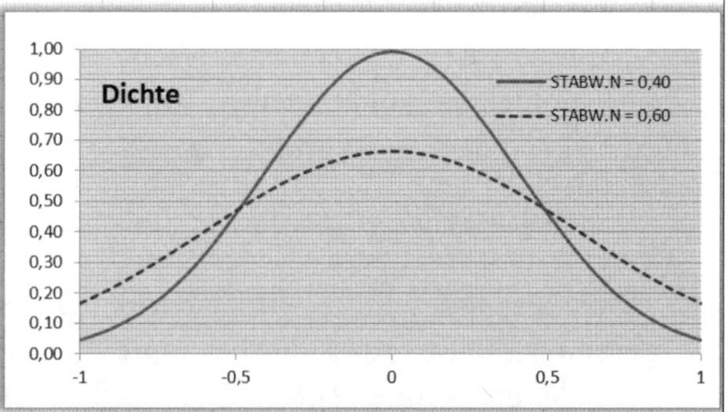

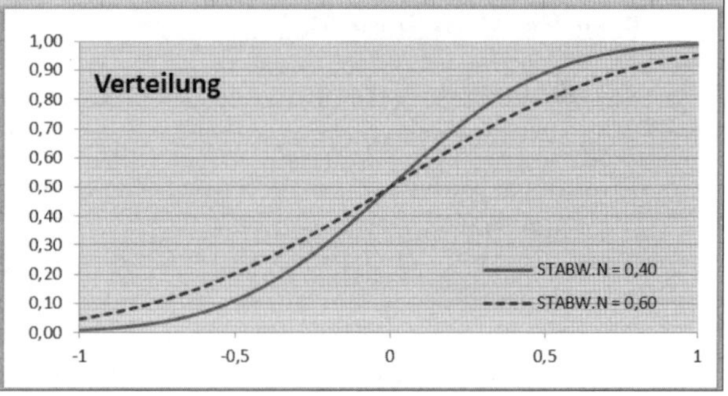

Abbildung 7.72 Normalverteilungsfunktion und Dichtefunktion

Ein besonderes Merkmal der Normalverteilung ist, dass die quadrierten Abweichungen der Einzelwerte vom Mittelwert selbst wieder normalverteilt sind. Deshalb lässt sich ein präzises mathematisches Modell für zufällige Abweichungen von einem Mittelwert angeben. Aus diesem Grund kann die Normalverteilung in vielen Situationen, in denen es um Abweichungen vom Mittelwert geht, die von einer Vielzahl unabhängiger Faktoren beeinflusst sind, wenigstens als erste Annäherung angewendet werden, auch wenn die Verteilung nicht rein zufällig ist.

Außerdem gelten folgende Eigenschaften:

- Die Verteilung ist glockenförmig und eingipflig. Sie nähert sich asymptotisch der x-Achse. Zugleich ist sie symmetrisch. Der höchste Wert ist auch der Mittelwert, wobei der arithmetische Mittelwert mit dem Median zusammenfällt. Da der Mittelwert die Glockenfläche genau in der Mitte teilt, hat der Mittelwert die Wahrscheinlichkeit von 50 %. Je 50 % der Fläche liegen also beidseitig vom Mittelwert. Das heißt, die Hälfte der Fälle liegt unter, die andere Hälfte über dem Mittelwert.

- Die Wendepunkte liegen bei `Mittelwert + Standardabweichung` bzw. `Mittelwert - Standardabweichung`. Zwischen den beiden Wendepunkten liegen 68,3 % der Fälle.
- Die Fläche unter der Dichtekurve hat immer den Wert 1. Die Wahrscheinlichkeit, dass eine Zufallsvariable einen Wert zwischen `x1` und `x2` annimmt, wird ermittelt, indem die entsprechende Fläche unter der Dichtekurve berechnet wird. Dazu kann einfach der Funktionswert von `x1` von dem von `x2` abgezogen werden:
- `=NORM.VERT(x1; Mittelwert; Standabwn; FALSCH) - NORM.VERT(x2; Mittelwert; Standabwn; FALSCH)`

Die Normalverteilung wird auch als Gauß'sche Fehlerkurve bezeichnet, was damit zusammenhängt, dass der bekannte Astronom und Mathematiker sich bei Messungen der Planetenbahnen mit der Streuung von Messfehlern beschäftigte und dabei auf diese Form der Verteilung stieß.

Sie ist die wichtigste und auch die bekannteste unter den stetigen Verteilungen. Sie lässt sich aus der Binomialverteilung ableiten, indem der Wert für `n`, also die Anzahl der Ereignisse, gegen unendlich ausgeweitet wird. Dadurch gelingt der Übergang von einer diskreten zu einer stetigen Verteilung.

7.9.7 Wahrscheinlichkeit einer Größe

Wenn davon ausgegangen wird, dass die Körpergröße in einem bestimmten Altersjahrgang normalverteilt ist, und sowohl die Durchschnittsgröße als auch die Standardabweichung bekannt sind, kann die Wahrscheinlichkeit berechnet werden, dass eine Person eine bestimmte Größe hat oder dass seine Größe in einem bestimmten Intervall liegt.

	A	B	C	D	E	F	G	H
30								
31	**Größenwahrscheinlichkeit**							
32								
33	Mittlere Größe eines Jahrgangs bei Männern				175			
34	Standardabweichung				12			
35	Wahrscheinlichkeit einer Größe von 2 m und mehr?				2%	=1-NORM.VERT(200;E33;E34;WAHR)		

Abbildung 7.73 Berechnen der kumulierten Wahrscheinlichkeit

In dem folgenden Beispiel soll herausgefunden werden, wie wahrscheinlich es ist, dass eine Person eine Größe von 2 m oder mehr hat. In E33 ist ein hypothetischer Mittelwert angegeben, in E34 die Standardabweichung. Mit der kumulierten Variante von NORM.VERT() kann berechnet werden, wie wahrscheinlich eine Person 2 m groß oder größer ist. Da in diesem Fall der noch verbleibende Flächenteil an der rechten Seite der Dichteglocke interessiert, muss der errechnete Wert von 1 (das ist ja die gesamte Fläche) abgezogen werden, um den Rest der Fläche zu erhalten.

Die Funktion ersetzt seit Excel 2010 die Funktion NORMVERT(). Siehe auch NORM.INV(), NORM.S.VERT() und NORM.S.INV().

PEARSON()

PEARSON()

Syntax:	PEARSON(**Matrix1; Matrix2**)
Beispiel:	=PEARSON({1;2;3;4}; {10;9;8,7})
Ergebnis:	-1

Die Funktion PEARSON() liefert den Pearson'schen Korrelationskoeffizienten r zweier Datenreihen, der auch als empirischer Korrelationskoeffizient bezeichnet wird. Er gibt an, in welchem Umfang eine lineare Abhängigkeit zwischen zwei metrischen Merkmalen besteht.

! Beide Argumente müssen dieselbe Anzahl von Elementen enthalten, sonst liefert die Funktion den Fehler #NV. Dabei werden in den angegebenen Matrizen oder Zellbereichen Texteinträge, Wahrheitswerte und leere Elemente ignoriert. Enthalten beide Argumente nur ein oder gar kein Datenelement, erscheint der Fehler #DIV/0!.

Die Funktion ergibt den Wert 1 bei direktem linearem Zusammenhang (die beiden Regressionsgeraden der Daten sind dann direkt proportional). Sie liefert -1 bei einem indirekten gegenläufigen Zusammenhang, die beiden Regressionsgeraden sind dann umgekehrt proportional; wenn also der Wert aus Matrix1 größer wird, wird der entsprechende Wert aus Matrix2 kleiner. Ein Wert von 0 ergibt sich, wenn kein Zusammenhang besteht. Werte von 0,3 bis 0,5 zeigen einen geringen bis mäßigen Zusammenhang, Werte von 0,7 bis 0,9 zeigen einen engen Zusammenhang. Alles, was über 0,9 liegt, deutet auf einen sehr engen Zusammenhang. In Abbildung 7.74 zeigt sich beispielsweise ein sehr enger Zusammenhang zwischen dem Werbeaufwand und dem im gleichen Zeitraum erzielten Umsatz. Steigender Werbeaufwand führt zu steigenden Umsätzen. Die Datenpunkte im Diagramm liegen deshalb auch meist nahe der Regressionsgeraden.

Beachtet werden muss, dass die Funktion nicht lineare Abhängigkeiten nicht erfassen kann. Es ist deshalb sinnvoll, über die Punktverteilung in einem entsprechenden Diagramm zu prüfen, ob nicht beispielsweise ein exponentieller Zusammenhang vorliegen könnte. Zu Korrelationen vergleiche auch Abschnitt 7.4, »Korrelation«, und Abschnitt 7.7, »Verteilungsfunktionen«. Siehe auch `KORREL()`.

Berechnung des Korrelationskoeffizienten nach Pearson

Monat	Werbeaufwand	Umsatz	PEARSON()
Jan 24	10000	900000	0,937756513
Feb 24	12000	1090000	
Mrz 24	14000	1300000	
Apr 24	12000	1200000	
Mai 24	11000	900000	
Jun 24	10000	990000	
Jul 24	10000	980000	
Aug 24	11000	1050000	
Sep 24	12000	1020000	
Okt 24	13000	1200000	
Nov 24	13500	1230000	
Dez 24	14000	1300000	
Jan 25	11000	1090000	
Feb 25	12000	1100000	
Mrz 25	15000	1400000	
Apr 25	12000	1160000	
Mai 25	11000	1080000	
Jun 25	10000	950000	
Jul 25	10000	1000000	
Aug 25	11000	1090000	
Sep 25	13000	1240000	
Okt 25	14000	1360000	
Nov 25	13500	1290000	
Dez 25	16000	1700000	

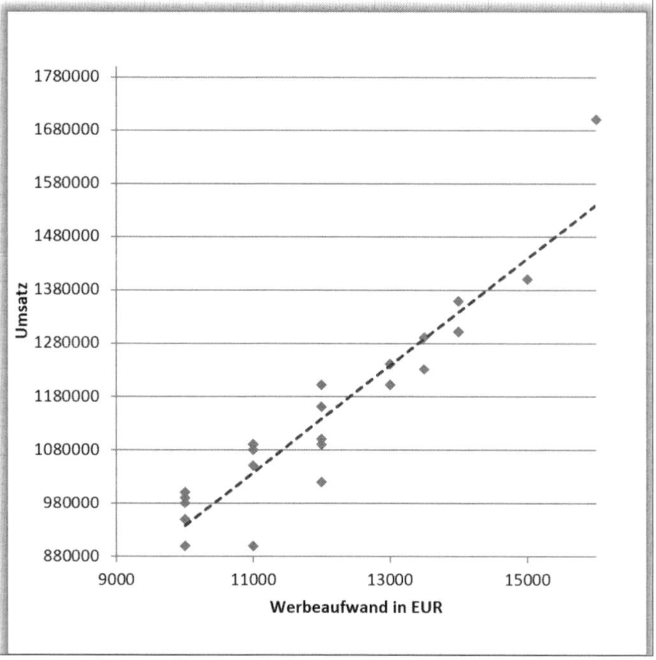

Abbildung 7.74 Der Korrelationskoeffizient nach Pearson

PHI()

PHI()

Syntax: `PHI(X)`

Beispiel: `=PHI(0,5)`

Ergebnis: `0,352`

PHI()

X	PHI()	NORM.S.VERT()
-3,5	0,0009	0,0009
-3,25	0,0020	0,0020
-3	0,0044	0,0044
-2,75	0,0091	0,0091
-2,5	0,0175	0,0175
-2,25	0,0317	0,0317
-2	0,0540	0,0540
-1,75	0,0863	0,0863
-1,5	0,1295	0,1295
-1,25	0,1826	0,1826
-1	0,2420	0,2420
-0,75	0,3011	0,3011
-0,5	0,3521	0,3521
-0,25	0,3867	0,3867
0	0,3989	0,3989
0,25	0,3867	0,3867
0,75	0,3011	0,3011
1	0,2420	0,2420
1,25	0,1826	0,1826
1,5	0,1295	0,1295
1,75	0,0863	0,0863
2	0,0540	0,0540
2,25	0,0317	0,0317
2,5	0,0175	0,0175
2,75	0,0091	0,0091
3	0,0044	0,0044
3,25	0,0020	0,0020
3,5	0,0009	0,0009

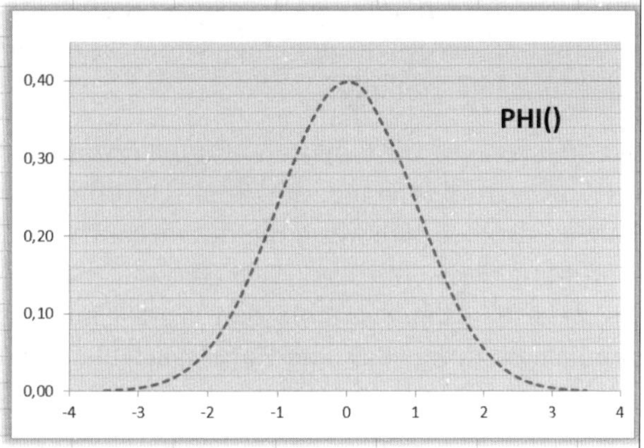

Abbildung 7.75 Werte und Graph der Dichtefunktion der Standardnormalverteilung

Die mit Excel 2013 eingeführte Funktion `PHI()` liefert den Wert der Dichtefunktion für eine Standardnormalverteilung, das Ergebnis entspricht also dem der Funktion `NORM.S.VERT(X; FALSCH)`. Das Argument `X` ist der Wert, für den Sie die Dichte ermitteln wollen. Siehe auch `NORM.S.VERT()`.

Ist `X` nicht numerisch, liefert die Funktion den Fehler `#WERT!`.

POISSON.VERT()

POISSON.DIST()

Syntax:	`POISSON.VERT(`**`X; Mittelwert; Kumuliert`**`)`
Beispiel:	`=POISSON.VERT(50; 60; WAHR)`
Ergebnis:	`0,1077`

Die Funktion `POISSON.VERT()` liefert die Werte für eine Poisson-Verteilung. Die Poisson-Verteilung ist wie die Binomial- und die hypergeometrische Verteilung eine Verteilung, die nur jeweils diskrete Werte annehmen kann. Sie ist für große Zahlen eine gute Näherung an die Binomialverteilung.

An Argumenten verlangt die Funktion `X` für die Anzahl der Ereignisse und `Mittelwert` für den Erwartungswert, das ist hier die durchschnittliche Anzahl von Ereignissen in einer Bezugseinheit, also beispielsweise die durchschnittliche Anzahl von Fehlern je Monat oder je Fertigungsserie. Mit `Kumuliert = FALSCH` wird die Wahrscheinlichkeit dafür berechnet, dass die Zufallsvariable den Wert `X` annimmt, mit `Kumuliert = WAHR` die Wahrscheinlichkeit dafür, dass die Zufallsvariable einen Wert von `X` oder kleiner annimmt.

! Ist `X` oder `Mittelwert` nicht numerisch, gibt die Funktion den Fehler `#WERT!` zurück. Ist `X < 0` oder `Mittelwert < 0`, erscheint der Fehler `#ZAHL!`.

Die Funktion kann angewendet werden, wenn für eine sehr große Zahl von Fällen die Wahrscheinlichkeit von seltenen Ausnahmeereignissen geschätzt werden soll. Dabei muss nur bekannt sein, wie häufig im Durchschnitt das Ausnahmeereignis auftritt.

Die Funktion arbeitet für die Dichtefunktion mit der Formel:

$$= \frac{\lambda^x}{x!} * e^{-\lambda}$$

Dabei steht λ für die durchschnittliche Anzahl der Ereignisse, `e` für die Euler'sche Zahl.

Die Tabelle in Abbildung 7.76 kann beispielsweise benutzt werden, um die Wahrscheinlichkeit von Bitübertragungsfehlern im Netz zu schätzen. Angenommen, bei einer Übertragung von 1 Million Bits treten durchschnittlich 5 Fehler auf, dann kann die Funktion `POISSON.VERT()` die Frage beantworten, mit welcher Wahrscheinlichkeit bei der nächsten Million die Fehleranzahl `X` auftritt.

Da die Poisson-Verteilung normalerweise dazu verwendet wurde, die bei großen Zahlen schwer zu berechnende Binomialverteilung anzunähern, gibt es allerdings selten einen Grund, sie noch zu verwenden. Schließlich nimmt Ihnen die Funktion BINOM.VERT() die ganze Rechenarbeit ab.

Die Funktion ersetzt seit Excel 2010 die Funktion POISSON().

Poisson-Verteilung

X	POISSON.VERT()	kumuliert
0	1%	1%
1	3%	4%
2	8%	12%
3	14%	27%
4	18%	44%
5	18%	62%
6	15%	76%
7	10%	87%
8	7%	93%
9	4%	97%
10	2%	99%

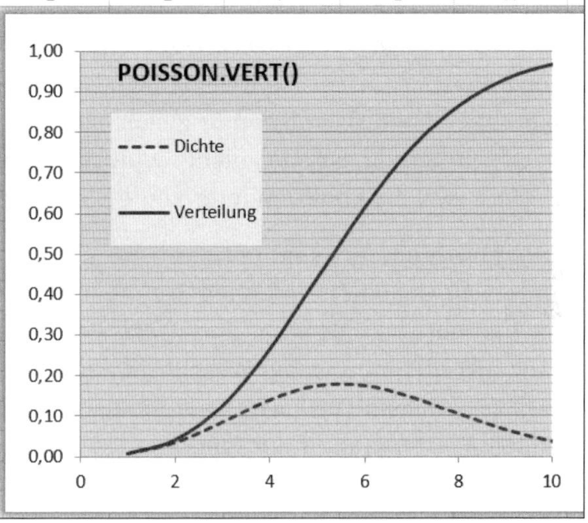

Abbildung 7.76 Wahrscheinlichkeit von Variablen, die eine Poisson-Verteilung darstellen

PROGNOSE.ETS()

FORECAST.ETS()

Syntax:	PROGNOSE.ETS(**Ziel_Datum**; **Werte**; **Zeitachse**; Saisonalität; Daten_Vollständigkeit; Aggregation)
Beispiel:	=PROGNOSE.ETS(A23; \$B\$2:\$B\$22; \$A\$2:\$A\$22; 7;1)
Ergebnis:	6360 (für die in Abbildung 7.79 gezeigten Werte)

Die Funktion PROGNOSE.ETS() liefert auf der Basis bekannter Werte für vergangene Zeiträume den Schätzwert für ein bestimmtes Zieldatum. Dabei wird die AAA-Version des ETS-Algorithmus verwendet, der eine exponentielle Glättung vornimmt.

Der vorhergesagte Wert ist als Fortsetzung der Reihe der vergangenen Werte zu verstehen. Die Werte sind einer Zeitachse zugeordnet, das Zieldatum liegt auf der Verlängerung dieser Zeitachse. Die Funktion kann nur mit Zeitachsen zurechtkommen, bei denen die Abstände gleich sind, beispielsweise jeweils eine Stunde, ein Tag, eine Woche, ein Monat, ein Jahr. Statt der Zeit- oder Datumswerte kann aber auch ein numerischer Index verwendet werden.

Die Funktion benötigt mindestens drei Argumente: Ziel_Datum gibt den Datenpunkt an, für den ein Wert vorhergesagt werden soll. Dabei kann es sich um einen Datum/Uhrzeit-Wert oder einen numerischen Wert handeln. Werte sind die vergangenen Werte, die die Basis der Vorhersage bilden. Das Argument kann als Matrix oder als Bereichsangabe eingesetzt werden. Zeitachse ist entweder eine Matrix oder ein Bereich numerischer Daten. Zwar müssen die Abstände gleich sein und es darf auch kein Nullwert in der Achse vorkommen. Es ist aber nicht zwingend notwendig, dass die Werte fortlaufend sortiert sind, weil die Funktion intern eine Sortierung vornimmt.

Die weiteren Argumente sind optional: Mit dem Argument Saisonalität wird es möglich, anders als bei einer einfachen Trendberechnung, saisonale Zyklen oder Muster – etwa in der Entwicklung von Umsätzen, Besucherzahlen etc. – zu berücksichtigen. Erwartet wird ein numerischer Wert. Wird der Standardwert 1 verwendet, erkennt Excel die Länge des saisonalen Musters automatisch und verwendet entsprechende positive, ganzzahlige Werte, die mit der Funktion PROGNOSE.ETS.SAISONALITÄT() auch abgefragt werden können.

Der Wert 0 sorgt dafür, dass die Funktion keinen saisonalen Zyklus unterstellt und eine einfache lineare Prognose liefert. Ganzzahlige Werte > 1 führen dazu, dass Muster der entsprechenden Länge berücksichtigt werden, wobei die verwendete Einheit durch die Zeitachse vorgegeben wird. Der größtmögliche Wert ist 8.760, das entspricht der Anzahl von Stunden in einem Jahr.

Das Argument Daten_Vollständigkeit legt fest, wie die Funktion bei fehlenden Werten verfahren soll. Zwar müssen die Abstände innerhalb der Zeitachse gleich sein, von den dazugehörenden Werten dürfen aber bis maximal 30 % fehlen. Der Wert 0 sorgt dafür, dass die fehlenden Punkte als Nullen gewertet werden. Der Standardwert 1 dagegen sorgt dafür, dass die fehlenden Punkte durch den Mittelwert der benachbarten Punkte ersetzt werden.

Das letzte Argument Aggregation regelt den Fall, dass für bestimmte Zeitpunkte auf der Zeitachse mehrere Werte anfallen. Zwar werden konstante Abstände auf der Zeitachse verlangt, aber mehrere Werte mit dem gleichen Zeitpunkt werden zugelassen. Der Standardwert 1 für Aggregation sorgt dann dafür, dass immer der Mittelwert von Daten mit dem gleichen Zeitstempel verwendet wird. Andere Möglichkeiten sind ANZAHL (2), ANZAHL2 (3), MAX (4), MEDIAN (5), MIN (6), und SUMME (7).

Liegt der Wert für Ziel_Datum vor dem Ende der historischen Zeitachse, gibt die Funktion den Fehlerwert #ZAHL! zurück. Das gilt auch, wenn die Zeitachse keine konstanten Abstände aufweist. Enthält die Zeitachse doppelte Werte, ergibt sich der Fehler #WERT!. Haben die Bereiche oder Matrizen von Zeitachse und Werte nicht die gleiche Größe, gibt die Funktion #NV zurück. Negative, nicht ganzzahlige oder Werte > 8760 für Saisonalität führen zu dem Fehler #ZAHL!.

Neben der manuellen Eingabe der Funktionen dieser Gruppe bietet Excel über das Register **Daten** in der Gruppe **Prognose** eine Schaltfläche **Prognoseblatt** an, die auf der Basis einer Tabelle mit vorhandenen Werten eben ein solches Prognoseblatt anlegt. In dem in Abbildung 7.77 gezeigten Beispiel verwenden wir eine einfache Tabelle mit den Umsatzergebnissen für drei Wochen. Es ist gleich zu sehen, dass die Werte im Wochenzyklus einem Muster entsprechen, der 6. Wert ist jedes Mal der höchste, der 7. Wert ist der niedrigste.

	A	B
1	Tag	Umsatz
2	31.01.2025	5.000
3	01.02.2025	4.700
4	02.02.2025	4.500
5	03.02.2025	5.500
6	04.02.2025	6.000
7	05.02.2025	7.000
8	06.02.2025	2.000
9	07.02.2025	5.188
10	08.02.2025	4.804
11	09.02.2025	4.659
12	10.02.2025	5.675
13	11.02.2025	6.053
14	12.02.2025	7.009
15	13.02.2025	2.085
16	14.02.2025	5.323
17	15.02.2025	4.820
18	16.02.2025	4.747
19	17.02.2025	5.854
20	18.02.2025	6.088
21	19.02.2025	7.164
22	20.02.2025	2.184
23	21.02.2025	5.379

Abbildung 7.77 Historische Daten für ein Prognoseblatt

Um auf der Basis dieser Tabelle ein Prognoseblatt für die folgenden Wochen anzulegen, markieren Sie zunächst die Daten der Tabelle, hier also A2:B23. Anschließend rufen Sie den Befehl **Daten ▸ Prognose ▸ Prognoseblatt** auf. Im Dialogfeld klicken oder tippen Sie auf das kleine Dreieck ❶ vor **Optionen**, um alle möglichen Einstellungen zu erreichen.

Im oberen Teil des Dialogs ist bereits ein Diagramm mit vorgegebenen Einstellungen zu sehen, das sofort angepasst wird, wenn Sie unter **Optionen** etwas ändern. Über die beiden Diagrammsymbole rechts oben ❷ wählen Sie, ob ein Linien- oder ein Säulendiagramm ausgegeben wird.

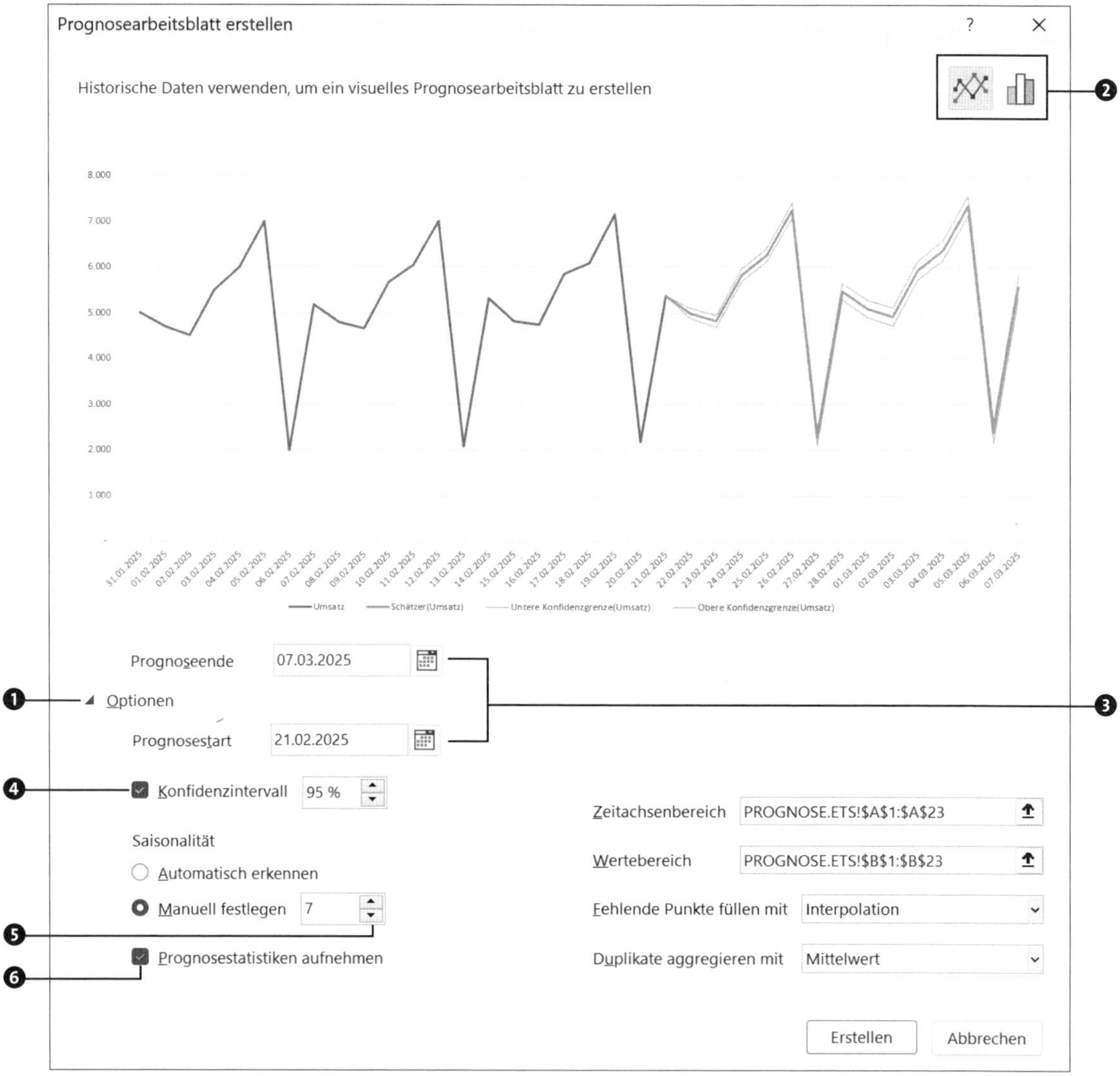

Abbildung 7.78 Der Dialog für ein Prognoseblatt

Unter **Prognoseende** und **Prognosestart** werden Ihnen Kalendersteuerelemente ❸ angeboten, mit denen Sie den Zeitraum der Prognose genau festlegen können. In der Regel ist es sinnvoll, den Prognosebeginn ans Ende der schon vorhandenen Daten zu setzen, weil die Funktion dann den gesamten Ablauf der historischen Zeitachse auswerten kann. Es ist aber auch möglich, einen früheren Zeitraum zu wählen, um beispielsweise die tatsächlichen Daten mit prognostizierten Daten zu vergleichen. Dabei müssen aber wenigstens mehr als zwei Einheiten in der Zeitachse vor dem Startpunkt liegen, weil sonst die Funktion nicht arbeiten kann.

Wenn Sie die Option **Konfidenzintervall** ❹ abgehakt lassen, werden zusätzlich zu den Schätzwerten auch Werte für ein Konfidenzintervall generiert und im Diagramm angezeigt. Über das Drehfeld legen Sie das Konfidenzniveau fest. Der vorgegebene Standardwert ist `0,95` und sorgt für ein Konfidenzintervall mit einem Konfidenzniveau von 95 %. Das bedeutet, dass 95 % der möglichen Werte am Zieldatum in den Bereich fallen, der mit dem entsprechenden Konfidenzintervall angegeben ist.

Unter **Saisonalität** haben Sie die Wahl zwischen **Automatisch erkennen** und **Manuell festlegen**. Im ersten Fall wird Excel versuchen, das Verlaufsmuster selbst zu identifizieren. Das Drehfeld dagegen erlaubt Ihnen, die Anzahl der Elemente in einem saisonalen Muster selbst festzulegen ❺. Wir wählen in diesem Fall den Wert `7` für ein Wochenmuster. Sind in der Zeitachse Monate angegeben, wäre der passende Wert für eine Jahressaison `12`, für eine Einteilung nach Quartalen `4`. Der maximale Wert ist hier `8760`, also die Anzahl von Stunden in einem Jahr.

Die Option **Prognosestatistiken aufnehmen** ❻ fügt in das Prognoseblatt eine kleine Tabelle mit statistischen Kenndaten ein, die einerseits die bei der Berechnung verwendeten Glättungsparameter ausgeben, andererseits Werte mehrerer Fehlermetriken. Die Glättungsparameter regeln die Genauigkeit der Vorhersage (siehe dazu Tabelle 7.2 weiter unten).

Unter **Zeitachsenbereich** wird die Zeitachse mit den vorhandenen Zeiteinheiten und unter **Wertebereich** der Bereich der dieser zugeordneten Daten angezeigt und kann hier notfalls noch einmal korrigiert werden.

Das Listenfeld zu **Fehlende Punkte füllen mit** bietet die Optionen, die in den Funktionen für das Argument **Daten_Vollständigkeit** verwendet werden, das Listenfeld zu **Duplikate aggregieren mit** die Optionen zu dem Argument **Aggregation**.

Die Schaltfläche **Erstellen** legt das Prognoseblatt als neues Tabellenblatt in der Arbeitsmappe an. Abbildung 7.79 zeigt das Diagnoseblatt auf der Basis der oben ausgewählten Daten und Optionen. Das neue Blatt wiederholt in den Spalten A und B noch einmal die ausgewerteten Daten. Die Daten der Prognose werden mithilfe der Funktion `PROGNOSE.ETS()` in Spalte A und C abgelegt. Ist die Option **Konfidenzintervall** aktiviert, werden in den Spalten D und E Formeln generiert, die die untere und die obere Konfidenzintervallgrenze ausgeben.

Im ersten Fall wird vom Schätzwert in C das Ergebnis der Funktion PROGNOSE.ETS.KONFINT() abgezogen, im zweiten Fall addiert. In Spalte G und H finden Sie die Tabelle mit den statistischen Kenndaten.

Das Diagramm zeigt ab dem Moment, in dem die Prognose einsetzt, eine Linie für die geschätzten Werte und zwei Linien, die das Konfidenzintervall verdeutlichen.

Siehe auch PROGNOSE.ETS.KONFINT(), PROGNOSE.ETS.STAT, PROGNOSE.ETS.SAISONALITÄT() und PROGNOSE.LINEAR().

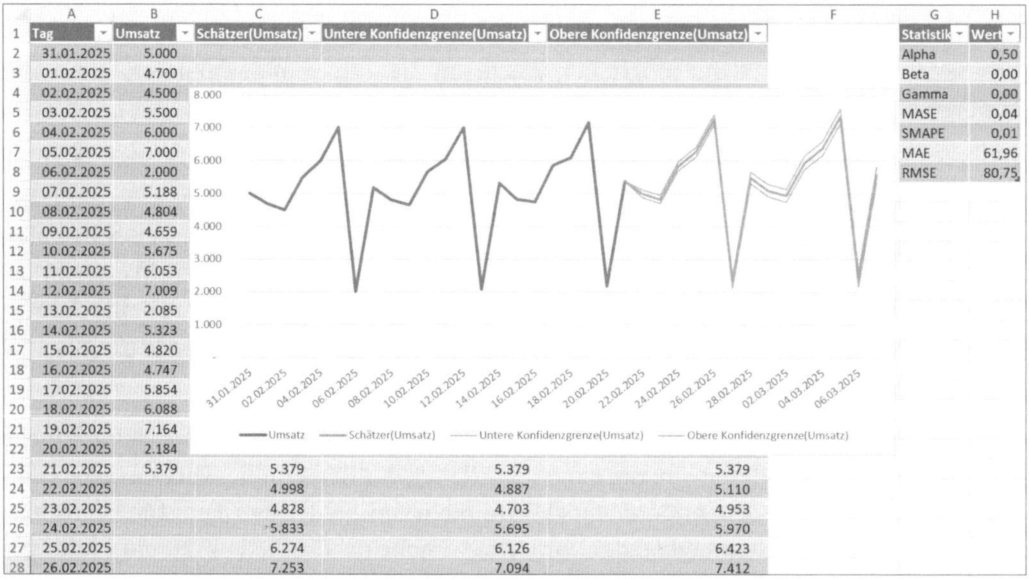

Tag	Umsatz	Schätzer(Umsatz)	Untere Konfidenzgrenze(Umsatz)	Obere Konfidenzgrenze(Umsatz)
31.01.2025	5.000			
01.02.2025	4.700			
02.02.2025	4.500			
03.02.2025	5.500			
04.02.2025	6.000			
05.02.2025	7.000			
06.02.2025	2.000			
07.02.2025	5.188			
08.02.2025	4.804			
09.02.2025	4.659			
10.02.2025	5.675			
11.02.2025	6.053			
12.02.2025	7.009			
13.02.2025	2.085			
14.02.2025	5.323			
15.02.2025	4.820			
16.02.2025	4.747			
17.02.2025	5.854			
18.02.2025	6.088			
19.02.2025	7.164			
20.02.2025	2.184			
21.02.2025	5.379	5.379	5.379	5.379
22.02.2025		4.998	4.887	5.110
23.02.2025		4.828	4.703	4.953
24.02.2025		5.833	5.695	5.970
25.02.2025		6.274	6.126	6.423
26.02.2025		7.253	7.094	7.412

Statistik	Wert
Alpha	0,50
Beta	0,00
Gamma	0,00
MASE	0,04
SMAPE	0,01
MAE	61,96
RMSE	80,75

Abbildung 7.79 Prognoseblatt mit Diagramm und statistischen Kenndaten

PROGNOSE.ETS.KONFINT()

FORECAST.ETS.KONFINT()

Syntax: PROGNOSE.ETS.KONFINT(**Ziel_Datum**; **Werte**; **Zeitachse**; Konfidenz_Niveau; Saisonalität; Daten_Vollständigkeit; Aggregation)

Beispiel: =PROGNOSE.ETS.KONFINT(A23; $B$2:$B$22; $A$2:$A$22; 0,95; 7;1)

Ergebnis: 114,88 (für die in Abbildung 7.79 gezeigten Werte)

Die Funktion PROGNOSE.ETS.KONFINT() liefert den Wert für ein Konfidenzintervall zu einem Schätzwert für ein bestimmtes Zieldatum. Solche Intervalle werden verwendet, um die Zuverlässigkeit einer Schätzung selbst wiederum einzuschätzen. Siehe dazu die Erläuterungen zur Funktion KONFIDENZ.NORM().

Die Argumente der Funktion entsprechen denen der Funktion PROGNOSE.ETS(). Hinzu kommt aber das optionale Argument Konfidenz_Niveau, mit dem Sie festlegen, wie hoch das Konfidenzniveau für das zu berechnende Intervall sein soll. Der Wert muss > 0 und < 1 sein. Der vorgegebene Standardwert ist 0,95 und sorgt für ein Konfidenzintervall mit einem Konfidenzniveau von 95 %. Das bedeutet, dass 95 % der möglichen Werte am Zieldatum in den Bereich fallen, der mit dem entsprechenden Konfidenzintervall angegeben ist.

! Zahlen für Konfidenz_Niveau, die außerhalb des Wertebereichs (0,1) liegen, führen zu dem Fehlerwert #ZAHL!.

Siehe auch PROGNOSE.ETS(), PROGNOSE.ETS.STAT, PROGNOSE.ETS.SAISONALITÄT() und PROGNOSE.LINEAR().

PROGNOSE.ETS.SAISONALITÄT()

FORECAST.ETS.SEASONALITY()

Syntax:	PROGNOSE.ETS.SAISONALITÄT(**Werte**; **Zeitachse**; Daten_Vollständigkeit; Aggregation)
Beispiel:	=PROGNOSE.ETS.SAISONALITÄT(C22:C56; A22:A56; 1; 1)
Ergebnis:	7 (für die in Abbildung 7.79 gezeigten Werte)

Die Funktion PROGNOSE.ETS.SAISONALITÄT() liefert die Länge des Wiederholungsmusters, das Excel in der angegebenen Zeitachse feststellen kann. Wenn die Funktion PROGNOSE.ETS() Vorhersagewerte für einen Zeitraum geliefert hat, kann diese Funktion die Länge des Intervalls berechnen, das dieser Berechnung zugrunde gelegen hat.

Die vier Argumente der Funktion gleichen denen, die auch die Funktion PROGNOSE.ETS() verwendet, allerdings werden für Werte diesmal die vorausgesagten und nicht die historischen Werte angegeben und für Zeitachse ebenfalls die Einheiten des Vorhersagezeitraumes angegeben.

Siehe auch PROGNOSE.ETS(), PROGNOSE.ETS.STAT(), PROGNOSE.ETS.KONFINT() und PROGNOSE.LINEAR().

PROGNOSE.ETS.STAT()

FORECAST.ETS.STAT()

Syntax:	PROGNOSE.ETS.STAT(**Werte; Zeitachse; Statistik_Typ**; Saisonalität; Daten_ Vollständigkeit; Aggregation)
Beispiel:	=PROGNOSE.ETS.STAT($B$2:$B$22; $A$2:$A$22; 1; 7; 1)
Ergebnis:	Alpha 0,50 (für die in Abbildung 7.79 gezeigten Werte)

Die Funktion PROGNOSE.ETS.STAT() liefert statistische Kenndaten zu einer Prognose. Die benötigten Argumente entsprechen denen, die für die Funktion PROGNOSE.ETS() beschrieben sind. Zusätzlich muss das Argument Statistik_Typ angegeben werden, das bestimmt, welcher der statistischen Werte angezeigt werden soll. Erwartet werden Werte von 1 bis 8, die folgende Tabelle zeigt die Bedeutung der Kennzahlen.

Kennzahl	Statistik	Wert
1	Alpha	Liefert den verwendeten Glättungsparameter für »Basis« – ein höherer Wert gibt jüngeren Datenpunkten mehr Gewicht.
2	Beta	Liefert den verwendeten Glättungsparameter für »Trend« – ein höherer Wert gibt dem jüngsten Trend mehr Gewicht.
3	Gamma	Liefert den verwendeten Glättungsparameter für Saisonalität – ein höherer Wert gibt der jüngsten Saisonperiode mehr Gewicht.
4	MASE	Die Abkürzung steht für *Mean Absolute Scaled Error*. Gibt die Metrik für den mittleren absoluten skalierten Fehler zurück – ein Maß für die Genauigkeit von Prognosen.
5	SMAPE	Die Abkürzung steht für *Symmetric Mean Absolute Percentage Error*. Gibt die Metrik für den symmetrischen mittleren absoluten prozentualen Fehler zurück – ein Maß für die Genauigkeit basierend auf prozentualen Fehlern.
6	MAE	Die Abkürzung steht für *Mean Absolute Error*. Gibt die Metrik für den mittleren absoluten Fehler zurück – ein Maß für die Genauigkeit basierend auf prozentualen Fehlern.

Tabelle 7.2 Kennzahlen für die statistischen Kenndaten

Kennzahl	Statistik	Wert
7	RMSE	Die Abkürzung steht für *Root Mean Squared Error*. Gibt die Metrik für den mittleren quadratischen Gesamtfehler zurück – ein Maß für die Unterschiede zwischen vorhergesagten und ermittelten Werten.
8	Schrittweite erkannt	Gibt die auf der historischen Zeitachse erkannte Schrittweite zurück.

Tabelle 7.2 Kennzahlen für die statistischen Kenndaten (Forts.)

Siehe auch PROGNOSE.ETS(), PROGNOSE.ETS.SAISONALITÄT(), PROGNOSE.ETS.KONFINT() und PROGNOSE.LINEAR().

PROGNOSE.LINEAR()

FORECAST.LINEAR()

Syntax: PROGNOSE.LINEAR(**X**; **Y_Werte**; **X_Werte**)

Beispiel: =PROGNOSE.LINEAR(A14; B5:B13; A4:A13)

Ergebnis: 146,58 (für die in Abbildung 7.80 gezeigten Werte)

Die Funktion PROGNOSE.LINEAR() liefert für den vorgegebenen Wert X einen Schätzwert von Y anhand einer linearen Regression, die die mit Y_Werte und X_Werte angegebenen bereits bekannten Werte verwendet. Dabei stellen die X_Werte die unabhängige, die Y_Werte die abhängige Variable dar. Die Funktion dient insbesondere der Prognose zukünftiger Werte auf der Basis bereits bekannter Beziehungen zwischen zwei Merkmalen.

Für Y_Werte und X_Werte kann jeweils ein Zellbereich oder eine Matrixkonstante angegeben werden. Texte, leere Zellen oder Wahrheitswerte werden ignoriert.

Enthalten Y_Werte und X_Werte unterschiedlich viele Datenelemente, liefert die Funktion den Fehler #NV. Enthalten beide nur ein oder gar kein Datenelement, erscheint der Fehler #DIV/0!. Das geschieht auch, wenn die Varianz der X_Werte gleich 0 ist. Wenn X nicht numerisch ist, liefert die Funktion den Fehler #WERT!.

Die Funktion liefert die gleichen Schätzwerte für Y wie die Funktion TREND(), wenn bei dieser Funktion mit dem Argument Neue_X_Werte gearbeitet wird. Bei PROGNOSE.LINEAR() werden einzelne Y-Werte ausgegeben, bei TREND() wird in der Regel eine Matrix mit mehreren Werten ausgegeben.

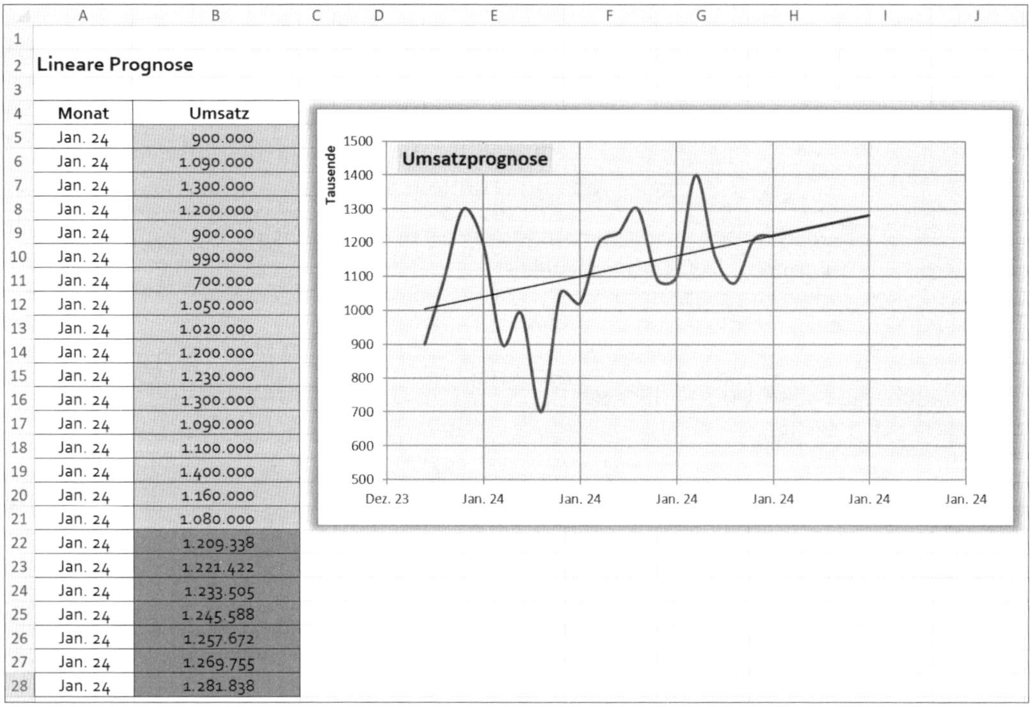

Lineare Prognose

Monat	Umsatz
Jan. 24	900.000
Jan. 24	1.090.000
Jan. 24	1.300.000
Jan. 24	1.200.000
Jan. 24	900.000
Jan. 24	990.000
Jan. 24	700.000
Jan. 24	1.050.000
Jan. 24	1.020.000
Jan. 24	1.200.000
Jan. 24	1.230.000
Jan. 24	1.300.000
Jan. 24	1.090.000
Jan. 24	1.100.000
Jan. 24	1.400.000
Jan. 24	1.160.000
Jan. 24	1.080.000
Jan. 24	1.209.338
Jan. 24	1.221.422
Jan. 24	1.233.505
Jan. 24	1.245.588
Jan. 24	1.257.672
Jan. 24	1.269.755
Jan. 24	1.281.838

Abbildung 7.80 Errechnen von Prognosewerten bei linearer Regression

Siehe dazu auch Abschnitt 7.5, »Regressionsanalyse«, sowie `PROGNOSE.ETS()`, `PROGNOSE.ETS.STAT()`, `PROGNOSE.ETS.KONFINT()` und `PROGNOSE.ETS.SAISONALITÄT()`.

QUANTIL.EXKL()

PERCENTILE.EXC()

Syntax:	`QUANTIL.EXKL(`**`Array; K`**`)`
Beispiel:	siehe Abbildung 7.81

Die Funktion `QUANTIL.EXKL()` liefert denjenigen Wert einer Datenreihe, unterhalb dessen ein mit `K` angegebener Bruchteil der Daten liegt. Mit dieser Funktion wird eine Verteilung nach einer Skala unterteilt, deren unterster und deren oberster Punkt den tiefsten und den höchsten Wert der Datenreihe bilden. Die mit der Funktion berechneten Lagemaße werden Quantile genannt. Die Funktion ist eine der beiden Funktionen, die seit Excel 2010 anstelle von `QUANTIL()` angeboten werden. Die andere ist `QUANTIL.INKL()`.

Array sind die zu unterteilenden Daten. Sie müssen nicht sortiert sein. Das Argument kann ein Bereichsbezug, ein Bereichsname oder eine Matrixkonstante sein.

Nicht numerische Werte oder Wahrheitswerte in Array werden ignoriert. Enthält Array gar keine numerischen Werte, liefert die Funktion den Fehler #ZAHL!. Das gilt auch, wenn K ≤ 0 oder ≥ 1 ist. Ist K nicht numerisch, erscheint der Fehler #WERT!.

Mit dem Argument K wird ein bestimmtes Lagemaß (Quantil) angegeben. Das Maß 0,25 (25 %) bezeichnet z. B. den Punkt, unterhalb dessen ein Viertel aller Beobachtungen liegen. Einige Quantile, die besonders oft verwendet werden, haben eigene Bezeichnungen wie Quartil für 25 %-Abschnitte, Dezil für 10 %-Abschnitte, Perzentile für 1 %-Abschnitte. Das zweite Quartil oder ein Quantil von 0,5 entspricht dem Median.

Das Argument K kann jeden Wert zwischen 0 und 1 annehmen, bei dieser Funktion aber ausschließlich 0 und 1, worauf das Suffix des Funktionsnamens hinweist; liegt ein Quantil zwischen zwei Beobachtungen, wird durch Interpolation der entsprechende Wert ermittelt. Das geschieht auch, wenn K kein Vielfaches von 1/(n - 1) ist, wobei n die Anzahl der Werte in Array ist. Wenn bei einem bestimmten Wert für K keine Interpolation möglich ist, liefert die Funktion den Fehler #ZAHL!.

Die Tabelle in Abbildung 7.81 kann so gelesen werden: 50 % der erfassten Personen haben ein Gewicht von unter 67 kg.

	A	B	C	D	E	F	G
1							
2	**Quantile berechnen**						
3							
4	**Person**	**Gewicht**	**K**	**QUANTIL.EXKL()**	**QUANTIL.INKL()**	QUANTIL()	
5	1	69	0,0		55	55	
6	2	66	0,1	56	57	57	
7	3	68	0,2	58	58	58	
8	4	72	0,3	60	61	61	
9	5	74	0,4	62	63	63	
10	6	63	0,5	67	67	67	**=MEDIAN()**
11	7	68	0,6	68	68	68	
12	8	79	0,7	71	70	70	
13	9	58	0,8	74	72	72	
14	10	79	0,9	79	77	77	
15	11	68	1,0		79	79	
16	12	72					
17	13	77					
18	14	56					
19	15	60					
20	16	62					
21	17	58					
22	18	61					
23	19	55					
24	20	57					

Abbildung 7.81 Einteilung von Daten in Quantile

Siehe auch QUANTIL(), QUANTIL.INKL(), QUANTILSRANG.EXKL(), QUANTILSRANG.INKL(), QUARTILE(), QUARTILE.EXKL() und QUARTILE.INKL().

QUANTIL.INKL()

PERCENTILE.INC()

Syntax:	QUANTIL.INKL(**Array**; **K**)
Beispiel:	siehe Abbildung 7.81 zu QUANTIL.EXKL()

Die Funktion QUANTIL.INKL() entspricht der Funktion QUANTIL.EXKL() bis auf die möglichen Werte für K. In diesem Fall reicht der Wertebereich von 0 bis 1, diesmal also einschließlich von 0 und 1, worauf das Suffix des Funktionsnamens hinweist. Die Funktion ist eine der beiden Funktionen, die seit Excel 2010 anstelle von QUANTIL() angeboten werden. Sie liefert das gleiche Ergebnis wie die ältere Funktion. Die andere der beiden Funktionen ist QUANTIL.EXKL().

Array sind die zu unterteilenden Daten. Sie müssen nicht sortiert sein. Das Argument kann ein Bereichsbezug, ein Bereichsname oder eine Matrixkonstante sein.

Nicht numerische Werte oder Wahrheitswerte in Array werden ignoriert. Enthält Array aber gar keine numerischen Werte, liefert die Funktion den Fehler #ZAHL!. Das gilt auch, wenn K < 0 oder > 1 ist. Ist K nicht numerisch, erscheint der Fehler #WERT!.

Liegt ein Quantil zwischen zwei Beobachtungen, wird durch Interpolation der entsprechende Wert ermittelt. Das geschieht auch, wenn K kein Vielfaches von 1/(n - 1) ist, wobei n die Anzahl der Werte in Array ist. Wenn bei einem bestimmten Wert für K allerdings keine Interpolation möglich ist, liefert die Funktion den Fehler #ZAHL!.

Die Tabelle in Abbildung 7.81 kann so gelesen werden: 50 % der erfassten Personen haben ein Gewicht von unter 67 kg.

Siehe auch QUANTIL(), QUANTIL.EXKL(), QUANTILSRANG.EXKL(), QUANTILSRANG.INKL(), QUARTILE(), QUARTILE.EXKL() und QUARTILE.INKL().

QUANTILSRANG.EXKL()

PERCENTRANK.EXC()

Syntax:	QUANTILSRANG.EXKL(**Array**; **X**; Genauigkeit)
Beispiel:	siehe Abbildung 7.82

Die Funktion QUANTILSRANG.EXKL() liefert den prozentualen Rang (0..1 ausschließlich) eines Wertes in einer mit dem Argument Array angegebenen Datenreihe. Array muss nicht sortiert sein. Das Argument kann ein Bereichsbezug, ein Bereichsname oder eine Matrixkonstante sein.

Das Argument X bezeichnet den Wert, dessen relative Position in der Datenreihe ermittelt werden soll. Wenn X selbst als Wert nicht in Array auftaucht, wird der entsprechende Wert interpoliert. Mit Genauigkeit ist die Anzahl der Stellen für die Ausgabe des Ergebnisses bestimmbar. Wird Genauigkeit nicht angegeben, wird 3 angenommen.

! Nicht numerische Werte oder Wahrheitswerte in Array werden ignoriert. Enthält Array aber gar keine numerischen Werte, liefert die Funktion den Fehler #ZAHL!. Ist X größer oder kleiner als der größte oder kleinste Wert, liefert die Funktion den Fehler #NV.

Das Ergebnis der Funktion in Abbildung 7.82 lässt sich folgendermaßen lesen: Die Person, deren Gewicht 63 kg beträgt, liegt auf einer Skala von 0 bis 100 auf Rang 43, d. h., 43 % der Personen haben ein Gewicht von unter oder gleich 63 kg.

	A	B	C	D	E
1					
2	**Quantilsrang berechnen**				
3					
4	Person	Gewicht	QUANTILSRANG.INKL()	QUANTILSRANG()	QUANTILSRANG.EXKL()
5	1	69	0,68	0,68	0,67
6	2	66	0,47	0,47	0,48
7	3	68	0,53	0,53	0,52
8	4	72	0,74	0,74	0,71
9	5	74	0,84	0,84	0,81
10	6	63	0,42	0,42	0,43
11	7	68	0,53	0,53	0,52
12	8	79	0,95	0,95	0,90
13	9	58	0,16	0,16	0,19
14	10	79	0,95	0,95	0,90
15	11	68	0,53	0,53	0,52
16	12	72	0,74	0,74	0,71
17	13	77	0,89	0,89	0,86
18	14	56	0,05	0,05	0,10
19	15	60	0,26	0,26	0,29
20	16	62	0,37	0,37	0,38
21	17	58	0,16	0,16	0,19
22	18	61	0,32	0,32	0,33
23	19	55	0,00	0,00	0,05
24	20	57	0,11	0,11	0,14

Abbildung 7.82 Berechnen des Quantilsranges

Wird die Tabelle nach dem Gewicht aufsteigend sortiert, zeigen sich auch die QUANTILSRANG.EXKL()-Werte in aufsteigender Reihenfolge.

Die Funktion ist eine der beiden Funktionen, die seit Excel 2010 anstelle von QUANTILSRANG() angeboten werden. Die andere Funktion ist QUANTILSRANG.INKL().

Der Zusammenhang mit QUANTIL.EXKL() sieht so aus:

```
X = QUANTIL.EXKL(Array; 0,2)
0,2 = QUANTILSRANG.EXKL(Array; X)
```

QUANTILSRANG.EKKL() ist also die Umkehrfunktion von QUANTIL.EKKL().

Siehe auch QUANTIL(), QUANTIL.EXKLU(), QUANTIL.INKL(), QUANTILSRANG.INKL(), QUARTILE(), QUARTILE.EXKL() und QUARTILE.INKL().

QUANTILSRANG.INKL()

PERCENTRANK.INC()

Syntax:	QUANTILSRANG.INKL(**Array**; **X**; Genauigkeit)
Beispiel:	siehe Abbildung 7.82

Die Funktion QUANTILSRANG.INKL() liefert den prozentualen Rang (0..1 einschließlich) eines Wertes in einer mit dem Argument Array angegebenen Datenreihe.

Array muss nicht sortiert sein. Das Argument kann ein Bereichsbezug, ein Bereichsname oder eine Matrixkonstante sein. Nicht numerische Werte oder Wahrheitswerte in Array werden ignoriert.

Das Argument X bezeichnet den Wert, dessen relative Position in der Datenreihe ermittelt werden soll; Wenn X selbst als Wert nicht in Array auftaucht, wird der entsprechende Wert interpoliert. Mit Genauigkeit ist die Anzahl der Stellen für die Ausgabe des Ergebnisses bestimmbar. Wird Genauigkeit nicht angegeben, wird 3 angenommen.

Enthält Array gar keine numerischen Werte, liefert die Funktion den Fehler #ZAHL!. Ist X größer oder kleiner als der größte oder kleinste Wert, liefert die Funktion den Fehler #NV.

Der Zusammenhang mit QUANTIL.INKL() sieht so aus:

```
X = QUANTIL.INKL(Array; 0,2)
0,2 = QUANTILSRANG.INKL(Array; X)
```

QUANTILSRANG.INKL() ist also die Umkehrfunktion von QUANTIL.INKL().

Das Ergebnis der Funktion in Abbildung 7.82 lässt sich folgendermaßen lesen: Die Person, deren Gewicht 63 kg beträgt, liegt auf einer Skala von 0 bis 100 auf Rang 42, d. h., 42 % der Personen haben ein Gewicht von unter oder gleich 63 kg.

Wird die Tabelle nach dem Gewicht aufsteigend sortiert, zeigen sich auch die `QUANTILSRANG.INKL()`-Werte in aufsteigender Reihenfolge.

Die Funktion ist eine der beiden Funktionen, die seit Excel 2010 anstelle von `QUANTILSRANG()` angeboten werden. Sie liefert dasselbe Ergebnis. Die andere Funktion ist `QUANTILSRANG.EXKL()`.

Siehe auch `QUANTIL()`, `QUANTIL.EXKLU()`, `QUANTIL.INKL()`, `QUANTILSRANG.EXKL()`, `QUARTILE()`, `QUARTILE.EXKL()` und `QUARTILE.INKL()`.

QUARTILE.EXKL()

QUARTILE.EXC()

Syntax:	`QUARTILE.EXKL(`**`Array; Quartile`**`)`
Beispiel:	siehe Abbildung 7.83

Die Funktion `QUARTILE.EXKL()` unterteilt – basierend auf Quantilswerten zwischen `0` und `1` (also ausschließlich `0` und `1`) – die Daten von `Array` in Bereiche mit je gleichen Anteilen von Daten und ist damit ein Spezialfall der Funktion `QUANTIL.EXKL()` (siehe dort).

`Array` sind die zu unterteilenden Daten. Sie müssen nicht sortiert sein. Das Argument kann ein Bereichsbezug, ein Bereichsname oder eine Matrixkonstante sein. `Quartile` gibt die Nummer des Quartils an, das ausgegeben werden soll. Nicht numerische Werte oder Wahrheitswerte in `Array` werden ignoriert.

! Enthält `Array` gar keine numerischen Werte, liefert die Funktion den Fehler `#ZAHL!`. Das gilt auch, wenn `Quartile` ≤ `0` oder ≥ `4` ist. Ist `Quartile` nicht numerisch, erscheint der Fehler `#WERT!`.

Für `Quartile` sind bei dieser Funktion nur drei Belegungen möglich:

```
1 - 25 %-Quantil
2 - 50 %-Quantil (= Median)
3 - 75 %-Quantil
```

Das 25 %-Quantil liefert beispielsweise in dem Beispiel in Abbildung 7.83 das Gewicht, das das leichteste Viertel der Personen maximal erreicht.

	A	B	C	D	E	F	G
1							
2	**Quartile berechnen**						
3							
4	Person	Gewicht	QUARTILE.EXKL()	QUARTILE.INKL()	QUARTILE()		
5	1	69		55,00	55,00	Kleinster Wert	=MIN()
6	2	66	58,50	59,50	59,50	25%-Quartil	
7	3	68	67,00	67,00	67,00	50%-Quartil	=MEDIAN()
8	4	72	72,00	72,00	72,00	75%-Quartil	
9	5	74		79,00	79,00	Größter Wert	=MAX()
10	6	63					
11	7	68					
12	8	79					
13	9	58					
14	10	79					
15	11	68					
16	12	72					
17	13	77					
18	14	56					
19	15	60					
20	16	62					
21	17	58					
22	18	61					
23	19	55					
24	20	57					

Abbildung 7.83 Einteilung der Daten in Quartile

Die Funktion ist eine der beiden Funktionen, die seit der Version Excel 2010 anstelle von `QUARTILE()` angeboten werden. Die andere Funktion ist `QUARTILE.INKL()`.

Siehe auch `QUANTIL()`, `QUANTIL.EXKLU()`, `QUANTIL.INKL()`, `QUANTILSRANG.EXKL()`, `QUANTILSRANG.INKL()`, `QUARTILE()` und `QUARTILE.INKL()`.

QUARTILE.INKL()

QUARTILE.INC()

Syntax: `QUARTILE.INKL(`**`Array; Quartile`**`)`

Beispiel: siehe Abbildung 7.83

Die Funktion `QUARTILE.INKL()` unterteilt – basierend auf Quantilswerten von `0` bis `1` (also einschließlich `0` und `1`) – die Daten von `Array` in Bereiche mit je gleichen Anteilen von Daten und ist damit ein Spezialfall von `QUANTIL.INKL()` (siehe dort).

`Array` sind die zu unterteilenden Daten. Sie müssen nicht sortiert sein. Das Argument kann ein Bereichsbezug, ein Bereichsname oder eine Matrixkonstante sein. `Quartile` gibt die Nummer des Quartils an, das ausgegeben werden soll. Nicht numerische Werte oder Wahrheitswerte in `Array` werden ignoriert.

! Enthält `Array` gar keine numerischen Werte, liefert die Funktion den Fehler `#ZAHL!`. Das gilt auch, wenn `Quartile` < `0` oder > `4` ist. Ist `Quartile` nicht numerisch, erscheint der Fehler `#WERT!`.

Für `Quartile` sind in diesem Fall fünf Belegungen möglich:

```
0 - niedrigster Wert
1 - 25 %-Quantil
2 - 50 %-Quantil (= Median)
3 - 75 %-Quantil
4 - höchster Wert
```


Die Funktion ist eine der beiden Funktionen, die seit der Version Excel 2010 anstelle von `QUARTILE()` angeboten werden. Sie liefert das gleiche Ergebnis wie die ältere Funktion. Die andere Funktion ist `QUARTILE.EXKL()`.

Siehe auch `QUANTIL()`, `QUANTIL.EXKLU()`, `QUANTIL.INKL()`, `QUANTILSRANG.EXKL()`, `QUANTILSRANG.INKL()`, `QUARTILE()` und `QUARTILE.EXKL()`.

RANG.GLEICH()

RANK.EQ()

Syntax:	`RANG.GLEICH(`**`Zahl`**`;` **`Bezug`**`; Reihenfolge)`
Beispiel:	siehe Abbildung 7.84

Die Funktion `RANG.GLEICH()` liefert den Rang, den ein Wert in einer Datenreihe in Bezug auf seine Größe einnimmt. Die Funktion ist eine der beiden Funktionen, die seit Excel 2010 anstelle von `RANG()` angeboten werden. Sie liefert das gleiche Ergebnis. Die andere Funktion ist `RANG.MITTELW()`.

Mit `Zahl` wird der Wert aus der Datenreihe angegeben, dessen Rang bestimmt werden soll; `Bezug` liefert die Datenreihe. Mit `Reihenfolge` kann noch angegeben werden, ob in fallender oder steigender Ordnung gezählt wird. Vorgegeben ist die fallende Ordnung, die dann verwendet wird, wenn das Argument nicht oder mit `0` belegt ist. Bei jedem anderen Wert zählt Excel in steigender Ordnung.

Nicht numerische Werte in Bezug werden bei der Rangberechnung ignoriert. Soll aber der Rang eines solchen Wertes angegeben werden, liefert die Funktion den Fehler #WERT!. Ist eine Zelle in Bezug leer, liefert die Funktion für diese Zelle den Fehler #NV.

	A	B	C	D	E
1					
2	**Rang von Laufergebnissen berechnen**				
3					
4	Teilnehmer	Zeit	RANG.GLEICH()	RANG.MITTELW()	RANG()
5	5	10,60	1	1,0	1
6	9	10,70	2	2,0	2
7	4	10,80	3	3,5	3
8	18	10,80	3	3,5	3
9	3	10,90	5	5,5	5
10	14	10,90	5	5,5	5
11	17	11,30	7	7,0	7
12	13	11,40	8	8,0	8
13	2	11,50	9	9,0	9
14	15	disqual.	#WERT!	#WERT!	#WERT!

Abbildung 7.84 Rangordnung von Laufzeiten

Sind zwei Werte in Bezug gleich, erhalten sie auch den gleichen Rang, dafür wird die nachfolgende Rangnummer übersprungen.

RANG.MITTELW()

RANK.AVG()

Syntax: RANG.MITTELW(**Zahl**; **Bezug**; Reihenfolge)

Beispiel: siehe Abbildung 7.84 zu RANG.GLEICH()

Die Funktion RANG.MITTELW() liefert den Rang, den ein Wert in einer Datenreihe in Bezug auf seine Größe einnimmt. Wenn mehrere Werte die gleiche Rangzahl aufweisen, wird die durchschnittliche Rangzahl zurückgegeben. Die Funktion ist eine der beiden Funktionen, die seit Excel 2010 anstelle von RANG() angeboten werden. Die andere Funktion ist RANG.GLEICH(). Mit Zahl wird der Wert angegeben, dessen Rang bestimmt werden soll; Bezug liefert die Datenreihe. Mit Reihenfolge wird angegeben, ob in fallender oder steigender Ordnung gezählt wird. Vorgegeben ist die fallende Ordnung, die dann verwendet wird, wenn das Argument nicht oder mit 0 belegt ist. Bei jedem anderen Wert zählt Excel in steigender Ordnung.

Nicht numerische Werte in Bezug werden bei der Rangberechnung ignoriert. Soll aber der Rang eines solchen Wertes angegeben werden, liefert die Funktion den Fehler #WERT!. Ist eine Zelle in Bezug leer, liefert die Funktion für diese Zelle den Fehler #NV.

RGP()

LINEST()

Syntax:	RGP(**Y_Werte**; X_Werte; Konstante; Stats)
Beispiel:	siehe Abbildung 7.85

Die Funktion RGP() liefert Kennziffern zur linearen Regression, mit deren Hilfe in einem X/Y-Diagramm auf der Basis der mit den Argumenten Y_Werte und X_Werte angegebenen Daten eine gerade Linie eingezeichnet werden kann, die den vorhandenen Datenpunkten möglichst gut angepasst ist. Die Funktion verwendet dazu die Methode der kleinsten Quadrate. Hierbei wird davon ausgegangen, dass sich die vorhandenen Daten durch eine lineare Gleichung beschreiben lassen:

```
y = mx + b
```

wobei m die Steigung der Geraden und b ihren Schnittpunkt mit der y-Achse festlegt.

Werden für die X-Werte mehrere Spalten angegeben, dann wird als Gleichung für die Gerade angenommen:

```
y = m1*x1 + m2*x2 + … + b
```

Mit Y_Werte werden die abhängigen Werte angegeben, für die eine lineare Regression durchgeführt werden soll. Alle anderen Argumente sind optional. X_Werte sind die zu den Y-Werten gehörenden unabhängigen Werte. Wird dieses Argument nicht angegeben, benutzt Excel an ihrer Stelle eine Matrix mit fortlaufenden Nummern, {1.2.3.4….}, die genauso viele Elemente wie die Datenreihe der Y_Werte enthält. Für Y_Werte und X_Werte kann jeweils ein Zellbereich oder eine Matrixkonstante angegeben werden.

Anders als bei anderen Funktionen werden nicht numerische Werte, leere Zellen oder Wahrheitswerte nicht ignoriert, sondern führen zu dem Fehler #WERT!. Enthalten Y_Werte und X_Werte unterschiedlich viele Datenelemente, liefert die Funktion den Fehler #BEZUG.

Mit Konstante lässt sich bestimmen, ob b berechnet (WAHR oder weggelassen) oder mit 0 angesetzt (FALSCH) werden soll. In diesem Fall wird m so angepasst, dass die Regressionsgleichung auf

```
y = mx
```

vereinfacht werden kann.

Letzteres ist erforderlich, wenn bei den Daten von vornherein klar ist, dass zu X = 0 ein Y-Wert 0 gehört.

`Stats` ist ein Wahrheitswert, mit dem entschieden wird, ob nur die Werte für `b` und `m` (`FALSCH`) oder auch weitere Kennziffern ermittelt werden sollen (`WAHR`).

	A	B	C	D	E	F	G
1							
2	**Kennziffern der Funktion RGP()**						
3							
4	**Ausgabe bei einer (oder keiner) x-Spalte**			**Ausgabe bei drei x-Spalten**			
5	m	b		m3	m2	m1	b
6	se(m)	se(b)		se(m3)	se(m2)	se(m1)	se(b)
7	r^2	se(y)		r^2	se(y)		
8	F	df		F	df		
9	ss(reg)	ss(res)		ss(reg)	ss(res)		

Abbildung 7.85 Anordnung der Kennziffern in der Ausgabematrix von `RGP()`

Die Funktion gibt die Kennziffern in Form einer Matrix aus, sie muss also auch in der für Matrixfunktionen üblichen Form eingegeben werden. Die Formel wird also in die erste Zelle des erwarteten Ergebnisbereichs eingegeben. Dieser Bereich muss leer sein, sonst liefert die Formel den Fehler `#ÜBERLAUF!`.

In Tabelle 7.3 sind die Kennziffern kurz erläutert.

Kennziffer	Ausgabe
`m`	Die Steigung der Regressionsgeraden. Ihr Wert kann einzeln mit der Funktion `STEIGUNG()` ermittelt werden.
`b`	Der Schnittpunkt mit der y-Achse. Der Wert kann einzeln mit der Funktion `ACHSENABSCHNITT()` ermittelt werden.
`se(m)`	Der Standardschätzfehler für die Steigung. Kann für Signifikanztests verwendet werden.
`se(b)`	Der Standardschätzfehler des Achsenabschnitts. Kann für Signifikanztests verwendet werden.
`r^2`	Das Bestimmtheitsmaß. Es kann auch einzeln berechnet werden mit der Funktion `BESTIMMTHEITSMASS()`.

Tabelle 7.3 Bedeutung der von der Funktion `RGP()` ausgegebenen Kennziffern

Kennziffer	Ausgabe
`se(Y)`	Der Standardschätzfehler der aus der Regression berechneten Y-Werte kann einzeln auch mit `STFEHLERYX()` berechnet werden.
`F`	Ein F-Wert, der mit der Funktion `FVERT()` weiter ausgewertet werden kann. Es ist sinnvoller, gleich die Funktion `FTEST()` auf die Daten anzuwenden.
`df`	Freiheitsgrade (**d**egrees of **f**reedom) für den F-Test
`ss(reg)`	Die Quadratsumme der Regression ist die Summe der quadratischen Abweichungen der geschätzten Y-Werte von ihrem Mittelwert.
`ss(res)`	Die Quadratsumme der Residuen ist die Summe der quadratischen Abweichungen der geschätzten Y-Werte von ihren arithmetischen gegebenen Y-Werten.

Tabelle 7.3 Bedeutung der von der Funktion `RGP()` ausgegebenen Kennziffern (Forts.)

Abbildung 7.86 zeigt ein Beispiel für die Anwendung der Funktion. In diesem (fiktiven) Beispiel sind die X-Werte Daten über den Werbeaufwand in einem Monat und die Y-Werte die dadurch vermutlich beeinflussten Monatsumsätze. Die Spalte »Trend« übernimmt die in der Ausgabematrix angezeigten Werte für `m` und `b` in die lineare Regressionsgleichung:

```
=$I$5*B5+$J$5
```

Lineare Regression

Monat	Werbung	Umsatz	Trend	(ys-y)^2	(ys-ym)^2
Jan 24	10000	900000	932078,14	1029006936,800	868769655315,853
Feb 24	12000	1090000	1107639,24	311142620,036	1226864675454,620
Mrz 24	14000	1300000	1283200,33	282228828,041	1646603093333,440
Apr 24	12000	1200000	1107639,24	8530510866,088	1226864675454,620
Mai 24	11000	900000	1019858,69	14366104757,502	1040111740667,730
Jun 24	10000	990000	932078,14	3354942098,895	868769655315,853
Jul 24	10000	980000	932078,14	2296504858,662	868769655315,853
Aug 24	11000	1050000	1019858,69	908498772,465	1040111740667,730
Sep 24	12000	1020000	1107639,24	7680635554,367	1226864675454,620
Okt 24	13000	1200000	1195419,78	20978379,764	1429028459676,520
Nov 24	13500	1230000	1239310,06	86677183,461	1535889420325,610
Dez 24	14000	1300000	1283200,33	282228828,041	34794808489,997
	Mittelwert		1096666,67		
	Summe			39149459684,123	13013442255472,400

RGP-Werte			
m	87,781	54272,652	b
se(m)	12,498	149512,268	se(b)
r^2	0,831	62569,529	se(y)
F	49,328	10,000	df
ss(reg)	193117206982,544	39149459684,123	ss(res)

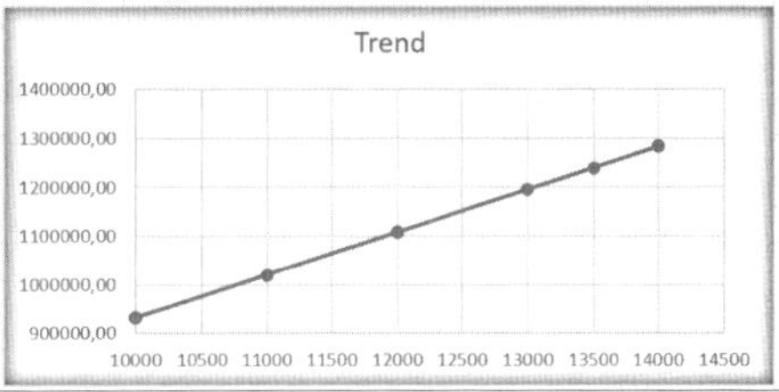

Abbildung 7.86 Beispiel für die lineare Regression

Die errechneten Werte entsprechen denen, die auch die Funktion `TREND()` für diese Werte liefern würden. Das Diagramm zu diesen Werten liefert die gewünschte Trendlinie.

In der Spalte E und F werden zur Kontrolle der Werte für ss(reg) und ss(res) die Quadrate der Differenzen zwischen den geschätzten und den tatsächlichen Y-Werten und die Quadrate der Differenzen zwischen dem Mittelwert der geschätzten Y-Werte und den einzelnen geschätzten Y-Werten ausgegeben und summiert.

Zu beachten ist, dass die Genauigkeit einer mit RGP() berechneten Geraden von der Streuung der Daten abhängt. Je geringer die Streuung, umso zuverlässiger sind die ermittelten Werte. Siehe dazu auch Abschnitt 7.5, »Regressionsanalyse«.

RKP()

LOGEST()

Syntax:	RKP(**Y_Werte**; X_Werte; Konstante; Stats)
Beispiel:	siehe Abbildung 7.87

Die Funktion RKP() liefert Kennziffern zur exponentiellen Regression, mit deren Hilfe in einem X/Y-Diagramm auf der Basis der mit den Argumenten Y_Werte und X_Werte angegebenen Daten eine Exponentialkurve eingezeichnet werden kann, die den vorhandenen Datenpunkten möglichst gut angepasst ist. Hierbei wird davon ausgegangen, dass sich die vorhandenen Daten durch eine exponentielle Gleichung beschreiben lassen:

```
y = b * m^x
```

wobei b den Schnittpunkt der Regressionskurve mit der y-Achse liefert und m die Basis ist, für die jeweils x als Exponent verwendet wird. Mit m > 1 erhalten Sie eine stetig steigende, mit m < 1 eine stetig fallende Kurve. Werden mehrere Spalten mit x-Werten benutzt, dann wird eine Regression nach folgender Gleichung durchgeführt:

```
y = b * m1^x1 * m2^x2 …
```

Mit Konstante lässt sich bestimmen, ob b berechnet (WAHR oder weggelassen) oder mit 1 angesetzt werden soll (FALSCH).

Stats ist ein Wahrheitswert, mit dem entschieden wird, ob nur die Werte für b und m (FALSCH) oder auch weitere Kennziffern ermittelt werden sollen (WAHR).

! Anders als bei anderen Funktionen werden in den Wertebereichen nicht numerische Werte, leere Zellen oder Wahrheitswerte nicht ignoriert, sondern führen zu dem Fehler #WERT!. Enthalten Y_Werte und X_Werte unterschiedlich viele Datenelemente, liefert die Funktion den Fehler #BEZUG.

Die Funktion gibt die Kennziffern in Form einer Matrix aus, sie muss also auch in der für Matrixfunktionen üblichen Form eingegeben werden. Die Formel wird also in die erste Zelle des erwarteten Ergebnisbereichs eingegeben. Dieser Bereich muss leer sein, sonst liefert die Formel den Fehler `#ÜBERLAUF!`. Die ausgegebenen Kennziffern stimmen sinngemäß mit denen von `RGP()` überein (vergleiche dort). Die dort gegebenen Hinweise zur Einzelberechnung über die Funktionen `BESTIMMTHEITSMASS()`, `ACHSENABSCHNITT()` und `STEIGUNG()` gelten allerdings nur für die lineare Regression. Es sind zudem einige Besonderheiten zu beachten. Excel bedient sich bei den Berechnungen zu `RKP()` der Formel:

```
ln(y) = ln(b) + x * ln(m)
```

und berechnet mit dieser Gleichung eine lineare Regression. Hierdurch werden auch die Ausgabewerte für die Kennziffern beeinflusst: `se(m)` und `se(b)` liefern die Schätzfehler für `ln(m)` und `ln(b)`.

In dem in Abbildung 7.87 gezeigten Beispiel deuten die Y-Werte auf ein exponentielles Wachstum. In der Spalte unter dem Titel »Variation« sind die in der `RKP()`-Matrix berechneten Werte für `b` und `m` in die Regressionsformel eingesetzt worden.

```
=$I$5 * $H$5^A5
```

heißt die erste Formel in Zelle D5. Die in dieser Spalte ausgegebenen Y-Werte entsprechen denen, die Sie auch mit der Funktion `VARIATION()` erzeugen können.

Exponentielle Regression

X-Werte	Y-Werte	Variation	(ys-y)^2	(ys-ym)^2
13	135	175	1603	1384031119
14	320	317	9	1373490327
15	674	574	9997	1354504788
16	1.100	1039	3664	1320460583
17	2.200	1882	100900	1259913460
18	3.800	3409	153108	1153886322
19	5.000	6173	1375357	973743003
20	12.600	11178	2021779	686414019
21	19.000	20242	1543029	293622768
22	41.000	36656	18869218	520537
23	50.000	66380	268296934	841125321
24	125.000	120206	22985694	6860485659
25	230.000	217678	151837358	32508147076
	Mittelwert	37378		
		Summe	467198652	50010344984

	RKP-Werte		
m	1,810878	0,077729	b
se(m)	0,012094	0,234200	se(b)
r^2	0,995458	0,163157	se(y)
F	2410,771294	11,000000	df
ss(reg)	64,175453	0,292823	ss(res)

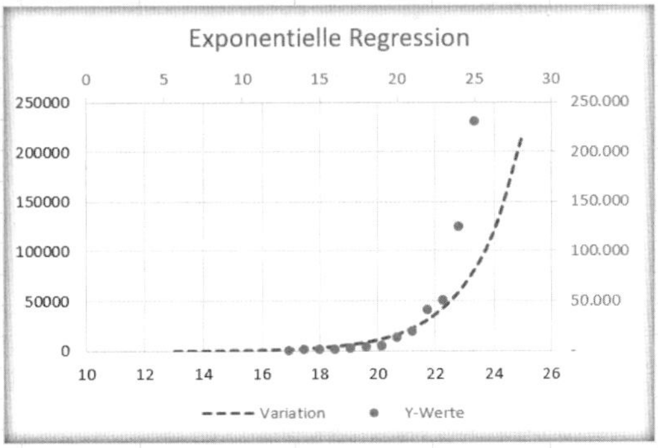

Abbildung 7.87 Beispiel für die exponentielle Regression

Wie Abbildung 7.87 zeigt, liefert die Funktion in den Zellen H6 und I6 allerdings weder die Quadratsumme der Residuen noch die Quadratsumme der Regression. Welche Werte stattdessen ausgegeben werden, war bisher nicht zu ergründen.

In der Abbildung wird noch ein Verbunddiagramm gezeigt, das die tatsächlichen Y-Werte aus Spalte B als Punktwolke und die errechneten Trendwerte aus Spalte C als Kurve anzeigt. Es ist gut zu sehen, dass die Kurve eine gute Annäherung an die Punktwolke darstellt. Dem entspricht auch, dass der RKP-Wert für das Bestimmtheitsmaß, also `r^2`, sehr nahe an der 1 liegt. Siehe dazu auch Abschnitt 7.5, »Regressionsanalyse«.

SCHIEFE()

SKEW()

Syntax:	`SCHIEFE(`**`Zahl1`**`; Zahl2; …)`
Beispiel:	`=SCHIEFE(2; 3; 2; 7; 9; 6; 4; 2)`
Ergebnis:	`0,785`

Die Funktion `SCHIEFE()` liefert ein Maß für die Asymmetrie der Häufigkeitsverteilung einer Stichprobe. Verglichen wird dabei mit einer Normalverteilung mit gleichem Mittelwert und gleicher Streuung.

Seit Excel 2007 sind 255 Argumente möglich, in den älteren Versionen nur 30. Das erste Argument ist erforderlich. Bei Bezügen auf Zellbereiche werden Texteinträge, Fehlerwerte, Wahrheitswerte und leere Zellen ignoriert. Wird eine Zahl in Textform oder ein Wahrheitswert dagegen direkt als Argument angegeben, werden sie berücksichtigt.

! Sind weniger als drei Datenelemente angegeben oder ist die Standardabweichung der Stichprobe gleich `0`, gibt die Funktion den Fehler `#DIV/0!` zurück. Fehlerwerte in den Datenelementen führen dazu, dass die Funktion diesen Fehler als Ergebnis ausgibt.

Ist das Ergebnis größer als `0`, dann ist die linke Seite steiler, die Verteilung heißt linkssteil oder rechtsschief. Eine rechtsschiefe Verteilung ist beispielsweise oft bei Daten über die Einkommensverteilung zu finden, wenn wenige Personen mit sehr hohem Einkommen auf der einen Seite des Mittelwertes stehen und sehr viele Personen mit niedrigem Einkommen auf der anderen Seite.

Die Einkommenshöhe, die 50 % der Personen erreichen, liegt dabei immer unter dem Durchschnittseinkommen. Der Mittelwert ist also größer als der Median. Der Modus ist kleiner oder höchstens gleich dem Median. Bei einem negativen Wert für die Schiefe ist die Verteilung linksschief oder rechtssteil. Der Mittelwert ist kleiner als der Median und dieser kleiner oder gleich dem Modus. Vergleiche auch `KURT()`.

In Abbildung 7.88 ist zunächst eine Urliste mit Körpergrößen für 70 Schüler angelegt. Es zeigt sich, dass die Schiefe einen negativen Wert ergibt, was auf eine rechtssteile Verteilung schließen lässt. Das wird auch bestätigt durch die Tatsache, dass der Mittelwert kleiner ist als der Median.

Schiefe einer Verteilung

Urliste mit Körpergrößen von 70 Schülern

	A	B	C	D	E	F	G	H	I	J		L	M
5	177	174	183	184	185	172	166	176	163	163		80,000	=VAR.S(A5:J11)
6	168	173	172	177	185	177	174	151	172	173		8,944	=STABW.S(A5:J11)
7	179	158	181	178	185	167	180	186	158	177		-0,461	=SCHIEFE(A5:J11)
8	153	162	166	168	177	179	173	157	179	173		0,002	=KURT(A5:J11)
9	172	158	181	179	173	168	184	177	173	196		173,843	=MITTELWERT(A5:J11)
10	176	183	177	177	178	184	176	172	177	185		175,835	=MEDIAN(A5:J11)
11	182	160	163	187	162	169	180	172	166	183		177,000	=MODUS.EINF(A5:J11)

		abs. Häufigkeit	rel. Häufigkeit	normalverteilt
15	155	2	3%	5%
16	160	5	7%	9%
17	165	5	7%	13%
18	170	8	11%	17%
19	175	14	20%	18%
20	180	20	29%	16%
21	185	13	19%	11%
22	190	2	3%	7%
23	195	0	0%	3%
24	200	1	1%	1%
25		70	100%	100%

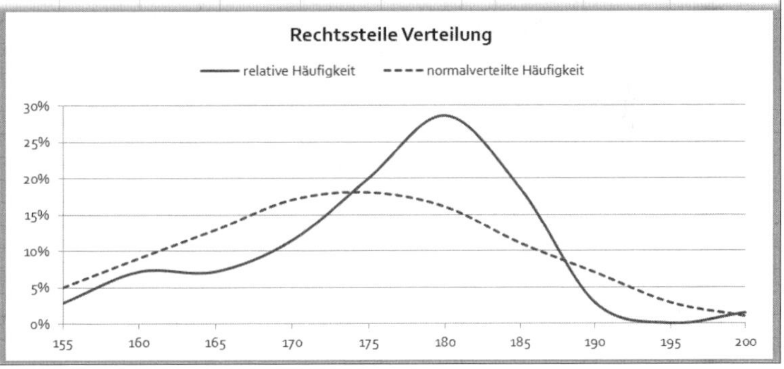

Abbildung 7.88 Beispiel für eine rechtssteile Verteilung einer Stichprobe

Im Diagramm sind die relativen Häufigkeiten und die bei einer Normalverteilung zu erwartenden Häufigkeiten gegenübergestellt. Der Gipfel der Kurve der relativen Häufigkeiten ist deutlich nach rechts verschoben.

Für die Berechnung der Schiefe bei einer Grundgesamtheit verwenden Sie die mit Excel 2013 eingeführte Funktion `SCHIEFE.P()`.

SCHIEFE.P()

SKEW.P()

Syntax:	`SCHIEFE.P(`**`Zahl1`**`; Zahl2; …)`
Beispiel:	`=SCHIEFE.P(2; 3; 2; 7; 9; 6; 4; 2)`
Ergebnis:	`0,6301`

Die mit Excel 2013 eingeführte Funktion `SCHIEFE.P()` liefert ein Maß für die Asymmetrie der Häufigkeitsverteilung einer Grundgesamtheit. Verglichen wird mit einer Normalverteilung mit gleichem Mittelwert und gleicher Streuung.

255 Argumente sind möglich. Das erste Argument ist erforderlich. Bei Bezügen auf Zellbereiche werden Texteinträge, Fehlerwerte, Wahrheitswerte und leere Zellen ignoriert. Wird eine Zahl in Textform oder ein Wahrheitswert dagegen direkt als Argument angegeben, werden sie berücksichtigt.

! Sind weniger als drei Datenelemente angegeben oder ist die Standardabweichung der Grundgesamtheit gleich `0`, gibt die Funktion den Fehler `#DIV/0!` zurück. Fehlerwerte in den Datenelementen führen dazu, dass die Funktion diesen Fehler als Ergebnis ausgibt.

Ist das Ergebnis größer als `0`, dann ist die linke Seite steiler, die Verteilung heißt linkssteil oder rechtsschief. Bei einem negativen Wert für die Schiefe ist die Verteilung linksschief oder rechtssteil. Der Mittelwert ist in diesem Fall kleiner als der Median und dieser kleiner oder gleich dem Modus. Vergleiche auch `KURT()`.

In Abbildung 7.89 wird die bei der Funktion `SCHIEFE()` verwendete Urliste mit Körpergrößen für 70 Schüler nicht als Stichprobe, sondern als Grundgesamtheit behandelt. Es ergibt sich auch hier, dass die Schiefe einen negativen Wert hat, was auf eine rechtssteile Verteilung schließen lässt. Das wird auch bestätigt durch die Tatsache, dass der Mittelwert kleiner ist als der Median.

Schiefe einer Verteilung

Urliste mit Körpergrößen von 70 Schülern

A	B	C	D	E	F	G	H	I	J
177	174	183	184	185	172	166	176	163	163
168	173	172	177	185	177	174	151	172	173
179	158	181	178	185	167	180	186	158	177
153	162	166	168	177	179	173	157	179	173
172	158	181	179	173	168	184	177	173	196
176	183	177	177	178	184	176	172	177	185
182	160	163	187	162	169	180	172	166	183

L	M
78,857	=VAR.P(A5:J11)
8,880	=STABW.N(A5:J11)
-0,451	=SCHIEFE.P(A5:J11)
0,002	=KURT(A5:J11)
173,843	=MITTELWERT(A5:J11)
175,835	=MEDIAN(A5:J11)
177,000	=MODUS.EINF(A5:J11)

	abs. Häufigkeit	rel. Häufigkeit	normalverteilt
155	2	3%	5%
160	5	7%	9%
165	5	7%	13%
170	8	11%	17%
175	14	20%	18%
180	20	29%	16%
185	13	19%	11%
190	2	3%	7%
195	0	0%	3%
200	1	1%	1%
	70	100%	100%

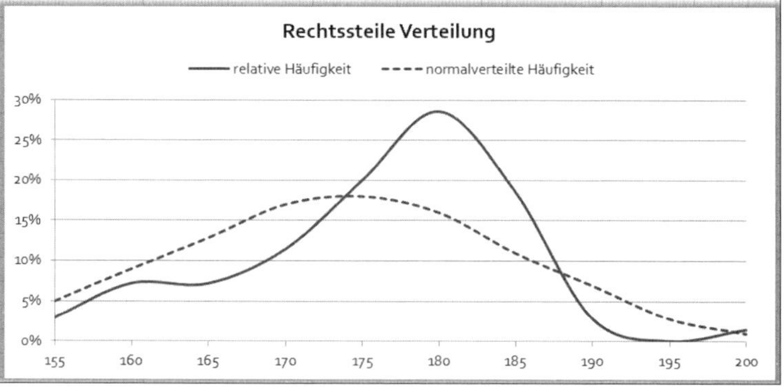

Abbildung 7.89 Beispiel für eine rechtssteile Verteilung einer Grundgesamtheit

Im Diagramm sind die relativen Häufigkeiten und die bei einer Normalverteilung zu erwartenden Häufigkeiten gegenübergestellt. Der Gipfel der Kurve der relativen Häufigkeiten ist deutlich nach rechts verschoben.

Für die Berechnung der Schiefe bei einer Stichprobe verwenden Sie die Funktion SCHIEFE().

STABW.N()

STDEV.P()

Syntax:	STABW.N(**Zahl1**; Zahl2; ...)
Beispiel:	=STABW.N(33; 22; 28; 17; 23; 26)
Ergebnis:	5,01

Die Funktion STABW.N() berechnet für die Werte in der Argumentliste die Standardabweichung vom arithmetischen Mittelwert. Dabei stellen die in der Argumentliste angegebenen Daten eine Grundgesamtheit dar.

Die Funktion kann bis zu 255 Argumente verarbeiten. Das erste Argument ist erforderlich. Bei Bezügen auf Zellbereiche werden Texteinträge, Fehlerwerte, Wahrheitswerte und leere Zellen ignoriert. Wird eine Zahl in Textform oder ein Wahrheitswert dagegen direkt als Argument angegeben, werden sie mitgerechnet.

Enthält ein Bereich gar keine numerischen Werte, liefert die Funktion den Fehler #DIV/0!.

Die Standardabweichung ist ein Maß dafür, wie weit die vorhandenen Daten um den Mittelwert streuen. Die Standardabweichung ist die Quadratwurzel aus dem arithmetischen Mittel der quadrierten Abweichungen vom arithmetischen Mittel. Bei der Ermittlung des Mittels wird anders als bei den Funktionen STABW.S() und STABWA() mit n für den Umfang der Grundgesamtheit gerechnet.

Die verwendete Formel ist:

$$= \sqrt{\frac{\sum (x - \bar{x})^2}{n}}$$

Die Funktion STABW.N() ersetzt seit Excel 2010 die bisherige Funktion STABWN(), die aber weiter in der Kategorie **Kompatibilität** angeboten wird. Handelt es sich bei den angegebenen Daten um eine Stichprobe, sollten Sie die Funktion STABW.S() verwenden.

Die Standardabweichung ist zugleich die Wurzel aus der Varianz, die für Grundgesamtheiten von der Funktion `VAR.P()` geliefert wird (siehe dort). Mehr zu Standardabweichung und Varianz finden Sie in Abschnitt 7.3, »Zufallsvariable und Wahrscheinlichkeit«.

Berechnen von Standardabweichung und Varianz

Person	Geschlecht	Alter	Gewicht
1	m	23	69
2	m	25	66
3	w	29	68
4	m	33	72
5	w	35	74
6	w	35	63
7	m	43	68
8	w	43	79
9	m	43	58
10	w	43	79
	STABW.S()	7,74	6,65
	STABW.N()	7,35	6,31
	STABW()	7,74	6,65
	STABWN()	7,35	6,31
	VAR.S()	59,96	44,27
	VAR.P()	53,96	39,84
	VARIANZ()	59,96	44,27
	VARIANZEN()	53,96	39,84

Abbildung 7.90 Berechnung von Standardabweichung und Varianz

Abbildung 7.90 zeigt Werte für die Standardabweichung bei den Merkmalen »Alter« und »Gewicht«, wobei die Daten einmal als Grundgesamtheit und einmal als Daten einer Stichprobe behandelt werden. Wie zu sehen ist, berechnet `STABW.N()` einen geringeren Wert als `STABW.S()`, da ja einmal mit `n` und das andere Mal mit `n - 1` dividiert wird. Diese Differenz wird umso größer, je kleiner `n` ist, während sie bei großen Werten für `n` kaum ins Gewicht fällt. Zum Vergleich werden noch die Ergebnisse der entsprechenden kompatiblen Funktionen angezeigt.

STABW.S()

STDEV.S()

Syntax: `STABW.S(`**`Zahl1`**`; Zahl2; ...)`

Beispiel: `=STABW.S(33; 22; 28; 17; 23; 26)`

Ergebnis: `5,49`

Die Funktion STABW.S() schätzt die Standardabweichung einer Grundgesamtheit auf der Basis der durch die Argumente angegebenen Werte, die eine Stichprobe aus dieser Grundgesamtheit darstellen. Es wird also nicht die Standardabweichung der Stichprobe selbst berechnet, denn dazu könnte die Funktion STABW.N() verwendet werden.

Die Funktion kann bis zu 255 Argumente verarbeiten. Das erste Argument ist erforderlich. Bei Bezügen auf Zellbereiche werden Texteinträge, Fehlerwerte, Wahrheitswerte und leere Zellen ignoriert. Wird eine Zahl in Textform oder ein Wahrheitswert dagegen direkt als Argument angegeben, werden sie mitgerechnet.

Enthält ein Bereich gar keine numerischen Werte, liefert die Funktion den Fehler #DIV/0!.

Die Standardabweichung ist ein Maß dafür, wie weit die vorhandenen Daten um den Mittelwert streuen. Die Standardabweichung ist die Quadratwurzel aus dem arithmetischen Mittel der quadrierten Abweichungen vom arithmetischen Mittel. Dazu werden die Quadrate der Abweichungen zunächst addiert. Zur Ermittlung des Mittelwertes wird bei dieser Funktion aber nicht mit n für den gesamten Umfang der Stichprobe gerechnet, sondern mit n - 1, was den Freiheitsgraden entspricht.

Die verwendete Formel ist:

$$= \sqrt{\frac{\sum(x-\bar{x})^2}{n-1}}$$

Der Grund für diese Änderung des Nenners gegenüber der Funktion STABW.N() ergibt sich aus der Überlegung, dass eine einfache Gleichsetzung der Standardabweichung der Stichprobe mit der der Grundgesamtheit zu einer Unterschätzung der Streuung in der Grundgesamtheit führen würde.

Die Funktion STABW.S() ersetzt seit Excel 2010 die Funktion STABW(), die aber weiter in der Kategorie **Kompatibilität** angeboten wird. Handelt es sich bei den angegebenen Daten um eine Grundgesamtheit, sollten Sie die Funktion STABW.N() verwenden.

Die Standardabweichung ist zugleich die Wurzel aus der Varianz, die für Schätzungen auf der Basis von Stichproben von der Funktion VAR.S() geliefert wird (siehe dort). Mehr zu Standardabweichung und Varianz finden Sie in Abschnitt 7.3, »Zufallsvariable und Wahrscheinlichkeit«. Siehe auch Abbildung 7.90 und STABW.N().

STABWA()

STDEVA()

Syntax:	`STABWA(`**`Wert1`**`; Wert2; …)`
Beispiel:	`=STABWA(33; 22; FALSCH; 17; WAHR; 26)`
Ergebnis:	`13,45`

Die Funktion `STABWA()` schätzt die Standardabweichung einer Grundgesamtheit auf der Basis der durch die Argumente angegebenen Werte, die eine Stichprobe aus dieser Grundgesamtheit darstellen.

Die Funktion kann seit Excel 2007 bis zu 255 Argumente verarbeiten, in den älteren Versionen nur bis zu 30. Das erste Argument ist erforderlich. Im Unterschied zur Funktion `STABW.S()` bzw. `STABW()` werden von dieser Funktion auch Textwerte und Wahrheitswerte mit ausgewertet. Textwerte zählen dabei `0`. `WAHR` wird mit `1`, `FALSCH` mit `0` gewertet. Werden Zahlen als Text direkt als Argument angegeben, werden auch die jeweiligen Zahlenwerte berücksichtigt.

```
=STABWA("10"&"500"; 10000; "8000")
```

ergibt beispielsweise `1322,87566`.

! Enthält ein Bereich gar keine numerischen Werte, liefert die Funktion den Fehler `#DIV/0!`.

Die Standardabweichung ist ein Maß dafür, wie weit die vorhandenen Daten um den Mittelwert streuen. Die Standardabweichung ist die Quadratwurzel aus dem arithmetischen Mittel der quadrierten Abweichungen vom arithmetischen Mittel.

Bei der Ermittlung des Mittelwertes wird bei dieser Funktion aber nicht mit `n` für den gesamten Umfang der Stichprobe gerechnet, sondern mit `n - 1`.

Handelt es sich bei den vorliegenden Daten um eine Grundgesamtheit, sollten Sie die entsprechende Funktion `STABWNA()` verwenden.

Abbildung 7.91 zeigt ein Beispiel, in dem für einige Personen noch keine Angabe zu Alter und Gewicht vorliegen. Die Funktion wertet die entsprechenden Texthinweise mit dem Wert `0`. Die Standardabweichung ist dadurch wesentlich höher, als wenn die Zellen mit den Texten nicht berücksichtigt würden.

	A	B	C	D
1				
2	**Berechnen von Standardabweichung und Varianz (A)**			
3				
4	Person	Geschlecht	Alter	Gewicht
5	1	m	23	69
6	2	m	25	66
7	3	w	29	Angabe fehlt
8	4	m	Angabe fehlt	72
9	5	w	35	74
10	6	w	35	63
11	7	m	43	Abgabe fehlt
12	8	w	43	79
13	9	m	43	58
14	10	w	43	79
15		STABWA()	13,60	30,24
16		STABWNA()	12,90	28,69
17		VARIANZA()	184,99	914,67
18		VARIANZENA()	166,49	823,20

Abbildung 7.91 Die A-Variante der Funktionen zur Berechnung der Streuung

STABWNA()

STDEVPA()

Syntax:	`STABWNA(`**`Wert1`**`; Wert2; …)`
Beispiel:	`=STABWNA(33; 22; FALSCH; 17; WAHR; 26)`
Ergebnis:	`12,28`

Die Funktion `STABWNA()` berechnet für die Werte in der Argumentliste die Standardabweichung vom arithmetischen Mittel. Dabei werden die in der Argumentliste gegebenen Daten als Grundgesamtheit behandelt.

Die Funktion kann seit Excel 2007 bis zu 255 Argumente verarbeiten, in den älteren Versionen nur bis zu 30. Das erste Argument ist erforderlich. Im Unterschied zur Funktion `STABW.P()` bzw. `STABWN()` werden von dieser Funktion auch Textwerte und Wahrheitswerte mit ausgewertet. Textwerte zählen dabei `0`. `WAHR` wird mit `1`, `FALSCH` mit `0` gewertet. Werden Zahlen als Text direkt als Argument angegeben, werden auch die jeweiligen Zahlenwerte berücksichtigt.

```
=STABWNA("10"&"500"; 10000; "8000")
```

ergibt beispielsweise `1080,12345`.

Enthält ein Bereich gar keine numerischen Werte, liefert die Funktion den Fehler #DIV/0!.

Die Standardabweichung ist ein Maß dafür, wie weit die vorhandenen Daten um den Mittelwert streuen. Die Standardabweichung ist die Quadratwurzel aus dem arithmetischen Mittel der quadrierten Abweichungen vom arithmetischen Mittel. Bei der Ermittlung des Mittelwertes wird anders als bei den Funktionen STABW() und STABWA() mit n für den Umfang der Grundgesamtheit gerechnet.

Handelt es sich bei den vorliegenden Daten um eine Stichprobe, sollten Sie die entsprechende Funktion STABWA() verwenden. Siehe auch Abbildung 7.91.

STANDARDISIERUNG()

STANDARDIZE()

Syntax:	STANDARDISIERUNG(**X; Mittelwert; Standabwn**)
Beispiel:	siehe Abbildung 7.92

Die Funktion STANDARDISIERUNG() berechnet Werte aus einer Normalverteilung, die durch ihren Mittelwert und die Standardabweichung gekennzeichnet ist, in Werte einer Standardnormalverteilung um. Dabei ist X der Wert, der standardisiert werden soll, Mittelwert ist das arithmetische Mittel der Verteilung, das Argument Standabwn liefert die Standardabweichung der Verteilung.

Die Funktion zieht dabei von dem jeweiligen X-Wert den Mittelwert ab und dividiert das Ergebnis durch die angegebene Standardabweichung:

$$Z = \frac{X - \mu}{\sigma}$$

Mithilfe dieser Funktion lassen sich alle Normalverteilungen in Standardnormalverteilungen übersetzen, was nachfolgende Berechnungen häufig vereinfachen kann.

Abbildung 7.92 zeigt in Spalte A und C die Werte einer Normalverteilung mit den in Zelle B3 und B4 angegebenen Werten für den Mittelwert und die Standardabweichung. In Spalte B sind die Werte aus Spalte A standardisiert, die erste Formel lautet:

```
=STANDARDISIERUNG(A8; $B$4; $B$5)
```

Der Bezug auf die Zellen B4 und B5 wird also absolut gesetzt, damit Sie die Formel die Spalte herunterkopieren können. Das obere Diagramm wertet die Werte in Spalte A und C aus, das zweite liefert mit den Werten in Spalte B und C die dazugehörige Standardnormalverteilung.

	A	B	C
1			
2	**Zurückführung auf die Standardnormalverteilung**		
3			
4	MITTELWERT()	0	
5	STABW.N()	0,34	
6			
7	X	STANDARDISIERUNG()	Dichte
8	-1	-2,941176471	0,01552
9	-0,9	-2,647058824	0,03531
10	-0,8	-2,352941176	0,07366
11	-0,7	-2,058823529	0,14093
12	-0,6	-1,764705882	0,24728
13	-0,5	-1,470588235	0,39794
14	-0,4	-1,176470588	0,58733
15	-0,3	-0,882352941	0,79501
16	-0,2	-0,588235294	0,98695
17	-0,1	-0,294117647	1,12369
18	0	0	1,17336
19	0,1	0,294117647	1,12369
20	0,2	0,588235294	0,98695
21	0,3	0,882352941	0,79501
22	0,4	1,176470588	0,58733
23	0,5	1,470588235	0,39794
24	0,6	1,764705882	0,24728
25	0,7	2,058823529	0,14093
26	0,8	2,352941176	0,07366
27	0,9	2,647058824	0,03531
28	1	2,941176471	0,01552

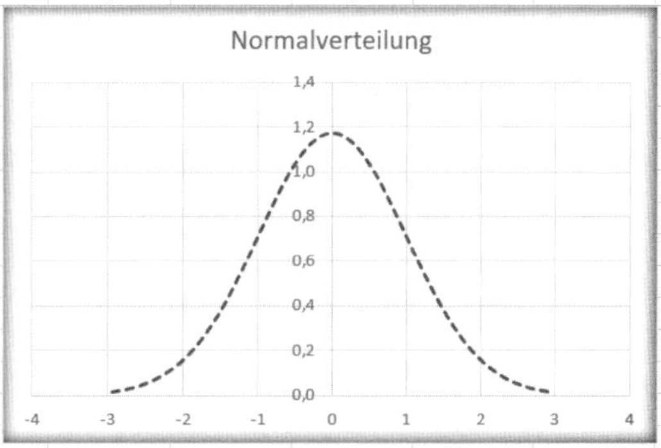

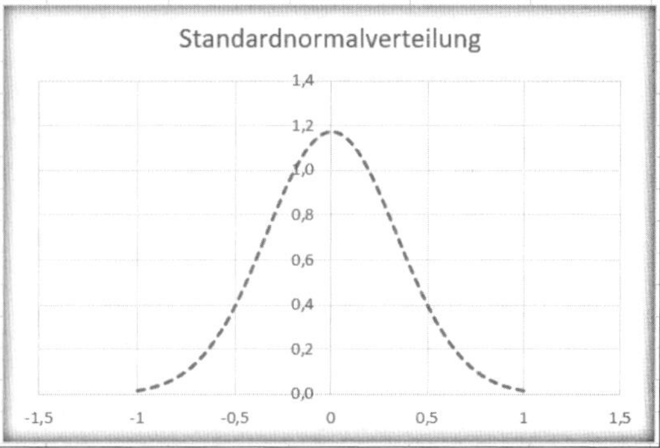

Abbildung 7.92 Ermitteln von standardisierten Werten

Eine Standardnormalverteilung ist eine Normalverteilung mit einem arithmetischen Mittel von 0 und einer Standardabweichung von 1, vergleiche NORM.VERT() und NORM.S.VERT().

STEIGUNG()

SLOPE()

Syntax: STEIGUNG(**Y_Werte**; **X_Werte**)

Beispiel: =STEIGUNG({2;3;4}; {4;6;8})

Ergebnis: 0,5

Die Funktion STEIGUNG() liefert die Steigung für die aus den Argumenten Y_Werte und X_Werte errechnete Regressionsgerade oder Trendlinie, vergleiche hierzu die Funktion RGP(). Für Y_Werte und X_Werte kann jeweils ein Zellbereich oder eine Matrixkonstante angegeben werden.

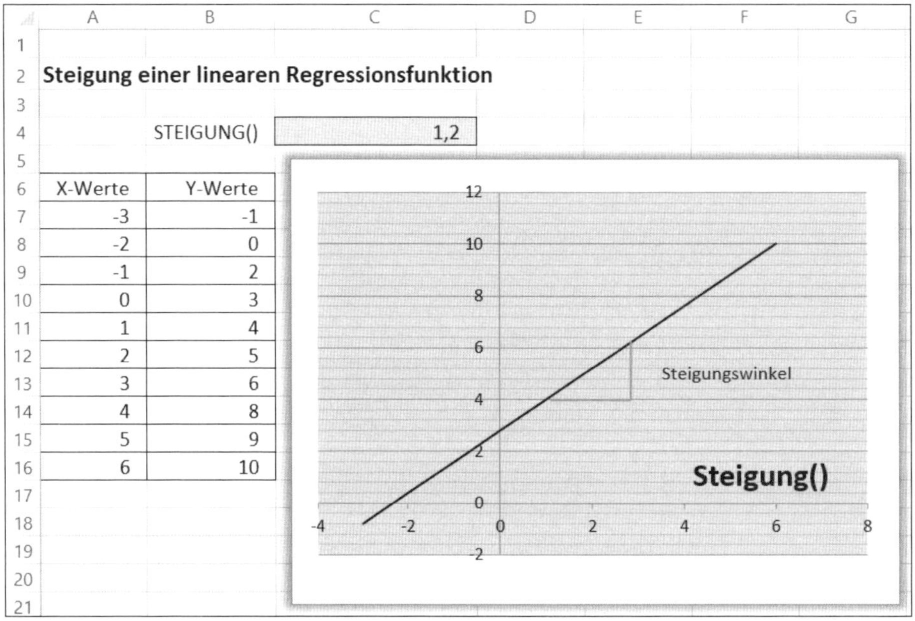

Abbildung 7.93 Berechnung der Steigung einer Regressionsgeraden

Die Regressionsgerade basiert auf der Gleichung:

`y = b + m * x`

wobei `b` der Schnittpunkt der Geraden mit der y-Achse ist und `m` die Steigung. Der Wert für `b` kann mit der Funktion `ACHSENABSCHNITT()` berechnet werden.

! Die Argumente `Y_Werte` und `X_Werte` müssen jeweils die gleiche Anzahl von Elementen enthalten, sonst liefert die Funktion den Fehler `#NV`. Nicht numerische x-Werte ergeben den Fehler `#WERT!`.

Siehe auch die Erläuterungen zur Regressionsanalyse in Abschnitt 7.5, »Regressionsanalyse«.

STFEHLERYX()

STEYX()

Syntax:	`STFEHLERYX(`**`Y_Werte; X_Werte`**`)`
Beispiel:	`=STFEHLERYX({2;3;4}; {3;7;9})`
Ergebnis:	`0,2673`

Die Funktion STFEHLERYX() liefert den Standardschätzfehler für die mittels linearer Regression aus den mit dem Argument X_Werte angegebenen Daten geschätzten Y_Werte, vergleiche hierzu RGP(). Dabei stellen die X_Werte die unabhängige, die Y_Werte die abhängige Variable dar.

	A	B	C	D
1				
2	**Berechnen des Standardfehlers**			
3				
4	Monat	Werbeaufwand	Umsatz	STFEHLERYX()
5	Jan 24	10000	900000	65409
6	Feb 24	12000	1090000	
7	Mrz 24	14000	1300000	
8	Apr 24	12000	1200000	
9	Mai 24	11000	900000	
10	Jun 24	10000	990000	
11	Jul 24	10000	980000	
12	Aug 24	11000	1050000	
13	Sep 24	12000	1020000	
14	Okt 24	13000	1200000	
15	Nov 24	13500	1230000	
16	Dez 24	14000	1300000	
17	Jan 25	11000	1090000	
18	Feb 25	12000	1100000	
19	Mrz 25	15000	1400000	
20	Apr 25	12000	1160000	
21	Mai 25	11000	1080000	
22	Jun 25	10000	950000	
23	Jul 25	10000	1000000	
24	Aug 25	11000	1090000	
25	Sep 25	13000	1240000	
26	Okt 25	14000	1360000	
27	Nov 25	13500	1290000	
28	Dez 25	16000	1700000	
29		Mittelwert	1150833	

Abbildung 7.94 Berechnung des Standardfehlers bei linearer Regression

Für Y_Werte und X_Werte kann jeweils ein Zellbereich oder eine Matrixkonstante angegeben werden. Texte, leere Zellen oder Wahrheitswerte werden ignoriert.

! Enthalten Y_Werte und X_Werte unterschiedlich viele Datenelemente, liefert die Funktion den Fehler #NV. Enthalten beide nur ein oder gar kein Datenelement, erscheint der Fehler #DIV/0!.

Der errechnete Wert ist ein Maß für die Zuverlässigkeit der linearen Regression. Er gibt an, wie sehr der errechnete Stichprobenmittelwert um den tatsächlichen Mittelwert der Grundgesamtheit streut. Er sagt damit aus, wie zuverlässig die Schätzung eines Y-Wertes für einen gegebenen X-Wert ist. Je größer der Wert ist, umso stärker weichen die geschätzten Werte also von den tatsächlichen Werten ab.

Der Wert entspricht dem mit `se(y)` bezeichneten Kennwert, den die Funktion `RGP()` liefert, siehe dort.

Siehe dazu auch Abschnitt 7.5, »Regressionsanalyse«.

SUMQUADABW()

DEVSQ()

Syntax:	`SUMQUADABW(`**`Zahl1`**`; Zahl2; ...)`
Beispiel:	`=SUMQUADABW(4; 6; 5; 7; 3; 5)`
Ergebnis:	10

Die Funktion `SUMQUADABW()` gibt die Summe der quadratischen Abweichungen der Einzelwerte vom arithmetischen Mittelwert einer Stichprobe an.

Als Argumente können Zahlen, Zell- oder Bereichsbezüge, Bereichsnamen oder Matrizen angegeben werden. Das erste Argument ist erforderlich, die anderen sind optional. Seit Excel 2007 sind insgesamt 255 Argumente möglich, in den älteren Versionen nur 30.

Wahrheitswerte und Zahlen in Textform werden nur berücksichtigt, wenn sie direkt als Argument angegeben werden. Innerhalb eines Bezugs oder einer Matrix werden Text- oder Wahrheitswerte oder leere Zellen ignoriert. Fehlerwerte führen dazu, dass die Funktion diesen Fehlerwert ausgibt.

Die Funktion arbeitet mit der Gleichung:

$$= \sum (x - \bar{x})^2$$

wobei das überstrichene x den Mittelwert angibt.

Das Ergebnis dieser Funktion wird häufig in der Statistik verwendet, z. B. ist es Bestandteil und Ausgangspunkt der Berechnung von Varianz und Standardabweichung.

	A	B	C	D	E	F
1						
2	**Summe der quadrierten Abweichungen**					
3						
4	Monat	Umsatz	SUMQUADABW()		Abweichung vom Mittelwert	Quadrat der Abweichung
5	Jan 24	1090000	477700000000		115000	13225000000
6	Feb 24	1100000			105000	11025000000
7	Mrz 24	1400000			-195000	38025000000
8	Apr 24	1160000			45000	2025000000
9	Mai 24	1080000			125000	15625000000
10	Jun 24	950000			255000	65025000000
11	Jul 24	1000000			205000	42025000000
12	Aug 24	1090000			115000	13225000000
13	Sep 24	1240000			-35000	1225000000
14	Okt 24	1360000			-155000	24025000000
15	Nov 24	1290000			-85000	7225000000
16	Dez 24	1700000			-495000	245025000000
17	MITTELWERT()	1205000			SUMME()	477700000000

Abbildung 7.95 Summe der quadrierten Abweichungen vom Mittelwert einer Stichprobe

Siehe auch `MITTELABW()`, `STABW.S()` und `STABW.N()`.

T.INV()

T.INV()

Syntax: `T.INV(`**`Wahrsch; Freiheitsgrade`**`)`

Beispiel: `=T.INV(0,05; 4)`

Ergebnis: `-2,13`

Die Funktion `T.INV()` liefert linksseitige Quantile der t-Verteilung und ist damit die Umkehrung von `T.VERT()`. Die wiedergegebenen Werte sind in statistischen Tabellenwerken als `t` für einseitige Tests tabelliert.

Mit `Wahrsch` wird die zur t-Verteilung gehörige Wahrscheinlichkeit angegeben, der Wert für `Freiheitsgrade` wird aus den zu vergleichenden Größen ermittelt.

! Ist eines der Argumente nicht numerisch, gibt die Funktion den Fehler `#WERT!` zurück. Ist `Wahrsch` ≤ 0 oder > 1 oder `Freiheitsgrade` < 1, erscheint der Fehler `#ZAHL!`.

Die Funktion ist eine der beiden Funktionen, die seit Excel 2010 anstelle von TINV() angeboten werden. Die andere ist T.INV.2S(). Siehe auch T.INV.2S(), T.TEST(), T.VERT(), T.VERT.2S(), T.VERT.RE() und GAMMA().

T.INV.2S()

T.INV.2T()

Syntax:	T.INV.2S(**Wahrsch; Freiheitsgrade**)
Beispiel:	=T.INV.2S(0,05; 4)
Ergebnis:	2,776

Die Funktion T.INV.2S() liefert zweiseitige Quantile der t-Verteilung und ist damit die Umkehrung der ebenfalls zweiseitigen Funktion T.VERT.2S(). Die wiedergegebenen Werte sind in statistischen Tabellenwerken als t für zweiseitige Tests (Tests, bei denen die Werte nach beiden Seiten abweichen können) tabelliert.

Mit Wahrsch wird die zur t-Verteilung gehörige Wahrscheinlichkeit angegeben, der Wert für Freiheitsgrade wird aus den zu vergleichenden Daten, Anzahl Werte -1, ermittelt.

! Ist eines der Argumente nicht numerisch, gibt die Funktion den Fehler #WERT! zurück. Ist Wahrsch < 0 oder > 1 oder Freiheitsgrade < 1, erscheint der Fehler #ZAHL!.

7.9.8 Einsatz der Funktion in Testverfahren

Für die Auswertung von t-verteilten Daten gibt es verschiedene Testverfahren. Der prinzipielle Ablauf des t-Tests umfasst folgende Schritte:

1. Aus den zu vergleichenden Größen wird ein rechnerischer t-Wert ermittelt.
2. Die Freiheitsgrade werden ermittelt.
3. Der errechnete t-Wert wird mit dem von T.INV.2S() gelieferten verglichen.

7.9.9 Vergleich zwischen Stichprobe und Grundgesamtheit

Ein Beispiel für einen solchen t-Test ist der Vergleich der Häufigkeit eines Merkmals in einer Stichprobe mit der Wahrscheinlichkeit dieses Merkmals in der Grundgesamtheit.

Angenommen, ein Hersteller stellt fest, dass 11 % eines Produkts schadhaft sind. Die Wahrscheinlichkeit eines Produktfehlers ist also 0,11. Er prüft ein geändertes Herstellungsverfahren und testet 200 Produkte. Er stellt fest, dass 13 davon defekt sind. Die Nullhypothese ist in diesem Fall, dass sich die Stichprobe und die Grundgesamtheit in Bezug auf die Fehlerhäufigkeit nur zufällig unterscheiden.

Die Testgröße `t` kann mit folgender Formel berechnet werden:

```
t = ABS(z-n*p)/WURZEL(n*p*(1-p))
```

Dabei ist `z` = Häufigkeit des Merkmals in der Stichprobe, `p` = Wahrscheinlichkeit in der Grundgesamtheit und `n` = Größe der Stichprobe.

Das Ergebnis des Tests ist, dass der errechnete t-Wert größer ist als der mit `T.INV.2S()` ermittelte Wert für die Irrtumswahrscheinlichkeit `0,05`. Die Nullhypothese wird also verworfen. Das neue Verfahren kann als etwas besser gelten, wobei die Wahrscheinlichkeit eines Irrtums kleiner als `0,05` (5 %) ist. Die Wahrscheinlichkeit, dass die Nullhypothese doch richtig sein könnte, die mit `T.VERT.2S` ermittelt wird, beträgt nur `0,04`, also 4 %.

	A	B	C	D
1				
2	**Vergleich der Häufigkeit eines Merkmals**			
3				
4	Wahrscheinlichkeit Grundgesamtheit	**p**	0,11	
5	Häufigkeit in Stichprobe	**z**	13	
6	Größe der Stichprobe	**n**	200	
7				
8	t-Wert		2,033930766	=ABS(_z-n*p)/WURZEL(n*p*(1-p))
9	T.INV.2S(0,05)		1,971956544	=T.INV.2S(0,05;n-1)
10	T.VERT.2S(t)		0,043285814	=T.VERT.2S(C8;n-1)

Abbildung 7.96 Vergleich der Häufigkeit in der Stichprobe mit der Wahrscheinlichkeit in der Grundgesamtheit

7.9.10 Vergleich zweier Stichproben

Abbildung 7.97 zeigt einen t-Test für zwei Stichproben aus Untersuchungen zur Knochendichte, mit dem geprüft wird, ob die Unterschiede als signifikant oder nur als zufällig einzustufen sind. Der mit `T.TEST()` errechnete Prüfwert ist deutlich kleiner als der mit `T.INV.2S()` errechnete kritische t-Wert, also kann davon ausgegangen werden, dass die Unterschiede der beiden Stichproben nicht signifikant sind.

	A	B	C	D	E
1					
2	**Berechnen des kritischen Werts der t-Verteilung**				
3					
4	Stichprobe 1	Knochendichte in mg/cm³		Stichprobe 2	Knochendichte in mg/cm³
5	p1	19,4		p1	19,2
6	p2	23		p2	19,3
7	p3	29,9		p3	61,9
8	p4	33		p4	69,9
9	p5	67,9		p5	71
10	p6	68		p6	78
11	p7	81		p7	96
12	p8	178		p8	101,4
13	p9	55		MITTELWERT()	64,5875
14	p10	34		VAR.S()	958,4784
15	MITTELWERT()	58,92		STABW.S()	30,9593
16	VAR.S()	2203,680		ANZAHL()	8
17	STABW.S()	46,943			
18	ANZAHL()	10			
19					
20	Freiheitsgrade	16			
21	Wahrsch	0,05			
22	T.TEST()	0,762707427			P-Wert zweiseitig
23	T.INV.2S()	2,119905299			Kritischer t-Wert bei zweiseitigem t-Test
24	T.TEST()	0,381353714			P-Wert einseitig
25	T.INV()	1,745883676			Kritischer t-Wert bei einseitigem t-Test

Abbildung 7.97 Teststatistik bei t-Verteilung

Die Funktion ist eine der beiden Funktionen, die seit Excel 2010 anstelle von `TINV()` angeboten werden. Die andere ist `T.INV()`. `T.INV.2S()` liefert dasselbe Ergebnis wie die bisherige Funktion `TINV()`, die ebenfalls zweiseitig arbeitet. Siehe auch `T.INV()`, `T.TEST()`, `T.VERT()`, `T.VERT.2S()`, `T.VERT.RE()` und `GAMMA()`.

T.TEST()

T.TEST()

Syntax: `T.TEST(`**`Matrix1; Matrix2; Seiten; Typ`**`)`

Beispiel: `=T.TEST({12; 19; 13; 14; 17}; {15; 17; 16; 15; 17}; 2; 2)`

Ergebnis: `0,489`

Beim t-Test wird geprüft, ob zwei Stichproben sich in ihrem Mittelwert nur zufällig unterscheiden – das ist die Nullhypothese – oder ob sie sich nicht zufällig, sondern

»echt« unterscheiden – das ist die Alternativhypothese. Im ersten Fall kann angenommen werden, dass die beiden Stichproben aus derselben Grundgesamtheit stammen können, im zweiten Fall stammen die Stichproben entweder aus verschiedenen Grundgesamtheiten oder sie sind nicht zufällig entnommen. Beim t-Test wird davon ausgegangen, dass die zu untersuchenden Merkmale wenigstens annähernd normalverteilt sind, wobei die Streuung aber nur geschätzt werden kann.

Die Funktion `T.TEST()` gestattet den direkten Vergleich zweier Stichproben, ohne dass so viele rechnerische Zwischenschritte nötig wären wie bei dem unter `T.INV()` geschilderten Verfahren. Sie liefert als Ergebnis die Wahrscheinlichkeit dafür, dass die beiden Stichproben übereinstimmen. Die beiden Stichproben werden mit `Matrix1` und `Matrix2` angegeben. Mit `Seiten` wird vorgegeben, ob Abweichungen nach beiden Seiten (2) oder nur nach einer Seite (1) möglich sind. Ein einseitiger Test betrifft beispielsweise die Frage, ob ein Mittelwert einen bestimmten Wert überschreitet – das wird auch eine gerichtete Hypothese genannt.

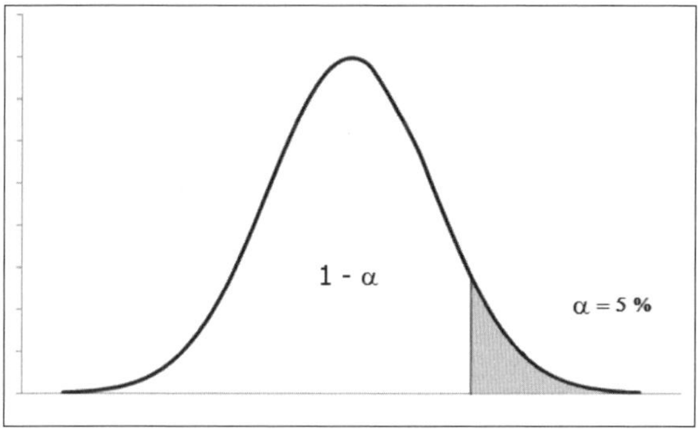

Abbildung 7.98 Einseitiger t-Test

Ein zweiseitiger Test basiert dagegen auf einer ungerichteten Hypothese, weil nur geprüft wird, ob ein Wert in der einen oder der anderen Richtung abweicht.

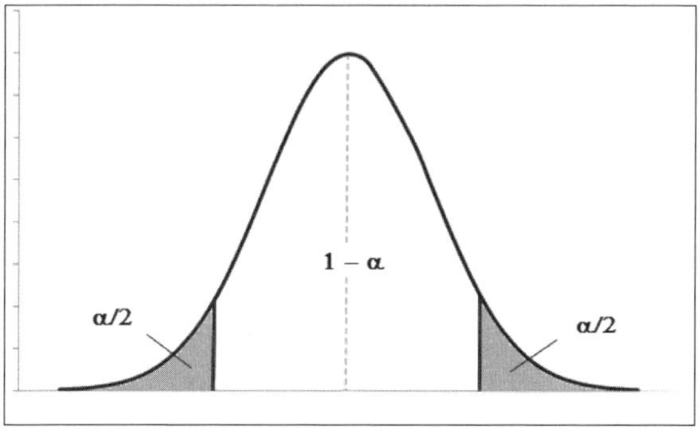

Abbildung 7.99 Zweiseitiger t-Test

Die Irrtumswahrscheinlichkeit α ist die Wahrscheinlichkeit dafür, dass die Nullhypothese auch dann noch richtig sein kann, wenn sie durch das Testergebnis verworfen werden muss. Sie wird beim zweiseitigen Test gewissermaßen auf die beiden Endbereiche der Dichtekurve aufgeteilt.

Mit `Typ` wird zusätzlich der Charakter der Stichproben angegeben, wie Tabelle 7.4 zeigt.

Typ	Charakter
1	gepaart – zwei Stichproben gleicher Größe
2	zwei Stichproben mit gleicher Varianz
3	zwei Stichproben mit unterschiedlicher Varianz

Tabelle 7.4 Werte für das Argument `Typ`

Enthalten die mit `Matrix1` und `Matrix2` angegebenen Datenreihen nicht numerische Elemente, werden sie ignoriert. Sind aber jeweils weniger als zwei numerische Elemente vorhanden, gibt die Funktion den Fehler `#DIV/0!` zurück. Ist `Typ = 1` (gepaart), müssen beide Datenreihen die gleiche Anzahl von Elementen enthalten, sonst liefert die Funktion den Fehler `#NV`. Ist `Seiten` oder `Typ` nicht numerisch, erscheint der Fehler `#WERT!`. Bei ungültigen Werten für `Seiten` (<> `1` oder `2`) oder `Typ` (<> `1`, `2` oder `3`) erscheint der Fehler `#ZAHL!`.

	A	B	C	D	E
1					
2	**Vergleich der Mittelwerte zweier Stichproben**				
3					
4	Stichprobe 1	Knochendichte in mg/cm³		Stichprobe 2	Knochendichte in mg/cm³
5	p1	19,4		p1	19,2
6	p2	23		p2	19,3
7	p3	29,9		p3	61,9
8	p4	33		p4	69,9
9	p5	67,9		p5	71
10	p6	68		p6	78
11	p7	81		p7	96
12	p8	178		p8	101,4
13	p9	55		MITTELWERT()	64,588
14	p10	34		VAR.S()	958,478
15	MITTELWERT()	58,92		ANZAHL()	8
16	VAR.S()	2203,680			
17	ANZAHL()	10		T.TEST()	0,762707427

Abbildung 7.100 t-Test für zwei Stichproben

Die Funktion ersetzt seit Excel 2010 die Funktion TTEST(). Siehe auch T.INV(), T.INV.2S(), T.VERT(), T.VERT.2S(), T.VERT.RE() und GAMMA().

T.VERT()

T.DIST()

Syntax:	T.VERT(**X; Freiheitsgrade; Kumuliert**)
Beispiel:	=T.VERT(2; 4; FALSCH)
Ergebnis:	0,066

Die Funktion T.VERT() liefert linksseitige Werte zur Wahrscheinlichkeit für eine t-verteilte Zufallsvariable.

Das Argument X ist das Quantil der Verteilung, dessen Wahrscheinlichkeit berechnet werden soll. Mit Freiheitsgrade wird die Anzahl der Freiheitsgrade angegeben. Mit Kumuliert lässt sich festlegen, ob die Dichtefunktion (FALSCH) oder die Verteilungsfunktion (WAHR) ausgegeben wird.

! Ist eines der Argumente X oder Freiheitsgrade nicht numerisch, gibt die Funktion den Fehler #WERT! zurück. Ist Freiheitsgrade = 0, erscheint der Fehler #DIV/0!, ist Freiheitsgrade negativ, erscheint der Fehler #ZAHL!.

T.VERT() ist die Umkehrung von T.INV(). Deshalb gilt: Wenn:

```
x = T.INV(W; df)
```

dann ist:

```
W = T.VERT(X; df; WAHR)
```

Die Verwendung einer t-Verteilung liegt immer dann nahe, wenn bei Stichproben zwar angenommen werden kann, dass sie normalverteilt sind, die Varianz der Grundgesamtheit, aus der sie gezogen sind, aber nur geschätzt werden kann. Das gilt insbesondere dann, wenn die Stichproben relativ klein sind, beispielsweise unter 30. In solchen Fällen ist der Schätzwert für die Varianz selbst eine Zufallsvariable. Die Statistik der Normalverteilung gilt hier nicht mehr. Die Verteilung wird dann definiert durch den Quotienten aus einer normalverteilten Zufallsvariablen, meist dem Stichprobenmittel, und einer χ^2-verteilten Zufallsvariablen, der geschätzten Varianz:

$$t_n = \frac{Z}{\sqrt{\chi_n^2 / n}}$$

wobei die beiden Variablen Z und χ_n^2 unabhängig voneinander sind. Dieses Verhältnis ist t-verteilt, wobei als Parameter mit n die Anzahl der Freiheitsgrade verwendet wird.

Für die Dichtefunktion der t-Verteilung gilt folgende Formel:

$$= \frac{\Gamma((n+1)/2)}{\sqrt{n\pi}\,\Gamma(n/2)(1+x^2/n)^{(n+1)/2}}$$

wobei n für `Freiheitsgrade` und Γ für die Funktion `GAMMA()` steht.

Abbildung 7.101 zeigt verschiedene Dichtefunktionen zu `T.VERT()`. Es wird deutlich, dass die Glockenkurve wie die der Normalverteilung symmetrisch ist. Außerdem nähert sie sich immer mehr der Kurve der Standardnormalverteilung an, je höher die Anzahl der Freiheitsgrade, also je größer der Stichprobenumfang ist.

t-Verteilung

	n (Freiheitsgrade)			
x	1	4	8	NORM.S.VERT()
-5	0,012242688	0,002649636	0,000657605	0,000001487
-4,5	0,014979289	0,00414383	0,001323412	0,000015984
-4	0,018724111	0,006708204	0,002756306	0,000133830
-3,5	0,024023388	0,011273216	0,005920595	0,000872683
-3	0,031830989	0,019693498	0,013009418	0,004431848
-2,5	0,043904812	0,035675624	0,028781348	0,017528300
-2	0,063661977	0,066291261	0,062368085	0,053990967
-1,5	0,097941503	0,12288	0,126771205	0,129517596
-1	0,159154943	0,214662526	0,22760758	0,241970725
-0,5	0,254647909	0,322261869	0,336693898	0,352065327
0	0,318309886	0,375	0,386699021	0,398942280
0,5	0,254647909	0,322261869	0,336693898	0,352065327
1	0,159154943	0,214662526	0,22760758	0,241970725
1,5	0,097941503	0,12288	0,126771205	0,129517596
2	0,063661977	0,066291261	0,062368085	0,053990967
2,5	0,043904812	0,035675624	0,028781348	0,017528300
3	0,031830989	0,019693498	0,013009418	0,004431848
3,5	0,024023388	0,011273216	0,005920595	0,000872683
4	0,018724111	0,006708204	0,002756306	0,000133830
4,5	0,014979289	0,00414383	0,001323412	0,000015984
5	0,012242688	0,002649636	0,000657605	0,000001487

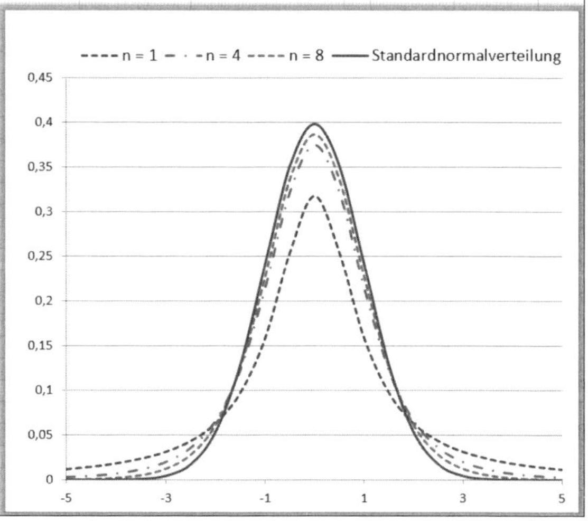

Abbildung 7.101 t-Verteilungen im Vergleich zur Standardnormalverteilung

Die Funktion ist eine der drei Funktionen, die seit Excel 2010 anstelle von `TVERT()` angeboten werden. Die anderen sind `T.VERT.RE()` und `T.VERT.2S()`. Siehe auch die Abschnitte zu den t-Test-Tools in Kapitel 17, »Zusätzliche Tools für die Datenanalyse«, sowie `T.INV()`, `T.INV.2S()`, `T.TEST()`, `T.VERT.2S()`, `T.VERT.RE()`, `KONFIDENZ.T()` und `GAMMA()`.

T.VERT.2S()

T.DIST.2T()

Syntax:	T.VERT.2S(**X; Freiheitsgrade**)
Beispiel:	=T.VERT.2S(2,57; 5; 2)
Ergebnis:	0,05

Die Funktion T.VERT.2S() liefert zweiseitige Werte zur Wahrscheinlichkeit einer t-verteilten Zufallsvariablen. T.VERT.2S() ist die Umkehrung von T.INV.2S(). Wenn:

```
X = T.INV.2S(W; df)
```

dann ist:

```
W = T.VERT.2S(X; df)
```

Ist eines der Argumente X oder Freiheitsgrade nicht numerisch, gibt die Funktion den Fehler #WERT! zurück. Ist Freiheitsgrade < 1, erscheint der Fehler #ZAHL!.

Die Funktion ist eine der drei Funktionen, die seit Excel 2010 anstelle von TVERT() angeboten werden. Die anderen sind T.VERT() und T.VERT.RE(). Die Funktion liefert dasselbe Ergebnis wie die Funktion TVERT() mit dem Argument Seiten = 2.

Siehe auch T.INV(), T.INV.2S(), T.TEST(), T.VERT(), T.VERT.RE() und GAMMA().

T.VERT.RE()

T.DIST.RT()

Syntax:	T.VERT.RE(**X; Freiheitsgrade**)
Beispiel:	=T.VERT.RE(2; 4)
Ergebnis:	0,058

Die Funktion T.VERT.RE() liefert rechtsseitige Werte für die Wahrscheinlichkeit einer t-verteilten Zufallsvariablen.

Ist eines der Argumente X oder Freiheitsgrade nicht numerisch, gibt die Funktion den Fehler #WERT! zurück. Ist Freiheitsgrade < 1, erscheint der Fehler #ZAHL!.

Die Funktion ist eine der drei Funktionen, die seit Excel 2010 anstelle von TVERT() angeboten werden. Die anderen sind T.VERT() und T.VERT.2S(). Die Funktion liefert dasselbe Ergebnis wie die Funktion TVERT() mit dem Argument Seiten = 1. Siehe auch T.INV(), T.INV.2S(), T.TEST(), T.VERT(), T.VERT.2S() und GAMMA().

TREND()

TREND()

Syntax:	TREND(**Y_Werte**; X_Werte; Neue_X_Werte; Konstante)
Beispiel:	siehe Abbildung 7.102

Die Funktion TREND() liefert auf der Basis der linearen Regression geschätzte Y-Werte für eine Trendberechnung. Die Funktion ist eines der Instrumente für die Prognose zukünftiger Entwicklungen auf der Basis der Auswertung vorliegender Daten über den Zusammenhang zwischen verschiedenen Werten.

Das Argument Y_Werte gibt schon bekannte Y-Werte an; X_Werte sind bekannte X-Werte. Werden sie nicht angegeben, verwendet Excel stattdessen eine Matrix {1.2.3...}, die jedem Y-Wert einen X-Wert zuordnet.

Mit Neue_X_Werte lassen sich zusätzlich zu den vorhandenen X-Werten weitere X-Werte angeben, für die Y-Werte geschätzt werden sollen. Dabei wird davon ausgegangen, dass die Werte einem linearen Trend zugeordnet werden können, d. h., dass sich die Beziehung zwischen den X- und Y-Werten durch die Gleichung

```
y = mx + b
```

darstellen lässt, wobei m die Steigung der Geraden und b ihren Schnittpunkt mit der y-Achse festlegt.

Werden für die X-Werte mehrere Spalten angegeben, dann wird als Gleichung für die Gerade angenommen:

```
y = m1*x1 + m2*x2 + ... + b
```

Wird für Y_Werte ein Bereich oder eine Matrix mit nur einer Spalte oder nur einer Zeile angegeben, wird jede Spalte bzw. Zeile in X_Werte als eigenständige Variable interpretiert.

! Die Anzahl der Elemente muss in beiden Bereichen gleich sein, andernfalls liefert die Funktion den Fehler #BEZUG!. Nicht numerische Werte führen zu dem Fehler #WERT!. Umfasst X_Werte mehrere Variablengruppen, muss Y_Werte ein Vektor sein, der aus nur einer Zeile oder Spalte besteht.

Fehlt das Argument `Neue_X-Werte`, wird angenommen, dass die Funktion nur mit den Werten rechnen soll, die das Argument `X_Werte` liefert.

Die Funktion berechnet aus den gegebenen Y- und X-Werten eine Trendgerade und gibt dann für `Neue_X_Werte` die Y-Werte an, die auf dieser Geraden liegen. Dies wird sichtbar, wenn in das Diagramm aus den gesamten Daten eine lineare Trendlinie eingezogen wird.

Das Argument `Konstante` ist ein Wahrheitswert, der bestimmt, wie die in der Gleichung aufgeführte Konstante `b` gehandhabt werden soll. `WAHR` oder nicht angegeben bedeutet, dass `b` mit dem jeweiligen Wert berechnet wird, der sich aus den bekannten Y-Werten ableiten lässt, bei `FALSCH` wird `b` auf den Wert `0` gesetzt und `m` so angepasst, dass die Gleichung auf

```
y = mx
```

reduziert werden kann.

`TREND()` muss als Matrixfunktion eingegeben werden. Die Formel wird also in die erste Zelle des erwarteten Ergebnisbereichs eingegeben. Dieser Bereich muss leer sein, sonst liefert die Formel den Fehler `#ÜBERLAUF!`.

Abbildung 7.102 zeigt die Anwendung der Funktion bei der Schätzung zukünftiger Umsätze. Dabei wird ein lineares Wachstum angenommen.

	A	B	C
1			
2	**Linearer Trend**		
3			
4		Umsatz in Mill.	
5	2016	128,00	
6	2017	126,00	
7	2018	112,00	
8	2019	138,00	
9	2020	136,00	
10	2021	141,00	
11	2022	122,00	
12	2023	146,00	
13	2024	148,00	
14	2025	146,58	Trendwerte
15	2026	149,30	
16	2027	152,02	
17	2028	154,73	
18	2029	157,45	

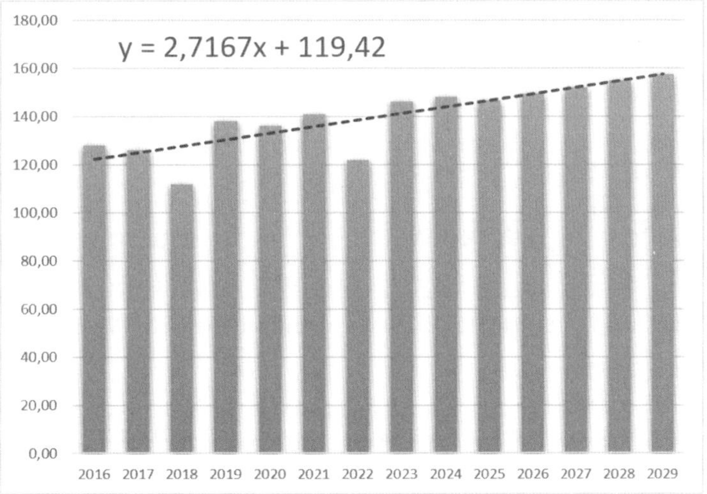

Abbildung 7.102 Lineare Vorausschätzung mit `TREND()`

7.9.11 Trendberechnung mit mehreren unabhängigen Variablen

Es ist eher selten, dass eine bestimmte Entwicklung nur durch einen einzigen Faktor beeinflusst wird. Das folgende Beispiel zeigt, wie mehrere unabhängige Variablen bei der Trendberechnung berücksichtigt werden können. In diesem Fall werden Daten für den Werbeaufwand getrennt nach Printwerbung und Onlinewerbung in eigenen Spalten angegeben. Die Formel für die Berechnung der Trendwerte muss dann entsprechend erweitert werden. Für `X_Werte` wird der Bereich B6:C14 angegeben, für `Neue_X_Werte` ebenfalls ein zweispaltiger Bereich: B15:C19. Die Matrixformel für die zu schätzenden neuen Y-Werte heißt dann entsprechend:

```
=TREND(D6:D14; B6:C14; B15:C19; WAHR)
```

	A	B	C	D
1				
2	**Linearer Trend mit zwei unabhängigen Variablen**			
3				
4		Ausgaben für		
5		Printwerbung	Onlinewerbung	Umsatz
6	2016	230000	120000	12600000
7	2017	250000	130000	12500000
8	2018	244000	124000	11200000
9	2019	266000	196000	13800000
10	2020	270000	272000	13600000
11	2021	272000	162000	14100000
12	2022	260000	144000	12200000
13	2023	282000	162000	14600000
14	2024	296000	176000	14800000
15	2025	295000	179000	14803665
16	2026	300400	170003	15039743
17	2027	305600	180300	15310487
18	2028	314000	190400	15732885
19	2029	318000	203000	15951863

Abbildung 7.103 Lineare Vorausschätzung mit mehreren Variablen

Siehe auch die Funktion `VARIATION()` zur Berechnung eines exponentiellen Trends und die Erläuterungen in Abschnitt 7.5, »Regressionsanalyse«.

VAR.P()

VAR.P()

Syntax:	`VAR.P(`**`Zahl1`**`; Zahl2; …)`
Beispiel:	`=VAR.P(33; 22; 28; 17; 23; 26)`
Ergebnis:	`25,14`

Die Funktion `VAR.P()` berechnet für die Werte in der Argumentliste die Varianz. Dabei stellen die in der Argumentliste angegebenen Daten eine Grundgesamtheit dar.

Die Funktion kann bis zu 255 Argumente verarbeiten. Das erste Argument ist erforderlich. Bei Bezügen auf Zellbereiche werden Texteinträge, Fehlerwerte, Wahrheitswerte und leere Zellen ignoriert. Wird eine Zahl in Textform oder ein Wahrheitswert dagegen direkt als Argument angegeben, werden sie mitgerechnet.

Enthält ein Bereich gar keine numerischen Werte, liefert die Funktion den Fehler `#DIV/0!`.

	A	B	C
1			
2	**Berechnen der Varianz**		
3			
4	Person	Alter	Gewicht
5	1	23	69
6	2	25	66
7	3	29	68
8	4	33	72
9	5	35	74
10	6	35	63
11	7	43	68
12	8	43	79
13	9	43	58
14	10	43	79
15	11	45	68
16	12	46	72
17	VAR.S()	65,2	37,0
18	VARIANZ()	65,2	37,0
19	VAR.P()	59,7	33,9
20	VARIANZEN()	59,7	33,9
21	MITTELWERT()	36,9	69,7

Abbildung 7.104 Berechnung der Varianz

Die Varianz ist eine wichtige Kennzahl für die Streuung von metrischen Werten und zugleich Basis für die Ermittlung der Standardabweichung. Die Funktion ermittelt die Differenz der einzelnen Werte zum arithmetischen Mittelwert, quadriert diese und teilt das Ergebnis ihrer Addition durch die Anzahl der Werte.

Die verwendete Formel ist:

$$= \frac{\sum (x - \bar{x})^2}{n}$$

Die Standardabweichung ist wiederum nichts anderes als die Wurzel der Varianz, womit dann wieder eine Größenordnung auf der Ebene der vorhandenen Abweichungen erreicht wird.

`VAR.P()` ersetzt seit Excel 2010 die Funktion `VARIANZEN()`. Mehr zur Varianz finden Sie in Abschnitt 7.3, »Zufallsvariable und Wahrscheinlichkeit«.

Abbildung 7.104 zeigt Werte für die Varianz bei den Merkmalen »Alter« und »Gewicht«, wobei die Daten einmal als Grundgesamtheit und einmal als Daten einer Stichprobe behandelt werden. Wie zu sehen ist, berechnet `VAR.P()` einen etwas geringeren Wert als `VAR.S()`, da ja einmal mit `n` und das andere Mal mit `n - 1` dividiert wird.

VAR.S()

VAR.S()

Syntax:	`VAR.S(`**`Zahl1`**`; Zahl2; …)`
Beispiel:	`=VAR.S(33; 22; 28; 17; 23; 26)`
Ergebnis:	`30,17`

Die Funktion `VAR.S()` schätzt die Varianz einer Grundgesamtheit auf der Basis der durch die Argumente angegebenen Werte, die eine Stichprobe aus dieser Grundgesamtheit darstellen. Es wird also nicht die Varianz der Stichprobe selbst berechnet, dazu könnte die Funktion `VAR.P()` verwendet werden.

Die Funktion kann bis zu 255 Argumente verarbeiten. Das erste Argument ist erforderlich. Bei Bezügen auf Zellbereiche werden Texteinträge, Fehlerwerte, Wahrheitswerte und leere Zellen ignoriert. Wird eine Zahl in Textform oder ein Wahrheitswert dagegen direkt als Argument angegeben, werden sie mitgerechnet.

Enthält ein Bereich gar keine numerischen Werte, liefert die Funktion den Fehler `#DIV/0!`.

Die Varianz ist eine wichtige Kennzahl für die Streuung von metrischen Werten und zugleich Basis für die Ermittlung der Standardabweichung. Die Funktion ermittelt die Differenz der einzelnen Werte zum arithmetischen Mittelwert, quadriert diese und teilt das Ergebnis ihrer Addition durch die Anzahl der Werte - 1.

Die verwendete Formel ist:

$$= \frac{\sum (x - \bar{x})^2}{n - 1}$$

Der Grund für diese Änderung des Nenners gegenüber der Funktion `VAR.P()` ergibt sich aus der Überlegung, dass eine einfache Gleichsetzung der Varianz der Stichprobe mit der der Grundgesamtheit zu einer Unterschätzung der Streuung in der Grundgesamtheit führen würde. Wie in Abbildung 7.104 zu sehen ist, berechnet `VAR.P()` einen geringeren Wert als `VAR.S()`, da ja einmal mit `n` und das andere Mal mit `n - 1` dividiert wird. Diese Differenz wird umso größer, je kleiner `n` ist, während sie bei großen Werten für `n` kaum ins Gewicht fällt.

Die Standardabweichung ist wiederum nichts anderes als die Wurzel der Varianz, womit dann wieder eine Größenordnung auf der Ebene der vorhandenen Abweichungen erreicht wird.

`VAR.S()` ersetzt seit Excel 2010 die bisherige Funktion `VARIANZ()`. Handelt es sich bei den angegebenen Daten um eine Grundgesamtheit, sollten Sie die Funktion `VAR.P()` verwenden.

Mehr zur Varianz finden Sie in Abschnitt 7.3, »Zufallsvariable und Wahrscheinlichkeit«.

VARIANZA()

VARA()

Syntax:	VARIANZA(**Wert1**; Wert2; ...)
Beispiel:	=VARIANZA(33; 22; FALSCH; 17; WAHR)
Ergebnis:	199,3

Die Funktion `VARIANZA()` schätzt für die Werte in der Argumentliste die vermutete Varianz der Grundgesamtheit. Dabei werden die in der Argumentliste angegebenen Daten als Stichprobe aus dieser Grundgesamtheit genommen.

Die Funktion kann seit Excel 2007 bis zu 255 Argumente verarbeiten, in den älteren Versionen nur bis zu 30. Das erste Argument ist erforderlich.

Die Funktion ermittelt die Differenz der einzelnen Werte zum arithmetischen Mittelwert, quadriert diese und teilt das Ergebnis durch die Anzahl der Werte - 1.

Im Unterschied zur Funktion `VARIANZ()` werden von dieser Funktion auch Textwerte und Wahrheitswerte mit ausgewertet. Textwerte zählen dabei `0`. `WAHR` wird mit `1`, `FALSCH` mit `0` gewertet. Direkt als Argument angegebene Zahlen in Textform werden als Zahlen berücksichtigt.

Abbildung 7.105 zeigt Werte für die Varianz bei den Merkmalen »Alter« und »Gewicht«, wobei die Daten einmal als Grundgesamtheit und einmal als Daten einer Stichprobe behandelt werden. Die Zellen mit dem Eintrag »keine Angabe« werden jeweils mit dem Wert `0` berücksichtigt.

	A	B	C
1			
2	**Berechnen der Varianz (A)**		
3			
4	Person	Alter	Gewicht
5	1	23	69
6	2	25	66
7	3	29	68
8	4	33	72
9	5	35	74
10	6	keine Angabe	keine Angabe
11	7	43	68
12	8	43	79
13	9	43	58
14	10	43	79
15	11	45	68
16	12	46	72
17	VARIANZA()	179,5	444,1
18	VARIANZENA()	164,5	407,1
19	MITTELWERTA()	34,0	64,4

Abbildung 7.105 Berechnung der Varianz mit Berücksichtigung nicht numerischer Werte

Mehr zur Berechnung der Varianz finden Sie in Abschnitt 7.3, »Zufallsvariable und Wahrscheinlichkeit«.

VARIANZENA()

VARPA()

Syntax:	`VARIANZENA(`**`Wert1`**`; Wert2; ...)`
Beispiel:	`=VARIANZENA(33; 22; FALSCH; 17; WAHR; 26)`
Ergebnis:	`150,91`

Die Funktion `VARIANZENA()` berechnet für die Werte in der Argumentliste die Varianz. Dabei werden die gegebenen Daten als Grundgesamtheit behandelt.

Die Argumentliste kann seit Excel 2007 bis zu 255 Werte enthalten, in den älteren Versionen nur bis zu 30. Das erste Argument ist erforderlich. Im Unterschied zu den Funktionen `VAR.P()` und `VARIANZEN()` werden von dieser Funktion auch Textwerte und Wahrheitswerte mit ausgewertet. Textwerte zählen dabei `0`. `WAHR` wird mit `1`, `FALSCH` mit `0` gewertet. Direkt als Argument angegebene Zahlen in Textform werden als Zahlen berücksichtigt.

```
=VARIANZENA("10"&"500"; 10000; "8000")
```

ergibt beispielsweise `1166666,67`.

Enthält ein Bereich überhaupt keine numerischen Werte, liefert die Funktion den Fehler `#DIV/0!`.

Die Funktion ermittelt die Differenz der einzelnen Werte zum arithmetischen Mittelwert, quadriert diese und teilt das Ergebnis durch die Anzahl der Werte. Mehr zur Varianz finden Sie in Abschnitt 7.3, »Zufallsvariable und Wahrscheinlichkeit«.

VARIATION()

GROWTH()

Syntax:	`VARIATION(`**`Y_Werte`**`; X_Werte; Neue_X_Werte; Konstante)`
Beispiel:	siehe Abbildung 7.106

Die Funktion `VARIATION()` liefert auf der Basis der exponentiellen Regression geschätzte Y-Werte für eine Trendberechnung. Die Funktion ist eines der Instrumente für die Prognose zukünftiger Entwicklungen auf der Basis der Auswertung vorliegender Daten über den Zusammenhang zwischen verschiedenen Werten.

Das Argument Y_Werte gibt schon bekannte Y-Werte an; X_Werte sind bekannte X-Werte. Werden sie nicht angegeben, verwendet Excel stattdessen eine Matrix {1.2.3...}, die jedem Y-Wert einen X-Wert zuordnet.

Mit Neue_X_Werte lassen sich zusätzlich zu den vorhandenen X-Werten weitere X-Werte angeben, für die Y-Werte geschätzt werden sollen. Dabei wird davon ausgegangen, dass die Werte einem exponentiellen Trend zugeordnet werden können, d. h., dass sich die Beziehung zwischen den X- und Y-Werten durch die Gleichung

```
y = b * m^x
```

darstellen lässt, wobei b den Schnittpunkt der Regressionskurve mit der y-Achse liefert und m die Basis ist, für die jeweils x als Exponent verwendet wird.

Werden mehrere Spalten mit x-Werten benutzt, dann wird eine Regression nach folgender Gleichung durchgeführt:

```
y = b * m1^x1 * m2^x2 ...
```

Wird für Y_Werte ein Bereich oder eine Matrix mit nur einer Spalte oder nur einer Zeile angegeben, wird jede Spalte bzw. Zeile in X_Werte als eigenständige Variable interpretiert. Umfasst X_Werte mehrere Variablengruppen, muss Y_Werte ein Vektor sein, der aus nur einer Zeile oder Spalte besteht.

Die Anzahl der Elemente muss in beiden Bereichen gleich sein, andernfalls liefert die Funktion den Fehler #BEZUG!. Ist einer der Y-Werte ≤ 0, liefert die Funktion den Fehler #ZAHL!. Nicht numerische Werte führen zu dem Fehler #WERT!.

Fehlt das Argument Neue_X_Werte, wird angenommen, dass die Funktion nur mit den Werten rechnen soll, die das Argument X_Werte liefert.

Das Argument Konstante ist ein Wahrheitswert, der bestimmt, wie die in der Gleichung aufgeführte Konstante b gehandhabt werden soll. WAHR oder nicht angegeben bedeutet, dass b mit dem jeweiligen Wert berechnet wird, der sich aus den bekannten y-Werten ableiten lässt, bei FALSCH wird b auf den Wert 1 gesetzt und m so angepasst, dass die Gleichung auf

```
y = m^x
```

reduziert werden kann.

VARIATION() muss als Matrixfunktion eingegeben werden. Die Formel wird also in die erste Zelle des erwarteten Ergebnisbereichs eingegeben. Dieser Bereich muss leer sein, sonst liefert die Formel den Fehler #ÜBERLAUF!.

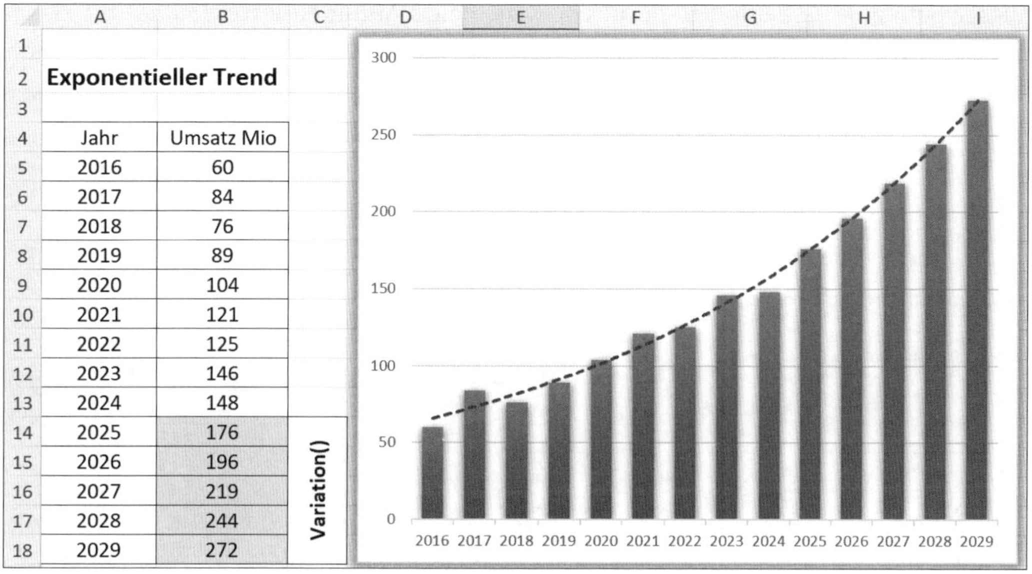

Abbildung 7.106 Exponentielle Vorausschätzung mit `VARIATION()`

Abbildung 7.106 zeigt die Anwendung der Funktion bei der Schätzung zukünftiger Umsätze. Dabei wird ein exponentielles Wachstum angenommen, d. h., es wird davon ausgegangen, dass sich die Umsätze jedes Jahr um einen bestimmten Faktor oder Prozentsatz vergrößern. In dem beigefügten Säulendiagramm ist eine exponentielle Trendlinie eingefügt, um die Entwicklung zu verdeutlichen.

Siehe auch die Funktion `TREND()` zur Berechnung eines linearen Trends und die Erläuterungen in Abschnitt 7.5, »Regressionsanalyse«.

VARIATIONEN()

PERMUT()

Syntax:	`VARIATIONEN(`**`N`**`; `**`K`**`)`
Beispiel:	`=VARIATIONEN(52; 4)`
Ergebnis:	6497400

Die Funktion `VARIATIONEN()` berechnet die Reihe von geordneten Folgen, die mit den angegebenen Argumenten möglich sind. Dabei ist `K` die Anzahl der Elemente, die aus einer Menge von `N` Elementen gewählt werden. Die Funktion dividiert die Fakultät von `N` durch die Fakultät von `N - K`. Im Gegensatz zu der Funktion `KOMBINATIONEN()` werden in dieser Funktion Reihenfolgen berücksichtigt. Beide Argumente werden auf die Ganzzahl gekürzt, wenn sie mit Dezimalstellen angegeben werden. Siehe auch `VARIATIONEN2()`.

Nicht numerische Werte ergeben den Fehler `#WERT!`. Ist `N` ≤ `0` oder `K` < `0` oder `N` < `K`, liefert die Funktion den Fehler `#ZAHL!`.

Berechnung der Möglichkeiten, eine Auswahl aus einer Menge zu ziehen

Menge N	Auswahl K	VARIATIONEN()
6	2	30
12	4	11.880
18	6	13.366.080
24	8	29.654.190.720
30	10	109.027.350.432.000
36	12	599.555.620.984.320.000
42	14	4.608.264.443.634.950.000.000
48	16	47.177.730.049.421.200.000.000.000
54	18	620.558.705.531.887.000.000.000.000.000
60	20	10.198.346.916.138.400.000.000.000.000.000.000
66	22	204.774.013.400.329.000.000.000.000.000.000.000
72	24	4.932.727.141.604.180.000.000.000.000.000.000.000.000
78	26	140.398.430.217.471.000.000.000.000.000.000.000.000.000
84	28	4.661.387.788.121.680.000.000.000.000.000.000.000.000.000.000

Abbildung 7.107 Die Fülle der Möglichkeiten

Im Beispiel wird aus einem Patience-Kartenspiel eine bestimmte Folge von vier Karten gezogen. Wie viele mögliche Folgen ständen zur Verfügung? Die Wahrscheinlichkeit, die Folge von Kreuz-Ass, Pik-Ass, Herz-Ass und Karo-Ass (genau in dieser Reihenfolge) zu ziehen, liegt damit bei 1/6.497.400.

VARIATIONEN2()

PERMUTATIONA()

Syntax:	`VARIATIONEN2(`**`Zahl; Gewählte_Zahl`**`)`
Beispiel:	`=VARIATIONEN2(36; 6)`
Ergebnis:	`2176782336`

Die mit Excel 2013 eingeführte Funktion `VARIATIONEN2()` berechnet die Reihe von geordneten Folgen, die mit den angegebenen Argumenten möglich sind, wenn Wiederholungen zugelassen sind. Dabei gibt Gewählte_Zahl die Anzahl der Elemente an, die aus einer mit Zahl angegebenen Menge von Elementen gezogen werden. Die verwendete Formel ist sehr einfach:

=Zahl$^{\text{Gewählte_Zahl}}$

Beide Argumente werden auf die Ganzzahl gekürzt, wenn sie mit Dezimalstellen angegeben werden. Siehe auch VARIATIONEN().

Nicht numerische Werte ergeben den Fehler #WERT!. Ist Zahl < 0 oder Gewählte_Zahl < 0, liefert die Funktion den Fehler #ZAHL!.

	A	B	C
1			
2	**Berechnung der Möglichkeiten, Elemente aus einer Menge zu ziehen, wenn Wiederholungen erlaubt sind.**		
3			
4	Menge N	Auswahl K	VARIATIONEN2()
5	6	2	36
6	12	4	20.736
7	18	6	34.012.224
8	24	8	110.075.314.176
9	30	10	590.490.000.000.000
10	36	12	4.738.381.338.321.620.000
11	42	14	53.148.384.174.432.400.000.000
12	48	16	794.071.845.499.379.000.000.000.000
13	54	18	15.243.604.656.924.900.000.000.000.000.000
14	60	20	365.615.844.006.298.000.000.000.000.000.000.000
15	66	22	10.714.368.571.740.900.000.000.000.000.000.000.000.000
16	72	24	376.686.377.243.952.000.000.000.000.000.000.000.000.000.000
17	78	26	15.648.029.996.035.600.000.000.000.000.000.000.000.000.000.000

Abbildung 7.108 Die Fülle der Möglichkeiten ist bei zugelassenen Wiederholungen noch wesentlich größer.

WAHRSCHBEREICH()

PROB()

Syntax: WAHRSCHBEREICH(**Beob_Werte**; **Beob_Wahrsch**; **Untergrenze**; Obergrenze)

Beispiel: =WAHRSCHBEREICH({2;3;4;5;6}; {0,1;0,2;0,4;0,2;0,1}; 5; 6)

Ergebnis: 0,3

Die Funktion WAHRSCHBEREICH() berechnet auf der Basis der mit dem Argument Beob_Werte angegebenen bisher beobachteten Werte und ihrer mit Beob_Wahrsch aufgeführten Wahrscheinlichkeiten die Wahrscheinlichkeit dafür, dass ein neuer Beobachtungswert in ein bestimmtes Intervall fällt. Für Beob_Wahrsch wird üblicherweise angenommen:

```
p(wert) = h(wert)/beobachtungen
```

also der Quotient aus der Häufigkeit, mit der ein Wert auftrat, und der Zahl der Beobachtungen. Die Summe aller Wahrscheinlichkeiten muss naturgemäß immer 1 bzw. 100 % sein.

Das Intervall wird mit Untergrenze und Obergrenze (beide einschließlich) angegeben. Wird Obergrenze weggelassen, dann berechnet die Funktion die Wahrscheinlichkeit dafür, dass ein Beobachtungswert die Größe Untergrenze annimmt. Die Werte für beide Argumente müssen auch in dem Bereich der beobachteten Werte vorhanden sein, wenn die Auswertung sinnvoll sein soll. Werte außerhalb dieses Bereichs werden zwar akzeptiert, führen aber zu irreführenden Ergebnissen.

! Nicht numerische Werte für Untergrenze oder Obergrenze führen zu dem Fehler #WERT!.

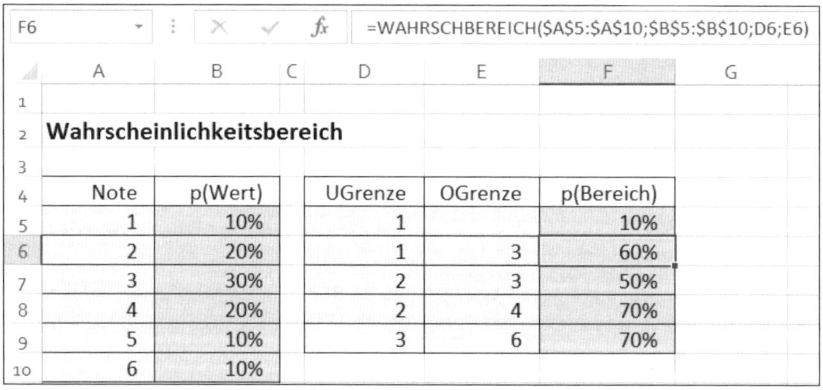

F6 =WAHRSCHBEREICH($A$5:$A$10;$B$5:$B$10;D6;E6)

Wahrscheinlichkeitsbereich

Note	p(Wert)		UGrenze	OGrenze	p(Bereich)
1	10%		1		10%
2	20%		1	3	60%
3	30%		2	3	50%
4	20%		2	4	70%
5	10%		3	6	70%
6	10%				

Abbildung 7.109 Berechnung von Intervallwahrscheinlichkeiten

Abbildung 7.109 zeigt ein Beispiel zur Notenverteilung. In Spalte A und B sind die bisher beobachteten Werte und ihre Wahrscheinlichkeit angeordnet. In der Tabelle daneben wird die Funktion mit verschiedenen Intervallgrenzen benutzt. Die Zeile 8 bedeutet hier beispielsweise, dass 70 % der Noten in dem Bereich von 2 bis 4 liegen. Die Funktion summiert die Wahrscheinlichkeiten einzelner Werte zu Intervallwahrscheinlichkeiten.

WEIBULL.VERT()

WEIBULL.DIST()

Syntax: `WEIBULL.VERT(`**`X; Alpha; Beta; Kumuliert`**`)`

Beispiel: `=WEIBULL.VERT(2; 1; 0,5; WAHR)`

Ergebnis: `0,9817`

Die Funktion `WEIBULL.VERT()` liefert Wahrscheinlichkeiten für eine Zufallsvariable, die einer Weibull-Verteilung gehorcht. Diese Verteilung wird beispielsweise für Haltbarkeitsstatistiken im Bereich der Qualitätssicherung benutzt, aber auch für Berechnungen zur Häufigkeit von Windgeschwindigkeiten bei der Nutzung der Windenergie.

Benannt ist diese Verteilung nach dem schwedischen Ingenieur Waloddi Weibull, der sie im Zusammenhang mit Forschungen zur Materialermüdung definierte. Sie kann zur Beschreibung von steigenden, konstanten und fallenden Ausfallraten eingesetzt werden.

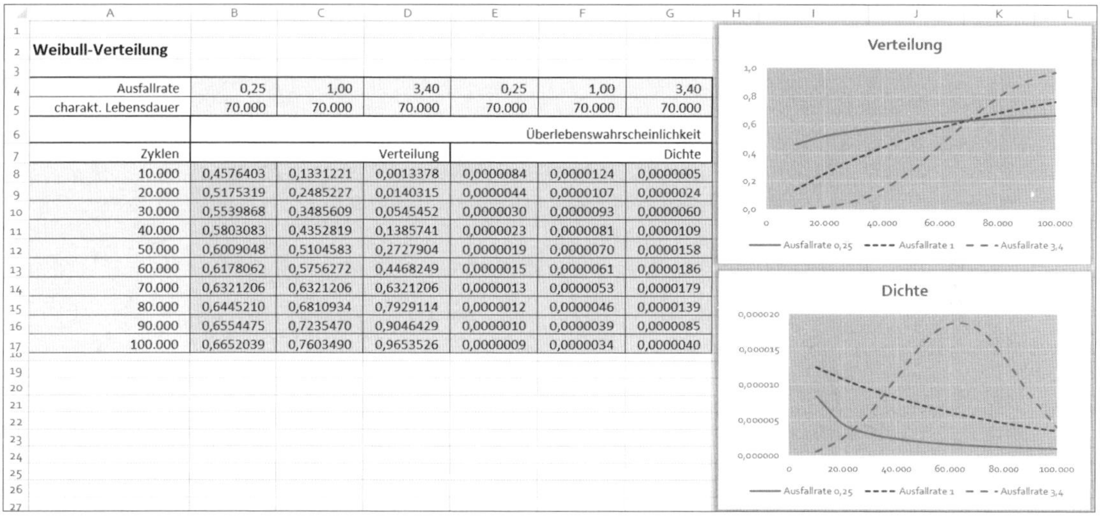
Weibull-Verteilung

Ausfallrate	0,25	1,00	3,40	0,25	1,00	3,40
charakt. Lebensdauer	70.000	70.000	70.000	70.000	70.000	70.000
						Überlebenswahrscheinlichkeit
Zyklen			Verteilung			Dichte
10.000	0,4576403	0,1331221	0,0013378	0,0000084	0,0000124	0,0000005
20.000	0,5175319	0,2485227	0,0140315	0,0000044	0,0000107	0,0000024
30.000	0,5539868	0,3485609	0,0545452	0,0000030	0,0000093	0,0000060
40.000	0,5803083	0,4352819	0,1385741	0,0000023	0,0000081	0,0000109
50.000	0,6009048	0,5104583	0,2727904	0,0000019	0,0000070	0,0000158
60.000	0,6178062	0,5756272	0,4468249	0,0000015	0,0000061	0,0000186
70.000	0,6321206	0,6321206	0,6321206	0,0000013	0,0000053	0,0000179
80.000	0,6445210	0,6810934	0,7929114	0,0000012	0,0000046	0,0000139
90.000	0,6554475	0,7235470	0,9046429	0,0000010	0,0000039	0,0000085
100.000	0,6652039	0,7603490	0,9653526	0,0000009	0,0000034	0,0000040

Abbildung 7.110 Weibull-Verteilung für verschiedene Parameter

Das Quantil, für das die Funktion ausgewertet werden soll, wird mit `X` angegeben, `Alpha` ist ein Form- oder Gestaltparameter der Verteilung, der die Ausfallrate bestimmt. `Beta` ist ein Skalenparameter, der die charakteristische Lebensdauer (oder die mittlere Festigkeit) angibt. (In Excel sind die Namen der Parameter allerdings gegenüber den meistens verwendeten Bezeichnungen – β für den Formparameter, λ für den Skalenparameter – geändert worden.)

Mit Kumuliert lässt sich festlegen, ob die Dichtefunktion (FALSCH) oder die Verteilungsfunktion (WAHR) ausgegeben wird. Abbildung 7.110 zeigt ein fiktives Beispiel für ein Produkt, dessen Lebensdauer in Zyklen angegeben ist.

Sind X, Alpha oder Beta nicht numerisch, gibt die Funktion den Fehler #WERT! aus. Ist X < 0 oder Alpha ≤ 0 oder Beta ≤ 0, erscheint der Fehler #ZAHL!.

Alpha = 1 zeigt eine konstante Ausfallrate an (in diesem Fall entspricht die Weibull-Verteilung der Exponentialverteilung).

Die Dichtefunktion der Weibull-Verteilung lautet:

$$= \frac{\alpha}{\beta}\left(\frac{x}{\beta}\right)^{\alpha-1} e^{-\left(\frac{x}{\beta}\right)^{\alpha}}$$

wobei α für das Argument Alpha und β für das Argument Beta steht.

Den Einfluss der Parameter auf die Verteilung macht Abbildung 7.110 deutlich. Die Funktion ersetzt seit Excel 2010 die Funktion WEIBULL().

ZÄHLENWENN()

COUNTIF()

Syntax:	ZÄHLENWENN(**Bereich; Suchkriterien**)
Beispiel:	=ZÄHLENWENN(A10:A15; "<10")
Ergebnis:	4, wenn A10:A15 die Werte 5, 4, 9, 12, 11, 1 enthält

Die Funktion ZÄHLENWENN() gibt die Anzahl der Zellen in Bereich wieder, die Inhalte oder Bezüge auf Inhalte enthalten, die den mit dem Argument Suchkriterien angegebenen Kriterien entsprechen.

Bereich sind die auszuwertenden Daten. Das Argument kann ein Bereichsbezug, ein Bereichsname oder eine Matrixkonstante sein. Suchkriterien kann eine Zahl, ein Ausdruck oder eine Zeichenfolge sein oder ein Bezug auf eine Zelle, die solche Kriterien enthält. Ausdrücke mit logischen Operatoren wie "> M" oder "< 1000" müssen dabei in Anführungszeichen gesetzt werden. Die Groß-/Kleinschreibung der Kriterien wird nicht beachtet.

Außerdem können die Platzhalterzeichen – ? für ein beliebiges Zeichen, * für mehrere beliebige Zeichen – verwendet werden. Sollen diese Zeichen selbst gesucht werden, muss eine Tilde (~) vor sie gesetzt werden.

In Abbildung 7.111 werden in C5 die Besucherwerte, die über 120 pro Monat liegen, in C6 wird die Zahl der eingetragenen Monate nach dem Juni 2015 gesucht.

	A	B	C	D
1				
2	**Bedingtes Zählen mit einem Kriterium**			
3				
4	Monat	Besucher	ZÄHLENWENN()	
5	Jan 24	100	3	**=ZÄHLENWENN(B5:B16;">120")**
6	Feb 24	120	12	**=ZÄHLENWENN(A5:A16;">Jun 17")**
7	Mrz 24	70		
8	Apr 24	120		
9	Mai 24	110		
10	Jun 24	100		
11	Jul 24	90		
12	Aug 24	110		
13	Sep 24	120		
14	Okt 24	130		
15	Nov 24	135		
16	Dez 24	140		

Abbildung 7.111 Beispiel für bedingtes Zählen

Mit dem Kriterium "" können auch die Zellen gezählt werden, die in `Bereich` leer sind. Auch Wahrheitswerte oder Fehlerwerte lassen sich mit entsprechenden Kriterien wie `"FALSCH"`, `"#NV"` oder `"#ZAHL!"` in einem Zellbereich zählen. Das kann bei sehr großen Tabellen hilfreich sein, um zu prüfen, wie viele Werte noch fehlen oder fehlerhaft sind.

Bedingte Zusammenfassungen von Werten stellt Excel auch über andere Funktionen zur Verfügung: `SUMMEWENN()`, `SUMMEWENNS()`, `ZÄHLENWENNS()`, `MITTELWERTWENN()`, und `MITTELWERTWENNS()`.

ZÄHLENWENNS()

COUNTIFS()

Syntax: `ZÄHLENWENNS(`**`Kriterienbereich1; Kriterien1`**`; Kriterienbereich2; Kriterien2 …)`

Beispiel: `=ZÄHLENWENNS(A10:A15; ">4"; A10:A15; "<10")`

Ergebnis: 3, wenn `A10:A15` die Werte 5, 4, 9, 12, 11, 1 enthält

Die Funktion `ZÄHLENWENNS()` erweitert die Möglichkeiten der Funktion `ZÄHLENWENN()` um zusätzliche Auswahlkriterien. Sie steht seit Excel 2007 zur Verfügung. Die Funktion gibt die Anzahl der Zellen in bis zu 127 Bereichen wieder, die Inhalte enthalten oder Bezüge auf Inhalte, die den angegebenen Suchkriterien entsprechen. Die Argumente für den Bereich und das darauf anzuwendende Kriterium werden jeweils paarweise angegeben. Sollen für einen Bereich mehrere Kriterien verwendet werden, muss der Bereich entsprechend oft angegeben werden.

Kriterium kann eine Zahl, ein Ausdruck oder eine Zeichenfolge sein. Ausdrücke mit logischen Operatoren müssen in Anführungszeichen gesetzt werden. Außerdem können die Platzhalterzeichen – ? für ein beliebiges Zeichen, * für mehrere beliebige Zeichen – verwendet werden. Sollen diese Zeichen selbst gesucht werden, muss eine Tilde (~) vor sie gesetzt werden. Die Groß-/Kleinschreibung der Kriterien wird nicht beachtet.

Das Beispiel in Abbildung 7.112 zeigt, wie mit der Funktion gearbeitet werden kann. Die erste Formel in A17 sucht in Spalte B die Einträge mit der Lieblingsfarbe »rot«, bei denen gleichzeitig in der Spalte für den Lieblingssport »Tennis« und in der Spalte zur Lieblingsmusik »Pop« eingetragen ist. Die Formel in A18 verwendet für die Sportart einen Platzhalter, sodass sowohl »Tennis« als auch »Turnen« gefunden werden. Die Ergebnisse zeigen, dass die drei ausgewerteten Bereiche in diesem Fall zeilenweise verglichen werden. Die Kriterien sind additiv zu verstehen, eine Zählung findet also nur statt, wenn alle Kriterien erfüllt sind.

	A	B	C	D
1				
2	**Bedingtes Zählen mit mehreren Kriterien**			
3				
4	Name	Lieblingsfarbe	Lieblingssport	Lieblingsmusik
5	Hans	rot	Fußball	Rock
6	Werner	blau	Tennis	Blues
7	Lotte	rot	Tennis	Pop
8	Lisa	gelb	Joggen	Pop
9	Franz	blau	Joggen	Pop
10	Rita	rot	Turnen	Pop
11	Henning	rot	Fußball	Rock
12	Wanda	blau	Tennis	Blues
13	Lori	rot	Tennis	Pop
14	Bella	rot	Tennis	Pop
15	Arne	blau	Joggen	Pop
16	Lukas	rot	Fußball	Blues
17	3	=ZÄHLENWENNS(B5:B16;"rot";C5:C16;"Tennis";D5:D16;"Pop")		
18	4	=ZÄHLENWENNS(B5:B16;"rot";C5:C16;"T*";D5:D16;"Pop")		

Abbildung 7.112 Bedingtes Zählen mit mehreren Kriterien

Bedingte Zusammenfassungen von Werten stellt Excel auch über andere Funktionen zur Verfügung: `SUMMEWENN()`, `SUMMEWENNS()`, `ZÄHLENWENN()`, `MITTELWERTWENN()` sowie `MITTELWERTWENNS()`.

8 Kompatible Funktionen

In diesem Abschnitt finden Sie eine kompakte Referenz der Funktionen, die als kompatible Funktionen im Bereich der Statistik weiter gültig bleiben. Bei jeder Funktion ist vermerkt, welche aktuellen Funktionen dafür seit Excel 2010 zur Verfügung stehen. Bei diesen Funktionen finden Sie häufig ausführlichere Beschreibungen der in der Regel unveränderten Argumente. Nur bei den Verteilungsfunktionen ist in der neueren Version immer das Argument `Kumuliert` eingefügt, das den Typ der Funktion bestimmt.

Inzwischen sind auch noch einige nicht statistische Funktionen in diese Kategorie verschoben worden.

8.1 Hinweise zu dieser Kategorie

In Tabelle 8.1 sind die umbenannten statistischen Funktionen den alten Namen gegenübergestellt, die jetzt in der Kategorie **Kompatibilität** geparkt sind.

Umbenannte Funktion	Kompatible Funktion
BETA.INV()	BETAINV()
BETA.VERT()	BETAVERT()
BINOM.INV()	KRITBINOM()
BINOM.VERT()	BINOMVERT()
CHIQU.INV()	CHIINV()
CHIQU.INV.RE()	CHIINV()
CHIQU.TEST()	CHITEST()
CHIQU.VERT()	CHIVERT()
CHIQU.VERT.RE()	CHIVERT()
EXPON.VERT()	EXPONVERT()
F.INV()	FINV()
F.INV.RE()	FINV()
F.TEST()	FTEST()
F.VERT()	FVERT()
F.VERT.RE()	FVERT()
G.TEST()	GTEST()
GAMMA.INV()	GAMMAINV()
GAMMA.VERT()	GAMMAVERT()
HYPGEOM.VERT()	HYPGEOMVERT()
KONFIDENZ.NORM()	KONFIDENZ()
KONFIDENZ.T()	KONFIDENZ()

Tabelle 8.1 Gegenüberstellung der aktuellen und der veralteten Funktionen

Umbenannte Funktion	Kompatible Funktion
KOVARIANZ.P()	KOVAR()
KOVARIANZ.S()	KOVAR()
LOGNORM.INV()	LOGINV()
LOGNORM.VERT()	LOGNORMVERT()
MODUS.EINF()	MODALWERT()
MODUS.VIELF()	MODALWERT()
NEGBINOM.VERT()	NEGBINOMVERT()
NORM.INV()	NORMINV()
NORM.S.INV()	STANDNORMINV()
NORM.S.VERT()	STANDNORMVERT()
NORM.VERT()	NORMVERT()
POISSON.VERT()	POISSON()
PROGNOSE.LINEAR()	SCHÄTZER()
QUANTIL.EXKL()	QUANTIL()
QUANTIL.INKL()	QUANTIL()
QUANTILSRANG.EXKL()	QUANTILSRANG()
QUANTILSRANG.INKL()	QUANTILSRANG()
QUARTILE.EXKL()	QUARTILE()
QUARTILE.INKL()	QUARTILE()
RANG.GLEICH()	RANG()
STABW.N()	STABWN()
STABW.S()	STABW()
T.INV()	TINV()
T.INV.2S()	TINV()
T.TEST()	TTEST()
T.VERT()	TVERT()
T.VERT.2S()	TVERT()

Tabelle 8.1 Gegenüberstellung der aktuellen und der veralteten Funktionen (Forts.)

Umbenannte Funktion	Kompatible Funktion
T.VERT.RE()	TVERT()
VAR.P()	VARIANZEN()
VAR.S()	VARIANZ()
WEIBULL.VERT()	WEIBULL()

Tabelle 8.1 Gegenüberstellung der aktuellen und der veralteten Funktionen (Forts.)

Mit der Version 2013 sind noch die beiden Funktionen OBERGRENZE() und UNTERGRENZE() in die Kategorie der Kompatiblen verschoben worden, die vorher immer zu den mathematischen Funktionen gerechnet worden sind. Mit Excel 2016 wurde außerdem die Funktion SCHÄTZER() »heruntergestuft«, an ihrer Stelle finden Sie unter den Statistikfunktionen jetzt mehrere PROGNOSE-Funktionen. Später wurde auch noch die Textfunktion VERKETTEN() zu den Kompatiblen verschoben.

Damit es keine Probleme mit älteren Arbeitsmappen gibt, bleiben die umbenannten Funktionen weiterhin unter ihrem alten Namen verfügbar. Im Dialog **Funktion einfügen** sind diese Funktionen in der Kategorie **Kompatibilität** zu finden. Wenn Sie Funktionen direkt einfügen und die Option **AutoVervollständigen-Formel** über **Datei ▶ Optionen ▶ Formeln** eingeschaltet lassen, werden die kompatiblen Funktionen jeweils mit einem Symbol angezeigt, das ein kleines Warnzeichen enthält.

8.2 Referenz der kompatiblen Funktionen

BETAINV()

BETAINV()

Syntax: BETAINV(**Wahrsch**; **Alpha**; **Beta**; A; B)

Beispiel: =BETAINV(0,1; 3; 4)

Ergebnis: 0,2009

Die Funktion BETAINV() liefert Quantile einer Betaverteilung und ist die Umkehrung von BETAVERT(). Als notwendige Argumente sind mit Wahrsch die Wahrscheinlichkeit und die beiden Parameter Alpha und Beta einzutragen. A und B sind optionale Argumente, die die Intervallgrenzen bezeichnen. Werden sie nicht angegeben, dann wird A = 0 und B = 1 gesetzt (vergleiche BETAVERT()).

Für den Zusammenhang zwischen BETAINV() und BETAVERT() gilt:

Wenn:

`Wert = BETAVERT(X; …)`

dann ist:

`X = BETAINV(Wert; …)`

Ist eines der Argumente nicht numerisch, gibt die Funktion den Fehler #WERT! zurück. Ist Alpha ≤ 0 oder Beta ≤ 0, erscheint der Fehler #ZAHL!. Das gilt auch, wenn Wahrsch ≤ 0 oder > 1.

BETAVERT()

BETADIST()

Syntax:	BETAVERT(**X; Alpha; Beta**; A; B)
Beispiel:	=BETAVERT(0,5; 3; 4)
Ergebnis:	0,65625

Die Funktion BETAVERT() liefert die Wahrscheinlichkeitsverteilung für eine betaverteilte Zufallsvariable. Die Betaverteilung ist eine stetige Wahrscheinlichkeitsverteilung über dem Intervall [0,1] oder der Intervall [A,B]. Sie steht in engem Zusammenhang mit der Gammaverteilung und kann bei Berechnung der Verteilung von Größen aus beliebigen gleichmäßig stetig verteilten Grundgesamtheiten verwendet werden. Es wird berechnet, mit welcher Wahrscheinlichkeit die Zufallsvariable einen Wert zwischen A und X annimmt.

Das Argument X ist die Größe der Zufallsvariablen im Intervall A bis B; Alpha und Beta – beide müssen größer als 0 sein – sind Parameter der Verteilung. (In der Literatur werden normalerweise die Bezeichnungen p und q verwendet.)

A und B sind optionale Argumente und bezeichnen die untere und obere Grenze des Intervalls. Werden für A und B keine Werte angegeben, dann gilt die standardmäßige Betaverteilung (A = 0 und B = 1).

Ist eines der Argumente nicht numerisch, gibt die Funktion den Fehler #WERT! zurück. Ist Alpha ≤ 0 oder Beta ≤ 0, erscheint der Fehler #ZAHL!. Das gilt auch, wenn X < A oder X > B oder A = B.

BINOMVERT()

BINOMDIST()

Syntax:	`BINOMVERT(`**`Zahl_Erfolge; Versuche; Erfolgswahrsch; Kumuliert`**`)`
Beispiel:	`=BINOMVERT(3; 10; 1/6; FALSCH)`
Ergebnis:	`15,5 %`

Die Funktion `BINOMVERT()` liefert die Wahrscheinlichkeit von Zufallsvariablen bei einer Binomialverteilung. Sie gibt also die Wahrscheinlichkeit dafür an, dass bei voneinander unabhängigen diskreten Versuchsergebnissen bei einer mit `Versuche` angegebenen Anzahl von Versuchen ein bestimmtes Ergebnis mit einer durch `Zahl_Erfolge` angegebenen Häufigkeit auftritt.

Die (vorweg ermittelte) Wahrscheinlichkeit für das Einzelergebnis wird mit `Erfolgswahrsch` (zwischen `0` und `1`) angegeben. Es wird also vorausgesetzt, dass sie bekannt ist. Beispiele sind etwa Münzwürfe (Erfolgswahrscheinlichkeit 1/2), Würfel (1/6) oder Kartenziehen (1/32), wobei aber nach jedem Versuch die Karte anschließend zurückgesteckt werden muss; es wird also jedes Mal der Ausgangszustand wiederhergestellt.

`Kumuliert` verlangt einen Wahrheitswert und beschreibt den Typ der Funktion. Wird das Argument mit `FALSCH` belegt, wird der Wert der Wahrscheinlichkeitsfunktion geliefert.

`Zahl_Erfolge` muss ≥ `0` und ≤ `Versuche` sein, ansonsten gibt die Funktion den Fehlerwert `#ZAHL!` zurück. Das gilt auch für `Erfolgswahrsch` < `0` oder > `1`. Ist eines der Argumente `Zahl_Erfolge`, `Versuche`, `Erfolgswahrsch` nicht numerisch, gibt die Funktion den Fehler `#WERT!` zurück.

Das oben angeführte Beispiel liefert die Wahrscheinlichkeit dafür, dass bei zehn Würfen mit einem Würfel genau dreimal die Sechs gewürfelt wird. Wird das Argument mit `WAHR` belegt, wird die Verteilungsfunktion berechnet, im Beispiel die Wahrscheinlichkeit, dass die Sechs bis zu dreimal gewürfelt wird. Seit Excel 2010 steht anstelle dieser Funktion die umbenannte Funktion `BINOM.VERT()` zur Verfügung.

CHIINV()

CHIINV()

Syntax:	`CHIINV(`**`Wahrsch; Freiheitsgrade`**`)`
Beispiel:	`=CHIINV(0,05; 3)`
Ergebnis:	`7,8147`

Die Funktion CHIINV() liefert Quantile der Chi-Quadrat-Verteilung. Sie wird verwendet, um einen Vergleichswert zu berechnen, mit dem Hypothesen über die Übereinstimmung von beobachteten und erwarteten Ergebnissen bewertet werden können.

Für das Argument Wahrsch erwartet die Funktion Wahrscheinlichkeitswerte aus einer Chi-Quadrat-Verteilung und dazu die Anzahl der Freiheitsgrade.

Ist Wahrsch < 0 oder > 1 oder Freiheitsgrade < 1 oder > 10^10, liefert die Funktion den Fehlerwert #ZAHL!, ist eines der Argumente nicht numerisch, den Fehler #WERT!.

Die Funktion CHIINV() ist zugleich die Umkehrfunktion von CHIVERT(). Ist:

```
w = CHIINV(X; …)
```

dann ist:

```
CHIVERT(w; …) = X
```

Seit Excel 2010 stehen anstelle dieser Funktion die Funktionen CHIQU.INV() und CHIQU.INV.RE() zur Verfügung, wobei CHIQU.INV.RE() dasselbe Ergebnis liefert wie CHIINV().

CHITEST()

CHITEST()

Syntax:	CHITEST(**Beob_Messwerte; Erwart_Werte**)
Beispiel:	=CHITEST({9;11;9;12;10;9}; {10;10;10;10;10;10})
Ergebnis:	0,977

Die Funktion CHITEST() liefert direkt den Wahrscheinlichkeitswert für den Chi-Quadrat-Test beim Vergleich zwischen beobachteten und erwarteten Größen. Als Argumente werden je ein Bereichsbezug oder eine Matrix für die beobachteten Werte Beob_Messwerte und die theoretisch erwarteten Werte Erwart_Werte eingetragen.

Beide Argumente müssen die gleiche Anzahl von Datenelementen enthalten, sonst liefert die Funktion den Fehler #NV. Sind die Argumente nicht numerisch, erscheint der Fehler #WERT!.

Abbildung 8.1 zeigt ein einfaches Beispiel für ein solches Testverfahren. Es soll geprüft werden, wie sehr sich bei 60-maligem Würfeln die beobachteten Ergebnisse, die in Spalte B abgelegt sind, den Ergebnissen anpassen, die aufgrund der theoretischen

Wahrscheinlichkeit zu erwarten sind. Deshalb wird auch von Anpassungstests gesprochen. Die theoretische Wahrscheinlichkeit ergibt sich aus der Formel 60 * 1/6, sie setzt also eine sogenannte Gleichverteilung voraus. Deshalb ist in Spalte C für alle Wurfergebnisse der Wert 10 abgelegt.

	A	B	C	D	E	F
1						
2	**Chi-Test-Beispiel: Würfeleichung: 60-mal gewürfelt**					
3						
4	Wurf	Beob	Erw	Beob-Erw	(Beob-Erw)^2/Erw	
5	1	8	10	-2	0,4	
6	2	12	10	2	0,4	
7	3	12	10	2	0,4	
8	4	7	10	-3	0,9	
9	5	12	10	2	0,4	
10	6	9	10	-1	0,1	
11	Summe	60	60	0	2,6	**<-- u Summe der relativierten**
12						**quadrierten Abweichungen**
13				CHITEST(B5:B10;C5:C10)	0,761	
14				CHIINV(0,05;5)	11,070	**<-- kritischer Wert**
15				CHIVERT(E11;5)	0,761	

Abbildung 8.1 Beispiel für CHITEST()

Die Nullhypothese, die durch den Chi-Quadrat-Test geprüft werden soll, lässt sich so formulieren: Die Differenzen zwischen den beobachteten und den theoretischen Häufigkeiten sind rein zufällig und nicht signifikant, die empirische Häufigkeitsverteilung passt sich in einem ausreichenden Maße der theoretischen Häufigkeitsverteilung an, es gibt also kein Indiz dafür, dass der Würfel beispielsweise gezinkt oder defekt ist.

Die Funktion CHITEST() rechnet nach folgendem Verfahren: Zunächst wird für alle Variablen die Differenz zwischen dem beobachteten und dem erwarteten Ergebnis gebildet und diese dann quadriert, sodass die negativen Vorzeichen keine Rolle mehr spielen. Das Ergebnis wird jedes Mal durch den erwarteten Wert geteilt, um die Abweichungen zu relativieren. Aus diesen Einzelergebnissen wird die Summe ermittelt, um den Wert der chi-quadrierten Verteilung zu erhalten, der auch als *Chi-Quadrat* oder mit dem Buchstaben u bezeichnet wird. Dieser Wert wird als Prüfgröße verwendet.

Dieser Wert würde bei einer perfekten Übereinstimmung zwischen dem erwarteten und dem beobachteten Ergebnis 0 sein. Je größer der Wert ist, umso fragwürdiger ist die Übereinstimmung. Im letzten Schritt ermittelt die Funktion nun die Wahrscheinlichkeit dafür, dass u den errechneten Wert annimmt. In diesem Fall ergibt sich der Wert 0,76 oder 76 %. Dieser Wert liegt deutlich über dem vorgegebenen Signifikanzniveau. Mit der Funktion `CHIINV()` kann zum Vergleich mit dem Prüfwert ein kritischer Wert aus der Chi-Quadrat-Verteilung berechnet werden.

```
=CHIINV(0,05; 5)
```

ergibt also mit einer Irrtumswahrscheinlichkeit von 5 % und mit 5 Freiheitsgraden den Wert 11,070, der wesentlich höher als der Prüfwert ist. Der Prüfwert liegt also nicht im kritischen Bereich. Die Nullhypothese muss also nicht verworfen werden, die Abweichungen von den theoretisch erwarteten Ergebnissen können als rein zufällig eingestuft werden.

CHIVERT()

CHIDIST()

Syntax:	`CHIVERT(`**`X; Freiheitsgrade`**`)`
Beispiel:	`=CHIVERT(10; 3)`
Ergebnis:	`0,018566`

Die Funktion `CHIVERT()` berechnet aus dem Wert für `X` und für `Freiheitsgrade` die Wahrscheinlichkeit für die Übereinstimmung von beobachteten und erwarteten Werten, vergleiche `CHITEST()`.

Ist `X` < `0`, gibt die Funktion den Fehler `#ZAHL!` zurück. Das gilt auch, wenn `Freiheitsgrade` < `1` oder > `10^10` ist. Ist eines der beiden Argumente nicht numerisch, erscheint der Fehler `#WERT!`.

Der Wert `X` wird ermittelt als die Summe aus

```
(Beobachtungswert - Erwartungswert)^2 / Erwartungswert
```

für alle Werte. Die Variable wird auch als *Chi-Quadrat*, *c2* oder mit dem Buchstaben `u` bezeichnet. Die Chi-Quadrat-Verteilung ist eine Wahrscheinlichkeitsverteilung, die sich über die Summe von `n` unabhängigen, quadrierten, standardnormalverteilten Variablen und einer Anzahl von Freiheitsgraden definiert. Die Funktion wird für den Chi-Quadrat-Test benötigt, der beim Vergleich von empirischen zu theoretisch erwarteten Häufigkeiten zum Einsatz kommt.

Je nach Anzahl der Freiheitsgrade ändert sich der Charakter der Verteilung. Mit steigender Anzahl wird die Funktion flacher und verschiebt sich nach rechts. Die Freiheitsgrade entsprechen der Anzahl der Möglichkeiten `-1`. Bei kontinuierlichen Größen wird gerechnet mit der Anzahl der Klassen -1 bei einer Datenspalte oder Zeile; bei zweidimensionalen Wertetabellen gilt:

```
(Zeilenanzahl - 1) * (Spaltenanzahl - 1)
```

Dass immer ein Freiheitsgrad »verloren« geht, lässt sich an dem Beispiel mit den 60 Würfeltests aus Abbildung 8.1 zu CHITEST() leicht verstehen. Wenn nämlich für 5 mögliche Augenergebnisse die zufälligen Häufigkeiten feststehen, ist die Häufigkeit für das sechste mögliche Ergebnis nicht mehr zufällig, sondern vorgegeben als die Differenz der Summe der 5 Häufigkeiten zur Zahl der Würfe insgesamt.

Seit Excel 2010 stehen anstelle dieser Funktion die Funktionen CHIQU.VERT() und CHIQU.VERT.RE() zur Verfügung, wobei CHIQU.VERT.RE() dasselbe Ergebnis liefert wie CHIVERT().

EXPONVERT()

EXPONDIST()

Syntax:	EXPONVERT(**X; Lambda; Kumuliert**)
Beispiel:	=EXPONVERT(0,5; 3; WAHR)
Ergebnis:	0,777

Die Funktion EXPONVERT() liefert Wahrscheinlichkeiten für eine exponentialverteilte Zufallsvariable. Eine Exponentialverteilung ist eine stetige Wahrscheinlichkeitsverteilung über der Menge der positiven reellen Zahlen. Mit X wird das Quantil angegeben, für das der Wert ermittelt werden soll. Lambda ist ein Parameter, der bei der Dichtefunktion den Anfangswert bei X = 0 sowie den Grad des Abfalls bestimmt. Er wird auch als Ausfallrate interpretiert.

Kumuliert ist ein Wahrheitswert, mit dem der Typ der Funktion bestimmt wird. Ist Kumuliert mit WAHR belegt, wird der Wert der Verteilungsfunktion geliefert (die Fläche bis zum Quantil); mit FALSCH belegt, ergibt sich der Wert für die Dichtefunktion (der Wert auf der y-Achse).

! Ist X oder Lambda nicht numerisch, gibt die Funktion den Fehler #WERT! zurück. Ist X < 0 oder Lambda ≤ 0, erscheint der Fehler #ZAHL!.

Normalerweise wird die Verteilungsfunktion benötigt, deren Wert aussagt, wie groß die Wahrscheinlichkeit ist, dass die Zufallsvariable einen Wert zwischen 0 und X annimmt.

FINV()

FINV()

Syntax:	`FINV(`**`Wahrsch; Freiheitsgrade1; Freiheitsgrade2`**`)`
Beispiel:	`=FINV(0,05; 7; 7)`
Ergebnis:	`3,787`

Die Funktion `FINV()` liefert Quantile der F-Verteilung (d. h. die Werte, die in statistischen Tabellenwerken tabelliert sind). Sie ist die Umkehrung von `FVERT()` (siehe dort). Die Funktion geht von einer zweiseitigen Verteilung aus.

Mit `Wahrsch` wird die Wahrscheinlichkeit angegeben. Als Werte für die Argumente `Freiheitsgrade1` und `Freiheitsgrade2` werden die Größen der beiden miteinander verglichenen Stichproben minus 1 angegeben. Sie lassen sich beispielsweise mit der Funktion `ANZAHL()` ermitteln.

Ist eines der Argumente nicht numerisch, gibt die Funktion den Fehler `#WERT!` zurück. Ist `Wahrsch` < 0 oder `Wahrsch` > 1 oder `Freiheitsgrade1` oder `Freiheitsgrade2` < 1, erscheint der Fehler `#ZAHL!`.

Bei einem gegebenen Wert für `Wahrsch` sucht die Funktion durch ein Iterationsverfahren mit maximal 100 Schritten einen Wert `X`, sodass die Gleichung gilt:

```
Wahrsch = FVERT(X; ..; ..)
```

Seit Excel 2010 werden für `FINV()` die umbenannten Funktionen `F.INV()` und `F.INV.RE()` angeboten, wobei `F.INV.RE()` dasselbe Ergebnis liefert wie `FINV()`.

FTEST()

FTEST()

Syntax:	`FTEST(`**`Matrix1; Matrix2`**`)`
Beispiel:	`=FTEST({12;19;13;14;17}; {15;17;16;15;17})`
Ergebnis:	`0,0618`

Die Funktion `FTEST()` liefert unmittelbar die Wahrscheinlichkeit der Übereinstimmung zweier Stichproben hinsichtlich ihrer Varianzen. Mit dem F-Test lässt sich also ermitteln, ob sich zwei Stichproben in ihren Varianzen nur zufällig unterscheiden. `Matrix1` und `Matrix2` sind die Einzelwerte zweier Stichproben. Die Argumente müssen nicht denselben Umfang haben.

Enthalten die mit `Matrix1` und `Matrix2` angegebenen Datenreihen nicht numerische Elemente, werden sie ignoriert. Sind aber jeweils weniger als zwei numerische Elemente vorhanden, gibt die Funktion den Fehler `#DIV/0!` zurück.

Wenn Sie von diesen beiden Varianzwerten den Quotienten bilden, wobei der größere Wert in den Zähler gesetzt wird, ergibt sich ein F-Wert, der die Ausprägung einer Zufallsvariablen ist, die zu einer F-Verteilung gehört. Der in diesem Fall berechnete F-Wert `1,31` ist niedriger als der in E4 mit der Funktion `FINV()` berechnete kritische F-Wert mit einem Signifikanzniveau von `5%` und den Freiheitsgraden der beiden Stichproben – jeweils Anzahl Werte `-1`. Die Nullhypothese muss also nicht verworfen werden.

Sie können nun für den F-Wert `1,31` die Überschreitungswahrscheinlichkeit berechnen, indem Sie für diesen Wert die Funktion `FVERT()` mit den beiden Werten für Freiheitsgrade berechnen und das Ergebnis mit 2 multiplizieren. Das ergibt hier den Wert `0,73`. Dieser Wert ist größer als das Signifikanzniveau von `0,05`, was noch einmal die Nullhypothese bestätigt. Denselben Wert erhalten Sie mit der Funktion `FTEST()` auch direkt, wenn Sie als Argumente die beiden Wertebereiche angeben, wie in Zelle E5 zu sehen ist.

FVERT()

FDIST()

Syntax:	`FVERT(`**`X; Freiheitsgrade1; Freiheitsgrade2`**`)`
Beispiel:	`=FVERT(3,787; 7; 7)`
Ergebnis:	`0,05`

Die Funktion `FVERT()` liefert Werte der Verteilungsfunktion (1-Alpha) für F-verteilte Zufallsvariablen. Das Ergebnis gibt die Wahrscheinlichkeit, also das Signifikanzniveau, an. Die wichtigste Anwendung der F-Verteilung liegt in Signifikanztests für zwei unabhängige Stichproben.

Je nach der Anzahl der `Freiheitsgrade1` (Größe der ersten Stichprobe `-1`) und der Anzahl der `Freiheitsgrade2` (Größe der zweiten Stichprobe `-1`) unterscheiden sich die

F-Verteilungen und nehmen verschiedene Gestalt an. Mit X wird das Quantil der Verteilung eingegeben.

Ist eines der Argumente nicht numerisch, gibt die Funktion den Fehler #WERT! zurück. Ist X < 0 oder Freiheitsgrade1 oder Freiheitsgrade2 < 1, erscheint der Fehler #ZAHL!.

Für den Zusammenhang zwischen FVERT() und FINV() gilt: Wenn:

```
X = FINV(p; …)
```

dann ist:

```
p = FVERT(X; …)
```

Seit Excel 2010 stehen anstelle dieser Funktion die Funktionen F.VERT() und F.VERT.RE() zur Verfügung, wobei FVERT() dasselbe Ergebnis liefert wie F.VERT.RE().

GAMMAINV()

GAMMAINV()

Syntax:	GAMMAINV(**Wahrsch**; **Alpha**; **Beta**)
Beispiel:	=GAMMAINV(0,05; 3; 1)
Ergebnis:	0,8176

Die Funktion GAMMAINV() liefert Quantile der Gammaverteilung. Mit dem Argument Wahrsch wird ein Wahrscheinlichkeitswert aus einer Gammaverteilung angegeben. Alpha und Beta sind Funktionsparameter (in der Literatur werden als Parameter meist b und p angegeben). Beta = 1 liefert die standardisierte Gammaverteilung.

Ist Wahrsch, Alpha oder Beta nicht numerisch, gibt die Funktion den Fehler #WERT! zurück. Ist Wahrsch < 0 oder > 1 oder Alpha oder Beta ≤ 0, erscheint der Fehler #ZAHL!.

Die Funktion ist die Umkehrfunktion von GAMMAVERT(). Wenn:

```
Wert = GAMMAINV(X; …)
```

dann ist:

```
X = GAMMAVERT(Wert; …WAHR)
```

GAMMAVERT()

GAMMADIST()

Syntax:	`GAMMAVERT(`**`X; Alpha; Beta; Kumuliert`**`)`
Beispiel:	`=GAMMAVERT(1,5; 2; 1; WAHR)`
Ergebnis:	`0,44217`

Die Funktion `GAMMAVERT()` liefert Wahrscheinlichkeiten für eine gammaverteilte Zufallsvariable. Bei der Verteilungsfunktion ist dies die Wahrscheinlichkeit, dass eine Zufallsgröße einen Wert zwischen `0` und `X` annimmt, bei der Dichtefunktion die Wahrscheinlichkeit für den Wert `X`. Die Gammaverteilung ist eine stetige Wahrscheinlichkeitsverteilung über der Menge der positiven reellen Zahlen. Sie gilt als sehr anpassungsfähig, da sie auch die Untersuchung von schiefen Verteilungen erlaubt. Sie findet vor allem in der Warteschlangen- (oder Bedienungs-) und Zuverlässigkeitstheorie Anwendung.

Von den Argumenten bezeichnet `X` das Quantil, für das die Wahrscheinlichkeit (`1-Alpha`) berechnet werden soll, `Alpha` und `Beta` sind Parameter der Verteilung (vergleiche `GAMMAINV()`). Das Argument `Kumuliert` bestimmt den Typ der Verteilung: Mit `WAHR` wird der Wert der Verteilungsfunktion berechnet, mit `FALSCH` der Wert der Dichtefunktion. Wird `Beta` = `1` gesetzt, ergibt dies die Werte für die standardisierte Gammaverteilung.

Ist `X`, `Alpha` oder `Beta` nicht numerisch, gibt die Funktion den Fehler `#WERT!` zurück. Ist `X` < `0` oder `Alpha` oder `Beta` ≤ `0`, erscheint der Fehler `#ZAHL!`.

GTEST()

ZTEST()

Syntax:	`GTEST(`**`Matrix; X;`**` Sigma)`
Beispiel:	`=GTEST({11.19.18.21.13.17.9.14}; 12; 4)`
Ergebnis:	`0,01078`

Die Funktion `GTEST()` liefert die einseitige Wahrscheinlichkeit für einen Gauß-Test bei normalverteilten Daten. Für einen Erwartungswert einer Zufallsvariablen, der als `X` bezeichnet wird, gibt `GTEST()` die Wahrscheinlichkeit zurück, mit der der Stichprobenmittelwert größer ist als der Durchschnitt der in `Matrix` angegebenen Werte. Mit diesem Test kann die Wahrscheinlichkeit dafür geschätzt werden, dass ein bestimmter Wert aus derselben (normalverteilten) Grundgesamtheit stammt wie eine angegebene Stichprobe.

Mit Matrix wird der Datenbereich der Stichprobe angegeben, mit der der Wert X als angenommener Erwartungswert einer Zufallsvariablen verglichen werden soll. Das optionale Argument Sigma bezeichnet die bekannte Standardabweichung der Grundgesamtheit. Wird Sigma nicht angegeben, dann verwendet die Funktion hilfsweise die Standardabweichung der Stichprobe als Schätzwert für Sigma.

Ist Matrix leer, gibt die Funktion den Fehler #NV zurück. Nicht numerische Werte für X oder Sigma führen zu dem Fehler #WERT!, negative Werte für Sigma zu dem Fehler #ZAHL!.

HYPGEOMVERT()

HYPGEOMDIST()

Syntax:	HYPGEOMVERT(**Erfolge_S; Umfang_S; Erfolge_G; Umfang_G**)
Beispiel:	=HYPGEOMVERT(6; 6; 6; 49)
Ergebnis:	0,0000072%

Die Funktion HYPGEOMVERT() berechnet die Wahrscheinlichkeiten für hypergeometrisch verteilte Zufallsvariablen. Die Funktion wird in Fällen angewendet, in denen es durch Entnahme aus der Grundgesamtheit – ohne anschließendes Zurücklegen – jedes Mal zu einer Änderung ihrer Zusammensetzung und damit der Erfolgswahrscheinlichkeit bei den nachfolgenden Entnahmen kommt, sodass hier die Binomialverteilung nicht eingesetzt werden kann. Vergleiche BINOMVERT().

Mit Umfang_S und Umfang_G werden die Größe der entnommenen Stichprobe und die Größe der Grundgesamtheit angegeben. Erfolge_G gibt an, wie oft das zu testende Ereignis in der Grundgesamtheit enthalten ist, Erfolge_S, wie oft es in der Stichprobe enthalten sein soll. Die Funktion liefert Werte für die Berechnung der Dichte, die entsprechende kumulierte Verteilungsfunktion muss durch Aufsummieren berechnet werden.

Ist Erfolge_S < 0 oder Erfolge_S größer als der kleinere der Werte von Umfang_S oder Erfolge_G, gibt die Funktion den Fehlerwert #ZAHL! zurück. Das gilt auch für folgende Fälle:

- Erfolge_S ist kleiner als der größere Wert von 0 bzw. (Umfang_S – Umfang_G + Erfolge_G).
- Umfang_S ist ≤ 0 oder Umfang_S > Umfang_G.

- Erfolge_G ist ≤ 0 oder Erfolge_G > Umfang_G.
- Umfang_G ist ≤ 0.

Ist eines der Argumente Erfolge_S, Umfang_S, Erfolge_G oder Umfang_G nicht numerisch, gibt die Funktion den Fehler #WERT! zurück.

Seit Excel 2010 wird für HYPGEOMVERT() die umbenannte Funktion HYPGEOM.VERT() angeboten, die beide Funktionstypen über das zusätzliche Argument Kumuliert erlaubt.

KONFIDENZ()

CONFIDENCE()

Syntax:	KONFIDENZ(**Alpha**; **Standabwn**; **Umfang_S**)
Beispiel:	=KONFIDENZ(0,05; 2,6; 200)
Ergebnis:	0,36033

Die Funktion KONFIDENZ() dient der Schätzung des Konfidenzintervalls (auch Vertrauensbereich, Mutungsintervall) für den Erwartungswert einer Zufallsvariablen aus einer normalverteilten Grundgesamtheit anhand einer Stichprobe aus dieser Grundgesamtheit. Bei ein- wie zweiseitigen Fragestellungen wird ein bestimmter Prozentsatz (Alpha) extremer Fälle der Stichprobenverteilung als unwahrscheinlich ausgeschlossen. Diese Extremwerte liegen an den beiden Enden der Verteilung. Der Bereich zwischen den beiden Extremwerten beidseitig vom Mittelwert ist das Konfidenzintervall. Die entsprechende Wahrscheinlichkeit wird als Konfidenzniveau bezeichnet. Ein Wert von 90 % ergibt sich über 1-Alpha, wenn für Alpha 10 % angenommen wird.

Alpha ist die Irrtumswahrscheinlichkeit (gewählt wird zumeist 0,05, 0,01 oder 0,001), das zweite Argument Standabwn gibt die als bekannt angenommene Standardabweichung der Grundgesamtheit (sie muss > 0 sein), Umfang_S die Größe der Stichprobe an. Alpha muss zwischen 0 und 1 ausschließlich liegen. Die Funktion ergibt das halbe Konfidenzintervall.

Ist eines der Argumente nicht numerisch, gibt die Funktion den Fehler #WERT! zurück. Ist Alpha ≤ 0 oder ≥ 1, erscheint der Fehler #ZAHL!. Das gilt auch, wenn Standabwn ≤ 0 oder Umfang_S < 1.

Für den Mittelwert der Grundgesamtheit gilt:

```
Mgg = Mst +- k*(s/WURZEL(n))
```

wobei Mgg und Mst die Mittelwerte von Grundgesamtheit und Stichprobe sind, k der von der Funktion KONFIDENZ() ermittelte Wert, s die Standardabweichung der Stichprobe und n die Größe der Stichprobe.

Ergibt sich etwa im obigen Beispiel bei einer Werkstoffprüfung bei 200 Prüflingen eine durchschnittliche Länge von 102 mm mit einer Standardabweichung von 2,6, dann liegt das arithmetische Mittel mit einer Wahrscheinlichkeit von 90 % (0,9 = 1 - 2*0,05) im Bereich zwischen

```
102 - 0,3603 * 2,6/WURZEL(200)
```

und

```
102 + 0,3603 * 2,6/WURZEL(200)
```

also zwischen 101,934 und 102,066.

Seit Excel 2010 stehen anstelle dieser Funktion die Funktionen KONFIDENZ.NORM() und KONFIDENZ.T() zur Verfügung, wobei KONFIDENZ() dasselbe Ergebnis liefert wie die Funktion KONFIDENZ.NORM().

KOVAR()

COVAR()

Syntax:	KOVAR(**Matrix1; Matrix2**)
Beispiel:	=KOVAR({2;4;6;8;10;12}; {12;2;10;4;8;6})
Ergebnis:	-3

Die Funktion KOVAR() liefert ähnlich wie die Funktion KORREL() ein Maß für den Zusammenhang zwischen den Daten zweier Datenreihen aus verbundenen Stichproben. Sie ermittelt, in welchem Maß die Daten der beiden Datenreihen gemeinsam von ihrem jeweiligen Mittelwert abweichen.

! Beide Argumente müssen dieselbe Anzahl von Elementen enthalten, sonst liefert die Funktion den Fehler #NV. Dabei werden in den angegebenen Zellbereichen oder Matrizen Texteinträge, Wahrheitswerte und leere Elemente ignoriert. Enthält eines oder beide Argumente kein numerisches Datenelement, erscheint der Fehler #DIV/0!.

Die Funktion ermittelt für jeden Datenpunkt die Differenz zum Mittelwert und bildet paarweise das Produkt aus den beiden Abweichungen. Anschließend wird der Mittelwert dieser Produkte berechnet. Dabei sind von der Größe her beliebige Ergebnisse möglich. Entscheidend ist, ob das Ergebnis positiv oder negativ ist. Positive Werte deuten auf einen linearen Zusammenhang der beiden Variablen hin – wenn X größer wird, wird auch Y größer. Negative Werte deuten auf einen gegensinnigen Zusammenhang hin – wenn X größer wird, wird Y kleiner. Null bedeutet, dass kein Zusammenhang existiert. Die Funktion zeigt also nur die Richtung an, in der zwei Variablen korrelieren.

Seit Excel 2010 stehen anstelle dieser Funktion die Funktionen `KOVARIANZ.P()` sowie `KOVARIANZ.S()` zur Verfügung, wobei `KOVAR()` dasselbe Ergebnis wie `KOVARIANZ.P()` liefert.

KRITBINOM()

CRITBINOM()

Syntax:	`KRITBINOM(`**`Versuche; Erfolgswahrsch; Alpha`**`)`
Beispiel:	`=KRITBINOM(200; 0,9; 0,01)`
Ergebnis:	`170`

Die Funktion `KRITBINOM()` liefert die kleinste Anzahl erfolgreicher Versuche, für die die kumulierte Wahrscheinlichkeit größer oder gleich der mit `Alpha` angegebenen Irrtums- oder Grenzwahrscheinlichkeit ist. Voraussetzung ist, dass die Zufallsgröße binomialverteilt ist (vergleiche `BINOMVERT()`). Mit `Versuche` wird die Zahl der Versuche angegeben; mit `Erfolgswahrsch` die Wahrscheinlichkeit für den erfolgreichen Ausgang eines Versuchs.

Ist eines der Argumente nicht numerisch, gibt die Funktion den Fehler `#WERT!` zurück. Ist `Versuche` < `0` oder `Erfolgswahrsch` < `0` oder > `1`, erscheint der Fehler `#ZAHL!`; das gilt auch für `Alpha` < `0` oder > `1`.

Das Ergebnis der Funktion kann als Akzeptanzkriterium verwendet werden, um z. B. zu entscheiden, ob die Fehlerrate in einem Fertigungslos noch geduldet werden kann oder nicht. Im Beispiel wird angenommen, dass bei einer gegebenen Maschineneinstellung von 200 Prüflingen im Durchschnitt 180 (= 90 %) korrekt sind, die Wahrscheinlichkeit für einen korrekten Prüfling also `0,9` ist. Die Fragestellung lautet: Mit wie vielen korrekten Prüflingen können Sie mit einer Irrtumswahrscheinlichkeit von `0,01` mindestens rechnen? Das Ergebnis lautet `170`, d. h. in 99 % aller 200-Stück-Lieferungen sind 170 korrekte Produkte zu erwarten.

LOGINV()

LOGINV()

Syntax:	`LOGINV(`**`Wahrsch; Mittelwert; Standabwn`**`)`
Beispiel:	`=LOGINV(0,01; 0; 1)`
Ergebnis:	`0,098`

Die Funktion `LOGINV()` liefert Quantile einer logarithmischen Normalverteilung. Das Argument `Wahrsch` ist die Wahrscheinlichkeit, als Zweites wird der `Mittelwert` von `ln(X)` und als Drittes mit `Standabwn` die Standardabweichung von `ln(X)` angegeben. Die Funktion hilft bei der Analyse von Daten, deren Logarithmus normalverteilt ist. Anwendungsbereiche sind Statistiken über Einkommensverteilungen oder Schadensfälle in der Versicherungsbranche. Die Funktion ist die Umkehrung von `LOGNORMVERT()`.

8

Ist eines der Argumente nicht numerisch, gibt die Funktion den Fehler `#WERT!` zurück. Ist `Wahrsch` ≤ `0` oder ≥ `1`, erscheint der Fehler `#ZAHL!`; das gilt auch für `Standabwn` ≤ `0`.

LOGNORMVERT()

LOGNORMDIST()

Syntax:	`LOGNORMVERT(`**`X; Mittelwert; Standabwn`**`)`
Beispiel:	`=LOGNORMVERT(1; 0; 1)`
Ergebnis:	`0,5`

Die Funktion `LOGNORMVERT()` liefert die Wahrscheinlichkeitsverteilung für eine logarithmische Normalverteilung. Bei einigen Experimenten, z. B. über Reaktionszeiten, ergibt sich als Häufigkeitsverteilung ein asymmetrischer, linkssteiler Kurvenzug. Durch Logarithmieren lassen sich daraus häufig normalverteilte Messwerte erstellen.

Das Argument `X` bezeichnet den Wert des Quantils, `Mittelwert` ist das arithmetische Mittel, und drittes Argument ist `Standabwn`, die Standardabweichung der Stichprobe.

Sind `X`, `Mittelwert` oder `Standabwn` nicht numerisch, gibt die Funktion den Fehler `#WERT!` zurück. Ist `X` ≤ `0` oder `Standabwn` ≤ `0`, erscheint der Fehler `#ZAHL!`.

MODALWERT()

MODE()

Syntax:	`MODALWERT(`**`Zahl1`**`; Zahl2; ...)`
Beispiel:	`=MODALWERT(2; 6; 3; 6; 1; 5; 6)`
Ergebnis:	`6`

Die Funktion `MODALVERT()` liefert den in einer Datenreihe am häufigsten vorkommenden Wert. Damit gehört die Funktion zu den grundlegenden statistischen Kennwerten der Maße der zentralen Tendenz. Mit dem Modalwert oder Modus lassen sich schnell Informationen über den Schwerpunkt der Verteilung gewinnen. Die Funktion kann seit Excel 2007 bis zu 255 Argumente enthalten, in den älteren Versionen bis zu 30.

! Enthält eines der Argumente einen Fehlerwert, gibt auch die Funktion diesen Fehlerwert aus. Kann die Funktion keinen Modalwert angeben, weil keiner der Werte zumindest zweimal vorkommt, wird der Fehlerwert `#NV` ausgegeben.

Betrachten Sie eine Verteilung, so ist das Maximum der Verteilung gleich dem Modalwert. Der Modalwert einer Häufigkeitsverteilung (siehe `HÄUFIGKEIT()`) liegt in der Kategorienmitte der am häufigsten besetzten Kategorie. Kann die Funktion keinen Modalwert angeben, weil keiner der Werte zumindest zweimal vorkommt, wird ein Fehlerwert ausgegeben. Bei gleich häufigem Vorkommen verschiedener Werte wird der in der Liste zuerst vorkommende ausgegeben. Anstelle dieser Funktion werden seit Excel 2010 die beiden Funktionen `MODUS.EINF()` sowie `MODUS.VIELF()` angeboten.

NEGBINOMVERT()

NEGBINOMDIST()

Syntax:	`NEGBINOMVERT(`**`Zahl_Misserfolge; Zahl_Erfolge; Erfolgswahrsch`**`)`
Beispiel:	`=NEGBINOMVERT(5; 1; 1/6)`
Ergebnis:	`0,0669`

Die Funktion `NEGBINOMVERT()` benutzt als Grundlage ihrer Berechnungen ebenso wie `BINOMVERT()` die Binomialverteilung und wird auch als negative Binomialverteilung bezeichnet.

Sie berechnet, mit welcher Wahrscheinlichkeit ein zusammengesetztes Ereignis auftritt. Als Argumente werden `Zahl_Misserfolge` und `Zahl_Erfolge` angegeben. Zusammen mit der Angabe von `Erfolgswahrsch` ermittelt die Funktion die Wahrscheinlichkeit dafür, dass das zusammengesetzte Ereignis (erst die angegebene Zahl an Misserfolgen, dann die angegebene Zahl der Erfolge) auftritt. Die Funktion liefert Werte für die Berechnung der Dichte, die entsprechende kumulierte Verteilungsfunktion muss durch Aufsummieren berechnet werden.

! Ist `Zahl_Erfolge` < 0 oder `Zahl_Erfolge` < 1, gibt die Funktion den Fehlerwert `#ZAHL!` zurück. Das gilt ebenfalls für `Erfolgswahrsch` < 0 oder > 1. Ist eines der Argumente `Zahl_Misserfolge`, `Zahl_Erfolge`, `Erfolgswahrsch` nicht numerisch, gibt die Funktion den Fehler `#WERT!` zurück.

Seit der Version Excel 2010 wird anstelle dieser Funktion die umbenannte Funktion `NEGBINOM.VERT()` angeboten, die beide Funktionstypen über das zusätzliche Argument `Kumuliert` erlaubt.

8

NORMINV()

NORMINV()

Syntax:	NORMINV(**Wahrsch; Mittelwert; Standabwn**)
Beispiel:	=NORMINV(0,5; 20; 30)
Ergebnis:	20

Die Funktion `NORMINV()` liefert Quantile der Normalverteilung und ist die Umkehrfunktion von `NORMVERT()`.

Als Argumente werden `Wahrsch` (die Wahrscheinlichkeit, zu der das Quantil gesucht wird) sowie `Mittelwert` und mit `Standabwn` die Standardabweichung der Verteilung angegeben.

! Ist eines der Argumente nicht numerisch, gibt die Funktion den Fehler `#WERT!` zurück. Ist `Wahrsch` < 0 oder > 1, erscheint der Fehler `#ZAHL!`; das gilt auch für `Standabwn` ≤ 0.

Wie bei der Normalverteilung gilt auch hier, dass bei Mittelwert = 0 und Standardabweichung = 1 eine Standardnormalverteilung vorliegt. In diesem Fall kann auch `STANDNORMINV()` eingesetzt werden.

NORMVERT()

NORMDIST()

Syntax:	NORMVERT(**X; Mittelwert; Standabwn; Kumuliert**)
Beispiel:	=NORMVERT(9; 9; 4; WAHR)
Ergebnis:	0,5

Die Funktion NORMVERT() liefert die Werte für eine Normalverteilung. X bezeichnet den Wert der Verteilung (Quantil), dessen Wahrscheinlichkeit berechnet werden soll. Wird die Funktion grafisch dargestellt, ist das der Wert auf der x-Achse. Dabei ergibt sich immer ein glockenförmiger Verlauf. Wie er im Einzelnen ausfällt, hängt von den Argumenten Mittelwert und Standabwn ab. Der Mittelwert (Erwartungswert) gibt die Lage der Funktion auf der x-Achse an und markiert dabei den Gipfel dieser Funktion. Die Standardabweichung gibt die Streuung an und bestimmt damit, wie flach oder steil die Funktion verläuft. Mit Kumuliert = WAHR erhalten Sie die Verteilungsfunktion, also die Wahrscheinlichkeit dafür, dass die Zufallsvariable einen Wert von X oder kleiner annimmt. Mit FALSCH erhalten Sie die Werte der Dichtefunktion.

Mit Mittelwert = 0 und Standabwn = 1 erhalten Sie die Standardnormalverteilung, die Sie auch direkt mit der Funktion STANDNORMVERT() abfragen können.

! Sind X, Mittelwert oder Standabwn nicht numerisch, gibt die Funktion den Fehler #WERT! zurück. Ist Standabwn ≤ 0, erscheint der Fehler #ZAHL!.

Für die Normalverteilung gelten folgende Eigenschaften:

- Die Verteilung ist glockenförmig und eingipflig. Sie nähert sich asymptotisch der x-Achse. Zugleich ist sie symmetrisch. Der höchste Wert ist zugleich der Mittelwert, wobei der arithmetische Mittelwert mit dem Median zusammenfällt. 50 % der Fläche liegen beidseitig vom Mittelwert. Die Wendepunkte liegen bei Mittelwert + Standardabweichung bzw. Mittelwert – Standardabweichung.
- Die Fläche unter der Dichtekurve hat immer den Wert 1. Die Wahrscheinlichkeit, dass eine Zufallsvariable einen Wert zwischen x1 und x2 annimmt, wird ermittelt, indem die entsprechende Fläche unter der Dichtekurve berechnet wird. Folglich hat der Mittelwert die Wahrscheinlichkeit von 50 %.

OBERGRENZE()

CEILING()

Syntax:	`OBERGRENZE(`**`Zahl`**`; `**`Schritt`**`)`
Beispiel:	`=OBERGRENZE(2,2434; 0,05)`
Ergebnis:	`2,25`

Die Funktion `OBERGRENZE()` rundet den mit dem Argument `Zahl` angegebenen Wert auf das nächste Vielfache von `Schritt` auf und ist damit komplementär zu `UNTERGRENZE()`. Sie erlaubt also das Aufrunden auf bestimmte Intervallgrenzen.

Mit dem Wert `0,05` für `Schritt` kann z. B. bestimmt werden, dass die Hundertstelstelle beim Aufrunden immer nur eine 5 oder eine 0 sein kann. Mit einem Wert `0,05` für `Schritt` wird dafür gesorgt, dass z. B. nicht mehr in Cent, sondern nur noch für 5-Cent-Stücke ausgepreist wird.

8

! Ist eines der Argumente nicht numerisch, liefert die Funktion den Fehler `#WERT!`.

Aufrunden bedeutet im Sinne dieser Funktion, dass immer von der Null weg gerundet wird, z. B. ergibt `=OBERGRENZE(-4,2546; -0,5)` den Wert `-4,5`. Bei unterschiedlichen Vorzeichen für `Zahl` und `Schritt` wird eine Fehlermeldung ausgegeben.

POISSON()

POISSON()

Syntax:	`POISSON(`**`X`**`; `**`Mittelwert`**`; `**`Kumuliert`**`)`
Beispiel:	`=POISSON(50; 60; WAHR)`
Ergebnis:	`0,1077`

Die Funktion `POISSON()` liefert die Wahrscheinlichkeiten für Zufallsvariablen, die einer Poisson-Verteilung angehören. Die Poisson-Verteilung ist wie die Binomial- und die hypergeometrische Verteilung eine Verteilung, die nur diskrete Werte annehmen kann. Die Poisson-Verteilung ist für große Zahlen eine gute Näherung an die Binomialverteilung. Sie ist die Grenzverteilung der Binomialverteilung für den Fall, dass die Anzahl der Ereignisse insgesamt gegen unendlich und die Anzahl der Ausnahmeereignisse gegen null geht.

An Argumenten verlangt die Funktion X für die Anzahl der Fälle und Mittelwert für den Erwartungswert. Kumuliert ist ein Wahrheitswert. Mit Kumuliert = FALSCH wird die Wahrscheinlichkeit dafür berechnet, dass die Zufallsvariable genau den Wert X annimmt, mit Kumuliert = WAHR die Wahrscheinlichkeit dafür, dass die Zufallsvariable einen Wert von X oder kleiner annimmt.

Ist X oder Mittelwert nicht numerisch, gibt die Funktion den Fehler #WERT! zurück. Ist X < 0 oder Mittelwert < 0, erscheint der Fehler #ZAHL!.

Die Funktion kann angewendet werden, wenn für eine sehr große Zahl von Fällen die Wahrscheinlichkeit von seltenen Ausnahmeereignissen geschätzt werden soll. Dabei muss nur bekannt sein, wie häufig im Durchschnitt das Ausnahmeereignis auftritt.

Da die Poisson-Verteilung normalerweise dazu verwendet wurde, die bei großen Zahlen schwer zu handhabende Binomialverteilung anzunähern, gibt es selten einen Grund, sie noch zu verwenden. Schließlich bietet Excel auch jene Funktion an.

QUANTIL()

PERCENTILE()

Syntax:	QUANTIL(**Matrix; Alpha**)
Beispiel:	siehe Abbildung 8.2

Die Funktion QUANTIL() liefert denjenigen Wert einer Datenreihe, die über das Argument Matrix geliefert wird, unterhalb dessen ein mit Alpha angegebener Bruchteil der Daten liegt. Mit dieser Funktion wird eine Verteilung nach einer Skala unterteilt, deren unterster und oberster Punkt den tiefsten und den höchsten Wert der Daten bildet.

Matrix sind die zu unterteilenden Daten. Durch das Argument Alpha wird ein Lagemaß (Quantil) angegeben. Das Maß 0,25 (25 %) bezeichnet z. B. den Punkt, unterhalb dessen ein Viertel aller Beobachtungen liegt. Einige Quantile, die besonders oft verwendet werden, haben eigene Bezeichnungen wie Quartil für 25 %-Abschnitte, Dezil für 10 %-Abschnitte. Das zweite Quartil oder ein Quantil von 0,5 bezeichnet dann den Median. Das Argument Alpha kann jeden Wert zwischen 0 und 1 annehmen; liegt ein Quantil zwischen zwei Beobachtungen, wird durch Interpolation der entsprechende Wert ermittelt. Enthält Matrix mehr als 8.191 Datensätze, wird eine Fehlermeldung ausgegeben.

Nicht numerische Werte oder Wahrheitswerte in Matrix werden ignoriert. Enthält Matrix aber gar keine numerischen Werte, liefert die Funktion den Fehler #ZAHL!. Das gilt auch, wenn Alpha < 0 oder > 1 ist. Ist Alpha nicht numerisch, erscheint der Fehler #WERT!.

	A	B	C	D	E
1					
2	**Quantile berechnen**				
3					
4	Person	Gewicht	Alpha	QUANTIL()	
5	1	69	0,0	55	
6	2	66	0,1	57	
7	3	68	0,2	58	
8	4	72	0,3	61	
9	5	74	0,4	63	
10	6	63	0,5	67	=MEDIAN()
11	7	68	0,6	68	
12	8	79	0,7	70	
13	9	58	0,8	72	
14	10	79	0,9	77	
15	11	68	1,0	79	
16	12	72			
17	13	77			
18	14	56			
19	15	60			
20	16	62			
21	17	58			
22	18	61			
23	19	55			
24	20	57			

Abbildung 8.2 Einteilung von Daten in Quantile

Seit Excel 2010 stehen anstelle dieser Funktion die Funktionen `QUANTIL.EXKL()` und `QUANTIL.INKL()` zur Verfügung, wobei `QUANTIL.INKL()` dasselbe Ergebnis liefert wie `QUANTIL()`.

QUANTILSRANG()

PERCENTRANK()

Syntax:	`QUANTILSRANG(`**`Matrix`**`;` **`X`**`; Genauigkeit)`
Beispiel:	siehe Abbildung 8.3

Die Funktion `QUANTILSRANG()` liefert die Angabe des Anteils von Daten, die unterhalb des angegebenen Wertes liegen. Das Argument `X` bezeichnet den Wert, dessen relative Position ermittelt werden soll; `Matrix` sind die Daten. Wenn `X` selbst als Wert nicht in der Matrix auftaucht, wird der entsprechende Wert interpoliert. Mit `Genauigkeit` lässt sich die Anzahl der Stellen für die Ausgabe des Ergebnisses bestimmen. Wird `Genauigkeit` nicht angegeben, wird `3` angenommen.

! Enthält `Matrix` gar keine numerischen Werte, liefert die Funktion den Fehler `#ZAHL!`. Ist `X` größer oder kleiner als der größte oder kleinste Wert, liefert die Funktion den Fehler `#NV`.

Der Zusammenhang mit `QUANTIL()` sieht so aus: Wenn:

```
X = QUANTIL(Matrix; 0,2)
```

dann ist:

```
0,2 = QUANTILSRANG(Matrix; X)
```

Quantilsrang berechnen

Person	Gewicht	QUANTILSRANG()
1	69	0,68
2	66	0,47
3	68	0,53
4	72	0,74
5	74	0,84
6	63	0,42
7	68	0,53
8	79	0,95
9	58	0,16
10	79	0,95
11	68	0,53
12	72	0,74
13	77	0,89
14	56	0,05
15	60	0,26
16	62	0,37
17	58	0,16
18	61	0,32
19	55	0,00
20	57	0,11

Abbildung 8.3 Berechnen des Quantilsrangs

Seit Excel 2010 stehen anstelle dieser Funktion die Funktionen QUANTILSRANG.EXKL() und QUANTILSRANG.INKL() zur Verfügung, wobei QUANTILSRANG() dasselbe Ergebnis liefert wie QUANTILSRANG.INKL().

QUARTILE()

QUARTILE()

Syntax:	QUARTILE(**Matrix; Quartil**)
Beispiel:	siehe Abbildung 8.4

Die Funktion QUARTILE() unterteilt die Daten von Matrix in Bereiche mit je gleichen Anteilen von Daten und ist damit ein Spezialfall von QUANTIL() (siehe dort). Für Quartil sind fünf Belegungen möglich: 0 (liefert den niedrigsten Wert); 1 (25 %-Quantil), 2 (50 %-Quantil = Median); 3 (75 %-Quantil) und 4 (für den höchsten Wert).

	A	B	C	D	E
1					
2	**Einteilung in Quartile**				
3					
4	Person	Gewicht	QUARTILE()		
5	1	69,00	58,00	Kleinster Wert	=MIN()
6	2	66,00	65,25	25%-Quartil	
7	3	68,00	68,50	50%-Quartil	=MEDIAN()
8	4	72,00	72,50	75%-Quartil	
9	5	74,00	79,00	Größter Wert	=MAX()
10	6	63,00			
11	7	68,00			
12	8	79,00			
13	9	58,00			
14	10	69,00			
15	11	59,00			
16	12	79,00			

Abbildung 8.4 Einteilung der Daten in Quartile

! Enthält Matrix gar keine numerischen Werte, liefert die Funktion den Fehler #ZAHL!. Das gilt auch, wenn Quartile < 0 oder > 4 ist. Ist Quartile nicht numerisch, erscheint der Fehler #WERT!.

Seit Excel 2010 stehen anstelle dieser Funktion die Funktionen QUARTILE.EXKL() und QUARTILE.INKL() zur Verfügung, wobei QUARTILE() dasselbe Ergebnis liefert wie die Funktion QUARTILE.INKL().

RANG()

RANK()

Syntax: RANG(**Zahl**; **Bezug**; Reihenfolge)

Beispiel: siehe Abbildung 8.5

Die Funktion RANG() liefert den Rang, den ein Wert in einer Datenreihe in Bezug auf seine Größe einnimmt. Mit Zahl wird der Wert angegeben, dessen Rang bestimmt werden soll; Bezug ist die Datenreihe, wobei nicht numerische Werte bei der Rangberechnung ignoriert werden bzw. zu Fehlern führen, wenn der Rang dieses Werts angegeben werden soll. Mit Reihenfolge wird angegeben, ob in fallender oder steigender Ordnung gezählt wird. Vorgegeben ist die fallende Ordnung, die dann verwendet wird, wenn das Argument nicht oder mit 0 belegt ist. Bei jedem anderen Wert zählt Excel in steigender Ordnung.

Rang von Laufergebnissen berechnen

Teilnehmer	Zeit	RANG()
5	10,60	1
9	10,70	2
4	10,80	3
18	10,80	3
3	10,90	5
14	10,90	5
17	11,30	7
13	11,40	8
2	11,50	9
15	disqual.	#WERT!

Abbildung 8.5 Rangordnung von Laufzeiten

Nicht numerische Werte in Bezug werden bei der Rangberechnung ignoriert. Soll aber der Rang eines solchen Wertes angegeben werden, liefert die Funktion den Fehler #WERT!. Ist eine Zelle in Bezug leer, liefert die Funktion für diese Zelle den Fehler #NV.

SCHÄTZER()

FORECAST()

Syntax: SCHÄTZER(**X**; **Y_Werte**; **X_Werte**)

Beispiel: =SCHÄTZER(3; {4;5;6}; {1;5;10})

Ergebnis: 4,48

Die Funktion SCHÄTZER() liefert für den angegebenen Wert X einen Schätzwert für den entsprechenden Wert für Y anhand einer linearen Regression, die die mit Y_Werte und X_Werte angegebenen bereits bekannten Werte verwendet. Dabei stellen die X_Werte die unabhängige, die Y_Werte die abhängige Variable dar. Die Funktion dient insbesondere der Prognose zukünftiger Werte auf der Basis bereits bekannter Beziehungen zwischen zwei Merkmalen. Für Y_Werte und X_Werte kann jeweils ein Zellbereich oder eine Matrixkonstante angegeben werden. Texte, leere Zellen oder Wahrheitswerte werden ignoriert.

Enthalten Y_Werte und X_Werte unterschiedlich viele Datenelemente, liefert die Funktion den Fehler #NV. Enthalten beide nur ein oder gar kein Datenelement, erscheint der Fehler #DIV/0!. Das geschieht auch, wenn die Varianz der X_Werte gleich 0 ist. Wenn X nicht numerisch ist, liefert die Funktion den Fehler #WERT!.

Die Funktion liefert die gleichen Schätzwerte für Y wie die Funktion TREND(), wenn bei dieser Funktion mit dem Argument Neue_x_Werte gearbeitet wird.

Für diese Funktion wird mit Excel 2016 die Funktion PROGNOSE.LINEAR() in der Kategorie der statistischen Funktionen eingeführt. Siehe dazu auch Abschnitt 7.5, »Regressionsanalyse«.

STABW()

STDEV()

Syntax:	STABW(**Zahl1**; Zahl2; ...)
Beispiel:	=STABW(33; 22; 28; 17; 23; 26)
Ergebnis:	5,49

Die Funktion STABW() schätzt für die Werte in der Argumentliste die vermutete Standardabweichung vom arithmetischen Mittelwert der Grundgesamtheit. Dabei werden die in der Argumentliste gegebenen Daten als Stichprobe aus dieser Grundgesamtheit genommen. Die Funktion kann seit Excel 2007 bis zu 255 Argumente enthalten, in den älteren Versionen bis zu 30.

Die Standardabweichung ist ein Maß dafür, wie weit die vorhandenen Daten um den Mittelwert streuen. Sie ist die Quadratwurzel aus der Varianz, also dem arithmetischen Mittelwert der quadrierten Abweichungen vom arithmetischen Mittelwert. Bei der Ermittlung des Mittelwertes wird bei dieser Funktion aber nicht mit n für den gesamten Umfang der Stichprobe gerechnet, sondern mit n – 1.

Enthält ein Bereich gar keine numerischen Werte, liefert die Funktion den Fehler #DIV/0!.

STABWN()

STDEVP()

Syntax:	STABWN(**Zahl1**; Zahl2; ...)
Beispiel:	=STABWN(33; 22; 28; 17; 23; 26)
Ergebnis:	5,01

Die Funktion STABWN() berechnet für die Werte in der Argumentliste die Standardabweichung vom arithmetischen Mittelwert. Dabei werden die in der Argumentliste gegebenen Daten als Grundgesamtheit genommen. Die Funktion kann seit Excel 2007 bis zu 255 Argumente enthalten, in den älteren Versionen bis zu 30.

Enthält ein Bereich überhaupt keine numerischen Werte, liefert die Funktion den Fehler #DIV/0!.

Die Standardabweichung ist die Quadratwurzel aus dem arithmetischen Mittelwert der quadrierten Abweichungen vom arithmetischen Mittelwert. Bei der Ermittlung des Mittelwertes wird anders als bei den Funktionen STABW() und STABWA() mit n für den Umfang der Grundgesamtheit gerechnet. Für diese Funktion ist seit Excel 2010 die umbenannte Funktion STABW.N() vorgesehen.

STANDNORMINV()

NORMSINV()

Syntax:	STANDNORMINV(**Wahrsch**)
Beispiel:	=STANDNORMINV(0,90)
Ergebnis:	1,28

Die Funktion STANDNORMINV() liefert bei einer Standardnormalverteilung für die mit Wahrsch angegebene Wahrscheinlichkeit – ein Wert zwischen 0 und 1 einschließlich – den Wert auf der x-Achse (Quantil). Die Funktion ist die Umkehrung der Funktion STANDNORMVERT().

Ist Wahrsch < 0 oder > 1, erscheint der Fehler #ZAHL!, ist der Wert nicht numerisch, der Fehler #WERT!.

Die Standardnormalverteilung ist eine Variante der Normalverteilung und dadurch gekennzeichnet, dass der Mittelwert (Erwartungswert) gleich 0 ist und die Standardabweichung gleich 1.

STANDNORMVERT()

NORMSDIST()

Syntax:	STANDNORMVERT(**Z**)
Beispiel:	=STANDNORMVERT(0)
Ergebnis:	0,5

Die Funktion STANDNORMVERT() gibt die Wahrscheinlichkeit dafür, dass eine Zufallsvariable aus einer Standardnormalverteilung den Wert z oder kleiner annimmt.

! Ist Z nicht numerisch, gibt die Funktion den Fehler #WERT! zurück.

Die Standardnormalverteilung ist eine Variante der Normalverteilung und dadurch gekennzeichnet, dass der Mittelwert (Erwartungswert) gleich 0 ist und die Standardabweichung gleich 1. Die von dieser Funktion ermittelten Werte lassen sich auch über =NORMVERT(Z; 0; 1; WAHR) berechnen. Um die Dichtefunktion zu berechnen, wird im abgebildeten Beispiel mit =NORMVERT(Z; 0; 1; FALSCH) gearbeitet.

TINV()

TINV()

Syntax:	TINV(**Wahrsch; Freiheitsgrade**)
Beispiel:	=TINV(0,05; 4)
Ergebnis:	2,776

Die Funktion TINV() liefert den t-Wert der t-Verteilung und ist damit die Umkehrung von TVERT() mit dem Parameter 2 für Seiten. Die wiedergegebenen Werte sind in statistischen Tabellenwerken als t-Wert für zweiseitige Tests (Tests, bei denen die Werte nach beiden Seiten abweichen können) tabelliert. Mit Wahrsch wird die zur t-Verteilung gehörige zweiseitige Wahrscheinlichkeit angegeben, der Wert für Freiheitsgrade ergibt sich aus der Gesamtzahl der Stichprobenelemente – 2.

Der prinzipielle Ablauf des t-Tests umfasst folgende Schritte:

1. Aus den zu vergleichenden Größen wird ein rechnerischer t-Wert ermittelt (im Folgenden `tr`).
2. Die Freiheitsgrade (im Folgenden `df`) werden ermittelt.
3. Der errechnete `tr`-Wert wird mit dem von `TINV()` gelieferten verglichen. Soll der Test einseitig sein, muss für die Funktion das Maß der Wahrscheinlichkeit halbiert werden.

Benötigt wird der von `TINV()` gelieferte Wert u. a. bei den in den folgenden beiden Abschnitten beschriebenen Tests.

8.2.1 Vergleich der Mittelwerte von Stichprobe und Grundgesamtheit

```
tr = WURZEL(n) * ABS(Ms-Mg)/Ss
df = n-1
```

mit `n` = Stichprobengröße; `Ms` = Mittelwert Stichprobe; `Mg` = Mittelwert Grundgesamtheit; `Ss` = Standardabweichung Stichprobe.

8.2.2 Vergleich der Mittelwerte zweier Stichproben

```
tr = (M1-M2)/Sg
Sg^2 = ((n1-1)*S1^2 + (n2-1)*S2^2) * (n1+n2) /((n1+n2-2)*(n1*n2))
df = n1 + n2 - 2
```

mit `M1` und `M2` für die Mittelwerte der beiden Stichproben, `S1` und `S2` für die Standardabweichungen, `n1` und `n2` für die Stichprobengrößen. Ist der so errechnete `tr`-Wert kleiner als der von `TINV()` gelieferte, kann davon ausgegangen werden, dass die Unterschiede zwischen den zu testenden Größen zufällig sind. Die Wahrscheinlichkeit, dass diese Annahme falsch ist, wird mit dem Argument `Wahrsch` angegeben.

! Ist eines der Argumente nicht numerisch, gibt die Funktion den Fehler `#WERT!` zurück. Ist `Wahrsch` ≤ 0 oder `Wahrsch` > 1 oder `Freiheitsgrade` < 1, erscheint der Fehler `#ZAHL!`.

Abbildung 8.6 zeigt einen t-Test für zwei Stichproben aus Untersuchungen zur Knochendichte, mit dem geprüft wird, ob die Unterschiede als signifikant oder nur als zufällig einzustufen sind. Der mit `TTEST()` errechnete Prüfwert ist deutlich kleiner als der mit

TINV() errechnete kritische t-Wert, also kann davon ausgegangen werden, dass die Unterschiede der beiden Stichproben nicht signifikant sind.

	A	B	C	D	E	F
1						
2	**Berechnen des kritischen Werts der t-Verteilung**					
3						
4	Stichprobe 1	Knochendichte in mg/cm³		Stichprobe 2	Knochendichte in mg/cm³	
5	p1	19,4		p1	19,2	
6	p2	23		p2	19,3	
7	p3	29,9		p3	61,9	
8	p4	33		p4	69,9	
9	p5	67,9		p5	71	
10	p6	68		p6	78	
11	p7	81		p7	96	
12	p8	178		p8	101,4	
13	p9	55		MITTELWERT()	64,5875	
14	p10	34		STABW()	30,9593022	
15	MITTELWERT()	58,92		ANZAHL()	8	
16	STABW()	46,94336541				
17	ANZAHL()	10		TTEST()	0,762707427	
18				TVERT()	0,05	
19				Freiheitsgrade	16	
20				Wahrsch	0,05	
21				TINV()	2,119905299	t-Wert

Abbildung 8.6 Berechnen des Quantils der t-Verteilung

Seit Excel 2010 stehen anstelle dieser Funktion die Funktionen T.INV() und T.INV.2S() zur Verfügung, wobei TINV() dasselbe Ergebnis liefert wie T.INV.2S().

TTEST()

TTEST()

Syntax: TTEST(**Matrix1; Matrix2; Seiten; Typ**)

Beispiel: =TTEST({12;19;13;14;17}; {15;17;16;15;17}; 2; 2)

Ergebnis: 0,489

Die Funktion TTEST() gestattet den direkten Vergleich zweier Stichproben in Bezug auf den Mittelwert der entsprechenden Grundgesamtheiten, ohne dass so viele rechnerische Zwischenschritte nötig wären wie bei dem unter TINV() geschilderten Verfahren. Seit Excel 2010 wird für TTEST() die umbenannte Funktion T.TEST() angeboten.

Die beiden Stichproben werden mit Matrix1 und Matrix2 angegeben. Mit Seiten wird vorgegeben, ob Abweichungen nach beiden Seiten (2) oder nur nach einer Seite (1) möglich sind. Mit Typ wird der Charakter der Stichproben angegeben, wie in Tabelle 8.2 zu sehen.

Typ	Charakter
1	gepaart – zwei Stichproben gleicher Größe
2	zwei Stichproben mit gleicher Varianz
3	zwei Stichproben mit unterschiedlicher Varianz

Tabelle 8.2 Typ-Codes und ihre Bedeutung

TVERT()

TDIST()

Syntax: TVERT(**X; Freiheitsgrade; Seiten**)

Beispiel: =TVERT(2; 4; 1)

Ergebnis: 0,058

Die Funktion TVERT() liefert die Wahrscheinlichkeit für eine t-verteilte Zufallsvariable. Das Argument X ist das Quantil der Verteilung, dessen Wahrscheinlichkeit berechnet werden soll. Mit Freiheitsgrade wird die Anzahl der Freiheitsgrade angegeben. Das Argument Seiten gibt mit den möglichen Werten 1 und 2 an, ob die Funktion Werte für einen einseitigen oder einen zweiseitigen t-Test liefern soll. Siehe dazu TTEST().

TVERT() ist die Umkehrung zu TINV(). Wenn:

```
X = TINV(Wahrsch; …)
```

dann gilt:

```
Wahrsch = TVERT(X; …; 2)
```

Ein Beispiel für die Anwendung ist der Vergleich der Häufigkeit eines Merkmals in einer Stichprobe mit der Wahrscheinlichkeit dieses Merkmals in der Grundgesamtheit. Die Testgröße t ist

```
t = ABS(z-n*p)/WURZEL(n*p*(1-p))
```

mit z = Häufigkeit des Merkmals in der Stichprobe, p = Wahrscheinlichkeit in der Grundgesamtheit und n = Größe der Stichprobe. Die Zahl der Freiheitsgrade beträgt df = n – 1.

Setzen Sie diese beiden Größen (t und df) in die Funktion ein, dann erhalten Sie direkt die Wahrscheinlichkeit dafür, dass der Unterschied zwischen Stichprobe und Grundgesamtheit zufällig ist.

Enthalten die mit Matrix1 und Matrix2 angegebenen Datenreihen nicht numerische Elemente, werden sie ignoriert. Sind aber jeweils weniger als zwei numerische Elemente vorhanden, gibt die Funktion den Fehler #DIV/0! zurück. Ist Typ = 1 (gepaart), müssen beide Datenreihen die gleiche Anzahl von Elementen enthalten, sonst liefert die Funktion den Fehler #NV. Ist Seiten oder Typ nicht numerisch, erscheint der Fehler #WERT!. Bei ungültigen Werten für Seiten (<> 1 oder 2) oder Typ (<> 1, 2 oder 3) erscheint der Fehler #ZAHL!.

Seit Excel 2010 stehen anstelle dieser Funktion die Funktionen T.VERT(), T.VERT.2S() und T.VERT.RE() zur Verfügung, wobei TVERT() mit dem Parameter Seiten = 1 dasselbe Ergebnis liefert wie T.VERT.RE() und mit dem Parameter Seiten = 2 dasselbe Ergebnis wie T.VERT.2S().

UNTERGRENZE()

FLOOR()

Syntax:	UNTERGRENZE(**Zahl; Schritt**)
Beispiel:	=UNTERGRENZE(3,085; 0,1)
Ergebnis:	3

Die Funktion UNTERGRENZE() rundet den mit dem Argument Zahl angegebenen Wert auf das nächste Vielfache von Schritt ab und ist damit komplementär zu OBERGRENZE(). Sie erlaubt also die Abrundung auf bestimmte Intervallgrenzen.

Dadurch ist es möglich, Kalkulationsergebnisse so abzurunden, dass nicht nur der Wert der letzten Stelle, die angegeben wurde, gerundet wird. Mit dem Wert 0,05 für Schritt kann z. B. bestimmt werden, dass die Hundertstelstelle beim Abrunden immer nur eine 5 oder eine 0 sein kann. Mit einem Wert 0,5 für Schritt wird z. B. dafür gesorgt, dass nicht mehr in Cent, sondern nur noch für 5-Cent-Stücke ausgepreist wird.

Aufrunden meint im Sinne dieser Funktion, dass immer zur Null hin gerundet wird, z. B. wird =UNTERGRENZE(-2,54542; 0,05) gerundet zu -2,5. Bei unterschiedlichen Vorzeichen für Zahl und Schritt wird eine Fehlermeldung ausgegeben.

Ist eines der Argumente nicht numerisch, liefert die Funktion den Fehler #WERT!.

VARIANZ()

VAR()

Syntax:	VARIANZ(**Zahl1**; Zahl2; ...)
Beispiel:	=VARIANZ(33; 22; 28; 17; 23; 26)
Ergebnis:	30,17

Die Funktion VARIANZ() schätzt für die Werte in der Argumentliste die vermutete Varianz der Grundgesamtheit. Dabei werden die in der Argumentliste gegebenen Daten als Stichprobe aus dieser Grundgesamtheit genommen. Die Argumentliste kann seit Excel 2007 bis zu 255 Werte enthalten, in den älteren Versionen bis zu 30. Die Funktion ermittelt die Differenz der einzelnen Werte zum arithmetischen Mittelwert, quadriert diese und teilt das Ergebnis durch die Anzahl der Werte – 1. Die Standardabweichung ist wiederum nichts anderes als die Wurzel der Varianz, womit dann wieder eine Größenordnung auf der Ebene der vorhandenen Abweichungen erreicht wird.

VARIANZEN()

VARP()

Syntax:	VARIANZEN(**Zahl1**; Zahl2; ...)
Beispiel:	=VARIANZEN(33; 22; 28; 17; 23; 26)
Ergebnis:	25,14

Die Funktion VARIANZEN() berechnet für die Werte in der Argumentliste die Varianz. Dabei werden die gegebenen Daten als Grundgesamtheit genommen. Die Argumentliste kann seit Excel 2007 bis zu 255 Werte enthalten, in den älteren Versionen bis zu 30. Die Funktion ermittelt die Differenz der einzelnen Werte zum arithmetischen Mittelwert, quadriert diese und teilt das Ergebnis durch die Anzahl der Werte. Seit Excel 2010 wird anstelle dieser Funktion die umbenannte Funktion VAR.P() angeboten.

VERKETTEN()

CONCATENATE()

Syntax:	VERKETTEN(**Text1**; Text2; ...)
Beispiel:	=VERKETTEN("Eigen"; "anteil")
Ergebnis:	Eigenanteil

Die Funktion VERKETTEN() ist eine Alternative zu dem Verkettungsoperator &, mit dem Zeichenfolgen verknüpft werden können. Als Argumente sind seit Excel 2007 bis zu 255 Zeichenfolgen – Text1, Text2 etc. – erlaubt, in den älteren Versionen bis zu 29. Beachtet werden muss, dass die Verkettung ohne Einfügen von Leerzeichen geschieht. Wird ein Leerzeichen benötigt, muss es also eigens angegeben werden. Die Funktion erfüllt somit die gleichen Aufgaben wie der &-Operator.

In der aktuellen Excel-Version sollten Sie statt der Funktion VERKETTEN() die Funktion ZEICHENKETTE() bevorzugen. Sie lässt ein Ergebnis zu, das das maximale Limit für die Zeichenfolge in einer Zelle (32.767) ausnutzen kann, während VERKETTEN() nur maximal 8.192 Zeichen nutzen darf.

WEIBULL()

WEIBULL()

Syntax:	WEIBULL(**X**; **Alpha**; **Beta**; **Kumuliert**)
Beispiel:	=WEIBULL(20000; 0,25; 70000; WAHR)
Ergebnis:	0,5186

Die Funktion WEIBULL() liefert Wahrscheinlichkeiten für eine Zufallsvariable, die einer Weibull-Verteilung gehorcht. Diese Verteilung wird beispielsweise für Haltbarkeitsstatistiken im Bereich der Qualitätssicherung benutzt. Das Quantil, für das die Funktion ausgewertet werden soll, wird mit X angegeben, Alpha ist ein Skalenparameter, Beta ein Form- oder Gestaltparameter der Verteilung, der die Ausfallrate bestimmt. Mit Kumuliert lässt sich festlegen, ob die Dichtefunktion (FALSCH) oder die Verteilungsfunktion (WAHR) ausgegeben wird. Seit Excel 2010 wird anstelle dieser Funktion die umbenannte Funktion WEIBULL.VERT() angeboten.

9 Nachschlage- und Verweisfunktionen

9.1 Einsatzbereiche für Nachschlage- und Verweisfunktionen

Die in dieser Kategorie aufgeführten Funktionen dienen in erster Linie dem Durchsuchen von Bereichen nach bestimmten Werten. Meist werden diese Werte innerhalb von Berechnungen benötigt, die auf diese Werte angewiesen sind. Die Funktionen tauchen deshalb häufig innerhalb komplexerer Formeln auf, um den Wert eines bestimmten

Arguments darin zu gewinnen. Neben ihrer Anwendung in Tabellen werden diese Funktionen häufig auch innerhalb von Makros verwendet, um gezielt bestimmte Werte abzugreifen.

Außerdem finden Sie in dieser Kategorie eine Reihe von Funktionen zur Behandlung von Bezügen, zur Ermittlung der Adressen von Zellen oder der Abfrage der Größe von Bereichen. Seit Excel 2013 gibt es die Funktion `FORMELTEXT()`, die eine bequeme Methode anbietet, um die Formeln einer Zelle innerhalb des Tabellenblattes zu dokumentieren.

Hinzugekommen sind nun die Funktion `BILD()` und eine Reihe von Funktionen für den Umgang mit Daten, die in Form von Matrizen gegeben sind: `HSTAPELN()`, `SPALTENUMBRUCH()`, `SPALTENWAHL()`, `ÜBERNEHMEN()`, `VSTAPELN()`, `WEGLASSEN()`, `ZEILENUMBRUCH()`, `ZEILENWAHL()`, `ZUSPALTE()`, `ZUZEILE()`.

9.2 Arbeiten mit Verweisfunktionen

Zu den Funktionen, die in ganz unterschiedlichen Situationen von großem Nutzen sind, gehören schon immer die Verweisfunktionen `VERWEIS()`, `WVERWEIS()` und `SVERWEIS()`. Sie werden beispielsweise benutzt, wenn aus einer vorhandenen Tabelle, deren erste Zeile oder Spalte in aufsteigender Reihenfolge sortiert ist, gezielt Informationen extrahiert werden sollen, die an anderer Stelle im Tabellenblatt benötigt werden. Typische Beispiele für solche Tabellen sind Steuertabellen, Inventarlisten, Verzeichnisse oder Kataloge.

Abbildung 9.1 zeigt ein Beispiel für eine horizontale Verweistabelle mit der Funktion `WVERWEIS()`. Dort sind durchschnittliche Werte für Wohnungen aufgelistet. In der ersten Zeile ist die Zimmeranzahl in aufsteigender Reihenfolge eingetragen. Für jede Zimmeranzahl sind nun in den nachfolgenden Spalten bestimmte Daten aufgeführt. Das heißt, die Daten von Zelle B5 bis B7 gehören zu den Einzimmerwohnungen, die Daten in den Zellen C5 bis C7 gehören zu den Zweizimmerwohnungen usw.

Der gesamte Datenbereich der Tabelle – B4 bis F7 – ist in diesem Beispiel mit dem Namen `Wohnungen` bezeichnet. Möchten Sie nun die Miete für die Dreizimmerwohnungen abgreifen, lautet die Formel:

```
=WVERWEIS(3; Wohnungen; 2)
```

Die Funktion benötigt mindestens drei Argumente:

1. das `Suchkriterium`, im Beispiel die Anzahl der Zimmer

2. die `Matrix` mit den zu durchsuchenden Daten, hier der Bereich `Wohnungen`
3. der `Zeilenindex`, im Beispiel `2` für 2. Zeile

	A	B	C	D	E	F
1						
2	**Werte in einer Zeile suchen**					
3						
4	Zimmer	1	2	3	4	5
5	Miete	600	900	1100	1400	1700
6	Nebenkosten	80	150	200	220	240
7	qm	25	45	69	91	126
8						
9	**Wie hoch ist die Miete bei 3-Zimmer-Wohnungen ?**					Antwort:
10						
11		**=WVERWEIS(3;WOHNUNGEN;2)**				1100

Abbildung 9.1 Waagerechte Verweistabelle

`Zeilenindex` gibt an, die wievielte Zeile in `Matrix` den Ergebniswert liefern soll. Der hier angegebene Wert hängt davon ab, welche Information jeweils gewünscht wird. Interessieren Sie sich für die Nebenkosten, wäre der anzugebende Index `= 3`.

Die Funktion geht also mit dem angegebenen Suchkriterium in die erste Zeile des als `Matrix` angegebenen Bereichs, sucht von links nach rechts nach einem Wert, der zum Suchkriterium passt. Ist die entsprechende Spalte gefunden, wandert der Zellzeiger zu der Zeile abwärts, deren Index angegeben wurde. Die Funktion liefert schließlich den dort gefundenen Zellinhalt als ihr Ergebnis. Dieser Inhalt kann ein numerischer Wert, aber auch ein Text sein. Gibt es keinen mit dem Suchkriterium identischen Wert in der Zeile, wird der Wert genommen, der vor dem nächsthöheren liegt. Wäre das Suchkriterium z. B. 2,5 Zimmer, liefert die Funktion den Wert für 2 Zimmer.

Die Funktion `SVERWEIS()` wird bei Tabellen benutzt, die senkrecht aufgebaut sind. Typisches Beispiel ist eine Steuertabelle. Dort sind in der ersten Spalte in aufsteigender Reihenfolge die verschiedenen Einkommensstufen aufgeführt. Zu jeder Einkommensstufe finden sich in den Spalten rechts neben der ersten Spalte die Steuerbeträge für die verschiedenen Steuerklassen.

Wer nachschauen will, was er zu zahlen hat, liest zunächst die erste Spalte von oben nach unten, bis er einen Betrag gefunden hat, der seinem Einkommen entspricht. Dann geht er in der entsprechenden Tabellenzeile so viele Spalten nach rechts, bis er in der Spalte angekommen ist, die seiner Steuerklasse entspricht. Nichts anderes macht die `SVERWEIS()`-Funktion.

In der aktuellen Version von Excel finden Sie nun zusätzlich die neue Funktion `XVERWEIS()`, die Verweise in beide Richtungen erlaubt. Die Syntax ist: `XVERWEIS(`**`Suchkriterium`**`; `**`Suchmatrix`**`; `**`Rückgabematrix`**`; Wenn_nicht_gefunden; Vergleichsmodus; Suchmodus)`. Das erste Argument liefert den Wert, nach dem gesucht werden soll. `Suchmatrix` ist der Bereich oder die Matrix, in dem der Wert gefunden werden soll. `Rückgabematrix` liefert die Ergebnisse der Suche. Alle anderen Argumente sind optional: mit `Wenn_nicht_gefunden` kann ein entsprechender Hinweis ausgegeben werden, `Vergleichmodus` bestimmt den Übereinstimmungstyp, `Suchmodus` gibt die Suchrichtung an. In dem abgebildeten Beispiel wird für einen Wert aus der Spalte B in der links davon gelegenen Spalte A der entsprechende Wert gesucht. Dabei wird mit dem `Vergleichmodus` –1 gearbeitet, der zwar eine exakte Übereinstimmung sucht, wenn sie nicht gefunden wird, aber das nächstkleinere Element liefert.

	A	B	C	D	E
1					
2	**Beispiel für XVERWEIS()-Funktionen**				
3					
4	Bruttolohn	Lohnsteuer Klasse 1		Lohnsteuer	Bruttolohn
5	3000	23%		26,00%	4000
6	4000	26%			
7	5000	30%			

Abbildung 9.2 Beispiel für `XVERWEIS()`

9.3 Daten filtern, sortieren und reduzieren

Wenn Sie aus einem Bereich oder einer Matrix Werte herausfiltern wollen, die bestimmte Kriterien erfüllen, steht neben den in Kapitel 17, »Zusätzliche Tools für die Datenanalyse«, beschriebenen Filterfunktionen für Tabellen jetzt auch die Tabellenfunktion `FILTER()` zur Verfügung. Die Syntax ist

`=FILTER(`**`Matrix`**`; `**`Einschließen`**`; Wenn_leer)`

`Matrix` gibt den Datenbereich oder die Matrix an, aus der Daten herausgefiltert werden sollen. `Einschließen` ist ein logischer Ausdruck, der einen bestimmten Wert mit Werten in einer Spalte der Matrix vergleicht. `Wenn_leer` gibt an, was angezeigt werden soll, wenn keine Übereinstimmung gefunden wird.

Die Funktion in Zelle H4 liefert eine dynamische Ergebnismatrix, deren Größe durch die Argumente der Funktion bestimmt wird.

Verwendung eines Filters

Name	Farbe	Jahrgang	Bestand
Ortenau	rot	2022	340
Müller-Thurgau	weiß	2023	340
Riesling	weiß	2023	200
Oppenheimer	weiß	2023	300
Silvaner	weiß	2023	230
Médoc	rot	2022	300
Bordeaux	weiß	2023	260
Sauternes	weiß	2023	170
Beaujolais	rot	2022	200
Bourgogne	weiß	2023	230
Chablis	weiß	2023	230
Barolo	rot	2022	300
Freisa	rot	2022	120
Grignolino	rot	2022	230

Farbe
rot

Name	Farbe	Jahrgang	Bestand
Ortenau	rot	2022	340
Médoc	rot	2022	300
Beaujolais	rot	2022	200
Barolo	rot	2022	300
Freisa	rot	2022	120
Grignolino	rot	2022	230

=FILTER(A5:D18;B5:B18=F5;"")

Abbildung 9.3 Der ausgefilterte Bereich rechts gibt die Rotweine aus

Wenn Sie bei diesem Beispiel in F4 als Farbe »rosé« angeben, liefert die Formel, was Sie mit dem **Wenn_leer**-Argument angegeben haben. Haben Sie dieses Argument ausgelassen, ergibt die Formel den Fehlerwert `#KALK!`, d. h. so viel wie, diese Berechnung lässt sich nicht zu Ende bringen.

Die `FILTER()`-Funktion lässt sich gut verwenden, um Datenlisten auf die Elemente zu reduzieren, die im Moment besonders interessieren. Das folgende Beispiel wertet die Daten aus, die von der Website der Nationalbibliothek durch eine Suchanfrage gewonnen werden können. Dort werden alle Metadaten zu einem Buch zeilenweise zu den verschiedenen Kategorien ausgegeben, wie im oberen Teil von Abbildung 9.4 zu sehen ist.

Im unteren Teil des Fensters kommt eine Funktion zum Einsatz, die jetzt nur die Titel der Bücher herausfiltert und in einer dynamischen Matrix ablegt. Die Formel prüft dabei, ob die fünf ersten Zeichen dem Wort »Titel« entsprechen.

```
=FILTER(C1:C85; LINKS(C1:C85; 5)="Titel")
```

gibt dann für jedes Buch nur die Zeile mit dem Titel aus.

Auch für das Sortieren stellt Excel jetzt zusätzlich zu den in Kapitel 16, »Analyse mit Pivot-Tabellen und -Diagrammen«, vorgestellten Sortierfunktionen die zwei Tabellenfunktionen `SORTIEREN()` und `SORTIERENNACH()` bereit. Die Syntax sieht so aus:

```
=SORTIEREN(Matrix; Sortierindex; Sortierreihenfolge; Nach_Spalte)
=SORTIERENNACH(Matrix; nach_Matrix1; [Sortierreihenfolge1];…)
```

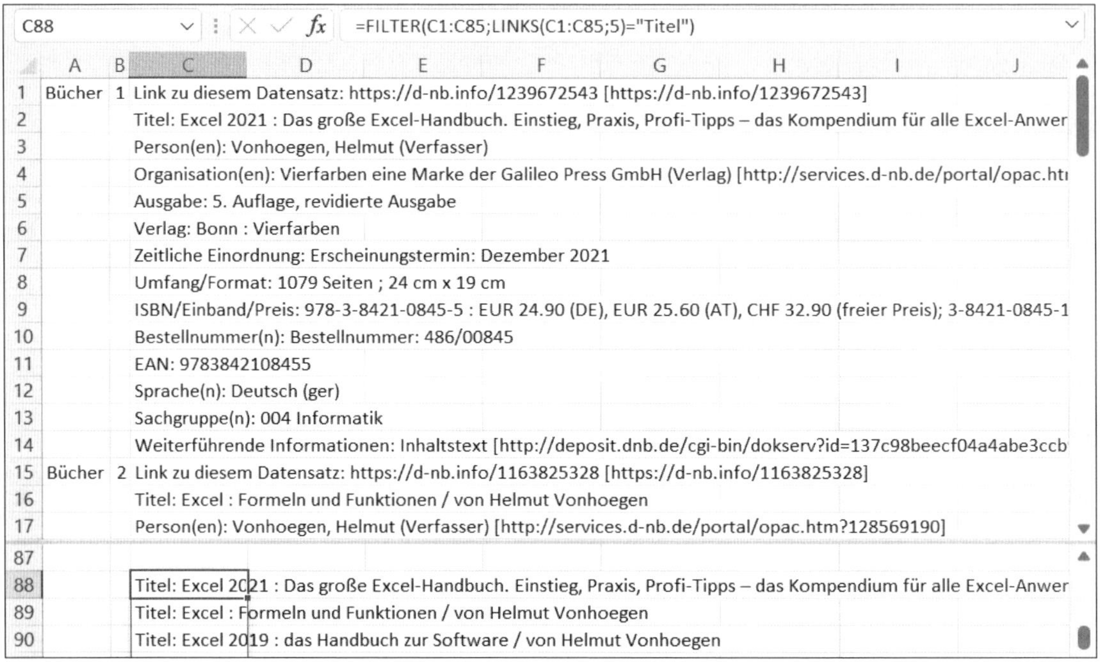

Abbildung 9.4 Reduktion einer Buchliste auf die Titelzeilen

`Matrix` ist jeweils der Bereich oder die Matrix der zu sortierenden Daten. `Sortierindex` ist eine Zahl, die die Spalte angibt, nach der sortiert werden soll. Ist `Sortierreihenfolge` = 1, wird aufsteigend sortiert, bei –1 wird absteigend sortiert. `Nach_Spalte` ist ein logischer Wert. 1 führt zu einer Sortierung nach Spalten, 0 nach Zeilen.

Die zweite Funktion erlaubt das Sortieren nach mehreren Matrizen, wobei sogar unterschiedliche Sortierreihenfolgen möglich sind. Beide Funktionen liefern jeweils eine dynamische Ergebnismatrix. Abbildung 9.5 zeigt zwei einfache Beispiele.

Ganz nützlich für die Auswertung von Daten in einem Bereich oder einer Matrix ist auch die neue Tabellenfunktion `EINDEUTIG()`. Sie liefert die Zahlen oder Texte, die in einem Bereich oder einer Matrix nur einmal oder mehrfach vorkommen. Abbildung 9.6 zeigt einfache Beispiele.

Die Formel in `C4` lautet:

```
=EINDEUTIG(A4:A23; 0; 0)
```

Das erste Argument gibt den Zellbereich oder die Matrix an, deren Werte die Funktion prüfen soll. Das zweite Argument ist ein logischer Wert. `FALSCH` oder 0 vergleicht die Werte zeilenweise, 1 oder `WAHR` vergleicht spaltenweise. Vorgabe ist der zeilenweise Vergleich. Ist das Argument `Genau_einmal` 1 oder `WAHR`, sucht die Funktion die Werte zusammen, die nur einmal vorkommen, andernfalls wird immer nur ein Element von denen, die mehrfach vorkommen, ausgegeben.

	A	B	C	D	E	F	G	H	I	J	K
1											
2	**Daten sortieren**										
3											
4	Name	Farbe	Jahrgang		Name	Farbe	Jahrgang		Name	Farbe	Jahrgang
5	Ortenau	rot	2022		Ortenau	rot	2022		Ortenau	rot	2022
6	Müller-Thurgau	weiß	2022		Médoc	rot	2023		Médoc	rot	2023
7	Riesling	weiß	2024		Beaujolais	rot	2023		Beaujolais	rot	2023
8	Oppenheimer	weiß	2024		Müller-Thurgau	weiß	2022		Müller-Thurgau	weiß	2022
9	Silvaner	weiß	2024		Riesling	weiß	2024		Sauternes	weiß	2022
10	Médoc	rot	2023		Oppenheimer	weiß	2024		Riesling	weiß	2024
11	Bordeaux	weiß	2024		Silvaner	weiß	2024		Oppenheimer	weiß	2024
12	Sauternes	weiß	2022		Bordeaux	weiß	2024		Silvaner	weiß	2024
13	Beaujolais	rot	2023		Sauternes	weiß	2022		Bordeaux	weiß	2024
14					**=SORTIEREN(A5:C13;2;1;0)**				**=SORTIERENNACH(E5:G13;F5:F13;1;G5:G13;1)**		

Abbildung 9.5 Der mittlere Bereich ist das Ergebnis der Funktion `SORTIEREN()` in Zelle E4, der rechte Bereich ergibt sich aus der Funktion `SORTIERENNACH()` in I4.

Die Funktion kann für Zahlenwerte und Texte gleichermaßen genutzt werden. Auch hier liefert die Funktion eine dynamische Ergebnismatrix. Wie viele Ergebniszellen ausgegeben werden, hängt vom Ergebnis der Prüfung ab. Wird die Funktion in die erste Zelle des erwarteten Ergebnisbereichs eingetragen, kann es zu dem Fehler `#ÜBERLAUF!` kommen, wenn der für alle Ergebnisse benötigte Zellbereich schon Einträge enthält, die dann das Ausrollen der kompletten Ergebnismatrix behindern. Werden diese Einträge gelöscht, erscheint die gewünschte Matrix.

	A	B	C	D	E
1	**Auffinden von eindeutigen oder einmaligen Werten**				
2					
3	Testwerte		Eindeutig	Einmalig	
4	106		106	100	
5	100		100	103	
6	106		102		
7	102		101		
8	101		105		
9	105		104		
10	105		103		
11	104				
12	101				
13	103				
14	105				
15	101				
16	105				
17	104				
18	102				

Abbildung 9.6 Einfache Beispiele für die neue Funktion `EINDEUTIG()`

Alle Funktionen in diesem Abschnitt liefern also jeweils eine dynamische Ergebnismatrix, wie in Abschnitt 3.5, »Die Berechnung von Abschreibungen«, beschrieben.

9.4 Einsatz der Funktion INDEX()

Auch die Funktion `INDEX()` dient dazu, bestimmte Werte aus einer Tabelle abzugreifen. Excel bietet die `INDEX()`-Funktion in zwei Versionen an. Die Bezugsversion mit der Syntax `=INDEX(Bezug; Zeile; Spalte; Bereich)` dient der Abfrage von Datentabellen, die Matrixversion mit der Syntax `=INDEX(Matrix; Zeile; Spalte)` ist speziell für die Abfrage der Werte von Matrizen ausgelegt.

Die `INDEX()`-Funktion für Datentabellen beantwortet die Frage, was in der Zelle eingetragen ist, die im Schnittpunkt der Zeile `n` und der Spalte `m` des mit `Bezug` angegebenen Bereichs liegt. Das letzte Argument `Bereich` kann angegeben werden, wenn `Bezug` eine Mehrfachauswahl enthält. Sind also z. B. drei Zellblöcke in der Mehrfachauswahl enthalten, bedeutet eine 2 für `Bereich`, dass sich die Zeilen- und Spaltennummern auf den zweiten Zellblock beziehen. Wird `Bereich` nicht angegeben, wird immer der erste Block genommen.

Im Beispiel, das durch Abbildung 9.7 verdeutlicht wird, ist ein Bereich für die Produktionsergebnisse mehrerer Werke der letzten fünf Jahre mit dem Namen `Produktion` definiert. Die Zelle, die in der dritten Zeile und der vierten Spalte dieses Bereichs liegt, enthält den Betrag `1.300.000 €`.

	A	B	C	D	E	F
1						
2	**Produktionsergebnisse**					
3						
4		2020	2021	2022	2023	2024
5	Werk1	1.600.000 €	2.100.000 €	100.000 €	2.800.000 €	1.200.000 €
6	Werk2	2.900.000 €	1.400.000 €	400.000 €	1.900.000 €	100.000 €
7	Werk3	800.000 €	800.000 €	2.100.000 €	1.300.000 €	2.900.000 €
8	Werk4	100.000 €	1.600.000 €	1.400.000 €	500.000 €	2.800.000 €
9						
10					**Produktion von Werk3 im Jahr 2023:**	1.300.000 €

Abbildung 9.7 Ein Beispiel für die Funktion `INDEX()`

Diese `INDEX()`-Funktion arbeitet also nicht mit der Zelladresse, sondern mit der relativen Position einer Zelle in einem definierten Bereich. Die Spalten- oder Zeilennummer kann natürlich auch selbst wiederum das Ergebnis einer Formel sein.

Die `INDEX()`-Funktion wird auch benutzt, um Werte aus einer Matrix auszulesen. Dabei kann es sich um einen einzelnen Wert, aber auch um eine komplette Matrix handeln. Es ist möglich, das Argument `Matrix` als Bereichsbezug oder als Matrixkonstante einzugeben.

Um nicht nur einen einzelnen Wert auszulesen, sondern eine Matrix, wird der Wert für Zeile und/oder Spalte auf null gesetzt oder weggelassen.

```
=INDEX({3.5.9.7; 34.54.23.98}; 0; 0)
=INDEX({3.5.9.7; 34.54.23.98}; ; )
```

liefern als Ergebnis die gesamte Matrix.

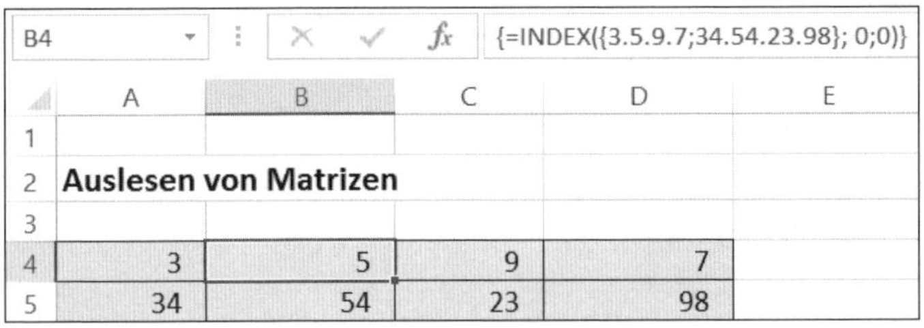

Abbildung 9.8 Werte einer Matrixkonstanten auslesen

```
=INDEX({3.5.9.7; 34.54.23.98}; 2)
```

ergibt eine Matrix mit den Werten der zweiten Zeile.

```
=INDEX({3.5.9.7; 34,54.23.98}; ; 2)
```

ergibt eine Matrix mit den Werten der zweiten Spalte.

Soll das Ergebnis der Formel wiederum eine Matrix sein, muss wie bei der Eingabe von Matrixformeln verfahren werden. Sie geben in der obersten linken Zelle der Ergebnismatrix die `INDEX()`-Funktion ein und bestätigen mit [↵].

9.5 Einsatz der Funktion WAHL()

Die einfachste Nachschlagefunktion ist wohl die Funktion `WAHL()`. Sie liefert einen beliebigen Wert aus einer gegebenen Liste von Werten. Die Syntax ist:

```
=WAHL(Index; Wert1; Wert2; … ; Wertn)
```

Das erste Argument der Funktion gibt an, das wievielte Element der Liste gesucht wird. `Index` kann als Zahl, Bezug oder Formel eingegeben werden. Als `Werte` können Zahlen, Zellbezüge, Namen, Texte und Formeln verwendet werden. Bereichsbezüge sind dagegen nicht erlaubt. (Um Werte aus Bereichen zu ziehen, wird die Funktion `INDEX()` verwendet.)

Abbildung 9.9 zeigt ein praktisches Beispiel für die Nutzung der `WAHL()`-Funktion: Kunden sind in verschiedene Rabattstufen eingeteilt. Die verschiedenen Rabatte werden in der Spalte E aufgelistet. Der Kunde mit der Rabattstufe 1 soll den ersten Rabatt aus dieser Liste erhalten, der Kunde mit Stufe 2 den zweiten etc. Die Rabattstufen sind in der Spalte B ab der Zelle B5 eingetragen.

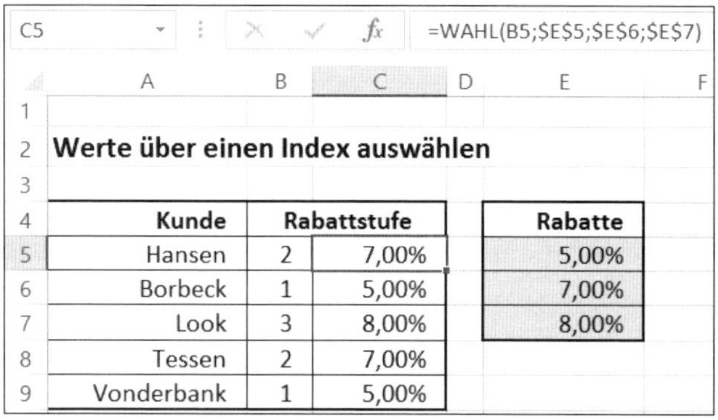

Abbildung 9.9 Beispiel für die Funktion `WAHL()`

Die Formel wird zunächst in der Zelle C5 entwickelt. Sie lautet:

```
=WAHL(B5; $E$5; $E$6; $E$7)
```

Das Ergebnis ist ohne weitere Probleme kopierbar, da die Adressen der Rabatte absolut sind. Anstelle der Zellverweise in der Argumentliste könnten die Prozentsätze auch direkt als Konstanten in die Formel eingetragen werden, also:

```
=WAHL(C9; 5%; 7%; 8%)
```

Dadurch ginge aber einiges an Flexibilität verloren. Änderte sich der Rabattsatz, müssten auch die Formeln geändert werden.

Besonders interessant ist die `WAHL()`-Funktion auch für Berechnungsalternativen. In diesem Fall können verschiedene Formeln als Argumente benutzt werden. Hier ein Beispiel:

```
=WAHL(Dl; SUMME(POSTEN)*0,70; SUMME(POSTEN)*0,75;
SUMME(POSTEN)*0,80+PORTO)
```

Abhängig von dem in Dl abgestellten Wert wird die Summe der Posten mit einem anderen Faktor multipliziert. Im dritten Fall werden noch Portokosten addiert. Während die

WENN()-Funktion nur eine einfache Verzweigung zwischen zwei Möglichkeiten zulässt – es sei denn, die Formel arbeitet mit verschachtelten WENN()-Funktionen –, erlaubt die WAHL()-Funktion seit Excel 2007 die Auswahl aus bis zu 254 Möglichkeiten, in den älteren Versionen sind es 29.

9.6 Bilder als Zellinhalt einfügen

Ergänzend zu den Möglichkeiten, Bilder in das Tabellenblatt einzufügen, die gleichsam über den Zellen schweben, erlaubt es die Funktion BILD(), Zellen direkt mit Bildern zu füllen. Als Quelle wird ein URL erwartet, der auf die Bilddatei verweist; die Argumente Alt_text, Größe, Höhe und Breite sind optional. Der Wert 0 für Größe skaliert das Bild auf die Größe der Zelle, wobei das Seitenverhältnis bestehen bleibt. Wird die Zelle vergrößert, wird auch das Bild vergrößert. 1 füllt die Zelle ebenfalls aus, ignoriert aber das Seitenverhältnis. 2 behält die Bildgröße bei, sodass Bildteile eventuell abgeschnitten werden. Bei 3 wird die Bildgröße mit den Argumenten für Höhe und Breite angepasst.

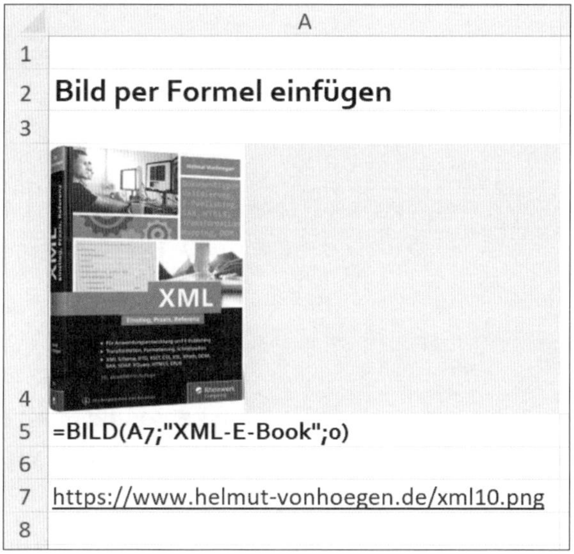

Abbildung 9.10 Dieses Bild wurde per Formel in eine Zelle eingefügt.

9.7 Weitere Funktionen für Matrizen

Mit den Funktionen =HSTAPELN() und =VSTAPELN() lassen sich jeweils zwei Matrizen nebeneinander oder untereinander zusammenfügen. Stimmen die Arrays in der Höhe oder der Breite nicht überein, werden leere Zellen in der Ergebnismatrix mit #NV aufgefüllt.

Das Funktionspaar =SPALTENUMBRUCH() und =ZEILENUMBRUCH() wandelt einen eindimensionalen Vektor in eine Matrix mit der angegebenen Zahl von Elementen in der Spalte oder Zeile um.

Das Paar =SPALTENWAHL() und =ZEILENWAHL() erlaubt es, die Werte einer Spalte oder Zeile aus einer Matrix abzugreifen.

Mit den Funktionen =ZUSPALTE() und =ZUZEILE() können die Werte einer Matrix in eine Spalte oder Zeile kopiert werden.

=ÜBERNEHMEN() übernimmt die angegebene Anzahl von Spalten und Zeilen aus einer Matrix in eine neue Matrix, gezählt vom Anfang oder mit dem Minuszeichen vom Ende her. =WEGLASSEN() schafft eine neue Matrix durch das Weglassen von Spalten und Zeilen.

Die Ergebnisse dieser Funktionen erscheinen im Arbeitsblatt als dynamische Matrix.

9.8 Referenz der Nachschlage- und Verweisfunktionen

ADRESSE()

ADDRESS()

Syntax: ADRESSE(**Zeile**; **Spalte**; Abs; A1; Tabellenname)

Beispiel: =ADRESSE(2; 5; 4; FALSCH)

Ergebnis: Z(2)S(5)

Die Funktion ADRESSE() liefert die Adresse der mit den Argumenten Zeile und Spalte angegebenen Zelle. Mit dem optionalen Argument Abs können Sie den Bezugstyp angeben:

1 oder keine Angabe	absoluter Bezug
2	absolute Zeile, relative Spalte
3	relative Zeile, absolute Spalte
4	relativer Bezug

Das Argument A1 ist ein Wahrheitswert und bestimmt die Schreibweise des gewünschten Bezugs. Wenn A1 den Wert 1 oder WAHR hat oder ausgelassen wird, werden die Bezüge in der üblichen A1-Schreibweise zurückgegeben. Wenn A1 FALSCH ist, werden die Bezüge in der alternativen Z1S1-Schreibweise zurückgegeben.

Bei dieser Schreibweise werden statt der üblichen Spalten- und Zeilenbeschriftungen die Nummern der Zeilen bzw. Spalten angegeben. Sie können diese Schreibweise aktivieren, wenn Sie über **Datei ▸ Optionen** auf der Seite **Formeln** die Option **Z1S1-Bezugsart** aktivieren. Diese Schreibweise wird häufiger innerhalb von Makros genutzt, weil sie die Berechnung von Zelladressen vereinfacht. Das Ergebnis der Funktion ist aber unabhängig davon, ob diese Option eingeschaltet ist oder nicht.

Tabellenname bestimmt den Tabellenblattnamen und wird zur Abtrennung von den Zelladressen durch ein Ausrufezeichen ergänzt. Fehlt Tabellenname, wird die Adresse als lokale Blattadresse behandelt.

	A	B	C	D	E	F
1						
2	**ADRESSE**					
3						
4	Zeile	Spalte	Abs	A1	Tabellenname	ADRESSE()
5	2	1	1	WAHR	Matrixfunktionen	Matrixfunktionen!$A$2
6	2	1	2	WAHR	Matrixfunktionen	Matrixfunktionen!A$2
7	2	1	3	WAHR	Matrixfunktionen	Matrixfunktionen!$A2
8	2	1	4	WAHR	[Matrixfunktionen]BEREICHE	[Matrixfunktionen]BEREICHE!A2
9	2	1	4	FALSCH	[Matrixfunktionen]BEREICHE	[Matrixfunktionen]BEREICHE!Z(2)S(1)

Abbildung 9.11 Beispiele für Adressen

Die Argumente Zeile und Spalte müssen numerische Werte ergeben, sonst liefert die Funktion den Fehler #WERT!. Das gilt auch, wenn die Werte die maximale Anzahl von Zeilen – 1048576 – oder Spalten – 16384 – überschreiten.

Die Funktion liefert als Ergebnis eine Zeichenfolge, die wie eine gültige Adresse aussieht. Ob ein angegebenes Tabellenblatt existiert, wird nicht geprüft. Um mit diesem Ergebnis etwas anfangen zu können, kann die Funktion beispielsweise zum Aufbau von Zeichenfolgen verwendet werden, die von der Funktion INDIREKT() ausgewertet werden, um den Bezug zu der betreffenden Zell- oder Bereichsadresse herzustellen.

```
=INDIREKT(ADRESSE(3; 1))
```

liefert den Inhalt der Zelle A3 im aktuellen Blatt.

Anstatt die Werte für Zeile und Spalte als Zahl einzugeben, kann ihr Wert auch durch andere Funktionen errechnet werden. In der Formel

```
=INDIREKT(ADRESSE(ANZAHL(A:A)+4); 1)
```

wird mit ANZAHL(A:A) die Zahl der Werte in Spalte A ermittelt. Anschließend wird der Wert 4 als Vorschub für die vorhandenen Überschriftenzeilen addiert. Die Funktion liefert dann den letzten Wert in der Spalte.

	A	B	C	D
1				
2	**ADRESSE() indirekt verwenden**			
3				
4	Werte		**=INDIREKT(ADRESSE(ANZAHL(A:A)+4;1))**	
5	124			
6	125		129	
7	126			
8	127			
9	128			
10	129			

Abbildung 9.12 ADRESSE() in Kombination mit INDIREKT()

BEREICH.VERSCHIEBEN()

OFFSET()

Syntax:	BEREICH.VERSCHIEBEN(**Bezug**; **Zeilen**; **Spalten**; Höhe; Breite)
Beispiel:	=BEREICH.VERSCHIEBEN($A$5; 5; 0)
Ergebnis:	Wert aus Zelle A10

Die Funktion BEREICH.VERSCHIEBEN() liefert einen Bereichsbezug, der um eine mit den Argumenten Zeilen und Spalten festgelegte Zahl von Zeilen und Spalten gegenüber dem mit Bezug angegebenen Bereich verschoben ist. Als Ausgangspunkt dient dabei die linke obere Eckzelle dieses Bereichs. Bei positiven Werten werden Zeilen und Spalten nach unten bzw. nach rechts versetzt, bei negativen in die umgekehrte Richtung.

Höhe und Breite sind optionale Argumente und bestimmen die Größe des neuen Bezugs durch die Anzahl der Zeilen und Spalten. Wenn die Zeilen- und Spaltenanzahl mit dem ursprünglichen Bezug übereinstimmen, müssen für diese Argumente keine Werte eingetragen werden.

Das Argument Bezug muss einen gültigen Bezug ergeben. Die anderen Argumente müssen numerische Werte ergeben, die die Grenzen der maximalen Zeilenzahl – 1048576 –

und der maximalen Spaltenzahl – 16384 – nicht überschreiten, ansonsten liefert die Funktion den Fehler #WERT!.

In dem Beispiel in Abbildung 9.13 werden in den Zellen F5 bis F8 Werte aus dem Zellblock A10:D14 ausgegeben. In der Zelle F10 wird eine Summenfunktion verwendet, die die Funktion BEREICH.VERSCHIEBEN() für die Angabe des zu summierenden Datenbereichs benutzt. Die ersten Argumente bestimmen die Ausgangszelle C10, die folgenden Argumente für Höhe und Breite legen dann die Größe des Bereichs fest, aus dem Daten in die Summe einfließen sollen – C10 bis D11.

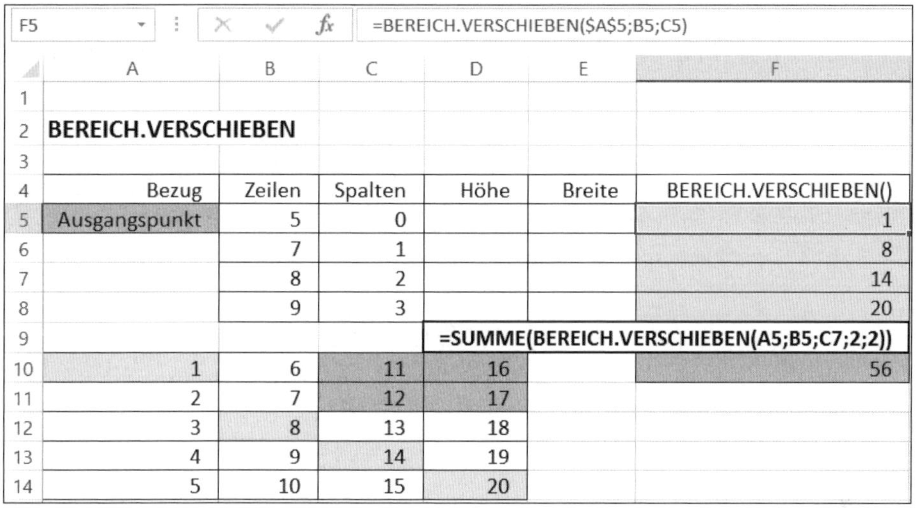
F5 =BEREICH.VERSCHIEBEN($A$5;B5;C5)

	A	B	C	D	E	F
1						
2	**BEREICH.VERSCHIEBEN**					
3						
4	Bezug	Zeilen	Spalten	Höhe	Breite	BEREICH.VERSCHIEBEN()
5	Ausgangspunkt	5	0			1
6		7	1			8
7		8	2			14
8		9	3			20
9				**=SUMME(BEREICH.VERSCHIEBEN(A5;B5;C7;2;2))**		
10	1	6	11	16		56
11	2	7	12	17		
12	3	8	13	18		
13	4	9	14	19		
14	5	10	15	20		

Abbildung 9.13 Versetzte Bezüge

9.8.1 Dynamische Bereiche

Die Funktion BEREICH.VERSCHIEBEN() kann u. a. dazu verwendet werden, dynamische Bereiche zu erzeugen. Die Notwendigkeit dynamischer Bereiche ergibt sich immer dann, wenn sich Formeln auf Bereiche beziehen, deren Abgrenzung sich im Laufe der Zeit ändert.

Wird beispielsweise eine SVERWEIS()-Funktion benutzt, um bestimmte Werte aus einer Artikelliste abzufragen, kommt es natürlich darauf an, dass die Bereichsdefinition der Liste aktuell ist. Wird die Liste erweitert, ohne dass die Bereichsdefinition angepasst wird, kommt es vor, dass die SVERWEIS()-Funktion einen Artikel nicht findet, der nachträglich angehängt worden ist. Um dies zu vermeiden, kann die Funktion BEREICH.VERSCHIEBEN() genutzt werden.

In dem Beispiel in Abbildung 9.14 wird zunächst in Zelle E3 die Formel

```
=BEREICH.VERSCHIEBEN($A$3; ; ; ANZAHL($A:$A); 3)
```

abgelegt. Das erste Argument gibt an, dass der Ausgangsbereich bei A3 beginnt. Die beiden folgenden Argumente bleiben leer oder enthalten den Wert `0`, weil der Bereich nicht verschoben, sondern nur dynamisch erweitert werden soll. Die Erweiterung findet in diesem Fall nach unten statt, deshalb wird für die Angabe des Arguments `Höhe` die Funktion `ANZAHL()` herangezogen, die prüft, wie viele Artikelnummern in der Spalte A aktuell eingetragen sind. Die Lösung muss natürlich voraussetzen, dass, wenn in die Spalte A eine neue Artikelnummer eingetragen wird, auch die übrigen Daten für die Zeile eingetragen werden. Der Wert für `Breite` kann hier auf die Anzahl der verwendeten Spalten fixiert werden.

	A	B	C	D	E
1	**Dynamische Bereiche definieren**				BEREICH.VERSCHIEBEN()
2	**Artikelnr**	**Bezeichnung**	**Preis**		**=BEREICH.VERSCHIEBEN($A$3;;;ANZAHL($A:$A);3)**
3	1001	Bohrer A	12,00 €		#WERT!
4	1002	Schleifer A	23,00 €		
5	1003	Bohrschrauber A	17,00 €		SVERWEIS()
6	1004	Bohrer B	16,00 €		**=SVERWEIS(1004;Artikelliste;2;WAHR)**
7	1005	Schleifer B	13,00 €		Bohrschrauber A
8	1006	Bohrschrauber B	23,00 €		
9	1007	Bohrer C	12,00 €		

Abbildung 9.14 Mit `BEREICH.VERSCHIEBEN()` lassen sich Bereichsdefinitionen dynamisieren.

Ist die Formel angelegt, wird sie in die Zwischenablage kopiert und anschließend in dem Dialog für die Definition eines neuen Bereichsnamens `Artikelliste` in das Feld **Bezieht sich auf:** kopiert. Dieser Bereichsname kann dann in einer `SVERWEIS()`-Funktion verwendet werden, um etwa zu einer Artikelnummer die jeweilige Bezeichnung oder den Preis zu suchen:

```
=SVERWEIS(1004; Artikelliste; 2; WAHR)
```

Elegant ist diese Lösung nicht, insbesondere bei der Übernahme von externen Daten ist sie aber in vielen Fällen eine unverzichtbare Lösung. Werden die Daten dagegen direkt in das Tabellenblatt eingegeben, lässt sich das Verfahren vermeiden. Es muss dazu nur sichergestellt werden, dass ein einmal definierter Tabellenbereich immer auf eine Weise um weitere Daten ergänzt wird, bei der die Bereichsdefinition automatisch mitwächst.

In den älteren Excel-Funktionen war dazu eine gewisse Disziplin beim Einfügen notwendig, mit den seit Excel 2007 zur Verfügung stehenden Tabellenbereichen wird das

Verfahren aber deutlich einfacher. Wird an einen solchen Bereich eine Zeile angehängt, wird automatisch eine Bereichserweiterung über die AutoFormat-Funktion vorgenommen, jedenfalls solange die Option **Neue Zeilen und Spalten in die Tabelle einschließen** im Dialog **AutoKorrektur** nicht abgewählt wird. Diese erreichen Sie über **Datei ▸ Optionen ▸ Dokumentprüfung**.

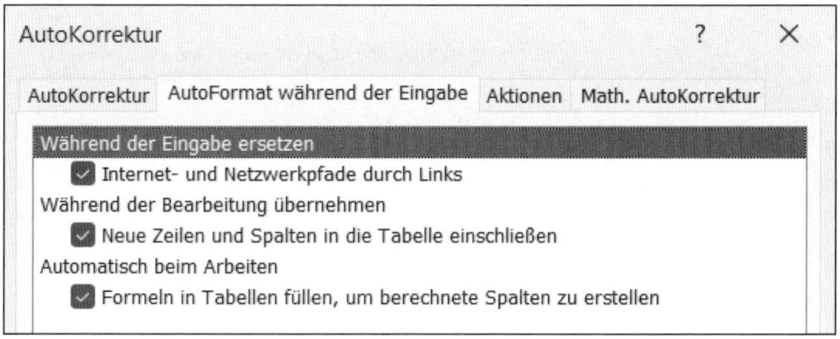

Abbildung 9.15 Optionen für die Erweiterung von Tabellenbereichen im Dialog **AutoKorrektur**

Das Beispiel kann aufgrund dieses Verhaltens nun wesentlich einfacher realisiert werden, wie Abbildung 9.16 zeigt.

	A	B	C	D	E
14	Artikelnr	Bezeichnung	Preis		SVERWEIS()
15	1001	Bohrer A	12,00 €		=SVERWEIS(1008;Artikelliste2;2;WAHR)
16	1002	Schleifer A	23,00 €		Schleifer C
17	1003	Bohrschrauber A	17,00 €		
18	1004	Bohrer B	16,00 €		
19	1005	Schleifer B	13,00 €		
20	1006	Bohrschrauber B	23,00 €		
21	1007	Bohrer C	12,00 €		
22	1008	Schleifer C	13,00 €		

Abbildung 9.16 Das Beispiel nutzt die dynamischen Tabellenbereiche.

9.8.2 Dynamische Diagramme

Dynamische Bereiche lassen sich durch dynamische Diagramme visualisieren. Gemeint sind in diesem Fall Diagramme, bei denen der ausgewertete Tabellenbereich durch Eingaben in andere Zellen verändert werden darf. Auch hier kann mit der Funktion `BEREICH.VERSCHIEBEN()` gearbeitet werden.

	A	B	C	D	E	F	G
1							
2	**Dynamisches Diagramm**						
3							
4	**Monat**	**Umsatz**		**Beginn:**	Feb 23	2	***=VERGLEICH(E4;A5:A28;0)***
5	Jan 23	9749		**Anzahlmonate:**	5		
6	Feb 23	6468					
7	Mrz 23	1516					
8	Apr 23	7887		7887	***=@BEREICH.VERSCHIEBEN($A$4;Beginn;1;Anzahlmonate;1)***		
9	Mai 23	8910					
10	Jun 23	8852					
11	Jul 23	11306					
12	Aug 23	9669					
13	Sep 23	8507					
14	Okt 23	9045					
15	Nov 23	7976					
16	Dez 23	7062					
17	Jan 24	4618					
18	Feb 24	3607					
19	Mrz 24	11633					
20	Apr 24	985					
21	Mai 24	6026					
22	Jun 24	8624					

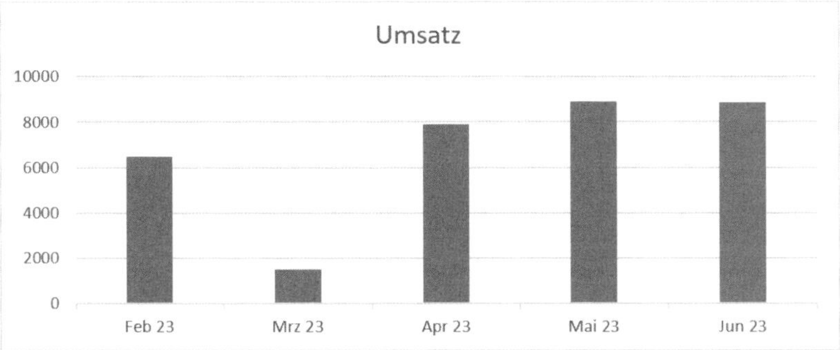

Abbildung 9.17 Der Bereich der ausgewerteten Monate im Diagramm lässt sich über die Eingaben für Beginn und Anzahlmonate bestimmen.

Um die abgebildete Lösung zu erreichen, reichen die folgenden Schritte:

1. Für die Zelle E4, in der der erste Monat für das Diagramm ausgewählt werden soll, wird zunächst eine Gültigkeitsregel definiert. Zugelassen sind nur die Werte aus der Liste, die der Bereich A5:A28 enthält, also die in der Umsatztabelle vorhandenen Monatsdaten. Mit der Option **Zellendropdown** wird ein Steuerelement für die Auswahl des Monats angelegt.

2. Damit die Funktion den ausgewählten Monat als Argument nutzen kann, wird der Wert in Zelle E4 in der Zelle F4 mit der Formel `=VERGLEICH(E4; A5:A28; 0)` in die Zahl umgewandelt, die die Position in der Monatsspalte angibt.

3. Um die Formeleingabe zu vereinfachen, wird die Zelle F4 mit dem Namen »Beginn« belegt, die Zelle E5 mit »Anzahlmonate«.

4. In Zelle D8 wird die Formel zunächst getestet:

```
=BEREICH.VERSCHIEBEN($A$4; Beginn; 1; Anzahlmonate; 1)
```

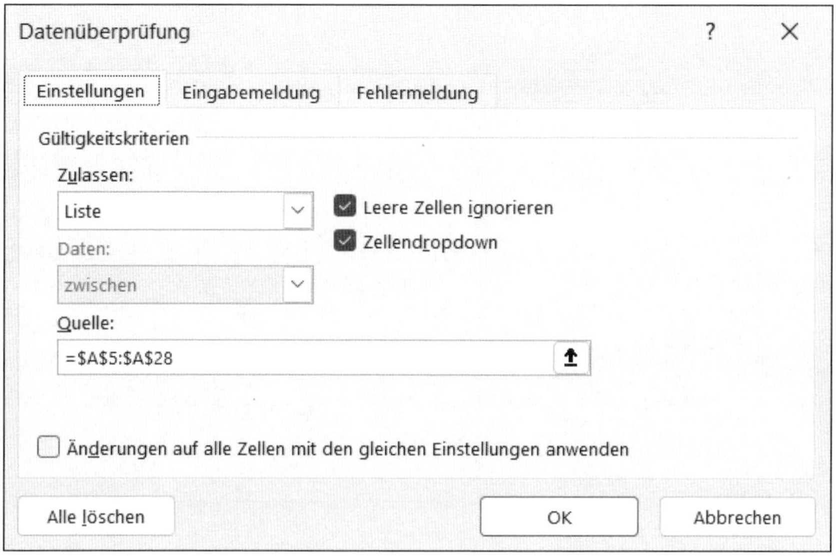

5 Wenn der entsprechende Wert erscheint, hier der Umsatz des vierten Monats, ist die Formel in Ordnung.

6 Die Formel kann mit Strg + C in die Zwischenablage kopiert werden.

7 Vergeben Sie nun zuerst den Namen »Diagrammdaten« für den Datenbereich des geplanten Diagramms. In dem Feld **Bezieht sich auf** benutzen Sie Strg + V, um anstelle einer einfachen Bereichsangabe die Formel aus D8 einzufügen.

8 Vergeben Sie anschließend den Namen »Rubriken«, verwenden Sie wieder Strg + V, und ersetzen Sie die erste 1 in der Formel durch eine 0, damit nur die Spalte A für die Rubriken berücksichtigt wird.

9 Markieren Sie den Bereich A4:B28, und benutzen Sie Alt + F1, um ein Standardsäulendiagramm mit den Daten der gesamten Umsatztabelle einzufügen.

10 Nun muss der Diagrammdatenbereich durch die dynamische Bereichsdefinition, die die Formel in D8 liefert, ersetzt werden. Öffnen Sie mit **Entwurf ▸ Daten ▸ Daten auswählen** den Dialog **Datenquelle auswählen**.

11 Wählen Sie unter **Legendeneinträge** das Feld **Umsatz** aus, und benutzen Sie **Bearbeiten**. Ersetzen Sie unter **Reihenwerte** alle Zeichen rechts vom Ausrufezeichen durch den in Schritt 7 vergebenen Namen »Diagrammdaten«. Benutzen Sie **Bearbeiten** unter **Rubrik**, und ersetzen Sie unter **Achsenbeschriftungsbereich** alle Zeichen rechts vom Ausrufezeichen durch den Namen »Rubriken«.

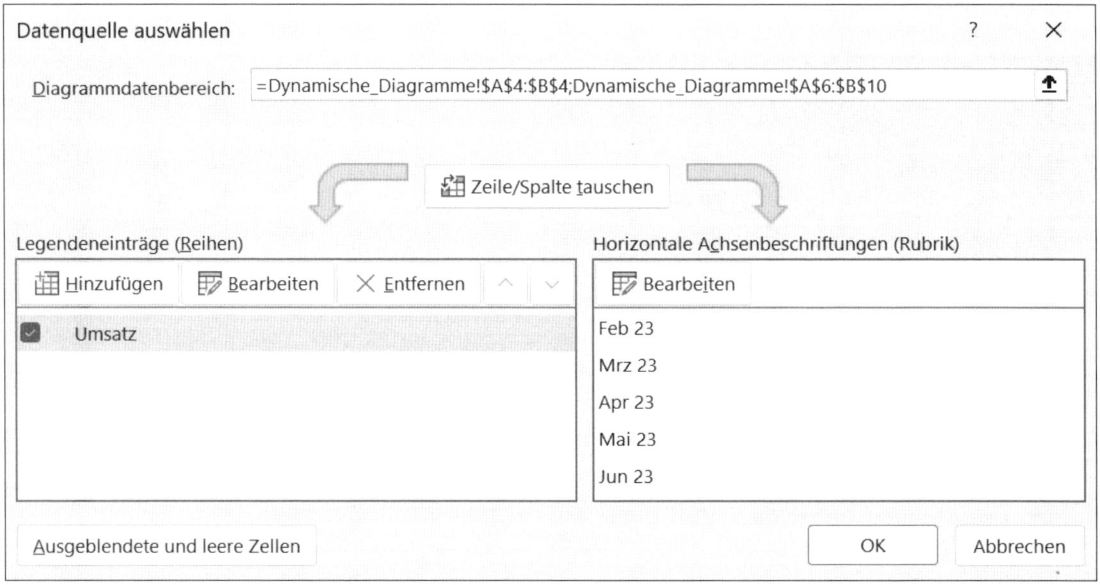

Nun zeigt das Diagramm dynamisch immer nur die Monate an, die Sie mit Beginn und Anzahlmonate auswählen.

BEREICHE()

AREAS()

Syntax:	`BEREICHE(`**`Bezug`**`)`
Beispiel:	`=BEREICHE((C18:D18; E10:F12))`
Ergebnis:	2

Die Funktion `BEREICHE()` ermittelt die Anzahl der Bereiche, die in `Bezug` angegeben sind. Wird mehr als ein Bereich angegeben, muss ein zusätzliches Klammerpaar wie im Beispiel in Abbildung 9.18 verwendet werden. `Bezug` kann Zell- und Bereichsadressen oder Bereichsnamen enthalten. Allerdings ist die Funktion nicht in der Lage zu erkennen, wie viele Bereiche beispielsweise in einem größeren Zellbereich als benannte Bereiche vorkommen.

Das Argument `Bezug` muss einen gültigen Bezug ergeben, sonst liefert die Funktion den Fehler `#NAME?`.

Sinnvolle Anwendungen der Funktion sind eher im Bereich der Makroprogrammierung angesiedelt. Die Funktion kann beispielsweise verwendet werden, wenn Bereichsnamen für separate Zellbereiche vergeben sind. Werden etwa die Bereiche B3:B20 und D3:D20 mit dem Bereichsnamen `Einnahmen` belegt, liefert

```
=BEREICHE(Einnahmen)
```

das Ergebnis `2`.

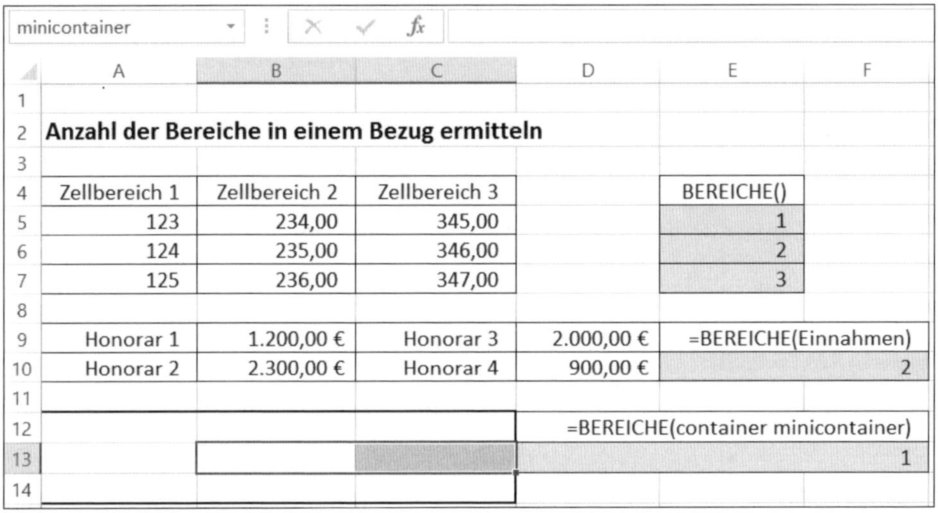
minicontainer

	A	B	C	D	E	F
1						
2	**Anzahl der Bereiche in einem Bezug ermitteln**					
3						
4	Zellbereich 1	Zellbereich 2	Zellbereich 3		BEREICHE()	
5	123	234,00	345,00		1	
6	124	235,00	346,00		2	
7	125	236,00	347,00		3	
8						
9	Honorar 1	1.200,00 €	Honorar 3	2.000,00 €	=BEREICHE(Einnahmen)	
10	Honorar 2	2.300,00 €	Honorar 4	900,00 €		2
11						
12				=BEREICHE(container minicontainer)		
13						1
14						

Abbildung 9.18 Zählen der in einem Bezug verwendeten Bereiche

Soll sichergestellt werden, dass ein verwendeter Bereich, etwa der Standardbereich `Druckbereich`, tatsächlich ein geschlossener Bereich ist, kann mit

```
=WENN(BEREICHE(Druckbereich)=1; "Anzahl Druckzeilen " &
 ZEILEN(Druckbereich); "Achtung: Separate Druckbereiche!")
```

in einer freien Zelle eine Warnung installiert werden.

Umgekehrt kann auch festgestellt werden, ob Bereiche eine Schnittmenge haben. Dazu wird der Schnittmengenoperator verwendet. Ist der Bereich `minicontainer` wenigstens teilweise oder ganz in dem Bereich `container` angesiedelt, ergibt

```
=BEREICHE(container minicontainer)
```

den Wert `1`, ansonsten den Fehlerwert `#NULL!`.

BILD()

IMAGE()

Syntax:	`BILD(`**`Quelle`**`; Alt_text; Größe; Höhe; Breite)`
Beispiel:	`=BILD(A7;"XML-E-Book";0)`
Ergebnis:	siehe Abbildung 9.10

Die Funktion `BILD()` fügt ein Bild aus der per URL angegebenen `Quelle` in die Zelle ein. Erforderlich ist ein URL-Pfad der Bilddatei unter Verwendung des HTTPS-Protokolls. Unterstützt werden die Dateiformate BMP, JPG/JPEG, GIF, TIFF, PNG, ICO und WEBP. Mit `Alt_text` kann ein Alternativtext angegeben werden, der das Bild beschreibt. Das optionale Argument `Größe` regelt die Abmessungen der Zelle:

0	Das Bild wird unter Beibehaltung des Seitenverhältnisses an die Zelle angepasst.
1	Die Zelle wird mit dem Bild ausgefüllt, das Seitenverhältnis wird ignoriert.
2	Die ursprüngliche Bildgröße wird beibehalten, die Grenzen der Zelle können überschritten werden.
3	Die Bildgröße wird mit den Werten für `Höhe` und `Breite` angepasst.

Es kann auch nur eine Höhe und/oder Breite des Bildes in Pixel angegeben werden. Wird nur eine Dimension angegeben, wird das Seitenverhältnis beibehalten. Möglicherweise wird der Zugriff auf bestimmte Bilder zunächst deaktiviert, da diese eine Verbindung mit einer externen Quelle erfordern. Wenn Sie der Verbindung vertrauen, können Sie den Zugriff auf die Bilder aktivieren. Um das URL-Limit von 255 Zeichen zu umgehen, können Sie einen entsprechenden Bildlink in eine Zelle kopieren und mit `Quelle` einen Bezug darauf angeben. Excel liefert den Fehler `#WERT!` zurück, wenn die Bilddatei kein unterstütztes Format aufweist, `Quelle` oder `Alt_text` keine Zeichenfolgen sind oder wenn ein ungültiger Wert für `Größe` angegeben wird.

EINDEUTIG()

UNIQUE()

Syntax:	`EINDEUTIG(`**`Matrix`**`; Nach_Spalte; Genau_einmal)`
Beispiel:	`=EINDEUTIG(A4:A23; 0; 0)`
Ergebnis:	siehe Abbildung 9.19

Die Funktion `EINDEUTIG()` ermittelt die eindeutigen oder die einmaligen Werte in einem Zellbereich oder einer Matrix und gibt sie in Form einer dynamischen Matrix aus. Mit `Matrix` wird der Datenbereich angegeben, den die Funktion auswerten soll. `Nach_Spalte` ist ein Wahrheitswert. `FALSCH` oder ausgelassen vergleicht die Elemente zeilenweise, `WAHR` dagegen spaltenweise. `Genau_einmal` ist ebenfalls ein Wahrheitswert. `WAHR` gibt genau die Elemente zurück, die nur einmal vorkommen, `FALSCH` gibt alle eindeutigen Elemente zurück.

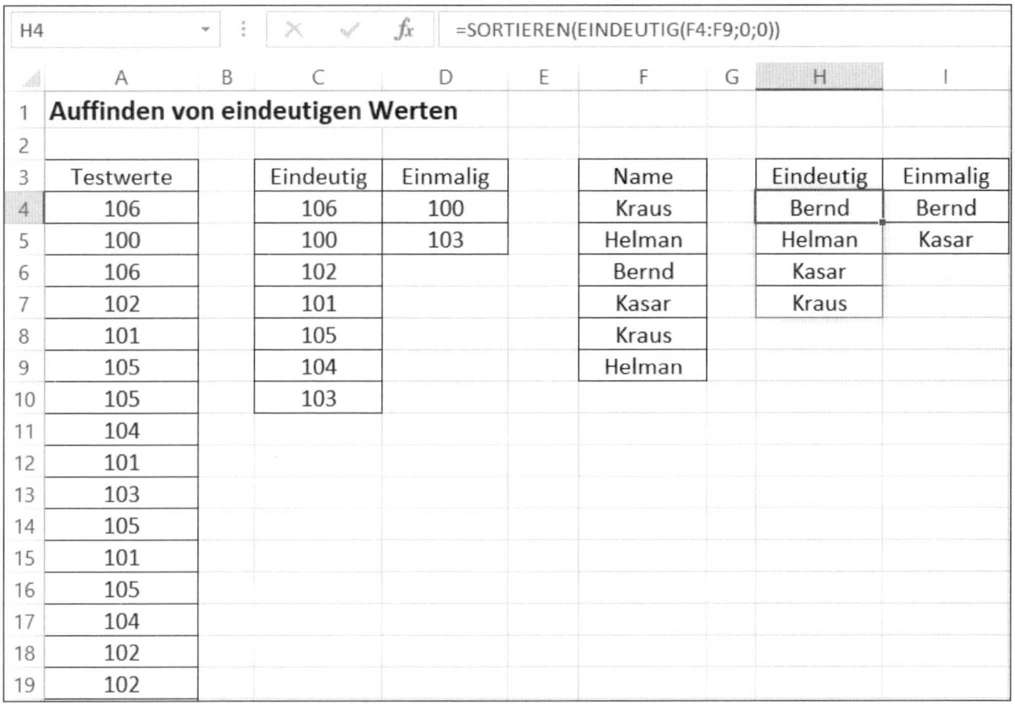

Abbildung 9.19 Beispiele für die Funktion `EINDEUTIG()`

Die Funktion kann in eine `SORTIEREN()`-Funktion verpackt werden, wenn die eindeutigen Elemente gleich in einer sortierten Reihenfolge ausgegeben werden sollen.

Der Bereich für die Ergebnismatrix muss leer sein, sonst liefert die Funktion den Fehlerwert `#ÜBERLAUF!`. Wenn die angegebene Matrix bei der zeilenweisen Auswertung mehrere Spalten enthält, wird jede Spalte separat ausgewertet, bei der spaltenweisen Auswertung jede Zeile.

Wenn Sie zusätzlich wissen wollen, wie oft ein eindeutiger Wert vorkommt, gibt es die Möglichkeit, die in der dynamischen Matrix zusammengestellten Werte als Argument in einer ZÄHLENWENN()-Funktion zu verwenden. Dazu wird als zweites Argument der Funktion ZÄHLENWENN() mithilfe des #-Operators ein Bezug auf die dynamische Matrix hergestellt, die vorher die Funktion EINDEUTIG() geliefert hat.

	F	G	H	I	J	K
1						
2	**Eindeutig oder einmalig**					
3						
4	**Name**		**Eindeutig**	**Einmalig**		**Häufigkeit**
5	Kraus		Bernd	Bernd		1
6	Helman		Bohne	Hauser		0
7	Bernd		Hauser	Bohne		0
8	Kasar		Helman	Kern		2
9	Kraus		Kasar			1
10	Helman		Kern			0
11	Hauser		Kraus			2
12	Bohne					
13	Kern					
14	Kasar					
15	Helman					
16	Helman					

Abbildung 9.20 Die Häufigkeit der Eindeutigen

ERWEITERN()

EXPAND()

Syntax: ERWEITERN(**Matrix**; **Zeilen**; Spalten; Pad)

Beispiel: =ERWEITERN(A4:C6;5;4)

Ergebnis: siehe Abbildung 9.21

Die Funktion ERWEITERN()erweitert eine vorhandene Matrix auf die angegebene Anzahl von Zeilen und Spalten. Das Ergebnis der Funktion ist eine dynamische Matrix. Der Fehler #WERT! erscheint, wenn der Wert für Zeilen oder Spalten kleiner ist als die Zahl der vorhandenen Zeilen oder Spalten. Wird für Zeilen oder Spalten nichts angegeben, bleibt die Matrix in dieser Hinsicht unverändert. Wird für Pad nichts angegeben, erscheint der Fehlerwert #NV.

	A	B	C	D	E	F	G	H
1								
2	**Erweitern einer Matrix**							
3								
4	2	4	8		**=ERWEITERN(A4:C6;5;4)**			
5	4	8	2		2	4	8	#NV
6	3	5	7		4	8	2	#NV
7					3	5	7	#NV
8					#NV	#NV	#NV	#NV
9					#NV	#NV	#NV	#NV

Abbildung 9.21 Erweitern einer Matrix auf eine bestimmte Anzahl von Spalten und Zeilen

FELDWERT()

FIELDVALUE()

Syntax: `FELDWERT(`**`Wert; Feldname`**`)`

Beispiel: `=FELDWERT(A5; "Hoch")`

Ergebnis: Liefert den Höchstwert der in A5 angegebenen Aktie.

Die Funktion `FELDWERT()` gibt den Wert des mit `Feldname` bezeichneten Feldes für den ausgewählten `Wert` eines verknüpften Datentyps aus. Existiert der angegebene Wert oder der Feldname nicht, liefert die Funktion den Fehler `#FELD!`.

	A	B	C	D	E	F	G
1							
2	**Beispiel für Datentypen**		22.11.2024				
3							
4	**Aktie**	Hoch	Tief				
5	🏛 Bayer Aktiengesellschaft (XETR:BAYN)	19,90 €	19,26 €				
6	🏛 Deutsche Telekom AG (XETR:DTE)	29,40 €	28,96 €		€	29,40	=FELDWERT(A6;"Hoch")
7	🏛 MERCK Kommanditgesellschaft auf Aktien (XFRA:MRK)	142,05 €	139,15 €		€	142,05	=FELDWERT(A7;"Hoch")
8	🏛 Deutsche Wohnen SE (XFRA:DWNI)	22,80 €	22,70 €				
9	🏛 Münchener Rückversicherungs-Gesellschaft Aktiengesellschaft	488,10 €	479,80 €				
10	🏛 Siemens Energy AG (XETR:ENR)	48,70 €	47,13 €				
11	🏛 MTU Aero Engines AG (XFRA:MTX)	316,60 €	312,40 €				
12	🏛 Deutsche Post AG (XETR:DHL)	35,25 €	34,59 €				
13	🏛 E.ON SE (XETR:EOAN)	12,07 €	11,64 €				

Abbildung 9.22 Abfrage verknüpfter Daten

FILTER()

FILTER()

Syntax: `FILTER(`**`Matrix; Einschließen`**`; Wenn_leer)`

Beispiel: `=FILTER(A5:D18; B5:B18=F4;"")`

Ergebnis: siehe Abbildung 9.3

Die Funktion `FILTER()` filtert aus den Daten einer Matrix die Daten heraus, die dem angegebenen Kriterium entsprechen, und legt sie als dynamische Matrix ab der Zelle ab, die die Formel enthält. Das Argument `Matrix` gibt den Datenbereich an, der gefiltert werden soll. `Einschließen` ist das Filterkriterium in Form eines Ausdrucks, der die Werte in einer Spalte oder Zeile des Datenbereichs mit einem Wert vergleicht, der als Konstante oder als Bezug angegeben werden kann. Das Argument `Wenn_leer` bestimmt, was angezeigt wird, wenn keine gesuchten Elemente gefunden werden. Die Ergebnisse werden in einer dynamischen Matrix ausgerollt.

Ist der Bereich für die Ergebnismatrix nicht leer, liefert die Formel den Fehler `#ÜBERLAUF!`. Werden die störenden Daten gelöscht, erscheint die komplette Ergebnismatrix.

Das Filterkriterium kann mehrere Bedingungen enthalten. Die Formel

`=FILTER(A5:D18; (B5:B18=F5)*(C5:C18=F7))`

gibt in Abbildung 9.23 die Weine aus, die eine bestimmte Farbe und einen bestimmten Jahrgang haben. Dazu werden die Bedingungen eingeklammert und zur Verbindung wird das Multiplikationszeichen genutzt. Eine entsprechende `ODER()`-Verknüpfung verwendet hier das Pluszeichen.

	A	B	C	D	E	F	G	H	I	J	K
4	Name	Farbe	Jahrgang	Bestand		Farbe		Name	Farbe	Jahrgang	Bestand
5	Ortenau	rot	2022	340		rot		Ortenau	rot	2022	340
6	Müller-Thurgau	weiß	2023	340		Jahrgang		Médoc	rot	2022	300
7	Riesling	weiß	2023	200		2022		Beaujolais	rot	2022	200
8	Oppenheimer	weiß	2023	300				Barolo	rot	2022	300
9	Silvaner	weiß	2023	230				Freisa	rot	2022	120
10	Médoc	rot	2022	300				Grignolino	rot	2022	230
11	Bordeaux	weiß	2023	260				=FILTER(A5:D18;(B5:B18=F5)*(C5:C18=F7);"")			
12	Sauternes	weiß	2023	170							
13	Beaujolais	rot	2022	200							
14	Bourgogne	weiß	2023	230							
15	Chablis	weiß	2023	230							
16	Barolo	rot	2022	300							
17	Freisa	rot	2022	120							
18	Grignolino	rot	2022	230							

Abbildung 9.23 Filterung mit mehr als einem Kriterium

FORMELTEXT()

FORMULATEXT()

Syntax:	FORMELTEXT(**Bezug**)
Beispiel:	=FORMELTEXT(B4)

Die in Excel 2013 eingeführte Funktion FORMELTEXT() liefert die Formel, die in der mit Bezug angegebenen Zelle enthalten ist, als Zeichenfolge zurück, so wie sie sonst in der Bearbeitungsleiste angezeigt wird, wenn die Zelle ausgewählt ist. Verweist Bezug auf einen Bereich von mehreren Zellen, wird nur die linke obere Eckzelle ausgewertet.

Es sind auch Bezüge auf andere Arbeitsmappen möglich, falls diese geöffnet sind, ansonsten erscheint der Fehlerwert #NV. Denselben Fehlerwert liefert die Funktion, wenn die angegebene Zelle keine Formel enthält, wenn die Formel mehr als 8.192 Zeichen enthält oder wenn das Blatt, das die Formel enthält, geschützt ist.

Bezieht sich die Formel auf eine Zelle in einer dynamischen Matrix, liefert sie nur dann den Text der Formel, wenn es sich um die erste Zelle der Matrix handelt, in allen anderen Fällen ist das Ergebnis der Fehlerwert #NV, es ist also angeblich keine Formel vorhanden, deren Text sich anzeigen ließe. Dieses Verhalten ist zumindest eigentümlich, wenn nicht gar irritierend. Ist die Matrix dagegen nach der alten Methode mit [Strg]+[⇧]+[↵] erzeugt worden, wird für jede Zelle in dieser Matrix der Text der Formel mit den jeweils angepassten Adressen angezeigt.

	A	B	C	D
1				
2	**Formeln von Zellen anzeigen**			
3				
4	Jahr	Beschäftigte	201	**=VERWEIS(2015;A5:A15;B5:B15)**
5	2014	208	187	**=VERWEIS(2020;A5:B15)**
6	2015	201	WAHR	**=ISTFORMEL(C4)**
7	2016	222		**#NV**
8	2017	223	FALSCH	**=ISTFORMEL(C7)**
9	2018	205		
10	2019	190		
11	2020	187		
12	2021	175		
13	2022	179		
14	2023	200		
15	2024	210		

Abbildung 9.24 Anzeige der Formeln von Zellen

Wird die in Bezug angegebene Zelle nachträglich gelöscht, liefert die Formel den Fehler #BEZUG!.

Ob die bezogene Zelle eine Formel enthält, kann seit Excel 2013 mit der Funktion IST-FORMEL() geprüft werden.

GRUPPIERENNACH()

GROUPBY()

Syntax: GRUPPIERENNACH(**Row_fields; Values; Function;** Field_headers; Total_depth; Sort_order; Filter_array; Field_relationship)

Beispiel: =GRUPPIERENNACH(C4:C13;D4:D13;SUMME;;1)

Ergebnis: siehe Abbildung 9.25

Die Funktion GRUPPIERENNACH() erlaubt das Aggregieren von Werten nach Zeilenfeldern. Das Ergebnis der Funktion ist eine dynamische Matrix. Notwendig sind folgende Argumente:

- Row_fields – der Bereich oder die Matrix mit den Zeilenfeldern, die für die Gruppierung der Zeilen und die Generierung der Überschriften benötigt wird
- Values – der Bereich oder die Matrix mit den zu aggregierenden Werten
- Function – die Funktion, die bei der Aggregierung verwendet wird

Ist Values mehrspaltig, werden mehrere Aggregierungen ausgegeben.

Das Argument Function ist entweder eine der Aggregationsfunktionen wie SUMME(), ANZAHL(), MITTELWERT() etc. oder eine LAMBDA()-Funktion, die eine aggregierende Berechnung enthält: LAMBDA(x; SUMME(x)).

Die anderen Argumente sind optional. Das Argument field_headers ist eine Zahl, die angibt, ob Feldüberschriften vorhanden sind und ob sie angezeigt werden sollen:

Fehlt Automatisch	**Vorgabe**
0	Nein
1	Ja und nicht anzeigen
2	Nein, aber generieren
3	Ja und anzeigen

Bei Automatisch wird bei den Werten der erste Wert als Überschrift verwendet, wenn es ein Text ist.

Mit `total_depth` wird bestimmt, ob die Zeilenüberschriften Summen enthalten sollen:

Fehlt `Automatisch`	**Gesamtsummen und nach Möglichkeit Zwischensummen (Vorgabe)**
`0`	Keine Gesamtsummen
`1`	Gesamtsummen
`2`	Gesamt- und Zwischensummen
`-1`	Gesamtsummen oben
`-2`	Gesamt- und Zwischensummen oben

Das Argument `sort_order` regelt die Sortierung der Zeilen. Mit der Zahl wählen Sie die entsprechende Spalte in `row_fields`, gefolgt von den Spalten in `Werten`. Mit negativen Zahlen wird die Sortierreihenfolge umgekehrt.

Mit `filter_array` kann eine eindimensionale Matrix mit `WAHR` oder `FALSCH` angegeben werden, um zu entscheiden, ob die entsprechende Datenzeile berücksichtigt werden soll. Die Länge muss mit derjenigen in `row_fields` übereinstimmen.

Das Argument `field_relationship` regelt die Beziehung von Feldern, wenn `row_fields` mehrere Spalten bereitstellt. Erlaubte Werte sind:

`0`	Hierarchie (Vorgabe), berücksichtigt die Sortierung früherer Spalten
`1`	Tabelle, unabhängige Sortierung jeder Feldspalte

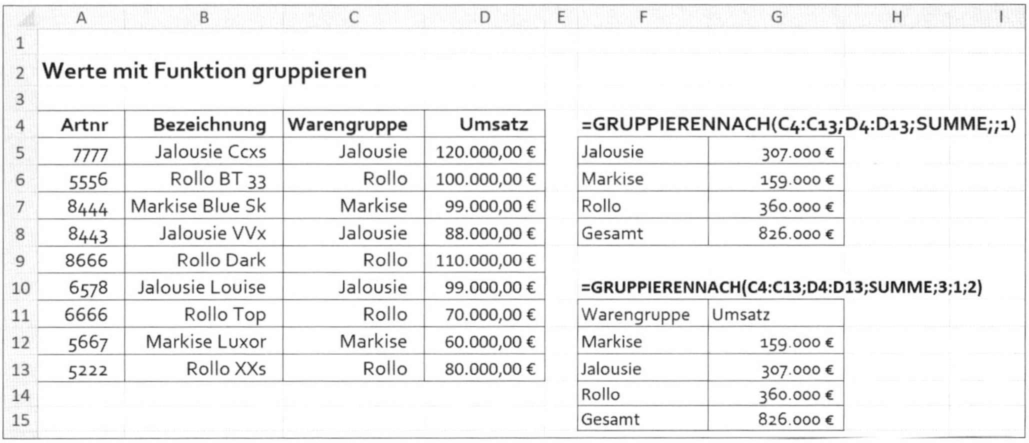

	A	B	C	D	E	F	G	H	I
1									
2	**Werte mit Funktion gruppieren**								
3									
4	**Artnr**	**Bezeichnung**	**Warengruppe**	**Umsatz**		**=GRUPPIERENNACH(C4:C13;D4:D13;SUMME;;1)**			
5	7777	Jalousie Ccxs	Jalousie	120.000,00 €		Jalousie	307.000 €		
6	5556	Rollo BT 33	Rollo	100.000,00 €		Markise	159.000 €		
7	8444	Markise Blue Sk	Markise	99.000,00 €		Rollo	360.000 €		
8	8443	Jalousie VVx	Jalousie	88.000,00 €		Gesamt	826.000 €		
9	8666	Rollo Dark	Rollo	110.000,00 €					
10	6578	Jalousie Louise	Jalousie	99.000,00 €		**=GRUPPIERENNACH(C4:C13;D4:D13;SUMME;3;1;2)**			
11	6666	Rollo Top	Rollo	70.000,00 €		Warengruppe	Umsatz		
12	5667	Markise Luxor	Markise	60.000,00 €		Markise	159.000 €		
13	5222	Rollo XXs	Rollo	80.000,00 €		Jalousie	307.000 €		
14						Rollo	360.000 €		
15						Gesamt	826.000 €		

Abbildung 9.25 Gruppieren von Werten

HSTAPELN()

HSTACK()

Syntax: `HSTAPELN(`**`Array1`**`; Array2; …)`

Beispiel: `=HSTAPELN(A4:B6;D4:E6)`

Ergebnis: siehe Abbildung 9.26

Die Funktion `HSTAPELN()` stapelt Matrizen horizontal in einer Matrix. Maximal sind bis zu 254 Matrizen erlaubt. Reichen die Werte nicht aus, um alle Zeilen komplett zu füllen, wird jeweils der Fehlerwert `#NV` eingefügt. Das Ergebnis der Funktion ist eine dynamische Matrix.

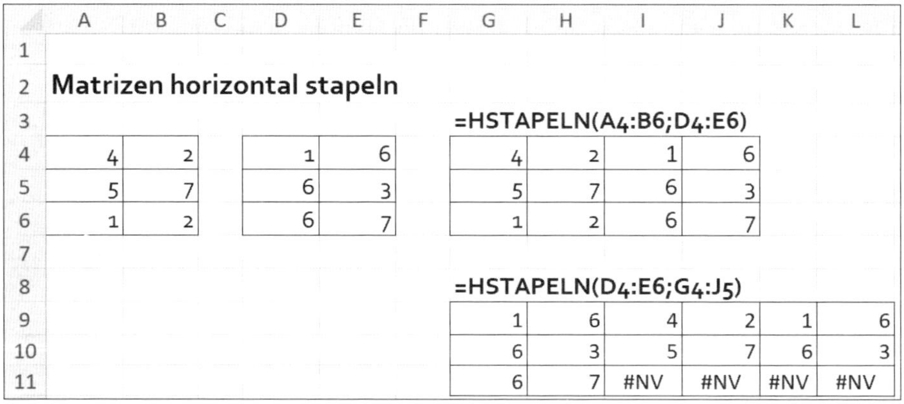

Abbildung 9.26 Matrizen nebeneinander zusammenfügen

HYPERLINK()

HYPERLINK()

Syntax: `HYPERLINK(`**`Hyperlink_Adresse`**`; Freundlicher_Name)`

Beispiel: `=HYPERLINK(http://www.rheinwerk-verlag.de; "Rheinwerk Verlag")`

Die Funktion `HYPERLINK()` liefert einen Link zu der mit `Hyperlink_Adresse` angegebenen Adresse. Neben vollständigen Webadressen – das Protokoll muss mit angegeben werden, also `http://www.***` und nicht bloß `www.***` – können auch Pfade zu Dokumenten im Dateisystem angegeben werden. Bei Excel-Dokumenten kann direkt zu einer bestimmten Zelle oder einem benannten Bereich gesprungen werden, bei Word-Dokumenten zu einer Textmarke, die mit dem Zeichen # gekennzeichnet wird.

Das Argument `Freundlicher_Name` erlaubt es, einen beschreibenden Hinweis auf das Verknüpfungsziel anzugeben. Dieser wird in der Zelle anstelle der Adresse angezeigt, wenn er angegeben wird.

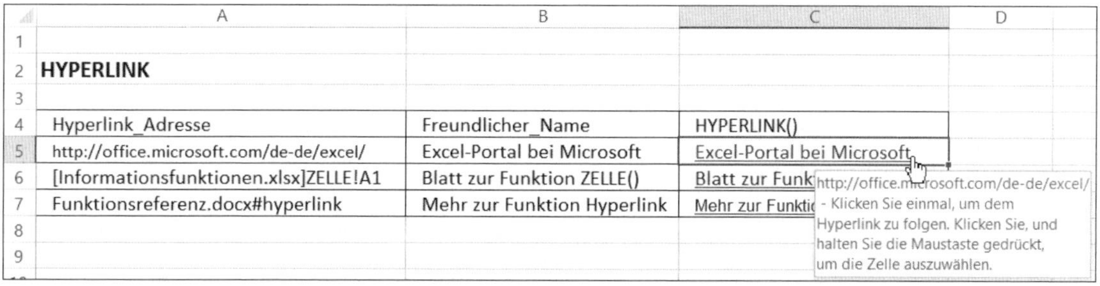

Abbildung 9.27 Beispiel für Hyperlinks in einer Tabelle

Wenn die Tabelle einen Hyperlink enthält, ändert sich der Mauszeiger, sobald er die Zelle berührt. Ein einfacher Klick oder Tipp führt zum Aufruf des verknüpften Dokuments. Soll die Funktion noch einmal bearbeitet werden, wählen Sie die Zelle am besten mit den Richtungstasten aus und benutzen [F2], um die Zelle zum Editieren zu öffnen.

Wird die Hyperlink-Adresse direkt eingegeben, sind Anführungszeichen erforderlich. Bei Eingabe über den Funktions-Assistenten werden diese automatisch hinzugefügt. Es ist auch der Bezug auf eine Zelle möglich, die die Zieladresse als Text enthält oder als Ergebnis einer Formel liefert.

! Kann das Hyperlink-Ziel nicht gefunden werden, erscheint die Meldung, dass die Ressource mit der angegebenen Adresse nicht geöffnet werden kann. Fehlt die Angabe des Protokolls am Anfang der Adresse, erhalten Sie die Fehlermeldung, dass die angegebene Datei nicht geöffnet werden kann.

9.8.3 Dynamische Links

Die `HYPERLINK()`-Funktion erlaubt auch variable Sprungziele. Sie können beispielsweise in Zelle H1 den Namen eines Ordners und in Zelle H2 den Namen einer Datei ablegen, übrigens jeweils ohne Anführungszeichen. In Zelle B3 wird dann folgende Funktion eingetragen:

```
=HYPERLINK(H1&H2; "Details finden Sie in der folgenden Tabelle")
```

Die Adresse wird also in diesem Fall aus zwei Textteilen zusammengesetzt. Der Vorteil dieser Vorgehensweise lässt sich folgendermaßen beschreiben: Nehmen wir an, Sie haben in Ihrer Arbeitsmappe eine ganze Reihe solcher Links, die sich alle auf Dateien im selben Ordner beziehen.

Nun ordnen Sie Ihre Festplatte neu oder kopieren die Dateien auf eine andere Festplatte. Dann brauchen Sie nur noch den Eintrag in der Zelle H1 zu ändern, um alle Verknüpfungen wiederherzustellen.

9.8.4 Bedingte Links

Besonders flexibel ist die Verwendung bedingter Hyperlinks. Angenommen, Sie kalkulieren ein Angebot mal für einen deutschen Kunden und mal für einen französischen Kunden. Die beiden dafür verwendeten Preislisten sind in separaten Tabellen gespeichert.

Sie legen in der Tabelle für das Angebot in der Zelle K2 ein Kennzeichen ab, um die deutschen Angebote von den französischen zu unterscheiden. Dann kann in eine andere Zelle eine Hyperlink-Formel zu den Preistabellen in Abhängigkeit von diesem Kennzeichen eingegeben werden. Die Formel würde lauten:

```
=WENN(K2="Fr"; HYPERLINK("PLISTEFR.XLSX"; "französische Preisliste");
HYPERLINK("PLISTEDE.XLSX"; "deutsche Preisliste"))
```

Je nachdem, was in Zelle K2 steht, erscheint nicht nur ein anderer Text, beim Klick oder Tipp auf den Link wird auch eine andere Datei geöffnet.

INDEX()

INDEX()

Syntax1:	`INDEX(`**`Matrix`**`; Zeile; Spalte)`
Beispiel:	`=INDEX({1.2.3;4.5.6}; 2; 2)`
Ergebnis:	5
Syntax2:	`INDEX(`**`Bezug`**`; Zeile; Spalte; Bereich)`
Beispiel:	`=INDEX(D18:F21; 3; 3)`
Ergebnis:	Liefert den Inhalt der Zelle F20.

Die Funktion INDEX() liegt, wie oben schon angesprochen, in zwei unterschiedlichen Ausprägungen vor. In der ersten Form dient sie der Abfrage der Werte einer Matrix, in der zweiten der Ermittlung eines Bezugs aus Zellbereichen, um die entsprechenden Daten abgreifen zu können.

9.8.5 Matrizenwerte abfragen

Mit der ersten Form der Funktion lassen sich Werte aus einer Matrix abfragen. Das Ergebnis kann ein einzelner Wert sein oder wiederum eine Matrix. Als Argument Matrix wird ein Zellbereich, der eine Wertematrix enthält, oder eine Matrixkonstante erwartet.

Die Angaben von Zeile und Spalte dürfen nicht negativ sein. Sie beziehen sich auf die Zeilen und Spalten der Matrix. So wird die Stelle innerhalb der Matrix festgelegt, deren Wert ermittelt werden soll. Die Werte für Zeile und Spalte dürfen auch nicht größer sein als die Anzahl der Zeilen und Spalten der betreffenden Matrix, sonst liefert die Funktion den Fehler #BEZUG!.

Wollen Sie nicht nur einen einzelnen Wert ermitteln, so lässt sich auch eine Matrix in Form einer Spalte oder einer Zeile oder die komplette Matrix auslesen. Allerdings muss in diesen Fällen die Funktion selbst als Matrixformel eingegeben werden, also oberste linke Zelle der Ergebnismatrix auswählen, Funktion eingeben und mit [↵] beenden. Wollen Sie beispielsweise ab Zelle B16 eine Spalte auslesen, muss die Angabe für Zeile auf 0 gesetzt oder weggelassen werden.

```
=INDEX(B5:B8; 0; 1)
```

zeigt die Werte aus B5 bis B8 in dem Bereich an, der die Matrixformeln enthält. Wollen Sie eine Zeile auslesen, gilt das entsprechende Verfahren:

```
=INDEX(B5:F5; 1; 0)
```

9.8.6 Zweidimensionales Lookup

Nützlich wird das Ergebnis der Funktion in der Regel erst, wenn das gelieferte Ergebnis an die Funktion INDEX() weitergereicht wird, um die Zeilen- oder Spaltennummer zu gewinnen, in der die Daten zu finden sind, die interessieren. Oder beides gleichzeitig, wie das folgende Beispiel demonstrieren soll.

In der Tabelle soll die erste Spalte nach dem Namen durchsucht werden und die erste Zeile nach der interessierenden Spaltenüberschrift. Liefern soll die Formel den Wert der Zelle, in der sich die betreffende Zeile und Spalte kreuzen.

Die beiden Suchkriterien können hier in die Zellen E1 und E2 eingegeben oder aus einer Liste ausgesucht werden, wenn die Zellen mit einer entsprechenden Gültigkeitsregel versehen sind, die die erste Spalte und die erste Zeile von A5:F22 als Quelle auswertet. Siehe dazu Abschnitt 1.19.1, »Prüfung der Dateneingabe durch Gültigkeitsregeln«.

Die Formel in E3 kann dann lauten:

```
=INDEX(A6:F22; VERGLEICH(E1; A6:A22; 1); VERGLEICH(E2; A5:F5; 1))
```

Wichtig in diesem Fall ist, dass das Argument `Vergleichstyp` jeweils auf `0` gesetzt wird, sodass nur exakte Übereinstimmungen berücksichtigt werden.

	A	B	C	D	E	F
1				**Name**	Chianti	
2	**Zweidimensionale Suche**			**Spalte**	Bestand	
3				**Wert**	120	
4						
5	**Name**	**Land**	**Anbaugebiet**	**Farbe**	**Jahrgang**	**Bestand**
6	Barolo	Italien	Piemont	rot	2022	100
7	Beaujolais	Frankreich	Burgund	rot	2022	200
8	Chablis	Frankreich	Burgund	weiß	2023	230
9	Ravello	Italien	Salerno	rosé	2022	200
10	Valpolicella	Italien	Verona	rot	2022	300
11	Bourgogne	Frankreich	Burgund	weiß	2023	230
12	Chianti	Italien	Toskana	rot	2022	120
13	Frascati	Italien	Rom	weiß	2023	230
14	Freisa	Italien	Piemont	rot	2022	120
15	Grignolino	Italien	Piemont	rot	2022	230
16	Médoc	Frankreich	Bordeaux	rot	2022	300
17	Müller-Turgau	Deutschland	Mosel	weiß	2023	340
18	Oppenheimer	Deutschland	Rheinhessen	weiß	2023	300
19	Ortenau	Deutschland	Baden	rot	2022	340
20	Sauternes	Frankreich	Bordeaux	weiß	2023	170
21	Riesling	Deutschland	Mosel	weiß	2023	200
22	Brolio	Italien	Toskana	rot	2022	230

Abbildung 9.28 Gleichzeitige Suche in einer Zeile und einer Spalte

VERWEIS()

LOOKUP()

Syntax1:	`VERWEIS(`**`Suchkriterium; Suchvektor; Ergebnisvektor`**`)`
Syntax2:	`VERWEIS(`**`Suchkriterium; Matrix`**`)`
Beispiel:	siehe Abbildung 9.29

Die Funktion `VERWEIS()` liefert auf der Grundlage eines Suchkriteriums den Inhalt einer korrespondierenden Zelle, vergleiche `SVERWEIS()` und `WVERWEIS()`.

Die Funktion liegt in zwei Versionen vor. Bei der ersten werden zwei getrennte Bereiche (Spalten oder Zeilen) benutzt, bei der zweiten ein zusammenhängender Bereich. In der ersten Version benötigt die Funktion neben `Suchkriterium` einen `Suchvektor` und einen `Ergebnisvektor`. Der `Suchvektor` ist eine Spalte oder eine Zeile, die nach dem mit `Suchkriterium` angegebenen Wert durchsucht werden soll. Von der Fundstelle aus wird der Wert, der die gleiche Position in `Ergebnisvektor` einnimmt, als Ergebnis von der Funktion ausgegeben. `Suchvektor` und `Ergebnisvektor` sollten deshalb die gleiche Größe haben. Die Einträge in `Suchvektor` müssen in steigender Folge sortiert sein. Kann kein dem `Suchkriterium` genau entsprechender Wert gefunden werden, wird der nächstkleinere Wert übernommen.

	A	B	C	D	E
1					
2	**Werte in einer Matrix suchen**				
3					
4	Jahr	Beschäftigte		208	**=VERWEIS(2014;A5:A15;B5:B15)**
5	2014	208		201	**=VERWEIS(2015;A5:B15)**
6	2015	201			
7	2016	222			
8	2017	223			
9	2018	205			
10	2019	190			
11	2020	187			
12	2021	175			
13	2022	179			
14	2023	200			
15	2024	210			

Abbildung 9.29 Die zwei Varianten der Funktion `VERWEIS()`

Für die zweite Version der Funktion wird die erste Zeile oder Spalte der angegebenen Matrix nach dem Suchkriterium durchsucht. Ob eine Zeile oder eine Spalte durchsucht wird, ist von der Dimensionierung der Matrix abhängig. Hat eine Matrix mehr Spalten als Zeilen oder ist deren Anzahl gleich, so wird die erste Zeile durchsucht. Besitzt eine Matrix mehr Zeilen, so wird die erste Spalte durchsucht.

Ist die Funktion auf der Suche nach dem Kriterium beispielsweise in der ersten Spalte fündig geworden, dann geht sie in dieser Zeile nach rechts bis zur letzten Spalte und gibt den Wert der dortigen Zelle zurück. Analog wird bei der Suche in der ersten Zeile verfahren.

Ist der Wert von Suchkriterium kleiner als der kleinste Wert in Suchvektor, erscheint der Fehler #NV.

WAHL()

CHOOSE()

Syntax: WAHL(**Index**; **Wert1**; Wert2; ...)

Beispiel: =WAHL(3; "orange"; "rot"; "gelb"; "grün"; "blau")

Ergebnis: gelb

Die Funktion WAHL() liefert einen Wert aus einer Liste von Werten. Mit Index wird festgelegt, der wievielte Wert als Ergebnis zurückgegeben werden soll. Seit Excel 2007 sind 254 Werte möglich, in älteren Versionen sind es 29.

Entsprechend ist Index auf Werte zwischen 1 und 254 bzw. 1 und 29 begrenzt. Ist der Wert $<$ 1 oder größer als die Anzahl der Werte in der Werteliste oder nicht numerisch, liefert die Funktion den Fehler #WERT!. Falls Index keine ganze Zahl ist, wird die nächstkleinere Ganzzahl verwendet. Werden für die Werteliste nicht vorhandene Bereichsnamen verwendet, liefert die Funktion den Fehler #NAME?.

Die Argumente in der Werteliste können Zahlen, Zeichenfolgen, Zell- oder Bereichsbezüge, definierte Namen oder Formeln sein.

9.8.7 Bereichsbezüge liefern

Die zweite Syntax der Funktion verlangt mit dem ersten Argument Bezug die Angabe eines Bezugs auf einen oder auch mehrere Zellbereiche. Mit der Nummer von Zeile und Spalte wird die Auswahl bezeichnet, deren Bezug ermittelt werden soll. Bereich als optionales Argument wird dann verwendet, wenn `Bezug` eine Mehrfachauswahl enthält. In diesem Fall muss die Liste der Bereiche in `Bezug` in Klammern gesetzt werden, etwa:

```
=INDEX((B15:B18; E15:E18); 1; 1; 1)
```

Es sei denn, die Mehrfachauswahl ist mit einem Namen belegt worden. Mit `Bereich` wird durch die Eingabe der entsprechenden Nummer auf diesen Bereich für die Abfrage verwiesen. Wird `Bereich` nicht angegeben, wird immer der erste Teilbereich genommen. Die Anzahl der Bereiche kann bei Bedarf mithilfe der Funktion `BEREICHE()` ermittelt werden. Abbildung 9.30 zeigt ein Beispiel für einen zweiteiligen Bereich. Die Werte in B5:B8 und E5:E8 sind alle unter dem gemeinsamen Bereichsnamen `WERKSERGEBNISSE` zusammengefasst. Es handelt sich also um einen Bereich, der aus zwei Teilbereichen besteht, wie die folgende Formel bestätigt:

```
=BEREICHE(WERKSERGEBNISSE)
```

	A	B	C	D	E	F	G	H	I
1									
2	**Bezüge bei Mehrfachbereichen**								
3									
4		**2023**			**2024**		Werk1	2023	1600000
5	Werk1	1.600.000 €		Werk1	2.100.000 €			2024	2100000
6	Werk2	2.900.000 €		Werk2	1.400.000 €				
7	Werk3	800.000 €		Werk3	800.000 €				
8	Werk4	100.000 €		Werk4	1.600.000 €				

Abbildung 9.30 Zugriff auf Teilbereiche über die `INDEX()`-Funktion

In Zelle I4 und I5 werden nun Formeln verwendet, um Werte aus diesen Teilbereichen auszulesen:

```
=INDEX(WERKSERGEBNISSE; 1; 1; 1)
=INDEX(WERKSERGEBNISSE; 1; 1; 2)
```

Jedes Mal wird die erste Spalte und Zeile des Teilbereichs ausgewertet.

Das Ergebnis der `INDEX()`-Funktion ist zunächst immer ein Bezug. Je nach der Formel, in der die Funktion verwendet wird, wird das Ergebnis als Bezug interpretiert, oder es wird der Wert geliefert, auf den dieser Bezug verweist. Funktionen, die einen Bezug verlangen, werten ein durch `INDEX()` geliefertes Argument also als Bezug aus, etwa die Funktion `ZELLE()`:

```
=ZELLE("Typ"; INDEX(WERKSERGEBNISSE; 1; 1; 1))
```

liefert `w` als Hinweis auf das Währungsformat der Zelle. Alle Funktionen, die einen Wert verlangen, interpretieren das Ergebnis als Wert. Siehe auch Abschnitt 9.4, »Einsatz der Funktion INDEX()«.

INDIREKT()

INDIRECT()

Syntax:	`INDIREKT(`**`Bezug`**`; A1)`
Beispiel:	`=INDIREKT(A2)`
Ergebnis:	1994, wenn in A2 z. B. `A128` eingetragen ist und in der Zelle A128 1994 steht

Die Funktion `INDIREKT()` ermittelt indirekt den Inhalt einer Zelle, auf die mit dem Argument `Bezug` verwiesen wird. Der Wert von `Bezug` muss sich dabei als Zeichenfolge auswerten lassen, die einem Bezug entspricht. Diese Zeichenfolge wandelt die Funktion in einen aktuellen Bereichsbezug um und kann dann den dort abgelegten Wert als ihr Ergebnis liefern.

Eine solche Zeichenfolge liefert beispielsweise die Funktion `ADRESSE()`. Das Argument `Bezug` kann aber auch eine direkt eingegebene Zeichenfolge sein, etwa:

```
=INDIREKT("A1")
```

oder ein Bezug auf eine Zelle, die eine Adresse als Zeichenfolge enthält.

Mit `A1` wird angegeben, wie der Eintrag in `Bezug` steht: in der A1-Schreibweise (`WAHR` oder weggelassen) oder in der Z1S1-Schreibweise (`FALSCH`). Siehe dazu auch die Erläuterungen zu der Funktion `ADRESSE()`.

Nützlich ist das indirekte Verfahren, wenn Zellbezüge dynamisch erzeugt werden sollen. In einer Arbeitsmappe, die Blätter für jeden Monat enthält, benannt mit dem kurzen Monatsnamen, kann mithilfe der Funktion ein Zellbezug aufgebaut werden, der vom Monat des aktuellen Datums abhängig ist.

```
=WAHL(MONAT(HEUTE()); "Jan"; "Feb"; "Mrz"; "Apr";
"Mai"; "Jun"; "Jul"; "Aug"; "Sep"; "Okt";
"Nov"; "Dez") & "!A10
```

Diese Formel in Zelle A1 erzeugt im Mai den Eintrag `Mai!A10`. Die Formel

```
=INDIREKT(A1)
```

liefert dann den Inhalt der Zelle A10 auf dem Blatt für den Monat Mai.

! Ungültige Bezüge führen zu dem Fehler `#BEZUG!`, das gilt auch für Bezüge auf Zellen in anderen Arbeitsmappen, wenn diese nicht geöffnet sind. Anders als bei den Versionen vor Excel 2007 wird dieser Fehler auch angezeigt, wenn eine Adresse angegeben wird, die über die maximale Spalten- oder Zeilenanzahl hinausreicht (`XFD` für `16384` oder `1048576`).

	A	B	C
1			
2	**Indirekter Bezug auf Zellinhalte**		
3			
4	Bezug	A1	INDIREKT()
5	A10	WAHR	12312
6	A11	WAHR	12313
7	A12	FALSCH	#BEZUG!
8	Z12S1	FALSCH	12314
9			
10	12312		
11	12313		
12	12314		

Abbildung 9.31 Bezug über eine anderswo als Text hinterlegte Adresse

MTRANS()

TRANSPOSE()

Syntax: `MTRANS(`**`Matrix`**`)`

Beispiel: siehe Abbildung 9.32

Die Funktion `MTRANS()` tauscht die Zeilen und Spalten in einer Matrix, was auch als *Transponieren* bezeichnet wird. Die erste Zeile der bisherigen Matrix wird zur ersten Spalte der neuen Matrix usw. Eine einspaltige Matrix lässt sich mithilfe dieser Funktion auch sehr einfach in eine einzeilige überführen.

Das Argument `Matrix` kann als Bezug auf einen Zellbereich abgegeben werden, der eine Matrix enthält, oder als Matrixkonstante. Die Werte der Matrixkonstanten müssen in geschweiften Klammern eingeschlossen werden, wobei Punkte die Werte trennen und Semikola die Zeilen.

Die Funktion muss als Matrixfunktion eingegeben werden. Sie müssen also zunächst die oberste linke Eckzelle der Ergebnismatrix auswählen, die Funktion eingeben und mit [↵] abschließen. Leere Zellen in der Ausgangsmatrix werden mit `0` ausgegeben.

Ist der markierte Bereich kleiner als der Ausgangsbereich, werden die überzähligen Zellen ignoriert. Ist er größer, erscheint in den Zellen, für die Werte fehlen, der Fehlerwert `#NV`.

Zwei Hinweise sind angebracht: Anders als beim Transponieren über den Dialog, Befehl **Inhalte einfügen ▸ Transponieren**, bleibt die transponierte Matrix von der Ursprungsmatrix abhängig, d. h., sie macht alle Veränderungen der Ursprungsmatrix mit. In der transponierten Matrix sind keine Veränderungen einzelner Elemente möglich.

	A	B	C	D	E	F	G	H
1								
2	**Transformation einer Matrix**							
3								
4	Ausgangsmatrix:	3	4	6				
5		4	6	8				
6		6	9	10				
7		13	18	24				
8					transformierte Matrix			
9		**=MTRANS(B4:D7) -->**			3	4	6	13
10					4	6	9	18
11					6	8	10	24

Abbildung 9.32 Transponieren einer Matrix

Wenn die Werte in der Ausgangsmatrix gleiche Abstände haben, kann die Transformation auch mithilfe der `SEQUENZ()`-Funktion vorgenommen werden.

	I	J	K	L	M
4					
5	**=MTRANS(SEQUENZ(4;3;5;2))**	5	11	17	23
6		7	13	19	25
7		9	15	21	27

Abbildung 9.33 Umstellen einer Matrix

Die Platzierung dieser Funktion in der Kategorie **Nachschlage- und Verweisfunktionen** ist etwas eigenartig, die verwandten Funktionen zum Umgang mit Matrizen finden Sie in der Kategorie **Math. & Trigonom.**: `MDET()`, `MEINHEIT()`, `MMULT()`, `MINV()`.

PIVOTDATENZUORDNEN()

GETPIVOTDATA()

Syntax: `PIVOTDATENZUORDNEN(`**`Datenfeld; PivotTable`**`; Feld1; Element1; Feld2; Element2; …)`

Beispiel: `=PIVOTDATENZUORDNEN("Bestand"; H4; "Land"; "Italien")`, siehe Abbildung 9.34

Die Funktion `PIVOTDATENZUORDNEN()` gibt einzelne Werte oder die Werte eines angegebenen Bereichs aus einer Pivot-Tabelle zurück. Diese Funktion wird verwendet, um Daten aus einer Pivot-Tabelle in andere Zellbereiche zu übernehmen.

Bei der Eingabe der Funktion kann ein Schnellverfahren verwendet werden: Sie geben ein Gleichheitszeichen ein und klicken dann in die Zelle der Pivot-Tabelle, deren Daten übernommen werden sollen. Seit Excel 2007 funktioniert dies, solange über **Excel-Optionen** auf der Seite **Formeln** die Option **GetPivotTable-Funktionen für PivotTable-Bezüge verwenden** aktiviert ist.

Das Argument `Datenfeld` gibt den Namen des Datenfeldes an, von dem Daten übernommen werden sollen. `PivotTable` ist ein Bezug auf eine Zelle oder einen Zellbereich in der Pivot-Tabelle, als Vorgabe die linke obere Eckzelle. Es folgen dann Paare von Feld- und Elementnamen, die die gewünschten Daten identifizieren. Bis zu 126 Paare sind seit Excel 2007 möglich, in den älteren Versionen 14. Wird kein Paar mit Feld- und Elementnamen angegeben, wird das Gesamtergebnis ausgegeben.

	A	B	C	D	E	F	G	H	I
1									
2	**Zugriff auf Daten aus einer Pivot-Tabelle**								
3									
4	**Name**	**Land**	**Anbaugebiet**	**Farbe**	**Jahrgang**	**Bestand**		**Land**	**Summe von Bestand**
5	Barolo	Italien	Piemont	rot	2023	300		Deutschland	1180
6	Beaujolais	Frankreich	Burgund	rot	2023	200		Frankreich	1130
7	Chablis	Frankreich	Burgund	weiß	2024	230		Italien	1730
8	Ravello	Italien	Salerno	rosé	2023	200		**Gesamtergebnis**	**4040**
9	Valpolicella	Italien	Verona	rot	2023	300			
10	Bourgogne	Frankreich	Burgund	weiß	2024	230			
11	Chianti	Italien	Toskana	rot	2023	120		Der Bestand für Weine aus Italien:	
12	Frascati	Italien	Rom	weiß	2024	230			**1730**
13	Freisa	Italien	Piemont	rot	2023	120		Gesamtbestand	**4040**
14	Grignolino	Italien	Piemont	rot	2023	230			
15	Médoc	Frankreich	Bordeaux	rot	2023	300			
16	Müller-Thurgau	Deutschland	Mosel	weiß	2024	340			
17	Oppenheimer	Deutschland	Rheinhessen	weiß	2024	300			
18	Ortenau	Deutschland	Baden	rot	2023	340			
19	Sauternes	Frankreich	Bordeaux	weiß	2024	170			
20	Riesling	Deutschland	Mosel	weiß	2024	200			
21	Brolio	Italien	Toskana	rot	2023	230			

Abbildung 9.34 Übernahme von Werten aus einer Pivot-Tabelle

Der Vorteil der Funktion gegenüber einem einfachen Zellbezug auf einen Wert in einer Pivot-Tabelle ist insbesondere der, dass die Funktion auch dann noch den korrekten Wert liefert, wenn die Daten in der Pivot-Tabelle inzwischen umgeordnet worden sind.

Ist PivotTable kein Bereich, in dem sich eine Pivot-Tabelle befindet, liefert die Funktion den Fehler #BEZUG!. Das gilt auch, wenn die anderen Argumente kein in der Pivot-Tabelle sichtbares Feld beschreiben.

PIVOTMIT()

PIVOTBY()

Syntax: PIVOTMIT(**Row_fields**; **Col_fields**; **Values**; **Function**; Field_headers; Row_total_depth; Row_sort_order; Col_total_depth; Col_sort_order; Filter_array; Relative_to)

Beispiel: =PIVOTMIT(Vertriebsergebnis[Produktgruppe];Vertriebsergebnis[Region];Vertriebsergebnis[2024];SUMME)

Ergebnis: siehe Abbildung 9.35

Die Funktion PIVOTMIT()erlaubt es, die Daten einer Tabelle nach den angegebenen Zeilen- und Spaltenfeldern zu gruppieren, zusammenzufassen, zu sortieren und zu filtern. Das Ergebnis der Funktion ist eine dynamische Matrix. Die notwendigen Argumente row_fields und col_fields geben die Zeilen- und Spaltenfelder an, die berücksichtigt werden; Werte sind die Daten, die entsprechend der mit Funktion angegebenen Methode aggregiert werden. Wenn row_fields oder col_fields mehrere Spalten enthalten, erscheinen in der Ausgabe mehrere Zeilen- und Spaltengruppenebenen. Wenn Werte mehrere Spalten enthält, liefert die Ausgabe mehrere Aggregationen.

Das Argument Funktion ist entweder eine der Aggregationsfunktionen wie SUMME(), ANZAHL(), MITTELWERT() etc. oder eine LAMBDA()-Funktion, die eine aggregierende Berechnung enthält: LAMBDA(x; SUMME(x)).

Die anderen Argumente sind optional. Das Argument field_headers ist eine Zahl, die angibt, ob Feldüberschriften vorhanden sind und ob sie angezeigt werden sollen:

Fehlt	Automatisch (Vorgabe)
0	Nein
1	Ja und nicht anzeigen
2	Nein, aber generieren
3	Ja und anzeigen

Bei Automatisch wird bei Werten der erste Wert als Überschrift verwendet, wenn es ein Text ist.

Mit row_total_depth wird bestimmt, ob die Zeilenüberschriften Summen enthalten sollen:

Fehlt Automatisch	**Gesamtsummen und nach Möglichkeit Zwischensummen**
0	Keine Gesamtsummen
1	Gesamtsummen
2	Gesamt- und Zwischensummen
-1	Gesamtsummen oben
-2	Gesamt- und Zwischensummen oben

Das Argument row_sort_order regelt die Sortierung der Spalten. Mit der Zahl wählen Sie die entsprechende Spalte in row_fields, gefolgt von den Spalten in Werten. Mit negativen Zahlen wird die Sortierreihenfolge umgekehrt.

Das Argument col_total_depth bestimmt, ob die Spaltenüberschriften Summen enthalten sollen:

Fehlt Automatisch	**Gesamtsummen und nach Möglichkeit Zwischensummen**
0	Keine Gesamtsummen
1	Gesamtsummen
2	Gesamt- und Zwischensummen
-1	Gesamtsummen oben
-2	Gesamt- und Zwischensummen oben

Das Argument col_sort_order regelt die Sortierung der Zeilen. Mit der Zahl wählen Sie die entsprechende Spalte in col_fields, gefolgt von den Spalten in Werten. Mit negativen Zahlen wird die Sortierreihenfolge umgekehrt.

Mit filter_array kann eine eindimensionale Matrix mit WAHR oder FALSCH angegeben werden, um zu entscheiden, ob die entsprechende Datenzeile berücksichtigt werden soll. Die Länge muss mit derjenigen in row_fields und col_fields übereinstimmen.

Das Argument relative_to kann verwendet werden, um ein zweites Argument für die Aggregationsfunktion anzugeben, das z. B. bei der PROZENTVON()-Funktion benötigt wird. Die möglichen Werte sind:

0	Spaltensumme (Vorgabe)
1	Zeilensummen
2	Gesamtsummen
3	Übergeordnete Spalte Gesamtsumme
4	Übergeordnete Zeile gesamt

Vertriebsergebnisse auswerten

Vertreter	Produktgruppe	Region	2024
Hansen	Waschmaschinen	Ost	120.000
Hansen	Kühlaggregate	Ost	160.000
Gernot	Waschmaschinen	Ost	180.000
Gernot	Kühlaggregate	Ost	150.000
Schlier	Waschmaschinen	West	120.000
Schlier	Kühlaggregate	West	170.000
Gundar	Waschmaschinen	West	140.000
Gundar	Kühlaggregate	West	130.000
Seiffert	Waschmaschinen	Nord	120.000
Seiffert	Kühlaggregate	Nord	140.000
Adam	Waschmaschinen	Nord	140.000
Adam	Kühlaggregate	Nord	130.000
Karit	Waschmaschinen	Süd	120.000
Karit	Kühlaggregate	Süd	160.000
Lemgo	Waschmaschinen	Süd	120.000
Lemgo	Kühlaggregate	Süd	150.000

=PIVOTMIT(Vertriebsergebnis[Produktgruppe];Vertriebsergebnis[Region];Vertriebsergebnis[2024];SUMME)

	Nord	Ost	Süd	West	Gesamt
Kühlaggregate	270000	310000	310000	300000	1190000
Waschmaschinen	260000	300000	240000	260000	1060000
Gesamt	530000	610000	550000	560000	2250000

=PIVOTMIT(Vertriebsergebnis[Produktgruppe];Vertriebsergebnis[Region];Vertriebsergebnis[2024];SUMME;;-1;-1)

	Nord	Ost	Süd	West	Gesamt
Gesamt	530000	610000	550000	560000	2250000
Waschmaschinen	260000	300000	240000	260000	1060000
Kühlaggregate	270000	310000	310000	300000	1190000

Abbildung 9.35 Auswertung einer Tabelle nach Feldern

RTD()

RTD()

Syntax: `RTD(`**`ProgID`**`; `**`Server`**`; `**`Topic1`**`; Topic2; …)`

Beispiel: `=RTD("MeinProgramm.ProgID"; "MeinServer"; "Preis")`

Ergebnis: Daten aus dem angegebenen Programm

Die Funktion `RTD()` – die Abkürzung kommt von *Real Time Data* – empfängt Echtzeitdaten eines registrierten Add-Ins, das die COM-Automatisierung unterstützt. Benötigt wird dazu ein RTD-Server, der die Daten fortlaufend liefert. Das Ergebnis der Funktion wird immer dann aktualisiert, wenn neue Daten vom Server kommen. `ProgID` ist eine Programmkennung des auf dem lokalen System installierten RTD-Servers.

`Server` ist der Name des Servers, auf dem der RTD-Server ausgeführt wird. Er kann weggelassen werden, wenn der RTD-Server lokal betrieben wird. Mindestens das Argument `Topic1` muss noch angegeben werden. Es identifiziert die abgerufenen Daten. Seit Excel 2007 sind bis zu 253 Themen möglich, in den früheren Versionen 28.

! Ist der angegebene Server nicht verfügbar, liefert die Funktion den Fehler `#NAME!`.

SORTIEREN()

SORT()

Syntax: `SORTIEREN(`**`Matrix`**`; Sortierindex; Sortierreihenfolge; Nach_Spalte)`

Beispiel: `=SORTIEREN(A4:C12; 2; 1; 0)`

Ergebnis: siehe Abbildung 9.36

Die Funktion `SORTIEREN()` sortiert die Daten aus dem mit `Matrix` angegebenen Bereich oder der Matrix. `Sortierindex` gibt die Nummer der Zeile oder Spalte an, nach der sortiert werden soll. Das Argument `Nach_Spalte` ist ein Wahrheitswert. `WAHR` sorgt für eine spaltenweise Sortierung, `FALSCH` für eine zeilenweise.

Das Sortierergebnis wird in einer dynamischen Matrix ausgegeben, die ab der Zelle beginnt, die die Formel enthält. Der Bereich muss leer sein, sonst erscheint der Fehlerwert `#ÜBERLAUF!`.

	A	B	C	D	E	F	G	H	I	J	K
1											
2	**Daten sortieren**										
3											
4	Name	Farbe	Jahrgang		Name	Farbe	Jahrgang		Name	Farbe	Jahrgang
5	Ortenau	rot	2022		Ortenau	rot	2022		Ortenau	rot	2022
6	Müller-Thurgau	weiß	2022		Médoc	rot	2023		Médoc	rot	2023
7	Riesling	weiß	2024		Beaujolais	rot	2023		Beaujolais	rot	2023
8	Oppenheimer	weiß	2024		Müller-Thurgau	weiß	2022		Müller-Thurgau	weiß	2022
9	Silvaner	weiß	2024		Riesling	weiß	2024		Sauternes	weiß	2022
10	Médoc	rot	2023		Oppenheimer	weiß	2024		Riesling	weiß	2024
11	Bordeaux	weiß	2024		Silvaner	weiß	2024		Oppenheimer	weiß	2024
12	Sauternes	weiß	2022		Bordeaux	weiß	2024		Silvaner	weiß	2024
13	Beaujolais	rot	2023		Sauternes	weiß	2022		Bordeaux	weiß	2024
14					**=SORTIEREN(A5:C13;2;1;0)**				**=SORTIERENNACH(E5:G13;F5:F13;1;G5:G13;1)**		

Abbildung 9.36 Sortieren mithilfe dynamischer Matrizen

SORTIERENNACH()

SORTBY()

Syntax:	SORTIERENNACH(**Matrix; Nach_Matrix1**; Sortierreihenfolge1; Nach_Matrix2; Sortierreihenfolge2;…)
Beispiel:	=SORTIERENNACH(E5:G13;F5:F13;1;G5:G13;1)
Ergebnis:	siehe Abbildung 9.36

Die Funktion SORTIERENNACH() erlaubt die Sortierung von Daten aus dem mit Matrix angegebenen Bereich anhand von Schlüsseln, die mit den Argumenten Nach_Matrix1, Nach_Matrix2 ... angegeben werden, wobei für jeden Schlüssel mit Sortierreihenfolge(n) eigene Reihenfolgen angegeben werden können.

Die sortierten Daten werden in einer dynamischen Matrix ab der Zelle, die die Formel enthält, abgelegt. Dieser Bereich muss leer sein, sonst liefert die Formel den Fehlerwert #ÜBERLAUF!.

SPALTE()

COLUMN()

Syntax:	SPALTE(**Bezug**)
Beispiel:	=SPALTE(C2)
Ergebnis:	2

Die Funktion SPALTE() liefert die Spaltennummer des mit Bezug angegebenen Bereichs. Reicht die Bereichsadresse über mehrere Spalten, wird die Nummer der ersten Spalte ausgegeben. Wird Bezug nicht angegeben, ist das Ergebnis die Spaltennummer der Zelle, in der die Funktion steht.

Wird die Funktion als horizontale Matrix für einen Zellbereich eingegeben, dann werden die entsprechenden Spaltennummern in dem markierten Bereich ausgegeben. Wenn also in dem Beispiel in Abbildung 9.37 die Zelle A5 markiert und die Formel =SPALTE() mit [↵] bestätigt wird, erscheinen die Spaltennummern in allen Zellen des Bereichs.

! Wird wie in B9 ein Zellbereich angegeben, der größer ist als der markierte Bereich, werden die überzähligen Werte ignoriert. Umgekehrt werden die Fehlerwerte #NV für markierte Zellen ausgegeben, wenn der angegebene Bereich weniger Spalten enthält.

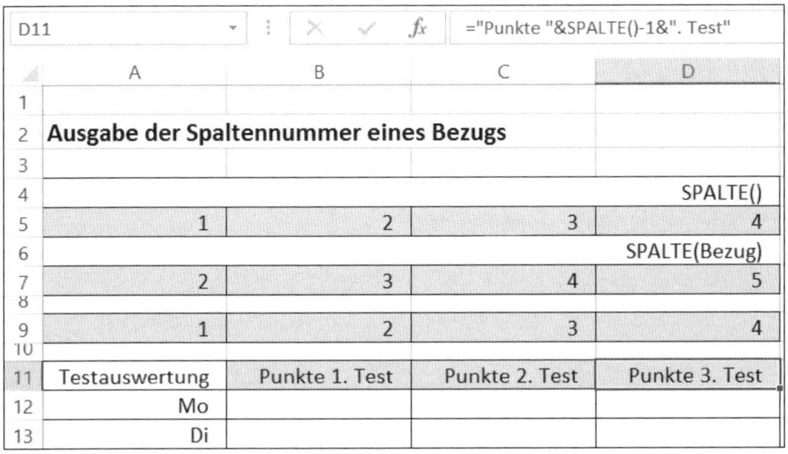

Abbildung 9.37 Abfrage der Spaltennummer

Eine der vielen Anwendungsmöglichkeiten der Funktion ist die Erzeugung von nummerierten Spaltenbeschriftungen. Zwar kann hier schon vieles mithilfe der Reihenbildung mit dem Ausfüllkästchen erreicht werden, aber dabei muss die fortlaufende Zahl immer am Anfang oder Ende der Zeichenfolge stehen.

Mit einer Formel wie

```
="Punkte " & SPALTE()-1 & ". Test"
```

kann leicht eine Kombination aus Text und Spaltennummer erzeugt werden, wie in der Zeile 11 der Abbildung zu sehen ist.

Die Funktion kann auch für bedingte Formate genutzt werden. Soll jede zweite Spalte in einem Bereich einen anderen Hintergrund erhalten, hilft ein bedingtes Format mit der Formel

```
=ISTGERADE(SPALTE())
```

wie in Zeile 5 der Abbildung 9.37.

SPALTEN()

COLUMNS()

Syntax: `SPALTEN(`**`Matrix`**`)`

Beispiel: `=SPALTEN({1.2.3;4.5.6})`

Ergebnis: 3

Die Funktion SPALTEN() liefert die Anzahl der Spalten eines Bereichs oder einer Matrix. Das Argument Matrix kann eine Bereichsadresse oder eine Matrixkonstante enthalten. Die Matrixkonstante muss in geschweiften Klammern eingeschlossen sein. Punkte trennen die Spaltenwerte, Semikola die Zeilen.

Ist Matrix ein ungültiger Bezug, liefert die Funktion den Fehler #NAME!.

E5 =SPALTEN(A5:C7)

	A	B	C	D	E
1					
2	**Anzahl Spalten in einer Matrix**				
3					
4			Matrix		SPALTEN()
5	2	4	7		3
6	8	6	3		
7	6	7	8		

Abbildung 9.38 Abfrage der Spaltenanzahl einer Matrix

9.8.8 Kombination mit der Funktion INDEX()

Effektive Lösungen erlaubt die Funktion SPALTEN() in Kombination mit der Funktion INDEX(). Die Formel

```
=INDEX(Testbereich; 1; SPALTEN(Testbereich))
```

liefert beispielsweise den ersten Wert in der letzten Spalte eines mit dem Namen Testbereich belegten Bereichs.

```
=INDEX(Testbereich; ZEILEN(Testbereich); SPALTEN(Testbereich))
```

ergibt den letzten Wert in dem benannten Bereich überhaupt.

	A	B	C	D
1				
2	**Die Spaltenanzahl als Argument für INDEX()**			
3				
4	**Testauswertung**	**Punkte 1. Test**	**Punkte 2. Test**	**Punkte 3. Test**
5	Mo	10,99	10,38	10,33
6	Di	10,39	10,88	10,64
7	Mi	10,23	10,75	10,48
8				
9		=INDEX(Testbereich;1;SPALTEN(Testbereich))		10,33
10		=INDEX(Testbereich;2;SPALTEN(Testbereich))		10,64
11	=INDEX(Testbereich;ZEILEN(Testbereich);SPALTEN(Testbereich))			10,48

Abbildung 9.39 SPALTEN() als Argument der Funktion INDEX()

SPALTENUMBRUCH()

WRAPCOLS()

Syntax:	`SPALTENUMBRUCH(`**`Vektor`**`; `**`Wrap_count`**`; Pad_with)`
Beispiel:	`=SPALTENUMBRUCH(A4:A9;4;"fehlt")`
Ergebnis:	siehe Abbildung 9.40

Die Funktion `SPALTENUMBRUCH()` verteilt die Werte eines Vektors auf Spalten. `Wrap_count` gibt die maximale Anzahl von Werten pro Spalte an. Mit `Pad_with` kann angegeben werden, was anstelle von `#NV` angezeigt werden soll, wenn in der Spalte Stellen frei bleiben. Das Ergebnis der Funktion ist eine dynamische Matrix.

Der Fehler `#WERT!` erscheint, wenn der Vektor keine eindimensionale Matrix ist, `#ZAHL!` erscheint, wenn `Wrap_count` kleiner 1 ist.

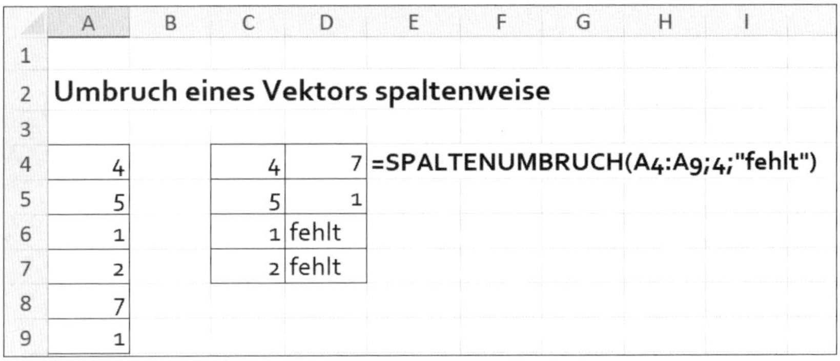

Abbildung 9.40 Einen Vektor auf Spalten verteilen

SPALTENWAHL()

CHOOSECOLS()

Syntax:	`SPALTENWAHL(`**`Array`**`; `**`Row_num1`**`; Row_num2; …)`
Beispiel:	`=SPALTENWAHL(A4:B6;2)`
Ergebnis:	siehe Abbildung 9.41

Die Funktion `SPALTENWAHL()`liefert einzelne Spalten aus einer Matrix oder einem Bereich. Das Ergebnis der Funktion ist eine dynamische Matrix. Die `Row_num(n)`-Argumente geben (entgegen der Bezeichnung) die Nummern der Spalten an, die übernommen werden sollen. Eine ungültige Spaltennummer führt zu dem Fehler `#WERT!`.

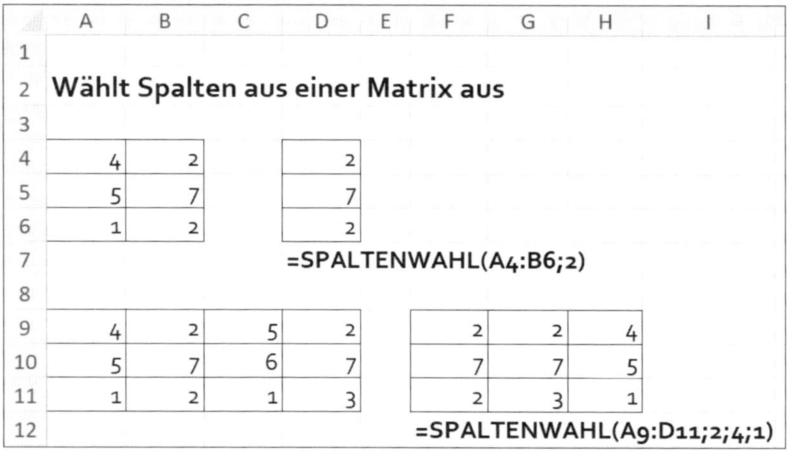

Abbildung 9.41 Einzelne Spalten aus einer Matrix übernehmen

SVERWEIS()

VLOOKUP()

Syntax:	`SVERWEIS(`**`Suchkriterium; Matrix; Spaltenindex`**`; Bereich_Verweis)`
Beispiel:	`=SVERWEIS(12; {1.2.3.4.5;12.13.14.15.16}; 3)`
Ergebnis:	siehe Abbildung 9.42

Die Funktion `SVERWEIS()` ermittelt ausgehend von einer Zelle in der ersten Spalte eines Zellbereichs oder einer Matrix den Inhalt der Zelle in derselben Zeile einer anderen Spalte. Hierbei durchsucht die Funktion die erste Spalte eines mit `Matrix` angegebenen Bereichs oder einer Matrixkonstanten nach dem mit `Suchkriterium` angegebenen Wert. Dabei wird die Groß- und Kleinschreibung ignoriert, wenn es sich um Zeichenfolgen handelt. Falls der angegebene Wert nicht gefunden werden kann, benutzt die Funktion denächstkleineren Wert in der Spalte.

Von der gefundenen Position in dieser ersten Spalte aus wird innerhalb derselben Zeile die mit `Spaltenindex` angegebene Spalte aufgesucht (1 für die erste Spalte, also die Spalte, in der der gesuchte Wert steht, 2 für die zweite).

! Ist der mit `Suchkriterium` angegebene Wert kleiner als der kleinste Wert in der betreffenden Spalte, erscheint der Fehler `#NV`. Wird für `Spaltenindex` eine Zahl < 1 angegeben, erscheint der Fehler `#WERT!`. Ist die Zahl größer als die Spaltenbreite der Matrix, liefert die Funktion den Fehlerwert `#BEZUG`.

Das Argument `Bereich_Verweis` ist ein Wahrheitswert. `WAHR` bedeutet, dass eine genaue oder ungefähre Entsprechung mit `Suchkriterium` akzeptiert wird. Das ist die Vorgabe. Damit dies brauchbare Ergebnisse liefert, sollten die Werte in der Tabelle nach der ersten Spalte in aufsteigender Ordnung sortiert sein. Wollen Sie nur eine exakte Übereinstimmung mit dem Suchkriterium akzeptieren, muss der Wert `FALSCH` gesetzt werden. In diesem Fall ist es nicht nötig, dass die erste Spalte sortiert ist.

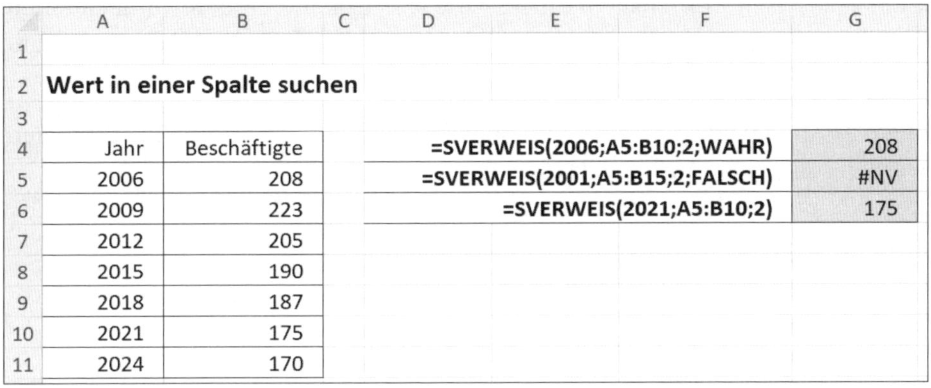

	A	B	C	D	E	F	G
1							
2	**Wert in einer Spalte suchen**						
3							
4	Jahr	Beschäftigte			**=SVERWEIS(2006;A5:B10;2;WAHR)**		208
5	2006	208			**=SVERWEIS(2001;A5:B15;2;FALSCH)**		#NV
6	2009	223			**=SVERWEIS(2021;A5:B10;2)**		175
7	2012	205					
8	2015	190					
9	2018	187					
10	2021	175					
11	2024	170					

Abbildung 9.42 Werte aus einer Spalte auslesen

Weitere Beispiele finden Sie in Abschnitt 9.2, »Arbeiten mit Verweisfunktionen«.

ÜBERNEHMEN()

TAKE()

Syntax:	`ÜBERNEHMEN(`**`Matrix`**`; `**`Zeilen`**`; Spalten)`
Beispiel:	siehe Abbildung 9.43

Die Funktion `ÜBERNEHMEN()` liefert die angegebene Zahl von Zeilen oder Spalten vom Anfang oder bei negativen Werten vom Ende einer Matrix.

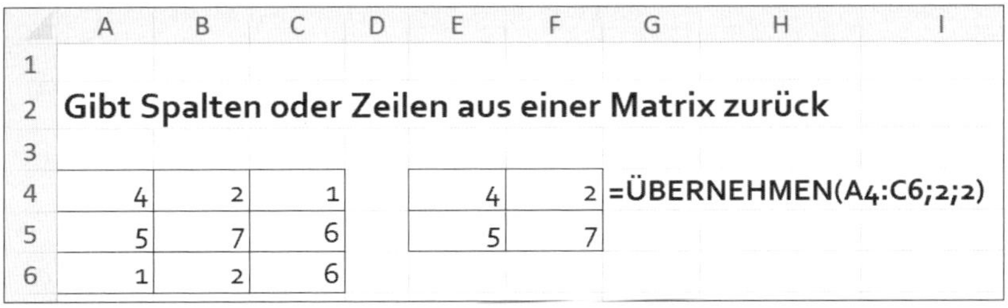

	A	B	C	D	E	F	G	H	I
1									
2	**Gibt Spalten oder Zeilen aus einer Matrix zurück**								
3									
4	4	2	1		4	2	**=ÜBERNEHMEN(A4:C6;2;2)**		
5	5	7	6		5	7			
6	1	2	6						

Abbildung 9.43 Teile aus einer Matrix übernehmen

VERGLEICH()

MATCH()

Syntax: `VERGLEICH(`**`Suchkriterium; Suchmatrix`**`; Vergleichstyp)`

Beispiel: siehe Abbildung 9.44

Die Funktion `VERGLEICH()` durchsucht eine `Suchmatrix` bzw. einen Bereich nach einem `Suchkriterium` und gibt die relative Position aus. Bei Zeichenfolgen wird die Groß- und Kleinschreibung ignoriert.

Das optionale Argument `Vergleichstyp` gibt an, auf welche Art nach dem Suchkriterium gesucht werden soll (siehe Tabelle 9.1).

Typ	Suchart
1	Ist der voreingestellte Wert, mit dem die Funktion arbeitet, wenn kein Wert angegeben wird. Die Suchmatrix muss in steigender Folge sortiert sein. Wird kein passender Wert gefunden, wird der nächstkleinere gewählt.
-1	Die Matrix muss in fallender Folge sortiert sein; wird kein passender Wert gefunden, wird der nächstgrößere gewählt.
0	Die Matrix muss nicht sortiert sein, die Position des ersten passenden Wertes wird ausgegeben.

Tabelle 9.1 Codes für das Argument `Vergleichstyp`

! Wird kein übereinstimmender Wert gefunden, wird der Fehlerwert `#NV` ausgegeben.

	A	B	C	D	E	F	G	H
1								
2	**Position eines Werts in einem Bereich**							
3								
4	Jahr	Beschäftigte		Jahr	Beschäftigte		5	**=VERGLEICH(203;B5:B15;-1)**
5	2014	223		2024	175		5	**=VERGLEICH(205;B5:B15;0)**
6	2015	222		2023	179			
7	2016	210		2022	187		6	**=VERGLEICH(207;E5:E15;1)**
8	2017	208		2021	190			
9	2018	205		2020	201		2	**=VERGLEICH(2015;A5:A15)**
10	2019	201		2019	205			
11	2020	215		2018	208			
12	2021	190		2017	215			
13	2022	187		2016	222			
14	2023	179		2015	223			
15	2024	175		2014	230			

Abbildung 9.44 Suchen nach Übereinstimmungen

9.8.9 Monatsnamen oder Wochentage ausgeben

Ein beliebtes Beispiel für eine Anwendung der Funktion `WAHL()` ist die Erzeugung der Monatsnamen oder der Tagesnamen aus gegebenen Datumswerten in einer Tabelle. Allerdings lässt sich die etwas umständliche Vorgehensweise häufig vermeiden, indem mit benutzerdefinierten Datumsformaten gearbeitet wird, die aus dem Datum nur diese Namen herausziehen, etwa `MMMM` oder `MMM` bzw. `TTTT` oder `TTT`.

Abbildung 9.45 zeigt zwei Spalten, in denen mit der Funktion `WAHL()` aus dem Datum in der Spalte A die abgekürzten Monats- oder Tagesnamen abgeleitet werden. Die erste Formel in Spalte D arbeitet mit der Funktion `MONAT()`, um den Wert für `Index` zu gewinnen:

```
=WAHL(MONAT(A5); "Jan"; "Feb"; "Mrz"; "Apr"; "Mai";
"Jun"; "Jul"; "Aug"; "Sep"; "Okt"; "Nov"; "Dez")
```

Die zweite Formel in Spalte F benutzt die Funktion `WOCHENTAG()`, um den Wert für `Index` zu finden:

```
=WAHL(WOCHENTAG(A5); "So"; "Mo"; "Di"; "Mi"; "Do"; "Fr"; "Sa")
```

Firmen, die das Geschäftsjahr nicht am 1. Januar beginnen lassen, können die Funktion benutzen, um den jeweiligen Monat des abweichenden Geschäftsjahres auszugeben. Wenn das Geschäftsjahr beispielsweise immer am 1. April beginnt, gibt die folgende Formel immer die Monatszahl für den aktuellen Monat an:

```
=WAHL(MONAT(HEUTE()); 10; 11; 12; 1; 2; 3; 4; 5; 6; 7; 8; 9)
```

	A	B	C	D	E	F
1						
2	**Monats- oder Tagesnamen mit der Funktion WAHL()**					
3						
4	**Datum**	**MMMM**	**TTTT**	**WAHL()**	**WOCHENTAG()**	**WAHL()**
5	01. Jan	Januar	Dienstag	Jan	3	Di
6	01. Feb	Februar	Freitag	Feb	6	Fr
7	01. Mrz	März	Freitag	Mrz	6	Fr
8	01. Apr	April	Montag	Apr	2	Mo
9	01. Mai	Mai	Mittwoch	Mai	4	Mi
10	01. Jun	Juni	Samstag	Jun	7	Sa
11	01. Jul	Juli	Montag	Jul	2	Mo
12	01. Aug	August	Donnerstag	Aug	5	Do
13	01. Sep	September	Sonntag	Sep	1	So
14	01. Okt	Oktober	Dienstag	Okt	3	Di
15	01. Nov	November	Freitag	Nov	6	Fr
16	01. Dez	Dezember	Sonntag	Dez	1	So

Abbildung 9.45 Beispiel für die Funktion `WAHL()` bei Datumswerten

9.8.10 Bereichsbezüge, wahlweise

Wenn Sie eine Werteliste aus Bereichsadressen oder Bereichsnamen zusammenstellen, liefert die isolierte Funktion `WAHL()` den Fehler `#WERT!`, die Funktion kann also mit den Werten in den Bereichen selbst nichts anfangen. Eine Werteliste mit Bereichsbezügen lässt sich aber verwenden, um einer übergeordneten Funktion Bereichsargumente in Abhängigkeit von dem mit `Index` angegebenen Wert zu übergeben.

Bereiche über einen Index auswählen

Kunde	2019	2020	2021	2022	2023	2024
Hansen	412	656	345	487	607	464
Borbeck	739	338	298	662	595	676
Look	441	230	425	404	523	692
Tessen	246	636	644	556	536	430
Vonderbank	496	377	443	688	528	738

Summe für welches Jahr? 2022 2797

2019
2020
2021
2022
2023
2024

Abbildung 9.46 Beispiel für die Bereichsauswahl für eine Summe

In Abbildung 9.46 sind Verkaufszahlen pro Kunde für mehrere Jahre gelistet. Diese Jahreszahlen werden in Zelle C11 über eine entsprechende Gültigkeitsregel zur Auswahl angeboten. Die Formel in D11 kann dann lauten:

```
=SUMME(WAHL(C11-MIN(B4:G4)+1; B5:B9; C5:C9; D5:D9;
E5:E9; F5:F9; G5:G9))
```

Siehe auch Abschnitt 9.5, »Einsatz der Funktion WAHL()«.

VSTAPELN ()

VSTACK()

Syntax:	`VSTAPELN(`**`Array1`**`; Array2; ...)`
Beispiel:	`=VSTAPELN(A4:B6;D4:E6)`
Ergebnis:	siehe Abbildung 9.47

Die Funktion `VSTAPELN()` stapelt Matrizen vertikal in einer Matrix. Das Ergebnis der Funktion ist eine dynamische Matrix. Maximal sind bis zu 254 Matrizen erlaubt. Reichen die Werte nicht aus, um alle Spalten komplett zu füllen, wird jeweils der Fehlerwert `#NV` eingefügt.

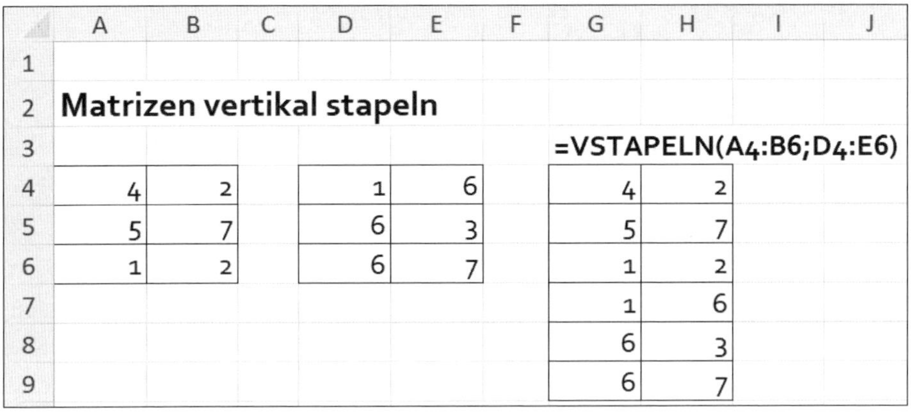

Abbildung 9.47 Matrizen übereinander zusammenfügen

WEGLASSEN ()

DROP()

Syntax: `WEGLASSEN(`**`Matrix`**`; `**`Zeilen`**`; Spalten)`

Beispiel: `=WEGLASSEN(A4:C6;-1;1)`

Ergebnis: siehe Abbildung 9.48

Die Funktion `WEGLASSEN()` löscht Zeilen oder Spalten vom Anfang oder bei negativen Werten vom Ende einer Matrix. Das Ergebnis der Funktion ist eine dynamische Matrix.

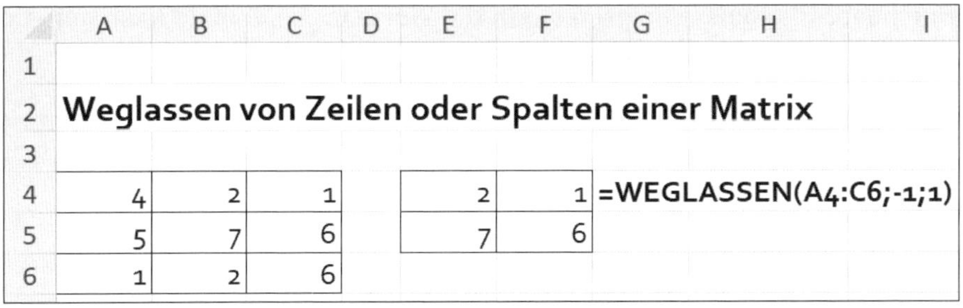

Abbildung 9.48 Eine Matrix nur teilweise übernehmen

WVERWEIS()

HLOOKUP()

Syntax: =WVERWEIS(**Suchkriterium; Matrix; Zeilenindex**; Bereich_Verweis)

Beispiel: =WVERWEIS(4; {1.2.3.4.5;12.13.14.15.16}; 2)

Ergebnis: 14

Die Funktion WVERWEIS() entspricht exakt der Funktion SVERWEIS(); lediglich Zeilen und Spalten sind vertauscht. Die Funktion ermittelt ausgehend von einer Zelle in der ersten Zeile eines Zellbereichs oder einer Matrix den Inhalt der Zelle in derselben Spalte einer anderen Zeile.

Hierbei durchsucht die Funktion die erste Zeile eines mit Matrix angegebenen Bereichs oder einer Matrixkonstanten nach dem mit Suchkriterium angegebenen Wert. Dabei wird die Groß- und Kleinschreibung ignoriert, wenn es sich um Zeichenfolgen handelt. Falls der angegebene Wert nicht gefunden werden kann, benutzt die Funktion den nächstkleineren Wert in der Spalte.

Von der gefundenen Position in dieser ersten Zeile aus wird innerhalb derselben Spalte die mit Zeilenindex angegebene Zeile aufgesucht (1 für die erste Zeile, also die Spalte, in der der gesuchte Wert steht, 2 für die zweite).

Ist der mit Suchkriterium angegebene Wert kleiner als der kleinste Wert in der betreffenden Zeile, erscheint der Fehler #NV. Wird für Zeilenindex eine Zahl < 1 angegeben, erscheint der Fehler #WERT!. Ist die Zahl größer als die Zeilenbreite der Matrix, liefert die Funktion den Fehlerwert #BEZUG. Wird für Zeilenindex eine Zahl größer als die Zeilenanzahl der Matrix angegeben, liefert die Funktion den Fehlerwert #BEZUG.

Das Argument Bereich_Verweis ist ein Wahrheitswert. WAHR bedeutet, dass eine genaue oder ungefähre Entsprechung mit Suchkriterium akzeptiert wird. Das ist die Vorgabe. Damit dies brauchbare Ergebnisse liefert, sollten die Werte in der Tabelle nach der ersten Zeile in aufsteigender Ordnung sortiert sein.

Wollen Sie nur eine exakte Übereinstimmung mit dem Suchkriterium akzeptieren, muss der Wert FALSCH gesetzt werden. In diesem Fall ist es nicht nötig, dass die erste Zeile sortiert ist.

Siehe auch Abschnitt 9.2, »Arbeiten mit Verweisfunktionen«.

XVERGLEICH()

XMATCH()

Syntax:	XVERGLEICH(**Suchkriterium; Suchmatrix**; Vergleichsmodus;_Suchmodus)
Beispiel:	=XVERGLEICH(D4; B4:B12; 1; 1)
Ergebnis:	siehe Abbildung 9.49

Die Funktion XVERGLEICH() durchsucht eine Suchmatrix bzw. einen Bereich nach einem Suchkriterium und gibt die relative Position aus. Bei Zeichenfolgen wird die Groß- und Kleinschreibung ignoriert.

Das optionale Argument Vergleichsmodus gibt an, auf welche Art nach dem Suchkriterium gesucht werden soll.

Typ	Suchart
0	Ist der voreingestellte Wert, mit dem die Funktion arbeitet, wenn kein Wert angegeben wird. Die Funktion verlangt eine exakte Übereinstimmung.
-1	exakte Übereinstimmung oder das nächstkleinere Element
1	exakte Übereinstimmung oder das nächstgrößere Element
2	Platzhalterübereinstimmung

Tabelle 9.2 Codes für das Argument Vergleichstyp

Das optionale Argument Suchmodus gibt an, auf welche Art gesucht werden soll.

Typ	Suchart
1	Ist der voreingestellte Wert. Die Suche führt vom ersten zum letzten Element.
-1	Die Suche führt vom letzten zum ersten Element.
2	Binärsuche, die eine aufsteigende Reihenfolge der Suchmatrix voraussetzt
-2	Binärsuche, die eine absteigende Reihenfolge der Suchmatrix voraussetzt

Tabelle 9.3 Codes für das Argument Suchmodus

	A	B	C	D	E	F
1	**Beispiele für Vergleiche**					
2						
3	Name	100 m in Sekunden		Zeit	Position	
4	Bill	11,11		12,44	6	
5	Mehmet	11,56		**=XVERGLEICH(D4;B4:B12;1;1)**		
6	Paul	11,77				
7	Alfred	12,09				
8	Karl	12,14				
9	Jonas	12,52				
10	Gerd	12,59				
11	Simon	12,81				
12	Hans	12,84				

Abbildung 9.49 Ermitteln der Position eines Ergebnisses

Wird kein übereinstimmender Wert gefunden, gibt die Funktion den Fehlerwert `#NV` aus.

XVERWEIS()

XLOOKUP()

Syntax: `XVERWEIS(`**`Suchkriterium; Suchmatrix; Rückgabematrix;`** `Wenn_nicht_gefunden; Vergleichsmodus; Suchmodus)`

Beispiel: `=XVERWEIS(E4;$B$4:$B$11;$C$4:$C$11)`

Ergebnis: siehe Abbildung 9.50

Die Funktion `XVERWEIS()` durchsucht in dem mit `Suchmatrix` angegebenen Bereich nach dem mit `Suchkriterium` angegebenen Wert. Dabei wird die Groß- und Kleinschreibung ignoriert, wenn es sich um Zeichenfolgen handelt. Von der gefundenen Position in der `Suchmatrix` aus wird innerhalb derselben Zeile die mit `Rückgabematrix` angegebene Spalte aufgesucht; der dort gefundene Wert liefert das Ergebnis der Funktion.

Ist der mit `Suchkriterium` angegebene Wert kleiner als der kleinste Wert in der Suchmatrix, erscheint der Fehler `#NV`.

Mit `Wenn_nicht_gefunden` kann angegeben werden, was die Funktion anzeigt, wenn der gesuchte Wert nicht gefunden wird.

Das Argument `Vergleichsmodus` kann die folgenden Werte aus Tabelle 9.4 annehmen.

Typ	Suchart
0	Genaue Übereinstimmung; wird keine gefunden, erscheint der Fehlerwert #NV (Vorgabe).
-1	genaue Übereinstimmung oder das nächstkleinere Element
1	genaue Übereinstimmung oder das nächstgrößere Element
2	Platzhalterübereinstimmung

Tabelle 9.4 Die verschiedenen Sucharten

Das Argument `Suchmodus` bestimmt die Vorgehensweise bei der Suche.

Typ	Suchmodus
1	Die Suche beginnt beim ersten Element (Vorgabe).
-1	Die Suche beginnt beim letzten Element.
2	binäre Suche, die voraussetzt, dass die Suchmatrix in aufsteigender Reihenfolge sortiert ist
-2	binäre Suche, die voraussetzt, dass die Suchmatrix in absteigender Reihenfolge sortiert ist

Tabelle 9.5 Die verschiedenen Suchmodi

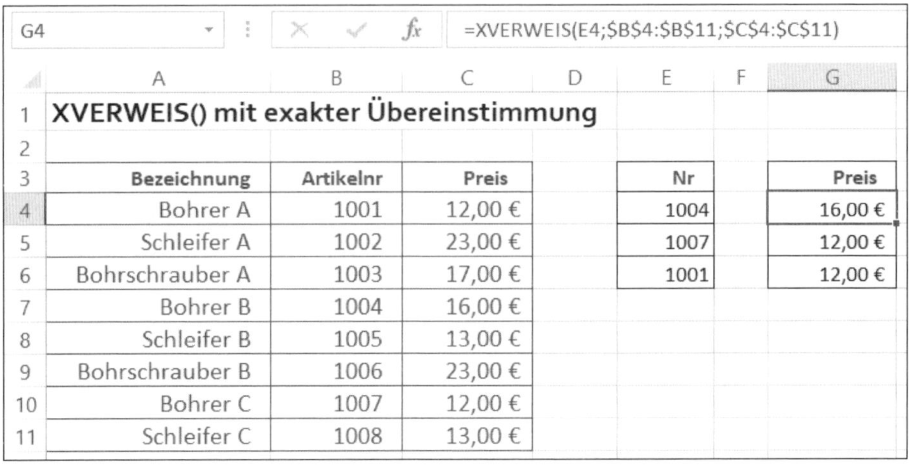
G4 =XVERWEIS(E4;$B$4:$B$11;$C$4:$C$11)

	A	B	C	D	E	F	G
1	XVERWEIS() mit exakter Übereinstimmung						
2							
3	Bezeichnung	Artikelnr	Preis		Nr		Preis
4	Bohrer A	1001	12,00 €		1004		16,00 €
5	Schleifer A	1002	23,00 €		1007		12,00 €
6	Bohrschrauber A	1003	17,00 €		1001		12,00 €
7	Bohrer B	1004	16,00 €				
8	Schleifer B	1005	13,00 €				
9	Bohrschrauber B	1006	23,00 €				
10	Bohrer C	1007	12,00 €				
11	Schleifer C	1008	13,00 €				

Abbildung 9.50 Beispiel für `XVERWEIS()`

ZEILE()

ROW()

Syntax:	`ZEILE(`**`Bezug`**`)`
Beispiel:	`=ZEILE(B105)`
Ergebnis:	105

Die Funktion `ZEILE()` liefert die Zeilennummer des unter `Bezug` angegebenen Bereichs. Reicht die Bereichsadresse über mehrere Zeilen, wird die Nummer der ersten Zeile ausgegeben. Wird für `Bezug` keine Angabe gemacht, wird als Ergebnis die Zeilennummer der Zelle ausgegeben, in der die Funktion steht.

Wird die Funktion als vertikale Matrix für einen vorher markierten Zellbereich eingegeben, dann werden die entsprechenden Zeilennummern in dem markierten Bereich ausgegeben. Wenn also in dem Beispiel in Abbildung 9.51 A5 markiert und die Formel `{=ZEILE()}` mit [↵] bestätigt wird, erscheinen die Zeilennummern in allen Zellen des Bereichs.

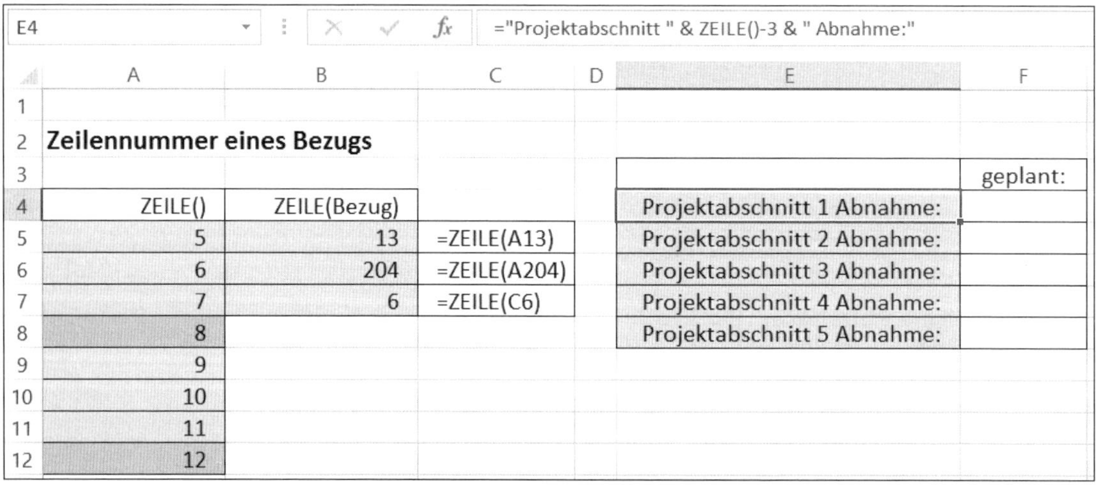

Abbildung 9.51 Abfrage der Zeilennummer

! Wird bei einer Matrixformel ein Zellbereich angegeben, der größer ist als der markierte Bereich, werden die überzähligen Werte ignoriert. Umgekehrt werden die Fehlerwerte `#NV` für markierte Zellen ausgegeben, wenn der angegebene Bereich weniger Zeilen enthält. Ungültige Bezüge ergeben den Fehler `#NAME!`.

Eine typische Anwendungsmöglichkeit ist die Generierung von nummerierten Zeilenbeschriftungen. Zwar kann hier vieles mithilfe der Reihenbildung mit dem Ausfüllkästchen erreicht werden, aber dabei muss die fortlaufende Zahl immer am Anfang oder Ende der Zeichenfolge stehen. Mit einer Formel wie

```
="Projektabschnitt " & ZEILE()-3 & " Abnahme"
```

kann leicht eine Kombination aus Text und Zeilennummer erzeugt werden.

Die Funktion kann auch für bedingte Formate genutzt werden. Soll beispielsweise jede vierte Zeile in einem Bereich einen anderen Hintergrund erhalten, hilft ein bedingtes Format mit der Formel

```
=REST(ZEILE(); 4)=0
```

wie in Abbildung 9.51 zu sehen.

ZEILEN()

ROWS()

Syntax:	`ZEILEN(`**`Matrix`**`)`
Beispiel:	`=ZEILEN(Inhalt)`
Ergebnis:	4, wenn der Bereich »Inhalt« vierzeilig ist

Die Funktion `ZEILEN()` liefert die Anzahl der Zeilen eines Bereichs oder einer Matrix. Das Argument `Matrix` kann eine Bereichsadresse oder Matrixkonstante enthalten. Die Konstante muss in geschweiften Klammern eingeschlossen sein. Punkte trennen die Spaltenwerte, Semikola die Zeilen.

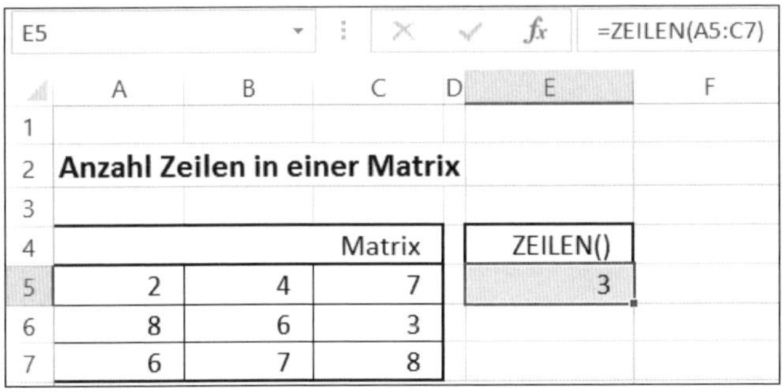

Abbildung 9.52 Ermitteln der Zeilenanzahl in einem Bereich oder einer Matrix

Effektive Lösungen erlaubt die Funktion in Kombination mit der Funktion `INDEX()`. Die Formel

```
=INDEX(Testbereich; ZEILEN(Testbereich); 1)
```

liefert beispielsweise den ersten Wert in der letzten Zeile eines mit dem Namen `Testbereich` belegten Bereichs.

! Ungültige Bezüge ergeben den Fehler `#WERT!`.

ZEILENUMBRUCH ()

WRAPROWS() ()

Syntax:	`ZEILENUMBRUCH(`**`Vektor`**`;` **`Wrap_count`**`; Pad_with)`
Beispiel:	`=ZEILENUMBRUCH(A4:F4;4)`
Ergebnis:	siehe Abbildung 9.53

Die Funktion `ZEILENUMBRUCH()` verteilt die Werte eines Vektors auf Zeilen. Das Ergebnis der Funktion ist eine dynamische Matrix. `Wrap_count` gibt die maximale Anzahl von Werten pro Zeile an. Mit `Pad_with` kann angegeben werden, was anstelle von `#NV` angezeigt werden soll, wenn in der Zeile Stellen frei bleiben.

Der Fehler `#WERT!` erscheint, wenn der Vektor keine eindimensionale Matrix ist, `#ZAHL!` erscheint, wenn `Wrap_count` kleiner 1 ist.

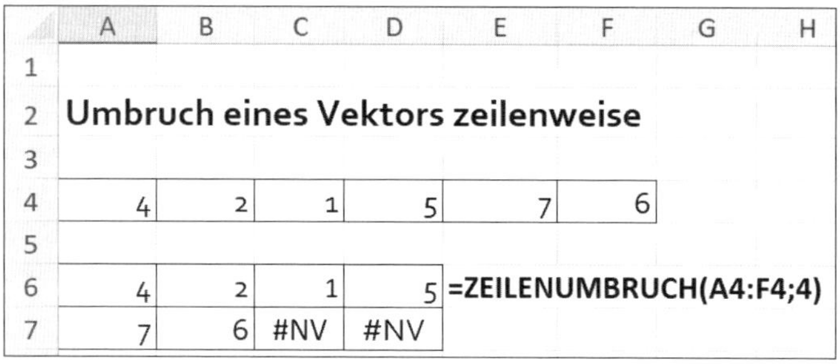

Abbildung 9.53 Einen Vektor auf Zeilen verteilen

ZEILENWAHL()

CHOOSEROWS()

Syntax:	`ZEILENWAHL(`**`Array`**`;` **`Row_num1`**`; Row_num2; …)`
Beispiel:	`=ZEILENWAHL(A8:C11;2;4)`
Ergebnis:	siehe Abbildung 9.54

Die Funktion ZEILENWAHL() liefert einzelne Zeilen aus einer Matrix oder einem Bereich. Das Ergebnis der Funktion ist eine dynamische Matrix. Die Row_num(n)-Argumente geben die Nummern der Zeilen an, die übernommen werden sollen. Eine ungültige Zeilennummer führt zu dem Fehler #WERT!.

	A	B	C	D	E	F	G	H
1								
2	Wählt Zeilen einer Matrix aus							
3								
4	4	2	1		5	7	6	
5	5	7	6		=ZEILENWAHL(A4:C5;2)			
6								
7								
8	4	2	1		5	7	6	
9	5	7	6		2	7	2	
10	7	2	3		=ZEILENWAHL(A8:C11;2;4)			
11	2	7	2					

Abbildung 9.54 Einzelne Zeilen aus einer Matrix übernehmen

ZUSPALTE()

TOCOL()

Syntax: ZUSPALTE(**Array**; Ignorieren; Scannen_nach_spalte)

Beispiel: =ZUSPALTE(A4:B6)

Ergebnis: siehe Abbildung 9.55

Die Funktion ZUSPALTE() liefert die Werte einer Matrix als Spalte. Das Ergebnis der Funktion ist eine dynamische Matrix. Das optionale Argument Ignorieren gibt an, ob bestimmte Typen von Werten ignoriert werden sollen:

0	Alle Werte beibehalten (Vorgabe)
1	Leerzeichen ignorieren
2	Fehler ignorieren
3	Leerzeichen und Fehler ignorieren

Das Argument Scannen_nach_spalte kann dafür sorgen, dass die Matrix spaltenweise gescannt wird, als Vorgabe wird zeilenweise gescannt. Das Scannen bestimmt, ob die Werte zeilenweise oder spaltenweise übernommen werden.

Excel gibt den Fehler `#WERT!` zurück, wenn eine Matrixkonstante eine oder mehrere nicht ganzzahlige Zahlen enthält. `#ZAHL!` erscheint, wenn eine Matrix die maximale Spaltenanzahl pro Blatt überschreitet.

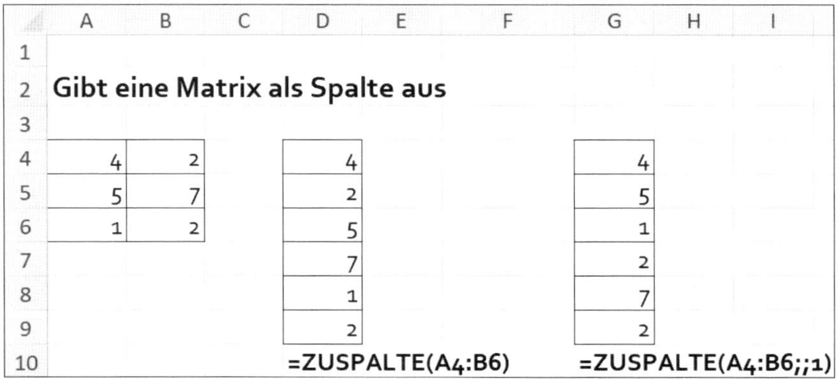

Abbildung 9.55 Die Daten einer Matrix in eine Spalte kopieren

ZUZEILE()

TOROW()

Syntax:	`ZUZEILE(`**`Array`**`; Ignorieren; Scannen_nach_spalte)`
Beispiel:	`=ZUZEILE(A4:B6)`
Ergebnis:	siehe Abbildung 9.56

Die Funktion `ZUZEILE()` liefert die Werte einer Matrix als Zeile. Das Ergebnis der Funktion ist eine dynamische Matrix. Das optionale Argument `Ignorieren` gibt an, ob bestimmte Typen von Werten ignoriert werden sollen:

4	Alle Werte beibehalten (Vorgabe)
5	Leerzeichen ignorieren
6	Fehler ignorieren
7	Leerzeichen und Fehler ignorieren

Das Argument `Scannen_nach_spalte` kann dafür sorgen, dass die Matrix spaltenweise gescannt wird; als Vorgabe wird zeilenweise gescannt. Das Scannen bestimmt, ob die Werte zeilenweise oder spaltenweise übernommen werden.

Excel gibt den Fehler #WERT! zurück, wenn eine Matrixkonstante eine oder mehrere nicht ganzzahlige Zahlen enthält. #ZAHL! erscheint, wenn eine Matrix die maximale Spaltenanzahl pro Blatt überschreitet.

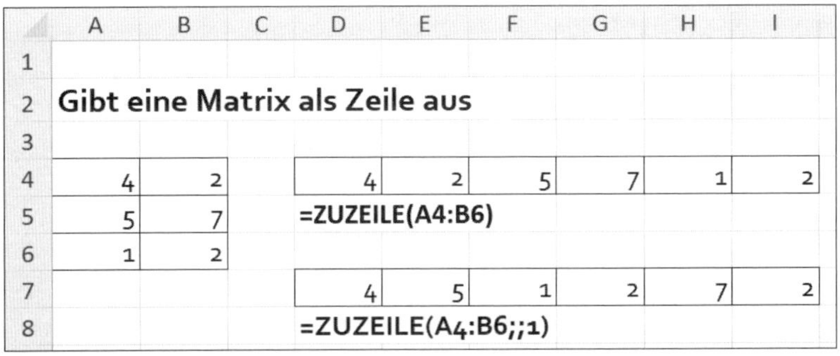

Abbildung 9.56 Die Daten einer Matrix in eine Zeile kopieren

10 Datenbankfunktionen

10.1 Einsatzbereiche für Datenbankfunktionen

Die Zusammenstellung von Daten in Form von tabellarischen Listen – Adresslisten, Artikellisten, Bestelllisten etc. – gehört zu den Standardaufgaben, die bei der Arbeit mit Excel anfallen. Um solche gleichmäßig strukturierten Tabellen anzulegen, zu pflegen und auszuwerten, stellt Excel leistungsfähige Verfahren zur Verfügung, die teilweise durchaus mit den Fähigkeiten spezieller Datenbankprogramme vergleichbar sind. Das gilt jedenfalls für relationale Datenbanken, die ihre Datenbestände in Form von Tabellen ordnen.

10.1.1 Datenbanken, Datenlisten und Tabellen

Excel kann solche Datenbanktabellen ohne Umstände aus externen Datenbanken in seine Tabellenblätter importieren, die ja eine solche tabellarische Struktur schon vorgeben. Genauso gut ist es möglich, im Tabellenblatt direkt solche Datenstrukturen aufzubauen. Die in diesem Kapitel beschriebenen Funktionen werden als Datenbankfunktionen bezeichnet, weil sie für solche Datenstrukturen spezielle Auswertungsmöglichkeiten anbieten, die den bei Datenbanken üblichen Abfragemethoden ähnlich sind.

Dabei spielt es keine Rolle, ob es sich um einfache Zellbereiche handelt, die so geordnet sind, dass sie einer relationalen Datentabelle entsprechen können, oder ob zusätzlich noch die speziellen Möglichkeiten genutzt werden, die Excel anbietet, wenn ein solcher

Zellbereich seit Excel 2007 mit **Start ▸ Formatvorlagen ▸ Als Tabelle formatieren** als Tabelle definiert oder in den älteren Versionen mit **Daten ▸ Liste ▸ Liste erstellen** als Datenliste bestimmt wird.

10.1.2 Tabellenstrukturen

Voraussetzung für die Anwendung der Datenbankfunktionen ist nur, dass ein paar Minimalbedingungen gewährleistet sind. Tabellen in diesem Sinne können immer dann eingesetzt werden, wenn Informationen sich gleichmäßig zeilenweise anordnen lassen. Die Zellen in einer Zeile enthalten dabei jeweils die Daten für eine bestimmte Einheit. Das kann eine Person oder Personengruppe, eine räumliche, zeitliche oder eine sachliche Einheit sein. Während z. B. eine Tabellenzeile einer solchen Tabelle verschiedene Informationen über eine bestimmte Person enthält, wird in eine Tabellenspalte jeweils dieselbe Art von Information zu den verschiedenen aufgeführten Personen eingetragen, etwa der Name.

Der Inhalt der Spalte wird durch Feldnamen in Form der Spaltenbeschriftungen in der ersten Zeile der Tabelle angezeigt. Welche Spaltennamen notwendig sind, hängt natürlich vom Gegenstand der Tabelle ab, insbesondere aber auch von den Fragen, die mithilfe der Tabelle zu beantworten sind. Die Einheit kann eine Person in einer bestimmten Eigenschaft sein, z. B. als Kunde oder Mitarbeiter. Sie kann eine Sache sein, wie ein Artikel oder ein Bausatz für ein Produkt, ein Vorgang wie eine Dienstleistung oder auch ein Tatbestand wie die Zuordnung von Personen zu verschiedenen Projekten.

	A	B	C	D	E	F	G
1							
2	**Lagerdaten**						
3							
4	**Artnr**	**Bezeichnung**	**Warengruppe**	**Material**	**Mindestbestand**	**Bestand**	**Umsatz_lfd_Jahr**
5	7777	Jalousie Ccxs	Jalousie	Kunststoff	500	600	23.801,00 €
6	7778	Jalousie Ccxx	Jalousie	Metall	500	500	57.600,80 €
7	8443	Jalousie VVx	Jalousie	Metall	500	700	40.000,00 €
8	7774	Jalousie Vvxx	Jalousie	Kunststoff	500	450	87.690,00 €
9	5667	Markise Luxor	Jalousie	Naturfaser	500	890	20.000,00 €
10	8666	Rollo Dark	Rollo	Kunststoff	300	340	7.000,00 €
11	5554	Rollo PCx	Rollo	Naturfaser	300	230	19.000,00 €
12	6666	Rollo Top	Rollo	Kunststoff	300	700	10.000,00 €
13	5222	Rollo XXs	Rollo	Kunststoff	300	400	6.000,00 €
14	7999	Sunset	Rollo	Naturfaser	300	500	24.000,00 €

Abbildung 10.1 Beispieltabelle, die mithilfe der Datenbankfunktionen ausgewertet werden soll

Für die folgenden Funktionsbeschreibungen soll eine einfache Lagertabelle verwendet werden, die neben den Daten, die die einzelnen Artikel beschreiben, noch die Informationen zum Bestand und zum Umsatz im laufenden Jahr enthält.

Die Reihenfolge der Spalten ist im Prinzip beliebig, aber es ist natürlich sinnvoll, Informationen, die sachlich zusammengehören, auch nebeneinander anzuordnen. Solange die Tabelle nur wenige Spalten enthält, ist das alles nicht weiter tragisch. Bei Tabellen mit zahlreichen Spalten aber ist es sinnvoll, in den ersten Spalten die Informationen unterzubringen, die die Sache oder die Person, um die es geht, eindeutig identifizieren.

10.1.3 Datentypen und Feldlängen

Niemand kann Sie daran hindern, ein bestimmtes Feld in der einen Zeile mit einer Zahl und in der nächsten mit einer Zeichenfolge zu füllen. Diese Freiheit kann aber auch Nachteile haben, z. B. bei einer späteren Sortierung, weil Excel Zahlen immer vor Zeichenfolgen einordnet. Wird also eine Artikelnummer einmal als Zahl und einmal als Zeichenfolge aus Zahlen eingegeben, gerät die Reihenfolge durcheinander. Zudem treten Probleme bei der Formulierung von Suchkriterien auf.

Für die einzelnen Felder stellt sich also die Frage, welcher Datentyp in der jeweiligen Spalte verwendet werden soll. Ist es ein numerischer Wert, ein Datums- oder Zeitwert, ein Wahrheitswert oder eine Zeichenfolge? Im Unterschied zu einem speziellen Datenbankprogramm wie Access findet bei der Dateneingabe in eine Excel-Tabelle zunächst keine Prüfung des Datentyps oder der Länge der Eingabe statt, es sei denn, Sie steuern die Dateneingabe über ein entsprechendes Makro oder verwenden Gültigkeitsregeln. Diese Funktion wurde in Abschnitt 1.19, »Verfahren der Fehlervermeidung«, ja bereits beschrieben. Sie bietet sehr schöne Möglichkeiten zur Kontrolle der korrekten Dateneingabe, sie muss aber nicht verwendet werden.

Die Spaltennamen sollten normalerweise eindeutig sein. Vermeiden Sie Kommata, Punkte, Leerzeichen, Bindestriche und Semikola. Verwenden Sie keine Namen, die wie Zellbezüge aussehen. Was die Länge der Spaltennamen betrifft, ist ein brauchbarer Kompromiss sinnvoll zwischen einem Namen, der sprechend ist, also genau erkennen lässt, worum es in der Spalte geht, und einem Namen, der möglichst kurz ist. Wenn der Name sehr lang ist, haben Sie nicht nur mehr Arbeit bei der Formulierung von Abfragekriterien, die Wahrscheinlichkeit von Tippfehlern wächst ebenfalls mit der Länge des Namens.

10.1.4 Gemeinsame Merkmale der Datenbankfunktionen

Neben den speziellen Programmfunktionen, die Excel für die Auswertung und Bearbeitung von Datenlisten und Tabellen zur Verfügung stellt, bietet das Programm seit Langem auch eine Anzahl von Funktionen, die in erster Linie der statistischen Auswertung von Datenbeständen dient. Dabei geht es um die Methoden der beschreibenden Statistik, die in Kapitel 7, »Statistische Funktionen«, bereits angesprochen sind.

Der wesentliche Unterschied zu den dort behandelten statistischen Funktionen ist dabei der, dass für die Auswertung bestimmte Kriterien definiert werden können, die die Daten einschränken, die in der Berechnung der Funktion berücksichtigt werden. Diese Kriterien werden außerhalb der Datentabelle in einem speziellen Bereich abgelegt, der als *Kriterienbereich* bezeichnet wird.

Alle Datenbankfunktionen verwenden drei Argumente:

1. Das erste – `Datenbank` – ist erforderlich und gibt den Zellbereich an, der die Tabelle oder Liste enthält. Es ist zu empfehlen, den entsprechenden Bereich vorher zu benennen, damit die Formeln auch bei einer Erweiterung weiterhin korrekt arbeiten. Wenn Sie mit benannten Tabellenbereichen arbeiten, können Sie auch mit den strukturierten Bezügen arbeiten, die in Abschnitt 1.16, »Einsatz von Formeln in Tabellen«, beschrieben worden sind.
2. Das zweite Argument – `Datenbankfeld` – ist ebenfalls erforderlich. Es gibt an, auf welches Feld die jeweilige Auswertung angewendet werden soll. Das Argument kann als Zellbezug auf den Feldnamen im Kriterienbereich angegeben werden, als Spaltenname in Anführungszeichen oder als Spaltennummer bezogen auf die verwendete Tabelle. `1` ist dann die erste Spalte der Tabelle.
3. Als drittes Argument muss `Suchkriterien` angegeben werden, das ist der Zellbezug oder auch der vergebene Name für einen Kriterienbereich.

10.1.5 Kriterienbereiche

Der Kriterienbereich ist ein spezieller Zellbereich für die Festlegung von Abfragekriterien. Er muss mindestens zwei Zeilen umfassen. In der ersten Zeile befinden sich ein oder mehrere Spaltennamen. Die zweite Zeile oder weitere Zeilen darunter sind für die Eingabe von Kriterien reserviert.

Die Spaltennamen im Kriterienbereich müssen buchstabengetreu mit den Spaltennamen der Tabelle übereinstimmen, mit Ausnahme zusätzlicher Namen für berechnete

Kriterien, von denen noch die Rede sein wird. Das erreichen Sie am einfachsten, indem Sie die Namenszeile aus der Tabelle oder Teile der Namenszeile in die erste Zeile des Kriterienbereichs kopieren.

Es ist dabei nicht notwendig, dass alle Feldnamen im Kriterienbereich auftauchen, Sie können einzelne Feldnamen weglassen. Für kombinierte Kriterien kann ein Spaltenname sogar mehrfach benutzt werden. Achten Sie darauf, den Kriterienbereich im Tabellenblatt so zu platzieren, dass er nicht unbeabsichtigt von Änderungen wie dem Einfügen oder Löschen von Spalten oder Zeilen zerstört werden kann.

Wird der Kriterienbereich innerhalb des Tabellenblattes angelegt, in dem sich die Tabelle befindet, ist es am sichersten, dafür Zeilen oberhalb der Tabelle zu verwenden. Die Tabelle kann dann ungehindert nach unten wachsen, ohne dass Gefahr besteht, mit dem Kriterienbereich zu kollidieren. Eine andere Lösung ist, den Kriterienbereich gleich auf ein eigenes Blatt zu legen.

10.1.6 Syntax der Auswahlkriterien

Mithilfe eines Auswahlkriteriums legen Sie fest, welche Daten Excel aus einer Tabelle bei der Berechnung einer Datenbankfunktion berücksichtigen soll. Das Kriterium wird immer positiv formuliert, und zwar als die Bedingung, die ein Datensatz erfüllen muss, wenn er den Filter passieren soll; ein Kriterium wie `Warengruppe = Jalousie` lässt alle Artikel durch den Filter, die zu dieser Warengruppe gehören.

Die einfachste Form eines Kriteriums im Kriterienbereich ist eines für eine Spalte. Entweder wird unter dem Spaltennamen ein konstanter Wert als Kriterium angegeben oder die Kombination von einem der Vergleichsoperatoren mit einem konstanten Wert. Statt des Wertes kann natürlich auch ein Bezug auf eine Zelle eingegeben werden, die einen konstanten Wert enthält oder eine Formel, die einen solchen Wert liefert.

	A
1	**Warengruppe**
2	Jalousie

Abbildung 10.2 Einfaches Kriterium für ein Feld

Wenn Sie nicht nur in einem, sondern in mehreren Feldern der ersten Zeile des Kriterienbereichs eine Eintragung vornehmen, behandelt das Programm dies als ein kombiniertes Kriterium. Gesucht wird in einem solchen Fall ein Datensatz, in dem es bei allen benutzten Feldern einen genau entsprechenden Inhalt gibt. Wenn Sie also im Kriterienbereich unter Warengruppe `Jalousie` eintragen und unter Material `Kunststoff`, sucht das Programm die Artikel, die beide Kriterien gleichzeitig erfüllen. Das entspricht einer logischen `UND()`-Funktion.

Achten Sie vor der Eingabe eines neuen Kriteriums immer darauf, dass nicht Eintragungen von alten Abfragen stehen geblieben sind, die dann als ungewolltes Zusatzkriterium wirken.

Müssen zwei Bedingungen bei derselben Spalte erfüllt sein, können Sie Spaltennamen auch mehrfach verwenden.

	A	B
4	**Bestand**	**Bestand**
5	>500	<800

Abbildung 10.3 Doppeltes Kriterium für ein Feld

Sollen Kriterien alternativ verwendet werden, müssen sie untereinander in eine Spalte des Kriterienbereichs geschrieben werden. Im folgenden Fall würden also alle Artikel gefunden, deren Bestand entweder kleiner als 300 oder größer als 800 ist. Für diese Abfrage erweitern Sie den Kriterienbereich einfach um eine zusätzliche Zeile.

	A
24	**Bestand**
25	<300
26	>800

Abbildung 10.4 Alternatives Kriterium für ein Feld

Bei vergleichenden Suchkriterien kann der Inhalt einer Zelle in der Tabelle mit einer Zeichenfolge, einer Zahl, einem Wahrheitswert oder auch einem Fehlerwert verglichen werden. Wird als Kriterium nur das Gleichheitszeichen eingetragen, werden alle Datensätze gesucht, die in dem kritischen Feld keinen Eintrag vorweisen, also leer sind. <> dagegen sucht alle Datensätze, die in der betreffenden Spalte über irgendeinen Eintrag verfügen, egal welcher Art.

Wird nur eine Zeichenfolge als Kriterium verwendet, werden jeweils die Datensätze gesucht, in denen Übereinstimmung zwischen dem Feld in der Tabelle und dem Eintrag im Kriterienbereich besteht. Textvergleiche unterscheiden normalerweise nicht zwischen Groß- und Kleinschreibung. Mit einem Kriterium wie `Rollo` würde außerdem nicht nur `Rollo`, sondern auch `Rollohalter` gefunden. Soll die Übereinstimmung exakt sein, müssen Sie `="=Rollo"` eintragen.

Statt der Übereinstimmung mit einer Zeichenfolge kann auch die Stellung in Bezug auf die alphabetische Reihenfolge als Kriterium benutzt werden. `>M` filtert beispielsweise alle Einträge in einer Spalte aus, die mit den Buchstaben A bis M beginnen.

Gerade bei Zeichenfolgen, bei Namen und Bezeichnungen steht der Suchende aber oft vor dem Problem, dass ihm gerade die exakte Schreibweise nicht bekannt ist. In so einem Fall helfen die in Tabelle 10.1 aufgeführten Stellvertreterzeichen.

Wenn Sie in ein Feld des Kriterienbereichs eine Zahl eintragen, muss der Wert dieser Zahl mit dem Wert in dem gesuchten Datensatz exakt übereinstimmen. Nicht übereinstimmen muss das Format.

Wenn also in den Kriterienbereich eine Zahl im Standardformat eingegeben wird, in der Tabelle aber diese Spalte mit dem Währungszeichen formatiert ist, hat das für die Suchoperation keine Bedeutung.

Zeichen	Wirkung
*	Steht für beliebig viele Zeichen in einer Zeichenfolge.
?	Steht für genau ein Zeichen in einer Zeichenfolge.
~	Dieses Zeichen kann vor das Fragezeichen oder den Stern gesetzt werden, wenn diese Zeichen selbst gesucht werden sollen. Die Tilde verhindert also, dass die beiden Zeichen als Stellvertreterzeichen wirken.

Tabelle 10.1 Liste der Joker-Zeichen

Probleme kann es allerdings geben, wenn die Zahl in der Tabelle in der Anzeige gerundet ist, intern aber mit mehreren Nachkommastellen geführt wird. Das kommt z. B. häufig vor, wenn die Zahl das Ergebnis einer Division ist. Wenn im Kriterienbereich `3,33` steht und in der Tabelle das Ergebnis von `10/3` angezeigt wird, wird der Datensatz nicht gefunden. In solch einem Fall kann ein berechnetes Suchkriterium mit einer Formel wie

```
=RUNDEN(F9; 2)=3,33
```

helfen. Ansonsten können Sie beim Vergleich mit Zahlen mit den schon aufgeführten Vergleichsoperatoren arbeiten.

Die Bedeutung der statistischen Auswertungsfunktionen wird bei der folgenden Beschreibung nur kurz angedeutet. Ausführlichere Hinweise finden Sie bei den entsprechenden statistischen Funktionen in Kapitel 7, »Statistische Funktionen«.

10.1.7 Statistische Übersicht über eine Datentabelle

Neben einzelnen Abfragen, die Sie mithilfe der Datenbankfunktionen für eine Datentabelle einrichten können, besteht auch die Möglichkeit, eine statistische Übersicht über die Eigenschaften der Tabelle einzurichten. Das folgende Beispiel zeigt eine Auswertung der Tabelle in Abbildung 10.1, die alle wichtigen statistischen Kennzahlen en bloc anbietet.

Um die Formeln zu vereinfachen, sind der Datenbereich und der Kriterienbereich – D1:D2 – vorher benannt worden. Die Formeln in den Zeilen 4 bis 6 sehen dann so aus:

```
=DBANZAHL2(Lagerdaten; ; Kriterien)
=DBSUMME(Lagerdaten; 6; Kriterien)
=DBMITTELWERT(Lagerdaten; 6; Kriterien)

=DBSUMME(Lagerdaten; 7; Kriterien)
=DBMITTELWERT(Lagerdaten; 7; Kriterien)

=DBMAX(Lagerdaten; 7; Kriterien)
=DBMIN(Lagerdaten; 7; Kriterien)
```

Zelle D2 kann noch mit einer Gültigkeitsprüfung verknüpft werden, die die möglichen Warengruppen zur Auswahl anbietet. Bleibt das Feld leer, werden die Daten für die gesamte Tabelle berechnet.

	A	B	C	D	E	F	G
1				Warengruppe			
2			Statistische Daten:	Jalousie			
3				Jalousie			
4		Anzahl Artikel	5	Rollo Summe Umsatz	229.091,80	Maximum Umsatz	87690
5		Summe Bestand	3140	Mittelwert Umsatz	45.818,36	Minimum Umsatz	20000
6		Mittelwert Bestand	628				
7							
8	Artnr	Bezeichnung	Warengruppe	Material	Mindestbestand	Bestand	Umsatz_lfd_Jahr
9	7777	Jalousie Ccxs	Jalousie	Kunststoff	500	600	23.801,00 €
10	7778	Jalousie Ccxx	Jalousie	Metall	500	500	57.600,80 €
11	8443	Jalousie VVx	Jalousie	Metall	500	700	40.000,00 €
12	7774	Jalousie Vvxx	Jalousie	Kunststoff	500	450	87.690,00 €
13	5667	Markise Luxor	Jalousie	Naturfaser	500	890	20.000,00 €
14	8666	Rollo Dark	Rollo	Kunststoff	300	340	7.000,00 €
15	5554	Rollo PCx	Rollo	Naturfaser	300	230	19.000,00 €
16	6666	Rollo Top	Rollo	Kunststoff	300	700	10.000,00 €
17	5222	Rollo XXs	Rollo	Kunststoff	300	400	6.000,00 €
18	7999	Sunset	Rollo	Naturfaser	300	500	24.000,00 €

Abbildung 10.5 Statistische Werte zu einer Tabelle

10.2 Referenz der Datenbankfunktionen

DBANZAHL()

DCOUNT()

Syntax:	`DBANZAHL(`**`Datenbank; Datenbankfeld; Suchkriterien`**`)`
Beispiel:	`=DBANZAHL(Lagerdaten; A4; A4:A5)`
Ergebnis:	in dem Beispiel in Abbildung 10.6 der Wert `10`, wenn als Kriterium `Bestand > 0` eingetragen ist

Die Funktion `DBANZAHL()` ermittelt die Anzahl der Zellen in der mit `Datenbankfeld` angegebenen Spalte, die numerische Werte enthalten und mit den über das Argument `Suchkriterien` festgelegten Kriterien übereinstimmen.

In dem Beispiel in Abbildung 10.6 wird in A8 die Anzahl der numerischen Zellen in der Bestandsspalte ermittelt. In Zelle C8 wird in der Spalte »Warengruppe« gezählt, was `0` ergibt, weil keine numerischen Werte vorhanden sind. Dagegen findet die Funktion `DBANZAHL2()`, die auch nicht numerische Werte zählt, dort mit demselben Kriterium fünf Werte. Siehe auch die Beschreibung der Funktion `ANZAHL()` in Kapitel 7, »Statistische Funktionen«.

A8 =DBANZAHL(Lagerdaten;A4;A4:A5)

	A	B	C	D	E	F	G
1							
2	**Anzahl der Datenzeilen, die die angegebenen Kriterien erfüllen**						
3							
4	**Bestand**		**Warengruppe**	**Warengruppe**			
5	>0		Rollo	Rollo			
7	**DBANZAHL()**		**DBANZAHL()**	**DBANZAHL2()**			
8	10		0	5			
10	**Artnr**	**Bezeichnung**	**Warengruppe**	**Material**	**Mindestbestand**	**Bestand**	**Umsatz_lfd_Jahr**
11	7777	Jalousie Ccxs	Jalousie	Kunststoff	500	600	23.801,00 €
12	7778	Jalousie Ccxx	Jalousie	Metall	500	500	57.600,80 €
13	8443	Jalousie VVx	Jalousie	Metall	500	700	40.000,00 €
14	7774	Jalousie Vvxx	Jalousie	Kunststoff	500	450	87.690,00 €
15	5667	Markise Luxor	Jalousie	Naturfaser	500	890	20.000,00 €
16	8666	Rollo Dark	Rollo	Kunststoff	300	340	7.000,00 €
17	5554	Rollo PCx	Rollo	Naturfaser	300	230	19.000,00 €
18	6666	Rollo Top	Rollo	Kunststoff	300	700	10.000,00 €
19	5222	Rollo XXs	Rollo	Kunststoff	300	400	6.000,00 €
20	7999	Sunset	Rollo	Naturfaser	300	500	24.000,00 €

Abbildung 10.6 Ermittlung der Anzahl

Liefern die Argumente Datenbank, Datenbankfeld und Suchkriterien keine gültigen Angaben zu den entsprechenden Bereichen im Tabellenblatt, liefert die Funktion den Fehler #WERT!.

DBANZAHL2()

DCOUNTA()

Syntax:	DBANZAHL2(**Datenbank; Datenbankfeld; Suchkriterien**)
Beispiel:	=DBANZAHL2(Lagerdaten; "Warengruppe"; D4:D5)
Ergebnis:	in dem Beispiel in Abbildung 10.6 der Wert 5, wenn im Kriterienbereich unter Warengruppe der Wert Rollo eingetragen ist

Die Funktion DBANZAHL2() ermittelt die Anzahl der Zellen in der mit Datenbankfeld angegebenen Spalte, die Werte enthalten – also nicht leer sind – und mit den über das Argument Suchkriterien festgelegten Kriterien übereinstimmen.

Liefern die Argumente Datenbank, Datenbankfeld und Suchkriterien keine gültigen Angaben zu den entsprechenden Bereichen im Tabellenblatt, liefert die Funktion den Fehler #WERT!.

Siehe auch Abbildung 10.6 und die Beschreibung der Funktion ANZAHL2() in Kapitel 7, »Statistische Funktionen«.

DBAUSZUG()

DGET()

Syntax:	DBAUSZUG(**Datenbank; Datenbankfeld; Suchkriterien**)
Beispiel:	=DBAUSZUG(Lagerdaten; 6; A4:A5)
Ergebnis:	in dem in Abbildung 10.7 gezeigten Beispiel ein Bestand von 500 für die im Kriterienbereich angegebene Artikelnummer

Die Funktion DBAUSZUG() nimmt keine statistische Auswertung vor, sondern liefert einfach einen einzelnen Wert für das mit Datenbankfeld angegebene Feld des Datensatzes, der mit den Suchkriterien übereinstimmt.

! Liefern die Argumente Datenbank, Datenbankfeld und Suchkriterien keine gültigen Angaben zu den entsprechenden Bereichen im Tabellenblatt, liefert die Funktion den Fehler #WERT!. Findet die Funktion keinen Datensatz, der mit dem Suchkriterium übereinstimmt, wird die Fehlermeldung #WERT! ausgegeben. Etwas gewöhnungsbedürftig ist das Verhalten der Funktion, wenn sie mehr als einen Datensatz findet, der mit dem Kriterium übereinstimmt. In diesem Fall wird die Fehlermeldung #Zahl! ausgegeben.

	A	B	C	D	E	F	G
1							
2	**Wiedergabe eines Werts aus der Datenzeile, die die angegebenen Kriterien erfüllt**						
3							
4	**Artnr**		**DBAUSZUG()**				
5	7778	**Bestand:**	500				
6							
7	**Artnr**	**Bezeichnung**	**Warengruppe**	**Material**	**Mindestbestand**	**Bestand**	**Umsatz_lfd_Jahr**
8	7777	Jalousie Ccxs	Jalousie	Kunststoff	500	600	23.801,00 €
9	7778	Jalousie Ccxx	Jalousie	Metall	500	500	57.600,80 €
10	8443	Jalousie VVx	Jalousie	Metall	500	700	40.000,00 €

Abbildung 10.7 Daten eines Feldes aus einer Datenzeile ausgeben

DBMAX()

DMAX()

Syntax: DBMAX(**Datenbank; Datenbankfeld; Suchkriterien**)

Beispiel: =DBMAX(Lagerdaten; 6; A4:A5)

Ergebnis: in dem in Abbildung 10.8 gezeigten Beispiel 700 als höchster Bestand eines Artikels aus der Warengruppe Rollo

Die Funktion DBMAX() liefert den größten Wert in der mit Datenbankfeld angegebenen Spalte, der den angegebenen Kriterien entspricht. In dem abgebildeten Beispiel wird der Artikel aus der Warengruppe Rollo gefunden, der den höchsten Bestand hat.

Soll einfach der größte Wert in einer Spalte ausgegeben werden, lassen Sie im Kriterienbereich die Zelle unter dem Spaltennamen leer.

! Liefern die Argumente Datenbank, Datenbankfeld und Suchkriterien keine gültigen Angaben zu den entsprechenden Bereichen im Tabellenblatt, liefert die Funktion den Fehler #WERT!.

Siehe auch die Beschreibung der Funktion MAX() in Kapitel 7, »Statistische Funktionen«.

C5 =DBMAX(Lagerdaten;6;A4:A5)

	A	B	C	D	E	F	G
1							
2	**Größter/kleinster Wert aus den Datenzeilen, die die angegebenen Kriterien erfüllen**						
3							
4	**Warengruppe**		**DBMAX()**		**DBMIN()**		
5	Rollo	**Bestand:**	700	**Bestand:**	230		
6							
7	**Artnr**	**Bezeichnung**	**Warengruppe**	**Material**	**Mindestbestand**	**Bestand**	**Umsatz_lfd_Jahr**
8	7777	Jalousie Ccxs	Jalousie	Kunststoff	500	600	23.801,00 €
9	7778	Jalousie Ccxx	Jalousie	Metall	500	500	57.600,80 €
10	8443	Jalousie VVx	Jalousie	Metall	500	700	40.000,00 €
11	7774	Jalousie Vvxx	Jalousie	Kunststoff	500	450	87.690,00 €
12	5667	Markise Luxor	Jalousie	Naturfaser	500	890	20.000,00 €
13	8666	Rollo Dark	Rollo	Kunststoff	300	340	7.000,00 €
14	5554	Rollo PCx	Rollo	Naturfaser	300	230	19.000,00 €
15	6666	Rollo Top	Rollo	Kunststoff	300	700	10.000,00 €
16	5222	Rollo XXs	Rollo	Kunststoff	300	400	6.000,00 €
17	7999	Sunset	Rollo	Naturfaser	300	500	24.000,00 €

Abbildung 10.8 Maximal- und Minimalwerte suchen

DBMIN()

DMIN()

Syntax: `DBMIN(`**`Datenbank; Datenbankfeld; Suchkriterien`**`)`

Beispiel: `=DBMIN(Lagerdaten; 6; A4:A5)`

Ergebnis: in dem in Abbildung 10.8 gezeigten Beispiel `230` als niedrigster Bestand eines Artikels aus der Warengruppe `Rollo`

Die Funktion `DBMIN()` liefert den kleinsten Wert in der mit `Datenbankfeld` angegebenen Spalte, der den angegebenen Kriterien entspricht. In dem Beispiel in Abbildung 10.8 wird der Artikel aus der Warengruppe `Rollo` gefunden, der den geringsten Bestand hat.

Soll einfach der kleinste Wert in einer Spalte ausgegeben werden, lassen Sie im Kriterienbereich die Zelle unter dem Spaltennamen leer.

! Liefern die Argumente `Datenbank`, `Datenbankfeld` und `Suchkriterien` keine gültigen Angaben zu den entsprechenden Bereichen im Tabellenblatt, liefert die Funktion den Fehler `#WERT!`.

Siehe auch Abbildung 10.8 und die Beschreibung der Funktion `MIN()` in Kapitel 7, »Statistische Funktionen«.

DBMITTELWERT()

DAVERAGE()

Syntax:	`DBMITTELWERT(`**`Datenbank; Datenbankfeld; Suchkriterien`**`)`
Beispiel:	`=DBMITTELWERT(Lagerdaten; 7; A4:A5)`
Ergebnis:	Liefert in dem in Abbildung 10.9 gezeigten Beispiel den mittleren Umsatz für Artikel der Warengruppe `Jalousie`.

Die Funktion `DBMITTELWERT()` liefert den Mittelwert aller Werte in der Spalte `Datenbankfeld`, deren Datensätze die Suchkriterien erfüllen. Leere Zellen bleiben dabei unberücksichtigt.

C5 =DBMITTELWERT(Lagerdaten;7;A4:A5)

	A	B	C	D	E	F	G
1							
2	**Mittlerer Wert aus den Datenzeilen, die die angegebenen Kriterien erfüllen**						
3							
4	**Warengruppe**		**DBMITTELWERT()**				
5	Jalousie	**Umsatz:**	45.818,36 €				
6							
7	**Artnr**	**Bezeichnung**	**Warengruppe**	**Material**	**Mindestbestand**	**Bestand**	**Umsatz_lfd_Jahr**
8	7777	Jalousie Ccxs	Jalousie	Kunststoff	500	600	23.801,00 €
9	7778	Jalousie Ccxx	Jalousie	Metall	500	500	57.600,80 €
10	8443	Jalousie VVx	Jalousie	Metall	500	700	40.000,00 €
11	7774	Jalousie Vvxx	Jalousie	Kunststoff	500	450	87.690,00 €
12	5667	Markise Luxor	Jalousie	Naturfaser	500	890	20.000,00 €
13	8666	Rollo Dark	Rollo	Kunststoff	300	340	7.000,00 €
14	5554	Rollo PCx	Rollo	Naturfaser	300	230	19.000,00 €
15	6666	Rollo Top	Rollo	Kunststoff	300	700	10.000,00 €
16	5222	Rollo XXs	Rollo	Kunststoff	300	400	6.000,00 €
17	7999	Sunset	Rollo	Naturfaser	300	500	24.000,00 €

Abbildung 10.9 Mittelwert der Umsätze für eine Warengruppe

! Liefern die Argumente `Datenbank`, `Datenbankfeld` und `Suchkriterien` keine gültigen Angaben zu den entsprechenden Bereichen im Tabellenblatt, liefert die Funktion den Fehler `#WERT!`.

Siehe auch die Beschreibung der Funktion `MITTELWERT()` in Kapitel 7, »Statistische Funktionen«.

DBPRODUKT()

DPRODUCT()

Syntax: `DBPRODUKT(`**`Datenbank; Datenbankfeld; Suchkriterien`**`)`

Beispiel: `=DBPRODUKT(Lagerdaten2; 7; A4:A5)`

Ergebnis: Liefert in dem in Abbildung 10.10 gezeigten Beispiel einen Hinweis, dass es Fehlmengen gibt.

Die Funktion `DBPRODUKT()` multipliziert alle Werte in der Spalte `Datenbankfeld` derjenigen Datensätze, die die Suchkriterien erfüllen. In dem Beispiel in Abbildung 10.10 ist die Lagerdatenbank um ein berechnetes Feld »Fehlmenge« erweitert worden, das mit einer `WENN()`-Funktion prüft, ob der Mindestbestand unterschritten ist. Wenn ja, erhält die Zelle den Wert `0`, sonst den Wert `1`. Werden nun alle Werte dieses Felds für die angegebene Warengruppe miteinander multipliziert, ergibt die Funktion immer den Wert `0`, wenn mindestens für einen Artikel Fehlmengen existieren.

! Liefern die Argumente `Datenbank`, `Datenbankfeld` und `Suchkriterien` keine gültigen Angaben zu den entsprechenden Bereichen im Tabellenblatt, liefert die Funktion den Fehler `#WERT!`.

G8 | =WENN(F8>E8;1;0)

Produkt aller Spaltenwerte aus den Datenzeilen, die die angegebenen Kriterien erfüllen

Warengruppe		DBPRODUKT()
Rollo	Fehlmengen?	0

Artnr	Bezeichnung	Warengruppe	Material	Mindestbestand	Bestand	Fehlmenge	Umsatz_lfd_Jahr
7777	Jalousie Ccxs	Jalousie	Kunststoff	500	600	1	23.801,00 €
7778	Jalousie Ccxx	Jalousie	Metall	500	400	0	57.600,80 €
8443	Jalousie VVx	Jalousie	Metall	500	700	1	40.000,00 €
7774	Jalousie Vvxx	Jalousie	Kunststoff	500	450	0	87.690,00 €
5667	Markise Luxor	Jalousie	Naturfaser	500	890	1	20.000,00 €
8666	Rollo Dark	Rollo	Kunststoff	300	340	1	7.000,00 €
5554	Rollo PCx	Rollo	Naturfaser	300	280	0	19.000,00 €
6666	Rollo Top	Rollo	Kunststoff	300	700	1	10.000,00 €
5222	Rollo XXs	Rollo	Kunststoff	300	400	1	6.000,00 €
7999	Sunset	Rollo	Naturfaser	300	280	0	24.000,00 €

Abbildung 10.10 Prüfen, ob Fehlmengen existieren

Siehe auch die Beschreibung der Funktion `PRODUKT()` in Kapitel 5, »Mathematische und trigonometrische Funktionen«.

DBSTDABW()

DSTDEV()

Syntax:	DBSTDABW(**Datenbank; Datenbankfeld; Suchkriterien**)
Beispiel:	=DBSTDABW(Lagerdaten; 6; A7:A8)
Ergebnis:	Liefert in dem in Abbildung 10.11 gezeigten Beispiel die Standardabweichung vom Mittelwert des Bestandes für Artikel der Warengruppe Jalousie.

Die Funktion DBSTDABW() berechnet die Standardabweichung der Spalte Datenbankfeld für diejenigen Datensätze, die die Suchkriterien erfüllen. Die Datensätze werden als Stichprobe behandelt.

Liefern die Argumente Datenbank, Datenbankfeld und Suchkriterien keine gültigen Angaben zu den entsprechenden Bereichen im Tabellenblatt, liefert die Funktion den Fehler #WERT!.

Siehe auch die Beschreibung der Funktion STABW.S() in Kapitel 7, »Statistische Funktionen«.

C5 =DBSTDABW(Lagerdaten;7;$A$4:$A$5)

	A	B	C	D	E	F	G
1							
2	**Standardabweichung der Werte aus den Datenzeilen, die die angegebenen Kriterien erfüllen**						
3							
4	**Warengruppe**		**DBSTDABW()**	**DBSTDABWN()**			
5	Rollo	**Umsatz_lfd_Jahr:**	7918,33	7082,37			
7	**Warengruppe**	**Bestand:**	175	157			
8	Jalousie	**Basis:**	Stichprobe	Grundgesamtheit			
10	**Artnr**	**Bezeichnung**	**Warengruppe**	**Material**	**Mindestbestand**	**Bestand**	**Umsatz_lfd_Jahr**
11	7777	Jalousie Ccxs	Jalousie	Kunststoff	500	600	23.801,00 €
12	7778	Jalousie Ccxx	Jalousie	Metall	500	500	57.600,80 €
13	8443	Jalousie VVx	Jalousie	Metall	500	700	40.000,00 €
14	7774	Jalousie Vvxx	Jalousie	Kunststoff	500	450	87.690,00 €
15	5667	Markise Luxor	Jalousie	Naturfaser	500	890	20.000,00 €
16	8666	Rollo Dark	Rollo	Kunststoff	300	340	7.000,00 €
17	5554	Rollo PCx	Rollo	Naturfaser	300	230	19.000,00 €
18	6666	Rollo Top	Rollo	Kunststoff	300	700	10.000,00 €
19	5222	Rollo XXs	Rollo	Kunststoff	300	400	6.000,00 €
20	7999	Sunset	Rollo	Naturfaser	300	500	24.000,00 €

Abbildung 10.11 Berechnung der Standardabweichung vom Mittelwert

DBSTDABWN()

DSTDEVP()

Syntax:	DBSTDABWN(**Datenbank; Datenbankfeld; Suchkriterien**)
Beispiel:	=DBSTDABWN(Lagerdaten; 6; A7: A8)
Ergebnis:	Liefert in dem in Abbildung 10.11 gezeigten Beispiel die Standardabweichung vom Mittelwert des Bestandes für Artikel der Warengruppe Jalousie.

Die Funktion DBSTDABWN() berechnet die Standardabweichung der Spalte Datenbankfeld für diejenigen Datensätze, die die Suchkriterien erfüllen. Dabei werden die Daten als Grundgesamtheit behandelt.

Liefern die Argumente Datenbank, Datenbankfeld und Suchkriterien keine gültigen Angaben zu den entsprechenden Bereichen im Tabellenblatt, liefert die Funktion den Fehler #WERT!.

Siehe auch die Beschreibung der Funktion STABW.N() in Kapitel 7, »Statistische Funktionen«.

DBSUMME()

DSUM()

Syntax:	DBSUMME(**Datenbank; Datenbankfeld; Suchkriterien**)
Beispiel:	=DBSUMME(Lagerdaten; 7; A4:A5)
Ergebnis:	Liefert in dem in Abbildung 10.12 gezeigten Beispiel die Summe der Umsätze für Artikel der Warengruppe Jalousie.

Die Funktion DBSUMME() summiert alle Werte derjenigen Datensätze in der Spalte Datenbankfeld, die die Suchkriterien erfüllen.

Liefern die Argumente Datenbank, Datenbankfeld und Suchkriterien keine gültigen Angaben zu den entsprechenden Bereichen im Tabellenblatt, liefert die Funktion den Fehler #WERT!.

Siehe auch die Beschreibung der Funktion SUMME() in Kapitel 5, »Mathematische und trigonometrische Funktionen«.

	A	B	C	D	E	F	G
1							
2	**Summe der Werte aus den Datenzeilen, die die angegebenen Kriterien erfüllen**						
3							
4	**Warengruppe**		**DBSUMME()**				
5	Jalousie	**Umsatz:**	229.091,80 €				
7							
8	**Artnr**	**Bezeichnung**	**Warengruppe**	**Material**	**Mindestbestand**	**Bestand**	**Umsatz_lfd_Jahr**
9	7777	Jalousie Ccxs	Jalousie	Kunststoff	500	600	23.801,00 €
10	7778	Jalousie Ccxx	Jalousie	Metall	500	500	57.600,80 €
11	8443	Jalousie VVx	Jalousie	Metall	500	700	40.000,00 €
12	7774	Jalousie Vvxx	Jalousie	Kunststoff	500	450	87.690,00 €
13	5667	Markise Luxor	Jalousie	Naturfaser	500	890	20.000,00 €

Abbildung 10.12 Summe der Umsätze einer Warengruppe

DBVARIANZ()

DVAR()

Syntax: `DBVARIANZ(`**`Datenbank; Datenbankfeld; Suchkriterien`**`)`

Beispiel: `=DBVARIANZ(Lagerdaten; 7; A4:A5)`

Ergebnis: Liefert in dem in Abbildung 10.13 gezeigten Beispiel die Varianz der Umsätze für Artikel der Warengruppe `Jalousie`.

	A	B	C	D	E	F	G
1							
2	**Varianz der Werte aus den Datenzeilen, die die angegebenen Kriterien erfüllen**						
3							
4	**Warengruppe**		**DBVARIANZ()**	**DBVARIANZEN()**			
5	Jalousie	**Umsatz:**	769316324,05	615453059,24			
7		**Basis:**	Stichprobe	Grundgesatzheit			
8							
9	**Artnr**	**Bezeichnung**	**Warengruppe**	**Material**	**Mindestbestand**	**Bestand**	**Umsatz_lfd_Jahr**
10	7777	Jalousie Ccxs	Jalousie	Kunststoff	500	600	23.801,00 €
11	7778	Jalousie Ccxx	Jalousie	Metall	500	500	57.600,80 €
12	8443	Jalousie VVx	Jalousie	Metall	500	700	40.000,00 €
13	7774	Jalousie Vvxx	Jalousie	Kunststoff	500	450	87.690,00 €
14	5667	Markise Luxor	Jalousie	Naturfaser	500	890	20.000,00 €
15	8666	Rollo Dark	Rollo	Kunststoff	300	340	7.000,00 €
16	5554	Rollo PCx	Rollo	Naturfaser	300	230	19.000,00 €
17	6666	Rollo Top	Rollo	Kunststoff	300	700	10.000,00 €
18	5222	Rollo XXs	Rollo	Kunststoff	300	400	6.000,00 €
19	7999	Sunset	Rollo	Naturfaser	300	500	24.000,00 €

Abbildung 10.13 Varianz der Umsätze einer Warengruppe

Die Funktion DBVARIANZ() berechnet die Varianz der Spalte Datenbankfeld für diejenigen Datensätze, die die Suchkriterien erfüllen. Die Datensätze werden als Stichprobe behandelt. Siehe auch die Beschreibung der Funktion VAR.S() in Kapitel 7, »Statistische Funktionen«.

DBVARIANZEN()

DVARP()

Syntax:	DBVARIANZEN(**Datenbank; Datenbankfeld; Suchkriterien**)
Beispiel:	=DBVARIANZEN(Lagerdaten; 7; A4:A5)
Ergebnis:	Liefert in dem in Abbildung 10.13 gezeigten Beispiel die Varianz der Umsätze für Artikel der Warengruppe Jalousie.

Die Funktion DBVARIANZEN() berechnet die Varianz der Spalte Datenbankfeld für diejenigen Datensätze, die die Suchkriterien erfüllen. Die Datensätze werden als Grundgesamtheit behandelt.

Liefern die Argumente Datenbank, Datenbankfeld und Suchkriterien keine gültigen Angaben zu den entsprechenden Bereichen im Tabellenblatt, liefert die Funktion den Fehler #WERT!.

Siehe auch Abbildung 10.13 und die Beschreibung der Funktion VAR.P() in Kapitel 7, »Statistische Funktionen«.

11 Cube-Funktionen

Die Kategorie der Cube-Funktionen gibt es seit Excel 2007. Dabei ging es zunächst um die Möglichkeit, von Excel aus auf Daten zuzugreifen, die in mehrdimensionalen Datenstrukturen auf einem Datenbankserver zusammengestellt sind. Diese werden *Cubes* genannt. Seit Excel 2013 lassen sich diese Funktionen aber auch auf Datenmodelle anwenden, die in Excel intern aus mehreren Tabellen zusammengestellt sind, um daraus Pivot-Tabellen zu erzeugen. Dies wird in Kapitel 16, »Analyse mit Pivot-Tabellen und -Diagrammen«, beschrieben.

11.1 Einsatzbereiche für Cube-Funktionen

Solche »Datenwürfel« fassen Daten nach ganz unterschiedlichen Dimensionen zusammen: personenbezogen, sachlich, räumlich oder zeitlich. Dadurch wird es möglich, Querbezüge zwischen den Daten herzustellen und Fragen zu beantworten wie: Welche Artikel werden von einer bestimmten Altersgruppe besonders bevorzugt? Entwickeln sich die Verkäufe in allen Vertriebsgebieten gleich stark, oder gibt es regionale Unterschiede? Welche Produktlinie liegt im Trend? Außerdem besteht die Möglichkeit, bestimmte Indikatoren einzurichten, die kritische Werte kontrollieren oder frühzeitig auf Fehlentwicklungen oder auch auf besondere Chancen aufmerksam machen.

Der Einsatz von Cubes ähnelt dem Einsatz von Pivot-Tabellen in Excel, und es ist deshalb auch nicht verwunderlich, dass solche *OLAP*-Objekte direkt als Datenquelle für Pivot-Tabellen verwendet werden können. Wenn es sich aber um sehr große Datenmengen handelt, ist es häufig sinnvoll, das Pivotieren schon auf dem Datenbankserver vorzubereiten, sodass die Weiterverarbeitung in Excel anschließend mit kleineren Datenmengen vorgenommen werden kann.

Anders als bei der Ausgabe von Cube-Daten in einer Pivot-Tabelle, bei der bestimmte Strukturen vorgegeben sind, erlauben die Cube-Funktionen eine freie Platzierung der aus einem Cube übernommenen Daten in einem Arbeitsblatt. Sie ergänzen insofern die Möglichkeiten, die die Pivot-Tabellen bieten.

11.2 Zugriff auf Cubes

Die SQL Server von Microsoft unterstützen mit den *Analysis Services* das *Online Analytical Processing*, kurz *OLAP*. Dabei handelt es sich um spezielle Analysemethoden für die Auswertung von Unternehmensdaten. Im Kern geht es dabei darum, über die bei den relationalen Datentabellen zwangsläufig vorgegebene Zweidimensionalität hinauszukommen. Dazu werden Datentabellen in einer Art Meta-Datenbank zu mehrdimensionalen Datenstrukturen zusammengeführt, für die die Bezeichnung *Cube* verwendet wird.

Während für die Abfrage von relationalen Datentabellen üblicherweise SQL verwendet wird, gilt für die Handhabung von mehrdimensionalen Datenstrukturen eine spezielle Abfragesprache, die als *Multidimensional Expressions* (*MDX*) bezeichnet wird. MDX ist eine von Microsoft geförderte Abfragesprache für multidimensionale Datenbanken. Wenn Sie die `CUBE()`-Funktionen testen wollen, können Sie auf die Beispieldatenbanken zurückgreifen, die Microsoft unter *https://github.com/Microsoft/sql-server-samples/releases/tag/adventureworks* anbietet.

11.2.1 Verbindung zu Analysis Services

Wird von einem Microsoft SQL Server ein Cube bereitgestellt, können Sie eine Verbindung zu ihm einrichten (Abbildung 11.1).

Dazu verwenden Sie auf der Registerkarte **Daten** in der Gruppe **Daten abrufen und transformieren** die Schaltfläche **Daten abrufen**. Im Menü wird dann die Option **Aus Analysis Services** angeboten, die den Dialog **Datenverbindungs-Assistent** öffnet.

Im ersten Dialog werden der **Servername** und die **Anmeldeinformationen** für die Analysis Services-Instanz angegeben. Kommt die Verbindung zustande, können Sie anschließend die Analysis Services-Datenbank und den darin enthaltenen Cube auswählen. Sollen die Daten für eine Pivot-Tabelle verwendet werden, benutzen Sie die entsprechende Option in **Daten importieren** (Abbildung 11.2).

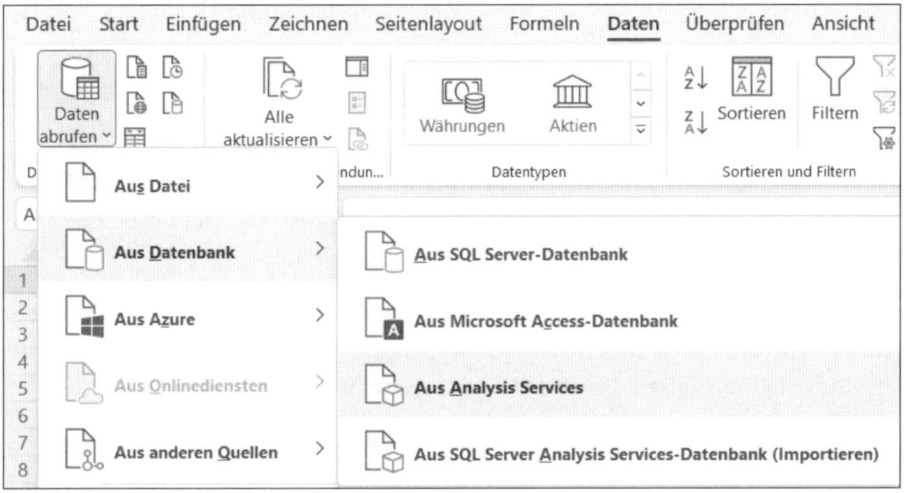

Abbildung 11.1 Zugriff auf die Analysis Services

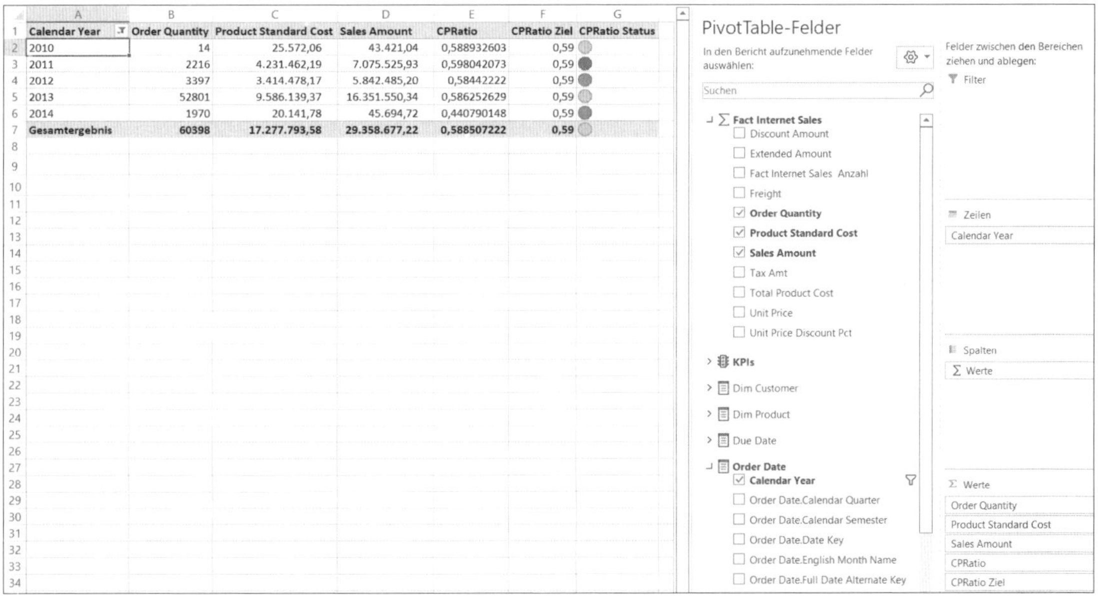

Abbildung 11.2 OLAP-Daten in einer PivotTable

Alternativ zur Onlineverbindung mit einem Cube auf dem Server können Daten auch offline aus speziellen *CUB*-Dateien übernommen werden, die vorher aus den Serverdaten generiert wurden. Mithilfe einer solchen *CUB*-Datei lassen sich Daten lokal verfügbar machen, insbesondere für den Fall, dass die Verbindung zum Server unterbrochen ist. Die *CUB*-Datei enthält in der Regel eine Untermenge der Quelldaten aus einer OLAP-Datenbank.

Um eine *CUB*-Datei zu erstellen, müssen Sie zunächst über eine Onlineverbindung eine Pivot-Tabelle mit den Daten aus einem OLAP-Cube erstellen. Dazu können Sie eine Pivot-Tabelle über **Einfügen ▸ Tabellen ▸ PivotTable** mit der Option **Aus externer Datenquelle** anlegen, wenn die Verbindung zum Cube bereits definiert ist. Über die Schaltfläche **Verbindung auswählen** geben Sie dann diese Verbindung an.

Um nun aus den online verfügbaren Daten eine *CUB*-Datei zu erstellen, klicken bzw. tippen Sie, nachdem Sie die Pivot-Tabelle ausgewählt haben, auf die Schaltfläche **OLAP-Tools**. Diese finden Sie im Register **PivotTable-Analyse** in der Gruppe **Berechnungen**.

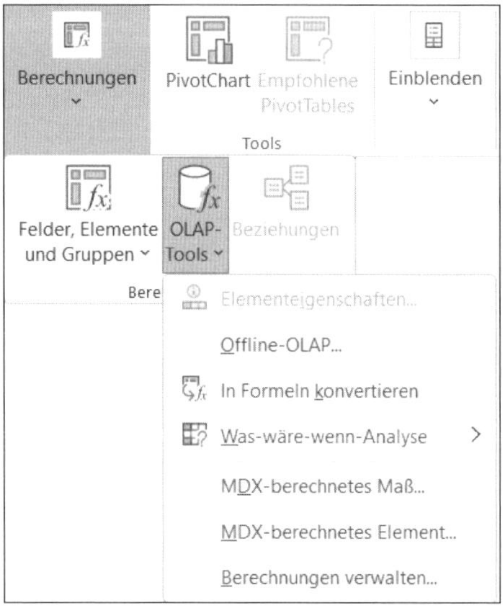

Abbildung 11.3 Die Schaltfläche **OLAP-Tools**

Aus dem Menü, das nun erscheint, verwenden Sie die Option **Offline-OLAP** und dann klicken bzw. tippen Sie im nächsten Dialog auf die Schaltfläche **Offlinedatei erstellen**. Im folgenden Schritt geben Sie die Dimensionen des Cubes an, die mit in den Offline-Cube aufgenommen werden sollen.

CUB-Dateien können einerseits direkt als Quelldaten für PivotTable-Berichte und PivotCharts verwendet werden, andererseits besteht auch die Möglichkeit, Daten aus ihnen direkt über die in diesem Kapitel beschriebenen Cube-Funktionen auszuwerten. Die Verwendung vorhandener *CUB*-Dateien für Pivot-Berichte ist einfach: Sie brauchen lediglich die *CUB*-Datei als externe Datenquelle anzugeben.

11.2.2 Cube-Formeln automatisch erzeugen

Wenn Sie aus OLAP-Daten eine Pivot-Tabelle angelegt haben, gibt es auch noch die Möglichkeit, diese Tabelle in einen normalen Zellbereich zurückzuverwandeln und dabei gleichzeitig automatisch Cube-Funktionen zu generieren, die dafür sorgen, dass die aktuell angezeigten Daten als Ergebnis der entsprechenden Formeln ausgegeben werden. Solange eine Zelle in der Pivot-Tabelle ausgewählt ist, verwenden Sie dazu über die schon erwähnte Schaltfläche **OLAP-Tools** die Option **In Formeln konvertieren** (siehe Abbildung 11.3).

	A	B	C	D	E	F
1	Zeilenbeschriftungen	Order Quantity	Sales Amount	**=CUBEELEMENT("Adventure Works DW2017";"[Measures].[Sales Amount]")**		
2	2010	14	43421,0364	**=CUBEWERT("Adventure Works DW2017";$A2;C$1)**		
3	2011	2216	7075525,929			
4	2012	3397	5842485,195			
5	2013	52801	16351550,34			
6	2014	1970	45694,72			
7	Gesamtergebnis	60398	29358677,22			
8						
9	**=CUBEELEMENT("Adventure Works DW2017";"[Order Date].[Calendar Year].[All]";"Gesamtergebnis")**					
10		**=CUBEWERT("Adventure Works DW2017";$A7;B$1)**				
11			**=CUBEWERT("Adventure Works DW2017";$A7;C$1)**			

Abbildung 11.4 Ausschnitt aus der konvertierten PivotTable

Die CUBEWERT()-Funktionen (siehe Abbildung 11.4) verwenden jeweils eine absolute Zeilen- und Spaltenadresse, d. h., es handelt sich um eine Überkreuzauswertung wie auch in der Pivot-Tabelle.

11.2.3 Besonderheiten der Cube-Funktionen

Anders als bei den sonstigen Excel-Funktionen liefern Cube-Funktionen mit Ausnahme von CUBEMENGENANZAHL() jeweils zwei Ergebnisse: ein Ergebnis, das im jeweiligen Zellbereich ausgegeben wird, und ein internes Ergebnis, das verwertet wird, wenn eine Cube-Funktion als Argument für eine andere Cube-Funktion eingesetzt wird. Beispielsweise liefert die Funktion CUBEMENGE() einen internen Wert, der dann von der Funktion CUBEMENGENANZAHL() ausgewertet werden kann. Wieder mit Ausnahme von CUBEMENGENANZAHL() verwenden alle Funktionen als erstes Argument den Namen der Verbindung zu dem für die Abfrage vorgesehenen Cube.

Die in Kapitel 1, »Einstieg in Berechnungen mit Excel«, bereits beschriebene Funktion **AutoVervollständigen bei Formeln** ist bei der Eingabe von Cube-Funktionen besonders hilfreich. Zuerst wird die Eingabe des Verbindungsnamens unterstützt, wobei immer nur die für die Anwendung verfügbaren Verbindungen angeboten werden, sobald hinter der öffnenden Klammer die Anführungszeichen eingegeben sind.

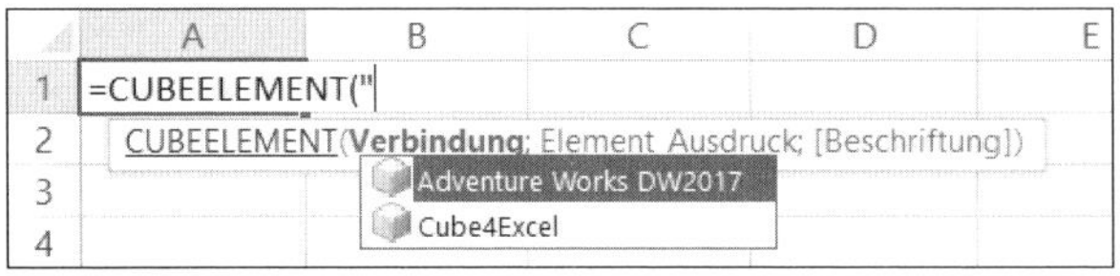

Abbildung 11.5 Die definierten Verbindungen werden angeboten.

Besonders nützlich ist dann die Unterstützung beim Zusammenstellen der Ausdrücke, die als Argument benötigt werden. Sobald Sie Anführungszeichen oder einen Punkt in einen solchen Ausdruck eingeben, werden Ihnen die aktuell möglichen Optionen angeboten. Die innerhalb der Ausdrücke möglichen Funktionsnamen wie `Children`, `Parent` oder `Crossjoin` müssen Sie allerdings manuell eintragen.

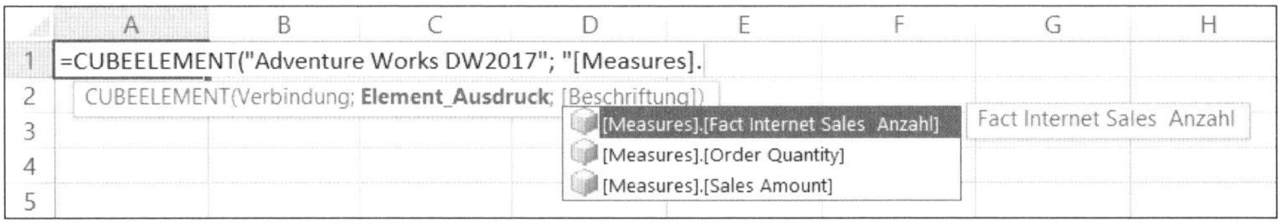

Abbildung 11.6 Auswahl von Argumenten für eine Cube-Funktion

11.2.4 Beispiel für eine Lösung mit Cube-Funktionen

Da die Cube-Funktionen selten einzeln eingesetzt werden, soll an einem übersichtlichen Beispiel das Zusammenspiel der wichtigsten Funktionen demonstriert werden. Abbildung 11.7 zeigt neben einer zur Kontrolle angezeigten Pivot-Tabelle eine Tabelle, die mit Cube-Funktionen arbeitet. Dabei geht es darum, eine Rangliste der Jahresergebnisse nach Verkäufen zu erstellen.

Um diese Lösung in die Tat umzusetzen, wird zunächst in den drei Zellen im Bereich E1 bis G1 mit `CUBEELEMENT()`-Funktionen gearbeitet. Die Formeln sehen so aus:

```
=CUBEMENGE("Adventure Works DW 2017";
   "[Order Date].[All].children"; "Jahr"; 2; F1)
=CUBEELEMENT("Adventure Works DW 2017";
   "[Measures].[Sales Amount]"; "Verkaufssumme")
=CUBEELEMENT("Adventure Works DW 2017";
   "[Measures].[Order Quantity]"; "Anzahl")
```

Die erste Funktion liefert eine nach der Verkaufssumme absteigend sortierte Liste der Jahre. Die Anzeige in der Zelle wird als drittes Argument der Funktion eingegeben. Das vierte Argument sorgt für eine absteigende Sortierung, das fünfte Argument gibt über den Zellbezug auf F1 an, auf welche Elemente sich die Sortierung bezieht, hier also auf die Verkaufssummen. Die zweite und dritte Funktion liefern die beiden Measure-Elemente `Sales Amount` und `Order Quantity`.

Alle drei Funktionen sorgen dafür, dass in der jeweiligen Zelle der angegebene Anzeigename als Text angezeigt wird. Gleichzeitig aber stellen diese Funktionen die Metadaten für die mithilfe der MDX-Ausdrücke angesprochenen Elemente zur Verfügung, sodass andere Cube-Funktionen diese Daten nutzen können.

E1 =CUBEMENGE("Adventure Works DW2017";"[Order Date].[All].children";"Jahr";2;F1)

	A	B	C	D	E	F	G	H
1	Calendar Year	Order Quantity	Sales Amount		Jahr	Verkaufssumme	Anzahl	Mittelwert
2	2010	14	43421,0364		2013	16351550	52801	310
3	2011	2216	7075525,929		2011	7075526	2216	3.193
4	2012	3397	5842485,195		2012	5842485	3397	1.720
5	2013	52801	16351550,34		2014	45695	1970	23
6	2014	1970	45694,72		2010	43421	14	3.102
7	Gesamtergebnis	60398	29358677,22					

Abbildung 11.7 Beispiel für eine Cube-Abfrage

Um nun die nach der Verkaufssumme sortierten Jahreszahlen im Tabellenblatt anzuzeigen, wird mit der Funktion `CUBERANGELEMENT()` gearbeitet. Die Formel für das erste Jahr lautet:

```
=CUBERANGELEMENT("Adventure Works DW 2017"; $E$1; ZEILE()-1)
```

Das zweite Argument ist ein absoluter Bezug auf die Mengendefinition in E1. Das dritte Argument übernimmt die benötigte Rangzahl vom Ergebnis der Formel `ZEILE()-1`. Diese Formel kann also ohne Weiteres nach unten kopiert werden, um die restlichen Jahreszahlen anzuzeigen.

Nun fehlen noch die Funktionen für die Anzeige der einzelnen Werte pro Kunde. Dies besorgt die `CUBEWERT()`-Funktion. Diese Funktion liefert die zusammengefassten Verkaufswerte, wobei das zweite und das dritte Argument die jeweilige Schnittmenge bestimmen. Das zweite Argument ist ja ein Bezug auf die Funktion `CUBERANGELEMENT()`, die das Jahr bestimmt. Das dritte Argument ist jedes Mal ein Bezug auf die `CUBEELEMENT`-Funktion in F1.

```
=CUBEWERT("Adventure Works DW 2017"; $E2; $F$1)
=CUBEWERT("Adventure Works DW 2017"; $E2; $G$1)
```

Zur Ergänzung ist in H2 noch eine Formel =F2/G2 eingetragen, die den Mittelwert einer Order berechnet. Alle Formeln lassen sich nach unten kopieren, um die Werte für die restlichen Jahre zu liefern.

11.3 Referenz der Cube-Funktionen

CUBEELEMENT()

CUBEMEMBER()

Syntax:	CUBEELEMENT(**Verbindung; Element_Ausdruck**; Beschriftung)
Beispiel:	=CUBEELEMENT("Cube4Excel"; "[Measures].[Sales Amount]"; "Verkaufssumme")

Die Funktion CUBEELEMENT() gibt ein Element oder Tupel aus einem Cube zurück. Verbindung ist der Name der Verbindung zum Cube. Element_Ausdruck ist ein gültiger MDX-Ausdruck, der ein eindeutiges Element im Cube ergibt. Stattdessen kann auch ein Zellbereich oder ein Array angegeben werden, das ein gültiges Tupel darstellt. Beschriftung ist eine Zeichenfolge, die anstelle der sonst in der Zelle angezeigten Elementnamen erscheinen soll. (Bei Tupeln erscheint als Vorgabe immer die Beschriftung des letzten Elements.)

Mithilfe dieser Funktion wird zugleich überprüft, ob das mithilfe von Element_Ausdruck angegebene Element oder Tupel im Cube überhaupt vorhanden ist.

! Wird ein ungültiger Name für Verbindung angegeben, liefert die Funktion den Fehler #NV. Ist das mit Element_Ausdruck angegebene Element nicht im Cube zu finden, erscheint ebenfalls der Fehler #NV. Ist Element_Ausdruck länger als 255 Zeichen, erscheint der Fehler #WERT!.

CUBEELEMENTEIGENSCHAFT()

CUBEMEMBERPROPERTY()

Syntax:	CUBEELEMENTEIGENSCHAFT(**Verbindung; Element_Ausdruck; Eigenschaft**)
Beispiel:	=CUBEELEMENTEIGENSCHAFT("Cube4Excel"; "[Order Date].[Calendar Year].[All].children"; B10)

Die Funktion CUBEELEMENTEIGENSCHAFT() liefert den Wert einer Eigenschaft des über Element_Ausdruck angegebenen Elements im Cube. Dabei wird geprüft, ob ein entsprechender Elementname im Cube vorhanden ist. Wenn ja, wird der Wert der angegebenen Eigenschaft zurückgegeben. Das Argument Eigenschaft enthält den Namen der Eigenschaft oder einen Zellbezug, der diesen Namen enthält.

Ob ein Element aus einer Pivot-Tabelle überhaupt zugeordnete Eigenschaften hat, können Sie mit **Analysieren ▸ Berechnungen ▸ OLAP-Tools ▸ Elementeigenschaften** prüfen.

! Wird ein ungültiger Name für Verbindung angegeben, liefert die Funktion den Fehler #NV. Ist das mit Element_Ausdruck angegebene Element nicht im Cube zu finden, erscheint ebenfalls der Fehler #NV. Ist Element_Ausdruck länger als 255 Zeichen, erscheint der Fehler #WERT!.

CUBEKPIELEMENT()

CUBEKPIMEMBER()

Syntax: CUBEKPIELEMENT(**Verbindung; KPI_Name; KPI_Eigenschaft;** Beschriftung)

Beispiel: =CUBEKPIELEMENT("Cube4Excel"; "CPRatio"; 1; "KPI-Wert")

Die Funktion CUBEKPIELEMENT() gibt die angegebene KPI_Eigenschaft eines Key Performance Indicators (KPI) zurück und zeigt KPI_Name in der Zelle an. Wird ein Text für Beschriftung angegeben, wird dieser stattdessen in der Zelle angezeigt.

Ein solcher Indikator ist ein quantifizierbares Maß, z. B. der Quartalsgewinn oder die vierteljährliche Mitarbeiterfluktuation, mit dem die Leistungsfähigkeit eines Unternehmens beurteilt werden kann. Für das Argument KPI_Eigenschaft sind die in Tabelle 11.1 aufgeführten Werte möglich.

Zahl	Eigenschaft	Beschreibung
1	KPIWert	aktueller Wert
2	KPIZiel	Zielwert
3	KPIStatus	Zustand des KPIs zu einem bestimmten Zeitpunkt

Tabelle 11.1 Werte für das Argument KPI_Eigenschaft

Zahl	Eigenschaft	Beschreibung
4	KPITrend	Measure des Wertes über einen Zeitraum
5	KPIStärke	Gewichtung des Indikators
6	KPICurrentTimeMember	Zeitrahmen des Indikators

Tabelle 11.1 Werte für das Argument `KPI_Eigenschaft` (Forts.)

Die Eingabe der Zahlenwerte wird durch die Funktion **AutoVervollständigen** unterstützt.

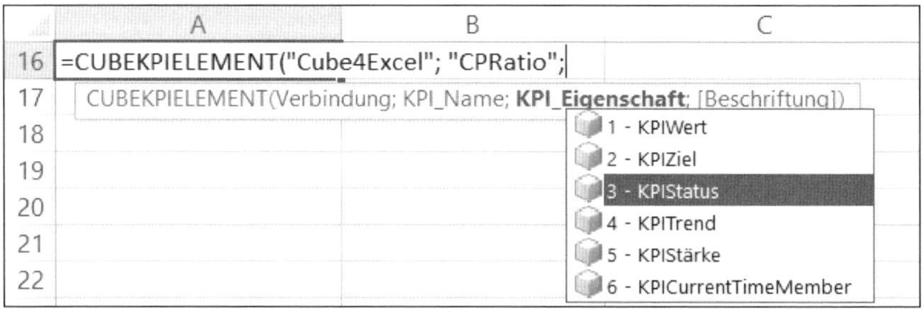

Abbildung 11.8 Die möglichen Werte für `KPI_Eigenschaft` werden bei der Eingabe angeboten.

Enthält der Cube einen solchen KPI, kann mit einer Kombination von `CUBEKPIELEMENT()` und `CUBEVALUE()` gearbeitet werden, wie Abbildung 11.9 zeigt. In der Spalte A wird die `CUBEKPIELEMENT()`-Funktion mit unterschiedlichen Werten für das Argument `KPI_Eigenschaft` verwendet.

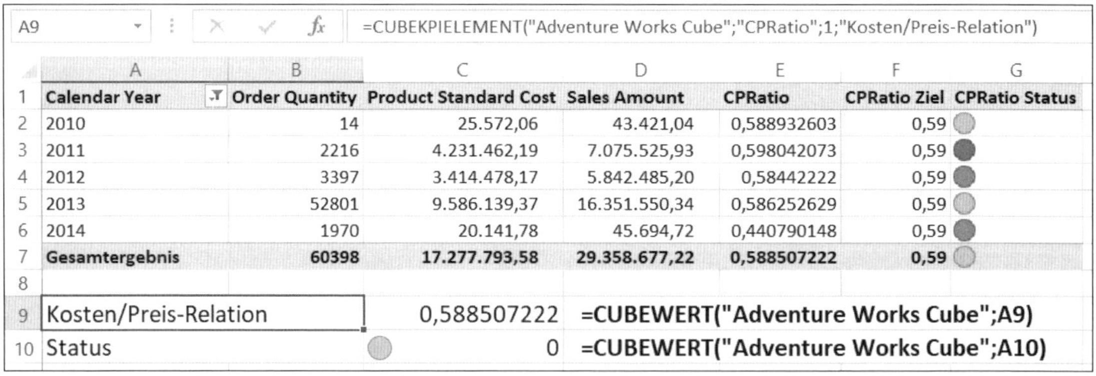
A9 =CUBEKPIELEMENT("Adventure Works Cube";"CPRatio";1;"Kosten/Preis-Relation")

	A	B	C	D	E	F	G
1	Calendar Year	Order Quantity	Product Standard Cost	Sales Amount	CPRatio	CPRatio Ziel	CPRatio Status
2	2010	14	25.572,06	43.421,04	0,588932603	0,59	
3	2011	2216	4.231.462,19	7.075.525,93	0,598042073	0,59	
4	2012	3397	3.414.478,17	5.842.485,20	0,58442222	0,59	
5	2013	52801	9.586.139,37	16.351.550,34	0,586252629	0,59	
6	2014	1970	20.141,78	45.694,72	0,440790148	0,59	
7	**Gesamtergebnis**	**60398**	**17.277.793,58**	**29.358.677,22**	**0,588507222**	**0,59**	
8							
9	Kosten/Preis-Relation		0,588507222	**=CUBEWERT("Adventure Works Cube";A9)**			
10	Status		0	**=CUBEWERT("Adventure Works Cube";A10)**			

Abbildung 11.9 Anzeige von KPI-Daten

Dabei wird jeweils eine passende `Beschriftung` angegeben. In der Spalte B wird mithilfe von `CUBEWERT()`-Funktionen auf die Funktionen in Spalte A Bezug genommen, um die den verschiedenen Eigenschaften entsprechenden Werte auszulesen.

Die Umsetzung der möglichen Statuswerte 1, 0 und –1 können Sie dann mit einer bedingten Formatierung verknüpfen, die mit den Ampelsymbolen arbeitet.

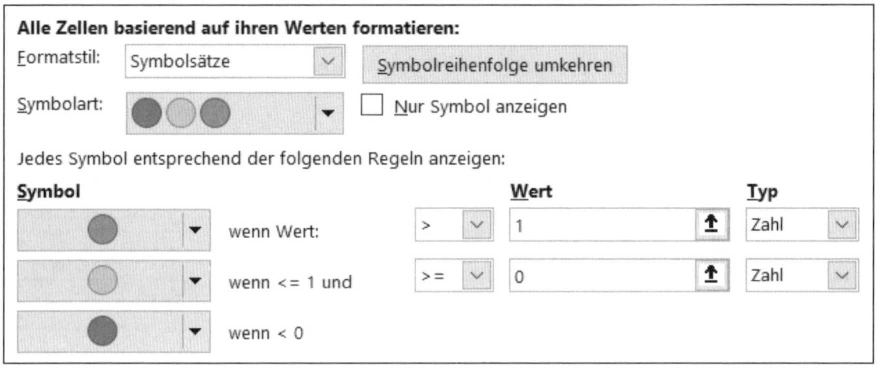

Abbildung 11.10 Bedingtes Format für die Statuswerte

Wird ein ungültiger Name für `Verbindung` angegeben, liefert die Funktion den Fehler `#NV`. Das gilt auch, wenn `KPI_Name` und `KPI_Eigenschaft` ungültig sind.

CUBEMENGE()

CUBESET()

Syntax: `CUBEMENGE(`**`Verbindung; Menge_Ausdruck`**`; Beschriftung; Sortierreihenfolge; Sortieren_nach)`

Beispiel: `=CUBEMENGE("Cube4Excel"; "[Order Date].[All].children"; "Jahr"; 2; C6)`

Die Funktion `CUBEMENGE()` sendet einen Mengenausdruck für einen bestimmten Satz von Elementen oder Tupeln an den Cube, der die entsprechenden Daten zusammenstellt und an Excel liefert. `Menge_Ausdruck` ist entweder ein MDX-Ausdruck oder ein Zellbezug auf einen solchen. Das Argument kann auch durch den Bezug auf einen Zellbereich zusammengestellt werden.

Mit `Beschriftung` können Sie eine andere Beschriftung wählen als die im Cube vorhandene Beschriftung. Außerdem können Sie eine Sortierreihenfolge und ein Sortierfeld angeben.

Sortierreihenfolge bestimmt die Art der auszuführenden Sortierung und kann die Werte aus Tabelle 11.2 annehmen.

Zahl	Eigenschaft	Beschreibung
0	Ohne	keine Änderung der Reihenfolge
1	Aufsteigend	Sortieren in aufsteigender Reihenfolge
2	Absteigend	Sortieren in absteigender Reihenfolge
3	Alphabetisch aufsteigend	Sortieren in alphabetisch aufsteigender Reihenfolge
4	Alphabetisch absteigend	Sortieren in alphabetisch absteigender Reihenfolge
5	Natürlich aufsteigend	Sortieren in natürlich aufsteigender Reihenfolge
6	Natürlich absteigend	Sortieren in natürlich absteigender Reihenfolge

Tabelle 11.2 Werte für das Argument Sortierreihenfolge

Der Standardwert ist 0. Wird 1 oder 2 verwendet, muss das Argument Sortieren_nach angegeben werden, in allen anderen Fällen ist es nicht erforderlich. Bei einer alphabetischen Sortierung für eine Menge mit Tupeln wird jeweils anhand des letzten Elements in jedem Tupel sortiert. Sortieren_nach ist eine Textzeichenfolge des Wertes, nach dem sortiert werden soll.

Wird ein ungültiger Name für Verbindung angegeben, liefert die Funktion den Fehler #NV. Sind die mit Menge_Ausdruck angegebenen Daten nicht im Cube zu finden, erscheint ebenfalls der Fehler #NV. Ist Menge_Ausdruck länger als 255 Zeichen, erscheint der Fehler #WERT!.

CUBEMENGENANZAHL()

CUBESETCOUNT()

Syntax: CUBEMENGENANZAHL(**Menge**)

Beispiel: =CUBEMENGENANZAHL(CUBEMENGE("Cube4Excel"; "[Order Date].[All].children"; "Jahr"; 2; E1))

Die Funktion CUBEMENGENANZAHL() liefert die Anzahl der Elemente in einer Menge, die durch das Argument Menge bestimmt ist. Dieses Element besteht aus einer CUBEMENGE()-Funktion oder einem Zellbezug auf eine solche Funktion.

CUBERANGELEMENT()

CUBERANKEDMEMBER()

Syntax:	`CUBERANGELEMENT(`**`Verbindung; Menge_Ausdruck; Rang`**`; Beschriftung)`
Beispiel:	`=CUBERANGELEMENT("Cube4Excel"; $B$6; $A7)`

Die Funktion `CUBERANGELEMENT()` gibt das mit dem Wert für `Rang` angegebene Element in einer Menge zurück. `1` liefert den besten Wert, `2` den zweitbesten Wert etc. Wird verwendet, um mindestens ein Element in einer Menge zurückzugeben, die meist durch die Funktion `CUBEMENGE()` definiert ist oder durch einen Bezug auf eine Zelle, die eine solche Funktion enthält.

! Wird ein ungültiger Name für `Verbindung` angegeben, liefert die Funktion den Fehler `#NV`. Sind die mit `Menge_Ausdruck` angegebenen Daten nicht im Cube zu finden, erscheint ebenfalls der Fehler `#NV`. Ist `Menge_Ausdruck` länger als 255 Zeichen, erscheint der Fehler `#WERT!`. Dies geschieht auch, wenn `Rang` nicht numerisch ist.

CUBEWERT()

CUBEVALUE()

Syntax:	`CUBEWERT(`**`Verbindung; Element_Ausdruck1`**`; Element_Ausdruck2 …)`
Beispiel:	`=CUBEWERT("Cube4Excel"; $E2; $F$1)`

Die Funktion `CUBEEWERT()` liefert den aggregierten Wert für die durch einen oder mehrere Elementausdrücke eingeschränkten Elemente.

! Wird ein ungültiger Name für `Verbindung` angegeben, liefert die Funktion den Fehler `#NV`. Sind die mit `Element_Ausdruck1` oder `Element_Ausdruck2` etc. angegebenen Elemente nicht im Cube zu finden, erscheint ebenfalls der Fehler `#NV`. Ist einer der Elementausdrücke länger als 255 Zeichen, erscheint der Fehler `#WERT!`.

12 Textfunktionen

12.1 Einsatzbereiche der Textfunktionen

Die Textfunktionen gehören zu den häufig benötigten Standardfunktionen von Excel und decken die Aufgaben ab, die beim Umgang mit Zeichenfolgen anfallen. Dabei geht es häufig darum, Bestandteile von Texten in einer Tabelle zu manipulieren, Zeichen in Texten auszutauschen oder zu entfernen. Häufig ist es auch nötig, Textdaten in numerische Daten zu konvertieren und umgekehrt.

Excel betrachtet alle Eingaben als Zeichenfolgen, die sich nicht als numerische Werte, als Datums- oder Zeitwerte, als logische Werte oder als Formel interpretieren lassen. Zeichenfolgen – der Argumentname in den Funktionen dafür ist üblicherweise `Text` – können auch das Ergebnis von Formeln oder Funktionen sein. Wenn in Zelle A8 die Zeichenfolge `"Monat: "` und in B8 die Zeichenfolge `"Mai"` steht, liefert eine Formel in C8 wie `=A8 & B8` wiederum eine Zeichenfolge `"Monat: Mai"`. C8 kann dann auch als Bezug für ein Textargument verwendet werden.

Es ist häufiger sinnvoll, auf diese Weise eine Zeichenfolge in einer Zelle durch eine Formel zu erzeugen, die verschiedene Zeichen oder Zeichenfolgen verknüpft, etwa eine Beschreibung für einen Termin und den Termin selbst. Wenn der Termin wiederum von anderen Werten in einem Tabellenblatt abhängig ist, lassen sich so leicht dynamische Beschriftungen erzeugen, die automatisch angepasst werden. Sehen wir uns dazu zunächst einige oft vorkommende Operationen bei der Arbeit mit Texten an. Sie betreffen die Umwandlung von Zahlen in Zeichenfolgen, spezielle Sortiermöglichkeiten über Teile einer Zeichenfolge, die Verknüpfung mit logischen Werten und die Kombination von Texten und Datumswerten.

12.1.1 Teile von Zeichenfolgen abgreifen

Eine kleine Gruppe zusätzlicher Textfunktionen erweitert den Umgang mit Zeichenketten. Die neuen Funktionen `TEXTNACH()`und `TEXTVOR()` erlauben es, Teile von Zeichenfolgen abzugreifen. Abbildung 12.1 zeigt einfache Beispiele für `=TEXTVOR()` und `=TEXTNACH()`.

	A	B	C
1			
2	**Zeichenketten teilen**		
3			
4	Mila & Ryu	Ryu	**=TEXTNACH(A4;" ";2;0;0)**
5		& Ryu	**=TEXTNACH(A4;" ";1;0;0)**
6		#NV	**=TEXTNACH(A4;" ";3;0;0)**
7		kein Trennzeichen	**=TEXTNACH(A4;"/";1;0;0;"kein Trennzeichen")**
8			
9	Mila & Ryu	Mila	**=TEXTVOR(A9;" ";1;0;0)**
10		Mila &	**=TEXTVOR(A9;" ";2;0;0)**
11		#NV	**=TEXTVOR(A9;" ";3;0;0)**
12		kein Trennzeichen	**=TEXTVOR(A9;"/";1;0;0;"kein Trennzeichen")**

Abbildung 12.1 Beispiele für `TEXTVOR()` und `TEXTNACH()`

Als Argumente benötigen die Funktionen `TEXTVOR()` und `TEXTNACH()` zunächst einen Bezug auf die Zeichenfolge, dann die Angabe des Trennzeichens, vor dem oder nach dem extrahiert werden soll.

Die Funktion `=TEXTTEILEN()` verteilt Teile einer Zeichenfolge in einer Zeile auf Spalten oder in einer Spalte auf Zeilen oder beides gleichzeitig. Sie ist eine Alternative zu der **Text in Spalten**-Option, die auf dem Register **Daten** unter **Datentools** angeboten wird. Das Ergebnis der Funktion ist immer eine dynamische Matrix.

	A	B	C	D	E	F
1						
2	**Zeichenfolgen aufteilen**					
3			=TEXTTEILEN(A4;{",";" "};;WAHR)			
4	Boener, Rosa 7.6.2010 Aachen		Boener	Rosa	7.6.2010	Aachen
5	Hansen, Sabine 12.12.2012 Koblenz		Hansen	Sabine	12.12.2012	Koblenz
6	Duerr, Max 10.8.1999 Berlin		Duerr	Max	10.8.1999	Berlin
7						
8						
9			=TEXTTEILEN(A10;":";",";WAHR;1;"fehlt")			
10	Test1: 2000,Test2:1900,Test3:,Test4:2100		Test1	2000		
11			Test2	1900		
12			Test3	fehlt		
13			Test4	2100		

Abbildung 12.2 Beispiele für die Aufteilung auf Zeilen und Spalten

12.1.2 Zahlen in Text umwandeln

Sie wollen Artikelnummern um zwei Zeichen erweitern, die die Warengruppe beinhalten. Wenn Sie beispielsweise in die Zelle C3

```
=ZEICHENKETTE(A3; B3)
```

eintragen, wird der Inhalt von Zelle A3 mit dem Inhalt von Zelle B3 verkettet. Wenn A3 das Warengruppenkennzeichen `PX` enthält und B3 die Artikelnummer `3370086`, ist das Ergebnis in Zelle C3 `PX3370086`. Wenn die bisherige Artikelnummer in B3 als Zahl und nicht als Zeichenfolge eingetragen worden ist, wird die Zahl in eine Zeichenfolge umgewandelt. Anschließend können Sie diese Formel noch mit F9 in ihr Ergebnis verwandeln. Wollen Sie zwischen den beiden Textelementen ein Leerzeichen sehen, müssen Sie Folgendes schreiben:

```
=TEXTKETTE(A3; " "; B3)
```

12.1.3 Operationen mit regulären Ausdrücken

Das Extrahieren von Zeichen aus einer Zeichenfolge, das Ersetzen bestimmter Teile in ihr und der Test auf das Vorhandensein bestimmter Zeichen ist jetzt auch mit den Funktionen `REGEXEXTRAHIEREN()`, `REGEXERSETZEN()` und `REGEXTESTEN()` möglich. Diese Funktionen arbeiten mit regulären Ausdrücken, wie sie in vielen Programmiersprachen verwendet werden. Das erste Argument `Text` gibt jeweils die Zeichenfolge an, um die es geht. Das entscheidende Argument `Muster` oder `Pattern` ist ein Musterausdruck, der den Regeln entspricht, die für reguläre Ausdrücke definiert sind. Häufig verwendete Beispiele sind:

- `"[0-9]"` für jede numerische Ziffer
- `"[a-z]"` für ein Zeichen im Bereich von a bis z
- `"[A-Z]"` für ein Zeichen im Bereich von A bis Z
- `"."` für ein beliebiges Zeichen
- `"a"` für das Zeichen "a"
- `"a*"` für null oder mehr "a"
- `"a+"` für ein oder mehrere "a"
- `"\d"` für eine beliebige Ziffer
- `"\w"` für beliebige Ziffern, Buchstaben oder den Unterstrich

Die möglichen Ausdrücke sind in der Open-Source-Bibliothek PCRE2 definiert. Die Abkürzung steht für *Perl Compatible Regular Expressions, Version 2*. Details finden Sie über *https://github.com/PCRE2Project/pcre2*.

Das Argument `Return_mode` gibt an, welche Zeichenfolgen Sie extrahieren wollen. Vorgabe ist `0`. Folgende Werte sind möglich:

Wert	Beschreibung
0	Gibt die erste dem Muster entsprechende Zeichenfolge zurück.
1	Gibt alle dem Muster entsprechenden Zeichenfolgen als dynamische Matrix zurück.
2	Gibt Erfassungsgruppen aus der ersten Übereinstimmung als dynamische Matrix zurück. *Erfassungsgruppen* sind Teile eines RegEx-Musters, die in runden Klammern stehen. Dadurch können einzelne Teile einer Übereinstimmung getrennt zurückgegeben werden.

Tabelle 12.1 Werte für das Argument `Return_mode`

Das nützliche Argument `Groß-/Kleinschreibungsunterscheidung` oder `Case_sensitivity` bestimmt, ob die Groß-/Kleinschreibung geachtet werden soll (`0`, ist Vorgabe) oder nicht (`1`).

Abbildung 12.3 zeigt Beispiele für die Zeichenextraktion. Im ersten Fall wird eine Teilzeichenfolge ausgeschnitten, die einen Großbuchstaben und mehrere Kleinbuchstaben hat. Im zweiten Fall werden die gefundenen Übereinstimmungen auf mehrere Zellen verteilt. Beispiel drei extrahiert nur die Zahlen. Im vierten Beispiel werden drei Erfassungsgruppen auf drei Zellen verteilt. Das letzte Beispiel extrahiert die E-Mail-Adresse.

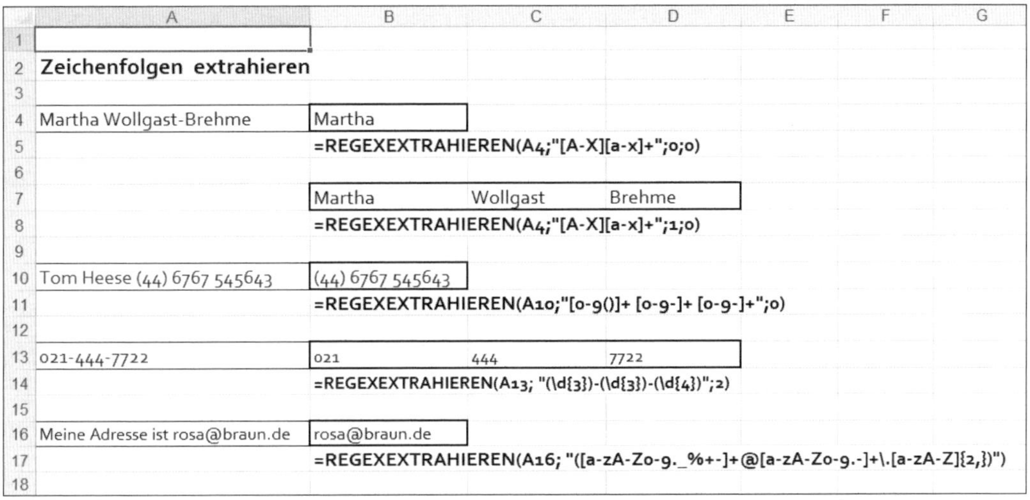

Abbildung 12.3 Teilzeichenfolgen lassen sich extrahieren oder auf mehrere Zellen verteilen.

Bei der Funktion `REGEXERSETZEN()` gibt das dritte notwendige Argument an, wodurch die gefundene Musterentsprechung ersetzt werden soll. Optional ist die Angabe des Vorkommens; sie ist für den Fall vorgesehen, dass die Musterentsprechung mehrfach vorkommt.

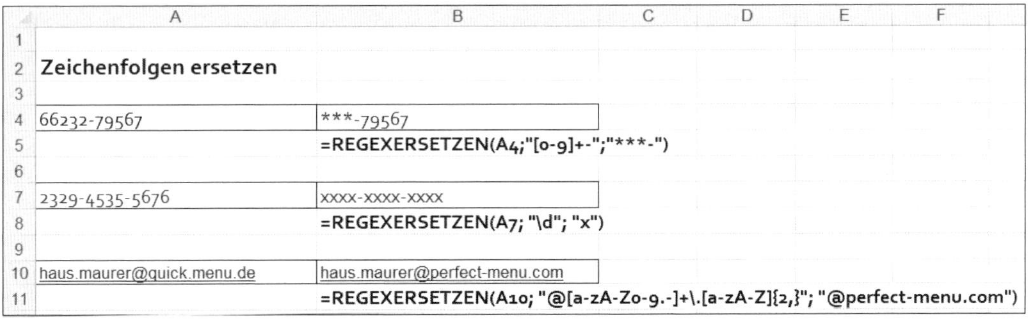

Abbildung 12.4 Ein Beispiel dafür, wie Teile von Daten versteckt werden können

Die Funktion `REGEXTESTEN()` prüft einfach nur, ob die Zeichenfolge dem angegebenen Muster entspricht, und liefert entsprechend die logischen Werte `WAHR` oder `FALSCH`.

	A	B	C
1			
2	**Zeichenfolgen testen**		
3			
4	kommen Grossbuchstaben vor?	WAHR	
5		**=REGEXTESTEN(A4;"[A-Z]+";0)**	
6			
7	Ist das eine formal korrekte E-Mail-adresse?		
8	hv@helmut-vonhoegen.de	WAHR	
9		**=REGEXTESTEN(A8; "[a-zA-Z0-9._%+-]+@[a-zA-Z0-9.-]+\.[a-zA-Z]{2,4}")**	
10			
11	Ist das eine fünfstellige Postleitzahl?		
12	50678	WAHR	
13		**=REGEXTESTEN(A12; "^\d{5}$")**	

Abbildung 12.5 Hier wird geprüft, ob Großbuchstaben vorkommen.

12.1.4 Sortiermöglichkeiten durch Textfunktionen

Sollen umgekehrt bei Artikelbezeichnungen, die immer auf den zwei ersten oder letzten Stellen ein Kennzeichen der Warengruppe enthalten, diese abgelesen werden, etwa um eine Liste danach zu sortieren, können Sie mit einer Textfunktion die beiden Stellen herausziehen:

```
=RECHTS(C9; 2)
```

liefert die beiden letzten Stellen,

```
=LINKS(C9; 2)
```

die beiden ersten Stellen.

12.1.5 Logische Werte in Texte aufnehmen

Auch eine Zelle mit einem logischen Wert kann mit dem Inhalt einer anderen Zelle zu einem Text verkettet werden.

```
=TEXTKETTE("Die Behauptung, der Umsatz steigt, ist "; C9)
```

ergibt den Satz »Die Behauptung … ist FALSCH«, wenn die entsprechende Bedingung in C9 nicht erfüllt ist.

12.1.6 Verknüpfung von Text mit einem Datum

Etwas schwieriger ist die Verknüpfung von Text mit einem Datum. Wenn Sie einen Bezug auf ein Datumsfeld benutzen, liefert Excel anstelle des Datums die serielle Zahl, mit der das Datum intern dargestellt wird. Das Problem ist lösbar, wenn Sie mit den anderen Datumsfunktionen arbeiten. Hier ein Beispiel: Wenn Sie ein Tagesformular verwenden, in dessen Kopf stehen soll: »Abrechnung vom …« , können Sie in eine Zelle eintragen:

```
="Abrechnung vom "&TAG(HEUTE())&"."&MONAT(HEUTE())&"."& JAHR(HEUTE())
```

Das Formular wird dann automatisch mit dem Tagesdatum gedruckt.

12.1.7 Texte zerlegen

Durch die Kombination der Funktionen `TEIL()`, `SUCHEN()` und `LÄNGE()` lassen sich Texte, die durch irgendein Trennzeichen getrennt sind, in entsprechende Teile zerlegen und in getrennten Spalten ablegen. Mit der Funktion `TEIL()` wird dazu zunächst der Text angegeben, der aufgeteilt werden soll:

```
=TEIL(A2;
```

Das zweite Argument gibt an, ab welcher Stelle das Textteil beginnen soll. Im Beispiel ist das für die Spalte F die Summe der Längen der beiden ersten Spalten plus der Zeichenanzahl, die jeweils vorne ignoriert wird, um den Punkt herauszunehmen.

Da `LÄNGE()` als Argument einen Text erwartet, werden die beiden Teilstücke mit dem Operator `&` verkettet. Die vielleicht naheliegende Lösung `=LÄNGE(B2+D3)` wird als fehlerhaft zurückgewiesen.

```
7+LÄNGE(B2&B3);
```

Das dritte Argument soll bestimmen, wie viele Zeichen ab dem gerade ermittelten Startpunkt in das Teilstück übernommen werden sollen. Dazu wird die Funktion `SUCHEN()` verwendet. Dabei wird der Zeichencode für den Punkt als Suchtext genommen.

Das zweite Argument der Suchfunktion ist wieder der gesamte Text, der durchsucht werden soll. Das dritte Argument gibt an, wo die Suche starten soll. Das ist derselbe Punkt, an dem auch das Teilstück beginnen soll.

```
SUCHEN(ZEICHEN(149); A2; 7+LÄNGE(B2&C2))
```

Als Ergebnis der Suchfunktion ergibt sich die Position, an der der Suchtext gefunden wird. Um die Länge des Teilstücks zu gewinnen, muss von dieser Fundstelle noch mal die Startposition abgezogen werden, an der die Suche begonnen hat.

```
-7+LÄNGE(B2&C2)))
```

Die letzte Formel ist kürzer, weil ja nicht mehr nach einem weiteren Punkt gesucht werden muss:

```
=TEIL(A2; 9+LÄNGE(B2&D2&F2); LÄNGE(A2)-(9+LÄNGE(B2&D2&F2)))
```

Hier wird von der Gesamtlänge des Textes einfach die Summe der Teilstücke abgezogen.

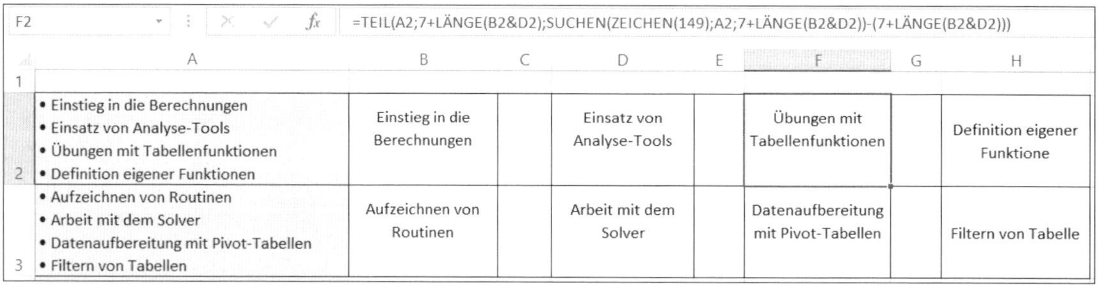

Abbildung 12.6 Beispiel für die Zerlegung von Texten in Zellen, die mit Trennzeichen arbeiten

12.1.8 Hinweis zu Umwandlungen mit der Blitzvorschau

Wenn Sie mit Excel arbeiten, haben Sie in zahlreichen Fällen, die früher Lösungen mithilfe von Textfunktionen gefordert haben, die Alternative, die mit Excel 2013 eingeführte Füllfunktion zu nutzen, die bereits in Abschnitt 1.3.10, »Umwandlungen per Mustererkennung«, beschrieben worden ist. Die Funktion macht in vielen Fällen komplizierte Textumwandlungen mithilfe von Makros und Textfunktionen überflüssig.

12.1.9 Sprache erkennen und Übersetzen

Die mit Excel verknüpften Übersetzungsdienste erlauben es, zwei weitere Textfunktionen zu nutzen. `SPRACHEERKENNEN()` ist in der Lage, die Sprache eines Textes zu erkennen und als Ergebnis das Länderkennzeichen nach der Norm ISO 3166-1 auszugeben. Bei der Funktion `ÜBERSETZEN()` müssen neben dem Argument `Text` die Länderkennzeichen des Originals und des Übersetzungsziels angegeben werden. Bei der Eingabe der Funktion werden die möglichen Codes angeboten.

	A	B	C
1			
2	**Sprache erkennen und übersetzen**		
3			
4	To be or not to be	en	**=SPRACHEERKENNEN(A4)**
5			
6		de	Sein oder nicht sein
7			**=ÜBERSETZEN(A4;B4;B6)**
8			
9			بولۇش ياكى بولماسلىق
10			**=ÜBERSETZEN(C6;"DE";"ug")**
11			

Abbildung 12.7 Sprache erkennen und übersetzen

12.2 Referenz der Textfunktionen

BAHTTEXT()

BAHTTEXT()

Syntax: `BAHTTEXT(`**`Zahl`**`)`

Beispiel: siehe Abbildung 12.8

Die Funktion `BAHTTEXT()` wandelt den Wert von `Zahl` in Text im thailändischen Währungsformat um. Die Umwandlung von Zahlen in Zahlwörter wird beispielsweise bei Betragsangaben auf Schecks oder in Verträgen benötigt. Anders als bei dem thailändischen Zahlenformat, das über den Dialog **Zellen formatieren** ausgewählt werden kann, wird kein Währungssymbol verwendet, sondern dem Text das Suffix »Baht« angehängt. Warum diese Funktion nur für die thailändische Währung angeboten wird, darüber kann nur spekuliert werden.

! Ist `Zahl` nicht numerisch, liefert die Funktion den Fehlerwert `#WERT!`.

	A	B
1		
2	**Beispiele für die BAHTTEXT()-Funktion**	
3		
4	**Zahl**	**BAHTTEXT()**
5	123	หนึ่งร้อยยี่สิบสามบาทถ้วน
6	8	แปดบาทถ้วน
7	-8	ลบแปดบาทถ้วน
8	12,23	สิบสองบาทยี่สิบสามสตางค์
9	-12,23	ลบสิบสองบาทยี่สิบสามสตางค์
10		ศูนย์บาทถ้วน

Abbildung 12.8 Zahlworte in Thai-Text

12

CODE()

CODE()

Syntax:	CODE(**Text**)
Beispiel:	=CODE("T")
Ergebnis:	84

Die Funktion CODE() liefert den Code des ersten Zeichens in der Zeichenfolge, die mit dem Argument Text angegeben wird. Die ausgegebene Codezahl bezieht sich dabei auf den Zeichensatz, mit dem das System arbeitet, unter Windows also auf den ANSI-Code. Dieser Code läuft von 1 bis 255, die ersten 31 Codes stehen für nicht druckbare Zeichen wie dem Zeilenvorschub. Die Großbuchstaben belegen die Nummern 65 bis 90, die Kleinbuchstaben 97 bis 122, die Zahlen liegen zwischen 48 und 57. Eine komplette Übersicht finden Sie in Abbildung 12.50.

Ist Text ein Verweis auf eine leere Zelle oder das Ergebnis einer Formel, die eine leere Zeichenfolge zurückgibt, liefert die Funktion den Fehler #WERT!.

ANSI-Codes

Text	CODE()	Text	CODE()
A	65	T	84
B	66	U	85
C	67	V	86
D	68	W	87
E	69	X	88
F	70	Y	89
G	71	Z	90
H	72	a	97
I	73	b	98
J	74	z	122
K	75	0	48
L	76	9	57
M	77	3	51
N	78		32
O	79	!	33
P	80	?	63
Q	81	*	42
R	82	#	35
S	83	\	92

Abbildung 12.9 Ausgewählte CODE()-Beispiele

Die Umkehrfunktion von `CODE()` ist die Funktion `ZEICHEN()`, sie liefert das Zeichen zu einem bestimmten Codewert.

12.2.1 Gruppenbildung über CODE()

Die Funktion kann von Nutzen sein, wenn es beispielsweise darum geht, für eine Namensliste eine Gruppenbildung nach den Anfangsbuchstaben vorzunehmen. Abbildung 12.10 zeigt ein kleines Beispiel, in dem die Namen über eine Nummer in zwei Gruppen gegliedert werden. Die im Alphabet unterhalb des Buchstabens mit dem Code 77 – das ist das M – liegenden Namen bilden die erste Gruppe, die anderen die zweite Gruppe. Um die Abfrage zu vereinfachen, wird mit der Funktion `GROSS()` sichergestellt, dass der Anfangsbuchstabe des Namens immer als Großbuchstabe ausgewertet wird. Die Formel heißt dann:

```
=WENN(CODE(GROSS(A6))<77; 1; 2)
```

	A	B	C
1			
2	**Gruppieren nach dem ersten Buchstaben**		
3			
4	Gruppierung von Namen		
5	**Name**	**Gruppe**	
6	Hansen	1	**=WENN(CODE(GROSS(A6))<77;1;2)**
7	Bergmann	1	
8	Gange	1	
9	Erft	1	
10	Donan	1	
11	Karim	1	
12	Katar	1	
13	Schoner	2	
14	Zander	2	
15	Sonderbohm	2	

Abbildung 12.10 Die `CODE()`-Funktion lässt sich zum Gruppieren von Namen nach dem ersten Buchstaben verwenden.

Sind die Gruppenzuordnungen berechnet, können Sie anschließend die Tabelle nach der Spalte mit den Gruppenziffern sortieren.

12

DM()

DOLLAR()

Syntax: `DM(`**`Zahl`**`; Dezimalstellen)`

Beispiel: `=DM(58721,4567; 2)`

Ergebnis: `58721,46 €`

Die Funktion `DM()` mit dem »alten« Namen wandelt den Wert für das Argument `Zahl` in eine Zeichenfolge im aktuellen Währungsformat um. Durch das optionale Argument `Dezimalstellen` kann die Anzahl der Ziffern rechts vom Komma festgelegt werden, die dabei gerundet und nicht abgeschnitten werden.

Wird das Argument nicht angegeben, dann wird es mit `2` angenommen. Wird ein negativer Wert eingegeben, wird auf entsprechende Stellen vor dem Komma gerundet.

Ist `Zahl` nicht numerisch, liefert die Funktion den Fehler `#WERT!`. Das gilt auch, wenn für `Dezimalstellen` ein Wert über `127` angegeben wird.

Wie die Spalte D in Abbildung 12.11 zeigt, wird bei einer Multiplikation des Funktionsergebnisses etwa mit dem Mehrwertsteuersatz nicht – wie es sonst der Fall ist – das Euroformat automatisch übernommen.

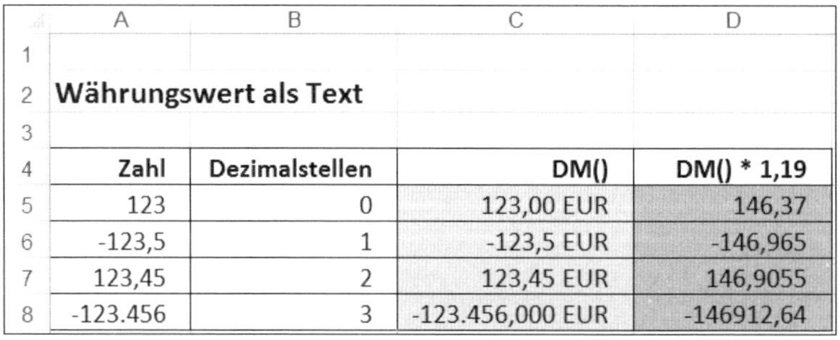

	A	B	C	D
1				
2	**Währungswert als Text**			
3				
4	**Zahl**	**Dezimalstellen**	**DM()**	**DM() * 1,19**
5	123	0	123,00 EUR	146,37
6	-123,5	1	-123,5 EUR	-146,965
7	123,45	2	123,45 EUR	146,9055
8	-123.456	3	-123.456,000 EUR	-146912,64

Abbildung 12.11 Die Funktion mit dem veralteten Namen liefert jetzt Eurowerte.

Während es sich bei dem Inhalt der Zellen C5:C8 um Zeichenfolgen und nicht um Zahlenwerte handelt, sind die Werte in D5:D8 wieder Zahlenwerte. Durch die Multiplikation wird also automatisch der Datentyp `Zeichenfolge` in den Datentyp `Zahl` umgewandelt.

ERSETZEN()

REPLACE()

Syntax: `ERSETZEN(`**`Alter_Text; Erstes_Zeichen; Anzahl_Zeichen; Neuer_Text`**`)`

Beispiel: `=ERSETZEN("Müller"; 2; 5; "eier")`

Ergebnis: `Meier`

Mit der Funktion `ERSETZEN()` können in einer Zeichenfolge ein oder mehrere Zeichen durch neue Zeichen überschrieben werden.

	A	B	C	D	E
1					
2	**Ersetzen von Zeichen**				
3					
4	**Alter_Text**	**Erstes_Zeichen**	**Anzahl_Zeichen**	**Neuer_Text**	**ERSETZEN()**
5	Kapitel 1	1	7	Abschnitt	Abschnitt 1
6	Hansen	1		Dr.	Dr. Hansen
7	Gernot	7		@net.de	Gernot@net.de
8	Köln, den Dt	11	2	24.07.2018	Köln, den 24.07.2018

Abbildung 12.12 Beispiele für das Ersetzen von Textteilen

Die Funktion hat vier Argumente: `Alter_Text` ist die Zeichenfolge, in der Teile ersetzt werden sollen. `Erstes_Zeichen` bestimmt die Position in der Zeichenfolge, an der mit dem Ersetzen zu beginnen ist. Dabei wird das erste Zeichen der Zeichenfolge mit `1` gezählt. `Anzahl_Zeichen` gibt an, wie viele Zeichen aus der alten Zeichenfolge ab dem angegebenen Startpunkt durch die mit `Neuer_Text` angegebene Zeichenfolge ersetzt werden sollen.

Die Werte für `Erstes_Zeichen` und `Anzahl_Zeichen` müssen > `0` sein, ansonsten erscheint als Ergebnis der Fehler `#WERT!`. Ist `Erstes_Zeichen` > als die Anzahl der Zeichen in der Zeichenfolge `Alter_Text`, wird die Zeichenfolge `Neuer_Text` einfach an die Zeichenfolge `Alter_Text` angehängt. Das gilt auch, wenn `Alter_Text` ein Bezug auf eine leere Zelle ist. Es macht auch nichts, wenn `Anzahl_Zeichen` größer ist als die Anzahl der Zeichen in `Neuer_Text`.

Wenn nicht bekannt ist, an welcher Stelle in einem gegebenen Text sich der Teil befindet, der ersetzt werden soll, und wie viele Zeichen er enthält, kann die Funktion mit der Funktion `SUCHEN()` kombiniert werden:

```
=ERSETZEN(A8; SUCHEN("den Dt"; A8); LÄNGE("den Dt");
"den "&TEXT(HEUTE(); "TT.MM.JJJJ"))
```

FEST()

FIXED()

Syntax: `FEST(`**`Zahl`**`; Dezimalstellen; Keine_Punkte)`

Beispiel: `=FEST(33654,236; 2; WAHR)`

Ergebnis: `"33654,24" (als Text)`

Die Funktion `FEST()` wandelt einen numerischen Wert in eine Zeichenfolge mit einer fixierten Anzahl von Nachkommastellen um.

Mit `Zahl` wird der numerische Wert angegeben. Mit dem Argument `Dezimalstellen` kann die Anzahl der gewünschten Stellen bestimmt werden. Das Ergebnis der Funktion wird gerundet. Geben Sie das Argument `Dezimalstellen` nicht an, so wird es als `2` angenommen; wird es negativ eingegeben, wird auf die entsprechenden Stellen vor dem Komma gerundet. Obwohl Excel nur mit maximal 15 Stellen hinter dem Komma rechnet, kann bei dieser Funktion für Dezimalstellen ein Wert von bis zu `127` angegeben werden. `Keine_Punkte` ist ein Wahrheitswert, der darüber entscheidet, ob eine Tausenderabtrennung mittels Punkt vorgenommen werden soll. Wird kein Wahrheitswert oder `FALSCH` angegeben, dann wird die Tausenderabtrennung vorgenommen, andernfalls wird der Punkt nicht mit ausgegeben.

! Ein Wert für `Dezimalstellen` über `127` führt zu dem Fehler `#WERT!`. Der erscheint auch, wenn `Zahl` nicht numerisch ist.

Ist `Zahl` ein Datumswert, liefert die Funktion die serielle Zahl als Text, wie in Abbildung 12.13 zu sehen. Ist `Zahl` ein Wahrheitswert, werden die Ziffern `1` und `0` als Text ausgegeben. Wird eine Zelle, deren Wert mit `FEST()` ermittelt wird, in einer Formel beispielsweise mit einer Zahl addiert, wandelt Excel für die Berechnung den Text der Zelle automatisch wieder in eine Zahl um.

	A	B	C	D	E
1					
2	**Zahl als Text mit Dezimalstellen ausgeben**				
3					
4	**Zahl**	**Dezimalstellen**	**Keine_Punkte**	**FEST()**	**ISTTEXT()**
5	123	2		123,00	WAHR
6	123	1		123,0	WAHR
7	123456	-4		120.000	WAHR
8	12.11.2015	0	WAHR	42320	WAHR
9	WAHR	0	WAHR	1	WAHR
10	FALSCH	0	WAHR	0	WAHR

Abbildung 12.13 Die `ISTTEXT()`-Funktion bestätigt, dass `FEST()` Zahlen als Text liefert.

Die Funktion FEST() kann genutzt werden, um Zeichenfolgen zusammenzustellen, die Text und Zahlen kombinieren.

```
="Der Mittelwert ist "&FEST(100/13; 3)
```

gibt beispielsweise das Ergebnis der Division mit drei Dezimalstellen aus.

```
="Der Mittelwert ist "&(100/13)
```

würde dagegen das Ergebnis

```
Der Mittelwert ist 7,692230769230769
```

ausgeben.

FINDEN()

FIND()

Syntax:	FINDEN(**Suchtext; Text;** Erstes_Zeichen)
Beispiel:	=FINDEN("&"; "Pasta & Vino")
Ergebnis:	7

Für die Suche nach Zeichenfolgen innerhalb einer Zeichenfolge stellt Excel zwei ähnliche Funktionen zur Verfügung, die Funktion FINDEN() und die Funktion SUCHEN(). Die Funktion FINDEN() unterscheidet bei der Suche zwischen Groß- und Kleinschreibung und lässt keine Platzhalterzeichen zu, die Funktion SUCHEN() ignoriert die Schreibung und lässt Platzhalter zu.

Die Funktion FINDEN() überprüft, ob die mit Suchtext angegebene Zeichenfolge in einer anderen Zeichenfolge vorkommt, die mit dem Argument Text angegeben wird. Suchtext darf keine Platzhalter enthalten. Die Suche beginnt bei der Position in der Zeichenfolge, die durch den Wert für Erstes_Zeichen bestimmt ist. Fehlt allerdings ein Wert für Erstes_Zeichen, wird 1 angenommen, also von Anfang an gesucht. Ergebnis der Funktion ist eine Zahl für die Position von Suchtext in Text. Dabei wird immer vom ersten Zeichen von Text aus gezählt unabhängig von dem Wert für Erstes_Zeichen.

Wird der Suchtext in der Zeichenfolge nicht gefunden, wird der Fehler #WERT! ausgegeben. Denselben Fehler liefert die Funktion, wenn Erstes_Zeichen nicht > 0 oder größer als die Anzahl von Zeichen in Text ist.

Zeichen finden

Suchtext	Text	Erstes_Zeichen	FINDEN()
o	Anatomie	1	5
O	Anatomie	1	#WERT!
o	Anatomie	6	#WERT!
o	Anatomie	4	5
z	Anatomie	1	#WERT!
@	jk@net.de	1	3

Abbildung 12.14 Suchtext dreimal gefunden und dreimal nicht

GLÄTTEN()

TRIM()

Syntax: `GLÄTTEN(`**`Text`**`)`

Beispiel: `=GLÄTTEN("Egon Maier")`

Ergebnis: `Egon Maier`

Die Funktion `GLÄTTEN()` entfernt überzählige Leerzeichen in `Text`, sodass jeweils nur Leerzeichen zur Worttrennung stehen bleiben. Ist `Text` ein Datumswert, liefert die Funktion die serielle Zahl, d. h., das Ergebnis wird auf das Standardformat zurückgesetzt.

Die Funktion ist insbesondere bei der Übernahme von Daten aus anderen Anwendungen nützlich, um überflüssige Leerzeichen aufzuspüren und um mögliche Fehler beim Sortieren zu vermeiden. In dem Beispiel in Abbildung 12.15 werden die Textlängen vor und nach dem Glätten mithilfe der Funktion `LÄNGE()` geprüft.

Zeichenfolgen glätten

Text	alte Textlänge	GLÄTTEN()	neue Textlänge
Haus in Bonn	20	Haus in Bonn	12
Haus in Bonn	16	Haus in Bonn	12
Bremen	12	Bremen	6
12. Dez 07	5	39428	5

Abbildung 12.15 Entfernen überflüssiger Leerzeichen

Die Funktion entfernt allerdings nur Leerzeichen, die dem Codewert 32 im ASCII-Zeichensatz entsprechen. Geschützte Leerzeichen, wie sie in HTML mit der Entität ` ` vorkommen – im Unicode-Zeichensatz ist das der dezimale Wert 160 –, werden dagegen nicht entfernt.

GROSS()

UPPER()

Syntax:	`GROSS(`**`Text`**`)`
Beispiel:	`=GROSS("Kilo")`
Ergebnis:	`KILO`

Die Funktion `GROSS()` wandelt alle Buchstaben aus der mit `Text` angegebenen Zeichenfolge in Großbuchstaben um. Sie erlaubt es beispielsweise, den Inhalt einer Textspalte mit uneinheitlicher Anwendung der Groß- und Kleinschreibung in eine einheitliche Schreibweise zu konvertieren, etwa um problemloser Daten sortieren zu können.

Verweist `Text` auf eine Zelle, die einen numerischen Wert oder ein Datum enthält, wird die Zahl als Text im Standardformat ausgegeben. Wenn Sie einen derartigen Zellinhalt mit einem anderen Wert multiplizieren oder einen Wert addieren, wird der Zellinhalt automatisch wieder als Zahl behandelt, die Berechnung ergibt also einen gültigen Zahlenwert.

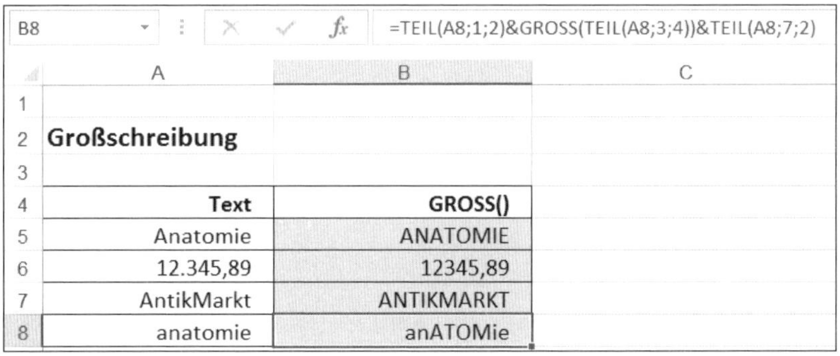

Abbildung 12.16 Generelle oder partielle Großschreibung

In der letzten Formel der Abbildung – B8 – wird als Spielerei eine Kombination der Funktion `GROSS()` mit der Funktion `TEIL()` verwendet, sodass nur ein Teil der ursprünglichen Zeichenfolge umgewandelt wird:

```
=TEIL(A8; 1; 2)&GROSS(TEIL(A8; 3; 4))&TEIL(A8; 7; 2)
```

Häufig wird die Funktion auch in Formeln benutzt, um Vergleiche zwischen Zeichenfolgen zu vereinfachen, wie es schon bei der Funktion CODE() gezeigt wurde.

GROSS2()

PROPER()

Syntax:	GROSS2(**Text**)
Beispiel:	=GROSS2("karl-heinz")
Ergebnis:	Karl-Heinz

Die Funktion GROSS2() wandelt jeweils den ersten Buchstaben eines jeden Wortes in der mit Text angegebenen Zeichenfolge in Großbuchstaben um, die weiteren Zeichen in Kleinbuchstaben. Auch bei Worten, die durch Bindestrich getrennt sind, wird so verfahren. Bei Zahlen verhält sich die Funktion wie GROSS().

Die Funktion kann zur Erhöhung der Lesbarkeit von Texteinträgen benutzt werden. Sie ist von Nutzen, wenn z. B. Daten von anderen Programmen oder Rechnern übernommen worden sind.

	A	B
1		
2	**Groß- und Kleinschreibung**	
3		
4	**Text**	**GROSS2()**
5	hans hagen	Hans Hagen
6	per saldo	Per Saldo
7	AntikMarkt	Antikmarkt
8	anatomie	Anatomie
9	ana-tomie	Ana-Tomie

Abbildung 12.17 Wortweise Groß- und Kleinschreibung

IDENTISCH()

EXACT()

Syntax:	IDENTISCH(**Text1; Text2**)
Beispiel:	=IDENTISCH("ABBA"; "Abba")
Ergebnis:	FALSCH

Die Funktion IDENTISCH() vergleicht die beiden mit Text1 und Text2 übergebenen Zeichenfolgen und prüft, ob sie exakt übereinstimmen. Nur dann wird als logischer Wert WAHR geliefert, im anderen Fall FALSCH. Leerzeichen und Groß- bzw. Kleinschreibung werden in den Vergleich einbezogen. Beim Vergleich von numerischen Werten wird die Übereinstimmung unabhängig vom Zahlenformat bewertet, wie Abbildung 12.18 zeigt.

	A	B	C
1			
2	**Textvergleiche**		
3			
4	**Text1**	**Text2**	**IDENTISCH()**
5	Anatomie	Anatomie	WAHR
6	Anatomie	anatomie	FALSCH
7	1.200,23	1,200.23	FALSCH
8	1200,23	1.200,23	WAHR
9	12.10.2007	39367	WAHR

Abbildung 12.18 Vergleich von Zeichenfolgen auf Übereinstimmung

In Abbildung 12.19 wird noch ein Beispiel für die Verwendung der Funktion in einer Matrixformel gezeigt. In Zelle C5 wird geprüft, ob der in Zelle B5 stehende Name in der in Spalte A angezeigten Liste vorkommt. Dazu kann folgende Formel verwendet werden:

```
=ODER(IDENTISCH(B5; A5:A8))
```

	A	B	C
1			
2	**Kommt ein Element in einer Liste vor?**		
3			
4			**=ODER(IDENTISCH(A5;B5:B8))**
5	Lauber	Horten	WAHR
6		Hansen	
7		Lauber	
8		Karl	

Abbildung 12.19 Prüfen, ob ein Element in einer Liste vorkommt

KLEIN()

LOWER()

Syntax:	KLEIN(**Text**)
Beispiel:	=KLEIN("MF2HD")
Ergebnis:	mf2hd

Die Funktion KLEIN() ist das Gegenstück zu GROSS(), sie wandelt alle Buchstaben von Text in Kleinbuchstaben um. Sie erlaubt es beispielsweise, den Inhalt einer Textspalte mit uneinheitlicher Anwendung der Groß- und Kleinschreibung in eine einheitliche Schreibweise zu konvertieren, etwa um problemloser Daten sortieren zu können. Verweist Text auf eine Zelle, die einen numerischen Wert oder ein Datum enthält, wird die Zahl als Text im Standardformat ausgegeben.

Die Funktion kann auch in Formeln benutzt werden, um Vergleiche zwischen Zeichenfolgen zu vereinfachen, bei denen die Groß- und Kleinschreibung ignoriert werden soll.

	A	B
1		
2	**Kleinschreibung**	
3		
4	**Text**	**KLEIN()**
5	Anatomie	anatomie
6	ANATOMIE 2	anatomie 2
7	AntikMarkt	antikmarkt
8	12.10.2015	42289

Abbildung 12.20 Beispiele für den Effekt der Funktion KLEIN()

LÄNGE()

LEN()

Syntax: LÄNGE(**Text**)

Beispiel: =LÄNGE("LÄNGE ")

Ergebnis: 6

Die Funktion LÄNGE() liefert die Zahl der Zeichen (einschließlich Leerzeichen) in der mit Text angegebenen Zeichenfolge. Ist das Argument der Funktion eine Zelladresse, wird als Ergebnis 0 ausgegeben, wenn die Zelle leer ist. Numerische Zeichen werden wie Text behandelt und auf die gleiche Weise gezählt. Dabei werden aber Zeichen ignoriert, die durch die Zahlenformatierung hinzugefügt sind, etwa Währungszeichen oder Tausenderabtrennung, während das Dezimalzeichen mitgezählt wird. Beachten Sie, dass unterdrückte führende Nullen nicht gezählt werden. Für Datumswerte wird die Länge der seriellen Zahl angezeigt.

Die Funktion wird häufig in Kombination mit anderen Funktionen wie ERSETZEN(), LINKS(), RECHTS() oder TEIL() eingesetzt. Zur Anwendung kommt die Funktion insbesondere auch bei der Prüfung von Einträgen, für die eine bestimmte Länge erforderlich ist, z. B. Postleitzahlen.

	A	B
1		
2	**Länge einer Zeichenfolge**	
3		
4	**Text**	**LÄNGE()**
5	Anatomie	8
6	A n a t o m i e	15
7	12.10.2015	5
8		1
9		0
10	1.234,56 €	7
11	A n a t o m i e - Kurs	22

Abbildung 12.21 Längen verschiedener Zellinhalte

Wenn Sie die Summe der Zeichen mehrerer Zellen bilden müssen, können Sie mit einer Textverkettung arbeiten: `=LÄNGE(TEXTKETTE(B2;D2))` oder `=LÄNGE(B2&D2)`. Liegen die Texte in einem Zellbereich, kann die Bereichsadresse angegeben werden. `=LÄNGE(A3:D5)` liefert eine dynamische Matrix mit den Längen aller Texte in dem angegebenen Bereich, `=SUMME(LÄNGE(A3:D5)` berechnet die Gesamtzahl.

LINKS()

LEFT()

Syntax:	`LINKS(`**`Text`**`; Anzahl_Zeichen)`
Beispiel:	`=LINKS("Berlin"; 3)`
Ergebnis:	`Ber`

Die Funktion `LINKS()` liefert als Ergebnis die mit `Anzahl_Zeichen` festgelegte Zeichenzahl vom Beginn der Zeichenfolge an, die mit dem Argument `Text` angegeben ist, der Rest wird abgeschnitten. Wird für `Anzahl_Zeichen` kein Wert angegeben, so wird `1` vorgegeben.

Ist `Anzahl_Zeichen` größer als die Anzahl der vorhandenen Zeichen, wird der gesamte Text ausgegeben. `Anzahl_Zeichen` darf nicht negativ sein, sonst liefert die Funktion den Fehler `#WERT!`.

	A	B	C
1			
2	**Linker Teil einer Zeichenfolge**		
3			
4	**Text**	**Anzahl_Zeichen**	**LINKS()**
5	50678 Köln	5	50678
6	0221 998877	4	0221
7	WG1Nr2345	3	WG1

Abbildung 12.22 Abtrennen des linken Teils einer Zeichenfolge

Abbildung 12.23 zeigt eine Kombination der Funktion mit `SUCHEN()`, die es erlaubt, den Vor- oder den Nachnamen zu extrahieren. Die Anzahl der abzutrennenden Zeichen wird dabei errechnet, indem die Stelle gesucht wird, die das Leerzeichen zwischen den Namen enthält bzw. das Komma in der zweiten Formel:

```
=LINKS(A4; SUCHEN(" "; A4)-1)
=LINKS(A5; SUCHEN(","; A5)-1)
```

	A	B	C
1			
2	**LINKS() in Kombination mit SUCHEN():**		
3			
4	Roland Schneider	Roland	**=LINKS(A4;SUCHEN(" ";A4)-1)**
5	Schneider, Roland	Schneider	**=LINKS(A5;SUCHEN(",";A5)-1)**

Abbildung 12.23 `LINKS()` in Kombination mit `SUCHEN()`

Die Funktion `LINKS()` bietet auch eine einfache Möglichkeit, Zeichenfolgen zu kürzen, um Kurzbezeichnungen zu produzieren. Enthalten beispielsweise die ersten beiden Zeichen einer Artikelnummer die Kennzeichnung der Warengruppe, kann diese mit

```
=LINKS(NR; 2)
```

extrahiert werden, wenn der Bereich der Artikelnummern vorher mit dem Namen `NR` belegt wurde.

	A	B
1		
2	**Kürzel generieren**	
3		
4	**Artikelnummer**	**WG**
5	RL123	RL
6	JA234	JA
7	MA543	MA

Abbildung 12.24 Kürzel generieren

MATRIXZUTEXT()

ARRAYTOTEXT()

Syntax:	MATRIXZUTEXT(**Matrix**; Format)
Beispiel:	=MATRIXZUTEXT(A3:C5;0)
Ergebnis:	siehe Abbildung 12.25

Die Funktion MATRIXZUTEXT() tut, was ihr Name sagt, sie gibt den kompletten Inhalt der angegebenen Matrix als Zeichenfolge aus. Mit dem Argument Format kann das Format der Zeichenfolge bestimmt werden. Die möglichen Werte sind:

- 0 ist Vorgabe und liefert ein Standardformat füt die Darstellung von Text in einer Zelle.
- 1 ist das strikte Format, das mit Escape-Zeichen und Zeilentrennzeichen arbeitet, um den Zeilen in der Matrix zu entsprechen. Das Formelergebnis wird in einer Matrix ausgegeben, die die gleiche Größe wie die Ausgangsmatrix hat.

	A	B	C	D	E	F
1	**Umwandlung einer Matrix in einen Text**					
2						
3	3	6	2		3; 6; 2; 4; 5; 1; 3; 8; 3	**Standardformat**
4	4	5	1			
5	3	8	3		{3.6.2;4.5.1;3.8.3}	**Striktes Format**

Abbildung 12.25 Von der Matrix zur Textkonstante

PROZENTVON()

PERCENTOF()

Syntax:	PROZENTVON(**data_subset; data_all**)
Beispiel:	=PROZENTVON(D5:D9; D5:D13)
Ergebnis:	56,42% (siehe Abbildung 12.26)

Die Funktion PROZENTVON() gibt den Prozentsatz einer Teilmenge von einer Gesamtmenge aus. Die Argumente werden als Bereiche angegeben. Sind beide Bereiche leer, löst das den Fehler DIV/0! aus.

Die Teilmenge muss nicht Teil der Gesamtmenge sein. Die Funktion kann zum Vergleich beliebiger Mengen verwendet werden.

	A	B	C	D	E	F	G
1							
2	**Prozentsatz einer Teilmenge ermitteln**						
3							
4	**Artnr**	**Bezeichnung**	**Warengruppe**	**Umsatz**		56,42%	
5	7777	Jalousie Ccxs	Jalousie	120.000,00 €		=PROZENTVON(D5:D9;D5:D13)	
6	8443	Jalousie VVx	Jalousie	88.000,00 €			
7	6578	Jalousie Louise	Jalousie	99.000,00 €			
8	8444	Markise Blue Sk	Markise	99.000,00 €			
9	5667	Markise Luxor	Markise	60.000,00 €			
10	5556	Rollo BT 33	Rollo	100.000,00 €			
11	8666	Rollo Dark	Rollo	110.000,00 €			
12	6666	Rollo Top	Rollo	70.000,00 €			
13	5222	Rollo XXs	Rollo	80.000,00 €			
14				826.000,00 €			

Abbildung 12.26 Den Anteil einer Teilmenge berechnen

RECHTS()

RIGHT()

Syntax: `RECHTS(`**`Text`**`; Anzahl_Zeichen)`

Beispiel: `=RECHTS("Artikelnummer 23456"; 5)`

Ergebnis: `23456`

Mit der Funktion `RECHTS()` können Sie aus einer Zeichenfolge den rechten Teil abgreifen. Die Funktion liefert als Ergebnis die mit `Anzahl_Zeichen` festgelegte Zeichenzahl vom Ende der Zeichenfolge gerechnet, die mit dem Argument `Text` angegeben ist, der vordere Rest wird also abgeschnitten. Wird für `Anzahl_Zeichen` kein Wert angegeben, so wird 1 vorgegeben.

	A	B	C
1			
2	**Rechter Teil einer Zeichenfolge**		
3			
4	**Text**	**Anzahl Zeichen**	**RECHTS()**
5	50678 Köln	4	Köln
6	0221 998877	6	998877
7	WG1Nr2345	6	Nr2345

Abbildung 12.27 Abtrennen des rechten Teils einer Zeichenfolge

Ist der Wert größer als die Anzahl der vorhandenen Zeichen, wird der gesamte Text ausgegeben. `Anzahl_Zeichen` darf aber nicht negativ sein, sonst liefert die Funktion den Fehler `#WERT!`.

12.2.2 Abgreifen von Namen

Ist nicht vorgegeben, an welcher Stelle der Schnitt vorgenommen werden soll, können Sie die Funktion mit der Funktion `SUCHEN()` und mit der Funktion `LÄNGE()` kombinieren. Um aus einer Zelle mit dem Vor- und Nachnamen Letzteren zu extrahieren, suchen Sie das Leerzeichen zwischen den beiden Namen. Die Position dieses Zeichens können Sie dann von der Anzahl der Zeichen der gesamten Zeichenfolge abziehen, die Sie mithilfe der Funktion `LÄNGE()` ermittelt haben. Die Formel ist:

```
=RECHTS(A9; LÄNGE(A9)-SUCHEN(" "; A9))
```

Soll die Reihenfolge der Namen vertauscht werden, brauchen Sie eine noch etwas komplexere Formel. Abbildung 12.28 zeigt in der angezeigten Formel für die Zelle B12 eine Kombination der Funktionen `RECHTS()` und `LINKS()` mit den Funktionen `SUCHEN()` und `LÄNGE()`, die es erlaubt, die Reihenfolge von Namen und Vornamen in einer Zeichenfolge zu vertauschen:

```
=RECHTS(A12; LÄNGE(A12)-SUCHEN(","; A12)-1) & " " &
 LINKS(A12; SUCHEN(","; A12)-1)
```


Die Formel setzt die neue Zeichenfolge aus drei Teilen zusammen, die mit dem &-Operator verknüpft werden.

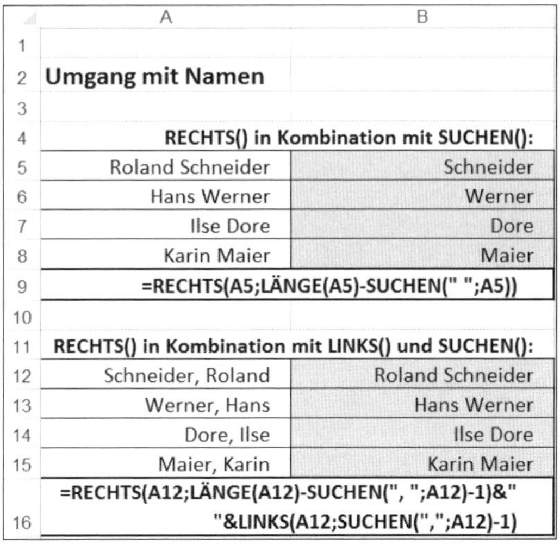

	A	B
1		
2	Umgang mit Namen	
3		
4	RECHTS() in Kombination mit SUCHEN():	
5	Roland Schneider	Schneider
6	Hans Werner	Werner
7	Ilse Dore	Dore
8	Karin Maier	Maier
9	=RECHTS(A5;LÄNGE(A5)-SUCHEN(" ";A5))	
10		
11	RECHTS() in Kombination mit LINKS() und SUCHEN():	
12	Schneider, Roland	Roland Schneider
13	Werner, Hans	Hans Werner
14	Dore, Ilse	Ilse Dore
15	Maier, Karin	Karin Maier
16	=RECHTS(A12;LÄNGE(A12)-SUCHEN(", ";A12)-1)&" "&LINKS(A12;SUCHEN(",";A12)-1)	

Abbildung 12.28 Freistellen des Nachnamens und Tausch der Namen

12.2.3 Minuszeichen umstellen

Eine manchmal nötige Operation ist das Umstellen des Minuszeichens bei Daten, die von anderen Anwendungen übernommen werden. Es kommt vor, dass dabei das Minuszeichen rechts von der Zahl angezeigt wird. Excel interpretiert diese Werte als Text und richtet sie als Vorgabe linksbündig aus. Zum Umstellen kann folgende Formel genutzt werden:

```
=WENN(RECHTS(A16; 1)="-"; LINKS(A16; LÄNGE(A16)-1)*-1; A16)
```

Die Formel prüft, ob das letzte Zeichen ein Minuszeichen ist. Wenn ja, wird mit der Funktion `LINKS()` die gesamte Zeichenfolge mit Ausnahme der letzten Stelle übernommen und mit `-1` multipliziert, um einen negativen Wert zu erzeugen, im anderen Fall wird einfach der positive Wert ausgegeben. Die Formel kann dann für die ganze Spalte kopiert werden.

	A	B
1		
2	**Minuszeichen umstellen**	
3		
4	100,78-	-100,78
5	100	100
6	12,34-	-12,34
7	**=WENN(RECHTS(A4;1)="-"; LINKS(A4; LÄNGE(A4)-1)*-1; A4)**	

Abbildung 12.29 Aus einem nachgestellten Minuszeichen ein vorgestelltes machen

Es sei noch einmal darauf hingewiesen, dass sich die hier beschriebenen Umstellungen per Funktion in Excel auch mit der **Blitzvorschau** erledigen lassen, die bereits in Kapitel 1, »Einstieg in Berechnungen mit Excel«, beschrieben wurde.

REGEXEXTRAHIEREN()

REGEXEXTRACT()

Syntax: `REGEXEXTRAHIEREN(`**`Text`**`; `**`Muster`**`; Return_mode; Groß-/Kleinschreibungsunterscheidung)`

Beispiel: `=REGEXEXTRAHIEREN("017-5445"; "[0-9]+";0)`

Ergebnis: `017`

Die Funktion `REGEXTRAHIEREN()` extrahiert Zeichenfolgen aus dem angegebenen `Text`, die dem `Muster` entsprechen. Ist das Muster kein gültiger regulärer Ausdruck, liefert die

Formel den Fehler #WERT!; wird keine Übereinstimmung mit dem Muster gefunden, erscheint der Fehlerwert #NV.

REGEXERSETZEN()

REGEXREPLACE()

Syntax:	REGEXERSETZEN(Text; Muster; Ersetzung; Vorkommen; Groß-/Kleinschreibungsunterscheidung)
Beispiel:	=REGEXERSETZEN("017- 5445"; "[0-9]+-"; "***-")
Ergebnis:	***-5445

Die Funktion REGEXERSETZEN() tauscht Zeichenfolgen in einem Text, die dem angegebenen Muster entsprechen, gegen die mit Ersetzung angegebene Zeichenfolge aus. Gibt es keine Übereinstimmung mit dem Muster, wird die Zeichenfolge Text unverändert wiedergegeben. Ist das Muster kein gültiger regulärer Ausdruck, liefert die Formel den Fehler #WERT!.

REGEXTESTEN()

REGEXTEST()

Syntax:	REGEXTESTEN(**Text**; **Muster**; Groß-/Kleinschreibungsunterscheidung)
Beispiel:	=REGEXTESTEN("Großbuchstabe"; "[A-Z]+"; 0)
Ergebnis:	WAHR

Die Funktion REGEXTESTEN() prüft, ob die Zeichenfolge mit dem angegebenen Muster übereinstimmt. Das Ergebnis ist der logische Wert WAHR oder FALSCH. Ist das Muster kein gültiger regulärer Ausdruck, liefert die Formel den Fehler #WERT!.

SÄUBERN()

CLEAN()

Syntax:	SÄUBERN(**Text**)
Beispiel:	siehe Abbildung 12.30

Die Funktion `SÄUBERN()` entfernt aus der mit dem Argument `Text` gelieferten Zeichenfolge alle nicht druckbaren Zeichen. In der Regel sind dies Steuerzeichen, die mit Texten aus anderen Programmen übernommen wurden und nicht ausgedruckt werden können. Berücksichtigt werden nur die ersten 32 Zeichen des 7-Bit-ASCII-Codes.

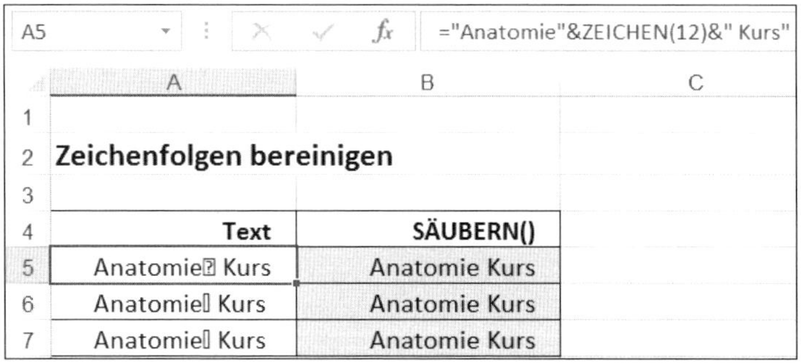
A5 =\"Anatomie\"&ZEICHEN(12)&\" Kurs\"

	A	B	C
1			
2	**Zeichenfolgen bereinigen**		
3			
4	**Text**	**SÄUBERN()**	
5	Anatomie▯ Kurs	Anatomie Kurs	
6	Anatomie▯ Kurs	Anatomie Kurs	
7	Anatomie▯ Kurs	Anatomie Kurs	

Abbildung 12.30 Entfernen von nicht druckbaren Zeichen

SPRACHEERKENNEN()

DETECTLANGUAGE()

Syntax:	`SPRACHEERKENNEN(`**`Text`**`)`
Beispiel:	`=SPRACHEERKENNEN(`**`"to be or not"`**`)`
Ergebnis:	`en`

Die Funktion liefert mithilfe des in Windows integrierten Übersetzungsdienstes den zwei- oder dreistelligen Ländercode der Sprache, zu der die mit `Text` angegebene Zeichenfolge gehört.

SUCHEN()

SEARCH()

Syntax:	`SUCHEN(`**`Suchtext; Text;`**` Erstes_Zeichen)`
Beispiel:	`=SUCHEN(" "; "Artikel 3245")`
Ergebnis:	`8`

Für die Suche nach Zeichenfolgen innerhalb einer Zeichenfolge stellt Excel zwei ähnliche Funktionen zur Verfügung, die Funktion `SUCHEN()` und die Funktion `FINDEN()`. Die

Funktion SUCHEN() ignoriert die Groß- und Kleinschreibung und lässt Platzhalter zu. Die Funktion FINDEN() unterscheidet bei der Suche zwischen Groß- und Kleinschreibung und lässt keine Platzhalterzeichen zu.

Die Funktion SUCHEN() überprüft, ob die mit Suchtext angegebene Zeichenfolge in einer anderen Zeichenfolge vorkommt, die mit dem Argument Text angegeben wird. Suchtext darf die Platzhalter ? (für ein beliebiges Zeichen) und * (für ein oder mehrere beliebige Zeichen) enthalten. Die Suche beginnt bei der Position in der Zeichenfolge, die durch den Wert für Erstes_Zeichen bestimmt ist. Fehlt allerdings ein Wert für Erstes_Zeichen, wird 1 angenommen, also von Anfang an gesucht. Ergebnis der Funktion ist eine Zahl für die Position von Suchtext in Text. Dabei wird immer vom ersten Zeichen von Text aus gezählt unabhängig von dem Wert für Erstes_Zeichen.

Wird der Suchtext in der Zeichenfolge nicht gefunden, wird der Fehler #WERT! ausgegeben. Der Wert von Erstes_Zeichen muss größer 0 sein, sonst liefert die Funktion ebenfalls den Fehler #WERT!.

	A	B	C	D	E
1					
2	**Zeichen suchen**				
3					
4	**Suchtext**	**Text**	**Erstes_Zeichen**	**SUCHEN()**	**FINDEN()**
5	a	Anatomie	1	1	3
6	O	Anatomie	1	5	#WERT!
7	o	Anatomie	6	#WERT!	#WERT!
8	z	Anatomie	1	#WERT!	#WERT!
9	o	Anatomie	4	5	5
10	@	jk@net.de	1	3	3
11	a?o	Anatomie	2	3	#WERT!
12	a*m	Anatomie	3	3	#WERT!

Abbildung 12.31 SUCHEN() und FINDEN() im Vergleich

T()

T()

Syntax: T(**Wert**)

Beispiel: =T("Text")

Ergibt: Text

Die Funktion `T()` überprüft, ob das mit `Wert` angegebene Argument eine Zahl oder eine Zeichenfolge liefert. Wird eine Zahl oder ein Wahrheitswert gefunden, dann gibt die Funktion Leertext aus, wird Text gefunden, wird genau dieser ausgegeben. Fehlerwerte werden als Fehlerwerte ausgegeben.

Mithilfe von `T()` kann etwa von einer Spalte mit gemischten Datentypen eine andere Spalte erzeugt werden, die nur noch die Textdaten anzeigt.

	A	B	C
1			
2	**Umwandlung in Text**		
3			
4	**Wert**	**T()**	**ISTTEXT()**
5	8899		FALSCH
6	12.11.2015		FALSCH
7	Anatomie	Anatomie	WAHR
8	#NV	#NV	FALSCH
9	WAHR		FALSCH

Abbildung 12.32 Überprüfung der Ergebnisse von `T()` mit `ISTTEXT()`

TEIL()

MID()

Syntax: `TEIL(`**`Text; Erstes_Zeichen; Anzahl_Zeichen`**`)`

Beispiel: `=TEIL("ArtikelNr: 07560"; 12; 5)`

Ergebnis: `07560`

Die wichtigste Funktion, um aus einer Zeichenfolge bestimmte Teile herauszuziehen, ist die Funktion `TEIL()`. Die Funktion schneidet aus der mit `Text` angegebenen Zeichenfolge eine Unterzeichenfolge ab der mit `Erstes_Zeichen` festgelegten Position in der mit `Anzahl_Zeichen` bestimmten Länge aus.

Ist `Erstes_Zeichen` größer als die Gesamtlänge von `Text`, gibt die Funktion eine leere Zeichenfolge zurück. Ist der Wert für `Erstes_Zeichen` plus `Anzahl_Zeichen` größer als die Länge von `Text`, gibt die Funktion die Zeichen ab `Erstes_Zeichen` zurück.

Ist `Erstes_Zeichen` kleiner `1` oder `Anzahl_Zeichen` negativ, liefert die Funktion den Fehler `#WERT!`.

	A	B	C	D
1				
2	**Teile von Zeichenfolgen extrahieren**			
3				
4	**Text**	**Erstes_Zeichen**	**Anzahl_Zeichen**	**TEIL()**
5	Anatomiekurs	1	8	Anatomie
6	Anatomiekurs	9	5	kurs
7	Anatomiekurs	12	2	s
8	Anatomiekurs	13	5	
9	Anatomiekurs	-5	5	#WERT!
10	Anatomiekurs	10	-5	#WERT!
11	12.345.678,00 €	6	3	678

Abbildung 12.33 Beispiele für Teilzeichenfolgen

12.2.4 Zerlegung einer ISBN-Nummer

`TEIL()` ist insbesondere nützlich, wenn es darum geht, aus Zeichenfolgen, die in einer vorgeschriebenen Weise zusammengesetzt sind, bestimmte Teile zu extrahieren. Der andere Anwendungsbereich ist, eine Zeichenfolge aus Teilen anderer Zeichenfolgen neu zusammenzusetzen. Die Zerlegung ist relativ einfach, wenn die einzelnen Teile immer eine festgelegte Länge haben. Bei einer ISBN-Nummer ist das aber beispielsweise nicht der Fall. Hier hilft dann eine Kombination der Funktion mit anderen Textfunktionen.

In der Tabelle in Abbildung 12.34 wird gezeigt, wie mit Trennstrichen gegliederte ISBNs in ihre Bestandteile zerlegt werden können.

D5 =TEIL(A5;6+LÄNGE(C5);SUCHEN("-";A5;6+LÄNGE(C5))-(6+LÄNGE(C5)))

	A	B	C	D	E	F
1						
2	**Zerlegung der ISBN-Nummern**					
3						
4	**ISBN-13**	**Präfix**	**Länder-/Sprachcode**	**Verlagsnummer**	**Titelnummer**	**Prüfziffer**
5	978-3-89842-736-6	978	3	89842	736	6
6	978-0-471-40261-3	978	0	471	40261	3
7	978-0-471-45380-2	978	0	471	45380	2
8	978-0-596-00382-x	978	0	596	00382	x
9	978-3-8274-1631-5	978	3	8274	1631	5

Abbildung 12.34 Zerlegung von ISBNs

Die Formel für die Spalte »Präfix« ist einfach:

```
=TEIL(A5; 1; 3)
```

Für die »Länder-/Sprachcode«-Spalte wird mit einer Kombination mit der `SUCHEN()`-Funktion gearbeitet, um die Stelle zu finden, wo der zweite Trennstrich auftaucht:

```
=TEIL(A5; 5; SUCHEN("-"; A5; 5)-5)
```

Die Formel für die Verlagsnummer benutzt nun die Länge des eben ermittelten Textteils, um das nächste Teilstück zu bestimmen:

```
=TEIL(A5; 6+LÄNGE(C5); SUCHEN("-"; A5; 6+LÄNGE(C5))-(6+LÄNGE(C5)))
```

Noch komplexer ist die Formel für die Titelnummer, die die Längen der beiden vorherigen Teilstücke auswertet:

```
=TEIL(A5; 7+LÄNGE(C5)+LÄNGE(D5); LÄNGE(A5)-(LÄNGE(C5)+LÄNGE(D5)+8))
```

Die Formel für die Prüfziffer ist wieder einfach:

```
=TEIL(A5; 17; 1)
```

Nachdem die Daten zerlegt sind, lassen sich beispielsweise Buchdaten sehr einfach nach den Länder-/Sprachcodes oder nach der Verlagsnummer sortieren.

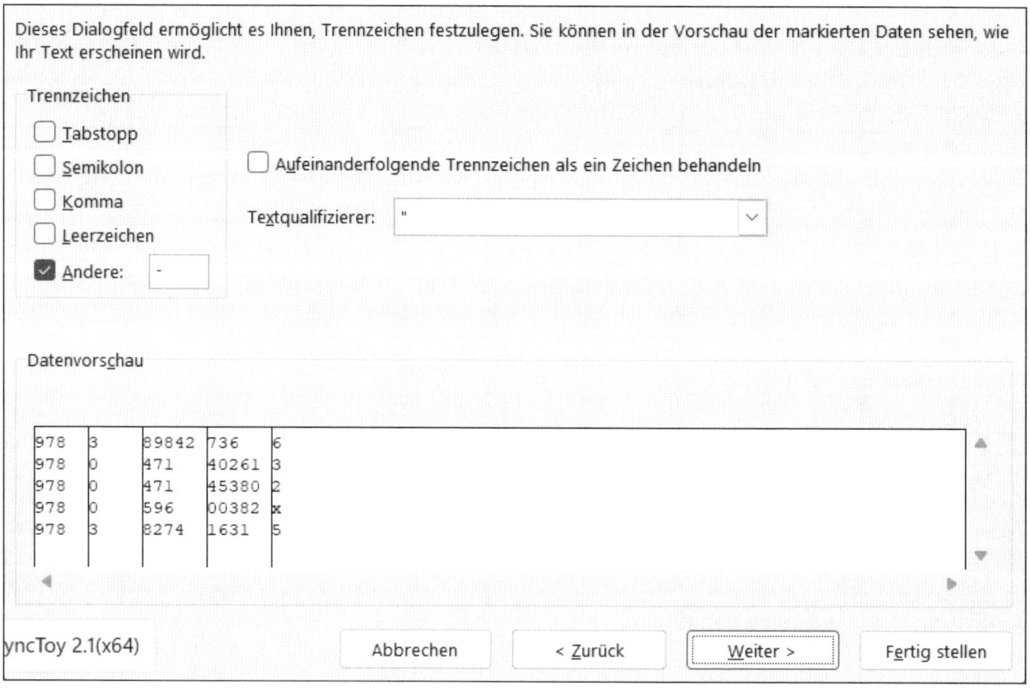

Abbildung 12.35 Festlegung des Trennzeichens im Textkonvertierungs-Assistenten

Es soll aber an dieser Stelle nicht unerwähnt bleiben, dass Excel für einen solchen Fall auch noch eine bequemere Lösung bereitstellt. Wenn Sie die Spalte mit den ISB-Nummern auswählen, können Sie die Zerlegung mit **Daten ▸ Datentools ▸ Text** in **Spalten** vornehmen. Sie wählen im ersten Schritt des Textkonvertierungs-Assistenten die Option **Getrennt**, geben im zweiten Schritt unter **Andere** das Trennzeichen »-« an und anschließend die Adresse der Zelle, ab der die Aufteilung beginnen soll.

12.2.5 Datumswerte aufbereiten

Mithilfe der Funktionen `LINKS()`, `RECHTS()` und `TEIL()` ist es auch möglich, Datumswerte aufzubereiten, die Excel in der übermittelten Form zunächst nicht verarbeiten kann. Werden beispielsweise Daten importiert, die ein Datum in der Form »JJJJMMDD« – 20181221 – anzeigen, lassen sich die verschiedenen Bestandteile, die für die Funktion `DATUM()` benötigt werden, einzeln abgreifen. Steht die Zeichenfolge in A5, heißt die entsprechende Formel:

```
=DATUM(LINKS(A5; 4); TEIL(A5; 5; 2); RECHTS(A5; 2))
```

TEXT()

TEXT()

Syntax:	`TEXT(`**`Wert; Textformat`**`)`
Beispiel:	`=TEXT("34594"; "TT.MM.JJJJ")`
Ergebnis:	`17.09.1994`

Die Funktion `TEXT()` wandelt den mit dem Argument `Wert` übergebenen numerischen Wert in einen Text um und verwendet dabei das Format, das mit dem Argument `Textformat` angegeben wird. Gemeint ist damit eines der Zahlen-, Datums- oder Zeitformate, die Excel über den Dialog **Zellen formatieren** anbietet. Auch benutzerdefinierte Formate sind möglich. Dabei werden die Codes angegeben, mit denen das Format definiert wird, so wie es in Abschnitt 1.4.7, »Formatcodes«, beschrieben ist. Nur die Roteinfärbung von negativen Werten wird nicht unterstützt.

! Werden fehlerhafte Codes für das Format eingegeben, etwa ein zusätzliches 1.000er-Trennzeichen, wird es ignoriert. Wird ein zweites Dezimalzeichen eingefügt, wird es dagegen mitausgegeben, sodass das Ergebnis numerisch nicht mehr korrekt ist.

Das Ergebnis der Funktion ist also eine Zeichenfolge, die aussieht wie eine gültig formatierte Zahl. Der Nutzen dieser Umwandlung liegt insbesondere darin, dass sich das Ergebnis der Funktion leicht mit einem anderen Text verketten lässt, wie das letzte Beispiel in Abbildung 12.36 zeigt.

	A	B	C
1			
2	**Umwandlung in formatierten Text**		
3			
4	**Wert**	**Textformat**	**TEXT()**
5	123	0	123
6	12.999,56	#.##0,0,0	12.999,5,6
7	123,44	#.##0,00	123,44
8	12345	#.##0 €	12.345 €
9	-12345	#.##0,00;[Rot]-#.##0,00	-12.345,00
10	04.11.2021	TTT	Do
11	04.11.2021	TTTT	Donnerstag
12	04.11.2021	M/T/JJ	11/4/21
13	04.11.2021	TTT TT.MM.	Do 04.11.
14	04.11.2021	TT.MM.JJJJ	04.11.2021
15	04.11.2021	T. MMMM JJJJ hh:mm:ss	4. November 2021 00:00:00
16			**In Kombination mit TEXTKETTE()**
17	04.11.2021		Nächster Termin: 25.11.2021.

Abbildung 12.36 Umwandlung numerischer Werte in formatierten Text

Falls Sie versuchen, den erläuternden Text einfach direkt mit dem Ergebnis der Funktion `HEUTE()` zu verketten, also mit:

```
=TEXTKETTE("Nächster Termin: "; HEUTE())
```

würden Sie anstelle des formatierten Datums einfach nur die serielle Nummer des entsprechenden Tages finden. Gleiches gilt für die Kombination mit der Funktion `JETZT()`. Wenn Sie im Kopf eines Tabellenblattes notieren wollen, wann die letzte Änderung stattgefunden hat, würde

```
="Letzte Änderung: " & JETZT()
```

ein wenig befriedigendes Ergebnis liefern:

Letzte Änderung: 43391.62689

Hier hilft dann wieder die Kombination mit der `TEXT()`-Funktion:

```
="Letzte Änderung: " & TEXT(JETZT(); "TT.MM.JJJJ hh:mm")
```

TEXTKETTE()

CONCAT()

Syntax: `TEXTKETTE(`**`Text1`**`; Text2; …)`

Beispiel: `=TEXTKETTE("Jan"; " "; "Gilles")`

Ergebnis: `Jan Gilles`

Die Funktion `TEXTKETTE()` verknüpft bis zu 253 Textargumente – Zeichenfolgen oder Bezüge auf Zellen, die Zeichenfolgen liefern zu einer einzigen Zeichenfolge.

Wenn das Ergebnis der Funktion die maximale Zeichenanzahl für eine Zelle (32.767) überschreitet, liefert sie den Fehler `#WERT!`.

Die Funktion ersetzt die bisher verwendete Funktion `VERKETTEN()`, die aber aus Gründen der Kompatibilität in der Kategorie **Kompatibilität** weiter mitgeführt wird. Der Unterschied: `VERKETTEN()` darf nur eine Zeichenfolge von maximal 8.192 Zeichen liefern.

Abbildung 12.37 Zusammenfügen von Zeichenfolgen

TEXTNACH()

TEXTAFTER()

Syntax: `TEXTNACH(`**`Text; Trennzeichen`**`; Instance_num; Match_mode; Match_end; If_not_found)`

Beispiel: `=TEXTNACH("Mila & Ryu"; " "; 2; 0;0)`

Ergebnis: `Ryu`

Die Funktion =TEXTNACH() gibt den Teil einer Zeichenfolge zurück, der dem angegebenen Trennzeichen folgt. Das erste Argument ist die Zeichenfolge oder ein Bezug darauf, das zweite Argument ist das Trennzeichen. Da das Trennzeichen mehrfach vorkommen kann, erlaubt das optionale dritte Argument, anzugeben, um das wievielte Vorkommen es sich handelt. Als Vorgabe wird 1 angenommen. Mit einem Wert wie -1 beginnt die Suche vom Ende her. Das Argument Match_mode kann folgende Werte annehmen: 0 für Groß- und Kleinschreibung nicht beachten, 1 für die Beachtung derselben. Ist das Argument Match_end = 0, wird das Textende nicht mit dem Trennzeichen abgeglichen; wird kein Trennzeichen gefunden, wird #NV ausgegeben; und bei 1 wird geprüft, ob das Textende mit dem Trennzeichen übereinstimmt.

Kommt das Trennzeichen nicht vor oder ist Instance_num größer als die Zahl der Trennzeichen, ist die Fehlermeldung #N/A. Hingegen ist #VALUE! das Ergebnis, wenn Instance_num = 0 oder größer als die Textlänge ist.

TEXTTEILEN()

TEXTSPLIT()

Syntax:	TEXTTEILEN(**Text; col_delimiter**; row_delimiter; ignore_empty; match_mode; pad_with)
Beispiel:	=TEXTTEILEN(A10; ":"; ","; WAHR; 1; "fehlt ")
Ergebnis:	Siehe Abbildung 12.2

Die Funktion =TEXTTEILEN() verteilt Teile einer Zeichenfolge in einer Zeile auf Spalten (col für engl. *columns*) oder in einer Spalte auf Zeilen (row für engl. *rows*) oder beides gleichzeitig. Das erste Argument ist der aufzuteilende Text. Das zweite oder das dritte Argument gibt das Zeichen an, ab dem der Überlauf in die nächste Spalte oder Zeile (optional) erfolgen soll. Sind mehrere Trennzeichen vorhanden, wird eine Array-Konstante verwendet. =TEXTTEILEN(A1;{",";"."}) erlaubt das Komma oder den Punkt.

Der Wahrheitswert WAHR für das vierte Argument ignoriert aufeinander folgende Trennzeichen. Die Vorgabe ist aber FALSCH, was eine leere Zelle liefert. Das fünfte Argument gibt an, ob die Groß- und Kleinschreibung berücksichtigt werden soll (0 = Vorgabe) oder nicht (1). Das letzte Argument gibt einen Wert an, mit dem das Ergebnis aufgefüllt werden kann, wenn ein Wert fehlt.

Um die Daten gleichzeitig auf mehrere Spalten und mehrere Zeilen auszubreiten, wird mit zwei Trennzeichen gearbeitet, wie in dem zweiten Beispiel in der Abbildung 12.12.

Da das Ergebnis der Funktion eine dynamische Matrix ist, müssen Sie darauf achten, dass der Zellbereich für die Matrix leer ist, andernfalls liefert die Formel den Fehler #ÜBERLAUF!. Wird kein Trennzeichen angegeben, liefert die Funktion den Fehler #WERT!.

TEXTVERKETTEN()

TEXTJOIN()

Syntax:	TEXTVERKETTEN(**Trennzeichen; Leer_ignorieren; Text1**; Text2; …)
Beispiel:	=TEXTVERKETTEN(","; WAHR; "Jan"; "Gilles"; "Aachen";)
Ergebnis:	Jan,Gilles,Aachen

Die Funktion TEXTVERKETTEN() verknüpft bis zu 252 Textargumente – Zeichenfolgen oder Bezüge auf Zellen, die Zeichenfolgen liefern – und fügt dazwischen jeweils das angegebene Trennzeichen ein. Hat Leer_ignorieren den Wert WAHR, werden Zellen ignoriert, die leer sind.

Wenn das Ergebnis der Funktion die maximale Zeichenanzahl für eine Zelle (32.767) überschreitet, liefert sie den Fehler #WERT!.

F5 | =TEXTVERKETTEN("-";WAHR;A5:E5)

	A	B	C	D	E	F
1						
2	**Zeichenfolgen verknüpfen**					
3						
4	Präfix	Ländercode	Verlagsnummer	Titelnummer	Prüfziffer	ISBN
5	978	3	89842	736	6	978-3-89842-736-6
6	978	0	471	40261	3	978-0-471-40261-3
7	978	0	471	45380	2	978-0-471-45380-2

Abbildung 12.38 Verketten der Elemente einer ISBN-Nummer

TEXTVOR()

TEXTBEFORE()

Syntax:	TEXTVOR(**Text; Trennzeichen**; Instance_num; Match_mode; Match_end; If_not_found)
Beispiel:	=TEXTNACH("Mila & Ryu"; " "; 2; 0;0)
Ergebnis:	Mila

Die Funktion =TEXTVOR() gibt den Teil einer Zeichenfolge zurück, der vor dem angegebenen Trennzeichen liegt. Das erste Argument ist die Zeichenfolge oder ein Bezug darauf, das zweite Argument ist das Trennzeichen. Da das Trennzeichen mehrfach vorkommen kann, erlaubt das optionale dritte Argument, anzugeben, um das wievielte Vorkommen es sich handelt. Als Vorgabe wird 1 angenommen. Mit einem Wert wie -1 beginnt die Suche vom Ende her.

Das Argument Match_mode kann folgende Werte annehmen: 0 für »Groß- und Kleinschreibung nicht beachten«, 1 für die Beachtung derselben. Ist das Argument Match_end = 0, wird das Textende nicht mit dem Trennzeichen abgeglichen; wird kein Trennzeichen gefunden, wird #NV ausgegeben; und bei 1 wird geprüft, ob das Textende mit dem Trennzeichen übereinstimmt.

Kommt das Trennzeichen nicht vor oder ist Instance_num größer als die Zahl der Trennzeichen, ist die Fehlermeldung #N/A. Hingegen ist #VALUE! das Ergebnis, wenn Instance_num = 0 oder größer als die Textlänge ist.

ÜBERSETZEN()

TRANSLATE()

Syntax:	ÜBERSETZEN(**Text** Source_language; Target_language)
Beispiel:	=ÜBERSETZEN("To be or not"; "en"; "de")
Ergebnis:	Sein oder nicht

Die Funktion liefert mithilfe des in Windows integrierten Übersetzungsdienstes eine Übersetzung des angegebenen Textes, wobei die Codes der Ausgangssprache und der Zielsprache angegeben werden können. Wird kein Code angegeben, wird vom Englischen ins Deutsche übersetzt (siehe auch Abbildung 12.7).

UNICODE()

UNICODE()

Syntax:	UNICODE(**Text**)
Beispiel:	=UNICODE("!")
Ergebnis:	33

Die Funktion UNICODE() liefert den dem Unicode-Standard entsprechenden Code für das erste Zeichen in Text. Der Code gibt den Codepoint an, dem ein bestimmtes Zeichen im Coderaum zugeordnet ist. Der Coderaum von Unicode umfasst Werte zwischen 0 und 1114111.

Ist Text eine leere Zeichenfolge oder der Verweis auf eine leere Zelle, liefert die Funktion den Fehlerwert #WERT!.

	A	B	C
1			
2	**UNICODE**		
3			
4	Text	UNICODE()	CODE()
5	A	65	65
6	B	66	66
7	C	67	67
8	a	97	97
9	b	98	98
10	c	99	99
11	1	49	49
12	2	50	50
13	3	51	51
14	α	945	63
15	β	946	63
16	γ	947	63
17	€	8364	128

Abbildung 12.39 Vergleich von UNICODE() und CODE()

UNIZEICHEN()

UNICHAR()

Syntax: UNIZEICHEN(**Zahl**)

Beispiel: =UNIZEICHEN(33)

Ergebnis: "!"

Die Funktion UNIZEICHEN() liefert das Zeichen, das dem mit Zahl angegebenen Code entspricht, siehe auch UNICODE().

Ist Zahl gleich 0 oder außerhalb des Bereichs vorhandener Codes oder nicht numerisch, liefert die Funktion den Fehler #WERT!.

	A	B
1		
2	**UNICODE-ZEICHEN**	
3		
4	UNICODE()	UNIZEICHEN()
5	65	A
6	66	B
7	67	C
8	97	a
9	98	b
10	99	c
11	49	1
12	50	2
13	51	3
14	945	α
15	946	β
16	947	γ
17	8364	€

Abbildung 12.40 Beispiele für `UNIZEICHEN()`

WECHSELN()

SUBSTITUTE()

Syntax:	`WECHSELN(`**`Text; Alter_Text; Neuer_Text;`**` Ntes_Auftreten)`
Beispiel:	`=WECHSELN("Aufschwung 1"; "1"; "2")`
Ergebnis:	`Aufschwung 2`

Die Funktion `WECHSELN()` sucht in einem Text nach einer Zeichenfolge – `Alter_Text` –, um diese Zeichenfolge dann durch eine andere – `Neuer_Text` – zu ersetzen. Dabei wird die Groß- und Kleinschreibung berücksichtigt.

Das optionale Argument `Ntes_Auftreten` bestimmt, wie oft der Vorgang des Ersetzens wiederholt werden soll. Wird das Argument auf `1` gesetzt, dann wird nur die erste Fundstelle geändert; wird das Argument nicht belegt, werden dagegen alle Fundstellen geändert. Im Unterschied zu der ähnlichen Funktion `ERSETZEN()` ist hier also ein mehrfacher Austausch von Zeichenfolgen möglich.

! Ist der Wert für `Ntes_Auftreten` höher als die Anzahl des tatsächlichen Auftretens, gibt die Funktion die Zeichenfolge `Alter_Text` unverändert wieder. Ist der Wert < `1`, liefert die Funktion den Fehlerwert `#WERT!`.

In Kombination mit der Funktion `LÄNGE()` kann `WECHSELN()` auch verwendet werden, um das Vorkommen von Zeichen zu zählen. Die Formel zu der in Abbildung 12.41 gezeigten Zelle E11 sieht so aus:

```
=LÄNGE(A11)-LÄNGE(WECHSELN(A11; B11; ""))
```

E13 =WECHSELN(WECHSELN(A13;"N";"L");"l";"n")

	A	B	C	D	E
1					
2	**Zeichenfolgen austauschen**				
3					
4	**Text**	**Alter_Text**	**Neuer_Text**	**ntes_Auftreten**	**WECHSELN()**
5	Anatomiekurs	kurs	seminar		Anatomieseminar
6	Jan Willem		-		Jan-Willem
7	Burg Erb	Erb	Erbenhausen		Burg Erbenhausen
8	Katoroko	o	u	3	Katoroku
9	123 €	€	EUR	1	123 EUR
10	**In Kombination mit LÄNGE() Vorkommen eines Zeichens zählen:**				
11	Katoroko	o			3
12	**Wechselweise tauschen**				
13	Nobel				Loben

Abbildung 12.41 Gezielter Austausch von Zeichenfolgen in Texten

Der Trick dieser Formel besteht darin, dass von der Gesamtlänge der Zeichenfolge der Rest abgezogen wird, der übrig bleibt, nachdem alle gesuchten Zeichen durch ein Leerzeichen ersetzt wurden. In Zelle E13 finden Sie ein spielerisches Beispiel dafür, wie die Funktion verschachtelt genutzt werden kann, um gleich zweimal auszutauschen:

```
=WECHSELN(WECHSELN(A13; "N"; "L"); "l"; "n")
```

12.2.6 Ersetzen von Trennzeichen

Werden Zahlenkolonnen aus anderen Systemen importiert, kann es nötig werden, die dort verwendeten Trennzeichen durch die in der eigenen Region gültigen Trennzeichen zu ersetzen. In den USA wird bekanntlich der Punkt als Dezimaltrennzeichen verwendet und das Komma zur Trennung der Tausendergruppen. Die Klippe in diesem Fall ist, dass zunächst das Komma durch ein beliebiges anderes Zeichen – etwa ein Leerzeichen – ersetzt werden muss, damit der Punkt anschließend durch Kommas ersetzt werden kann. Zuletzt wird dann das Leerzeichen durch den Punkt ersetzt. Dazu ist eine dreifache Schachtelung notwendig:

```
=WECHSELN(WECHSELN(WECHSELN(A5; ","; " "); "."; ","); " "; ".")
```

Das Ergebnis ist eine Zeichenfolge, die wie eine ordentlich formatierte Zahl aussieht. Um daraus eine Zahl zu machen, fügen Sie die Funktionsfolge als Argument in die Funktion WERT() ein.

```
=WERT(WECHSELN(WECHSELN(WECHSELN(A5; ","; " "); "."; ","); " "; "."))
```

Dabei geht das 1.000er-Trennzeichen zwar wieder verloren, weil die Funktion ihr Ergebnis im Standardformat ausgibt, aber dagegen hilft ja die Zuordnung eines anderen Zahlenformats. Abbildung 12.42 zeigt einige Beispiele.

	A	B
1		
2	**Trennzeichen austauschen**	
3		
4	**Wert**	**WECHSELN()**
5	1,000,000.55	1.000.000,55
6	1,500,000.56	1.500.000,56
7	400,000.57	400.000,57
8	3,000,000.58	3.000.000,58
9	1,000,700.59	1.000.700,59

Abbildung 12.42 Austausch von Trennzeichen

12.2.7 Ersetzen von nicht druckbaren Zeichen

Anstatt nicht druckbare Zeichen mit der Funktion SÄUBERN() zu entfernen, wie oben beschrieben, können Sie auch mit einer gezielten Ersetzung arbeiten. Wenn beispielsweise größere Textmengen in eine Zelle A1 importiert werden, in denen sich Zeilenumbruchzeichen befinden, können Sie diese mit der Formel

```
=WECHSELN(A1; ZEICHEN(10); " ")
```

durch Leerzeichen ersetzen.

WERT()

VALUE()

Syntax:	WERT(**Text**)
Beispiel:	=WERT("19.09.1994")
Ergebnis:	34596

Die Funktion WERT() wandelt die mit dem Argument Text gelieferte Zeichenfolge in einen Wert um und gibt als Ergebnis dann die entsprechende Zahl aus. Text darf dabei die entsprechenden Zeichen aus einem Excel-Zahlenformat enthalten. Zeichenfolgen, die als Datums- oder Zeitformate interpretiert werden können, werden als die jeweilige serielle Zahl ausgegeben.

Lässt sich Text nicht als Zahl interpretieren, gibt die Funktion #WERT! aus.

	A	B	C	D
1				
2	**Texte in numerische Werte umwandeln**			
3				
4	**Text**	**WERT()**	**ISTZAHL()**	**N()**
5	666,99	666,99	WAHR	666,99
6	144	144	WAHR	144,00
7	-122	-122	WAHR	-122,00
8	-12,56	-12,56	FALSCH	0
9	3,14	3,14	FALSCH	0
10	28.03.2015	42091	WAHR	42091
11	28.07.2015 18:42	42213,77917	WAHR	42213,78
12	1. Platz	#WERT!	FALSCH	0
13	WAHR	#WERT!	FALSCH	1

Abbildung 12.43 Test des Ergebnisses von WERT() mit ISTZAHL() und N()

WERTZUTEXT()

VALUETOTEXT()

Syntax: WERTZUTEXT(**Wert; Format**)

Beispiel: =WERTZUTEXT(1.000;0)

Ergebnis: 1.000

Die Funktion WERTZUTEXT() gibt den angegebenen Wert als Text aus. Das Argument Format kann mit 0 für eine präzise Übereinstimmung des Formats angegeben werden oder mit 1 für eine strenge Ausgabe als Text, das heißt hier: in Anführungszeichen gesetzt. Abbildung 12.44 zeigt den Unterschied.

	A	B
1		
2	**Wert als Text ausgeben**	
3		
4	1.000.000,00 EUR	1.000.000,00 EUR
5		**=WERTZUTEXT(A4;0)**
6		"1.000.000,00 EUR"
7		**=WERTZUTEXT(A4;1)**

Abbildung 12.44 Wert als Zeichenfolge ausgeben

WIEDERHOLEN()

REPT()

Syntax:	`WIEDERHOLEN(`**`Text; Multiplikator`**`)`
Beispiel:	`=WIEDERHOLEN("="; 13)`
Ergebnis:	`=============`

Die Funktion `WIEDERHOLEN()` trägt die mit dem Argument `Text` angegebene Zeichenfolge so oft hintereinander in die Zelle ein, wie durch das Argument `Multiplikator` angegeben wird. Die Zeichenfolge kann aus mehr als einem Zeichen bestehen.

	A	B	C
1			
2	**Zeichen wiederholen**		
3			
4	**Text**	**Multiplikator**	**WIEDERHOLEN()**
5	Da	3	DaDaDa
6	#	4	####
7	-	15	---------------
8	=	15	===============

Abbildung 12.45 Beispiele für `WIEDERHOLEN()`

! Hat `Multiplikator` den Wert `0`, wird eine leere Zeichenfolge ausgegeben. Ist der Wert > `32767`, übersteigt also die maximale Zeichenanzahl für eine Zelle, erscheint der Fehlerwert `#WERT!`. Nachkommastellen werden dagegen abgeschnitten.

C11 | =WIEDERHOLEN(ZEICHEN(99);B11)

	A	B	C
10	**Urlaubsplan**	**Urlaubstage**	
11	Januar	10	□□□□□□□□□□
12	Februar	9	□□□□□□□□□
13	März	12	□□□□□□□□□□□□
14	April	6	□□□□□□
15	Mai	14	□□□□□□□□□□□□□□
16	Juni	17	□□□□□□□□□□□□□□□□□

Abbildung 12.46 Pseudodiagramme mit der Funktion `WIEDERHOLEN()`

Eine weitere Möglichkeit, die die Funktion `WIEDERHOLEN()` eröffnet, sind Pseudodiagramme, die bestimmte Werte durch eine entsprechende Wiederholung eines Zeichens darstellen. Abbildung 12.46 zeigt einen Urlaubsplan, in dem die Anzahl der Tage mit einem Zeichen aus dem Font Webdings angezeigt wird.

Die Funktion kann auch verwendet werden, um Zellen mit führenden oder nachfolgenden Zeichen aufzufüllen, um beispielsweise eine Spalte mit einer einheitlichen Länge zu erreichen. Das funktioniert ganz gut, wenn Sie dabei eine Schriftart wie Courier New verwenden, bei der jeder Buchstabe die gleiche Breite hat.

Abbildung 12.47 zeigt ein Beispiel für den Entwurf eines Inhaltsverzeichnisses. Die in Spalte B verwendete Formel nimmt Bezug auf eine ausgeblendete Spalte C, die jeweils den Text des Kapiteltitels enthält:

```
=C4 & WIEDERHOLEN("."; 30 - LÄNGE(C4))
```

	A	B
1		
2	**Entwurf eines Inhaltsverzeichnisses**	
3		
4	Kapitel 1	**Erstes Beispiel ....**
5	Kapitel 2	**Grundlagen ....**
6	Kapitel 3	**Hauptfunktionen ....**

Abbildung 12.47 Zellen variabel auffüllen mit der Funktion `WIEDERHOLEN()`

Das Argument `Multiplikator` kann auch selbst wiederum durch eine Formel berechnet werden. Als Beispiel soll eine Testauswertung dienen, bei der die Bewertung durch einen Vergleich zwischen zwei aufeinanderfolgenden Tests erstellt werden soll. Die Verbesserung oder Verschlechterung lässt sich dann durch eine entsprechende Anzahl von Pfeilen nach links oder rechts visualisieren.

	F	G	H	I
4	**Testbewertung**			
5	Testperson	1. Test	2.Test	Bewertung
6	Anna	33	99	>>
7	Greta	44	22	<
8	Carlotta	44	120	>
9	Bernd	28	200	>>>>>>
10	Wilfried	300	70	<<<
11	**=WENN((H10/G10)>1;WIEDERHOLEN(">";GANZZAHL(H10/G10)-1);WIEDERHOLEN("<";GANZZAHL(G10/H10)-1))**			

Abbildung 12.48 Testbewertung mit Pfeilen

Der Wahrheitstest der verwendeten `WENN()`-Funktion prüft, ob die Division zwischen dem zweiten und dem ersten Testwert größer als 1 ergibt, ob also der zweite Test bessere Werte liefert. Ist das der Fall, wird noch einmal die gleiche Division verwendet, um die Anzahl der vorwärtsweisenden Pfeile zu ermitteln, wobei vom Ergebnis die Ganzzahl genommen wird. Im anderen Fall wird die Division umgekehrt, um zu ermitteln, wie viele rückwärts weisende Pfeile erscheinen sollen, wenn sich die Testergebnisse verschlechtert haben. Solche Spielereien konkurrieren natürlich mit dem Angebot, das die bedingte Formatierung macht.

ZAHLENWERT()

NUMBERVALUE()

Syntax:	`ZAHLENWERT(`**`Text`**`; Dezimaltrennzeichen; Gruppentrennzeichen)`
Beispiel:	`=ZAHLENWERT("100,500.50"; "."; ",")`
Ergebnis:	`100500,5`

Die mit Excel 2013 eingeführte Funktion `ZAHLENWERT()` konvertiert unabhängig vom aktuellen Gebietsschema Text in Zahlen. Die Funktion kann beispielsweise helfen, Datenbestände, die aus anderen Ländern übernommen worden sind, in denen mit anderen Trennzeichen gearbeitet wird, in ein für die hiesige Region passendes Format zu bringen.

Mit den optionalen Argumenten `Dezimaltrennzeichen` und `Gruppentrennzeichen` geben Sie an, welche Zeichen in dem Argument `Text` für die Trennung der Dezimalstellen und für die Bildung von 1000er-Gruppen aktuell verwendet werden. Excel gibt das Ergebnis der Funktion im Standardformat aus, also ohne Gruppentrennzeichen und unter Abschneidung nachfolgender Nullen.

Werden die Argumente `Dezimaltrennzeichen` und `Gruppentrennzeichen` nicht angegeben, interpretiert die Funktion die mit dem Argument `Text` angegebene Zeichenfolge nach dem aktuellen Gebietsschema.

Werden für die Argumente mehrere Zeichen angegeben, wird nur das erste verwendet. Ist `Text` eine leere Zeichenfolge, ist das Ergebnis `0`. Leerzeichen innerhalb der Zeichenfolge werden ignoriert. »40 000« wird also als `40000` gewertet.

B5 =ZAHLENWERT(A5;".";",")

	A	B	C
1			
2	**Texte in Zahlen umwandeln**		
3			
4	**Text**	**ZAHLENWERT()**	
5	12,000.50	12000,5	
6	1.44	1,44	
7	-122,000.250	#WERT!	
8	1,123,123.55	1123123,55	
9	40 000	40000	
10		0	
11	12.000.50	#WERT!	
12	12.000,51	#WERT!	

Abbildung 12.49 Umwandlung von Zahlenwerten

Wird ein Dezimaltrennzeichen mehrfach verwendet, gibt die Funktion den Fehlerwert `#WERT!` zurück. Das gilt auch, wenn in der Zeichenfolge das Dezimalzeichen vor dem Gruppentrennzeichen erscheint. Lässt sich `Text` nicht als Zahl verstehen, liefert die Funktion ebenfalls den Fehlerwert `#WERT!`.

ZEICHEN()

CHAR()

Syntax: `ZEICHEN(`**`Zahl`**`)`

Beispiel: `=ZEICHEN(33)`

Ergebnis: !

Die Funktion `ZEICHEN()` ist die Umkehrung der `CODE()`-Funktion. Sie liefert für eine bestimmte Codezahl das entsprechende Zeichen. Welches Zeichen angezeigt wird, hängt allerdings auch von dem gewählten Zeichensatz ab. Spezialzeichensätze wie Symbol oder Wingdings zeigen andere Zeichen an als »normale« Zeichensätze wie Calibri oder Arial.

`Zahl` darf ein Wert von `1` bis `255` sein. Ist dies nicht der Fall, liefert die Funktion den Fehler `#WERT!`.

Die Funktion kann u. a. dazu verwendet werden, um bestimmte Sonderzeichen anzuzeigen oder in Zeichenfolgen einzubinden:

```
=ZEICHEN(169) & " " & "Helmut Vonhoegen"
```

ergibt beispielsweise

```
© Helmut Vonhoegen
```

	B	C	E	F	H	I	K	L	N	O	Q	R	T	U
4	ZEICHEN()	CODE()	ZEICHEN()	CODE()	ZEICHEN()	CODE()	ZEICHEN()	CODE()	ZEICHEN()	CODE()	ZEICHEN()	CODE()	ZEICHEN()	CODE()
5		1	&	38	K	75	p	112	•	149	º	186	ß	223
6	┐	2	'	39	L	76	q	113	–	150	»	187	à	224
7	└	3	(	40	M	77	r	114	—	151	¼	188	á	225
8	┘	4	)	41	N	78	s	115	˜	152	½	189	â	226
9	│	5	*	42	O	79	t	116	™	153	¾	190	ã	227
10	─	6	+	43	P	80	u	117	š	154	¿	191	ä	228
11	•	7	,	44	Q	81	v	118	›	155	À	192	å	229
12	◘	8	-	45	R	82	w	119	œ	156	Á	193	æ	230
13		9	.	46	S	83	x	120		157	Â	194	ç	231
14		10	/	47	T	84	y	121	ž	158	Ã	195	è	232
15	♂	11	0	48	U	85	z	122	Ÿ	159	Ä	196	é	233
16	♀	12	1	49	V	86	{	123		160	Å	197	ê	234
17		13	2	50	W	87	|	124	¡	161	Æ	198	ë	235
18	♫	14	3	51	X	88	}	125	¢	162	Ç	199	ì	236
19	☼	15	4	52	Y	89	~	126	£	163	È	200	í	237
20	┼	16	5	53	Z	90	▯	127	¤	164	É	201	î	238
21	◄	17	6	54	[	91	€	128	¥	165	Ê	202	ï	239
22	↕	18	7	55	\	92		129	¦	166	Ë	203	ð	240
23	‼	19	8	56	]	93	‚	130	§	167	Ì	204	ñ	241
24	¶	20	9	57	^	94	ƒ	131	¨	168	Í	205	ò	242
25	┴	21	:	58	_	95	„	132	©	169	Î	206	ó	243
26	┬	22	;	59	`	96	…	133	ª	170	Ï	207	ô	244
27	┤	23	<	60	a	97	†	134	«	171	Ð	208	õ	245
28	↑	24	=	61	b	98	‡	135	¬	172	Ñ	209	ö	246
29	├	25	>	62	c	99	ˆ	136	-	173	Ò	210	÷	247
30	→	26	?	63	d	100	‰	137	®	174	Ó	211	ø	248
31	←	27	@	64	e	101	Š	138	¯	175	Ô	212	ù	249
32		28	A	65	f	102	‹	139	°	176	Õ	213	ú	250
33		29	B	66	g	103	Œ	140	±	177	Ö	214	û	251
34		30	C	67	h	104		141	²	178	×	215	ü	252
35		31	D	68	i	105	Ž	142	³	179	Ø	216	ý	253
36		32	E	69	j	106		143	´	180	Ù	217	þ	254
37	!	33	F	70	k	107		144	µ	181	Ú	218	ÿ	255
38	"	34	G	71	l	108	‘	145	¶	182	Û	219		
39	#	35	H	72	m	109	’	146	·	183	Ü	220		
40	$	36	I	73	n	110	“	147	¸	184	Ý	221		
41	%	37	J	74	o	111	”	148	¹	185	Þ	222		

Abbildung 12.50 ANSI-Zeichentabelle mit den entsprechenden CODE()-Werten

12.2.8 Fortlaufende Zeichenreihen

Die Funktion ZEICHEN() bietet auch eine Lösung für die Bildung von Reihen, die alphabetisch geordnet sind. Die in Kapitel 1, »Einstieg in Berechnungen mit Excel«, beschriebenen Reihenbildungen betreffen ja nur numerische Reihen oder Datums- oder Zeitreihen. Wenn Sie Zeilen oder Spalten mit alphabetischen Reihen beschriften wollen, können Sie aber weder mit dem Dialog **Reihe** noch mit dem Ausfüllkästchen oder dem Symbol **AutoAusfüllen** etwas ausrichten.

Eine der möglichen Lösungen ist eine Formel, die mit der ZEICHEN()-Funktion in Kombination mit der Funktion ZEILE() oder mit der Funktion SPALTE() arbeitet. Dabei wird die

Nummer des Zeichens von der jeweiligen Zeilen- oder Spaltennummer abhängig gemacht. Wenn die Länge der Spalte vorgegeben ist, können Sie hier gut mit einer Matrixformel arbeiten. In dem Beispiel in Abbildung 12.51 wird zunächst die Zelle A5 ausgewählt. Sollen die Zeilen mit »Versuch a«, »Versuch b« etc. beschriftet werden, können Sie folgende Formel verwenden:

```
{="Versuch " & ZEICHEN(97+ZEILE(A5:A18)-ZEILE(A5))}
```

Die Formel wird mit [↵] abgeschlossen und liefert eine dynamische Matrix mit den entsprechenden Werten.

	A	B	C	D	E	F
1						
2	**Alphabetische Reihe**					
3						
4	**Versuch**	**Ergebnis**				
5	Versuch a		**="Versuch " & ZEICHEN(97 + ZEILE(A5:A18)-ZEILE(A5))**			
6	Versuch b					
7	Versuch c					
8	Versuch d					
9	Versuch e					
10	Versuch f					
11	Versuch g					
12	Versuch h					
13	Versuch i					
14	Versuch j					
15	Versuch k					
16	Versuch l					
17	Versuch m					
18	Versuch n					

Abbildung 12.51 Spalte mit einer alphabetischen Reihe

Sollen die Spalten einer Tabelle mit Buchstaben bezeichnet werden, verwenden Sie in der Formel statt der Funktion `ZEILE()` die Funktion `SPALTE()`. Wenn Sie statt der Kleinbuchstaben mit Großbuchstaben arbeiten wollen, beginnen Sie mit `ZEICHEN(65)`.

Ist die Beschriftungsspalte in der Länge nicht fixiert, können Sie in der ersten Zelle eine etwas andere Formel ablegen:

```
="Versuch " & ZEICHEN(97+ZEILE(A5)-ZEILE($A5$))
```

Diese Formel, die einen relativen Bezug mit einem absoluten Bezug kombiniert, kann beispielsweise mit dem Ausfüllkästchen nach unten kopiert werden, bis der Buchstabe z erreicht wird.

12

13 Logische Funktionen

Entscheidungen, sofern sie nicht willkürlich sind, werden in der Regel auf der Basis von Informationen getroffen, die eine bestimmte Situation ausreichend genug kennzeichnen, um zu einer begründeten Beurteilung zu kommen. Die Lage eines Unternehmens wird als positiv eingeschätzt, wenn bestimmte Indikatoren bestimmte Werte erreichen, und umgekehrt lässt sich eine kritische Entwicklung feststellen, wenn diese Indikatoren sich in die entgegengesetzte Richtung bewegen.

13.1 Einsatzbereiche der logischen Funktionen

In den oben genannten Fällen können Sie Ihr Urteil an die Prüfung von Bedingungen und Nebenbedingungen knüpfen, die erfüllt sein müssen, um zu einem bestimmten Ergebnis zu kommen. Genau dies ist der Bereich, in dem die logischen Funktionen, die Excel zur Verfügung stellt, von Nutzen sind. Für die Formulierung der zu prüfenden Bedingungen werden hauptsächlich die Vergleichsoperatoren `=`, `<`, `>`, `<=`, `>=`, `<>` herangezogen. Mit Ausnahme der in dieser Kategorie mit aufgeführten Funktionen `WENN()`, `WENNFEHLER()`, `WENNS()`, `WENNNV()` und `ERSTERWERT()`, die Verzweigungen ermöglichen, liefern logische Funktionen als Ergebnis die Wahrheitswerte `WAHR` oder `FALSCH`.

Die Wahrheitswerte werden in bestimmtem Umfang von Excel zusätzlich mit `1` für `WAHR` und `0` für `FALSCH` ausgewertet, sodass sie in Berechnungen einbezogen werden können. Es macht aber einen Unterschied, ob Bezüge auf Zellen, die Wahrheitswerte enthalten, mit einfachen Operatoren wie + oder - verknüpft werden, oder ob sie in Bereichsargumenten von Funktionen erscheinen.

Abbildung 13.1 zeigt, dass die Addition dreier Wahrheitswerte in der Form

```
=B5+B9+B13
```

den Wert `2` liefert, eine entsprechende Summenfunktion aber den Wert `0`, weil die Funktion die Wahrheitswerte nicht numerisch auswerten kann. Auch die Funktion `WERT()` liefert, wenn das Argument ein Wahrheitswert ist, keinen numerischen Wert, sondern den Fehlerwert `#WERT!`.

Die Abbildung zeigt außerdem in dem Bereich E9 bis H11, dass Excel einen Zelleintrag mit `WAHR`, `=WAHR` und `=WAHR()` als gleichwertig betrachtet.

	A	B	C	D	E	F	G	H
1								7
2	**Umgang mit logischen Werten**							
3								
4	**FALSCH()**			=B5+B9+B13				
5	=FALSCH()	FALSCH			2			
6	=FALSCH()+1	1		=SUMME(B5;B9;B13)				
7	=FALSCH()*1	0			0			
8	**WAHR()**					WERT()	=E9+1	gleichwertig?
9	=WAHR()	WAHR		WAHR	WAHR	#WERT!	2	WAHR
10	=WAHR()+1	2		=WAHR	WAHR	#WERT!	2	WAHR
11	=WAHR()*1	1		=WAHR()	WAHR	#WERT!	2	WAHR
12	**NICHT()**							
13	=NICHT(B5)	WAHR						
14	=NICHT(B9)	FALSCH						
15	=NICHT("Berlin">"Bonn")	WAHR						
16	**UND()**							
17	=UND(B5;B9)	FALSCH						
18	=UND(5<10;5>4)	WAHR						
19	=UND(WAHR;NICHT(WAHR))	FALSCH						
20	**ODER()**							
21	=ODER(B5;B9)	WAHR						
22	=ODER(B10<2;B10>4)	FALSCH						
23	=ODER(WAHR;NICHT(WAHR))	WAHR						
24	**XODER()**							
25	=XODER(B5;B9)	FALSCH						
26	=XODER(B10<2;B10>4)	WAHR						
27	=XODER(WAHR;NICHT(WAHR))	WAHR						

Abbildung 13.1 Ergebnisse logischer Funktionen

Eine logische Formel kann nicht nur eine Bedingung enthalten, sondern auch mehrere gleichzeitig. Diese Bedingungen können entweder alternativ oder additiv formuliert werden. Alternative Bedingungen werden entweder mit der ODER()-Funktion oder der XODER()-Funktion verknüpft, additive Bedingungen mit der UND()-Funktion. Hier einige Beispiele:

Formelbeispiel	Erläuterung
=UND(B6>B7; B9>B10) =UND(A10>50; A10<100)	In diesen Fällen ist die Bedingung jeweils nur erfüllt, also wahr, wenn beide Teilbedingungen erfüllt sind.
=ODER(B6>B7; B9>B10)	Bei dieser Formel ist das Ergebnis WAHR, wenn die erste oder die zweite oder beide Bedingungen erfüllt sind.
=XODER(B6>B7; B9>B10)	Beim ausschließenden Oder ist dagegen das Ergebnis nur dann WAHR, wenn entweder die erste oder die zweite Bedingung erfüllt ist. Sind beide Bedingungen erfüllt, ist das Ergebnis also FALSCH.

Tabelle 13.1 Beispiele für logische Funktionen

Die Funktion NICHT() verneint einen Vergleich. Ein Beispiel:

```
=NICHT(A1=100)
```

Diese Bedingung ist in allen Fällen erfüllt, wo A1 nicht gleich 100. Die Formeln


```
=A1<>100
=NICHT(A1=100)
```

sind also austauschbar.

Neu eingeordnet in die Kategorie der logischen Funktionen finden Sie eine Reihe von Funktionen, die mit der Bearbeitung von Daten aus Matrizen zu tun haben: MAP(), SCAN(), REDUCE(), MATRIXERSTELLEN(), NACHSPALTE(), NACHZEILE().

13.2 Prüfen mit der WENN()-Funktion

Logische Vergleiche werden insbesondere auch mithilfe der Funktion WENN() durchgeführt. Manchmal ist es dabei bequemer, eine komplexe Bedingung zunächst in einer Zelle zu prüfen und dann in einer WENN()-Funktion nur den Wahrheitswert dieser Zelle abzufragen, als die komplexe Bedingung in die WENN()-Funktion selbst mit aufzunehmen. Das ist insbesondere zu empfehlen, wenn diese Bedingung an mehreren Stellen abgefragt werden soll. Abbildung 13.2 zeigt ein einfaches Beispiel. In Zelle D6 wird zunächst mit der logischen Formel

```
=B7>B8
```

geprüft, ob der Deckungsbeitrag die fixen Kosten übersteigt. Das Ergebnis ist ein Wahrheitswert. Dieser wird dann in der `WENN()`-Funktion in Zelle D7 abgefragt.

	A	B	C	D	E
1					
2	**Logische Formeln**				
3					
4	Absatz:	6.000,00		Ergebnis:	Formel:
5	Verkaufserlöse:	1.494.000,00		FALSCH	**=B9<(B5*0,05)**
6	variable Kosten:	300.000,00		WAHR	**=B7>B8**
7	Deckungsbeitrag:	1.194.000,00		Gewinn	**=WENN(D6=WAHR;"Gewinn";"Verlust")**
8	fixe Kosten:	1.100.000,00			
9	Betriebsgewinn:	94.000,00			

Abbildung 13.2 Beispiele für logische Formeln

Die `WENN()`-Funktion prüft jedes Mal zunächst, ob eine bestimmte Bedingung erfüllt, also wahr ist. Trifft dies zu, wird die `WAHR`-Anweisung ausgeführt und bestimmt das Ergebnis der Formel. Trifft dies nicht zu, wird zur `FALSCH`-Anweisung verzweigt und diese ausgeführt. Die Funktion hat deshalb drei Argumente, die in der vorgeschriebenen Reihenfolge eingetragen werden müssen, weil sonst unerwünschte Ergebnisse produziert werden:

1. `Wahrheitstest` ist eine Bedingung in Form eines logischen Ausdrucks.
2. eine Anweisung für den Fall, dass die Bedingung erfüllt ist, die als `Wert_wenn_wahr` bezeichnet wird
3. eine Anweisung für den Fall, dass die Bedingung nicht erfüllt ist, der `Wert_wenn_falsch`

Sowohl bei der Formulierung der Bedingungen als auch bei der Formulierung der `WAHR`- und `FALSCH`-Anweisungen können natürlich alle sinnvollen Kombinationen von Operatoren und Funktionen benutzt werden.

Die `WENN()`-Funktion kann generell für zwei ganz unterschiedliche Zwecke eingesetzt werden:

1. Die Funktion erlaubt die Durchführung von Prüfungen. Zum Beispiel kann mit dieser Funktion die Frage beantwortet werden, ob bestimmte Grenzwerte überschrit-

ten sind, ob Abweichungen von einer Norm vorliegen oder ob bestimmte Zielwerte erreicht worden sind.

2. Mit der `WENN()`-Funktion kann Excel veranlasst werden, unterschiedliche Operationen durchzuführen, je nachdem, ob eine Bedingung erfüllt ist. Das entspricht etwa einer Verzweigung, die in allen Computersprachen zu den Grundoperationen gehört.

Allerdings gilt die Verzweigung immer nur in Bezug auf das Ergebnis in der Zelle selbst. Es ist nicht möglich, mit der `WENN()`-Funktion direkt einen unterschiedlichen Wert in eine andere Zelle einzutragen. Es ist zwar möglich, etwa in die Zelle B3 zu schreiben:

```
=WENN(B1>1000; B2=100; B2=200)
```

Ist B1 tatsächlich größer `1000`, bedeutet diese Formel aber lediglich, dass Excel nun prüft, ob die Zelle B2 tatsächlich den Wert `100` enthält. Ist das der Fall, ist das Ergebnis in Zelle B3 der Wert `WAHR`.

Eine direkte Wertzuweisung an eine Zelle, die dann eventuell auch Werte, die bisher in dieser Zelle eingetragen waren, überschreibt, kann nur über Makrobefehle geleistet werden. Das schließt natürlich nicht aus, dass eine andere Zelle durch einen Adressbezug den Wert aus der Zelle, in der die `WENN()`-Funktion steht, übernimmt. Wenn Sie in B3:

```
=WENN(B1>1000; 100; 200)
```

schreiben und in Zelle B2:

```
=B3
```

erhalten Sie das Ergebnis, das Sie mit der ersten Formel erreichen wollten. In den folgenden Abschnitten soll die Nützlichkeit der `WENN()`-Funktion noch an einigen typischen Beispielen verdeutlicht werden.

13.3 Bewertungen erzeugen

In der in Abbildung 13.3 gezeigten Tabelle sind Kundenumsätze einer Firma für zwei Jahre eingetragen. Die Kunden, deren realer Umsatz – es wird eine Inflationsrate von 3 % unterstellt – gegenüber dem Vorjahr abgesunken ist, sollen in der Spalte D durch einen entsprechenden Hinweis gekennzeichnet werden. Die Formel kann in die Zelle D6 eingetragen und dann die Spalte hinunterkopiert werden. Sie könnte lauten:

```
=WENN(C6<(B6*1,03); "Umsatzrückgang"; "")
```

Bei den Kunden, deren Umsatz inflationsbereinigt gesunken ist, erscheint in der Spalte D der Hinweis »Umsatzrückgang«. Bei allen anderen Kunden bleibt die Zelle in der Spalte D als Ergebnis der Formel leer.

	A	B	C	D
1				
2	**Prüfung von Bedingungen**			
3				
4		Umsatzentwicklung		Umsatzentwicklung inflationsbereinigt
5		2023	2024	
6	Kunde A	100000	770088	
7	Kunde B	120000	50000	Umsatzrückgang
8	Kunde C	87000	120000	
9	Kunde D	250000	250100	Umsatzrückgang
10		**=WENN(C6<(B6*1,03);"Umsatzrückgang";"")**		

Abbildung 13.3 Prüfung von Bedingungen

13.4 Bedingte Berechnungen

Während es im letzten Fall in erster Linie um die Prüfung der Entwicklung der Kundenumsätze ging, soll die nächste Formel zeigen, wie die `WENN()`-Funktion benutzt werden kann, um auf verschiedene Zustände unterschiedlich zu reagieren. Die Tabelle in Abbildung 13.4 berechnet für eine Firma einen Planwert für die Umsatzentwicklung in verschiedenen Regionen. Er soll entweder den Wert des aktuellen Jahres oder den des Vorjahres um 20 % übersteigen, abhängig davon, welcher Wert höher ist. Die verwendete Formel ist:

```
=WENN(C5>B5; C5*1,2; B5*1,2)
```

	A	B	C	D	E
1					
2	**Bedingte Berechnungen**				
3					
4	Region	Umsatz 2023	Umsatz 2024	Planwert	
5	Süd	1.200.000,00 €	1.300.000,00 €	1.560.000,00 €	**=WENN(C5>B5;C5*1,2;B5*1,2)**
6	West	900.000,00 €	870.000,00 €	1.080.000,00 €	
7	Nord	600.000,00 €	440.000,00 €	720.000,00 €	
8	Ost	300.000,00 €	440.000,00 €	528.000,00 €	

Abbildung 13.4 Rechnen in Abhängigkeit von einer Prüfung

Als Matrixformel lässt sich eine bedingte Summenbildung ausführen. In Abbildung 13.5 ist eine Liste mit den Daten über die Fälligkeit von Anleihen zu sehen, die nicht sortiert ist. In der Spalte E sind die Jahreszahlen fortlaufend angegeben. In der Spalte F soll nun für jedes Jahr der fällige Gesamtbetrag errechnet werden. Die Formel in F5 vergleicht die Jahreszahlen in Spalte B mit denen in Spalte E. Die Formel ist

```
=SUMME(WENN(JAHR($B$5:$B$18)=E5; $C$5:$C$18; 0))
```

Wenn Sie die Formel mit [↵] abschließen, können Sie sie bis zur Zelle F11 kopieren.

	A	B	C	D	E	F
1						
2	**Fälligkeit von Anleihen**					
3						
4	**WKN**	**Fälligkeit**	**Betrag**		**Jahr**	**Gesamtbetrag**
5	A1HKYR	10.12.2019	28.000 €		2019	52.000,00 €
6	A1HKK6	23.09.2020	32.000 €		2020	52.000,00 €
7	A1HKYR	27.02.2021	40.000 €		2021	150.000,00 €
8	A1HKK7	21.07.2021	40.000 €		2022	60.000,00 €
9	A1HKYR	11.03.2020	20.000 €		2023	34.000,00 €
10	A1FKK8	21.07.2019	24.000 €		2024	30.000,00 €
11	A1FKK9	08.10.2022	30.000 €		2025	40.000,00 €
12	A1FKK10	08.09.2021	20.000 €		Gesamt	418.000,00 €
13	A1WKYR	09.09.2022	30.000 €			
14	A1WKYR	27.02.2021	20.000 €			
15	A1WKYR	09.09.2021	30.000 €			
16	A1WKYR	12.03.2025	40.000 €			
17	A1WKYR	01.12.2023	34.000 €			
18	A1KKK12	17.09.2024	30.000 €			

Abbildung 13.5 Bedingte Summenbildung mit Matrixformeln

13.5 Bedingte Textanzeige

Besteht die Möglichkeit, in einem Arbeitsblatt Texte nur unter bestimmten Voraussetzungen zu drucken? Die WENN()-Funktion bietet sich auch in diesem Fall an. Angenommen, das Arbeitsblatt wird zur Aufbereitung und zum Druck von Rechnungen benutzt. Auf den Dezember-Rechnungen soll im Rechnungsfuß ein Hinweis auf ein spezielles Weihnachtsangebot erscheinen. Die Lösung könnte folgende Formel sein:

```
=WENN(MONAT(JETZT())=12; "Sonderrabatt von 20 % für alle Orientteppiche"; "")
```

Die WENN()-Funktion kann selbstverständlich nicht nur zur Prüfung numerischer Zellen benutzt werden. Zellen, die Texte oder Zeichenfolgen enthalten, können ebenfalls befragt werden. Der Text kann direkt eingetragen werden oder indirekt über einen Zellbezug oder als Ergebnis einer Formel, die eine Zeichenfolge bereitstellt. Hier ein einfaches Beispiel:

```
=WENN(B10="Berlin"; "Hauptstadt"; "")
```

Allerdings kann im Fall von Zeichenfolgenvergleichen eine unangenehme Überraschung auftreten. Die Bedingung, dass in der Zelle B10 der Name »Berlin« steht, ist nur dann erfüllt, wenn dort tatsächlich auch nur »Berlin« steht. Ein Fehler, der bei der Arbeit mit Excel gelegentlich plagt, weil er nicht so leicht erkennbar ist, besteht darin, überflüssige Leerzeichen zu benutzen.

Wenn also hinter dem Wort »Berlin« versehentlich noch einmal die Leertaste gedrückt worden ist, wird Excel sich so verhalten, als sei der Inhalt der Zelle B10 nicht »Berlin«. Im strengen Sinne stimmt das ja auch, aber zu sehen ist der Unterschied nur, wenn im Bearbeitungsfeld [Ende] gedrückt wird. Der Fehler kann allerdings durch die Funktion `=GLÄTTEN()` abgefangen werden. Die Formel

```
=WENN(GLÄTTEN(B10)="Berlin" ...
```

ist gegen die angesprochene Fehlermöglichkeit gefeit. Die Funktion `GLÄTTEN()` ist eine Textfunktion, die überflüssige Leerzeichen entfernt.

13.6 Prüfungen mit komplexen Bedingungen

Das Argument `Wahrheitstest` kann auch aus mehreren Einzelbedingungen zusammengesetzt sein. In vielen Fällen ist eine Operation gleich von mehreren Bedingungen abhängig. Eine Komponente eines Produkts soll nur dann bei einem bestimmten Lieferanten bestellt werden, wenn der Preis akzeptabel ist und gleichzeitig die Lieferfrist maximal einen Monat beträgt. Die Formel könnte heißen:

```
=WENN(UND(C12<12500; D12<4); "bestellen"; "nicht bestellen")
```

Die Zelle C12 enthält den Preis, die Zelle D12 die Lieferzeit in Wochen. Die Bedingung ist nur dann erfüllt, wenn beide Teile der Bedingung gleichzeitig erfüllt sind.

In anderen Fällen hängt eine Entscheidung davon ab, ob eine bestimmte Bedingung erfüllt ist oder eine andere. Im Beispiel wäre denkbar, dass auch ein höherer Preis akzeptiert wird, wenn die Lieferfrist kurz ist. Eine kleine Änderung der Formel trägt der Situation Rechnung. Statt der Funktion `UND()` wird `ODER()` eingesetzt:

```
=WENN(ODER(C12<12500; D12<4); "bestellen"; "nicht bestellen")
```

Die neue Bedingung ist in drei Fällen wahr:

1. Der erste Teil der Bedingung ist erfüllt.
2. Der zweite Teil der Bedingung ist erfüllt.
3. Beide Bedingungen sind erfüllt.

Die Funktion `ODER()` ist also kein ausschließendes Oder. Das ausschließende Oder würde den dritten Fall nicht zulassen. Ein solches Entweder-oder, aber nicht beides gleichzeitig, konnte in einer älteren Excel-Version erreicht werden durch eine Kombination von `UND()` und `ODER()`:

```
=WENN(UND(ODER(B10=5; C10=7; NICHT(UND(B10=5; C10=7) ) ); "ok"; "prüfen")
```

Wenn die Zelle B10 den Wert `5` hat und die Zelle C10 den Wert `7`, ist das Ergebnis `prüfen`, die Bedingung ist also nicht erfüllt.

Seit Excel 2013 ist die Sache einfacher durch die Funktion `XODER()`. Die obige Formel lautet dann:

```
=WENN(XODER(B10=5; C10=7); "ok"; "prüfen")
```

13.7 Bedingte Zuordnung

Wer im Blick behalten will, wie weit säumige Zahler es mit dem Verzug treiben, kann mit Formeln arbeiten, die die fälligen Beträge nach der Dauer des Verzugs gruppieren. In der folgenden Tabelle sollen die Überziehungen von maximal 30 Tagen, die zwischen 31 und 60 Tagen und die noch säumigeren spaltenweise angezeigt werden.

Zunächst wird in Spalte E der Fälligkeitstermin berechnet, indem auf den Rechnungstermin 30 Tage addiert werden. Da eine Zahlung an einem Samstag oder Sonntag nicht vorgesehen ist, wird eine verschachtelte `WENN()`-Funktion genutzt, die prüft, welchen Wochentag die einfache Addition von 30 Tagen auf das Belegdatum liefert. Ist es ein Sonntag, wird 31 addiert, ist es ein Samstag, wird 32 addiert.

```
=WENN(WOCHENTAG(C6+30)=1; C6+31; WENN(WOCHENTAG(C6+30)=7; C6+32; C6+30))
```

Der Verzug wird in Spalte F mithilfe der Funktion `NETTOARBEITSTAG()` ermittelt:

```
=NETTOARBEITSTAG(E6; $B$4)
```

Diese Formel kann noch präziser eingesetzt werden, wenn als drittes Argument die Liste der Feiertage angegeben wird.

Die Formel für die Spalte G ist noch einfach:

```
=WENN(F6<31; B6; "")
```

Wenn der Verzug kleiner als 31 Tage ist, wird der Rechnungsbetrag in der Zelle ausgegeben, im anderen Fall bleibt die Zelle leer. Die Formel in der nächsten Spalte ist etwas komplizierter und verwendet die Funktion `UND()`, um eine doppelte Bedingung zu prüfen:

```
=WENN(UND(F6>=31; F6<=60); B6; "")
```

Die Formel für die Spalte I ist wieder einfach:

```
=WENN(F6>=61; B6; "")
```

Unter den drei Spalten können dann noch die Spaltensummen gebildet werden.

	A	B	C	D	E	F	G	H	I
1									
2	**Bedingte Zuordnung**								
3									
4	Datum:	02.01.2025					Zahlungsverzug in Tagen		
5	Belegnr	Betrag	Belegdatum	Fällig in Tagen	Fällig am	Verzug	1 - 30	31 - 60	mehr als 60
6	180012	12.000 €	10.09.2024	30	Donnerstag, 10. Oktober 2024	61			12.000,00 €
7	180013	9.000 €	20.10.2024	30	Dienstag, 19. November 2024	33		9.000,00 €	
8	180014	6.000 €	22.10.2024	30	Donnerstag, 21. November 2024	31		6.000,00 €	
9	180015	3.000 €	23.10.2024	30	Freitag, 22. November 2024	30	3.000,00 €		
10							3.000,00 €	15.000,00 €	12.000,00 €

Abbildung 13.6 Gruppierung von Zahlungsverzögerungen

13.8 Mehrfachverzweigungen

Sowohl das `Wert_wenn_wahr`-Argument als auch das `Wert_wenn_falsch`-Argument können selbst wieder eine `WENN()`-Funktion enthalten, sodass eine Mehrfachverzweigung erreicht werden kann.

Die Weihnachtsgeschenke einer Firma sind nach Wert in zwei Gruppen eingeteilt. Geschenke der Gruppe A sollen Kunden erhalten, deren Umsatz über 500.000 € liegt, Gruppe B verlangt mindestens 10.000 €, um Minikunden ganz herauszunehmen. Zuerst werden in der Formel die Minikunden abgefangen, dann wird zwischen Gruppe A und Gruppe B unterschieden.

1. Schritt

```
WENN(B5>=10000; "Geschenk"; "kein Präsent")
```

Damit sind die Minikunden herausgenommen.

2. Schritt

```
=WENN(B5>10000; WENN(B5>=50000; "Geschenk A"; "Geschenk B"); "kein Präsent")
```

Das `Wert_wenn_wahr`-Argument aus dem ersten Schritt ist jetzt ersetzt durch eine komplette `WENN()`-Funktion, die selbst wiederum eine Bedingung, ein `Wert_wenn_wahr`-Argument und ein `Wert_wenn_falsch`-Argument enthält.

	A	B	C
1			
2	**Verschachtelte Bedingungen**		
3			
4	Kunden	Umsatz	Geschenkkategorie
5	Berger	600.000,00 €	Geschenk A
6	Wehner	430.000,00 €	Geschenk B
7	Brech	30.000,00 €	Geschenk B
8	Schub	3.290,00 €	kein Präsent
9	Scheimer	24.000,00 €	Geschenk B
10	Vosken	1.200,00 €	kein Präsent
11	Erber	530.000,00 €	Geschenk A
12	Kosinsky	23.000,00 €	Geschenk B
13	Marchat	12.000,00 €	Geschenk B
14			
15	Formel:	**"Geschenk A";"Geschenk B");"kein Präsent")**	

Abbildung 13.7 Verschachtelte Bedingungen

Eine Vereinfachung für Mehrfachverzweigungen bringt die neue Funktion `WENNS()`. Anders als bei der Funktion `WENN()`, wo nur ein Wahrheitstest möglich ist, können hier bis zu 127 Wahrheitstests kombiniert werden. Für jeden Test wird einzeln angegeben, was im Fall der Wahrheit geschehen soll.

Soll beispielsweise aus dem Datum abgelesen werden, in welcher Jahreszeit ein Termin liegt, hilft eine komplexe `WENNS()`-Funktion, die zunächst aus dem Datumwert den Monatswert herauszieht und daraus dann ableitet, in welcher Jahreszeit der Termin liegt:

```
WENNS(UND(MONAT(A3)>2; (MONAT(A3)<6)); "Frühling"; UND(MONAT(A3)>5; (MONAT(A3)
<9)); "Sommer"; UND(MONAT(A3)>8; (MONAT(A3)<12)); "Herbst"; ODER(MONAT(A3)>11;
 (MONAT(A3)<3)); "Winter")
```

	A	B
1	Datum	Metereologische Jahreszeit
2	01.01.2025	Winter
3	01.02.2025	Frühling
4	01.03.2025	Frühling
5	01.04.2025	Frühling
6	01.05.2025	Sommer
7	01.06.2025	Sommer
8	01.07.2025	Sommer
9	01.08.2025	Herbst
10	01.09.2025	Herbst
11	01.10.2025	Herbst
12	01.11.2025	Winter
13	01.12.2025	Winter

Abbildung 13.8 WENNS() liefert mehrfache Verzweigungen

Der Fall, dass kein Wahrheitstest bestanden wird, kann damit abgehandelt werden, dass als letzter Test einfach WAHR angegeben wird, was also immer der Fall ist. Damit kann dann als Ergebnis ein vorgegebener Wert verknüpft werden.

Es sollte bei dieser Funktion beachtet werden, in welcher Reihenfolge die Argumente angegeben werden.

```
=WENNS(A10>5; "befriedigend"; A10>10; "gut")
```

würde beispielsweise bei `A10=15` fälschlicherweise "befriedigend" ergeben, während

```
=WENNS(A10>10; "gut"; A10>5; "befriedigend")
```

das gewünschte Ergebnis liefert.

Ähnlich arbeitet die ebenfalls neue Funktion `ERSTERWERT()`. Sie vergleicht das Ergebnis eines Ausdrucks mit einer Reihe von Werten und gibt dann jedes Mal an, welchen Wert die Zelle erhalten soll. Als Letztes kann noch ein Ergebnis angegeben werden, falls es keinen Treffer gibt.

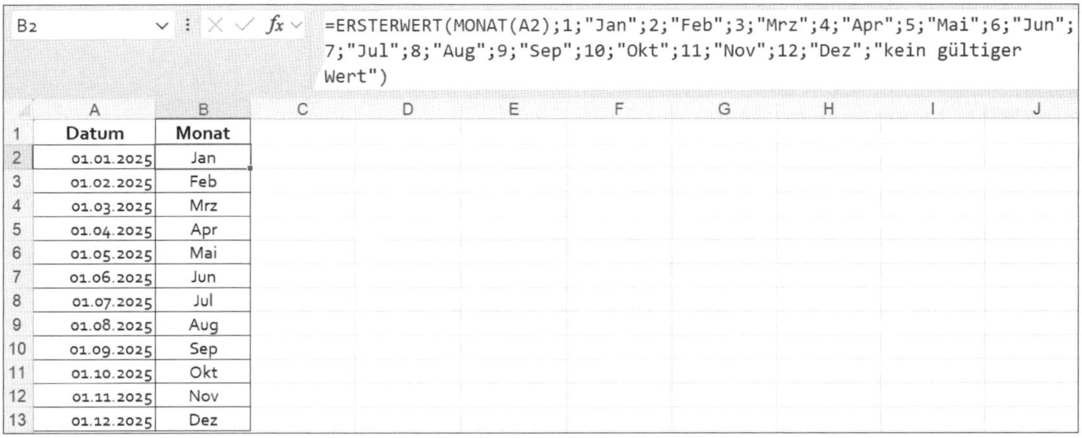

Abbildung 13.9 Beispiel für die Funktion ERSTERWERT()

13.9 Bedingte Formate

Ein weiterer Anwendungsbereich für logische Formeln und Funktionen sind die bedingten Formate. Hier ein praktisches Beispiel: Wenn Sie in einer Arbeitsmappe einen Kalender oder einen Zeitplan anlegen, lässt sich mit einem bedingten Format das Wochenende leicht mit einem anderen Hintergrund hervorheben:

```
=ODER(WOCHENTAG(B4)=7; WOCHENTAG(B4)=1)
```

13

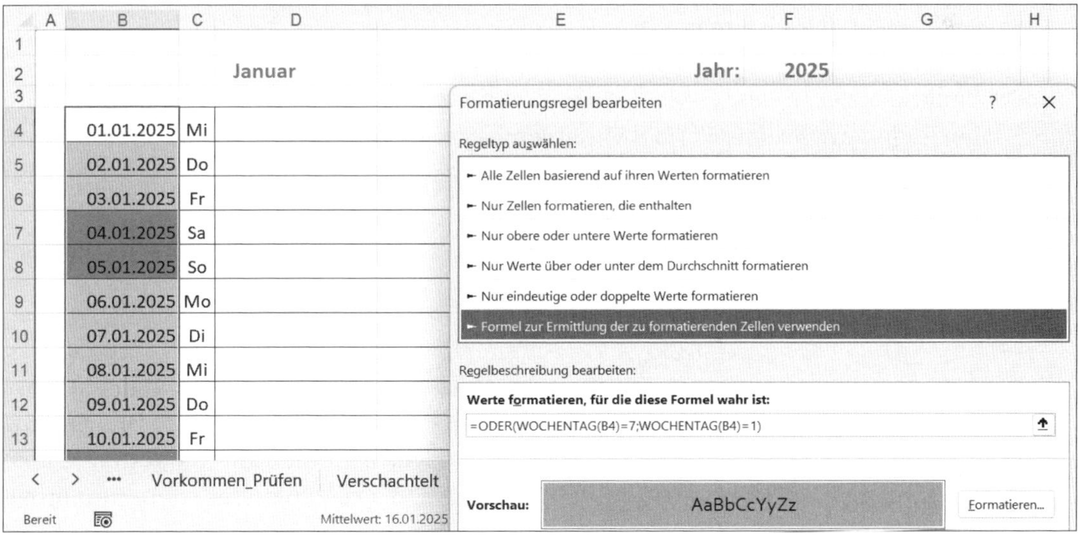

Abbildung 13.10 Kalender mit bedingtem Format für das Wochenende

13.10 Funktionen für Matrizen

Die Funktionen `MAP()`, `SCAN()`, `REDUCE()`, `MATRIXERSTELLEN()`, `NACHSPALTE()` und `NACHZEILE()` haben alle mit Matrizen zu tun. Fast alle erzeugen Ergebnisse in Form von dynamischen Matrizen. Alle verwenden als maßgebliches Argument einen Ausdruck, der mit einer `LAMBDA()`-Funktion arbeitet, um Matrix-Werte zu berechnen.

`MATRIXERSTELLEN()` erzeugt eine Matrix mit der angegebenen Zahl von Zeilen und Spalten und bestimmt dabei die Werte dafür aus den Berechnungen, die die `LAMBDA()`-Funktion mit den Zeilen- und Spaltenindizes `r` und `c` anstellt.

Die Funktion `MAP()` erzeugt aus einer vorhandenen Matrix eine zweite, wobei die neuen Werte über eine `LAMBDA()`-Funktion berechnet werden.

Mit `SCAN()` lässt sich aus einer bestehenden Matrix ebenfalls eine zweite erzeugen, wobei die Werte der ersten Berechnung immer als Zwischenwerte für die nächste Berechnung verwendet werden.

Mit den Funktionen `NACHSPALTE()` und `NACHZEILE()` können beispielsweise die höchsten oder niedrigsten Werte pro Zeile oder Spalte in einer eigenen Matrix zusammengestellt werden.

Die Funktion `REDUCE()` fasst mithilfe einer `LAMBDA()`-Berechnung die Werte der Matrix in einem Wert zusammen.

13.11 LET() und LAMBDA()

Die Funktionen `LET()` und `LAMBDA()` dienen zur Vereinfachung von Berechnungen. `LET()` erlaubt es, innerhalb einer Formel Variablen zu definieren und mehrfach zu verwenden. `LAMBDA()` erlaubt es, eigene Funktionen zu definieren, ohne dafür mit Makros und VBA arbeiten zu müssen.

13.11.1 Die Funktion LET()

Bei der `LET()`-Funktion geht es darum, schrittweise erfolgende Berechnungen in einer Funktion zusammenzufassen, wobei die Ergebnisse jeweils an die nächste Berechnung weitergegeben werden. Die Syntax ist sehr flexibel. Sie beginnen mit mindestens einem Variablennamen und einem Wert für diese Variable. Bis zu 126 dieser Paare sind insgesamt erlaubt.

Nach den Variablen folgt die Definition einer Berechnung, die sich dieser Variablen bedient. Die Variablen können dabei Zwischenergebnisse speichern, die im nächsten Berechnungsschritt weiterverwendet werden. Abbildung 13.11 zeigt ein Beispiel für eine solche Schrittfolge. Zunächst werden den Variablen `Preise`, `Kosten` und `Absatz` Werte aus der Tabelle zugewiesen. Dann wird der Variablen `Gesamtgewinn` das Ergebnis einer Berechnung zugeordnet, die die ersten Variablen verwendet. Es folgt der nächste Schritt, die Summierung des Absatzes. Schließlich wird für den Gewinn der einzelnen Produkte der Mittelwert berechnet.

	A	B	C	D	E	F	G
1	**Beispiel für die LET()-Funktion**						
2							
3	**Warengruppe**	**Preis**	**Kosten**	**Absatz**	**Umsatz**		**Gewinn**
4	WG1	150,00	100,00	3000	450.000,00		150.000,00
5	WG2	200,00	114,00	2000	400.000,00		172.000,00
6	WG3	60,00	39,00	4000	240.000,00		84.000,00
7	WG4	50,00	27,00	5000	250.000,00		115.000,00
8				14000	1.340.000,00		521.000,00
9							
10				Durchschnittsgewinn pro Artikel:			37,21
11				**=LET(Preise;B4:B7;**			
12				**Kosten;C4:C7;**			
13				**Absatz;D4:D7;**			
14				**Gesamtgewinn;SUMME((Preise-**			
15				**Kosten)*Absatz);**			
16				**Verkauft;SUMME(Absatz);**			
17				**GWMittel;Gesamtgewinn/Verkauf**			
18				**t;GWMittel)**			

Abbildung 13.11 Beispiel für eine `LET()`-Funktion

Eine andere Möglichkeit besteht darin, Daten wie bei einer Pipeline durch verschiedene Funktionen zu schleusen, beispielsweise erst durch einen Filter und dann durch eine Sortierung. Abbildung 13.12 zeigt die Vorgehensweise: Erst wird eine Variable `Gefiltert` eingerichtet. Ihr wird das Ergebnis der `FILTER()`-Funktion zugewiesen. Dann wird eine Variable `Sortiert` eingerichtet, und ihr wird das Ergebnis der Funktion `SORTIEREN()` zugewiesen. Diese Funktion verwendet nun als erstes Argument die Variable `Gefiltert`. Das zweite Argument ist `3`, also die dritte Spalte der Quelldaten, die den Jahrgang angibt. Das Ergebnis der `LET()`-Funktion ist dann das Ergebnis der Sortierung. Es wird als dynamische Matrix ausgegeben. Sie enthält deshalb genauso viele Zeilen, wie es Weißweine in den Quelldaten gibt.

Es ist gewiss nicht übertrieben zu vermuten, dass sich mithilfe dieser `LET()`-Funktion sehr viele neue Möglichkeiten ergeben, den Aufbau von komplexen Kalkulationsmodellen voranzutreiben. Vieles, wofür bisher Makrolösungen notwendig waren, lässt sich jetzt direkt im Tabellenblatt regeln.

Quelldaten

Name	Farbe	Jahrgang
Ortenau	rot	2014
Müller-Thurgau	weiß	2014
Riesling	weiß	2016
Oppenheimer	weiß	2016
Silvaner	weiß	2016
Médoc	rot	2015
Bordeaux	weiß	2016
Sauternes	weiß	2014
Beaujolais	rot	2015

Gefilterte Daten sortieren

Name	Farbe	Jahrgang
Riesling	weiß	2016
Oppenheimer	weiß	2016
Silvaner	weiß	2016
Bordeaux	weiß	2016
Müller-Thurgau	weiß	2014
Sauternes	weiß	2014

weiß

=LET(Gefiltert;FILTER(A24:C32;B24:B32=$I$23);
Sortiert;SORTIEREN(Gefiltert;3;-1);Sortiert)

Abbildung 13.12 Gefilterte Daten sortieren

13.11.2 Die Funktion LAMBDA()

Die Funktion `LAMBDA()` erlaubt es, beliebig komplizierte Berechnungen in einer eigenen Tabellenfunktion einzukapseln. Anders als bei den benutzerdefinierten Funktionen, die in VBA erzeugt werden (wie in Kapitel 18, »Entwicklung eigener Funktionen«, beschrieben), findet dies direkt im Tabellenblatt statt.

Bedingte Berechnungen

Region	Umsatz 2023	Umsatz 2024	Planwert
Süd	1.200.000,00 €	1.300.000,00 €	1.560.000,00 €
West	900.000,00 €	870.000,00 €	1.080.000,00 €
Nord	600.000,00 €	440.000,00 €	720.000,00 €
Ost	300.000,00 €	440.000,00 €	528.000,00 €

=WENN(C5>B5;C5*1,2;B5*1,2)

Abbildung 13.13 Beispiel für die `LAMBDA()`-Funktion

Die Syntax erlaubt zunächst die Angabe der Variablen, die in die vorgesehene Berechnung eingehen sollen. Das letzte Argument der Funktion ist dann jeweils die Berechnung, die mit den Variablen vorgenommen werden soll. Hinter der schließenden Klammer werden dann noch die Werte für die Variablen übergeben. Im Beispiel sind es die Werte in den benannten Zellen A6 und B6. Konstanten und einfache Zellbezüge sind ebenso möglich.

Um die Sache zu vereinfachen, kann anschließend der Funktion ein eigener Name gegeben werden. Benutzen Sie **Namen definieren**, und vergeben Sie einen Namen, der die Art der Berechnung kurz benennt, beispielsweise `ZYVOL` für Zylindervolumen. Kopieren Sie vorher die Formel aus der Bearbeitungsleiste, und fügen Sie diese unter **Bezieht sich auf** ein. Die Klammer mit den Werten für die Variablen lassen Sie dabei weg. Geben Sie unter **Kommentar** noch einen kurzen Hinweis ein, was die Funktion tut. Nun können Sie die Funktion `ZYVOL(Radius; Höhe)` in der gesamten Arbeitsmappe verwenden. Soll sie in einer anderen Mappe verwendet werden, können Sie ein Blatt, in dem der Name definiert ist, in die neue Mappe kopieren.

13.12 Referenz der logischen Funktionen

ERSTERWERT()

SWITCH()

Syntax:	`ERSTERWERT(`**`Ausdruck; Wert1; Ergebnis1`**`; Standard_oder_Wert2; Ergebnis2; …; Standardwert (bei fehlender Übereinstimmung)`
Beispiel:	`=ERSTERWERT(Region; "Nord"; "Hamburg"; "Süd"; "München"; "West"; "Düsseldorf"; "Ost"; "Berlin"; "")`
Ergebnis:	`Düsseldorf, wenn Region = "West"`

Die Funktion `ERSTERWERT()` vergleicht das Ergebnis eines Ausdrucks mit einer Werteliste und liefert bei Übereinstimmung das zugeordnete Ergebnis, andernfalls den Standardwert. Insgesamt sind 126 Wertepaare erlaubt.

Stimmt keiner der angegebenen Werte mit dem Ergebnis des Arguments **Ausdruck** überein, und ist kein Standardwert angegeben, liefert die Funktion `ERSTERWERT()` den Fehler `#NV!` zurück.

FALSCH()

FALSE()

Syntax:	FALSCH()
Beispiel:	=FALSCH()
Ergebnis:	FALSCH

Die Funktion FALSCH() legt den Wahrheitswert FALSCH in der Zelle ab oder übergibt ihn an eine andere Funktion. Stattdessen kann auch direkt der Wert FALSCH in der Zelle abgelegt werden. Excel vergibt bei der Eingabe von »falsch« oder »FALSCH« für die Zelle automatisch den Datentyp boolean und zentriert die in Großbuchstaben ausgegebene Anzeige. (Um das Wort »Falsch« nur als Text in einer Zelle abzulegen, müssen Sie die Zelle als Text formatieren oder einen Apostroph davorsetzen.)

Die Funktion FALSCH() kann in einer WENN()-Funktion benutzt werden, um anzuzeigen, ob die Bedingung, die diese Funktion prüft, erfüllt ist. Das kann sinnvoll sein, wenn bei einer komplexen Bedingung nicht gleich ersichtlich ist, ob die Bedingung erfüllt ist oder nicht. Hier ein Beispiel:

```
=WENN(Gewinne01>500000; WAHR(); FALSCH())
```

Das Ergebnis ist FALSCH, wenn Gewinne01 beispielsweise den Wert 300000 hat. Die Formel könnte auch lauten:

```
=WENN(Gewinne01>500000; WAHR; FALSCH)
```

Die beiden Wahrheitswerte müssen dabei nicht in Anführungszeichen gesetzt werden.

LAMBDA()

LAMBDA()

Syntax:	LAMBDA(Parameter1;Parameter2;… **Berechnung**)
Beispiel:	=LAMBDA(b;h;t;b * h * t)(b;h;t)
Ergebnis:	6

Die Funktion LAMBDA() führt mit den angegebenen Parametern die am Ende der Argumentliste angegebene Berechnung aus und liefert deren Ergebnis. Die Parameterargumente sind optional, die Berechnung ist erforderlich. Bis zu 253 Parameter sind erlaubt, Konstanten oder Zellbezüge. Die Namen der Parameter dürfen keinen Punkt enthalten. Hinter der schließenden Klammer für die Argumente der Funktion folgt eine Klammer mit den Parameterwerten.

	A	B	C	
16		**cm**	**qcm**	
17	b	5	40	**=LAMBDA(b;h;t;b*h*t)(b;h;t)**
18	h	2		
19	t	4		

Abbildung 13.14 Eine LAMBDA()-Funktion zur Berechnung des Volumens

Wenn die Zahl der Parameter zu groß ist oder wenn ein in der Berechnung notwendiger Parameter fehlt, liefert die Funktion den Fehlerwert #WERT!. Eine LAMBDA()-Funktion, die sich selbst aufruft, ist zirkulär und ergibt den Fehlerwert #ZAHL!. Wird die Funktion innerhalb der Zelle, in der sie eingetragen ist, nicht aufgerufen, werden die Parameter also nicht mit Werten versorgt, provoziert das den Fehler #KALK!, der darauf hinweist, dass eine Berechnung nicht durchführbar ist.

Siehe auch Abbildung 13.13.

LET()

LET()

Syntax:	LET(**Name1**; **Name_Wert1**; **Berechnung_oder_Name2**; Name_Wert2; Berechnung_oder_Name3...)
Beispiel:	=LET(a; 100; b; 5; Produkt; a*b; Rabattiert; Produkt * 0,8; Rabattiert)
Ergebnis:	400

Die Funktion LET() weist innerhalb der Funktion angegebenen Berechnungen Namen zu, die dann in nachfolgenden Berechnungen als Zwischenergebnisse verwendet werden können. Die Funktion muss mindestens ein Name-Wert-Paar enthalten, maximal sind es 126 Paare. Das letzte Argument bestimmt das Resultat der Funktion.

Siehe auch Abbildung 13.12.

MAP()

MAP()

Syntax:	`MAP(`**`Array; Lambda_or_array2; ...`**`)`
Beispiel:	`=MAP(A4:D7; LAMBDA(a; WENN(a>1; a°2;a)))`
Ergebnis:	siehe Abbildung 13.15

Durch die Funktion `MAP()` kann aus einer oder aus mehreren Matrizen an anderer Stelle eine neue Matrix erzeugt werden, wobei die neuen Werte in einem Mapping-Verfahren mit einer `LAMBDA()`-Funktion gefunden werden. Das Ergebnis der Funktion ist eine dynamische Matrix. Das erste Argument ist eine vorhandene Matrix, das letzte immer die `LAMBDA()`-Funktion. Dazwischen können noch weitere Matrizen angesprochen werden. In dem ersten abgebildeten Beispiel arbeitet die `LAMBDA()`-Funktion mit dem Parameter `a` für die einzelnen Werte in der ersten Matrix. Ist der Wert größer 1, wird der Wert quadriert, ansonsten wird er unverändert übernommen.

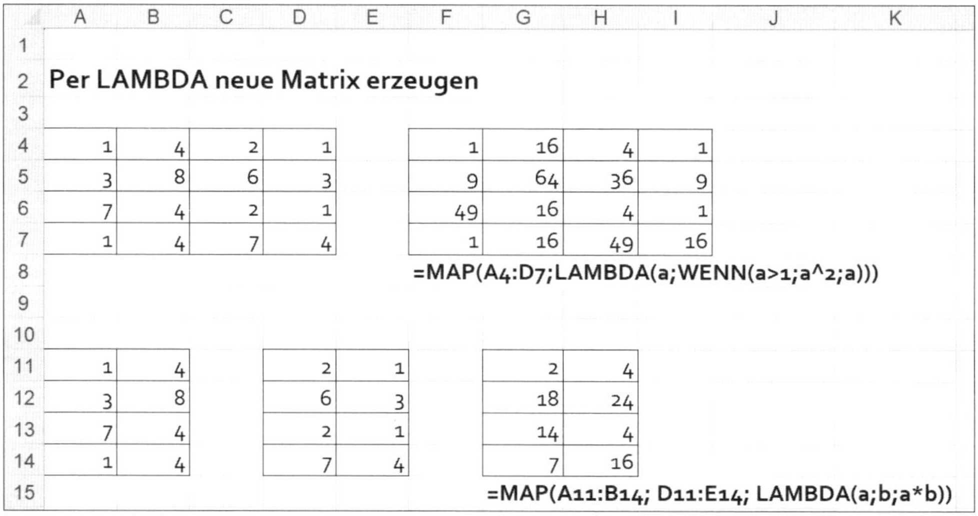

Abbildung 13.15 Matrizen per `LAMBDA()` erzeugen

Im zweiten Beispiel werden zwei Matrizen in das Mapping einbezogen. In der `LAMBDA()`-Funktion werden die Werte aus der ersten Matrix mit dem Parameter `a`, die Werte der zweiten Matrix mit dem Parameter `b` angesprochen und jeweils miteinander multipliziert. Für jede verwendete Matrix muss in der `LAMBDA()`-Funktion ein Parameter vorhanden sein, sonst liefert die Funktion den Fehler `#WERT!`. Das gilt auch, wenn die `LAMBDA()`-Funktion aus anderen Gründen ungültig ist.

MATRIXERSTELLEN()

MAKEARRAY()

Syntax: `MATRIXERSTELLEN(`**`Zeilen; Spalten; Funktion`**`))`

Beispiel: `=MATRIXERSTELLEN(4;4; LAMBDA(r; c; r*c))`

Ergebnis: siehe Abbildung 13.16

Die Funktion `MATRIXERSTELLEN()`liefert eine per `LAMBDA()`-Funktion berechnete Matrix mit der angegebenen Anzahl von Spalten und Zeilen. Das Ergebnis der Funktion ist eine dynamische Matrix. Das Argument `Funktion` ist eine `LAMBDA()`-Funktion. Sie akzeptiert als Parameter den Zeilen- und den Spaltenindex. Die Argumente `Zeilen` und `Spalten` dürfen nicht < 1 sein.

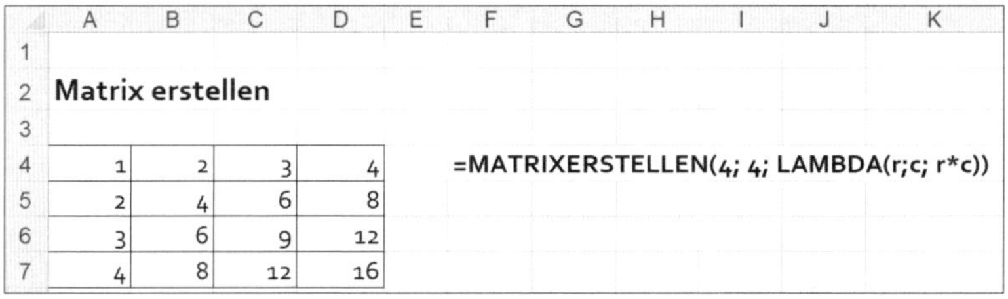

	A	B	C	D	E	F	G	H	I	J	K
1											
2	**Matrix erstellen**										
3											
4	1	2	3	4		=MATRIXERSTELLEN(4; 4; LAMBDA(r;c; r*c))					
5	2	4	6	8							
6	3	6	9	12							
7	4	8	12	16							

Abbildung 13.16 Matrix neu erstellen

Die Funktion kann auch verwendet werden, um beispielsweise als Material für Tests Matrizen mit zufälligen Werten zu erzeugen wie in Abbildung 13.17.

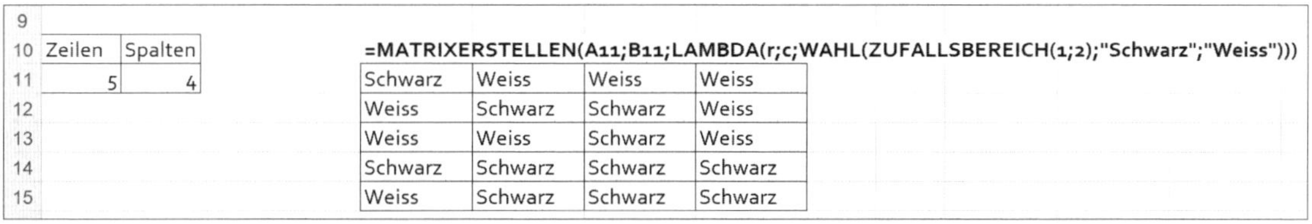

9									
10	Zeilen	Spalten		=MATRIXERSTELLEN(A11;B11;LAMBDA(r;c;WAHL(ZUFALLSBEREICH(1;2);"Schwarz";"Weiss")))					
11	5	4		Schwarz	Weiss	Weiss	Weiss		
12				Weiss	Schwarz	Schwarz	Weiss		
13				Weiss	Weiss	Schwarz	Weiss		
14				Schwarz	Schwarz	Schwarz	Schwarz		
15				Weiss	Schwarz	Schwarz	Schwarz		

Abbildung 13.17 Erstellen einer Matrix mit Zufallswerten

NACHSPALTE()

BYCOL()

Syntax: `NACHSPALTE(`**`Array; Funktion`**`)`

Beispiel: `=NACHSPALTE(A4:C7; LAMBDA(array; MAX(array)))`

Ergebnis: siehe Abbildung 13.18

Durch die Funktion `NACHSPALTE()` lässt sich die mit `Array` angegebene Matrix spaltenweise auswerten, etwa um jeweils die maximalen Werte zu finden. Die Funktion liefert eine einzeilige dynamische Matrix, die der Anzahl der Spalten entspricht.

	A	B	C	D	E	F	G	H	I	J
1										
2	**Tabelle spaltenweise auswerten**									
3										
4	5	15	30		33	44	30			
5	12	23	8		**=NACHSPALTE(A4:C7; LAMBDA(array; MAX(array)))**					
6	11	44	2							
7	33	2	26							

Abbildung 13.18 Die maximalen Spaltenwerte finden

NACHZEILE()

BYROW()

Syntax: `NACHZEILE(`**`Array; Funktion`**`)`

Beispiel: `=NACHZEILE(A4:C7; LAMBDA(array; MAX(array)))`

Ergebnis: siehe Abbildung 13.19

Durch die Funktion `NACHZEILE()` lässt sich die mit `Array` angegebene Matrix zeilenweise auswerten, etwa um jeweils die maximalen Werte zu finden. Die Funktion liefert eine einspaltige dynamische Matrix, die der Anzahl der Zeilen entspricht.

	A	B	C	D	E	F	G	H	I	J
1										
2	**Tabelle zeilenweise auswerten**									
3										
4	5	15	30		30					
5	12	23	8		23					
6	11	44	2		44					
7	33	2	26		33					
8					**=NACHZEILE(A4:C7; LAMBDA(array; MAX(array)))**					

Abbildung 13.19 Die maximalen Zeilenwerte finden

NICHT()

NOT()

Syntax:	`NICHT(`**`Wahrheitswert`**`)`
Beispiel:	`=NICHT(13>14)`
Ergebnis:	`WAHR`

Durch die Funktion `NICHT()` wird der Wert von `Wahrheitswert` umgekehrt. Ergibt der Ausdruck oder der Bezug des Arguments den Wahrheitswert `WAHR`, ist also das Ergebnis der Funktion der Wahrheitswert `FALSCH`.

`Wahrheitswert` muss ein Ausdruck oder ein Bezug auf einen Ausdruck sein, der nur den Wert `WAHR` oder `FALSCH` annehmen kann. Ist das nicht der Fall, etwa weil der Inhalt einer mit einem Bezug angegebenen Zelle eine Zeichenfolge ist, liefert die Funktion den Fehler `#WERT!`. Bei einem Bezug auf eine leere Zelle liefert die Funktion dagegen den Wert `WAHR`, beim Bezug auf eine Zelle mit einem numerischen Inhalt den Wert `FALSCH`.

ODER()

OR()

Syntax:	`ODER(`**`Wahrheitswert1`**`; Wahrheitswert2; …)`
Beispiel:	`=ODER(13>14; 13<14)`
Ergebnis:	`WAHR`

Die Funktion `ODER()` vergleicht seit Excel 2007 bis zu 255 Argumente miteinander, in den älteren Versionen bis zu 30. Sind alle Argumente `FALSCH`, so liefert die Funktion den Wahrheitswert `FALSCH`, andernfalls `WAHR`. Das gilt auch, wenn alle Wahrheitswerte `WAHR` sind. Die Funktion stellt also kein ausschließendes Oder im Sinne eines Entweder-oder dar. Dafür können Sie seit Excel 2013 die Funktion `XODER()` verwenden.

Mindestens eines der angegebenen Argumente muss ein Ausdruck oder ein Bezug auf einen Ausdruck sein, der nur den Wert `WAHR` oder `FALSCH` annehmen kann. Ist das nicht der Fall, etwa bei Bezügen auf Zellen mit Zeichenfolgen oder bei leeren Zellen, liefert die Funktion den Fehler `#WERT!`. Bei einem numerischen Wert oder einem Bezug auf eine Zelle mit einem numerischen Wert liefert die Funktion dagegen den Wert `WAHR`.

```
=ODER(5; 6)
```

ergibt also `WAHR`.

13.12.1 Vorkommen prüfen

Da es bei der `ODER()`-Funktion genügt, wenn ein Argument wahr ist, um das Gesamtergebnis `WAHR` zu erzeugen, kann diese Funktion auch verwendet werden, um zu prüfen, ob ein bestimmtes Element in einer Liste vorkommt. Abbildung 13.20 zeigt ein Beispiel, in dem geprüft werden soll, ob ein Artikel mit einer bestimmten Artikelnummer vorkommt. Sie können eine solche Frage natürlich auch mithilfe der Filterfunktionen prüfen, die in Excel für Tabellen zur Verfügung stehen, aber es geht auch mit der Funktion `ODER()`.

	A	B	C	D	E	F	G
1							
2	**Vorkommen prüfen**				Artnr	8443	lieferbar
3							
4	**Artnr**	**Bezeichnung**	**Warengruppe**	**Material**	**Farbe**	**Absatz**	**Umsatz**
5	7777	Jalousie Cc	Jalousie	Kunststoff	grau	1232	26181
6	7778	Jalousie Ccs	Jalousie	Metall	rot	1463	63360
7	7578	Jalousie Ccw	Jalousie	Metall	rot	1353	62810
8	7577	Jalousie Ccx	Jalousie	Kunststoff	grau	1243	25631
9	6378	Jalousie Louise	Jalousie	Naturfaser	silbergrau	770	12650
10	8443	Jalousie V	Jalousie	Metall	silbergrau	660	44000
11	8243	Jalousie VV	Jalousie	Metall	silbergrau	253	43450

Abbildung 13.20 Prüfen, ob ein Artikel in der Liste vorkommt

Dazu ist es sinnvoll, den Bereich, in dem das Vorkommen geprüft werden soll, vorher zu benennen. Dann kann mit einer Matrixformel ein Vergleich zwischen dem Inhalt der Zelle F2 und allen Einträgen in dem benannten Bereich vorgenommen werden. Die Formel ist:

```
=ODER(F2=artikelliste)
```

Um die Tabelle noch etwas verständlicher zu machen, können Sie die Funktion noch in eine `WENN()`-Funktion einfügen:

```
=WENN(ODER(F2=artikelliste); "lieferbar"; "nicht lieferbar")
```

REDUCE()

REDUCE()

Syntax: `REDUCE(`**`Initial_value; Array; Funktion`**`)`

Beispiel: `=REDUCE(; A4:C5; LAMBDA(a;b;a+b^2))`

Ergebnis: siehe Abbildung 13.21

Die Funktion REDUCE()reduziert eine Matrix auf einen akkumulierten Wert, der durch Anwendung einer LAMBDA()-Funktion auf alle Werte gewonnen wird. Das Ergebnis der Funktion ist eine dynamische Matrix. Als erstes Argument wird ein Startwert für die Akkumulation angegeben. Im Beispiel ist das Argument leer, was der Null entspricht. Die abgebildete Funktion summiert die Quadrate aller Elemente der Matrix. Die LAMBDA()-Funktion benötigt zwei Parameter: den Akkumulator, dessen Startwert angegeben ist, und den Wert, der bei der Akkumulation verwendet wird.

	A	B	C	D	E	F	G	H	I
1									
2	**Matrix auf akkumulierten Wert reduzieren**								
3									
4	1	2	3		91				
5	4	5	6		**=REDUCE(; A4:C5; LAMBDA(a;b;a+b^2))**				

Abbildung 13.21 Aus einer Matrix einen Wert akkumulieren

SCAN()

SCAN()

Syntax:	SCAN(**Initial_value; Array; Funktion**)
Beispiel:	=SCAN(1; A4:C5; LAMBDA(a;b;a*b))
Ergebnis:	siehe Abbildung 13.22

Die Funktion SCAN()scannt die Werte einer Matrix, wendet dabei eine LAMBDA()-Funktion auf jeden Wert an und liefert die Ergebnisse als neue dynamische Matrix. Als erstes Argument wird ein Startwert für die Akkumulation angegeben. Die Funktion aus Abbildung 13.22 multipliziert den vorhergehenden mit dem nächsten Wert in der Matrix. Die LAMBDA()-Funktion benötigt zwei Parameter: den Akkumulator, dessen Startwert angegeben ist, und den Wert, der bei der Akkumulation verwendet wird.

	A	B	C	D	E	F	G
1							
2	**Zwischenwerte generieren**						
3							
4	20	4	12		20	80	960
5	12	8	13		11520	92160	1E+06
6					**=SCAN(1; A4:C5; LAMBDA(a;b;a*b))**		

Abbildung 13.22 SCAN() scannt eine Matrix und berechnet jeweils Zwischenergebnisse mit LAMBDA().

UND()

AND()

Syntax:	UND(**Wahrheitswert1**; Wahrheitswert2; ...)
Beispiel:	=UND(13>14; 14<13)
Ergebnis:	FALSCH

Die Funktion UND() vergleicht seit Excel 2007 bis zu 255 Argumente miteinander, in den älteren Versionen bis zu 30. Nur wenn alle Argumente WAHR ergeben, wird als Ergebnis WAHR zurückgegeben, andernfalls ist das Ergebnis FALSCH.

Mindestens eines der angegebenen Argumente muss ein Ausdruck oder ein Bezug auf einen Ausdruck sein, der nur den Wert WAHR oder FALSCH annehmen kann. Ist das nicht der Fall, etwa bei Bezügen auf Zellen mit Zeichenfolgen oder bei leeren Zellen, liefert die Funktion den Fehler #WERT!. Bei einem numerischen Wert oder einem Bezug auf eine Zelle mit einem numerischen Wert liefert die Funktion dagegen den Wert WAHR.

```
=UND(5; 6)
```

ergibt also WAHR.

13.12.2 Mehrfachprüfung über einen Bereich

Wenn Sie in einer bestimmten Situation zahlreiche Bedingungen gleichzeitig prüfen wollen, kann es umständlich werden, die einzelnen Ausdrücke alle nacheinander in eine UND()-Funktion einzubauen. Hier hilft eine Formel, die die Liste der Bedingungen aus einem angegebenen Bereich übernimmt. In dem folgenden Beispiel sind neben den Datenspalten einer Tabelle drei Spalten mit Kriterien angelegt, die mit strukturierten Verweisen arbeiten. Die Kriterien in den Zellen H5 bis J5 heißen:

```
=[@Warengruppe]=$G$2
=[@Material]=$I$2
=[@Farbe]=$K$2
```

Der aktuelle Wert in der Zeile wird also jedes Mal mit den in der zweiten Zeile eingetragenen Vergleichswerten verglichen. In der Spalte K kann dann mit der Formel

```
=UND(Artikeltabelle[@[Kriterium1]:[Kriterium3]])
```

gearbeitet werden, um die Artikel zu kennzeichnen, die alle drei Kriterien erfüllen. Sie brauchen dann nur noch die Filterschaltfläche für die Spalte »Ergebnis« zu benutzen, um alle Artikel, die die Kriterien nicht alle erfüllen, auszublenden.

	A	B	C	D	E	F	G	H	I	J	K
1											
2	**Mehrfach prüfen**					Warengruppe:	Jalousie	Material:	Kunststoff	Farbe:	grau
3											
4	**Artnr**	**Bezeichnung**	**Warengruppe**	**Material**	**Farbe**	**Absatz**	**Umsatz**	**Kriterium1**	**Kriterium2**	**Kriterium3**	**Ergebnis**
5	7777	Jalousie Cc	Jalousie	Kunststoff	grau	1232	26181	WAHR	WAHR	WAHR	WAHR
6	7778	Jalousie Ccs	Jalousie	Metall	rot	1463	63360	WAHR	FALSCH	FALSCH	FALSCH
7	7578	Jalousie Ccw	Jalousie	Metall	rot	1353	62810	WAHR	FALSCH	FALSCH	FALSCH
8	7577	Jalousie Ccx	Jalousie	Kunststoff	grau	1243	25631	WAHR	WAHR	WAHR	WAHR
9	6378	Jalousie Louise	Jalousie	Naturfaser	silbergrau	770	12650	WAHR	FALSCH	FALSCH	FALSCH
10	8443	Jalousie V	Jalousie	Metall	silbergrau	660	44000	WAHR	FALSCH	FALSCH	FALSCH
11	8243	Jalousie VV	Jalousie	Metall	silbergrau	253	43450	WAHR	FALSCH	FALSCH	FALSCH

Abbildung 13.23 Markierung mit mehrfachen Kriterien

WAHR()

TRUE()

Syntax: `WAHR()`

Beispiel: `=WAHR()`

Ergebnis: `WAHR`

Die Funktion `WAHR()` legt den Wahrheitswert `WAHR` in der Zelle ab oder übergibt ihn an eine andere Funktion. Stattdessen kann auch direkt der Wert `WAHR` in der Zelle abgelegt werden. Excel vergibt bei der Eingabe von »wahr« oder »WAHR« für die Zelle automatisch den Datentyp `boolean` und zentriert die in Großbuchstaben ausgegebene Anzeige. (Um das Wort »Wahr« nur als Text in einer Zelle abzulegen, müssen Sie die Zelle als Text formatieren oder einen Apostroph davorsetzen.)

Die Funktion `WAHR()` kann in einer `WENN()`-Funktion benutzt werden, um anzuzeigen, ob die Bedingung, die diese Funktion prüft, erfüllt ist. Das kann sinnvoll sein, wenn bei einer komplexen Bedingung nicht gleich ersichtlich ist, ob die Bedingung erfüllt ist oder nicht. Hier ein Beispiel:

```
=WENN(Gewinne01>500000; WAHR(); FALSCH())
```

Das Ergebnis ist `WAHR`, wenn `Gewinne01` beispielsweise den Wert `600000` hat.

Die Formel könnte auch lauten:

```
=WENN(Gewinne01>500000; WAHR; FALSCH)
```

Die beiden Wahrheitswerte müssen dabei nicht in Anführungszeichen gesetzt werden.

13

WENN()

IF()

Syntax: `WENN(`**`Wahrheitstest; Wert_wenn_wahr`**`; Wert_wenn_falsch)`

Beispiel: `=WENN(A2>B2; A2-B2; B2-A2)`

Ergebnis: Bewirkt, dass jeweils der kleinere Wert vom größeren abgezogen wird.

Die Funktion `WENN()` liefert in Abhängigkeit von einer Bedingung je nach Wahrheitsprüfung unterschiedliche Resultate. Die `WENN()`-Funktion prüft zunächst, ob die mit dem Argument `Wahrheitstest` formulierte Bedingung erfüllt, also `WAHR` ist. Trifft dies zu, gibt die Funktion den `Wert_wenn_wahr` aus, trifft es nicht zu, wird der `Wert_wenn_falsch` ausgegeben. Ist dieser nicht angegeben, wird der logische Wert ausgegeben, den die Prüfung liefert.

Die Funktion erwartet für das Argument `Wahrheitstest` einen Ausdruck, der einen logischen Wert liefert. Ist `Wahrheitstest` eine Zahl oder der Verweis auf eine Zahl, wird dies als `WAHR` gewertet. Ist `Wahrheitstest` eine Zeichenfolge, wird sie als `FALSCH` gewertet. Ist `Wahrheitstest` ein ungültiger Name, erscheint der Fehler `#NAME?`.

Die Funktion erlaubt die Durchführung von Prüfungen, z. B. kann mit dieser Funktion die Frage beantwortet werden, ob bestimmte Grenzwerte überschritten oder bestimmte Zielwerte erreicht worden sind. Es kann auch veranlasst werden, unterschiedliche Werte in eine Zelle einzutragen oder unterschiedliche Berechnungen durchzuführen, je nachdem, ob eine Bedingung erfüllt ist oder nicht.

Im folgenden Beispiel wird mithilfe der `WENN()`-Funktion eine Bewertung des Vergleichs von zwei Jahresergebnissen erzeugt.

	A	B	C	D	E
1					
2	**Bedingte Texte**				
3					
4	Region	Umsatz 2020	Umsatz 2021	Bewertung	
5	Süd	1.200.000,00 €	1.300.000,00 €	Wachstum	**=WENN(C13>B13;"Wachstum";"Rückschritt")**
6	West	900.000,00 €	870.000,00 €	Rückschritt	
7	Nord	600.000,00 €	440.000,00 €	Rückschritt	
8	Ost	300.000,00 €	440.000,00 €	Wachstum	

Abbildung 13.24 Bewertung mithilfe bedingter Texte

Als Ergebnis der Wahrheitsprüfung kann eine Verschachtelung durch eine erneute Verwendung der `WENN()`-Funktion erfolgen. Beispiele finden Sie in der Einführung des Kapitels. Seit Excel 2007 sind bis zu 64 Schachtelungen erlaubt, in den älteren Versionen nur 7.

WENNFEHLER()

IFERROR()

Syntax: `WENNFEHLER(`**`Wert; Wert_falls_Fehler`**`)`

Beispiel: `=WENNFEHLER(A2/B2; "Division nicht erlaubt")`

Ergebnis: `"Division nicht erlaubt"`, wenn B2 den Wert `0` hat

Die Funktion `WENNFEHLER()` wird seit Excel 2007 angeboten. Sie erlaubt eine Reaktion des Anwenders auf den Fall, dass ein mit dem Argument `Wert` angegebener Ausdruck oder Bezug statt eines ordentlichen Ergebnisses einen Fehlerwert liefert. Liefert `Wert` keinen Fehler, wird das Ergebnis von `Wert` in der Zelle angezeigt, anderenfalls wird der Wert ausgewertet, der mit dem Argument `Wert_falls_Fehler` angegeben wird. Das kann ein Fehlerhinweis oder auch ein Ausdruck mit einer alternativen Berechnung sein oder auch eine leere Zeichenfolge.

Die Funktion kann auch für eine Matrixformel verwendet werden, um, wie in dem folgenden Beispiel etwa, eine Spalte auf Fehlerwerte zu prüfen.

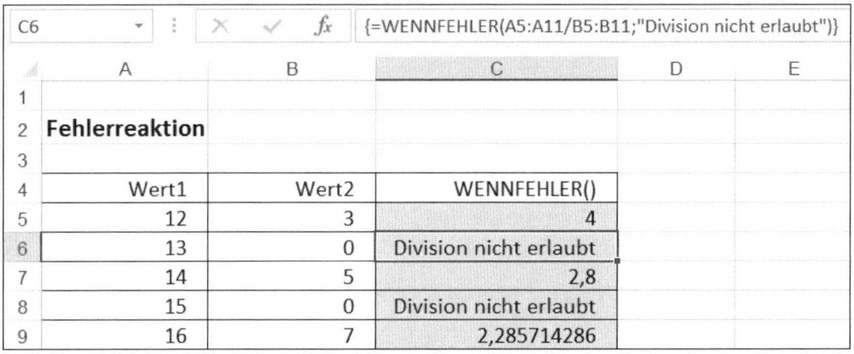
C6 {=WENNFEHLER(A5:A11/B5:B11;"Division nicht erlaubt")}

	A	B	C	D	E
1					
2	**Fehlerreaktion**				
3					
4	Wert1	Wert2	WENNFEHLER()		
5	12	3	4		
6	13	0	Division nicht erlaubt		
7	14	5	2,8		
8	15	0	Division nicht erlaubt		
9	16	7	2,285714286		

Abbildung 13.25 Benutzerdefinierte Fehleranzeige

WENNNV()

IFNA()

Syntax: `WENNNV(`**`Wert; Wert_bei_NV`**`)`

Beispiel: `=WENNNV(SVERWEIS("Atlaa"; A6:B46; 2; "Wert fehlt!")`

Ergebnis: `"Wert fehlt!"`, wenn die Zeichenfolge `"Atlaa"` nicht mit der `SVERWEIS()`-Funktion gefunden wird

13

Die Funktion WENNNV() gibt den ersten Wert zurück, wenn der Ausdruck nicht den Fehlerwert #NV liefert, anderenfalls den zweiten Wert.

WENNS()

IFS()

Syntax:	WENNS(**Wahrheitstest1; Wert_wenn_wahr1**; Wahrheitstest2; Wert_wenn_wahr2; ... Wahrheitstest127; Wert_wenn_wahr127)
Beispiel:	=WENNS(B10=2; "gut"; B10=3; "befriedigend"; B10=4; "unbefriedigend")
Ergebnis:	"unbefriedigend", wenn B10 den Wert 4 hat

Die Funktion WENNS() prüft, ob wenigstens eine der aufgeführten Bedingungen erfüllt ist, und liefert den entsprechenden Wert, sonst den Fehler #NV. Bis zu 127 Test/Wert-Paare sind möglich.

XODER()

XOR()

Syntax:	XODER(**Wahrheitswert1**; Wahrheitswert2; ...)
Beispiel:	= XODER(5>0; 2>9)
Ergebnis:	WAHR, weil nur der erste Wahrheitswert WAHR ergibt

Diese in Excel lang vermisste Funktion gibt ein ausschließliches Oder aller Argumente zurück. Die Funktion XODER() ergibt den Wert WAHR, wenn nur einer der Wahrheitswerte WAHR ergibt, in allen anderen Fällen ist das Ergebnis FALSCH.

! Mindestens eines der angegebenen Argumente muss ein Ausdruck oder ein Bezug auf einen Ausdruck sein, der nur den Wert WAHR oder FALSCH annehmen kann. Ist das nicht der Fall, etwa bei Bezügen auf Zellen mit Zeichenfolgen oder bei leeren Zellen, liefert die Funktion den Fehler #WERT!. Bei einem numerischen Wert oder einem Bezug auf eine Zelle mit einem numerischen Wert liefert die Funktion den Wert FALSCH.

```
=XODER(5; 6)
```

ergibt also FALSCH.

14 Informationsfunktionen

Mithilfe der Informationsfunktionen lassen sich bestimmte Daten über Elemente eines Tabellenblattes abfragen, etwa der Typ eines Fehlers, der Zustand einer Zelle, das Fehlen eines Arguments oder der Datentyp eines Zellinhalts. Außerdem lassen sich bestimmte Daten über die Umgebung der Anwendung erfahren, beispielsweise die Nummer eines Blattes, die Anzahl der Arbeitsblätter oder der aktuell eingestellte Rechenmodus.

14.1 Einsatzbereiche für Informationsfunktionen

Die meisten der Informationsfunktionen werden nur gelegentlich innerhalb von Tabellen, sonst eher in Makros benötigt. Ein Hauptanwendungsgebiet der Funktionen ist, in Verbindung mit der Funktion `WENN()` Ergebnisse von Berechnungen von den Inhalten bestimmter Zellen abhängig zu machen.

14.1.1 Beispiel für bedingte Berechnungen

Nehmen Sie das folgende einfache Beispiel: Sie haben in einer Tabelle in den Spalten A und B ab Zeile 3 sowohl Zahlen als auch Texteinträge. Sie wollen in C das Produkt von A und B ausgeben, falls in der Zeile entsprechende Werte vorhanden sind. Wenn Sie nun in C3 die Formel `=A3*B3` eintragen und nach unten kopieren, erhalten Sie immer dann, wenn in Spalte A und B keine Zahlen stehen, die Fehlermeldung `#WERT!`, weil ja mit einem Text nicht multipliziert werden kann. Um dies zu vermeiden, können Sie stattdessen in Spalte C eintragen:

```
=WENN(UND(ISTZAHL(A10); ISTZAHL(B10)); A10*B10; "")
```

Dann wird das Produkt nur gebildet, wenn beide Zellen eine Zahl enthalten, sonst wird eine leere Zeichenfolge ausgegeben. Wenn Sie diese Formel nach unten kopieren, dann bleiben Ihnen die unangenehmen Fehlermeldungen erspart. (Die vorgegebenen Fehlermeldungen sind in Abschnitt 1.9, »Hinweise zu den Grundrechenarten«, beschrieben.)

	A	B	C	D
1				
2	**Bedingte Berechnung**			
3				
4	**Wert**	**Multiplikator**	**Produkt**	
5	1000	3,5	3500	**=A5*B5**
6	unbekannt	100	#WERT!	
7	2000	2,8	5600	
8				
9	**Wert**	**Multiplikator**	**Produkt**	
10	1000	3,5	3500	**=WENN(UND(ISTZAHL(A10);ISTZAHL(B10));A10*B10;"")**
11	unbekannt	100		
12	2000	2,8	5600	

Abbildung 14.1 Beispiel für bedingte Berechnungen

14.1.2 Funktionen zur Prüfung des Datentyps

Ein Dutzend der folgenden Funktionen beginnen mit dem Präfix `IST` und dienen dem Zweck, zu prüfen, ob es sich bei dem angegebenen Argument um einen bestimmten Datentyp handelt. Das erlaubt insbesondere in der Kombination mit der `WENN()`-Funktion, bedingte Verfahren einzurichten, also etwa je nach dem vorliegenden Datentyp unterschiedliche Berechnungsschritte vorzunehmen. Sehr nützlich sind diese Funktionen aber auch im Zusammenhang mit der bedingten Formatierung oder als Teil von Gültigkeitsregeln. Seit Excel 2013 gibt es auch die Funktion `ISTFORMEL()`, mit der Sie prüfen, ob eine Zelle tatsächlich eine Formel enthält oder nicht.

Während die Funktion TYP() ganz allgemein nach dem Datentyp des angegebenen Arguments fragt, werden die IST-Funktionen eingesetzt, um gezielt zu prüfen, ob ein bestimmter Datentyp vorliegt. Das Argument Wert kann dabei ein Bereichsname, ein Zellbezug, eine Zahl, ein Text, ein logischer Wert oder ein Fehlerwert sein. Das Ergebnis der Funktionen ist jeweils ein logischer Wert, also WAHR oder FALSCH. Anders als bei den anderen Funktionen interpretieren die IST-Funktionen Zahlen, die in Anführungszeichen gesetzt sind, nicht als Zahlen, sondern als Zeichenfolgen. Abbildung 14.2 gibt eine Übersicht über die IST-Funktionen.

	A	B	C
1			
2	**IST-Funktionen**		
3			
4	**Wert**	**Funktionsergebnis**	**Funktion**
5	Daten1	WAHR	=ISTBEZUG(Daten1)
6	#DIV/0!	WAHR	=ISTFEHL(A6)
7	#NV	WAHR	=ISTFEHLER(A7)
8	12	WAHR	=ISTFORMEL(A8)
9	3	FALSCH	=ISTGERADE(A9)
10	Text	FALSCH	=ISTKTEXT(A10)
11		WAHR	=ISTLEER(A11)
12	FALSCH	WAHR	=ISTLOG(A12)
13	#NV	WAHR	=ISTNV(A13)
14	123	FALSCH	=ISTTEXT(A14)
15	5	WAHR	=ISTUNGERADE(A15)
16	333	FALSCH	=ISTZAHL(A16)

Abbildung 14.2 Übersicht über die IST-Funktionen

14.2 Referenz der Informationsfunktionen

BLATT()

SHEET()

Syntax: BLATT(Wert)

Beispiel: =BLATT("Tabelle5")

Ergebnis: 5

Die Funktion BLATT() liefert die Nummer des mit Wert angegebenen Blattes oder, wenn Wert nicht angegeben ist, die Nummer des aktuellen Blattes. Wert kann auch ein Zellbezug in dem betreffenden Blatt sein.

Ist Wert kein gültiger Wert, liefert die Funktion den Fehler #BEZUG!. Ist Wert kein gültiger Blattname, liefert die Funktion den Fehler #NV.

Zu beachten ist, dass Excel dabei alle Blatttypen fortlaufend zählt, also auch Diagrammblätter etc. Werden Blätter während der Arbeitssitzung verschoben, werden die Blattnummern sofort angepasst, solange die automatische Neuberechnung aktiviert ist.

Wenn Sie die Blätter einer großen Arbeitsmappe durchnummerieren wollen, können Sie im Gruppenmodus, also nach Auswahl aller Blätter, beispielsweise in der ersten Zelle die Formel ablegen:

```
="Blatt " & BLATT()
```

BLÄTTER()

SHEETS()

Syntax:	BLÄTTER(Bezug)
Beispiel:	=BLÄTTER (Tabelle1:Tabelle5!A1)
Ergebnis:	5

Die Funktion BLÄTTER() liefert die Anzahl der Blätter eines Bezugs. Wird Bezug nicht angegeben, gibt die Funktion die Anzahl der Blätter in der Arbeitsmappe aus. Als Bezug kann ein 3D-Bezug angegeben werden oder der Name eines benannten 3D-Bezugs.

Ist Bezug kein gültiger Bezug, liefert die Funktion den Fehler #BEZUG!.

	A	B	C
1			
2	**Blatt und Blätter**		
3			
4		BLATT()	
5	Aktuelles Blatt	3	**=BLATT()**
6	Blatt in der aktuellen Arbeitsmappe	9	**=BLATT("INFO")**
7	Blatt eines Zellbezugs in der aktuellen Arbeitsmappe	2	**=BLATT(BedingteBerechnung!A1)**
8			
9		BLÄTTER()	
10	Anzahl der Blätter der Arbeitsmappe	14	**=BLÄTTER()**
11	Anzahl der Blätter eines 3D-Bereichs	2	**=BLÄTTER(BedingteBerechnung:BLATT!A1)**
12	Anzahl der Blätter eines benannten 3D-Bereichs	11	**=BLÄTTER(Kopfzelle)**

Abbildung 14.3 Beispiele für die Funktionen BLATT() und BLÄTTER()

Zu beachten ist, dass Excel immer alle Blatttypen fortlaufend zählt, also auch Diagrammblätter etc. Siehe dazu auch Abbildung 14.3. Wenn Sie die Blätter einer großen Arbeitsmappe durchnummerieren wollen, können Sie im Gruppenmodus, also nach Auswahl aller Blätter, beispielsweise in der ersten Zelle die Formel ablegen:

```
="Blatt " & BLATT() & " von " & BLÄTTER()
```

FEHLER.TYP()

ERROR.TYPE()

Syntax:	`FEHLER.TYP(`**`Fehlerwert`**`)`
Beispiel:	`=FEHLER.TYP(falscherName)`
Ergebnis:	5, wenn der Name nicht definiert ist

Die Funktion `FEHLER.TYP()` liefert entweder eine Zahl, die einen bestimmten Fehlerwert kennzeichnet, oder den Fehlerwert `#NV`, falls keiner der in Tabelle 14.1 aufgeführten Fehlerwerte vorliegt. Das Argument `Fehlerwert` ist ein Bezug auf eine Zelle, ein Ausdruck, der einen Fehlerwert liefert, oder ein direkt eingegebener Fehlerwert.

Fehlerwert	Rückgabewert
#NULL!	1
#DIV/0!	2
#WERT!	3
#BEZUG!	4
#NAME?	5
#ZAHL!	6
#NV	7
#DATEN_ABRUFEN	8
#ÜBERLAUF!	9
#VERBINDEN!	10
#BLOCKIERT	11
#UNKNOWN!	12

Tabelle 14.1 Rückgabewerte der Fehler in Excel

Fehlerwert	Rückgabewert
#FELD!	13
#KALK!	14
Sonstiges	#NV

Tabelle 14.1 Rückgabewerte der Fehler in Excel (Forts.)

Hauptsächlich wird diese Funktion verwendet, um anstelle einer Standardfehlermeldung eine benutzerdefinierte Erläuterung eines Fehlers anzuzeigen:

```
=WENN(FEHLER.TYP(A6)=2; "Division durch null ist nicht erlaubt"; )
```

Prüfen des Fehlertyps

Zelleintrag	FEHLER.TYP()	Benutzerdefinierte Fehlermeldungen:
#NULL!	1	Bereiche haben keine gemeinsame Schnittmenge.
#DIV/0!	2	Division durch null ist nicht erlaubt.
#WERT!	3	Falscher Datentyp in Funktionsargument
#BEZUG!	4	Der Bezug existiert nicht mehr.
#NAME?	5	Dieser Name ist nicht definiert.
#ZAHL!	6	Ungültiger Wert
#NV	7	Wert nicht vorhanden
#NV	7	Warten auf die Datenabfrage
#NV	7	Externe Daten lassen sich nicht abrufen
#ÜBERLAUF!	9	Die dynamische Matrix wird blockiert
#BLOCKIERT!	11	Zugriff auf Dten ist blockiert (z.B. weil Lizenz fehlt)
#UNKNOWN!	12	Unbekannter Datentyp
#FELD!	13	Das verknüpfte Feld existiert nicht
#KALK!	14	Die Berechnung ist nicht möglich

Abbildung 14.4 Die Ermittlung der Fehlerkennung mit FEHLER.TYP() erlaubt benutzerdefinierte Fehlermeldungen.

Wenn Sie die Sache perfektionieren wollen, können Sie auch mit einer WENN()-Funktion arbeiten, die für jede Fehlernummer die entsprechende Meldung ausgibt. Dabei müssen Sie nur noch die Funktion WAHL() heranziehen:

```
=WENN(FEHLER.TYP(A6)<=8; WAHL(FEHLER.TYP(A6);
    "Bereiche haben keine gemeinsame Schnittmenge.";
    "Division durch null ist nicht erlaubt." … ))
```

INFO()

INFO()

Syntax:	`INFO(`**`Typ`**`)`
Beispiel:	`=INFO("System")`
Ergebnis:	`pcdos`

Die Funktion `INFO()` liefert einige Informationen über die aktuelle Betriebssystemumgebung, wobei mit dem Argument `Typ` angegeben wird, welche Daten nachgefragt werden. Tabelle 14.2 listet die möglichen Werte für das Argument `Typ` auf.

Typ	Rückgabewert
`Verzeichnis`	Pfad des aktuellen Verzeichnisses oder Ordners
`Dateienzahl`	Anzahl aktiver Arbeitsblätter in den geöffneten Arbeitsmappen. Ausgeblendete Mappen werden mitgezählt.
`Ursprung`	Gibt den absoluten Zellbezug der sichtbaren obersten linken Zelle im aktuellen Fensterbereich zurück. Dabei wird dem Text `"$A:"` vorangestellt. Dieser Wert dient der Kompatibilität mit Lotus 1-2-3, Version 3.x. Der tatsächlich zurückgegebene Wert hängt von der aktuellen Einstellung für die Bezugsart ab. Für D6 lautet der zurückgegebene Wert wie folgt: `A1-Bezugsart "$A:$D$6". Z1S1-Bezugsart "$A:Z6S4".`
`Berechne`	Liefert den aktuellen Berechnungsmodus (automatisch oder manuell).
`Sysversion`	Name der Version des aktuellen Betriebssystems
`Version`	Name der Version von Microsoft Excel
`System`	Name des Betriebssystems: Macintosh = `"mac"`, für Windows wird seltsamerweise immer noch = `"pcdos"` ausgegeben.

Tabelle 14.2 Werte für das Argument `Typ` und ihre Bedeutung

Einige Typwerte, die in früheren Versionen von Excel noch unterstützt wurden, werden seit Excel 2007 nicht mehr unterstützt. Das gilt für `BenutztSpeich`, `VerfSpeich`, `GesamtSpeich` und `Rechenmodus`. Die erlaubten Werte werden bei der direkten Eingabe der Funktion zur Auswahl angeboten, sobald die öffnende Klammer gesetzt ist.

Ein ungültiger Wert für Typ führt zu dem Fehler #WERT!, nicht mehr unterstützte Werte für Typ zu dem Fehler #NV.

	A	B
1		
2	**Infos zur Systemumgebung**	
3		
4	Zelleintrag	INFO()
5	=INFO("Verzeichnis")	C:\Projekte\Excel 2024\Excel2024_Fu_Beispiele\
6	=INFO("Dateienzahl")	75
7	=INFO("Ursprung")	$A:$A$1
8	=INFO("Sysversion")	Windows (64-bit) NT 10.00
9	=INFO("Berechne")	Automatisch
10	=INFO("Version")	16.0
11	=INFO("System")	pcdos

Abbildung 14.5 Die Funktion INFO() liefert Informationen zur Umgebung.

Es ist unter Umständen notwendig, eine Neuberechnung zu starten, um den aktuellen Wert der Funktion zu erhalten.

ISTBEZUG()

ISREF()

Syntax:	ISTBEZUG(**Wert**)
Beispiel:	=ISTBEZUG(Daten1)
Ergebnis:	FALSCH, wenn der Bereichsname nicht existiert

Die Funktion ISTBEZUG() testet, ob das mit Wert angegebene Argument ein gültiger Bereichsname oder eine Bereichsadresse ist. Ist das der Fall, ergibt die Funktion den Wahrheitswert WAHR, sonst den Wert FALSCH. Zellbezüge werden ohne Anführungszeichen angegeben. Wird ein Zellbezug mit einem Blattnamen angegeben, der nicht existiert, versucht Excel, eine solche Tabelle zu finden, und bietet den **Öffnen**-Dialog an. Wird dieser abgebrochen, liefert die Funktion trotzdem den Wert WAHR. Die Prüfung ist nur formal.

ISTFEHL()

ISERR()

Syntax:	`ISTFEHL(`**`Wert`**`)`
Beispiel:	`=ISTFEHL(A10)`
Ergebnis:	`WAHR`, wenn A10 eine Fehlermeldung (außer `#NV`) enthält

Die Funktion `ISTFEHL()` testet, ob das mit `Wert` angegebene Argument einen Fehlerwert enthält oder liefert (Ausnahme: `#NV`). Ist ein Fehlerwert vorhanden, wird `WAHR` ausgegeben, in allen anderen Fällen `FALSCH`.

Ist `Wert` keine gültige Zelladresse und kein gültiger Name, liefert die Funktion ebenfalls das Ergebnis `WAHR`. Wird als `Wert` ein Zellbereich angegeben, wird der gesamte Bereich geprüft. Die Funktion liefert `WAHR`, wenn alle Zellen des Bereichs Fehlerwerte liefern, ansonsten ist das Ergebnis `FALSCH`.

ISTFEHLER()

ISERROR()

Syntax:	`ISTFEHLER(`**`Wert`**`)`
Beispiel:	`=ISTFEHLER(A10)`
Ergebnis:	`WAHR`, wenn A10 = `#NV`

Die Funktion `ISTFEHLER()` testet, ob das mit `Wert` angegebene Argument einen Fehlerwert enthält oder liefert, und zwar diesmal einschließlich des Fehlerwertes `#NV`. Ist ein Fehlerwert vorhanden, wird `WAHR` ausgegeben, in allen anderen Fällen `FALSCH`.

Ist `Wert` keine gültige Zelladresse und kein gültiger Name, liefert die Funktion ebenfalls das Ergebnis `WAHR`. Wird als `Wert` ein Zellbereich angegeben, wird der gesamte Bereich geprüft. Die Funktion liefert `WAHR`, wenn alle Zellen des Bereichs Fehlerwerte liefern, ansonsten ist das Ergebnis `FALSCH`.

ISTFORMEL()

ISFORMULA()

Syntax:	ISTFORMEL(**Bezug**)
Beispiel:	=ISTFORMEL(A10)
Ergebnis:	WAHR, wenn A10 eine Formel enthält

Die in Excel 2013 eingeführte Funktion ISTFORMEL() testet, ob die mit Bezug angegebene Zelle eine Formel enthält oder nicht. Ist eine Formel vorhanden, wird WAHR ausgegeben, in allen anderen Fällen FALSCH.

Ist Bezug keine gültige Zelladresse und kein gültiger Name, liefert die Funktion den Fehler #NAME?. Wird als Bezug ein Zellbereich angegeben, wird nur die erste Zelle des Bereichs geprüft, anders als bei den Funktionen ISTFEHL() und ISTFEHLER(). Bezieht sich die Zelladresse auf eine Zelle in einer dynamischen Matrix, gibt die Funktion den Wert WAHR nur aus, wenn es sich um die erste Zelle in der Matrix handelt, in allen anderen Fällen ist das Ergebnis FALSCH. Das ist zumindest eigentümlich. Bei den Zellen einer mit [Strg]+[⇧]+[↵] erzeugten Matrix liefern alle Zellen die Info WAHR.

ISTGERADE()

ISEVEN()

Syntax:	ISTGERADE(**Zahl**)
Beispiel:	=ISTGERADE(3)
Ergebnis:	FALSCH

Die Funktion ISTGERADE() testet, ob das mit Zahl angegebene Argument durch 2 ganzzahlig teilbar ist, und liefert WAHR, wenn das der Fall ist, vergleiche ISTUNGERADE(). Dabei wird erwartet, dass sich das Argument Zahl numerisch auswerten lässt.

Ist Zahl nicht numerisch, liefert die Funktion unterschiedliche Ergebnisse: Bei einem Text wird die Fehlermeldung #WERT! ausgegeben, ebenso bei einem logischen Wert, bei einem Fehlerwert wird dieselbe ausgegeben. Wird als Bezug ein Zellbereich angegeben, zeigt die Funktion ebenfalls den Fehler #WERT! an. Ist Zahl keine gültige Zelladresse und kein gültiger Name, liefert die Funktion das Ergebnis #NAME?.

Entspricht `Wert` einer gebrochenen Zahl, werden ohne Rundung nur die Vorkommastellen ausgewertet.

`=ISTGERADE(2,3)`

liefert `WAHR`,

`=ISTGERADE(1,6)`

dagegen `FALSCH`.

Ist `Wert` keine gültige Zelladresse und kein gültiger Name, liefert die Funktion ebenfalls das Ergebnis `#NAME?`.

ISTKTEXT()

ISNONTEXT()

Syntax:	`ISTKTEXT(`**`Wert`**`)`
Beispiel:	`=ISTKTEXT(A1)`
Ergebnis:	`FALSCH`, wenn A1 Text enthält

Die Funktion `ISTKTEXT()` testet, ob in einer Zelle kein Text vorhanden ist. Ist Text vorhanden, so wird als Ergebnis `FALSCH` ausgegeben, andernfalls und bei einer leeren Zelle `WAHR`. Auch wenn `Wert` der Bezug auf eine leere Zelle ist, ist das Ergebnis `WAHR`. Enthält die Zelle dagegen eine leere Zeichenfolge, ist das Ergebnis `FALSCH`!

ISTLEER()

ISBLANK()

Syntax:	`ISTLEER(`**`Wert`**`)`
Beispiel:	`=ISTLEER(A10)`
Ergebnis:	`WAHR`, wenn A10 leer ist

Die Funktion `ISTLEER()` testet, ob das Argument `Wert` eine leere Zelle liefert. Wenn das der Fall ist, wird `WAHR` ausgegeben, andernfalls `FALSCH`. Das Ergebnis `FALSCH` wird also auch ausgegeben, wenn `Wert` einen Fehlerwert liefert, eine Bereichsadresse oder einen nicht existierenden Bereichsnamen enthält.

ISTLOG()

ISLOGICAL()

Syntax:	`ISTLOG(`**`Wert`**`)`
Beispiel:	`=ISTLOG(FALSCH)`
Ergebnis:	`WAHR`

Die Funktion `ISTLOG()` überprüft, ob das Argument `Wert` einen Wahrheitswert liefert. Ist `Wert` ein Zellbezug, kann so festgestellt werden, ob die Zelle einen Wahrheitswert enthält oder ergibt. Ist ein Wahrheitswert, eine Formel oder Funktion, die zu einem Wahrheitswert führt, eingetragen, wird `WAHR` ausgegeben, andernfalls `FALSCH`.

Die Funktion kann genutzt werden, um über ein bedingtes Format die Zellen zu kennzeichnen, die den Wert `WAHR` oder den Wert `FALSCH` liefern. In dem Beispiel in Abbildung 14.6 werden dazu für den markierten Bereich zwei Regeln definiert, die mit unterschiedlichen Hintergrundfarben verknüpft werden. Den Zellen, die die Regel

```
=UND(ISTLOG(F5); F5)
```

erfüllen, wird die Farbe Grün zugeordnet. Die Bedingung ist nur erfüllt, wenn die Zelle sowohl einen logischen Wert liefert als auch den Wert `WAHR`.

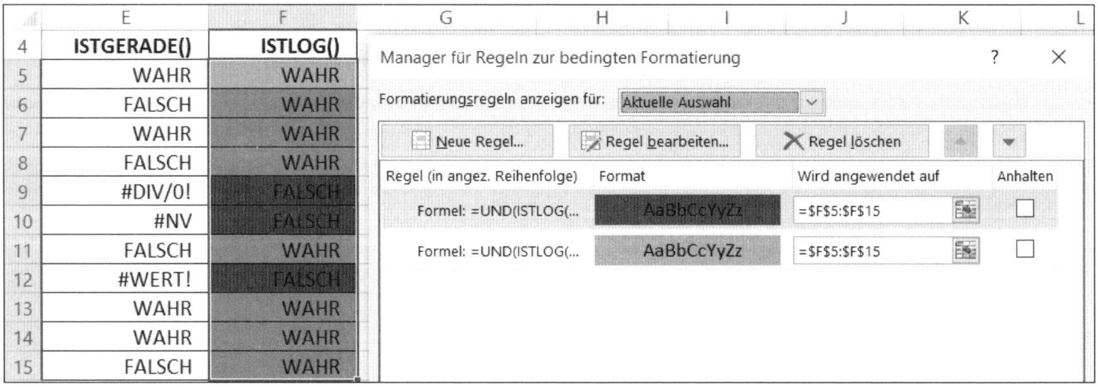

Abbildung 14.6 Bedingte Formate für logische Werte

Die Zellen, die die Regel

```
=UND(ISTLOG(F5); NICHT(F5))
```

erfüllen, also den logischen Wert `FALSCH` ergeben, werden mit Rot verknüpft.

ISTNV()

ISNA()

Syntax:	`ISTNV(`**`Wert`**`)`
Beispiel:	`=ISTNV(A10)`
Ergebnis:	`FALSCH`, wenn A10 `=#DIV/0!`

Die Funktion `ISTNV()` überprüft, ob eine Zelle den Fehlerwert `#NV` enthält. Das Ergebnis wird als Wahrheitswert ausgegeben. Sollen in einem Zellbereich mit `#NV` gekennzeichnete Zellen farbig hervorgehoben werden, kann ein bedingtes Format mit einer Formel wie

```
=ISTNV(A1)
```

verwendet werden.

ISTTEXT()

ISTEXT()

Syntax:	`ISTTEXT(`**`Wert`**`)`
Beispiel:	`=ISTTEXT("666")`
Ergebnis:	`WAHR`

Die Funktion `ISTTEXT()` prüft, ob das Argument `Wert` eine Zeichenfolge liefert. Ist `Wert` ein Bezug auf eine Zelle, die Text enthält, wird `WAHR` ausgegeben. Eine leere Zelle ergibt den Wert `FALSCH`.

Enthält eine Spalte Werte, bei denen nicht sicher ist, ob es sich um Zahlen oder um Texte aus Ziffern handelt, kann mit dieser Funktion festgestellt werden, was der Fall ist. Um die Daten zu bereinigen und einheitlich als Zahlen auszugeben, kann beispielsweise eine Formel wie

```
=WENN(ISTTEXT(A5); WERT(A5); A5)
```

verwendet werden. Abbildung 14.7 zeigt eine kleine Tabelle mit einer solchen Umwandlung.

Die Formel

```
=ISTTEXT(A5&A7)
```

liefert ebenfalls den Wert `WAHR`, weil der Verkettungsoperator in diesem Beispiel dafür sorgt, dass der numerische Wert aus der Zelle A5 in eine Zeichenfolge umgewandelt wird.

	A	B	C	D
1				
2	**Typumwandlung**			
3				
4	**Werte**	**ISTTEXT()**	**Umwandlung in Zahlen**	
5	123	FALSCH	123	**=WENN(ISTTEXT(A5);WERT(A5);A5)**
6	456	FALSCH	456	
7	789	WAHR	789	
8	101	WAHR	101	

Abbildung 14.7 Umwandlung »unechter« Zahlen

ISTUNGERADE()

ISODD()

Syntax: `ISTUNGERADE(`**`Zahl`**`)`

Beispiel: `=ISTUNGERADE(4)`

Ergebnis: `FALSCH`

Die Funktion `ISTUNGERADE()` testet, ob das mit `Zahl` angegebene Argument durch 2 ganzzahlig teilbar ist, und liefert `FALSCH`, wenn das der Fall ist. Diese Funktion ist also das Gegenstück zu der Funktion `ISTGERADE()`. Auch hier gilt, dass die Nachkommastellen von `Zahl` ignoriert werden. Dabei wird erwartet, dass sich das Argument `Zahl` numerisch auswerten lässt.

Ist `Zahl` nicht numerisch, liefert die Funktion unterschiedliche Ergebnisse: Bei einem Text wird die Fehlermeldung `#WERT!` ausgegeben, ebenso bei einem logischen Wert, bei einem Fehlerwert wird dieselbe ausgegeben. Wird als Bezug ein Zellbereich angegeben, zeigt die Funktion ebenfalls den Fehler `#WERT!` an. Ist `Zahl` keine gültige Zelladresse und kein gültiger Name, liefert die Funktion das Ergebnis `#NAME?`.

ISTZAHL()

ISNUMBER()

Syntax: `ISTZAHL(`**`Wert`**`)`

Beispiel: `=ISTZAHL(0)`

Ergebnis: `WAHR`

Die Funktion ISTZAHL() prüft, ob das Argument Wert eine Zahl liefert. Ist Wert ein Zellbezug, wird getestet, ob die Zelle eine Zahl enthält. Ist eine Zahl enthalten, dann wird als Ergebnis WAHR ausgegeben, enthält die Zelle keine Zahl, wird FALSCH ausgegeben. Das gilt auch für eine leere Zelle, obwohl diese ansonsten mit dem Wert 0 ausgewertet wird. Datums- und Zeitwerte werden ebenfalls als gültige Zahlenwerte behandelt, da sie ja intern über serielle Zahlen und Bruchzahlen dargestellt werden. Ist Wert ein ungültiger Bezug, ist das Ergebnis ebenfalls FALSCH.

Die bei der Funktion ISTTEXT() verwendete Formel zur Umwandlung »unechter« Zahlen kann in diesem Fall umgedreht werden, wie Abbildung 14.8 zeigt.

	A	B	C	D
1				
2	**Typumwandlung für Zeichenfolgen**			
3				
4	**Werte**	**ISTZAHL()**	**Umwandlung in Zahlen**	
5	123	WAHR	123	**=WENN(ISTZAHL(A5);A5;WERT(A5))**
6	456	WAHR	456	
7	789	FALSCH	789	
8	101	FALSCH	101	
9				
10			**Test der Datentypanpassung**	
11		123789	WAHR	**=ISTTEXT(A5&A7)**
12		912	WAHR	**=ISTZAHL(A5+A7)**

Abbildung 14.8 Umwandlung »unechter« Zahlen, die Zweite

Die Formel

```
=ISTZAHL(A5+A7)
```

liefert ebenfalls den Wert WAHR, weil der Operator in diesem Beispiel dafür sorgt, dass der nicht numerische Wert aus der Zelle A7 in eine Zahl umgewandelt wird.

Anders als bei den anderen Funktionen interpretieren die IST-Funktionen Zahlen, die in Anführungszeichen gesetzt sind, nicht als Zahlen, sondern als Zeichenfolgen.

```
=ISTZAHL("123")
```

ergibt also FALSCH.

14.2.1 Nicht numerische Werte zählen

Das in Abbildung 14.9 gezeigte Beispiel ist eine der Möglichkeiten, die Funktion nutzbringend anzuwenden. Häufig ist es ja so, dass die numerischen Daten für einen Tabellenbereich nicht alle gleichzeitig eingetragen werden können. Wenn Sie für einen solchen Tabellenbereich feststellen wollen, wie viele Einträge noch fehlen, können Sie mit einer Matrixformel arbeiten:

```
{=SUMME(WENN(ISTZAHL(Wertebereich); 0; 1))}
```

Die Formel setzt voraus, dass der Zellbereich, für den numerische Werte erwartet werden – hier `C5:D11` –, mit dem Namen `Wertebereich` belegt worden ist. Über die Funktion `WENN()` wird für jede Zelle geprüft, ob sie numerisch ist. Ist das der Fall, wird für die Zelle der Wert `0` angegeben, andernfalls `1`. Die umgebende Funktion `SUMME()` zählt dann die vergebenen Werte und gibt die Zahl der nicht numerischen Zellen als Ergebnis aus.

	A	B	C	D
1				
2	**Nicht numerische Werte zählen**		Anzahl	4
3				
4	**Artnr**	**Bezeichnung**	**Absatz**	**Umsatz**
5	7777	Jalousie Cc	1232	26181
6	7778	Jalousie Ccs	1463	63360
7	7578	Jalousie Ccw	Wert fehlt	Wert fehlt
8	7577	Jalousie Ccx	1243	25631
9	6378	Jalousie Louise	770	12650
10	8443	Jalousie V	Wert fehlt	Wert fehlt
11	8243	Jalousie VV	253	43450

Abbildung 14.9 Zählen nicht numerischer Werte

N()

N()

Syntax: `N(`**`Wert`**`)`

Beispiel: `=N("text")`

Ergebnis: `0`

Die Funktion `N()` gibt das mit `Wert` angegebene Argument als einen in eine Zahl gewandelten Wert zurück. Findet die Funktion eine Zahl vor, so wird diese unverändert als Zahl ausgegeben. Der Wahrheitswert `WAHR` wird als `1` wiedergegeben, `FALSCH` als `0`,

Datums- und Zeitangaben in einem der integrierten Excel-Formate werden als entsprechende serielle Zahlen ausgegeben. Bei Datumswerten steht dabei 1 für den 1.1.1900, Zeitangaben werden mit einer entsprechenden Bruchzahl ausgegeben. Fehlerwerte werden auch als Fehlerwerte ausgegeben. Texte oder leere Zellen werden als 0 ausgegeben. Das gilt auch, wenn eine Zahl mit dem Format **Text** belegt wurde.

	A	B
1		
2	**Umwandeln in numerische Werte**	
3		
4	Zelleintrag	N()
5	123	123
6	WAHR	1
7	FALSCH	0
8	12.12.2007	39428
9	12:10	0,506944444
10	#NV	#NV
11	etwas Text	0
12		0

Abbildung 14.10 Beispiele für Umwandlungen mit der Funktion N()

NV()

NA()

Syntax: NV()

Beispiel: =NV()

Ergebnis: #NV

Die Funktion NV() trägt den Fehlerwert #NV (**n**icht **v**orhanden) in die Zelle ein, die die Funktion enthält. Obwohl die Funktion keine Argumente verlangt, ist es notwendig, die beiden Klammern mit anzugeben, damit Excel den Eintrag als Funktion erkennt.

Hauptsächlich lässt sich die Funktion zur auffälligen Kennzeichnung von Zellen einsetzen, in die (noch) keine Werte eingetragen sind. Das hat zudem den Vorteil, dass sich in einem Tabellenblatt die Zellen mit fehlenden Werten über den Dialog **Inhalte auswählen** und die Option **Formeln ▸ Fehler** in einem Zug markieren lassen, sodass beim nachträglichen Eintragen mithilfe der ⭾-Taste die entsprechenden Zellen angesteuert werden können, wie Abbildung 14.11 zeigt.

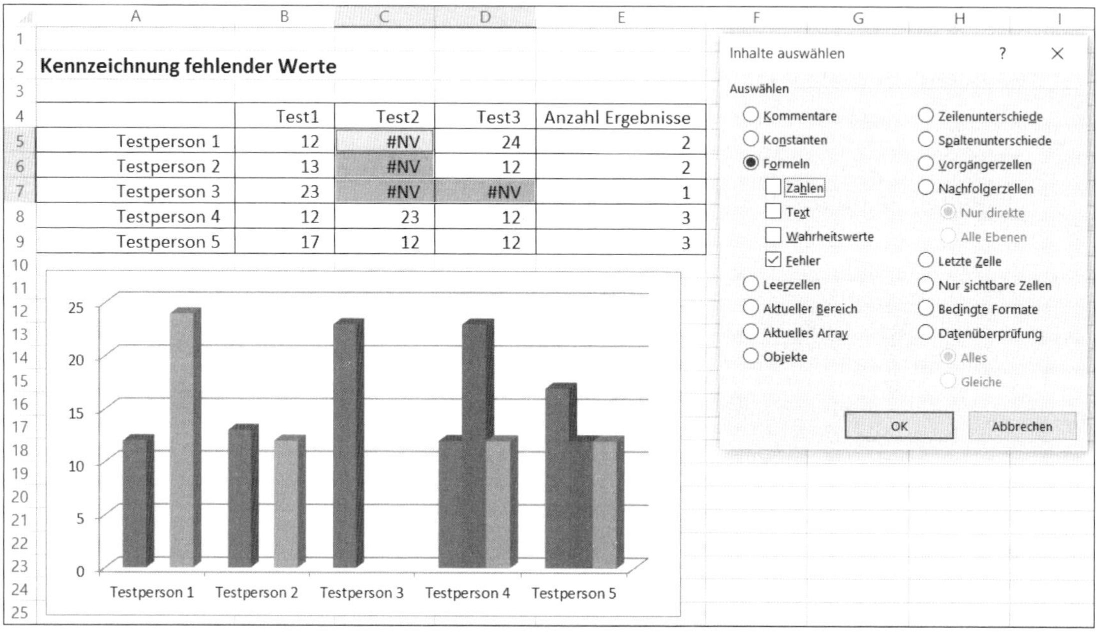

Abbildung 14.11 Zellen mit dem Fehlerwert #NV lassen sich in einem Zug auswählen.

Dies gilt nicht, wenn der Fehlerwert #NV direkt in die Zelle eingetragen wird, da dies keine Funktion darstellt.

Für einen Bereich kann die Funktion auch als Matrixformel eingegeben werden. Formeln, die sich auf eine Zelle beziehen, in der #NV eingetragen ist, liefern auch #NV. Das gilt auch, wenn eine solche Zelle im Bereich einer SUMME()-Funktion vorkommt. Die Funktion ANZAHL() dagegen behandelt eine Zelle mit =NV() wie eine leere Zelle.

TYP()

TYPE()

Syntax:	TYP(**Wert**)
Beispiel:	=TYP(15)
Ergebnis:	1

Die Funktion TYP() wird verwendet, um den Datentyp des angegebenen Arguments `Wert` abzufragen. Als Ergebnis werden numerische Typkennzeichen geliefert, die in Tabelle 14.3 zusammengestellt sind.

Argument	Rückgabewert
Zahl	1
Text	2
Wahrheitswert	4
Fehlerwert	16
Matrix	64

Tabelle 14.3 Codes für die Datentypen in Excel

Die Funktion ist nützlich, um festzustellen, ob das Ergebnis einer anderen Funktion oder einer Formel einem bestimmten Datentyp entspricht. Dies ist unter Umständen notwendig, wenn ein Wert als Argument für eine Funktion oder innerhalb einer Formel verwendet werden soll, die einen bestimmten Datentyp erwartet. Die Formel

```
=WENN(TYP(A10)=1; A10*1,19; "Wert in A10 ist keine Zahl")
```

prüft zunächst, ob die Zelle A10 eine Zahl enthält, bevor die Multiplikation mit dem angegebenen Faktor 1,19 ausgeführt wird.

	A	B	C
1			
2	**Prüfen des Datentyps von Argumenten**		
3			
4	Skye	2	=TYP(A4)
5		2	=TYP("Frau "&A4)
6		16	=TYP(2+A4)
7	20	1	=TYP(A7)
8	WAHR	4	=TYP(A8)
9		64	=TYP({1,2;3,4})
10	100	119	=WENN(TYP(A10)=1;A10*1,19;"Wert in A10 ist keine Zahl")

Abbildung 14.12 Verschiedene Beispiele für die Verwendung der TYP()-Funktion

Dagegen ist es nicht möglich, mit TYP() festzustellen, ob eine Zelle eine Formel enthält. Anstelle der Abfrage mit der Funktion TYP() kann mit den Funktionen ISTZAHL() und ISTTEXT() etc. auch gezielt geprüft werden, ob ein bestimmter Datentyp vorliegt.

WURDEAUSGELASSEN ()

ISOMITTED()

Syntax: `WURDEAUSGELASSEN(`**`Argument`**`)`

Beispiel: `=LAMBDA(x;y; WENN(WURDEAUSGELASSEN(y);"2. Argument fehlt";x*y))(A5;)`

Ergebnis: `"2. Argument fehlt"`

Die Funktion `WURDEAUSGELASSEN()`ist eine Hilfsfunktion, die nur innerhalb einer `LAMBDA()`-Funktion zur Anwendung kommt. Sie prüft, ob beim Einsatz der `LAMBDA()`-Funktion ein dafür benötigtes Argument weggelassen wurde. Ist das der Fall, kann eine entsprechende Info ausgegeben oder eine Vorgabe für das fehlende Argument verwendet werden. Die Funktion selbst liefert immer einen logischen Wert: `WAHR`, wenn das Argument fehlt, und `FALSCH`, wenn alle Argumente vorhanden sind.

	A	B	C	D	E	F
1						
2	**Prüfen, ob ein Armument fehlt**					
3						
4	4	2	1		4	**=LAMBDA(x;y; WENN(WURDEAUSGELASSEN(y);"2. Argument fehlt";x*y))(A4;C4)**
5	1	2	6		2. Argument fehlt	**=LAMBDA(x;y; WENN(WURDEAUSGELASSEN(y);"2. Argument fehlt";x*y))(A5;)**
6	11	4	3		11	**=LAMBDA(x;y; WENN(WURDEAUSGELASSEN(y);x*1;x*y))(A6;)**

Abbildung 14.13 Beispiel für ein vergessenes Argument

In der dritten Zeile des Beispiels wird das fehlende 2. Argument durch den Wert `1` ersetzt, sodass die Multiplikation stattfinden kann. Die Funktion kann auf diese Weise helfen, zu verhindern, dass etwa komplexe Berechnungen blockiert werden, weil ein Wert fehlt. Fehlt beispielsweise zu einem Betrag ein passender Steuersatz, kann mit einer Vorgabe gearbeitet werden.

ZELLE()

CELL()

Syntax: `ZELLE(`**`Infotyp`**`; Bezug)`

Beispiel: `=ZELLE("Spalte"; A1)`

Ergebnis: `1`

Die Funktion `ZELLE()` gibt vielfältige Informationen über eine Zelle bzw. die Zelle in der linken oberen Ecke eines Bereichsbezugs. Unter `Infotyp` wird ein Textstring eingetragen, der Informationen abfragt, die durch diesen Text definiert werden; Bezug gibt die Zelle an, über die Informationen eingeholt werden sollen. Wenn Bezug nicht angegeben ist, werden immer die Informationen für die zuletzt geänderte Zelle zurückgegeben.

Infotyp	Rückgabewert
Adresse	der absolute Bezug der ersten Zelle in Bezug als Text
Breite	Spaltenbreite der Zelle, auf eine ganze Zahl gerundet. Jede Einheit der Spaltenbreite ist gleich der Breite eines Zeichens im Standardschriftgrad.
Dateiname	Liefert den Dateinamen (und den vollständigen Pfad) der Datei, die Bezug enthält, als Text. Ergibt eine leere Textzeichenfolge (""), wenn das Tabellenblatt, das den Bezug enthält, noch nicht gespeichert wurde.
Farbe	Ergibt 1, wenn die Zelle für negative Werte farbig formatiert ist, sonst 0.
Format	Liefert einen Textwert, der das Zahlenformat der Zelle anzeigt. Die möglichen Werte sind in der folgenden Tabelle aufgeführt. Gibt - am Ende zurück, wenn die Zelle für negative Werte farbig formatiert ist. Gibt () am Ende zurück, wenn die Zelle für positive oder auch für alle Werte mit Klammern formatiert ist.
Inhalt	Liefert den Wert der linken obersten Zelle, die zu Bezug gehört, also keine Formel.
Klammern	Liefert 1, wenn die Zelle für positive oder alle Werte mit Klammern formatiert ist, sonst 0.
Präfix	Liefert einen Textwert, der dem »Beschriftungspräfix« der Zelle entspricht. Ein einfaches Anführungszeichen (') zeigt an, dass die Zelle linksbündigen Text enthält, ein doppeltes Anführungszeichen (") zeigt rechtsbündigen Text an, ein Zirkumflexzeichen (^) zeigt zentrierten Text an. Ein umgekehrter Schrägstrich (\) zeigt an, dass die Zelle mit Textzeichen aufgefüllt ist, und eine leere Textzeichenfolge ("") zeigt an, dass die Zelle keinen Text enthält.
Schutz	Liefert 0, wenn die Zelle nicht gesperrt ist, sonst 1.
Spalte	Liefert die Spaltennummer der Zelle in Bezug.
Typ	Informiert über den Datentyp des Zellinhalts. Liefert b, wenn die Zelle leer (blank) ist, l für Beschriftung (label), also wenn die Zelle eine Textkonstante enthält, und w für Wert, wenn die Zelle etwas anderes enthält.
Zeile	Liefert die Zeilennummer der Zelle in Bezug.

Tabelle 14.4 Werte für das Argument Infotyp und ihre Bedeutung

Die erlaubten Werte für `Infotyp` werden bei der direkten Eingabe der Funktion zur Auswahl angeboten, sobald die öffnende Klammer gesetzt ist.

	A	B	C
2	**Informationen zu Zellen**		
3			
4	**Zelle**	**ZELLE()**	
5	0	$A$5	**=ZELLE("adresse";A5)**
6	1.000,11	1	**=ZELLE("spalte";A6)**
7	-100,00 €	1	**=ZELLE("farbe";A7)**
8	02/14/17	42780	**=ZELLE("inhalt";A8)**
9	11.12	$A:$A$9	**=ZELLE("koord";A9)**
10		C:\Projekte\Excel 2024\Excel2024_Fu_Beispiele\[Informationsfunktionen.xlsx]ZELLE	**=ZELLE("dateiname")**
11	-100,00	0	**=ZELLE("klammern";A11)**
12	100	"	**=ZELLE("präfix";A12)**
13	10,00%	1	**=ZELLE("schutz";A13)**
14	Standard	14	**=ZELLE("zeile";A14)**
15	1 1/3	w	**=ZELLE("typ";A15)**
16	12. Feb. 07	19	**=ZELLE("breite";A16)**
17	10:55:20	34	**=ZELLE("breite")**
18	12:12 PM	S	**=ZELLE("format")**

Abbildung 14.14 Beispiele für die Funktion `ZELLE()`

Tabelle 14.5 listet die Textwerte auf, die `ZELLE()` zurückgibt, wenn `Infotyp` vom Typ `Format` und `Bezug` eine Zelle ist, die mit einem integrierten Zahlenformat formatiert ist.

Format	Rückgabewert
Standard	`S`
0	`F0`
#.##0	`.0`
0,00	`F2`
#.##0,00	`.2`
#.##0_€;-#.##0_€	`W0`
#.##0_€;[Rot]-#.##0_€	`W0-`

Tabelle 14.5 Codes für Formate

Format	Rückgabewert
#.##0,00_€;-#.##0,00_€	W2
#.##0,00_€;[Rot]-#.##0,00_€	W2-
0%	P0
0,00%	P2
0,00E+00	E2
# ?/? oder # ??/??	S
M/T/JJ oder M/T/JJ h:MM oder MM/TT/JJ	D4
T-MMM-JJ oder TT-MMM-JJ	D1
T-MMM oder TT-MMM	D2
MMM-JJ	D3
MM/TT/JJJJ	D4
MM.TT	D5
h:mm:ss AM/PM	U1
h:mm AM/PM	U2
h:mm:ss	U3
h:mm	U4

Tabelle 14.5 Codes für Formate (Forts.)

Wenn die Zelle später mit einem benutzerdefinierten Format formatiert wird, muss das Tabellenblatt eventuell neu berechnet werden, um die `ZELLE()`-Formel zu aktualisieren.

14.2.2 Einsatz mit bedingten Formaten

Praktische Einsatzmöglichkeiten der Funktion ergeben sich insbesondere im Rahmen von bedingten Formatierungen von Zellbereichen. Sollen beispielsweise in einer Tabelle alle Einträge mit einer Hintergrundfarbe gekennzeichnet werden, die ein Währungsformat verwenden, kann im Dialog für die bedingte Formatierung eine Formel eingesetzt werden, die die erste Stelle der Formatkennzeichnung abfragt, die die Funktion mit dem Infotyp `Format` liefert, beispielsweise:

```
=LINKS(ZELLE("format"; A5); 1)="W"
```

Abbildung 14.15 zeigt die Anwendung einer solchen Formatierungsregel auf den Zellbereich in Spalte A.

	A	B
2	**Bedingte Formate, abhängig vom Zahlenformat**	
3		
4	**Zelle**	**ZELLE("format")**
5	0	.0
6	1.000,11	.2
7	100.001 €	W0
15	-100.000,50 €	W2-
16	100.000,50 €	W2
17	13.02.2017	D1
18	02/14/17	D4
19	11.12	D5
20	1,11E+16	E2
21	1,11	F2
22	10%	P0
23	10,00%	P2
24	Standard	S
25	1 1/3	S
26	12. Feb. 07	S
27	10:55:20	S
28	12:12 PM	U2
29	12:12	U4

Abbildung 14.15 Bedingte Formatierung auf der Basis der Formatzeichen

Ungültige Werte für `Infotyp` führen zu dem Fehler `#WERT!`. Ungültige Werte für `Bezug` führen zu dem Fehler `#NAME?`.

15 Webfunktionen

Unter der Kategorie **Web** sind seit Excel 2013 drei Funktionen verfügbar, die den Zugriff auf Daten im Web vereinfachen. Die Funktion `URLCODIEREN()` verwandelt Zeichenfolgen in formal gültige Webadressen oder Teile davon um. Mit der Funktion `XMLFILTERN()` können Auszüge aus XML-Inhalten mithilfe eines entsprechenden XPath-Ausdrucks eingelesen werden. Die `WEBDIENST()`-Funktion fragt Daten von einem Webdienst ab, dessen URL angegeben ist.

15.1 Einsatzbereich der Webfunktionen

Die genannten drei Funktionen sind hauptsächlich im Zusammenspiel von praktischem Nutzen. Wenn Sie Daten von einem Webdienst auswerten wollen, die im XML-Format bereitgestellt werden, können Sie dafür die Funktion `WEBDIENST()` verwenden. Die dafür benötigte Webanfrage lässt sich mithilfe der Funktion `URLCODIEREN()`, wo es nötig ist, aufbereiten, damit der Browser damit arbeiten kann. Sind die Daten in einen Zellbereich eingelesen, lassen sich die für Sie interessanten Informationen daraus mithilfe der Funktion `XMLFILTERN()` herausholen.

Für den Zugriff auf einen Webdienst müssen allerdings die Zugangsdaten zu dem Webdienst verfügbar sein. Die Anbieter von öffentlichen Webdiensten erwarten in der Regel eine authentifizierte Anmeldung, bei der dann ein entsprechender API-Key für den Zugang vergeben wird. Außerdem müssen in der URL die Parameter für die Auswahl der Daten enthalten sein. Das in früheren Auflagen verwendete Beispiel einer Wetterabfrage bei Yahoo funktioniert nicht mehr, weil Yahoo diesen Zugang nicht mehr offen anbietet.

15.2 Referenz der Webfunktionen

URLCODIEREN()

ENCODEURL()

Syntax:	`URLCODIEREN(`**`Text`**`)`
Beispiel:	`=URLCODIEREN("meine abfrage")`
Ergebnis:	`"meine%20abfrage"`

Die Funktion `URLCODIEREN()` erstellt aus der mit `Text` angegebenen Zeichenfolge eine URL-codierte Zeichenfolge, die dann als Webadresse oder Teil einer Webadresse verwendet werden kann. Dabei werden alle in einer URL nicht erlaubten Zeichen entsprechend maskiert.

15.2.1 Exkurs zur URL-Codierung

Die URL-Codierung ist notwendig, wenn in einer Webadresse Zeichen enthalten sind, die aufgrund der für URLs vorgeschriebenen Syntax nicht zugelassen sind. Diese Syntax lässt nur bestimmte Zeichen des ASCII-Zeichensatzes zu. Werden andere Zeichen benötigt, müssen sie durch Zeichenfolgen ersetzt werden, die mit einem Prozentzeichen beginnen, weshalb auch von Prozent-Codierung gesprochen wird. Hinter dem Prozentzeichen, das für das Escape-Zeichen steht, folgen zwei Ziffern, die als Hexadezimalzahl den ASCII-Code des maskierten Zeichens angeben.

Der einfachste Fall ist das Leerzeichen. Der Browser würde ein unmaskiertes Leerzeichen als Ende der Webadresse interpretieren, deshalb wird statt des Leerzeichens die Zeichenfolge `%20` verwendet.

Einige Zeichen haben in einer URL eine festgelegte Bedeutung:

- Das Fragezeichen (`?`) leitet den Datenteil (Query String) einer URL ein.
- Das Gleichheitszeichen (`=`) steht zwischen dem Namen eines Parameters und seinem Wert.
- Das Et-Zeichen (`&`) wird im Datenteil als Trennzeichen zwischen *Parameter=Wert*-Paaren eingesetzt.
- Dem Doppelkreuz (`#`) folgt der Name eines Dokumentenankers.

Insgesamt gelten folgende Zeichen als reserviert:

```
! # $ % & ' ( ) * + , / : ; = ? @ [ ]
```

Die Tabelle in Abbildung 15.1 zeigt in Spalte E die hexadezimalen Codes der reservierten Zeichen.

Nicht reserviert sind die Buchstaben [A-Z, a-z], die Ziffern [0-9] und die Sonderzeichen _, ., ~.

	C	D	E
11	Reservierte Zeichen	CODE()	DEZINHEX()
12	!	33	21
13	#	35	23
14	$	36	24
15	%	37	25
16	&	38	26
17	(	40	28
18	)	41	29
19	*	42	2A
20	+	43	2B
21	,	44	2C
22	/	47	2F
23	:	58	3A
24	;	59	3B
25	=	61	3D
26	?	63	3F
27	@	64	40
28	[	91	5B
29	]	93	5D

Abbildung 15.1 Die Codes der reservierten Zeichen, dezimal und hexadezimal

Soll eines der reservierten Zeichen nicht zu dem vorgegebenen Zweck verwendet werden, muss es maskiert werden. Wenn also beispielsweise das Doppelkreuz Teil eines Parameterwertes sein soll, können Sie dafür %23 verwenden. Die folgende Adresse

```
www.meine-site.de?seite=ms8#kopf
```

adressiert den Anker kopf.

Soll dagegen der Wert des Parameters seite = ms8#kopf sein, müssen Sie schreiben:

```
www.meine-site.de?seite=ms8%23kopf
```

Wird das Prozentzeichen als Teil einer Adresse benötigt, muss es ebenfalls maskiert werden: %25.

Auch Zeichen, die nicht im ASCII-Zeichensatz enthalten sind, lassen sich mit dem vorangestellten Prozentzeichen codieren. Wie die Codierung erfolgt, hängt allerdings von der Codierung ab, die die Webseite selbst verwendet. Wird mit UTF-8 gearbeitet, lässt sich beispielsweise ein Umlaut wie ö mit dem Unicode-Zeichenwert 246 als `%C3%B6` darstellen. Abbildung 15.2 zeigt einige Beispiele, wie die Funktion arbeitet.

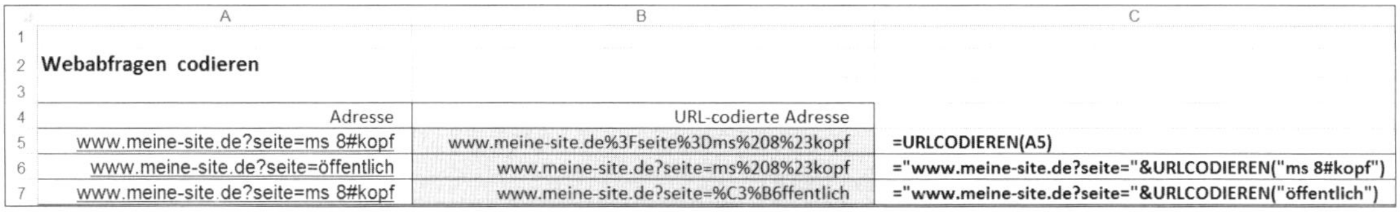

	A	B	C
1			
2	**Webabfragen codieren**		
3			
4	Adresse	URL-codierte Adresse	
5	www.meine-site.de?seite=ms 8#kopf	www.meine-site.de%3Fseite%3Dms%208%23kopf	**=URLCODIEREN(A5)**
6	www.meine-site.de?seite=öffentlich	www.meine-site.de?seite=ms%208%23kopf	**="www.meine-site.de?seite="&URLCODIEREN("ms 8#kopf")**
7	www.meine-site.de?seite=ms 8#kopf	www.meine-site.de?seite=%C3%B6ffentlich	**="www.meine-site.de?seite="&URLCODIEREN("öffentlich")**

Abbildung 15.2 Beispiele für die URL-Codierung

Das Ergebnis der Formel in B5 zeigt allerdings, dass die Funktion `URLCODIERUNG()` alle reservierten Zeichen codiert, wenn Sie die komplette Webadresse als Zeichenfolge angeben, also auch die Zeichen ? und =, die in diesem Fall gerade nicht maskiert werden sollen. Die Funktion kann also in der Regel nur verwendet werden, um genau die Teile einer Webadresse zu codieren, bei denen die reservierten Zeichen gerade nicht ihre übliche Funktion innerhalb der URL-Syntax ausüben sollen.

WEBDIENST()

WEBSERVICE()

Syntax:	`WEBDIENST(`**`Url`**`)`
Beispiel:	`=WEBDIENST("http://mein_webdienst/[Zugriffsparameter]")`
Ergebnis:	Liefert eine XML-Datei mit den entsprechenden Wetterdaten.

Die Funktion `WEBDIENST()` gibt Daten eines Webdienstes zurück, der das XML-Format unterstützt. Das Argument `Url` muss die Webadresse des Dienstes und eine gültige Form der Abfrage gegenüber diesem Dienst enthalten. Da die Funktion mit einer `GET`-Anforderung an den Webdienst arbeitet, darf die maximale Größe einer solchen Anforderung – 2.048 Zeichen – nicht überschritten werden. Die Funktion unterstützt nur das *http*-Protokoll, das *ftp*-Protokoll also nicht.

! Kann die Funktion keine Daten liefern, ist das Ergebnis `#WERT!`.

XMLFILTERN()

FILTERXML()

Syntax:	`XMLFILTERN(`**`xml; xpath`**`)`
Beispiel:	`=XMLFILTERN (A5; A7)`
Ergebnis:	Filtert aus in A5 abgelegten XML-Daten die Informationen heraus, die über den XPath-Ausdruck aus A7 ausgewählt werden.

Die Funktion `XMLFILTERN()` filtert mithilfe eines XPath-Ausdrucks Informationen aus Daten, die im XML-Format vorliegen. Benötigt werden dazu zwei Argumente: `xml` ist eine Zeichenfolge im XML-Format bzw. der Verweis auf eine Zelle, die solche Daten enthält.

Sind die Daten nicht wohlgeformt, liefert die Funktion den Fehlerwert `#WERT!`.

Da eine Zelle maximal 32.767 Zeichen aufnehmen kann, liegt hier auch die Grenze für die Menge der Zeichen, die das XML-Dokument enthalten darf. Die Möglichkeit, das XML-Dokument auf einen Zellbereich auszubreiten, wird nicht unterstützt.

Das zweite Argument, das benötigt wird, ist ein XPath-Ausdruck, der in der Lage ist, Daten aus dem XML-Dokument herauszuziehen. Über die Syntax solcher Ausdrücke finden Sie erste Informationen in dem nachfolgenden Exkurs. Abbildung 15.3 zeigt in der Zelle A5 ein XML-Dokument mit Daten über Autoren.

	A	B
1		
2	**Filtern von XML-Daten mit XPath-Ausdrücken**	
3		
4	**XML-Daten**	
5	<?xml version='1.0'?> <authors> <author> <name>Victor Hugo</name> <nationality>French</nationality> </author> <author period="classical"> <name>Sophocles</name> <nationality>Greek</nationality> </author> </authors>	
6	**Xpath-Ausdruck**	
7	//name	
8	**Filterergebnis:**	
9	Victor Hugo	**{=XMLFILTERN(A5;A7)}**
10	Sophocles	

Abbildung 15.3 Filtern von XML-Daten

In Zelle A7 ist ein XPath-Ausdruck abgelegt, der die Autorennamen aus dem Dokument herausziehen soll. Um mehrere Namen herauszuziehen, wird zunächst ein entsprechend großer Bereich markiert und die Formel `=XMLFILTERN(A5;A7)` als Matrixformel abgelegt.

15.2.2 Exkurs zu XPath

Die logische Struktur eines XML-Dokuments lässt sich in einer Baumstruktur darstellen, in der die Informationseinheiten als Knoten erscheinen. XPath arbeitet auf der Basis eines solchen Baummodells. Ein XPath-Ausdruck wird ausgewertet, um ein Objekt zu gewinnen. Dabei sind vier Datentypen möglich. Neben den einfachen Typen `string`, `number` und `boolean` liefert `node-set` eine Knotenmenge.

Der Knotenbaum geht von einem Wurzelknoten aus. Die Zuordnung der Knoten des Baumes zu den Komponenten des XML-Dokuments ist durch die Dokumentreihenfolge geregelt, die der Reihenfolge der Start-Tags im Dokument entspricht. Diese Reihenfolge bestimmt, wie ein Prozessor die Knoten ablaufen – traversieren – wird, wenn er den Auftrag erhält, sämtliche Knoten nacheinander zu besuchen. Es werden dabei nicht zunächst alle Knoten derselben Ebene nacheinander abgelaufen, sondern immer erst die Kinder und Kindeskinder des aktuellen Knotens abgearbeitet.

15.2.3 Lokalisierungspfade

Der wichtigste Ausdruckstyp in XPath ist der Lokalisierungspfad. Er gibt an, welcher Teil der Knotenmenge eines Dokuments ausgewählt und bearbeitet werden soll. Dabei werden zwei Schreibweisen verwendet, eine ausführliche und eine bequemere Kurzform. Die Funktion `XMLFILTERN()` unterstützt allerdings nur diese Kurzform.

Um in dem Beispiel in Abbildung 15.3 den Knoten `<name>` zu erreichen, genügt in der Kurzform folgender Ausdruck:

```
/authors/author/name
```

oder noch kürzer:

```
//name
```

Dieser Ausdruck liefert die entsprechende Knotenmenge, den `node-set`. Die einzelnen Stufen in der Hierarchie der Knoten werden also immer mit einem Schrägstrich getrennt, wobei der erste Schrägstrich für den Wurzelknoten steht. Ähnlich wie bei

Dateisystemen dürfen absolute und relative Pfade verwendet werden. Ein absoluter Pfad geht immer vom Wurzelknoten aus, ein relativer dagegen von dem Knoten, der gerade der Kontextknoten ist. Das ist jeweils der Knoten, der durch die vorausgehenden Schritte erreicht wurde. Statt immer die vollständige Hierarchie anzugeben, lässt sich auch mit dem Doppelschrägstrich arbeiten wie im letzten Beispiel.

Anstelle konkreter Namen dürfen auch Wildcards verwendet werden:

```
/authors/author/*
```

liefert zum Beispiel alle Kinder des Elements `<authors>`.

Obwohl XPath die Elementknoten als Eltern ihrer Attributknoten behandelt, werden die Attributknoten nicht wie Kindknoten des Elementknotens angesprochen. Um den Attributwert zu erhalten, wird in der Kurzform eine Kombination aus dem @-Zeichen und Attributnamen verwendet:

```
//author/@period
```

liefert das Periodenattribut des Elementknotens `<author>`. Auch Attribute lassen sich über Wildcards suchen:

```
//author/@*
```

liefert alle Attribute des Elements `<author>`.

15

16 Analyse mit Pivot-Tabellen und -Diagrammen

Je größer die Datenmengen sind, die für die Abwicklung der Aufgaben in einem Bereich notwendig sind, umso stärker entwickelt sich in der Regel das Bedürfnis, die darin enthaltenen Informationen unter den verschiedensten Gesichtspunkten zusammenzufassen und auszuwerten. Die stärkste Methode, die Excel für diesen Zweck zur Verfügung stellt, ist zweifellos das Pivotieren, sei es in Form von Tabellen oder in Form von Diagrammen.

Schon Excel 2013 machte auf diesem Feld einen enormen Sprung nach vorn, indem für solche Analysen nicht mehr nur einzelne Tabellen, sondern auch Datenmodelle aus mehreren über Fremdschlüssel verknüpfte Tabellen zugrunde gelegt werden konnten. Dabei wird im Arbeitsspeicher jeweils ein entsprechendes Datenmodell aufgebaut.

Da die verwerteten Daten stark komprimiert werden, lassen sich auch große Datenmengen in Excel-Dateien speichern und mit anderen Personen ohne Umstände austauschen. Dabei gelten folgende Regeln:

- Pro Arbeitsmappe ist nur ein Datenmodell erlaubt.
- Zwischen den Tabellen eines Datenmodells lassen sich mehrfache Verbindungen herstellen. Das Limit liegt aber bei 5.

Dieses Kapitel bietet Ihnen wenigstens einen Einstieg in diese komplexe Materie. Um Ihnen den Zugang zu erleichtern, verwenden wir ein leicht nachvollziehbares Beispiel mit zwei Tabellen. Die erste Tabelle enthält nur ein paar Daten zu Regionen.

	A	B	C
1	Region	Bezeichnung	Niederlassung
2	1	Ost	Berlin
3	2	Nord	Bremen
4	3	Süd	Augsburg
5	4	West	Bonn

Abbildung 16.1 Tabelle zu den Regionen

Die zweite Tabelle enthält Umsatz- und Absatzdaten von Artikeln für den Hausbedarf, die nach Regionen aufgegliedert sind. Die Beziehung der beiden Tabellen soll über einen einfachen Schlüssel für die jeweilige Region hergestellt werden.

Verkäufe in den Regionen

Region	Artnr	Bezeichnung	Warengruppe	Material	Farbe	Absatz	Umsatz_lfd_Jahr	Umsatz_Vorjahr
1	7777	Jalousie Cc	Jalousie	Kunststoff	grau	1232	26181	19787
2	7777	Jalousie Cc	Jalousie	Kunststoff	grau	1120	23801	17988
3	7777	Jalousie Cc	Jalousie	Kunststoff	grau	1064	22611	17089
4	7777	Jalousie Cc	Jalousie	Kunststoff	grau	896	19041	14390
1	7778	Jalousie Ccs	Jalousie	Metall	rot	1463	63360	51480
2	7778	Jalousie Ccs	Jalousie	Metall	rot	1330	57600	46800
3	7778	Jalousie Ccs	Jalousie	Metall	rot	1264	54720	44460
4	7778	Jalousie Ccs	Jalousie	Metall	rot	1064	46080	37440
1	7578	Jalousie Ccw	Jalousie	Metall	rot	1353	62810	39930
2	7578	Jalousie Ccw	Jalousie	Metall	rot	1230	57100	36300
3	7578	Jalousie Ccw	Jalousie	Metall	rot	1169	54245	34485
4	7578	Jalousie Ccw	Jalousie	Metall	rot	984	45680	29040

Abbildung 16.2 Tabelle über Verkäufe in verschiedenen Regionen

In der Tabelle mit den Verkaufsdaten sind ganz unterschiedliche Dimensionen miteinander verknüpft. Zum einen wird die zeitliche Entwicklung der Umsätze durch den Vergleich mit dem Vorjahr dargestellt, zum anderen die räumliche Verteilung nach Regionen. Die dritte Dimension ist die Verteilung der Umsätze nach Warengruppen, also eine sachliche Ordnung.

In der abgebildeten Fassung ist die Liste nicht besonders aussagekräftig. Sie können zwar schnell nachsehen, wie viel Umsatz ein Artikel in einer Region gebracht hat, aber welchen Anteil die entsprechende Warengruppe am Gesamtumsatz in einer bestimmten Region hat, ist nicht auf einen Blick zu sehen. Ob sich die Region Ost gegenüber dem Vorjahr besser entwickelt hat als die Region West, ist ebenfalls nicht gleich zu erkennen. Dennoch ist in der Liste alles enthalten, um diese Fragen zu beantworten. Es kommt nur darauf an, die Rohdaten zu brauchbaren Informationen aufzubereiten.

Anders als bei der Arbeit mit explizit eingegebenen Formeln übernimmt Excel die für die Beantwortung solcher Fragen notwendige Rechenarbeit weitgehend automatisch. Sie haben aber auch die Möglichkeit, detailliert festzulegen, wie Excel Daten zusammenfassen soll.

16.1 Eine Pivot-Tabelle anlegen

Im Unterschied zu den bisher beschriebenen Tabellen handelt es sich bei der Pivot-Tabelle um eine »interaktive« Tabelle. *Pivot* ist das englische Wort für einen Drehpunkt, wie die Angel in der Tür. Damit wird angesprochen, dass in der Pivot-Tabelle die Daten nach wechselnden Gesichtspunkten an- und umgeordnet, zusammengefasst und ausgewertet werden können.

Bedienungstechnisch wird das dadurch erreicht, dass für die Spaltennamen aus der Tabelle Felder erzeugt werden, die zwischen den verschiedenen Bereichen der Pivot-Tabelle hin- und hergeschoben werden können, wobei die zugehörigen Daten jeweils mitwandern. Die Felder und ihre zugehörigen Daten sind also intern miteinander verknüpft. Je nach Anordnung werden automatisch zusammenfassende Berechnungen erzeugt, die jedes Mal der Gruppierung der Daten angepasst werden. Die folgenden Schritte genügen, um eine Pivot-Tabelle einzurichten:

1. Der Dialog für die Erstellung einer Pivot-Tabelle wird über das Register **Einfügen** mit dem Symbol **PivotTable** in der Gruppe **Tabellen** aufgerufen.

2. Zunächst wird dort die Herkunft der Daten angegeben, die auszuwerten sind. Steht der Zellzeiger in dem Datenblock, der ausgewertet werden soll, zeigt Excel bei der Option **Aus Tabelle/Bereich** den gefundenen Bereich an, der bei Bedarf korrigiert werden kann. Bei normalen Zellbereichen müssen Sie darauf achten, dass die Zeile mit den Spaltenüberschriften mit in den Bereich eingeschlossen wird. Handelt es sich um eine Excel-Tabelle, wird der für die Tabelle vergebene Name angeboten.

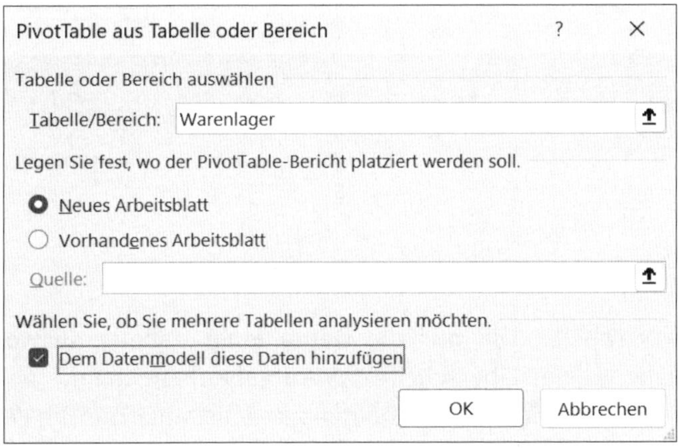

3. Im unteren Teil des Dialogs legen Sie fest, wo die Pivot-Tabelle eingefügt werden soll. Sie kann auf einem neuen Blatt angelegt werden oder an einer bestimmten Stelle des aktiven Blattes beginnen. Im zweiten Fall geben Sie unter **Quelle** die Adresse der oberen Eckzelle für die Pivot-Tabelle auf diesem Blatt an oder markieren sie. Beachten Sie, dass die erzeugte Tabelle alle bereits vorhandenen Daten in dem angegebenen Bereich überschreibt. Es ist deshalb in der Regel günstiger, ein eigenes Blatt in der Arbeitsmappe zu verwenden.

4 Wenn die Pivot-Tabelle die Daten von mehr als einer Tabelle auswerten soll, müssen Sie noch die letzte Option aktivieren: **Dem Datenmodell diese Daten hinzufügen**.

5 Wird der Dialog bestätigt, erstellt Excel einen zunächst leeren Pivot-Tabellenbereich und blendet den Aufgabenbereich **PivotTable-Felder** ein. Außerdem wird das Register **PivotTable-Analyse** eingeblendet, das gleich neun Gruppen von Befehlen und Schaltflächen zur Arbeit mit Pivot-Tabellen anbietet. Zusätzlich stehen nun auf der Registerkarte **Entwurf** drei Gruppen zum Layout und Format der Pivot-Tabelle zur Verfügung. Es ist sinnvoll, zunächst den vorgegebenen Namen für die Pivot-Tabelle durch einen aussagekräftigeren zu ersetzen. Dies geschieht in der Gruppe **PivotTable** unter **PivotTable-Name**.

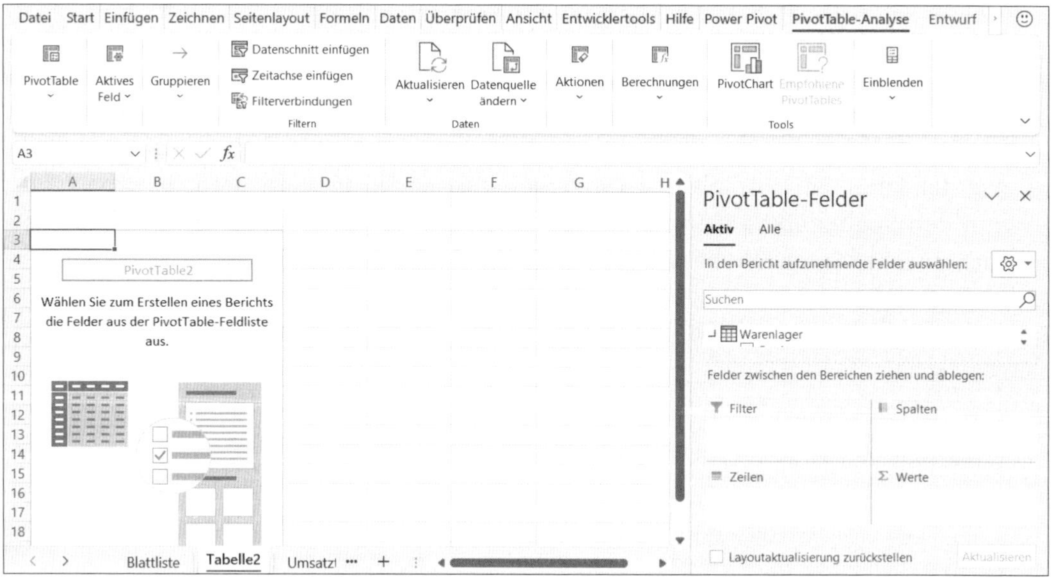

6 Anders als bei einer Pivot-Tabelle, die nur die Daten einer Tabelle auswertet, erscheinen in diesem Fall unter der Überschrift des Aufgabenbereichs die beiden Links **Aktiv** und **Alle**. Auf der Seite zu **Aktiv** erscheinen zunächst aber nur die Felder der Tabelle mit den Verkaufsdaten.

7 Um die Felder der zweiten Tabelle zu den Regionen mit in die Auswertung einzubeziehen, benutzen Sie in der Feldliste zunächst den Link **Alle** und finden dort auch die zweite Tabelle zu den Regionen.

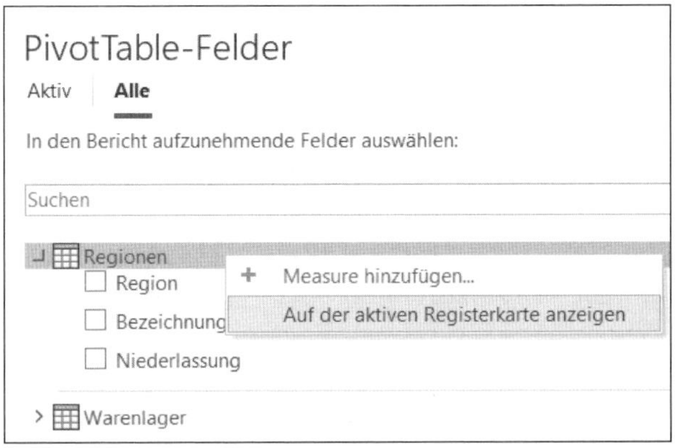

8 Benutzen Sie im Kontextmenü zu dem Symbol **Regionen** die Option **Auf der aktiven Registerkarte anzeigen**, werden die Felder mit den Daten über die Regionen auf der Seite **Aktiv** für die Verteilung auf die verschiedenen Bereiche der Pivot-Tabelle angeboten.

9 Nun muss noch die Beziehung zwischen den beiden Tabellen geklärt werden. Benutzen Sie dazu auf der Registerkarte **PivotTable-Analyse** in der Gruppe **Berechnungen** die Schaltfläche **Beziehungen**.

10 Sie öffnet einen Dialog, in dem Sie zunächst die Schaltfläche **Neu** benutzen, da ja eine neue Beziehung eingerichtet werden soll.

11 Im Dialog **Beziehung erstellen** wählen Sie in dem ersten Listenfeld zu **Tabelle** die Tabelle zu den Regionen aus. Unter **Spalte (fremd)** geben Sie das Feld **Region** als Schlüsselfeld an.

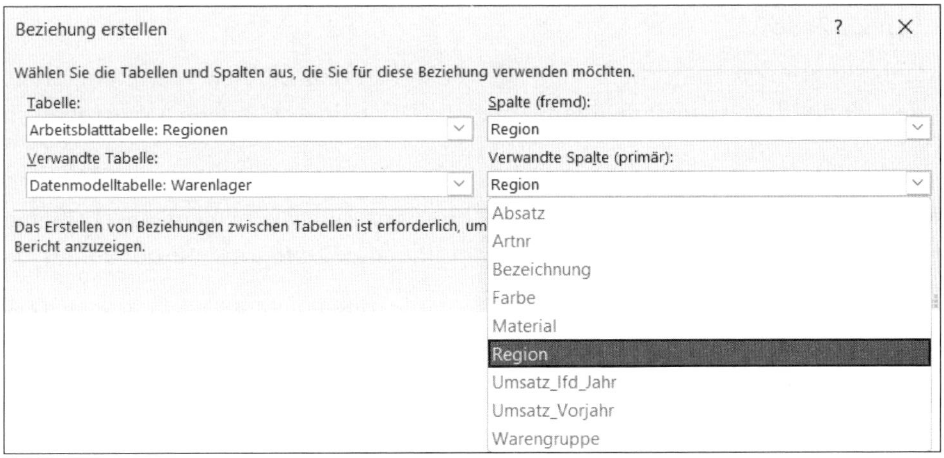

12 Unter **Verwandte Tabelle** wählen Sie die Tabelle mit den Verkaufsdaten aus und unter **Verwandte Spalte (primär)** ebenfalls das Feld **Region**.

13 Die neue Beziehung wird anschließend in dem vorherigen Dialog angezeigt, den Sie nun schließen können.

Nun stehen alle Felder des Datenmodells zur Verfügung, um verschiedene Auswertungen auf der Basis der Daten beider Tabellen einzurichten.

16.2 Layout der Pivot-Tabelle

Zunächst sollte geklärt werden, unter welchem Gesichtspunkt die Daten hauptsächlich zu betrachten sind. In der neuen Tabelle sollen die Daten so angeordnet und zusammengefasst werden, dass erkennbar wird, wie sich der Anteil der verschiedenen Warengruppen im Lauf der beiden Jahre entwickelt hat, und zwar sowohl insgesamt als auch in den vier Regionen.

Excel bietet im Aufgabenbereich **PivotTable-Felder** unter den Tabellennamen für jede Spalte ein auswählbares Element an. Diese Elemente können einem der vier Bereiche der Pivot-Tabelle zugewiesen werden:

1. Die Felder, die die Ordnung der Seiten des Berichts bestimmen, werden dem Bereich **Filter** zugewiesen.
2. Die Felder, die die Ordnung der Spalten bestimmen, gehören in den Bereich **Spalten**, und zwar in der Reihenfolge von links nach rechts.
3. Die Felder, die die Ordnung der Zeilen bestimmen, gehören untereinander in den Bereich **Zeilen**.
4. Unbedingt muss wenigstens eines der Felder in den Bereich **Werte** eingefügt werden, damit das Programm erkennt, welche Werte in der Tabelle auszugeben sind.

Wird ein Feld in der Feldliste per Abhaken ausgewählt, wird es zunächst einem vorgegebenen Bereich zugeordnet. Diese Zuordnung lässt sich aber leicht durch Ziehen der Schaltflächen in einen anderen Bereich oder über die Kontextmenüs der Felder ändern.

Für eine erste Auswertung sollen hier aus der Tabelle **Regionen** lediglich das Feld **Bezeichnung** in den Bereich **Spalten** übernommen werden, aus der Tabelle **Warenlager** das Feld **Warengruppe** in den Bereich **Zeilen** sowie die Felder **Umsatz_Vorjahr** und **Umsatz_lfd_Jahr** in den Bereich **Werte**.

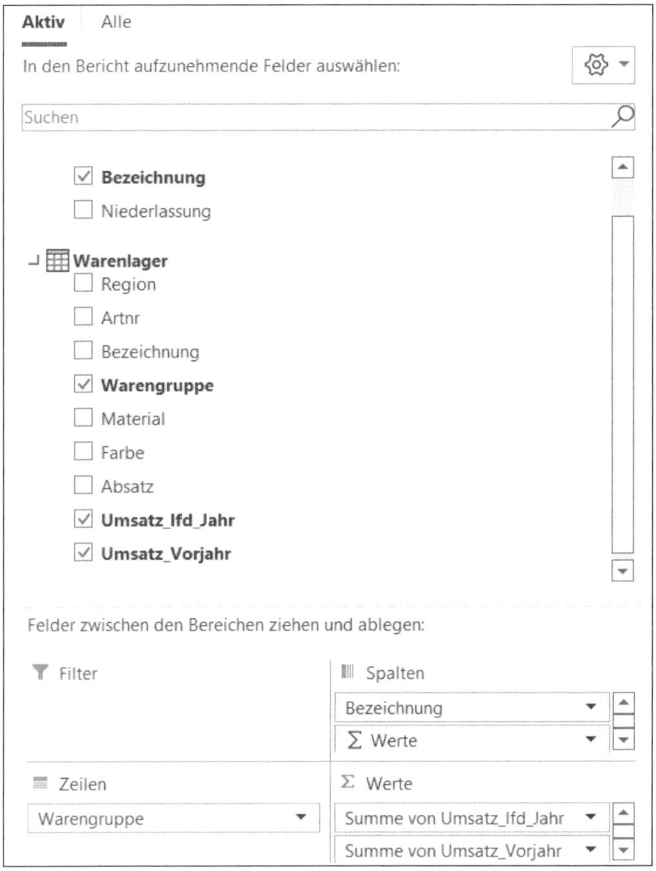

Abbildung 16.3 Feldaufteilung für eine erste Auswertung

Wählen Sie auf der Registerkarte **Entwurf** unter **Berichtslayout** noch die Option **Im Tabellenformat anzeigen**, damit die Feldnamen für die Beschriftung der ersten Zeile und der ersten Spalte übernommen werden. Außerdem können Sie die etwas umständlich klingenden vorgegebenen Spaltenüberschriften – »Summe von …« – für die **Werte**-Felder über den Befehl **Feldeinstellungen** auf der Registerkarte **PivotTable-Analyse** in der Gruppe **Aktives Feld** ändern, indem Sie »Summe von« einfach löschen.

Über das Register **Entwurf** können Sie noch ein passendes **PivotTable-Format** zuweisen und die Breite der Spalten und die Ausrichtung der Beschriftungen bei Bedarf anpassen. Abbildung 16.4 zeigt den leicht überarbeiteten Bericht.

Die vorgegebenen Bezeichnungen für die **Werte**-Felder wie »Summe von Umsatz Vorjahr« lassen erkennen, welche Art der Zusammenfassung der Daten die Pivot-Funktion vorgenommen hat. Nehmen Sie die erste Zelle im **Werte**-Bereich. Sie ist der Schnittpunkt zwischen Region **Nord** und der Warengruppe **Jalousie**, was auch bestätigt wird, wenn Sie mit der Maus die Zelle berühren. In dieser Zelle erscheint also der summierte Umsatz der Region **Nord** in der betreffenden Warengruppe. Excel berechnet als Vorgabe zusätzlich auch das Gesamtergebnis pro Region und pro Warengruppe.

	A	B	C	D	E	F	G	H	I	J	K
3		**Nord**		**Ost**		**Süd**		**West**		**Gesamt: Umsatz lfd.**	**Gesamt: Umsatz Vorjahr**
4		**Umsatz lfd. Jahr**	**Umsatz Vorjahr**	**Umsatz lfd. Jahr**	**Umsatz Vorjahr**	**Umsatz lfd. Jahr**	**Umsatz Vorjahr**	**Umsatz lfd. Jahr**	**Umsatz Vorjahr**		
5	Jalousie	397.182	334.976	436.900	368.474	377.323	318.227	317.746	267.981	1.529.151	1.289.658
6	Markise	45.500	23.500	50.050	25.850	43.225	22.325	36.400	18.800	175.175	90.475
7	Rollo	314.500	304.390	345.950	334.829	298.775	289.171	251.600	243.512	1.210.825	1.171.902
8	**Gesamtergebnis**	**757.182**	**662.866**	**832.900**	**729.153**	**719.323**	**629.723**	**605.746**	**530.293**	**2.915.151**	**2.552.034**

Abbildung 16.4 Erste Auswertung mit Daten aus beiden Tabellen

Excel nimmt hier also Zusammenfassungen von Daten vor, die Sie normalerweise mithilfe der Funktion `SUMME()` vornehmen würden. Solange Excel Felder zusammenfassen soll, die Zahlen enthalten, wird das Programm als Vorgabe eine Summe bilden. Enthalten die Felder dagegen Texte, wird eine Zusammenfassung im Bereich **Werte** als Vorgabe mit der Funktion `ANZAHL()` operieren, also zählen, wie oft die betreffenden Elemente vorkommen.

16.3 Elementfilter und Datenschnitte

Hinter den beiden Feldnamen in der Feldliste, die als Ordnungskriterien dienen, **Bezeichnung** und **Warengruppe**, erscheinen Filterschaltflächen, wie Sie sie verwenden können, um vorübergehend bestimmte Elemente auszublenden.

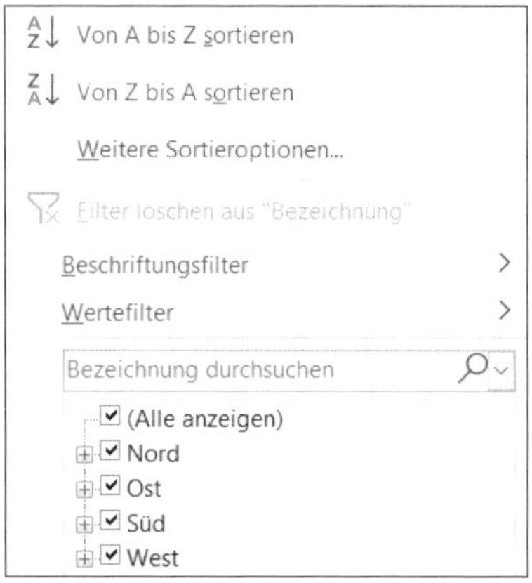

Abbildung 16.5 Filtermenü zu dem Feld **Bezeichnung**

Jede Schaltfläche bietet ein umfangreiches Filtermenü mit der Liste der jeweiligen Elemente. Löschen Sie beispielsweise das Häkchen bei einer Region, werden diese Daten aus der Tabelle ausgeblendet.

Noch praktischer ist das Filtern, wenn Sie auf der Registerkarte **PivotTable-Analyse** die Schaltfläche **Datenschnitt einfügen** in der Gruppe **Filtern** verwenden und beispielsweise das Feld **Niederlassung** auswählen. Excel blendet ein grafisches Element mit auswählbaren Schaltflächen für jede Niederlassung ein. Per Klick oder Tipp filtern Sie so Daten für die einzelnen Regionen heraus.

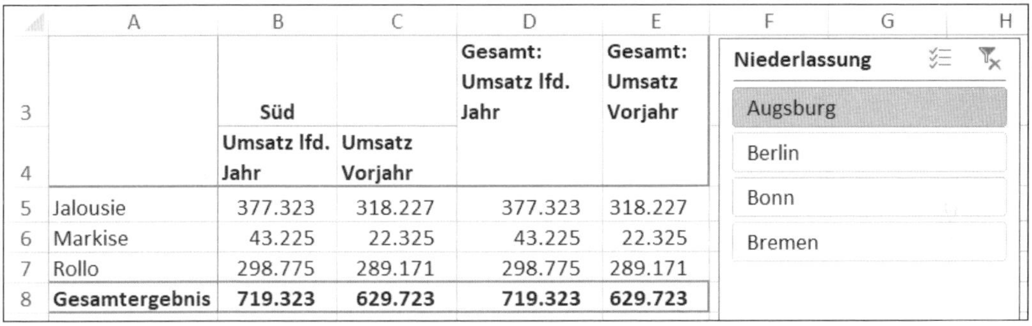

	A	B	C	D	E
3		**Süd**		**Gesamt: Umsatz lfd. Jahr**	**Gesamt: Umsatz Vorjahr**
4		**Umsatz lfd. Jahr**	**Umsatz Vorjahr**		
5	Jalousie	377.323	318.227	377.323	318.227
6	Markise	43.225	22.325	43.225	22.325
7	Rollo	298.775	289.171	298.775	289.171
8	**Gesamtergebnis**	**719.323**	**629.723**	**719.323**	**629.723**

Abbildung 16.6 Datenschnittelement zur Auswahl einzelner Regionen über die Niederlassung

16.4 Ändern der Berechnungsart

Sie haben die Möglichkeit, auch andere Berechnungsmethoden zur Zusammenfassung der Daten zu verwenden. Eine solche Änderung gilt jeweils für ein bestimmtes Wertfeld. Wählen Sie dazu ein Wertfeld aus, und verwenden Sie **PivotTable-Analyse** ▸ **Aktives Feld** ▸ **Feldeinstellungen**. Excel öffnet den Dialog **Wertfeldeinstellungen**.

Auf der Registerkarte **Werte zusammenfassen nach** wählen Sie die Funktion aus, die zur Berechnung verwendet werden soll. Sie finden hier die statistischen Funktionen, die auch der Befehl **Teilergebnisse** anbietet. Statt der Summe können Sie beispielsweise den Mittelwert der Verkäufe in einer Warengruppe anzeigen lassen.

Über die Schaltfläche **Zahlenformat** haben Sie außerdem die Möglichkeit, die Werte im Datenbereich zu formatieren. Excel übernimmt zunächst immer das Format der Quelldaten, es kann aber gut sein, dass dieses Format für die zusammenfassenden Ergebnisse nicht günstig ist, beispielsweise wenn die Nachkommastellen nicht benötigt werden.

16

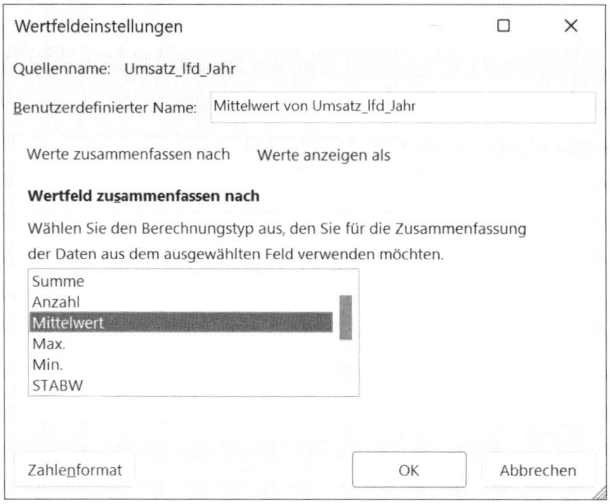

Abbildung 16.7 Auswahl einer anderen Funktion für die Zusammenfassung der Daten

Interessante Möglichkeiten bietet hier auch das zweite Register **Werte anzeigen als.** Wenn Sie z. B. anstelle der Summenwerte jeweils die Prozentanteile der zusammengefassten Werte sehen wollen, können Sie unter **Werte anzeigen als** den Punkt **% des Gesamtergebnisses** wählen. Auch Differenzbildungen zu anderen Spalten sind möglich. Dafür muss dann unter **Basisfeld** bzw. **Basiselement** der passende Eintrag ausgewählt werden. Abbildung 16.9 zeigt eine Tabelle, die die Einzelwerte als Prozentanteile des Gesamtergebnisses pro Jahr ausgibt.

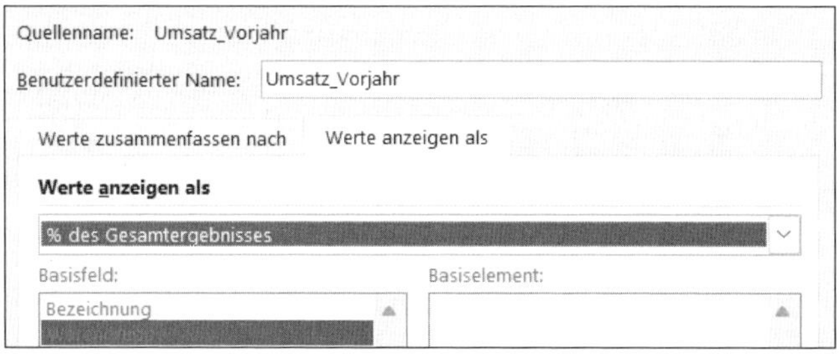

Abbildung 16.8 Wahl der Prozentanzeige in Bezug auf das Gesamtergebnis

	A	B	C	D	E	F
3	**Umsatz lfd. Jahr**					
4		**Nord**	**Ost**	**Süd**	**West**	**Gesamtergebnis**
5	Jalousie	13,62%	14,99%	12,94%	10,90%	52,46%
6	Markise	1,56%	1,72%	1,48%	1,25%	6,01%
7	Rollo	10,79%	11,87%	10,25%	8,63%	41,54%
8	**Gesamtergebnis**	**25,97%**	**28,57%**	**24,68%**	**20,78%**	**100,00%**

Abbildung 16.9 Tabelle mit Prozentanteilen

Auch Differenzbildungen zu anderen Spalten sind möglich. Um beispielsweise die Differenz der anderen Regionen zur Region **West** zu berechnen, wählen Sie aus der Liste die Option **% Differenz von**, dann unter **Basisfeld** das Feld **Region** und unter **Basiselement** eben **West** aus.

16.5 Auswertungen mit Pivot-Diagrammen

Auch bei den Pivot-Diagrammen haben Sie die interaktiven Möglichkeiten, Daten neu zusammenzufassen oder zu gruppieren. Excel bietet dafür auf der Registerkarte **Einfügen** eine eigene Schaltfläche **PivotChart**.

Der aufgerufene Dialog entspricht – abgesehen von der Titelzeile – dem, der auch für die Erstellung einer Pivot-Tabelle angeboten wird. Ist bereits, wie oben beschrieben, ein Datenmodell in der Arbeitsmappe vorhanden, können Sie die Option **Das Datenmodell dieser Arbeitsmappe verwenden** nutzen.

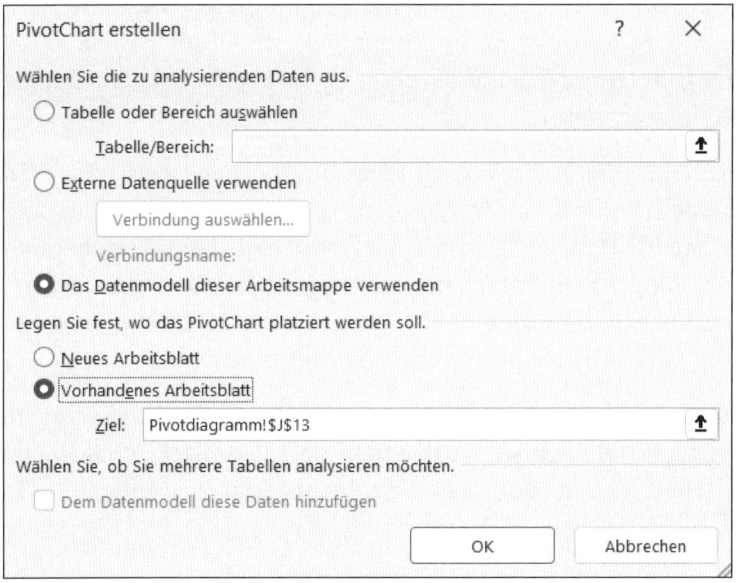

Abbildung 16.10 Der Dialog **PivotChart erstellen**

Wenn Sie den Dialog schließen, wird ein leerer Diagrammbereich angelegt, und im Aufgabenbereich erscheint die Liste der **PivotTable-Felder**. Die Namen für die Bereiche und die Zuordnungsoptionen im Kontextmenü eines Feldes sind nun etwas anders benannt. Anstelle des Bereichs **Zeilen** wird der Bereich **Achse (Kategorien)** angeboten, anstelle des Bereichs **Spalten** der Bereich **Legende (Reihen)**.

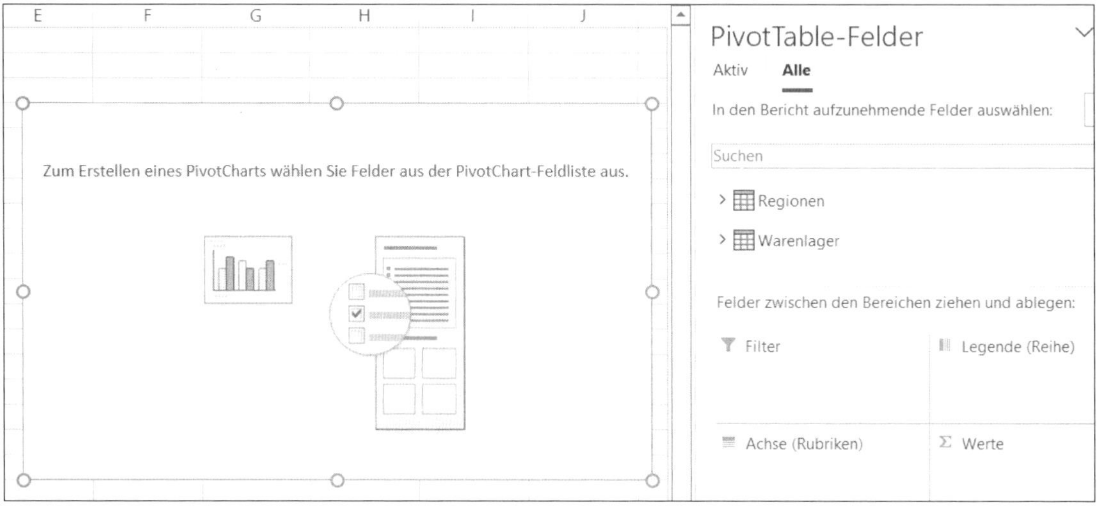

Abbildung 16.11 Der noch leere Bereich für ein Pivot-Diagramm und die Liste der Felder

Besteht bereits eine Pivot-Tabelle, können Sie über die Schaltfläche **PivotChart** auch nachträglich ein Pivot-Diagramm hinzufügen. In diesem Fall öffnet der Befehl sofort den Dialog zur Auswahl des Diagrammtyps und übernimmt dabei die Feldauswahl, die für die Pivot-Tabelle vorgenommen wurde.

Um die Verkaufsdaten als Diagramm auszuwerten, kann nun beispielsweise das Feld **Warengruppe** als Legendenfeld verwendet werden, das Feld **Bezeichnung** aus der Tabelle **Regionen** als Achsenfeld. Das Feld **Umsatz_lfd_Jahr** wird dem Wertebereich zugeordnet. Um die Handhabung zu vereinfachen, werden im Diagramm noch Filterschaltflächen eingeblendet, über deren Listenfelder Elemente aus dem Diagramm herausgenommen werden können, etwa eine bestimmte Warengruppe.

Falls die Filterschaltflächen nicht sichtbar sind, benutzen Sie auf der Registerkarte **PivotTable-Analyse** in der Gruppe **Einblenden/Ausblenden** das Menü der Schaltfläche **Feldschaltflächen**. Die Feldschaltflächen lassen sich einzeln aus- und einblenden.

Das Ergebnis ist als Vorgabe ein Säulendiagramm, in dem die Gesamtumsätze pro Region nach Warengruppen unterschieden werden. Durch Ziehen der Felder zwischen den Bereichen im Aufgabenbereich lässt sich das Diagramm beliebig umbauen, wobei eine mit dem Diagramm verknüpfte Tabelle automatisch angepasst wird.

Ist das Diagramm ausgewählt, können Sie den Diagrammtyp jederzeit ändern. Für das Pivot-Diagramm gelten weitgehend die gleichen Bearbeitungsmöglichkeiten wie für die »normalen« Diagramme, nur das Symbol **Diagrammfilter** am rechten Rand fehlt, weil ja bereits Filterschaltflächen innerhalb des Diagramms angeboten werden.

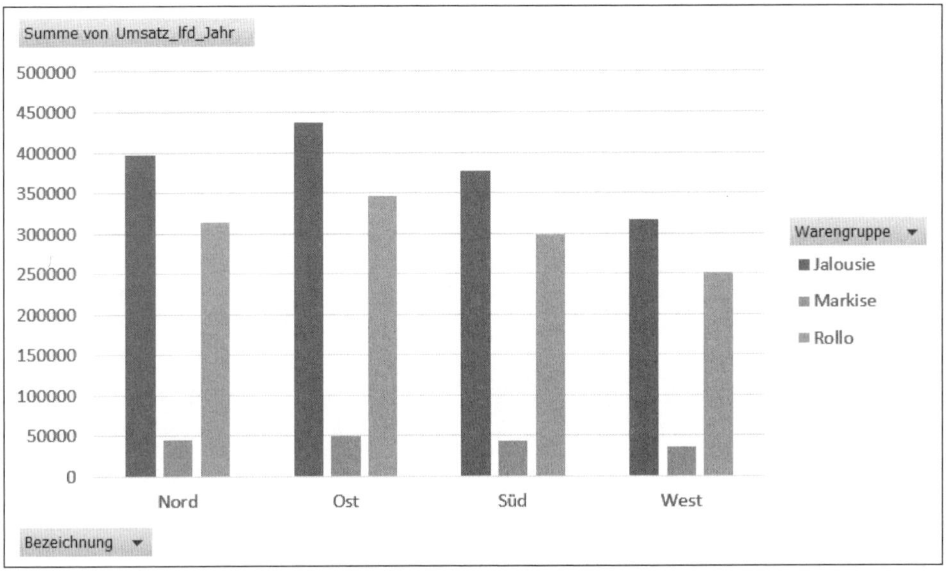

Abbildung 16.12 Das Diagramm mit den Filterschaltflächen

16.6 Funktionen bei Datenmodellen anwenden

In Kapitel 11, »Cube-Funktionen«, ist eingangs angesprochen worden, dass sich Cube-Funktionen auch für interne Datenmodelle anwenden lassen. Das Argument `Verbindung` heißt in diesem Fall einfach `ThisWorkbookDataModel`. In Bezug auf das hier verwendete Beispiel legt die Formel

```
=CUBEMENGE("ThisWorkbookDataModel"; "[Warenlager].[Warengruppe].
[All].children"; "Warengruppen")
```

beispielsweise in Zelle A30 die Anzahl der Warengruppen ab, wobei in der Zelle aber nur die Beschriftung zu sehen ist, die als letztes Argument angegeben ist. Eine zweite Funktion, die sich auf die Zelle mit der ersten Funktion bezieht, gibt dann die Menge der Gruppen aus:

```
=CUBEMENGENANZAHL(A30)
```

Soll eine der in der Pivot-Tabelle berechneten Gesamtsummen angezeigt werden, verwenden Sie beispielsweise:

```
=CUBEWERT("ThisWorkbookDataModel"; "[Measures].[Summe von Umsatz_Vorjahr]")
```

Das liefert die Gesamtsumme aller Verkäufe im Vorjahr.

Unter den Nachschlage- und Verweisfunktionen finden Sie zusätzlich zu der bisherigen Funktion `PIVOTDATENZUORDNEN()` nun auch die Funktion `PIVOTMIT()`, die es erlaubt, Werte einer Pivot-Tabelle mit ausgewählten Funktionen direkt spalten- oder zeilenweise zusammenzufassen. Ein Beispiel finden Sie in Kapitel 9.

17 Zusätzliche Tools für die Datenanalyse

Für die statistische Analyse von Daten in einer Tabelle stehen nicht nur die zahlreichen statistischen Tabellenfunktionen zur Verfügung, die in Kapitel 7, »Statistische Funktionen«, beschrieben sind. Zusätzlich kann ein umfangreiches Analysewerkzeug eingesetzt werden, das die statistische Auswertung vorgegebener Daten vereinfacht.

17.1 Aktivieren der Analyse-Funktionen

Voraussetzung für die Nutzung der zusätzlichen Funktionen ist, dass das Add-In **Analyse-Funktionen** über **Datei** ▸ **Optionen** ▸ **Add-Ins** ▸ **Verwalten** in die Liste der Excel-Add-Ins eingefügt ist.

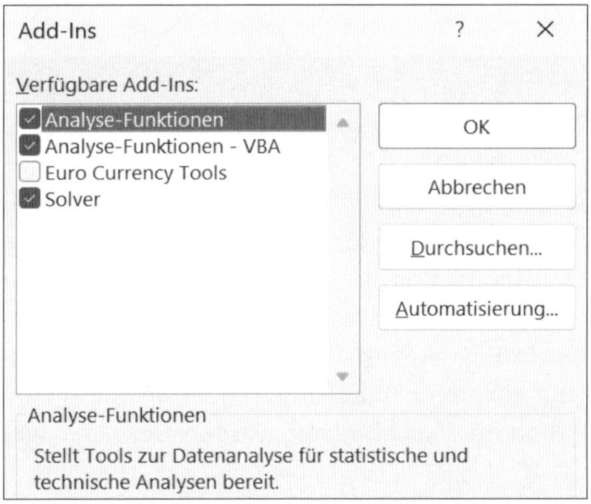

Abbildung 17.1 Aktivierung der Analyse-Funktionen

Dann erscheint auf der Registerkarte **Daten** eine neue Gruppe **Analyse** mit der Schaltfläche **Datenanalyse**. Die Schaltfläche öffnet den Dialog **Analyse-Funktionen**, der die verschiedenen Tools über ein Listenfeld anbietet.

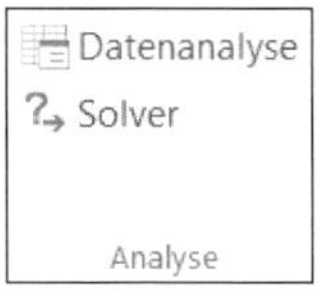

Abbildung 17.2 Die Schaltfläche für die Analyse-Funktionen

Bis auf die Tatsache, dass seit Excel 2007 die ersten drei Funktionen jetzt als *Anova-Funktionen* kategorisiert sind, ist die Liste der im Dialog angebotenen Tools gegenüber noch älteren Versionen unverändert geblieben. Anova ist ein Akronym für **An**alysis **o**f **Va**riance.

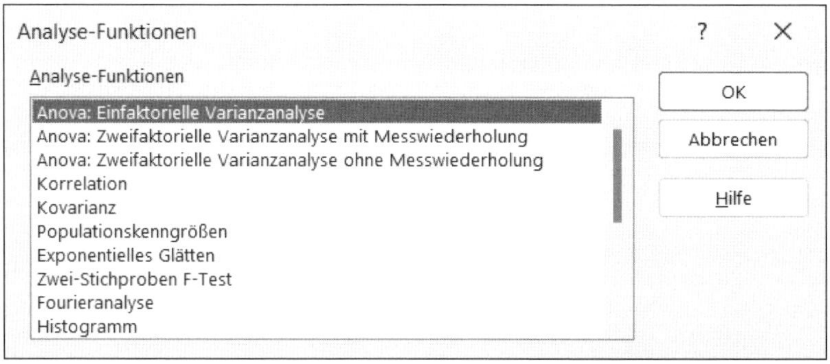

Abbildung 17.3 Der Dialog bietet die Analyse-Funktionen als Liste an.

Bevor Sie eine der hier angebotenen Funktionen verwenden können, müssen die Daten, die analysiert werden sollen, in einem Tabellenblatt so angeordnet werden, dass die gewählte Analyse-Funktion damit arbeiten kann. Wie die Daten für eine bestimmte Funktion vorliegen müssen, hängt von der jeweiligen Funktion ab. In dem entsprechenden Dialog werden jedes Mal mindestens ein Eingabebereich und ein Ort für die Ausgabe abgefragt, wobei die Ausgabe auch auf ein neues Tabellenblatt oder in eine eigene Arbeitsmappe gelegt werden kann. Für andere Einstellungen werden Vorgaben gemacht, die geändert werden können.

Wird der Dialog bestätigt, erscheinen im für die Ausgabe bestimmten Bereich jeweils die errechneten Werte mit entsprechenden Beschriftungen. Es werden also keine Formeln im Arbeitsblatt angelegt. Werden Werte im Eingabebereich nachträglich geändert, muss die Funktion deshalb neu aufgerufen werden, um die entsprechenden Ergebnisse zu erzeugen. Um die Neuberechnung zu vereinfachen, bleibt der Eingabebereich aber voreingestellt. Wird der Ausgabebereich für die erneute Berechnung nicht geändert, muss bestätigt werden, dass der bisherige Bereich überschrieben werden darf. Dabei gehen allerdings eventuelle Formatierungen des Ausgabebereichs, die zwischenzeitlich vorgenommen wurden, wieder verloren. Es wird deshalb häufig sinnvoll sein, vor dem Überschreiben Kopien anzulegen, um den älteren Zustand zu behalten. Bei einigen Funktionen werden zusätzlich zu den ausgegebenen Werten gleich auch grafische Darstellungen generiert.

In den folgenden Abschnitten werden die Tools an kleinen Beispielen vorgestellt. Die erste Gruppe erlaubt verschiedene Varianten der Varianzanalyse. Welches Tool brauchbar ist, hängt dabei von der Anzahl der beobachteten Faktoren und der Anzahl der Stichproben aus entsprechenden Grundgesamtheiten ab, die in dem jeweiligen statistischen Test ins Spiel gebracht werden.

17.2 Anova-Varianzanalyse mit einem Faktor

Solange immer nur zwei voneinander unabhängige Stichproben in Bezug auf ihre Streuungsmerkmale untersucht werden, ist die `F.TEST()`-Funktion ein praktikabler Weg. Schwieriger wird es, wenn die Zahl der zu vergleichenden Stichproben ansteigt. Normalerweise müssten dann jeweils paarweise Vergleiche zwischen den Stichproben ausgeführt werden, was mit steigender Zahl der Stichproben aufwendig wird. Hier hat sich nun ein Verfahren durchgesetzt, das als einfache Varianzanalyse bezeichnet wird. Das Verfahren soll an einem hypothetischen Beispiel beschrieben werden. In der Tabelle in Abbildung 17.4 sind die Ergebnisse dreier Zufallsstichproben zusammengestellt.

	A	B	C	D
1				
2	**Anova: Einfaktorielle Varianzanalyse**			
3				
4		Berlin	Hamburg	Essen
5	Anzahl Zimmer pro Haushalt	3	4	3
6		2	3	2
7		4	5	5
8		1	2	2
9		2	3	1
10		2	2	4
11		3	1	3
12		5	2	5
13		2	2	2
14		3	3	3
15			4	2
16			3	1
17			1	
18			2	
19	Mittelwert:	2,7	2,6	2,8

Abbildung 17.4 Ausgangsdaten für die Varianzanalyse

In drei Städten wird eine unterschiedliche Zahl von Haushalten nach der Zimmeranzahl ihrer Wohnungen befragt. Zur ersten Auswertung sind die arithmetischen Mittelwerte eingetragen.

Die Varianzanalyse soll nun prüfen, ob behauptet werden kann, dass alle diese Stichproben aus einer einzigen Grundgesamtheit stammen können und deshalb auch in der zugrunde liegenden Wahrscheinlichkeitsverteilung übereinstimmen. Oder belegen die Daten die entgegengesetzte Vermutung, dass die Stichproben für ganz unterschiedliche Wahrscheinlichkeitsverteilungen sprechen? Die zu prüfende Nullhypothese kann also so formuliert werden: Alle Stichproben stammen aus der gleichen Grundgesamtheit, und die beobachteten Mittelwertunterschiede sind rein zufällig und statistisch nicht signifikant.

Das Verfahren, um die Nullhypothese zu prüfen, verwendet eine Quadratsummenzerlegung. Dabei wird die Summe der quadrierten Abweichungen der Merkmalswerte vom Gesamtmittelwert in zwei Teile zerlegt. Das eine – `q1` – ist die Summe der quadrierten und jeweils mit dem Stichprobenumfang gewichteten Abweichungen der Stichprobenmittelwerte vom Gesamtmittelwert, das andere – `q2` – ist die Summe der quadrierten Abweichungen der einzelnen Merkmalswerte vom jeweiligen Stichprobenmittelwert. Die erste Summe ist ein Maß für die Streuung zwischen den Stichproben, das zweite ein Maß für die Streuung innerhalb der Stichproben. Mit der Formel

```
q = q1 + q2
```

wird dann ein Wert ermittelt, der als Maß der Varianz aller Werte interpretiert werden kann.

Sind die Daten wie in Abbildung 17.4 vorbereitet, kann das Analysetool eingesetzt werden. Im Dialog **Analyse-Funktionen** wird dazu die Option **Anova: Einfaktorielle Varianzanalyse** gewählt. Anschließend werden die Angaben zum **Eingabebereich** eingetragen. In diesem Fall ist es der Bereich B4:D18; die Spaltenbeschriftungen werden eingeschlossen, wenn gleichzeitig die Option **Beschriftungen in erster Zeile** aktiviert ist. Unter **Geordnet nach:** wird festgelegt, ob die Stichprobenwerte jeweils in einer Spalte oder Zeile angeordnet sind. In dem Textfeld **Alpha:** wird das Signifikanzniveau angegeben, also die maximal zulässige geschätzte Irrtumswahrscheinlichkeit. Die Vorgabe **0,05** für 5 % kann hier übernommen werden. Unter **Ausgabe** kann die Option **Neues Tabellenblatt** genutzt werden.

Der Ausgabebereich kann mit ein paar Formatierungsmaßnahmen etwas übersichtlicher gemacht werden, insbesondere durch Anpassung der Spaltenbreite, durch Zahlenformate mit weniger Dezimalstellen und durch einen Umbruch der Beschriftungen.

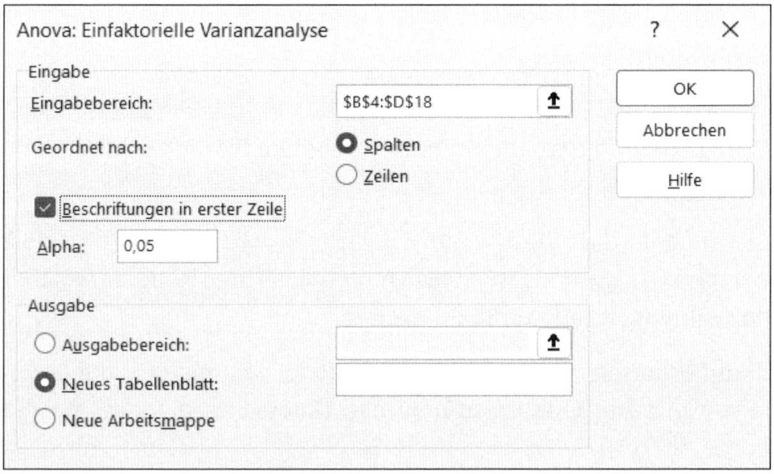

Abbildung 17.5 Der Dialog der Anova-Funktion

Die erste Gruppe der Auswertung gibt für jede Stichprobe einfach den Stichprobenumfang (`Anzahl`), die Summe der Werte, den arithmetischen Mittelwert und die Varianz aus, die auch die Funktion `VAR.S()` oder `VARIANZ()` liefern könnte. Wie schon erwähnt, werden in der Auswertung aber keine Formeln, sondern nur die berechneten Werte ausgegeben.

Interessanter sind die Zahlen in der unteren Tabelle. Hier finden Sie die drei genannten Quadratsummen, die die Unterschiede zwischen und innerhalb der Gruppen und den Gesamtunterschied beschreiben. Der erste Wert unter `Freiheitsgrade` ist `2`, weil von `r`, der Gesamtzahl der Stichproben, 1 abgezogen wird.

	A	B	C	D	E	F	G
1	**Anova: Einfaktorielle Varianzanalyse**						
2							
3	ZUSAMMENFASSUNG						
4	*Gruppen*	*Anzahl*	*Summe*	*Mittelwert*	*Varianz*		
5	Berlin	10	27	2,7000	1,3444		
6	Hamburg	14	37	2,6429	1,3242		
7	Essen	12	33	2,7500	1,8409		
8							
9							
10	ANOVA						
11	*Streuungsursache*	*Quadrat-summen (SS)*	*Freiheits-grade (df)*	*Mittlere Quadratsumme (MS)*	*Prüfgröße (F)*	*P-Wert*	*kritischer F-Wert*
12	Unterschiede zwischen den Gruppen	0,0746	2	0,0373	0,0248	0,9755	3,2849
13	Innerhalb der Gruppen	49,5643	33	1,5019			
14							
15	Gesamt	49,6389	35				

Abbildung 17.6 Der Bereich mit den berechneten Werten, zur besseren Lesbarkeit leicht formatiert

Der zweite Wert wird berechnet, indem von der Gesamtzahl der Werte die Anzahl der Stichproben abgezogen wird, also: `36 – 3 = 33`.

Der dritte Wert addiert die beiden Werte. In der Spalte D wird die mittlere Quadratsumme ausgegeben. Dazu wird die Quadratsumme aus Spalte B durch die Freiheitsgrade dividiert.

Das Ergebnis zeigt in diesem Fall, dass die Streuung innerhalb der Gruppen größer ist als die Streuung zwischen den Gruppen. Es spielt also nur eine geringe Rolle, in welcher Stadt die Daten über die Wohnungsgröße erhoben werden.

Die Prüfgröße (`F`) wird nun ermittelt, indem die mittlere Quadratsumme für die Gruppenunterschiede durch die mittlere Quadratsumme der Unterschiede innerhalb der Gruppen dividiert wird, also hier: `=D12/D13`.

Der ermittelte Wert in E12 kann mit der Funktion `FVERT()` geprüft werden. Der P-Wert in F12 wird deshalb mit der Formel

`=FVERT(E12; C12; C13)` oder `=F.VERT(E12; C12; C13; FALSCH)`

berechnet. Er liefert die Überschreitungswahrscheinlichkeit. (Die neuere, verbesserte Funktion liefert allerdings ein etwas abweichendes Ergebnis, die Analyse-Funktion arbeitet also noch mit der älteren Funktion.) Diese Überschreitungswahrscheinlichkeit ist größer als das Signifikanzniveau, das ja mit dem Wert `0,05` für `Alpha` angegeben wurde. Damit wird bestätigt, die Nullhypothese, dass die Stichproben alle aus der gleichen Grundgesamtheit stammen, kann nicht verworfen werden.

Fehlt noch der kritische F-Wert, der Prüfwert eines F-Tests. Der hier angezeigte Wert wird mit der Funktion `FINV()` oder `F.INV.RE()` berechnet. Die Formel würde hier lauten:

`=FINV(0,05; C12; C13)` oder `=F.INV.RE(0,05; C12; C13)`

wobei `0,05` der im Dialog angegebene **Alpha**-Wert für die Irrtumswahrscheinlichkeit ist, die beiden anderen Werte sind wieder die Freiheitsgrade. Die Funktion liefert den kritischen Wert der F-Verteilung. Würde der in E12 berechnete Quotient der beiden Varianzwerte den hier errechneten kritischen Wert erreichen oder sogar überschreiten, müsste die Nullhypothese, dass die geprüften Stichproben aus der gleichen Grundgesamtheit stammen können, verworfen werden. Das ist hier offensichtlich nicht der Fall. (Zu den hier angesprochenen Funktionen vergleiche die Beschreibungen in Kapitel 7, »Statistische Funktionen«.)

17.3 Anova: Zweifaktorielle Varianzanalyse mit Messwiederholung

Im Unterschied zu der im letzten Abschnitt beschriebenen Form der Varianzanalyse versucht dieses Analysewerkzeug, gleich zwei Faktoren zu berücksichtigen, die Einfluss auf die Daten von mehreren Stichproben haben, deren Varianz verglichen werden soll. Es gibt diese Auswertung mit Messwiederholung und ohne Messwiederholung. Im ersten Fall müssen die Daten so angeordnet werden, dass immer die gleiche Anzahl von Datenzeilen zu einem Messwerteblock zusammengefasst wird.

Im Folgenden wird ein hypothetisches Beispiel gezeigt, das die Häufigkeit von Supportanfragen für Software pro Monat auflistet und dabei gleichzeitig unterscheidet, ob die Anfrage von Frauen oder Männern gestellt wird. Abbildung 17.7 zeigt, wie bei diesem Tool im Dialog der Eingabebereich angegeben wird. Die Spalten- und Zeilenbeschriftungen werden mit übernommen. Die Zahl der Datenzeilen pro Stichprobe wird unter **Zeilen je Stichprobe** angegeben.

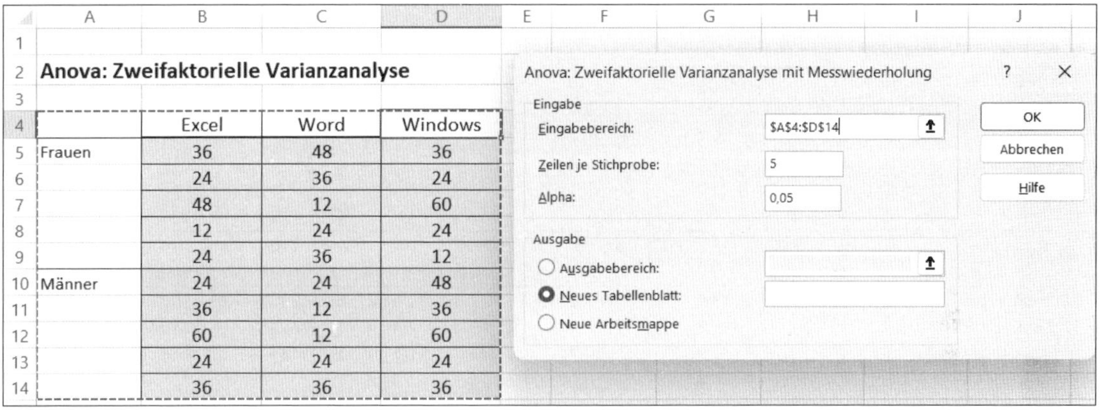

Abbildung 17.7 Beispiel für zweifaktorielle Varianzanalyse

Das Ergebnis ist ähnlich aufgebaut wie bei der einfaktoriellen Analyse. In der unteren Gruppe werden aber gleich drei Prüfgrößen, P-Werte und kritische F-Werte ermittelt.

Die erste Zeile ist mit `Stichprobe` beschriftet und vergleicht die Mittelwerte der beiden Zeilengruppen. Die zweite Zeile vergleicht die Mittelwerte der Spalten. In beiden Auswertungen wird jeweils der zweite Faktor zunächst vernachlässigt. Unter `Wechselwirkung` wird geprüft, ob die Auswirkung des ersten Faktors (hier das Geschlecht) auch davon abhängt, welcher Wert für den zweiten Faktor (hier die Software) gegeben ist.

Es wird also einmal geprüft, ob es signifikante Unterschiede zwischen Männern und Frauen gibt, dann, ob es ungeachtet des Geschlechts Unterschiede gibt, die mit der betreffenden Software zu tun haben, und schließlich, ob es signifikante Unterschiede zwischen Faktorenpaaren (Geschlecht + Software) gibt.

	A	B	C	D	E	F	G
1	**Anova: Zweifaktorielle Varianzanalyse mit Messwiederholung**						
2							
3	ZUSAMMENFASSUNG	Excel	Word	Windows	Gesamt		
4	*Frauen*						
5	Anzahl	5	5	5	15		
6	Summe	144	156	156	456		
7	Mittelwert	28,8	31,2	31,2	30,4		
8	Varianz	187,2	187,2	331,2	202,971429		
9							
10	*Männer*						
11	Anzahl	5	5	5	15		
12	Summe	180	108	204	492		
13	Mittelwert	36	21,6	40,8	32,8		
14	Varianz	216	100,8	187,2	215,314286		
15							
16	*Gesamt*						
17	Anzahl	10	10	10			
18	Summe	324	264	360			
19	Mittelwert	32,4	26,4	36			
20	Varianz	193,6	153,6	256			
21							
22	ANOVA						
23	*Streuungsursache*	*Quadratsummen (SS)*	*Freiheitsgrade (df)*	*Mittlere Quadratsumme (MS)*	*Prüfgröße (F)*	*P-Wert*	*kritischer F-Wert*
24	Stichprobe	43,2	1	43,2	0,21428571	0,64759887	4,25967727
25	Spalten	470,4	2	235,2	1,16666667	0,32844667	3,40282611
26	Wechselwirkung	547,2	2	273,6	1,35714286	0,27644714	3,40282611
27	Fehler	4838,4	24	201,6			

Abbildung 17.8 Ergebnis der zweifaktoriellen Varianzanalyse

17.4 Anova: Zweifaktorielle Varianzanalyse ohne Messwiederholung

Die dritte Option für eine Anova-Analyse im Dialog **Analyse-Funktionen** ist eine vereinfachte Variante der zuletzt beschriebenen Varianzanalyse mit zwei Faktoren. Dabei wird vorausgesetzt, dass für jedes mögliche Faktorenpaar nur Daten aus einer Beobachtung vorliegen. Daraus folgt, dass über eine Wechselwirkung zwischen den Faktoren nichts ausgesagt werden kann. Das oben beschriebene Beispiel sieht in dieser Vereinfachung aus, wie in Abbildung 17.9 gezeigt.

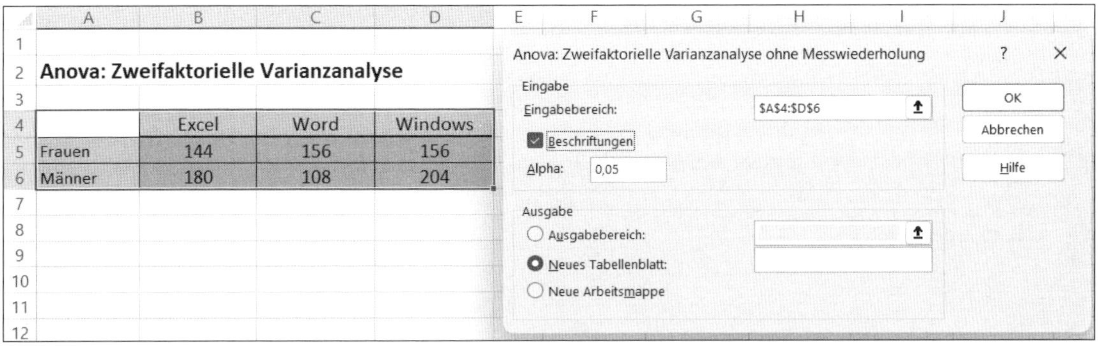

Abbildung 17.9 Die Variante ohne Messwertwiederholung

Das Ergebnis zeigt in diesem Fall nur zwei Prüfgrößen, P-Werte und kritische F-Werte.

Anova: Zweifaktorielle Varianzanalyse ohne Messwiederholung

ZUSAMMENFASSUNG	*Anzahl*	*Summe*	*Mittelwert*	*Varianz*
Frauen	3	456	152	48
Männer	3	492	164	2496
Excel	2	324	162	648
Word	2	264	132	1152
Windows	2	360	180	1152

ANOVA

Streuungsursache	*Quadratsummen (SS)*	*Freiheitsgrade (df)*	*Mittlere Quadratsumme (MS)*	*Prüfgröße (F)*	*P-Wert*	*kritischer F-Wert*
Zeilen	216	1	216	0,15789474	0,72949911	18,5128205
Spalten	2352	2	1176	0,85964912	0,53773585	19
Zufallsfehler	2736	2	1368			
Gesamt	5304	5				

Abbildung 17.10 Die Auswertung bei fehlenden Messwertwiederholungen

17.5 Korrelation

Um den Korrelationskoeffizienten zwischen zwei Wertereihen zu ermitteln, kann die Funktion `KORREL()` verwendet werden, wie in Kapitel 7, »Statistische Funktionen«, beschrieben. Sollen gleichzeitig Korrelationen zwischen mehreren Datenreihen geprüft werden, bietet sich das Analysetool **Korrelation** an.

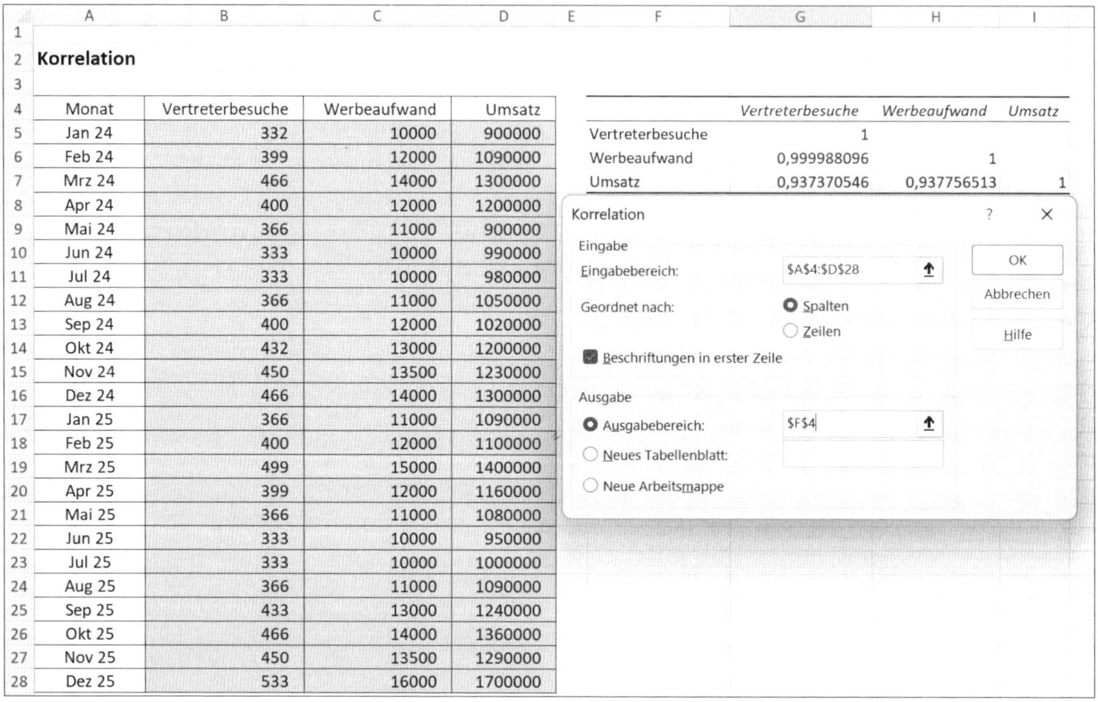

Korrelation

Monat	Vertreterbesuche	Werbeaufwand	Umsatz
Jan 24	332	10000	900000
Feb 24	399	12000	1090000
Mrz 24	466	14000	1300000
Apr 24	400	12000	1200000
Mai 24	366	11000	900000
Jun 24	333	10000	990000
Jul 24	333	10000	980000
Aug 24	366	11000	1050000
Sep 24	400	12000	1020000
Okt 24	432	13000	1200000
Nov 24	450	13500	1230000
Dez 24	466	14000	1300000
Jan 25	366	11000	1090000
Feb 25	400	12000	1100000
Mrz 25	499	15000	1400000
Apr 25	399	12000	1160000
Mai 25	366	11000	1080000
Jun 25	333	10000	950000
Jul 25	333	10000	1000000
Aug 25	366	11000	1090000
Sep 25	433	13000	1240000
Okt 25	466	14000	1360000
Nov 25	450	13500	1290000
Dez 25	533	16000	1700000

	Vertreterbesuche	*Werbeaufwand*	*Umsatz*
Vertreterbesuche	1		
Werbeaufwand	0,999988096	1	
Umsatz	0,937370546	0,937756513	1

Abbildung 17.11 Ermittlung der Korrelation mehrerer Datenreihen

In dem Beispiel in Abbildung 17.11 sind zeilenweise drei Werte aufgeführt. Es ist zu erwarten, dass die Entwicklung der Umsatzwerte sowohl mit der Zahl der Vertreterbesuche pro Monat korreliert als auch mit dem zeitgleichen Werbeaufwand. Im Dialog **Korrelation** wird der **Eingabebereich** unter Einschluss der drei Spaltenbeschriftungen angegeben. Die Auswertung liefert eine kleine Tabelle, in der die Werte, die die Funktion `KORREL()` für jedes mögliche Paar von Variablen liefert, zusammengestellt sind. Der errechnete Korrelationskoeffizient ist unabhängig von den jeweils verwendeten Maßeinheiten. Er muss zwischen `-1` und `+1` (einschließlich) liegen. In diesem Fall liegen die drei maßgeblichen Koeffizienten alle über `0,9`, was belegt, dass ein enger Zusammenhang zwischen den Werten besteht.

17.6 Kovarianz

Das Tool zur Berechnung der Kovarianz wird ähnlich eingesetzt wie das Tool zur Berechnung der Korrelation. Es liefert die Ergebnisse der Funktion `KOVAR()` bzw. der Funktion

KOVARIANZ.P() für mehrere Datenreihen gleichzeitig. Die Ausgabetabelle zeigt für jedes Variablenpaar die Kovarianz. Da hier alle Werte positiv sind, heißt das, den hohen Werten bei Vertreterbesuchen entsprechen steigende Umsätze etc.

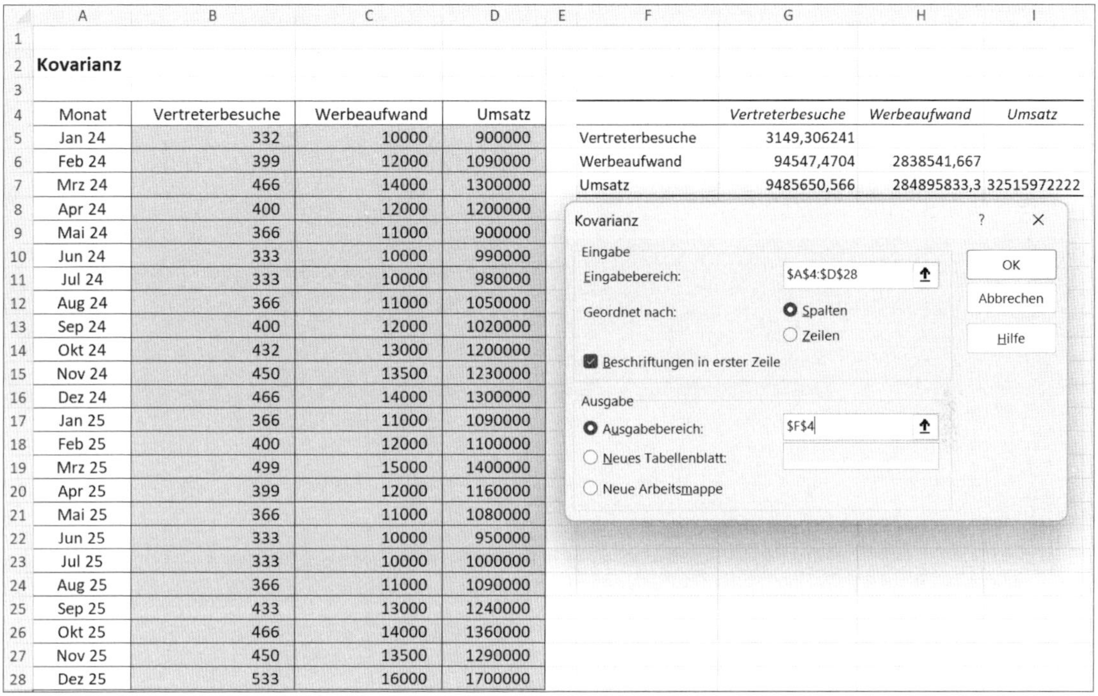

Kovarianz

Monat	Vertreterbesuche	Werbeaufwand	Umsatz
Jan 24	332	10000	900000
Feb 24	399	12000	1090000
Mrz 24	466	14000	1300000
Apr 24	400	12000	1200000
Mai 24	366	11000	900000
Jun 24	333	10000	990000
Jul 24	333	10000	980000
Aug 24	366	11000	1050000
Sep 24	400	12000	1020000
Okt 24	432	13000	1200000
Nov 24	450	13500	1230000
Dez 24	466	14000	1300000
Jan 25	366	11000	1090000
Feb 25	400	12000	1100000
Mrz 25	499	15000	1400000
Apr 25	399	12000	1160000
Mai 25	366	11000	1080000
Jun 25	333	10000	950000
Jul 25	333	10000	1000000
Aug 25	366	11000	1090000
Sep 25	433	13000	1240000
Okt 25	466	14000	1360000
Nov 25	450	13500	1290000
Dez 25	533	16000	1700000

	Vertreterbesuche	*Werbeaufwand*	*Umsatz*
Vertreterbesuche	3149,306241		
Werbeaufwand	94547,4704	2838541,667	
Umsatz	9485650,566	284895833,3	32515972222

Abbildung 17.12 Kovarianzberechnung für mehrere Datenreihen

Die Werte, die auf der Diagonalen der Ausgabetabelle angezeigt werden, liefern jeweils die Kovarianz der n-ten Messvariable mit sich selbst. Das entspricht der Varianz der Grundgesamtheit für diese Variable, wie sie mit der Funktion VAR.P() oder VARIANZEN() berechnet wird.

17.7 Populationskenngrößen

Das Tool **Populationskenngrößen** liefert gewissermaßen einen Rundumschlag der univariaten statistischen Auswertungen, die sich auf eine Datenreihe anwenden lassen. Im Dialog kann ausgewählt werden, welche Werte gewünscht sind.

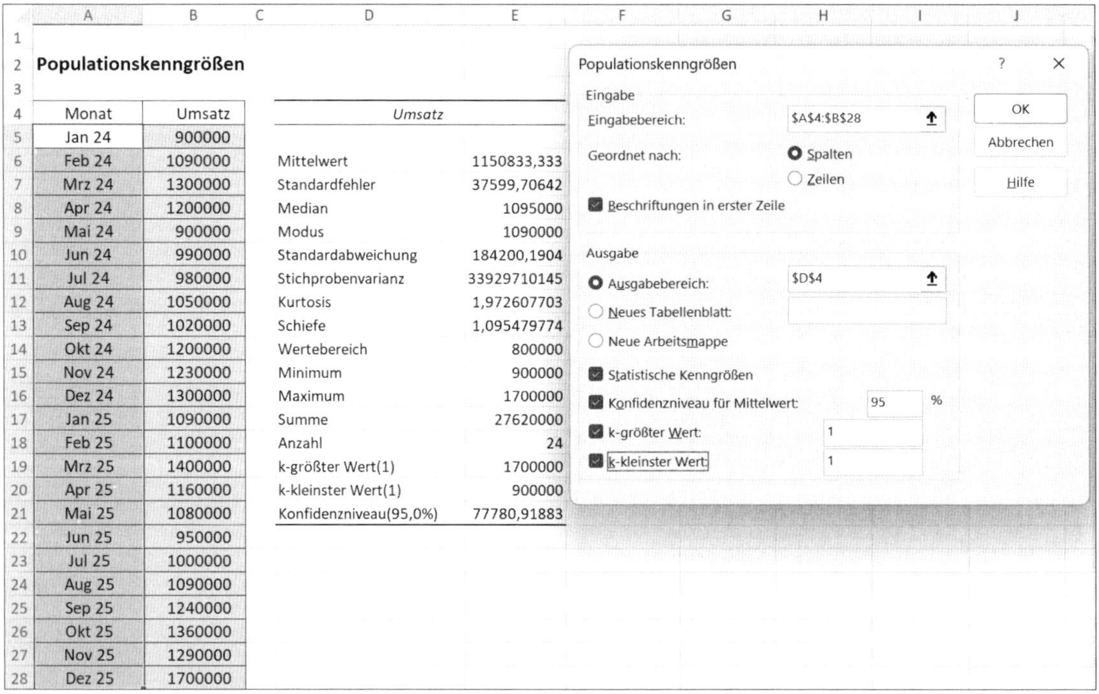

Abbildung 17.13 Kenngrößen zu einer Datenreihe

17.8 Exponentielles Glätten

Mit dem Tool **Exponentielles Glätten** lassen sich für die Werte einer Datenreihe alternative Prognosewerte errechnen, die einen glatteren Verlauf eines exponentiellen Wachstums darstellen. Das Ausmaß der Glättung kann im Dialog des Tools über den **Glättungsparameter** angegeben werden, wobei sinnvolle Werte zwischen 0,2 und 0,3 liegen. Bei dieser Vorgehensweise wird davon ausgegangen, dass der vorhergehende Prognosewert in bestimmtem Umfang fehlerhaft sein kann und dass deshalb für den nächsten Prognosewert eine Anpassung von 20 bis 30 % vorzunehmen ist. Wahlweise kann eine **Diagrammdarstellung** und die Ausgabe der **Standardfehler** gewählt werden.

Abbildung 17.14 zeigt in der Spalte D die geglättete Folge von Werten. Dabei wird bei einem Glättungsparameter von `0,3` jeweils ab dem zweiten Wert mit folgender Formel gearbeitet:

```
=0,7*B6+0,3*D5
```

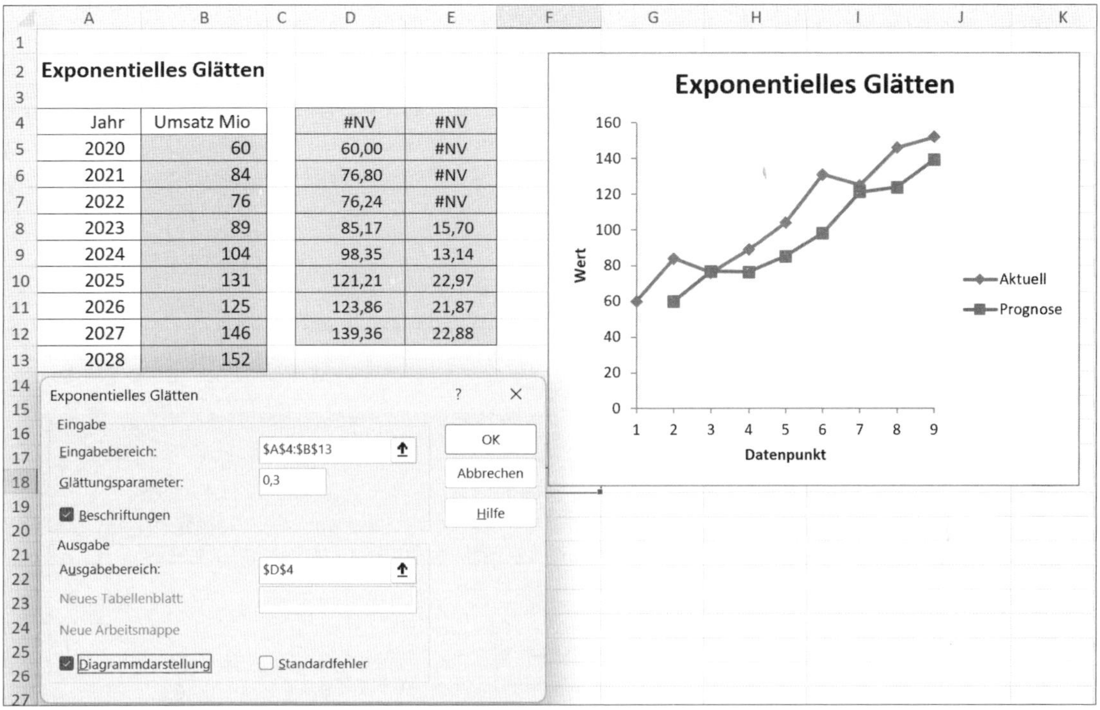

Abbildung 17.14 Glätten eines exponentiellen Anstiegs von Werten mit einem leicht überarbeiteten Diagramm

Die Werte für **Standardfehler** in der Spalte E werden dabei mit folgender Formel berechnet:

```
=WURZEL(SUMMEXMY2(B6:B8; D5:D7)/3)
```

Es wird also die Wurzel aus der gedrittelten Summe der quadrierten Differenzen zwischen drei alten und drei neuen Werten gezogen.

17.9 Zwei-Stichproben F-Test

Das Tool **Zwei-Stichproben F-Test** erlaubt die Prüfung der Nullhypothese, nach der zwei Stichproben aus Grundgesamtheiten mit gleicher Varianz stammen. Im Dialog werden unter **Bereich Variable A** und **Bereich Variable B** die Daten der beiden Stichproben angegeben. Daraus wird als Prüfgröße der Stichproben-F-Wert berechnet, als Quotient der beiden Varianzen, im Beispiel also `=F3/G3`. Liegt dieser Wert F unterhalb des kritischen F-Wertes, der für die angegebenen Freiheitsgrade und die im Dialog mit dem **Alpha-**

Wert angegebene Irrtumswahrscheinlichkeit berechnet wird, kann die Nullhypothese nicht verworfen werden. Die Varianzen zwischen den beiden Stichproben unterscheiden sich dann nicht signifikant, sondern nur zufällig. Siehe auch die Beschreibungen der Funktionen `F.VERT()` und `FVERT()`, `F.INV()` und `FINV()` sowie `F.TEST()` und `FTEST()` in Kapitel 7, »Statistische Funktionen«.

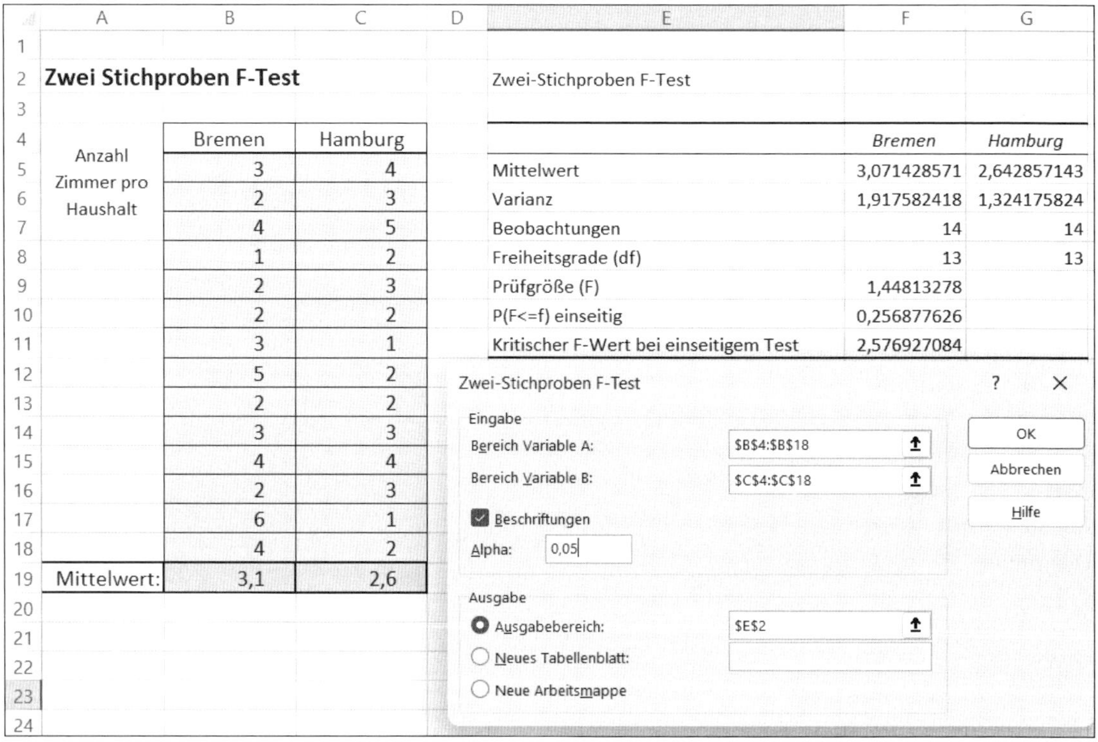

Abbildung 17.15 Vergleich der Varianz zweier Stichproben

17.10 Fourieranalyse

Mit dem Tool **Fourieranalyse** ist es möglich, periodische Daten mithilfe der Schnellen Fouriertransformation (*Fast Fourier Transform* oder kurz *FFT*) zu analysieren. FFT ist nur anwendbar, wenn die Anzahl der Messwerte unter **Eingabebereich** eine Potenz von 2 ist. Der Eingabebereich kann reelle oder komplexe Zahlen enthalten. Komplexe Zahlen müssen als Zeichenfolge in dem Format `x+yi` oder `x+yj` eingegeben werden, siehe dazu Kapitel 6, »Technische Funktionen«.

Das Tool unterstützt auch die umgekehrte, inverse Transformation, die aus transformierten Daten wieder die ursprünglichen Daten zurückgibt. Die Fouriertransformation ist beispielsweise ein fundamentales Verfahren in der Signalverarbeitung. Dabei wird die Darstellung von Signalen mit den Parametern Zeitpunkt und Abtastwert in die Darstellung mit Frequenzanteil, Amplitude, Phase überführt.

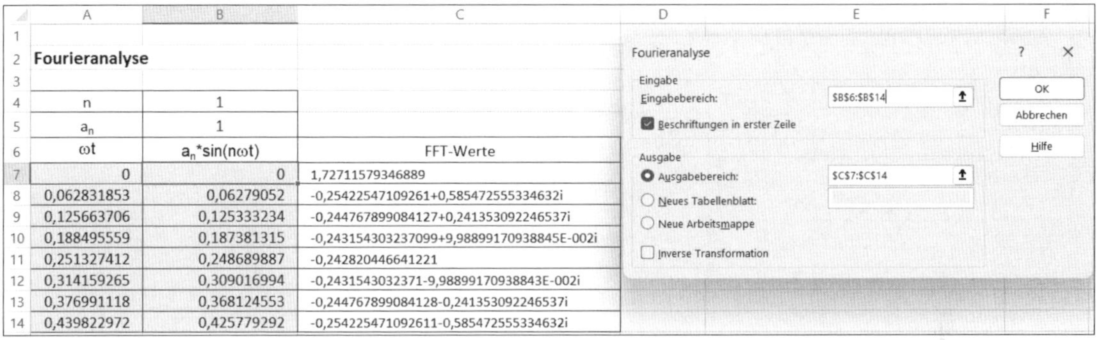

Abbildung 17.16 Schnelle Fouriertransformation bei Schwingungen

17.11 Histogramme für die Darstellung von Häufigkeiten

Mit dem Analysetool **Histogramm** können individuelle und kumulierte Häufigkeiten für einen Zellbereich von Daten berechnet werden. Dabei können die Daten innerhalb von frei wählbaren Grenzen klassifiziert werden. Gleichzeitig kann aus den errechneten Häufigkeiten ein Histogramm erzeugt werden. Diese spezielle Diagrammform wird gerne eingesetzt, um Häufigkeitsverteilungen darzustellen.

Eine typische Anwendung für ein Histogramm ist die Darstellung der Häufigkeitsverteilung der Abweichungen von einem bestimmten Standardwert. Denken Sie an eine Tabelle, in der für eine Stichprobe von 500 Personen der Prozentsatz der Abweichung vom Normalgewicht eingetragen ist.

Die Funktion erwartet in der Tabelle einen Eingabebereich, der nur aus numerischen Daten bestehen darf, abgesehen von der Beschriftung der Spalten bzw. Zeilen. Die Daten können in Spalten oder in Zeilen angeordnet werden.

Zusätzlich zum Eingabebereich wird üblicherweise noch ein Klassenbereich angelegt. Hier werden Grenzwerte eingetragen, die den Umfang der einzelnen Klassen definieren. Die Grenzwerte müssen in aufsteigender Reihenfolge angegeben werden. Sind ein oder mehrere Grenzwerte vorhanden, ermittelt Excel jeweils die Anzahl der Fälle, die unter die verschiedenen Klassen fallen, wobei immer die Werte gezählt werden, die kleiner oder gleich dem Grenzwert sind. Dabei werden die Werte bis zur untersten Klassengrenze und die Werte über der obersten Klassengrenze jeweils gesondert zusammengefasst. Wird kein Klassenbereich verwendet, teilt Excel die gesamte Spannweite der Daten selbstständig in gleich breite Abschnitte auf.

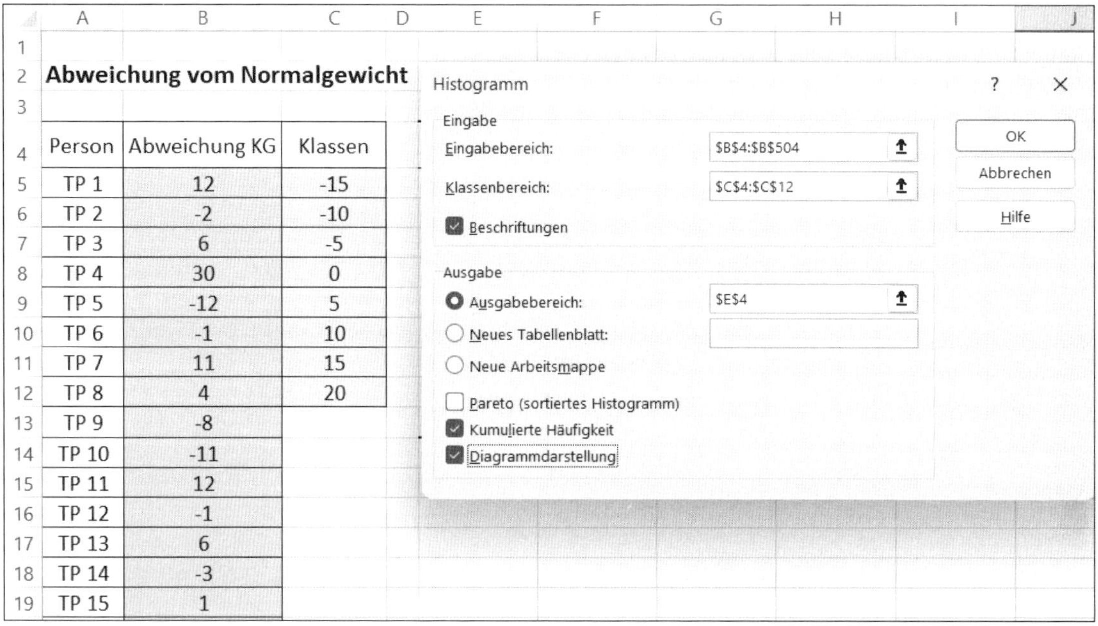

Abbildung 17.17 Bestimmung der Ausgangsdaten für das Histogramm

Sind diese Vorbereitungen getroffen, geben Sie im Dialog **Histogramm** unter **Eingabebereich** den Bezug auf den Bereich ein, der ausgewertet werden soll. Unter **Klassenbereich** bestimmen Sie den Bereich mit den Grenzwerten. Das Kontrollkästchen **Beschriftungen** sollte aktiviert werden, wenn die erste Zeile des Eingabebereichs und des Klassenbereichs Beschriftungen enthält. Ist das nicht der Fall, werden Vorgabebeschriftungen erstellt. Dann können Sie unter **Ausgabe** angeben, wo die Ergebnisse der Analyse dargestellt werden sollen.

Mit einem Häkchen bei **Pareto** kann erreicht werden, dass die Ergebnisse mit absteigender Häufigkeitsfolge sortiert dargestellt werden. Zusätzlich kann noch **Kumulierte Häufigkeit** gewählt werden. Dann liefert die Funktion eine zusätzliche Spalte mit den kumulierten Häufigkeiten und fügt dafür im Histogramm selbst eine entsprechende Kurve ein. Ob direkt ein Diagramm zu den Ergebnissen geplottet werden soll, legen Sie durch ein Häkchen bei **Diagrammdarstellung** fest. Wenn Sie die Angaben bestätigen, wird zunächst eine Häufigkeitstabelle erstellt. Daneben erscheint das Diagramm.

Das Diagramm sieht noch etwas stärker wie ein übliches Histogramm aus, wenn Sie die Abstände zwischen den Säulen auf null setzen. Klicken Sie dazu auf das Diagramm und dann mit der rechten Maustaste auf eine der Säulen. Wählen Sie **Datenreihen formatieren** und dann **Reihenoptionen**.

Klassen	Häufigkeit	Kumuliert %
-15	0	0,00%
-10	72	14,40%
-5	80	30,40%
0	82	46,80%
5	75	61,80%
10	88	79,40%
15	87	96,80%
20	15	99,80%
und größer	1	100,00%

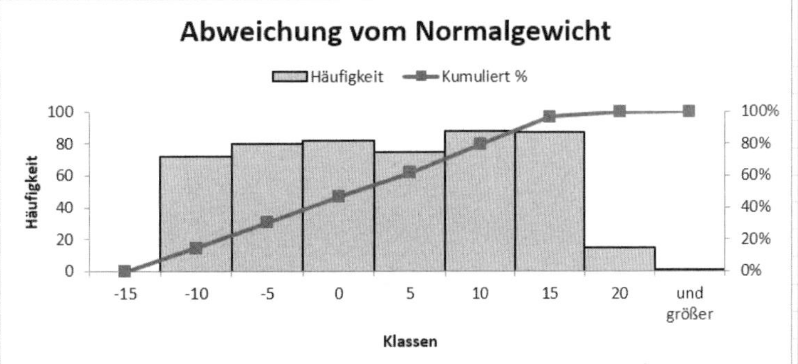

Abbildung 17.18 Auswertungstabelle und das Histogramm in überarbeiteter Form

17.12 Gleitender Durchschnitt

Insbesondere bei Zeitreihen kann es sinnvoll sein, erkennbare kurzfristige oder saisonale Schwankungen aus Trendberechnungen herauszurechnen, um ein besseres Bild von der zu erwartenden Gesamtentwicklung zu erhalten. Das Analysetool **Gleitender Durchschnitt** bietet dazu eine Möglichkeit. Dabei werden Prognosewerte generiert, die auf dem Mittelwert der Variablen für eine bestimmte Anzahl vorhergehender Zeiträume basieren. Wenn die bisher bekannten Daten beispielsweise erkennen lassen, dass jede Woche freitags immer ein überdurchschnittlicher Spitzenwert erreicht wird, kann im Dialog ein **Intervall** von 7 angegeben werden.

Die Funktion berechnet dann jeweils für sieben Tage den Mittelwert und ordnet diesen dem mittleren Wert im Intervall zu, also dem 4. Tag. Im nächsten Rechenschritt wird diese Rechnung für den 2. bis 8. Tag vorgenommen und der Mittelwert wieder dem Tag in der Mitte zugeordnet. So gleitet die Berechnung über den gesamten Zeitraum. Neben den berechneten Prognosewerten können noch die Ausgabe des Standardfehlers und auch die Darstellung der neuen Werte im Diagramm angefordert werden.

Bei **Eingabebereich** müssen mindestens vier Zellen angegeben werden, damit die Funktion arbeiten kann. Wie das Ergebnis im Folgenden zeigt, kann in Spalte D für die ersten Werte aus Spalte B kein geglätteter Wert zugeordnet werden. In das Diagramm in Abbildung 17.19 wurden auch noch die Ausgangsdaten eingefügt, sodass die Glättung im Vergleich gut zu sehen ist.

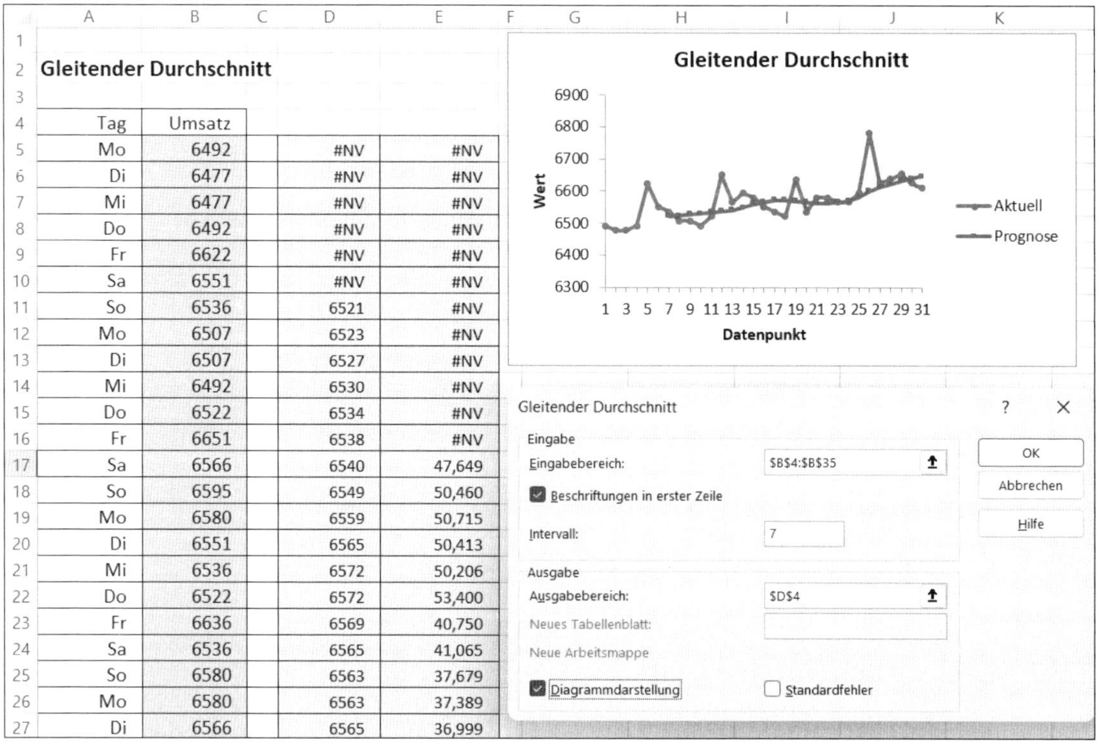

Gleitender Durchschnitt

Tag	Umsatz		
Mo	6492	#NV	#NV
Di	6477	#NV	#NV
Mi	6477	#NV	#NV
Do	6492	#NV	#NV
Fr	6622	#NV	#NV
Sa	6551	#NV	#NV
So	6536	6521	#NV
Mo	6507	6523	#NV
Di	6507	6527	#NV
Mi	6492	6530	#NV
Do	6522	6534	#NV
Fr	6651	6538	#NV
Sa	6566	6540	47,649
So	6595	6549	50,460
Mo	6580	6559	50,715
Di	6551	6565	50,413
Mi	6536	6572	50,206
Do	6522	6572	53,400
Fr	6636	6569	40,750
Sa	6536	6565	41,065
So	6580	6563	37,679
Mo	6580	6563	37,389
Di	6566	6565	36,999

Abbildung 17.19 Beispiel für das Tool **Gleitender Durchschnitt**

An dieser Stelle der Hinweis, dass Excel seit der Version 2016 für derartige Berechnungen spezielle Prognosefunktionen anbietet, wie in Abschnitt 7.8.4 beschrieben.

17.13 Zufallszahlengenerierung

Gerade für den Test von statistischen Lösungen in Excel ist das Tool **Zufallszahlengenerierung** nützlich. Es erlaubt, einen Bereich mit unabhängigen Zufallszahlen zu füllen, wobei die Art der Daten durch die Wahl der entsprechenden Verteilung bestimmt wird.

Im Dialog wird zunächst die **Anzahl der Variablen** angegeben. Für jede Variable wird eine Spalte ausgegeben. Die **Anzahl der Zufallszahlen** bestimmt dann die Anzahl der Zeilen. Unter **Verteilung** stehen die meisten der von den Excel-Funktionen genutzten Verteilungen zur Auswahl. Je nach Auswahl des Verteilungstyps sind jeweils die verteilungsspezifischen **Parameter** einzutragen. Meist kann auch ein **Ausgangswert** eingetragen werden. Abbildung 17.21 zeigt einige Beispiele.

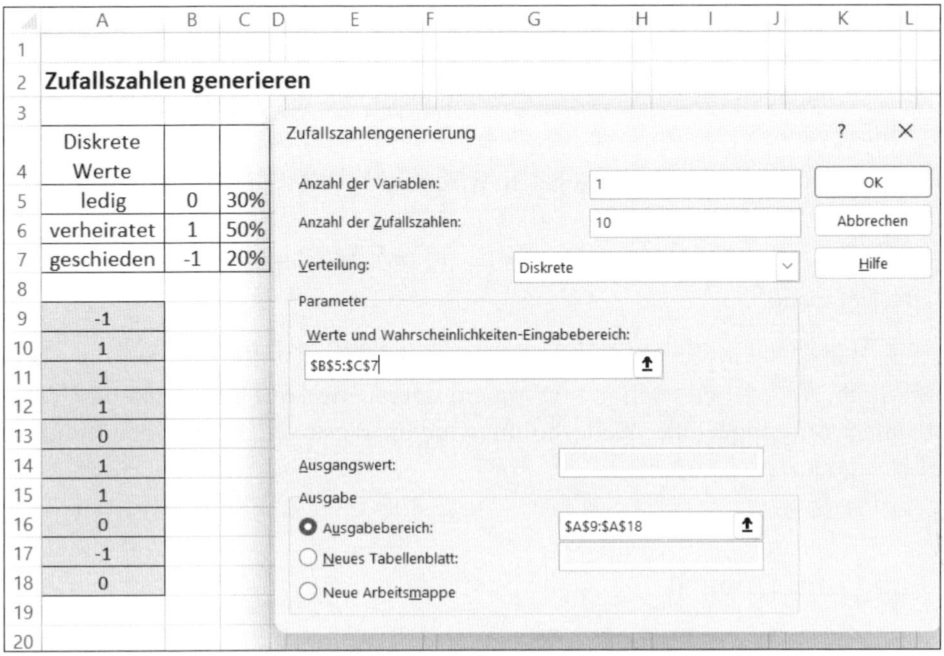

Abbildung 17.20 Zufallszahlen für eine diskrete Verteilung generieren

	E	G	I	K	M	O
4	Gleichverteilt	Standardnormal-verteilung	Bernoulli	Binomial	Poisson	Schematisch
5	zwischen					
6	0					
7	100					
8						
9	82,99813837	-0,314105364	1	1	7	1
10	88,65016633	0,979482593	0	1	3	1
11	25,51957762	0,931895556	1	1	5	21
12	65,90166936	0,328604983	0	1	3	21
13	4,416028321	0,857137366	0	0	2	41
14	21,94586016	-0,443465069	0	4	2	41
15	83,92895291	0,381899099	0	2	4	61
16	62,82540361	-0,332240688	0	1	1	61
17	55,98620563	0,203388026	0	1	2	81
18	63,85082553	-1,450073341	0	1	5	81

Abbildung 17.21 Beispiele mit generierten Werten für verschiedene Verteilungen

Die möglichen Verteilungen sind:

- **Diskrete**: Angegeben werden ein numerischer Wertebereich und ein zugeordneter Wahrscheinlichkeitenbereich.

- **Gleichverteilt**: Angegeben wird ein oberer und unterer Grenzwert, die Werte werden mit derselben Wahrscheinlichkeit aus diesem Bereich gezogen.
- **Standard**: Für eine Standardnormalverteilung werden **Mittelwert** = 0 und **Standardabweichung** = 1 angegeben.
- **Bernoulli**: Werte sind 0 oder 1, angegeben wird unter **p-Wert** die Erfolgswahrscheinlichkeit.
- **Binomial**: Angegeben werden unter **p-Wert** die Erfolgswahrscheinlichkeit und die Zahl der Versuche.
- **Poisson**: Angegeben wird der **Lambda**-Wert, der gleich `1/Mittelwert` ist.
- **Schematisch**: Angegeben werden mit **Von** ein unterer und mit **bis** ein oberer Grenzwert, eine **Schrittlänge**, eine Wiederholungsrate für Werte und eine Wiederholungsrate für Sequenzen.

17.14 Rang und Quantil

Mit dem Tool **Rang und Quantil** lässt sich für den angegebenen **Eingabebereich** eine Tabelle erstellen, die den Rang und den Quantilsrang jedes Werts anzeigt.

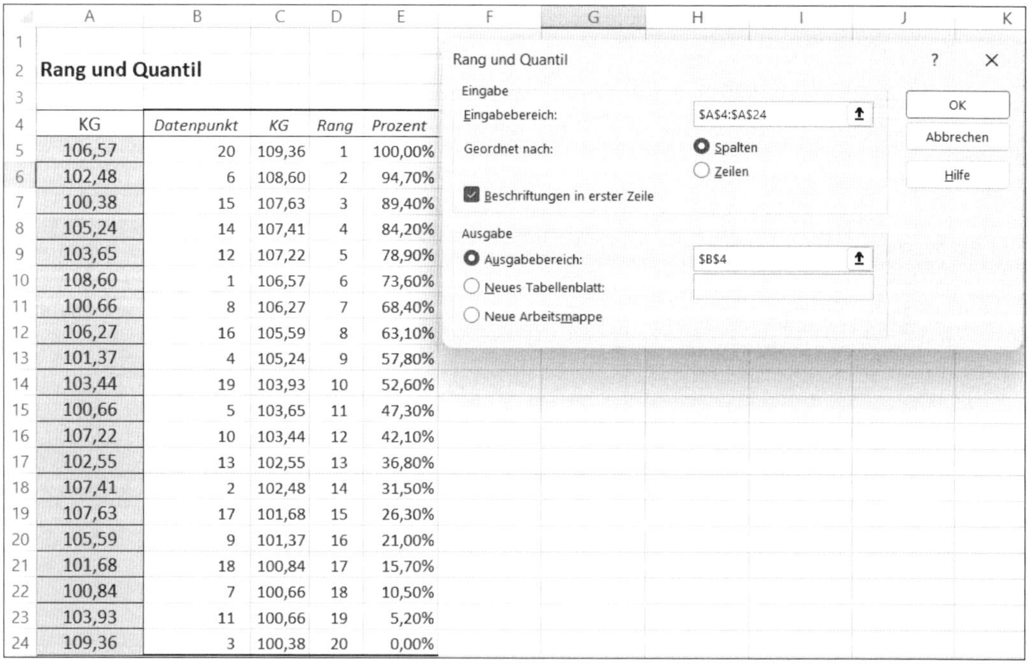

Rang und Quantil

KG	Datenpunkt	KG	Rang	Prozent
106,57	20	109,36	1	100,00%
102,48	6	108,60	2	94,70%
100,38	15	107,63	3	89,40%
105,24	14	107,41	4	84,20%
103,65	12	107,22	5	78,90%
108,60	1	106,57	6	73,60%
100,66	8	106,27	7	68,40%
106,27	16	105,59	8	63,10%
101,37	4	105,24	9	57,80%
103,44	19	103,93	10	52,60%
100,66	5	103,65	11	47,30%
107,22	10	103,44	12	42,10%
102,55	13	102,55	13	36,80%
107,41	2	102,48	14	31,50%
107,63	17	101,68	15	26,30%
105,59	9	101,37	16	21,00%
101,68	18	100,84	17	15,70%
100,84	7	100,66	18	10,50%
103,93	11	100,66	19	5,20%
109,36	3	100,38	20	0,00%

Abbildung 17.22 Ermittlung von Rang und Quantilsrang in einem Zug

Dabei werden die Funktionen `RANG()` und `QUANTILSRANG()` benutzt. Allerdings werden Rangwerte nur absteigend ermittelt, wenn die aufsteigende Reihenfolge benötigt wird, sollte direkt mit `RANG()` gearbeitet werden.

17.15 Regression

Das Analysetool **Regression** liefert mithilfe der `RGP()`-Tabellenfunktion eine lineare Regressionsanalyse und bereitet die somit errechneten Daten in einer übersichtlichen Form auf. Siehe dazu auch die Beschreibung von `RGP()` in Kapitel 7, »Statistische Funktionen«.

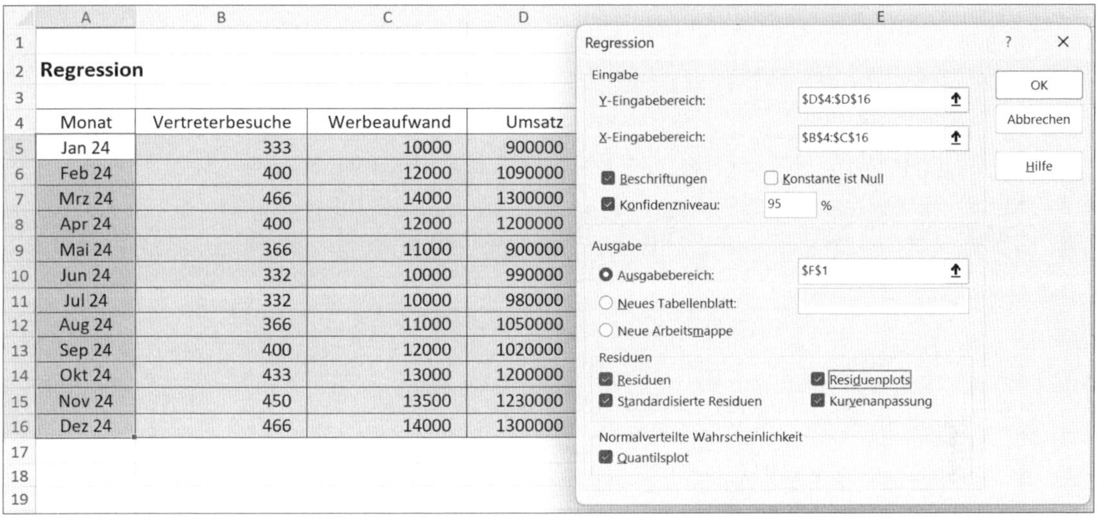

Abbildung 17.23 Ausgangsdaten und Dialogparameter für das Tool **Regression**

Im Dialog werden unter **Y-Eingabebereich** die Werte der abhängigen Variablen angegeben, in diesem Beispiel also die Umsatzwerte, unter **X-Eingabebereich** die Daten einer oder wie hier mehrerer unabhängiger Variablen.

Die Auswertung liefert eine Regressions-Statistik und eine ANOVA-Analyse. Im dritten Abschnitt werden für die beiden unabhängigen Variablen und für den Schnittpunkt die Koeffizienten, der Standardfehler, die t-Statistik und der P-Wert angegeben.

	F	G	H	I	J	K	L
3	*Regressions-Statistik*						
4	Multipler Korrelationskoeffizient	0,91483084					
5	Bestimmtheitsmaß	0,836915466					
6	Adjustiertes Bestimmtheitsmaß	0,800674459					
7	Standardfehler	64875,18019					
8	Beobachtungen	12					
9							
10	ANOVA						
11		*Freiheitsgrade (df)*	*Quadratsummen (SS)*	*Mittlere Quadratsumme (MS)*	*Prüfgröße (F)*	*F krit*	
12	Regression	2	1,9439E+11	97193782813	23,093052	0,0002857	
13	Residue	9	3,7879E+10	4208789004			
14	Gesamt	11	2,3227E+11				
15							
16		*Koeffizienten*	*Standardfehler*	*t-Statistik*	*P-Wert*	*Untere 95%*	*Obere 95%*
17	Schnittpunkt	77793,15892	160824,652	0,483714143	0,6401403	-286017,5	441603,8
18	Vertreterbesuche	28267,06766	51451,2775	0,549394866	0,596101	-88123,81	144657,9
19	Werbeaufwand	-855,0844873	1716,23722	-0,498232109	0,6302682	-4737,483	3027,314

Abbildung 17.24 Die etwas aufbereitete Auswertung der Regressionsanalyse

	F	G	H	I	J	K	L
23	AUSGABE: RESIDUENPLOT					AUSGABE: QUANTILSPLOT	
24							
25	*Beobachtung*	*Schätzung für Umsatz*	*Residuen*	*Standardisierte Residuen*		*Quantil*	*Umsatz*
26	1	926461,0972	-26461,0972	-0,419338904		4,166666667	900000
27	2	1110360,311	-20360,3112	-0,322657466		12,5	900000
28	3	1292623,314	7376,68649	0,11690111		20,83333333	980000
29	4	1101276,42	98723,5804	1,5645095		29,16666667	990000
30	5	1024700,831	-124700,831	-1,976180703		37,5	1020000
31	6	935101,1329	54898,8671	0,870002878		45,83333333	1050000
32	7	924978,8256	55021,1744	0,871941128		54,16666667	1090000
33	8	1032281,158	17718,8416	0,280797109		62,5	1200000
34	9	1123247,23	-103247,23	-1,636197471		70,83333333	1200000
35	10	1186803,122	13196,8775	0,209135853		79,16666667	1230000
36	11	1238901,934	-8901,93428	-0,141072282		87,5	1300000
37	12	1291873,236	8126,76432	0,128787873		95,83333333	1300000

Abbildung 17.25 Schätzwerte, Residuen und Quantile

Zusätzlich können über die Dialogoptionen noch weitere Auswertungen angefordert werden:

- **Residuen** liefert eine Ausgabetabelle, die eine Spalte mit der Schätzung für die abhängigen Werte und eine Spalte für die Residuen enthält, also die Abweichungen der geschätzten Werte von den beobachteten Werten.

- **Residuenplot** erzeugt für jede unabhängige Variable und die jeweiligen Abweichungen ein eigenes Diagramm.
- **Standardisierte Residuen** bewirkt, dass die Ausgabetabelle zusätzlich noch eine Spalte für standardisierte Residuen enthält. Sie sind ein Maß für den Vergleich der Differenz zwischen erwartetem und beobachtetem Wert.
- **Kurvenanpassung** sorgt dafür, dass ein Diagramm mit den prognostizierten und den tatsächlich beobachteten Werten erzeugt wird. **Quantilsplot** liefert ein Diagramm für die Quantile.

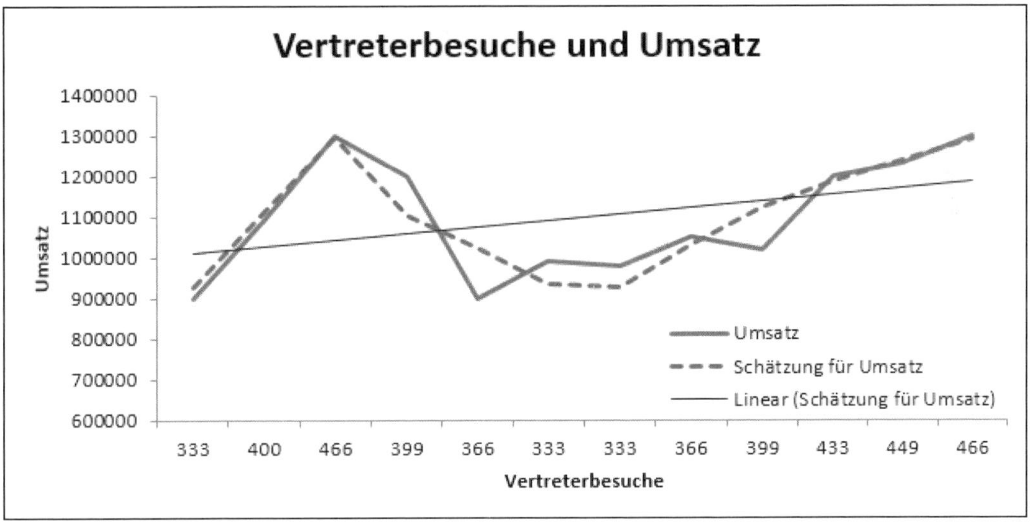

Abbildung 17.26 Leicht angepasstes Diagramm

17.16 Stichprobenziehung

Die Funktion **Stichprobenziehung** ist eine Hilfsfunktion, die es erlaubt, aus einem **Eingabebereich**, der statistisch als Grundgesamtheit zu interpretieren ist, eine reduzierte Datenmenge als Stichprobe zu ziehen. Dabei sind zwei Verfahren möglich. Soll wie in Abbildung 17.27 nur jeder dritte Monat berücksichtigt werden, geben Sie unter **Periode** den Wert 3 an.

Soll die Auswahl zufällig erfolgen, geben Sie unter **Stichprobenanzahl** die Größe der Stichprobe an. Die Funktion kann nur die Werte herausziehen, die Beschriftungen werden nicht mitgezogen.

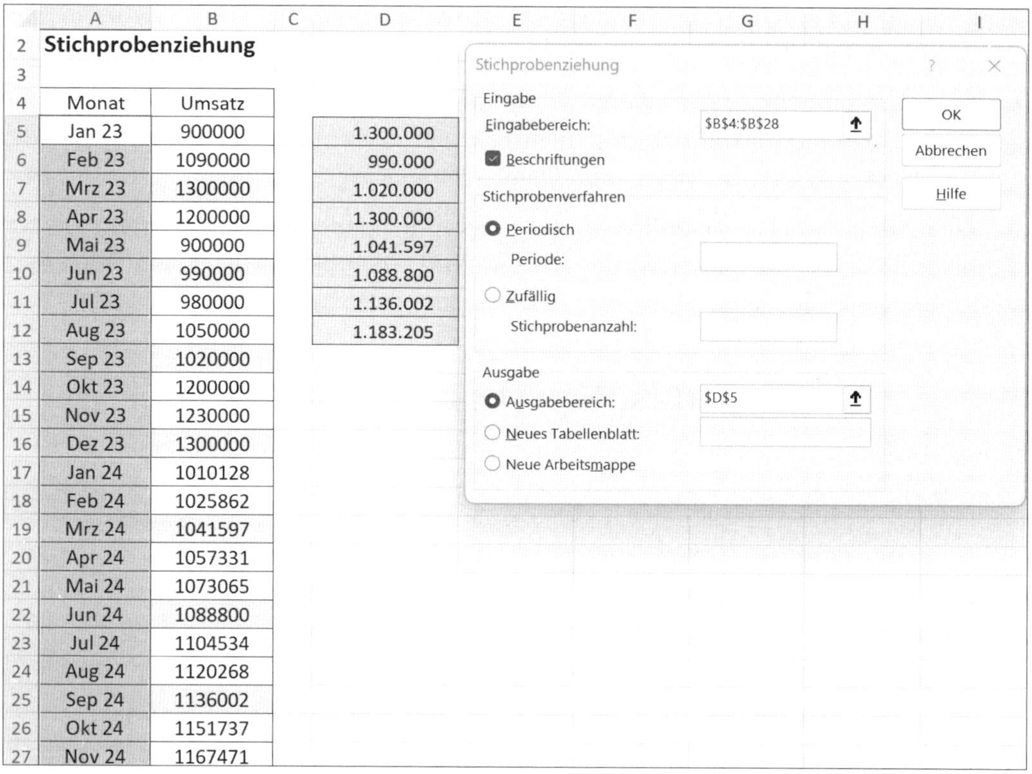

Abbildung 17.27 Aus den Monatswerten wird jeder dritte Wert herausgezogen.

17.17 t-Test-Varianten

Für den Vergleich von zwei Stichproben in Bezug auf die Übereinstimmung ihrer Mittelwerte gibt es gleich drei Tools, die sich dadurch unterscheiden, dass sie von unterschiedlichen Annahmen in Bezug auf die Varianz der Grundgesamtheiten ausgehen. In den Dialogen der Tools werden die beiden Stichproben jeweils unter **Bereich Variable A** und **Bereich Variable B** angegeben. Dabei kann entweder jeweils eine Spalte oder eine Zeile gewählt werden. Ist die Option **Beschriftungen** aktiviert, muss die Zelle mit den Beschriftungen in den Bereichen mit einbezogen werden.

Unter **Hypothetische Differenz der Mittelwerte** kann ein Wert für die Differenz der Stichprobenmittelwerte eingegeben werden. Wird `0` eingegeben, wird angenommen, dass die Mittelwerte gleich sind. Unter **Alpha** wird das Konfidenzniveau für den Test angegeben. Der Wert muss im Bereich `0` bis `1` liegen. Vorgabe ist `0,05`.

In allen Fällen wird ein t-Statistik-Wert `t` in der Ausgabetabelle ausgegeben. Je nach angegebenen Stichprobenwerten kann dieser positiv oder negativ sein.

Bei der Option **Zweistichproben t-Test bei abhängigen Stichproben** wird davon ausgegangen, dass es sich bei den beiden Stichproben um beobachtete Werte für dieselben Objekte handelt, etwa vor und nach einer bestimmten Behandlung. Bei dieser Variante, die auch als *Paarvergleichstest* bezeichnet wird, muss die Zahl der Werte in beiden Stichproben gleich sein, was bei den anderen Varianten nicht erforderlich ist. Es wird dabei aber nicht angenommen, dass die Varianzen der Grundgesamtheiten gleich sind. Geprüft wird beispielsweise, ob die vor und nach einer Behandlung oder einem Experiment beobachteten Werte signifikant unterschiedlich sind. In Abbildung 17.28 werden beispielsweise Notenwerte vor und nach einem Spezialtraining verglichen. Die Auswertung zeigt, dass das Tool mit einem Wert für Freiheitsgrade von 14 arbeitet, also der Anzahl der Datenpaare -1.

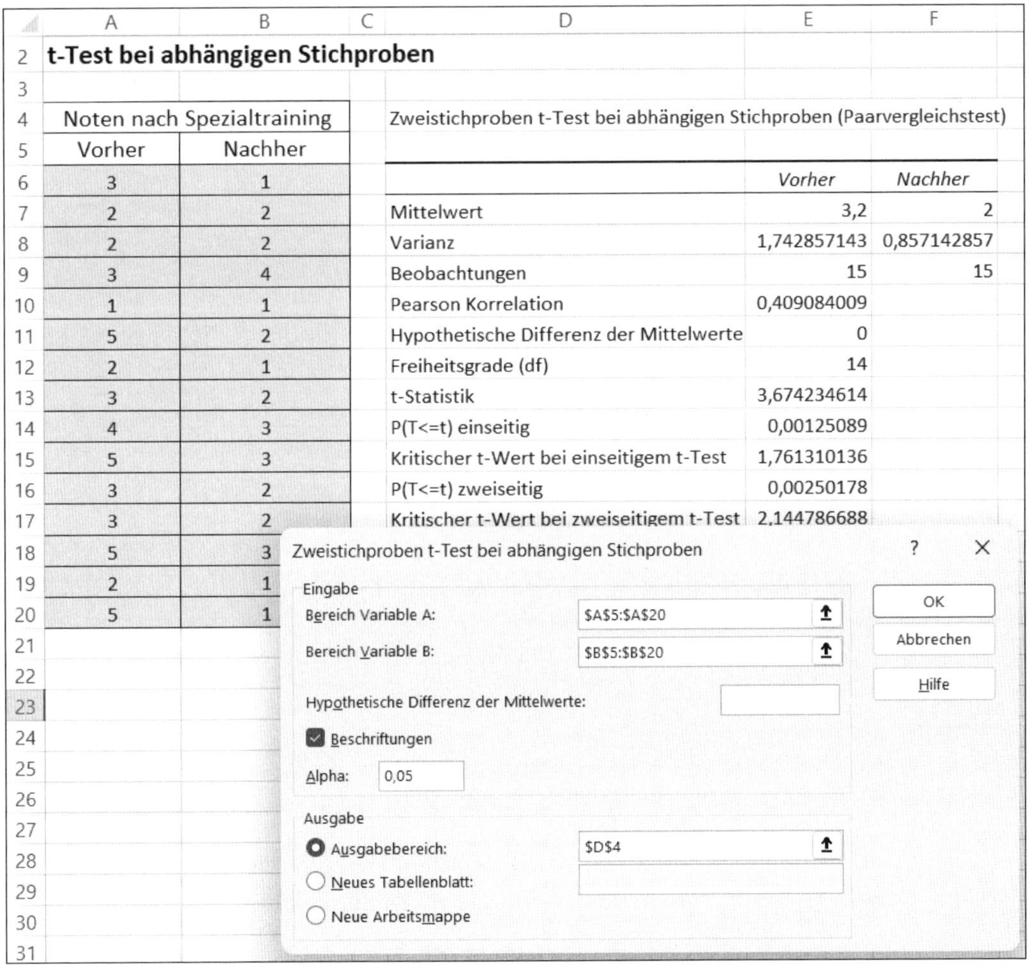

Abbildung 17.28 Paarvergleichstest

Der errechnete t-Wert ist mit `3,67` größer als die beiden kritischen t-Werte für einen ein- oder zweiseitigen t-Test bei einem Alpha-Wert von `0,05`. Damit ist eine signifikante Veränderung zwischen der ersten und der zweiten Stichprobe festzustellen.

Die Option **Zweistichproben t-Test: Gleicher Varianzen** geht von der Annahme aus, dass die Varianzen der Grundgesamtheiten, denen die Stichproben entnommen sind, gleich sind. Der Test wird auch als *homoskedastischer t-Test* bezeichnet. Er prüft, ob die beiden Stichproben mit genügend großer Wahrscheinlichkeit aus Verteilungen mit gleichen Erwartungswerten der Zufallsvariablen stammen.

Der Wert für Freiheitsgrade ist in diesem Fall gleich der Gesamtzahl der Testwerte `-2`. Im Ausgabebereich wird auch die gepoolte Varianz ausgegeben, ein akkumuliertes Maß für die Abweichung vom Mittelwert.

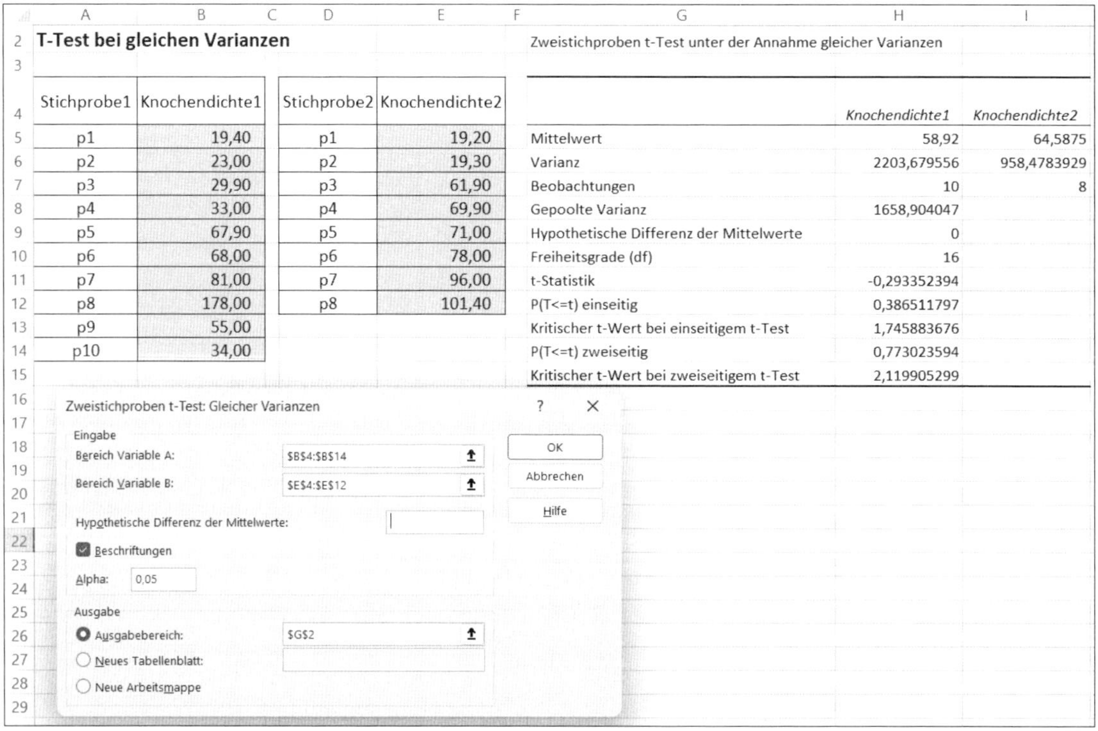

Abbildung 17.29 t-Test bei der Annahme gleicher Varianzen

Die dritte Option **Zweistichproben t-Test: Unterschiedlicher Varianzen** geht davon aus, dass die Varianzen der entsprechenden Grundgesamtheiten nicht gleich sind.

Dieser Test wird auch als *heteroskedastischer t-Test* bezeichnet. Wie bei dem letzten Test wird auch hier geprüft, ob die beiden Stichproben mit genügend großer Wahrscheinlichkeit aus Verteilungen mit gleichen Erwartungswerten der Zufallsvariablen stammen.

Beachtet werden muss, dass das Analysetool bei der Berechnung der Freiheitsgrade den erhaltenen Wert immer automatisch auf die nächste ganze Zahl rundet. Die Tabellenfunktion `TTEST()` rundet diesen Wert hingegen nicht. Dies kann dazu führen, dass es zu Abweichungen zwischen dem Ergebnis von `TTEST()` und dem vom Analysetool errechneten t-Wert kommt.

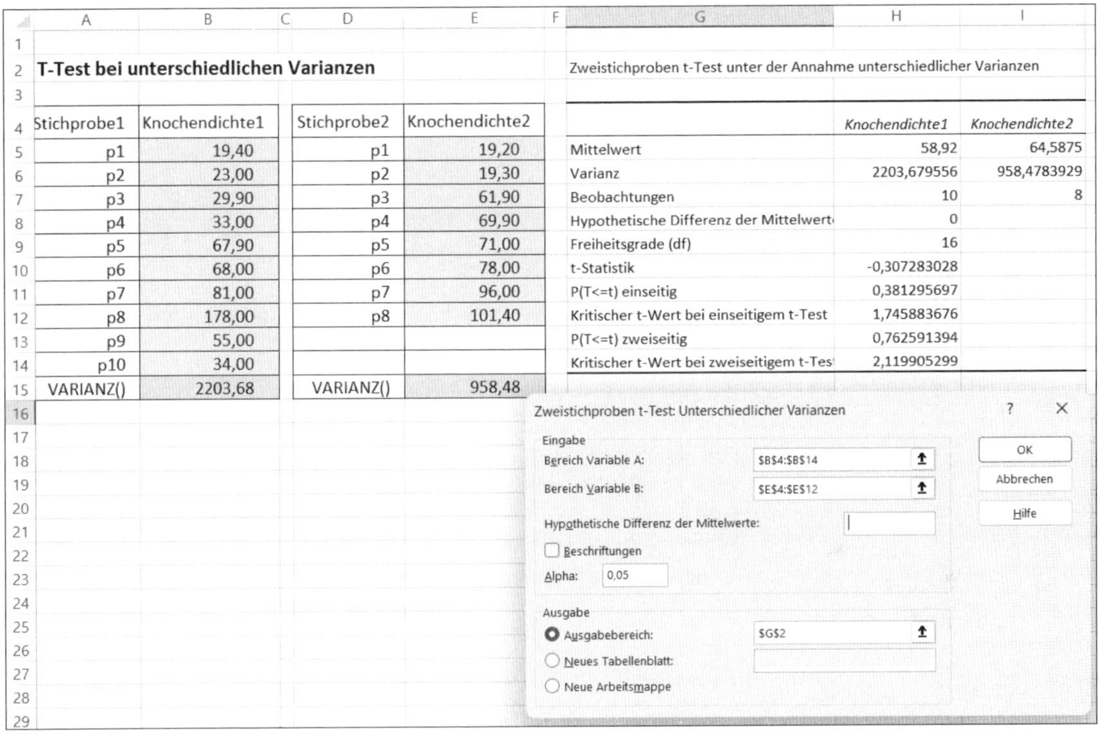

Abbildung 17.30 t-Test bei der Annahme unterschiedlicher Varianzen

17.18 Stichprobentest mit bekannten Varianzen

Die Option **Zwei-Stichprobentest bei bekannten Varianzen** wird verwendet, um die Nullhypothese, dass es keine Differenz zwischen den Erwartungswerten zweier Zufallsvariablen gibt, gegenüber einseitigen oder zweiseitigen alternativen Hypothesen zu testen. Sind die Varianzen nicht bekannt, sollte lieber die `G.TEST()`-Tabellenfunktion verwendet werden. Im Dialog, der ansonsten dem der zuvor beschriebenen t-Tests ähnelt, werden die Varianzen der beiden Variablen direkt angegeben.

Bei der Ausgabe ist Folgendes zu beachten:

- `P(Z <= z) einseitig` entspricht `P(Z >= ABS(z))`, ist also die Wahrscheinlichkeit, dass ein `z`-Wert in gleicher Richtung weiter von 0 entfernt ist als der beobachtete `z`-Wert, wenn es keine Differenz zwischen den Erwartungswerten der Zufallsvariablen gibt.
- `P(Z <= z) zweiseitig` entspricht `P(Z >= ABS(z)` oder `Z <= -ABS(z))`, ist also die Wahrscheinlichkeit, dass ein `z`-Wert in beliebiger Richtung weiter von 0 entfernt ist als der beobachtete `z`-Wert, wenn es keine Differenz zwischen den Erwartungswerten der Zufallsvariablen gibt. Das zweiseitige Ergebnis ist somit einfach das mit 2 multiplizierte einseitige Ergebnis.

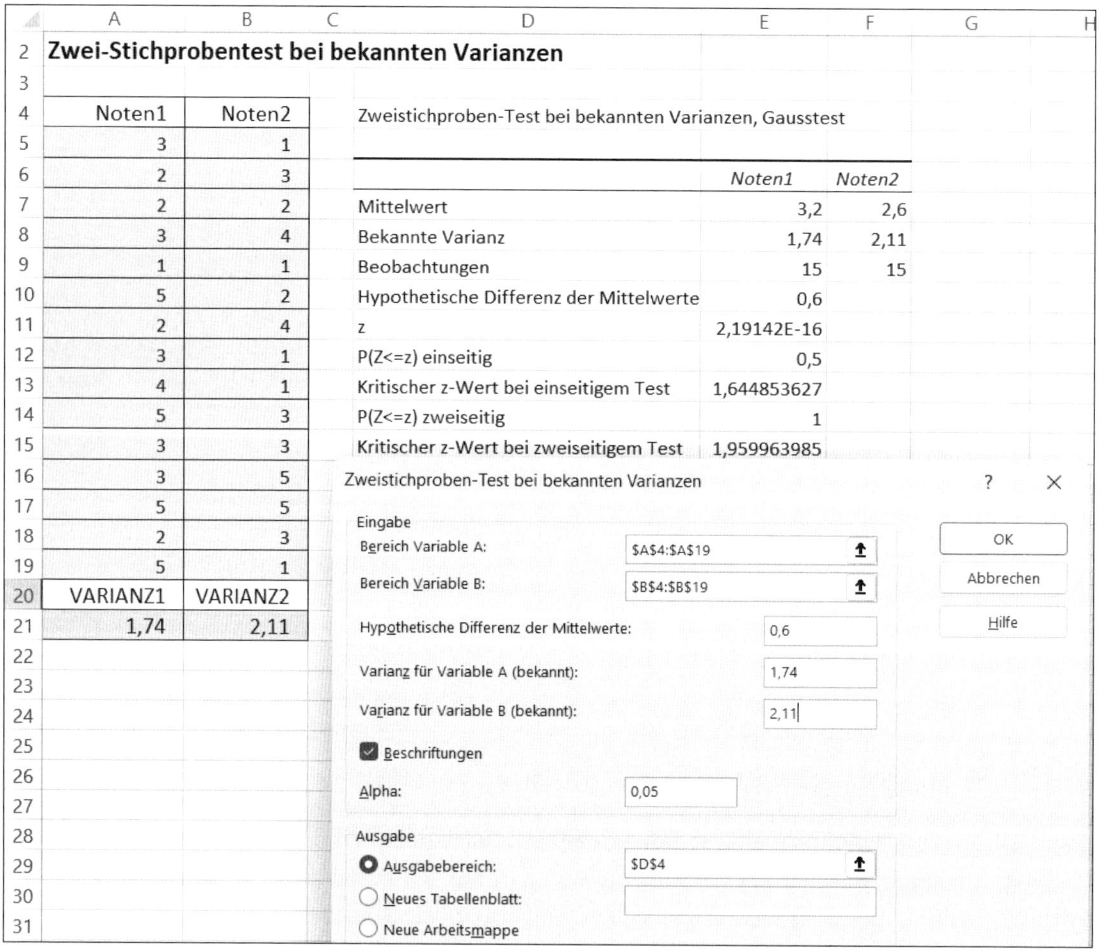

Abbildung 17.31 Stichprobentest mit bekannten Varianzen

18 Entwicklung eigener Funktionen

Mit den rund 500 Tabellenfunktionen, die Excel mitbringt, müssen Sie sich keineswegs zufriedengeben. Schon bei der Besprechung der Funktion `LAMBDA()` wurde beschrieben, wie Sie zusätzliche Funktionen mit selbst gewählten Namen erzeugen können. Wenn sich bei Ihnen spezielle Berechnungen häufig wiederholen, können Sie sich zudem mithilfe der in Excel integrierten Programmiersprache *Visual Basic for Applications* (VBA) auch eigene Funktionen zusammenbauen, die Ihnen aus bestimmten Ausgangsdaten berechnete Werte zurückgeben.

18.1 Funktionen mit VBA erstellen

Um die Vorgehensweise zu demonstrieren, soll zunächst eine einfache Funktion gebildet werden, die eine Zinseszinsberechnung durchführt. Eine solche Funktion ist ja in Excel nicht direkt vorhanden, auch wenn die `ZW()`-Funktion ein entsprechendes Ergebnis liefern kann, wenn anstelle der regelmäßigen Zahlungen ein Barwert als Argument angegeben wird, wobei die Funktion das Ergebnis als negativen Betrag auswirft.

1. Damit Sie die Funktion in allen Arbeitsmappen anwenden können, ist es sinnvoll, sie in der normalerweise verborgenen persönlichen Arbeitsmappe *Personal.xlsb* einzutragen. (In den älteren Versionen ist dies *Personal.xls*.)

2. Wechseln Sie mit [Alt]+[F11] in die VBA-Umgebung, und wählen Sie in dem Fenster **Projekt** den Eintrag **VBAProjekt(PERSONAL.XSLB)** aus. Wenn Sie die neuen Funktionen in einem eigenen Modul sammeln wollen, wählen Sie **Einfügen ▸ Modul**, ansonsten können Sie auch ein bereits bestehendes Modul per Doppelklick oder -tipp im Projekt-Explorer öffnen.

3. Wählen Sie dann **Einfügen ▸ Prozedur**, und tragen Sie den Namen der ersten Funktion ein. Nehmen Sie unter **Typ** die Option **Function**. Übernehmen Sie die Option **Public** für den Gültigkeitsbereich, damit die Funktion allseitig aufgerufen werden kann. Im Modulfenster erscheint ein Skelett für die Funktion:

```
Public Function ZZWert()
End Function
```

18

4 Fügen Sie in die Klammer hinter dem Funktionsnamen die Namen der Argumente ein, die an die Funktion übergeben werden sollen. In diesem Fall werden drei Argumente benötigt: `Anfangskapital`, `Jahre`, `Zinssatz`. Anders als bei den Tabellenfunktionen werden die Argumente innerhalb von VBA – der amerikanischen Schreibweise entsprechend – durch Kommata getrennt. Wenn Sie den Datentyp der Argumente genau festlegen wollen, können Sie mit `As <Datentyp>` jedem Argument eine entsprechende Festlegung zuordnen. Hinter der Klammer kann etwa mit `As Double` noch der Datentyp festgelegt werden, den die Funktion für ihr Ergebnis verwenden soll, das sie zurückgibt. Dies entspricht dem Standardzahlenformat von Excel. Ist ein Argument optional, wird vor den Argumentnamen das Schlüsselwort `Optional` gesetzt.

5 Nun schreiben Sie zwischen die beiden Zeilen die Anweisung, wie aus den gegebenen Argumenten der verzinste Endbetrag errechnet werden soll. Das Ergebnis wird an eine Variable übergeben, die den Namen der Funktion trägt. Das ist zugleich das Ergebnis, das die Funktion liefert, wenn sie im Tabellenblatt benutzt wird. Die Funktion sieht dann insgesamt so aus:

```
Public Function ZZWert(Anfangskapital, Jahre, Zinssatz) _
    As Double
    ZZWert = Anfangskapital * (1 + Zinssatz) ^ Jahre
End Function
```

6 Sichern Sie das VBA-Projekt mit der Schaltfläche **Speichern**. Wechseln Sie zurück in das Fenster der Arbeitsmappe per Klick oder Tipp auf das Symbol **Ansicht Microsoft Excel**.

7 Um die Funktion im Tabellenblatt zu verwenden, kann wie gewohnt der Dialog **Funktion einfügen** verwendet werden. Wählen Sie unter **Kategorie auswählen** den Eintrag **Benutzerdefiniert** und dann die gewünschte Funktion.

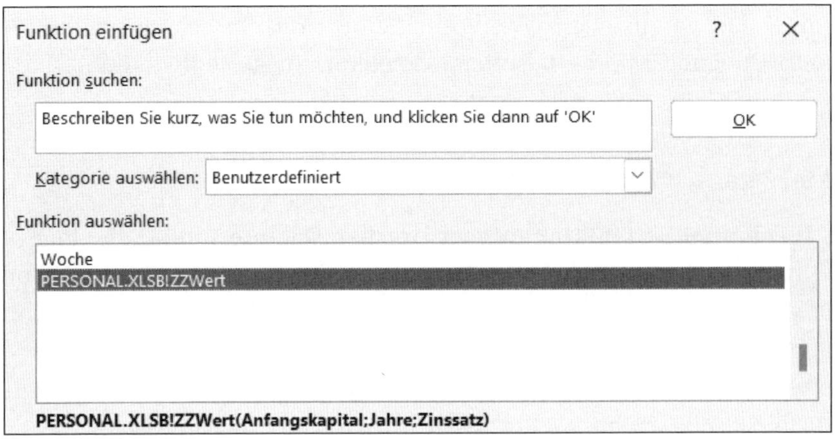

8 Im Dialogfeld **Funktionsargumente** werden automatisch die für die Funktion festgelegten Argumente angeboten. Nur eine Hilfe ist nicht vorhanden. Das Einbinden entsprechender Hilfedateien ist aber ebenfalls möglich, würde aber an dieser Stelle zu weit führen.

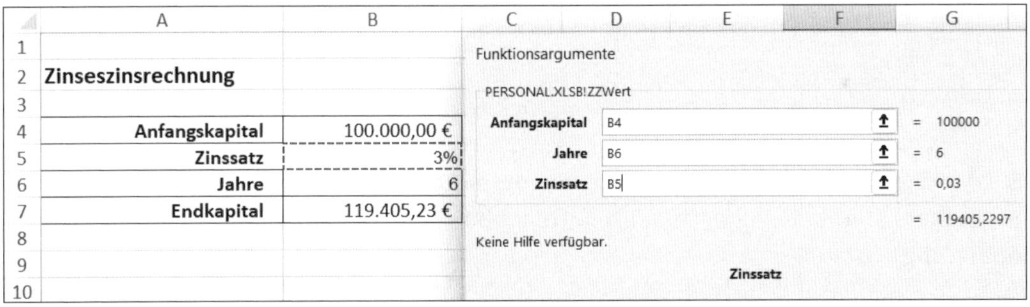

Beachten Sie, dass Excel bei benutzerdefinierten Funktionen, die nicht in der aktiven Arbeitsmappe gespeichert sind, erwartet, dass der Name der Mappe, die die Funktion enthält, vor den Namen der Funktion gesetzt wird, also hier `=Personal.xlsb!ZZWert()` statt `=ZZWert()`. Wenn Sie die Funktionen in die aktive Arbeitsmappe kopieren, müssen Sie dagegen nur den Funktionsnamen angeben.

Werden Arbeitsmappen an andere Arbeitsplätze exportiert, die benutzerdefinierte Funktionen enthalten, muss natürlich darauf geachtet werden, dass die entsprechenden Module auch mitgeliefert werden.

18.2 Hinweise zu VBA

Um komplexere Funktionen in VBA zu entwerfen, bedarf es entsprechender Kenntnisse in Visual Basic for Applications. Es würde den Rahmen dieses Buches sprengen, VBA an dieser Stelle im Detail vorzustellen. Wenigstens einige der Sprachkonstrukte, die in Funktionen häufiger benötigt werden, sollen jedoch kurz vorgestellt werden.

18.2.1 Objekte, Eigenschaften und Methoden

VBA ist eine objektorientierte Programmiersprache. Dahinter steht die Idee, dass Anwendungen mit Objekten zu tun haben. Für jedes Objekt gibt es einen bestimmten Satz von Eigenschaften und eine Reihe von Verfahren, die ein Objekt beherrscht. Sie werden Methoden genannt. Welche Objekte eine Anwendung bereitstellt und wie diese miteinander zusammenhängen, wird durch das Objektmodell – eine vorgegebene Hierarchie von Objekten – festgelegt, in dem die Anwendung selbst – `Application` – das oberste Objekt darstellt.

Soll beispielsweise in einer benutzerdefinierten Funktion eine der Standardfunktionen von Excel benutzt werden, wird diese Funktion als Methode des `Application`-Objekts aufgerufen. Eine Funktion zur Berechnung der Kreisfläche kann beispielsweise so aussehen:

```
Public Function Kreisfläche(Radius)
  Kreisfläche = Radius ^2 * Application.WorksheetFunction.Pi
End Function
```

Bei der Eingabe der Funktion werden Sie unterstützt, indem jeweils die zu einem Objekt möglichen Methoden oder Eigenschaften über Listenfelder angeboten werden, wie Abbildung 18.1 zeigt.

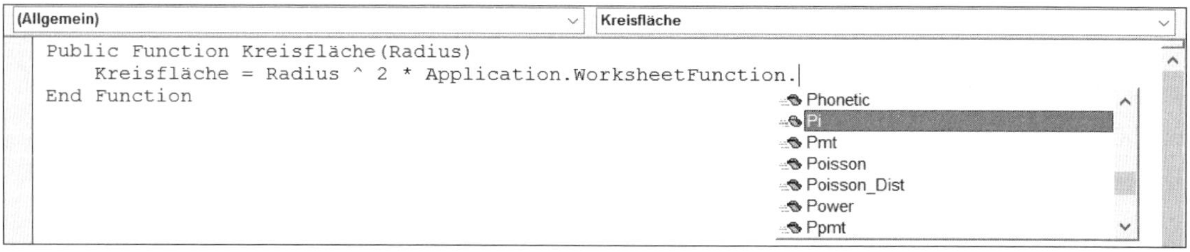

Abbildung 18.1 Unterstützung bei der Eingabe der Funktion

Eine Funktion für den Kreisumfang sieht ähnlich aus:

```
Public Function Kreisumfang(Radius)
  Kreisumfang = Radius * 2 * Application.WorksheetFunction.Pi
End Function
```

In der Arbeitsmappe können die Funktionen wie gewohnt eingesetzt werden, wobei es keine Rolle spielt, ob der Funktionsname in Großbuchstaben oder in gemischter Schreibweise eingegeben wird.

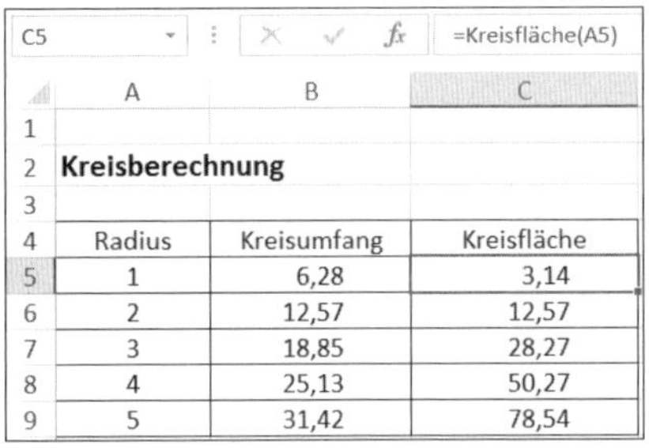
C5 =Kreisfläche(A5)

	A	B	C
1			
2	**Kreisberechnung**		
3			
4	Radius	Kreisumfang	Kreisfläche
5	1	6,28	3,14
6	2	12,57	12,57
7	3	18,85	28,27
8	4	25,13	50,27
9	5	31,42	78,54

Abbildung 18.2 Einsatz der Funktion zur Berechnung der Kreisfläche

18.2.2 Funktionsbeschreibung einfügen

Wenn Sie den Einsatz eigener Funktionen noch etwas perfektionieren wollen, geben Sie noch eine Beschreibung der Funktion dazu und sorgen dafür, dass die Funktion im Dialog **Funktion einfügen** in einer bestimmten Kategorie angezeigt wird. Dazu brauchen Sie eine Prozedur, die nur einmal in der Arbeitsmappe, die die Funktion enthält, aufgerufen werden muss. Für die gerade vorgestellte `Kreisumfang()`-Funktion könnte sie so aussehen:

```
Sub DescribeFunctionKreisUmfang()
  Dim FuncName As String
  Dim FuncDesc As String
  Dim Categorie As String
  Dim ArgDesc(1 To 3) As String
  FuncName = "Kreisumfang"
  FuncDesc = "Berechnet aus dem Radius den Kreisumfang"
  Category = 3 'Math
  ArgDesc(1) = "Radius des Kreises"
  Application.MacroOptions  Macro:=funcName, _
    Description:=FuncDesc, Category:=Category, _
    ArgDesc:= ArgDesc
End Sub
```

Die neue Funktion finden Sie dann im Dialog **Funktion einfügen** in der Kategorie **Math. & Trigonom.**.

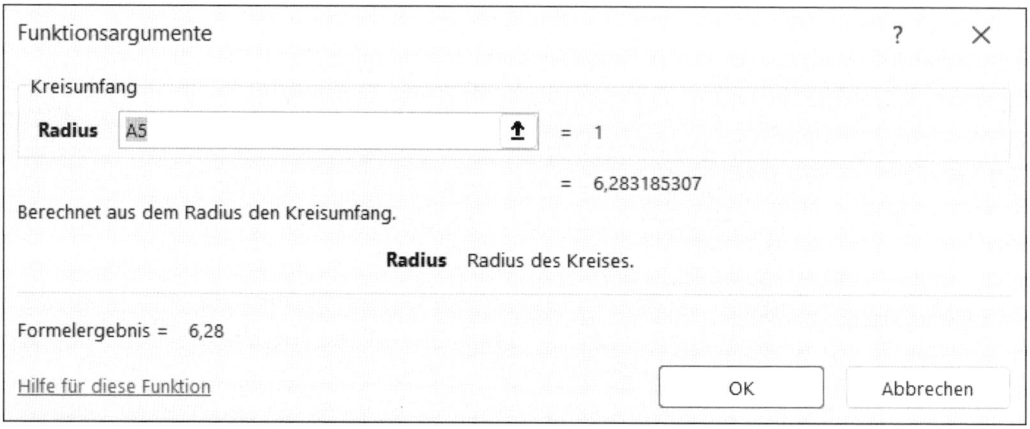

Abbildung 18.3 Die eigene Funktion im Dialog **Funktion einfügen**

18.2.3 Aufruf von Tabellenfunktionen

Innerhalb einer VBA-Funktion werden für den Aufruf von Tabellenfunktionen englische Funktionsnamen verwendet. Aus diesem Grund wurde in der Funktionsreferenz von Kapitel 3 bis Kapitel 15 auch jeweils der englische Funktionsname mit angegeben. In der Klammer müssen die Argumente dann auch durch ein Komma statt durch das sonst übliche Semikolon getrennt werden. Enthält der Funktionsname einen Punkt, wird er durch einen Unterstrich ersetzt, etwa `VAR_P()` statt `VAR.P()`.

VBA bietet daneben auch zahlreiche eigene Funktionen an, die direkt eingesetzt werden können, mathematische Funktionen wie `Abs()`, `Round()`, `Sin()` oder Datum/Zeit-Funktionen wie `Date()`, `Time()`, `Now()`, um nur einige zu nennen. Die Liste finden Sie über *docs.microsoft.com*.

18.2.4 Zugriff auf Objekte

Die Zuordnung der Objekte kann über den Objektkatalog im VBA-Editor eingesehen werden. Die Objektmodelle haben Ähnlichkeit mit den bekannten russischen Puppen. Das oberste Objekt ist wie erwähnt die Anwendung selbst. Die anderen Objekte sind in diesem Gesamtobjekt wie in einem Container eingeschlossen. Die nächsttiefere Ebene bei Excel etwa ist die Arbeitsmappe. Innerhalb der Arbeitsmappen werden verschiedene Auflistungen – `collections` – von gleichrangigen Objekten unterschieden: Arbeitsblätter, Diagramme, Module. Die einzelnen Elemente einer solchen Auflistung können über Indizes oder über zugeordnete Namen angesprochen werden.

```
Worksheets(3)
Worksheets("Prognose")
```

sind Beispiele, wie auf ein Element einer Sammlung von Objekten zugegriffen werden kann.

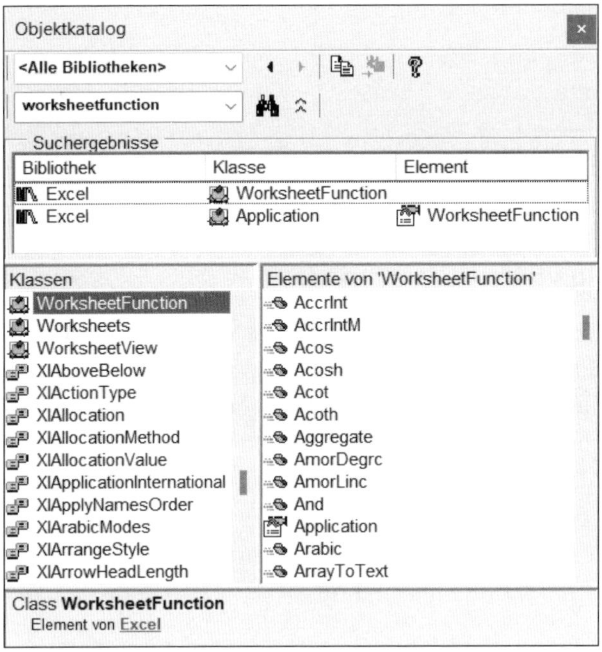

Abbildung 18.4 Der Objektkatalog für Excel mit der Liste der Funktionen

Wollen Sie beispielsweise die Namen der Blätter in einer Arbeitsmappe in einer Tabelle zusammenstellen, hilft eine ganz einfache Funktion, die die Namenseigenschaft der Blätter abfragt:


```
Public Function BlattName(id As Integer) As Variant
    BlattName = Sheets(id).Name
End Function
```

Manchmal wird, was oft etwas verwirrend ist, für ein Objekt und für eine Eigenschaft dieselbe Bezeichnung verwendet. `Legend` ist z. B. eine Eigenschaft, die ein `Chart`-Objekt hat. Diese Eigenschaft liefert aber als Ergebnis wieder ein Objekt, nämlich das `Legend`-Objekt, das ein Unterobjekt eines `Chart`-Objekts ist.

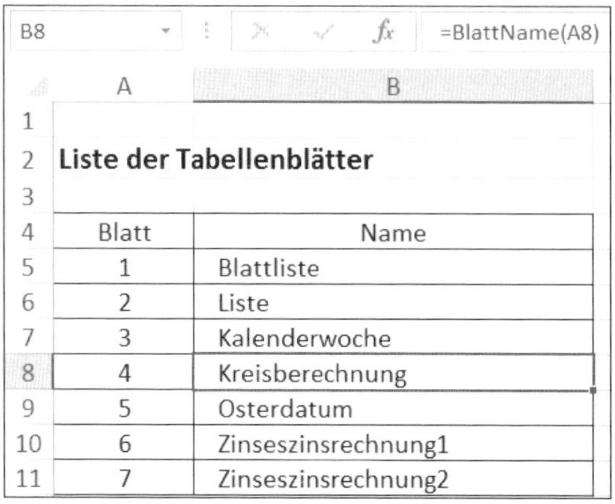

Abbildung 18.5 Liste der Blätter mit einer eigenen Funktion erstellen

18.2.5 Variablen und Konstanten in VBA

Variablen werden in VBA wie in jeder anderen Programmiersprache benutzt, um bestimmte Werte, die während des Programmablaufs entstehen, festzuhalten, sodass sie bei Bedarf an einer anderen Stelle weiterverwendet werden können. Um die verschiedenen Werte unterscheiden zu können, werden Namen für die Variablen vergeben. Zusätzlich wird festgelegt, welche Art von Informationen mithilfe einer bestimmten Variablen gespeichert werden soll, etwa Zahlenwerte, Texte etc. Diese Festlegung erfolgt mithilfe des Datentyps, der zudem auch Bedeutung für die maximale Größe oder Länge der von der Variablen festgehaltenen Information hat.

Variablen können entweder implizit oder explizit deklariert werden. Im ersten Fall wird der Datentyp `Variant` benutzt. Dieser Datentyp ist besonders flexibel, weil er Daten jeder Art akzeptiert. Allerdings muss darauf geachtet werden, welche Daten einer Variablen dieses Typs tatsächlich zugeordnet werden, bevor damit weitergearbeitet werden kann.

Implizit wird eine Variable direkt innerhalb einer Funktion oder Prozedur durch Wertzuweisung definiert. So werden beispielsweise durch die beiden Zeilen

```
wert1 = 3
wert2 = "xyz"
```

zwei Variablen mit den Namen `wert1` und `wert2` definiert und zugleich mit den Werten `3` bzw. `xyz`, also einer Zahl und einer Zeichenkette, belegt. Diese einfache Art der Variablendefinition ist sehr bequem. Sie definieren eine Variable genau dann, wann Sie sie benötigen, können also intuitiv arbeiten. Es ist nicht festgelegt, welcher Datentyp (Zahl,

Text etc.) für die Variable gilt, d. h., die Definition ist sehr flexibel. Ein und dieselbe Variable könnte innerhalb einer Prozedur einmal für eine Zahl und einmal für eine Zeichenkette usw. verwendet werden.

18.2.6 Explizite Deklaration

Die Alternative zu dem impliziten Verfahren ist die ausdrückliche Deklaration einer Variablen unter Verwendung etwa der `Dim`-Anweisung. In diesem Fall wird der Datentyp ausdrücklich festgelegt, es sei denn, es wird der Typ `Variant` verwendet.

```
Dim text1 As String
Dim zahl1 As Double
text1 = ""
zahl1 = 0
```

Zunächst wird also eine Variable mit der `Dim`-Anweisung definiert. Anschließend wird ihr ein Wert zugeordnet. Als Variablentypen stellt VBA die in Tabelle 18.1 aufgeführten Möglichkeiten zur Verfügung.

Datentyp	Beschreibung
`Byte`	0 – 255
`Boolean`	Wahrheitswerte (`True` oder `False`). Statt der Wahrheitswerte werden auch Zahlen akzeptiert, wobei 0 `False` und alle anderen Zahlen `True` ergeben.
`Integer`	ganze Zahlen von –32768 bis 32767
`Long`	ganze Zahlen von ca. –2 Mrd. bis +2 Mrd.
`Single`	Gleitkommazahlen von 1,4E-45 bis 3,4E-38, positive und negative Werte
`Double`	Gleitkommazahlen von 4,9E-324 bis 1,79E-308, positive und negative Werte
`Decimal`	nur als Untertyp von `Variant` möglich: maximal 28 Stellen vor und nach dem Komma
`Currency`	Festkommazahlen von –9,22E-15 bis 9,22E-15 auf vier Stellen hinter dem Komma gerundet
`String`	Zeichenfolge mit variabler Länge (bis ca. 2 Milliarden Zeichen)

Tabelle 18.1 Mögliche Variablentypen

18

Datentyp	Beschreibung
`String * Length`	Zeichenfolge mit festgelegter Länge; längere Folgen werden auf die vorgegebene Länge gestaucht, und zwar 1 bis 65536 Zeichen.
`Date`	serielle Zahlen (wie in den Tabellenfunktionen für Datum und Zeit) oder Datums- und Zeitangaben, die zwischen #-Zeichen geschrieben werden, wie `#1 Jan 99#`
`Object`	Verweise auf ein Objekt
`Variant`	variabler Datentyp, der anstelle der spezifischen Datentypen verwendet werden kann
`LongLong`	Speichert mit Vorzeichen versehene 64-Bit-Zahlen. Der Wertebereich liegt zwischen –9.223.372.036.854.775.808 und 9.223.372.036.854.775.807 (nur für die 64-Bit-Version).

Tabelle 18.1 Mögliche Variablentypen (Forts.)

Variablen können auch als Arrays definiert werden, die über Indizes angesprochen werden. Das gestattet es, mit einer Variablendefinition gleich eine große Anzahl gleichartiger Variablen festzulegen. Dies ist natürlich nur sinnvoll, wenn es sich tatsächlich um Arrays gleichartiger Variablen handelt, vergleichbar etwa einer Matrix in Excel. Die einzelnen Elemente eines Arrays werden über die Indizes angesprochen:

```
Dim gebiete() As String
gebiete = Array("Nord","Ost","Süd","West")
region = gebiet(0)
```

Ob die Indizes mit `0` oder `1` beginnen, kann generell mit dem Befehl `Option Base` festgelegt werden. Vorgabe ist `0`. Die Anweisung `Option Base 1` muss am Anfang eines Moduls noch vor der Deklaration von Datenfeldern eingetragen werden.

Alle Variablen haben einen Geltungsbereich, mit dem festgelegt wird, für welche Teile des Programms sie gelten und wann sie wieder aus dem Speicher gelöscht werden. Eine Variable, die innerhalb einer Funktion deklariert wird, wird normalerweise auch nur innerhalb dieser Funktion verwendet.

18.2.7 Zum Einsatz von Operatoren

In vielen Funktionen werden Operatoren verwendet, die weitgehend identisch mit denen sind, die bei der Bildung von Formeln in den Excel-Tabellen eingesetzt werden.

Da sie aber nicht völlig identisch sind und da bei der Aufstellung von Bedingungen für den Programmablauf häufig Operatoren benötigt werden, folgt hier ein kurzer Überblick. VBA unterscheidet zwischen arithmetischen, logischen, Vergleichs- und Verkettungsoperatoren.

Arithmetische Operatoren: +, -, *, / und ^ sind identisch mit den in Tabellen verwendeten Operatoren. \ ist der Operator für die ganzzahlige Division (5\3 liefert 1), `Mod` liefert den Rest einer derartigen Division (5 Mod 3 liefert 2).

Logische Operatoren: Die logischen Operatoren dienen (mit der Ausnahme von `Not`) der Verknüpfung von Ausdrücken, die Wahrheitswerte liefern, und führen selbst wieder zu Wahrheitswerten. In einer Tabelle sollen `a` und `b` Ausdrücke sein, die Wahrheitswerte liefern. Für die Operatoren gilt dann:

- `Not a` ist wahr, wenn `a` falsch, und falsch, wenn `a` wahr ist.
- `a Eqv b` (`a` ist äquivalent `b`) ist wahr, wenn `a` und `b` den gleichen Wahrheitswert haben.
- `a Imp b` (`a` impliziert `b`) ist wahr, wenn `b` wahr ist oder wenn `a` falsch ist.
- `a Or b` ist wahr, wenn mindestens einer der beiden Ausdrücke wahr ist.
- `a And b` ist wahr, wenn beide Ausdrücke wahr sind.
- `a Xor b` (`a` exklusiv-oder `b`) ist wahr, wenn nur genau einer der beiden Ausdrücke wahr ist.

Wenn die logischen Operatoren in Kombinationen verwendet werden, müssen die zusammengehörenden Elemente eingeklammert werden (ähnlich wie bei arithmetischen Operatoren).

Vergleichsoperatoren: Sie dienen dem Vergleich von Werten. Sie sind identisch mit den in Tabellen verwendeten: `<`, `>`, `<=`, `>=`, `=` und `<>`. Sie stehen für kleiner, größer, kleiner/gleich, größer/gleich, gleich und ungleich. Bei Zahlen ist die Bedeutung klar, bei Zeichenfolgen heißt > später in der alphabetischen Reihenfolge (`a > b` ist demnach falsch). Zusätzlich können noch die Operatoren `Like` und `Is` verwendet werden. `Like` wird für einen Mustervergleich verwendet, etwa:

`Text = "Hanna" Like "Ha*a"` ergibt `True`.

`Is` wird verwendet, um festzustellen, ob zwei Objektverweise auf dasselbe Objekt verweisen:

```
Test = Objekt1 Is Objekt2
```

18

Verkettungsoperatoren: & und +. Mit & lassen sich (wie in Tabellen) Zeichenketten verknüpfen. + sollte als Verkettungsoperator möglichst nicht verwendet werden, um Verwechslungen mit dem Additionsoperator zu vermeiden.

18.2.8 Anweisungen und VBA-Funktionen

Anweisungen steuern, ganz allgemein gesagt, den Programmablauf. Die Deklarierung und Definition von Variablen, die Festlegung von Anfang und Ende einer Prozedur oder Funktion, die Konstruktion von Verzweigungen und Schleifen – dies alles wird über Anweisungen erledigt. Neben den schon angesprochenen Funktionen, die Sie selbst programmieren können, bietet VBA noch eine große Zahl von integrierten Funktionen. Auch diese Funktionen dienen dazu, Werte zu liefern oder umzuwandeln. Ein Teil dieser Funktionen leistet Ähnliches wie die entsprechenden Tabellenfunktionen, etwa die mathematischen Funktionen: `Abs()`, `Cos()`, `Exp()`, `Log()` etc.

Im Allgemeinen werden an eine Funktion Werte übergeben, und die Funktion liefert jeweils einen Wert oder ein Array von Werten zurück. Hierher gehören neben den mathematischen Funktionen solche, die Datums- und Zeitwerte verarbeiten, Funktionen, die Zeichenketten manipulieren oder auswerten, usw.

18.2.9 Mit Verzweigungen und Schleifen Abläufe steuern

Wenn eine Funktion auf unterschiedliche Argumente unterschiedlich reagieren soll, sind Verzweigungen notwendig. Soll dagegen ein Arbeitsschritt in einer bestimmten Häufigkeit durchgeführt werden, sind Schleifen angebracht. VBA stellt hier verschiedene Kontrollstrukturen für solche Abläufe zur Verfügung.

If – Then

Eine häufige Aufgabe besteht darin, auf das Eintreten einer Situation zu reagieren. Diese Aufgabe wird in VBA im einfachsten Fall mit einer Wenn-dann-Struktur gelöst. Soll beispielsweise eine Funktion ein optionales Argument enthalten, kann mit einer solchen Verzweigung geregelt werden, was zu geschehen hat, wenn das Argument nicht angegeben wird, etwa die Zuordnung eines vorgegebenen Wertes:

```
Function Woche(Optional d As Date)
If d = 0 Then
  d = Date
End If
```

Derartige Strukturen können mit einem Else-Zweig erweitert werden. Hierfür wieder ein Beispiel aus einer Funktion, die weiter unten noch vorgestellt wird:

```
If d7 <= 31 Then
  Datum = CDate(CStr(d7) & ". 3. " & CStr(Jahr))
Else
  Datum = DateValue(CStr(d7 - 31) & ". 4. " & CStr(Jahr))
End If
```

Bei Bedarf können If-Then-Strukturen auch verschachtelt werden, allerdings kann dann auch schnell die Übersicht verloren gehen. Bei komplexen Verzweigungen sollten Sie deshalb prüfen, ob sich das Problem nicht mit der folgenden Struktur lösen lässt.

Select Case

Wenn die Verzweigung davon abhängt, welchen Wert ein Ausdruck annimmt, können Sie mit einer Struktur arbeiten, die für verschiedene Werte eines Ausdrucks unterschiedliche Reaktionen anbietet.

Beim folgenden Beispiel, das weiter unten in einer finanzmathematischen Funktion verwendet wird, kann der Benutzer unterschiedliche Perioden für die Berechnung auswählen. Die Funktion reagiert darauf mit einer Select Case-Verzweigung, die sehr übersichtlich ist:

```
Select Case periode
      Case "Jahre"
         fn = 1
      Case "Monate"
         fn = 1 / 12
      Case "Tage"
         fn = 1 / 360
End Select
```


While

Eine oft beim Programmieren auftretende Aufgabe besteht darin, dass ein Programmteil so lange ablaufen soll, bis eine bestimmte Bedingung eintritt. Das ist z. B. der Fall, wenn Benutzereingaben in eine Liste oder eine Feldvariable eingelesen werden sollen, bis der Benutzer den Vorgang beendet, oder wenn eine Operation so lange durchgeführt werden soll, bis ein bestimmter Wert erreicht ist:

```
While diff < 0
    versuch = nomrzins(m, erg, bab)
    diff = versuch - nz
    erg = erg + 0.1
Wend
```

Diese Schleife wird so lange durchlaufen, solange die Variable `diff` einen Wert < `0` hat. Innerhalb der Schleife stehen alle Anweisungen, die für diesen Fall auszuführen sind.

Do – Loop

Besonders elegant lassen sich derartige Aufgaben mit einer ähnlichen, aber flexibleren Struktur lösen. Sie gestattet es, die Bedingung für die Schleife an den Anfang oder an das Ende der Schleife zu setzen (im vorhergehenden Beispiel muss die Bedingung am Anfang stehen). Außerdem können innerhalb der Schleife noch Abbruchbedingungen formuliert werden. Das vorhergehende Beispiel könnte so formuliert werden:

```
Do While diff < 0
    versuch = nomrzins(m, erg, bab)
    diff = versuch - nz
    erg = erg + 0.1
Loop
```

For – Next

Wenn der Fall auftritt, dass eine Anweisung oder eine Folge von Anweisungen in einer definierten Häufigkeit wiederholt werden soll, wird eine `For-Next`-Schleife verwendet. Ein Beispiel hierfür ist das Einlesen der Blattnamen in ein Array:

```
anzahl = Sheets.Count
Dim bliste() As String
ReDim bliste(anzahl)
For i = 1 To anzahl
    bliste(i) = Sheets(i).Name
Next i
```

Zunächst wird die Anzahl der Blätter an die Variable `anzahl` übergeben. Damit kann das zunächst variabel definierte Array `bliste` redimensioniert werden. Die Schleife kann dann bis zur festgestellten Anzahl durchlaufen werden, um die Blattnamen in das Array zu schreiben.

18.2.10 Einschränkungen bei Funktionen

Beachtet werden muss noch, dass in Funktionen nicht alle Visual-Basic-Schlüsselwörter auftauchen können. Es ist z. B. nicht möglich, einer Zelle über eine Funktion eine bestimmte Schrift zuzuweisen. Selbst definierte Funktionen können ansonsten nicht nur direkt im Tabellenblatt, sondern auch innerhalb von VBA-Programmen benutzt werden.

Erwähnt sei noch, wie verfahren wird, wenn eine Programmzeile sehr lang wird. Damit sie als eine Zeile behandelt wird, kann die Zeile auf mehrere Zeilen verteilt werden, indem jedes Mal nach einer Leertaste ein Unterstrich eingegeben wird. Danach kann die Zeile durch eine Zeilenschaltung getrennt werden.

18.3 Eine komfortablere Funktion für die Zinseszinsberechnung

Die im letzten Abschnitt vorgestellte Funktion für die Zinseszinsberechnung lässt sich noch etwas komfortabler gestalten. Dazu ist eine etwas aufwendigere Funktion erforderlich, die im Folgenden wiedergegeben wird. Genauer gesagt werden gleich zwei Funktionen angeboten: eine, die das Endkapital bei anfallenden Zinseszinsen berechnet, und eine, die den effektiven Jahreszins ausgibt:

```
Function endkapital(anfangskapital, periode, _
anzahl_perioden, zinssatz, zinszeitraum, zinsabrechnung)
   Select Case periode
      Case "Jahre"
         fn = 1
      Case "Monate"
         fn = 1 / 12
      Case "Tage"
         fn = 1 / 360
   End Select
   Select Case zinsabrechnung
      Case "jährlich"
         m = 1
      Case "halbjährlich"
         m = 2
      Case "vierteljährlich"
         m = 4
      Case "monatlich"
         m = 12
```

```
      Case "täglich"
         m = 360
   End Select
   Select Case zinszeitraum
      Case "Jahr"
         fi = 1
      Case "Monat"
         fi = 1 / 12
   End Select
   i = zinssatz
   j = (1 + i / (fi * m)) ^ m - 1
   kn = anfangskapital * (1 + j) ^ (anzahl_perioden * fn)
   endkapital = kn
End Function
```

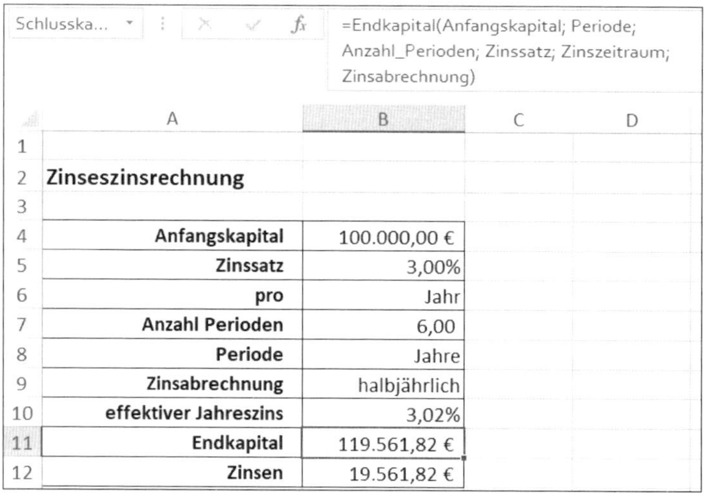

Abbildung 18.6 Zinseszinsberechnung mit variablen Abrechnungsperioden

Die zweite Funktion zur Berechnung des Effektivzinses sieht so aus:

```
Function effektivzins(anfangskapital, periode, anzahl_perioden, _
zinssatz, zinszeitraum, zinsabrechnung)
   Select Case periode
     Case "Jahre"
        fn = 1
     Case "Monate"
        fn = 1 / 12
```

```
        Case "Tage"
            fn = 1 / 360
    End Select
    Select Case zinsabrechnung
        Case "jährlich"
            m = 1
        Case "halbjährlich"
            m = 2
        Case "vierteljährlich"
            m = 4
        Case "monatlich"
            m = 12
        Case "täglich"
            m = 360
    End Select
    Select Case zinszeitraum
        Case "Jahr"
            fi = 1
        Case "Monat"
            fi = 1 / 12
    End Select
    i = zinssatz
    j = (1 + i / (fi * m)) ^ m - 1
    effektivzins = j
End Function
```

18.4 Anlegen einer Blattliste

Bei umfangreichen Arbeitsmappen ist es häufig sinnvoll, das erste Blatt als eine Art Inhaltsverzeichnis mit Links zu den einzelnen Blättern einzurichten. Dabei wird eine Liste der aktuellen Blattnamen der Arbeitsmappe erzeugt. Der folgende Code gibt dafür eine einfache Lösung:

18

```
Public Sub ArbeitsblattListe()
    Dim i, s, r, anzahl As Integer
    i = 2
    r = 2
    s = 1
```

```
    If Sheets(1).Name = "Blattliste" Then
      Sheets(1).Delete
    End If

    Sheets.Add Before:=Sheets(1)
    Sheets(1).Name = "Blattliste"
    anzahl = Sheets.Count
    titel = ActiveWorkbook.Name
    Cells(2, s).Value = titel

    Do While i <= anzahl
        Cells(r + 2, s).Hyperlinks.Add _
        Anchor:=Cells(r + 2, s), _
        Address:="", _
        SubAddress:=Sheets(i).Name & "!A1", _
        TextToDisplay:=Sheets(i).Name
        i = i + 1
        r = r + 1
        If r > 25 Then
            r = 2
            s = s + 1
        End If
    Loop
End Sub
```

Abbildung 18.7 zeigt, wie ein solches Blatt für die in diesem Kapitel verwendeten Beispielblätter aussehen kann.

	A
1	
2	Blattliste der Arbeitsmappe
3	
4	Liste
5	Kalenderwoche
6	Kreisberechnung
7	Osterdatum
8	Zinseszinsrechnung1
9	Zinseszinsrechnung2
10	Ratenkredit

Abbildung 18.7 Automatisch erzeugte Blattliste

18.5 Funktion zur Berechnung des Osterdatums

Als letztes Beispiel sei hier noch eine Funktion wiedergegeben, die in der Lage ist, für eine bestimmte Jahreszahl das Datum vom Ostersonntag zu berechnen. Da sich ein Teil der jährlichen Feiertage nach dem Osterdatum richtet, lässt sich mithilfe dieser Funktion ein größerer Teil der entsprechenden Termine berechnen, etwa um sie für Anwendungen mit den Funktionen `ARBEITSTAG()` oder `NETTOARBEITSTAGE()` zu nutzen. Die Funktion verwendet ein Berechnungsverfahren, das bereits um das Jahr 1800 von Carl Friedrich Gauß entwickelt worden ist:

```
Function OsterDatum(Jahr) As Date
  Dim d1&, d2&, d3&, d4&, d5&, d6&, d7&
  d1 = Jahr Mod 19 + 1
  d2 = Fix(Jahr / 100) + 1
  d3 = Fix(3 * d2 / 4) - 12
  d4 = Fix((8 * d2 + 5) / 25) - 5
  d5 = Fix(5 * Jahr / 4) - d3 - 10
  d6 = (11 * d1 + 20 + d4 - d3) Mod 30
  If (d6 = 25 And d1 > 11) Or d6 = 24 Then d6 = d6 + 1
  d7 = 44 - d6
  If d7 < 21 Then d7 = d7 + 30
  d7 = d7 + 7
  d7 = d7 - (d5 + d7) Mod 7
  If d7 <= 31 Then
    OsterDatum = CDate(CStr(d7) & ". 3. " & CStr(Jahr))
  Else
    OsterDatum = DateValue(CStr(d7 - 31) & ". 4. " & CStr(Jahr))
  End If
End Function
```

	A	B
1		
2	**Osterdatum**	
3		
4	2024	Sonntag, 31. März 2024
5	2025	Sonntag, 20. April 2025
6	2026	Sonntag, 5. April 2026
7	2027	Sonntag, 28. März 2027
8	2028	Sonntag, 16. April 2028
9	2029	Sonntag, 1. April 2029
10	2030	Sonntag, 21. April 2030
11	2031	Sonntag, 13. April 2031
12	2032	Sonntag, 28. März 2032

Abbildung 18.8 Berechnen des Osterdatums

18.6 Alternative Funktionen für die Streuung

Wenn es darum geht, die Streuung von Werten zu berechnen, gehören die Funktionen für die Messung der Varianz und der Standardabweichung zu den Standardfunktionen. Allerdings reagieren diese Funktionen wegen der darin vorgenommenen Quadrierung der Abweichungen ziemlich stark auf Ausreißer. Deshalb werden manchmal alternative Maße für die Streuung genutzt. Zwei davon sollen hier in Form eigener Funktionen an dem Beispiel in Abbildung 18.9 vorgestellt werden.

E18 | =MAA(D5:D14)

	A	B	C	D	E
1					
2	**Alternative Maße für Streuung**				
3					
4	Person	Geschlecht	Alter	Gewicht	
5	1	m	23	50	
6	2	m	25	66	
7	3	w	29	68	
8	4	m	33	72	
9	5	w	35	74	
10	6	w	35	63	
11	7	m	43	68	
12	8	w	43	79	
13	9	m	43	58	
14	10	w	43	60	
15		Mittelwert	35,2	65,8	
16		Median	35	67	
17		STABW.N()	7,35	8,01	
18	Mittlere absolute Abweichung		6,24	6,44	6,44
19	Interquartilsabstand		13	10,25	10,25

Abbildung 18.9 Beispiel für zwei alternative Maße für Streuung

Die erste Funktion ist die mittlere absolute Abweichung. Dabei werden die Abweichungen der einzelnen Werte vom Mittelpunkt absolut gesetzt und dann davon der Mittelwert berechnet. Das geht mit den vorhandenen Funktionen, indem die `ABS()`-Funktion verwendet wird, um die Vorzeichen zu entfernen, und darauf die `MITTELABW()`-Funktion, um die mittlere Abweichung zu gewinnen.

```
=MITTELABW(ABS(Bereich)
```

Statt der verschachtelten Funktion kann aber auch eine eigene Funktion definiert werden, die sich einfacher einsetzen lässt.

Der Code ist der folgende:

```
Public Function MAA(Range)
      MA = Application.WorksheetFunction.AveDev(Range)
      MAA = Abs(MA)
End Funktion
```

Eine weitere Variante ist der Interquartilsabstand. Er misst die Entfernung zwischen dem Wert für das 1. und das 3. Quartil, also zwischen 25 % und 75 %. Die Formel mit den vorgegebenen Funktionen ist folgende:

```
=QUARTILE.INKL(Bereich; 3) - QUARTILE.INKL(Bereich; 1)
```

Auch hier kann eine eigene Funktion die Sache etwas vereinfachen. Wir benennen die Funktion nach der gebräuchlichen Abkürzung `IQR()`.

```
Public Function IQR(Range)
 IQR = Application.WorksheetFunction.Quartile.Inc(range, 3) - _
   Application.WorksheetFunction.Quartile.Inc(range, 1
End Funktion
```

Listing 18.1 Prozedur für eine Funktionsbeschreibung

Beim Einfügen über den Dialog **Funktion einfügen** erscheint die Funktion in der von Ihnen gewählten Kategorie, und im Dialog **Funktionsargumente** finden Sie die Beschreibung des benötigten Arguments. Die Beschreibung wird mit der Arbeitsmappe gespeichert, in der die Funktion definiert ist.

18.7 Auf den Nettobetrag zurückrechnen

Eine ganz nützliche Funktion kann das Zurückrechnen vom Bruttobetrag auf den Nettobetrag einer Rechnungsposition erleichtern. Um dabei unterschiedliche Mehrwertsteuersätze berücksichtigen zu können, soll die Funktion neben dem Argument `Betrag` noch ein zweites Argument `Vermindert` verwenden, ein logischer Wert mit der Vorgabe `FALSCH` für den normalen 19-%-Satz, `WAHR` für 7 %.

Die Funktion arbeitet mit der VBA-internen Funktion `Round()`, um das Ergebnis jeweils auf zwei Stellen zu runden.

```
Public Static Function B2Netto(Betrag As Double, Vermindert As Boolean)
    If Vermindert = True Then
        B2Netto = VBA.Round(Betrag / 107 * 100, 2)
```

```
    Else
        B2Netto = VBA.Round(Betrag / 119 * 100, 2)
    End If

End Function
```

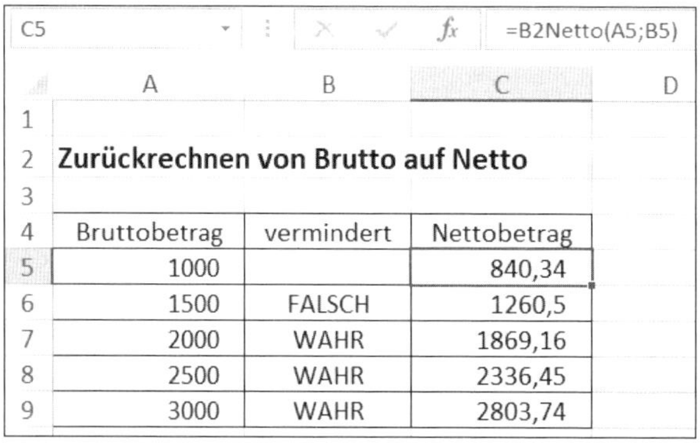

Abbildung 18.10 Beispiel für eine Funktion zur Berechnung des Nettobetrags

18.8 Eigene Funktionen in einem Add-In verpacken

Wenn Sie eigene Funktionen in einer eigenen Arbeitsmappe angelegt haben, können Sie diese in jeder anderen Mappe verwenden, solange diese Funktionsmappe ebenfalls geöffnet ist. Sie müssen nur in den Formeln vor den Funktionsnamen den Namen der Funktionsmappe setzen und als Trennzeichen ein Ausrufezeichen verwenden. So werden diese Funktionen auch im Dialog **Funktion einfügen** angeboten.

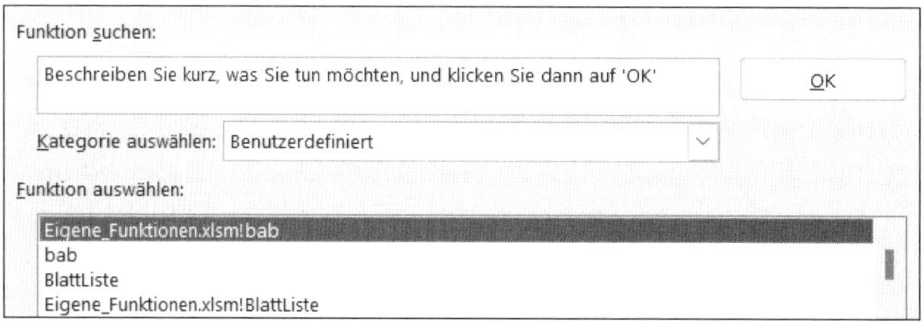

Abbildung 18.11 Benutzerdefinierte Funktionen aus anderen Arbeitsmappen im Dialog **Funktion einfügen**

Eine weitere Möglichkeit, eigene Funktionen verfügbar zu machen, besteht darin, eine Arbeitsmappe, die diese Funktionen enthält, als Excel-Add-In zu speichern. Vor dem

Speichern sollte innerhalb des VBA-Editors mit **Debuggen ▸ Kompilieren von VBAProjekt** geprüft werden, ob alle syntaktischen Fehler ausgeschlossen sind. Excel verwendet dafür den Dateityp *.xlam* und speichert das neue Add-In in einem vorgegebenen Ordner *...AppData\Roaming\Microsoft\Addins*. Sobald die Datei gespeichert ist, kann sie in die Liste der aktiven Add-Ins übernommen werden, wie es bereits in Kapitel 1, »Einstieg in Berechnungen mit Excel«, beschrieben wurde.

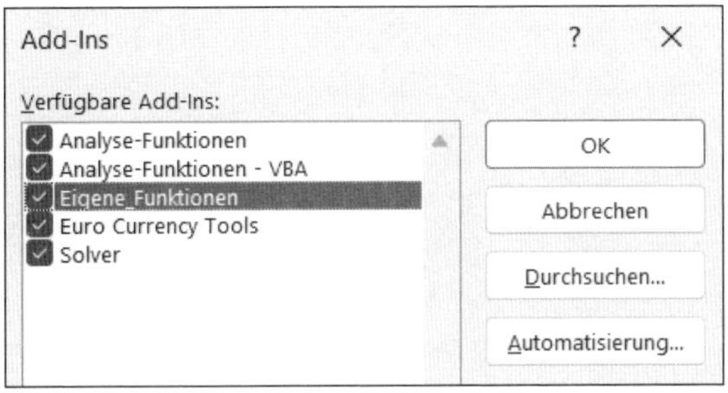

Abbildung 18.12 Das eigene Add-In im Dialog für die Excel-Add-Ins

Unter Umständen erhalten Sie an dieser Stelle einen Sicherheitshinweis, den Sie mit **Aktivieren** quittieren können.

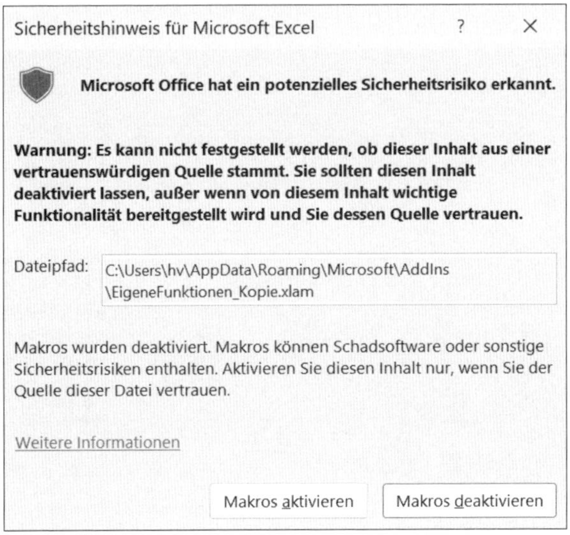

Abbildung 18.13 Warnhinweis beim Speichern eines Add-Ins

Wenn das eigene Add-In aktiviert ist, erhalten Sie beim Start von Excel möglicherweise einen Hinweis auf (unsichtbare) Verknüpfungen. Mit **Nicht aktualisieren** können Sie darüber hinweggehen.

A Alphabetische Liste der Tabellenfunktionen

Funktion	Beschreibung
ABRUNDEN(**Zahl**; **Anzahl_Stellen**)	Rundet eine Zahl in Richtung 0 auf dem Zahlenstrahl.
ABS(**Zahl**)	Eliminiert die Vorzeichen von Zahlenwerten.
ACHSENABSCHNITT(**Y_Werte**; **X_Werte**)	Liefert den Ordinatenabschnitt für den Schnittpunkt der Regressionsgeraden mit der y-Achse.
ADRESSE(**Zeile**; **Spalte**; Abs; A1; Tabellenname)	Liefert die Adresse der mit Zeile und Spalte angegebenen Zelle.
AGGREGAT(**Funktion**; **Optionen**; **Array**; K) AGGREGAT(**Funktion**; **Optionen**; **Bezug1**; Bezug2…)	Liefert Aggregate von Daten in Zellbereichen oder Matrizen, wobei die Art der Auswertung und die Behandlung bestimmter Werte gewählt werden können.
AMORDEGRK(**Ansch_Wert**; **Kaufdatum**; **Erster_Zinstermin**; **Restwert**; **Termin**; **Satz**; Basis)	Liefert den degressiven Abschreibungsbetrag nach dem französischen Buchhaltungssystem.
AMORLINEARK(**Ansch_Wert**; **Kaufdatum**; **Erster_Zinstermin**; **Restwert**; **Termin**; Satz; Basis)	Liefert den linearen Abschreibungsbetrag nach dem französischen Buchhaltungssystem.
ANZAHL(**Wert1**; Wert2; …)	Berechnet die Anzahl der numerischen Werte.
ANZAHL2(**Wert1**; Wert2; …)	Ermittelt die Anzahl der Werte, wobei Texte und logische Werte mitgezählt werden.
ANZAHLLEEREZELLEN(**Bereich**)	Ermittelt die Anzahl der leeren Zellen im Bereich.
ARABISCH(**Text**)	Konvertiert eine römische Zahl in eine arabische Zahl.

Funktion	Beschreibung
ARBEITSTAG(**Ausgangsdatum; Tage;** Freie_Tage)	Berechnet ein neues Datum aufgrund der angegebenen Arbeitstage und freien Tage.
ARBEITSTAG.INTL(**Ausgangsdatum; Tage;** Wochenende; Freie_Tage)	Berechnet ein neues Datum aufgrund der angegebenen Arbeitstage und freien Tage, wobei die Wochenendtage frei gewählt werden können.
ARCCOS(**Zahl**)	Liefert zu einem Kosinuswert den Winkel im Bogenmaß.
ARCCOSHYP(**Zahl**)	Liefert den umgekehrten hyperbolischen Kosinus.
ARCCOT(**Zahl**)	Liefert den Arkuskotangens einer Zahl im Bogenmaß.
ARCCOTHYP(**Zahl**)	Liefert den umgekehrten hyperbolischen Kotangens einer Zahl.
ARCSIN(**Zahl**)	Liefert zu einem Sinuswert den Winkel im Bogenmaß.
ARCSINHYP(**Zahl**)	Umkehrfunktion zu der Funktion SINHYP()
ARCTAN(**Zahl**)	Errechnet zu einem Tangenswert den Winkel im Bogenmaß.
ARCTAN2(**X_Koordinate; Y_Koordinate**)	Ermittelt den Arkustangens direkt aus den xy-Koordinaten.
ARCTANHYP(**Zahl**)	Umkehrfunktion zu TANHYP()
AUFGELZINS(**Emission; Erster_Zinstermin; Abrechnung; Satz; Nennwert; Häufigkeit; Basis;** Berechnungsmethode)	Liefert für Wertpapiere die aufgelaufenen Zinsen.
AUFGELZINSF(**Emission; Abrechnung; Nominalzins;** Nennwert; Basis)	Liefert für Wertpapiere die bei Fälligkeit aufgelaufenen Zinsen.
AUFRUNDEN(**Zahl; Anzahl_Stellen**)	Rundet eine Zahl von der Null weg.
AUSZAHLUNG(**Abrechnung; Fälligkeit; Anlage; Disagio;** Basis)	Liefert den Rückzahlungsbetrag eines festverzinslichen Wertpapiers.

Funktion	Beschreibung
BAHTEXT(**Zahl**)	Wandelt eine Zahl in Text in dem thailändischen Währungsformat um.
BASIS(**Zahl**; **Basis**; Mindestlänge)	Konvertiert eine Zahl in eine Textdarstellung mit der angegebenen Basis.
BEREICH.VERSCHIEBEN(**Bezug**; **Zeilen**; **Spalten**; Höhe; Breite)	Liefert einen Bereichsbezug, der um eine Anzahl von Zeilen und Spalten verschoben ist.
BEREICHE(**Bezug**)	Ermittelt die Anzahl der Bereiche, die in Bezug enthalten sind.
BESSELI(**X**; **N**)	Liefert die modifizierte Besselfunktion In(X).
BESSELJ(**X**; **N**)	Liefert die Besselfunktion Jn(X).
BESSELK(**X**; **N**)	Liefert die modifizierte Besselfunktion Kn(X).
BESSELY(**X**; **N**)	Liefert die Besselfunktion Yn(X) zurück.
BESTIMMTHEITSMASS(**Y_Werte**; **X_Werte**)	Ermittelt das Quadrat des Pearson'schen Korrelationskoeffizienten.
BETA.INV(**Wahrsch**; **Alpha**; **Beta**; A; B)	Liefert Quantile einer Betaverteilung.
BETA.VERT(**X**; **Alpha**; **Beta**; **Kumuliert**; A; B)	Liefert die Wahrscheinlichkeitsverteilung für eine betaverteilte Zufallsvariable.
BETAINV(**Wahrsch**; **Alpha**; **Beta**; A; B)	Liefert Quantile einer Betaverteilung.
BETAVERT(**X**; **Alpha**; **Beta**; A; B)	Liefert die Wahrscheinlichkeitsverteilung für eine betaverteilte Zufallsvariable.
BILD(**Quelle**; Alt_text; Größe; Höhe; Breite)	Fügt ein Bild aus der per URL angegebenen Quelle ein.
BININDEZ(**Zahl**)	Wandelt einen binären Wert in eine Dezimalzahl um.
BININHEX(**Zahl**; Stellen)	Wandelt einen binären Wert in eine Hexadezimalzahl um.
BININOKT(**Zahl**; Stellen)	Wandelt einen binären Wert in eine Oktalzahl um.

Funktion	Beschreibung
BINOM.INV(**Versuche**; **Erfolgswahrsch**; **Alpha**)	Liefert die kleinste Anzahl erfolgreicher Versuche, für die die kumulierten Wahrscheinlichkeiten größer oder gleich einer Grenzwahrscheinlichkeit sind.
BINOM.VERT(**Zahl_Erfolge**; **Versuche**; **Erfolgswahrsch**; **Kumuliert**)	Liefert die Wahrscheinlichkeit von Zufallsvariablen bei einer Binomialverteilung.
BINOM.VERT.BEREICH(**Versuche**; **Erfolgswahrsch**; **Zahl_Erfolge**; Zahl2_Erfolge)	Gibt die Erfolgswahrscheinlichkeit eines Versuchsergebnisses als Binomialverteilung zurück.
BINOMVERT(**Zahl_Erfolge**; **Versuche**; **Erfolgswahrsch**; **Kumuliert**)	Liefert die Wahrscheinlichkeit von Zufallsvariablen bei einer Binomialverteilung.
BITLVERSCHIEB(**Zahl**; **Verschiebebetrag**)	Liefert die Zahl, die sich ergibt, wenn Bits um den Verschiebebetrag nach links verschoben werden.
BITODER(**Zahl1**; **Zahl2**)	Gibt ein bitweises Oder zweier Zahlen zurück.
BITRVERSCHIEB(**Zahl**; **Verschiebebetrag**)	Liefert die Zahl, die sich ergibt, wenn Bits um den Verschiebebetrag nach rechts verschoben werden.
BITUND(**Zahl1**; **Zahl2**)	Gibt ein bitweises Und zweier Zahlen zurück.
BITXODER(**Zahl1**; **Zahl2**)	Gibt ein bitweises ausschließliches Oder zweier Zahlen zurück.
BLATT(Wert)	Gibt die Nummer des Blattes in einem Bezug zurück.
BLÄTTER(Bezug)	Gibt die Anzahl der Blätter in einem Bezug zurück.
BOGENMASS(**Winkel**)	Wandelt den Gradwert des angegebenen Winkels in Bogenmaß um.
BÖRSENHISTORIE(**Aktie**; **Start_Datum**; End_Datum; Intervall; Überschriften; Eigenschaften1; Eigenschaften2;...)	Ruft historische Daten zu einer Aktie ab und gibt sie als dynamische Matrix aus.

Funktion	Beschreibung
BRTEILJAHRE(**Ausgangsdatum**; **Enddatum**; Basis)	Berechnet den Jahresbruchteil für die Zeitspanne zwischen Ausgangsdatum und Enddatum.
BW(**Zins**; **Zzr**; **Rmz**; Zw; F)	Berechnet den Barwert einer Investition.
CHIINV(**Wahrsch**; **Freiheitsgrade**)	Liefert Quantile der Chi-Quadrat-Verteilung.
CHIQU.INV(**Wahrsch**; **Freiheitsgrade**)	Liefert Quantile der linksseitigen Chi-Quadrat-Verteilung.
CHIQU.INV.RE(**Wahrsch**; **Freiheitsgrade**)	Liefert Quantile der rechtsseitigen Chi-Quadrat-Verteilung.
CHIQU.TEST(**Beob_Messwerte**; **Erwart_Werte**)	Liefert den Wahrscheinlichkeitswert für den Chi-Quadrat-Test beim Vergleich zwischen beobachteten und erwarteten Größen.
CHIQU.VERT(**X**; **Freiheitsgrade**; **Kumuliert**)	Liefert Werte der linksseitigen Verteilungsfunktion für eine chi-quadrat-verteilte Zufallsvariable.
CHIQU.VERT.RE(**X**; **Freiheitsgrade**)	Liefert Werte der rechtsseitigen Verteilungsfunktion für eine chi-quadrat-verteilte Zufallsvariable.
CHITEST(**Beob_Messwerte**; **Erwart_Werte**)	Liefert den Wahrscheinlichkeitswert für den Chi-Quadrat-Test.
CHIVERT(**X**; **Freiheitsgrade**)	Berechnet aus dem Wert für X und für Freiheitsgrade die Überschreitungswahrscheinlichkeit für die Übereinstimmung von beobachteten und erwarteten Werten.
CODE(**Text**)	Liefert den Code des ersten Zeichens in der Zeichenfolge.
COS(**Zahl**)	Berechnet den Kosinus des angegebenen Winkels.
COSEC(**Zahl**)	Berechnet den Kosekans eines Winkels.
COSECHYP(**Zahl**)	Berechnet den hyperbolischen Kosekans eines Winkels.

Funktion	Beschreibung
COSHYP(**Zahl**)	Liefert den hyperbolischen Kosinus.
COT(**Zahl**)	Liefert den Kotangens eines Winkels.
COTHYP(**Zahl**)	Liefert den hyperbolischen Kotangens eines Winkels.
CUBEELEMENT(**Verbindung**; **Element_Ausdruck**; Beschriftung)	Liefert ein Element oder Tupel aus einem Cube.
CUBEELEMENTEIGENSCHAFT(**Verbindung**; **Element_Ausdruck**; **Eigenschaft**)	Liefert den Wert einer Eigenschaft eines Elements im Cube.
CUBEKPIELEMENT(**Verbindung**; **KPI_Name**; **KPI_Eigenschaft**; Beschriftung)	Gibt die Eigenschaft eines Key Performance Indicators (KPI) zurück.
CUBEMENGE(**Verbindung**; **Menge_Ausdruck**; Beschriftung; Sortierreihenfolge; Sortieren_nach)	Sendet einen Mengenausdruck für einen bestimmten Satz von Elementen oder Tupeln an den Cube, der die entsprechenden Daten zusammenstellt und an Excel liefert.
CUBEMENGENANZAHL(**Menge**)	Liefert die Anzahl der Elemente in einer definierten Menge.
CUBERANGELEMENT(**Verbindung**; **Menge_Ausdruck**; **Rang**; Beschriftung)	Gibt das mit Rang angegebene Element in einer Menge zurück.
CUBEWERT(**Verbindung**; **Element_Ausdruck1**; Element_Ausdruck2 ...)	Liefert einen aggregierten Wert aus einem Cube.
DATEDIF(**Ausgangsdatum**; **Enddatum**; **Einheit**)	Berechnet die Differenz von Ausgangs- und Enddatum.
DATUM(**Jahr**; **Monat**; **Tag**)	Berechnet eine serielle Zahl für das eingegebene Datum.
DATWERT(**Datumstext**)	Wandelt die Zeichenfolge in einen Datumswert um.
DBANZAHL(**Datenbank**; **Datenbankfeld**; **Suchkriterien**)	Ermittelt die Anzahl der Datensätze, die mit den Suchkriterien übereinstimmen.
DBANZAHL2(**Datenbank**; **Datenbankfeld**; **Suchkriterien**)	Ermittelt die Anzahl der Datensätze, die mit den Suchkriterien übereinstimmen, wobei auch Zellen mit Texten oder Wahrheitswerten berücksichtigt werden.

Funktion	Beschreibung
DBAUSZUG(**Datenbank; Datenbankfeld; Suchkriterien**)	Liefert den Inhalt des angegebenen Feldes des Datensatzes, der mit den Suchkriterien übereinstimmt.
DBMAX(**Datenbank; Datenbankfeld; Suchkriterien**)	Liefert den größten Wert in einem Datenbankfeld aus den Datensätzen, die den angegebenen Kriterien entsprechen.
DBMIN(**Datenbank; Datenbankfeld; Suchkriterien**)	Liefert den kleinsten Wert in einem Datenbankfeld aus den Datensätzen, die den angegebenen Kriterien entsprechen.
DBMITTELWERT(**Datenbank; Datenbankfeld; Suchkriterien**)	Liefert den Mittelwert aller Werte in einem Datenbankfeld aus den Datensätzen, die den angegebenen Kriterien entsprechen.
DBPRODUKT(**Datenbank; Datenbankfeld; Suchkriterien**)	Multipliziert alle Werte eines Datenbankfeldes der Datensätze, die die Suchkriterien erfüllen.
DBSTDABW(**Datenbank; Datenbankfeld; Suchkriterien**)	Berechnet die Standardabweichung des Datenbankfeldes für die Datensätze, die die Suchkriterien erfüllen. Die Datensätze werden als Stichprobe behandelt.
DBSTDABWN(**Datenbank; Datenbankfeld; Suchkriterien**)	Berechnet die Standardabweichung des Datenbankfeldes für die Datensätze, die die Suchkriterien erfüllen. Die Datensätze werden als Grundgesamtheit behandelt.
DBSUMME(**Datenbank; Datenbankfeld; Suchkriterien**)	Summiert alle Werte eines Datenbankfeldes für die Datensätze, die die Suchkriterien erfüllen.
DBVARIANZ(**Datenbank; Datenbankfeld; Suchkriterien**)	Berechnet die Varianz der Werte eines Datenbankfeldes für die Datensätze, die die Suchkriterien erfüllen. Die Datensätze werden als Stichprobe behandelt.
DBVARIANZEN(**Datenbank; Datenbankfeld; Suchkriterien**)	Berechnet die Varianz der Werte eines Datenbankfeldes für die Datensätze, die die Suchkriterien erfüllen. Die Datensätze werden als Grundgesamtheit behandelt.

Funktion	Beschreibung
DELTA(**Zahl1**; Zahl2)	Prüft, ob Werte gleich sind.
DEZIMAL(**Text**; **Basis**)	Konvertiert die Textdarstellung einer Zahl mit der angegebenen Basis in eine Dezimalzahl.
DEZINBIN(**Zahl**; Stellen)	Liefert den Binärwert einer Dezimalzahl.
DEZINHEX(**Zahl**; Stellen)	Liefert den Hexadezimalwert einer Dezimalzahl.
DEZINOKT(**Zahl**; Stellen)	Liefert den Oktalwert einer Dezimalzahl.
DIA(**Ansch_Wert**; **Restwert**; **Nutzungsdauer**; **Zr**)	Berechnet die Abschreibungsrate nach der digitalen Methode.
DISAGIO(**Abrechnung**; **Fälligkeit**; **Kurs**; **Rückzahlung**; Basis)	Berechnet den Disagio beim Handel mit einem Wertpapier.
DM(**Zahl**; Dezimalstellen)	Wandelt den Wert in eine Zeichenfolge im aktuellen Währungsformat um.
DURATION(**Abrechnung**; **Fälligkeit**; **Nominalzins**; **Rendite**; **Häufigkeit**; Basis)	Liefert die hypothetische durchschnittliche Kapitalbindungsdauer eines festverzinslichen Wertpapiers.
EDATUM(**Ausgangsdatum**; **Monate**)	Berechnet ein um Monate verschobenes Datum.
EINDEUTIG(**Matrix**; Nach_Spalte; Genau_einmal)	Gibt eindeutige oder einmalige Werte einer Matrix aus.
EFFEKTIV(**Nominalzins**; **Perioden**)	Berechnet den effektiven Jahreszins für eine Anlage oder ein Darlehen.
ERSETZEN(**Alter_Text**; **Erstes_Zeichen**; **Anzahl_Zeichen**; **Neuer_Text**)	Ersetzt ab einer bestimmten Stelle eine Anzahl Zeichen in einer Zeichenfolge durch neue Zeichen.
ERSTERWERT(**Ausdruck**;**Wert1**; **Ergebnis1**; Standard_oder_Wert2; Ergebnis2; …; Standardwert bei fehlender Übereinstimmung)	Vergleicht das Ergebnis eines Ausdrucks mit einer Werteliste und liefert bei Übereinstimmung das zugeordnete Ergebnis, andernfalls den Standardwert.
ERWEITERN(**Matrix**; **Zeilen**; Spalten; Pad)	Erweitert eine Matrix auf die angegebenen Dimensionen.

Funktion	Beschreibung
EXP(**Zahl**)	Bewirkt, dass die Euler'sche Zahl e (2,71828...) mit dem angegebenen Wert potenziert wird.
EXPON.VERT(**X**; **Lambda**; **Kumuliert**)	Liefert Wahrscheinlichkeiten für eine exponentialverteilte Zufallsvariable.
EXPONVERT(**X**; **Lambda**; **Kumuliert**)	Liefert Wahrscheinlichkeiten für eine exponentialverteilte Zufallsvariable.
FELDWERT(**Wert**; **Feldname**)	Gibt den Wert des Feldes eines verknüpften Datentyps aus.
FILTER(**Matrix**; **Einschließen**; Wenn_leer)	Filtert ausgewählte Werte aus einer Matrix.
F.INV(**Wahrsch**; **Freiheitsgrade1**; **Freiheitsgrade2**)	Liefert Quantile der linksseitigen F-Verteilung.
F.INV.RE(**Wahrsch**; **Freiheitsgrade1**; **Freiheitsgrade2**)	Liefert Quantile der rechtsseitigen F-Verteilung.
F.TEST(**Matrix1**; **Matrix2**)	Liefert die Wahrscheinlichkeit der Übereinstimmung zweier Stichproben hinsichtlich ihrer Varianzen.
F.VERT(**X**; **Freiheitsgrade1**; **Freiheitsgrade2**; **Kumuliert**)	Liefert Werte der Verteilungsfunktion (1-Alpha) einer linksseitigen F-verteilten Zufallsvariablen.
F.VERT.RE(**X**; **Freiheitsgrade1**; **Freiheitsgrade2**)	Liefert Werte der Verteilungsfunktion (1-Alpha) einer rechtsseitigen F-verteilten Zufallsvariablen.
FAKULTÄT(**Zahl**)	Liefert die Fakultät der angegebenen Zahl.
FALSCH()	Legt den Wahrheitswert FALSCH in der Zelle ab.
FEHLER.TYP(**Fehlerwert**)	Liefert die Fehlernummer für den vorliegenden Fehler.
FEST(**Zahl**; Dezimalstellen; Keine_Punkte)	Wandelt einen numerischen Wert in eine Zeichenfolge um.

Funktion	Beschreibung
FINDEN(**Suchtext**; **Text**; Erstes_Zeichen)	Überprüft, ob die mit Suchtext angegebene Zeichenfolge in einer anderen Zeichenfolge vorkommt.
FINV(**Wahrsch**; **Freiheitsgrade1**; **Freiheitsgrade2**)	Liefert Quantile der F-Verteilung.
FISHER(**X**)	Liefert die Fisher-Transformation eines Korrelationskoeffizienten.
FISHERINV(**Y**)	Umkehrfunktion zu FISHER()
FORMELTEXT(**Bezug**)	Gibt die in der mit Bezug angegebenen Zelle enthaltene Formel als Zeichenfolge zurück.
FTEST(**Matrix1**; **Matrix2**)	Liefert die Wahrscheinlichkeit der Übereinstimmung zweier Stichproben hinsichtlich ihrer Varianzen.
FVERT(**X**; **Freiheitsgrade1**; **Freiheitsgrade2**)	Liefert Werte der Verteilungsfunktion (1-Alpha) einer F-verteilten Zufallsvariablen.
G.TEST(**Matrix**; **X**; Sigma)	Liefert die einseitige Wahrscheinlichkeit für einen Gauß-Test.
GAMMA(**X**)	Liefert den Wert der Gammafunktion.
GAMMA.INV(**Wahrsch**; **Alpha**; **Beta**)	Liefert Quantile der Gammaverteilung.
GAMMA.VERT(**X**; **Alpha**; **Beta**; **Kumuliert**)	Liefert Wahrscheinlichkeiten für eine gammaverteilte Zufallsvariable.
GAMMAINV(**Wahrsch**; **Alpha**; **Beta**)	Liefert Quantile der Gammaverteilung.
GAMMALN(**X**)	Liefert den natürlichen Logarithmus zur Gammafunktion.
GAMMALN.GENAU(**X**)	Liefert den natürlichen Logarithmus zur Gammafunktion.
GAMMAVERT(**X**; **Alpha**; **Beta**; **Kumuliert**)	Liefert Wahrscheinlichkeiten für eine gammaverteilte Zufallsvariable.
GANZZAHL(**Zahl**)	Reduziert einen numerischen Ausdruck auf die nächstkleinere ganze Zahl.
GAUSS(**X**)	Gibt 0,5 weniger als die kumulierte Normalverteilung zurück.

Funktion	Beschreibung
GAUSSF.GENAU(**X**)	Liefert Werte des Gauß'schen Fehlerintegrals.
GAUSSFEHLER(**Untere_Grenze**; Obere_Grenze)	Liefert Werte des Gauß'schen Fehlerintegrals.
GAUSSFKOMPL(**Untere_Grenze**)	Liefert komplementäre Werte des Gauß'schen Fehlerintegrals.
GAUSSFKOMPL.GENAU(**X**)	Liefert komplementäre Werte des Gauß'schen Fehlerintegrals.
GDA(**Ansch_Wert**; **Restwert**; **Nutzungsdauer**; **Periode**; Faktor)	Berechnet die Abschreibungsrate für einen bestimmten Abschreibungszeitraum nach der geometrisch-degressiven Methode.
GDA2(**Ansch_Wert**; **Restwert**; **Nutzungsdauer**; **Periode**; Monate)	Berechnet die Abschreibungsrate für einen bestimmten Abschreibungszeitraum nach der geometrisch-degressiven Methode.
GEOMITTEL(**Zahl1**; Zahl2; …)	Berechnet das geometrische Mittel.
GERADE(**Zahl**)	Rundet Zahlen zur nächsten geraden Ganzzahl.
GESTUTZTMITTEL(**Matrix**; **Prozent**)	Berechnet das arithmetische Mittel, wobei Extremwerte nicht berücksichtigt werden.
GGANZZAHL(**Zahl**; Schritt)	Prüft, ob der mit Zahl angegebene Wert den mit Schritt angegebenen Schwellenwert erreicht oder überschreitet.
GGT(**Zahl1**; Zahl2; …)	Liefert den größten gemeinsamen Teiler von ganzen Zahlen.
GLÄTTEN(**Text**)	Entfernt führende Leerzeichen und überzählige Leerzeichen.
GRAD(**Winkel**)	Rechnet aus Bogenmaß in Grad um.
GROSS(**Text**)	Wandelt alle Buchstaben aus der mit Text angegebenen Zeichenfolge in Großbuchstaben um.

Funktion	Beschreibung
GROSS2(**Text**)	Wandelt den ersten Buchstaben in Großbuchstaben, den Rest in Kleinbuchstaben um.
GRUPPIERENNACH(**Row_fields; Values; Function**; Field_headers; Total_depth; Sort_order; Filter_array; Field_relationship)	Gruppiert Daten nach bestimmten Kriterien und fasst sie nach der angegebenen Aggregationsfunktion zusammen.
HARMITTEL(**Zahl1**; Zahl2; …)	Berechnet das harmonische Mittel.
HÄUFIGKEIT(**Daten; Klassen**)	Liefert die Häufigkeit innerhalb der durch Klassen definierten Intervalle.
HEUTE()	Liefert das Systemdatum.
HEXINBIN(**Zahl**; Stellen)	Liefert den Binärwert einer hexadezimalen Zahl.
HEXINDEZ(**Zahl**)	Liefert den Dezimalwert einer hexadezimalen Zahl.
HEXINOKT(**Zahl**; Stellen)	Liefert den Oktalwert einer hexadezimalen Zahl.
HSTAPELN(**Array1**; Array2; …)	Stapelt Matrizen horizontal in einer Matrix.
HYPERLINK(**Hyperlink_Adresse**; Freundlicher_Name)	Erstellt eine Verknüpfung zu der angegebenen Adresse.
HYPGEOM.VERT(**Erfolge_S; Umfang_S; Erfolge_G; Umfang_G; Kumuliert**)	Berechnet Wahrscheinlichkeiten einer hypergeometrisch verteilten Zufallsvariablen.
HYPGEOMVERT(**Erfolge_S; Umfang_S; Erfolge_G; Umfang_G**)	Berechnet Wahrscheinlichkeiten einer hypergeometrisch verteilten Zufallsvariablen.
IDENTISCH(**Text1;Text2**)	Vergleicht zwei Zeichenfolgen daraufhin, ob sie exakt übereinstimmen.
IKV(**Werte**; Schätzwert)	Berechnet den internen Ertragszins einer Investition.
IMABS(**Komplexe_Zahl**)	Liefert den Absolutwert (Modul) einer komplexen Zahl.

Funktion	Beschreibung
IMAGINÄRTEIL(**Komplexe_Zahl**)	Liefert den imaginären Anteil einer komplexen Zahl.
IMAPOTENZ(**Komplexe_Zahl; Potenz**)	Liefert die Potenz einer komplexen Zahl.
IMARGUMENT(**Komplexe_Zahl**)	Liefert das Argument einer komplexen Zahl.
IMCOS(**Komplexe_Zahl**)	Liefert den Kosinus einer komplexen Zahl.
IMCOSEC(**Komplexe_Zahl**)	Liefert den Kosekans einer komplexen Zahl.
IMCOSECHYP(**Komplexe_Zahl**)	Liefert den hyperbolischen Kosekans einer komplexen Zahl.
IMCOSHYP(**Komplexe_Zahl**)	Liefert den hyperbolischen Kosinus einer komplexen Zahl.
IMCOT(**Komplexe_Zahl**)	Liefert den Kotangens einer komplexen Zahl.
IMDIV(**Komplexe_Zahl1; Komplexe_Zahl2**)	Division komplexer Zahlen
IMEXP(**Komplexe_Zahl**)	Potenzierung von e (Euler'sche Zahl) mit einer komplexen Zahl
IMKONJUGIERTE(**Komplexe_Zahl**)	Liefert zu einer komplexen Zahl das konjugierte komplexe Komplement.
IMLN(**Komplexe_Zahl**)	Liefert den natürlichen Logarithmus einer komplexen Zahl.
IMLOG10(**Komplexe_Zahl**)	Liefert den dekadischen Logarithmus einer komplexen Zahl.
IMLOG2(**Komplexe_Zahl**)	Liefert den binären Logarithmus einer komplexen Zahl.
IMPRODUKT(**Komplexe_Zahl1;** Komplexe_Zahl2, ...)	Berechnet das Produkt komplexer Zahlen.
IMREALTEIL(**Komplexe_Zahl**)	Liefert den reellen Anteil einer komplexen Zahl.
IMSEC(**Komplexe_Zahl**)	Liefert den Sekans einer komplexen Zahl.
IMSECHYP(**Komplexe_Zahl**)	Liefert den hyperbolischen Sekans einer komplexen Zahl.

Funktion	Beschreibung
IMSIN(**Komplexe_Zahl**)	Liefert den Sinus einer komplexen Zahl.
IMSINHYP(**Komplexe_Zahl**)	Liefert den hyperbolischen Sinus einer komplexen Zahl.
IMSUB(**Komplexe_Zahl1; Komplexe_Zahl2**)	Subtraktion zweier komplexer Zahlen
IMSUMME(**Komplexe_Zahl1;** Komplexe_Zahl2; ...)	Addition komplexer Zahlen
IMTAN(**Komplexe_Zahl**)	Liefert den Tangens einer komplexen Zahl.
IMWURZEL(**Komplexe_Zahl**)	Liefert die Quadratwurzel einer komplexen Zahl.
INDEX(**Bezug**; Zeile; Spalte; Bereich)	Liefert einen Wert aus einem Bereich.
INDEX(**Matrix**; Zeile; Spalte)	Liefert einen Wert aus einer Matrix.
INDIREKT(**Bezug**; A1)	Ermittelt den Inhalt einer Zelle, auf die in einer anderen Zelle verwiesen wird.
INFO(**Typ**)	Liefert Informationen über die Betriebssystemumgebung.
ISOKALENDERWOCHE(**Datum**)	Liefert Zahl der Kalenderwoche nach dem ISO-Standard.
ISPMT(**Rate; Per; Nper; Pv**)	Berechnet die Zinsen, die während einer bestimmten Periode gezahlt werden.
ISTBEZUG(**Wert**)	Testet, ob Wert ein gültiger Bereichsname oder eine Bereichsadresse ist.
ISTFEHL(**Wert**)	Testet, ob Wert ein Fehlerwert ungleich #NV ist.
ISTFEHLER(**Wert**)	Testet, ob Wert ein Fehlerwert ist.
ISTFORMEL(**Bezug**)	Testet, ob die mit Bezug angegebene Zelle eine Formel enthält.
ISTGERADE(**Zahl**)	Testet, ob Wert durch 2 ganzzahlig teilbar ist.
ISTKTEXT(**Wert**)	Testet, ob in einer Zelle kein Text vorhanden ist.

Funktion	Beschreibung
ISTLEER(**Wert**)	Testet, ob eine Zelle leer ist.
ISTLOG(**Wert**)	Überprüft, ob das Argument Wert einen Wahrheitswert liefert.
ISTNV(**Wert**)	Überprüft, ob eine Zelle den Fehlerwert #NV enthält.
ISTTEXT(**Wert**)	Prüft, ob Wert eine Zeichenfolge liefert.
ISTUNGERADE(**Zahl**)	Testet, ob Wert nicht durch 2 ganzzahlig teilbar ist.
ISTZAHL(**Wert**)	Prüft, ob Wert eine Zahl liefert.
JAHR(**Zahl**)	Liefert das Jahr für das eingegebene Datum.
JETZT()	Liefert das Systemdatum und die Uhrzeit.
KALENDERWOCHE(**Fortlaufende_Zahl**; Zahl_Typ)	Liefert für das angegebene Datum die entsprechende Kalenderwoche.
KAPZ(**Zins**; **Zr**; **Zzr**; **Bw**; Zw; F)	Berechnet den Tilgungsanteil für die Abzahlung eines Annuitätendarlehens.
KGRÖSSTE(**Matrix**; **K**)	Gibt den K-größten Wert zurück.
KGV(**Zahl1**; Zahl2; ...)	Liefert das kleinste gemeinsame Vielfache.
KKLEINSTE(**Matrix**; **K**)	Gibt den K-kleinsten Wert zurück.
KLEIN(**Text**)	Wandelt alle Buchstaben in Kleinbuchstaben um.
KOMBINATIONEN(**N**; **K**)	Gibt den Wert des Binomialkoeffizienten aus.
KOMBINATIONEN2(**Zahl**; **gewählte_Zahl**)	Berechnet die Anzahl der Kombinationen mit Wiederholung für eine angegebene Anzahl von Elementen.
KOMPLEXE(**Realteil**; **Imaginärteil**; Suffix)	Erzeugt eine komplexe Zahl aus zwei reellen Zahlen.
KONFIDENZ(**Alpha**; **Standabwn**; **Umfang_S**)	Berechnet das Konfidenzintervall.
KONFIDENZ.NORM(**Alpha**; **Standardabwn**; **Umfang**)	Berechnet das Konfidenzintervall.

Funktion	Beschreibung
KONFIDENZ.T(**Alpha**; **Standardabwn**; **Umfang**)	Berechnet das Konfidenzintervall einer t-verteilten Grundgesamtheit.
KORREL(**Matrix1**; **Matrix2**)	Liefert den Korrelationskoeffizienten zweier Datenreihen.
KOVAR(**Matrix1**; **Matrix2**)	Liefert ein Maß für den Zusammenhang zwischen den Daten zweier Datenreihen.
KOVARIANZ.P(**Array1**; **Array2**)	Liefert ein Maß für den Zusammenhang zwischen den Daten zweier Datenreihen.
KOVARIANZ.S(**Array1**; **Array2**)	Liefert für Stichproben ein Maß für den Zusammenhang zwischen den Daten zweier Datenreihen.
KRITBINOM(**Versuche**; **Erfolgswahrsch**; **Alpha**)	Liefert die kleinste Anzahl erfolgreicher Versuche, für die die kumulierten Wahrscheinlichkeiten größer oder gleich einer Grenzwahrscheinlichkeit sind.
KUMKAPITAL(**Zins**; **Zzr**; **Bw**; **Zeitraum_Anfang**; **Zeitraum_Ende**; **F**)	Berechnet den Betrag, der für die Tilgung eines Annuitätendarlehens in einem Zeitraum aufgebracht wird.
KUMZINSZ(**Zins**; **Zzr**; **Bw**; **Zeitraum_Anfang**; **Zeitraum_Ende**; **F**)	Berechnet den für die Zinsen aufgebrachten Betrag.
KURS(**Abrechnung**; **Fälligkeit**; **Zins**; **Rendite**; **Rückzahlung**; **Häufigkeit**; Basis)	Liefert den Kurswert eines festverzinslichen Wertpapiers.
KURSDISAGIO(**Abrechnung**; **Fälligkeit**; **Disagio**; **Rückzahlung**; Basis)	Berechnet den Ausgabekurs eines unverzinslichen Wertpapiers.
KURSFÄLLIG(**Abrechnung**; **Fälligkeit**; **Emission**; **Zins**; **Rendite**; Basis)	Berechnet den Kurswert eines festverzinslichen Wertpapiers.
KURT(**Zahl1**; Zahl2; …)	Liefert die Kurtosis (Wölbung) einer Häufigkeitsverteilung.
KÜRZEN(**Zahl**; Anzahl_Stellen)	Kürzt auf die angegebene Stellenzahl.
LAMBDA(Parameter1;Parameter2;… **Berechnung**)	Führt mit den angegebenen Parametern die am Ende der Argumentliste angegebene Berechnung aus.

Funktion	Beschreibung
LÄNGE(**Text**)	Liefert die Zahl der Zeichen in der mit Text angegebenen Zeichenfolge.
LET(**Name1; Name_Wert1; Berechnung_oder_ Name2**; Name_Wert2; Berechnung_oder_ Name3...)	Weist Berechnungen Namen zu, die in nachfolgenden Berechnungen als Zwischenergebnisse verwertet werden können.
LIA(**Ansch_Wert; Restwert; Nutzungsdauer**)	Berechnet die Abschreibungsrate nach der linearen Methode (AFA).
LINKS(**Text**; Anzahl_Zeichen)	Liefert die mit Anzahl_Zeichen festgelegte Zeichenzahl vom Beginn der Zeichenfolge an.
LN(**Zahl**)	Liefert den natürlichen Logarithmus.
LOG(**Zahl**; Basis)	Liefert den Logarithmus zur angegebenen Basis.
LOG10(**Zahl**)	Liefert den dekadischen Logarithmus.
LOGINV(**Wahrsch; Mittelwert; Standabwn**)	Liefert Quantile einer logarithmischen Normalverteilung.
LOGNORM.INV(**Wahrsch; Mittelwert; Standabwn**)	Liefert das Quantil einer logarithmischen Normalverteilung.
LOGNORM.VERT(**X; Mittelwert; Standabwn; Kumuliert**)	Liefert den Wert der Wahrscheinlichkeitsverteilung für eine logarithmische Normalverteilung.
LOGNORMVERT(**X; Mittelwert; Standabwn**)	Liefert die Wahrscheinlichkeitsverteilung für eine logarithmische Normalverteilung.
MAP(**Array; Lambda_or_array2; ...**)	Liefert eine neue Matrix aus Daten, die per Mapping unter Verwendung von Lambdafunktionen aus den vorhandenen Matrixwerten gebildet werden.
MATRIXERSTELLEN(**Zeilen; Spalten; Funktion**)	Liefert eine per Lambdafunktion berechnete Matrix in der angegebenen Spalten- und Zeilengröße.
MATRIXZUTEXT(**Matrix**; Format)	Gibt Matrizen als Text aus.

Funktion	Beschreibung
MAX(**Zahl1**; Zahl2; ...)	Liefert den größten Wert.
MAXA(**Wert1**; Wert2; ...)	Liefert den größten Wert, wobei auch Zellen mit Texten oder Wahrheitswerten berücksichtigt werden.
MAXWENNS(**Max_Bereich**; **Kriterienbereich1**; **Kriterien1**; Kriterienbereich2; Kriterien2; ...)	Liefert den größten Wert aus dem angegebenen Bereich, der die Kriterien erfüllt, die für die Kriterienbereiche angegeben sind.
MDET(**Matrix**)	Liefert die Determinante der angegebenen Matrix.
MDURATION(**Abrechnung**; **Fälligkeit**; **Coupon**; **Rendite**; **Häufigkeit**; Basis)	Berechnet die modifizierte Duration.
MEDIAN(**Zahl1**; Zahl2; ...)	Ermittelt den Median einer Reihe von Daten.
MEINHEIT(**Größe**)	Liefert die Einheitsmatrix für die angegebene Größe.
MIN(**Zahl1**; Zahl2; ...)	Liefert den kleinsten Wert.
MINA(**Wert1**; Wert2; ...)	Liefert den kleinsten Wert, wobei auch Zellen mit Texten oder Wahrheitswerten berücksichtigt werden.
MINWENNS(**Min_Bereich**; **Kriterienbereich1**; **Kriterien1**; Kriterienbereich2; Kriterien2; ...)	Liefert den kleinsten Wert aus dem angegebenen Bereich, der die für die Kriterienbereiche angegebenen Kriterien erfüllt.
MINUTE(**Zahl**)	Berechnet den Minutenanteil eines Zeitwertes.
MINV(**Matrix**)	Bildet die Inverse zu einer Matrix.
MITTELABW(**Zahl1**; Zahl2; ...)	Liefert die mittlere lineare Abweichung.
MITTELWERT(**Zahl1**; Zahl2; ...)	Liefert das arithmetische Mittel.
MITTELWERTA(**Wert1**; Wert2; ...)	Liefert das arithmetische Mittel, wobei auch Zellen mit Texten oder Wahrheitswerten berücksichtigt werden.
MITTELWERTWENN(**Bereich**; **Kriterien**; Mittelwert_Bereich)	Liefert das arithmetische Mittel von Werten, die einem Kriterium entsprechen.

Funktion	Beschreibung
MITTELWERTWENNS(**Mittelwert_Bereich; Kriterien_Bereich1; Kriterien1**; Kriterien_Bereich2; Kriterien2 …)	Liefert das arithmetische Mittel von Werten, die mehreren Kriterien entsprechen.
MMULT(**Array1; Array2**)	Liefert das Produkt zweier Matrizen.
MODALWERT(**Zahl1**; Zahl2; …)	Liefert den in einer Datenreihe am häufigsten vorkommenden Wert.
MODUS.EINF(**Zahl1**; Zahl2; …)	Liefert den in einer Datenreihe am häufigsten vorkommenden Wert.
MODUS.VIELF(**Zahl1**; Zahl2; …)	Liefert die in einer Datenreihe am häufigsten vorkommenden Werte.
MONAT(**Zahl**)	Liefert die Monatszahl eines Datumswertes.
MONATSENDE(**Ausgangsdatum; Monate**)	Liefert den letzten Tag des Monats, in den das um Monate verschobene Datum fällt.
MTRANS(**Matrix**)	Tauscht die Zeilen und Spalten in einer Matrix.
N(**Wert**)	Gibt Wert als einen in eine Zahl gewandelten Wert zurück.
NACHSPALTE(**Array**; Funktion)	Wendet eine Lambdafunktion auf jede Spalte an und liefert die Matrix der Ergebnisse.
NACHZEILE(**Array**; Funktion)	Wendet eine Lambdafunktion auf jede Zeile an und liefert die Matrix der Ergebnisse.
NBW(**Zins; Wert1**; Wert2; …)	Berechnet den Nettokapitalwert periodischer Cashflows.
NEGBINOM.VERT(**Zahl_Misserfolge; Zahl_Erfolge; Erfolgswahrsch; Kumuliert**)	Berechnet, mit welcher Wahrscheinlichkeit ein zusammengesetztes Ereignis eintritt.
NEGBINOMVERT(**Zahl_Misserfolge; Zahl_Erfolge; Erfolgswahrsch**)	Berechnet, mit welcher Wahrscheinlichkeit ein zusammengesetztes Ereignis eintritt.

Funktion	Beschreibung
NETTOARBEITSTAGE(**Ausgangsdatum; Enddatum**; Freie_Tage)	Berechnet die Arbeitstage zwischen zwei Daten.
NETTOARBEITSTAGE.INTL (**Ausgangsdatum; Enddatum**; Wochenende; Freie_Tage)	Berechnet die Arbeitstage zwischen zwei Daten, wobei die Wochenendtage frei gewählt werden können.
NICHT(**Wahrheitswert**)	Kehrt den Wert von Wahrheitswert um.
NOMINAL(**Effektiver_Zins; Perioden**)	Berechnet die jährliche Nominalverzinsung.
NORM.INV(**Wahrsch; Mittelwert; Standabwn**)	Liefert Quantile der Normalverteilung.
NORM.S.INV(**Wahrsch**)	Liefert Quantile der Standardnormalverteilung.
NORM.S.VERT(**z; Kumuliert**)	Gibt die Wahrscheinlichkeit dafür an, dass eine Zufallsvariable aus der Standardnormalverteilung den Wert z oder kleiner annimmt.
NORM.VERT(**X; Mittelwert; Standabwn; Kumuliert**)	Liefert Werte einer Normalverteilung.
NORMINV(**Wahrsch; Mittelwert; Standabwn**)	Liefert Quantile der Normalverteilung.
NORMVERT(**X; Mittelwert; Standabwn; Kumuliert**)	Liefert Werte einer Normalverteilung.
NOTIERUNGBRU(**Zahl; Teiler**)	Berechnet einen als Bruch interpretierbaren Ausdruck einer Dezimalzahl.
NOTIERUNGDEZ(**Zahl; Teiler**)	Konvertiert einen Bruch in eine Dezimalzahl.
NV()	Trägt den Fehlerwert #NV in die Zelle ein.
OBERGRENZE(**Zahl; Schritt**)	Rundet eine Zahl auf das kleinste Vielfache von Schritt auf.
OBERGRENZE.MATHEMATIK(**Zahl**; Schritt; Modus)	Rundet eine Zahl auf das kleinste Vielfache von Schritt auf.
ODER(**Wahrheitswert1**; Wahrheitswert2; ...)	Liefert WAHR, wenn ein Argument WAHR ist, sonst FALSCH.

Funktion	**Beschreibung**
OKTINBIN(**Zahl**; Stellen)	Liefert den Binärwert einer oktalen Zahl.
OKTINDEZ(**Zahl**)	Liefert den Dezimalwert einer oktalen Zahl.
OKTINHEX(**Zahl**; Stellen)	Liefert den hexadezimalen Wert einer oktalen Zahl.
PDURATION(**Zins**; **Bw**; **Zw**)	Berechnet die Anzahl der Perioden, bis eine Investition den angegebenen Zielwert erreicht hat.
PEARSON(**Matrix1**; **Matrix2**)	Liefert den Pearson'schen Korrelationskoeffizienten.
PHI(**X**)	Liefert den Wert der Dichtefunktion für eine Standardnormalverteilung.
PI()	Liefert den numerischen Wert von Pi.
PIVOTDATENZUORDNEN(**Datenfeld**; **PivotTable**; Feld1; Element1; Feld2; Element2; ...)	Gibt Werte aus einer Pivot-Tabelle zurück.
PIVOTMIT(**Row_fields**; **Col_fields**; **Values**; **Function**; Field_headers; Row_total_depth; Row_sort_order; Col_total_depth; Col_sort_order; Filter_array; Relative_to)	Aggregiert Werte nach Zeilen und Spalten mithilfe der angegebenen Funktion.
POISSON(**X**; **Mittelwert**; **Kumuliert**)	Liefert Wahrscheinlichkeiten für Zufallsvariablen, die zu einer Poisson-Verteilung gehören.
POISSON.VERT(**X**; **Mittelwert**; **Kumuliert**)	Liefert Wahrscheinlichkeiten für Zufallsvariablen, die zu einer Poisson-Verteilung gehören.
POLYNOMIAL(**Zahl1**; Zahl2; ...)	Liefert die Fakultät der Summe der Argumente geteilt durch das Produkt der Fakultäten.
POTENZ(**Zahl**; **Potenz**)	Liefert die angegebene Potenz einer Zahl.
POTENZREIHE(**X**; **N**; **M**; **Koeffizienten**)	Liefert eine Summe von Potenzen der Zahl X.

Funktion	Beschreibung
PRODUKT(**Zahl1**; Zahl2; ...)	Multipliziert alle angegebenen Argumente miteinander.
PROGNOSE.ETS(**Ziel_Datum**; **Werte**; **Zeitachse**; Saisonalität; Daten_Vollständigkeit; Aggregation)	Liefert den Schätzwert für ein bestimmtes Zieldatum, wobei eine exponentielle Glättungsmethode verwendet wird.
PROGNOSE.ETS.KONFINT(**Ziel_Datum**; **Werte**; **Zeitachse**; Saisonalität; Daten_Vollständigkeit; Aggregation)	Liefert ein Konfidenzintervall zu dem Schätzwert für ein bestimmtes Zieldatum.
PROGNOSE.ETS.SAISONALITÄT(**Werte**; **Zeitachse**; Daten_Vollständigkeit; Aggregation)	Liefert die Länge des Wiederholungsmusters, das Excel in einer Serie feststellen kann.
PROGNOSE.ETS.STAT(**Werte**; **Zeitachse**; **Statistik_Typ**; Saisonalität; Daten_Vollständigkeit; Aggregation)	Liefert statistische Kenndaten zu einer Prognose.
PROGNOSE.ETS.LINEAR(**X**; **Y-Werte**; **X-Werte**)	Liefert für den vorgegebenen Wert X einen Schätzwert von Y anhand einer linearen Regression.
PROZENTVON(**data_subset**; **data_all**)	Gibt den Prozentsatz einer Teilmenge von einer Gesamtmenge aus.
QIKV(**Werte**; **Investition**; **Reinvestition**)	Berechnet die interne Ertragsrate einer Reihe von Ein- und Auszahlungen.
QUADRATESUMME(**Zahl1**; Zahl2; ...)	Berechnet die Summe der Quadrate der angegebenen Werte.
QUANTIL(**Matrix**; **Alpha**)	Liefert denjenigen Wert einer Datenreihe, unterhalb dessen ein mit Alpha angegebener Bruchteil der Daten liegt.
QUANTIL.EXKL(**Array**; **K**)	Liefert denjenigen Wert einer Datenreihe, unterhalb dessen ein mit K (Wertebereich zwischen 0 und 1 und ausschließlich 0 und 1) angegebener Bruchteil der Daten liegt.
QUANTIL.INKL(**Array**; **K**)	Liefert denjenigen Wert einer Datenreihe, unterhalb dessen ein mit K (Wertebereich von 0 bis 1) angegebener Bruchteil der Daten liegt.

Funktion	Beschreibung
QUANTILSRANG(**Matrix**; **X**; Genauigkeit)	Liefert die Angabe des Anteils von Daten, die unterhalb des angegebenen Wertes liegen.
QUANTILSRANG.EXKL(**Array**; **X**; Genauigkeit)	Liefert die Angabe des Anteils von Daten, die unterhalb des angegebenen Wertes (Wertebereich zwischen 0 und 1 und ausschließlich 0 und 1) liegen.
QUANTILSRANG.INKL(**Array**; **X**; **Genauigkeit**)	Liefert die Angabe des Anteils von Daten, die unterhalb des angegebenen Wertes (Wertebereich von 0 bis 1) liegen.
QUARTILE(**Matrix**; **Quartil**)	Unterteilt die Daten von Matrix in vier Bereiche mit je gleichen Anteilen von Daten.
QUARTILE.EXKL(**Array**; **Quartile**)	Unterteilt – basierend auf Perzentilwerten (Wertebereich zwischen 0 und 1 und ausschließlich 0 und 1) – die Daten von Array in Bereiche mit je gleichen Anteilen von Daten.
QUARTILE.INKL(**Array**; **Quartile**)	Unterteilt – basierend auf Perzentilwerten (Wertebereich von 0 bis 1) – die Daten von Array in Anteilsbereiche.
QUOTIENT(**Zähler**; **Nenner**)	Liefert das ganzzahlige Ergebnis einer Division.
RANG(**Zahl**; **Bezug**; Reihenfolge)	Liefert den Rang, den ein Wert in einer Datenreihe in Bezug auf seine Größe einnimmt.
RANG.GLEICH(**Zahl**; **Bezug**; Reihenfolge)	Liefert den Rang, den ein Wert in einer Datenreihe in Bezug auf seine Größe einnimmt.
RANG.MITTELW(**Zahl**; **Bezug**; Reihenfolge)	Liefert den gemittelten Rang, den ein Wert in einer Datenreihe in Bezug auf seine Größe einnimmt.
RECHTS(**Text**; Anzahl_Zeichen)	Liefert die mit Anzahl_Zeichen festgelegte Zeichenzahl vom Ende der Zeichenfolge gerechnet.

Funktion	Beschreibung
REDUCE(**Initial_value; Array; Funktion**)	Reduziert eine Matrix auf einen akkumulierten Wert, der durch Anwendung einer Lambafunktion auf alle Werte gewonnen wird.
REGEXEXTRAHIEREN(**Text; Muster;** Return_mode; Groß-/Kleinschreibungsunterscheidung)	Extrahiert Zeichenfolgen aus dem angegebenen Text, die dem Muster entsprechen.
REGEXERSETZEN(**Text; Muster; Ersetzung;** Vorkommen; Groß-/Kleinschreibungsunterscheidung)	Ersetzt Zeichenfolgen aus dem angegebenen Text, die dem Muster entsprechen.
REGEXTESTEN(**Text; Muster;** Groß-/Kleinschreibungsunterscheidung)	Prüft, ob die Zeichenfolge mit dem Muster übereinstimmt.
RENDITE(**Abrechnung; Fälligkeit; Zins; Kurs; Rückzahlung; Häufigkeit;** Basis)	Berechnet die jährliche Rendite eines Wertpapiers.
RENDITEDIS(**Abrechnung; Fälligkeit; Kurs; Rückzahlung;** Basis)	Berechnet die jährliche Rendite eines unverzinslichen Wertpapiers.
RENDITEFÄLL(**Abrechnung; Fälligkeit; Emission; Zins; Kurs;** Basis)	Berechnet die jährliche Rendite eines Wertpapiers, dessen Zinsen zum Fälligkeitstermin ausgezahlt werden.
REST(**Zahl; Divisor**)	Liefert den Restbetrag (Modulo) bei einer Division.
RGP(**Y_Werte**; X_Werte; Konstante; Stats)	Liefert Kennziffern zur linearen Regression.
RKP(**Y_Werte**; X_Werte; Konstante; Stats)	Liefert Kennziffern zur exponentiellen Regression.
RMZ(**Zins; Zzr; Bw**; Zw; F)	Berechnet die periodische Zahlung für eine Annuität.
RÖMISCH(**Zahl**; Typ)	Wandelt Zahlen in die römische Zahlendarstellung um.
RTD(**ProgID; Server; Topic1**; Topic2; ...)	Empfängt Echtzeitdaten eines registrierten Add-Ins.
RUNDEN(**Zahl; Anzahl_Stellen**)	Rundet Werte auf oder ab.

Funktion	Beschreibung
SÄUBERN(**Text**)	Entfernt aus der mit dem Argument Text gelieferten Zeichenfolge alle nicht druckbaren Zeichen.
SCAN(**Initial_value; Array; Funktion**)	Scannt eine Matrix und wendet dabei eine Lambdafunktion auf jeden Wert an und liefert die Ergebnisse als neue Matrix.
SCHÄTZER(**X; Y_Werte; X_Werte**)	Liefert für den vorgegebenen Wert X einen Schätzwert von Y anhand einer linearen Regression.
SCHIEFE(**Zahl1**; Zahl2; ...)	Liefert ein Maß für die Asymmetrie der Häufigkeitsverteilung einer Stichprobe.
SCHIEFE.P(**Zahl1**; Zahl2; ...)	Liefert ein Maß für die Asymmetrie der Häufigkeitsverteilung einer Grundgesamtheit.
SEC(**Zahl**)	Liefert den Sekans eines Winkels.
SECHYP(**Zahl**)	Liefert den hyperbolischen Sekans eines Winkels.
SEKUNDE(**Zahl**)	Liefert den Sekundenanteil eines Zeitwertes.
SEQUENZ(**Zeilen**; Spalten; Anfang; Schritt)	Generiert eine Wertereihe als dynamische Matrix auf der Basis der angegebenen Argumente.
SIN(**Zahl**)	Berechnet den Sinus des angegebenen Winkels.
SINHYP(**Zahl**)	Liefert den hyperbolischen Sinus des angegebenen Wertes.
SORTIEREN(**Matrix**; Sortierindex; Sortierreihenfolge; Nach_Spalte)	Liefert sortierte Werte einer Matrix in einer dynamischen Matrix aus.
SORTIERENNACH(**Matrix; Nach_ Matrix1**; Sortierreihenfolge1; Nach_Matrix2; Sortierreihenfolge2;...)	Liefert nach mehreren Schlüsseln sortierte Werte einer Matrix in einer dynamischen Matrix aus.
SPALTE(Bezug)	Liefert die Spaltennummer eines Bereichs.

Funktion	Beschreibung
SPALTEN(**Matrix**)	Liefert die Anzahl der Spalten eines Bereichs oder einer Matrix.
SPALTENUMBRUCH(**Vektor; Wrap_count**; Pad_with)	Separiert einen Zeilen- oder Spaltenvektor nach der angegebenen Anzahl von Werten für eine neue Matrix.
SPALTENWAHL(**Array; Row_num1**; Row_num2; ...)	Liefert Spalten aus einer Matrix oder einem Bereich.
SPRACHEERKENNEN(**Text**)	Liefert den zweistelligen Ländercode für den angegebenen Text.
STABW(**Zahl1;** Zahl2; ...)	Schätzt die Standardabweichung auf der Basis einer Stichprobe.
STABW.N(**Zahl1;** Zahl2; ...)	Berechnet die Standardabweichung auf der Basis der Grundgesamtheit.
STABW.S(**Zahl1;** Zahl2; ...)	Schätzt die Standardabweichung auf der Basis einer Stichprobe.
STABWA(**Wert1**; Wert2; ...)	Schätzt die Standardabweichung auf der Basis einer Stichprobe, wobei auch Zellen mit Texten oder Wahrheitswerten berücksichtigt werden.
STABWN(**Zahl1**; Zahl2; ...)	Berechnet die Standardabweichung auf der Basis der Grundgesamtheit.
STABWNA(**Wert1**; Wert2; ...)	Berechnet die Standardabweichung auf der Basis der Grundgesamtheit, wobei auch Zellen mit Texten oder Wahrheitswerten berücksichtigt werden.
STANDARDISIERUNG(**X**; **Mittelwert**; **Standabwn**)	Berechnet Werte einer Normalverteilung in Werte einer Standardnormalverteilung um.
STANDNORMINV(**Wahrsch**)	Liefert Quantile der Standardnormalverteilung.
STANDNORMVERT(**Z**)	Gibt die Wahrscheinlichkeit dafür an, dass eine Zufallsvariable aus einer Standardnormalverteilung den Wert z oder kleiner annimmt.

Funktion	Beschreibung
STEIGUNG(**Y_Werte**; **X_Werte**)	Liefert die Steigung für eine Regressionsgerade.
STFEHLERYX(**Y_Werte**; **X_Werte**)	Liefert den Standardschätzfehler bei linearer Regression.
STUNDE(**Zahl**)	Liefert den Stundenanteil eines Zeitwertes.
SUCHEN(**Suchtext**; **Text**; Erstes_Zeichen)	Überprüft, ob die mit Suchtext angegebene Zeichenfolge in einer anderen Zeichenfolge vorkommt.
SUMME(**Zahl1**; Zahl2; …)	Berechnet die Summe der angegebenen Argumente.
SUMMENPRODUKT(**Array1**; Array2; Array3; …)	Bewirkt, dass die Elemente der Matrizen miteinander multipliziert und anschließend die Multiplikationsergebnisse summiert werden.
SUMMEWENN(**Bereich**; **Suchkriterien**; Summe_Bereich)	Berechnet die Summe der Werte, die das angegebene Kriterium erfüllen.
SUMMEWENNS(**Summe_Bereich**; **Kriterium_Bereich1**; **Kriterien1**; Kriterium_Bereich2; Kriterien2 …)	Berechnet die Summe der Werte, die mehrere Kriterien erfüllen.
SUMMEX2MY2(**Matrix_X**; **Matrix_Y**)	Subtrahiert die Summen der quadrierten X-Werte und der quadrierten Y-Werte.
SUMMEX2PY2(**Matrix_X**; **Matrix_Y**)	Addiert die Summen der quadrierten X-Werte und der quadrierten Y-Werte.
SUMMEXMY2(**Matrix_X**; **Matrix_Y**)	Bewirkt, dass die Differenz zwischen X-Werten und Y-Werten ausquadriert wird und dann die einzelnen Werte aufsummiert werden.
SUMQUADABW(**Zahl1**; Zahl2; …)	Gibt die Summe der quadratischen Abweichungen aus.
SVERWEIS(**Suchkriterium**; **Matrix**; **Spaltenindex**; Bereich_Verweis)	Ermittelt, ausgehend von einer Zelle in einer Matrix, den Inhalt der Zelle in derselben Zeile einer anderen Spalte.

Funktion	Beschreibung
T(**Wert**)	Überprüft, ob das mit Wert angegebene Argument eine Zahl oder eine Zeichenfolge liefert.
T.INV(**Wahrsch**; **Freiheitsgrade**)	Liefert linksseitige Quantile der t-Verteilung.
T.INV.2S(**Wahrsch**; **Freiheitsgrade**)	Liefert zweiseitige Quantile der t-Verteilung.
T.TEST(**Matrix1**; **Matrix2**; **Seiten**; **Typ**)	Liefert Werte für den Vergleich zweier Stichproben.
T.VERT(**X**; **Freiheitsgrade**; **Kumuliert**)	Liefert linksseitige Wahrscheinlichkeitswerte einer t-verteilten Zufallsvariablen.
T.VERT.2S(**X**; **Freiheitsgrade**)	Liefert zweiseitige Wahrscheinlichkeitswerte einer t-verteilten Zufallsvariablen.
T.VERT.RE(**X**; **Freiheitsgrade**)	Liefert rechtsseitige Wahrscheinlichkeitswerte einer t-verteilten Zufallsvariablen.
TAG(**Zahl**)	Gibt die Tagesnummer eines Datumswertes aus.
TAGE(**Zieldatum**; **Ausgangsdatum**)	Gibt die Anzahl der Tage zwischen zwei Datumswerten aus.
TAGE360(**Ausgangsdatum**; **Enddatum**; Methode)	Gibt die Anzahl der Tage zwischen zwei verschiedenen Daten aus, wobei das Jahr mit 360 Tagen gerechnet wird.
TAN(**Zahl**)	Berechnet den Tangens des angegebenen Winkels.
TANHYP(**Zahl**)	Liefert den hyperbolischen Tangens.
TBILLÄQUIV(**Abrechnung**; **Fälligkeit**; **Abzinsungssatz**)	Berechnet die vergleichsweise jährliche Verzinsung eines Schatzwechsels (Treasury Bill).
TBILLKURS(**Abrechnung**; **Fälligkeit**; **Abzinsungssatz**)	Berechnet den Ausgabekurs für einen Schatzwechsel.
TBILLRENDITE(**Abrechnung**; **Fälligkeit**; **Pr**)	Berechnet die Rendite eines Schatzwechsels.

Funktion	Beschreibung
TEIL(**Text**; **Erstes_Zeichen**; **Anzahl_Zeichen**)	Schneidet aus der Zeichenfolge eine Unterzeichenfolge aus.
TEILERGEBNIS(**Funktion**; **Bezug1**; Bezug2; …)	Gibt ein Teilergebnis aus einer Tabelle oder Datenbank zurück.
TEXT(**Wert**; **Textformat**)	Wandelt einen numerischen Wert in einen Text um.
TEXTKETTE(**Text1**; Text2; …)	Verknüpft Zeichenfolgen miteinander.
TEXTNACH(**Text**; **Delimiter**; Instance_num; Match_mode; Match_end; If_not_found)	Liefert den Text, der auf das Trennzeichen folgt.
TEXTTEILEN(**Text**; **col_delimiter**; row_delimiter; ignore_empty; match_mode; pad_with)	Teilt Text mithilfe von Trennzeichen in Zeilen oder Spalten auf.
TEXTVERKETTEN(**Trennzeichen**; **Leer_ignorieren**;**Text1**; …)	Verknüpft Zeichenfolgen miteinander und fügt dazwischen das angegebene Trennzeichen ein.
TEXTVOR(**Text**; **Delimiter**; Instance_num; Match_mode; Match_end; If_not_found)	Liefert den Text, der dem Trennzeichen vorausgeht.
TINV(**Wahrsch**; **Freiheitsgrade**)	Liefert Quantile der t-Verteilung.
TREND(**Y_Werte**; X_Werte; Neue_X_Werte; Konstante)	Berechnet auf der Basis der linearen Regression geschätzte Y-Werte.
TTEST(**Matrix1**; **Matrix2**; **Seiten**; **Typ**)	Liefert Werte für den Vergleich zweier Stichproben.
TVERT(**X**; **Freiheitsgrade**; **Seiten**)	Liefert Wahrscheinlichkeiten für t-verteilte Zufallsvariablen.
TYP(**Wert**)	Liefert den Datentyp von Wert.
ÜBERNEHMEN(**Matrix**; **Zeilen**; Spalten)	Liefert Zeilen oder Spalten vom Anfang oder Ende einer Matrix.
ÜBERSETZEN(**Text**; Source_language; Target_language)	Übersetzt den angegebenen Text aus dem Original in die Zielsprache.
UMWANDELN(**Zahl**; **Von_Maßeinheit**; **In_Maßeinheit**)	Liefert Umrechnungen zwischen verschiedenen Maßeinheiten.

Funktion	Beschreibung
UND(**Wahrheitswert1**; Wahrheitswert2; ...)	Liefert nur WAHR, wenn alle Argumente WAHR sind, sonst FALSCH.
UNGERADE(**Zahl**)	Rundet Zahlen zur nächsten ungeraden Ganzzahl.
UNICODE(**Text**)	Liefert den Code für das erste Zeichen in Text.
UNIZEICHEN(**Zahl**)	Liefert das Unicode-Zeichen für den angegebenen Code.
UNREGER.KURS(**Abrechnung**; **Fälligkeit**; **Emission**; **Erster_ Zinstermin**; **Zins**; **Rendite**; **Rückzahlung**; **Häufigkeit**; Basis)	Liefert den Kurswert eines festverzinslichen Wertpapiers mit abweichender erster Zinsperiode.
UNREGER.REND(**Abrechnung**; **Fälligkeit**; **Emission**; **Erster_Zinstermin**; **Zins**; **Kurs**; **Rückzahlung**; **Häufigkeit**; Basis)	Liefert die Rendite eines festverzinslichen Wertpapiers mit abweichender erster Zinsperiode.
UNREGLE.KURS(**Abrechnung**; **Fälligkeit**; **Letzter_Zinstermin**; **Zins**; **Rendite**; **Rückzahlung**; **Häufigkeit**; Basis)	Liefert den Kurswert eines festverzinslichen Wertpapiers mit abweichender letzter Zinsperiode.
UNREGLE.REND(**Abrechnung**; **Fälligkeit**; **Letzter_Zinstermin**; **Zins**; **Kurs**; **Rückzahlung**; **Häufigkeit**; Basis)	Liefert die Rendite eines festverzinslichen Wertpapiers mit abweichender letzter Zinsperiode.
UNTERGRENZE(**Zahl**; **Schritt**)	Rundet eine Zahl auf das nächste Vielfache von Schritt.
UNTERGRENZE.MATHEMATIK(**Zahl**; Schritt; Modus)	Rundet Werte auf das nächste Vielfache von Schritt ab.
URLCODIEREN(**Text**)	Konvertiert Text in eine URL-codierte Zeichenfolge.
VAR.P(**Zahl1**; **Zahl2**; ...)	Berechnet die Varianz auf der Basis der Grundgesamtheit.
VAR.S(**Zahl1**; **Zahl2**; ...)	Schätzt die Varianz der Grundgesamtheit auf der Basis einer Stichprobe.
VARIANZ(**Zahl1**; Zahl2; ...)	Schätzt die Varianz der Grundgesamtheit auf der Basis einer Stichprobe.

Funktion	Beschreibung
VARIANZA(**Wert1**; Wert2; ...)	Schätzt die Varianz der Grundgesamtheit auf der Basis einer Stichprobe, wobei auch Zellen mit Texten oder Wahrheitswerten berücksichtigt werden.
VARIANZEN(**Zahl1**; Zahl2; ...)	Berechnet die Varianz auf der Basis der Grundgesamtheit.
VARIANZENA(**Wert1**; Wert2; ...)	Berechnet die Varianz auf der Basis der Grundgesamtheit, wobei auch Zellen mit Texten oder Wahrheitswerten berücksichtigt werden.
VARIATION(**Y_Werte**; X_Werte; Neue_X_Werte; Konstante)	Berechnet Werte, die sich aus einem exponentiellen Trend ergeben.
VARIATIONEN(**N**; **K**)	Berechnet die Reihe von geordneten Folgen, die mit den angegebenen Argumenten möglich sind.
VARIATIONEN2(**Zahl**; **Gewählte_Zahl**)	Berechnet die Anzahl der Permutationen für die angegebene Anzahl von Objekten (mit Wiederholungen), die aus der Gesamtmenge der Objekte ausgewählt werden können.
VDB(**Ansch_Wert**; **Restwert**; **Nutzungsdauer**; **Anfang**; **Ende**; Faktor; Nicht_wechseln)	Berechnet die Abschreibungsrate nach der variabel-degressiven Methode.
VERGLEICH(**Suchkriterium**; **Suchmatrix**; Vergleichstyp)	Durchsucht eine Suchmatrix bzw. einen Bereich nach einem Suchkriterium und gibt die relative Position aus.
VERKETTEN(**Text1**; Text2; ...)	Verknüpft Zeichenfolgen miteinander.
VERWEIS(**Suchkriterium**; **Matrix**)	Durchsucht die Werte einer Matrix.
VERWEIS(**Suchkriterium**; **Suchvektor**; **Ergebnisvektor**)	Durchsucht die Werte eines Vektors.
VORZEICHEN(**Zahl**)	Ergibt bei positiven Zahlen 1, bei negativen Zahlen -1 und bei null 0.
VRUNDEN(**Zahl**; **Vielfaches**)	Rundet Werte auf das nächste erreichbare Vielfache.

Funktion	Beschreibung
VSTAPELN(**Array1**; Array2;....)	Stapelt Arrays übereinander.
WAHL(**Index**; **Wert1**; Wert2; ...)	Liefert einen Wert aus einer Liste von Werten.
WAHR()	Trägt den Wahrheitswert WAHR in eine Zelle ein.
WAHRSCHBEREICH(**Beob_Werte**; **Beob_Wahrsch**; **Untergrenze**; Obergrenze)	Berechnet die Wahrscheinlichkeit dafür, dass ein Beobachtungswert in das angegebene Intervall fällt.
WEBDIENST(**URL**)	Gibt Daten von einem Webdienst zurück.
WECHSELN(**Text**; **Alter_Text**; **Neuer_Text**; Ntes_Auftreten)	Ersetzt alten Text durch neuen Text in der Zeichenfolge.
WEGLASSEN(**Matrix**; **Zeilen**; **Spalten**)	Löscht Zeilen oder Spalten vom Anfang oder Ende der Matrix.
WEIBULL(**X**; **Alpha**; **Beta**; **Kumuliert**)	Liefert Wahrscheinlichkeiten für eine Weibull-verteilte Zufallsvariable.
WEIBULL.VERT(**X**; **Alpha**; **Beta**; **Kumuliert**)	Liefert die Wahrscheinlichkeiten für eine Weibull-verteilte Zufallsvariable.
WENN(**Wahrheitstest**; **Wert_wenn_wahr**; Wert_wenn_falsch)	Liefert den Wert_wenn_wahr, wenn der Wahrheitstest WAHR ergibt, sonst den Wert_wenn_falsch.
WENNS(**Wahrheitstest1**; **Wert_wenn_wahr1**; Wahrheitstest2; Wert_wenn_wahr2; ...)	Prüft, ob wenigstens eine Bedingung erfüllt ist, und liefert den entsprechenden Wert, sonst den Fehler #NV.
WENNFEHLER(**Wert**; **Wert_falls_Fehler**)	Erlaubt es, im Fehlerfall benutzerdefinierte Fehleranzeigen auszugeben.
WENNNV(**Wert**; **Wert_bei_NV**)	Gibt den ersten Wert zurück, wenn der Ausdruck nicht den Fehlerwert #NV liefert, andernfalls den zweiten Wert.
WERT(**Text**)	Wandelt die Zeichenfolge in einen numerischen Wert um, sofern die Zeichen ein gültiges Zahlenformat ergeben.
WERTZUTEXT(**Wert**; **Format**)	Gibt einen Wert als Text zurück.

Funktion	Beschreibung
WIEDERHOLEN(**Text**; **Multiplikator**)	Wiederholt in der Zelle die angegebene Zeichenfolge n-mal.
WOCHENTAG(**Zahl**; Typ)	Liefert die Wochentagsnummer eines Datumswertes.
WURDEAUSGELASSEN(**Argument**)	Prüft, ob in einer Lambdafunktion ein Argument weggelassen wurde.
WURZEL(**Zahl**)	Ermittelt die Quadratwurzel einer Zahl.
WURZELPI(**Zahl**)	Liefert die Quadratwurzel aus (Zahl * PI).
WVERWEIS(**Suchkriterium; Matrix; Zeilenindex;** Bereich_Verweis)	Ermittelt, ausgehend von einer Zelle in einer Matrix, den Inhalt der Zelle in derselben Spalte.
XINTZINSFUSS(**Werte**; **Zeitpkte**; Schätzwert)	Berechnet den internen Zinssatz für eine Reihe von unregelmäßigen Zahlungsvorgängen im unterjährigen Bereich.
XKAPITALWERT(**Zins**; **Werte**; **Zeitpkte**)	Berechnet den Nettokapitalwert für eine Reihe von unregelmäßigen Zahlungsvorgängen im unterjährigen Bereich.
XMLFILTERN(**xml**; **xpath**)	Liefert aus XML-Inhalten die mit dem XPath-Ausdruck bestimmten Daten.
XODER(**Wahrheitswert1**; Wahrheitswert2; ...)	Gibt ein ausschließliches Oder aller Argumente zurück.
XVERGLEICH(**Suchkriterium**; **Suchmatrix**; Vergleichsmodus;_Suchmodus)	Durchsucht einen Datenbereich nach einem Suchkriterium und gibt die relative Position aus.
XVERWEIS(**Suchkriterium**; **Suchmatrix**; **Rückgabematrix**; Wenn_nicht_gefunden; Vergleichsmodus; Suchmodus)	Durchsucht einen Datenbereich nach dem mit Suchkriterium angegebenen Wert.
ZÄHLENWENN(**Bereich**; **Suchkriterien**)	Gibt die Anzahl der nicht leeren Zellen im Bereich, die dem angegebenen Kriterium entsprechen, an.

Funktion	Beschreibung
ZÄHLENWENNS(**Kriterienbereich1; Kriterien1**; Kriterienbereich2; Kriterien2 …)	Gibt die Anzahl der nicht leeren Zellen im Bereich, die mehreren Kriterien entsprechen, an.
ZAHLENWERT(**Text**; Dezimaltrennzeichen; Gruppentrennzeichen)	Konvertiert unabhängig vom aktuellen Gebietsschema Text in Zahlen.
ZEICHEN(**Zahl**)	Liefert das der Codezahl entsprechende Zeichen.
ZEILE(Bezug)	Liefert die Zeilennummer eines Bezugs.
ZEILEN(**Matrix**)	Liefert die Anzahl der Zeilen eines Bereichs oder einer Matrix.
ZEILENUMBRUCH(**Vektor**; Wrap_count; Pad_with)	Separiert einen Zeilen- oder Spaltenvektor nach der angegebenen Anzahl von Werten für eine neue Matrix.
ZEILENWAHL(**Array; Row_num1**; Row_num2; …)	Liefert Zeilen aus einer Matrix oder einem Bereich.
ZEIT(**Stunde; Minute; Sekunde**)	Berechnet eine serielle Zahl für die eingegebene Uhrzeit.
ZEITWERT(**Zeit**)	Wandelt die Zeichenfolge in einen Zeitwert um.
ZELLE(**Infotyp; Bezug**)	Gibt verschiedene Informationen über eine Zelle aus.
ZINS(**Zzr; Rmz; Bw**; Zw; F; Schätzwert)	Berechnet den Zinssatz einer Investition bei regelmäßigen Auszahlungen.
ZINSSATZ(**Abrechnung; Fälligkeit; Anlage; Rückzahlung**; Basis)	Berechnet den (jährlichen) Zinssatz für eine Investition, bei der zwischen Abrechnung und Rückzahlung keine Zinsen ausgeschüttet werden.
ZINSTERMNZ(**Abrechnung; Fälligkeit; Häufigkeit**; Basis)	Berechnet das Datum der ersten Zinsausschüttung.
ZINSTERMTAGE(**Abrechnung; Fälligkeit; Häufigkeit**; Basis)	Berechnet die Anzahl der Tage in derjenigen Zinsperiode, in die der Abrechnungszeitpunkt fällt.

Funktion	Beschreibung
ZINSTERMVZ(**Abrechnung**; **Fälligkeit**; **Häufigkeit**; Basis)	Berechnet das Datum des letzten Zinstermins.
ZINSTERMZAHL(**Abrechnung**; **Fälligkeit**; **Häufigkeit**; Basis)	Berechnet die Zahl der Zinstermine zwischen Kaufdatum und Fälligkeitsdatum.
ZINSZ(**Zins**; **Zr**; **Zzr**; **Bw**; Zw; F)	Berechnet den Zinsanteil für die Abzahlung eines Darlehens.
ZSATZINVEST(**Zzr**; **Bw**; **Zw**)	Berechnet den effektiven Jahreszins für den Wertzuwachs einer Investition.
ZUFALLSBEREICH(**Untere_Zahl**; **Obere_Zahl**)	Erzeugt ganzzahlige Zufallszahlen zwischen Untere_Zahl und Obere_Zahl.
ZUFALLSMATRIX(Zeilen; Spalten; Min; Max; Ganze_Zahl)	Produziert eine dynamische Matrix mit Zufallszahlen.
ZUFALLSZAHL()	Produziert Zufallszahlen zwischen 0 und 1.
ZUSPALTE(**Array**; Ignorieren; Scannen_nach_spalte)	Liefert die Matrix als Spalte.
ZUZEILE(**Array**; Ignorieren; Scannen_nach_spalte)	Liefert die Matrix als Zeile.
ZW(Zins; Zzr; Rmz; Bw; F)	Berechnet den zukünftigen Wert auf der Grundlage regelmäßiger Zahlungen.
ZW2(**Kapital**; **Zinsen**)	Berechnet den Endwert eines Kapitals, das mit wechselnden Zinsen verzinst wird.
ZWEIFAKULTÄT(**Zahl**)	Liefert die Doppelfakultät einer positiven Zahl.
ZZR(**Zins**; **Rmz**; **Bw**; Zw; F)	Berechnet die Zahl der Zahlungsperioden für die Tilgung eines Darlehens.

B Funktionen im Überblick

A

B

C

H

I

J

K

L

M

N

O

P

Q

R

S

T

U

V

W

X

Z

Stichwortverzeichnis

B

C

D

E

F

G

H

J

K

L

M

N

Q

R

S

T

U

V

W